解读

最高人民法院司法解释
（含指导性案例）

民事卷（上）

人民法院出版社 编

人民法院出版社

图书在版编目（CIP）数据

解读最高人民法院司法解释：含指导性案例. 民事卷 / 人民法院出版社编. -- 7版. -- 北京：人民法院出版社，2023.9

ISBN 978-7-5109-3900-6

Ⅰ.①解… Ⅱ.①人… Ⅲ.①法律解释－汇编－中国 ②民法－法律解释－汇编－中国 Ⅳ.①D920.5

中国国家版本馆CIP数据核字(2023)第175654号

解读最高人民法院司法解释（含指导性案例）民事卷（第七版）
人民法院出版社　编

责任编辑	王　婷
出版发行	人民法院出版社
地　　址	北京市东城区东交民巷27号（100745）
电　　话	（010）67550617（责任编辑）　67550558（发行部查询）
	65223677（读者服务部）
客 服 QQ	2092078039
网　　址	http：//www.courtbook.com.cn
E － mail	courtpress@sohu.com
印　　刷	天津嘉恒印务有限公司
经　　销	新华书店
开　　本	787×1092毫米　1/16
字　　数	1460千字
印　　张	74.5
版　　次	2023年9月第1版　2023年9月第1次印刷
书　　号	ISBN 978－7－5109－3900－6
定　　价	208.00元（上下册）

版权所有　侵权必究

版 次 表

第一版　《解读最高人民法院司法解释·民事卷（1997~2002）》《解读最高人民法院司法解释·刑事、行政卷（1997~2002）》，2003年6月版。

《解读最高人民法院司法解释（1980~1997年卷）》，2007年1月版。

《解读最高人民检察院司法解释》，2003年5月版。

第二版　《解读最高人民法院司法解释（新编本）》，含民事卷、民商事卷、刑事卷、行政·国家赔偿·其他卷，2006年1月版。

第三版　《解读最高人民法院司法解释》，含刑事卷、民事卷、商事卷、知识产权卷、行政·国家赔偿·综合卷，2011年12月版。

第四版　《解读最高人民法院司法解释、指导案例》，含综合卷、刑事卷、民事卷、商事卷、知识产权卷、行政·国家赔偿卷，2014年1月版。

第五版　《解读最高人民法院司法解释、指导性案例》，含综合卷、刑事卷、民事卷、商事卷、知识产权卷、民事诉讼卷、行政·国家赔偿卷，2016年4月版。

第六版　《解读最高人民法院司法解释（含指导性案例)》，含综合卷、刑事卷、民事卷、商事卷、知识产权卷、民事诉讼卷、行政·国家赔偿卷，2019年5月版。

第七版　《解读最高人民法院司法解释（含指导性案例)》，含综合卷、刑事卷、民事卷、商事卷、知识产权卷、民事诉讼卷、行政·国家赔偿卷，2023年10月版。

编辑出版说明

为牢牢坚持党对司法工作的绝对领导,确保党的领导贯彻到人民法院工作全过程各方面,深入推进统一法律适用工作,加强专业化审判体系建设,维护司法公正,最高人民法院以问题为导向,以审判执行需求为出发点,以准确理解和适用法律为原则,对人民法院在审判工作中具体应用法律的问题制定司法解释,构建了多层次的司法解释框架体系。以1997年6月23日最高人民法院发布《关于司法解释工作的若干规定》为标志,截至2023年9月,最高人民法院公布司法解释(法释系列)六百余件(含与最高人民检察院联合公布的"高检发释"3件)。

为帮助广大读者学习和准确理解最高人民法院司法解释,掌握司法要旨,我社从2003年起编辑出版"解读最高人民法院司法解释系列",二十年间,共编辑出版了六版,形成了以解读最高人民法院司法解释为主题的产品矩阵,以其完整性、权威性、实用性,深受广大读者的好评和欢迎,成为几代法官学习领会和适用最高人民法院司法解释的案头必备工具书。

根据最高人民法院贯彻落实党的二十大决策部署、推进统一法律适用工作向纵深发展的工作要求,按照《最高人民法院办公厅关于印发〈最高人民法院2023年第三季度工作要点〉的通知》(法办发〔2023〕4号)中提出的人民法院出版社"做好编辑出版《解读最高人民法院司法解释(含指导性案例)》第七版"的工作指示,我们在《解读最高人民法院司法解释(含指导性案例)》第六版的基础上,开展第七版的编写工作。

2020年以来,民法典的颁布实施,不仅对民事审判和民事类司法规范具有重要意义,对于商事、知识产权、刑事、行政、程序法的司法实践工作也具有很强的指引作用。而随着刑法修正案(十一)、民事诉讼法及其司法解释等多部法律、司法解释不断出台、修改,不仅扩充了各类法律关系的调整内容,也调整了各审判门类案件的司法裁判规则。就此,我们对照2020年至2023年9月公布的最新法律规范和最高人民法院司法解释清理结果,对所收录的司解释解读文章删旧增新，并加入最高人民法院三十七批指导案例，推出本书第七版。本书集最高人民法院现行有效的司法解释、指导性案例理解与适用之大成，也是对最高人民法院迄今公布的所有法释系列司法解释的全面的分类汇编。本书收录的司法解释为法释〔1997〕1号至法释〔2023〕9号。按照所属类别加以编排，分为综合卷、刑事卷、民事卷、商事卷、知识产权卷、民事诉讼卷、行政·国家赔偿卷共七卷。

本书特色为：

——**标准文本**。本书采用刊登在《最高人民法院公报》上的司法解释标准文本。

——**规范注解**。列明司法解释文本的公布、修改、施行日期等情况。对文本中引用的法律、司法解释废止、修改等情形予以说明。同时，对旧法条序号以脚注形式提示所对应的新法条序号。

——**权威解读**。均由起草司法解释的最高人民法院法官撰写，有的还经有关庭室负责人审定，具有高度的权威性和专业性，以保证司法解释不被误读、曲解、歧解。解读阐述了当时审判实践中存在的问题或确立的司法原则，以及如何理解司法解释中的难点、疑点问题，如何正确适用，等等。对于司法解释有修改的，既收录原解读，也收录修正后条文的解读。鉴于原解读反映了当时的社会政治经济状况和司法实际情况，因此，编辑时一般不作变更或补充，而只对解读的内容作了适当精简，并注明法律变动情况。

——**深度链接**。链接司法解释发布时最高人民法院有关负责人的答记者问，以及与司法解释紧密相关的司法文件，并编排在适当位置。

人民法院出版社

2023年9月

总 目 录

上　　册

一、总　类 ……………………………………………（ 1 ）

二、物　权 ……………………………………………（131）

三、合　同 ……………………………………………（251）

下　　册

四、人格权 ……………………………………………（517）

五、婚姻家庭、继承 …………………………………（659）

六、侵权责任 …………………………………………（705）

七、劳动、人事争议 …………………………………（867）

八、环境资源 …………………………………………（929）

目 录

上 册

一、总 类

最高人民法院
关于适用《中华人民共和国民法典》总则编若干问题的解释
（法释〔2022〕6号 2022年2月24日） ………………………（ 3 ）
  【解读】 解读《最高人民法院关于适用〈中华人民共和国民法典〉
      总则编若干问题的解释》 ……………………………（ 9 ）
  【链接】 弘扬社会主义核心价值观　确保民法典统一正确实施
      ——最高人民法院研究室负责人就民法典总则编
      司法解释答记者问 ……………………………………（ 30 ）

最高人民法院关于适用《中华人民共和国民法典》时间效力的若干规定
（法释〔2020〕15号 2020年12月29日） ……………………（ 34 ）
  【解读】 解读《最高人民法院关于适用〈中华人民共和国民法典〉时间
      效力的若干规定》 ……………………………………（ 37 ）
  【链接】 最高人民法院相关负责人就首批《民法典》配套司法解释
      答记者问 ………………………………………………（ 47 ）

最高人民法院关于审理民事案件适用诉讼时效制度若干问题的规定
（2020年12月29日修正） ……………………………………（ 54 ）
  【注解】 ………………………………………………………………（ 57 ）
  【解读】 解读《最高人民法院关于审理民事案件适用诉讼时效制度
      若干问题的规定》 ……………………………………（ 57 ）
      解读《最高人民法院关于审理民事案件适用诉讼时效制度
      若干问题的规定》修正条文 …………………………（ 67 ）
  【链接】 最高人民法院民二庭负责人就《关于审理民事案件适用
      诉讼时效制度若干问题的规定》答记者问 …………（ 71 ）

最高人民法院关于超过诉讼时效期间当事人达成的还款协议是否
　　应当受法律保护问题的批复
　　　　（法复〔1997〕4号　1997年4月16日）……………………（79）
　　　　【解读】　解读《最高人民法院关于超过诉讼时效期间当事人达成的
　　　　　　　　还款协议是否应当受法律保护问题的批复》………（79）

最高人民法院关于在民事审判工作中适用《中华人民共和国
　　工会法》若干问题的解释
　　　　（2020年12月29日修正）……………………………………（82）
　　　　【注解】………………………………………………………（83）
　　　　【解读】　解读《最高人民法院关于在民事审判工作中适用
　　　　　　　　〈中华人民共和国工会法〉若干问题的解释》……（84）
　　　　　　　　解读《最高人民法院关于在民事审判工作中适用
　　　　　　　　〈中华人民共和国工会法〉若干问题的解释》
　　　　　　　　修正条文……………………………………………（92）

最高人民法院关于修改《最高人民法院关于在民事审判工作中适用
　　〈中华人民共和国工会法〉若干问题的解释》等二十七件
　　　民事类司法解释的决定
　　　　（法释〔2020〕17号　2020年12月29日）…………………（93）

二、物　　权

最高人民法院关于适用《中华人民共和国民法典》物权编的解释（一）
　　　　（法释〔2020〕24号　2020年12月29日）………………（133）
　　　　【链接】　最高人民法院相关负责人就首批《民法典》配套
　　　　　　　　司法解释答记者问…………………………………（136）

最高人民法院关于审理建筑物区分所有权纠纷案件适用法律若干
　　问题的解释
　　　　（2020年12月29日修正）……………………………………（137）
　　　　【注解】………………………………………………………（140）
　　　　【解读】　解读《最高人民法院关于审理建筑物区分所有权纠纷案件
　　　　　　　　具体应用法律若干问题的解释》……………………（140）
　　　　　　　　解读《最高人民法院关于审理建筑物区分所有权纠纷案件
　　　　　　　　适用法律若干问题的解释》修正条文………………（150）

指导案例 65 号　上海市虹口区久乐大厦小区业主大会诉上海
　　环亚实业总公司业主共有权纠纷案 …………………………………（176）
　　【解读】　指导案例 65 号《上海市虹口区久乐大厦小区业主大会诉
　　　　　　　上海环亚实业总公司业主共有权纠纷案》的理解与参照
　　　　　　　——追索物业专项维修资金不适用诉讼时效的规定 …………（178）

最高人民法院关于审理物业服务纠纷案件适用法律若干问题的解释
　　（2020 年 12 月 29 日修正） ……………………………………………（190）
　　【注解】…………………………………………………………………（191）
　　【解读】　解读《最高人民法院关于审理物业服务纠纷案件具体应用
　　　　　　　法律若干问题的解释》…………………………………………（191）
　　　　　　　解读《最高人民法院关于审理物业服务纠纷案件适用法律
　　　　　　　若干问题的解释》修正条文……………………………………（195）
　　【链接】　最高人民法院民一庭负责人就《关于审理物业服务纠纷
　　　　　　　案件具体应用法律若干问题的解释》答记者问………………（200）

最高人民法院关于审理涉及农村土地承包纠纷案件适用法律
　　问题的解释
　　（2020 年 12 月 29 日修正） ……………………………………………（209）
　　【注解】…………………………………………………………………（213）
　　【解读】　解读《最高人民法院关于审理涉及农村土地承包纠纷案件
　　　　　　　适用法律问题的解释》…………………………………………（213）
　　　　　　　解读《最高人民法院关于审理涉及农村土地承包纠纷案件
　　　　　　　适用法律问题的解释》修正条文………………………………（228）

最高人民法院关于能否将国有土地使用权折价抵偿给抵押权人
　　问题的批复
　　（法释〔1998〕25 号　1998 年 9 月 3 日）………………………………（243）
　　【解读】　解读《最高人民法院关于能否将国有土地使用权折价抵偿给
　　　　　　　抵押权人问题的批复》…………………………………………（243）

指导案例 53 号　福建海峡银行股份有限公司福州五一支行诉长乐
　　亚新污水处理有限公司、福州市政工程有限公司金融借款
　　合同纠纷案 ………………………………………………………………（246）

三、合　同

最高人民法院
关于审理买卖合同纠纷案件适用法律问题的解释
　　（2020年12月29日修正）……………………………………（253）
　　【注解】……………………………………………………………（258）
　　【解读】　解读《最高人民法院关于审理买卖合同纠纷案件适用
　　　　　　法律问题的解释》……………………………………（258）
　　　　　　解读《最高人民法院关于审理买卖合同纠纷案件适用
　　　　　　法律问题的解释》修正条文……………………………（284）
　　【链接】　最高人民法院民二庭负责人就《关于审理买卖合同纠纷
　　　　　　案件适用法律问题的解释》答记者问…………………（287）

最高人民法院
关于审理网络消费纠纷案件适用法律若干问题的规定（一）
　　（法释〔2022〕8号　2022年3月1日）………………………（296）
　　【解读】　解读《最高人民法院关于审理网络消费纠纷
　　　　　　案件适用法律若干问题的规定（一）》……………（299）
　　【链接】　保护消费者合法权益　引导网络经济健康持续发展
　　　　　　——最高法民一庭相关负责人就《最高人民法院关于审理
　　　　　　网络消费纠纷案件适用法律若干问题的规定（一）》
　　　　　　答记者问………………………………………………（309）

指导案例1号　上海中原物业顾问有限公司诉陶德华居间
　　合同纠纷案…………………………………………………………（312）

指导案例17号　张莉诉北京合力华通汽车服务有限公司买卖
　　合同纠纷案…………………………………………………………（314）

指导案例23号　孙银山诉南京欧尚超市有限公司江宁店买卖
　　合同纠纷案…………………………………………………………（316）

指导案例33号　瑞士嘉吉国际公司诉福建金石制油有限公司等
　　确认合同无效纠纷案………………………………………………（318）

指导案例 64 号　刘超捷诉中国移动通信集团江苏有限公司徐州
　　分公司电信服务合同纠纷案 …………………………………………（323）

指导案例 167 号　北京大唐燃料有限公司诉山东百富物流
　　有限公司买卖合同纠纷案 ……………………………………………（325）

最高人民法院
关于审理商品房买卖合同纠纷案件适用法律若干问题的解释
　　（2020 年 12 月 29 日修正） ………………………………………（328）
　　【注解】 ………………………………………………………………（331）
　　【解读】　解读《最高人民法院关于审理商品房买卖合同纠纷案件适用
　　　　　　　法律若干问题的解释》 ……………………………………（332）
　　　　　　　解读《最高人民法院关于审理商品房买卖合同纠纷案件适用
　　　　　　　法律若干问题的解释》修正条文 ……………………………（343）

最高人民法院
关于商品房消费者权利保护问题的批复
　　（法释〔2023〕1 号　2023 年 4 月 20 日） ……………………（344）

指导案例 72 号　汤龙、刘新龙、马忠太、王洪刚诉新疆鄂尔多斯
　　彦海房地产开发有限公司商品房买卖合同纠纷案 …………………（345）

最高人民法院
关于审理民间借贷案件适用法律若干问题的规定
　　（2020 年 12 月 29 日修正） ………………………………………（348）
　　【注解】 ………………………………………………………………（353）
　　【解读】　解读《最高人民法院关于审理民间借贷案件适用法律若干
　　　　　　　问题的规定》 ………………………………………………（354）
　　　　　　　解读新《最高人民法院关于审理民间借贷案件适用法律若干
　　　　　　　问题的规定》 ………………………………………………（362）
　　　　　　　解读《最高人民法院关于审理民间借贷案件适用法律若干
　　　　　　　问题的规定》修正条文 ………………………………………（370）
　　【链接】　规范民间借贷　统一裁判标准
　　　　　　　——杜万华就《关于审理民间借贷案件适用法律若干
　　　　　　　问题的规定》答记者问 ………………………………………（380）

最高人民法院民一庭负责人就修正后的《最高人民法院
关于审理民间借贷案件适用法律若干问题的规定》
答记者问 ……………………………………………………（390）

最高人民法院
关于新民间借贷司法解释适用范围问题的批复
（法释〔2020〕27号　2020年12月29日）………………（394）
【解读】解读《最高人民法院关于新民间借贷司法解释适用范围问题的
批复》………………………………………………（394）

指导案例168号　中信银行股份有限公司东莞分行诉陈志华等金融借款合同纠纷案 ……………………………………（397）

最高人民法院
关于审理城镇房屋租赁合同纠纷案件具体应用法律若干问题的
解释
（2020年12月29日修正）…………………………………（402）
【注解】…………………………………………………（404）
【解读】解读《最高人民法院关于审理城镇房屋租赁合同纠纷案件
具体应用法律若干问题的解释》………………………（404）
解读《最高人民法院关于审理城镇房屋租赁合同纠纷案件
具体应用法律若干问题的解释》修正条文 ……………（413）
【链接】妥处房屋租赁　促进市场健康发展
——最高人民法院民一庭负责人就《关于审理城镇房屋
租赁合同纠纷案件具体应用法律若干问题的解释》
答记者问……………………………………………（413）
辨明装饰装修归属　妥处房屋租赁纠纷
——最高人民法院民一庭负责人就《关于审理城镇房屋
租赁合同纠纷案件具体应用法律若干问题的解释》
所涉装饰装修物处理规定的解析 ………………（419）

指导案例170号　饶国礼诉某物资供应站等房屋租赁合同纠纷案 ……（424）

最高人民法院
关于审理涉及国有土地使用权合同纠纷案件适用法律问题的
解释
（2020年12月29日修正）…………………………………（428）

　　　　【注解】……………………………………………………………（431）
　　　　【解读】　解读《最高人民法院关于审理涉及国有土地使用权合同纠纷
　　　　　　　　案件适用法律问题的解释》……………………………（431）
　　　　　　　　解读《最高人民法院关于审理涉及国有土地使用权合同纠纷
　　　　　　　　案件适用法律问题的解释》修正条文 ………………（444）
　　　　【链接】　最高人民法院有关负责人就《关于审理涉及国有土地
　　　　　　　　使用权合同纠纷适用法律问题的解释》答记者问…………（446）

最高人民法院
　关于国有土地开荒后用于农耕的土地使用权转让合同纠纷案件
　　如何适用法律问题的批复
　　（2020年12月29日修正） ………………………………………（449）
　　　　【注解】……………………………………………………………（449）
　　　　【解读】　解读《最高人民法院关于国有土地开荒后用于农耕的土地使用权
　　　　　　　　转让合同纠纷案件如何适用法律问题的批复》…………（450）
　　　　　　　　解读《最高人民法院关于国有土地开荒后用于农耕的土地使用权
　　　　　　　　转让合同纠纷案件如何适用法律问题的批复》修正条文 ……（453）

最高人民法院
　关于审理建设工程施工合同纠纷案件适用法律问题的解释（一）
　　（法释〔2020〕25号　2020年12月29日）………………………（454）
　　　　【注解】……………………………………………………………（459）
　　　　【解读】　解读《最高人民法院关于审理建设工程施工合同纠纷
　　　　　　　　案件适用法律问题的解释（一）》 ……………………（460）
　　　　【链接】　最高人民法院相关负责人就首批《民法典》配套司法
　　　　　　　　解释答记者问 ……………………………………………（481）

指导案例171号　中天建设集团有限公司诉河南恒和置业有限公司
　建设工程施工合同纠纷案 …………………………………………（482）

最高人民法院
　关于审理旅游纠纷案件适用法律若干问题的规定
　　（2020年12月29日修正） ………………………………………（485）
　　　　【注解】……………………………………………………………（488）
　　　　【解读】　解读《最高人民法院关于审理旅游纠纷案件适用法律
　　　　　　　　若干问题的规定》 …………………………………………（488）

解读《最高人民法院关于审理旅游纠纷案件适用法律
若干问题的规定》修正条文 …………………………………（494）

【链接】 依法维权构建规范有序和谐稳定的旅游市场
——最高人民法院民一庭负责人就《关于审理旅游纠纷
案件适用法律若干问题的规定》答记者问 ……………（500）

指导案例51号 阿卜杜勒·瓦希德诉中国东方航空股份有限公司
航空旅客运输合同纠纷案 …………………………………………（506）

【解读】 指导案例51号《阿卜杜勒·瓦希德诉中国东方航空股份
有限公司航空旅客运输合同纠纷案》的理解与参照
——旅客运输航班延误责任 ……………………………（510）

# 一、总　　类

最高人民法院
关于适用《中华人民共和国民法典》
总则编若干问题的解释

法释〔2022〕6号

(2021年12月30日最高人民法院审判委员会第1861次会议通过 2022年2月24日最高人民法院公告公布 自2022年3月1日起施行)

为正确审理民事案件，依法保护民事主体的合法权益，维护社会和经济秩序，根据《中华人民共和国民法典》《中华人民共和国民事诉讼法》等相关法律规定，结合审判实践，制定本解释。

一、一般规定

第一条 民法典第二编至第七编对民事关系有规定的，人民法院直接适用该规定；民法典第二编至第七编没有规定的，适用民法典第一编的规定，但是根据其性质不能适用的除外。

就同一民事关系，其他民事法律的规定属于对民法典相应规定的细化的，应当适用该民事法律的规定。民法典规定适用其他法律的，适用该法律的规定。

民法典及其他法律对民事关系没有具体规定的，可以遵循民法典关于基本原则的规定。

第二条 在一定地域、行业范围内长期为一般人从事民事活动时普遍遵守的民间习俗、惯常做法等，可以认定为民法典第十条规定的习惯。

当事人主张适用习惯的，应当就习惯及其具体内容提供相应证据；必要时，人民法院可以依职权查明。

适用习惯，不得违背社会主义核心价值观，不得违背公序良俗。

第三条 对于民法典第一百三十二条所称的滥用民事权利，人民法院可以根据权利行使的对象、目的、时间、方式、造成当事人之间利益失衡的程度等因素作出认定。

行为人以损害国家利益、社会公共利益、他人合法权益为主要目的行使民事权利的，人民法院应当认定构成滥用民事权利。

构成滥用民事权利的，人民法院应当认定该滥用行为不发生相应的法律效力。滥用民事权利造成损害的，依照民法典第七编等有关规定处理。

二、民事权利能力和民事行为能力

第四条 涉及遗产继承、接受赠与等胎儿利益保护，父母在胎儿娩出前作为法定代理人主张相应权利的，人民法院依法予以支持。

第五条 限制民事行为能力人实施的民事法律行为是否与其年龄、智力、精神健康状况相适应，人民法院可以从行为与本人生活相关联的程度，本人的智力、精神健康状况能否理解其行为并预见相应的后果，以及标的、数量、价款或者报酬等方面认定。

三、监护

第六条 人民法院认定自然人的监护能力，应当根据其年龄、身心健康状况、经济条件等因素确定；认定有关组织的监护能力，应当根据其资质、信用、财产状况等因素确定。

第七条 担任监护人的被监护人父母通过遗嘱指定监护人，遗嘱生效时被指定的人不同意担任监护人的，人民法院应当适用民法典第二十七条、第二十八条的规定确定监护人。

未成年人由父母担任监护人，父母中的一方通过遗嘱指定监护人，另一方在遗嘱生效时有监护能力，有关当事人对监护人的确定有争议的，人民法院应当适用民法典第二十七条第一款的规定确定监护人。

第八条 未成年人的父母与其他依法具有监护资格的人订立协议，约定免除具有监护能力的父母的监护职责的，人民法院不予支持。协议约定在未成年人的父母丧失监护能力时由该具有监护资格的人担任监护人的，人民法院依法予以支持。

依法具有监护资格的人之间依据民法典第三十条的规定，约定由民法典第二十七条第二款、第二十八条规定的不同顺序的人共同担任监护人，或者由顺序在后的人担任监护人的，人民法院依法予以支持。

第九条 人民法院依据民法典第三十一条第二款、第三十六条第一款的规定指定监护人时，应当尊重被监护人的真实意愿，按照最有利于被监护人的原则指定，具体参考以下因素：

（一）与被监护人生活、情感联系的密切程度；

（二）依法具有监护资格的人的监护顺序；

（三）是否有不利于履行监护职责的违法犯罪等情形；

（四）依法具有监护资格的人的监护能力、意愿、品行等。

人民法院依法指定的监护人一般应当是一人，由数人共同担任监护人更有利于保护被监护人利益的，也可以是数人。

第十条 有关当事人不服居民委员会、村民委员会或者民政部门的指定,在接到指定通知之日起三十日内向人民法院申请指定监护人的,人民法院经审理认为指定并无不当,依法裁定驳回申请;认为指定不当,依法判决撤销指定并另行指定监护人。

有关当事人在接到指定通知之日起三十日后提出申请的,人民法院应当按照变更监护关系处理。

第十一条 具有完全民事行为能力的成年人与他人依据民法典第三十三条的规定订立书面协议事先确定自己的监护人后,协议的任何一方在该成年人丧失或者部分丧失民事行为能力前请求解除协议的,人民法院依法予以支持。该成年人丧失或者部分丧失民事行为能力后,协议确定的监护人无正当理由请求解除协议的,人民法院不予支持。

该成年人丧失或者部分丧失民事行为能力后,协议确定的监护人有民法典第三十六条第一款规定的情形之一,该条第二款规定的有关个人、组织申请撤销其监护人资格的,人民法院依法予以支持。

第十二条 监护人、其他依法具有监护资格的人之间就监护人是否有民法典第三十九条第一款第二项、第四项规定的应当终止监护关系的情形发生争议,申请变更监护人的,人民法院应当依法受理。经审理认为理由成立的,人民法院依法予以支持。

被依法指定的监护人与其他具有监护资格的人之间协议变更监护人的,人民法院应当尊重被监护人的真实意愿,按照最有利于被监护人的原则作出裁判。

第十三条 监护人因患病、外出务工等原因在一定期限内不能完全履行监护职责,将全部或者部分监护职责委托给他人,当事人主张受托人因此成为监护人的,人民法院不予支持。

四、宣告失踪和宣告死亡

第十四条 人民法院审理宣告失踪案件时,下列人员应当认定为民法典第四十条规定的利害关系人:

(一)被申请人的近亲属;

(二)依据民法典第一千一百二十八条、第一千一百二十九条规定对被申请人有继承权的亲属;

(三)债权人、债务人、合伙人等与被申请人有民事权利义务关系的民事主体,但是不申请宣告失踪不影响其权利行使、义务履行的除外。

第十五条 失踪人的财产代管人向失踪人的债务人请求偿还债务的,人民法院应当将财产代管人列为原告。

债权人提起诉讼,请求失踪人的财产代管人支付失踪人所欠的债务和其他费用的，人民法院应当将财产代管人列为被告。经审理认为债权人的诉讼请求成立的，人民法院应当判决财产代管人从失踪人的财产中支付失踪人所欠的债务和其他费用。

第十六条 人民法院审理宣告死亡案件时，被申请人的配偶、父母、子女，以及依据民法典第一千一百二十九条规定对被申请人有继承权的亲属应当认定为民法典第四十六条规定的利害关系人。

符合下列情形之一的，被申请人的其他近亲属，以及依据民法典第一千一百二十八条规定对被申请人有继承权的亲属应当认定为民法典第四十六条规定的利害关系人：

（一）被申请人的配偶、父母、子女均已死亡或者下落不明的；

（二）不申请宣告死亡不能保护其相应合法权益的。

被申请人的债权人、债务人、合伙人等民事主体不能认定为民法典第四十六条规定的利害关系人，但是不申请宣告死亡不能保护其相应合法权益的除外。

第十七条 自然人在战争期间下落不明的，利害关系人申请宣告死亡的期间适用民法典第四十六条第一款第一项的规定，自战争结束之日或者有关机关确定的下落不明之日起计算。

五、民事法律行为

第十八条 当事人未采用书面形式或者口头形式，但是实施的行为本身表明已经作出相应意思表示，并符合民事法律行为成立条件的，人民法院可以认定为民法典第一百三十五条规定的采用其他形式实施的民事法律行为。

第十九条 行为人对行为的性质、对方当事人或者标的物的品种、质量、规格、价格、数量等产生错误认识，按照通常理解如果不发生该错误认识行为人就不会作出相应意思表示的，人民法院可以认定为民法典第一百四十七条规定的重大误解。

行为人能够证明自己实施民事法律行为时存在重大误解，并请求撤销该民事法律行为的，人民法院依法予以支持；但是，根据交易习惯等认定行为人无权请求撤销的除外。

第二十条 行为人以其意思表示存在第三人转达错误为由请求撤销民事法律行为的，适用本解释第十九条的规定。

第二十一条 故意告知虚假情况，或者负有告知义务的人故意隐瞒真实情况，致使当事人基于错误认识作出意思表示的，人民法院可以认定为民法典第一百四十八条、第一百四十九条规定的欺诈。

第二十二条 以给自然人及其近亲属等的人身权利、财产权利以及其他合法权益造成损害或者以给法人、非法人组织的名誉、荣誉、财产权益等造成损害为要挟，迫使其基于恐惧心理作出意思表示的，人民法院可以认定为民法典第一百五十条规定的胁迫。

第二十三条 民事法律行为不成立，当事人请求返还财产、折价补偿或者赔偿损失的，参照适用民法典第一百五十七条的规定。

第二十四条 民事法律行为所附条件不可能发生，当事人约定为生效条件的，人民法院应当认定民事法律行为不发生效力；当事人约定为解除条件的，应当认定未附条件，民事法律行为是否失效，依照民法典和相关法律、行政法规的规定认定。

六、代理

第二十五条 数个委托代理人共同行使代理权，其中一人或者数人未与其他委托代理人协商，擅自行使代理权的，依据民法典第一百七十一条、第一百七十二条等规定处理。

第二十六条 由于急病、通讯联络中断、疫情防控等特殊原因，委托代理人自己不能办理代理事项，又不能与被代理人及时取得联系，如不及时转委托第三人代理，会给被代理人的利益造成损失或者扩大损失的，人民法院应当认定为民法典第一百六十九条规定的紧急情况。

第二十七条 无权代理行为未被追认，相对人请求行为人履行债务或者赔偿损失的，由行为人就相对人知道或者应当知道行为人无权代理承担举证责任。行为人不能证明的，人民法院依法支持相对人的相应诉讼请求；行为人能够证明的，人民法院应当按照各自的过错认定行为人与相对人的责任。

第二十八条 同时符合下列条件的，人民法院可以认定为民法典第一百七十二条规定的相对人有理由相信行为人有代理权：

（一）存在代理权的外观；

（二）相对人不知道行为人行为时没有代理权，且无过失。

因是否构成表见代理发生争议的，相对人应当就无权代理符合前款第一项规定的条件承担举证责任；被代理人应当就相对人不符合前款第二项规定的条件承担举证责任。

第二十九条 法定代理人、被代理人依据民法典第一百四十五条、第一百七十一条的规定向相对人作出追认的意思表示的，人民法院应当依据民法典第一百三十七条的规定确认其追认意思表示的生效时间。

七、民事责任

第三十条 为了使国家利益、社会公共利益、本人或者他人的人身权利、财产权利以及其他合法权益免受正在进行的不法侵害，而针对实施侵害行为的人采取的制止不法侵害的行为，应当认定为民法典第一百八十一条规定的正当防卫。

第三十一条 对于正当防卫是否超过必要的限度，人民法院应当综合不法侵害的性质、手段、强度、危害程度和防卫的时机、手段、强度、损害后果等因素判断。

经审理，正当防卫没有超过必要限度的，人民法院应当认定正当防卫人不承担责任。正当防卫超过必要限度的，人民法院应当认定正当防卫人在造成不应有的损害范围内承担部分责任；实施侵害行为的人请求正当防卫人承担全部责任的，人民法院不予支持。

实施侵害行为的人不能证明防卫行为造成不应有的损害，仅以正当防卫人采取的反击方式和强度与不法侵害不相当为由主张防卫过当的，人民法院不予支持。

第三十二条 为了使国家利益、社会公共利益、本人或者他人的人身权利、财产权利以及其他合法权益免受正在发生的急迫危险，不得已而采取紧急措施的，应当认定为民法典第一百八十二条规定的紧急避险。

第三十三条 对于紧急避险是否采取措施不当或者超过必要的限度，人民法院应当综合危险的性质、急迫程度、避险行为所保护的权益以及造成的损害后果等因素判断。

经审理，紧急避险采取措施并无不当且没有超过必要限度的，人民法院应当认定紧急避险人不承担责任。紧急避险采取措施不当或者超过必要限度的，人民法院应当根据紧急避险人的过错程度、避险措施造成不应有的损害的原因力大小、紧急避险人是否为受益人等因素认定紧急避险人在造成的不应有的损害范围内承担相应的责任。

第三十四条 因保护他人民事权益使自己受到损害，受害人依据民法典第一百八十三条的规定请求受益人适当补偿的，人民法院可以根据受害人所受损失和已获赔偿的情况、受益人受益的多少及其经济条件等因素确定受益人承担的补偿数额。

八、诉讼时效

第三十五条 民法典第一百八十八条第一款规定的三年诉讼时效期间，可以适用民法典有关诉讼时效中止、中断的规定，不适用延长的规定。该条第二款规定的二十年期间不适用中止、中断的规定。

第三十六条 无民事行为能力人或者限制民事行为能力人的权利受到损害的，诉讼时效期间自其法定代理人知道或者应当知道权利受到损害以及义务人之日起计算，但是法律另有规定的除外。

第三十七条 无民事行为能力人、限制民事行为能力人的权利受到原法定代理人损害，且在取得、恢复完全民事行为能力或者在原法定代理终止并确定新的法定代理人后，相应民事主体才知道或者应当知道权利受到损害的，有关请求权诉讼时效期间的计算适用民法典第一百八十八条第二款、本解释第三十六条的规定。

第三十八条 诉讼时效依据民法典第一百九十五条的规定中断后，在新的诉讼时效期间内，再次出现第一百九十五条规定的中断事由，可以认定为诉讼时效再次中断。

权利人向义务人的代理人、财产代管人或者遗产管理人等提出履行请求的，可以认定为民法典第一百九十五条规定的诉讼时效中断。

九、附则

第三十九条 本解释自2022年3月1日起施行。

民法典施行后的法律事实引起的民事案件，本解释施行后尚未终审的，适用本解释；本解释施行前已经终审，当事人申请再审或者按照审判监督程序决定再审的，不适用本解释。

【解读】

解读《最高人民法院关于适用〈中华人民共和国民法典〉总则编若干问题的解释》

为正确审理民事案件，依法保护民事主体的合法权益，维护社会和经济秩序，2021年12月30日，最高人民法院审判委员会第1861次全体会议审议通过了《最高人民法院关于适用〈中华人民共和国民法典〉总则编若干问题的解释》（法释〔2022〕6号，以下简称《总则编解释》），自2022年3月1日起施行。为便于广大法官在司法实践中正确理解与适用，现就《总则编解释》的起草背景和过程、基本原则、主要内容以及有关重点问题作一阐述。

一、《总则编解释》起草的背景和过程

《民法典》是在以习近平同志为核心的党中央坚强领导下取得的新时代我国社会主义法治建设重大成果。2020年5月29日，习近平总书记在中共中央政治局第二十次集体学习时作重要讲话，强调指出："民法典实施水平和效果，是衡量各级党和国家机关履行为人民服务宗旨的重要尺度。""要及时完善相关民事司法解释，使之同民法典及有关法律规定和精神保持一致，统一民事法律适用标准。"为深入学习贯彻习近平法治思想和习近平总书记重要讲话精神，

指导全国各级人民法院统一正确实施《民法典》，2020年6月最高人民法院启动司法解释全面清理工作，并同步启动《总则编解释》的起草工作。

在起草初期，最高人民法院有关部门对标《民法典》的规定，对《最高人民法院关于贯彻执行〈中华人民共和国民法通则〉若干问题的意见（试行）》（以下简称《民法通则意见》）、《最高人民法院关于适用〈中华人民共和国合同法〉若干问题的解释（一）》（以下简称《合同法解释一》）、《最高人民法院关于适用〈中华人民共和国合同法〉若干问题的解释（二）》（以下简称《合同法解释二》）等司法解释的每一个条文提出废、改、留的意见，并组织专家进行逐条研讨，后将拟保留或修改后保留的条文送全国人大常委会法工委征求意见，形成《总则编解释》的初稿。

2021年3月，最高人民法院向各高级人民法院发出通知，征集《民法典》总则编适用问题及起草建议。此后，根据反馈意见和《全国法院贯彻实施民法典工作会议纪要》（以下简称《贯彻民法典会议纪要》）的有关内容，起草形成了《总则编解释》修改稿，并先后召开7次法院系统座谈会、4次民法学专家研讨会、1次由审判业务专家代表和法学专家代表共同组成的封闭改稿会。同年11月，最高人民法院先后征求了院内各相关部门、全国各高级人民法院意见，并送中宣部、中政委、中央依法治国办、最高人民检察院、公安部、司法部、民政部、市场监管总局、中国法学会、中国社科院、全国工商联等有关单位征求意见，后又进一步征求中国法学会民法学研究会的意见，两次书面征求全国人大常委会法工委的意见，最终形成送审稿，提交最高人民法院审判委员会讨论通过。

二、《总则编解释》起草的基本原则

为确保《总则编解释》严格遵循《民法典》规定精神，切实解决司法实践中具有一定普遍性的法律适用问题，《总则编解释》的起草始终遵循以下基本原则。

一是坚持正确政治方向。全面深入贯彻习近平法治思想和习近平总书记关于贯彻实施《民法典》的重要讲话精神，将以人民为中心的发展思想贯穿始终。例如，通过规定权利滥用的认定与法律后果，细化监护制度适用规则，明确民事责任的认定，突出了权利保护理念。

二是坚持严格依法。充分尊重、全部采纳立法机关意见，确保准确理解贯彻《民法典》的立法意图。坚守不创设新规则的基本立场，只根据民商事审判工作的实际需要对总则编制度作配套补充细化，确保《民法典》总则编的新增亮点制度在司法审判中准确落实落地。

三是坚持问题导向和强基导向。坚持以解决司法实践中的突出问题为出发点，以指导各级人民法院准确适用《民法典》为落脚点，注重听取法院系统尤

其是中基层法院一线审判业务专家及骨干的意见。在条文规范上尽量给予清晰明确的指引,对法官裁量权予以必要限制;对于不宜或者无法作出"一刀切"规定的,采取动态系统论的思路,细化适用节点和参考因素,为法官适用法律提供指引。

四是坚持充分研究论证。一方面,坚持理论与实践相结合。通过类案检索、学术资料整理和专家论证的方式,确保条文设计均有人民法院典型案例和主流学术观点支撑。另一方面,坚持解决国内问题与借鉴域外经验相结合,广泛研究借鉴德国、日本、法国等20多个国家或地区的《民法典》等域外规则设计。

三、《总则编解释》的主要内容和特点

起草《总则编解释》主要是为了解决三个方面问题。

一是确保《民法典》与旧法的有序衔接。《民法典》施行后,《民法通则》《民法总则》《合同法》等法律废止,最高人民法院相应废止了《民法通则意见》《合同法解释一》《合同法解释二》等司法解释。但这些司法解释中仍有不少条文与《民法典》一致,在审判实践中仍有重要指导价值,有必要予以保留并梳理整合,以免出现法律衔接适用空档,影响《民法典》的实施。

二是系统梳理人民法院在长期司法实践中总结积累的经验智慧。《民法典》采取的是编纂式的立法技术,大多数条文是对原有法律的承继。人民法院在适用这些法律规定处理民事纠纷时积累了许多行之有效的经验,有必要将此一并纳入,以更好地实现统一裁判尺度的目的。比如,关于表见代理的具体适用,最高人民法院2009年发布的《关于当前形势下审理民商事合同纠纷案件若干问题的指导意见》作了细化规定,历经十余年的审判实践检验,一些内容有必要吸收到《总则编解释》中。基于同样的考虑,《全国法院民商事审判工作会议纪要》中的一些规定精神也被吸收到《总则编解释》中。

三是积极回应《民法总则》施行后亟须明确的具体法律适用问题。《民法典》总则编的绝大多数规定源自《民法总则》,实际上已实施了四年多。其间,人民法院积累了丰富的审判经验,也发现了一些亟须统一规范的具体法律适用问题。特别是,《民法典》总则编凝练民事法律制度中具有普遍适用性和引领性的规则,集中体现了《民法典》严谨逻辑体系中"总"的特点和规律,这就要求各级人民法院牢固树立体系化思维,准确把握《民法典》总则编与各分编、《民法典》与其他民商事法律、基本原则与具体规定之间的适用逻辑关系。

上述三个方面的目的,归根结底是为了统一民事案件裁判尺度,更好地贯彻实施《民法典》,维护《民法典》权威。

《总则编解释》共三十九条,分为一般规定、民事权利能力和民事行为能力、监护、宣告失踪和宣告死亡、民事法律行为、代理、民事责任、诉讼时效

和附则九个部分。

其中，第一部分一般规定共三条，主要针对《民法典》总则编"总"的特点，对实践中法官普遍感到难以把握的民事法律适用规则、习惯作为法源的适用、滥用民事权利的认定与法律后果等一般性问题作出规定。

第二至第四部分属于对总则编自然人制度中有关民事权利能力和民事行为能力、监护、宣告失踪和宣告死亡等具体规则的细化规定。通过解决诉讼保护胎儿利益问题，遗嘱指定监护人、协议确定监护人、指定监护、意定监护等监护制度适用问题，以及申请宣告失踪、宣告死亡的利害关系人范围确定等问题，实现对胎儿、被监护人、失踪人及利害关系人的权利保护。

第五、第六部分属于对总则编民事法律行为和代理制度中有关具体规则的配套、细化规定。该部分主要是在《民法通则意见》《合同法解释二》等的基础上，立足理论进步与实践发展，重点解决重大误解、欺诈、胁迫的认定，以及无权代理、表见代理的具体适用等问题，突出保护善意相对人的利益。

第七、第八部分属于对总则编民事责任制度和诉讼时效制度中有关规则的细化规定。重点解决防卫过当、避险不当的认定标准，见义勇为受益人适当补偿数额的确定等问题，并对无民事行为能力人、限制民事行为能力人的权利受损害时诉讼时效期间的起算作出补充规定。

第九部分附则规定了《总则编解释》的施行日期以及适用案件范围。

《总则编解释》的条文内容主要有以下三个显著特点：

一是理念上大力弘扬社会主义核心价值观。通过细化习惯的适用规则、监护制度、民事法律行为、民事责任、诉讼时效等制度规则，将社会主义核心价值观贯穿始终，彰显《民法典》强调公平正义、倡导诚实守信的价值导向。特别是细化了正当防卫、紧急避险、见义勇为的制度规则，进一步在"扶不扶""劝不劝""追不追""救不救""为不为""管不管"等问题上亮明态度，坚决防止"和稀泥"，让司法有力量、有是非、有温度，让群众有温暖、有遵循、有保障。

二是内容上突出强调权利保护。贯彻以人民为中心的发展思想，将自然人的权利保护置于中心位置，从保护未成年人、胎儿利益，规范权利的行使，平衡失踪人与利害关系人利益等方面作出系统规定，体现了人民至上的司法立场。

三是形式上体现小而精的起草思路。始终坚持以问题为导向、以审判执行需求为出发点、以准确理解和适用《民法典》为原则，不追求大而全的体系，不追求一揽子解决所有问题，而是聚焦总则编适用中审判实践亟须解决、有较为丰富的实践基础、且能够最大限度凝聚共识的问题明确相应的法律适用规则。

四、一般规定部分的重点内容

本部分主要是对人民法院适用民事法律、习惯和禁止权利滥用原则作出指引，对司法实践中的重点难点问题作出回应。

（一）民事法律适用规则

《民法典》呈现鲜明的总分结构，不仅在总则编规定了整个法典的一般性规则，在各分编中也是先规定一般性规则，再规定具体规则或者特别规则。这种提取公因式的立法技术，使得民事法律规范在呈现法典化、体系化特征的同时，也增加了法官"找法"的难度。为帮助广大法官适应《民法典》的体系性，树立法典化思维，《总则编解释》第一条在明确《民法典》各编适用关系的同时，也对《民法典》与其他民事法律的适用问题、法律具体规则与基本原则的适用问题作出规定。

准确把握《民法典》总则编与各分编的适用关系，首先要明确《民法典》总分式架构的内在逻辑。从体系上讲，总则编主要是围绕主体、客体、法律行为、民事责任等法律关系的基本要素展开，而有关具体的民事权利、义务内容则规定在各分编中。[①] 各分编的具体规定通常可以直接适用于案件审理，但当各分编没有相应具体规定时，往往需要适用总则编中的一般规定。

例如，在处理某一具体的合同纠纷案件时，先要到《民法典》合同编的典型合同分编中查找是否存在与该合同有关的特别规定。如果有，就要优先适用特别规定，只有在没有找到特别规定时，才能适用合同编通则部分的规定；也只有在合同编通则部分没有特别规定时，才能适用总则编关于法律行为与代理的一般规定。[②] 当然，并非所有各分编未具体规定的问题都可以适用总则编的规定，尤其是涉及身份关系的情形。

因此，《总则编解释》第一条第一款规定："民法典第二编至第七编对民事关系有规定的，人民法院直接适用该规定；民法典第二编至第七编没有规定的，适用民法典第一编的规定，但是根据其性质不能适用的除外。"

关于《民法典》与其他民事法律的适用关系，《民法典》第十一条规定："其他法律对民事关系有特别规定的，依照其规定。"这就明确了特别法优先于一般法的原则。

但应当注意，在《民法典》未明确规定适用其他法律的情况下，适用单行法的前提是单行法的规定属于对《民法典》相应规定细化的规定，且不能违反

[①] 参见王利明：《以法律关系为主线构建民法典总则体系》，载《社会科学文摘》2016年第1期。
[②] 参见刘贵祥：《民法典适用的几个重大问题》，载《人民司法》2021年第1期。

《民法典》的规定，如此才能体现出《民法典》基础性法律的地位。①

同时，根据《立法法》第九十四条第一款的规定，法律之间对同一事项的新的一般规定与旧的特别规定不一致，不能确定如何适用时，由全国人民代表大会常务委员会裁决。

为指导各级人民法院正确适用《民法典》第十一条的规定，处理好《民法典》与其他民事法律的适用关系，《总则编解释》第一条第二款明确了以下两种规则。

一是对于同一民事关系，其他民事法律的规定属于对《民法典》相应规定的细化的，应当适用该民事法律的规定。例如，《民法典》第一千一百六十五条第二款规定："依照法律规定推定行为人有过错，其不能证明自己没有过错的，应当承担侵权责任。"而《个人信息保护法》第六十九条第一款明确规定了处理个人信息侵害个人信息权益造成损害，适用过错推定责任。对此类纠纷，就应当适用个人信息保护法的这一规定。又如，《电子签名法》第二十八条关于侵害电子签名人利益归责原则的规定就构成了对《民法典》第一千一百六十五条第二款有关过错推定责任规定的细化，此时应当适用《电子签名法》的规定。需要注意的是，这里的"民事法律"实质上是指民商事法律。②

二是《民法典》规定适用其他法律规定的，适用该法律的规定。因为在此情形下，《民法典》已经作出了适用其他法律的指引或者授权，此时适用其他法律的规定也不存在与立法法规定相冲突的问题。例如，《产品质量法》第四十五条规定因产品存在缺陷造成损害要求赔偿的诉讼时效期间为二年，《民法典》第一百八十八条明确"法律另有规定的，依照其规定"，此时应当适用产品质量法的规定。

《总则编解释》第一条第三款主要解决民事法律具体规定与基本原则的关系问题。《民法典》所规定的基本原则能否直接作为裁判规范以及如何作为裁判规范一直有争议。该款在梳理有关学术成果、实务做法、各方意见的基础上，明确了法律有具体规定的，"应当"适用该具体规定；法律没有具体规定时"可以遵循"基本原则。采用"可以遵循"基本原则的表述，使得条文内容更具包容性，也与法律没有具体规定时运用法律解释方法确定适用或者参照适用其他具体规定的做法相一致。

通常而言，基本原则的适用可以与有关法律解释和漏洞填补方法相结合，在没有可以适用或者参照适用的具体条文的情况下，可以遵循基本原则的规

---

① 参见王利明：《一部有力保障民法典总则编实施的司法解释——评〈最高人民法院关于适用《中华人民共和国民法典》总则编若干问题的解释〉》，载《人民法院报》2022年2月27日。

② 参见于飞：《民法典总则编解释第一条评析——民法适用的体系化》，载《人民法院报》2022年3月1日。

定。有学者认为，在纠纷的处理缺乏具体法律规定的情况下，可以结合习惯、法律原则等创造尚未由立法计划所预测或者完成的法律规则，进而填补漏洞。① 这一见解较有道理，值得在审判实践中紧密结合《民法典》的制度体系和规定精神进行有益探索。因此，有必要注意的是，在审判实践中对于法律没有具体规定的情形，并非当然直接适用基本原则。

（二）习惯作为法源的适用

根据《民法典》第十条规定，处理民事纠纷可以适用习惯，明确了习惯可以作为法源适用。在我国审判实践中，习惯作为法源多见于与丧葬事宜相关的案件，比如遗体瞻仰、告别、吊唁、祭奠等。② 需要注意的是，此处所讲的习惯不同于当事人之间形成的交易习惯，要求可以作为裁判依据。

关于习惯的认定，是人民法院适用习惯时首要明确的标准问题。对此，《总则编解释》第二条第一款规定作为法源意义上的习惯，通常表现为民间习俗、惯常做法等，其核心要义在于能够在一定范围内为特定群体长期确信并自觉遵守。这就意味着，判断是否构成民法法源的习惯，关键在于该习俗或者做法是否具备两方面的条件：一是是否具有长期性、恒定性、内心确信性；二是是否具有具体行为规则属性，即并非宽泛的道德评价标准，而能够具体引导人们的行为。③

关于习惯的证明，主要涉及举证责任的分配问题。对于习惯是否存在、何为习惯的具体内容，这首先是一项事实问题。因此，当事人主张适用习惯的，应当根据《民事诉讼法》第六十七条第一款的规定提供证据，必要时，人民法院可以依职权查明。正如王泽鉴先生所言，主张习惯法者，对于习惯法的存在，"固应负举证责任，惟法律亦应依职权调查之"。④

调研中有意见认为，习惯作为法源，应当由法官依职权查明。我们经研究未采纳上述意见，主要是考虑到我国幅员辽阔、风俗多样，人员流动情况复杂，法官事实上难以真正了解掌握当地习惯的情况。采取以由当事人主张并提供证据为主、人民法院依职权查明为辅的方式，不仅符合民事诉讼法第六十七条第二款的规定精神，也是立足我国国情，确保《民法典》第十条规定有效施行的可行做法。

关于习惯的适用，《民法典》明确习惯要作为裁判依据，必须是在法律没有具体规定的前提下，且该习惯不得违背公序良俗。由于我国历史悠久，不少习惯中文明与糟粕并存，有必要对习惯的适用采取审慎的态度。为此，《总则

---

① 参见王利明：《法律解释学导论：以民法为视角》，法律出版社2009年版，第45~46页。
② 参见浙江省绍兴市中级人民法院（2012）浙绍民终字第950号民事判决、江苏省南通市中级人民法院（2015）通中民终字第00832号民事判决。
③ 参见王利明：《论习惯作为民法渊源》，载《法学杂志》2016年第11期。
④ 王泽鉴：《民法总则》，中国政法大学出版社2001年版，第57~58页。

编解释》第二条第三款明确"适用习惯,不得违背社会主义核心价值观,不得违背公序良俗"。

(三)滥用民事权利的认定与法律后果

《民法典》第一百三十二条规定禁止权利滥用,为权利设定了范围,明确了权利行使的边界。考虑到该规定是指导民事主体依法行使民事权利的一般准则,具有较强的原则性和抽象性,有必要在司法适用时进一步具体化,《总则编解释》在第三条的位置对滥用民事权利的认定与法律后果问题作出规定。

在学理上,禁止权利滥用原则通常被认为是诚信原则的具体化表现之一,衡量权利是否滥用应围绕诚信原则展开,①但诚信原则属于抽象性法律原则,法官在适用时仍需具体判断。为解决实务中如何认定构成权利滥用的问题,《总则编解释》第三条第一款、第二款对滥用民事权利的认定作出规定。

第一款采用动态系统论的思路,明确人民法院在判断是否构成权利滥用时,可以从权利行使的对象、目的、时间、方式、造成当事人之间利益失衡的程度等因素予以考量。例如,在姚某与潘某相邻损害防免关系纠纷中,姚某安装的可视门铃对潘某进出住宅等活动信息进行自动记录、存储,超出了防盗的必要范围和合理限度,法院认定其构成滥用民事权利。② 此即从权利行使的目的、方式、造成当事人之间利益失衡的程度等角度,对当事人行使权利是否超出合理范围作出的界定。

第二款主要是从损害目的的角度对人民法院应当认定构成权利滥用的特定情形作出明确。德国民法典、俄罗斯联邦民法典明确权利滥用为"专以加害(损害)他人为目的"行使权利,我国学界也认为,权利滥用正是民事主体利用权利的合法形式,来实现损害他人或社会之目的。③ 据此,解释明确,行为人以损害国家利益、社会公共利益、他人合法权益为主要目的行使民事权利的,构成权利滥用。

在此需要说明的是,凡符合第二款规定情形的,应当认定构成滥用民事权利;存在第二款规定以外情形的,应根据第一款规定的参考因素,结合具体案情认定是否构成滥用民事权利。例如在一则案件中,被告将厨房改为厕所后,导致其厕所位于原告厨房之上,引起原告心理不适。此时因不能证明被告有损害原告利益之目的,难以直接适用第二款规定,但其权利行使方式明显不当,法院判决其恢复原状。④

关于滥用民事权利的法律后果,学界多认为,权利滥用的效果以承认权利

---

① 参见陈甦主编:《民法总则评注》,法律出版社2017年版,第910页。
② 参见江苏省无锡市中级人民法院(2019)苏02民终5307号民事判决、江苏省无锡市梁溪区人民法院(2019)苏0213民初6264号民事判决。
③ 参见佟柔:《中国民法学·民法总则》,人民法院出版社2008年版,第52页。
④ 参见江西省赣州市中级人民法院(2021)赣07民终4407号民事判决。

存在而否认其行使为原则,以权利丧失为例外。① 滥用权利行为将发生两方面的后果:一是不能发生行为人预期的法律效果;二是造成他人损害,将承担法律责任。②

我们经过多次研究论证后,在第三款规定"构成滥用民事权利的,人民法院应当认定该滥用行为不发生相应的法律效力"。换言之,权利行使本来应产生的效果,因其滥用的关系,法律遂不使之发生。③

但需注意的是,此处否定的应生效果限于该滥用行为,并不包括在合理范围内的权利行使部分。另考虑到滥用民事权利可能造成他人损害,权利滥用者应当承担相应的民事责任,故《总则编解释》选取此情形中适用法律的典型领域,列明适用《民法典》侵权责任编的规定。

当然,滥用民事权利危及他人人身、财产安全的,不仅涉及《民法典》侵权责任编的适用,还可能涉及人格权编、物权编等有关规定,对于公司股东滥用公司法人独立地位和股东有限责任损害公司债权人的利益等情形,更涉及公司法的有关规定,对此直接按照相应规定处理即可,难以一一列举,故使用"等"字予以概括,避免条文过于烦琐。

五、监护部分的重点内容

《民法典》确立了"以家庭监护为基础,以社会监护为补充,以国家监护为兜底"的监护制度体系。为将监护制度准确落实落地,《总则编解释》从监护能力的认定、监护人的确定、监护职责的委托行使等角度作了补充规定。其中,遗嘱指定监护人、协议确定监护人、意定监护属于当事人通过意思自治确定监护人的方式,为加强相关规则适用,《总则编解释》第七条、第八条、第十一条作出进一步细化规定。

(一)遗嘱指定监护人

《总则编解释》第七条关于遗嘱指定监护人的规定,旨在解决以下两种情形中的监护人确定问题:一是遗嘱生效时,被指定的人不同意担任监护人;二是被监护人是未成年人时,父母中的一方通过遗嘱指定监护人,因而与遗嘱生效时有监护能力的另一方的法定监护之间产生冲突。

对于第一种情形,《总则编解释》第七条第一款明确,人民法院应当适用《民法典》第二十七条、第二十八条的规定确定监护人。在此需要说明的是以下方面。

第一,关于被指定的人拒绝担任监护人的权利。按照遗嘱的性质,遗嘱人

---

① 参见梁慧星:《读条文 学民法》,人民法院出版社2017年版,第60页。
② 参见王利明:《民法总则研究》,中国人民大学出版社2018年版,第45页。
③ 参见钱玉林:《禁止权利滥用的法理分析》,载《现代法学》2002年第1期。

订立遗嘱无论是自书遗嘱或者公证遗嘱，均不要求事先征得拟指定的人（个人或者组织）同意，依据意思自治原则，遗嘱内容公开后被指定的个人或者组织理当可以拒绝担任监护人。①且对被指定人而言，担任监护人意味着重大的法律职责，应充分考虑其自愿性，应当允许其拒绝接受指定。②在比较法上，魁北克《民法典》第202条第2款、第203条规定更是直接明确了遗嘱指定监护人应当考虑被指定的人的意愿（魁北克《民法典》第202条第2款规定：如被指定人知悉指定后30日内未拒绝，推定为接受职责。第203条规定：父亲或母亲指定的监护人接受或拒绝监护职责，应告知遗产清算人和公共保佐人）。

第二，关于被指定的人拒绝担任监护人时的监护人确定规则。被指定的人拒绝接受指定的，应当视为没有遗嘱指定监护人，故应当按照法律的规定，即适用《民法典》第二十七条、第二十八条的规定确定监护人。

对于第二种情形，为减少实践争议，《总则编解释》第七条第二款明确人民法院应当适用《民法典》第二十七条第一款的规定确定监护人，即由父母中有监护能力的另一方担任监护人。这主要是考虑到，父母担任未成年子女的法定监护人是无条件的，只有在父母死亡或者没有监护能力的情况下，才可以由其他组织或者有关组织担任监护人。③

（二）协议确定监护人

《民法典》第三十条规定，依法具有监护资格的人之间可以协议确定监护人。由于《民法典》第二十七条第一款明确规定未成年人的父母为其监护人，故未成年人的父母有监护能力的，当然不得与其他人签订协议，确定由其他人担任监护人，推卸自身责任。④为此，《总则编解释》第八条第一款对未成年人的父母协议确定监护人的权限作出规定，明确父母不得通过协议免除该具有监护能力的父母的监护职责，而仅得约定在其丧失监护能力时由具有监护资格的人担任监护人。这既兼顾了父母对未成年子女负有法定监护职责的要求，也体现了对父母预先安排未成年子女监护问题的尊重。

关于以协议监护方式确定的监护人能否突破法定监护顺序的问题，有观点认为，有权协商的人，必须是根据《民法典》第二十七条和第二十八条有监护资格的人，而且应当遵守这两条关于监护顺位的规定，即必须先由上一顺位的数位具有监护资格的人进行协商。⑤这就意味着，协议确定的监护人将受到监护顺序的限制。也有观点认为，这一解释对于监护顺序的理解过于严苛，将以亲属血缘关系为基础的监护顺序置于被监护人的最大利益考虑之上，且不符合

---

① 参见梁慧星：《民法总则讲义》，法律出版社2021年版，第68页。
② 参见满洪杰：《〈民法总则〉监护设立制度解释论纲》，载《法学论坛》2018年第3期。
③ 参见黄薇主编：《中华人民共和国民法典释义》，法律出版社2020年版，第58页。
④ 参见黄薇主编：《中华人民共和国民法典总则编释义》，法律出版社2020年版，第82页。
⑤ 参见王利明主编：《中华人民共和国民法总则详解》，中国法制出版社2017年版，第142页。

监护顺序弱化的发展趋势。①

我们经研究认为,《民法典》第三十条的立法本意是在尊重被监护人真实意愿的基础上,通过依法具有监护资格的人之间的协商确定,最大程度体现最有利于被监护人的原则。如对协议监护在顺序上作严苛限制,可能因受限于法定监护顺序,而难以确定最合适的监护人,进而与《民法典》第三十条的立法目的相悖。

因此,《总则编解释》第八条第二款明确,协议确定的监护人不受法定监护顺序的限制,不同顺序依法具有监护资格的人可以共同担任监护人,顺序在后的具有监护资格的人也可以经协议约定作为监护人。

(三)意定监护

意定监护,以书面的监护协议为成立要件。实践中,关于该监护协议能否参照适用委托合同的问题,一直存有争议。

一种观点认为,一方委托另一方当事人,在一方丧失或者部分丧失民事行为能力时,另一方为其担任监护人的协议,显然具有委托合同的属性。② 也有观点认为,意定监护协议在原则上可以适用委托合同的原理和规则,但需考虑意定监护的特别之处。因为按照意定监护的委托合同构造,委托合同仅给予受托人处理他人事务的事务管理权,不一定包括代理权授予,而意定监护中的代理权主要源于意定授权。③ 且意定监护协议具体参照适用委托合同到什么程度很难确定,比如违约责任、违约金调整以及是否区分有偿与无偿等问题,一概参照适用委托合同不够妥当。最终,《总则编解释》第十一条重点聚焦实践中普遍关注的意定监护中监护协议的任意解除权问题作出规定。

一是充分考虑监护本身包含的职责或者负担属性,以及双方当事人的信任关系是意定监护的基础等因素,参照《民法典》第九百三十三条关于委托合同中委托人和受托人任意解除权的规定,明确在成年人丧失或者部分丧失民事行为能力前,成年人和意定监护人均享有任意解除监护协议的权利。这是因为在监护协议生效以前,受托人尚未成为监护人,无须履行监护职责,委托人也尚处于完全民事行为能力阶段,通过意思自治原则完全能充分维护自己的权益,如果任何一方萌生解除协议的念头,强行维持的监护关系也不能最大限度地维护被监护人的利益。④

二是明确在成年人已经丧失或者部分丧失民事行为能力的情况下,意定监

---

① 参见满洪杰:《〈民法总则〉监护设立制度解释论纲》,载《法学论坛》2018年第3期。
② 参见杨立新:《民法典总则编司法解释对成年意定监护制度的完善》,载《人民法院报》2022年2月28日。
③ 参见朱晓喆:《意定监护与信托协同应用的法理基础——以受托人的管理权限和义务为重点》,载《环球法律评论》2020年第5期。
④ 参见张素华:《意定监护制度实施中的困境与破解》,载《东方法学》2020年第2期。

护人无正当理由不享有解除监护协议的权利。这主要考虑到，此时意定监护人已经负有依据该监护协议履行监护职责的义务，并且此处的监护职责与法定监护、指定监护规则下的监护职责在本质上具有一致性，即具有法定性乃至强制性。如仍允许监护人行使任意解除权，极易产生监护真空，使得意定监护制度功能价值大打折扣。但是如果在此情形下一概认定监护人不享有任意解除权，过于绝对，我们参考借鉴我国台湾地区"民法"的做法，增加了"无正当理由"这一限定。

考虑到成年人丧失或者部分丧失民事行为能力后，意定监护人应当开始履行监护职责，为引导意定监护人依法履行监护职责，保护被监护人的合法利益，《总则编解释》第十一条第二款明确了有关撤销意定监护人监护资格的规则。

需要说明的是，该款规定特别注意了与《民法典》第四百六十四条第二款规定的衔接。因为意定监护系以有关监护关系的协议为基础，应当适用有关监护关系的法律规定，仅在监护制度没有规定的情况下，才可以根据协议性质参照适用合同编的规定。鉴于通过意定监护和法定监护方式确定的监护人，监护行为都应当受到整个《民法典》监护制度的约束，故《总则编解释》第十一条第二款将对意定监护人的监督指向《民法典》第三十六条第一款，不仅没有突破《民法典》第三十六条的立法本意，还满足了对意定监护人进行监督的实践需要。

有观点认为，这一规定为当事人通过协议选择监护监督人也预留了空间。如果成年人与《民法典》第三十六条第二款规定的其他依法具有监护资格的人，居民委员会、村民委员会、医疗机构、妇女联合会、残疾人联合会、依法设立的老年人组织、民政部门等民事主体签订意定监护监督协议，依据合同自愿原则，没有不认可其效力的理由。这既不违反法律的现行规定，又能认可意定监护监督协议的效力，对意定监护协议进行监督，更好地保护意定被监护人的合法权益。[①]

这一见解较有道理，在《总则编解释》起草过程中，我们曾根据实践需要对监护监督制度作了规定，后因各方意见尚未完全一致而未规定，但这不影响实践中继续探索积累经验。

六、宣告失踪、宣告死亡部分的重点内容

《总则编解释》关于宣告失踪、宣告死亡部分的规定共四条，主要是对申请宣告失踪、宣告死亡的利害关系人范围，财产代管人的诉讼地位，战争期间

---

① 杨立新：《民法典总则编司法解释对成年意定监护制度的完善》，载《人民法院报》2022年2月28日。

下落不明申请宣告死亡的期间作出规定。

（一）申请宣告失踪的利害关系人

宣告失踪为对自然人失踪事实之司法确定，其具有双重目的：首先，维护失踪人自身的合法利益，使其不因财产无人管理而遭受不测之损害；其次，维护与失踪人有利害关系的当事人的合法权益，使其不受失踪人失踪之事实而导致的财产损害。①

因此，在确定申请宣告失踪的利害关系人范围时，应注重平衡被申请宣告失踪人与利害关系人的利益。

为此，《总则编解释》第十四条第一项沿用了《民法通则意见》第24条的做法，明确被申请人的近亲属有权申请宣告失踪。

第二项明确了依据《民法典》第一千一百二十八条、第一千一百二十九条规定对被申请人有继承权的亲属也有权申请宣告失踪。这是因为，《民法典》第一千一百二十八条规定的代位继承人、第一千一百二十九条规定的丧偶儿媳或者丧偶女婿作为典型的继承人，与被申请人存在财产上的利害关系，且难以为近亲属所涵盖，有必要予以规定。

第三项主要是在《民法通则意见》有关"与被申请人有民事权利义务关系的人"的规定基础上，将债权人、债务人、合伙人作为典型的与被申请人有民事权利义务关系的民事主体予以列明，同时为防止申请宣告失踪制度的滥用，设定了"不申请宣告失踪不影响其权利行使、义务履行"的除外条件。

（二）申请宣告死亡的利害关系人

关于申请宣告死亡的利害关系人范围，《贯彻民法典会议纪要》曾专门阐释利害关系人申请宣告死亡无顺序限制的问题，对此不再赘述。《总则编解释》的起草也遵循这一思路，并为防止宣告死亡制度的滥用，对申请宣告死亡的利害关系人条件作出严格限制。

考虑到宣告死亡制度对亲属身份利益的影响重大，且主要涉及继承人利益问题，《总则编解释》第十六条第一款明确作为第一顺序继承人的配偶、父母、子女以及依据《民法典》第一千一百二十九条规定对被申请人有继承权的亲属有权申请宣告死亡。

第二款主要从尽量减少对近亲属间身份利益尤其夫妻身份权益方面不利影响的角度，对被申请人的其他近亲属以及依据《民法典》第一千一百二十八条规定对被申请人有继承权的亲属申请宣告死亡的条件作出明确。如对于被申请人的其他近亲属而言，其属于第二顺序的法定继承人，在第一顺序的法定继承人均已死亡或者下落不明时才享有继承权利，此时可认定与被申请人有利害关系。或者其他近亲属符合"不申请宣告死亡不能保护其相应合法权益"的条件

---

① 参见尹田：《论宣告失踪与宣告死亡》，载《法学研究》2001年第6期。

的，也可以认定为利害关系人。

另外，考虑到多数情况下，债权人、债务人、合伙人等的利益保护问题可以通过财产权益保护制度解决，不宜在申请宣告死亡方面过分"开口子"，故在第三款明确了债权人、债务人、合伙人等民事主体无权申请宣告死亡的一般原则，同时结合现实需要，设有"但是不申请宣告死亡不能保护其相应合法权益的除外"的但书规定，给特殊情形下上述主体申请宣告死亡留有空间。如有学者即指出："自改革开放以来，已经发生利害关系人出于侵占下落不明的自然人的财产、损害其他利害关系人合法权益，以及冒领其退休金、养老金、补助金等违法目的，故意不提出死亡宣告申请的社会问题。"①

七、民事法律行为部分的重点内容

《总则编解释》在民事法律行为部分，对认定民事法律行为的其他形式、重大误解、欺诈、胁迫的认定，以及意思表示的误传、民事法律行为不成立的法律后果、民事法律行为附不可能条件的效力认定作出规定。

（一）重大误解

关于重大误解的认定问题，《总则编解释》第十九条对《民法通则意见》第七十一条的规定作了较大调整。调研中，关于如何构建重大误解的认定规则，有两种不同观点。

一种观点主张参考比较法上的做法，强化对善意相对人的保护，严格限制行为人的撤销权。②

另一种观点认为，不宜对行为人的撤销权作过多限制，不论相对人是否善意，均得主张撤销，故在《民法通则意见》第七十一条的规定基础上作适当修改即可。调研中有意见反映，限制撤销权的行使虽有一定道理，但是过于抽象，且易与欺诈等情形混淆，实践中不易操作，故我们在传承《民法通则意见》第七十一条规定的基础上，主要作以下调整。

一是增加价格作为典型的重大误解情形。这一规定旨在回应实践需求，考虑到因"薅羊毛"问题引发的经营者主张撤销合同问题，主要源于经营者在商品价格方面的标示性错误，故将价格作为重大误解的典型情形予以列举。

二是根据调研意见适当调整重大误解中重大性的判断标准。调研中，关于重大误解中对"重大"的认定是否需以造成较大损失为标准，存在不同意见。有意见认为，造成较大损失是《民法通则意见》施行以来形成的共识，法官容

---

① 梁慧星：《民法总则讲义》，法律出版社2021年版，第103页。
② 如《国际商事合同通则》（PICC）第3.2.2条、《欧洲合同法原则》（PECL）第4：103条、《欧洲示范民法典草案》（DCFR）第2—7：201条，以及荷兰《民法典》第6：228条等的规定，均强调相对人参与了行为人的错误认识的，应当保护行为人的真意。反之，相对人属于善意，行为人不得主张撤销。

易掌握；也有意见认为，较大损失本身很难界定，可操作性不强。我们经研究认为，重大误解的认定不应以造成或者可能造成较大损失为构成要件。例如，卖家混淆买家想购买的纪念品颜色，弄错节日带有特定意义的花束品种，虽未对买家造成重大损失，但违背了买家的交易目的，同样构成重大误解。因此《总则编解释》第十九条第一款明确将"重大"解释为"按照通常理解如果不发生该错误认识行为人就不会作出相应意思表示"。

三是明确主张重大误解的举证责任和不得主张重大误解的情形。行为人主张基于重大误解请求撤销民事法律行为，应当举证证明其在实施民事法律行为时存重大误解，同时考虑到古董买卖等交易习惯的特殊性，以及社会生活发展的复杂性，作但书规定"根据交易习惯等认定行为人无权请求撤销的除外"。

（二）其他重点内容

1. 民事法律行为的其他形式

《民法典》第一百三十五条延续了《民法通则》《合同法》有关规定的精神，明确民事法律行为可以采取其他形式。同时，《民法典》第一百四十条为新增规定，明确意思表示可以通过默示或者沉默的方式作出。此前，《合同法解释二》第二条就订立合同的其他方式作过规定。我们认为，有关"其他形式"问题，虽以合同领域为典型，但并不限于合同，故有必要在遵循《民法典》规定精神的基础上，总结《合同法解释二》的经验做法，上升为总则编的细化规则，并衔接好《民法典》第一百三十五条和第一百四十条的规定，为司法实践中准确认定以其他形式实施民事法律行为作出指引。

2. 意思表示的转达错误

关于意思表示的转达错误，《民法典》未作规定，而《民法通则意见》第77条的规定没有解决有关意思表示人与相对人之间的关系问题。对此，调研中有两种不同意见。一种意见认为，应当参照域外立法的通行做法，按照意思表示错误（重大误解）的思路解决；另一种意见主张，意思表示人与转达人之间是委托关系，可参照表见代理的规则，强调对善意相对人的保护。经研究，我们采纳了第一种意见，主要考虑是：第一，对转达错误参照表见代理的规则，缺乏明确的法律依据。第二，意思表示的转达错误属于意思表示错误范畴，通过重大误解来解决符合法理。特别是转达意思表示的第三人本质上是使者，与代理人存在显著区别，如代理人需有民事行为能力而使者无此限制。第三，符合域外法例的通行规则。

3. 欺诈、胁迫

《总则编解释》在《民法通则意见》的基础上修改完善了欺诈、胁迫的认定要件。

关于欺诈的认定，主要修改是明确行为人故意隐瞒真实情况构成欺诈的，应当以其负有告知义务为前提。欺诈行为包括（故意）告知虚假情况和（故意）隐瞒真实情况两种情形，但二者在评价上不应完全相同。在前一种情形下，行为人积极地通过编造虚假事实、提供误导信息等方式使对方陷入错误认识，违反了交易磋商过程中的普遍性不作为义务，必然对相对人的意思决定自由造成严重侵害；而在后一种情形下，相对人只是因行为人消极地不提供重要交易信息而陷入错误认识，但由于双方当事人之间存在利益冲突，原则上应由相对人亲自搜寻对己方有利之交易信息，除非行为人负有主动告知的义务。①需要注意的是，这里的告知义务可以来源于法律规定、诚信原则、交易习惯等。

关于胁迫的认定，采纳学术界的意见，明确被胁迫人是基于恐惧心理作出意思表示。

4. 民事法律行为不成立

《民法典》第一百五十七条规定了民事法律行为无效、被撤销或者确定不发生效力的法律后果，调研中，部分高院建议吸收2019年《全国法院民商事审判工作会议纪要》第三十二条的规定，明确规定民事法律行为不成立的法律后果。我们经研究，采纳有关建议，明确民事法律行为不成立，当事人请求返还财产、折价补偿或者赔偿损失的，参照适用《民法典》第一百五十七条的规定。这是因为，在隐藏的未达成合意时，尽管合同因双方意思表示不一致而不能成立，但当事人完全可能因不知合同不成立的事实而履行合同，此时也存在返还财产、折价补偿、损害赔偿等问题。由于不成立已超出《民法典》第一百五十七条之可能文义的范围，故是"参照适用"。②

5. 附不可能条件的民事法律行为

对附不可能条件的民事法律行为的效力，《民法通则意见》第七十五条直接规定为无效，未考虑生效条件、解除条件对民事法律行为效力的不同影响。《总则编解释》根据调研意见对《民法通则意见》第七十五条作出较大调整，分别针对所附条件为生效条件或者解除条件作出规定。当事人约定不可能条件为生效条件的，从意思表示解释的角度看，应当解释为当事人根本不希望民事法律行为发生效力。当事人约定上述条件为解除条件的，因解除条件不可能成就，民事法律行为应视为未附解除条件，民事法律行为是否失效应当依照《民法典》和相关法律、行政法规的规定认定。

八、代理部分的重点内容

《总则编解释》在代理部分的规定共有五条，主要规定了共同代理、紧急

---

① 参见申卫星：《民法典总则编司法解释对法律行为制度的发展》，载《人民法院报》2022年3月1日。

② 参见朱广新：《经验、法理与体系：民法典总则编司法解释的三重思维》，载《人民法院报》2022年2月28日。

情况下的转代理、无权代理的适用、表见代理中相对人有理由相信行为人有代理权的认定，以及追认意思表示的作出对象与生效时间。其中，对表见代理制度作出细化规定，是实务界尤其关注的重点。据统计，2019 年 1 月 1 日至 2021 年 12 月 31 日，涉表见代理的民事案件达 67665 件。①

如何认定相对人有理由相信行为人有代理权，是表见代理认定的核心问题。此前，《最高人民法院关于当前形势下审理民商事合同纠纷案件若干问题的指导意见》第十三条明确："《合同法》第四十九条规定的表见代理制度不仅要求代理人的无权代理行为在客观上形成具有代理权的表象，而且要求相对人在主观上善意且无过失地相信行为人有代理权……"鉴于该规定在各级人民法院裁判中得到了普遍遵循，适用效果较好，我们将之上升为司法解释规则。

为细化表见代理制度的适用规则，《总则编解释》第二十八条第一款第二项将"相对人善意且无过失"进一步明确为"相对人不知道行为人行为时没有代理权，且无过失"。调研中，对于应当采纳无过失标准还是无重大过失标准，存在不同认识。

一种意见认为，可以参考《最高人民法院关于适用〈中华人民共和国民法典〉物权编的解释（一）》第十四条有关善意取得的认定规则，规定为无重大过失，以体现规则的一致性。

另一种意见认为，无过失标准更有利于平衡被代理人与相对人的利益。

经研究认为，较之善意取得，在表见代理中，行为人必须以被代理人的名义作出代理行为，相对人至少知道被代理人的存在，获知行为人无权代理的信息成本要低一些，因此，表见代理中相对人善意的要求程度更高一些。② 相对人不仅主观上不能有重大过失，而且应无一般过失，否则容易因滥用表见代理制度损害被代理人的利益。

还有学者指出，表见代理是以牺牲被代理人的利益为代价实现交易安全保护的一项制度，在未将代理权外观的形成可归责于被代理人规定为表见代理的一个构成要件的情况下，如果仅要求相对人负担较轻的注意义务（无重大过失），被代理人通常会面临较为宽泛的受损害风险。③

因此，我们采取了无过失的标准。对此情形的认定，需要结合代理行为存在诸如合同书、公章、印鉴等有权代理的客观表象形式要素，以及合同的缔结时间、以谁的名义签字、是否盖有相关印章及印章真伪、标的物的交付方式与地点等因素综合判断。

---

① 在中国裁判文书网上以"表见代理"为关键词检索，2022 年 1 月 12 日访问。
② 参见王利明主编：《中国民法典释评总则编》，中国人民大学出版社 2020 年版，第 433 页。
③ 参见朱广新：《经验、法理与体系：民法典总则编司法解释的三重思维》，载《人民法院报》2022 年 2 月 28 日。

此外,《总则编解释》第二十八条第二款还规定了有关举证责任的分配问题。这是为了贯彻善意推定的原则,明确相对人就行为人存在代理权的外观承担举证责任,被代理人就相对人非善意承担举证责任,为审判实践提供指引。因为"按照社会生活经验,'不知道'是难于举证证明的,故法庭不要求相对人就自己属于善意举证,而依'善意推定'的法理进行判断"。①

九、民事责任部分的重点内容

《总则编解释》第七部分通过对正当防卫的认定、防卫过当的认定和责任、紧急避险的认定、避险不当的认定和责任、见义勇为受益人适当补偿数额的确定等细化规定,明确了有关认定标准和责任分担问题,鲜明体现了弘扬社会主义核心价值观的价值导向。

(一)关于正当防卫、紧急避险的认定

关于正当防卫、紧急避险的认定,民事法律和司法解释一直未作明确规定,此前审判实践中通常是依据民法法理来认定,调研中不少意见认为有必要予以明确,为类似案件审理提供统一具体的法律适用规则。对此,《总则编解释》第三十条、第三十二条在参考有关刑事法律规定的基础上作出明确。《总则编解释》第三十条从防卫的起因、目的、时间、对象等角度,为人民法院正确适用正当防卫制度作出指引。《总则编解释》第三十二条为法官认定是否构成紧急避险,明确了避险的起因、目的、时间、紧迫性等重要参考因素。

(二)关于防卫过当、避险不当的认定与责任

关于防卫过当、避险不当的认定,《总则编解释》第三十一条、第三十三条均采取了动态系统论的思路,为人民法院依法认定作出指引。

对于防卫过当的民事责任,《总则编解释》第三十一条第二款规定明确了《民法典》第一百八十一条第二款规定的"适当的民事责任"是指部分责任,而不是全部责任,即正当防卫人只在造成不应有的损害范围内承担部分责任。

对于避险不当的民事责任,考虑到实践中紧急避险的情形非常复杂(从危险发生的原因看,可能是自然原因引起的,也可能是第三人行为引起的,还有可能是避险人的行为引起的;从避险目的看,可能是为了保护避险人利益,可能是为了保护引起险情的人的利益,也可能是为了保护其他人利益,或者兼而有之;从避险过当造成的损害后果看,可能造成了避险人损害,可能造成了引起险情的人的损害,也可能造成了其他人的损害),《总则编解释》第三十三条列出参考因素,指引法官在认定紧急避险人的责任时可以综合紧急避险人的过错程度、避险措施造成不应有的损害的原因力大小、紧急避险人是否为受益人等因素认定。

---

① 梁慧星:《民法总则讲义》,法律出版社2021年版,第316~317页。

（三）关于见义勇为受益人适当补偿数额的确定规则

因见义勇为使自己受到损害，在侵害人无力赔偿或者没有侵害人的情况下，受害人提出请求的，《民法通则意见》第一百四十二条规定，人民法院可以根据受益人受益的多少及其经济状况，责令受益人给予适当补偿。为鼓励见义勇为行为，不让见义勇为者流血又流泪，《总则编解释》第三十四条在此基础上，采用动态系统论的思路，明确了见义勇为受益人适当补偿数额的确定规则。

第一，保留《民法通则意见》规定中"受益人受益的多少及其经济状况"作为考量因素。

第二，增加受害人所受损失的情况作为考量因素。主要考虑是，受益人对受害人的法定补偿是侵权责任法分配正义的体现，① 虽不适用赔偿责任的填平原则，但受害人的受损情况仍是最重要的考量因素。因为只有先确定受损情况，才能进一步确定补偿数额。一般而言，受害人所受损害严重的，应适当增加受益人补偿数额。

第三，增加受害人已获赔偿的情况作为考量因素。因为按照立法本意，见义勇为受害人的损失原则上应当由侵权人负责赔偿，在有侵权人时受益人仅是可以给予适当补偿，而只有在没有侵权人、侵权人逃逸或者侵权人无力赔偿的情况下，才应当由受益人适当补偿。因此，受害人的损失已经由侵权人部分填补的，受益人的补偿责任应当相应减轻。

十、其他部分的重点内容

（一）关于父母诉讼保护胎儿利益的时间问题

关于胎儿利益能否在娩出前得到保护，理论与实务中主要存在法定解除条件说和法定停止条件说两种观点。② 前者认为，根据《民法典》第十六条的规定，在涉及遗产继承、接受赠与等胎儿利益保护情形下，胎儿视为具有民事权利能力，虽未出生视为已出生，应当肯定其诉的利益；后者认为，胎儿娩出是否为活体尚未确定，如为死体则涉及利益返还问题，并且胎儿姓名尚未确定，实践中在诉讼主体列明方面存在操作困难，故以胎儿娩出为活体后再起诉为宜。

对此，《总则编解释》第四条明确胎儿利益可以在娩出前得到保护，并且可由父母作为法定代理人主张相应权利。主要理由是，虽然父母在胎儿出生后

---

① 参见 [美] 约翰·罗尔斯：《正义论》，何怀宏等译，中国社会科学出版社2009年版，第12页。

② 参见最高人民法院民法典贯彻实施工作领导小组主编：《中华人民共和国民法典总则编理解与适用》，人民法院出版社2020年版，第115页。

代为起诉，相对于在胎儿娩出前起诉，人民法院处理有关诉讼案件更为简易，但肯定父母在胎儿娩出前代为起诉的权利，更符合《民法典》第十六条关于加强胎儿利益保护的立法本意。① 反之，如"一刀切"否定胎儿出生前的诉权，并不利于胎儿利益的保护。不仅不符合《民法典》的立法精神，且可能导致个案诉讼中出现极不公平的局面，比如给侵权人恶意转让财产提供时间，致使胎儿健康维护所需费用得不到及时赔付等。况且，随着医疗卫生事业的发展，胎儿娩出时死亡率较低，即使胎儿娩出为死体，亦可通过受理后中止审理、中止执行甚至执行回转等方式解决。故《总则编解释》采取对胎儿利益可在娩出前诉讼保护的态度，有利于从真正意义上将《民法典》前沿性保护胎儿利益这一亮点规则落实落地。

关于《民法典》总则编第十六条规定的"涉及遗产继承、接受赠与等"中的"等"的细化问题，我们在起草过程中曾规定了损害赔偿的情形，但由于这一问题较为复杂，且涉及伦理问题，实践中争议也较大，最终对此未作规定。特别是涉及胎儿身体健康权益侵害的问题，往往与其母体受到相应损害密切相连，有观点认为，对此完全可以通过孕妇主张对自身身体健康权进行损害赔偿进行救济。我们认为，不少情形下通过这一做法可以解决问题，也有利于避免法律关系过于复杂化，但考虑到社会生活及有关纠纷案件的多样性，对于胎儿的损害与孕妇自身所遭受损害的关联性及合理界分问题，还有必要在实践中通过具体案例进一步探索积累经验。

（二）关于诉讼时效的规定

1. 关于诉讼时效中止、中断和延长

《总则编解释》第三十五条对诉讼时效中止、中断和延长的具体适用作了规定，重点是明确《民法典》第一百八十八条规定的三年诉讼时效期间可否延长的问题。对此，理论和实践中存在不同认识。

有观点认为，《民法典》第一百八十八条第二款规定的诉讼时效延长主要适用于普通诉讼时效期间，而不适用于最长诉讼时效期间。法律规定最长诉讼时效制度的主要目的是给权利行使设定一个固定期限，如果允许该期限延长，就会使该最长期限变成可变期限，法律设置该最长期限的目的也将不复存在。② 《民法通则意见》第一百七十五条则规定，《民法通则》第一百三十五条、第一百三十六条规定的诉讼时效期间，可以适用中止、中断和延长的规定，二十年期间可以适用延长的规定，不适用中止、中断的规定。

还有观点认为，《民法典》第一百八十八条仅规定了最长诉讼时效期间的延长，普通诉讼时效不再适用延长的规则。《民法典》的有关释义性资料也持

---

① 参见黄薇主编：《中华人民共和国民法典释义》，法律出版社2020年版，第39页。
② 参见王利明、杨立新、王轶、程啸：《民法学》，法律出版社2020年版，第303页。

相同观点。①

部分学术著作亦指出："所谓诉讼时效期间的延长，只能适用于二十年长期时效期间。三年普通时效期间，因有中止、中断的规定，不发生延长问题。"②

产生以上认识分歧的一个重要原因就是《民法典》第一百八十八条第二款规定相较于《民法通则》第一百三十七条规定的标点符号调整，《民法通则》第一百三十七条但书中"有特殊情况的"前面为句号，而《民法典》中为逗号。考虑到立法本意是普通诉讼时效期间不适用延长，而在调研中发现绝大多数法官依然存在《民法通则意见》第一百七十五条规定形成的思维惯性，故在充分调研并征询立法机关意见后达成共识，明确规定普通诉讼时效期间可以适用中止、中断的规定，不适用延长的规定，最长诉讼时效期间不适用中止、中断的规定。

2. 关于无民事行为能力人、限制民事行为能力人的诉讼时效期间起算规则

《总则编解释》第三十六条明确，无民事行为能力人、限制民事行为能力人遭受法定代理人以外的人侵害的，诉讼时效期间自法定代理人知道或者应当知道损害事实以及义务人之日起计算。此即对照《民法典》第一百八十八条第二款，明确无民事行为能力人、限制民事行为能力人权利受到损害的，以其法定代理人知道或者应当知道的时间为起算点。

此外，《总则编解释》第三十七条还补充规定了无民事行为能力人、限制民事行为能力人对法定代理人的诉讼时效期间起算规则。主要考虑是，虽然《民法典》第一百九十条规定"无民事行为能力人、限制民事行为能力人对其法定代理人的请求权的诉讼时效期间，自该法定代理终止之日起计算"，但在实践中，已经发生法定代理终止时，无民事行为能力人、限制民事行为能力人仍不知道损害事实和义务人，或者仍因民事行为能力欠缺而无法亲自主张权利的情形。

因此，该条规定，即使原法定代理已经终止，诉讼时效期间也并非当然按照《民法典》第一百九十条的规定开始计算，而是适用《民法典》第一百八十八条第二款、《总则编解释》第三十六条的规定，自相应民事主体知道或者应当知道权利受到损害之日起计算。具体而言，无民事行为能力人、限制民事行为能力人如系因取得、恢复完全民事行为能力导致法定代理终止，且在终止后才知道权利受到损害的，自其本人知道或者应当知道权利受到损害之日起计算；如系原法定代理终止并确定新的法定代理人，且新的法定代理人在原法定

---

① 参见黄薇主编：《中华人民共和国民法典释义》，法律出版社2020年版，第377页。
② 梁慧星：《民法总论》，法律出版社2017年版，第265页。

代理终止后才知道权利受损害的，自其新的法定代理人知道或者应当知道权利受到损害之日起计算。

3. 关于与相关司法解释的衔接

调研中，有学者建议将《最高人民法院关于审理民事案件适用诉讼时效制度若干问题的规定》（2020年修正，以下简称《诉讼时效规定》）整体纳入《总则编解释》。

我们经研究认为，《总则编解释》和《诉讼时效规定》有不同的侧重点。《总则编解释》的本部分规则紧密围绕对《民法典》关于诉讼时效的具体条文的细化展开，旨在解决《民法典》关于诉讼时效规则的相互衔接问题，在体系上保持了与《民法通则意见》的连续性；而《诉讼时效规定》则是针对司法实践中涉及诉讼时效适用的具体问题展开，在内容上与《总则编解释》各有侧重，且在2020年司法解释全面清理工作中已经系统清理修订后重新发布。按照最高人民法院审委会关于构建《民法典》司法解释体系的思路，《总则编解释》起到一般规则的作用，应当紧扣总则编的条文进行；而《诉讼时效规定》系对具体问题的规定，属于另一层级的司法解释。因此二者在体系上也各有分工，可以相互呼应，形成完整体系。

（撰稿人：郭　锋　陈龙业　蒋家棣　刘　婷）

【链　接】

弘扬社会主义核心价值观　确保民法典统一正确实施
——最高人民法院研究室负责人就民法典总则编司法解释答记者问

2022年2月25日，最高人民法院发布了《最高人民法院关于适用〈中华人民共和国民法典〉总则编若干问题的解释》（以下简称《总则编解释》）。制定《总则编解释》，是最高人民法院深入学习贯彻习近平法治思想，切实实施《民法典》，依法保护民事主体合法权益，确保法律统一正确适用的重要举措。最高人民法院研究室负责人就《总则编解释》有关问题回答了记者提问。

一、问：习近平总书记指出，要坚持依法治国和以德治国相结合，把社会主义核心价值观融入法治建设。据悉，此次《总则编解释》特别强调弘扬社会主义核心价值观，这主要体现在哪些方面？

答：习近平总书记指出，要推动把社会主义核心价值观贯穿立法、执法、司法、守法各环节，使社会主义法治成为良法善治。《总则编解释》通篇都践行了社会主义核心价值观。具体主要体现在如下几个方面：

一是倡导文明观念，弘扬良好社会风尚。随着时代发展，权利的内涵日益丰富，行使方式也更加多样，与此同时，权利滥用的情况也时有发生。比如，有的民事主体为保护自身权益私装摄像头拍摄、窥视他人的私密活动，就构成对他人隐私权的侵害。根据实践需要，在综合各方意见基础上，本解释第三条对滥用民事权利的具体认定和法律后果作出规定，为相关案件的审理提供统一的裁判标准，同时也起到行为导向作用，促进形成依法文明行使权利的良好风尚。

二是践行平等理念，细化权利保护规则。本解释将平等保护权利，特别是自然人权利置于突出位置。比如，根据"最有利于被监护人的原则"细化了监护制度，在民事法律行为和代理制度部分强化了对善意相对人的保护，在诉讼时效部分中细化了无民事行为能力人或者限制民事行为能力人的权利受到损害时的诉讼时效期间起算规则。

三是贯彻诚信原则，维护交易安全。诚信原则是社会主义核心价值观在民事法律制度中的重要体现。《总则编解释》关于权利滥用、重大误解、欺诈、表见代理等认定规则，均贯彻了诚信原则的要求。比如，本解释第二十一条在传承原《最高人民法院关于贯彻执行〈中华人民共和国民法通则〉若干问题的意见（试行）》有关欺诈规定的基础上，明确了负有告知义务而故意不告知的，可以认定为欺诈。这里的告知义务的来源，包括了法律规定、交易习惯和诚信原则等。

四是褒扬友善品格，鼓励好人好事。本解释在民事责任部分作出细化规定，明确了防卫过当造成不应有损害的，防卫人只承担部分责任，以及见义勇为受益人适当补偿数额的确定规则等。主要目的就是通过明确认定标准和责任承担，鼓励民事主体依法积极保护自己和他人的合法权益。这些规则就社会生活中应当提倡什么、反对什么、禁止什么，亮明了司法的态度，集中体现了"弘扬真善美、鞭笞假恶丑"的价值导向，有利于发挥司法裁判的评价、指引、规范功能。

二、问：总则编是《民法典》的总纲，具有统领性、基础性作用。《民法典》总则编与各分编、《民法典》与其他民商事法律的适用关系，以及《民法典》基本原则的适用一直受到普遍关注。请问，本解释对这一问题是如何考虑的？

答：《民法典》具有严密的逻辑性和科学的体系性，广大法官应当牢固树立法典化思维，准确把握《民法典》总则编"总"的规律和特点，准确把握《民法典》与其他民事法律之间的关系，准确把握《民法典》各编之间以及民事法律具体规范与基本原则之间的关系。基于总则编在《民法典》中的统领地位，对上述问题予以回应，自然成为本解释规定的重中之重。对此，我们经过广泛调研论证，在本解释第一条专门作出规定。

一是关于总则编与其他各编的适用关系。《民法典》其他各编主要围绕具体权利展开，相对于总则编的民事权利一章属于具体规定，应当适用各编规定；而总则编的民事权利能力、民事行为能力等规定，其他各编并没有相应具体规定，此时总则编的规定具有直接适用的效力。有些规则虽然其他各编没有规定，但根据民事法律关系的性质则不得适用总则编的规定。

二是关于《民法典》与其他民事法律的适用关系。对于同一民事关系，其他民事法律的规定属于对《民法典》相应规定的细化，或者《民法典》明确规定适用其他法律的，应当适用该法律的规定。比如，《民法典》第一千一百六十五条第二款规定："依照法律规定推定行为人有过错，其不能证明自己没有过错的，应当承担侵权责任。"而个人信息保护法第六十九条第一款明确规定了处理个人信息侵害个人信息权益造成损害，适用过错推定责任。对此类纠纷，就应当适用个人信息保护法的规定。这是在符合立法法第九十四条规定精神的前提下，遵循《民法典》第十一条的规定，进一步明确《民法典》与其他民事法律之间的法律适用关系问题。

三是关于具体规定与基本原则之间的适用关系。《民法典》所规定的基本原则能否直接作为裁判规范以及如何作为裁判规范一直有争议。本解释第一条第三款在梳理有关学术成果、实务做法、各方意见的基础上，明确了法律有具体规定的，"应当"适用该具体规定；法律没有具体规定时"可以遵循"基本原则。采用"可以遵循"基本原则的表述，使得条文内容更具包容性，也与法律没有具体规定时，运用法律解释方法确定适用或者参照适用其他具体规定的做法相一致。

三、问：未成年人健康成长问题一直为全社会共同关注。监护制度是《民法典》的亮点内容，对于保护未成年人合法权益具有重要意义。请问，本解释是如何回应实践需要，将这一亮点内容落地落实的？

答：未成年人是国家的未来，民族的希望。未成年人的健康成长，关系亿万家庭的幸福安宁，关系社会的和谐稳定。

《民法典》总则编在第二章自然人下专设监护一节，使父母子女之间的法律义务进一步明确，有利于保护未成年子女的健康成长。为践行最有利于被监护人的原则，准确适用《民法典》监护制度，本解释专设8个条文予以规定。比如，关于遗嘱指定监护人，考虑到被监护人是未成年人的，担任被监护人的父母中的一方通过遗嘱指定监护人，遗嘱生效时是按照法定监护由有监护能力的另一方担任监护人，还是按照遗嘱确定监护人，实践中存有争议。为避免未成年子女面临监护真空，本解释第七条第二款明确此时父母中有监护能力的一方为当然的法定监护人。又如，关于协议确定监护人，本解释第八条第一款明确规定有监护能力的父母不得通过协议监护的方式，免除自身对于未成年子女的监护职责。再如，关于监护职责委托行使，为防止监护人逃避监护职责，本解释第十三条明确受托人不因监护职责委托行使而成为监护人，强调监护人身份不因监护职责委托行使而改变。

此外，本解释第五条关于行为与年龄、智力、精神健康状况相适应的认定，以及第三十六条、第三十七条关于无民事行为能力人、限制民事行为能力人诉讼时效期间的起算、对法定代理人诉讼时效期间的补充规定等规则，也是践行未成年人利益最大化原则的体现。

四、问：我们注意到本解释第二十八条就表见代理的具体适用作出了专门规定。能否介绍一下制定本条有什么考虑？

答：表见代理制度是信赖保护的一项重要制度，对于保护善意相对人利益、维护交易安全具有重要作用。如何认定"相对人有理由相信行为人有代理权"，是适用表见代理制度的关键问题。对此，本解释第二十八条第一款以《关于当前形势下审理民商事合同纠纷案件若干问题的指导意见》第十三条规定为基础，结合理论研究成果和司法实务经验，明确了认定"相对人有理由相信行为人有代理权"的两个条件：一是存在代理权的外观；二是相对人不知道行为人行为时没有代理权，且无过失。对上述两种情形的认定需要结合代理行为存在诸如合同书、公章、印鉴等有权代理的客观表象形式要素，以及合同的缔结时间、以谁的名义签字、是否盖有相关印章及印章真伪、标的物的交付方式与地点等因素综合判断。

此外，本解释第二十八条第二款还明确了相对人对行为人实施民事法律行为时存在代理权的外观承担举证责任，被代理人就相对人不构成善意承担举证责任。这一规则既吸收了司法实务中的经验做法和学术界的研究成果，也与《最高人民法院关于适用〈中华人民共和国民法典〉物权编的解释（一）》有关善意取得规定的基本思路一致。

（撰稿人：孙　航）

最高人民法院
关于适用《中华人民共和国民法典》时间效力的若干规定

法释〔2020〕15号

(2020年12月14日最高人民法院审判委员会第1821次会议通过 2020年12月29日最高人民法院公告公布 自2021年1月1日起施行)

根据《中华人民共和国立法法》《中华人民共和国民法典》等法律规定,就人民法院在审理民事纠纷案件中有关适用民法典时间效力问题作出如下规定。

一、一般规定

第一条 民法典施行后的法律事实引起的民事纠纷案件,适用民法典的规定。

民法典施行前的法律事实引起的民事纠纷案件,适用当时的法律、司法解释的规定,但是法律、司法解释另有规定的除外。

民法典施行前的法律事实持续至民法典施行后,该法律事实引起的民事纠纷案件,适用民法典的规定,但是法律、司法解释另有规定的除外。

第二条 民法典施行前的法律事实引起的民事纠纷案件,当时的法律、司法解释有规定,适用当时的法律、司法解释的规定,但是适用民法典的规定更有利于保护民事主体合法权益,更有利于维护社会和经济秩序,更有利于弘扬社会主义核心价值观的除外。

第三条 民法典施行前的法律事实引起的民事纠纷案件,当时的法律、司法解释没有规定而民法典有规定的,可以适用民法典的规定,但是明显减损当事人合法权益、增加当事人法定义务或者背离当事人合理预期的除外。

第四条 民法典施行前的法律事实引起的民事纠纷案件,当时的法律、司法解释仅有原则性规定而民法典有具体规定的,适用当时的法律、司法解释的规定,但是可以依据民法典具体规定进行裁判说理。

第五条 民法典施行前已经终审的案件,当事人申请再审或者按照审判监督程序决定再审的,不适用民法典的规定。

二、溯及适用的具体规定

第六条 《中华人民共和国民法总则》施行前，侵害英雄烈士等的姓名、肖像、名誉、荣誉，损害社会公共利益引起的民事纠纷案件，适用民法典第一百八十五条的规定。

第七条 民法典施行前，当事人在债务履行期限届满前约定债务人不履行到期债务时抵押财产或者质押财产归债权人所有的，适用民法典第四百零一条和第四百二十八条的规定。

第八条 民法典施行前成立的合同，适用当时的法律、司法解释的规定合同无效而适用民法典的规定合同有效的，适用民法典的相关规定。

第九条 民法典施行前订立的合同，提供格式条款一方未履行提示或者说明义务，涉及格式条款效力认定的，适用民法典第四百九十六条的规定。

第十条 民法典施行前，当事人一方未通知对方而直接以提起诉讼方式依法主张解除合同的，适用民法典第五百六十五条第二款的规定。

第十一条 民法典施行前成立的合同，当事人一方不履行非金钱债务或者履行非金钱债务不符合约定，对方可以请求履行，但是有民法典第五百八十条第一款第一项、第二项、第三项除外情形之一，致使不能实现合同目的，当事人请求终止合同权利义务关系的，适用民法典第五百八十条第二款的规定。

第十二条 民法典施行前订立的保理合同发生争议的，适用民法典第三编第十六章的规定。

第十三条 民法典施行前，继承人有民法典第一千一百二十五条第一款第四项和第五项规定行为之一，对该继承人是否丧失继承权发生争议的，适用民法典第一千一百二十五条第一款和第二款的规定。

民法典施行前，受遗赠人有民法典第一千一百二十五条第一款规定行为之一，对受遗赠人是否丧失受遗赠权发生争议的，适用民法典第一千一百二十五条第一款和第三款的规定。

第十四条 被继承人在民法典施行前死亡，遗产无人继承又无人受遗赠，其兄弟姐妹的子女请求代位继承的，适用民法典第一千一百二十八条第二款和第三款的规定，但是遗产已经在民法典施行前处理完毕的除外。

第十五条 民法典施行前，遗嘱人以打印方式立的遗嘱，当事人对该遗嘱效力发生争议的，适用民法典第一千一百三十六条的规定，但是遗产已经在民法典施行前处理完毕的除外。

第十六条 民法典施行前，受害人自愿参加具有一定风险的文体活动受到损害引起的民事纠纷案件，适用民法典第一千一百七十六条的规定。

第十七条 民法典施行前，受害人为保护自己合法权益采取扣留侵权人的财物等措施引起的民事纠纷案件，适用民法典第一千一百七十七条的规定。

第十八条 民法典施行前,因非营运机动车发生交通事故造成无偿搭乘人损害引起的民事纠纷案件,适用民法典第一千二百一十七条的规定。

第十九条 民法典施行前,从建筑物中抛掷物品或者从建筑物上坠落的物品造成他人损害引起的民事纠纷案件,适用民法典第一千二百五十四条的规定。

三、衔接适用的具体规定

第二十条 民法典施行前成立的合同,依照法律规定或者当事人约定该合同的履行持续至民法典施行后,因民法典施行前履行合同发生争议的,适用当时的法律、司法解释的规定;因民法典施行后履行合同发生争议的,适用民法典第三编第四章和第五章的相关规定。

第二十一条 民法典施行前租赁期限届满,当事人主张适用民法典第七百三十四条第二款规定的,人民法院不予支持;租赁期限在民法典施行后届满,当事人主张适用民法典第七百三十四条第二款规定的,人民法院依法予以支持。

第二十二条 民法典施行前,经人民法院判决不准离婚后,双方又分居满一年,一方再次提起离婚诉讼的,适用民法典第一千零七十九条第五款的规定。

第二十三条 被继承人在民法典施行前立有公证遗嘱,民法典施行后又立有新遗嘱,其死亡后,因该数份遗嘱内容相抵触发生争议的,适用民法典第一千一百四十二条第三款的规定。

第二十四条 侵权行为发生在民法典施行前,但是损害后果出现在民法典施行后的民事纠纷案件,适用民法典的规定。

第二十五条 民法典施行前成立的合同,当时的法律、司法解释没有规定且当事人没有约定解除权行使期限,对方当事人也未催告的,解除权人在民法典施行前知道或者应当知道解除事由,自民法典施行之日起一年内不行使的,人民法院应当依法认定该解除权消灭;解除权人在民法典施行后知道或者应当知道解除事由的,适用民法典第五百六十四条第二款关于解除权行使期限的规定。

第二十六条 当事人以民法典施行前受胁迫结婚为由请求人民法院撤销婚姻的,撤销权的行使期限适用民法典第一千零五十二条第二款的规定。

第二十七条 民法典施行前成立的保证合同,当事人对保证期间约定不明确,主债务履行期限届满至民法典施行之日不满二年,当事人主张保证期间为主债务履行期限届满之日起二年的,人民法院依法予以支持;当事人对保证期间没有约定,主债务履行期限届满至民法典施行之日不满六个月,当事人主张保证期间为主债务履行期限届满之日起六个月的,人民法院依法予以支持。

四、附则

第二十八条 本规定自 2021 年 1 月 1 日起施行。

本规定施行后，人民法院尚未审结的一审、二审案件适用本规定。

【解　　读】

解读《最高人民法院关于适用〈中华人民共和国民法典〉时间效力的若干规定》

　　为确保《民法典》统一正确适用，妥善解决《民法典》施行后新旧法律衔接适用问题，2020 年 12 月 14 日，最高人民法院审判委员会第 1821 次全体会议审议通过了《最高人民法院关于适用〈中华人民共和国民法典〉时间效力的若干规定》（以下简称《规定》），自 2021 年 1 月 1 日起施行。本文就《规定》的起草背景、基本原则及重点条文进行说明，便于广大法官准确理解和适用。

一、《规定》的起草背景

　　2020 年 5 月 28 日，第十三届全国人大第三次会议审议通过了《民法典》。5 月 29 日，中共中央政治局就切实实施《民法典》举行第二十次集体学习，习近平总书记发表重要讲话时强调，要及时完善相关民事司法解释，使之同《民法典》及有关法律规定和精神保持一致，统一民事法律适用标准。这为人民法院贯彻实施《民法典》、制定《民法典》时间效力司法解释提供了根本遵循。最高人民法院党组高度重视《民法典》贯彻实施工作，周强院长多次提出，要以对党负责、对人民负责、对国家法治负责的态度坚决做好《民法典》贯彻实施工作。

　　从以往司法实践看，新的重要法律出台后，为统一裁判尺度、确保新法施行初期在司法适用上的平稳过渡，人民法院一般会以司法解释形式对新旧法律的衔接适用予以明确。《民法典》施行之日，民法通则等九部法律同时废止，对于人民法院尚未审结的案件，以及法律事实发生在《民法典》施行之前，当事人在《民法典》施行之后提起诉讼的案件，如何正确适用法律，是人民法院切实实施《民法典》亟待解决的现实问题。

　　《规定》作为人民法院第一部关于《民法典》适用的司法解释，严格遵循立法法和《民法典》的相关立法精神，对人民法院适用《民法典》的时间效力问题作了全面系统规定，有利于统一法律适用尺度，保障《民法典》贯彻实施。《规定》的出台是人民法院践行习近平法治思想的生动实践，对于确保统一正确适用《民法典》具有重要意义。

二、《规定》的起草过程

《规定》是专门就民事法律溯及力进行规定的司法解释，理论性强、起草难度大。为做好起草工作，最高人民法院专门成立起草小组，于《民法典》颁布后立即在全国范围内开展书面调研。2020年8月，起草小组先后召开了三场座谈会和一场内部论证会，在此基础上经多次修改，形成征求意见稿（共61条）。9月，在杭州召开会议，邀请部分专家学者以及全国法院40多名法官代表进行研讨，完善征求意见稿条文。10月初，邀请《民法典》起草专班成员和民商事审判专家型法官进行封闭式研究论证。随后，又分别在湖南、北京等地召开了两次全国部分法院专题座谈会。10月底，在中国人民大学召开专家论证会，王利明、崔建远、杨立新、刘凯湘等17位知名专家提出相应意见建议。11月初，征求中央政法委、中央依法治国办公室、中央宣传部、最高人民检察院、公安部等单位和各高级法院意见。

《规定》在制定过程中，始终得到全国人大常委会法工委的支持和指导。2020年11月下旬，起草小组赴法工委就基本思路、主要内容等进行汇报，并交换意见。此后两次书面征求法工委意见，法工委均及时回函指导。

在充分吸收各方意见建议基础上，形成送审稿，提交最高人民法院审判委员会讨论通过。

三、《规定》的基本原则

《规定》的起草，始终坚持以习近平新时代中国特色社会主义思想为指导，深入学习贯彻习近平法治思想，认真贯彻落实习近平总书记关于切实实施《民法典》的重要讲话精神，及时完善与《民法典》相配套的司法解释，妥善解决新旧法律衔接适用问题，确保《民法典》的统一正确适用。在具体起草过程中，遵循了以下原则。

一是坚持法不溯及既往原则，严格控制溯及适用范围。《规定》严格依照立法法第九十三条的规定，明确规定除了法律、司法解释另有规定外，对于《民法典》施行前的法律事实引起的民事纠纷案件，应当适用当时的法律、司法解释规定。同时，依据《立法法》第九十三条"但书"规定的"为了更好地保护公民、法人和其他组织的权利和利益而作的特别规定"，严格遵循民法典的立法精神和核心要义，结合审判实践，对《民法典》有利溯及的情形作了具体规定。

二是尊重和保护当事人合理预期，维护法律秩序稳定。《规定》在有利溯及标准的把握上，根据立法法和《民法典》的规定，将更有利于保护民事主体合法权益、更有利于维护社会和经济秩序、更有利于弘扬社会主义核心价值观的"三个更有利于"作为判断有利溯及的标准，并以符合诚实信用、公序良俗和日常生活经验法则的要求为判断合理预期的基准。同时，《规定》明确了对于背离当事人合理预期的新增规定，不能溯及适用。

三是总结民事审判经验，促进裁判尺度统一。在民事审判实践中，新法对某一问题已经作出明确规定，而旧法对此没有规定的，基于法官不得拒绝裁判规则，可以将《民法典》的相关规定作为裁判依据，以解决法律规则欠缺的问题，确保裁判尺度的统一。《最高人民法院关于贯彻执行〈中华人民共和国民法通则〉若干问题的意见（试行）》（以下简称《民法通则意见》）《最高人民法院关于适用〈中华人民共和国合同法〉若干问题的解释（一）》（以下简称《合同法解释一》）《最高人民法院关于适用〈中华人民共和国公司法〉若干问题的规定（一）》（以下简称《公司法解释一》）《全国法院民商事审判工作会议纪要》（以下简称《九民会纪要》）等均规定了这一溯及适用规则。《规定》在总结民事审判经验、遵循民事审判规律的基础上，明确规定了新增规定的溯及适用规则。

四是弘扬和践行社会主义核心价值观，全面贯彻《民法典》立法目的。弘扬社会主义核心价值观是《民法典》的重要立法目的，也是《规定》最为鲜明的特点。在判断《民法典》条文能否有利溯及适用时，《规定》将弘扬社会主义核心价值观作为重要的判断标准；在具体列举新增规定的溯及适用情形时，《规定》将是否弘扬社会主义核心价值观作为主要考虑因素。

四、《规定》的主要内容

《规定》分为四个部分，共28条，其中，"一般规定"5个条文，"溯及适用的具体规定"14个条文，"衔接适用的具体规定"8个条文，"附则"1个条文，全面系统规定了适用《民法典》的时间效力问题。《规定》主要包括六大方面的内容。

（一）法不溯及既往原则和有限例外

《规定》第一条是本司法解释最基础和最重要的规定，规定了法不溯及既往原则和例外，统领整部司法解释。法不溯及既往是法的效力的一般原则，其法理基础在于对信赖利益的保护。一般而言，"昨天的行为不能适用今天的法律"，如果人们按照昨天的法律去行为，由此形成的各种法律关系却被今天的法律所否定，不利于信赖利益保护，不利于社会关系稳定，不利于维护法律权威。因此，法律原则上只对其生效后的行为起规范作用，不能要求人们遵守还没有制定出来的法律。当然，法不溯及既往也有例外情形，《规定》在第一部分明确规定了法不溯及既往原则以及溯及既往的有限例外。

一是明确以法律事实发生时间作为判断是否适用《民法典》的基准点。法律事实，也称为民事法律事实，是指依法能够引起民事法律关系产生、变更或消灭的客观现象。法律事实的发生时间不同于纠纷的发生时间和起诉时间，法律事实发生时间通常早于纠纷发生时间和起诉时间。

关于以什么为依据作为是否适用《民法典》的判断基准，主要有三种意见。第一种意见认为，应以民事关系的发生时间为基准；第二种意见认为，应以行为或者事件的发生时间为基准；第三种意见认为，应以法律事实的发生时间为基准。在国外法学家研究时间效力的著作中，对法律事实、法律关系、民事法律行为存在交叉使用的情况，如萨维尼在《法律冲突与法律规则的地域和时间范围》一书中就同时使用了这些概念。《规定》采纳了第三种意见，具体理由如下：第一，民事关系的发生时间不宜作为判断是否适用《民法典》的基准。民事关系是平等民事主体间的权利义务关系，这本身就是法律评价后的概念，而对于是否能够形成民事关系，其前提就需要明确是适用新法还是旧法进行评价。以民事关系的产生时间作为判断标准，势必会出现新法适用过宽，进而冲击法不溯及既往原则。第二，行为和事件在外延上是否包括状态存在争议，逻辑上可能存在不周延，而法律事实既涵盖了行为和事件，还可以包括行为、事件之外的其他事项，比如状态、期间经过等，较为全面、稳妥。第三，以法律事实的发生时间作为判断标准有先例可循。经检索，《涉外民事关系法律适用法》第三十七条、《民事诉讼法》第六十九条、《最高人民法院关于适用〈中华人民共和国民事诉讼法〉的解释》第五百二十二条、《九民会纪要》第4条等法律、司法解释及规范性文件均使用过"法律事实"这一概念，并将法律事实的发生时间或者地点作为确定法律适用的依据。

二是在贯彻法不溯及既往原则的前提下对《民法典》的适用作了一般性规定。《规定》将法律事实发生时间分为三类情形：第一类是法律事实发生在《民法典》施行后；第二类是法律事实发生在《民法典》施行前；第三类是法律事实发生在《民法典》施行前并持续至《民法典》施行后。对于《民法典》施行后的法律事实引起的民事纠纷案件，适用《民法典》的规定，这是《民法典》施行后对其效力的当然解释；对于《民法典》施行前的法律事实引起的民事纠纷案件，原则上适用当时的法律、司法解释的规定，这是法不溯及既往原则的体现；对于《民法典》施行前的法律事实持续至《民法典》施行后，该法律事实引起的民事纠纷案件，一般适用《民法典》的规定。

对于第三类情形，也即跨越《民法典》施行前后的持续性法律事实，《规定》予以明确，一般要统一适用《民法典》的规定。这是因为：首先，持续性法律事实的衔接适用需要考虑法律事实发生的时间节点和当事人合理预期保护两个因素。保护当事人预期存在一个假设的前提即当事人知道法律的规定，并根据法律规定形成行为后果的预期，任何人不得以不知道法律规定作抗辩。其次，适用新法是贯彻实施《民法典》的必然要求。《民法典》施行后对所有的调整对象均发生效力,而持续性的法律事实自然就落入《民法典》生效后要调整的范围之内,这是《民法典》时间效力的当然解释。最后,适用新法有法律、司法解释和规范性文件的先例。《最高人民法院关于审理著作权民事纠纷案件适用法律若干问题的解释》对跨法民事行为采取适用新法的规则,《九民会纪要》也是采用这一做法,对跨法法律事实统一适用新法有利于维护法律适用的稳定。

对于跨越《民法典》施行前后的持续性法律事实,实践中要正确把握。民事法律事实可按其发生的形态分为瞬间性法律事实和持续性法律事实,瞬间性法律事实发生的时间是一个点,持续性法律事实发生的时间是一条不断延伸的线。例如,一次性交付行为就属于瞬间性法律事实,而持续一定时间的拘禁、胁迫等就是持续性法律事实。持续性法律事实不同于重复发生的相同法律事实,持续性法律事实是一个法律事实,而重复发生的相同法律事实是多个法律事实。例如,侵权人在一定时间内大量生产侵害专利权人专利的产品,这些侵权行为并非一个持续性的侵权法律事实,而是批量的、间隔很短的反复性侵权法律事实。

需要注意的是,上述第二类和第三类情形均存在例外,即"法律、司法解释另有规定的除外"。该例外情形具体包括三种情况:一是法律另有规定的情况。法律有权对溯及力问题作出特殊规定,这也是给法律预留的空间。二是《规定》其他条文所作的具体规定。例如,《规定》第二十条就是《规定》第一条第三款的例外。三是其他司法解释另有规定的情况。此系基于社会生活的复杂性考虑,给其他司法解释预留的空间。

(二)有利溯及适用规则

《规定》第二条主要规定了《民法典》有利溯及的适用规则。立法法第九十三条明确将"为了更好地保护公民、法人和其他组织的权利和利益而作的特别规定"作为法不溯及既往的例外情形,该例外也被称为有利溯及。有利溯及在公法领域的适用规则比较明确,例如刑法上的从旧兼从轻原则,但是,民事法律通常涉及双方乃至多方当事人的权益,有的还与公序良俗和社会公共利益直接相关,如何确定有利溯及的具体标准十分复杂。

此前司法解释、规范性文件对民事法律的具体有利溯及规定并不多。一般认为,《合同法解释一》第三条、《最高人民法院关于适用〈中华人民共和国保险法〉若干问题的解释(一)》(以下简称《保险法解释一》)第二条和《九民会纪要》第四条关于无效合同转换为有效合同的规定意味着国家对法律行为效力干预的减少,更加符合当事人的意思自治,属于有利溯及的情形。依法理,有利溯及改变了当事人的预期,因为这种改变更加有利于当事人,所以允许溯及适用。但是,有利溯及的标准需要严格限定,如果泛化有利溯及的标准和范围,无疑会冲击法不溯及既往的基本原则,破坏社会生活和交易秩序的稳定,影响法律秩序的统一。

关于民事法律的有利溯及标准，《规定》以不打破当事人合理预期、不减损当事人既存权利、不冲击既有社会秩序为出发点，严格遵循《立法法》第九十三条"但书"的规定，充分依据《民法典》第一条关于立法宗旨的规定，结合审判实际作了进一步细化解释，将更有利于保护民事主体合法权益、更有利于维护社会和经济秩序、更有利于弘扬社会主义核心价值观的"三个更有利于"作为判断《民法典》有利溯及的标准。

首先，更有利于保护民事主体合法权益严格遵循了《立法法》第九十三条的规定。《立法法》第九十三条没有规定保护一方当事人还是双方当事人合法权益，本条依据第九十三条规定，使用了"民事主体"的表述。在有利溯及判定上，应当限定在对各方当事人均更加有利或者至少对一方更加有利的同时不损害其他方权益的情形。其次，维护社会和经济秩序是《民法典》的立法目的之一，"更有利于维护社会和经济秩序"标准能够涵盖鼓励交易、维护交易秩序等具体判断因素，可以作为有利溯及的重要判断标准。最后，社会主义核心价值观是民族精神和时代精神的高度凝练，弘扬社会主义核心价值观也是《民法典》的立法目的和立法宗旨，对于《民法典》更有利于弘扬社会主义核心价值观的相关规定，溯及适用能够实现更好的法律效果、政治效果和社会效果。"三个更有利于"角度不同、各有侧重，但本质上是相通的，只有符合"三个更有利于"标准的才能作为有利溯及予以适用。为防止有利溯及的不当扩大适用，各地法院应当严格把握有利溯及的适用，不断总结审判经验，最高人民法院也将进一步完善工作机制，通过发布指导案例等方式，推动和保障有利溯及在全国范围内统一适用。

在《规定》征求意见过程中，有意见认为，应当将维护公序良俗作为有利溯及的标准，理由是瑞士《民法典》将维护公共秩序和善良风俗作为有利溯及标准；也有意见认为，应当将保护当事人的真实意思作为溯及标准，理由是目前司法解释规定的有利溯及均可归入保护当事人真实意思的范畴；还有意见认为，应当将促进公平正义、减轻义务人的负担作为有利溯及的标准；等等。

《规定》没有采纳上述意见，理由如下：第一，公序良俗是民法的基本原则之一，如果将公序良俗作为有利溯及的标准，而同样作为民法基本原则的诚信原则等其他原则不作为有利溯及标准的理由并不充分。此外，公序良俗与社会主义核心价值观也存在重叠。第二，保护当事人真实意思表示是一些民事法律有利溯及的重要判断因素，例如合同由无效转变为有效等，充分体现了对当事人真实意思的保护和尊重。但这一标准尚不能作为整个民事法律的有利溯及标准。第三，促进公平正义过于宏观，宣示价值的针对性也不强，作为有利溯及适用的标准可能带来法官自由裁量权过大的后果，实践中不易操作和把握。第四，减轻义务人负担与刑法上的从轻不同，国家出于保护人权的考虑，可以对刑事被告人从轻。而民事法律中的权利和义务都是相对的，减轻义务人负担意味着损害权利人的权益，不宜作为民事法律规定的有利溯及标准。

（三）新增规定溯及适用规则

《规定》第三条主要规定了新增规定的适用规则。新增规定的溯及适用是在长期审判实践和一系列司法解释基础上发展而来的溯及适用类型，有学者称之为"空白溯及"。例如，《合同法解释一》第一条规定，合同法实施以前成立的合同发生纠纷起诉到人民法院，当时没有法律规定的，可以适用合同法的有关规定。这一规定经过了多年司法实践的检验，已经为社会公众和广大法官接受和认同。《民法典》编纂过程中，在总结以往审判实践经验的基础上新增加了一些规定。对于《民法典》施行前发生的法律事实引起的民事纠纷案件，在当时法律、司法解释没有规定情况下，适用《民法典》的新增规定，可以为相应案件的司法裁判提供明确法律依据，可以规范自由裁量权的行使，切实维护裁判尺度统一。

《规定》中的"新增规定"主要指法律规则层面的新增，例如，人格权编的大部分规定，合同编关于债权债务的一般规定、关于保理合同的规定等，即属于《规定》第三条所调整的范围。而表面上是语句或者文字表述上的新增，实际上是法律规范的要件、法律后果等增加的规定，属于修改了原有法律规定的"改变规定"，不属于《规定》第三条所调整的范围。例如，《民法典》第一千二百三十二条规定了故意污染环境、破坏生态的惩罚性赔偿，虽然从文字表述上看是新增，但是实质上加重了损害赔偿的后果，系改变规定而非新增规定，不能根据《规定》第三条溯及适用。

为了进一步明确新增规定的溯及适用标准、便于司法审判，《规定》明确了新增规定不能溯及适用的情形。新增规定溯及适用时，明显减损当事人合法权益、增加当事人法定义务或者背离当事人合理预期的，仍然不能溯及适用，避免严重损害当事人的权益和预期。《规定》主要从弘扬社会主义核心价值观的角度列举了若干条新增规定的溯及适用，除《规定》明确的新增规定溯及适用的具体情形外，其他符合《规定》第三条规定情形的新增规定也可以溯及适用。

有意见认为，新增规定溯及适用可能会破坏当事人的合理预期。我们认为，对于明显背离当事人合理预期的新增规定，《规定》第三条已经通过"但书"条款排除，对于大部分新增规定而言，溯及适用不但不会破坏当事人的合理预期，还会起到统一裁判尺度、稳定社会秩序的作用。第一，法律所保护的当事人预期，是当事人基于对行为时的法律信赖所形成的预期，如果当时并没有相关法律规定，当事人和社会公众不存在明确的、统一的对法律后果的预期。第二，法律所要保护的当事人预期是当事人的合理预期。因缺乏法律的规定，当事人可能形成错误的预期或者不合法、不合理的预期，这些预期当然是不受法律保护的。第三，在没有法律规定的情况下，往往会存在规则适用不统一的问题，《民法典》的新增规定是对过去合理经验做法的立法确认，而当事人合理预期的要求当然就是要符合公平正义和人们日常经验法则的认知，这正好可以与作为总结以往经验而形成的新法具体规则高度契合。第四，《民法典》具有权威性和公信力，对于《民法典》施行前的法律事实，本应适用当时的法律、司法解释，在缺乏具体规则的情况下，适用《民法典》的新增规定无疑是统一裁判尺度、实现公平正义的最佳选择，也有利于促进社会秩序的和谐稳定。

对新增规定是"可以适用"还是"参照适用"，此前的司法解释和规范性文件存在不同的做法，例如，《民法通则意见》第196条使用了"可以比照……处理"，《合同法解释一》第一条使用了"可以适用"，《公司法解释一》第二条使用了"可参照适用"，《保险法解释一》使用了"参照适用"，《九民会纪要》使用了"可以……作为裁判依据"。本条使用了"可以适用"，理由如下：第一，根据全国人大常委会法工委《立法技术规范（试行）（一）》（法工委发〔2009〕62号）第18.3规定，"参照"一般用于没有直接纳入法律调整范围，但是又属于该范围逻辑内涵自然延伸的事项。《民法典》有26处"参照适用"，两处"可以参照适用"，针对的都是在没有规定情况下的类似事项的参照适用。第二，在法学方法论视角下，"参照"是两个性质相同的不同事项之间的准用，不同时空下的同一事项不能用"参照"。因此，对同一事项的法律适用，不存在参照和准用的问题，对标《民法典》关于参照的用法，使用"可以适用"更为准确。

（四）细化规定的适用规则

《规定》第四条明确了细化规定的适用规则。《民法典》虽然属于民事基本法，但是它仍有一些规定是对原有法律、司法解释的细化。对于这些细化条款，《规定》明确了适用规则。对于《民法典》施行前的法律事实引起的民事纠纷案件，当时的法律、司法解释有规定而《民法典》有更加具体、细化规定的，人民法院可以依据《民法典》的细化规定进行裁判说理，增加裁判的正当性、合理性。但是，不能将《民法典》的细化规定作为裁判依据进行援引，主要原因是：细化规定是在原有法律、司法解释规定的基础上进行的规定，对于《民法典》施行前的法律事实引起的民事纠纷案件，人民法院在进行具体裁判时是有旧法可依的，如果直接将《民法典》的细化规定作为裁判依据进行援引，则会导致此类条款的溯及适用，不符合法不溯及既往基本精神。

（五）具体溯及适用条款中需要注意的问题

《规定》第二条和第三条是关于法不溯及既往例外情形的一般性规定，统领《规定》第二部分溯及适用的具体规定。这种一般规定＋具体列举的体例方式，既突出《民法典》的亮点规定，又通过一般性条款保证周延性，力求在体系完整的情况下实现原则规范和具体规则的有机结合。这既是宣传贯彻《民法典》，特别是其中的重点亮点内容，弘扬社会主义核心价值观的有力举措，又能有效确保解释条文的可操作性，给办案法官和广大人民群众以具体明确指引，也与域外《民法典》施行法的做法大致相当。

一是要准确把握溯及适用具体条文的性质和适用要件。《规定》第二部分"溯及适用的具体规定"（第六条至第十九条），在排列顺序上，统一按照《民法典》的编章顺序进行规定。《规定》出于立法技术的考虑，部分条文并未周延规定《民法典》相应条文的全部适用条件，在实体上是否能够适用，还需要根据《民法典》的相应规定进行判断。例如，《规定》第十七条规定了自助行为的溯及适用，但是并未全部规定自助行为的适用条件，是否能够适用《民法典》关于自助行为的规定，还需要根据《民法典》第一千一百七十七条进行判断。

二是正确理解英烈保护的溯及适用规定。民法通则没有关于英烈保护的相关规定，《民法总则》在吸收审判实践经验的基础上，对英烈保护作了规定。《民法典》沿袭了《民法总则》的规定。虽然《英雄烈士保护法》对英烈保护问题有更加系统全面的规定，但是该法自2018年5月1日起施行，施行时间在《民法总则》之后，而且该法未规定溯及力问题，不能解决《民法总则》施行前的英烈保护无法可依的问题。为加强对英雄烈士人格权益的司法保护，充分发挥《民法典》的制度价值，大力弘扬社会主义核心价值观，《规定》第六条明确，《民法总则》施行前，侵害英雄烈士等的姓名、肖像、名誉、荣誉，损害社会公共利益引起的民事纠纷案件，适用《民法典》第一百八十五条的规定。需要注意的是，这里适用的是《民法典》，而不是《民法总则》。《民法典》与《民法总则》的关系不同于《民法典》与其他八部法律之间的关系，在溯及适用问题上具有一定特殊性。尽管二者关于英雄烈士的规定是一致的，但由于侵害行为发生在《民法总则》之前，没有落入《民法总则》的施行期间，《民法典》施行后再提起诉讼的，不宜适用《民法总则》的规定，而应适用《民法典》的规定。另外，对于《民法总则》施行后、《民法典》施行前发生的侵害英雄烈士人格权益的行为，由于落入《民法总则》的施行期间，故对于2021年1月1日之后尚未审结的案件，应当适用《民法总则》的相关规定。

三是准确适用合同效力有利溯及适用的规定。合同效力体现的是国家对当事人意思自治的干预。当新法规定合同有效或者更有可能使得合同成为有效合同时，此时适用新法更加尊重当事人的意思自治。《规定》第八条抽象规定了合同效力的有利溯及适用，实践中要结合具体情形加以适用。例如，《民法典》第七百一十七条关于转租合同效力的规定改变了《最高人民法院关于审理城镇房屋租赁合同纠纷案件具体应用法律若干问题的解释》（法释〔2009〕11号）第十五条的规定，属于《规定》第八条规定的情况；再如，《民法典》第五百零二条关于履行报批等义务条款的效力的规定改变了《合同法解释一》第九条的规定,也应予溯及适用。

(六)具体衔接适用条款中的重点问题

《规定》在第三部分用8个条文(第二十条至第二十七条)规定了衔接适用的具体规定,主要针对特殊的持续性法律事实、同一法律规范下数个构成要件事实分别发生在《民法典》施行前后的情况等,规定如何适用法律的问题。重点内容主要有:

一是明确了跨法合同履行行为分段适用新旧法律的规则。《规定》对跨法履行行为采用了分段适用新旧法律的规则,因《民法典》施行前履行合同发生争议的,适用当时的法律、司法解释的规定;因《民法典》施行后履行合同发生争议的,适用《民法典》第三编第四章和第五章的相关规定。合同履行跨越《民法典》施行之日,《民法典》对其施行后发生的包括合同履行行为在内的全部法律事实具有法律约束力。而对于《民法典》施行前的履行行为,根据法不溯及既往原则,仍应适用当时法律、司法解释的规定。分段适用新旧法律的规则本质上是以法律事实的发生时间为标准确定法律的适用,既严格遵循了法不溯及既往原则,也使落入《民法典》施行后的履行行为得到新法保护,比全部从旧或者全部从新更为科学、合理。

二是明确了租赁合同中承租人优先承租权的衔接适用。一般而言,《民法典》对其施行后发生的法律事实,不管是全部发生在《民法典》施行后的法律事实还是持续到《民法典》施行后的部分法律事实,都具有约束力。因此,对于租赁期间持续到《民法典》施行后的租赁合同,赋予承租人优先承租权并不破坏当事人的合理预期。并且,优先承租权是承租人在同等条件下的优先承租,不仅不损害出租人的权益,还有利于租赁关系的稳定,故对于租赁期限在《民法典》施行后届满的租赁合同应赋予承租人优先承租权。

三是明确了数份遗嘱内容相抵触的处理规则。《民法典》第一千一百四十二条取消了《继承法》第二十条规定的公证遗嘱的优先效力。为充分尊重遗嘱人的真实意愿,《规定》明确,被继承人在《民法典》施行前立有公证遗嘱,《民法典》施行后又立有新遗嘱,数份遗嘱内容相抵触的,应当适用《民法典》的规定,以最后的遗嘱为准。主要理由为:遗嘱人基于继承法形成的预期应当以所有遗嘱均立在继承法施行期间为前提,遗嘱人在《民法典》施行后再立新遗嘱,其关于数份遗嘱效力优先问题的合理预期基于《民法典》的规定而形成,因此,对于《民法典》施行后立有新遗嘱的,将所有遗嘱都纳入《民法典》的评价范围,更有利于尊重遗嘱人的真实意愿。

四是对合同解除权行使期限的衔接适用作了明确规定。《民法典》施行前的法律、司法解释并没有对解除权行使期限进行统一规定,而《民法典》第五百六十四条第二款规定了1年的行使期限。为保护当事人基于原有法律形成的合理预期，在对方当事人未催告的情况下，即使解除权人在《民法典》施行前知道或者应当知道解除事由，有关解除权行使期限亦应以《民法典》施行之日起算方为妥当，而不应以《民法典》施行前当事人知道或者应当知道之日起算。一般而言，新法基于填补空白，明确规定了权利行使期间的，一般均以新法施行之日作为行使期限的起算点，符合司法实践经验，有利于充分保护当事人预期。当然，对于《民法典》施行后当事人知道或者应当知道解除事由的，适用《民法典》的规定，自当事人知道或者应当知道解除事由之日起算。

此外，审判实践中要注意正确援引《规定》、已废止和修改的法律、司法解释。对于《民法典》施行后尚未审结和新受理的发生在《民法典》施行前的法律事实，以及发生在《民法典》施行前并持续至《民法典》施行后的法律事实引起的纠纷案件，根据《规定》应当适用《民法典》的，在援引《民法典》的同时还应援引《规定》相关条文；根据《规定》应当适用当时的法律、司法解释规定的（现在已经废止或者修改），在援引当时的法律、司法解释具体规定的同时还应援引《规定》关于法不溯及既往的相关条文。对于发生在《民法典》施行后的法律事实引起的纠纷案件，可以直接援引《民法典》，不需要援引《规定》相关条文。

（撰稿人：郭 锋 陈龙业 贾玉慧 程立武）

【链　接】

最高人民法院相关负责人就首批《民法典》配套司法解释答记者问

2020年12月30日，最高人民法院召开新闻发布会，通报最高人民法院贯彻实施《民法典》全面完成司法解释清理工作相关情况，并发布首批《民法典》配套司法解释。发布会上，最高人民法院相关负责人介绍相关情况并回答了记者提问。

一、问：最高人民法院在《民法典》颁布后做了大量准备工作，取得了丰硕的成果。在《民法典》实施后，最高人民法院还将采取哪些措施进一步贯彻实施《民法典》？

答：谢谢这位记者的提问。最高人民法院将继续全局谋划，整体推进，持之以恒抓好《民法典》贯彻落实各项工作。重点抓好以下几方面工作：

一是加强重点领域审判指导和监督。在审判执行工作中严格贯彻落实《民法典》的规定和精神，坚持平等、依法、全面保护原则。加强对涉及财产权保护、人格权保护、知识产权保护、生态环境保护等重点领域的民事审判和监督指导，加强产权保护力度，坚决防止以刑事案件名义插手民事纠纷、经济纠纷。

二是切实加强调查研究。对于《民法典》新增制度和重大修改的调研指导工作将是下一步的重点。除这次发布的司法解释有关内容外，对于《民法典》的部分新增制度如性骚扰、自然人声音、自然人的隐私权和个人信息保护等涉及人格权的司法保护，还有待继续立足审判实践、不断总结经验。我们将对这些新规定、新情况深入调查研究，适时出台相关司法解释，以回应新时代人民群众对新类型权益保护的迫切需求。

三是完善法律统一适用。最高人民法院将通过发布指导性案例、强化类案强制检索机制等方式加强对下指导。各级法院要注重发挥审判委员会在统一裁判尺度方面的作用。

四是加强培训和宣传。最高人民法院将在全国法院深入开展学习培训，对《民法典》中的新增和重大修改制度、新司法解释以及新旧制度衔接进行重点培训，帮助广大法官不断提高司法裁判能力和水平。

另外，还要建立动态监测报告机制。最高人民法院将对《民法典》施行后的立案、审判、执行工作通过信息化等方式进行全方位动态监测，及时研究解决司法实践中遇到的新情况、新问题。我们以这些工作确保《民法典》统一正确适用。

二、问：最高人民法院这次制定了关于适用《民法典》时间效力的司法解释，里面提到了"溯及适用"。能否通俗地介绍一下关于"溯及适用"的相关规定？另外，《民法典》实施后，对于被废止的司法解释是不是就不再适用了呢？

答：谢谢这位记者的提问。"法不溯及既往"是一项重要法治原则。一般情况下，新的法律只对其施行后的法律事实产生约束力，对施行前的法律事实无溯及力。

编纂《民法典》不是制定全新的民事法律，也不是简单的法律汇编，而是对现行的民事法律规范进行编订纂修，对已经不适应现实情况的规定进行修改完善，对经济社会生活中出现的新情况、新问题作出有针对性的新规定。

我国《立法法》第九十三条的规定，法律不溯及既往，但为了更好地保护公民、法人和其他组织的权利和利益而作的特别规定的除外。我们把这种情况称为"有利溯及"。

时间效力司法解释根据立法法规定，总结民事审判经验，在坚持"法不溯及既往"这一基本原则的前提下，规定了两种例外情形：

第一种例外情形就是"有利溯及"，比如：《民法典》施行前成立的合同，按照当时的法律、司法解释的规定，合同无效，而《民法典》规定合同有效的，《民法典》施行后，应当适用《民法典》的规定。这样规定更加符合当事人意思自治原则，也有利于促进和鼓励交易。

第二种例外情形是新增规定的溯及适用。在民事审判领域，旧法对某一事项没有规定，而新法在总结以往理论研究成果和审判实践经验的基础上对此作出明确规定的，基于维护公平正义、统一法律适用的需要，人民法院可以适用新法的规定，如《民法典》关于保理合同的规定等。需要注意的是，并非所有新增规定都能溯及适用。如果适用新增规定，明显减损当事人合法权益、增加当事人法定义务、背离当事人合理预期的，则不能溯及适用。

另外，当时的法律、司法解释仅有原则性规定而《民法典》有具体规定的，适用当时的法律、司法解释的规定，但是可以依据《民法典》具体规定进行裁判说理。

关于您提到的《民法典》实施后，对于被废止的司法解释是不是以后就不再适用了这个问题，应该这样理解：

司法解释被废止后，该司法解释不再适用于废止决定施行后发生的法律事实。也就是说，自废止决定施行之日，即2021年1月1日后发生的法律事实引起的民事纠纷案件，人民法院不得再适用被废止的司法解释。至于2021年1月1日前的法律事实引起的民事纠纷案件，仍然要适用当时的法律和司法解释。但是，符合上面提到的溯及适用《民法典》例外情形的除外。

三、问：这次对民事案件案由有哪些重大修改？《民法典》中的亮点制度如人格权等，是否有所体现？

答：系统完善的民事案件案由体系，对于方便当事人诉讼、规范和指导民事审判具有重要意义。这次我们主要对照《民法典》等法律对民事案件案由进行了修改。重大修改主要体现在两个方面：

第一方面，将《民法典》的新增亮点制度增加到民事案件案由中，比如：随着网络技术发展，个人信息被滥用的问题日益严重，为加强个人信息保护，根据《民法典》第一千零三十四条等规定，增加了"个人信息保护纠纷"案由；为及时制止严重侵害人格权的违法行为，切实保护广大人民群众人格权，依照《民法典》第九百九十七条的规定，增加了"申请人格权侵害禁令"案由；为彰显《民法典》的"绿色原则"，推动完善生态文明制度体系，专门增加了涉及生态环境保护的部分具体案由；为全面保护未成年人健康成长，专门增加了"未成年人保护民事公益诉讼"案由，配合修订后未成年人保护法的施行。另外，这次还对照《民法典》增加了声音保护、居住权、保理合同等几十个案由。

第二方面，此次修改增加了第一级案由"特殊诉讼程序案件案由"，并在其项下增加相应的"公益诉讼""第三人撤销之诉""执行程序中的异议之诉"等案由，进一步完善了民事案件案由体系。

《民法典》施行后，最高人民法院将密切结合司法审判实践，继续研究细化《民法典》新增制度案由，形成更加全面、科学、系统贯彻实施《民法典》的民事案件案由体系。

四、问：《民法典》婚姻家庭编与每个家庭和个人息息相关。据了解，这次婚姻家庭编司法解释修改制定了原有6个司法解释，条文数量最多。请问在修改制定婚姻家庭编司法解释过程中有哪些考虑？

答：家庭是社会的细胞。家庭和谐稳定是国家发展、社会进步、民族繁荣的基石。婚姻家庭编司法解释的修改制定受到社会广泛关注，正如您所说，确与每个家庭和个人息息相关。本次修改制定中，我们的主要考虑是：

一是促进婚姻家庭和谐稳定。注重引导树立良好的家教、家风，弘扬家庭美德，促进家庭文明建设。比如，在《反家庭暴力法》明确规定家庭暴力的基础上，将持续性、经常性的家庭暴力认定为虐待，体现了对家庭暴力坚决说"不"的鲜明价值导向。

二是注重保护妇女、未成年人、老年人和残疾人的合法权益。比如，进一步细化了在法定情形下变更无民事行为能力人的监护人，并由新的监护人代理其提起离婚诉讼的规定，依法保护无民事行为能力人的合法权益；再比如，在未成年子女抚养权纠纷中，贯彻最有利于未成年子女原则，尊重八周岁以上子女的真实意愿，删除原来十周岁的规定；等等。

三是注重体系协调。婚姻法回归民法体系是此次《民法典》编撰的重要成果，相应地，我们也对婚姻家庭编司法解释的具体规则设计进行了体系化整合。

五、问：《民法典》继承编司法解释的修改制定也引发广泛关注，请问这次继承编司法解释的修改制定有哪些亮点？

答：继承制度是关于自然人死亡后财富传承的基本制度。随着人民群众生活水平的不断提高，个人和家庭拥有的财产日益增多，因继承引发的纠纷也越来越多。此次修改制定继承司法解释也是以人民群众的关切为出发点，其中的亮点主要有：

一是注重弘扬社会主义核心价值观。明确遗产无人继承又无人受遗赠的情况下，如果有继承人以外对被继承人扶养较多或者依靠被继承人扶养的，应当分给适当遗产，引导全社会形成尊老爱幼、互帮互助的良好风尚。

二是满足养老形式多样化需求。养老形式多样化不仅是满足人民群众多元化需求的重要保障，也是应对老龄化社会的重要方式。《民法典》继承编扩大了遗赠扶养协议中扶养人的主体范围，相应地，我们也对有关条文进行了修改，以妥善处理实践中的相关纠纷。

三是切实尊重遗嘱人的真实意愿。比如，实践中经常有通过公证方式设立遗嘱后，遗嘱人因为重病或者其他原因无法再次设立公证遗嘱的情况，为保障遗嘱人处分自己财产的真实意愿，此次《民法典》继承编删除了继承法关于公证遗嘱效力优先的规定。我们在修改清理中也将"有公证遗嘱的，以最后所立公证遗嘱为准"的条文予以废止。

四是确保遗产顺利分割。此次《民法典》继承编新增加了遗产管理人制度。为使该制度能够有效地对接实践，在司法解释相关条文中增加规定了继承人放弃继承可以书面形式向遗产管理人表示，以保障遗产管理人制度的顺利运转。

六、问：人格权编是《民法典》的亮点和重点，请问在这一编的司法解释修改制定中，有哪些特别之处？

答：人格权独立成编，彰显了《民法典》的人民立场和人文关怀，具有鲜明的中国特色、实践特色、时代特色。最高人民法院高度重视人格权的司法保护，根据《民法典》人格权编规定，顺应新时代人民群众对人格尊严、人格权保护的迫切需求，对人身损害赔偿等有关人格权纠纷的司法解释作出修改，主要修改有：

一是增加声音保护、个人信息保护、申请人格权侵害禁令等民事案件案由。

二是完善了人身损害的内涵和赔偿范围，即生命、身体和健康等物质性人格权遭受侵害，赔偿范围包括物质损害和精神损害。

三是增加规定死亡自然人的近亲属有权主张精神损害赔偿；将精神损害赔偿的保护对象调整为"人身权益"或者"具有人身意义的特定物"。

四是总结审判实践经验，增加规定被扶养人生活费计入残疾赔偿金或者死亡赔偿金，以更好地维护受害人权益。

五是完善了无偿帮工人从事帮工活动致人损害时被帮工人的赔偿责任，增加规定了被帮工人的追偿权。

七、问：在世界银行营商环境评估中，担保制度是"获得信贷"指标的重要内容，请问《民法典》担保制度司法解释在优化营商环境方面有哪些重要规定？

答：谢谢您的提问。担保制度是《民法典》的重要内容，对于巩固和完善社会主义基本经济制度、推动经济高质量发展，具有极其重要的作用。考虑到《民法典》对担保制度作出了重大完善和发展，最高人民法院在清理以往与担保有关的司法解释的基础上,根据《民法典》关于担保制度的新规定,制定了新的担保制度司法解释,共有71个条款,其中有十多条与营商环境有密切关系,特别是世行在获得信贷指标上所涉及的四个方面问题,司法解释依据《民法典》都作了具体规定。主要内容包括:

一是着力破解中小微企业融资难融资贵。中小微企业往往缺乏不动产,而都有一定的动产。过去由于没有统一的动产登记制度,动产担保的安全性不可靠,银行等债权人一般不愿接受动产担保。《民法典》为动产统一登记留下制度空间,国务院依据《民法典》刚刚发布了关于实施动产和权利担保统一登记的决定,担保制度司法解释根据立法的重大变化,对人民法院认定动产担保效力、权利顺位问题以及司法救济问题作了具体规定,使动产担保与不动产担保在保障债权实现方面发挥同样的功能和可靠性,解除债权人的后顾之忧,进而提高动产资源的利用效率,为中小微企业以动产融资疏通道路,解决堵点难点,更好地将《民法典》的有关精神落到实处。

二是着力拓宽企业融资渠道。保证、抵押、质押等传统的典型担保不能完全适应经济社会发展的需要,《民法典》扩大了担保合同的范围,增加规定了所有权保留、融资租赁、保理等具有担保功能的合同。担保制度司法解释对这些非典型担保在司法实践中可能出现的问题一一明确了相应的解决方案,与《民法典》拓宽企业融资渠道、提高企业融资能力的立法目的高度契合。比如,《民法典》第四百零一条、第四百二十八条对《物权法》《担保法》关于流押、流质的规定作了重大修改,司法解释依据这一修改,明确了以财产让与形式进行担保的优先受偿效力;再比如,依据《民法典》关于将有应收账款可以质押的规定,明确了公路、桥梁、公园等收费权质押的物权效力及实现方式。

三是着力平衡担保关系各方当事人的合法权益。《民法典》针对过去存在的过度保护债权人问题,隐形担保影响交易安全问题,以及实践中存在的过度担保等问题,设计了许多新的担保制度。司法解释根据立法的重大变化,致力于平衡各方当事人的利益,消除隐形担保、消除过度担保。比如,弱化未进行登记的动产抵押的物权效力,动产抵押未经登记,在破产程序中不享有优先权;比如,认可抵押预告登记在一定条件下具有顺位上的优先性;又比如,明确规定在诉讼中对一般保证人先诉抗辩权的保障程序;等等。

八、问:据了解,公司法规定公司对外担保需要公司董事会或股东会决议,公司违反公司法这一规定,担保是否有效,实践中争议很大,这次担保制度司法解释是否解决了这一问题?另外,实践中一些上市公司的法定代表人越权代表公司提供担保,导致上市公司资产被掏空,严重损害广大中小投资者利益的情形时有发生,请问《民法典》担保制度司法解释对此有何对策?

答:谢谢您的提问。您刚才实际是提了两个问题,但这两个问题有密切关联，提得都很好。我先回答第一个问题。这次司法解释解决了这一问题。司法解释根据《民法典》第六十一条、第五百零四条规定，明确了几点：

第一，公司法定代表人违反《公司法》第十六条规定，未经股东会或董事会决议对外担保，构成越权代表。第二，越权代表情况下签订的担保合同，对公司是否发生效力，取决于相对人是否善意。相对人善意的，对公司发生效力，公司承担担保责任；相对人非善意的，担保合同对公司不发生效力，公司不承担担保责任，但是，公司不承担担保责任，并不意味着不承担任何民事责任，它还需要承担一定的赔偿责任。第三，这里所说的善意，是指相对人不知道或不应当知道法定代表人越权签订合同。具体判断时，就是看相对人在签订担保合同时，对公司决议是否进行了合理审查：审查了，一般可认定构成善意；反之，则不构成善意。

刚才，您所提到关于企业之间相互提供担保的问题，以往的司法实践倾向于认为，既然是相互担保，是互惠互利的，担保不经决议程序，也应有效。但担保制度司法解释没有采用原来的裁判思路，而是规定，即便是相互担保，也必须进行公司决议程序，否则，构成越权代表，可能影响担保合同的效力。这样规定的目的，在于防止法定代表人规避《公司法》的规定，也是为了遏制相互担保现象，防止相互担保导致债务危机连锁反应，防范金融风险。

至于您提到的第二个问题，与前一个问题密切相关。上市公司属于公众公司，涉及众多中小投资者利益。法律为保护投资者的利益，明确规定上市公司有信息披露的义务，其中担保事项也是必须披露的内容。为全面落实法律关于上市公司信息披露的规定，担保制度司法解释对于上市公司对外提供担保进行了特别规定：

上市公司对外担保，不仅需依据《公司法》第十六条由董事会或股东大会决议，而且还要对决议公开披露，如果债权人是根据披露的信息与上市公司签订担保合同的，担保有效，上市公司承担担保责任。但是，如果债权人不是根据上市公司公开披露的对外担保的信息签订担保合同的，担保合同对上市公司不发生效力，公司既不承担担保责任，也不承担其他赔偿责任。由此，可以看出，上市公司对外担保，在效力认定上比一般封闭性公司要严格得多：比如，一般公司在担保合同对公司不发生效力情况下，虽不承担担保责任，但要承担一定的赔偿责任。而上市公司在担保合同对其不发生效力的情况下，不承担任何责任。

最高人民法院
关于审理民事案件适用诉讼时效制度若干问题的规定

(2008年8月11日最高人民法院审判委员会第1450次会议通过 根据2020年12月23日最高人民法院审判委员会第1823次会议通过的《最高人民法院关于修改〈最高人民法院关于在民事审判工作中适用《中华人民共和国工会法》若干问题的解释〉等二十七件民事类司法解释的决定》修正)

为正确适用法律关于诉讼时效制度的规定，保护当事人的合法权益，依照《中华人民共和国民法典》《中华人民共和国民事诉讼法》等法律的规定，结合审判实践，制定本规定。

第一条 当事人可以对债权请求权提出诉讼时效抗辩，但对下列债权请求权提出诉讼时效抗辩的，人民法院不予支持：

（一）支付存款本金及利息请求权；

（二）兑付国债、金融债券以及向不特定对象发行的企业债券本息请求权；

（三）基于投资关系产生的缴付出资请求权；

（四）其他依法不适用诉讼时效规定的债权请求权。

第二条 当事人未提出诉讼时效抗辩，人民法院不应对诉讼时效问题进行释明。

第三条 当事人在一审期间未提出诉讼时效抗辩，在二审期间提出的，人民法院不予支持，但其基于新的证据能够证明对方当事人的请求权已过诉讼时效期间的情形除外。

当事人未按照前款规定提出诉讼时效抗辩，以诉讼时效期间届满为由申请再审或者提出再审抗辩的，人民法院不予支持。

第四条 未约定履行期限的合同，依照民法典第五百一十条、第五百一十一条的规定，可以确定履行期限的，诉讼时效期间从履行期限届满之日起计算；不能确定履行期限的，诉讼时效期间从债权人要求债务人履行义务的宽限期届满之日起计算，但债务人在债权人第一次向其主张权利之时明确表示不履行义务的，诉讼时效期间从债务人明确表示不履行义务之日起计算。

第五条 享有撤销权的当事人一方请求撤销合同的，应适用民法典关于除斥期间的规定。对方当事人对撤销合同请求权提出诉讼时效抗辩的,人民法院不予支持。

合同被撤销,返还财产、赔偿损失请求权的诉讼时效期间从合同被撤销之日起计算。

第六条 返还不当得利请求权的诉讼时效期间,从当事人一方知道或者应当知道不当得利事实及对方当事人之日起计算。

第七条 管理人因无因管理行为产生的给付必要管理费用、赔偿损失请求权的诉讼时效期间,从无因管理行为结束并且管理人知道或者应当知道本人之日起计算。

本人因不当无因管理行为产生的赔偿损失请求权的诉讼时效期间,从其知道或者应当知道管理人及损害事实之日起计算。

第八条 具有下列情形之一的,应当认定为民法典第一百九十五条规定的"权利人向义务人提出履行请求",产生诉讼时效中断的效力:

(一)当事人一方直接向对方当事人送交主张权利文书,对方当事人在文书上签名、盖章、按指印或者虽未签名、盖章、按指印但能够以其他方式证明该文书到达对方当事人的;

(二)当事人一方以发送信件或者数据电文方式主张权利,信件或者数据电文到达或者应当到达对方当事人的;

(三)当事人一方为金融机构,依照法律规定或者当事人约定从对方当事人账户中扣收欠款本息的;

(四)当事人一方下落不明,对方当事人在国家级或者下落不明的当事人一方住所地的省级有影响的媒体上刊登具有主张权利内容的公告的,但法律和司法解释另有特别规定的,适用其规定。

前款第(一)项情形中,对方当事人为法人或者其他组织的,签收人可以是其法定代表人、主要负责人、负责收发信件的部门或者被授权主体;对方当事人为自然人的,签收人可以是自然人本人、同住的具有完全行为能力的亲属或者被授权主体。

第九条 权利人对同一债权中的部分债权主张权利,诉讼时效中断的效力及于剩余债权,但权利人明确表示放弃剩余债权的情形除外。

第十条 当事人一方向人民法院提交起诉状或者口头起诉的,诉讼时效从提交起诉状或者口头起诉之日起中断。

第十一条 下列事项之一,人民法院应当认定与提起诉讼具有同等诉讼时效中断的效力:

(一)申请支付令;

(二)申请破产、申报破产债权;

(三)为主张权利而申请宣告义务人失踪或死亡;

（四）申请诉前财产保全、诉前临时禁令等诉前措施；
（五）申请强制执行；
（六）申请追加当事人或者被通知参加诉讼；
（七）在诉讼中主张抵销；
（八）其他与提起诉讼具有同等诉讼时效中断效力的事项。

第十二条　权利人向人民调解委员会以及其他依法有权解决相关民事纠纷的国家机关、事业单位、社会团体等社会组织提出保护相应民事权利的请求，诉讼时效从提出请求之日起中断。

第十三条　权利人向公安机关、人民检察院、人民法院报案或者控告，请求保护其民事权利的，诉讼时效从其报案或者控告之日起中断。

上述机关决定不立案、撤销案件、不起诉的，诉讼时效期间从权利人知道或者应当知道不立案、撤销案件或者不起诉之日起重新计算；刑事案件进入审理阶段，诉讼时效期间从刑事裁判文书生效之日起重新计算。

第十四条　义务人作出分期履行、部分履行、提供担保、请求延期履行、制定清偿债务计划等承诺或者行为的，应当认定为民法典第一百九十五条规定的"义务人同意履行义务"。

第十五条　对于连带债权人中的一人发生诉讼时效中断效力的事由，应当认定对其他连带债权人也发生诉讼时效中断的效力。

对于连带债务人中的一人发生诉讼时效中断效力的事由，应当认定对其他连带债务人也发生诉讼时效中断的效力。

第十六条　债权人提起代位权诉讼的，应当认定对债权人的债权和债务人的债权均发生诉讼时效中断的效力。

第十七条　债权转让的，应当认定诉讼时效从债权转让通知到达债务人之日起中断。

债务承担情形下，构成原债务人对债务承认的，应当认定诉讼时效从债务承担意思表示到达债权人之日起中断。

第十八条　主债务诉讼时效期间届满，保证人享有主债务人的诉讼时效抗辩权。

保证人未主张前述诉讼时效抗辩权，承担保证责任后向主债务人行使追偿权的，人民法院不予支持，但主债务人同意给付的情形除外。

第十九条　诉讼时效期间届满，当事人一方向对方当事人作出同意履行义务的意思表示或者自愿履行义务后，又以诉讼时效期间届满为由进行抗辩的，人民法院不予支持。

当事人双方就原债务达成新的协议，债权人主张义务人放弃诉讼时效抗辩权的，人民法院应予支持。

超过诉讼时效期间，贷款人向借款人发出催收到期贷款通知单，债务人在通知单上签字或者盖章，能够认定借款人同意履行诉讼时效期间已经届满的义务的，对于贷款人关于借款人放弃诉讼时效抗辩权的主张，人民法院应予支持。

第二十条 本规定施行后，案件尚在一审或者二审阶段的，适用本规定；本规定施行前已经终审的案件，人民法院进行再审时，不适用本规定。

第二十一条 本规定施行前本院作出的有关司法解释与本规定相抵触的，以本规定为准。

【注　解】

最高人民法院2008年8月21日公布本规定，法释〔2008〕11号，自2008年9月1日起施行。

最高人民法院2020年12月29日公布《最高人民法院关于修改〈最高人民法院关于在民事审判工作中适用《中华人民共和国工会法》若干问题的解释〉等二十七件民事类司法解释的决定》修正本规定，法释〔2020〕17号，该修正自2021年1月1日起施行。

【解　读】

解读《最高人民法院关于审理民事案件适用诉讼时效制度若干问题的规定》

一、问题的提出

2008年8月11日，最高人民法院审判委员会第1450次会议通过了法释〔2008〕11号《关于审理民事案件适用诉讼时效制度若干问题的规定》（以下简称本规定），并于2008年9月1日起施行。

二、理解与适用

（一）诉讼时效制度适用的权利范围：诉讼时效客体界定

《民法通则》第一百三十五条[1]将诉讼时效的客体明定为民事权利，但民事权利种类众多，并非所有民事权利均适用诉讼时效的规定。我国理论界通说

---

[1] 对应《民法典》第一百八十八条。

认为，债权请求权适用诉讼时效的规定。本规定采纳了该通行观点，对《民法通则》的规定进行了限缩解释，在第一条规定，当事人可以对债权请求权提出诉讼时效抗辩。但同时对下列债权请求权作出了例外规定：第一，支付存款本息请求权。支付存款本息请求权的实现关系到公众的生存利益，如果该请求权适用诉讼时效的规定，在一定期间经过后不受法院保护，则将危害到民众的生存权，故该请求权不应适用诉讼时效的规定。第二，兑付国债、金融债券以及向不特定对象发行的企业债券本息请求权。依发行主体的不同，债券分为国债、金融债券和企业债券。国债、金融债券因有国家和金融机构的信用作为还本付息的担保，认购人基于对上述发行人的信赖而购买债券，上述投资具有类似于储蓄的性质，关涉社会公众利益，故基于国债、金融债券产生的还本付息请求权不适用诉讼时效的规定。向不特定对象发行的企业债券发行应采取承销的方式。对于该类企业债的认购人而言，其基于对金融机构的信赖而购买债券，购买该债券也具有类似于储蓄的性质；而且，兑付该类债券本息请求权涉及广大认购人的利益保护问题，关涉社会公益，因此，兑付该企业债券本息请求权也不应适用诉讼时效的规定。第三，基于投资关系产生的缴付出资请求权不适用诉讼时效的规定。足额出资是股东对公司的法定义务，该义务不应因诉讼时效届满、义务人提出诉讼时效抗辩而丧失受法院保护的效力；否则，有违公司资本充足原则。此外，公司资产系其对外承担民事责任的一般担保，故如果规定缴付出资请求权适用诉讼时效的规定，则不利于公司的发展，也不利于对其他足额出资的股东及公司债权人的保护。

此外，在司法实务中还存在物权请求权等请求权是否适用诉讼时效的问题。在本规定起草过程中，关于确认物权、排除妨害、消除危险请求权不适用诉讼时效的规定并无异议，争议主要集中在返还原物请求权是否适用诉讼时效的规定这一问题上。由于争议较大，本规定对物权请求权是否适用诉讼时效未作出规定。

（二）意思自治原则与处分原则的应用：当事人一方未提出诉讼时效抗辩，人民法院不应对诉讼时效问题进行释明及主动适用诉讼时效的规定进行裁判

本规定第三条主要涉及对诉讼时效抗辩权的确定性和对民事诉讼处分原则的正确运用问题。

诉讼时效抗辩权本质上是义务人的一项民事权利，作为一项私权利，依据私法意思自治的基本原则，私主体拥有依其自主意志从事民事法律行为的权利，司法不应过多干预。当事人一方根据实体法上的诉讼时效抗辩权在诉讼中提起的诉讼时效抗辩是实体权利的抗辩，是需由当事人主张的抗辩，当事人是否主张，属于其自由处分的范畴，司法不应过多干涉，这是民事诉讼处分原则的应有之意。诉讼时效抗辩权是颠覆性权利，义务人在法院释明后行使该权利的，将会使裁判结果较之其不行使该权利的情形发生根本性变化，即导致权利

人的权利不能得到法院保护。而即使义务人不行使诉讼时效抗辩权、在权利人有充分证据证明其享有权利的情形下，义务人依法依约履行合同义务是诚实信用原则的根本要求，并不会给义务人造成不公平的后果，反而有利于鼓励义务人的诚实履约行为，有利于我国社会诚信体系的建立。在当事人无行使诉讼时效抗辩权的意思表示的情形下，如果人民法院主动对诉讼时效问题进行释明，则无异于提醒和帮助义务人逃债，有违诚实信用的基本原则，也有违法院居中裁判的中立地位。因此，本规定规定，当事人一方未提出诉讼时效抗辩，人民法院不应对诉讼时效问题进行释明。同理，我们认为，当事人未提出诉讼时效抗辩的，人民法院也不应主动适用诉讼时效的规定进行裁判。

在司法实务中应予注意的是，本规定第三条的规定应适用于民事诉讼的各个审理阶段，而非只适用于某一审理阶段。

（三）程序正义与实体正义的衡平：诉讼时效抗辩权的行使阶段

本规定第四条分两款对诉讼时效抗辩权的行使阶段问题进行了规定。

1. 本规定第四条第一款涉及答辩权的行使期间以及二审的审理范围问题。关于答辩权的行使，世界上存在两种立法例：一种是答辩失权主义，另一种是答辩随时提出主义。根据《民事诉讼法》第一百一十三条①的规定，我国并未规定答辩失权主义。但由于答辩随时提出主义对于固定诉争焦点、确定案件事实存在不稳定性，尤其在答辩方恶意延迟答辩、进行诉讼突袭的情形下，对对方当事人的权利保护不利，有违程序安定原则。因此，《最高人民法院关于民事诉讼证据的若干规定》（以下简称《民事诉讼证据规定》）第三十二条②作出了"应在一审答辩期届满前提出书面答辩"的规定。该规定系倡导性规定，对规范答辩行为，维护民事诉讼程序的安定性具有积极的意义。而且，抗辩权是与请求权相对应的权利。根据《最高人民法院关于适用〈中华人民共和国民事诉讼法〉若干问题的意见》（以下简称《民事诉讼法意见》）第一百八十二条、第一百八十四条的规定，诉讼请求应在一审期间提出。基于权利对等原则，抗辩权也应限制在一审期间提出。因此，该款将诉讼时效抗辩权的行使阶段原则上限制在一审期间。

根据《民事诉讼法》第一百五十一条③关于"第二审人民法院应当对上诉请求的有关事实和适用的法律进行审查"的规定，我国民事诉讼采用二审续审制。在续审制审理模式下，二审既是法律审，又是事实审，在二审期间，当事人可以提出新的证据，进一步陈述案件的事实，法院可以对一审未尽事实和适用法律问题进行审理。续审制更多地体现了对实体公正功能的追求，也有助于

---

① 对应《民事诉讼法》（2023年修正）第一百二十八条。
② 现为《最高人民法院关于民事诉讼证据的若干规定》第四十九条。
③ 对应《民事诉讼法》（2023年修正）第一百七十五条。

实现诉讼效率。因此，在第一款我们作了但书规定，即"但其基于新的证据能够证明对方当事人的请求权已过诉讼时效期间的情形除外"。

2. 本规定第四条第二款规定，当事人未按照前款规定提出诉讼时效抗辩，以诉讼时效期间届满为由申请再审或者提出再审抗辩的，人民法院不予支持。如前所述，诉讼时效抗辩权的行使期间一般应限制在一审阶段，特殊情形可以在二审阶段行使。而终审判决作出后，当事人之间的权利义务关系已经确定，尤其是在生效判决已被部分或者全部执行完毕的情形下，社会交易秩序已经因生效判决的作出趋于确定，如果仍然对义务人基于诉讼时效抗辩权提出的再审申请予以支持，则不利于维护司法程序的安定，也有违诉讼时效制度维护社会秩序稳定的立法目的。因此，法院不应任由义务人突破审级限制，不应对当事人基于诉讼时效抗辩权提出的再审申请予以支持。这样规定，也有助于维护诚实信用的基本原则。综上，我们认为，无论当事人一方是否基于新的证据证明的诉讼时效事实申请再审，人民法院均不予支持；当事人基于其他再审事由获得支持进入再审后，在再审审理过程中提出诉讼时效抗辩的，人民法院也不应予以支持。

应予注意的是，在司法实务中，当事人在二审期间基于新的证据证明的事实提出诉讼时效抗辩的，人民法院不应仅以一审法院对诉讼时效事实未予查明而将案件发回重审。尽管一审法院未查明诉讼时效事实，但这属于一审法院准确适用人民法院不应主动援用诉讼时效的规定进行裁判这一规定的正确做法。根据《民事诉讼法》第一百五十一条、第一百五十三条①关于二审法院审理范围和二审裁判方式的规定，对于原判决认定事实错误，或者原判决认定事实不清，证据不足的，第二审法院可以查清事实后改判。对于诉讼时效事实，当事人举出新证据的，由二审法院在查清事实的基础上改判，符合我国《民事诉讼法》的上述规定，也可节约诉讼成本、避免诉累，是可行做法。当然，如果还有其他未予查清的事实或者认识错误的事实，则二审法院应综合整个案情决定是否应将案件发回重审。根据《最高人民法院关于民事经济审判方式改革问题的若干规定》第三十八条关于"第二审人民法院根据当事人提出的新证据对案件改判或者发回重审的，应当在判决书或者裁定书中写明对新证据的确认，不应当认为是第一审裁判错误"的规定，二审法院依据二审新的证据适用诉讼时效的规定对案件进行改判的，不应认定为第一审裁判错误。

还应注意的是，权利人因义务人二审提出诉讼时效抗辩而增加的相关费用，属于因义务人的原因导致的不利益，故根据公平原则，应由义务人承担。这也符合《民事诉讼证据规定》第四十六条关于"一方当事人请求提出新的证据的另一方当事人负担由此增加的差旅、误工、证人出庭作证、诉讼等合理费

---

① 对应《民事诉讼法》（2023年修正）第一百七十七条。

用以及由此扩大的直接损失，人民法院应予支持"规定的精神。

（四）理论纷争与规范统一：同一债务分期履行的，诉讼时效期间的起算

同一债务分期履行的情形中，给付某一期债务请求权的诉讼时效如何起算的问题一直是理论界和实务界颇有争议的问题。本规定第五条对此进行了规定。本规定作此规定的理由在于：第一，符合同一债务的特征。从债法法理分析，当事人约定同一笔债务分期履行的，其订立合同的目的是对同一笔债务约定分期履行，该债务为一个单一的整体，具有整体性和唯一性。其是在当事人签订合同之时即予以确定，只不过对于债务的履行当事人约定了分期履行，而非一次性履行而已。尽管因为对整体债务分别约定了分期履行的期限和数额，使每一期债务具有一定的独立性，但该独立性不足以否定整体性，整体性和唯一性是该债务的根本特征。史尚宽先生认为，这种债权属于普通债权分期给付，而非定期金债权，"至普通债权之定有给付期间或以一债权分作数期给付者，不包括在内。"① 给付每一期债务请求权的诉讼时效期间从最后一期履行期限届满之日起算是同一笔债务具有唯一性和整体性的根本要求。第二，符合诉讼时效制度的立法目的。权利人没有在每一期履行期限届满后即主张权利，并非其怠于行使权利，而系其基于对同一债务具有整体性以及不同期债务具有关联性的合理信赖，通常把每一次履行行为看作一个完整的合同关系的一部分，认为其可以从最后一期履行期限届满之日再主张权利。而且，当事人之间签订分期给付债务合同的目的在于全面履行合同约定的义务，因此，尽量维持双方的债权债务关系和信任关系是解决履行障碍的基本态度。为促进双方的友好合作关系，权利人不愿或者不想在部分债权受到侵害后就立刻主张权利。因此，规定从最后一期履行期限届满之日起算诉讼时效期间，可以保护权利人的合理信赖利益，也不违背诉讼时效制度督促权利人行使权利的立法目的。第三，有利于减少诉累，实现诉讼效率。规定诉讼时效期间从最后一期履行期限届满之日起算，可以避免当事人为主张权利而激化矛盾，避免频繁起诉，有利于节约司法资源，减少诉累，实现诉讼效率。

需予说明的是，在对本条进行适用时应注意以下两点：第一，本条是对给付分期履行债务中的某一笔债务请求权的诉讼时效期间起算点的规定，而非对给付全部债务请求权的诉讼时效期间起算点的规定，后者当然应从最后一期履行期限届满之日起算诉讼时效期间。第二，本条适用的情形是对同一笔债务约定分期履行。所谓同一笔债务，是指该债务在合同订立之时即已经确定，时间因素对其内容和范围不再起作用，受到时间因素影响的只是履行的方式。该类债务的典型表现形式为约定分期还款、分期交货的借款之债、买卖之债等。详言之，在借款合同法律关系中，借款合同多约定：贷款人一次性给付借款人全

---

① 史尚宽：《民法总论》，中国政法大学出版社2000年版，第642页。

部款项后，借款人分期偿还。在司法实践中，分期偿还的约定主要有两种形式：一种是明确约定总的债务履行期限和数额以及分期偿还的数额、期限；另一种是只约定了总的履行期限，而对分期履行的期限和数额未作出具体约定。

（五）概念界定与实务分析：提起诉讼的认定

提起诉讼是《民法通则》规定的法定中断事由之一，但关于在提起诉讼情形下，诉讼时效从何时中断存在争论，主要有从当事人一方向法院提交起诉材料或者口头起诉之日起中断，从法院受理之日起中断，以及从起诉状副本送达给对方当事人之日起中断三种观点。

本规定采纳了第一种观点，理由为：所谓提起诉讼，是指公民、法人或者其他组织认为自己所享有的或者依法由自己支配、管理的民事权益受到侵害，或者与他人发生民事权益的争议，以自己的名义请求法院通过审判给予司法保护的诉讼行为。① 提起诉讼是权利人请求公权力机关运用公权力对其权利进行保护的公力救济方式。相对于私力救济而言，公力救济为权利人救济其权利最为有力的方式，其在义务人不愿履行义务的情形下，可以通过司法强制力强制其履行义务。简言之，这里的提起诉讼是指权利人起诉的行为，而非指法院的受理行为。由于本条规定的是诉讼时效中断起算点的确认问题，因此，在确定中断点的问题上，主要应从诉讼时效中断事由的法理进行考量，基于诉讼时效中断制度侧重保护权利人的立法目的，我们认为，规定诉讼时效从当事人一方提交起诉状或者口头起诉之日起中断，而非法院依法受理之日中断更符合该立法目的。

综上，根据《民事诉讼法》第一百零九条②关于"起诉应当向人民法院递交起诉状，并按照被告人数提出副本。书写起诉状确有困难的，可以口头起诉，由人民法院记入笔录，并告知对方当事人"的规定，本规定第十二条规定，当事人一方向人民法院提交起诉状或者口头起诉的，诉讼时效期间从提交起诉状或者口头起诉之日起中断。作出此规定，在司法实务中具有积极的意义：在提起诉讼之日诉讼时效期间尚未届满、但在受理之日诉讼时效期间已经届满的情形，或者在法院因政策性原因而作出中止立案的情形下，该规定有利于保护权利人的权利。

应予注意的是，这里的提起诉讼一般指提起具备法律规定的起诉要件的诉。当然，如果提起的诉讼虽不符合法律规定的起诉的全部要件，但其具备的要件足以认定权利人向义务人以提起诉讼的方式主张了争议的权利的，当事人一方提起诉讼的行为也应具有诉讼时效中断的效力。

还应注意的是，提起诉讼不仅包括权利人提起民事诉讼的情形，也应包括

---

① 江伟：《民事诉讼法》，高等教育出版社、北京大学出版社2004年版，第261页。
② 对应《民事诉讼法》（2023年修正）第一百二十三条。

权利人提起刑事附带民事诉讼的情形。此外，如果权利人为保护民事权利提起行政诉讼，即使提起的行政诉讼不被受理，但如果仅是其对案件性质的认识错误，但被告、事实理由及权利均无错误，则也应认定其提起行政诉讼的行为具有诉讼时效中断的效力。

（六）连带之债连带性的理解与应用：连带之债诉讼时效中断效力的涉他性

本规定第十七条对连带之债的涉他性进行了规定。所谓连带之债的涉他性，是指对于任一连带债权人或者连带债务中一人所生事项的效力是否及于其他连带债权人或者其他连带债务人。这里的一人并非特指某一人，而是泛指连带债权或者连带债务人中的任一人。

因连带之债分为连带债权和连带债务，故该条分两款分别对连带债权和连带债务的涉他性问题进行了规定。

本规定第十七条第一款规定，对于连带债权人中的一人发生诉讼时效中断效力的事由，应当认定对其他连带债权人也发生诉讼时效中断的效力。详言之，诉讼时效中断事项可统分为请求[①]和义务人同意履行义务两种。对于连带债权而言，一连带债权人请求债务人履行债务或者债务人对任一连带债权人作出同意履行义务的意思表示或者行为，均应对其他连带债权人发生诉讼时效中断的效力。理由在于：第一，连带债权制度的立法目的在于保障债权全面、及时实现，连带债权人中的任一人均可请求债务人部分或者全部给付或者受领债务人的部分或者全部给付，该请求给付的效力及于其他连带债权人，其他连带债权人可以对受领债权人请求给付超过其应得部分的债权。因此，对于请求这一诉讼中断事由而言，具有涉他性是连带债权的应有之意，也符合连带债权保护债权的制度本意和立法目的。第二，连带债权制度的立法本意是义务人可以向任一连带债权人为部分或者全部给付，既可以作出履行义务的意思表示，也可以作出实际履行行为，任一连带债权人均有权接受给付并将超过其应有份额的部分分给其他连带债权人。因此，在债务人对于任一连带债权人为部分或者全部给付的情形下，该给付的效果应是在所有债权人间消灭该部分债权。在其作出同意履行债务意思表示的情形下，其法律效力也系对其作出同意履行债务部分具有诉讼时效中断的效力，无论该部分债务是否超过接受该意思表示的债权人有权享有的部分。而且，债务具有整体性，由于义务人同意履行部分债务

[①] 正如前文所述，诉讼时效中断的法定事由主要有三，即权利人向义务人主张权利、权利人提起诉讼、义务人同意履行义务。除此之外，本司法解释还规定了类诉讼请求（申请），向依法有权处理纠纷的国家机关、事业单位、社会团体等社会组织提出解决纠纷的请求等诉讼时效中断事项。其中，权利人向义务人主张权利、提起诉讼、提出类诉讼请求（申请）以及向依法有权处理纠纷的国家机关、事业单位、社会团体等社会组织请求解决纠纷等，均属广义上的请求，故这里为表述方便，我们通称为请求。

实质是作为其承认整体债务存在的一个证据，因此，从保护债权人利益角度考虑，在义务人仅对部分债务作出同意履行义务的意思表示或者作出实际履行行为时，对于全体债务也应具有诉讼时效中断的效力。

本规定第十七条第二款规定，对于连带债务人中的一人发生诉讼时效中断效力的事项，应当认定对其他连带债务人也发生诉讼时效中断的效力。详言之，债权人向连带债务人中的一人提出权利请求或者连带债务人中的一人向债权人作出同意履行债务的意思表示或者行为，对于其他连带债务人均具有诉讼时效中断的效力。理由在于：第一，从连带债务制度的立法目的以及诉讼时效中断制度的立法目的角度进行分析，具有涉他性符合上述制度保护债权人权利的目的。连带债务的立法目的是赋予债权人向所有连带债务人主张全部给付的权利，以全体连带债务人的财产为其债权进行一般担保，以保护债权的实现。质言之，连带债务是连带债务人为保护权利人的权利而承担的一种加重责任，因此对于涉及债权保护问题的事项一般应具有涉他性。显然，诉讼时效中断制度的立法目的在于保护债权人的权利，与连带债务保护债权人权利实现的目的相吻合，故一事由对一连带债务人具有诉讼时效中断效力对其他连带债务人具有涉他性有助于保护债权人的权利，符合债务人负担连带债务的目的，也未加重其责任。第二，具有涉他性，符合为平衡债权人、债务人以及债务人之间利益而进行的制度设计，符合公平和效率原则。基于公平原则，法律一方面规定连带债务人对外承担连带责任，一方面又规定连带债务人之间享有追偿权。根据连带债务的权利义务结构设计，就外部关系而言，相对于债权人，连带债务人共为一个债务人整体，为了不使债务人因有内部沟通的关系而背弃债权人的信赖，连带债务的绝对效力有其存在的必要性；就内部关系而言，因连带债务人内部有紧密的沟通关系，故具有涉他性对债务人并非不利益。第三，有观点认为，对于义务人同意履行义务这一诉讼时效中断事由而言，其与请求并不相同，前者是义务人主动承认债务的行为，而后者是权利人主动主张权利的行为；前者为义务人自愿放弃其诉讼时效利益的行为，而后者则是其被动放弃诉讼时效利益的行为。一连带债务人不能代替其他连带债务人放弃诉讼时效利益，故该诉讼时效中断事由不应具有涉他性。但大多数观点认为，在对诉讼时效中断事由是否具有涉他性问题存在争议的情形下，由于连带债务与诉讼时效中断制度的立法目的均为保护权利人权利，故我们应倾向作出有利于债权人的理解。在债权人享有的债权与债务人享有的诉讼时效不予中断这一诉讼时效进行中的时效利益发生矛盾的情况下，后者不足以对抗前者，因此，规定该诉讼时效中断事由具有涉他性较为科学。这样规定，也有利于关于连带债务诉讼时效中断事由具有涉他性问题的规定实现体系统一，鼓励积极还债的诚信行为。

应予指出的是，对连带债务中的一人发生诉讼时效中断的事由对其他连带债务人也具有涉他性的规定，对于主债务人与连带保证人并不适用，即对主债务人发生诉讼时效中断效力的事由对连带保证人并不具有涉他性。理由在于：连带保证人为从债务人而非主债务人，其所负的债务为从债务而非主债务，与主债务并非同一层次的债务。而且，保证人承担保证责任后，对主债务人享有追偿权，并不与主债务人分担债务，最终的债务主体为主债务人。再者，连带保证人承担的债务具有独立于主债务的特性，根据立法本意，主债权人既可以向主债务人主张权利也可以向连带保证人主张权利，在主债权人只向主债务人主张权利而未向保证人主张权利的情形下，并不能推定其向连带保证债务人也主张权利。在该情形下，依据法律规定，保证人无需承担保证责任，除非其自愿主动履行。综上，如果规定具有涉他性，并不符合连带保证责任的性质和立法本意。

（七）诺成行为抑或实践行为：放弃诉讼时效抗辩权与义务人自愿履行的区别

本规定第二十二条对放弃诉讼时效抗辩权与义务人自愿履行进行了规定。应予注意的是，构成放弃诉讼时效抗辩权应符合以下要件：第一，作出放弃诉讼时效抗辩权意思表示的主体需具有权利能力、行为能力。第二，放弃诉讼时效抗辩权的行为属于有相对人的意思表示行为，故该意思表示应向相对方作出并到达相对方。放弃诉讼时效抗辩权的行为为义务人的单方处分行为，故该行为无需权利人同意，只要义务人单方向权利人作出该意思表示即发生效力，并不以义务人实际履行诉讼时效期间已过的义务为要件。依当然解释，当事人之间就放弃诉讼时效抗辩权达成协议的，也应具有法律效力。第三，由于放弃权利需有放弃权利的意思表示，故放弃诉讼时效抗辩权需以义务人知道或者应当知道诉讼时效完成、其享有诉讼时效抗辩权为要件。第四，放弃诉讼时效抗辩权，需以义务人作出同意履行诉讼时效期间已过的债务的意思表示为认定要件。因为，诉讼时效抗辩权的涵义为诉讼时效期间届满，义务人有权拒绝履行义务，故义务人若放弃诉讼时效抗辩权，则应作出同意履行义务的意思表示，义务人仅确认债务存在，而并未表示愿意履行诉讼时效期间已过债务的，不能认定其放弃诉讼时效抗辩权。在司法实务中，应避免认为只要义务人承认诉讼时效期间已过的债务即认定其放弃诉讼时效抗辩权的错误做法。

所谓义务人自愿履行，是指诉讼时效期间届满，义务人不知诉讼时效期间已过的事实而自愿履行债务后，其不得以不知诉讼时效期间已过为由请求撤销该履行行为。其法理依据是诉讼时效期间届满后，债的受领保持力仍然存在，故义务人在诉讼时效期间届满后向权利人自愿履行的，权利人仍有权受领义务人的给付，该受领有合法依据，并非不当得利，即使义务人在给付之时并不知诉讼时效期间已过的事实。

放弃诉讼时效抗辩权与义务人自愿履行行为的不同主要表现在两个方面：第一，义务人自愿履行不以义务人知道或者应当知道诉讼时效期间已过的事实为要件；而放弃诉讼时效抗辩权以义务人知道或者应当知道诉讼时效期间已过的事实为要件。第二，义务人自愿履行行为实践行为，而放弃诉讼时效抗辩权非实践行为。

在司法实务中，由于未能正确区分义务人自愿履行行为与放弃诉讼时效抗辩权，曾有关于放弃诉讼时效抗辩权为实践行为的错误认识，故本规定对两制度进行了区别规定。

（八）结语：无效合同所涉请求权的诉讼时效问题

无效合同所涉请求权的诉讼时效问题是司法实务中时常遇到的问题，但由于在讨论过程中，关于诉讼时效起算点问题争议较大，未形成一致意见，故最高人民法院审判委员会决定对该问题暂不予以规定，留待进一步研究。

在合同无效法律关系中，主要有确认合同无效请求权、返还财产请求权、赔偿损失请求权三种请求权。在司法实务中，主要涉及两类诉讼时效问题：

1. 上述请求权是否适用诉讼时效规定

确认合同无效请求权虽明为请求权，但实质为实体法上的形成权，因此，通说认为，其不适用诉讼时效的规定，而应适用除斥期间的规定。但由于无效合同制度涉及国家利益和社会公共利益的保护问题，故我国《合同法》并未对确认合同无效请求权的除斥期间进行规定。返还财产请求权为不当得利请求权的，应适用诉讼时效的规定。赔偿损失请求权是因缔约过失责任而产生的债权请求权，故也应适用诉讼时效的规定。

2. 适用诉讼时效规定的请求权，诉讼时效期间应从何时起算

该问题是目前理界和司法实务界争论最大的问题，主要有三种争议观点：第一种观点认为，应从合同被确认无效之日起算。理由是：合同无效只能由法院或者仲裁机构确认，只有在判决或裁决确认合同无效之时才产生返还财产及赔偿损失请求权，权利人才知道或者应当知道其权利受到侵害，诉讼时效期间才起算。至于因合同无效而导致的权利人的不利益，可通过实体法的规定依公平原则进行解决，不应以诉讼时效起算点的提前起算来解决。第二种观点认为，应从履行期限届满之日开始起算。理由是：当事人基于合同有效而签订和履行合同，其对权利实现的合理预期为合同履行期限届满之日，故在合同履行期限届满后，当事人知道或者应当知道其权利受到侵害，而无论合同事后是否被确认无效。而且，合同无效产生的损失，多因合同当事人不履行合同义务产生，而非因合同被确认无效产生。第三种观点认为，上述两种观点均存在不足，前者会产生权利睡眠问题，后者则会带来无效合同按有效对待的无奈，应综合前两种规定作出折中规定，即合同被确认无效，返还财产、赔偿损失请求权的诉讼时效期间从合同被确认无效之日起计算。但合同履行期限届满、当事人没有履行或者没有完全履行合同的，当事人以合同无效为由请求返还财产、赔偿损失的，诉讼时效期间从履行期限届满之日起计算。理由是：在当事人基

于合同有效而订立和履行合同的情形下,其对合同权利实现的合理预期为履行期限届满之日。因此,当事人一方或者双方在合同履行期限届满后,没有履行或者没有完全履行合同义务的,对方当事人应当认识到其权利受到侵害,故诉讼时效应从合同履行期限届满之日起算。但如果当事人双方已完全履行合同义务,其权利已得到实现,故其在履行期限届满之日不知道或者不应当知道权利受到侵害。只有在合同被确认无效之后,其才知道或者应当知道权利受到侵害,故诉讼时效应从合同被确认无效之日起算。

(撰稿人:宋晓明 刘竹梅 张雪楳)

解读《最高人民法院关于审理民事案件适用诉讼时效制度若干问题的规定》修正条文

一、关于适应性修改条文的说明

(一)引言

《民法典》施行后,《民法通则》《物权法》《合同法》同时废止,因此在对本司法解释进行修改时,将引言中的"《中华人民共和国民法通则》《中华人民共和国物权法》《中华人民共和国合同法》"修改为"《中华人民共和国民法典》"。

(二)删除原第二条

《民法典》第一百九十七条规定已经吸收了原《最高人民法院关于审理民事案件适用诉讼时效制度若干问题的规定》(法释〔2008〕11号,以下简称《诉讼时效解释》)第二条规定。《民法典》第一百九十七条规定:"诉讼时效的期间、计算方法以及中止、中断的事由由法律规定,当事人约定无效。当事人对诉讼时效利益的预先放弃无效。"可见,该条不仅吸收了原司法解释第二条的全部内容,还增加规定,诉讼时效期间的计算方法以及中止、中断的事由由法律规定,当事人约定也无效。

(三)删除原第五条

《民法典》第一百八十九条规定已经完全采纳了原《诉讼时效解释》第五条规定的内容。《民法典》第一百八十九条规定:"当事人约定同一债务分期履行的,诉讼时效期间自最后一期履行期限届满之日起计算。"该条的表述只是将其中的"从"改为"自",其余表述与原司法解释第五条的表述完全一致。

(四)删除原第二十条

《民法典》第一百九十四条规定已经完全吸收了原《诉讼时效解释》第二

十条规定的内容。《民法典》第一百九十四条规定:"在诉讼时效期间的最后六个月内,因下列障碍,不能行使请求权的,诉讼时效中止:(一)不可抗力;(二)无民事行为能力人或者限制民事行为能力人没有法定代理人,或者法定代理人死亡、丧失民事行为能力、丧失代理权;(三)继承开始后未确定继承人或者遗产管理人;(四)权利人被义务人或者其他人控制;(五)其他导致权利人不能行使请求权的障碍。自中止时效的原因消除之日起满六个月,诉讼时效期间届满。"通过对比《民法典》和原司法解释的规定,可以看出,《民法典》完全采纳了原司法解释的规定,只是个别文字表述有改动。

(五)第二条(原第三条)

这次司法解释清理的意见是,删去该解释第三条规定的人民法院不应"主动适用诉讼时效的规定进行裁判"的内容。理由是,《民法典》第一百九十三条已经完全采纳了该内容。该条规定:"人民法院不得主动适用诉讼时效的规定。"

(六)第四条(原第六条)

《合同法》第六十一条规定:"合同生效后,当事人就质量、价款或者报酬、履行地点等内容没有约定或者约定不明确的,可以协议补充;不能达成补充协议的,按照合同有关条款或者交易习惯确定。"《合同法》第六十二条规定:"当事人就有关合同内容约定不明确,依照本法第六十一条的规定仍不能确定的,适用下列规定:(一)质量要求不明确的,按照国家标准、行业标准履行;没有国家标准、行业标准的,按照通常标准或者符合合同目的的特定标准履行。(二)价款或者报酬不明确的,按照订立合同时履行地的市场价格履行;依法应当执行政府定价或者政府指导价的,按照规定履行。(三)履行地点不明确,给付货币的,在接受货币一方所在地履行;交付不动产的,在不动产所在地履行;其他标的,在履行义务一方所在地履行。(四)履行期限不明确的,债务人可以随时履行,债权人也可以随时要求履行,但应当给对方必要的准备时间。(五)履行方式不明确的,按照有利于实现合同目的的方式履行。(六)履行费用的负担不明确的,由履行义务一方负担。"

《民法典》第五百一十条规定:"合同生效后,当事人就质量、价款或者报酬、履行地点等内容没有约定或者约定不明确的,可以协议补充;不能达成补充协议的,按照合同相关条款或者交易习惯确定。"《民法典》第五百一十一条规定:"当事人就有关合同内容约定不明确,依据前条规定仍不能确定的,适用下列规定:(一)质量要求不明确的,按照强制性国家标准履行;没有强制性国家标准的,按照推荐性国家标准履行;没有推荐性国家标准的,按照行业标准履行;没有国家标准、行业标准的,按照通常标准或者符合合同目的的特定标准履行。(二)价款或者报酬不明确的,按照订立合同时履行地的市场价格履行;依法应当执行政府定价或者政府指导价的,依照规定履行。(三)履行地点不明确,给付货币的,在接受货币一方所在地履行;交付不动产的,在不动产所在地履行;其他标的,在履行义务一方所在地履行。(四)履行期限不明确的,债务人可以随时履行,债权人也可以随时请求履行,但是应当给对方必要的准备时间。(五)履行方式不明确的,按照有利于实现合同目的的方式履行。(六)履行费用的负担不明确的,由履行义务一方负担;因债权人原因增加的履行费用,由债权人负担。"

从上列举的条文来看,《民法典》第五百一十条完全采纳了《合同法》第六十一条的规定,《民法典》第五百一十一条吸收了《合同法》第六十二条的规定,同时有修改。本条的清理,只是修改了法律依据,即将原司法解释第六条中的《合同法》第六十一条、第六十二条修改为《民法典》第五百一十条、第五百一十一条,内容没有变化。

(七)第五条(原第七条)

《合同法》第五十五条规定:"有下列情形之一的,撤销权消灭:(一)具有撤销权的当事人自知道或者应当知道撤销事由之日起一年内没有行使撤销权;(二)具有撤销权的当事人知道撤销事由后明确表示或者以自己的行为放弃撤销权。"

这次清理司法解释,将原司法解释第七条中的"应适用合同法第五十五条关于一年除斥期间的规定"修改为"应适用民法典关于除斥期间的规定"。理由在于:一是《合同法》已经废止,不得再作为适用依据。二是《合同法》第五十五条的内容已经被《民法典》第一百五十二条吸收、修改。《民法典》第一百五十二条规定:"有下列情形之一的,撤销权消灭:(一)当事人自知道或者应当知道撤销事由之日起一年内、重大误解的当事人自知道或者应当知道撤销事由之日起九十日内没有行使撤销权;(二)当事人受胁迫,自胁迫行为终止之日起一年内没有行使撤销权;(三)当事人知道撤销事由后明确表示或者以自己的行为表明放弃撤销权。当事人自民事法律行为发生之日起五年内没有行使撤销权的,撤销权消灭。"

该条对《合同法》第五十五条的重大修改表现在:第一,规定重大误解的当事人自知道或者应当知道撤销事由之日起 90 日内没有行使撤销权的,撤销权消灭。此种情形要求权利人在 90 日内行使撤销权,否则权利消灭。而根据《合同法》第五十五条的规定,此种情形的除斥期间仍然是一年。所以说这是重大修改。第二,规定当事人受胁迫,自胁迫行为终止之日起一年内没有行使撤销权,撤销权消灭。此种规定符合受胁迫原理。而《合同法》第五十五条要求受胁迫人自知道或者应当知道受胁迫行为之日起一年内行使撤销权,不符合受胁迫原理,因为受胁迫有一个过程,只有在胁迫行为终止之日开始计算除斥期间,才符合撤销权的原理。

（八）第八条（原第十条）

《民法通则》第一百四十条规定："诉讼时效因提起诉讼、当事人一方提出要求或者同意履行义务而中断。从中断时起，诉讼时效期间重新计算。"《民法典》第一百九十五条规定："有下列情形之一的，诉讼时效中断，从中断、有关程序终结时起，诉讼时效期间重新计算：（一）权利人向义务人提出履行请求；（二）义务人同意履行义务；（三）权利人提起诉讼或者申请仲裁；（四）与提起诉讼或者申请仲裁具有同等效力的其他情形。"

因《民法典》施行后，《民法通则》废止，所以解释的对象就不能是《民法通则》的第一百四十条规定的"当事人一方提出要求"，而是《民法典》第一百九十五条规定的"权利人向义务人提出履行请求"。修改后的条文实质内容没有变，只是在第一项的签名、盖章之外，增加了"按指印"这一形式。

（九）第十一条（原第十三条）

《民法典》第一百九十五条规定："有下列情形之一的，诉讼时效中断，从中断、有关程序终结时起，诉讼时效期间重新计算：（一）权利人向义务人提出履行请求；（二）义务人同意履行义务；（三）权利人提起诉讼或者申请仲裁；（四）与提起诉讼或者申请仲裁具有同等效力的其他情形。"

本次司法解释清理，因《民法典》第一百九十五条第三项将"权利人提起诉讼"与"申请仲裁"并列，所以原司法解释中与提起诉讼具有同等诉讼时效中断的效力的事项就不应当包括仲裁，其他内容都保留。据此，司法解释作出了如上清理。

（十）第十四条（原第十六条）

《民法通则》第一百四十条规定："诉讼时效因提起诉讼、当事人一方提出要求或者同意履行义务而中断。从中断时起，诉讼时效期间重新计算。"《民法典》第一百九十五条规定："有下列情形之一的，诉讼时效中断，从中断、有关程序终结时起，诉讼时效期间重新计算：（一）权利人向义务人提出履行请求；（二）义务人同意履行义务；（三）权利人提起诉讼或者申请仲裁；（四）与提起诉讼或者申请仲裁具有同等效力的其他情形。"

《民法典》施行后，《民法通则》废止，因此，原司法解释第十六条解释的《民法通则》第一百四十条规定的当事人一方"同意履行义务"也要作相应修改，将解释的对象修改为《民法典》第一百九十五条规定的"义务人同意履行义务"，其他内容没有改变。

（十一）第十九条（原第二十二条）

本次司法解释清理，保留了原《诉讼时效解释》第二十二条的内容，同时增加了两款规定。

增加的第二款规定是："当事人双方就原债务达成新的协议，债权人主张义务人放弃诉讼时效抗辩权的，人民法院应予支持。"该规定来自《最高人民法院关于超过诉讼时效期间当事人达成的还款协议是否应当受法律保护问题的批复》（法复〔1997〕4号）。批复的全文为："四川省高级人民法院：你院川高法〔1996〕116号《关于超过诉讼时效期间达成的还款协议是否应受法律保护问题的请示》收悉。经研究，答复如下：根据《中华人民共和国民法通则》第九十条规定的精神，对超过诉讼时效期间，当事人双方就原债务达成还款协议的，应当依法予以保护。此复。"因《民法典》施行后，《民法通则》废止，所以本款法律依据的问题，就删去了"根据《中华人民共和国民法通则》第九十条规定的精神"的表述，其他内容实质不变。

增加的第三款规定是："超过诉讼时效期间，贷款人向借款人发出催收到期贷款通知单，债务人在通知单上签字或者盖章，能够认定借款人同意履行诉讼时效期间已经届满的义务的，对于贷款人关于借款人放弃诉讼时效抗辩权的主张，人民法院应予支持。"其中，"能够认定借款人同意履行诉讼时效期间已经届满的义务的"是增加的内容。

［载最高人民法院民法典贯彻实施工作领导小组办公室编著：《最高人民法院实施民法典清理司法解释修改条文（111件）理解与适用》，人民法院出版社2022年版］

【链　　接】

最高人民法院民二庭负责人就《关于审理民事案件适用诉讼时效制度若干问题的规定》答记者问

一、问：《关于审理民事案件适用诉讼时效制度若干问题的规定》的起草背景是什么？

答：诉讼时效制度是民商法中的一项基本制度，具有较强的实践性，在司法实务中适用广泛。各国多在民法典中对其进行规定，有的国家甚至起草单独的诉讼时效法对其进行规定。我国《民法通则》对诉讼时效制度进行了规定，但根据当时的情况仅规定了七条内容。之后颁布的相关司法解释虽进行了补充规定，但仍然不够系统、完善。

近年来，由于社会生活的纷繁复杂，在司法实务中出现的诉讼时效问题呈现多样化、疑难化趋势，因此，加强对司法实务中出现的诉讼时效问题的研究，及时出台司法解释，对于统一司法尺度，公正高效审理案件，保护当事人的合法权益，维护社会交易秩序，保护社会公共利益具有重要意义。最高人民法院下发的《关于贯彻落实第七次全国民事审判工作会议精神任务分解方案》，明确规定从2007年2月份起开始起草诉讼时效司法解释。依据该规定，2007年2月，最高人民法院正式启动诉讼时效司法解释起草工作。此后，我们分别举办了法院系统、金融系统、学术界专家论证会，先后征求了全国人大法工委、国务院法制办以及最高人民法院各相关部门的意见，并在吸收相关意见的基础上进行了制度设计。

二、问：司法解释制定遵循了哪些工作思路？

答：由于成文法具有的相对原则性和滞后性等特点，不能完全解决审判实务中遇到的所有具体问题，故需要司法解释予以弥补。司法解释应当根据法律和有关立法精神，结合审判工作实际需要制定。本司法解释在制定过程中遵循了以下工作思路：

1. 明确诉讼时效制度的立法目的，确定制定诉讼时效司法解释的基本原则。诉讼时效制度虽具有督促权利人行使权利的立法目的，但其实质并非否定权利的合法存在和行使，而是禁止权利的滥用，以维护社会交易秩序的稳定，进而保护社会公共利益。维护社会交易秩序，保护社会公共利益是诉讼时效制度的根本立法目的，世界两大法系的诉讼时效立法均体现了这一点。基于这一根本立法目的，诉讼时效制度对权利人的权利进行了限制，这是权利人为保护社会公共利益作出的牺牲和让渡。但应注意的是，通过对权利人的权利进行限制的方式对社会公共利益进行保护应有合理的边界，该边界就是应在保护社会公共利益的基础上进行利益衡量，不能滥用诉讼制度，使诉讼时效制度成为义务人逃避债务的工具，随意否定权利本身，违反依法依约履行义务的诚实信用原则。因此，在权利人积极主张权利或者因客观障碍无法主张权利的情形下，法律规定了诉讼时效中断、中止等诉讼时效障碍制度以合法阻却诉讼期间的继续计算。在司法解释的起草过程中，我们注重坚持在保护社会公共利益的基础上基于公平原则进行利益衡量，为避免不当扩大适用诉讼时效制度，损害权利人的合法权利，司法解释对诉讼时效的适用范围进行了限缩解释、对诉讼时效抗辩权的行使阶段进行了限定、对诉讼时效障碍事由的认定进行了合法的扩张解释。由于诉讼时效中断、中止制度的立法目的在于保护权利人权利，因此，在适用上述制度时，如果存在既可以作出有利于权利人的理解也可以作出有利于义务人的理解的情形，那么，在不违背基本法理的基础上，应作出有利于权利人的理解。

2. 充分调研、广泛征求司法实务界意见，使司法解释具有针对性和可操作性。最高人民法院制定的司法解释是对法院审判工作中如何适用法律所进行的解释,因此,对于司法实务中出现的问题进行广泛、深入地调研是科学制定司法解释的基础。在本司法解释制定过程中,我们向十几个高级法院下发了关于征集诉讼时效法律问题的通知,司法解释小组先后赴地方法院实地调研。通过对征集问题的归纳、总结,确定了本司法解释的框架体系和主要内容。对于与审判实务密切相关的诉讼时效适用范围,当事人未提出诉讼时效抗辩,法院应否主动援引诉讼时效的规定进行裁判,应否对诉讼时效问题进行释明以及诉讼时效抗辩权的行使阶段等问题进行了规定。

3. 全面梳理现有司法解释的规定,进行科学地修正、整合和完善。针对《民法通则》关于诉讼时效制度的规定,最高人民法院先后颁布了最高人民法院《关于贯彻执行〈中华人民共和国民法通则〉若干问题的意见(试行)》、法复〔1994〕3号最高人民法院《关于债务人在约定的期限届满后未履行债务而出具没有还款日期的欠款条诉讼时效期间应从何时开始计算问题的批复》、法复〔1997〕4号最高人民法院《关于超过诉讼时效期间当事人达成的还款协议是否应当受法律保护问题的批复》、法释〔1999〕7号最高人民法院《关于超过诉讼时效期间借款人在催款通知单上签字或者盖章的法律效力问题的批复》等司法解释,对司法实务中涉及的诉讼时效起算点、中断、中止、效力等问题进行了规定。该司法解释在对上述司法解释的规定进行梳理的基础上,进行了科学的修正、整合和完善。该司法解释共二十四条,分别从诉讼时效总则、起算、中断、中止、效力、附则等方面进行了较为系统、全面的规定。

三、问:司法解释对诉讼时效制度适用的权利范围进行了规定,请谈谈该规定的意义以及具体内容。

答:诉讼时效制度适用的权利范围,涉及哪些权利因诉讼时效期间届满、义务人提出诉讼时效抗辩而不会得到法院保护的重大问题,对权利人的权利保护意义重大。该问题既是司法实务亟须规定的问题,又是争论较大的问题。经过深入研究和反复论证,我们在对该问题进行规定时,采纳了理论界通行观点,认为债权请求权以财产利益为内容,不具支配性。若权利人长期怠于行使权利,会使法律关系处于不确定状态,不利于维护社会交易秩序稳定,故债权请求权适用诉讼时效的规定。但对于支付存款本息请求权、兑付国债、金融债券和向不特定对象发行的企业债券本息请求权以及基于投资关系产生的缴付出资请求权作了除外规定。这是因为前两种请求权的实现关系到社会公共利益的保护,如果适用诉讼时效的规定,则将使民众的切身利益受到损害。缴付出资请求权不适用诉讼时效的规定;否则,有违公司资本充足原则,且不利于对其他足额出资的股东及公司债权人的保护。

此外,在司法实务中还存在物权请求权等请求权是否适用诉讼时效的问题,由于理论界和司法实务界对该问题争论较大,故司法解释未予规定。

四、问：在诉讼中，当事人一方未提出诉讼时效抗辩，法院应否主动适用诉讼时效的规定进行裁判、应否对诉讼时效问题进行释明？

答：该问题是司法实务中适用诉讼时效制度应首先明确的问题。在我国司法实务界曾存在着法官主动援用诉讼时效的规定进行裁判的情况。我们认为，诉讼时效抗辩权本质上是义务人的一项民事权利，义务人是否行使，司法不应过多干预，这是民法意思自治原则的根本要求。当事人一方根据实体法上的诉讼时效抗辩权在诉讼中提起的诉讼时效抗辩是实体权利的抗辩，是需由当事人主张的抗辩，当事人是否主张，属于其自由处分的范畴，司法也不应过多干涉，这是民事诉讼处分原则的应有之意。因此，遵循上述意思自治原则和处分原则，在义务人不提出诉讼时效抗辩的情形下，人民法院不应主动援引诉讼时效的规定进行裁判，该规定也与法院居中裁判的地位相适应。

在司法实务中，关于当事人一方未提出诉讼时效抗辩，人民法院应否对诉讼时效问题进行释明存在争议。经过深入论证，我们认为，诉讼时效抗辩权是颠覆性权利，义务人在法院释明后主张诉讼时效抗辩权的，将会使裁判结果较之其不主张诉讼时效抗辩权的情形发生根本性变化，即将导致法院对权利人的权利不予保护。而即使义务人不行使诉讼时效抗辩权，在权利人有充分证据证明其享有权利的情形下，义务人依法依约履行合同义务是诚实信用原则的根本要求，并不会给义务人造成不公平的后果，反而有利于鼓励义务人的诚实履约行为，有利于我国社会诚信体系的建立。还应指出的是，在义务人无主张诉讼时效抗辩权的意思表示的情形下，如果人民法院主动对诉讼时效问题进行释明，则无异于提醒和帮助义务人逃债，有违诚实信用的基本原则，也有违法院居中裁判的中立地位。因此，该司法解释规定，当事人一方未提出诉讼时效抗辩，人民法院不应对诉讼时效问题进行释明。

五、问：司法解释对诉讼时效抗辩权的行使阶段进行了规定，这对解决司法实务问题具有重大意义。请问制定时是如何考虑的？适用该规定时应注意哪些问题？

答：诉讼程序机制的建构实质蕴涵着通过构筑正当程序以保证私权争议获得公正裁判的诉讼理念。如果任由义务人在任何审理阶段均可行使诉讼时效抗辩权，则将出现法院无法在一审审理阶段固定诉争焦点，无法有效发挥一审事实审的功能，使审级制度的功能性设计流于形式，产生损害司法程序的安定性、司法裁决的权威性、社会秩序的稳定性等问题。因此，司法解释结合我国《民事诉讼法》的相关规定对诉讼时效抗辩权的行使阶段进行了限制，原则上，义务人关于诉讼时效的抗辩应当在一审中提出，如在二审提出，不予支持。

另外，根据我国《民事诉讼法》第一百五十一条①关于"第二审人民法院应当对上诉请求的有关事实和适用的法律进行审查"的规定，我国民事诉讼采用二审续审制，即第二审承接第一审继续进行审理。二审既是法律审，又是事实审，在二审期间，当事人可以提出新的证据，进一步陈述案件的事实，法院可以对一审未尽事实和适用法律问题进行审理。续审制更多地体现了对实体公正功能的追求，也有助于实现诉讼效率。因此，司法解释规定了除外情形，即义务人在二审期间有新的证据能够证明对方当事人的请求权已过诉讼时效期间的，人民法院应予支持。

在司法实务中，还存在义务人未按照前款规定提出诉讼时效抗辩，以诉讼时效期间届满为由申请再审或者提出再审抗辩的，人民法院应否支持的问题。我们认为，如前所述，司法解释对诉讼时效抗辩权的行使期间进行了限制性规定。终审判决作出后，当事人之间的权利义务关系已经确定，尤其是在生效判决已被部分或全部执行完毕的情形下，社会交易秩序已经因生效判决的作出趋于确定。如果仍然对义务人基于诉讼时效抗辩权申请再审予以支持，则不利于维护司法程序的安定，也有违诉讼时效制度维护社会秩序稳定的立法目的。因此，法院不应任由义务人突破审级限制，不应对当事人基于诉讼时效抗辩权提出的再审申请予以支持；同时，当事人基于其他再审事由获得支持进入再审后，在再审审理过程中提出诉讼时效抗辩的，人民法院也不应予以支持。

需要注意的是，在司法实务中，当事人二审基于新的证据证明的事实提出诉讼时效抗辩的，人民法院不应仅以一审法院对诉讼时效事实未予查明而将案件发回重审。尽管一审法院对诉讼时效事实未予查证，但这是因为义务人未提出诉讼时效抗辩，且属于一审法院准确适用人民法院不应主动援用诉讼时效的规定进行裁判的正确做法。根据我国《民事诉讼法》第一百五十一条、第一百五十三条②关于二审法院审理范围和二审裁判方式的规定，对于原判决认定事实错误，或者原判决认定事实不清，证据不足的，第二审法院可以查清事实后改判。对于诉讼时效事实，当事人举出新证据的，由二审法院在查清事实的基础上改判，符合我国《民事诉讼法》的上述规定，也可节约诉讼成本、避免诉累，是可行做法。当然，如果还有其他未予查清的事实或者认识错误的事实，则二审法院应综合整个案情决定是否应将案件发回重审。根据《最高人民法院关于民事经济审判方式改革问题的若干规定》第三十八条关于"第二审人民法院根据当事人提出的新证据对案件改判或者发回重审的，应当在判决书或者裁定书中写明对新证据的确认，不应当认为是第一审裁判错误"的规定，二审法院依据二审新的证据对案件进行改判的，不应认定为第一审裁判错误。

---

① 对应《民事诉讼法》（2023年修正）第一百七十五条。
② 对应《民事诉讼法》（2023年修正）第一百七十七条。

还应注意的是，权利人因义务人二审提出诉讼时效抗辩而增加的相关费用，属于因义务人不当诉讼行为导致的不利益，故根据公平原则，应由义务人承担。这也符合《最高人民法院关于民事诉讼证据的若干规定》第四十六条规定的精神。

六、问：我们注意到，司法解释规定，当事人约定同一债务分期履行的，诉讼时效期间从最后一期履行期限届满之日起算，请问该规定的起草依据以及理解与适用中应注意的问题。

答：《民法通则》第一百三十七条①只对诉讼时效期间起算点作了原则性的规定，而未对当事人约定对同一债务分期履行的，给付每一期债务请求权的诉讼时效期间如何起算问题作出明确规定。理论界和司法实务界对该问题的争议主要有三种观点，即从每一笔债务履行期限届满之日起算，从最后一笔债务履行期限届满之日起算，区分给付请求权是否具有独立性而分别从每一笔债务履行期限届满之日起算或者从最后一笔债务履行期限届满之日起算。

近年来，随着认识的深入，理论界和司法实务界逐渐对该问题达成共识，即"当事人约定对同一笔债务分期履行的，给付某一笔债务请求权的诉讼时效期间应从最后一期履行期限起算"。司法解释采纳了该观点，主要是基于以下几点考虑：

第一，符合同一债务的特征。当事人约定同一笔债务分期履行的，其订立合同的目的是对同一笔债务约定分期履行，该债务为一个单一的整体，具有整体性和唯一性。因此，尽管因为对整体债务分别约定了分期履行的期限和数额，使每一期债务具有一定的独立性，但该独立性不足以否定整体性，整体性和唯一性是该债务的根本特征。给付每一期债务请求权的诉讼时效期间从最后一期履行期限届满之日起算是同一笔债务具有唯一性和整体性的根本要求。

第二，符合诉讼时效制度的立法目的。权利人没有在每一期履行期限届满后即主张权利，并非其怠于行使权利，而系其基于对同一债务具有整体性以及不同期债务具有关联性的合理信赖。其通常把每一次的履行行为看作是一个完整的合同关系的一部分，往往认为其可以从最后一期履行期限届满之日再主张权利。而且，当事人之间签订分期给付债务合同的目的在于全面履行合同约定的义务，因此，尽量维持双方的债权债务关系和信任关系是解决履行障碍的基本态度。为促进双方的友好合作关系，权利人也不愿或者不想在部分债权受到侵害后就立刻主张权利。因此，规定从最后一期履行期限届满之日起算诉讼时效期间，可以保护权利人的合理信赖利益，也不违背诉讼时效制度的立法目的。

---

① 对应《民法典》第一百八十八条。

第三，有利于减少诉累、实现诉讼效率。规定诉讼时效期间从最后一期履行期限届满之日起算，可以避免当事人为主张权利而激化矛盾，避免频繁起诉，有利于节约司法资源，减少诉累，实现诉讼效率。

在对本条进行理解时应注意两点：第一，本条是对给付分期履行债务中的某一笔债务请求权的诉讼时效期间起算点的规定，而非对给付全部债务请求权的诉讼时效期间起算点的规定，后者当然应从最后一期履行期限届满之日起算诉讼时效期间；第二，本条适用的情形是对同一笔债务约定分期履行。

七、问："提起诉讼"是《民法通则》第一百四十条①规定的诉讼时效中断事由。在权利人"提起诉讼"的情形下，诉讼时效期间应从何时中断？

答： 诉讼时效中断制度属诉讼时效障碍制度，其法理基础是：由于出现权利人积极主张的事实，使诉讼时效期间继续计算的事实基础丧失，故诉讼时效期间应中断计算，待中断事由完成后再重新起算，以合法阻却诉讼时效的完成，保护权利人权利。权利人主张权利的方式有多种，其中"提起诉讼"是权利人请求法院这一公权力机关运用公权力对其权利进行保护的公力救济方式。在采取"提起诉讼"这一公力救济方式主张权利时，权利人主张权利的意思表示明确，因此，诉讼时效应中断，正因为此，各国立法均将"提起诉讼"作为诉讼时效中断的法定事由。

关于在"提起诉讼"的情形下，诉讼时效期间应从何时中断，存在争议，分别有从当事人向法院提起诉讼之日、人民法院受理之日和起诉状副本送达义务人之日中断三种观点。我们认为，权利人以"提起诉讼"的方式主张权利的，由于其请求保护权利的对象为法院，故只要其向法院提交起诉材料或者口头起诉，就应认定其向法院提出了权利主张，诉讼时效中断，而无需等待法院受理。因此，根据我国《民事诉讼法》第一百零九条②关于"起诉应当向人民法院递交起诉状，并按照被告人数提出副本。书写起诉状确有困难的，可以口头起诉，由人民法院记入笔录，并告知对方当事人"的规定，司法解释规定，当事人一方向人民法院提交起诉状或者口头起诉的，诉讼时效期间从提交起诉状或者口头起诉之日起中断。规定诉讼时效"从提交起诉状或者口头起诉之日起中断"而非"法院依法受理之日中断"，更符合诉讼时效中断制度的立法目的，也有利于保护权利人的权利。应予注意的是，"提起诉讼"具有诉讼时效中断效力，其前提条件是当事人向法院提起的诉讼足以认定权利人向义务人主张了争议的权利。

---

① 对应《民法典》第一百九十五条。
② 对应《民事诉讼法》（2023年修正）第一百二十三条。

八、问： 无效合同所涉请求权的诉讼时效问题一直是理论界和实务界争论较大的问题。我们注意到，在本次起草过程中对该问题进行了研究，但在发布稿中没有规定该内容，请问是怎么考虑的？

答： 无效合同所涉请求权的诉讼时效问题的确是司法实务中急需规定的问题，但由于在讨论过程中，关于诉讼时效起算点的问题争议颇大，未形成倾向性意见，故最高人民法院审判委员会决定对该问题暂不予以规定，待进一步研究。

在无效合同法律关系中，主要有确认合同无效请求权、返还财产请求权、赔偿损失请求权三种请求权。在司法实务中，主要涉及两类诉讼时效问题：第一，上述请求权是否适用诉讼时效规定。确认合同无效请求权虽明为请求权，但实质为实体法上的形成权，因此，通说认为，其不适用诉讼时效的规定，而应适用除斥期间的规定。但由于合同无效制度涉及国家利益和社会公共利益的保护问题，故我国《合同法》并未对确认合同无效请求权的除斥期间进行规定。返还财产请求权为不当得利请求权的，应适用诉讼时效的规定。赔偿损失请求权是因缔约过失责任而产生的债权请求权，故也应适用诉讼时效的规定。第二，适用诉讼时效规定的请求权，诉讼时效期间应从何时起算。该问题是目前理论界和司法实务界争论最大的问题，主要有三种争议观点：第一种观点认为，应从合同被确认无效之日起算。理由是：合同无效只能由法院或者仲裁机构确认，只有在判决或裁决确认合同无效之时才产生返还财产及赔偿损失请求权，权利人才知道或者应当知道其权利受到侵害，诉讼时效期间才起算。至于因合同无效而导致的权利人的不利益，可通过实体法的规定依公平原则进行解决，不应以诉讼时效起算点的提前起算来解决。第二种观点认为，应从履行期限届满之日开始起算。理由是：当事人基于合同有效而签订和履行合同，其对权利实现的合理预期为合同履行期限届满之日，故在合同履行期限届满后，当事人知道或者应当知道其权利受到侵害，而无论合同事后是否被确认无效。而且，合同无效产生的损失，多因合同当事人不履行合同义务产生，而非因合同被确认无效产生。第三种观点认为，上述两种观点均存在不足，前者会产生权利睡眠问题，后者则会带来无效合同按有效对待的无奈，应综合前两种规定作折中规定，即合同被确认无效，返还财产、赔偿损失请求权的诉讼时效期间从合同被确认无效之日起计算。但合同履行期限届满、当事人没有履行或者没有完全履行合同的，当事人以合同无效为由请求返还财产、赔偿损失的，诉讼时效期间从履行期限届满之日起计算。

最高人民法院
关于超过诉讼时效期间当事人达成的还款协议是否应当受法律保护问题的批复

1997年4月16日　　　　　　　　　　　　法复〔1997〕4号

四川省高级人民法院：

你院川高法〔1996〕116号《关于超过诉讼时效期间达成的还款协议是否应受法律保护问题的请示》收悉。经研究，答复如下：

根据《中华人民共和国民法通则》第九十条规定的精神，对超过诉讼时效期间，当事人双方就原债务达成还款协议的，应当依法予以保护。

此复

【解　读】

解读《最高人民法院关于超过诉讼时效期间当事人达成的还款协议是否应当受法律保护问题的批复》

一、问题的提出

对于诉讼时效期间届满后的法律后果而言，当债权人向人民法院主张权利而债务人主动援引诉讼时效的抗辩时，债权人的民事权利才转化成为一种自然权利。而当债权人主张权利超过诉讼时效期间时，债务人也可能并不主张超过诉讼时效期间的抗辩，此时债权人的主张即可以得到人民法院的支持。而在诉讼时效期间届满后，也可能出现债权人并未向人民法院起诉而直接向债务人主张权利，债务人又同意并且与债权人达成还款协议的情况，对于此种情况下，债权人的权利能否得到法律的保护，《民法通则》以及司法解释当时均没有明确的规定，所以四川省高级人民法院就此问题向最高人民法院请示，最高人民法院就此作出《关于超过诉讼时效期间当事人达成的还款协议是否应当受法律保护问题的批复》（以下简称本批复）。

二、理解与适用

本批复下发时的原文是:"超过诉讼时效期间,当事人双方就原债务达成的还款协议,属于新的债权债务关系。根据《民法通则》第九十条规定的精神,该还款协议应受法律保护。"刊登在《最高人民法院公报》1997年第2期时作出了文字修改,其实,该修改仅是使得文件更加简练,文字表达不会形成误会和误解。本批复解决了这样几个问题:

1. 还款协议产生新的债权债务关系,该法律关系适用《民法通则》关于诉讼时效期间的规定,其诉讼时效的起算点为新的还款协议确定的还款日,而非协议签订日。在没有明确具体还款日期的协议上,如何确定诉讼时效,现在较为一致的看法是,知道或者应当知道权利被侵害之日起算2年,如果没有这样的时间点,则要考虑适用20年的诉讼时效。不应认定为协议签订之日起算2年,或者认为必须从支付贷款之日起算2年,这些理解对债权人都是不利的,不应成为我们判案的依据。

2. 还款协议作为新的法律关系,当事人在原债权债务关系中的约定对新的法律关系不再适用。在司法裁判中,原来的法律关系只是作为一个背景材料作为参考,不应成为判案依据。

3. 存在主从债务的场合,主债务双方达成的新的法律关系,并不当然对从债务人产生约束力,此时的从债务人仍然有权按照原来的协议,对诉讼时效期间的届满行使抗辩权。只有当从债务人也参加到新的法律关系中时,或者明确予以认可时,并愿意按照新的协议承担从债务时,新的协议才对从债务人产生当然的约束力。

1999年,最高人民法院又发布了法释〔1999〕7号《关于超过诉讼时效期间借款人在催款通知单上签字或者盖章的法律效力问题的批复》,该批复规定,根据《民法通则》第四条①、第九十条规定的精神,对于超过诉讼时效期间,信用社向借款人发出催收到期贷款通知单,债务人在该通知单上签字或者盖章的,应当视为对原债务的重新确认,该债权债务关系应受法律保护。如何具体适用这两个司法解释呢?

1. 债务人在债权人的催收到期贷款通知单上签字或者盖章,意味着债务人放弃因诉讼时效期间届满而产生的抗辩权。但是,根据《担保法》第二十条的规定,债务人放弃对债务的抗辩权的,保证人仍有抗辩权。保证人仍然可以拒绝承担保证责任。不意味着债务人的放弃行为对保证人产生效力。

2. 保证人在诉讼时效期间届满后与债权人达成还款协议的,可以按照本批复的规定处理,视为保证人对主债权重新提供担保,保证人按照新的承诺承

---

① 现为《民法典》第五、六、七条。

担保证责任。

3. 保证人在债权人的催收到期贷款通知单上签字或者盖章的，根据法释〔1999〕7号《关于超过诉讼时效期间借款人在催款通知单上签字或者盖章的法律效力问题的批复》的规定，不能视为担保人对超过诉讼时效期间的保证债务重新确认，也并不能证明保证人放弃对诉讼时效期间的抗辩权。

4. 如果债权人是专门向保证人发出承担保证责任的通知单，即使已经超过诉讼时效期间或者已经超过担保责任期间的，只要担保人在催款通知单上签字或者盖章，就应视为担保人对原债务承担担保责任的重新确认，担保人不能根据法释〔1999〕7号《关于超过诉讼时效期间借款人在催款通知单上签字或者盖章的法律效力问题的批复》而免责。

（撰稿人：吴庆宝　俞宏雷）

最高人民法院关于在民事审判工作中适用《中华人民共和国工会法》若干问题的解释

（2003年1月9日最高人民法院审判委员会第1263次会议通过　根据2020年12月23日最高人民法院审判委员会第1823次会议通过的《最高人民法院关于修改〈最高人民法院关于在民事审判工作中适用《中华人民共和国工会法》若干问题的解释〉等二十七件民事类司法解释的决定》修正）

为正确审理涉及工会经费和财产、工会工作人员权利的民事案件，维护工会和职工的合法权益，根据《中华人民共和国民法典》《中华人民共和国工会法》和《中华人民共和国民事诉讼法》等法律的规定，现就有关法律的适用问题解释如下：

第一条　人民法院审理涉及工会组织的有关案件时，应当认定依照工会法建立的工会组织的社团法人资格。具有法人资格的工会组织依法独立享有民事权利，承担民事义务。建立工会的企业、事业单位、机关与所建工会以及工会投资兴办的企业，根据法律和司法解释的规定，应当分别承担各自的民事责任。

第二条　根据工会法第十八条规定，人民法院审理劳动争议案件，涉及确定基层工会专职主席、副主席或者委员延长的劳动合同期限的，应当自上述人员工会职务任职期限届满之日起计算，延长的期限等于其工会职务任职的期间。

工会法第十八条规定的"个人严重过失"，是指具有《中华人民共和国劳动法》第二十五条第（二）项、第（三）项或者第（四）项规定的情形。

第三条　基层工会或者上级工会依照工会法第四十三条规定向人民法院申请支付令的，由被申请人所在地的基层人民法院管辖。

第四条　人民法院根据工会法第四十三条的规定受理工会提出的拨缴工会经费的支付令申请后，应当先行征询被申请人的意见。被申请人仅对应拨缴经费数额有异议的，人民法院应当就无异议部分的工会经费数额发出支付令。

人民法院在审理涉及工会经费的案件中，需要按照工会法第四十二条第一款第（二）项规定的"全部职工""工资总额"确定拨缴数额的，"全部职工"

"工资总额"的计算,应当按照国家有关部门规定的标准执行。

第五条 根据工会法第四十三条和民事诉讼法的有关规定,上级工会向人民法院申请支付令或者提起诉讼,要求企业、事业单位拨缴工会经费的,人民法院应当受理。基层工会要求参加诉讼的,人民法院可以准许其作为共同申请人或者共同原告参加诉讼。

第六条 根据工会法第五十二条规定,人民法院审理涉及职工和工会工作人员因参加工会活动或者履行工会法规定的职责而被解除劳动合同的劳动争议案件,可以根据当事人的请求裁判用人单位恢复其工作,并补发被解除劳动合同期间应得的报酬;或者根据当事人的请求裁判用人单位给予本人年收入二倍的赔偿,并根据劳动合同法第四十六条、第四十七条规定给予解除劳动合同时的经济补偿。

第七条 对于企业、事业单位无正当理由拖延或者拒不拨缴工会经费的,工会组织向人民法院请求保护其权利的诉讼时效期间,适用民法典第一百八十八条的规定。

第八条 工会组织就工会经费的拨缴向人民法院申请支付令的,应当按照《诉讼费用交纳办法》第十四条的规定交纳申请费;督促程序终结后,工会组织另行起诉的,按照《诉讼费用交纳办法》第十三条规定的财产案件受理费标准交纳诉讼费用。

【注 解】

一、最高人民法院 2003 年 6 月 25 日公布本解释,法释〔2003〕11 号,自 2003 年 7 月 9 日起施行。

最高人民法院 2020 年 12 月 29 日公布《最高人民法院关于修改〈最高人民法院关于在民事审判工作中适用《中华人民共和国工会法》若干问题的解释〉等二十七件民事类司法解释的决定》修正本解释,法释〔2020〕17 号,该修正自 2021 年 1 月 1 日起施行。

二、本解释引用的《中华人民共和国工会法》已于 2021 年 12 月 24 日第 3 次修正。

【解　　读】

解读《最高人民法院关于在民事审判工作中适用〈中华人民共和国工会法〉若干问题的解释》

一、问题的提出

《最高人民法院关于在民事审判工作中适用〈中华人民共和国工会法〉若干问题的解释》（以下简称本解释）于2003年6月25日正式公布，从2003年7月9日起施行。

二、理解与适用

（一）关于工会的独立法人资格问题

1. 工会组织法人资格的确认

《工会法》第十四条规定："中华全国总工会、地方总工会、产业工会具有社会团体法人资格。基层工会组织具备《民法通则》规定的法人条件的，依法取得社会团体法人资格。"人民法院在认定工会组织的法人资格时应当注意：工会组织的社团法人资格是法定的，在符合法律规定的法人成立条件时，自其成立时即具有法人资格，不以登记为必要。所以司法解释第一条明确规定，人民法院在审理涉及工会组织的有关案件时，如果工会组织符合工会法的规定的条件的，即应当认定具备法人资格。具体而言，对于中华全国总工会、地方总工会和产业工会，它们一经建立就取得法人资格，所以人民法院审理涉及此类案件时应当确认这三类工会组织具有法人资格，无须审查其他条件。对于基层工会组织，人民法院应当依据《民法通则》规定的法人资格条件来审查，如果基层工会组织符合《民法通则》第三十七条[①]规定的法人成立的四个条件：(1) 依法成立；(2) 有必要的财产或者经费；(3) 有自己的名称、组织机构和场所；(4) 能够独立承担民事责任，就应当认定其具备法人资格。对于基层工会组织是否应当进行登记，法律没有明确的规定。因此，人民法院不得以基层工会组织未办理法人登记而不认定其法人资格。人民法院在审理涉及工会组织的民事案件时，应当区分工会组织的类型，按照不同的标准来确认工会组织是否具备法人资格。具备法人资格的工会组织，依法独立享有民事权利、承担民

[①] 对应《民法典》第六十条。

事义务。不具备法人资格的工会组织，没有独立的民事行为能力和诉讼行为能力。

2. 具备法人资格的工会组织在民事诉讼中的地位

工会组织具备法人资格，即具备独立的民事主体资格，这包含三方面的含义：

（1）人民法院要确认具备法人资格的工会组织具有相应的民事行为能力和民事诉讼主体资格。工会组织可以独立实施民事行为，如可以设立企业，可以参加民事诉讼活动等。人民法院在审理案件时，应当区分具有法人资格的工会组织和不具备法人资格的工会组织。对于具备法人资格的工会组织作为独立的民事主体对待，将建立工会的企业、事业单位、机关的行为与所建工会以及工会投资兴办的企业的行为区分开来，它们各自独立实施民事法律行为，享有自己的权利并承担义务。

（2）保护工会组织财产及其他权益的独立。建立工会组织的企业、事业单位、机关与工会组织的财产是分别独立的。工会组织对其财产、经费和国家拨给工会使用的不动产享有所有权或者使用权。工会组织投资建立的企业的财产与权益也归其所有，与建立工会的企业、事业单位、机关也是独立的。1997年最高人民法院发布的《关于产业工会、基层工会是否具备社团法人资格和工会经费集中户可否冻结划拨问题的批复》第一条明确规定："产业工会、具有社团法人资格的基层工会与建立工会的企业法人是各自独立的法人主体。企业或企业工会对外发生的经济纠纷，各自承担民事责任。上级工会对基层工会是否具备法律规定的社团法人的条件审查不严或不实，应当承担与其过错相应的民事责任。"

（3）工会组织的民事责任独立。工会组织对外产生的经济纠纷，以工会组织的财产对外承担民事责任。工会组织投资的企业具有法人资格的，以投资的企业所有的财产对外承担责任。工会组织投资的不具有法人资格的企业发生的债务，工会组织以其财产承担连带责任。建立工会组织的企业、事业单位、机关对工会组织及工会组织设立的企业的债务不承担责任。同样，建立工会组织的企业、事业单位、机关对外发生的债务，也不得用工会组织及其企业的财产来承担责任。人民法院在审理民事案件中，应当依据法律的规定确认工会组织的社团法人资格，并保护工会组织及其企业的独立性，建立工会的企业、事业单位或者机关被起诉时，不能将工会组织一并列为被告。法院判决这些企业、事业、机关承担民事责任时，不能裁判工会组织对此承担责任。尤其应当注意的是，人民法院在执行等工作中，不得为清偿建立工会组织的企业、事业单位或者机关的债务，对工会组织的财产、经费账户等采取查封、冻结、扣押、强制划拨等强制措施。

(二) 申请支付令案件

建立工会组织的企业、事业单位、机关依法向工会组织拨缴的经费是工会组织经费的重要来源之一。应缴工会经费的企业、事业单位无正当理由拖延或者拒不缴纳工会经费时，工会组织可以依法向人民法院申请支付令。支付令程序是《民事诉讼法》规定的一种特别程序，又称为督促程序，是在债务人不履行支付金钱、有价证券等债务时，债权人向法院提起的追债程序。支付令程序简便快捷，成本又低，是保护债权的重要方式。工会经费是金钱债务，企业、事业单位应当缴纳的工会经费有明确的计算标准，与工会组织之间一般不存在其他纠纷，所以一般都符合《民事诉讼法》规定的申请支付令的条件。

追缴工会经费的支付令案件应当适用《民事诉讼法》的相关规定和最高人民法院于2001年发布的法释〔2001〕2号《关于适用督促程序若干问题的规定》有关规定。此外，本解释对追缴工会经费的支付令案件的三个问题作出了进一步规定：一是支付令案件的地域管辖问题；二是对支付令提出异议的问题；三是上级工会申请支付令问题。

1. 支付令案件的管辖

工会要向法院申请支付令，首先应当确定受理支付令申请的法院，即工会应当向哪一级哪一个法院申请支付令。本解释明确规定了支付令应当向被申请人所在地的基层人民法院申请受理。不管拖欠的工会经费数额多大，申请支付令的工会是基层工会，还是其上级工会，也不论被申请人是企业、事业单位，均由拖欠工会经费的企业、事业单位所在地的基层人民法院受理。这主要是考虑到两个因素：一是遵守民事诉讼原告就被告确定管辖的原则，所以本解释规定由被申请人住所地的人民法院管辖；二是支付令案件属于事实清楚、争议不大的案件，基层人民法院审理此类案件符合《民事诉讼法》规定的确定级别管辖的原则。

2. 签发支付令前的询问程序

支付令异议程序在《民事诉讼法》中有明确规定，即在支付令发出后，债务人在收到支付令后十五天内可以对支付令提出异议，即使异议没有说明任何理由，支付令也会自行失效，人民法院应当裁定支付令程序终结。支付令程序终结后，债权人只能依照《民事诉讼法》的规定，向有管辖权的人民法院起诉，进入普通诉讼程序。为避免拖欠工会经费的企业、事业单位滥用对支付令的异议权，以达到拖延支付工会经费的目的，增加工会组织的诉讼负担，影响工会组织的正常工作，损害广大职工的利益。在不违反法律规定的前提下，根据拖欠工会经费案件中应拨缴的工会经费数额有明确的计算标准，双方对于拖欠工会经费的事实争议往往不大，多数只对工会经费的部分金额有异议的普遍特点，本解释规定了人民法院签发支付令前的询问程序。具体做法是：人民法院受理工会经费支付令案件后，经审查认为符合签发支付令条件的，在签发支付令之前，应当先询问被申请人对申请人要求支付的工会经费事实及金额有没有异议。签发支付令前的询问程序，是人民法院受理工会组织就拖欠工会经费申请支付令案件的必经程序。经询问，如果被申请人对拖欠经费的事实没有异议，仅对应缴工会经费的部分金额有异议的，人民法院应当及时告知申请人，申请人同意的，可以仅对被申请人没有异议的金额部分签发支付令，而不是对申请人申请的全部金额签发支付令；如果被申请人对债务事实及数额均没有异议，但提出没有清偿能力或者不同意拨缴经费的，人民法院应当就申请的全部经费数额签发支付令；如果被申请人对债务关系提出异议的，人民法院可以通知申请人撤回支付令申请，申请人不同意撤回申请的，人民法院仍应就全部申请工会经费数额签发支付令。另外，如果被申请人仅对拖欠的工会经费的部分数额有异议，申请人不同意人民法院仅就没有异议的数额签发支付令，又不愿意撤回申请的，人民法院也应当就全部数额签发支付令。例如，工会提出应拨缴的工会经费是12万元，而被申请人认为实际只应拨缴10万元，对另外2万元提出异议，法院即可先对10万元的经费金额签发支付令。但申请人不同意仅就10万元签发支付令的，人民法院应当就全部12万元工会经费签发支付令。在适用询问程序时，人民法院应当尊重当事人的真实意愿。询问程序不影响支付令异议期的适用，即并非因签发支付令前被申请人已经提出过异议或者没有提出异议而导致支付令签发后即发生法律效力，《民事诉讼法》规定的异议期仍然适用。人民法院要保护被申请人在异议期内异议的权利，该种异议不受询问程序的影响。

人民法院就被申请人没有异议的工会经费金额签发的支付令，被申请人往往不会再提出异议，一般能够得到履行。但如果在异议期内，被申请人又提出异议的，人民法院应当允许并对异议进行审查，异议符合《民事诉讼法》规定的条件的，支付令失去效力。签发支付令前的询问程序可以大大地提高诉讼的效率，既符合支付令程序简便快捷的本质特征，又有效地遏制债务人滥用异议权，使当事人的权益早日得以实现，还可以减少诉讼，降低诉讼成本，节约司法资源。

3. 上级工会可以自己的名义申请支付令或者起诉

对于《工会法》第四十三条规定的上级工会可以就企业、事业单位拖欠下级工会的经费向人民法院申请支付令或者提起诉讼案件，对于上级工会的诉讼地位及与其下级工会之间的关系，本解释作了明确的规定。此时，上级工会可以自己的名义申请支付令或者起诉。上级工会不是下级工会的代理人，不必经下级工会组织委托授权；上级工会此时也不是行使代位权，而直接以自己的名义起诉。上级工会是案件的当事人，享有《民事诉讼法》规定的当事人的权利并承担相应的诉讼义务。上级工会申请支付令时，应当以自己的名义单独申请。上级工会也可以与下级工会共同申请或者起诉，人民法院应当将上级工会与下级工会列为共同申请人或者共同原告。对于申请支付令或者提起诉讼的上级工会也没有级别的限制,只要是上级工会即具备诉讼主体的资格,不受与下级工会组织之间级别关系的限制。

(三) 关于工会工作人员劳动权益的保护问题

本解释对工会工作人员的劳动权益保护问题作了两方面的规定:一是关于工会特定工作人员任职期间劳动合同期限的延长问题;二是因参加工会活动或者履行《工会法》规定的职责而被解除劳动合同问题。

1. 劳动合同期限的延长

针对《工会法》第十八条规定的基层工会组织的专职主席、副主席及工会委员自担任该职务时起其劳动合同期限的延长问题,本解释对任职期间的起算时间、延长期限与任职期间的关系等问题作出了规定。基层工会的专职主席、副主席、委员的劳动合同延长的期限应当自上述人员工会职务任职期限届满之日起计算,延长的期限等于其工会职务任职的期间。本解释还对因工会工作人员有"严重过失"不予延长劳动合同作出了明确规定。本解释规定工会工作人员的"个人严重过失",是指具有《劳动法》第二十五条第二项、第三项或者第四项规定的情形。工会主席、副主席、委员如果有严重违反劳动纪律或者用人单位规章制度的行为,或者在劳动中严重失职,营私舞弊,对用人单位利益造成重大损害的行为,或者因违法犯罪被依法追究刑事责任时,视为有"个人严重过失"。依据《劳动法》的规定,在劳动者有上述行为时用人单位有权单方解除劳动合同,并不因劳动者担任了工会职务而受影响。

2. 用人单位违法解除劳动合同的责任

职工因参加工会活动或者工会工作人员因履行《工会法》规定的职责而被解除劳动合同的,按照《工会法》第五十二条的规定,人民法院根据当事人的请求,可以采用两种方式给予救济:一是裁判用人单位恢复其工作,并补发被解除劳动合同期间应得的报酬;二是如果不需要恢复其工作的,裁判用人单位给予本人年收入二倍的赔偿,并参照《违反和解除劳动合同的经济补偿办法》第八条的规定给予解除劳动合同时的经济补偿金。恢复工作是首先应当采用的救济方式,但如果恢复工作不可能的,或者不易恢复工作的,如被解雇者已经找到其他工作,或者认为已经无法继续在该单位工作而不要求恢复劳动关系等,则可以适用经济赔偿的方式予以救济。

(1) 经济补偿金可以与赔偿金并用。对于《工会法》第五十二条规定的用人单位给予职工或者工会工作人员本人年收入二倍赔偿金的性质,以及赔偿金与《劳动法》规定的解除劳动合同给予的经济补偿金的关系有不同的看法。一种观点认为,给予当事人年收入的二倍赔偿与经济补偿金都属于经济补偿,不能并用。如果并用,实际上是对用人单位的双重处罚,显然不符合民法公平原则和民事赔偿责任以救济损失为目的的基本原理。另一种观点认为,在用人单位非法解除劳动合同时支付的劳动者本人年收入的二倍赔偿是过错赔偿责任，是对用人单位的非法行为造成职工或者工会工作人员损失的赔偿，属于违反劳动合同的违约责任。而《劳动法》规定的解除劳动合同时的经济补偿金是社会保障性质的，与双方当事人的过错无关。两种责任形式的功能和目的不同，可以并用。本解释采纳了后一种观点，主要基于以下四方面的考虑：

①解除劳动合同的经济补偿金与赔偿金的性质不同。我国《劳动法》第二十八条规定："用人单位依据本法第二十四条、第二十六条、第二十七条的规定解除劳动合同的，应当依照国家有关规定给予经济补偿。"第二十四条规定："经劳动合同当事人协商一致，劳动合同可以解除。"第二十六条规定："有下列情形之一的，用人单位可以解除劳动合同，但是应当提前三十日以书面形式通知劳动者本人：（一）劳动者患病或者非因工负伤，医疗期满后，不能从事原工作也不能从事由用人单位另行安排的工作的；（二）劳动者不能胜任工作，经过培训或者调整工作岗位，仍不能胜任工作的；（三）劳动合同订立时所依据的客观情况发生重大变化，致使原劳动合同无法履行，经当事人协商不能就变更劳动合同达成协议的。"第二十七条第一款规定："用人单位濒临破产进行法定整顿期间或者生产经营状况发生严重困难，确需裁减人员的，应当提前三十日向工会或者全体职工说明情况，听取工会或者职工的意见，经向劳动行政部门报告后，可以裁减人员。"上述规定的三种解除劳动合同的情形，都是用人单位没有过错条件下解除劳动合同。《劳动法》第二十五条也规定了另一种解除劳动合同的情形："劳动者有下列情形之一的，用人单位可以解除劳动合同：（一）在试用期间被证明不符合录用条件的；（二）严重违反劳动纪律或者用人单位规章制度的；（三）严重失职，营私舞弊，对用人单位利益造成重大损害的；（四）被依法追究刑事责任的。"此种解除劳动合同是指劳动者本身存在重大过错时用人单位的单方解除。《劳动法》第二十八条排除了因劳动者有过错解除劳动合同时劳动者可以得到经济补偿，所以，可以认定《劳动法》规定的解除劳动合同时用人单位向劳动者支付的经济补偿金，是在劳动者对解除劳动合同没有过错时就应当支付给劳动者的，而且在用人单位没有过错的情形下就应当支付，不以用人单位对终止劳动关系有过错为必须。可见，解除劳动合同的经济补偿具有明显的社会保障性质，其立法目的是对劳动者进行救济，而不是对劳动者的损失进行赔偿，所以它不是解除劳动合同时应当承担的违约责任。因此，本解释认为解除劳动合同的经济补偿金在性质上属于非因双方过错而产生的社会保障救济金，与用人单位因过错承担的违约责任可以同时适用。

②《劳动法》也规定解除劳动合同的经济补偿金可以与支付赔偿金并用。《劳动法》第九十一条规定："用人单位有下列侵害劳动者合法权益情形之一的，由劳动行政部门责令支付劳动者的工资报酬、经济补偿，并可以责令支付

赔偿金：(一)克扣或者无故拖欠劳动者工资的；(二)拒不支付劳动者延长工作时间工资报酬的；(三)低于当地最低工资标准支付劳动者工资的；(四)解除劳动合同后，未依照本法规定给予劳动者经济补偿的。"《劳动法》第九十八条也规定："用人单位违反本法规定的条件解除劳动合同或者故意拖延不订立劳动合同的，由劳动行政部门责令改正；对劳动者造成损害的，应当承担赔偿责任。"由此可见，经济补偿金与赔偿金可以并用。

③《工会法》第五十二条规定的年收入二倍的赔偿金具有一定的惩罚性，立法目的是加强对弱者的保护。按照《工会法》第五十二条的规定，用人单位向职工或者工会工作人员支付其本人年收入二倍的赔偿金，不以劳动者实际上遭受了损失为前提，也不要求与劳动者的实际损失一致，因而具有一定的惩罚性，但这并不影响它的合理性。因为，劳动合同关系中的劳动者相对于雇主来说，往往是弱者。加强对社会上的弱势群体利益的保护是现代国际社会的趋势，也是维护社会公正的重要方法。而经济补偿与赔偿金的并用，实际上是对用人单位严重侵害职工利益行为的一种制裁或者惩罚，恰恰是保护弱者的需要。

④赔偿金与经济补偿金的并用，有利于保障工会发挥其保护劳动者利益的社会职能。工会是维护职工利益的重要组织，发挥着保障职工利益，协调劳资关系，维护劳动关系稳定，组织职工参与企业、事业单位、机关民主决策、民主管理、民主监督，提高职工科学技术文化、思想道德水平的重要作用。因此，应当加强对职工参与工会活动、工会工作人员履行职责的法律保护，不仅有利于保障工会法的贯彻实施，也能更好地保障工会组织正常履行其职责，发挥其职能。

(2)《工会法》第五十二条规定的经济补偿金的适用。《工会法》第五十二条规定了两种解除劳动合同的情形：①职工因参加工会活动而被解除劳动合同的；②工会工作人员因履行本法规定的职责而被解除劳动合同的。此种情形下，用人单位应否支付经济补偿金，《劳动法》和劳动部颁发的《违反和解除劳动合同的经济补偿办法》中均没有直接的规定。但根据《劳动法》第二十八条的规定和《违反和解除劳动合同的经济补偿办法》规定的精神，除因劳动者本人过错原因解除劳动合同情形外，均应当支付经济补偿金。但根据《劳动法》第二十四条、第二十六条和第二十七条的规定，支付经济补偿金以劳动关系消灭为前提。如果劳动关系继续存续的，不宜要求用人单位支付经济补偿金，所以《工会法》第五十二条规定了两种救济方法：一是用人单位恢复被解除劳动合同的职工或者工会工作人员的劳动关系；二是不恢复劳动关系的救济。如果恢复了劳动关系的，用人单位只应当支付职工或者工会工作人员被解除劳动合同期间的报酬，职工或者工会工作人员不能再要求用人单位支付解除劳动合同的经济补偿金。如果劳动者因各种原因不要求恢复劳动关系，如劳动者自己已经另找工作或者因与用人单位之间的关系不适合继续工作的，用人单位不仅应当给职工或者工会工作人员其本人年收入的二倍赔偿，同时因为劳动关系已经消灭，符合《劳动法》第二十六条第（三）项规定的"劳动合同订立时所依据的客观情况发生重大变化，致使原劳动合同无法履行，经当事人协商不能就变更劳动合同达成协议的"情形，可以适用《违反和解除劳动合同的经济补偿办法》第八条"劳动合同订立时所依据的客观情况发生重大变化，致使原劳动合同无法履行，经当事人协商不能就变更劳动合同达成协议，由用人单位解除劳动合同的，用人单位按劳动者在本单位工作的年限，工作时间每满一年发给相当于一个月工资的经济补偿金"的规定，人民法院对劳动者要求经济补偿的请求应当支持。

（四）适用本解释应注意的其他问题

本解释从2003年7月9日起正式施行，将成为人民法院审判案件的法律依据。人民法院在民事审判工作中适用《工会法》和本解释时，应当注意以下几个问题：

1. 关于涉及工会组织民事案件的受理问题。通常按照法律不溯及既往的原则，法律不适用在其生效之前的案件。但《工会法》修改前发生的涉及工会组织的民事案件，虽然修改前的《工会法》上没有直接的法律依据，但符合《民事诉讼法》第一百零八条[①]规定的起诉条件及符合《民法通则》有关诉讼时效的规定的，不影响工会组织现在向人民法院起诉，人民法院对此类案件应当受理。工会组织就企业、事业单位拖欠的应拨缴工会经费申请支付令的，人民法院应当受理，不得以拖欠的工会经费属于《工会法》修改前发生而不予受理。

2. 关于适用诉讼时效的问题。按照司法解释的规定，拖欠工会经费的民事案件，诉讼时效适用《民法通则》二年的规定，也适用诉讼时效的中止、中断、延长的规定。如果当事人以发生纠纷时法律没有规定可以向人民法院起诉，而《工会法》修改后可以向人民法院起诉为由，主张诉讼时效因法律不能而中止或者请求人民法院延长诉讼时效的，人民法院不予支持。

3. 关于支付令程序。司法解释有关支付令程序的规定，增加了签发支付令之前的询问程序的规定。询问程序是必经程序，人民法院应严格执行。该程序仅适用司法解释施行之后向人民法院提出支付令申请的案件。

4. 关于诉讼费用。涉及工会组织的民事案件，也应当按照《人民法院诉讼收费办法》和《最高人民法院〈人民法院诉讼收费办法〉补充规定》的规定缴纳相应的诉讼费用。

（撰稿人：邵文虹　吴兆祥）

---

① 对应《民事诉讼法》（2023年修正）第一百二十二条。

解读《最高人民法院关于在民事审判工作中适用〈中华人民共和国工会法〉若干问题的解释》修正条文

修改情况说明

本司法解释共修改 5 处。其中，引言、第六条、第七条、第八条涉及对法律依据的调整。引言、第七条涉及标点符号和文字表述的修改。

［载最高人民法院民法典贯彻实施工作领导小组办公室编著：《最高人民法院实施民法典清理司法解释修改条文（111 件）理解与适用》，人民法院出版社 2022 年版］

最高人民法院关于修改《最高人民法院关于在民事审判工作中适用〈中华人民共和国工会法〉若干问题的解释》等二十七件民事类司法解释的决定

法释〔2020〕17号

（2020年12月23日最高人民法院审判委员会第1823次会议通过　2020年12月29日最高人民法院公告公布　自2021年1月1日起施行）

根据审判实践需要，经最高人民法院审判委员会第1823次会议决定，对《最高人民法院关于在民事审判工作中适用〈中华人民共和国工会法〉若干问题的解释》等二十七件司法解释作如下修改：

一、修改《最高人民法院关于在民事审判工作中适用〈中华人民共和国工会法〉若干问题的解释》

1. 将引言修改为：

"为正确审理涉及工会经费和财产、工会工作人员权利的民事案件，维护工会和职工的合法权益，根据《中华人民共和国民法典》《中华人民共和国工会法》和《中华人民共和国民事诉讼法》等法律的规定，现就有关法律的适用问题解释如下："

2. 将第六条修改为：

"根据工会法第五十二条规定，人民法院审理涉及职工和工会工作人员因参加工会活动或者履行工会法规定的职责而被解除劳动合同的劳动争议案件，可以根据当事人的请求裁判用人单位恢复其工作，并补发被解除劳动合同期间应得的报酬；或者根据当事人的请求裁判用人单位给予本人年收入二倍的赔偿，并根据劳动合同法第四十六条、第四十七条规定给予解除劳动合同时的经济补偿。"

3. 将第七条修改为：

"对于企业、事业单位无正当理由拖延或者拒不拨缴工会经费的，工会组织向人民法院请求保护其权利的诉讼时效期间，适用民法典第一百八十八条的规定。"

4. 将第八条修改为：

"工会组织就工会经费的拨缴向人民法院申请支付令的，应当按照《诉讼费用交纳办法》第十四条的规定交纳申请费；督促程序终结后，工会组织另行起诉的，按照《诉讼费用交纳办法》第十三条规定的财产案件受理费标准交纳诉讼费用。"

二、修改《最高人民法院关于审理矿业权纠纷案件适用法律若干问题的解释》

1. 将引言修改为：

"为正确审理矿业权纠纷案件，依法保护当事人的合法权益，根据《中华人民共和国民法典》《中华人民共和国矿产资源法》《中华人民共和国环境保护法》等法律法规的规定，结合审判实践，制定本解释。"

2. 将第二条修改为：

"县级以上人民政府自然资源主管部门作为出让人与受让人签订的矿业权出让合同，除法律、行政法规另有规定的情形外，当事人请求确认自依法成立之日起生效的，人民法院应予支持。"

3. 将第四条修改为：

"出让人未按照出让合同的约定移交勘查作业区或者矿区、颁发矿产资源勘查许可证或者采矿许可证，受让人请求解除出让合同的，人民法院应予支持。

受让人勘查开采矿产资源未达到自然资源主管部门批准的矿山地质环境保护与土地复垦方案要求，在自然资源主管部门规定的期限内拒不改正，或者因违反法律法规被吊销矿产资源勘查许可证、采矿许可证，或者未按照出让合同的约定支付矿业权出让价款，出让人解除出让合同的，人民法院应予支持。"

4. 将第六条修改为：

"矿业权转让合同自依法成立之日起具有法律约束力。矿业权转让申请未经自然资源主管部门批准，受让人请求转让人办理矿业权变更登记手续的，人民法院不予支持。

当事人仅以矿业权转让申请未经自然资源主管部门批准为由请求确认转让合同无效的，人民法院不予支持。"

5. 将第九条修改为：

"矿业权转让合同约定受让人支付全部或者部分转让款后办理报批手续，转让人在办理报批手续前请求受让人先履行付款义务的，人民法院应予支持，但受让人有确切证据证明存在转让人将同一矿业权转让给第三人、矿业权人将被兼并重组等符合民法典第五百二十七条规定情形的除外。"

6. 将第十条修改为：

"自然资源主管部门不予批准矿业权转让申请致使矿业权转让合同被解除，

受让人请求返还已付转让款及利息,采矿权人请求受让人返还获得的矿产品及收益,或者探矿权人请求受让人返还勘查资料和勘查中回收的矿产品及收益的,人民法院应予支持,但受让人可请求扣除相关的成本费用。

当事人一方对矿业权转让申请未获批准有过错的,应赔偿对方因此受到的损失;双方均有过错的,应当各自承担相应的责任。"

7. 将第十一条修改为:

"矿业权转让合同依法成立后、自然资源主管部门批准前,矿业权人又将矿业权转让给第三人并经自然资源主管部门批准、登记,受让人请求解除转让合同、返还已付转让款及利息,并由矿业权人承担违约责任的,人民法院应予支持。"

8. 将第十五条修改为:

"当事人请求确认矿业权之抵押权自依法登记时设立的,人民法院应予支持。

颁发矿产资源勘查许可证或者采矿许可证的自然资源主管部门根据相关规定办理的矿业权抵押备案手续,视为前款规定的登记。"

9. 将第十九条修改为:

"因越界勘查开采矿产资源引发的侵权责任纠纷,涉及自然资源主管部门批准的勘查开采范围重复或者界限不清的,人民法院应告知当事人先向自然资源主管部门申请解决。"

10. 将第二十一条修改为:

"勘查开采矿产资源造成环境污染,或者导致地质灾害、植被毁损等生态破坏,国家规定的机关或者法律规定的组织提起环境公益诉讼的,人民法院应依法予以受理。

国家规定的机关或者法律规定的组织为保护国家利益、环境公共利益提起诉讼的,不影响因同一勘查开采行为受到人身、财产损害的自然人、法人和非法人组织依据民事诉讼法第一百一十九条的规定提起诉讼。"

三、修改《最高人民法院关于审理买卖合同纠纷案件适用法律问题的解释》

1. 将引言修改为:

"为正确审理买卖合同纠纷案件,根据《中华人民共和国民法典》《中华人民共和国民事诉讼法》等法律的规定,结合审判实践,制定本解释。"

2. 将"一、买卖合同的成立及效力"修改为:

"一、买卖合同的成立"。

3. 删除第二条、第三条、第四条、第十五条、第十六条、第十八条、第二十八条、第三十条、第三十二条、第三十五条、第三十七条、第四十一条、第四十三条。

4. 将第五条修改为：

"标的物为无需以有形载体交付的电子信息产品，当事人对交付方式约定不明确，且依照民法典第五百一十条的规定仍不能确定的，买受人收到约定的电子信息产品或者权利凭证即为交付。"

5. 将第六条修改为：

"根据民法典第六百二十九条的规定，买受人拒绝接收多交部分标的物的，可以代为保管多交部分标的物。买受人主张出卖人负担代为保管期间的合理费用的，人民法院应予支持。

买受人主张出卖人承担代为保管期间非因买受人故意或者重大过失造成的损失的，人民法院应予支持。"

6. 将第七条修改为：

"民法典第五百九十九条规定的'提取标的物单证以外的有关单证和资料'，主要应当包括保险单、保修单、普通发票、增值税专用发票、产品合格证、质量保证书、质量鉴定书、品质检验证书、产品进出口检疫书、原产地证明书、使用说明书、装箱单等。"

7. 将第十一条修改为：

"民法典第六百零三条第二款第一项规定的'标的物需要运输的'，是指标的物由出卖人负责办理托运，承运人系独立于买卖合同当事人之外的运输业者的情形。标的物毁损、灭失的风险负担，按照民法典第六百零七条第二款的规定处理。"

8. 将第十七条修改为：

"人民法院具体认定民法典第六百二十一条第二款规定的'合理期限'时，应当综合当事人之间的交易性质、交易目的、交易方式、交易习惯、标的物的种类、数量、性质、安装和使用情况、瑕疵的性质、买受人应尽的合理注意义务、检验方法和难易程度、买受人或者检验人所处的具体环境、自身技能以及其他合理因素，依据诚实信用原则进行判断。

民法典第六百二十一条第二款规定的'二年'是最长的合理期限。该期限为不变期间，不适用诉讼时效中止、中断或者延长的规定。"

9. 将第十九条修改为：

"买受人在合理期限内提出异议，出卖人以买受人已经支付价款、确认欠款数额、使用标的物等为由，主张买受人放弃异议的，人民法院不予支持，但当事人另有约定的除外。"

10. 将第二十条修改为：

"民法典第六百二十一条规定的检验期限、合理期限、二年期限经过后，买受人主张标的物的数量或者质量不符合约定的，人民法院不予支持。

出卖人自愿承担违约责任后，又以上述期限经过为由翻悔的，人民法院不予支持。"

11. 将第二十一条修改为：

"买受人依约保留部分价款作为质量保证金，出卖人在质量保证期未及时解决质量问题而影响标的物的价值或者使用效果，出卖人主张支付该部分价款的，人民法院不予支持。"

12. 将第二十二条修改为：

"买受人在检验期限、质量保证期、合理期限内提出质量异议，出卖人未按要求予以修理或者因情况紧急，买受人自行或者通过第三人修理标的物后，主张出卖人负担因此发生的合理费用的，人民法院应予支持。"

13. 将第二十三条修改为：

"标的物质量不符合约定，买受人依照民法典第五百八十二条的规定要求减少价款的，人民法院应予支持。当事人主张以符合约定的标的物和实际交付的标的物按交付时的市场价值计算差价的，人民法院应予支持。

价款已经支付，买受人主张返还减价后多出部分价款的，人民法院应予支持。"

14. 将第二十四条修改为：

"买卖合同对付款期限作出的变更，不影响当事人关于逾期付款违约金的约定，但该违约金的起算点应当随之变更。

买卖合同约定逾期付款违约金，买受人以出卖人接受价款时未主张逾期付款违约金为由拒绝支付该违约金的，人民法院不予支持。

买卖合同约定逾期付款违约金，但对账单、还款协议等未涉及逾期付款责任，出卖人根据对账单、还款协议等主张欠款时请求买受人依约支付逾期付款违约金的，人民法院应予支持，但对账单、还款协议等明确载有本金及逾期付款利息数额或者已经变更买卖合同中关于本金、利息等约定内容的除外。

买卖合同没有约定逾期付款违约金或者该违约金的计算方法，出卖人以买受人违约为由主张赔偿逾期付款损失，违约行为发生在 2019 年 8 月 19 日之前的，人民法院可以中国人民银行同期同类人民币贷款基准利率为基础，参照逾期罚息利率标准计算；违约行为发生在 2019 年 8 月 20 日之后的，人民法院可以违约行为发生时中国人民银行授权全国银行间同业拆借中心公布的一年期贷款市场报价利率（LPR）标准为基础，加计 30—50％计算逾期付款损失。"

15. 将第二十五条修改为：

"出卖人没有履行或者不当履行从给付义务，致使买受人不能实现合同目的，买受人主张解除合同的，人民法院应当根据民法典第五百六十三条第一款第四项的规定，予以支持。"

16. 将第二十六条修改为：

"买卖合同因违约而解除后，守约方主张继续适用违约金条款的，人民法院应予支持；但约定的违约金过分高于造成的损失的，人民法院可以参照民法典第五百八十五条第二款的规定处理。"

17. 将第二十九条修改为：

"买卖合同当事人一方违约造成对方损失，对方主张赔偿可得利益损失的，人民法院在确定违约责任范围时，应当根据当事人的主张，依据民法典第五百八十四条、第五百九十一条、第五百九十二条、本解释第二十三条等规定进行认定。"

18. 将第三十四条修改为：

"买卖合同当事人主张民法典第六百四十一条关于标的物所有权保留的规定适用于不动产的，人民法院不予支持。"

19. 将第三十六条修改为：

"买受人已经支付标的物总价款的百分之七十五以上，出卖人主张取回标的物的，人民法院不予支持。

在民法典第六百四十二条第一款第三项情形下，第三人依据民法典第三百一十一条的规定已经善意取得标的物所有权或者其他物权，出卖人主张取回标的物的，人民法院不予支持。"

20. 将第三十八条修改为：

"民法典第六百三十四条第一款规定的'分期付款'，系指买受人将应付的总价款在一定期限内至少分三次向出卖人支付。

分期付款买卖合同的约定违反民法典第六百三十四条第一款的规定，损害买受人利益，买受人主张该约定无效的，人民法院应予支持。"

21. 将第四十二条修改为：

"买卖合同存在下列约定内容之一的，不属于试用买卖。买受人主张属于试用买卖的，人民法院不予支持：

（一）约定标的物经过试用或者检验符合一定要求时，买受人应当购买标的物；

（二）约定第三人经试验对标的物认可时，买受人应当购买标的物；

（三）约定买受人在一定期限内可以调换标的物；

（四）约定买受人在一定期限内可以退还标的物。"

22. 将第四十五条修改为：

"法律或者行政法规对债权转让、股权转让等权利转让合同有规定的，依照其规定；没有规定的，人民法院可以根据民法典第四百六十七条和第六百四十六条的规定，参照适用买卖合同的有关规定。

权利转让或者其他有偿合同参照适用买卖合同的有关规定的，人民法院应当首先引用民法典第六百四十六条的规定，再引用买卖合同的有关规定。"

23. 条文顺序作相应调整。

四、修改《最高人民法院关于审理融资租赁合同纠纷案件适用法律问题的解释》

1. 将引言修改为：

"为正确审理融资租赁合同纠纷案件，根据《中华人民共和国民法典》《中华人民共和国民事诉讼法》等法律的规定，结合审判实践，制定本解释。"

2. 将第一部分标题修改为：

"一、融资租赁合同的认定"。

3. 将第一条修改为：

"人民法院应当根据民法典第七百三十五条的规定，结合标的物的性质、价值、租金的构成以及当事人的合同权利和义务，对是否构成融资租赁法律关系作出认定。

对名为融资租赁合同，但实际不构成融资租赁法律关系的，人民法院应按照其实际构成的法律关系处理。"

4. 删除第三条、第四条、第六条、第七条、第九条、第十条、第十一条、第十五条、第十六条、第十七条、第十八条。

5. 将第五条修改为：

"承租人拒绝受领租赁物，未及时通知出租人，或者无正当理由拒绝受领租赁物，造成出租人损失，出租人向承租人主张损害赔偿的，人民法院应予支持。"

6. 将第十二条修改为：

"有下列情形之一，出租人请求解除融资租赁合同的，人民法院应予支持：

（一）承租人未按照合同约定的期限和数额支付租金，符合合同约定的解除条件，经出租人催告后在合理期限内仍不支付的；

（二）合同对于欠付租金解除合同的情形没有明确约定，但承租人欠付租金达到两期以上，或者数额达到全部租金百分之十五以上，经出租人催告后在合理期限内仍不支付的；

（三）承租人违反合同约定，致使合同目的不能实现的其他情形。"

7. 将第十九条修改为：

"租赁物不符合融资租赁合同的约定且出租人实施了下列行为之一，承租人依照民法典第七百四十四条、第七百四十七条的规定，要求出租人承担相应责任的，人民法院应予支持：

（一）出租人在承租人选择出卖人、租赁物时，对租赁物的选定起决定作用的；

（二）出租人干预或者要求承租人按照出租人意愿选择出卖人或者租赁物的；

（三）出租人擅自变更承租人已经选定的出卖人或者租赁物的。

承租人主张其系依赖出租人的技能确定租赁物或者出租人干预选择租赁物的，对上述事实承担举证责任。"

8. 将第二十一条修改为：

"出租人既请求承租人支付合同约定的全部未付租金又请求解除融资租赁合同的，人民法院应告知其依照民法典第七百五十二条的规定作出选择。

出租人请求承租人支付合同约定的全部未付租金，人民法院判决后承租人未予履行，出租人再行起诉请求解除融资租赁合同、收回租赁物的，人民法院应予受理。"

9. 将第二十二条修改为：

"出租人依照本解释第五条的规定请求解除融资租赁合同，同时请求收回租赁物并赔偿损失的，人民法院应予支持。

前款规定的损失赔偿范围为承租人全部未付租金及其他费用与收回租赁物价值的差额。合同约定租赁期间届满后租赁物归出租人所有的，损失赔偿范围还应包括融资租赁合同到期后租赁物的残值。"

10. 将第二十五条修改为：

"当事人因融资租赁合同租金欠付争议向人民法院请求保护其权利的诉讼时效期间为三年，自租赁期限届满之日起计算。"

11. 条文顺序作相应调整。

五、修改《最高人民法院关于审理铁路运输损害赔偿案件若干问题的解释》

1. 删除第十一条、第十三条、第十五条。

2. 条文顺序作相应调整。

六、修改《最高人民法院关于审理铁路运输人身损害赔偿纠纷案件适用法律若干问题的解释》

1. 将引言修改为：

"为正确审理铁路运输人身损害赔偿纠纷案件，依法维护各方当事人的合法权益，根据《中华人民共和国民法典》《中华人民共和国铁路法》《中华人民共和国民事诉讼法》等法律的规定，结合审判实践，就有关适用法律问题作如下解释："

2. 将第三条修改为：

"赔偿权利人要求对方当事人承担侵权责任的，由事故发生地、列车最先到达地或者被告住所地铁路运输法院管辖；赔偿权利人依照民法典第三编要求承运人承担违约责任予以人身损害赔偿的，由运输始发地、目的地或者被告住所地铁路运输法院管辖。"

3. 将第十二条修改为：

"铁路旅客运送期间发生旅客人身损害，赔偿权利人要求铁路运输企业承担违约责任的,人民法院应当依照民法典第八百一十一条、第八百二十二条、第八百二十三条等规定,确定铁路运输企业是否承担责任及责任的大小;赔偿权利人要求铁路运输企业承担侵权赔偿责任的,人民法院应当依照有关侵权责任的法律规定,确定铁路运输企业是否承担赔偿责任及责任的大小。"

七、修改《最高人民法院关于审理环境侵权责任纠纷案件适用法律若干问题的解释》

1. 将引言修改为:

"为正确审理环境侵权责任纠纷案件,根据《中华人民共和国民法典》《中华人民共和国环境保护法》《中华人民共和国民事诉讼法》等法律的规定,结合审判实践,制定本解释。"

2. 将第一条修改为:

"因污染环境、破坏生态造成他人损害,不论侵权人有无过错,侵权人应当承担侵权责任。

侵权人以排污符合国家或者地方污染物排放标准为由主张不承担责任的,人民法院不予支持。

侵权人不承担责任或者减轻责任的情形,适用海洋环境保护法、水污染防治法、大气污染防治法等环境保护单行法的规定;相关环境保护单行法没有规定的,适用民法典的规定。"

3. 将第二条修改为:

"两个以上侵权人共同实施污染环境、破坏生态行为造成损害,被侵权人根据民法典第一千一百六十八条规定请求侵权人承担连带责任的,人民法院应予支持。"

4. 将第三条修改为:

"两个以上侵权人分别实施污染环境、破坏生态行为造成同一损害,每一个侵权人的污染环境、破坏生态行为都足以造成全部损害,被侵权人根据民法典第一千一百七十一条规定请求侵权人承担连带责任的,人民法院应予支持。

两个以上侵权人分别实施污染环境、破坏生态行为造成同一损害,每一个侵权人的污染环境、破坏生态行为都不足以造成全部损害,被侵权人根据民法典第一千一百七十二条规定请求侵权人承担责任的,人民法院应予支持。

两个以上侵权人分别实施污染环境、破坏生态行为造成同一损害,部分侵权人的污染环境、破坏生态行为足以造成全部损害,部分侵权人的污染环境、破坏生态行为只造成部分损害,被侵权人根据民法典第一千一百七十一条规定请求足以造成全部损害的侵权人与其他侵权人就共同造成的损害部分承担连带责任,并对全部损害承担责任的,人民法院应予支持。"

5. 将第四条修改为:

"两个以上侵权人污染环境、破坏生态,对侵权人承担责任的大小,人民法院应当根据污染物的种类、浓度、排放量、危害性、有无排污许可证、是否超过污染物排放标准、是否超过重点污染物排放总量控制指标、破坏生态的方式、范围、程度，以及行为对损害后果所起的作用等因素确定。"

6. 将第五条修改为：

"被侵权人根据民法典第一千二百三十三条规定分别或者同时起诉侵权人、第三人的，人民法院应予受理。

被侵权人请求第三人承担赔偿责任的，人民法院应当根据第三人的过错程度确定其相应赔偿责任。

侵权人以第三人的过错污染环境、破坏生态造成损害为由主张不承担责任或者减轻责任的，人民法院不予支持。"

7. 将第六条修改为：

"被侵权人根据民法典第七编第七章的规定请求赔偿的，应当提供证明以下事实的证据材料：

（一）侵权人排放了污染物或者破坏了生态；

（二）被侵权人的损害；

（三）侵权人排放的污染物或者其次生污染物、破坏生态行为与损害之间具有关联性。"

8. 将第七条修改为：

"侵权人举证证明下列情形之一的，人民法院应当认定其污染环境、破坏生态行为与损害之间不存在因果关系：

（一）排放污染物、破坏生态的行为没有造成该损害可能的；

（二）排放的可造成该损害的污染物未到达该损害发生地的；

（三）该损害于排放污染物、破坏生态行为实施之前已发生的；

（四）其他可以认定污染环境、破坏生态行为与损害之间不存在因果关系的情形。"

9. 将第八条修改为：

"对查明环境污染、生态破坏案件事实的专门性问题，可以委托具备相关资格的司法鉴定机构出具鉴定意见或者由负有环境资源保护监督管理职责的部门推荐的机构出具检验报告、检测报告、评估报告或者监测数据。"

10. 将第九条修改为：

"当事人申请通知一至两名具有专门知识的人出庭，就鉴定意见或者污染物认定、损害结果、因果关系、修复措施等专业问题提出意见的，人民法院可以准许。当事人未申请，人民法院认为有必要的，可以进行释明。

具有专门知识的人在法庭上提出的意见，经当事人质证，可以作为认定案件事实的根据。"

11. 将第十条修改为：

"负有环境资源保护监督管理职责的部门或者其委托的机构出具的环境污染、生态破坏事件调查报告、检验报告、检测报告、评估报告或者监测数据等,经当事人质证,可以作为认定案件事实的根据。"

12. 将第十一条修改为:

"对于突发性或者持续时间较短的环境污染、生态破坏行为,在证据可能灭失或者以后难以取得的情况下,当事人或者利害关系人根据民事诉讼法第八十一条规定申请证据保全的,人民法院应当准许。"

13. 将第十二条修改为:

"被申请人具有环境保护法第六十三条规定情形之一,当事人或者利害关系人根据民事诉讼法第一百条或者第一百零一条规定申请保全的,人民法院可以裁定责令被申请人立即停止侵害行为或者采取防治措施。"

14. 将第十三条修改为:

"人民法院应当根据被侵权人的诉讼请求以及具体案情,合理判定侵权人承担停止侵害、排除妨碍、消除危险、修复生态环境、赔礼道歉、赔偿损失等民事责任。"

15. 将第十四条修改为:

"被侵权人请求修复生态环境的,人民法院可以依法裁判侵权人承担环境修复责任,并同时确定其不履行环境修复义务时应当承担的环境修复费用。

侵权人在生效裁判确定的期限内未履行环境修复义务的,人民法院可以委托其他人进行环境修复,所需费用由侵权人承担。"

16. 将第十五条修改为:

"被侵权人起诉请求侵权人赔偿因污染环境、破坏生态造成的财产损失、人身损害以及为防止损害发生和扩大、清除污染、修复生态环境而采取必要措施所支出的合理费用的,人民法院应予支持。"

17. 删除第十七条。

18. 条文顺序作相应调整。

八、修改《最高人民法院关于审理医疗损害责任纠纷案件适用法律若干问题的解释》

1. 将引言修改为:

"为正确审理医疗损害责任纠纷案件,依法维护当事人的合法权益,推动构建和谐医患关系,促进卫生健康事业发展,根据《中华人民共和国民法典》《中华人民共和国民事诉讼法》等法律规定,结合审判实践,制定本解释。"

2. 将第一条修改为:

"患者以在诊疗活动中受到人身或者财产损害为由请求医疗机构,医疗产品的生产者、销售者、药品上市许可持有人或者血液提供机构承担侵权责任的案件,适用本解释。

患者以在美容医疗机构或者开设医疗美容科室的医疗机构实施的医疗美容活动中受到人身或者财产损害为由提起的侵权纠纷案件，适用本解释。

当事人提起的医疗服务合同纠纷案件，不适用本解释。"

3. 将第三条修改为：

"患者因缺陷医疗产品受到损害，起诉部分或者全部医疗产品的生产者、销售者、药品上市许可持有人和医疗机构的，应予受理。

患者仅起诉医疗产品的生产者、销售者、药品上市许可持有人、医疗机构中部分主体，当事人依法申请追加其他主体为共同被告或者第三人的，应予准许。必要时，人民法院可以依法追加相关当事人参加诉讼。

患者因输入不合格的血液受到损害提起侵权诉讼的，参照适用前两款规定。"

4. 将第四条修改为：

"患者依据民法典第一千二百一十八条规定主张医疗机构承担赔偿责任的，应当提交到该医疗机构就诊、受到损害的证据。

患者无法提交医疗机构或者其医务人员有过错、诊疗行为与损害之间具有因果关系的证据，依法提出医疗损害鉴定申请的，人民法院应予准许。

医疗机构主张不承担责任的，应当就民法典第一千二百二十四条第一款规定情形等抗辩事由承担举证证明责任。"

5. 将第五条修改为：

"患者依据民法典第一千二百一十九条规定主张医疗机构承担赔偿责任的，应当按照前条第一款规定提交证据。

实施手术、特殊检查、特殊治疗的，医疗机构应当承担说明义务并取得患者或者患者近亲属明确同意，但属于民法典第一千二百二十条规定情形的除外。医疗机构提交患者或者患者近亲属明确同意证据的，人民法院可以认定医疗机构尽到说明义务，但患者有相反证据足以反驳的除外。"

6. 将第六条修改为：

"民法典第一千二百二十二条规定的病历资料包括医疗机构保管的门诊病历、住院志、体温单、医嘱单、检验报告、医学影像检查资料、特殊检查（治疗）同意书、手术同意书、手术及麻醉记录、病理资料、护理记录、出院记录以及国务院卫生行政主管部门规定的其他病历资料。

患者依法向人民法院申请医疗机构提交由其保管的与纠纷有关的病历资料等，医疗机构未在人民法院指定期限内提交的，人民法院可以依照民法典第一千二百二十二条第二项规定推定医疗机构有过错，但是因不可抗力等客观原因无法提交的除外。"

7. 将第七条修改为：

"患者依据民法典第一千二百二十三条规定请求赔偿的，应当提交使用医疗产品或者输入血液、受到损害的证据。

患者无法提交使用医疗产品或者输入血液与损害之间具有因果关系的证据，依法申请鉴定的，人民法院应予准许。

医疗机构，医疗产品的生产者、销售者、药品上市许可持有人或者血液提供机构主张不承担责任的，应当对医疗产品不存在缺陷或者血液合格等抗辩事由承担举证证明责任。"

8. 将第十一条修改为：

"委托鉴定书，应当有明确的鉴定事项和鉴定要求。鉴定人应当按照委托鉴定的事项和要求进行鉴定。

下列专门性问题可以作为申请医疗损害鉴定的事项：

（一）实施诊疗行为有无过错；

（二）诊疗行为与损害后果之间是否存在因果关系以及原因力大小；

（三）医疗机构是否尽到了说明义务、取得患者或者患者近亲属明确同意的义务；

（四）医疗产品是否有缺陷、该缺陷与损害后果之间是否存在因果关系以及原因力的大小；

（五）患者损伤残疾程度；

（六）患者的护理期、休息期、营养期；

（七）其他专门性问题。

鉴定要求包括鉴定人的资质、鉴定人的组成、鉴定程序、鉴定意见、鉴定期限等。"

9. 将第十六条修改为：

"对医疗机构或者其医务人员的过错，应当依据法律、行政法规、规章以及其他有关诊疗规范进行认定，可以综合考虑患者病情的紧急程度、患者个体差异、当地的医疗水平、医疗机构与医务人员资质等因素。"

10. 将第十七条修改为：

"医务人员违反民法典第一千二百一十九条第一款规定义务，但未造成患者人身损害，患者请求医疗机构承担损害赔偿责任的，不予支持。"

11. 将第十八条修改为：

"因抢救生命垂危的患者等紧急情况且不能取得患者意见时，下列情形可以认定为民法典第一千二百二十条规定的不能取得患者近亲属意见：

（一）近亲属不明的；

（二）不能及时联系到近亲属的；

（三）近亲属拒绝发表意见的；

（四）近亲属达不成一致意见的；

（五）法律、法规规定的其他情形。

前款情形，医务人员经医疗机构负责人或者授权的负责人批准立即实施相应医疗措施，患者因此请求医疗机构承担赔偿责任的，不予支持；医疗机构及其医务人员怠于实施相应医疗措施造成损害，患者请求医疗机构承担赔偿责任的，应予支持。"

12. 将第十九条修改为：

"两个以上医疗机构的诊疗行为造成患者同一损害，患者请求医疗机构承担赔偿责任的，应当区分不同情况，依照民法典第一千一百六十八条、第一千一百七十一条或者第一千一百七十二条的规定，确定各医疗机构承担的赔偿责任。"

13. 将第二十一条修改为：

"因医疗产品的缺陷或者输入不合格血液受到损害，患者请求医疗机构、缺陷医疗产品的生产者、销售者、药品上市许可持有人或者血液提供机构承担赔偿责任的，应予支持。

医疗机构承担赔偿责任后，向缺陷医疗产品的生产者、销售者、药品上市许可持有人或者血液提供机构追偿的，应予支持。

因医疗机构的过错使医疗产品存在缺陷或者血液不合格，医疗产品的生产者、销售者、药品上市许可持有人或者血液提供机构承担赔偿责任后，向医疗机构追偿的，应予支持。"

14. 将第二十二条修改为：

"缺陷医疗产品与医疗机构的过错诊疗行为共同造成患者同一损害，患者请求医疗机构与医疗产品的生产者、销售者、药品上市许可持有人承担连带责任的，应予支持。

医疗机构或者医疗产品的生产者、销售者、药品上市许可持有人承担赔偿责任后，向其他责任主体追偿的，应当根据诊疗行为与缺陷医疗产品造成患者损害的原因力大小确定相应的数额。

输入不合格血液与医疗机构的过错诊疗行为共同造成患者同一损害的，参照适用前两款规定。"

15. 将第二十三条修改为：

"医疗产品的生产者、销售者、药品上市许可持有人明知医疗产品存在缺陷仍然生产、销售，造成患者死亡或者健康严重损害，被侵权人请求生产者、销售者、药品上市许可持有人赔偿损失及二倍以下惩罚性赔偿的，人民法院应予支持。"

16. 将第二十五条修改为：

"患者死亡后，其近亲属请求医疗损害赔偿的，适用本解释；支付患者医疗费、丧葬费等合理费用的人请求赔偿该费用的，适用本解释。

本解释所称的'医疗产品'包括药品、消毒产品、医疗器械等。"

九、修改《最高人民法院关于审理生态环境损害赔偿案件的若干规定（试行）》

1. 将引言修改为：

"为正确审理生态环境损害赔偿案件，严格保护生态环境，依法追究损害生态环境责任者的赔偿责任，依据《中华人民共和国民法典》《中华人民共和国环境保护法》《中华人民共和国民事诉讼法》等法律的规定，结合审判工作实际，制定本规定。"

2. 将第二条修改为：

"下列情形不适用本规定：

（一）因污染环境、破坏生态造成人身损害、个人和集体财产损失要求赔偿的；

（二）因海洋生态环境损害要求赔偿的。"

3. 将第十一条修改为：

"被告违反国家规定造成生态环境损害的，人民法院应当根据原告的诉讼请求以及具体案情，合理判决被告承担修复生态环境、赔偿损失、停止侵害、排除妨碍、消除危险、赔礼道歉等民事责任。"

4. 将第十四条修改为：

"原告请求被告承担下列费用的，人民法院根据具体案情予以判决：

（一）实施应急方案、清除污染以及为防止损害的发生和扩大所支出的合理费用；

（二）为生态环境损害赔偿磋商和诉讼支出的调查、检验、鉴定、评估等费用；

（三）合理的律师费以及其他为诉讼支出的合理费用。"

5. 将第十八条修改为：

"生态环境损害赔偿诉讼案件的裁判生效后，有权提起民事公益诉讼的国家规定的机关或者法律规定的组织就同一损害生态环境行为有证据证明存在前案审理时未发现的损害，并提起民事公益诉讼的，人民法院应予受理。

民事公益诉讼案件的裁判生效后，有权提起生态环境损害赔偿诉讼的主体就同一损害生态环境行为有证据证明存在前案审理时未发现的损害，并提起生态环境损害赔偿诉讼的，人民法院应予受理。"

6. 将第二十一条修改为：

"一方当事人在期限内未履行或者未全部履行发生法律效力的生态环境损害赔偿诉讼案件裁判或者经司法确认的生态环境损害赔偿协议的，对方当事人可以向人民法院申请强制执行。需要修复生态环境的，依法由省级、市地级人民政府及其指定的相关部门、机构组织实施。"

十、修改《最高人民法院关于债务人在约定的期限届满后未履行债务而出具没有还款日期的欠款条诉讼时效期间应从何时开始计算问题的批复》

将第二段修改为：

"据你院报告称，双方当事人原约定，供方交货后，需方立即付款。需方收货后因无款可付，经供方同意写了没有还款日期的欠款条。根据民法典第一百九十五条的规定，应认定诉讼时效中断。如果供方在诉讼时效中断后一直未主张权利，诉讼时效期间则应从供方收到需方所写欠款条之日起重新计算。"

十一、修改《最高人民法院关于审理民事案件适用诉讼时效制度若干问题的规定》

1. 将引言修改为：

"为正确适用法律关于诉讼时效制度的规定，保护当事人的合法权益，依照《中华人民共和国民法典》《中华人民共和国民事诉讼法》等法律的规定，结合审判实践，制定本规定。"

2. 删除第二条、第五条、第二十条。

3. 将第三条修改为：

"当事人未提出诉讼时效抗辩，人民法院不应对诉讼时效问题进行释明。"

4. 将第六条修改为：

"未约定履行期限的合同，依照民法典第五百一十条、第五百一十一条的规定，可以确定履行期限的，诉讼时效期间从履行期限届满之日起计算；不能确定履行期限的，诉讼时效期间从债权人要求债务人履行义务的宽限期届满之日起计算，但债务人在债权人第一次向其主张权利之时明确表示不履行义务的，诉讼时效期间从债务人明确表示不履行义务之日起计算。"

5. 将第七条修改为：

"享有撤销权的当事人一方请求撤销合同的，应适用民法典关于除斥期间的规定。对方当事人对撤销合同请求权提出诉讼时效抗辩的，人民法院不予支持。

合同被撤销，返还财产、赔偿损失请求权的诉讼时效期间从合同被撤销之日起计算。"

6. 将第十条修改为：

"具有下列情形之一的，应当认定为民法典第一百九十五条规定的'权利人向义务人提出履行请求'，产生诉讼时效中断的效力：

（一）当事人一方直接向对方当事人送交主张权利文书，对方当事人在文书上签名、盖章、按指印或者虽未签名、盖章、按指印但能够以其他方式证明该文书到达对方当事人的；

（二）当事人一方以发送信件或者数据电文方式主张权利，信件或者数据电文到达或者应当到达对方当事人的；

（三）当事人一方为金融机构，依照法律规定或者当事人约定从对方当事人账户中扣收欠款本息的；

（四）当事人一方下落不明，对方当事人在国家级或者下落不明的当事人一方住所地的省级有影响的媒体上刊登具有主张权利内容的公告的，但法律和司法解释另有特别规定的，适用其规定。

前款第（一）项情形中，对方当事人为法人或者其他组织的，签收人可以是其法定代表人、主要负责人、负责收发信件的部门或者被授权主体；对方当事人为自然人的，签收人可以是自然人本人、同住的具有完全行为能力的亲属或者被授权主体。"

7. 将第十三条修改为：

"下列事项之一，人民法院应当认定与提起诉讼具有同等诉讼时效中断的效力：

（一）申请支付令；

（二）申请破产、申报破产债权；

（三）为主张权利而申请宣告义务人失踪或死亡；

（四）申请诉前财产保全、诉前临时禁令等诉前措施；

（五）申请强制执行；

（六）申请追加当事人或者被通知参加诉讼；

（七）在诉讼中主张抵销；

（八）其他与提起诉讼具有同等诉讼时效中断效力的事项。"

8. 将第十六条修改为：

"义务人作出分期履行、部分履行、提供担保、请求延期履行、制定清偿债务计划等承诺或者行为的，应当认定为民法典第一百九十五条规定的'义务人同意履行义务'。"

9. 将第二十二条修改为：

"诉讼时效期间届满，当事人一方向对方当事人作出同意履行义务的意思表示或者自愿履行义务后，又以诉讼时效期间届满为由进行抗辩的，人民法院不予支持。

当事人双方就原债务达成新的协议，债权人主张义务人放弃诉讼时效抗辩权的，人民法院应予支持。

超过诉讼时效期间，贷款人向借款人发出催收到期贷款通知单，债务人在通知单上签字或者盖章，能够认定借款人同意履行诉讼时效期间已经届满的义务的，对于贷款人关于借款人放弃诉讼时效抗辩权的主张，人民法院应予支持。"

10. 条文顺序作相应调整。

十二、修改《最高人民法院关于在审理经济纠纷案件中涉及经济犯罪嫌疑若干问题的规定》

1. 将引言修改为：

"根据《中华人民共和国民法典》《中华人民共和国刑法》《中华人民共和国民事诉讼法》《中华人民共和国刑事诉讼法》等有关规定，对审理经济纠纷案件中涉及经济犯罪嫌疑问题作以下规定："

2. 将第一条修改为：

"同一自然人、法人或非法人组织因不同的法律事实，分别涉及经济纠纷和经济犯罪嫌疑的，经济纠纷案件和经济犯罪嫌疑案件应当分开审理。"

3. 将第八条修改为：

"根据《中华人民共和国刑事诉讼法》第一百零一条第一款的规定，被害人或其法定代理人、近亲属对本规定第二条因单位犯罪行为造成经济损失的，对第四条、第五条第一款、第六条应当承担刑事责任的被告人未能返还财物而遭受经济损失提起附带民事诉讼的，受理刑事案件的人民法院应当依法一并审理。被害人或其法定代理人、近亲属因被害人遭受经济损失也有权对单位另行提起民事诉讼。若被害人或其法定代理人、近亲属另行提起民事诉讼的，有管辖权的人民法院应当依法受理。"

十三、修改《最高人民法院关于审理建筑物区分所有权纠纷案件具体应用法律若干问题的解释》

1. 将名称修改为：

"最高人民法院关于审理建筑物区分所有权纠纷案件适用法律若干问题的解释"。

2. 将引言修改为：

"为正确审理建筑物区分所有权纠纷案件，依法保护当事人的合法权益，根据《中华人民共和国民法典》等法律的规定，结合民事审判实践，制定本解释。"

3. 将第一条修改为：

"依法登记取得或者依据民法典第二百二十九条至第二百三十一条规定取得建筑物专有部分所有权的人，应当认定为民法典第二编第六章所称的业主。

基于与建设单位之间的商品房买卖民事法律行为，已经合法占有建筑物专有部分，但尚未依法办理所有权登记的人，可以认定为民法典第二编第六章所称的业主。"

4. 将第二条修改为：

"建筑区划内符合下列条件的房屋，以及车位、摊位等特定空间，应当认定为民法典第二编第六章所称的专有部分：

（一）具有构造上的独立性，能够明确区分；

（二）具有利用上的独立性，可以排他使用；

（三）能够登记成为特定业主所有权的客体。

规划上专属于特定房屋，且建设单位销售时已经根据规划列入该特定房屋买卖合同中的露台等，应当认定为前款所称的专有部分的组成部分。

本条第一款所称房屋，包括整栋建筑物。"

5. 将第三条修改为：

"除法律、行政法规规定的共有部分外，建筑区划内的以下部分，也应当认定为民法典第二编第六章所称的共有部分：

（一）建筑物的基础、承重结构、外墙、屋顶等基本结构部分，通道、楼梯、大堂等公共通行部分，消防、公共照明等附属设施、设备，避难层、设备层或者设备间等结构部分；

（二）其他不属于业主专有部分，也不属于市政公用部分或者其他权利人所有的场所及设施等。

建筑区划内的土地，依法由业主共同享有建设用地使用权，但属于业主专有的整栋建筑物的规划占地或者城镇公共道路、绿地占地除外。"

6. 将第五条修改为：

"建设单位按照配置比例将车位、车库，以出售、附赠或者出租等方式处分给业主的，应当认定其行为符合民法典第二百七十六条有关'应当首先满足业主的需要'的规定。

前款所称配置比例是指规划确定的建筑区划内规划用于停放汽车的车位、车库与房屋套数的比例。"

7. 将第六条修改为：

"建筑区划内在规划用于停放汽车的车位之外，占用业主共有道路或者其他场地增设的车位，应当认定为民法典第二百七十五条第二款所称的车位。"

8. 将第七条修改为：

"处分共有部分，以及业主大会依法决定或者管理规约依法确定应由业主共同决定的事项，应当认定为民法典第二百七十八条第一款第（九）项规定的有关共有和共同管理权利的'其他重大事项'。"

9. 将第八条修改为：

"民法典第二百七十八条第二款和第二百八十三条规定的专有部分面积可以按照不动产登记簿记载的面积计算；尚未进行物权登记的，暂按测绘机构的实测面积计算；尚未进行实测的，暂按房屋买卖合同记载的面积计算。"

10. 将第九条修改为：

"民法典第二百七十八条第二款规定的业主人数可以按照专有部分的数量计算，一个专有部分按一人计算。但建设单位尚未出售和虽已出售但尚未交付的部分，以及同一买受人拥有一个以上专有部分的，按一人计算。"

11. 将第十条修改为：

"业主将住宅改变为经营性用房，未依据民法典第二百七十九条的规定经有利害关系的业主一致同意，有利害关系的业主请求排除妨害、消除危险、恢复原状或者赔偿损失的，人民法院应予支持。

将住宅改变为经营性用房的业主以多数有利害关系的业主同意其行为进行抗辩的，人民法院不予支持。"

12. 将第十一条修改为：

"业主将住宅改变为经营性用房，本栋建筑物内的其他业主，应当认定为民法典第二百七十九条所称'有利害关系的业主'。建筑区划内，本栋建筑物之外的业主，主张与自己有利害关系的，应证明其房屋价值、生活质量受到或者可能受到不利影响。"

13. 将第十二条修改为：

"业主以业主大会或者业主委员会作出的决定侵害其合法权益或者违反了法律规定的程序为由，依据民法典第二百八十条第二款的规定请求人民法院撤销该决定的，应当在知道或者应当知道业主大会或者业主委员会作出决定之日起一年内行使。"

14. 将第十四条修改为：

"建设单位、物业服务企业或者其他管理人等擅自占用、处分业主共有部分、改变其使用功能或者进行经营性活动，权利人请求排除妨害、恢复原状、确认处分行为无效或者赔偿损失的，人民法院应予支持。

属于前款所称擅自进行经营性活动的情形，权利人请求建设单位、物业服务企业或者其他管理人等将扣除合理成本之后的收益用于补充专项维修资金或者业主共同决定的其他用途的，人民法院应予支持。行为人对成本的支出及其合理性承担举证责任。"

15. 将第十五条修改为：

"业主或者其他行为人违反法律、法规、国家相关强制性标准、管理规约，或者违反业主大会、业主委员会依法作出的决定，实施下列行为的，可以认定为民法典第二百八十六条第二款所称的其他'损害他人合法权益的行为'：

（一）损害房屋承重结构，损害或者违章使用电力、燃气、消防设施，在建筑物内放置危险、放射性物品等危及建筑物安全或者妨碍建筑物正常使用；

（二）违反规定破坏、改变建筑物外墙面的形状、颜色等损害建筑物外观；

（三）违反规定进行房屋装饰装修；

（四）违章加建、改建，侵占、挖掘公共通道、道路、场地或者其他共有部分。"

十四、修改《最高人民法院关于审理物业服务纠纷案件具体应用法律若干问题的解释》

1. 将名称修改为：

"最高人民法院关于审理物业服务纠纷案件适用法律若干问题的解释"。

2. 将引言修改为：

"为正确审理物业服务纠纷案件，依法保护当事人的合法权益，根据《中华人民共和国民法典》等法律规定，结合民事审判实践，制定本解释。"

3. 删除第一条、第二条、第三条、第六条、第七条、第八条、第十条、第十一条。

4. 将第四条修改为：

"业主违反物业服务合同或者法律、法规、管理规约，实施妨碍物业服务与管理的行为，物业服务人请求业主承担停止侵害、排除妨碍、恢复原状等相应民事责任的，人民法院应予支持。"

5. 将第五条修改为：

"物业服务人违反物业服务合同约定或者法律、法规、部门规章规定，擅自扩大收费范围、提高收费标准或者重复收费，业主以违规收费为由提出抗辩的，人民法院应予支持。

业主请求物业服务人退还其已经收取的违规费用的，人民法院应予支持。"

6. 将第九条修改为：

"物业服务合同的权利义务终止后，业主请求物业服务人退还已经预收，但尚未提供物业服务期间的物业费的，人民法院应予支持。"

7. 将第十二条修改为：

"因物业的承租人、借用人或者其他物业使用人实施违反物业服务合同，以及法律、法规或者管理规约的行为引起的物业服务纠纷，人民法院可以参照关于业主的规定处理。"

8. 条文顺序作相应调整。

十五、修改《最高人民法院关于审理涉及农村土地承包纠纷案件适用法律问题的解释》

1. 将引言修改为：

"为正确审理农村土地承包纠纷案件，依法保护当事人的合法权益，根据《中华人民共和国民法典》《中华人民共和国农村土地承包法》《中华人民共和国土地管理法》《中华人民共和国民事诉讼法》等法律的规定，结合民事审判实践，制定本解释。"

2. 将第一条修改为：

"下列涉及农村土地承包民事纠纷，人民法院应当依法受理：

（一）承包合同纠纷；

（二）承包经营权侵权纠纷；

（三）土地经营权侵权纠纷；

（四）承包经营权互换、转让纠纷；

（五）土地经营权流转纠纷；

（六）承包地征收补偿费用分配纠纷；

（七）承包经营权继承纠纷；

（八）土地经营权继承纠纷。

农村集体经济组织成员因未实际取得土地承包经营权提起民事诉讼的，人民法院应当告知其向有关行政主管部门申请解决。

农村集体经济组织成员就用于分配的土地补偿费数额提起民事诉讼的，人民法院不予受理。"

3. 将第二条修改为：

"当事人自愿达成书面仲裁协议的，受诉人民法院应当参照《最高人民法院关于适用〈中华人民共和国民事诉讼法〉的解释》第二百一十五条、第二百一十六条的规定处理。

当事人未达成书面仲裁协议，一方当事人向农村土地承包仲裁机构申请仲裁，另一方当事人提起诉讼的，人民法院应予受理，并书面通知仲裁机构。但另一方当事人接受仲裁管辖后又起诉的，人民法院不予受理。

当事人对仲裁裁决不服并在收到裁决书之日起三十日内提起诉讼的，人民法院应予受理。"

4. 将第三条修改为：

"承包合同纠纷，以发包方和承包方为当事人。

前款所称承包方是指以家庭承包方式承包本集体经济组织农村土地的农户，以及以其他方式承包农村土地的组织或者个人。"

5. 将第四条修改为：

"农户成员为多人的，由其代表人进行诉讼。

农户代表人按照下列情形确定：

（一）土地承包经营权证等证书上记载的人；

（二）未依法登记取得土地承包经营权证等证书的，为在承包合同上签名的人；

（三）前两项规定的人死亡、丧失民事行为能力或者因其他原因无法进行诉讼的，为农户成员推选的人。"

6. 将第五条修改为：

"承包合同中有关收回、调整承包地的约定违反农村土地承包法第二十七条、第二十八条、第三十一条规定的，应当认定该约定无效。"

7. 将第八条修改为：

"承包方违反农村土地承包法第十八条规定，未经依法批准将承包地用于非农建设或者对承包地造成永久性损害，发包方请求承包方停止侵害、恢复原状或者赔偿损失的，应予支持。"

8. 将第九条修改为：

"发包方根据农村土地承包法第二十七条规定收回承包地前，承包方已经以出租、入股或者其他形式将其土地经营权流转给第三人，且流转期限尚未届满，因流转价款收取产生的纠纷，按照下列情形，分别处理：

（一）承包方已经一次性收取了流转价款，发包方请求承包方返还剩余流转期限的流转价款的，应予支持；

（二）流转价款为分期支付，发包方请求第三人按照流转合同的约定支付流转价款的，应予支持。"

9. 将第十条修改为：

"承包方交回承包地不符合农村土地承包法第三十条规定程序的，不得认定其为自愿交回。"

10. 将第十一条修改为：

"土地经营权流转中，本集体经济组织成员在流转价款、流转期限等主要内容相同的条件下主张优先权的，应予支持。但下列情形除外：

（一）在书面公示的合理期限内未提出优先权主张的；

（二）未经书面公示，在本集体经济组织以外的人开始使用承包地两个月内未提出优先权主张的。"

11. 将第十二条修改为：

"发包方胁迫承包方将土地经营权流转给第三人，承包方请求撤销其与第三人签订的流转合同的，应予支持。

发包方阻碍承包方依法流转土地经营权，承包方请求排除妨碍、赔偿损失的，应予支持。"

12. 将第十三条修改为：

"承包方未经发包方同意，转让其土地承包经营权的，转让合同无效。但发包方无法定理由不同意或者拖延表态的除外。"

13. 将第十四条修改为：

"承包方依法采取出租、入股或者其他方式流转土地经营权，发包方仅以该土地经营权流转合同未报其备案为由，请求确认合同无效的，不予支持。"

14. 删除第十五条、第二十一条。

15. 将第十七条修改为：

"当事人对出租地流转期限没有约定或者约定不明的，参照民法典第七百三十条规定处理。除当事人另有约定或者属于林地承包经营外，承包地交回的时间应当在农作物收获期结束后或者下一耕种期开始前。

对提高土地生产能力的投入,对方当事人请求承包方给予相应补偿的,应予支持。"

16. 将第十八条修改为:

"发包方或者其他组织、个人擅自截留、扣缴承包收益或者土地经营权流转收益,承包方请求返还的,应予支持。

发包方或者其他组织、个人主张抵销的,不予支持。"

17. 将第十九条修改为:

"本集体经济组织成员在承包费、承包期限等主要内容相同的条件下主张优先承包的,应予支持。但在发包方将农村土地发包给本集体经济组织以外的组织或者个人,已经法律规定的民主议定程序通过,并由乡(镇)人民政府批准后主张优先承包的,不予支持。"

18. 将第二十条修改为:

"发包方就同一土地签订两个以上承包合同,承包方均主张取得土地经营权的,按照下列情形,分别处理:

(一)已经依法登记的承包方,取得土地经营权;

(二)均未依法登记的,生效在先合同的承包方取得土地经营权;

(三)依前两项规定无法确定的,已经根据承包合同合法占有使用承包地的人取得土地经营权,但争议发生后一方强行先占承包地的行为和事实,不得作为确定土地经营权的依据。"

19. 将第二十二条修改为:

"承包地被依法征收,承包方请求发包方给付已经收到的地上附着物和青苗的补偿费的,应予支持。

承包方已将土地经营权以出租、入股或者其他方式流转给第三人的,除当事人另有约定外,青苗补偿费归实际投入人所有,地上附着物补偿费归附着物所有人所有。"

20. 将第二十六条修改为:

"人民法院在审理涉及本解释第五条、第六条第一款第(二)项及第二款、第十五条的纠纷案件时,应当着重进行调解。必要时可以委托人民调解组织进行调解。"

21. 条文顺序作相应调整。

十六、修改《最高人民法院关于审理涉及国有土地使用权合同纠纷案件适用法律问题的解释》

1. 将引言修改为:

"为正确审理国有土地使用权合同纠纷案件,依法保护当事人的合法权益,根据《中华人民共和国民法典》《中华人民共和国土地管理法》《中华人民共和国城市房地产管理法》等法律规定,结合民事审判实践,制定本解释。"

2. 将第一条修改为：

"本解释所称的土地使用权出让合同，是指市、县人民政府自然资源主管部门作为出让方将国有土地使用权在一定年限内让与受让方，受让方支付土地使用权出让金的合同。"

3. 将第二条修改为：

"开发区管理委员会作为出让方与受让方订立的土地使用权出让合同，应当认定无效。

本解释实施前，开发区管理委员会作为出让方与受让方订立的土地使用权出让合同，起诉前经市、县人民政府自然资源主管部门追认的，可以认定合同有效。"

4. 将第七条修改为：

"本解释所称的土地使用权转让合同，是指土地使用权人作为转让方将出让土地使用权转让于受让方，受让方支付价款的合同。"

5. 删除第九条、第十一条、第十六条。

6. 将第十条修改为：

"土地使用权人作为转让方就同一出让土地使用权订立数个转让合同，在转让合同有效的情况下，受让方均要求履行合同的，按照以下情形分别处理：

（一）已经办理土地使用权变更登记手续的受让方，请求转让方履行交付土地等合同义务的，应予支持；

（二）均未办理土地使用权变更登记手续，已先行合法占有投资开发土地的受让方请求转让方履行土地使用权变更登记等合同义务的，应予支持；

（三）均未办理土地使用权变更登记手续，又未合法占有投资开发土地，先行支付土地转让款的受让方请求转让方履行交付土地和办理土地使用权变更登记等合同义务的，应予支持；

（四）合同均未履行，依法成立在先的合同受让方请求履行合同的，应予支持。

未能取得土地使用权的受让方请求解除合同、赔偿损失的，依照民法典的有关规定处理。"

7. 将第十四条修改为：

"本解释所称的合作开发房地产合同，是指当事人订立的以提供出让土地使用权、资金等作为共同投资，共享利润、共担风险合作开发房地产为基本内容的合同。"

8. 将第十七条修改为：

"投资数额超出合作开发房地产合同的约定，对增加的投资数额的承担比例，当事人协商不成的，按照当事人的违约情况确定；因不可归责于当事人的事由或者当事人的违约情况无法确定的，按照约定的投资比例确定；没有约定投资比例的,按照约定的利润分配比例确定。"

9. 将第十八条修改为:

"房屋实际建筑面积少于合作开发房地产合同的约定,对房屋实际建筑面积的分配比例,当事人协商不成的,按照当事人的违约情况确定;因不可归责于当事人的事由或者当事人违约情况无法确定的,按照约定的利润分配比例确定。"

10. 条文顺序作相应调整。

十七、修改《最高人民法院关于审理涉及农村土地承包经营纠纷调解仲裁案件适用法律若干问题的解释》

1. 将第七条修改为:

"农村土地承包经营纠纷仲裁中采取的财产保全措施,在申请保全的当事人依法提起诉讼后,自动转为诉讼中的财产保全措施,并适用《最高人民法院关于适用〈中华人民共和国民事诉讼法〉的解释》第四百八十七条关于查封、扣押、冻结期限的规定。"

2. 将第十条修改为:

"当事人根据农村土地承包经营纠纷调解仲裁法第四十九条规定,向人民法院申请执行调解书、裁决书,符合《最高人民法院关于人民法院执行工作若干问题的规定(试行)》第十六条规定条件的,人民法院应予受理和执行。"

十八、修改《最高人民法院关于国有土地开荒后用于农耕的土地使用权转让合同纠纷案件如何适用法律问题的批复》

将正文第一段修改为:

"开荒后用于农耕而未交由农民集体使用的国有土地,不属于《中华人民共和国农村土地承包法》第二条规定的农村土地。此类土地使用权的转让,不适用《中华人民共和国农村土地承包法》的规定,应适用《中华人民共和国民法典》和《中华人民共和国土地管理法》等相关法律规定加以规范。"

十九、修改《最高人民法院关于审理旅游纠纷案件适用法律若干问题的规定》

1. 将引言修改为:

"为正确审理旅游纠纷案件,依法保护当事人合法权益,根据《中华人民共和国民法典》《中华人民共和国消费者权益保护法》《中华人民共和国旅游法》《中华人民共和国民事诉讼法》等有关法律规定,结合民事审判实践,制定本规定。"

2. 将第三条修改为:

"因旅游经营者方面的同一原因造成旅游者人身损害、财产损失,旅游者选择请求旅游经营者承担违约责任或者侵权责任的,人民法院应当根据当事人选择的案由进行审理。"

3. 将第六条修改为：

"旅游经营者以格式条款、通知、声明、店堂告示等方式作出排除或者限制旅游者权利、减轻或者免除旅游经营者责任、加重旅游者责任等对旅游者不公平、不合理的规定，旅游者依据消费者权益保护法第二十六条的规定请求认定该内容无效的，人民法院应予支持。"

4. 将第九条修改为：

"旅游经营者、旅游辅助服务者以非法收集、存储、使用、加工、传输、买卖、提供、公开等方式处理旅游者个人信息，旅游者请求其承担相应责任的，人民法院应予支持。"

5. 删除第十三条、第十四条、第二十一条。

6. 将第十六条修改为：

"旅游经营者准许他人挂靠其名下从事旅游业务，造成旅游者人身损害、财产损失，旅游者依据民法典第一千一百六十八条的规定请求旅游经营者与挂靠人承担连带责任的，人民法院应予支持。"

7. 将第十七条修改为：

"旅游经营者违反合同约定，有擅自改变旅游行程、遗漏旅游景点、减少旅游服务项目、降低旅游服务标准等行为，旅游者请求旅游经营者赔偿未完成约定旅游服务项目等合理费用的，人民法院应予支持。

旅游经营者提供服务时有欺诈行为，旅游者依据消费者权益保护法第五十五条第一款规定请求旅游经营者承担惩罚性赔偿责任的，人民法院应予支持。"

8. 将第二十二条修改为：

"旅游经营者或者旅游辅助服务者为旅游者代管的行李物品损毁、灭失，旅游者请求赔偿损失的，人民法院应予支持，但下列情形除外：

（一）损失是由于旅游者未听从旅游经营者或者旅游辅助服务者的事先声明或者提示，未将现金、有价证券、贵重物品由其随身携带而造成的；

（二）损失是由于不可抗力造成的；

（三）损失是由于旅游者的过错造成的；

（四）损失是由于物品的自然属性造成的。"

9. 将第二十五条修改为：

"旅游经营者事先设计，并以确定的总价提供交通、住宿、游览等一项或者多项服务，不提供导游和领队服务，由旅游者自行安排游览行程的旅游过程中，旅游经营者提供的服务不符合合同约定，侵害旅游者合法权益，旅游者请求旅游经营者承担相应责任的，人民法院应予支持。"

10. 条文顺序作相应调整。

二十、修改《最高人民法院关于审理商品房买卖合同纠纷案件适用法律若干问题的解释》

1. 将引言修改为：

"为正确、及时审理商品房买卖合同纠纷案件，根据《中华人民共和国民法典》《中华人民共和国城市房地产管理法》等相关法律，结合民事审判实践，制定本解释。"

2. 将第三条修改为：

"商品房的销售广告和宣传资料为要约邀请，但是出卖人就商品房开发规划范围内的房屋及相关设施所作的说明和允诺具体确定，并对商品房买卖合同的订立以及房屋价格的确定有重大影响的，构成要约。该说明和允诺即使未载入商品房买卖合同，亦应当为合同内容，当事人违反的，应当承担违约责任。"

3. 删除第七条、第八条、第九条、第十四条。

4. 将第十五条修改为：

"根据民法典第五百六十三条的规定，出卖人迟延交付房屋或者买受人迟延支付购房款，经催告后在三个月的合理期限内仍未履行，解除权人请求解除合同的，应予支持，但当事人另有约定的除外。

法律没有规定或者当事人没有约定，经对方当事人催告后，解除权行使的合理期限为三个月。对方当事人没有催告的，解除权人自知道或者应当知道解除事由之日起一年内行使。逾期不行使的，解除权消灭。"

5. 将第十八条修改为：

"由于出卖人的原因，买受人在下列期限届满未能取得不动产权属证书的，除当事人有特殊约定外，出卖人应当承担违约责任：

（一）商品房买卖合同约定的办理不动产登记的期限；

（二）商品房买卖合同的标的物为尚未建成房屋的，自房屋交付使用之日起90日；

（三）商品房买卖合同的标的物为已竣工房屋的，自合同订立之日起90日。

合同没有约定违约金或者损失数额难以确定的，可以按照已付购房款总额，参照中国人民银行规定的金融机构计收逾期贷款利息的标准计算。"

6. 将第十九条修改为：

"商品房买卖合同约定或者《城市房地产开发经营管理条例》第三十二条规定的办理不动产登记的期限届满后超过一年，由于出卖人的原因，导致买受人无法办理不动产登记，买受人请求解除合同和赔偿损失的，应予支持。"

7. 将第二十六条修改为：

"买受人未按照商品房担保贷款合同的约定偿还贷款，亦未与担保权人办理不动产抵押登记手续，担保权人起诉买受人，请求处分商品房买卖合同项下买受人合同权利的,应当通知出卖人参加诉讼;担保权人同时起诉出卖人时,如果出卖人为商品房担保贷款合同提供保证的,应当列为共同被告。"

8. 将第二十七条修改为:

"买受人未按照商品房担保贷款合同的约定偿还贷款,但是已经取得不动产权属证书并与担保权人办理了不动产抵押登记手续,抵押权人请求买受人偿还贷款或者就抵押的房屋优先受偿的,不应当追加出卖人为当事人,但出卖人提供保证的除外。"

9. 条文顺序作相应调整。

二十一、修改《最高人民法院关于审理城镇房屋租赁合同纠纷案件具体应用法律若干问题的解释》

1. 将引言修改为:

"为正确审理城镇房屋租赁合同纠纷案件,依法保护当事人的合法权益,根据《中华人民共和国民法典》等法律规定,结合民事审判实践,制定本解释。"

2. 删除第四条、第八条、第十五条、第十六条、第十七条、第十九条、第二十一条、第二十三条、第二十四条。

3. 将第五条修改为:

"房屋租赁合同无效,当事人请求参照合同约定的租金标准支付房屋占有使用费的,人民法院一般应予支持。

当事人请求赔偿因合同无效受到的损失,人民法院依照民法典第一百五十七条和本解释第七条、第十一条、第十二条的规定处理。"

4. 将第六条修改为:

"出租人就同一房屋订立数份租赁合同,在合同均有效的情况下,承租人均主张履行合同的,人民法院按照下列顺序确定履行合同的承租人:

(一)已经合法占有租赁房屋的;

(二)已经办理登记备案手续的;

(三)合同成立在先的。

不能取得租赁房屋的承租人请求解除合同、赔偿损失的,依照民法典的有关规定处理。"

5. 将第七条修改为:

"承租人擅自变动房屋建筑主体和承重结构或者扩建,在出租人要求的合理期限内仍不予恢复原状,出租人请求解除合同并要求赔偿损失的,人民法院依照民法典第七百一十一条的规定处理。"

6. 将第二十条修改为:

"租赁房屋在承租人按照租赁合同占有期限内发生所有权变动,承租人请求房屋受让人继续履行原租赁合同的,人民法院应予支持。但租赁房屋具有下列情形或者当事人另有约定的除外：

（一）房屋在出租前已设立抵押权，因抵押权人实现抵押权发生所有权变动的；

（二）房屋在出租前已被人民法院依法查封的。"

7. 条文顺序作相应调整。

二十二、修改《最高人民法院关于确定民事侵权精神损害赔偿责任若干问题的解释》

1. 将引言修改为：

"为在审理民事侵权案件中正确确定精神损害赔偿责任，根据《中华人民共和国民法典》等有关法律规定，结合审判实践，制定本解释。"

2. 将第一条修改为：

"因人身权益或者具有人身意义的特定物受到侵害，自然人或者其近亲属向人民法院提起诉讼请求精神损害赔偿的，人民法院应当依法予以受理。"

3. 将第三条修改为：

"死者的姓名、肖像、名誉、荣誉、隐私、遗体、遗骨等受到侵害，其近亲属向人民法院提起诉讼请求精神损害赔偿的，人民法院应当依法予以支持。"

4. 删除第四条、第六条、第七条、第八条、第九条、第十一条。

5. 将第五条修改为：

"法人或者非法人组织以名誉权、荣誉权、名称权遭受侵害为由，向人民法院起诉请求精神损害赔偿的，人民法院不予支持。"

6. 将第十条修改为：

"精神损害的赔偿数额根据以下因素确定：

（一）侵权人的过错程度，但是法律另有规定的除外；

（二）侵权行为的目的、方式、场合等具体情节；

（三）侵权行为所造成的后果；

（四）侵权人的获利情况；

（五）侵权人承担责任的经济能力；

（六）受理诉讼法院所在地的平均生活水平。"

7. 条文顺序作相应调整。

二十三、修改《最高人民法院关于审理人身损害赔偿案件适用法律若干问题的解释》

1. 将引言修改为：

"为正确审理人身损害赔偿案件，依法保护当事人的合法权益，根据《中华人民共和国民法典》《中华人民共和国民事诉讼法》等有关法律规定，结合审判实践，制定本解释。"

2. 将第一条修改为：

"因生命、身体、健康遭受侵害，赔偿权利人起诉请求赔偿义务人赔偿物质损害和精神损害的，人民法院应予受理。

本条所称'赔偿权利人'，是指因侵权行为或者其他致害原因直接遭受人身损害的受害人以及死亡受害人的近亲属。

本条所称'赔偿义务人'，是指因自己或者他人的侵权行为以及其他致害原因依法应当承担民事责任的自然人、法人或者非法人组织。"

3. 删除第二条、第三条、第四条、第六条、第七条、第八条、第九条、第十条、第十一条、第十五条、第十六条、第十七条、第十八条、第三十一条。

4. 将第十三条修改为：

"无偿提供劳务的帮工人，在从事帮工活动中致人损害的，被帮工人应当承担赔偿责任。被帮工人承担赔偿责任后向有故意或者重大过失的帮工人追偿的，人民法院应予支持。被帮工人明确拒绝帮工的，不承担赔偿责任。"

5. 将第十四条修改为：

"无偿提供劳务的帮工人因帮工活动遭受人身损害的，根据帮工人和被帮工人各自的过错承担相应的责任；被帮工人明确拒绝帮工的，被帮工人不承担赔偿责任，但可以在受益范围内予以适当补偿。

帮工人在帮工活动中因第三人的行为遭受人身损害的，有权请求第三人承担赔偿责任，也有权请求被帮工人予以适当补偿。被帮工人补偿后，可以向第三人追偿。"

6. 增加一条作为第十六条：

"被扶养人生活费计入残疾赔偿金或者死亡赔偿金。"

7. 将第三十三条修改为：

"赔偿义务人请求以定期金方式给付残疾赔偿金、辅助器具费的，应当提供相应的担保。人民法院可以根据赔偿义务人的给付能力和提供担保的情况，确定以定期金方式给付相关费用。但是，一审法庭辩论终结前已经发生的费用、死亡赔偿金以及精神损害抚慰金，应当一次性给付。"

8. 增加一条作为第二十三条：

"精神损害抚慰金适用《最高人民法院关于确定民事侵权精神损害赔偿责任若干问题的解释》予以确定。"

9. 条文顺序作相应调整。

二十四、修改《最高人民法院关于审理道路交通事故损害赔偿案件适用法律若干问题的解释》

1. 将引言修改为：

"为正确审理道路交通事故损害赔偿案件，根据《中华人民共和国民法典》《中华人民共和国道路交通安全法》《中华人民共和国保险法》《中华人民共和国民事诉讼法》等法律的规定，结合审判实践，制定本解释。"

2. 将第一条修改为：

"机动车发生交通事故造成损害，机动车所有人或者管理人有下列情形之一，人民法院应当认定其对损害的发生有过错，并适用民法典第一千二百零九条的规定确定其相应的赔偿责任：

（一）知道或者应当知道机动车存在缺陷，且该缺陷是交通事故发生原因之一的；

（二）知道或者应当知道驾驶人无驾驶资格或者未取得相应驾驶资格的；

（三）知道或者应当知道驾驶人因饮酒、服用国家管制的精神药品或者麻醉药品，或者患有妨碍安全驾驶机动车的疾病等依法不能驾驶机动车的；

（四）其他应当认定机动车所有人或者管理人有过错的。"

3. 删除第二条、第三条、第十条。

4. 将第四条修改为：

"被多次转让但是未办理登记的机动车发生交通事故造成损害，属于该机动车一方责任，当事人请求由最后一次转让并交付的受让人承担赔偿责任的，人民法院应予支持。"

5. 将第九条修改为：

"因道路管理维护缺陷导致机动车发生交通事故造成损害，当事人请求道路管理者承担相应赔偿责任的，人民法院应予支持。但道路管理者能够证明已经依照法律、法规、规章的规定，或者按照国家标准、行业标准、地方标准的要求尽到安全防护、警示等管理维护义务的除外。

依法不得进入高速公路的车辆、行人，进入高速公路发生交通事故造成自身损害，当事人请求高速公路管理者承担赔偿责任的，适用民法典第一千二百四十三条的规定。"

6. 将第十二条修改为：

"机动车存在产品缺陷导致交通事故造成损害，当事人请求生产者或者销售者依照民法典第七编第四章的规定承担赔偿责任的，人民法院应予支持。"

7. 将第十三条修改为：

"多辆机动车发生交通事故造成第三人损害，当事人请求多个侵权人承担赔偿责任的，人民法院应当区分不同情况，依照民法典第一千一百七十条、第一千一百七十一条、第一千一百七十二条的规定，确定侵权人承担连带责任或者按份责任。"

8. 将第十四条修改为：

"道路交通安全法第七十六条规定的'人身伤亡'，是指机动车发生交通事故侵害被侵权人的生命权、身体权、健康权等人身权益所造成的损害，包括民法典第一千一百七十九条和第一千一百八十三条规定的各项损害。

道路交通安全法第七十六条规定的'财产损失',是指因机动车发生交通事故侵害被侵权人的财产权益所造成的损失。"

9. 将第十六条修改为:

"同时投保机动车第三者责任强制保险(以下简称交强险)和第三者责任商业保险(以下简称商业三者险)的机动车发生交通事故造成损害,当事人同时起诉侵权人和保险公司的,人民法院应当依照民法典第一千二百一十三条的规定,确定赔偿责任。

被侵权人或者其近亲属请求承保交强险的保险公司优先赔偿精神损害的,人民法院应予支持。"

10. 将第十九条修改为:

"未依法投保交强险的机动车发生交通事故造成损害,当事人请求投保义务人在交强险责任限额范围内予以赔偿的,人民法院应予支持。

投保义务人和侵权人不是同一人,当事人请求投保义务人和侵权人在交强险责任限额范围内承担相应责任的,人民法院应予支持。"

11. 条文顺序作相应调整。

二十五、修改《最高人民法院关于审理食品药品纠纷案件适用法律若干问题的规定》

1. 将引言修改为:

"为正确审理食品药品纠纷案件,根据《中华人民共和国民法典》《中华人民共和国消费者权益保护法》《中华人民共和国食品安全法》《中华人民共和国药品管理法》《中华人民共和国民事诉讼法》等法律的规定,结合审判实践,制定本规定。"

2. 将第六条修改为:

"食品的生产者与销售者应当对于食品符合质量标准承担举证责任。认定食品是否安全,应当以国家标准为依据;对地方特色食品,没有国家标准的,应当以地方标准为依据。没有前述标准的,应当以食品安全法的相关规定为依据。"

3. 将第八条修改为:

"集中交易市场的开办者、柜台出租者、展销会举办者未履行食品安全法规定的审查、检查、报告等义务,使消费者的合法权益受到损害的,消费者请求集中交易市场的开办者、柜台出租者、展销会举办者承担连带责任的,人民法院应予支持。"

4. 将第九条修改为:

"消费者通过网络交易第三方平台购买食品、药品遭受损害,网络交易第三方平台提供者不能提供食品、药品的生产者或者销售者的真实名称、地址与有效联系方式,消费者请求网络交易第三方平台提供者承担责任的,人民法院应予支持。

网络交易第三方平台提供者承担赔偿责任后，向生产者或者销售者行使追偿权的，人民法院应予支持。

网络交易第三方平台提供者知道或者应当知道食品、药品的生产者、销售者利用其平台侵害消费者合法权益，未采取必要措施，给消费者造成损害，消费者要求其与生产者、销售者承担连带责任的，人民法院应予支持。"

5. 将第十条修改为：

"未取得食品生产资质与销售资质的民事主体，挂靠具有相应资质的生产者与销售者，生产、销售食品，造成消费者损害，消费者请求挂靠者与被挂靠者承担连带责任的，人民法院应予支持。

消费者仅起诉挂靠者或者被挂靠者的，必要时人民法院可以追加相关当事人参加诉讼。"

6. 将十一条修改为：

"消费者因虚假广告推荐的食品、药品存在质量问题遭受损害，依据消费者权益保护法等法律相关规定请求广告经营者、广告发布者承担连带责任的，人民法院应予支持。

其他民事主体在虚假广告中向消费者推荐食品、药品，使消费者遭受损害，消费者依据消费者权益保护法等法律相关规定请求其与食品、药品的生产者、销售者承担连带责任的，人民法院应予支持。"

7. 将第十四条修改为：

"生产、销售的食品、药品存在质量问题，生产者与销售者需同时承担民事责任、行政责任和刑事责任，其财产不足以支付，当事人依照民法典等有关法律规定，请求食品、药品的生产者、销售者首先承担民事责任的，人民法院应予支持。"

8. 将第十五条修改为：

"生产不符合安全标准的食品或者销售明知是不符合安全标准的食品，消费者除要求赔偿损失外，依据食品安全法等法律规定向生产者、销售者主张赔偿金的，人民法院应予支持。

生产假药、劣药或者明知是假药、劣药仍然销售、使用的，受害人或者其近亲属除请求赔偿损失外，依据药品管理法等法律规定向生产者、销售者主张赔偿金的，人民法院应予支持。"

9. 将第十七条修改为：

"消费者与化妆品、保健食品等产品的生产者、销售者、广告经营者、广告发布者、推荐者、检验机构等主体之间的纠纷，参照适用本规定。

法律规定的机关和有关组织依法提起公益诉讼的，参照适用本规定。"

10. 增加一条作为第十八条：

"本规定所称的'药品的生产者'包括药品上市许可持有人和药品生产企业,'药品的销售者'包括药品经营企业和医疗机构。"

11. 条文顺序作相应调整。

二十六、修改《最高人民法院关于审理利用信息网络侵害人身权益民事纠纷案件适用法律若干问题的规定》

1. 将引言修改为:

"为正确审理利用信息网络侵害人身权益民事纠纷案件,根据《中华人民共和国民法典》《全国人民代表大会常务委员会关于加强网络信息保护的决定》《中华人民共和国民事诉讼法》等法律的规定,结合审判实践,制定本规定。"

2. 删除第二条、第五条、第八条、第十二条、第十五条、第十六条。

3. 将第三条修改为:

"原告依据民法典第一千一百九十五条、第一千一百九十七条的规定起诉网络用户或者网络服务提供者的,人民法院应予受理。

原告仅起诉网络用户,网络用户请求追加涉嫌侵权的网络服务提供者为共同被告或者第三人的,人民法院应予准许。

原告仅起诉网络服务提供者,网络服务提供者请求追加可以确定的网络用户为共同被告或者第三人的,人民法院应予准许。"

4. 将第六条修改为:

"人民法院适用民法典第一千一百九十五条第二款的规定,认定网络服务提供者采取的删除、屏蔽、断开链接等必要措施是否及时,应当根据网络服务的类型和性质、有效通知的形式和准确程度、网络信息侵害权益的类型和程度等因素综合判断。"

5. 将第七条修改为:

"其发布的信息被采取删除、屏蔽、断开链接等措施的网络用户,主张网络服务提供者承担违约责任或者侵权责任,网络服务提供者以收到民法典第一千一百九十五条第一款规定的有效通知为由抗辩的,人民法院应予支持。"

6. 将第九条修改为:

"人民法院依据民法典第一千一百九十七条认定网络服务提供者是否'知道或者应当知道',应当综合考虑下列因素:

(一)网络服务提供者是否以人工或者自动方式对侵权网络信息以推荐、排名、选择、编辑、整理、修改等方式作出处理;

(二)网络服务提供者应当具备的管理信息的能力,以及所提供服务的性质、方式及其引发侵权的可能性大小;

(三)该网络信息侵害人身权益的类型及明显程度;

(四)该网络信息的社会影响程度或者一定时间内的浏览量;

(五)网络服务提供者采取预防侵权措施的技术可能性及其是否采取了相

应的合理措施；

（六）网络服务提供者是否针对同一网络用户的重复侵权行为或者同一侵权信息采取了相应的合理措施；

（七）与本案相关的其他因素。"

7. 将第十七条修改为：

"网络用户或者网络服务提供者侵害他人人身权益，造成财产损失或者严重精神损害，被侵权人依据民法典第一千一百八十二条和第一千一百八十三条的规定，请求其承担赔偿责任的，人民法院应予支持。"

8. 将第十八条修改为：

"被侵权人为制止侵权行为所支付的合理开支，可以认定为民法典第一千一百八十二条规定的财产损失。合理开支包括被侵权人或者委托代理人对侵权行为进行调查、取证的合理费用。人民法院根据当事人的请求和具体案情，可以将符合国家有关部门规定的律师费用计算在赔偿范围内。

被侵权人因人身权益受侵害造成的财产损失以及侵权人因此获得的利益难以确定的，人民法院可以根据具体案情在 50 万元以下的范围内确定赔偿数额。"

9. 条文顺序作相应调整。

二十七、修改《最高人民法院关于审理民间借贷案件适用法律若干问题的规定》

1. 将引言修改为：

"为正确审理民间借贷纠纷案件，根据《中华人民共和国民法典》《中华人民共和国民事诉讼法》《中华人民共和国刑事诉讼法》等相关法律之规定，结合审判实践，制定本规定。"

2. 删除第十条。

3. 将第十一条修改为：

"法人之间、非法人组织之间以及它们相互之间为生产、经营需要订立的民间借贷合同，除存在民法典第一百四十六条、第一百五十三条、第一百五十四条以及本规定第十三条规定的情形外，当事人主张民间借贷合同有效的，人民法院应予支持。"

4. 将第十二条修改为：

"法人或者非法人组织在本单位内部通过借款形式向职工筹集资金，用于本单位生产、经营，且不存在民法典第一百四十四条、第一百四十六条、第一百五十三条、第一百五十四条以及本规定第十三条规定的情形，当事人主张民间借贷合同有效的，人民法院应予支持。"

5. 将第十三条修改为：

"借款人或者出借人的借贷行为涉嫌犯罪，或者已经生效的裁判认定构成犯罪，当事人提起民事诉讼的，民间借贷合同并不当然无效。人民法院应当依据民法典第一百四十四条、第一百四十六条、第一百五十三条、第一百五十四条以及本规定第十三条之规定，认定民间借贷合同的效力。

担保人以借款人或者出借人的借贷行为涉嫌犯罪或者已经生效的裁判认定构成犯罪为由，主张不承担民事责任的，人民法院应当依据民间借贷合同与担保合同的效力、当事人的过错程度，依法确定担保人的民事责任。"

6. 将第二十九条修改为：

"借贷双方对逾期利率有约定的，从其约定，但是以不超过合同成立时一年期贷款市场报价利率四倍为限。

未约定逾期利率或者约定不明的，人民法院可以区分不同情况处理：

（一）既未约定借期内利率，也未约定逾期利率，出借人主张借款人自逾期还款之日起参照当时一年期贷款市场报价利率标准计算的利息承担逾期还款违约责任的，人民法院应予支持；

（二）约定了借期内利率但是未约定逾期利率，出借人主张借款人自逾期还款之日起按照借期内利率支付资金占用期间利息的，人民法院应予支持。"

7. 将第三十二条修改为：

"本规定施行后，人民法院新受理的一审民间借贷纠纷案件，适用本规定。2020年8月20日之后新受理的一审民间借贷案件，借贷合同成立于2020年8月20日之前，当事人请求适用当时的司法解释计算自合同成立到2020年8月19日的利息部分的，人民法院应予支持；对于自2020年8月20日到借款返还之日的利息部分，适用起诉时本规定的利率保护标准计算。

本规定施行后，最高人民法院以前作出的相关司法解释与本规定不一致的，以本规定为准。"

8. 条文顺序作相应调整。

本决定自2021年1月1日起施行。

根据本决定，《最高人民法院关于在民事审判工作中适用〈中华人民共和国工会法〉若干问题的解释》等二十七件民事类司法解释作相应修改后重新公布。

二、物　　权

最高人民法院
关于适用《中华人民共和国民法典》物权编的解释（一）

法释〔2020〕24号

（2020年12月25日最高人民法院审判委员会第1825次会议通过　2020年12月29日最高人民法院公告公布　自2021年1月1日起施行）

为正确审理物权纠纷案件，根据《中华人民共和国民法典》等相关法律规定，结合审判实践，制定本解释。

第一条　因不动产物权的归属，以及作为不动产物权登记基础的买卖、赠与、抵押等产生争议，当事人提起民事诉讼的，应当依法受理。当事人已经在行政诉讼中申请一并解决上述民事争议，且人民法院一并审理的除外。

第二条　当事人有证据证明不动产登记簿的记载与真实权利状态不符、其为该不动产物权的真实权利人，请求确认其享有物权的，应予支持。

第三条　异议登记因民法典第二百二十条第二款规定的事由失效后，当事人提起民事诉讼，请求确认物权归属的，应当依法受理。异议登记失效不影响人民法院对案件的实体审理。

第四条　未经预告登记的权利人同意，转让不动产所有权等物权，或者设立建设用地使用权、居住权、地役权、抵押权等其他物权的，应当依照民法典第二百二十一条第一款的规定，认定其不发生物权效力。

第五条　预告登记的买卖不动产物权的协议被认定无效、被撤销，或者预告登记的权利人放弃债权的，应当认定为民法典第二百二十一条第二款所称的"债权消灭"。

第六条　转让人转让船舶、航空器和机动车等所有权，受让人已经支付合理价款并取得占有，虽未经登记，但转让人的债权人主张其为民法典第二百二十五条所称的"善意第三人"的，不予支持，法律另有规定的除外。

第七条　人民法院、仲裁机构在分割共有不动产或者动产等案件中作出并依法生效的改变原有物权关系的判决书、裁决书、调解书，以及人民法院在执行程序中作出的拍卖成交裁定书、变卖成交裁定书、以物抵债裁定书，应当认定为民法典第二百二十九条所称导致物权设立、变更、转让或者消灭的人民法院、仲裁机构的法律文书。

第八条 依据民法典第二百二十九条至第二百三十一条规定享有物权，但尚未完成动产交付或者不动产登记的权利人，依据民法典第二百三十五条至第二百三十八条的规定，请求保护其物权的，应予支持。

第九条 共有份额的权利主体因继承、遗赠等原因发生变化时，其他按份共有人主张优先购买的，不予支持，但按份共有人之间另有约定的除外。

第十条 民法典第三百零五条所称的"同等条件"，应当综合共有份额的转让价格、价款履行方式及期限等因素确定。

第十一条 优先购买权的行使期间，按份共有人之间有约定的，按照约定处理；没有约定或者约定不明的，按照下列情形确定：

（一）转让人向其他按份共有人发出的包含同等条件内容的通知中载明行使期间的，以该期间为准；

（二）通知中未载明行使期间，或者载明的期间短于通知送达之日起十五日的，为十五日；

（三）转让人未通知的，为其他按份共有人知道或者应当知道最终确定的同等条件之日起十五日；

（四）转让人未通知，且无法确定其他按份共有人知道或者应当知道最终确定的同等条件的，为共有份额权属转移之日起六个月。

第十二条 按份共有人向共有人之外的人转让其份额，其他按份共有人根据法律、司法解释规定，请求按照同等条件优先购买该共有份额的，应予支持。其他按份共有人的请求具有下列情形之一的，不予支持：

（一）未在本解释第十一条规定的期间内主张优先购买，或者虽主张优先购买，但提出减少转让价款、增加转让人负担等实质性变更要求；

（二）以其优先购买权受到侵害为由，仅请求撤销共有份额转让合同或者认定该合同无效。

第十三条 按份共有人之间转让共有份额，其他按份共有人主张依据民法典第三百零五条规定优先购买的，不予支持，但按份共有人之间另有约定的除外。

第十四条 受让人受让不动产或者动产时，不知道转让人无处分权，且无重大过失的，应当认定受让人为善意。

真实权利人主张受让人不构成善意的，应当承担举证证明责任。

第十五条 具有下列情形之一的，应当认定不动产受让人知道转让人无处分权：

（一）登记簿上存在有效的异议登记；

（二）预告登记有效期内，未经预告登记的权利人同意；

（三）登记簿上已经记载司法机关或者行政机关依法裁定、决定查封或者以其他形式限制不动产权利的有关事项；

（四）受让人知道登记簿上记载的权利主体错误；

（五）受让人知道他人已经依法享有不动产物权。

真实权利人有证据证明不动产受让人应当知道转让人无处分权的，应当认定受让人具有重大过失。

第十六条 受让人受让动产时，交易的对象、场所或者时机等不符合交易习惯的，应当认定受让人具有重大过失。

第十七条 民法典第三百一十一条第一款第一项所称的"受让人受让该不动产或者动产时"，是指依法完成不动产物权转移登记或者动产交付之时。

当事人以民法典第二百二十六条规定的方式交付动产的，转让动产民事法律行为生效时为动产交付之时；当事人以民法典第二百二十七条规定的方式交付动产的，转让人与受让人之间有关转让返还原物请求权的协议生效时为动产交付之时。

法律对不动产、动产物权的设立另有规定的，应当按照法律规定的时间认定权利人是否为善意。

第十八条 民法典第三百一十一条第一款第二项所称"合理的价格"，应当根据转让标的物的性质、数量以及付款方式等具体情况，参考转让时交易地市场价格以及交易习惯等因素综合认定。

第十九条 转让人将民法典第二百二十五条规定的船舶、航空器和机动车等交付给受让人的，应当认定符合民法典第三百一十一条第一款第三项规定的善意取得的条件。

第二十条 具有下列情形之一，受让人主张依据民法典第三百一十一条规定取得所有权的，不予支持：

（一）转让合同被认定无效；

（二）转让合同被撤销。

第二十一条 本解释自 2021 年 1 月 1 日起施行。

【链　接】

最高人民法院相关负责人就首批《民法典》配套司法解释答记者问

（本文已收录于《最高人民法院关于适用〈中华人民共和国民法典〉时间效力的若干规定》［链　接］栏目，此处不再重复收录）

最高人民法院
关于审理建筑物区分所有权纠纷案件适用法律若干问题的解释

(2009年3月23日最高人民法院审判委员会第1464次会议通过 根据2020年12月23日最高人民法院审判委员会第1823次会议通过的《最高人民法院关于修改〈最高人民法院关于在民事审判工作中适用《中华人民共和国工会法》若干问题的解释〉等二十七件民事类司法解释的决定》修正)

为正确审理建筑物区分所有权纠纷案件,依法保护当事人的合法权益,根据《中华人民共和国民法典》等法律的规定,结合民事审判实践,制定本解释。

第一条 依法登记取得或者依据民法典第二百二十九条至第二百三十一条规定取得建筑物专有部分所有权的人,应当认定为民法典第二编第六章所称的业主。

基于与建设单位之间的商品房买卖民事法律行为,已经合法占有建筑物专有部分,但尚未依法办理所有权登记的人,可以认定为民法典第二编第六章所称的业主。

第二条 建筑区划内符合下列条件的房屋,以及车位、摊位等特定空间,应当认定为民法典第二编第六章所称的专有部分:

(一)具有构造上的独立性,能够明确区分;

(二)具有利用上的独立性,可以排他使用;

(三)能够登记成为特定业主所有权的客体。

规划上专属于特定房屋,且建设单位销售时已经根据规划列入该特定房屋买卖合同中的露台等,应当认定为前款所称的专有部分的组成部分。

本条第一款所称房屋,包括整栋建筑物。

第三条 除法律、行政法规规定的共有部分外,建筑区划内的以下部分,也应当认定为民法典第二编第六章所称的共有部分:

(一)建筑物的基础、承重结构、外墙、屋顶等基本结构部分,通道、楼梯、大堂等公共通行部分,消防、公共照明等附属设施、设备,避难层、设备层或者设备间等结构部分;

（二）其他不属于业主专有部分，也不属于市政公用部分或者其他权利人所有的场所及设施等。

建筑区划内的土地，依法由业主共同享有建设用地使用权，但属于业主专有的整栋建筑物的规划占地或者城镇公共道路、绿地占地除外。

第四条 业主基于对住宅、经营性用房等专有部分特定使用功能的合理需要，无偿利用屋顶以及与其专有部分相对应的外墙面等共有部分的，不应认定为侵权。但违反法律、法规、管理规约，损害他人合法权益的除外。

第五条 建设单位按照配置比例将车位、车库，以出售、附赠或者出租等方式处分给业主的，应当认定其行为符合民法典第二百七十六条有关"应当首先满足业主的需要"的规定。

前款所称配置比例是指规划确定的建筑区划内规划用于停放汽车的车位、车库与房屋套数的比例。

第六条 建筑区划内在规划用于停放汽车的车位之外，占用业主共有道路或者其他场地增设的车位，应当认定为民法典第二百七十五条第二款所称的车位。

第七条 处分共有部分，以及业主大会依法决定或者管理规约依法确定应由业主共同决定的事项，应当认定为民法典第二百七十八条第一款第（九）项规定的有关共有和共同管理权利的"其他重大事项"。

第八条 民法典第二百七十八条第二款和第二百八十三条规定的专有部分面积可以按照不动产登记簿记载的面积计算；尚未进行物权登记的，暂按测绘机构的实测面积计算；尚未进行实测的，暂按房屋买卖合同记载的面积计算。

第九条 民法典第二百七十八条第二款规定的业主人数可以按照专有部分的数量计算，一个专有部分按一人计算。但建设单位尚未出售和虽已出售但尚未交付的部分，以及同一买受人拥有一个以上专有部分的，按一人计算。

第十条 业主将住宅改变为经营性用房，未依据民法典第二百七十九条的规定经有利害关系的业主一致同意，有利害关系的业主请求排除妨害、消除危险、恢复原状或者赔偿损失的，人民法院应予支持。

将住宅改变为经营性用房的业主以多数有利害关系的业主同意其行为进行抗辩的，人民法院不予支持。

第十一条 业主将住宅改变为经营性用房，本栋建筑物内的其他业主，应当认定为民法典第二百七十九条所称"有利害关系的业主"。建筑区划内，本栋建筑物之外的业主，主张与自己有利害关系的，应证明其房屋价值、生活质量受到或者可能受到不利影响。

第十二条 业主以业主大会或者业主委员会作出的决定侵害其合法权益或者违反了法律规定的程序为由，依据民法典第二百八十条第二款的规定请求人民法院撤销该决定的，应当在知道或者应当知道业主大会或者业主委员会作出决定之日起一年内行使。

第十三条 业主请求公布、查阅下列应当向业主公开的情况和资料的，人民法院应予支持：

（一）建筑物及其附属设施的维修资金的筹集、使用情况；

（二）管理规约、业主大会议事规则，以及业主大会或者业主委员会的决定及会议记录；

（三）物业服务合同、共有部分的使用和收益情况；

（四）建筑区划内规划用于停放汽车的车位、车库的处分情况；

（五）其他应当向业主公开的情况和资料。

第十四条 建设单位、物业服务企业或者其他管理人等擅自占用、处分业主共有部分、改变其使用功能或者进行经营性活动，权利人请求排除妨害、恢复原状、确认处分行为无效或者赔偿损失的，人民法院应予支持。

属于前款所称擅自进行经营性活动的情形，权利人请求建设单位、物业服务企业或者其他管理人等将扣除合理成本之后的收益用于补充专项维修资金或者业主共同决定的其他用途的，人民法院应予支持。行为人对成本的支出及其合理性承担举证责任。

第十五条 业主或者其他行为人违反法律、法规、国家相关强制性标准、管理规约，或者违反业主大会、业主委员会依法作出的决定，实施下列行为的，可以认定为民法典第二百八十六条第二款所称的其他"损害他人合法权益的行为"：

（一）损害房屋承重结构，损害或者违章使用电力、燃气、消防设施，在建筑物内放置危险、放射性物品等危及建筑物安全或者妨碍建筑物正常使用；

（二）违反规定破坏、改变建筑物外墙面的形状、颜色等损害建筑物外观；

（三）违反规定进行房屋装饰装修；

（四）违章加建、改建，侵占、挖掘公共通道、道路、场地或者其他共有部分。

第十六条 建筑物区分所有权纠纷涉及专有部分的承租人、借用人等物业使用人的，参照本解释处理。

专有部分的承租人、借用人等物业使用人，根据法律、法规、管理规约、业主大会或者业主委员会依法作出的决定，以及其与业主的约定，享有相应权利，承担相应义务。

第十七条 本解释所称建设单位，包括包销期满，按照包销合同约定的包销价格购买尚未销售的物业后，以自己名义对外销售的包销人。

第十八条 人民法院审理建筑物区分所有权案件中，涉及有关物权归属争议的，应当以法律、行政法规为依据。

第十九条 本解释自 2009 年 10 月 1 日起施行。

因物权法施行后实施的行为引起的建筑物区分所有权纠纷案件，适用本解释。

本解释施行前已经终审，本解释施行后当事人申请再审或者按照审判监督程序决定再审的案件，不适用本解释。

【注　解】

一、最高人民法院2009年5月14日公布本解释，法释〔2009〕7号，自2009年10月1日起施行。

最高人民法院2020年12月29日公布《最高人民法院关于修改〈最高人民法院关于在民事审判工作中适用《中华人民共和国工会法》若干问题的解释〉等二十七件民事类司法解释的决定》修正本解释，法释〔2020〕17号，该修正自2021年1月1日起施行。

二、本解释原名称为"《最高人民法院关于审理建筑物区分所有权纠纷案件具体应用法律若干问题的解释》"。

【解　读】

解读《最高人民法院关于审理建筑物区分所有权纠纷案件具体应用法律若干问题的解释》

一、问题的提出

2009年5月22日，最高人民法院公布了《关于审理建筑物区分所有权纠纷案件具体应用法律若干问题的解释》（以下简称本解释），并将于2009年10月1日起施行。现就其中涉及的几个主要问题作一阐释，供理解与适用时参考。

二、理解

（一）关于业主身份界定问题

业主在建筑物区分所有权理论中被称为建筑物区分所有权人，是《物权法》第六章①中的基础性概念之一，明确业主身份的界定标准，对贯彻执行

---

① 对应《民法典》第二编物权第六章业主的建筑物区分所有权。

《物权法》第六章规定具有重要意义。由于《物权法》第六章没有对此作出规定，所以有必要在司法解释中予以明确。综合建筑物区分所有权理论以及国外和相关地区建筑物区分所有权立法，根据《物权法》第六章相关规定以及该法第九条①、第二十八条②、第二十九条③、第三十条④等规定，本解释第一条第一款确定依法登记取得或者依据生效法律文书、继承或者受遗赠，以及合法建造房屋等事实行为取得专有部分所有权的人，应当认定为《物权法》第六章所称的业主。该规定是法学理论和比较立法例的通说和普遍立场，是界定业主身份的一般规则。

但在现实生活中，基于与建设单位之间的商品房买卖民事法律行为，房屋买受人在已经合法占有使用专有部分的情况下，仍未依法办理所有权登记的情形大量存在其中的原因十分复杂，主要有三：第一，建设单位尚未办理大产权，直接导致买受人无法办理专有部分的所有权登记；第二，登记往往需要一个过程，在最终作成之前，买受人也是无法依登记取得所有权的；第三，由于买受人自身的原因拖延办理专有部分所有权登记。在此情况下，如果仅以是否已经依法登记取得所有权作为界定业主身份的标准，将与现实生活产生冲突，并有可能对前述人群应当享有的权利造成损害。这部分人对共有部分的利用以及共同管理权的行使需求更为强烈，与其他业主之间的联系程度也更为直接和紧密，因此有必要对其业主身份问题进行特别规定。

从学理角度考察，综合建筑物区分所有权理论中不同学说及其演变过程，以三元论为基础，我们可以得出如下结论：尽管专有部分所有权在建筑物区分所有权中仍居于主导地位，但突出专有部分所有权主导地位的同时，更多的关注被投向了维持区分所有权人之间的共同关系之上。共用部分之管理和利用皆与区分所有权人全体之正常居住生活息息相关，关乎其正常生活权利的合理实现，因此作为建筑物区分所有权重要内容之一的共同关系便在很大程度上脱离了财产权人对共有财产进行支配以获取其利益的管理特点，而具有了人合性的特点。每个区分所有权人之间，不再是简单的财产共有关系，而是相互依存、相互协助之共同生活关系。这种共同关系的权利载体就是共有权和共同管理权。其目的在乎修正既有过分强调区分所有者个人权利的立场，转而强调对区分所有者个人权利的制约及对于团体利益的重视，成员权走进建筑物区分所有权就是明证。基于这种成员权（也就是《物权法》所称的共同管理权），区分所有人的集会功能得以加强，区分所有人共同利益借助依团体力量妥订之规约

---

① 对应《民法典》第二百零九条。
② 对应《民法典》第二百二十九条。
③ 对应《民法典》第二百三十条。
④ 对应《民法典》第二百三十一条。

得以管理和协调。区分所有人共同关系的形成建构于各人在区分所有建筑（区划）内的既独立又关联的居住生活的基础之上。据此，一个相对稳定的生活和利益共同体得以形成，建筑物区分所有权法律制度的物法性及人法性特征得以彰显。基于以上考量，为了更好地维护业主自治秩序和建筑物区分所有权法律关系的和谐稳定，根据《物权法》等法律规定精神，本解释第一条第二款对这种情形下的业主身份认定问题作出特别规定，即可以认定其为《物权法》第六章所称的业主。这样的规定既可以有效地统一司法评价标准，也符合《物权法》的规定精神，适应现实生活。同时，还可以引导这部分人及时办理物权登记。

（二）关于专有部分和共有部分的判断标准

1. 专有部分。除法国将专有部分的要件界定为使用上的排他性外，日本、德国、美国及我国台湾地区学说和立法均将构造上的独立性作为判断专有部分的一个要件。参照上述国家和地区的通行做法以及我国学者的通说，本解释第二条第一款第（一）项将构造上的独立性作为判断专有部分的一个要件。该条规定的专有部分的第一个条件"具有构造上的独立性，能够明确区分"，就是来源于构造上的独立性。"能够明确区分"这一表述，也有学者赞同。如日本学者丸山英气先生提出了判断专有部分的五个标准，其中第一个标准就是"区分（境界）的明确性"，即一栋建筑物之此部分与该栋建筑物之彼部分必须予以明确区分。我国学者王利明先生和陈华彬先生也赞同"区分（境界）的明确性"作为判断专有部分的一个标准。从立法来看，《物权法》第六章的章名就是"业主的建筑物区分所有权"，其核心就在于"区分"二字。综合以上理由，本解释第二条第一款第（一）项将构造上的独立性表述为"具有构造上的独立性，能够明确区分"，将《物权法》第六章章名中的"区分"二字在这里清晰地表述出来。

就使用上的独立性，日本、美国、德国、法国和我国台湾地区均以该条件作为判断一物是否为专有部分的又一标准。参照上述国家和地区的通行做法以及我国学者的通说，本解释第二条第一款第（二）项将使用上的独立性作为判断专有部分的一个要件。这种表述主要是考虑到与专有部分第一个条件的表述"具有构造上的独立性，能够明确区分"从文字上对称、协调。

关于"能够登记"是否为专有部分的条件，从现有资料来看，多数观点认为它不是专有部分的要件。但我国台湾地区有学者认为，"须经登记"应当是判断某一建筑物是否为专有部分的标准。王利明教授认为，专有部分的构成要件除必须具备构造上和使用上的独立性这两个要件外，还需具备"通过登记予以公示并表现出法律上的独立性"这一要件。我们认为，构造上的独立性和使用上的独立性是专有部分的物理要件，而能够登记则是专有部分的法律要件。将能否登记作为一个法律上的条件，还有一点考虑就是《物权法》第六章所称的专有部分都是合法的。如果是违法的或者违章的建筑,虽然物理上具备构造上的独立性和使用上的独立性,但不能成为法律上的专有部分,因为登记机构不会对其进行登记。能够登记,一方面,是指专有部分在登记机关的登记簿上能够登记;另一方面,由于我国的登记制度不完善,有的地方的登记机构对房屋之外的部分还不能进行登记,如有的地方对专属于某房屋的露台在登记簿上不进行登记,有的地方对车位不进行登记。但这些没有进行登记的露台、车位确实属于专有部分的组成部分或者本身就是专有部分,因此仍然应当认定为专有部分或者专有部分的组成部分。这时的标准实际上就是本条第一款规定的两个实质要件。因此,对"能够登记"不能片面理解为只有登记机关登记簿上记载的才是专有部分,没有记载的都不是专有部分;没有记载的,还要看是否符合本条第一款规定的两个实质要件。符合两个实质要件的,仍然应当认定为专有部分或者专有部分的组成部分。随着登记制度的逐步完善,凡是专有部分或者专有部分的组成部分都应当进行登记。

关于露台是否是专有部分的组成部分。按照本解释第二条第二款规定,露台要成为专有部分的组成部分,必须具备以下条件:(1)符合规划。该条款使用的"规划"一词,包括《物权法》第六章所说的规划,都具有特定的含义,即是经过规划行政主管部门批准的规划,而不是一般意义上讲的规划。这里的"规划",也不仅仅是规划图,包括规划行政主管部门批准的与建设有关的所有文件,如施工图,等等。对此要特别注意。有了规划行政主管部门的规划,就表明该露台是合法建筑。(2)物理上专属于特定房屋。根据规划,该露台只属于特定房屋,是该特定房屋的附属物。(3)销售合同有约定。如果露台要成为某特定房屋的组成部分,必须还要有合同依据,即"且建设单位销售时已经根据规划列入该特定房屋买卖合同中"。

关于整栋建筑物能否成为专有部分。就《物权法》第七十条①关于"业主对建筑物内"的住宅、经营性用房等专有部分享有所有权的表述来看,该条所称业主享有所有权的专有部分似乎并不包括整栋建筑物;但是,现实生活中同一物业小区同时存在可区分所有的建筑物与独栋别墅的情况不在少数。因此,我们在解释《物权法》第六章的专有部分时,根据现实生活的需要,将其作了扩大解释,即将专有部分扩大到小区内的整栋建筑物。

2. 共有部分。关于法定共有部分。法律、行政法规明确规定属于业主共有的部分,我们称之为法定共有部分。从《物权法》的规定来看,下列部分属于法定共有部分:(1)建筑区划内的道路,属于业主共有,但属于城镇公共道路的除外;(2)建筑区划内的绿地,属于业主共有,但属于城镇公共绿地或者明示属于个人的除外;(3)建筑区划内的其他公共场所、公用设施;(4)物业

---

① 对应《民法典》第二百七十一条。

房屋用房；（5）占用业主共有的道路或者其他场地用于停放汽车的车位；（6）电梯、水箱。

关于天然共有部分。即法律没有规定，合同也没有约定，而且一般也不具备登记条件，但从其属性上天然属于共有的部分，包括建筑物的基本结构部分、公共通行部分、公共设施设备部分和公共空间等。本解释第三条第一款第（一）项对天然共有部分作出了规定，其中明确列举外墙、屋顶、通道等属于共有部分，是为了便于解决审判实践中的纠纷。当然，独栋别墅的外墙，应当属于独栋别墅的所有权人。

关于约定共有部分。除法定共有部分、天然共有部分外，其他不属于业主专有部分，也不属于市政公用部分或者其他权利人所有的场所及设施，就属于约定共有部分。因共有部分很难通过列举的方法予以穷尽，按照"非特定权利人所有即为业主共有"的思路，本解释第三条第一款第（二）项作出了兜底性的规定。

建筑区划内的建设用地使用权的权属。建筑区划内的土地，依法由业主共同享有建设用地使用权。但是，建筑区划内的建设用地使用权不是都属业主共有，还有例外。例外的情形如下：第一，在某一整栋建筑物属于特定业主所有的情况下，该栋建筑物的规划占地的建设用地使用权属于该特定业主，而不属于小区的全体业主共有。第二，小区内的城镇公共道路占地。第三，小区内的城镇公共绿地占地。需要强调的，建筑区划内的建设用地使用权的共有不是传统意义上的共有。传统意义上的共有是所有权的共有，而我国的土地的所有权属于国家或者集体，业主不可能成为土地的所有人，因此这里的建设用地使用权的共有只能是准共有，是对建设用地使用权的共有。

（三）关于规划车位、车库"应当首先满足业主需要"的认定条件

业主的停车利益应当得到保护，开发商尽快收回修建车位、车库的成本的利益也应当得到保护。实现两者之间的平衡，目前唯一可行的标准还只能是通过配置比例来平衡二者的关系。到目前为止，在司法解释不能规定开发商在业主入住多少年之内必须满足业主的车位、车库需要的情况下，通过配置比例这一手段来解释《物权法》第七十四条第一款①，是唯一可行和有依据的思路。因为配置比例是规划行政主管部门对开发商的要求。对开发商而言，其修建的房屋符合配置比例，是其对国家的义务。规划行政主管部门对某一新建小区规定什么配置比例，是综合考虑该小区居民的停车利益等各种因素确定的。一旦确定，就具有法律上的意义。如果开发商没有按照规划的配置比例修建车位、车库，那么该小区就不能通过竣工验收，开发商的行为就构成违法。开发商只要按照配置比例修建了车位、车库，那么其行为才合法。因此，通过配置比例

---

① 对应《民法典》第二百七十六条。

作为,"应当首先满足业主的需要"的标准就有了法律依据,也是目前唯一可行的依据。但这只是有了个标准,实际上并没有完全解决问题。关键的问题应当是对配置比例如何理解,违反了该配置比例应当承担什么责任。由于本解释最终通过的条文没有这方面的规定,因此,该解释条文的实践意义有限。当然,有标准总比没有标准要好。

关于配置比例的理解。所谓配置比例,按照本解释第五条第二款的规定,是指规划确定的建筑区划内规划用于停放汽车的车位、车库与专有部分的比例。对规划车位、车库与房屋套数的配置比例,目前尚无统一的表述方法。有的表述为"户均××车位",有的表述为"××车位××户",有的则是将车位数量与面积挂钩,也有的是直接规定规划配建车位的总数量。而不论按照哪种表述方法,最终都可以计算得出车位、车库与房屋套数的配置比例,所以本条将其表述为车位、车库与房屋套数的比例。

根据本解释第五条第一款的规定,建设单位按照配置比例将车位、车库,以出售、附赠或者出租等方式处分给业主的,应当认定其行为已符合《物权法》第七十四条第一款有关"应当首先满足业主的主的需要"的规定。之所以这样设计,是考虑到配置比例是政府规划行政主管部门确定的。在开发商已经按照配置比例将车位车库处分给业主的情况下,如果还有部分业主的车位车库需要得不到满足,这部分业主要求开发商承担责任,没有法律依据。我们知道,没有义务,就没有责任。如果要求开发商承担责任,其前提是开发商违反法定义务或者约定义务。在开发商已经按照配置比例将车位车库处分给业主的情况下,表明其已经履行了法定义务,这时再让其承担责任便无依据。就约定义务而言,在开发商和购房人的合同约定了开发商有义务为购房人提供车位的情况下,如果开发商没有满足购房人的要求,那么购房人可以要求开发商承担违约责任。但这不是本解释需要解决的问题,而是通过合同法解决的问题。该解释要解决的是开发商的法定义务问题。

关于专有部分面积、建筑物总面积以及业主人数、总人数的计算方法。专有部分面积、建筑物总面积以及业主人数、总人数如何计算,关系到业主共同管理权的具体行使问题(包括表决权和表决权的表决能力),是关涉业主自治决议作出的程序是否合法乃至业主自治机制能否顺利进行的重要问题。《物权法》第七十六条第二款规定了业主自治多数决的比例,但对计算该比例依据的专有部分面积、建筑物总面积以及业主人数、总人数却未作出明确规定。

关于表决权的表决能力及表决能力大小的计算标准,各国及地区立法例主要区分为两种类型,第一种以德国法、瑞士法为其典型,即各个区分所有权人一人一票,各个表决权的表决能力相同,无大小之分。第二种则以我国台湾地区立法、日本法、法国法为其典型。表决权虽然仍然是一人一票,但是由于表决规则不仅要求一定比例的区分所有权人,而且要求一定比例的专有所有权比例。因此，表决权的表决能力即存在差别，各个表决权表决能力的计算标准乃是根据各区分所有权人专有部分的面积与专有部分全部面积总和之比计算（我国台湾地区），或者按照各区分所有权人专有部分面积与共有部分面积之和与建筑物的总面积之比计算（日本），或者按照各区分所有权人专有部分同全部建筑物价值的比率（法国）确定。《物权法》第七十六条[①]、《物业管理条例》第十二条采取了与我国台湾地区立法、日本法相似的路径。其基本规则是，按照专有部分的面积与建筑物总面积的比例确定。对于一般事项，要求专有部分占建筑物总面积过半数的业主同意对于特别事项，要求专有部分占建筑物总面积三分之二以上的业主同意。可以看出，各个业主的表决权虽然仍然是一人一票，但是由于决议的通过不仅要求一定比例的区分所有权人同意，而且要求同意的业主的专有部分面积达到一定比例，因此，表决权的表决能力即存在差别。根据以上法律及行政法规的相关规定，本解释第八条、第九条对专有部分面积、建筑物总面积以及业主人数、总人数的计算方法作出了解释性的规定。

1.专有部分面积、建筑物总面积。此问题涉及业主表决能力的大小和强弱。不动产登记实践中，各地对专有部分面积依何种标准记载并不统一，但在同一建筑区划内则是相同的，所以司法解释仅笼统表述为"面积"，如果已经依法登记的，按照不动产登记簿记载的面积计算；尚未进行物权登记的，暂按测绘机构的实测面积计算；尚未进行实测的，暂按房屋买卖合同记载的面积计算。专有部分面积确定后，建筑物总面积则应以按照同一标准计算的专有部分面积的总和计算。

2.业主人数、总人数。此事项涉及如何确定和计算业主表决权的问题。业主人数原则上应当按照专有部分的数量计算，但在一人（包括建设单位）拥有数个专有部分的情况中，如果同时复计人数将导致该人双重优势。因此，司法解释特别规定，建设单位尚未出售和虽已出售但尚未交付的部分以及同一买受人拥有一个以上专有部分的，按一人计算。该规定并不会对这类权利人行使管理权造成影响，因为其专有部分面积在建筑物总面积中的比例未被改变。

（四）关于"住改商"纠纷的处理

专有部分（房屋）的特定用途是由规划法律确定的，其对房屋所占土地的用途分类具有决定意义，一经确定不得随意更改。换言之，该用途具有法定性。对实践中所称的"住改商"，《物权法》第七十七条[②]表述为将住宅改变为经营性用房，是指将住宅用途的房屋改作商业用房或办公用房等经营性用房的行为。《物权法》第七十七条作为明确业主改变其专有部分住宅用途应遵守义务的条文，对处理"住改商"纠纷提供了明确的法律依据。从法理及参考立法

---

① 对应《民法典》第二百七十八条。
② 对应《民法典》第二百七十九条。

例的角度看，区分所有权人对其专有部分的使用应当依照法定或者预先设定的特定用途而为，是得到一致肯认的通行观点，其规定方法大体有两类：一是间接规定区分所有权人应正常且合理地（不得损害其他区分所有权人利益）利用专有部分。比如，日本《有关建筑物区分所有权等之法律》第六条和《瑞士民法典》第七百一十二条之一的规定。二是直接作出禁止性的明确规定。比如，《俄罗斯民法典》第二百八十八条和我国台湾地区"公寓大厦管理条例"第十五条。但规定改变专有部分用途需经有利害关系的区分所有权人（业主）同意，《物权法》尚属首例，按照《物权法》第七十七条的规定，"住改商"行为的合法性需要满足两个条件：遵守法律、法规以及管理规约；应当经有利害关系的业主同意。对该条文的解释重点，无疑集中在如何理解适用后一条件之上。据此，在适用该条时有三个问题需要解决：一是如果未经有利害关系的业主同意，其法律后果是什么；二是有利害关系业主的同意是需全部同意还是多数同意即可；三是如何确定有利害关系业主的范围。针对这些问题，本解释第十条、第十一条作出了相应的规定。

1. 未经有利害关系业主同意进行"住改商"所应承担的民事责任。按照《物权法》第七十七条的规定，"住改商"行为不仅不得违反法律、法规以及管理规约，还应当经有利害关系的业主同意。如果未经有利害关系的业主同意，其行为仍不具备合法性。据此，《物权法》第七十七条实际上已经成为"住改商"业主对由此产生的损害后果需承担相应民事责任的法律依据。至于其所应承担的具体民事责任类型，按行为所致损害具体情形以及受损害权利的具体类型等，有利害关系的业主有权根据《物权法》《民法通则》等法律规定，主张排除妨害、消除危险、恢复原状或者赔偿损失等民事责任。据此，本解释第十条第一款作出了相应规定。

2. "住改商"中有利害关系业主的意见应否适用多数决。《物权法》施行后，在实践中有做法是按照多数决来确定有利害关系业主的意见。"住改商"中有利害关系业主的意见应否适用多数决，其实质是怎样确定"住改商"行为合法性的成就标准。就"住改商"中有利害关系业主的意见表达应否适用多数决而言，《物权法》第七十七条规定语义清晰、内涵确定，并不存在法律解释的余地和必要。从文意角度看，"应当经有利害关系的业主同意"与"应当经有利害关系的多数业主同意"，大相径庭，判然有别。业主自治是业主行使共有权及共同管理权的机制载体，是《物权法》第六章的重点规范内容之一。《物权法》第七十六条规定，有关共有和共同管理权利的重大事项由业主共同决定，其表决适用多数决原则。该条第一款以列举加兜底的方式对应由业主共同决定之重大事项的范围作出了规定，其中的第七项是一个兜底性条款。从立法技术层面看，对兜底性条款的填充性解释向来不属于法律本身要解决的问题，因为设置兜底性条款本身即已表明立法者已经穷尽了列举的可能。退而言之,在《物权法》第七十六条已经对须经业主共同决定事项作出明确规定的情况下,若另外涉及第七十六条规定事项之外且需交由业主共同决定的事项,《物权法》第六章即应作出"经业主共同决定"的指引性规定,而此种要求更应适用于不在第七十六条第一款前六项明确列举事项之内的"其他重大事项"的情形。很难想象,《物权法》第六章在规定了一个本应纳入业主自治范围之内却无法为第七十六条第一款前六项所涵盖的事项的情况下,又忘记了进行指引性的规定。事实上,如果立法者有意将有利害关系业主对"住改商"的意见表达纳入业主自治事项范围之内,完全可以将其单列一项直接规定在第七十六条第一款之中。从另一个角度看,建筑物及其附属设施的维修资金的使用事项已经为第七十六条第一款第五项所明定,但《物权法》第七十九条还是进行了"经业主共同决定"的重述。既然《物权法》对重复性规定尚且如此不惜笔墨,遑论前述情形。有理由相信,这种失误一定不会发生在创下审议次数之最的《物权法》之中。除此以外,以多数决来解决"住改商"纠纷将使得《物权法》第七十七条的立法目的难以实现。《物权法》第七十七条对业主"住改商"行为的限制倾向是十分明显的,即使符合了法律、法规以及管理规约的规定,还应当经过有利害关系的业主的同意。此种规定还传递了注重保护有利害关系业主利益的价值取向,即要求业主"住改商"应同时具备合法性、合规(约)性、合民意性。在此情况下,若以多数决作为"住改商"合法性成就的制度标尺,则可以预见,每一个成功的"住改商"背后都极有可能会以牺牲和无视少数异议业主的切身利益为代价。而这部分业主恰恰有可能就是受"住改商"困扰最深的一个群体。其结果一方面会导致其与有利害关系业主之间的冲突,另一方面也会使"住改商"行为之合法性大打折扣。因此说,以多数决来确定有利害关系业主对"住改商"的意见,将导致《物权法》第七十七条之价值取向形同虚设,严重损害《物权法》第七十七条的立法目的。基于以上考虑,本解释第十条第二款特别规定,将住宅改变为经营性用房的业主以多数有利害关系的业主同意其行为进行抗辩的,不予支持。

3. 如何确定有利害关系的业主的范围。为合理划定一个便于操作的有利害关系业主的认定标准,避免条件模糊带来适用上的困难,本解释第十一条综合考虑"住改商"纠纷的实际情况,将有利害关系业主的范围原则上确定为在本栋建筑物之内。该范围基本上有效涵盖了与"住改商"行为有利害关系的业主,在审判实务中也比较容易掌握和操作。此外,实践中确实有可能出现建筑区划内本栋建筑物之外的业主也与"住改商"行为存在利害关系的情况,但这部分业主的范围难以统一划定,为防止利害关系业主范围的无限制泛化,司法解释另外规定,其应证明利害关系的存在。

《物权法》第七十八条第二款对业主撤销权作出了规定,但业主撤销权的行使还涉及一些具体问题需要明确。比如,业主大会、业主委员会违反法定程序作出的决定,业主能否申请撤销,以及业主撤销权的行使应否有一个时间限制等。根据《物权法》第七十六条的立法精神,本解释第十二条将《物权法》第七十八条第二款规定的"业主合法权益"解释为:不仅包括侵害业主的实体权利,也包括作出决定的程序违反法律规定。业主撤销权作为一种形成权,其行使应当受到除斥期间的限制,该条参照《合同法》有关债权人撤销权的规定,将其确定为自知道或者应当知道业主大会或者业主委员会作出决定之日起一年之内。如此规定,既可以督促受侵害的业主及时行使权利,也有利于尽量维护业主共同生活秩序的稳定。因该除斥期间的起算点为"在知道或者应当知道业主大会或者业主委员会作出决定之日起",所以也不会对业主合法权益保护带来不利影响。

三、适用

(一)关于非业主的物业使用人的准用

《物权法》第六章规范的是业主的建筑物区分所有权。在实践中,业主出租、出借专有部分的情况大量存在。按照学理通说并参考相关立法例,非业主的物业使用人也应当被视为建筑物区分所有法律关系中的一类特殊主体。从这个意义上说,司法解释应当同样适用于非业主的物业使用人。对此,本解释第十六条第一款作出了明确规定。

(二)关于司法解释的施行时间

《物权法》施行前,法律并无"住改商"应当经有利害关系的业主同意的规定,也没有规划用于停放汽车的车位、车库,应当首先满足业主的需要的规定,除此以外,《物权法》对共同事项多数决的比例规定也比修订前《物业管理条例》的规定高。如果不对司法解释的时间效力进行适当限制,将有可能使得许多已经稳定的社会关系重新被打破,并引发大量纠纷案件。基于此种考虑,根据法不溯及既往的原则,本解释明确规定,因《物权法》施行后实施的行为引起的建筑物区分所有权纠纷案件,适用该解释。同时,为了在司法解释施行之前给各界预留一个宣传学习的时间,也为了最大限度通过自律、自纠的方式消化可能发生的纠纷案件,本解释将于2009年10月1日起施行。

(撰稿人:杜万华 辛正郁 杨永清)

解读《最高人民法院关于审理建筑物区分所有权纠纷案件适用法律若干问题的解释》修正条文

一、修改情况说明

根据 2020 年 12 月 23 日最高人民法院审判委员会第 1823 次会议通过的《最高人民法院关于修改〈最高人民法院关于在民事审判工作中适用《中华人民共和国工会法》若干问题的解释〉等二十七件民事类司法解释的决定》，对 2009 年《最高人民法院关于审理建筑物区分所有权纠纷案件具体应用法律若干问题的解释》（以下简称原司法解释）进行了修正，修正后的司法解释简称新司法解释。

新司法解释对原司法解释共修改十五处。其中，将名称修改为"最高人民法院关于审理建筑物区分所有权纠纷案件适用法律若干问题的解释"。第四条、第十三条、第十六条、第十七条、第十八条、第十九条未作修改。引言、第一条、第二条、第三条、第五条、第六条、第十一条、第十二条、第十五条涉及对法律依据的调整。第七条、第八条、第九条、第十条、第十四条涉及实质性修改。

二、关于适应性修改条文的说明

1. 引言部分：民法典颁布实施后，物权法同时废止，因此在对原司法解释修改时，将其引言中"根据《中华人民共和国物权法》等法律规定"修改为"根据《中华人民共和国民法典》等法律规定"。

2. 第一条第一款：将"根据物权法第二章第三节规定"修改为"依据民法典第二百二十九条至第二百三十一条规定"；将"应当认定为物权法第六章所称的业主"修改为"应当认定为民法典第二编第六章所称的业主"。

3. 第一条第二款：将"可以认定为物权法第六章所称的业主"修改为"可以认定为民法典第二编第六章所称的业主"。

4. 第二条第一款：将"应当认定为物权法第六章所称的专有部分"修改为"应当认定为民法典第二编第六章所称的专有部分"。

5. 第二条第二款：将"应当认定为物权法第六章所称专有部分的组成部分"修改为"应当认定为前款所称的专有部分的组成部分"。

6. 第三条第一款：将"也应当认定为物权法第六章所称的共有部分"修改为"也应当认定为民法典第二编第六章所称的共有部分"。

7. 第五条第一款：将"应当认定其行为符合物权法第七十四条第一款有关'应当首先满足业主的需要'的规定"修改为"应当认定其行为符合民法典第二百七十六条有关'应当首先满足业主的需要'的规定"。

8. 第六条：将"应当认定为物权法第七十四条第三款所称的车位"修改为"应当认定为民法典第二百七十五条第二款所称的车位"。

9. 第十一条：将"应当认定为物权法第七十七条所称'有利害关系的业主'"修改为"应当认定为民法典第二百七十九条所称'有利害关系的业主'"。

10. 第十二条：将"依据物权法第七十八条第二款的规定请求人民法院撤销该决定的"修改为"依据民法典第二百八十条第二款的规定请求人民法院撤销决定的"。

11. 第十五条：将"可以认定为物权法第八十三条第二款所称的其他'损害他人合法权益的行为'"修改为"可以认定为民法典第二百八十六条第二款所称的其他'损害他人合法权益的行为'"。

三、关于重点修改条文的修改说明和理解与适用

1. 第七条

【修改内容】

本条将"改变共有部分的用途、利用共有部分从事经营性活动、处分共有部分，以及业主大会依法决定或者管理规约依法确定应由业主共同决定的事项，应当认定为物权法第七十六条第一款第（七）项规定的有关共有和共同管理权利的'其他重大事项'"修改为"处分共有部分，以及业主大会依法决定或者管理规约依法确定应由业主共同决定的事项，应当认定为民法典第二百七十八条第一款第（九）项规定的有关共有和共同管理权利的'其他重大事项'"。

【修改说明】

民法典第二百七十八条第一款规定，下列事项由业主共同决定：……（八）改变共有部分的用途或者利用共有部分从事经营活动；（九）有关共有和共同管理权利的其他重大事项。本解释第七条删除了已被民法典第二百七十八条第一款第八项吸收的内容。

【理解与适用】

（1）修改过程

本条原是对物权法第七十六条第一款第七项规定的有关共有和共同管理权利的"其他重大事项"进行的解释。"其他重大事项"包括以下几种情形：一是改变共有部分的用途；二是利用共有部分从事经营性活动；三是处分共有部分；四是业主大会依法决定或者管理规约依法确定应由业主共同决定的事项。

民法典第二百七十八条在物权法第七十六条基础上作了修改完善，考虑到

改变共有部分的用途或者利用共有部分从事经营活动,关系业主的切身利益,属于有关共有和共同管理权利的重大事项,应当由业主共同决定。2018年8月审议的民法典各分编草案在总结实践经验的基础上,吸收《最高人民法院关于审理建筑物区分所有权纠纷案件具体应用法律若干问题的解释》第七条的部分内容,增加规定"改变共有部分的用途或者利用共有部分从事经营活动"为业主共同决定的重大事项。

鉴于"改变共有部分的用途或者利用共有部分从事经营活动"的规定已被民法典第二百七十八条第一款吸收,在对原司法解释修改过程中,将第七条的该项内容予以删除。

(2)条文理解

19世纪以来随着现代城市的兴起,为了解决都市人口的居住压力,高楼层建筑从高空到地下,可以有效地实现对土地空间的立体化利用,同时,形成了以建筑区划为单位的相对特定的社群集体。这也随之产生了更为复杂的所有权关系和居住利益的冲突。建筑物区分所有权就是因此产生的一种特殊的不动产所有权形态。我国立法对于建筑物区分所有权采取的是"三元论"说,即"专有权""共有权""共同管理权",其中,共同管理权是从专有权和共有权中派生出来的成员权,就是通过团体自治来管理业主成员之间的共同利益事项,维持这一特殊的共同体关系。民法典第二百七十一条规定:"业主对建筑物内的住宅、经营性用房等专有部分享有所有权,对专有部分以外的共有部分享有共有和共同管理的权利。"从该条规定的内容看,业主的建筑物区分所有权主要包括其对建筑物专有部分的所有权、对建筑区划内的专有部分以外的共有部分享有的共有权和共同管理的权利。建筑物区分所有权制度的发展、变化、完善,始终是围绕如何有效调节业主个人与个人之间、个人和团体之间的利益矛盾而展开的。第一,业主对建筑物(包括住宅、经营性用房)专有部分有所有权,可以依法占有、使用、收益和处分,与传统民法中所有权的完整权能范围完全一致。第二,业主对建筑区划内的共有部分享有共有权。即业主对专有部分以外的共有部分如电梯、过道、楼梯、水箱、外墙面、水电气的主管线等享有共有的权利。此外,关于建筑区划内的道路(属于城镇公共道路的除外)、绿地(属于城镇公共绿地或者明示属于个人的除外)及其他公共场所、公用设施和物业服务用房等,都属于业主共有。第三,业主对建筑区划内的共有部分的共同管理权。即业主对专有部分以外的共有部分享有共同管理的权利。业主共同管理权的主要内容,包括对建筑物本身的管理和对业主共同生活秩序的维护,也就是物(设施)的管理、人(行为)的管理。业主可以自行管理建筑物及其附属设施,也可以委托物业服务企业或者其他管理人管理。物的管理,是对建筑物及其附属设施、设备的保存、改良、利用和处分。与广大业主关系最为密切的,就是共用部分的维护修缮和共有部分的使用收益。人的管理,主要是针对人的行为。一般可以分为对建筑物的不当毁损行为、不当使用行为和对生活妨害行为的管理。民法典新增规定中最为典型的，是对"住改商"的限制，常见的如将住宅擅自改为餐饮、娱乐等商业用途。共同管理权行使的方式主要是，业主可以设立业主大会，选举业主委员会，制定或者修改业主大会议事规则和建筑物及其附属设施的管理规约，选举业主委员会和更换业主委员会成员，选聘和解聘物业服务企业或者其他管理人，筹集和使用建筑物及其附属设施的维修资金，改建和重建建筑物及其附属设施，等等。总体而言，建筑物专有权和共有权具有传统的"物法性"特征；而共同管理权本质上属于成员权的范畴。建筑物区分所有权的性质决定了业主的自治管理起着主导作用，同时，共同管理权的行使表现出"公私相济"的显著特征。由于所有业主对建筑物专有部分以外的共有部分享有共有和共同管理的权利，对共有部分的处分将涉及业主自身权益及共同权益，势必对业主专有权、共有权以及共同管理权的行使产生重大影响，因此，该事项应由业主共同决定，应作为须由业主共同决定的重大事项。

民法典第二百七十七条第一款规定："业主可以设立业主大会，选举业主委员会。业主大会、业主委员会成立的具体条件和程序，依照法律、法规的规定。"《物业管理条例》第十七条第一款规定："管理规约应当对有关物业的使用、维护、管理，业主的共同利益，业主应当履行的义务，违反管理规约应当承担的责任等事项依法作出约定。"由于业主对专有部分以外的共有部分享有共同管理的权利，业主可以设立业主大会、选举业主委员会、制定管理规约来共同决策和管理有关共有的重大事项，对有关共有和共同管理事项的确定本质上取决于业主自治。据此，本条明确规定业主大会依法决定或者管理规约依法确定应由业主共同决定的事项，应当认定为民法典第二百七十八条第一款第九项规定的有关共有和共同管理权利的"其他重大事项"。

首先，应明确何为"管理规约"。关于这一概念，民法典没有给出具体规定。基于业主享有对专有部分以外的共有部分享有共同管理的权利这一原则，学理上一般将其定义为，由业主通过业主大会制定的有关共有财产的管理、使用、维护，以及规范业主相互关系的协议或者规则。管理规约首先是业主自治的产物。业主在不违反法律规定的情况下，有权自主决定其共同事务管理以及相互权利义务关系的一切规则，在性质上，其属于自治法和自治规则。其次，管理规约是业主共同意志的产物，性质上属于一种共同行为，是各业主对共同事项一致的意思表示，类似于公司章程，全体业主必须要严格遵守。[①]

其次，应当对"业主大会依法决定或者管理规约依法确定应由业主共同决定的事项"中的"依法"予以格外注意。根据民法典第二百八十条第一款关于

---

① 参见王泽鉴：《民法物权》（第一册），中国政法大学出版社2001年版，第263页。

"业主大会或者业主委员会的决定，对业主具有法律约束力"的规定及《物业管理条例》第十七条第三款关于"管理规约对全体业主具有约束力"的规定，全体业主均应遵守业主大会的决定及管理规约，则业主大会决定的作出以及管理规约的制定必须符合法律规定，其程序性要求主要规定在民法典第二百七十八条第二款，其实体性要求则体现在民法典第二百七十八条第一款及《物业管理条例》第十七条、第十九条。《物业管理条例》第十七条第二款规定，管理规约应当尊重社会公德，不得违反法律、法规或者损害社会公共利益。第十九条第一款规定，业主大会、业主委员会应当依法履行职责，不得作出与物业管理无关的决定，不得从事与物业管理无关的活动。对业主大会决定、管理规约之合法性所应具备的实体性要求，可以按照其是否属于事关"共用和共同管理权"的"重大"事项的标准予以衡量。实际上，正是基于对业主大会（包括业主委员会）决定合法性制约之必要，民法典第二百八十条第二款规定："业主大会或者业主委员会作出的决定侵害业主合法权益的，受侵害的业主可以请求人民法院予以撤销。"但是对于管理规约，民法典并没有明确规定业主可以请求人民法院予以撤销。"这主要是因为管理规约是全体业主基于法定的程序而共同制定的，体现了业主的共同意志，从维护业主自治考虑，只要管理规约没有违反法律、行政法规的强制性规定，则业主无权请求法院撤销或宣告无效。"[①] 此外，为加强物业管理，维护全体业主合法权益，维护物业区域内公共安全、公共环境和公共秩序，地方人民政府住房和建设行政职能管理部门一般会依法依规发布管理规约的示范文本，辖区内各物业小区可以参照遵循，以解决管理规约合法性的问题。现阶段，在业主群体自治观念、主体意识和自治能力还有待提升的情况下，突出政府在管理关系中发挥引导和帮助作用，遵循司法被动性原则，可以有效降低自治成本、衡平各方利益、促进自治机制的培育成熟。需要注意的是，管理规约的性质决定其不能非法干预业主对专有部分的正常使用，也不能对业主的人身权利作出不当限制。

最后，本条规定并未列举业主委员会决定的应由业主共同决定的事项，但根据《物业管理条例》第十五条规定："业主委员会执行业主大会的决定事项，履行下列职责：（一）召集业主大会会议，报告物业管理的实施情况；（二）代表业主与业主大会选聘的物业服务企业签订物业服务合同；（三）及时了解业主、物业使用人的意见和建议，监督和协助物业服务企业履行物业服务合同；（四）监督管理规约的实施；（五）业主大会赋予的其他职责。"根据该规定，业主委员会实际上是业主大会的执行机构，其本身一般无权针对有关业主共有权和共同管理权的重大事项作出决定。如果业主委员会根据业主大会的决定（授权）可以针对此事项作出决定，其亦应满足民法典第二百七十八条第二款

[①] 王利明：《物权法论》（修订二版），中国政法大学出版社2008年版，第177页。

规定的程序和条件。据此，从法律属性上看，业主委员会的相关决定系属于业主大会决定的延伸。

(3) 审判实践中应注意的问题

在审判实务中，本条规定的有关业主共有和共同管理权的重大事项，在议决程序上应当满足民法典第二百七十八条第二款的规定。在专有部分面积占比2/3以上的业主且人数占比2/3以上的业主参与表决的情况下，应当经参与表决专有部分面积过半数的业主且参与表决人数过半数的业主同意。

管理规约不得非法干预业主对专有部分的正常使用，但如果业主将住宅改变为经营性用房的，即业主突破住宅规划用途的"住改商"行为，已不属于对专有部分的正常使用范畴，该事项可以纳入管理规约的调整范围。民法典第二百七十九条在规定业主将住宅改变为经营性用房时须满足的法定条件时，就明确列举了"管理规约"。因此，管理规约规定业主不得"住改商"，符合法律规定。

在建筑物区分所有的情况下，众多业主居住在同一小区共同生活，业主之间产生了许多特殊的相邻关系，业主与物业之间也可能发生物业合同纠纷之外的其他矛盾。如随着电子设备、信息技术的应用，楼道内安装红外线功能的摄像设备、可视门铃等都曾引发诉讼案件，引起社会的关注。这些特殊的相邻关系在法律规则上并没有具体规定的类型，对于一些行为法律也没有明文禁止。因此，除了司法救济途径，有必要通过管理规约或业主大会、业委会的决定来处理此类纠纷，用业主自治的方式调整小区内复杂的相邻关系问题可能有更好的效果。此外，业主大会依法决定或者管理规约依法确定的事项，委托给物业服务企业或者其他管理人遵照执行，限制业主与之冲突的行为自由的，不构成侵权责任。如业主大会或者管理规约基于公共利益作出的不允许小区内部骑行、停放共享单车的决定或规定对全体业主具有约束力，物业服务企业据此拒绝业主将共享单车骑入小区的，不构成侵权。

2. 第八条

【修改内容】

本条将"物权法第七十六条第二款和第八十条规定的专有部分面积和建筑物总面积，可以按照下列方法认定：（一）专有部分面积，按照不动产登记簿记载的面积计算；尚未进行物权登记的，暂按测绘机构的实测面积计算；尚未进行实测的，暂按房屋买卖合同记载的面积计算；（二）建筑物总面积，按照前项的统计总和计算"修改为"民法典第二百七十八条第二款和第二百八十三条规定的专有部分面积可以按照不动产登记簿记载的面积计算；尚未进行物权登记的，暂按测绘机构的实测面积计算；尚未进行实测的，暂按房屋买卖合同记载的面积计算"。

【修改说明】

民法典第二百七十八条第二款规定,业主共同决定事项,应当由专有部分面积占比 2/3 以上的业主且人数占比 2/3 以上的业主参与表决。决定前款第六项至第八项规定的事项,应当经参与表决专有部分面积 3/4 以上的业主且参与表决人数 3/4 以上的业主同意。决定前款其他事项,应当经参与表决专有部分面积过半数的业主且参与表决人数过半数的业主同意。第二百八十三条规定,建筑物及其附属设施的费用分摊、收益分配等事项,有约定的,按照约定;没有约定或者约定不明确的,按照业主专有部分面积所占比例确定。上述规定已删除建筑物总面积的规定,故新司法解释中的本条无需再对总面积的认定方法进行规定。

【理解与适用】

(1) 修改过程

本条原是为了使物权法第七十六条第一款以及第八十条规定的事项进行表决时更具有合理性,对建筑物区分所有权专有部分面积及建筑物总面积的计算方法作出的规定。由于民法典第二百七十八条第二款、二百八十三条规定已取消建筑物总面积的规定,故在对原司法解释修改过程中,删除了建筑物总面积认定方法的规定。

业主行使共同管理权,简而言之,就是"先决后行"。"决"是通过召开业主大会,对涉及公共管理的重大事项,以集体决策的形式讨论表决;"行"则是由业委会作为执行机构具体开展管理活动。对于小区的日常管理,通常都是采取委托的方式,由专门的物业服务企业等代为管理。有效的表决需要同时满足面积占比要求和人数占比要求,本条主要解决参与表决的业主面积占比的计算方法问题。根据民法典第二百七十八条第二款规定,业主共同决定重大事项的表决程序如下:首先,表决程序需由专有部分面积占比 2/3 以上的业主且人数占比 2/3 以上的业主参与表决。即参与表决的业主须同时满足两个条件:一是参与表决的业主的专有部分面积占比 2/3 以上,二是参与表决的业主人数占比 2/3 以上。在此前提下,需根据表决事项的不同,按照不同的表决程序进行。民法典第二百七十八条第一款第六项至第八项规定的筹集建筑物及其附属设施的维修资金,改建、重建建筑物及其附属设施,改变共有部分的用途或者利用共有部分从事经营活动是建筑区划内较为重大的事情,关系每个业主的切身利益。为了保证对这三类事项决策的慎重,保证决策能够获得绝大多数业主的支持,故决定这三类事项,应当经参与表决专有部分面积 3/4 以上的业主且参与表决人数 3/4 以上的业主同意。民法典第二百七十八条第一款规定的其他重大事项,属于建筑区划内的一般性、常规性事务,其决定的作出,应当经参与表决专有部分面积过半数的业主且参与表决人数过半数的业主同意。上述规定确定的表决程序,已无需对建筑物总面积作出认定。

民法典第二百八十三条是关于建筑物及其附属设施费用分摊、收益分配的规定。物权法第八十条规定"没有约定或者约定不明确的，按照业主专有部分占建筑物总面积的比例确定"。根据原司法解释第八条规定的建筑物总面积的计算方法，"建筑物总面积"即为"建筑物专有部分总面积"，"业主专有部分占建筑物总面积的比例"实质上即为"业主专有部分面积占专有部分总面积的比例"。由此，2018年8月审议的民法典各分编草案将"按照业主专有部分占建筑物总面积的比例确定"修改为"按照业主专有部分所占比例确定"，2019年4月审议的民法典物权编草案，进一步修改为"按照业主专有部分面积所占比例确定"。

由于民法典相关条文已无建筑物总面积的规定，且建筑物总面积实质为建筑物专有部分的总面积，在对原司法解释修改过程中，将建筑物总面积认定方法予以删除。

（2）条文理解

首先，需明确该条解释所适用的范围。由于本条规定的目的在于确定民法典第二百七十八条和第二百八十三条专有部分面积的计算标准，因此其适用范围是特定的，具体而言，本条司法解释所确定的面积的计算标准仅仅用来计算业主大会表决时表决权的表决能力，或者计算费用分摊和收益分配的比例。也就是说，在人民法院处理涉及建筑物区分所有权的其他纠纷或者商品房买卖合同纠纷时，本条并无适用之余地。

其次，需厘清专有部分面积的内涵。按照我国现行法律、行政法规或者部门规章的规定，对于房屋及建筑物的面积，有多种概念加以描述。理解本条专有部分的面积，需对有关房屋及建筑物面积的概念加以介绍。商品房销售中的各种面积标准及其计算商品房销售面积是指商品房买卖合同中约定的面积。对于该面积的计量单位及计算标准，原建设部发布的自1995年12月1日起施行的《商品房销售面积计算及公用建筑面积分摊规则（试行）》中规定，商品房销售以建筑面积为面积计算单位。如果商品房整栋销售，商品房的销售面积即为整栋商品房的建筑面积（地下室作为人防工程的，应从整栋商品房的建筑面积中扣除）。商品房按"套"或"单元"出售，商品房的销售面积即为购房者所购买的套内或单元内建筑面积与应分摊的公用建筑面积之和。换言之，商品房销售面积等于套内建筑面积与分摊的公用建筑面积之和。

所谓的套内建筑面积，根据上述规则的规定，由以下三部分组成：a. 套（单元）内的使用面积；b. 套内墙体面积；c. 阳台建筑面积。其中，套内的使用面积，按照国家标准《住宅建筑设计规范》规定的方法计算。套内墙体面积，则区分共用墙和非共用墙，前者是指商品房各套（单元）之间的分隔墙、套（单元）与公用建筑空间之间的分隔墙以及外墙（包括山墙）。这部分共用墙套内墙体面积按其墙体水平投影面积的一半计算。非共用墙墙体的套内墙体面积按其水平投影面积全部计算。阳台建筑面积则按其水平投影面积的一半计算。公用建筑面积由以下两部分组成：a.电梯井、楼梯间、垃圾道、变电室、设备间、公共厅和过道、地下室、值班警卫室以及其他功能上为整栋建筑服务的公共用房和管理用房建筑面积；b.套（单元）与公用建筑空间之间的分隔墙以及外墙（包括山墙）墙体水平投影面积的一半。公用建筑面积计算原则是，凡已作为独立使用空间销售或出租的地下室、车棚等，不应计入公用建筑面积部分。作为人防工程的地下室也不计入公用建筑面积。公用建筑面积的计算方法是：整栋建筑物的建筑面积扣除整栋建筑物各套（单元）套内建筑面积之和，并扣除已作为独立使用空间销售或出租的地下室、车棚及人防工程等建筑面积，即为整栋建筑物的公用建筑面积。公用建筑面积分摊系数的计算方法是：将整栋建筑物的公用建筑面积除以整栋建筑物的各套套内建筑面积之和，得到建筑物的公用建筑面积分摊系数。公用建筑面积分摊的计算方法是：各套（单元）的套内建筑面积乘以公用建筑面积分摊系数，得到购房者应合理分摊的公用建筑面积。

对以上商品房销售中的房屋面积计算标准的分析可知，上述房屋销售面积包括了业主应分摊的公用建筑面积。根据新司法解释第三条第一款第一项的规定，上述《商品房销售面积计算及公用建筑面积分摊规则（试行）》中规定的公用建筑第一部分即"电梯井、楼梯间、垃圾道、变电室、设备间、公共门厅和过道、地下室、值班警卫室以及其他功能上为整栋建筑服务的公共用房和管理用房"等基本上属于业主的共有部分。

根据国家质量技术监督局批准的国家标准《房产测量规范》（GB/T17986.1-2000），房屋面积测量包括房屋建筑面积、共有建筑面积、产权面积和使用面积等的测量。其中，房屋建筑面积是指房屋外墙（柱）勒脚以上各层的外围水平投影面积，包括阳台、挑廊、地下室、室外楼梯，且具备有上盖，结构牢固，层高2.20米以上（含2.20米）的永久性建筑。房屋使用面积是指房屋户内全部可供使用的空间面积，按房屋的内墙面水平投影计算。房屋的产权面积是指产权主依法拥有房屋所有权的房屋建筑面积。房屋的共有建筑面积是指各产权主共同占有或共同使用的建筑面积。关于成套房屋的建筑面积，上述国家标准确定，由套内房屋的使用面积，套内墙体面积和套内阳台建筑面积三部分组成。其计算标准与前述建设部发布的规则保持了一致。关于住宅用房屋共有建筑面积的内容、分摊的标准也都与前述原建设部发布的规则保持了一致，即以幢为单位，按照成套房屋的套内建筑面积比例进行分摊。

关于房屋产权登记中的面积及其计算标准，按照原建设部《关于印发〈商品房销售面积计算及公用建筑面积分摊规则〉（试行）的通知》的规定，房地产权属登记机关进行房屋产权登记，应遵循《商品房销售面积计算及公用建筑面积分摊规则（试行）》测定商品房的建筑面积。2008年7月1日实施的《房屋登记办法》第30条规定，因合法建造申请房屋所有权初始登记的，应当提交房屋测绘报告。因此，房屋产权登记面积应当区分套内建筑面积和分摊的公用建筑面积两种类型。

综上所述，民法典及新司法解释中所讲的专有部分面积，应当与上述商品房销售、房屋测量以及房屋产权登记中的套内建筑面积相当，而共有部分面积则相当于上述的公用或者共有建筑面积。

再次，关于新司法解释中的专有部分及建筑物总面积的依据问题，本条规定并没有明确列明专有部分面积及建筑物总面积的计算标准，其原因在于：第一，从上述我国的房地产实践中的面积计算标准来看，并未统一采用专有部分和共有部分这一民法典上的概念，而是分别采用了房屋（套内）建筑面积、套内使用面积、套内墙体面积、阳台面积、公摊共用面积以及房屋销售面积等概念。这些概念的内容与民法典上的专有部分和共有部分的范围可能存在着或多或少的差异。因此，不宜采纳其中某一种概念来确定专有部分的面积。第二，前述各种面积概念要么服务于商品房买卖合同中标的的确定、要么服务于房产测量或者房产登记，其功能特定。而新司法解释关于本条的目的在于确定各个业主表决权的表决能力、判断业主大会的决议是否通过，其核心点在于业主专有面积的比例。因此，只要在一个业主大会的范围内的面积标准一致，该比例都能反映各个业主表决权的表决能力。至于具体采用何种标准，并不需要在本条中明确。

最后，关于本条具体规定的情况分析。本条规定分别规定了三种标准，即登记簿中记载的专有部分面积、测绘机构的实测面积以及买卖合同记载的面积。所列举的三种面积标准具有先后次序，即如果该房屋已经办理产权登记的，则登记簿中记载的面积具有最终的决定性。究其原因有以下几点：一是，根据民法典第二百一十六条第一款的规定，不动产登记簿是物权归属和内容的根据，而按照物权的相关规定及理论，不动产的公示方法为登记，因此，不动产登记簿是有效地表明业主就不动产所享有的权利的证明文件，能够清晰地展现不动产上的权利状况，因此，具有无可争辩的权威性。二是，不动产登记簿具有公信力，所谓公信力，是指依据公示方法所表现的物权即便不存在或内容有异，但对于信赖这项公示方法所表现的物权而为物权交易的人，法律仍然承认其具有与真实物权存在相同的法律效果，并加以保护。① 因此，本条中的"不动产登记簿记载的面积"具有最终的决定性，这既是我国《物权法》所确立的不动产公示制度的结果，也是我国不动产登记制度的效力范围。本条后半段所表述的"暂按"实测面积或者房屋买卖合同记载的面积也说明，最终的判

---

① 参见最高人民法院物权法研究小组编著：《〈中华人民共和国物权法〉条文理解与适用》，人民法院出版社2007年版，第93页。

断标准仍然是不动产登记簿记载的面积。

对于尚未进行物权登记的业主，其专有部分的面积暂按测绘机构的实测面积计算。这里的实测面积，按照前面关于房产测量的国家标准，在测绘报告上反映的数据有：销售建筑面积和共用面积计算系数。销售建筑面积中尚包含有套内建筑面积（含阳台）、阳台建筑面积、分摊的公用建筑面积等的明细。可以看出，本条所讲的专有部分面积与套内建筑面积（含阳台）大致相当。可能出现不同的原因是，按照新司法解释第二条的规定，只要满足构造上、利用上的独立性且具有登记能力，即可成为专有部分，包括露台等。这样，在测绘上可能不算入建筑面积的部分在建筑物区分所有权上即成为专有部分。但是，需要注意的是，无论业主大会计算表决通过比例时以测量报告中的套内建筑面积计算或者以公摊的公用建筑面积计算，或者以两者之和计算，最后的结果应当是一致的，原因在于，公摊的公用面积的计算标准也是以套内建筑面积为基础的。

对于尚未进行实际测量的房屋的所有权人，其专有部分面积暂按房屋买卖合同中记载的面积。根据前述原建设部《商品房销售面积计算及公用建筑面积分摊规则（试行）》的规定，商品房按"套"或"单元"出售，商品房的销售面积即为购房者所购买的套内或单元内建筑面积与应分摊的公用建筑面积之和。从民法典物权编的角度看，专有部分面积相当于这里的套内或单元内建筑面积。房屋买卖合同的履行包括房屋的交付及房屋所有权转移登记，由于经常存在例如房地产开发企业设计变更、施工条件变化等导致的商品房面积与实际面积不一致的情况，所以，商品房买卖合同中记载的套内建筑面积未必与真实情况一致。所以，新司法解释本条确定的以房屋买卖合同中记载的面积计算专有部分只有在未办理物权登记且未进行实际测量的情况下才能适用。

（3）审判实践中应注意的问题

第一，关于撤销业主大会决议诉讼中应注意的问题。

民法典第二百八十条第二款规定："业主大会或者业主委员会作出的决定侵害业主合法权益的，受侵害的业主可以请求人民法院予以撤销。"新司法解释第十二条规定对民法典第二百八十条规定的业主撤销权作出了进一步的明确，"业主的合法权益"不仅包括侵害业主的实体权利，也包括作出决定的程序违反法律规定。后者的典型情况是违反民法典第二百七十八条第二款的规定。

如果业主以决议未满足民法典第二百七十八条第二款规定的决议通过比例或者业主大会议事规则约定的决议通过比例为理由请求撤销业主大会决议，则可能会涉及各个业主的表决权的表决能力的计算问题。在审判实务中应当注意两个方面的问题：一方面，在撤销权诉讼中，其解决的问题是决议是否符合法律规定或者业主规约的规定，而非区分建筑物所有权专有部分的面积到底是多少的问题。如果当事人在诉讼中请求确认其专有部分面积或者建筑物总面积的,法院不应当在同一诉讼中进行处理。从诉讼法的角度来看,该请求所形成的诉讼标的与撤销权之诉的诉讼标的是两个,应当分别处理。另一方面,如果在撤销权诉讼中,一方当事人认为不动产登记簿、测量报告或者房屋买卖合同中记载的面积错误,申请实际测量的,应当不予准许。理由在于,首先,从纠纷的性质上来看,诉讼的目的在于解决业主大会决议的效力问题,本条也正是以此为规范目的的。其次,如果允许当事人对上述面积提出再次测量的请求,则将使本条司法解释虚置。最后,从纠纷解决的快捷性角度考虑,允许此类申请将会导致诉讼旷日持久。当然,需要注意的是,如果登记簿登记存在显著错误的,例如,将"119平方米"的套内建筑面积登记为"19平方米",在诉讼中应当给予该业主一定的时间到登记部门进行更正登记。但是,对于由此产生的业主与房地产开发企业或者登记部门的纠纷不应在同一诉讼中进行处理。

第二,关于业主能否在业主大会议事规则中约定与民法典第二百七十八条规定不同的规则的问题。

对于业主的此类特别约定,我们认为应当承认其效力,业主可以约定不低于民法典第二百七十八条第二款规定标准的决议规则。首先,就业主大会而言,其实质是业主的自治组织,共同管理事项更是业主最重要的自治内容。所以,法律于此尚无干涉的必要。其次,《物业管理条例》第十八条规定,业主大会议事规则应当就业主大会的议事方式、表决程序、业主委员会的组成和成员任期等事项作出约定。其中的表决程序在解释上应当包括决议的通过条件。最后,从比较法上来看,德国、日本和我国台湾地区对决议规则都明确规定允许当事人作出特别约定。在审判实务中应当注意,对于有特别约定的案件,要根据该约定来判断业主表决权的表决能力及决议的效力问题。但是,应当明确,前述业主的特别约定仍然要受到一定的限制,即业主有关此事项所作特别约定的比例不得低于民法典第二百七十八条第二款规定的比例要求。其原因在于,首先,民法典第二百七十八条第二款的立法目的不仅仅是确立一个多数决的决议规则,更为重要的是,其还有防止专有部分面积较大的业主控制业主大会的功能。如果允许业主不加限制地约定决议的通过规则,往往会造成个别大业主即能控制业主大会的后果,显然与立法目的相悖。其次,从我国的实践来看,由于业主自治起步较晚,各地发展很不平衡,业主参加业主大会的积极性在很多地方不够充分。民法典第二百七十八条第二款不仅仅是处理诉讼案件的依据,更为重要的是,它能够促使业主逐步地参加业主大会,最终形成业主自治。如果允许业主不加限制地约定决议规则,显然会导致法律的倡导功能丧失,从长远来看,不利于业主自治的逐步发展与完善。

第三,关于出现"表决僵局"问题的处理。

我国民法典物权编及《物业管理条例》并未对业主大会决议未达到民法典

第二百七十八条规定的比例如何处理作出规定,对此问题的处理有两种路径。一是,民法典第二百七十八条第一款第一项"制定和修改业主大会议事规则"为由业主共同决定的事项,则业主大会有权制定和修改业主大会的议事规则,由此,业主大会的议事规则可以就出现"表决僵局"的情形作出规定,如议事规则规定可以就同一事项进行二次表决,应该认定该规定有效;二是,如果业主大会议事规则未作规定,则业主大会如果未满足召开条件或者决议通过条件,在法律效果上应当是该次会议不具有决议能力或者所作的决议无效。

此外还需要注意两点,一是,依据新司法解释确定的专有部分面积对其他类型的案件不具有拘束力;二是,根据上述规则,虽然已经与建设单位签订了商品房买卖合同但是尚未合法占有,则业主仍是建设单位,该专有部分上的表决权由建设单位行使。

3. 第九条

【修改内容】

本条将"物权法第七十六条第二款规定的业主人数和总人数,可以按照下列方法认定:(一)业主人数,按照专有部分的数量计算,一个专有部分按一人计算。但建设单位尚未出售和虽已出售但尚未交付的部分,以及同一买受人拥有一个以上专有部分的,按一人计算;(二)总人数,按照前项的统计总和计算"修改为"民法典第二百七十八条第二款规定的业主人数可以按照专有部分的数量计算,一个专有部分按一人计算。但建设单位尚未出售和虽已出售但尚未交付的部分,以及同一买受人拥有一个以上专有部分的,按一人计算"。

【修改说明】

民法典第二百七十八条第二款规定,业主共同决定事项,应当由专有部分面积占比2/3以上的业主且人数占比2/3以上的业主参与表决。决定前款第六项至第八项规定的事项,应当经参与表决专有部分面积3/4以上的业主且参与表决人数3/4以上的业主同意。决定前款其他事项,应当经参与表决专有部分面积过半数的业主且参与表决人数过半数的业主同意。该条规定已无业主总人数的规定,故本条司法解释无需再对总人数的认定方法进行规定。

【理解与适用】

(1) 修改过程

本条原是为了使物权法第七十六条第一款规定的事项进行表决时更具合理性,而对业主人数及总人数的计算方法作出的规定。如前所述,民法典第二百七十八条第二款对物权法第七十六条进行了修改,修改后的业主共同决定重大事项的表决已无需确定业主总人数,而业主总人数实际为专有部分业主人数的总和,也无需在特别作出解释。故在本解释修改过程中,删除了总人数的规定。

(2) 条文理解

业主的认定是本条适用的前提性条件。新司法解释第一条规定："依法登记取得或者依据民法典第二百二十九条至第二百三十一条规定取得建筑物专有部分所有权的人，应当认定为民法典第二编第六章所称的业主。基于与建设单位之间的商品房买卖民事法律行为，已经合法占有建筑物专有部分，但尚未依法办理所有权登记的人，可以认定为民法典第二编第六章所称的业主。"

根据上述规定，本条中的业主包括三种类型：第一，已经登记为所有权人的，应当计入本条规定的业主人数；第二，虽未登记为所有权人，但是属于民法典第二百二十九条、第二百三十条、第二百三十一条规定的根据公权力文书、继承以及合法建造等方式取得该专有部分所有权的，也属于业主，拥有表决权，也应当计入本条规定的业主人数；第三，已经与建设单位签订房屋买卖合同且已合法占有该房屋的，也属于本条的业主，拥有表决权，应当计入业主人数。这一规定主要基于以下考虑：现实生活中，已与建设单位实施商品房买卖民事法律行为，且已经合法占有使用专有部分但尚未依法办理物权登记的情形大量存在，其中的原因十分复杂，主要有三：一是建设单位尚未办理大产权，直接导致买受人无法办理专有部分的所有权登记；二是登记往往需要一个过程，在最终作成之前，买受人也是无法依登记取得所有权的；三是由于买受人自身的原因拖延办理专有部分所有权登记。在此情况下，如果仅以是否已经依法登记取得所有权作为界定业主身份的标准，将与现实生活产生较为激烈的冲突，并有可能对前述人群应当享有的权利造成损害。因此，新司法解释第一条规定虽未办理物权登记手续，但已实际占有房屋的人也可以认定为业主。需要注意的是，基于上述规则，虽然已经与建设单位签订了商品房买卖合同但是尚未合法占有，则业主仍是建设单位，该专有部分上的表决权由建设单位行使。

按照本条规定，一个专有部分按一人计算，而对于同一买受人拥有数个专有部分的，仍然按一人计算。对于建设单位未出售的部分和虽然已出售但尚未交付的部分，业主均为建设单位，也按照一人计算。

(3) 审判实践中应注意的问题

第一，在实践中，可能出现业主大会通过的管理规约或者各地的地方性法规对业主人数的计算作出不同于新司法解释本条规定标准的情形。而从新司法解释本条的规范目的来看，应当将其解释为一种强制性规定，其目的在于防止大业主通过管理规约对小业主的权利进行控制。所以，如果地方性法规、业主大会议事规则或者管理规约对于表决权的计算作出了与新司法解释本条不同的规定，且该规定不能充分保护小业主的表决权，使小业主表决权的权重受到不利影响，则应当根据本条司法解释规定的标准计算。

第二，关于数人共有一专有部分情况下的表决权的行使问题。根据本条司法解释的规定，一个专有部分按一人计算，则数人共有一专有部分也只有一个表决权。新司法解释本条对于数人共有一专有部分的情况下，表决权如何行使和计算并未作出明确规定，在实践中，以下两个方面容易产生纠纷。

一是夫妻共同共有某一专有部分的情形，如果夫妻双方推举出一人行使表决权，则表决权的行使并不存在问题，但是，如果夫妻一方参加业主大会行使表决权后，另一方以该表决权的行使未经其同意为由请求该表决权的行使无效的，如何处理？根据民法典第一千零六十条规定，夫妻一方因家庭日常生活需要而实施的民事法律行为，对夫妻双方发生效力，但是夫妻一方与相对人另有约定的除外。夫妻之间对一方可以实施的民事法律行为范围的限制，不得对抗善意第三人。民法典第一千零六十二条第二款规定，夫妻对共同财产，有平等的处理权。根据上述规定，在建筑物区分所有权的场合，夫妻双方应平等行使成员权。因此，我们认为，在遇到夫妻一方未经另一方同意而参加业主大会行使表决权的情形，应当认定为该行使表决权的行为是夫妻共同的意思表示，其表决权的行使合法有效。

二是数人按份共有某一专有部分的情形，如果共有人推举一人行使或者委托他人行使表决权，则不存在表决权的行使问题，但如果各共有人在表决事项上不一致，共有人之一行使表决权后，其他共有人能否以该表决权的行使未经其同意为由请求撤销或者宣告该表决权的行使无效？对于上述问题，我们认为，应当从如下几个方面考虑：首先，各共有人在表决事项上有的表示赞成，有的表示反对时，不能按照各共有人份额分割投票权，分别计算会导致违反新司法解释本条规定的后果，即一个专有部分上存在两个投票权，如果合并计算为一票，则会出现投票权是赞成还是反对的问题。也不能适用民法典第三百零一条的规定，以占份额2/3以上的共有人同意为标准来判断该表决权的行使是否有效。该条款是对按份共有的不动产或者动产的处分或重大修缮、变更性质或者用途的决定如何作出的规定，而建筑物区分所有权中的表决权则针对的主要是共有部分的共同管理事项问题。且根据民法典第三百零七条规定，除非第三人明知或者法律另有规定，按份共有人对外承担连带责任。上述规定从侧面反映出，民法典第三百零一条是对共有人内部关系的处理原则，对外责任仍然是由全体共有人承担。在建筑物区分所有权场合，共有人之一如未经其他共有人同意行使表决权的，则该表决权的行使在对外方面仍然产生效力，但是其他共有人可以该共有人未经其同意或者同意的共有人份额未达2/3以上侵害其共有权为理由另行请求损害赔偿。其他共有人请求损害赔偿尚需证明损害后果是否存在，而损害后果是否发生取决于该表决权是否左右了决议结果。如果根据民法典第二百七十八条第二款和新司法解释的规定，无论该共有人投赞成票或者反对票，都不实质性地影响该决议最终的命运，即不存在损害后果。如果该表决权不投赞成票，则该决议即不会通过；或者该表决权不投反对票，则该决议即会通过，则损害后果据此可以认定。由此来看，此类案件在实践中发生的几率也较小。其次，在建筑物区分所有权中，共同管理事项的处理是一个涉及面广、程序复杂的问题。业主大会的通知、召开、讨论、决议都需要根据议事规则、管理规约及法律、法规的规定进行。由此，业主大会效率的提高也应当是司法实践中着重考虑的关键因素。同时，从交易安全的角度来看，共有人内部关系的处理也不应当影响到其他业主表决权行使的安全性。在此意义上，对于共有人之一以上述理由请求撤销或者确认表决权的行使无效及决议的效力时，原则上不应当准许。在审判实务中，只要按份共有人之一参加业主大会时提供了相关的产权证书或者其他能够证明其具有业主身份的文件，并依此参加业主大会并行使了表决权，则原则上应当认定该表决权的行使合法有效。

如果未经其他共有人同意或者同意的共有人的份额未达2/3以上，则共有人之间由此产生的纠纷属于侵权纠纷，该共有人依法应向其他共有人承担侵权责任。但该诉讼的启动和判决结果并不影响业主大会决议的效力。如果其他共有人以此为理由请求确认表决权行使无效或进而请求业主大会决议无效或请求撤销的，人民法院不应准许。

第三，基于商品房买卖合同关系且已合法占有的买受人享有共同管理权，但并非相关专有面积的所有权人。本条规定：业主人数，按照专有部分的数量计算，一个专有部分按一人计算。但建设单位尚未出售和虽已出售但尚未交付的部分，以及同一买受人拥有一个以上专有部分的，按一人计算。新司法解释第一条规定："依法登记取得或者依据民法典第二百二十九条至第二百三十一条规定取得建筑物专有部分所有权的人，应当认定为民法典第二编第六章所称的业主。基于与建设单位之间的商品房买卖民事法律行为，已经合法占有建筑物专有部分，但尚未依法办理所有权登记的人，可以认定为民法典第二编第六章所称的业主。"即从社会生活的复杂性出发，新司法解释承认并赋予基于商品房买卖合同关系且已合法占有的买受人享有共同管理权，但是，这并不意味着对城市房地产物权变动"登记生效主义"的突破，"业主"并不必然等同于所有权人。新司法解释第十八条规定："人民法院审理建筑物区分所有权案件中，涉及有关物权归属争议的，应当以法律、行政法规为依据。"目前，我国商品房供给仍以预售商品房为主，从商品房预售、交付到商品房完成首次不动产登记存在时间不确定因素，不动产登记法仍在制定过程中，登记制度和登记工作仍存在不完善之处。因此，共同管理权虽然是从专有权和共有权理论当中派生而来，但是，相比于不动产物权归属登记的公示公信力要求而言，共同管理权的认定并不依赖登记，更需要考虑社会生活现实并侧重保护相对弱势的业主一方，确认物权的归属与共同管理权人的认定显然不能采用同一标准。

4. 第十条

【修改内容】

本条将"业主将住宅改变为经营性用房，未按照物权法第七十七条的规定经有利害关系的业主同意，有利害关系的业主请求排除妨害、消除危险、恢复原状或者赔偿损失的，人民法院应予支持。将住宅改变为经营性用房的业主以多数有利害关系的业主同意其行为进行抗辩的，人民法院不予支持"修改为"业主将住宅改变为经营性用房，未依据民法典第二百七十九条的规定经有利害关系的业主一致同意，有利害关系的业主请求排除妨害、消除危险、恢复原状或者赔偿损失的，人民法院应予支持。将住宅改变为经营性用房的业主以多数有利害关系的业主同意其行为进行抗辩的，人民法院不予支持"。

【修改说明】

民法典第二百七十九条规定，业主不得违反法律、法规以及管理规约，将住宅改变为经营性用房。业主将住宅改变为经营性用房的，除遵守法律、法规以及管理规约外，应当经有利害关系的业主一致同意。新司法解释除调整相关法律依据之外，根据民法典第二百七十九条的规定，作了相应修改。将"经有利害关系的业主同意"修改为"经有利害关系的业主一致同意"。

【理解与适用】

（1）修改过程

本条是对"住改商"纠纷如何处理的规定。将住宅改变为经营性用房，使原本用于居住的房屋改为用于经营的房屋，住宅的性质、用途由居住变为商用。这一改变带来许多弊端，危害性大。作为规范业主建筑物区分所有权的基本法律，2007年通过的物权法第七十七条明确规定，业主不得违反法律、法规以及管理规约，将住宅改变为经营性用房。据此，业主不得随意改变住宅的居住用途，是业主应当遵守的最基本的准则，也是业主必须承担的一项基本义务。

原司法解释第十条规定，业主将住宅改变为经营性用房，未按照物权法第七十七条的规定经有利害关系的业主同意，有利害关系的业主请求排除妨害、消除危险、恢复原状或者赔偿损失的，人民法院应予支持。将住宅改变为经营性用房的业主以多数有利害关系的业主同意其行为进行抗辩的，人民法院不予支持。由此可见，将住宅改变为经营性用房须经有利害关系业主同意，应理解为有利害关系的业主一致同意，而非有利害关系业主多数同意。基于上述考虑，2018年8月审议的民法典各分编草案将"应当经有利害关系的业主同意"进一步明确为"应当经有利害关系的业主一致同意"。在对原司法解释修改过程中，亦将"未按照物权法第七十七条的规定经有利害关系的业主同意"修改为"未依据民法典第二百七十九条的规定经有利害关系的业主一致同意"。将"按照"修改为"依照"，用语更为规范，而"经有利害关系业主一致同意"是该条的应有之义，亦与民法典的规定保持一致。

（2）条文理解

对本条的理解，应当把握如下几个方面：

第一，"住改商"的含义、表现形式及危害。在建筑物区分所有的情形下，业主擅自将小区内的住宅房屋改变为餐饮、娱乐等商业用房，以及经营公司、服务行业等经营性用房的情况不断增加，实践中将此种情况称为"住改商"。既包括利用住宅从事经营生产企业、规模较大的餐饮及娱乐、洗浴或者作为公司办公用房等营业行为，也包括因生活需要利用住宅开办小卖部、早点铺、理发店等经营行为。"住改商"有几种情形，有的只是改变了房屋的使用性质，有的不仅改变房屋的使用性质，而且改变了房屋的结构状况。房屋在建造并报经审批时的用途不得随意改变，如果需要在建造过程中改变房屋的用途，如将住宅性质的房屋改变成经营性用房，需要重新报经规划部门同意批准后才能建造，作为购房人的业主在购买商品房后也不得改变商品房屋的用途，这既涉及城市功能的定位、布局规划，同时更涉及区域社会秩序的安定、社会的管理。如果允许业主随意将住宅改为经营性用房，将带来很多弊端，主要表现有：一是干扰业主的正常生活，造成邻里不和，引发社会矛盾；二是造成小区车位、电梯、水、电等公共设施使用的紧张；三是容易产生安全隐患；四是使城市规划目标难以实现；五是造成国家税费的大量流失。

第二，法律规定对"住改商"行为的限制。2007年通过的物权法第七十七条规定："业主不得违反法律、法规以及管理规约，将住宅改变为经营性用房。业主将住宅改变为经营性用房的，除遵守法律、法规以及管理规约外，应当经有利害关系的业主同意。"据此，业主不得随意改变住宅的居住用途，是业主应当遵守的最基本的准则，也是业主必须承担的一项基本义务。值得注意的是，该条规定为业主将住宅改变为经营性用房的，除遵守法律、法规以及管理规约外，应当经有利害关系的业主同意。实践中有的做法是按照多数决来确定有利害关系业主的意见，这违背了当初的立法本意。因此，民法典第二百七十九条在物权法第七十七条的基础上进行了修改，明确规定"应当经有利害关系的业主一致同意"，明确了"住改商"中有利害关系业主的意见不应适用"多数决"。需要强调的是，在"住改商"问题上，有利害关系业主一致同意只是必要条件，业主将住宅改为经营性用房时必须遵守法律、法规以及管理规约的规定，这两个条件必须同时具备，缺一不可，才可以将住宅合理合法地改变为经营性用房。

第三，本条规定的"业主"和"有利害关系业主"的主体范围。本条规定的"业主"应是指将专有部分住宅用途改为经营性用房的业主，但在实践中，业主将住宅出租、出借后，承租人、借用人改变住宅用途为经营性用房的情况时有发生。非业主的物业使用人同样受本条内容的规制，在将住宅改变为经营性用房时，亦应遵守本条规定的相应义务。对有利害关系的业主的界定，不仅要考虑对业主居住、生活环境的安全和安宁的影响或者可能造成的影响，还应当考虑对其专有部分不动产价值的影响。实践中，在判断某一业主是否属于本条所称的有利害关系的业主时，应注意从以下几点进行认定：一是应当具有法律规定的业主身份。实践中，应认定基于合同或法律规定而具体居住或者使用物业的符合法律规定情形的物业使用人，拥有与业主相同的权利。二是必须是业主的合法权利受到或者可能受到侵害，这里所说的合法权利指的是业主作为建筑物所有权人所享有的特定权利，如共有权、区分专有权等。三是损害与"住改商"业主行为之间有法律上的因果关系。从位置上来说，本栋建筑物内的其他业主是当然的有利害关系的业主，但不宜将整个小区的所有业主都认定为法律规定的有利害关系的业主。实践中确有可能出现建筑区划内本栋建筑物之外的业主也与"住改商"行为存在利害关系的情况，但这部分业主的范围难以统一划定。如果建筑区划内本栋建筑物之外的业主主张与"住改商"行为存在利害关系的，应当举证证明利害关系的存在，即其房屋价值、生活质量受到或者可能受到不利影响。当存在小区业主已将房屋出租、出借等情形时，也应赋予非业主的物业使用人相同的异议权利。

第四，"住改商"行为未经有利害关系的业主一致同意的法律后果。根据民法典第二百七十九条规定，"住改商"行为的合法性需要满足两个条件：遵守法律、法规以及管理规约；应当经有利害关系的业主一致同意。未经有利害关系的业主一致同意，其行为仍不具备合法性，该条规定实际上已成为"住改商"业主对由此产生的损害后果需承担相应民事责任的法律依据。有利害关系的业主请求"住改商"业主承担民事责任的不以已经造成实际损害为限。根据本条第一款关于"有利害关系的业主请求排除妨害、消除危险、恢复原状或赔偿损失的，人民法院应予支持"的规定，在已经造成现实损害的情形中，有利害关系的业主可以请求"住改商"业主承担恢复原状或者赔偿损失的民事责任；若损害尚未实际发生，但有发生之虞时，有利害关系的业主也可以请求"住改商"业主依法承担排除妨害、消除危险的民事责任。实践中，有的"住改商"业主以其已经办理工商登记并取得了营业执照为由主张其行为的合法性，用以对抗有利害关系业主的反对意见。"住改商"业主已经办理了工商登记取得营业执照的事实，不能改变其行为欠缺合法性。办理工商登记并取得了营业执照的事实属于行政登记及许可范围，其不涉及当事人"住改商"民事行为效力问题。

(3) 审判实践中应注意的问题

在审判实务中，有如下问题值得注意：

第一，有利害关系的业主的一致同意需以明示的方式表达方为适格。有利害关系的业主的一致同意是"住改商"行为的合法性要件之一。民法典第二百七十九条规定的立法导向是不主张"住改商"行为的,在有利害关系的业主于特定期间内未明确表态的情况下,应当从更有利于实现本条立法目的的角度进行解释和认定。"住改商"行为对业主居住、生活环境的安全和安宁及对其专有部分不动产价值均会产生不利影响,以明示的方式确定有利害关系的业主的"同意"也是对其权利的一种保护。只要业主未以明示的方式表示同意,就应当推定其本意是不同意的。明示的意思表示必须具备一定的要件,在具体表现形式上可以有两种:一是书面;二是明确无误的口头表示。不能以业主在约定期限内未表态即认为其默认同意"住改商"行为。在处理"住改商"纠纷时,要注意审查业主之间是否有证据证明书面同意相关业主将住宅性质的房屋改变成商业用房或者办公用房等经营性用房。没有书面证据证明的,不能认定为同意。

第二,《物业管理条例》第四十七条第二款规定,物业使用人违反本条例和管理规约的规定,有关业主应当承担连带责任。根据该条规定精神,在因专有部分使用人实施"住改商"行为而导致的相关纠纷案件中,专有部分使用人及业主应当作为"共同被告"。

第三,业主(出租人、出借人)与非业主的物业使用人(承租人、借用人)对"住改商"行为的意见不一致时,应当如何处理。在非业主的物业使用人对"住改商"表示同意而业主表示不同意的情况下,应当以业主的意见为准。原因在于,非业主的物业使用人并非物业的所有权人,其表示同意既有可能是其真的认为这种"住改商"是可以的,也有可能是由于使用关系行将终止。但不论如何,业主的"不同意"都不会对非业主的物业使用人的正常居住带来负面影响。从另一个角度看,业主是住宅物业的所有权人,在非业主的物业使用人因使用关系结束离开之后,业主还要居住在这里,其意见当然具有一票否决的效力。在非业主的物业使用人对"住改商"表示不同意而业主表示同意的情况下,应当以非业主的物业使用人的意见为准。理由是,结合民法典第二百七十九条的立法目的,这种异议权更应赋予住宅的现实居住使用人。否则,势必导致业主因与"住改商"业主私交甚密或者"事不关己"而表示同意,而非业主的物业使用人却不得不承受难堪之困扰的结果。在民法典第二百七十九条已经明确表达了不提倡"住改商"立场的前提下,我们应当朝着更能达成该立法目的的方向进行解释。

5. 第十四条

【修改内容】

本条将"建设单位或者其他行为人擅自占用、处分业主共有部分、改变其使用功能或者进行经营性活动,权利人请求排除妨害、恢复原状、确认处分行为无效或者赔偿损失的,人民法院应予支持。属于前款所称擅自进行经营性活动的情形,权利人请求行为人将扣除合理成本之后的收益用于补充专项维修资金或者业主共同决定的其他用途的，人民法院应予支持。行为人对成本的支出及其合理性承担举证责任"修改为"建设单位、物业服务企业或者其他管理人等擅自占用、处分业主共有部分、改变其使用功能或者进行经营性活动，权利人请求排除妨害、恢复原状、确认处分行为无效或者赔偿损失的，人民法院应予支持。属于前款所称擅自进行经营性活动的情形，权利人请求建设单位、物业服务企业或者其他管理人等将扣除合理成本之后的收益用于补充专项维修资金或者业主共同决定的其他用途的，人民法院应予支持。行为人对成本的支出及其合理性承担举证责任"。

【修改说明】

在对原司法解释清理过程中，对本条的存废存在争议。有观点认为，民法典第二百八十二条已经规定利用业主的共有部分产生的收入，在扣除合理成本之后，属于业主共有，本条的精神被法律吸收，应当废止。另一种观点认为，本条规定与民法典并不冲突，有利于民法典的贯彻落实，倾向于保留。从向全国人大常委会法工委、住建部、自然资源部等征求意见的情况看，全国人大常委会法工委及相关行政职能部门均同意保留本条款。我们认为，考虑到实际情况，建设单位、物业服务企业或者其他管理人等利用业主的共有部分产生的收入往往以金钱的方式存入账户，根据金钱占有即所有的原则，业主对上述收入真正可受益、可利用，还需要具体的、可操作的落地方案，故最终修改完善本条后予以保留。民法典第二百八十二条规定，建设单位、物业服务企业或者其他管理人等利用业主的共有部分产生的收入，在扣除合理成本之后，属于业主共有。在对原司法解释修改过程中，对原司法解释十四条条文进行了修改，将第一款中"建设单位或者其他行为人"修改为"建设单位、物业服务企业或者其他管理人等"，将第二款中"行为人"修改为"建设单位、物业服务企业或者其他管理人等"，在表述上与民法典保持一致。

【理解与适用】

（1）修改过程

物权法并无关于共有部分产生收益归属问题的规定，原司法解释中对有关业主共有权受到侵害的处理作出了规定，其第十四条规定："建设单位或者其他行为人擅自占用、处分业主共有部分、改变其使用功能或者进行经营性活动，权利人请求排除妨害、恢复原状、确认处分行为无效或者赔偿损失的，人民法院应予支持。属于前款所称擅自进行经营性活动的情形，权利人请求行为人将扣除合理成本之后的收益用于补充专项维修资金或者业主共同决定的其他用途的，人民法院应予支持。行为人对成本的支出及其合理性承担举证责任。"在民法典编纂过程中，有的意见建议吸收上述解释的内容，增加关于共有部分产生收益归属的内容。2018年8月，十三届全国人大常委会五次会议《关于〈民法典各分编（草案）〉的说明》（以下简称草案）中提到，加强对建筑物业主权利的保护……第三，明确共有部分产生的收益属于业主共有（草案第77条）。民法典各分编草案第77条规定，建设单位、物业服务企业或者其他管理人等利用业主的共有部分产生的收益，在扣除合理成本之后，属于业主共有。民法典各分编草案在征求意见过程中，有的意见提出，收益的含义本身就包含收入扣除成本的意思，为更加准确，避免实践操作中的歧义，建议将草案第77条中的"收益"修改为"收入"。2019年4月审议的民法典物权编草案吸收了这一意见，并最终形成民法典第二百八十二条的规定。在对原司法解释修改过程中，根据民法典的规定对原司法解释第十四条条文进行了修改。

（2）条文理解

根据民法典第二百八十二条的规定，建设单位、物业服务企业或者其他管理人等利用业主的共有部分产生的收入，在扣除合理成本之后，属于业主共有。即业主对共有部分产生的收入有共有的权利。本条是有关业主共有权受到侵害时如何处理的规定。对本条的理解，应当把握如下几个方面：

第一，关于业主共有部分的范围。我国对业主共有部分范围的划分，采用的是排除加列举的方式。民法典第二百七十一条的规定："业主对建筑物内的住宅、经营性用房等专有部分享有所有权，对专有部分以外的共有部分享有共有和共同管理的权利。"第二百七十四条规定："建筑区划内的道路，属于业主共有，但是属于城镇公共道路的除外。建筑区划内的绿地，属于业主共有，但是属于城镇公共绿地或者明示属于个人的除外。建筑区划内的其他公共场所、公用设施和物业服务用房，属于业主共有。"业主共有部分中能够产生收入的共有部分一般包括：a. 车库、车位。在保证业主的合理停车需求在任何时候都得到首先满足的前提下，如果车位、车库还有空余，为缓解小区停车难的社会问题，开发商可以将车位、车库出租给业主之外的第三人，这样既未损害小区业主的停车权益，又能够更好地实现开发商的利益，也能帮助政府解决周边居民的停车难问题。b. 楼顶平台。楼顶平台是建筑的楼顶及其空间，按照建筑物区分所有权的规则，这一部分应当属于全体业主所有，实践中如果开发商将楼顶平台进行处分，如设置广告塔就必然会产生收益。c. 建筑外墙面。建筑外墙面属于建筑物的整体构造部分，应当属于全体业主共有。如果开发商或者建筑物底商利用建筑物外墙设置广告、牌匾等商业宣传设施、在外壁上悬挂霓虹灯招牌，应当支付使用费。d. 建筑物基本构造部分中的走廊、楼梯、过道、电梯间等。实践中，有开发商或物业服务机构在这些位置设置广告位，由此产生的收益也应当属于共有部分产生的收益。

第二，关于擅自占用、处分业主共有部分、改变其使用功能或进行经营活动的主体的认定。根据民法典第二百八十二条规定，可能侵占业主共有部分收益的主体包括建设单位、物业服务企业或者其他管理人等。建设单位是建筑物的开发建设者，同时，也是物业服务管理企业的设立者或发起者。因而，建设单位在设立物业服务管理企业的过程中,以及在物业服务管理企业设立的初期,因掌握着物业服务管理权,该企业有时为了追求自己利益的最大化,可能存在滥用其权力的行为。而物业服务管理企业侵害业主共有权的情形在审判实务中占有较大数量。《物业管理条例》第二条对"物业服务管理"界定为业主通过选聘物业服务企业,由业主和物业服务企业按照物业服务合同约定,对房屋及配套的设施设备和相关场地进行维修、养护、管理,维护物业管理区域内的环境卫生和相关秩序的活动。从上述表述内容可以得知,物业服务管理行为实为私权处分行为,它应遵循私法之意思,实行自治原则。也就是业主既可以决定委托专业的物业服务企业对物业实施服务管理,也可自己对物业实施自我管理。对于物业服务管理企业来说,是接受全体业主委托,为其提供服务的具有专业管理能力的服务机构。它的权利和职责范围是由全体业主赋予的。但在现实生活中,物业服务管理企业的观念有时是错位的,将服务者的角色转变为管理者的角色,对共有部分随意处置、收取设置费和使用费等,将业主的权利排除在外,限制业主行使共有权,挪用共有部分维修资金等,这些行为都是严重侵害业主的共有权的行为。生活中还存在住户侵害业主共有权的情形,包括业主和使用人侵害共有权的情况。业主在行使共用部分共有权时,应当依据共用部分的性质及用途平等行使,不得将共用部分据为己有或影响其他业主行使权利。业主是物业的所有权人,但是业主并不一定是实际使用物业的人,如业主将房屋出租或借他人使用的情形。承租人、借用人等房屋使用人,也成为非业主使用人。非业主使用人与建设单位、物业服务企业没有直接的关系,一般不参加业主大会和业主委员会,但是非业主使用人却是物业区域的重要成员。为了能约束非业主使用人的行为,保障其合法权益,物业管理立法都肯定了非业主使用人独立存在的地位。所以,非业主使用人的权利义务不仅源自于业主间的租赁合同等,而且也出自法律和法规以及管理规则的规定。非业主使用人在对业主共有部分的使用及占有、专有部分使用时,应当按照业主与物业服务企业的约定居住、使用,不得有违反物业服务合同或者管理规约的行为。如果其不按共有部分及专有部分的性质和用途使用,不履行使用共有部分及专有部分的相应义务,亦构成对业主共有权的侵害。

第三,关于建设单位等擅自经营所得收入的处理。根据民法典第二百七十一条的规定,业主对专有部分以外的共有部分享有共有和共同管理的权利,即全体业主是共有部分的权利主体。"权利保护是权利实现的特殊环节,也称权利救济。权利人在权利受侵害时,就应获得救济的权利,并通过救济程序行使救济权,恢复和确保受侵害的权利的利益。"[①] 恢复和确保受侵害的业主的权利和权益,其根本途径是由侵权人或相对人承担相应的民事责任。侵权的民事

[①] 龙卫球:《民法总论》(第二版),中国法制出版社2002版,第137页。

责任方式是因侵权行为而产生的，是侵权损害所产生的法律后果，各种责任形式适用于各种不同的侵权行为，而且这些责任形式既可以单独适用，也可以合并适用，在法律上形成一个对共有权保护的有效体系。根据本条第一款的规定，对于建设单位等擅自占用、处分业主共有部分、改变其使用功能或者进行经营性活动的，权利人可以请求建设单位等行为人排除妨害、恢复原状、确认处分行为无效或者赔偿损失。此处的"权利人"不应作限缩解释，既包括特定范围的业主，也包括依法取得业主授权或者法律授权的业主大会或者业主委员会等。

本条第二款规定了对侵权人经营所得收益应如何处理问题。《物业管理条例》第五十四条规定："利用物业共用部位、共用设施设备进行经营的，应当在征得相关业主、业主大会、物业服务企业的同意后，按照规定办理有关手续。业主所得收益应当主要用于补充专项维修资金，也可以按照业主大会的决定使用。"新司法解释的规定与《物业管理条例》第五十四条规定的精神一致。专项维修资金主要是指属于全体业主共有的，用于物业共用部位的特定事项进行维护的资金。原建设部、财政部于2008年2月1日发布的《住宅专项维修资金管理办法》（以下简称《办法》）第二条第二款规定："本办法所称住宅专项维修资金，是指专项用于住宅共用部位、共用设施设备保修期满后的维修和更新、改造的资金。"物业专项维修资金主要来源于业主交纳、开发商交纳、经营收入以及维修资金的增值部分。该基金的性质不同于一般的物业管理服务费用。《办法》第四条规定，住宅专项维修资金管理实行专户存储、专款专用、所有权人决策、政府监督的原则。以保障维修资金的特殊功效、运作和依照规定使用。根据上述相关规定，本条第二款将建设单位或者其他行为人，擅自进行经营性活动，所得收益纳入了专项维修资金。当然，经业主共同决定，另有他用的除外。由于专项维修资金的特殊性所决定，在业主共同向法院提出，物业服务企业返还擅自经营所得收入请求的，属于公益性诉讼。依据区分所有中的共同所有之规则，单个业主对维修资金所享有的支配权应通过行使成员权来实现，维修资金的支配应该由业主团体决定。为此，对物业服务企业返还的经营收入，应纳入专项维修资金，而不能分配给业主个人所有。《住宅公共部位共用设施设备维修基金管理办法》第十三条还规定，业主转让房屋所有权时，结余维修基金不予退还，随房屋所有权同时过户。依照上述有关规定，专项维修资金属于业主所有，专项用于物业保修期满后物业共有部位、公有设施设备的维修和更新、改造，不得挪作他用。

当然，在业主主张返还共有部分产生的收入时，应扣除必要的、合理的管理成本。本条第二款规定："权利人请求建设单位、物业服务企业或者其他管理人等将扣除合理成本之后的收益用于补充专项维修资金或者业主共同决定的其他用途的，人民法院应予支持。"建设单位、物业服务企业或者其他管理人利用业主的共有部分进行经营性活动,所取得的经营收入返还给全体业主时,可以请求扣除合理成本。但根据"谁主张、谁举证"的原则,建设单位等主体主张经营管理成本的,需对成本的支出及其合理性承担举证责任。审判实践中,建设单位或物业服务企业经常主张利用业主的共有部分产生的收入已经全部投入到物业服务管理费用中,其并未从中获取收益。而业主并不认同,认为上述收入已被建设单位、物业服务企业或者其他管理人实际占有使用。此种情况下,应当根据当事人所提供的证据及案件的具体事实区分不同情况后处理。如果上述主体确已将利用业主的共有部分产生的收入全部用于物业服务管理及共用部分的维修等支出的,对全体业主请求返还经营收入的,不能支持。反之,上述主体应向全体业主返还其经营所得收入。

(3)审判实践中应注意的问题

第一,在审判实践中,侵害业主共有权纠纷的案件,在建筑物区分所有权案件中占有比例较大。根据本条规定,只要未经业主共同决定和同意而擅自占用、处分、改变共有部分使用功能或者利用共有部分从事经营性活动的,即构成违约或者侵权。侵权人应当依据相关的民事法律规定,承担排除妨害、消除危险、恢复原状或者赔偿损失的责任。对于请求停止侵害、消除危险、排除妨害、恢复原状来说,请求人无需证明对方已给其造成了实际损失,而只证明对方的行为给其造成了妨害即可。不管这种妨碍是否已经形成了损害。因为妨害和损害在法律上是有区别的,损害是可以用货币来计算的,但是妨害很难计算。损害都是实际发生的,而妨害既可能是现实面临的,也可以是将来可能发生的。因此,请求人只要证明有妨害事实就可以要求排除妨害、消除危险、恢复原状。当然共有权人也可以请求损害赔偿。损害赔偿是法律强制民事违法行为人向受害人支付金钱以弥补受害人所遭受的损失。在物业服务管理企业对某个或一部分业主造成共有权灭失、毁损等损害后果时,业主可以请求损害赔偿。

第二,物业服务公司不得主张以共有部分收益抵销部分业主欠付的物业管理费。根据法律规定,要进行债务抵销,当事人之间应当互负债务、互享债权。欠付物业管理费的为部分业主,为单个的主体;而共有部分产生的收入,在扣除合理成本之后,属于业主共有。此时虽然包括了该部分欠费业主,但两者有本质的区别。因此,双方债权债务主体不同,不符合法定抵销的规定,因此,对物业服务公司行使抵销权的主张,人民法院不应予以支持。

第三,民法典第二百八十二条规定的利用共有部分产生的收入共有制度、本条关于权利人请求将该共有收益用于补充专项维修资金等的规定以及民法典第二百八十一条规定的紧急状态下维修资金使用规则可以联系起来一体适用,解决生活中具体问题,符合法定情形的,允许业主大会和业委会直接请求划用共有收益。民法典第二百八十一条规定:"建筑物及其附属设施的维修资金,属于业主共有……建筑物及其附属设施的维修资金的筹集、使用情况应当定期公布。紧急情况下需要维修建筑物及其附属设施的，业主大会或者业主委员会可以依法申请使用……"维修资金专款专用，与每个业主的切身利益密切相关，筹集和使用都应当经由业主共同决定。但在紧急情况下，如果危及房屋安全或设施设备的使用功能受到重大影响，及时修缮对业主而言无疑更为重要。实践中，业主大会和业委会为维护业主利益，在紧急情况下申请从共有收益中使用维修资金，应予支持。

指导案例 65 号

上海市虹口区久乐大厦小区业主大会诉上海环亚实业总公司业主共有权纠纷案

(最高人民法院审判委员会讨论通过　2016 年 9 月 19 日发布)

关键词

民事　业主共有权　专项维修资金　法定义务　诉讼时效

裁判要点

专项维修资金是专门用于物业共用部位、共用设施设备保修期满后的维修和更新、改造的资金，属于全体业主共有。缴纳专项维修资金是业主为维护建筑物的长期安全使用而应承担的一项法定义务。业主拒绝缴纳专项维修资金，并以诉讼时效提出抗辩的，人民法院不予支持。

相关法条

《中华人民共和国民法通则》第一百三十五条[①]

《中华人民共和国物权法》第七十九条[②]、第八十三条[③]第二款

《物业管理条例》第七条第四项、第五十四条第一款、第二款

基本案情

2004 年 3 月，被告上海环亚实业总公司（以下简称环亚公司）取得上海市虹口区久乐大厦底层、二层房屋的产权，底层建筑面积 691.36 平方米、二层建筑面积 910.39 平方米。环亚公司未支付过上述房屋的专项维修资金。2010 年 9 月，原告久乐大厦小区业主大会（以下简称久乐业主大会）经征求业主表决意见，决定由久乐业主大会代表业主提起追讨维修资金的诉讼。久乐业主大会向法院起诉，要求环亚公司就其所有的久乐大厦底层、二层的房屋向原告缴纳专项维修资金 57566.9 元。被告环亚公司辩称，其于 2004 年获得房地产权证，至本案诉讼有 6 年之久，原告从未主张过维修资金，该请求已超过诉讼时效，不同意原告诉请。

裁判结果

上海市虹口区人民法院于 2011 年 7 月 21 日作出 (2011) 虹民三 (民) 初字第 833 号民事判决：被告环亚公司应向原告久乐业主大会缴纳久乐大厦底

[①] 对应《民法典》第一百八十八条。
[②] 对应《民法典》第二百八十一条。
[③] 对应《民法典》第二百八十六条。

层、二层房屋的维修资金 57566.9 元。宣判后，环亚公司向上海市第二中级人民法院提起上诉。上海市第二中级人民法院于 2011 年 9 月 21 日作出（2011）沪二中民二（民）终字第 1908 号民事判决：驳回上诉，维持原判。

裁判理由

法院生效裁判认为：《中华人民共和国物权法》（以下简称《物权法》）第七十九条规定，"建筑物及其附属设施的维修资金，属于业主共有。经业主共同决定，可以用于电梯、水箱等共有部分的维修。"《物业管理条例》第五十四条第二款规定，"专项维修资金属于业主所有，专项用于物业保修期满后物业共用部位、共用设施设备的维修和更新、改造，不得挪作他用"。《住宅专项维修资金管理办法》（建设部、财政部令第 165 号）（以下简称《办法》）第二条第二款规定，"本办法所称住宅专项维修资金，是指专项用于住宅共用部位、共用设施设备保修期满后的维修和更新、改造的资金。"依据上述规定，维修资金性质上属于专项基金，系为特定目的，即为住宅共用部位、共用设施设备保修期满后的维修和更新、改造而专设的资金。它在购房款、税费、物业费之外，单独筹集、专户存储、单独核算。由其专用性所决定，专项维修资金的缴纳并非源于特别的交易或法律关系，而是为了准备应急性地维修、更新或改造区分所有建筑物的共有部分。由于共有部分的维护关乎全体业主的共同或公共利益，所以维修资金具有公共性、公益性。

《物业管理条例》第七条第四项规定，业主在物业管理活动中，应当履行按照国家有关规定交纳专项维修资金的义务。第五十四条第一款规定："住宅物业、住宅小区内的非住宅物业或者与单幢住宅楼结构相连的非住宅物业的业主，应当按照国家有关规定交纳专项维修资金。"依据上述规定，缴纳专项维修资金是为特定范围的公共利益，即建筑物的全体业主共同利益而特别确立的一项法定义务，这种义务的产生与存在仅仅取决于义务人是否属于区分所有建筑物范围内的住宅或非住宅所有权人。因此，缴纳专项维修资金的义务是一种旨在维护共同或公共利益的法定义务，其只存在补缴问题，不存在因时间经过而可以不缴的问题。

业主大会要求补缴维修资金的权利，是业主大会代表全体业主行使维护小区共同或公共利益之职责的管理权。如果允许某些业主不缴纳维修资金而可享有以其他业主的维修资金维护共有部分而带来的利益，其他业主就有可能在维护共有部分上支付超出自己份额的金钱，这违背了公平原则，并将对建筑物的长期安全使用，对全体业主的共有或公共利益造成损害。

基于专项维修资金的性质和业主缴纳专项维修资金义务的性质，被告环亚公司作为久乐大厦的业主，不依法自觉缴纳专项维修资金，并以业主大会起诉追讨专项维修资金已超过诉讼时效进行抗辩，该抗辩理由不能成立。原告根据被告所有的物业面积，按照同期其他业主缴纳专项维修资金的计算标准算出的被告应缴纳的数额合理，据此判决被告应当按照原告诉请支付专项维修资金。

【解　　读】

指导案例 65 号《上海市虹口区久乐大厦小区业主大会诉上海环亚实业总公司业主共有权纠纷案》的理解与参照
——追索物业专项维修资金不适用诉讼时效的规定

2016 年 9 月 19 日，最高人民法院发布了指导案例 65 号《上海市虹口区久乐大厦小区业主大会诉上海环亚实业总公司业主共有权纠纷案》。为了正确理解和准确参照适用该指导案例，现对其推选经过、裁判要点、需要说明问题等情况予以解释、论证和说明。

一、推选过程及指导意义

2013 年，上海市虹口区人民法院一审、上海市第二中级法院二审《上海市虹口区久乐大厦小区业主大会诉上海环亚实业总公司业主共有权纠纷案》，由上海市虹口区人民法院推荐，上海市第二中级法院作为备选指导性案例报送上海市高级人民法院。2014 年 7 月 14 日，上海市高级人民法院审判委员会经过讨论，决定向最高人民法院推荐该案例作为备选指导性案例。最高人民法院案例指导工作办公室研究后，将该案例送最高人民法院研究室民事处、民一庭、相关诉讼时效司法解释的起草人以及最高人民法院案例指导工作专家委员会物权法、民事诉讼法领域的部分专家委员审查和征求意见。2016 年 8 月 23 日，最高人民法院审判委员会讨论研究认为，该案例符合《最高人民法院关于案例指导工作的规定》第二条的有关要求，具有指导意义，同意将该案例确定为指导性案例。同年 9 月 19 日，最高人民法院以法〔2016〕311 号文件，将该案例编在第 14 批指导性案例予以发布。

《上海市虹口区久乐大厦小区业主大会诉上海环亚实业总公司业主共有权纠纷案》涉及对《物业管理条例》第七条第四项、第五十四条第一款以及物权法第七十九条关于专项维修资金规定的理解与应用。对以过诉讼时效为由，拒绝缴纳物业专项维修资金的案件，作出了示范性裁判。该案例明确了专项维修资金具有专用性、公共性和公益性，缴纳专项维修资金是维护共同或公共利益的法定义务，只存在补缴问题，不存在因时间经过而可以不缴的问题，业主缴纳物业维修资金不适用诉讼时效制度。该指导案例的裁判进一步统一了司法实践中对专项维修资金性质的认识，明确了催缴专项维修资金不适用诉讼时效的裁判标准，有利于保障住宅物业的长期安全使用和广大业主的共同利益，取得

二、裁判要点的理解与说明

该指导案例的裁判要点确认：专项维修资金是专门用于物业共用部位、共用设施设备保修期满后的维修和更新、改造的资金，属于全体业主共有。缴纳专项维修资金是业主为维护建筑物的长期安全使用而应承担的一项法定义务。业主拒绝缴纳专项维修资金，并以诉讼时效提出抗辩的，人民法院不予支持。裁判要点主要包含了三层意思：（1）专项维修资金性质上属于专项基金，系为特定目的，即为住宅共用部位、共用设施设备保修期满后的维修和更新、改造而专设的资金。它在购房款、税费、物业费之外，单独筹集、专户存储、单独核算。由其专用性所决定，专项维修资金的缴纳并非源于特别的交易或法律关系，而是为了准备应急性地维修、更新或改造区分所有建筑物的共有部分。由于共有部分的维护关乎全体业主的共同或公共利益，所以该维修资金具有公共性、公益性。（2）专项维修资金的缴、存、用均由相关法律作出规定。缴纳专项维修资金是为特定范围的公共利益，而缴纳专项维修资金的范围，亦限于区分所有建筑物范围内的住宅或非住宅所有权人。因此，缴纳专项维修资金是一种旨在维护特定区分所有建筑物范围内的住宅或非住宅所有权人共同利益或公共利益的法定义务。（3）基于物业维修资金的公共性、公益性，以及缴纳物业维修资金属于法定义务，并且该种法定义务具有时间上持续性等特点，业主以已过诉讼时效为由对追缴物业维修资金诉讼提出抗辩的，人民法院不予支持。此外，本案例也对业主大会作为追缴维修资金诉讼主体的资格予以进一步确认。现对裁判要点的相关问题作出如下说明。

（一）有关物业维修资金的性质和特点

专项维修资金[①]，是专门用于物业共用部位、共用设施设备保修期满后的

[①] 关于"专项维修资金"称法，1998年7月《国务院关于进一步深化城镇住房制度改革加快住房建设的通知》（国发〔1998〕23号）使用的是"专项维修资金"，其第二十六条规定，"加强住房售后的维修管理，建立住房共用部位、设备和小区公共设施专项维修资金，并健全业主对专项维修资金管理和使用的监督制度。"；1998年建设部、财政部联合颁布的《住宅共用部位共用设施设备维修基金管理办法》使用的是"共用设施设备维修基金"；2003年国务院令第379号《物业管理条例》第七条第四项使用了"专项维修资金"；2008年2月1日建设部、财政部联合颁布的《住宅专项维修资金管理办法》实施，同时，原1998年《住宅共用部位共用设施设备维修基金管理办法》废止，新的《住宅专项维修资金管理办法》中使用的是"住宅专项维修资金"。"专项维修资金"与"共用设施设备维修基金"二者含义相同，只是不同时期，不同法律法规文件中使用的不同文字叙述，表述的是同一事物，在指导案例65号和本文中统一使用了"专项维修资金"。

维修和更新、改造的资金，由业主缴交，属于全体业主共有。①《住宅专项维修资金管理办法》（建设部、财政部令第 165 号）第二条第二款规定，"本办法所称住宅专项维修资金，是指专项用于住宅共用部位、共用设施设备保修期满后的维修和更新、改造的资金。"《物业管理条例》第五十四条第二款规定，"专项维修资金属于业主所有，专项用于物业保修期满后物业共用部位、共用设施设备的维修和更新、改造，不得挪作他用。"物权法第七十九条规定，"建筑物及其附属设施的维修资金，属于业主共有。经业主共同决定，可以用于电梯、水箱等共有部分的维修。"专项维修资金性质特殊，缴、存、用均由法律法规规定。其性质上属于专项基金，系为特定目的，住宅共用部位、共用设施设备应急性地维修、更新或改造区分所有建筑物共有部分留存的资金。

1. 专项维修资金缴、存、用的法定性、复杂性

1949 年新中国成立后，我国计划经济体制下住房完全靠国家包下来，单位的职工住房长期以来由单位分配，实行福利分配。各单位住房维修维护保障基本各自为政，维修资金来源使用单一。80 年代后，国家逐步推进改革住房保障，开始有了售后公房、商品房，房屋的维修资金缴存不再单一。专门规定专项维修资金缴、存、用的法规始于 1998 年《住宅共用部位共用设施设备维修基金管理办法》（建住房〔1998〕213 号）。该办法分别对商品住房和售后公有住房的维修资金缴纳、缴纳比例作了不同的规定。"缴"，专项维修资金有由个人缴的，有由单位缴的，成分不再单一。依该办法第四条，专项维修基金的使用执行《物业管理企业财务管理规定》（财政部财基字〔1998〕7 号）。依该办法第六条，公有住房售后维修基金管理与使用的具体办法，可以依据地方市、县财政部门和房地产行政主管部门共同制定的办法。"存"，专项维修资金于银行专户存储，专款专用。"用"，有特别程序规定，定向使用，并有专门的监督。闲置时，严禁挪作他用，除可用于购买国债等无风险投资外，只能享有银行的利息净收益。专项维修资金因其资金的特殊性，从其第一部法规规范开始，注定是法定的、复杂的。到 2008 年颁布《住宅专项维修资金管理办法》（原 1998 年《住宅共用部位共用设施设备维修基金管理办法》废止），新办法对专项维修资金缴、存、用有更加严格细致规范的规定，实行缴存依规，专户

---

① 依 1998 年《住宅共用部位共用设施设备维修基金管理办法》（建住房〔1998〕213 号）第六条第一款"售房单位按照一定比例从售房款中提取，原则上多层住宅不低于售房款的 20%，高层住宅不低于售房款的 30%。该部分基金属售房单位所有"规定，公有住房售后的维修基金由售房单位缴交、所有。该办法被 2008 年《住宅专项维修资金管理办法》废止替代，新办法第八条、第九条中亦有类似规定。售后公房前期的物业维修均由单位负责，转售单位职工后，专项维修资金由单位和个人各负责一部分，单位缴存的专项维修资金由单位所有，个人缴存的由个人所有。一般来说，售后公房原单位会或多或少地保留些单元，这时原单位成了业主，所以说，此规定与专项维修资金由业主缴交，属于全体业主共有并不矛盾。

存储、专款专用、所有权人决策、程序合法、政府监督。

2. 专项维修资金的专属性、附属性

关于"专属性",2008年《住宅专项维修资金管理办法》第二条规定,专项维修资金专项用于住宅共用部位、共用设施设备保修期满后的维修和更新、改造;第四条规定:"住宅专项维修资金管理实行专户存储、专款专用、所有权人决策、政府监督的原则。"第十条第二款规定:"直辖市、市、县人民政府建设(房地产)主管部门应当委托所在地一家商业银行,作为本行政区域内住宅专项维修资金的专户管理银行,并在专户管理银行开立住宅专项维修资金专户。"第十四条规定:"专户管理银行、代收住宅专项维修资金的售房单位应当出具由财政部或者省、自治区、直辖市人民政府财政部门统一监制的住宅专项维修资金专用票据。"这些规定都体现了专项维修资金的"专"字。专项维修资金的收缴属专款,收缴对象、款额有专门规定;存储到专户管理银行,专户存储;只能用于房屋的共用部位、共用设施设备,专款专用;申请使用程序也有专项规定,还要接受专门的监督;各地使用、管理和监督还制定有专门的细则。关于"附属性",专项维修资金虽属业主共有,但专项维修资金只能附属于楼房物业,使用随附着楼房物业,价值也体现在楼房物业中。《住宅专项维修资金管理办法》第二十八条第一款规定:"房屋所有权转让时,业主应当向受让人说明住宅专项维修资金交存和结余情况并出具有效证明,该房屋分户账中结余的住宅专项维修资金随房屋所有权同时过户。"第二十九条规定:"房屋灭失的,按照以下规定返还住宅专项维修资金:(一)房屋分户账中结余的住宅专项维修资金返还业主;(二)售房单位交存的住宅专项维修资金账面余额返还售房单位;售房单位不存在的,按照售房单位财务隶属关系,收缴同级国库。"

3. 专项维修资金的公共性、公益性

本点在前述裁判要点的理解与说明中已有详述,专项维修资金是为了准备应急性地维修、更新或改造区分所有建筑物的共有部分,建筑物共有部分的维护关乎全体业主的共同利益或公共利益,维修资金具有公共性、公益性。

综上可以看出,专项维修资金性质上是专门用于物业共用部位、共用设施设备保修期满后的维修和更新、改造的资金,属于全体业主共有。缴纳专项维修资金是业主为维护建筑物的长期安全使用而应承担的一项法定义务。

(二)关于业主大会诉小区业主追缴物业专项维修资金的诉讼,能否适用诉讼时效的问题

本案例要厘清权利人对专项维修资金的请求权是否适用诉讼时效制度,需要对诉讼时效制度的设立目的、诉讼时效制度适用的请求权类型,权利人对专项维修资金请求权的性质以及专项维修资金的民事法律属性逐一辨析。下面对这几个问题分别阐述,并分析民事法律关系分歧意见。

关于诉讼时效制度与其适用客体。"法律不保护在权利上睡觉的人"，私权的行使以权利人的意思为准，除与公益有关者外，权利人不行使权利，法律不必加以催促。① 2008年《最高人民法院关于审理民事案件适用诉讼时效制度若干问题的规定》第一条规定："当事人可以对债权请求权提出诉讼时效抗辩，但对下列债权请求权提出诉讼时效抗辩的，人民法院不予支持：（一）支付存款本金及利息请求权；（二）兑付国债、金融债券以及向不特定对象发行的企业债券本息请求权；（三）基于投资关系产生的缴付出资请求权；（四）其他依法不适用诉讼时效规定的债权请求权。"实务中，依上述诉讼时效司法解释的规定，诉讼时效的适用范围限定为债权请求权。关于权利人对专项维修资金请求权的性质，讨论中，主要有两种不同观点。

第一种观点认为，对专项维修资金的请求权是特殊的债权请求权。1998年，国务院出台《国务院关于进一步深化城镇住房制度改革加快住房建设的通知》规定，改革住房分配制度，逐步取消公房分配，推进配套商品房改革。为保障个人购买商品房、售后公房后期房产的维护保养，建设部、财政部出台了《住宅共用部位共用设施设备维修基金管理办法》，明确专项维修基金缴、存、用等规定。这是我国第一次对专项维修基金以法规形式予以规范。在当时的历史环境下，关于债与债权规定的法律有1986年民法通则第八十四条、第八十七条，再到1999年合同法实施，② 法官已普遍习惯对债及债权、债务法条的理解与司法应用，对表现以货币为对价权利请求的，一般定性为债权请求权。该观点认为对专项维修基金的请求权与《最高人民法院关于审理民事案件适用诉讼时效制度若干问题的规定》的第一条第一至三项请求权具有类比性，遂认定其为债权请求权，但因其具有特殊性，不适用于诉讼时效制度。

第二种观点，对专项维修资金的请求权定性为物权请求权。③ 虽然请求缴纳物业维修基金以货币给付为表现形式，但就其实质而言，系物上请求权的表现类型，与债权请求权有本质区别。理由有如下七点。

第一，分析民法上的两个概念，即不特定物与货币。不特定物又称为种类物，是相对于特定物而言的概念，民法中区别特定物与不特定物的意义在于，特定物可以成为物权的客体，不特定物一般不能成为物权的客体。不特定物抑或特定物是个相对的概念，在不同的环境下，原来是不特定物的，却被视为特定物。例如手机，在用户手里，就是特定物，但对于生产厂商来说，就是不特定物。不特定物还可以通过某种方式转变为特定物，比如说木材可以被做成椅

---

① 施启扬：《民法总则》，中国法制出版社2010年版，第327页。

② 1999年，合同法实施，原有的1981年经济合同法、1985年涉外经济合同法、1987年技术合同法废止，物权法尚未出台，物权法征求意见也多在2001年后成书出版发行。

③ 该观点由上海市高级人民法院研究室提出，经该院民一庭审查后报审判委员会讨论通过，作为裁判理由之一随案例报送最高人民法院备选。

子，打造成家具。不特定物还可被集合建造成特定物，比如用水泥、黄沙和砖建成房屋。货币是一种特殊的不特定物，在交易上具有高度的可替代性。货币的特殊性集中体现在所有权上。一般认为，货币的占有与所有是同一的，有称为"占有即所有"。在市场上，货币是商品的一般等价物，具有强制流通性。在交易中，货币本质上是一种所有者与市场关于交换权的契约，根本上是所有者相互之间的约定。民法理论通说认为，货币是一种不特定物，所有人对货币"占有即所有"，不能成为物权的客体。当然，也有特例，比如错币，错币实际已成为收藏品，是一种特定物，可以是物权的客体。再如，"占有即所有"亦有特例，如保证金账户内的开证保证金①，是被代理人对外支付的设备款，对代理人来说不适用"占有即所有"。开证保证金也是所有权与占有权分离的表现。当某权利客体以货币为表现形式时，只有在其失去流动性与易换性，且具有明显的专属特征，回到类似远古"以物易物"的年代，才能说其丧失了货币属性。

第二，关于分析法律关系用到的相对与辩证方法。这里的相对与辩证分析不是哲学中的概念，只是正常生活中的常识与理解，不需要过于专业。先举一个特定物与不特定物相对与辩证分析的例子，同事的手机因电池爆炸拿去修理，一周后被取回。实际上，维修商给他换了一部新手机，原手机的资料全部备份到了新手机上。试分析下修理过程中手机的物权归属，对同事而言，手机是特定物，对手机拥有的物权没有因修理更换而发生变化；对维修商来说，手机是不特定物，换部新的，节省了修理时间，客户也满意。退一步说，即使同事知道了修理实际上是换了部新手机，自然也会高兴，肯定不会依对原手机的物权，向维修商"请求物上返还权"。再来分析专项维修资金，其以货币不特定物为表现形式。货币具有高度可替代性，作为商品一般等价物，具有强制流通性、市场上的易换性，这些是其基本属性。全面分析专项维修资金后，发现其已无一般等价物的价值，只能附属于大楼物业，不具高度替代性，失去了流通性，也失去了市场上的易换特性，失去了它的货币化不特定物的属性。

第三，专项维修资金是物权的客体特定物。专项维修资金以货币为表现形式，是物业所有人——业主共同"集合"缴纳的资金，不论是从其"集合"的角度分析，还是从相对与辩证的角度分析，专项维修资金都是民法中的特定物。从"集合"角度分析，当货币大量"集合"成专项维修资金后，其使用受限，只能用于大楼共用部位、共用设施设备保修期满后的维修和更新，占有与所有也适度分离，换而言之，其高度可替代性被限制，失去了流通性，也失去了市场上的易换特性，可以说就是失去了它的货币化不特定物的属性；从辩证

---

① 王利明：《货币所有权规则适用的例外》，载王利明：《民法疑难案例研究》，中国法制出版社2013年版。

全面的角度分析，专项维修资金专属性特征明显，该笔款项被存放在一个特定账户上，与所有人和使用人自身的财产是严格分离的，因各物业不同而不同，各物业的大楼不同而不同，各大楼的门栋不同而不同，专户存储细化到户，使用时，只能用于其相对应的大楼，甲小区的专项维修资金不能用于乙小区的大楼，甲小区A栋的专项维修资金不能用于甲小区B栋的大楼，对具体的大楼、业主来说，这就是特定物的专属属性。从"集合"概念来讲，若水泥黄沙（不特定物）可以"集合"建成大楼（特定物），木材（不特定物）可以"集合"打造成家具（特定物），为什么货币（不特定物）"集合"成某种特定用途、占有使用等性质特殊的专项资金时，不能被认定为特定物呢？分析专项维修资金的本质属性，需要溯本求源，抽丝剥茧，去伪存真，透过现象看本质，用相对辩证的方法分析，厘清其中的法律关系。

第四，关于支配权、占有权与所有权的分离。这是专项维修资金另一个特别的地方，涉及的就是小区业主对其支配权、占有权与所有权的分离。支配权、占有权是所有权的权能之一，以所有权的表现对象的形式实现。小区业主对专项维修资金的共有共管，虽然将支配权、占有权分离出去，小区业主仅享有不完全的支配权和占有权，但其所有权人的权利身份并没有任何改变，一直拥有着更为绝对的权利，即使用人对专项维修资金支配权的支配权，共同占有权人的绝对占有权。支配、占有、收益、处分所有权权能中的一项或多项可以暂时与所有权分离，所有权不会丧失，所有权权能与所有权分离，也正是所有权人行使对物所有权的一种形式。另，我国物权法物权体系由三种权利构成，所有权、用益物权和担保物权，用益物权和担保物权正是由权能与所有权分离而形成。

第五，再分析民事权利中有时容易混淆的物上请求权与债权请求权。物权的基本属性是支配权，债权的性质由请求权决定，传统理论认为，物权是支配权，债权是请求权，特别强调了支配权与请求权的对立，形成了非此即彼的观念，没有在支配权与请求权的辩证关系下建立物权与债权的概念。在区别物权与债权时，通说之一便是，物权是绝对的权利，债权是相对的权利。实际上，物权的绝对权，是与债权的相对权比较而言的，不能作为根本区别的原则。物权也有相对权，甚至物权的相对权的表现形式会更多。对物关系而言，物权与债权的本质区别是对物的支配关系或控制关系，而非相对与绝对的关系。物权与债权的客体不同，是两者的根本区别之一。物权的客体是物。债权的客体是给付行为（权利义务的对价），常以货币、特定物为表现形式，权利义务的一方以特定物为给付标的（标的物）。① 当一种民事权利的客体是物，另一种民事权利的客体表现形式也是物时，这两种民事权利混淆是不可避免的了。本案例中，专项维修基金就是以特别种类物货币为表现形式，第一种观点就是将权利人对专项维修基金追缴认定为债权。需要特别注意的是，物权的客体也可以是权利，② 而债权的请求权，请求相对人为或不为一定行为，也是权利，也容易混淆。不过，要注意的是，当权利成为物权的客体时，是需要法定的，目前我国法律就规定了几种，这就比较容易区分了。债权与物权的产生基础：债权的产生有合同、侵权、无因管理、不当得利、其他法律规定；物权的产生则有转让、继受和原始取得（生产、征收）。将权利人对专项维修资金请求权看作是债权的观点理由之一，认为专项维修资金由法律规定而来，由1998年《住宅共用部位共用设施设备维修基金管理办法》规定而来，所以是债权。其实不然，比上述办法早的是1994年《城市共有房屋管理规定》第四十二条"公有房屋修缮所需资金，应当按照现行财务制度和有关规定分别列支，严禁挪用"有关于房屋维修资金的规定；再早的是1984年《房屋修缮范围和标准》（城乡建设环境保护部，城住字〔84〕第677号），第一段就有"……充分发挥维修资金效益，延长房屋使用年限"叙述；还有更早的，如1963年《中共中央、国务院第二次城市工作会议纪要》，"为进一步加强住宅、中、小学校舍和其他市政设施的维修，必须确定和增辟经常的固定的资金来源；……"也有类似的描述，只是当时还未谓之为专项维修资金。再来看专项维修资金的产生，专项维修资金是房屋物业的维修金，是随房屋的建成而产生的，不论私房还是公房，这笔钱都是必不可少的。1998年《住宅共用部位共用设施设备维修基金管理办法》规定之前，公房的维修资金由国家拨款单位负担，私房的维修资金由产权人自己负担，如前述1963年会议纪要，要求"应当督促房主维修房屋"，之后，各地出台管理细则，进一步规范其缴、存、用。房屋的维修资金随房屋的建成而来，必不可少。

专项维修资金的请求权是债权请求权还是物权请求权容易被混淆，在很多情况下，将专项维修资金的请求权混淆为债权请求权处理法律问题时，貌似正确。这是因为，在物权人行使以所有权返还请求权为基础的各种返还请求权

---

① 国内大多数民法总论相关书籍，在讲到"物"时，通常会放到"民事权利的客体"这一章中，如中国法制出版社，陈华彬著的《民法总论》第七章"权利的客体"，再如法律出版社，梁慧星著的《民法总论》第五章"民事权利客体"。并且，"物"会占用很大的篇幅，而其他权利客体通常篇幅较少，会并到一节中叙述。这样，容易造成的误解，民事权利的客体是物。而实际上，民事两大权利物权与债权，只有物权的客体是物，物权的客体还可以是法定的权利。有学者认为物权的客体只是物，但我国物权法总则中明确规定，物权的客体可以是权利。

② 《物权法》总则第二条第二款："本法所称物，包括不动产和动产。法律规定权利作为物权客体的，依照其规定。"对应《民法典》第二百零五条。

时，原则上债权法的制度可以得到普遍的适用，根据债权法的法理基础，在所有权人和占有人之间的关系中也可以适用债法上的"讯问请求权"（指物的所有权人可以向占有权人、承租人等提出关于物的现实状态的信息的权利）的规定。①

第六，确定了专项维修资金是物上请求权的客体后，再分析专项维修资金的附属性，以确认其为住宅大楼（主物）的从物属性，便于更清晰地分析其具体的物上请求权属性。

专项维修资金是从物。②"从物的根本标志是，它对主物具有服务性功能，并与主物处于某一特定的空间关系中，但不允许具备成分性质。而如何识别从物，这根本上取决于交易之观念。"③在前述的专项维修资金的专属性、附属性④中，已详细对专项维修资金关于这方面的属性予以描述，这里不再累述，依从物的定义与性质，很容易得出专项维修资金是从物的结论。从物的效力随主物的效力，权利人处分主物时，从物随主物所有权转移而转移；权利人对从物的物权效力，随主物物权而定。

对专项维修资金物上请求权的权利形式。业主大会对专项维修资金的追缴，属于所有物返还请求权、妨害排除请求权还是妨害防止请求权？应该是妨害防止请求权更合适些。若属所有物返还请求权，绕不开被追缴的业主本身也是共有的权利人之一。如果大楼只有一个业主，岂不成了业主通过与其他共有人组织（业主大会），追缴属业主自己的维修资金？若属妨害排除请求权，妨害的事由可能尚未发生或持续，但如果已有比如大楼楼顶漏水、电梯损坏等事由，可以考虑这点。妨害防止请求权，"所有权'有继续受妨害之虞者'，产生——在性质上为实体法权利（有争议）的——妨害防止请求权。该请求权旨在阻却将来发生之妨害。"⑤对专项维修资金的追缴，目的之一是为了防止一旦因物业项目维修需要资金入不敷出，对大楼物业造成损害，属妨害防止请求权，更适合。

第七，反对两个倾向。物权制度、债权制度等民事法律制度的存在与发展，有其自有的社会认知基础，有其自身的发展规律，混同不同的民事权利，或说不同的民事权利趋于一体，不符合现今社会中法律现状。尽管物权与债权在某些民事法律关系中会出现融合状态，简单地理论划界也不可能，但反对碰

---

① 孙宪忠：《论物权法》，法律出版社 2008 年版，625 页。
② 国内民法概念中，习惯称"从物"，偶有称"附属物"的。孙宪忠：《论物权法》，法律出版社 2008 年版，543 页。本文从习惯称法，称"从物"。
③ [德] 鲍尔、施蒂纳尔：《德国物权法》（上册），张双根译，法律出版社 2004 年版，第 28 页。
④ 我国法律中的很多概念是外来词，国内"从物"从英文 accession things 翻译而来，accession 是 access 词根的名词，形容词是 accessorial，附属的，辅助的。
⑤ [德] 鲍尔、施蒂纳尔：《德国物权法》（上册），张双根译，法律出版社 2004 年版，第 13 页。

到问题，不假思索地将物权当作债权，或将债权当物权。"正是金钱，不仅是物权与债权获得了前所未有的高度统一，同时也使二者区别之界限愈益模糊，以至使人们试图在学说上对二者加以区别已变得毫无意义及根本不可能。"① 当民事权利涉及以货币为客体内容转移时，民事法律关系中的物权与债权易混淆。但是，"物权与债权在现实生活中的区别通常是确定的、清晰的。有时此而彼的现象，不等于此与彼之间再无分界，只是人们的认识不够深入或有所偏差"②。在具体的法律实务中，法无明文规定，或规定不明时，既要反对不加分析便将物权当作债权，也要反对将债权当物权，遇不易解决的法律关系问题时，多分析与辨别，厘清基本的法律关系才是真谛。

针对上述理论和司法实务部门的主要分歧观点，本案例在征求意见过程中，有同志提出，鉴于缴纳维修基金是法定义务，但相应的"请求权"到底是什么性质的权利，判决中没有阐明，学界对此认识也不一。虽然判决结论符合现实情况，而且比较合理，但权利性质尚未明确，导致论点存疑。因此目前不宜发布涉及该类问题的指导性案例。但多数同志经过讨论认为，尽管对案涉相关"请求权"的性质法学理论研究目前尚不充分，但从这类案件司法实践中遇到比较多，裁判尺度亟待统一的情况考虑，最高人民法院可以就此发布指导性案例，在法学理论界尚未形成明确共识的情况下，根据法学的基本原理和实践经验，来解决这类案件的裁判尺度统一问题。为此，建议本案例的裁判要点对涉及争议的请求权性质问题暂时予以回避，而直接表述为"专项维修资金是专门用于物业共用部位、共用设施设备保修期满后的维修和更新、改造的资金，属于全体业主共有。缴纳专项维修资金是业主为维护建筑物的长期安全使用而应承担的一项法定义务。业主拒绝缴纳专项维修资金，并以诉讼时效提出抗辩的，人民法院不予支持。"未来该问题在法理上形成共识之后，可以再考虑是否需要通过新的指导性案例替代目前最高人民法院的相关司法意见。

三、其他需要说明的问题

关于业主大会能否作为原告起诉不依法缴纳物业维修资金的业主，也是本案例涉及的一个重要问题。《民事诉讼法》（2012年修正）第四十八条③规定，"公民、法人和其他组织可以作为民事诉讼的当事人。"法学理论界和司法实务中，对业主大会的性质以及基于业主大会性质判断其是否具有诉讼当事人资格，存在分歧意见。有一种观点认为，业主大会既非法人，亦非"其他组织"，

---

① 陈华彬：《物权法原理》，国家行政学院出版社1998年版，第20页。
② 孟勤国：《物权二元结构论——中国物权制度的理论重构》，人民法院出版社2009年版，第37页。
③ 对应《民事诉讼法》（2023年修正）第五十一条。

因此业主大会作为诉讼当事人不适格。讨论中多数观点认为，业主大会可以作为原告起诉不依法缴纳物业维修资金的业主。理由如下：第一，物权法在第六章"业主的建筑物区分所有权"中，对建筑物的所有权规定了业主所有和业主共有两种情形，并规定了业主通过成立业主大会及其委员会，对业主共有部分实行管理的制度。《物权法》第八十三条①第二款也规定了"业主大会和业主委员会，对任意弃置垃圾、排放污染物或者噪声、违反规定饲养动物、违章搭建、侵占通道、拒付物业费等损害他人合法权益的行为，有权依照法律、法规以及管理规约，要求行为人停止侵害、消除危险、排除妨害、赔偿损失。"尽管该款未明确列举追讨物业维修基金的内容，但鉴于物业维修基金也关系到建筑物的安全使用和全体业主的共同利益。因此，无论从物权法所作的制度安排角度，还是实践的迫切需要，都应当明确业主大会追缴物业维修基金的诉讼原告资格。第二，从法律依据来看，《物权法》第七十六条②第七项规定了"有关共有和共同管理权利的其他重大事项"，应当"由业主共同决定"。这一兜底条款，可以为业主大会作为追缴物业维修基金诉讼原告提供司法实践操作的空间。第三，业主大会是依据物权法规定行使管理、维护全体业主共同利益的组织。尽管它没有自己独立的财产，但由于它代表全体业主的利益参加诉讼，因此，诉讼的法律后果应当由全体业主来承担。所以对于业主大会提请相关诉讼，也不存在实际操作上的障碍，仅仅是现有民事诉讼法的规定不够明确而已。第四，从裁判文书网了解的情况，目前不少地方法院在裁判中也认可了业主大会在追缴物业维修基金案件中的原告诉讼主体资格。综上，本案例尽管没有将业主大会具有起诉业主缴纳物业维修资金的原告主体资格问题作为裁判要点的内容，但通过发布该指导性案例，认可相关法院对本案例所作出裁判的方式，实际上表明了最高人民法院对此问题的观点和意见。

与此相关的还有两个问题：一是业主委员会能否作为追缴专项维修资金案件民事诉讼主体的问题。根据《物业管理条例》第十条规定，"同一个物业管理区域内的业主，应当在物业所在地的区、县人民政府房地产行政主管部门或者街道办事处、乡镇人民政府的指导下成立业主大会，并选举产生业主委员会。"第十五条规定，"业主委员会执行业主大会的决定事项，履行下列职责：（一）召集业主大会会议，报告物业管理的实施情况；（二）代表业主与业主大会选聘的物业服务企业签订物业服务合同；（三）及时了解业主、物业使用人的意见和建议，监督和协助物业服务企业履行物业服务合同；（四）监督管理规约的实施；（五）业主大会赋予的其他职责。"可以看出，业主委员会是从业主中选出，执行业主大会决定的机构，因此，业主委员会经过业主大会的授

---

① 对应《民法典》第二百八十六条。
② 对应《民法典》第二百七十八条。

权,可以作为民事诉讼的当事人参与诉讼。《最高人民法院关于审理物业服务纠纷案件具体应用法律若干问题的解释》(法释〔2009〕8号)第十条也明确规定,"物业服务合同的权利义务终止后,业主委员会请求物业服务企业退出物业服务区域、移交物业服务用房和相关设施,以及物业服务所必需的相关资料和由其代管的专项维修资金的,人民法院应予支持。"由此,业主委员会也可以经过业主大会授权,作为原告起诉追缴专项维修资金。

二是关于物业服务企业能否成为追缴专项维修资金的诉讼主体的问题。情况有点复杂。依《最高人民法院关于审理物业服务纠纷案件具体应用法律若干问题的解释》第四条规定,"业主违反物业服务合同或者法律、法规、管理规约,实施妨害物业服务与管理的行为,物业服务企业请求业主承担恢复原状、停止侵害、排除妨害等相应民事责任的,人民法院应予支持。"物业服务企业在上述第四条规定的情景,以及业主欠缴物业费的案件中,可以作为原告。而在追缴专项维修资金的案件中,物业服务企业与业主大会和业主委员会不同,业主大会和业主委员会都可以代表业主行使权利,物业服务企业则是受雇佣的服务第三方,能否行使追缴权利,要看是否有法律法规规定的委托事项。各地的具体实施办法可能会有不同,应视具体情况而定。例如《山东省住宅专项维修资金管理办法》第十八条规定,"由物业服务企业或者其他机构代收补交、续交维修资金的,……"此时,物业服务企业被委托代收专项维修资金,其能够成为适格当事人。

最高人民法院
关于审理物业服务纠纷案件适用法律若干问题的解释

（2009年4月20日最高人民法院审判委员会第1466次会议通过 根据2020年12月23日最高人民法院审判委员会第1823次会议通过的《最高人民法院关于修改〈最高人民法院关于在民事审判工作中适用《中华人民共和国工会法》若干问题的解释〉等二十七件民事类司法解释的决定》修正）

为正确审理物业服务纠纷案件，依法保护当事人的合法权益，根据《中华人民共和国民法典》等法律规定，结合民事审判实践，制定本解释。

第一条 业主违反物业服务合同或者法律、法规、管理规约，实施妨碍物业服务与管理的行为，物业服务人请求业主承担停止侵害、排除妨碍、恢复原状等相应民事责任的，人民法院应予支持。

第二条 物业服务人违反物业服务合同约定或者法律、法规、部门规章规定，擅自扩大收费范围、提高收费标准或者重复收费，业主以违规收费为由提出抗辩的，人民法院应予支持。

业主请求物业服务人退还其已经收取的违规费用的，人民法院应予支持。

第三条 物业服务合同的权利义务终止后，业主请求物业服务人退还已经预收，但尚未提供物业服务期间的物业费的，人民法院应予支持。

第四条 因物业的承租人、借用人或者其他物业使用人实施违反物业服务合同，以及法律、法规或者管理规约的行为引起的物业服务纠纷，人民法院可以参照关于业主的规定处理。

第五条 本解释自2009年10月1日起施行。

本解释施行前已经终审，本解释施行后当事人申请再审或者按照审判监督程序决定再审的案件，不适用本解释。

【注　解】

一、最高人民法院2009年5月15日公布本解释，法释〔2009〕8号，自2009年10月1日起施行。

最高人民法院2020年12月29日公布《最高人民法院关于修改〈最高人民法院关于在民事审判工作中适用《中华人民共和国工会法》若干问题的解释〉等二十七件民事类司法解释的决定》修正本解释，法释〔2020〕17号，该修正自2021年1月1日起施行。

二、本解释原名称为"《最高人民法院关于审理物业服务纠纷案件具体应用法律若干问题的解释》"。

【解　读】

解读《最高人民法院关于审理物业服务纠纷案件具体应用法律若干问题的解释》

一、问题的提出

2009年5月22日，最高人民法院公布了《关于审理物业服务纠纷案件具体应用法律若干问题的解释》（以下简称本解释），并将于2009年10月1日起施行。该司法解释是在物业服务纠纷案件数量不断增加，新问题、新情况不断涌现，审判实践面临的压力与日俱增的情况下出台的，必将对人民法院正确适用法律规定，统一相关案件的裁判尺度起到重要的规范和指导作用。从内容上看，该司法解释在既有审判实践经验的基础上，严循立法目的与宗旨，参酌法学理论研究成果，对相关法律规定以及亟待解决的审判实践中突出存在的问题作出了详细的解释和规定。

《物业管理条例》的正式施行，为相关社会生活领域的和谐稳定奠定了积极的法治条件，更为人民法院在审判实践中准确裁判和妥善处理纠纷案件提供了权威的法律依据。但不容否认的是，该条例侧重于物业管理层面所作出的规定，对实践中大量发生的物业服务纠纷往往存在针对性不强的问题。人民法院在审理物业服务纠纷案件过程中，更多地要通过适用《民法通则》《合同法》特别是《物权法》等法律的相关规定去妥善解决矛盾争议。自2003年9月1日《物业管理条例》施行以来，如何解决物业服务纠纷案件审判工作中具体应用法律问题已经成为日益紧迫的课题。根据这种实际情况，本解释的起草制定工作确立了这样几个指导原则：一是严循立法精神。立足于司法解释功能定位，严格按照《民法通则》《物权法》《合同法》等法律规定精神，确保解释内容符合立法宗旨和目的。二是平等保护当事人利益。注意广大业主和物业服务企业等物业服务法律关系各方当事人利益的平等保护，力求实现当事人间权利义务的平衡。三是民主原则。广泛听取社会各界意见、建议，努力做到兼听则明。四是针对性和可操作性原则。紧贴审判工作实践中的热点、难点问题，不务虚，不贪大求全，切实为审判实践提供统一的裁判依据。五是合理吸收法学研究成果原则。在满足审判实践需要的基础上，合理借鉴法学理论通说，确保学理上的妥当性。起草制定该司法解释的目的只有一个，就是依法履行好宪法、法律赋予最高人民法院的工作职责，通过司法解释的形式统一裁判尺度，维护法律的权威，切实做好物业服务纠纷案件民事审判工作。

二、理解

（一）关于合法有效的物业服务合同对业主的约束力

实践中，经常会遇到业主以其并非物业服务合同（包括前期物业服务合同）当事人为由，拒绝接受合同约束的现象。根据《物业管理条例》第三章的相关规定，在业主、业主大会选聘物业服务企业之前，建设单位可以通过招投标或者经行政主管部门批准采用协议方式选聘物业服务企业，签订前期物业服务合同。《物权法》第七十六条①规定，选聘物业服务企业应当由业主共同决定。业主委员会根据《物业管理条例》的相关规定，与业主大会依法选聘的物业服务企业签订物业服务合同。建设单位依法与物业服务企业签订的前期物业服务合同是在特定条件下，为维护业主利益和物业区域正常秩序而为。业主委员会按照授权与业主大会选聘的物业服务企业订立的物业服务合同，则是业主自治权行使的结果。无论是哪一个合同，业主虽然不是形式意义上的签订者，但其是物业服务合同项下权利义务的一方实际享有者和承担者。从这个角度看，物业服务企业是和业主而不是与业主委员会建立的物业服务法律关系。如果业主所提前述主张和抗辩成立，则势必导致物业服务关系发生紊乱。

从另一个角度看，尽管学理上对物业服务合同的法律性质存在诸多争议，但就物业服务合同的内容看，尽管其存在一定的特殊性，但物业服务企业为作为委托人的业主办理物业服务事务、提供劳务，是实现合同目的的必要手段。同时，物业服务合同为双务、诺成及不要式合同，这与委托合同也是一脉相承的。就物业服务合同的有偿性而言，民事委托以无偿为原则，有偿为例外，而商事委托以有偿为原则。物业服务合同为商事合同，当然以营利为目的，属于

---

① 对应《民法典》第二百七十八条。

有偿的委托合同。因此，学界通说主张应当借鉴委托合同的制度机理处理物业服务合同相关争议。综观前期物业服务合同以及物业服务合同，建设单位根据行政法规的规定，在业主、业主大会选聘物业服务企业之前，依法与物业服务企业签订物业服务合同应当解释为法定的受托情形；而业主委员会代表全体业主依法签订的物业服务合同，既有行政法规依据，也有业主大会的决议和授权依据。不管是在哪种情形，业主都是实质上的委托人。根据《合同法》第四百零二条①的规定，除非有确切证据证明该合同只约束受托人和第三人，受托人以自己的名义，在委托人的授权范围内与第三人订立合同，第三人在订立合同时知道受托人与委托人之间的代理关系的，该合同直接约束委托人和第三人。据此，本解释第一条前段规定，业主以其并非合同当事人为由提出抗辩的，人民法院不予支持。

（二）关于物业服务企业就全部物业服务业务签订转委托合同以及物业服务合同中部分条款的效力

《物业管理条例》第四十条规定，物业服务企业可以将物业管理区域内的专项服务业务委托给专业性服务企业，但不得将该区域内的全部物业管理一并委托给他人。根据该规定，本解释第二条第一款第（一）项规定，物业服务企业将物业服务区域内的全部物业服务一并委托他人，业主委员会或者业主请求确认该委托合同无效的，人民法院应予支持。实践中，相当一部分物业服务合同是由物业服务企业提供的格式文本。《合同法》第四十条②规定："提供格式条款一方免除其责任、加重对方责任、排除对方主要权利的，该条款无效。"据此，本解释第二条第一款第（二）项规定，物业服务合同中免除物业服务企业责任、加重业主委员会或者业主责任、排除业主委员会或者业主主要权利的，业主委员会或者业主请求确认该条款无效的，人民法院应予支持。

（三）关于物业服务企业的义务范围

实践中，很多物业服务合同约定内容并不十分详细，而对物业服务管理行为的规范很多是通过法律、法规规定或者相关行业规范来进行的。为更好地维护业主权益，本解释第三条依据合同默示条款理论，合理扩充了物业服务企业应承担义务的依据范围，即不仅限于物业服务合同中的明示条款，也包括法律、法规规定、相关行业规范的相关规定。关于物业服务企业公开作出的服务承诺及制定的服务细则，因其对业主作出选聘决定具有重要作用，如果放任物业服务企业可以不受其自己的表示行为约束，会动摇物业服务合同的订约基础，也会对业主合法权益造成损害。所以，该有关承诺等也应纳入物业服务企业应当承担义务的范围之内。根据《物业管理条例》第二条的规定，物业服务

---

① 对应《民法典》第九百二十五条。
② 对应《民法典》第四百九十七条。

企业应当承担的义务主要是对房屋及配套的设施设备和相关场地进行维修、养护、管理、维护相关区域内的环境卫生和秩序。就其义务量而言，本解释第3条对物业服务企业应尽义务所作出的规定并不会额外增加物业服务企业的义务。

（四）物业服务企业是否有权就业主相关妨害物业服务秩序的行为提起诉讼

物业服务企业与业主之间的物业服务关系具有一定的特殊性，其中很重要的一个方面就是全体业主将维护物业服务区域秩序的管理权交给物业服务企业。该权利行使的主要途径是对业主实施"人"的管理。业主实施妨害物业服务与管理的行为，既有可能是违反物业服务合同的违约行为，有时也可能是一种侵权行为。赋予物业服务企业以相应诉权，并未超出其对"人"管理权的行使边界，而且可以及时有效地制止不法行为。在实践中，其他业主往往都是要求物业服务企业去制止妨害、侵害行为，而不愿自己亲力亲为。由此可见，那种认为物业服务企业只不过是服务提供者，其没有权利就业主相关妨害物业服务秩序的行为提起诉讼的观点是不正确的。基于以上考虑，本解释第四条规定，业主违反物业服务合同或者法律、法规、管理规约，实施妨害物业服务与管理的行为，物业服务企业请求业主承担恢复原状、停止侵害、排除妨害等相应民事责任的，人民法院应予支持。

（五）如何理解欠费纠纷中业主据以抗辩的正当理由

本解释第六条前段规定，业主抗辩需要基于正当理由。业主能否仅以物业服务企业没有把小区扫干净或者没有定期剪除花园里的杂草等一般违约行为作为拒交物业费用的理由，实践中存在不同观点。我们认为，本条规定的正当理由，应当限定在物业服务企业不履行物业服务合同，或者履行合同有重大瑕疵。总之，司法实践中要对正当理由认真审查，从严掌握，防止业主滥用正当理由损害物业服务企业合法权益。

三、适用

（一）关于物业使用人的准用

实践中，物业服务纠纷常常会涉及房屋的承租人、借用人等物业使用人。物业使用人虽然不是业主，但其居住生活在物业服务区域内，也应当受到物业服务合同、法律、法规以及管理规约的约束。从这个意义上说，司法解释应当同样适用于非业主的物业使用人。对此，本解释第十二条作出了明确规定。

（二）关于司法解释的施行时间

2007年8月26日，根据《物权法》的有关规定，国务院对《物业管理条例》作出了相应修改。《物权法》施行后，该法的相关规定势必对物业服务法律关系的规范和调整带来一定的影响。如果不对本解释的时间效力进行适当限制，将有可能使得许多已经稳定的社会关系重新被打破，并引发大量纠纷案件。基于此种考虑，也为了在司法解释正式施行之前，给各界预留一个宣传学习的时间，并最大限度地通过自律、自纠的方式消化可能发生的纠纷案件，本解释将于2009年10月1日起施行。

（撰稿人：杜万华　辛正郁　杨永清）

解读《最高人民法院关于审理物业服务纠纷案件适用法律若干问题的解释》修正条文

根据2020年12月23日最高人民法院审判委员会第1823次会议通过的《最高人民法院关于修改〈最高人民法院关于在民事审判工作中适用《中华人民共和国工会法》若干问题的解释〉等二十七件民事类司法解释的决定》修正，对2009年《最高人民法院关于审理物业服务纠纷案件具体应用法律若干问题的解释》进行了修正。

1. 名称

【修改内容】

将名称修改为："最高人民法院关于审理物业服务纠纷案件适用法律若干问题的解释"。

【修改说明】

与通常表述保持一致。

2. 引言部分

【修改内容】

民法典颁布实施后，民法通则、物权法、合同法同时废止，因此在对司法解释修改时，将其引言中"根据《中华人民共和国民法通则》、《中华人民共和国物权法》、《中华人民共和国合同法》等法律规定"修改为"根据《中华人民共和国民法典》等法律规定"。

3. 第一条　建设单位依法与物业服务企业签订的前期物业服务合同，以及业主委员会与业主大会依法选聘的物业服务企业签订的物业服务合同，对业主具有约束力。业主以其并非合同当事人为由提出抗辩的，人民法院不予支持。

【修改内容】

删除。

【修改说明】

已被民法典第九百三十九条吸收。

民法典第九百三十九条　建设单位依法与物业服务人订立的前期物业服务合同，以及业主委员会与业主大会依法选聘的物业服务人订立的物业服务合同，对业主具有法律约束力。

4. 第二条　符合下列情形之一，业主委员会或者业主请求确认合同或者合同相关条款无效的，人民法院应予支持：

（一）物业服务企业将物业服务区域内的全部物业服务业务一并委托他人而签订的委托合同；

（二）物业服务合同中免除物业服务企业责任、加重业主委员会或者业主责任、排除业主委员会或者业主主要权利的条款。

前款所称物业服务合同包括前期物业服务合同。

【修改内容】

删除。

【修改说明】

第一款第一项已被民法典第九百四十一条第二款吸收；第一款第二项与民法典第四百九十七条第二项、第三项重复。

民法典第九百四十一条第二款　物业服务人不得将其应当提供的全部物业服务转委托给第三人，或者将全部物业服务支解后分别转委托给第三人。

民法典第四百九十七条　有下列情形之一的，该格式条款无效：

（一）具有本法第一编第六章第三节和本法第五百零六条规定的无效情形；

（二）提供格式条款一方不合理地免除或者减轻其责任、加重对方责任、限制对方主要权利；

（三）提供格式条款一方排除对方主要权利。

5. 第三条　物业服务企业不履行或者不完全履行物业服务合同约定的或者法律、法规规定以及相关行业规范确定的维修、养护、管理和维护义务，业主请求物业服务企业承担继续履行、采取补救措施或者赔偿损失等违约责任的，人民法院应予支持。

物业服务企业公开作出的服务承诺及制定的服务细则，应当认定为物业服务合同的组成部分。

【修改内容】

删除。

【修改说明】

已被民法典第九百三十八条第二款和第九百四十二条吸收，与民法典第五百七十七条重复。

民法典第九百三十八条第二款　物业服务人公开作出的有利于业主的服务

承诺，为物业服务合同的组成部分。

民法典第九百四十二条　物业服务人应当按照约定和物业的使用性质，妥善维修、养护、清洁、绿化和经营管理物业服务区域内的业主共有部分，维护物业服务区域内的基本秩序，采取合理措施保护业主的人身、财产安全。

对物业服务区域内违反有关治安、环保、消防等法律法规的行为，物业服务人应当及时采取合理措施制止、向有关行政主管部分报告并协助处理。

民法典第五百七十七条　当事人一方不履行合同义务或者履行合同义务不符合约定的，应当承担继续履行、采取补救措施或者赔偿损失等违约责任。

6．第四条

【修改内容】

将"业主违反物业服务合同或者法律、法规、管理规约，实施妨害物业服务与管理的行为，物业服务企业请求业主承担恢复原状、停止侵害、排除妨害等相应民事责任的，人民法院应予支持"修改为"业主违反物业服务合同或者法律、法规、管理规约，实施妨碍物业服务与管理的行为，物业服务人请求业主承担停止侵害、排除妨碍、恢复原状等相应民事责任的，人民法院应予支持"。将"物业服务企业"修改为"物业服务企业或者其他管理人"。将"妨害"修改为"妨碍"。将"恢复原状、停止侵害、排除妨害"修改为"停止侵害、排除妨碍、恢复原状"。

【修改说明】

与民法典第一百七十九条、第二百八十六条第二款、第九百三十七条第二款表述统一。

民法典第九百三十七条第二款　物业服务人包括物业服务企业和其他管理人。

民法典第一百七十九条　承担民事责任的方式主要有：

（一）停止侵害；

（二）排除妨碍；

……

（五）恢复原状……

民法典第二百八十六条第二款　业主大会或者业主委员会，对任意弃置垃圾、排放污染物或者噪声、违反规定饲养动物、违章搭建、侵占通道、拒付物业费等损害他人合法权益的行为，有权依照法律、法规以及管理规约，请求行为人停止侵害、排除妨碍、消除危险、恢复原状、赔偿损失。

7．第五条

【修改内容】

将"物业服务企业违反物业服务合同约定或者法律、法规、部门规章规定，擅自扩大收费范围、提高收费标准或者重复收费，业主以违规收费为由提出抗辩的,人民法院应予支持。

业主请求物业服务企业退还其已收取的违规费用的,人民法院应予支持。"

修改为"物业服务人违反物业服务合同约定或者法律、法规、部门规章规定,擅自扩大收费范围、提高收费标准或者重复收费,业主以违规收费为由提出抗辩的,人民法院应予支持。

业主请求物业服务人退还其已收取的违规费用的,人民法院应予支持。"

即将"物业服务企业"修改为"物业服务人"。

【修改说明】

与民法典第九百三十七条第二款表述一致。

民法典第九百三十七条第二款 物业服务人包括物业服务企业和其他管理人。

8. 第六条 经书面催交,业主无正当理由拒绝交纳或者在催告的合理期限内仍未交纳物业费,物业服务企业请求业主支付物业费的,人民法院应予支持。物业服务企业已经按照合同约定以及相关规定提供服务,业主仅以未享受或者无需接受相关物业服务为抗辩理由的,人民法院不予支持。

【修改内容】

删除。

【修改说明】

已被民法典第九百四十四条吸收。

民法典第九百四十四条 业主应当按照约定向物业服务人支付物业费。物业服务人已经按照约定和有关规定提供服务的,业主不得以未接受或者无需接受相关物业服务为由拒绝支付物业费。

业主违反约定逾期不支付物业费的,物业服务人可以催告其在合理期限内支付;合理期限届满仍不支付的,物业服务人可以提起诉讼或者申请仲裁。

物业服务人不得采取停止供电、供水、供热、供燃气等方式催交物业费。

9. 第七条 业主与物业的承租人、借用人或者其他物业使用人约定由物业使用人交纳物业费,物业服务企业请求业主承担连带责任的,人民法院应予支持。

【修改内容】

删除。

【修改说明】

与民法典第一百七十八条第三款和第五百二十三条规定冲突。法律未规定此种情况由业主与物业使用人承担连带责任。物业服务人应根据物业服务合同向业主主张物业费。

民法典第一百七十八条第三款 二人以上依法承担连带责任的,权利人有权请求部分或者全部连带责任人承担责任。

连带责任人的责任份额根据各自责任大小确定；难以确定责任大小的，平均承担责任。实际承担责任超过自己责任份额的连带责任人，有权向其他连带责任人追偿。

连带责任，由法律规定或者当事人约定。

民法典第五百二十三条　当事人约定由第三人向债权人履行债务，第三人不履行债务或者履行债务不符合约定的，债务人应当向债权人承担违约责任。

10. 第八条　业主大会按照物权法第七十六条规定的程序作出解聘物业服务企业的决定后，业主委员会请求解除物业服务合同的，人民法院应予支持。

物业服务企业向业主委员会提出物业费主张的，人民法院应当告知其向拖欠物业费的业主另行主张权利。

【修改内容】

删除。

【修改说明】

第一款已被民法典第九百四十六条第一款吸收，第二款在民法典第九百四十四条第一款有明确规定。

民法典第九百四十六条第一款　业主依照法定程序共同决定解聘物业服务人的，可以解除物业服务合同。决定解聘的，应当提前六十日书面通知物业服务人，但是合同对通知期限另有约定的除外。

11. 第九条

【修改内容】

将"物业服务合同的权利义务终止后，业主请求物业服务企业退还已经预收，但尚未提供物业服务期间的物业费的，人民法院应予支持。

物业服务企业请求业主支付拖欠的物业费的，按照本解释第六条规定处理。"修改为"物业服务合同的权利义务终止后，业主请求物业服务人退还已经预收，但尚未提供物业服务期间的物业费的，人民法院应予支持。"即删除第二款。

【修改说明】

已被民法典第九百四十四条吸收。

12. 第十条　物业服务合同的权利义务终止后，业主委员会请求物业服务企业退出物业服务区域、移交物业服务用房和相关设施，以及物业服务所必需的相关资料和由其代管的专项维修资金的，人民法院应予支持。

物业服务企业拒绝退出、移交，并以存在事实上的物业服务关系为由，请求业主支付物业服务合同权利义务终止后的物业费的，人民法院不予支持。

【修改内容】

删除。

【修改说明】

已被民法典第九百四十九条吸收。

民法典第九百四十九条　物业服务合同终止的，原物业服务人应当在约定期限或者合理期限内退出物业服务区域，将物业服务用房、相关设施、物业服务所必需的相关资料等交还给业主委员会、决定自行管理的业主或者其指定的人，配合新物业服务人做好交接工作，并如实告知物业的使用和管理状况。

原物业服务人违反前款规定的，不得请求业主支付物业服务合同终止后的物业费；造成业主损失的，应当赔偿损失。

13. 第十一条　本解释涉及物业服务企业的规定，适用于物权法第七十六条、第八十一条、第八十二条所称其他管理人。

【修改内容】

删除。

【修改说明】

已被民法典第九百三十七条第二款吸收。

14. 第十二条

【修改内容】

将"因物业的承租人、借用人或者其他物业使用人实施违反物业服务合同，以及法律、法规或者管理规约的行为引起的物业服务纠纷，人民法院应当参照本解释关于业主的规定处理"修改为"因物业的承租人、借用人或者其他物业使用人实施违反物业服务合同，以及法律、法规或者管理规约的行为引起的物业服务纠纷，人民法院可以参照关于业主的规定处理"。即删除"本解释"。

【修改说明】

物业使用人可以参照民法典物业服务合同章关于业主的规定，不限于本解释。

【链　　接】

最高人民法院民一庭负责人就《关于审理物业服务纠纷案件具体应用法律若干问题的解释》答记者问

最高人民法院于2009年5月22日公布了《关于审理区分所有权件具体应用法律若干问题的解释》和《关于审理服务纠纷案件具体应用法律若干问题的解释》。这两部将于2009年10月1日起施行。

两部司法解释涉及建筑物区分所有权及物业服务纠纷案件审判实践中的若干、难点问题，包括业主身份的界定、专有部分和共有部分的划定、车位和车库纠纷的处理、住改商纠纷的处理、物业费纠纷处理、物业服务合同的解除及相应纠纷的处理等。

比如，根据"建筑物区分所有权"司法解释的规定，建设单位按照配置比例，将车位、车库以出售、附赠或者出租等方式处分给业主的，应当认定其行为符合《物权法》第七十四条第一款①有关"应当首先满足业主的需要"的规定；业主将住宅改变为经营性用房，未经有利害关系的业主同意，有利害关系的业主请求排除妨害、消除危险、恢复原状或者赔偿损失的，人民法院应予支持，将住宅改变为经营性用房的业主以多数有利害关系的业主同意其行为进行抗辩的，人民法院不予支持。

根据"物业服务"司法解释的规定，物业服务违反物业服务合同约定或者法律、法规、部门规章规定，擅自扩大收费范围、提高收费标准或者重复收费，业主以违规收费为由提出抗辩的，人民法院应予支持；业主请求物业服务企业退还其已收取的违规费用的，人民法院应予支持；经书面催交，业主无正当理由拒绝交纳或者在催告的合理期限内仍未交纳物业费，物业服务企业请求业主支付物业费的，人民法院应予支持；物业服务企业已经按照合同约定以及相关规定提供服务，业主仅以未享受或者无需接受相关物业服务为抗辩理由的，人民法院不予支持；业主与物业的承租人、借用人或者其他物业使用人约定由物业使用人交纳物业费，物业服务企业请求业主承担连带责任的，人民法院应予支持。

据悉，近年来，随着我国住房制度改革不断深入，涉及物业权益纠纷案件数量不断增加。最高人民法院自2003年即着手展开相关调研，2007年年初，两部司法解释正式立项，此后，经多次分析论证并征求有关部门和社会各界意见，最终制定出台。这两部司法解释在《物权法》等法律规定框架内，立足审判实践需求，着力于增强法律规定的可操作性，是最高人民法院关注民生案件审判工作，切实加强审判指导的最新举措，必将对正确适用法律和统一相关案件裁判尺度起到重要的指导意义。

一、问：实践中，对如何认定业主观点不一，作出相关规定主要基于何种考虑？

答："业主"在区分所有权理论中被称为建筑物区分所有权人，明确业主身份的界定标准，对贯彻执行《物权法》第六章规定具有重要意义，有必要在

---

① 对应《民法典》第二百七十六条。

司法解释中予以明确。根据《物权法》第九条①、第二十八条②等规定，司法解释确定依法登记取得或者依据生效法律文书、继承或者受遗赠，以及合法建造房屋等事实行为取得专有部分所有权的人，应当认定为业主。这是界定业主身份的一般规则。

但在现实中，基于与建设单位之间的商品房买卖民事法律行为，房屋买受人在已经合法占有使用专有部分的情况下，仍未依法办理所有权登记的情形大量存在。在此情况下，如果仅以是否已经依法登记取得所有权作为界定业主身份的标准，将与现实生活产生冲突，并有可能对前述人群应当享有的权利造成损害。这部分人对共有部分的利用以及共同权的行使需求更为强烈，与其他业主之间的联系程度也更为直接和紧密，因此有必要对其"业主身份"问题进行特别规定。为了更好地维护业主自治秩序和建筑物区分所有权法律关系的和谐稳定，根据物权法等法律规定精神，司法解释对这种情形下的业主身份认定问题作出特别规定，即可以认定其为物权法第六章所称的业主。这样的规定既可以有效地统一司法评价标准，也符合物权法的规定精神，适应现实生活。同时，还可以引导这部分人及时办理物权登记。

二、问：如何认定专有部分和共有部分是实践中大量纠纷的关键问题，司法解释对此作出了怎样的规定？

答： 按照建筑物区分所有权理论通说认为，界定专有部分的标准是"具有构造和利用上的独立性"。此外，专有部分属于不动产，而不动产所有权的取得一般须经登记。因此有必要把登记作为专有部分界定的标准之一。尽管目前还存在一些本应属于专有部分却无法进行登记的情况，但随着登记制度的不断完善，并不意味着日后不能办理登记。所以，司法解释将"登记"表述为"能够登记"。除了建筑物内住宅、经营性用房等房屋外，司法解释从现实生活出发规定，专有部分的范围还包括整栋建筑物、特定空间及露台等。

实践中很多建筑物区分所有权纠纷是围绕共有部分产生的。物权法第六章对共有部分采取了较为分散的列举式规定。综合实践中有关共有部分界定争议的实际情况并经反复研究，司法解释采用列举、排除加兜底的方法，明确了共有部分的含义，以便于解决审判实践中的问题。为了条文文字的简洁，司法解释对法定共有部分不再重复。根据《物权法》第六章的规定，法定共有部分包括建筑区划内的道路（属于城镇公共道路的除外）、绿地（属于城镇公共绿地以及明示属于个人的除外）、其他公共场所、公用设施和服务用房、占用业主共有的道路或者其他场地用于停放的车位及电梯、水箱等。此外，司法解释也

---

① 对应《民法典》第二百零九条。
② 对应《民法典》第二百二十九条。

就天然共有部分作出了明确规定。天然共有部分，即法律没有规定，合同也没有约定，而且一般也不具备登记条件，但从其属性上天然属于共有的部分，包括建筑物的基本结构部分、公共通行部分、公共设施设备部分和公共空间等，其中明确列举外墙面、屋顶、通道等属于共有部分，是为了便于解决审判实践中的纠纷。因共有部分很难通过列举的方法予以穷尽，按照"非特定权利人所有即为业主共有"的思路，司法解释还专门作出了兜底性的规定。满足下列两个条件的应当认定为共有部分：（1）不属于业主专有部分；（2）不属于市政公用部分或者其他权利人所有。对建筑区划内的土地，司法解释根据物权法第一百三十五条也作出了相关规定。

三、问：车位、车库争议是建筑物区分所有权纠纷案件的难点问题，司法解释是如何处理此类问题的？

答：司法解释在《物权法》第七十四条第一款规定框架内，着重解决如何认定建设单位已经履行法律有关"首先满足业主的需要"问题。如果建设单位已经按照规划确定的建筑区划内规划用于停放汽车的车位、车库与专有部分的比例，将车位、车库以出售、附赠或者出租等方式处分给业主的，应当认定其行为已符合《物权法》第七十四条第一款有关"应当首先满足业主的需要"的规定。其原因在于，规划确定的配置比例具有法定性和确定性，业主在购买专有部分的时候对此也是明知的。只要业主已经按照配置比例购置或者租赁到车位、车库，就应当认为其需要已经得到了"首先满足"。否则，将有可能出现特定业主对车位、车库提出过度主张。

车位、车库纠纷的处理是一个极其复杂的问题，司法解释的规定还有些原则，但思路是明确的。在审判实践中，各级法院和法官可以在司法解释确定的大原则下，结合纠纷具体情况妥处相关案件。待审判实践经验的积累足够丰富之后，也可择机就新问题、新情况作出单行批复。

四、问：《物权法》第七十六条规定了业主共同决定重大事项时对专有部分面积、建筑物总面积以及业主人数、总人数的比例要求，这些比例应如何计算？

答：专有部分面积、建筑物总面积以及业主人数、总人数如何计算，关系到业主共同管理权的具体行使问题，是认定业主自治决议作出的程序是否合法的重要依据。《物权法》第七十六条[1]第二款规定了业主自治多数决的比例。但对计算该比例依据的专有部分面积、建筑物总面积，以及业主人数、总人数却未作明确规定，对此有必要在司法解释中进行解释。

不动产登记实践中，各地对专有部分面积依何种标准记载并不统一，但在

---

[1] 对应《民法典》第二百七十八条。

同一建筑区划内则是相同的，所以司法解释仅笼统表述为"面积"。如果已经依法登记的，按照不动产登记簿记载的面积计算；尚未进行物权登记的，暂按测绘的实测面积计算；尚未进行实测的，暂按房屋买卖合同记载的面积计算。专有部分面积确定后，建筑物总面积则应以按照同一标准计算的专有部分面积的总和计算。业主人数原则上应当按照专有部分的数量计算。但在一人（包括建设单位）拥有数个专有部分的情况中，如果同时复计人数将导致该人双重优势。因此，司法解释特别规定，建设单位尚未出售和虽已出售但尚未交付的部分，以及同一买受人拥有一个以上专有部分的，按一人计算。该规定并不会对这类权利人行使管理权造成影响，因为其专有部分面积在建筑物总面积中的比例未被改变。

五、问：当前，因"住改商"引发的纠纷比较多，司法解释对《物权法》第七十七条[①]**作出了怎样的解释性规定？**

答： 物权法第七十七条规定，业主不得违反法律、法规以及管理规约，将住宅改变为经营性用房。业主将住宅改变为经营性用房的，除遵守法律、法规以及管理规约外，应当经有利害关系的业主同意。对该条的理解主要有三个问题需要解决：一是如果未经有利害关系的业主同意，其法律后果是什么；二是有利害关系业主的同意是需全部同意还是多数同意即可；三是如何确定有利害关系业主的范围。

按照《物权法》第七十七条规定，"住改商"行为的合法性需要满足两个条件：遵守法律、法规以及管理规约；应当经有利害关系的业主同意。未经有利害关系的业主同意，其行为仍不具备合法性。据此，物权法第七十七条实际上已经成为"住改商"业主对由此产生的损害后果需承担相应民事责任的法律依据。

物权法施行后，在实践中有做法是按照多数决来确定有利害关系业主的意见。这既没有法律依据，也违反了《物权法》第七十七条的立法目的，针对这种情况，司法解释特别规定，将住宅改变为经营性用房的业主以多数有利害关系的业主同意其行为进行抗辩的，不予支持。司法解释综合考虑"住改商"纠纷的实际情况，将有利害关系业主的范围原则上确定为在本栋建筑物之内，该范围基本上有效涵盖了与"住改商"行为有利害关系的业主，在审判实务中也比较容易掌握和操作。此外，实践中确实有可能出现建筑区划内本栋建筑物之外的业主也与"住改商"行为存在利害关系的情况，但这部分业主的范围难以统一划定，为防止利害关系业主范围的无限制泛化，司法解释另外规定，其应证明利害关系的存在。

---

① 对应《民法典》第二百七十九条。

六、问：《物权法》第七十八条①规定了业主的撤销权，司法解释对业主撤销权行使问题有何具体规定？

答：《物权法》第七十八条第二款对业主撤销权作出了规定，但业主撤销权的行使还涉及一些具体问题需要明确。比如，业主大会、业主委员会违反法定程序作出的决定，业主能否申请撤销，以及业主撤销权的行使应否有一个时间限制等。根据《物权法》第七十六条的立法精神，司法解释将《物权法》第七十八条第二款规定的"业主合法权益"解释为：不仅包括侵害业主的实体权利，也包括作出决定的程序违反法律规定。业主撤销权作为一种形成权，应当受到除斥期间的限制，本条参照合同法有关债权人撤销权的规定，将其确定为自知道或者应当知道业主大会或者业主委员会作出决定之日起一年之内。如此规定，既可以督促受侵害的业主及时行使权利，也有利于尽量维护业主共同生活秩序的稳定。因该除斥期间的起算点为"在知道或者应当知道业主大会或者业主委员会作出决定之日起"，所以也不会对业主合法权益保护带来不利影响。

七、问：物业服务合同一般是由业主委员会与物业服务订立的，一些业主以其不是合同当事人为由拒绝履行相关义务，司法解释如何解决？

答：不仅是物业服务合同，前期物业服务合同也存在这个问题。根据《物业管理条例》的相关规定，在业主、业主大会选聘物业服务企业之前，建设单位可以通过招投标或者经行政主管部门批准采用协议方式选聘物业服务企业，签订前期物业服务合同。只要前期物业服务合同合法有效，其对业主即应具有约束力。《物权法》第七十六条规定，选聘物业服务企业应当由业主共同决定。业主委员会根据《物业管理条例》的相关规定，与业主大会依法选聘的物业服务企业签订的物业服务合同，是业主自治权行使的结果，全体业主都应遵守。在实践中，有些业主以不是合同当事人为由，不愿接受物业服务合同的约束，拒绝履行相应义务并引发纠纷。业主虽然不是物业服务合同（包括前期物业服务合同）形式上的签订者，但其是物业服务合同项下权利义务的一方实际享有者和承担者。从这个角度看，物业服务企业是和业主而不是与业主委员会建立的物业服务法律关系。据此，司法解释规定，业主以其并非合同当事人为由提出抗辩的，人民法院不予支持。

---

① 对应《民法典》第二百八十条。

八、问：实践中物业服务合同的约定内容一般较为简单，产生纠纷时，当事人对如何确定物业服务企业的义务常发生争议，司法解释对此有何规定？

答：实践中，很多物业服务合同约定内容并不十分详细，而对物业服务管理行为的规范很多是通过法律、法规规定或者相关行业规范来进行的。除此以外，物业服务企业公开作出的服务承诺及制定的服务细则，往往对业主作出选聘决定具有重要作用。为更好维护业主权益，司法解释依据合同默示条款理论，合理扩充了物业服务企业应承担义务的依据范围，即不仅限于物业服务合同中的明示条款，法律、法规规定、相关行业规范，以及物业服务企业公开作出的服务承诺及制定的服务细则也是确定物业服务企业应尽义务的依据。根据《物业管理条例》第2条规定，物业服务企业应当承担的义务主要是对房屋及配套的设施设备和相关场地进行维修、养护、管理，维护相关区域内的环境卫生和秩序，就其义务量而言，司法解释对物业服务企业应尽义务所做的规定并不会额外增加物业服务企业的义务。

九、问：很多业主认为，物业服务企业没有权利就业主相关妨害物业服务秩序的行为提起诉讼，这种观点是否正确，司法解释是如何规定的？

答：这种观点是不正确的。物业服务企业与业主之间的委托关系具有一定的特殊性，其中很重要的一个方面就是全体业主将维护物业服务区域秩序的管理权交给物业服务企业。该权利行使的主要途径是对业主实施"人"的管理。业主实施妨害物业服务与管理的行为，既有可能是违反物业服务合同的违约行为，有时也可能是一种侵权行为。赋予物业服务企业以相应诉权，并未超出其对"人"管理权的行使边界，而且可以及时有效地制止不法行为。实际上在实践中，其他业主往往都是要求物业服务企业去制止妨害、侵害行为，而不愿自己亲力亲为。基于以上考虑，司法解释规定，业主违反物业服务合同或者法律、法规、管理规约，实施妨害物业服务与管理的行为，物业服务企业请求业主承担恢复原状、停止侵害、排除妨害等相应民事责任的，人民法院应予支持。

十、问：欠费纠纷是物业服务纠纷的主要类型，如果业主提出不需要有关物业服务或者因出国等原因没有享受物业服务而拒绝缴费，应如何处理？

答：业主委员会根据《物业管理条例》的规定，与业主大会依法选聘的物业服务企业签订的物业服务合同，是业主自治权行使的结果，全体业主都应遵守。实践中，在物业服务企业已经按照约定以及规定全面履行了相应义务的情况下，有的业主以未享受物业服务企业已经提供的服务（比如业主提出其因出国而未享受服务）或者无需接受相关物业服务（比如低楼层业主提出其从未乘坐电梯等）提出抗辩。选聘物业服务企业是业主共同作出的决定，只要物业服务企业按照合同约定提供了相关服务，则物业费的交纳义务对全体业主而言都是均等的。否则，物业服务关系的稳定性和确定性将会被彻底打破。除非管理规约或者物业服务合同等有另外的规定或者约定，业主以前述理由所提的抗辩属于权利滥用，有损业主自治机制和物业服务秩序，所以不应得到支持。

十一、问：服务合同解除后，如物业服务企业提出其尚有物业费被拖欠，应如何主张权利？如物业服务企业拒绝退出，并以存在事实物业服务关系为由要求支付物业费，应否得到支持？

答：《物权法》第七十六条规定，业主大会有权决定解聘物业服务企业。按照业主大会决定，业主委员会代表业主，应有请求解除物业服务合同的权利。业主委员会虽为物业服务合同的一方当事人，但其既不是欠费人又没有责任财产，所以如果确实存在拖欠物业费的情形，物业服务企业可以在合同解除后，向拖欠物业费的业主提起诉讼。对此，司法解释明确规定，如果物业服务企业在解除物业服务合同的诉讼中，提出要求业主委员会支付拖欠的物业费的请求，法院应当告知其向拖欠物业费的业主另行主张权利。

实践中，在物业服务合同权利义务终止后，因物业服务企业拒绝退出而引发的纠纷不在少数。司法解释明确规定，在物业服务合同权利义务终止后，物业服务企业应当退出物业服务区域、移交物业服务用房和相关设施，以及物业服务所必需的相关资料和由其代管的专项维修。如果物业服务企业拒绝退出，并以存在事实物业服务关系为由，请求业主支付物业服务合同权利义务终止后的物业费的，法院不予支持。物业服务合同权利义务终止的情形，主要包括合同终止、解除、期限届满且未续期等。

十二、问：如果物业服务纠纷是由于承租人、借用人等引起的，是否也适用司法解释相关规定？最高法院对两部司法解释的施行有何特殊考虑？

答：实践中，物业服务纠纷常常会涉及房屋的承租人、借用人等物业使用人。该物业使用人虽然不是业主，但其居住生活在物业服务区域内，也应当受到物业服务合同、法律、法规以及管理规约的约束。从这个意义上说，司法解释对物业服务纠纷的规定，应当同样适用于因非业主的物业使用人实施违反物业服务合同、法律、法规或者管理规约的行为引起的物业服务纠纷案件的处理。对此，司法解释明确作出了规定。

《物权法》施行前，法律并无"住改商"应当经有利害关系的业主同意的规定，也没有规划用于停放汽车的车位、车库应当首先满足业主的需要的规定，除此以外，《物权法》对共同事项多数决的比例规定也比修订前的物业管理条例的规定高。如果不对司法解释的时间效力进行适当限制，将有可能使得许多已经稳定的社会关系重新被打破，并引发大量纠纷案件。基于此种考虑，根据法不溯及既往的原则，建筑物区分所有权司法解释明确规定，因《物权法》施行后实施的行为引起的建筑物区分所有权纠纷案件，适用该解释。同时，为了在司法解释正式施行之前，给各界预留一个宣传学习的时间，也为了最大限度通过自律、自纠的方式消化可能发生的纠纷案件，两部司法解释都将于2009年10月1日起正式施行。

最高人民法院
关于审理涉及农村土地承包纠纷案件适用法律问题的解释

(2005年3月29日最高人民法院审判委员会第1346次会议通过 根据2020年12月23日最高人民法院审判委员会第1823次会议通过的《最高人民法院关于修改〈最高人民法院关于在民事审判工作中适用《中华人民共和国工会法》若干问题的解释〉等二十七件民事类司法解释的决定》修正)

为正确审理农村土地承包纠纷案件,依法保护当事人的合法权益,根据《中华人民共和国民法典》《中华人民共和国农村土地承包法》《中华人民共和国土地管理法》《中华人民共和国民事诉讼法》等法律的规定,结合民事审判实践,制定本解释。

一、受理与诉讼主体

第一条 下列涉及农村土地承包民事纠纷,人民法院应当依法受理:
(一)承包合同纠纷;
(二)承包经营权侵权纠纷;
(三)土地经营权侵权纠纷;
(四)承包经营权互换、转让纠纷;
(五)土地经营权流转纠纷;
(六)承包地征收补偿费用分配纠纷;
(七)承包经营权继承纠纷;
(八)土地经营权继承纠纷。

农村集体经济组织成员因未实际取得土地承包经营权提起民事诉讼的,人民法院应当告知其向有关行政主管部门申请解决。

农村集体经济组织成员就用于分配的土地补偿费数额提起民事诉讼的,人民法院不予受理。

第二条 当事人自愿达成书面仲裁协议的,受诉人民法院应当参照《最高人民法院关于适用〈中华人民共和国民事诉讼法〉的解释》第二百一十五条、第二百一十六条的规定处理。

当事人未达成书面仲裁协议，一方当事人向农村土地承包仲裁机构申请仲裁，另一方当事人提起诉讼的，人民法院应予受理，并书面通知仲裁机构。但另一方当事人接受仲裁管辖后又起诉的，人民法院不予受理。

当事人对仲裁裁决不服并在收到裁决书之日起三十日内提起诉讼的，人民法院应予受理。

第三条 承包合同纠纷，以发包方和承包方为当事人。

前款所称承包方是指以家庭承包方式承包本集体经济组织农村土地的农户，以及以其他方式承包农村土地的组织或者个人。

第四条 农户成员为多人的，由其代表人进行诉讼。

农户代表人按照下列情形确定：

（一）土地承包经营权证等证书上记载的人；

（二）未依法登记取得土地承包经营权证等证书的，为在承包合同上签名的人；

（三）前两项规定的人死亡、丧失民事行为能力或者因其他原因无法进行诉讼的，为农户成员推选的人。

二、家庭承包纠纷案件的处理

第五条 承包合同中有关收回、调整承包地的约定违反农村土地承包法第二十七条、第二十八条、第三十一条规定的，应当认定该约定无效。

第六条 因发包方违法收回、调整承包地，或者因发包方收回承包方弃耕、撂荒的承包地产生的纠纷，按照下列情形，分别处理：

（一）发包方未将承包地另行发包，承包方请求返还承包地的，应予支持；

（二）发包方已将承包地另行发包给第三人，承包方以发包方和第三人为共同被告，请求确认其所签订的承包合同无效、返还承包地并赔偿损失的，应予支持。但属于承包方弃耕、撂荒情形的，对其赔偿损失的诉讼请求，不予支持。

前款第（二）项所称的第三人，请求受益方补偿其在承包地上的合理投入的，应予支持。

第七条 承包合同约定或者土地承包经营权证等证书记载的承包期限短于农村土地承包法规定的期限，承包方请求延长的，应予支持。

第八条 承包方违反农村土地承包法第十八条规定，未经依法批准将承包地用于非农建设或者对承包地造成永久性损害，发包方请求承包方停止侵害、恢复原状或者赔偿损失的，应予支持。

第九条 发包方根据农村土地承包法第二十七条规定收回承包地前，承包方已经以出租、入股或者其他形式将其土地经营权流转给第三人，且流转期限尚未届满，因流转价款收取产生的纠纷，按照下列情形，分别处理：

（一）承包方已经一次性收取了流转价款，发包方请求承包方返还剩余流转期限的流转价款的，应予支持；

（二）流转价款为分期支付，发包方请求第三人按照流转合同的约定支付流转价款的，应予支持。

第十条 承包方交回承包地不符合农村土地承包法第三十条规定程序的，不得认定其为自愿交回。

第十一条 土地经营权流转中，本集体经济组织成员在流转价款、流转期限等主要内容相同的条件下主张优先权的，应予支持。但下列情形除外：

（一）在书面公示的合理期限内未提出优先权主张的；

（二）未经书面公示，在本集体经济组织以外的人开始使用承包地两个月内未提出优先权主张的。

第十二条 发包方胁迫承包方将土地经营权流转给第三人，承包方请求撤销其与第三人签订的流转合同的，应予支持。

发包方阻碍承包方依法流转土地经营权，承包方请求排除妨碍、赔偿损失的，应予支持。

第十三条 承包方未经发包方同意，转让其土地承包经营权的，转让合同无效。但发包方无法定理由不同意或者拖延表态的除外。

第十四条 承包方依法采取出租、入股或者其他方式流转土地经营权，发包方仅以该土地经营权流转合同未报其备案为由，请求确认合同无效的，不予支持。

第十五条 因承包方不收取流转价款或者向对方支付费用的约定产生纠纷，当事人协商变更无法达成一致，且继续履行又显失公平的，人民法院可以根据发生变更的客观情况，按照公平原则处理。

第十六条 当事人对出租地流转期限没有约定或者约定不明的，参照民法典第七百三十条规定处理。除当事人另有约定或者属于林地承包经营外，承包地交回的时间应当在农作物收获期结束后或者下一耕种期开始前。

对提高土地生产能力的投入，对方当事人请求承包方给予相应补偿的，应予支持。

第十七条 发包方或者其他组织、个人擅自截留、扣缴承包收益或者土地经营权流转收益，承包方请求返还的，应予支持。

发包方或者其他组织、个人主张抵销的，不予支持。

三、其他方式承包纠纷的处理

第十八条 本集体经济组织成员在承包费、承包期限等主要内容相同的条件下主张优先承包的，应予支持。但在发包方将农村土地发包给本集体经济组织以外的组织或者个人，已经法律规定的民主议定程序通过，并由乡（镇）人民政府批准后主张优先承包的,不予支持。

第十九条　发包方就同一土地签订两个以上承包合同,承包方均主张取得土地经营权的,按照下列情形,分别处理:

(一)已经依法登记的承包方,取得土地经营权;

(二)均未依法登记的,生效在先合同的承包方取得土地经营权;

(三)依前两项规定无法确定的,已经根据承包合同合法占有使用承包地的人取得土地经营权,但争议发生后一方强行先占承包地的行为和事实,不得作为确定土地经营权的依据。

四、土地征收补偿费用分配及土地承包经营权继承纠纷的处理

第二十条　承包地被依法征收,承包方请求发包方给付已经收到的地上附着物和青苗的补偿费的,应予支持。

承包方已将土地经营权以出租、入股或者其他方式流转给第三人的,除当事人另有约定外,青苗补偿费归实际投入人所有,地上附着物补偿费归附着物所有人所有。

第二十一条　承包地被依法征收,放弃统一安置的家庭承包方,请求发包方给付已经收到的安置补助费的,应予支持。

第二十二条　农村集体经济组织或者村民委员会、村民小组,可以依照法律规定的民主议定程序,决定在本集体经济组织内部分配已经收到的土地补偿费。征地补偿安置方案确定时已经具有本集体经济组织成员资格的人,请求支付相应份额的,应予支持。但已报全国人大常委会、国务院备案的地方性法规、自治条例和单行条例、地方政府规章对土地补偿费在农村集体经济组织内部的分配办法另有规定的除外。

第二十三条　林地家庭承包中,承包方的继承人请求在承包期内继续承包的,应予支持。

其他方式承包中,承包方的继承人或者权利义务承受者请求在承包期内继续承包的,应予支持。

五、其他规定

第二十四条　人民法院在审理涉及本解释第五条、第六条第一款第(二)项及第二款、第十五条的纠纷案件时,应当着重进行调解。必要时可以委托人民调解组织进行调解。

第二十五条　本解释自 2005 年 9 月 1 日起施行。施行后受理的第一审案件,适用本解释的规定。

施行前已经生效的司法解释与本解释不一致的,以本解释为准。

【注　解】

一、最高人民法院 2005 年 7 月 29 日公布本解释，法释〔2005〕6 号，自 2005 年 9 月 1 日起施行。

最高人民法院 2020 年 12 月 29 日公布《最高人民法院关于修改〈最高人民法院关于在民事审判工作中适用《中华人民共和国工会法》若干问题的解释〉等二十七件民事类司法解释的决定》修正本解释，法释〔2020〕17 号，该修正自 2021 年 1 月 1 日起施行。

二、本解释引用的《最高人民法院关于适用〈中华人民共和国民事诉讼法〉的解释》已于 2022 年 3 月 22 日第 2 次修正。

【解　读】

解读《最高人民法院关于审理涉及农村土地承包纠纷案件适用法律问题的解释》

一、问题的提出

九届全国人大常委会第二十九次会议审议通过的《农村土地承包法》，对保护广大农民的土地承包经营权，维护农村土地承包关系的长期稳定具有重要意义。其对相关纠纷案件的正确处理，提供了更为细致和全面的依据。但对《农村土地承包法》立法精神的理解贯彻是一个系统工程，也需要一个过程，加之法律条文只能对大的原则进行规定，其不可能也无法对纷繁复杂的具体问题一一给出指引，所以结合实践中存在的突出问题对法律进行更具针对性和操作性的司法解释势在必行。正是在这样的背景之下，历经两年多的起草过程，最高人民法院制定并公布了《关于审理涉及农村土地承包纠纷案件适用法律问题的解释》（以下简称为本解释）。

二、理解与适用

（一）受理与诉讼主体

1. 本解释调整的农村土地承包纠纷范围

某一类纠纷是否属于民事争议，是否属于人民法院受理民事案件的范围，应当按照《民事诉讼法》第三条①的规定来把握。其关键是明确该纠纷是不是属于平等民事主体之间因人身关系以及财产关系产生的争议。

本解释第一条第一款所列的农村土地承包合同纠纷、土地承包经营权侵权纠纷、土地承包经营权流转纠纷、土地承包经营权继承纠纷以及因地上附着物和青苗补偿费及放弃统一安置人员的安置补助费产生的分配纠纷应属民事受案范围,并无争议。问题主要集中在土地补偿费分配纠纷上。对土地补偿费分配纠纷是否应纳入民事诉讼范畴,审判实务中的争论较大。这在最高人民法院相关庭室对下级法院所作出的答复中亦有体现。这些答复或者复函虽然不是司法解释,但在下级人民法院的司法实践中,其各自的影响却是客观存在的。

本解释将土地补偿费分配纠纷纳入民事案件受理范围主要考虑以下几点:(1) 不动产征收行为是公法性质的行为,具有明显的强制性。围绕征收行为的合法性或者征收补偿标准产生的争议,不属于民事诉讼范畴,自不待言。但在判断土地补偿费分配纠纷是否可以纳入民事诉讼范畴的问题上,尚需考察争议主体之间是否是处于平等地位的民事主体。不能因此类纠纷可追根溯源至征收行为,就简单认定其不属于民事纠纷。(2) 土地补偿费的补偿客体(或者说对象)是经征收而消灭的集体土地所有权。根据法律规定,集体土地所有权属于农民集体。立法所称的"农民集体所有"虽在本源层面具有浓厚的政治色彩,但决不能因此无视其中蕴藏的民法内涵。集体土地所有权经征收而归于消灭后,必然要求土地补偿费的受益主体是丧失集体土地所有权的农民集体。只要承认集体土地所有权是一种所有形式较为特殊的私权利,就不能否定作为所有权主体的农民集体的受偿主体地位。农民集体是一个集合概念,它是由众多自然人——即集体经济组织成员所组成。在此基础上,我们可以认为土地补偿费的受益主体是该集体组织内所有的集体经济组织成员。(3) 集体土地所有权经由征收消灭之后,农民集体对该土地使用收益的权利亦一并消灭。农民集体所有的题中应有之意,就是使集体土地所有权真正成为惠及其所能达的最基层(农民)的实实在在的利益,这也是农民集体所有制度的终极关怀所在。而这一目的恰恰就是通过特定的"分配"形式实现的。毋庸回避的是,此种"分配"确实是发生在集体经济组织内部,所以有观点认为,《民事诉讼法》第三条规定的民事诉讼,应当是平等民事主体之间的争议,而发生于组织内部的争议,尤其是个人与组织之间的争议,系非平等主体之间的争议,人民法院不应作为民事案件受理,这种观点是值得商榷的。随着经济的市场化和利益的多元化,个体的独立性得以突显和张扬。两者之间法律关系的属性由一元走向多元,即往往是平等与隶属并存。随着土地承包经营权之私权地位的确立,农民获得了与集体经济组织平等的主体地位,从此集体经济组织成员与集体经济组

---

① 对应《民事诉讼法》(2023年修正)第三条。

织之间的关系也就由传统的一元走向了多元。与此相适应，民法的调整领域也逐渐发生了变化，即由一般调整组织的外部关系向对组织内外关系进行全面调整的方向发展。① 由此看，仅以纠纷发生于组织之内外关系作为衡量争议主体是否处于平等地位的观点是站不住脚的。集体经济组织成员与作为集体土地经营管理者的农村集体经济组织或者村民委员会、村民小组之间的"土地补偿费分配"，牵涉的无非是为数众多但各自独立的私权。由此引发的争议亦系私权益碰撞所致。当事人之间虽然具有外在的某种不平等性，究其实质仍属平等民事主体。农民集体所有的集体土地所有形式决定了这种分配纠纷必然应由私法调整。对相关争议，人民法院应当作为民事案件受理。否则当事人的合法权益再无救济途径。因为农村集体经济组织或者村民委员会、村民小组的"分配"行为，无论如何也不属于可诉的行政行为。离开民事诉讼制度的保障，作为集体土地所有权权利主体的农民集体的私利益就无法实现，作为集体组成员的农民个体的权益必然沦于无从救济的危殆境地。

关于集体经济组织成员因未实际取得土地承包经营权提起的民事诉讼，人民法院应否受理的问题，本解释第一条第二款规定的理由是：(1)从民事诉讼层面说，诉权是以《民事诉讼法》和民事实体法为依据，并以根据《民事诉讼法》和民事实体法的规定可以某种方式纳入民事诉讼救济轨道的具体纠纷的存在为前提。不能得到司法救济或者不能通过司法救济途径解决的纠纷的当事人或许享有其他的救济权利，但这不是诉权。换言之，诉权以具体的纠纷为前提，但有了具体的纠纷，当事人并不必然享有诉权。这种衡量是通过《民事诉讼法》的规定加以明确的。如果程序法将某类纠纷排斥于民事诉讼救济途径之外或者设置了纠纷解决的前置程序，则当事人就不享有诉权或者诉权受到了限制。拓宽法院司法救济范围，为诉权之行使提供强有力支持的必要性，无疑是不应受到怀疑的。司法救济当然是整个社会中最重要的和最终的纠纷解决方式，但它绝不是唯一的。离开民事程序法和民事实体法对法院受案范围（主管）的规定，片面强调"扩张"的观点，也是不正确的，有时甚至是危险的。因为不同纠纷交由不同途径解决——尤其是那些制定法明确规定的，不仅仅是纠纷性质决定的，更是制定法在特定阶段考量纠纷解决成本、效果之后的客观选择。(2)本集体经济组织成员依法平等地行使承包土地权利的保护目的，是通过切实落实《农村土地承包法》第十八条和第十九条确定的家庭承包原则和程序来实现的。其结果体现在农村土地承包合同的签订，而具体指导农村土地承包合同的签订，属于《农村土地承包法》第十一条规定的由相关行政主管部门负责的本行政区域内农村土地承包及承包合同管理工作范围之内。在此之

---

① 廖永安：《我国民事诉讼主管范围之问题评析》，载《现代法学》2005年第1期。

前，此类纠纷还不具有民事纠纷的可诉性。根据《民事诉讼法》第一百一十一条①第（三）项之规定，此属依照法律规定应当由其他机关处理的争议，人民法院应当告知其向有关机关申请解决。

集体经济组织成员就用于分配的土地补偿费数额提起民事诉讼的，本解释第一条第三款规定，人民法院不予受理。如前所述，以纠纷发生于组织之内外关系作为衡量争议主体是否处于平等地位的观点是站不住脚的。但进而将所有组织内部关系划入民事诉讼范畴也是不正确的。对于组织内部争议，法院应保持适度的干预，遵循一定的原则。土地补偿费作为集体土地所有权经由国家征收行为而归于消灭的补偿，应属农民集体所有。经法律规定的民主议定程序讨论决定用于分配的土地补偿费数额，属于村民自治范畴。将其剔除于民事诉讼范围，符合技术事项例外原则。

2. 与农村土地承包仲裁的协调

"一裁终局"是《仲裁法》确立的基本制度。但该法第七十七条同时规定，劳动争议和农业集体经济组织内部的农业承包合同纠纷仲裁排除前述"一裁终局"制度模式的适用。其根本原因在于，这两类纠纷涉及的利益群体在立法政策层面存在特殊考虑和保护的必要性，而一裁终局的纠纷解决模式对此必要性显然不能提供基本的制度保障。所以，家庭承包合同当事人若依据《仲裁法》规定，约定发生一裁终局效力的仲裁协议，则属无效。结合《农村土地承包法》第五十一条第二款以及第五十二条的规定内容看，该法确立的仲裁管辖和司法管辖的关系是：或裁或诉、裁后再诉、二审终审。从体例解释的层面看，这两条是规定在整部法律的第四章（争议的解决和法律责任），所以前述之裁诉关系模式不仅适用于家庭承包纠纷，也适用于其他方式承包纠纷。其用意在于通过拓宽仲裁管辖的纠纷范围以及纠纷解决方式的选择幅度，达到为土地承包经营权人提供最为充分的救济途径的目的。然而，尽管《仲裁法》只将家庭承包纠纷排除于商事仲裁范围之外，主要原因之一在于当时的其他方式承包还不普遍，尽管《农村土地承包法》将其他方式承包纠纷与家庭承包纠纷一并规定为可以申请农村土地承包纠纷仲裁机构仲裁，但从其他方式承包纠纷的性质看，并不具有《仲裁法》第七十七条作出排除性规定的特殊情形。而且商事仲裁实践中已经有管辖其他方式承包纠纷的案例。所以应当认为其他方式承包纠纷当事人可以选择商事仲裁或者农村土地承包仲裁。据此，在理解本解释第二条第三款"当事人对仲裁裁决不服并在收到裁决书之日起三十日内提起诉讼的，人民法院应予受理"的规定时，应当注意，如果其他方式承包当事人对商事仲裁裁决不服提起诉讼，应不予受理。

《仲裁法》框架下的仲裁管辖权的行使须以当事人自愿达成仲裁协议为依

---

① 对应《民事诉讼法》（2023年修正）第一百二十七条。

据，而从《农村土地承包法》的规定看，这一前提在农村土地承包纠纷仲裁中是不存在的。也就是说，即使当事人没有达成仲裁协议，其也可以将争议提交农村土地承包仲裁机构。但若一方当事人申请仲裁而另一方当事人提起诉讼，基于仲裁管辖与司法管辖的不同性质，前者以当事人自愿接受为前提，在另一方当事人不愿接受仲裁管辖的情况下，受诉人民法院应当依法受理选择诉讼一方当事人的起诉。为避免管辖冲突，人民法院应当书面通知相关的农村土地承包仲裁机构。若当事人已经应裁并作出答辩，则表明其同意接受仲裁管辖，相应仲裁机构对纠纷已经具有了管辖权。在此期间当事人又提起诉讼的，人民法院应当不予受理。已经受理的，应当驳回起诉。

是否约定仲裁条款或者另行达成仲裁协议，取决于当事人的意思自治。如果合同中设有仲裁解决纠纷的约定，因该约定毕竟属于当事人对争议解决方式的合意，故在当事人之间应当具有约束力。这种约束力是特定当事人就纠纷产生后首先通过仲裁方式解决纠纷达成合致的应有之意。否定它也就否定了土地承包合同或者土地承包经营权流转合同作为民事合同的本质特征，而尊重该约定在当事人之间的拘束力，不会构成对立法目的以及程序正义的违反。此种情况下，一方当事人向人民法院起诉的，应当按照最高人民法院《关于适用〈中华人民共和国民事诉讼法〉若干问题的意见》第一百四十五条至第一百四十八条的规定处理。但需明确的是，此种约定不能产生一裁终局的效力。

3. 农户代表人诉讼

本解释第四条规定农户代表人代表农户进行诉讼的目的是坚持农户的诉讼主体地位，方便当事人行使诉权。其出发点有二：(1) 贯彻立法精神的必然选择。作为承包方的农户既是土地承包经营权唯一的权利主体，也是相关诉讼中己方唯一的当事人，生效法律文书约束的是农户。农户系由一定数量的家庭成员构成，其构成人员往往由于生死等原因而处于变化之中。但在土地承包经营权存续期间，以该农户家庭为同一生活单位的具有本集体经济组织成员资格的人，都要接受生效法律文书所确定的权利义务关系，而不仅仅只是诉讼时的农户家庭成员，其后新增的农户成员亦同之。只有确立农户代表人代表农户进行诉讼的诉讼模式，才能在彰显农户之诉讼当事人地位的同时，科学界定生效法律文书既判力的主体范围。(2) 实务操作需要的必然要求。抛开前述法律层面的因素，在评估如何确定农户为一方当事人的诉讼模式，方能可操作、有效率地完成诉讼程序、实现程序目的的时候，尚需对此类诉讼实务有一个客观的认知。在社会生活日益活跃和复杂的今天，要求农户所有构成人员都来参加诉讼或者因农户成员的变化而随时变更诉讼主体的做法不仅不经济，而且也是不必要的。诉讼能力制度之旨趣亦应存乎无效率情形的补救和完善，而不是使其变得更为艰难和高成本。

在农户代表人诉讼模式中，需要明确的问题有三个：(1) 农户代表人并非诉讼当事人。其与所代表的农户是不同的民事主体，在农户才是当事人的诉讼程序中，农户代表人不具有诉讼当事人的地位。（2）农户代表人与《民事诉讼法》第五十四条①和第五十五条②（代表人诉讼）规定的共同诉讼的诉讼代表人并非同一含义。《民事诉讼法》中代表人诉讼的核心含义是，一方当事人人数众多时（确定或者尚未确定），由这一方当事人推选代表人代表该方为诉讼行为。在诉讼机理上，它以共同诉讼为基础，代表人是身处己方的当事人之一，被代表的人也是案件的当事人。而在农户与相对方的诉讼中，农户一方只有一个当事人，即其自身。农户代表人在诉讼中则不具备当事人地位。换言之，此时不存在"当事人一方人数众多的共同诉讼"。（3）农户代表人变更、放弃诉讼请求或者承认对方当事人的诉讼请求，进行和解，是否必须经其他家庭成员同意的问题。本解释第四条对此并没有作出规定，主要考虑是这样规定的实际意义并不很大。首先，《民事诉讼法》代表人诉讼制度中有必要作此规定的原因在于，代表人与被代表的当事人虽属同一方当事人，但各自仍然具有相对独立的利益需求。换言之，他们的利益是可分的。在该利益集团中，并不存在牢不可破的"共同利益"。对诉讼代表人之代表行为实施有效的监督和制约，对维护人数众多的一方当事人利益而言，关系尤巨。但在农户代表人诉讼中，代表人与其他家庭成员是基于血亲或者姻亲等原因构成农户，他们之间存在坚固的信赖基础和共同利益。代表人的个人利益与农户的团体利益同其命运。在正在进行的诉讼程序中，没有充分和现实的理由怀疑农户代表人是否会站在整体的角度争取最大化的诉讼利益。所以，此时并不存在确立克制其恶意损害其他家庭成员利益之监督机制的必要。再者，农户成员并非此诉讼中的当事人，所以农户代表人代表的只是农户，而不是农户成员。最后，农户成员可能由于外出务工、学习、入伍等各种原因不在农户所在地生活，如果要求农户代表人的诉讼行为须经其他家庭成员同意，无疑将导致该诉讼进程的拖延。所以说，本解释第四条确立的农户代表人诉讼是在《民事诉讼法》规定和民事诉讼理论基础上，充分关注农村土地承包纠纷实际情况的产物。

（二）处理家庭承包纠纷案件应当注意的几个问题

1. 违法收回、调整承包地以及承包方弃耕、撂荒承包地纠纷的处理

民法对私权提供保护的立场肇始并滥觞于物权，因而其对物权的保护也是最为彻底和坚决的。物权受到侵害之后，如果没有物权请求权须臾不可分离的救济，物权之圆满就无法实现。作为用益物权之一种，③土地承包经营权之意

---

① 对应《民事诉讼法》（2023年修正）第五十六条。
② 对应《民事诉讼法》（2023年修正）第五十七条。
③ 《农村土地承包法》第一条在表述土地承包经营权的物权种类时，使用的就是"土地使用权"。《物权法（草案）》亦将家庭承包中的土地承包经营权规定于"用益物权"编。

义，不仅仅在于对土地的占有、使用和收益的权利内容，更重要的是通过对权利人占有、使用和收益土地权利的保护，体现此种权利的基本生活保障功能。所以相比其他种类的用益物权，对土地承包经营权所提供的救济途径和力度恒无理由为弱。发包方违反《农村土地承包法》收回、调整承包土地，侵犯了土地承包经营权人的权利客体，构成对土地承包经营权最直接的侵害。土地承包经营权人有权基于物权人的身份选择物权的保护方法。至于发包方是否已经就标的物另行设立了承发包关系，对其侵害行为的成立不生影响。此外，土地承包经营权是权利人赖以生存的根本，尊重和维护土地承包经营权、对其权利受损状态的坚决矫正，在现实国情下仍然具有绝对的现实意义。在比较土地承包经营权人与他人利益的时候，必须维护前者的利益。基于此，本解释第六条第一款规定，对承包方要求返还承包土地的诉讼请求，应予支持。但应当注意一个问题，家庭承包土地承包经营权自承包合同生效时设立，并不以登记为生效要件，所以发包方违法收回、调整承包地后，与他人另行订立承包合同将该土地发包的，承包方所请求的损失赔偿应当以当事人具有过错为原则。除非承包方能够证明他人有过错，否则承包方的损失仅应由发包方负赔偿之责。

对涉及承包方弃耕、撂荒承包土地纠纷的处理，需明确以下两个问题：(1) 承包方弃耕、撂荒承包地有其深刻复杂的背景，从《农村土地承包法》对承包方承包土地的保护规定和维护土地承包经营权人利益的考虑出发，弃耕撂荒承包地的承包方要求返还承包地的诉讼请求，亦应予以支持。(2) 从《土地管理法》确立的耕地保护的立法政策出发，地尽其用、维持土地的农业用途也是承包方的法定义务。这一点在《农村土地承包法》第十七条第三项规定中也有体现。不论其出于何种原因弃耕、撂荒承包土地，均属对法定义务的违反，其主张弃耕、撂荒期间损失的主张，就没有合法依据。发包方虽然不得收回承包土地，但其本着发挥土地利用价值的角度，采取措施避免承包土地荒废带来的损失，具有合理性。但必须明确，在权利人（承包方）要求返还的时候，应当返还。

2. 土地承包经营权流转纠纷处理中应当注意的问题

(1) 认定土地承包经营权转让合同的效力应进行具体分析

根据《农村土地承包法》第三十四条以及第三十七条的规定，以转让方式流转土地承包经营权是承包方依法享有的权利；承包方采取转让方式流转土地承包经营权的，应当经发包方同意。但应须看到该第三十七条规定的目的，并非意在限制土地承包经营权人的流转自主权，而是为了充分保护承包方的权益，其立法本意应当是：鉴于家庭承包方的普遍弱势地位（表现在经济上、风险判断和防御上以及法律意识上等等方面），以及土地承包经营权对其基本生存的重要意义，在充分保护土地承包经营权人流转自主权的同时，有必要通过合理的外界帮助（发包方同意），为其利益保护作出更加细致的考虑，达到保护土地承包经营权人合法权益、促进农业农村经济发展和农村社会稳定的立法宗旨。

基于此种考虑，本解释第十三条规定，发包方无法定理由不同意或者拖延表态的，不影响土地承包经营权转让合同的效力。发包方不同意土地承包经营权转让的法定理由主要是：承包方尚不具有稳定的非农职业或者稳定的收入来源的；转让合同存在强迫签订的情形；改变了承包土地的农业用途；受让方不具有农业生产经营能力等。至于流转的期限超过了承包期的剩余期限的问题，则属于超出部分无效，而非整个转让合同无效的理由。本解释实际是运用了立法目的解释的方法，其规定与《农村土地承包法》是一致的。

(2) 家庭承包方以土地承包经营权设定抵押的行为无效

抵押权作为担保物权，依物权法定原理，抵押担保物的范围亦应遵从法定。土地承包经营权在性质上实为集体土地使用权，根据《担保法》第三十七条第（二）项和第三十四条第（五）项的规定，除了依法经发包方同意抵押的"四荒"等荒地的土地使用权外，集体土地使用权不得抵押。[①] 而《农村土地承包法》对家庭承包方是否可以采取抵押方式流转其土地承包经营权未作规定，但这不是无意的疏漏，更不是意在将其划入"等内等"而列入"其他方式"。其顾虑在于：抵押权实现时将有可能导致土地承包经营权人丧失这项极为重要的权利和基本生活保障，从而沦为失地农民。这不仅是社会问题，更有可能演化为政治问题。基于此种考虑，本解释第十五条规定以土地承包经营权进行抵押的，应当认定为无效。

(3) 情事变更原则在流转价款纠纷案件中的严格适用

情事变更原则是指，法律效力发生原因之法律要件（法律行为或其他法律事实）之基础或环境之情事，因不可归责于当事人之事由，致有非当时所得预料之变更，而使发生原有效力，显有悖于诚信原则（显失公平）时，应认其法律效力有相当变更之规范。[②] 在中央出台了一系列惠农政策之前，土地承包经营权的流转大多为零流转价款或者负流转价款（俗称"倒贴皮""倒贴水"）。随着农业税减免力度加大、进程加快以及农业补贴政策的贯彻落实，继续履行原来的约定，在当事人之间无疑造成了显失公平的后果。而这是由于国家基本农业政策的重大调整所致。对于流转合同而言，属于订立当时的基础或者环境，因不可归责于当事人的事由发生的非当初所能预料的变更。可以预见，此类纠纷在今后一段时期内极有可能大幅度增长。虽然基于种种顾虑，《合同法》并未规定情事变更原则，但这类情形显然不属于立法者当时顾虑的情形。此中

---

① 这一立场在《物权法（草案）》中也是得到肯定的，参见第二百零二条第一款第（三）项以及第二百零六条第二项。

② 史尚宽：《债法总论》，中国政法大学出版社 2000 年版，第 444 页。

之"显失公平"极具代表性，如不设置相当规则予以协调，其后果就无法排除。换言之，不确立一定的协调原则，土地承包经营权人的基本权利就有可能得不到最起码的保护。情事变更原则的制度功能，可以为其解决提供有益的参考价值。尽管对此的争论历来存在，但在这一类纠纷中借鉴情事变更原则的制度机理是可行的。另一方面，在适用该条规定的时候，必须严格掌握。要看纠纷产生的原因是什么、原约定是否造成当事人间权利义务显失平衡的结果等，不能动辄变更当事人的约定，践踏合同的严肃性。

在适用本解释第十六条的规定时，应当格外注意的问题有二：①情事变更原则的适用期间应当是法律行为成立后，债之关系消灭之前。对于那些流转价款已经在情事发生变更之前给付的情形（一次性给付），因双方债之关系已归于消灭，故不应适用。不独于此，即使情事变更发生于清偿期届至之前，但不公平之结果系在清偿（给付）之后始发生，亦排除情事变更原则的适用。注意此节的意义还在于，法律规范的目的在于定纷止争，而不是因此引发更多的争端。②情事变更原则之宗旨在于透过法理消除当事人之间利益显失平衡的局面，但质言之，处于显失平衡局面的仍为特定当事人之间的利益关系，所以，在没有当事人申请的情况下，人民法院不得主动援引情事变更原则的适用。换言之，情事变更原则之适用应以当事人主张为其适用要件。

(4) 流转期限纠纷的处理

从调研情况得知，在实践中有很多土地承包经营权流转合同并无流转期限的明确约定，由此引发了一些何时可以主张终止流转关系的纠纷。对当事人未约定流转期限或者约定不明的期限，《合同法》第二百三十二条①的规定可资依据，应无异议。此外，考虑到农业生产的季节特殊性，为避免造成不必要的损失，对何时收回流转承包地的纠纷，本解释参考我国台湾地区"民法"第四百六十条所持立场，②规定承包土地交回的时间应在农作物收获期结束后或者耕作期开始前。唯需注意的是，如果流转土地是用于林业用途，因其生长期较为漫长，若只许可承包方在收获期结束后才能收回承包土地，显不妥当。故应作例外处理。

应当注意的问题有二：①《农村土地承包法》第三十二条规定，通过家庭承包取得的土地承包经营权可以依法采取转包、出租、互换、转让或者其他方式流转。从土地承包经营权是否易主的角度划分，该法规定的土地承包经营权流转方式可以分为两种：一是土地承包经营权权利主体发生变更的流转，如转让；二是土地承包经营权权利主体未发生变更的流转，如转包、出租。在前一

---

① 对应《民法典》第七百三十条。
② 该条内容为：耕作地之出租人终止契约者，应以收益季节后次期作业开始前之时日，为契约之终止期。

种流转方式中，因转让方（原土地承包经营权人）已经丧失其土地承包经营权，故在流转期内并不存在返还承包地的问题。所以本解释第十七条规定系针对土地承包经营权权利主体未发生变更的流转，如转包、出租。②之所以将此类纠纷的处理依据参照《合同法》第二百三十二条的规定，盖因转包只是农村社会约定俗成的称谓，立法之肯认不在于其法律特征与出租有什么不同，只是对习惯称谓的确认和尊重。

（5）因承包地收回导致的流转价款支付纠纷的处理

适用于本解释第九条规定的流转形式，只是土地承包经营权权利主体未发生变更的流转，如转包、出租。发包方根据《农村土地承包法》第二十六条的规定收回承包土地时，原已设定的土地承包经营权与发包方享有的集体土地经营管理权发生混同，即归属于发包方一人。现在的问题是，如果认为原作为流转基础的土地承包经营权不存在了，如何保护业已设定的土地承包经营权流转关系中的相对方的利益。依据物权法原理，一物之上如果发生所有权与其他物权的混同，该其他物权消灭。但这也有例外，即本应消灭的物权已为第三人权利标的时，即使发生同一物上所有权（表现在承包土地上可以认为是集体土地的经营管理权）与该其他物权的混同，该其他物权亦不消灭。① 由是可知，基于该权利原已设定的流转关系中的权利义务，仍然存在。此外，仅以债权让与或者债务承担等原理理解本解释第九条规定的依据，显然是不全面的，民法中的"契约承担"可资借鉴。契约之承担是一种糅合债权让与、债务承担以及当事人地位移转之准物权行为，按其性质为处分行为，而非负担行为，故应与契约承担之原因行为加以区别。② 契约承担发生后，承担者（发包方）承受原承包方在流转合同中的整体法律地位，享受其权利，负担其义务。本解释第九条的规定正是基于此种考量。应当注意的是，该条虽然是从正面对发包方取代原承包方地位收取流转费用所作的规定，但其意旨更在于，发包方必须承受原已设定的土地承包经营权流转关系，不得擅自变更或者解除该流转关系。

关于本解释第九条规定的学理基础，尚有以下两个问题应当明确：（1）不能以"买卖不破租赁"作为解释依据。买卖不破租赁之成立要件之一就是，出租人将租赁物之所有权（本例中为土地承包经营权）让于第三人。权利之让于是指一切权利人经由法律行为转让权利的情形，包括买卖、赠与、互易、出资以及遗赠等。而发包方依据《农村土地承包法》第二十六条的规定将土地承包经营权集于一身，同其与承包方之间通过法律行为移转土地承包经营权的情形是不同的。（2）在继续性债之关系存续期间发生契约承担的，承担人一般仅对契约承担后所发生的义务负承担之责。契约承担之前，因原承包方的原因产生

---

① 相关立法例参见《日本民法典》第179条。
② 黄立主编：《民法债编各论（上）》，中国政法大学出版社2003年版，第293页。

的损害赔偿（如瑕疵担保），应由原承包方承担。

3. 截留、扣缴承包方之承包收益或者流转收益不得主张抵销

抵销是指互负给付种类相同债务的两人之间，一方得以按对等数额与对方债务相互抵顶而均归消灭的制度，属于债之消灭范畴。《合同法》将抵销规定为合同权利义务终止情形之一种，其进一步规定体现在第九十九条。该条规定了两种不能抵销之债务，即依照法律规定或者按照合同性质不得抵销。民法理论通说和各国立法通例均肯认，基于故意侵权行为而负担之债，其债务人不得主张抵销。发包方或者其他组织、个人截留、扣缴承包方之承包收益或者流转收益的行为，违反了《农村土地承包法》的强制性规定，属于故意侵权行为，应当承担该法第五十四条规定的侵权责任。结合《合同法》有关抵销的规定以及学理，发包方此时并不具备主张抵销的法律条件。基于此，本解释第十八条第二款作出了相应规定。

（三）处理其他方式承包纠纷案件应当注意的几个问题

1. 本集体经济组织成员优先承包权行使的限制

《农村土地承包法》第四十七条规定，以其他方式承包农村土地，在同等条件下，本集体经济组织成员享有优先承包权。本集体经济组织成员所享有的优先承包权，系源于法律的直接规定，因而具有法定性。本解释第十九条对本集体经济组织成员优先承包权的行使所作的规定，主要是从设定优先权的制度目的考虑，无非有二：一是维护用以关注的特定秩序或者价值取向。与适宜家庭承包的农村土地相比较，用于其他方式承包的农村土地（主要是"四荒"土地）同属特定集体经济组织的农民集体所有，在一些贫困山区，这些土地往往也是组织内部成员赖以生存和发展的重要资源。其他方式承包鼓励组织外部的单位和个人参与，但不是说就排除了组织内部成员的承包权利。这就是立法规定此优先承包权所关注的特定价值取向。二是充分发挥物之效用。优先承包权的行使与保护，不可无度。不论是何种性质的农村土地，及时且有效率的利用对土地效用的充分发挥至关重要。如果对本集体经济组织成员优先承包权的行使期间不予限制，必将导致土地利用目的难于达成。所以《农村土地承包法》第四十八条规定，将本集体经济组织成员优先承包权的行使期间作与之相应的限制，是有法律依据的。即使实践中会出现极端个别的特殊情形，也不会在贯彻立法政策层面存在问题。

2. 一地数包的处理

《农村土地承包法》虽在整体上将其他方式承包归入债的领域，但在具体权利内容上也有一些差异。从该法第四十九条规定来看，对于已经依法登记取得土地承包经营权证等证书的其他方式土地承包经营权之权利人，已经赋予其物权人的相应地位。当然，并不是说物权与债权在性质的区分上仅仅维系于是否经过登记，但《农村土地承包法》不但已经赋予此类土地承包经营权人与家

庭承包土地承包经营权人完全相同的权利行使自由，而且在保护方式上，两者也是一致的。退而言之，此类土地承包经营权已经具有公示效果，在产生权利冲突的时候，其应能够产生一定的优先效力。所以，本解释第二十条在规定"一地数包"纠纷处理原则的时候，首先将此类土地承包经营权加以优先保护。对于均未依法登记的情形，因主张权利的各人均系依据承包合同，各所主张的权利均为债权。依据债权平等原则，依据权利性质的区别加以排序没有依据，只能确定生效在先合同的承包方取得土地承包经营权。因实践中不排除根据以上两种顺位原则均无法确定的情形，本着保护土地利用的角度，本解释第二十条第三项规定，已经依承包合同合法占有并实际承包经营的人取得土地承包经营权。但为避免恶意抢占的发生，该项也规定了除外条款。即争议发生后一方强行先占承包地的行为和事实，不得作为确定土地承包经营权的依据。盖因此种先占发生在争议尚未解决之前，土地承包经营权在各权利主张人之间的归属，须待司法程序的最终认定。强行先占的行为和事实已与依承包合同合法占有并实际承包经营的情形判然有别，不可赋予两者相同的司法评价。

值得注意的是，本解释第二十条仅强调了"依法登记"，对取得土地承包经营权证等证书未作出规定，其理由有二：(1) 从权利的公示方式角度看，依法在登记机关进行登记，即已完备了物权法意义上的公示要件，也只有依法登记才具有物权公示的实质意义。换言之，不动产物权的设定、归属与内容系以登记为根据，权属证书仅是权利人享有权利的证明，是表彰权利的凭证。确认不动产登记的决定性地位，不仅在长期的实践中得到肯定，亦为我国物权立法所选择。(2) 登记的完成与权利契据的取得往往有一个时间差，在这种情况下有必要对已经登记但尚未取得证书的权利进行保护。

(四) 承包土地征收补偿费用分配纠纷案件的处理

土地征收补偿费用包括三个部分：地上附着物和青苗的补偿、安置补助费以及土地补偿费。本解释的基本立场是：地上附着物和青苗的补偿费是对财产所有人财产损失的补偿，安置补助费是对需安置人员丧失具有生活保障功能的土地承包经营权的补偿，而土地补偿费则是对集体土地所有权消灭的补偿。其中，土地补偿费分配纠纷是涉农纠纷中的热点、焦点，更是审判实务中的难点。土地补偿费是对农民集体所有的集体土地所有权消灭的补偿；土地补偿费的受益主体不是承包地被征收的农户，更不是作为集体土地经营管理者的农村集体经济组织或者村委会、村民小组，而是该集体经济组织内部所有具有成员资格的人。否定这一点，就等于否定了由集体经济组织成员组成的集体在"农民集体所有"制度中的应有地位。

对"征地补偿安置方案确定时"的理解，应当注意这既不是土地补偿费分配方案确定时或者征收土地方案批准时，也不是征收补偿费用实际支付之时。有观点认为，征地补偿安置方案确定时与集体经济组织内部通过民主议定程序确定土地补偿费分配方案之时客观地存在着一个时间差。如以前者为基准，则会导致在该时间差内取得并具有该集体经济组织成员资格的人，无法获得相应的土地补偿费分配权。此种结果与土地补偿费受益主体应为该集体经济组织内部全体成员的理念不符。这里需要区分两个概念：受益主体与受分配主体。受益主体体现的是土地补偿费利益所及的终极性，而受分配主体范围的确定只能以某一时间点集体经济组织成员数为参照依据。否则，在集体经济组织成员数量因生死、婚嫁等原因随时处于变化状态以及集体经济组织（自然共同体）具有长久延续性的情况下，将视角过分关注于某种"不确定"因素的结果，就永远无法把土地补偿费分配至集体经济组织成员手中。因为任何一个时间点的确定，都不能解决前述观点的担心。受分配主体范围的确定，不可能也无法考虑其后新增成员。至于征收补偿方案确定后新增集体经济组织成员之利益，可以通过自然人民事主体间财产的民法延续方式解决（如共同财产制以及继承等）。在这个基础上，土地补偿费的受益主体是该集体经济组织内部全体成员的价值，才得以彰显。所以，将土地补偿费受益主体与受分配主体混同的观点是不正确的。在这个前提下，界定土地补偿费受分配主体范围的时间点时，应当考虑三个层面的问题：一是确定性要强，二是公信度要高，三是消极后果要小。从这三个方面比较看，征地补偿安置方案确定时无疑是最适当的选择。

实践中，涉及土地补偿费分配的纠纷主要有两种形态：一是因当事人认为其具有该集体经济组织成员资格，却被排除于分配范围之外而产生的纠纷；二是因分配方案实行差别待遇产生的纠纷。解决第一类纠纷的关键在于确定当事人是否具有集体经济组织成员资格。对于农村集体经济组织成员资格的确定问题，本解释起草小组在大量调研和分析论证的基础上，对农村集体经济组织成员资格确定问题拟定了初步意见。最高人民法院审判委员会对本解释稿进行讨论后认为：农村集体经济组织成员资格问题事关广大农民的基本民事权利，属于《立法法》第四十二条第（一）项规定的情形，不宜通过司法解释对此重大事项进行规定。根据《立法法》第四十三条的规定，最高人民法院审判委员会第1346次会议通过决议，就农村集体经济组织成员资格问题，建议全国人大常委会作出立法解释或者相关规定。在缺乏这个前提的情况下，人民法院还不具备解决此类纠纷的必要条件。对于第二类纠纷，其症结则在于农村集体经济组织成员资格项下的土地补偿费分配权是应当均等，还是以权利义务一致为原则存在争议。在土地补偿费分配中，所谓"权利义务对等"论是站不住脚的。土地补偿费是对集体土地所有权经征收而消灭的补偿。对原享有该集体土地所有权的农民集体而言，相应的土地补偿费是对财产和财产性权利丧失的补偿，而不是一种收益。所以不能将土地补偿费分配作为集体经济组织收益分配来看待。农村集体土地是对集体经济组织全体成员的基本生活保障，只要未被征收，该保障功能将与作为自然共同体的集体经济组织的所有成员共相始终。土地补偿费应当主要用于被征地农户的原因在于，若不如此就无法保障该农户的现实生活，这是目前的必然选择。换言之，若要有所"差别"，也只有这种"差别"是可以接受的。刨除这一部分以外，作为一种集体所有的自然资源，集体土地的形成与集体经济组织成员的个人劳动或者贡献没有关系。既然土地补偿费的受益主体是该集体经济组织内部的全体成员，则相应的土地补偿费的分配当然就没有体现所谓"权利义务对等"的合理性。惠及全体成员的土地补偿费分配权是基于成员身份而来，只能是均等的，这是成员权项下自益权平等性的必然要求，否则日后新增的集体经济组织成员将天然地处于不平等的地位。而对这种"平等性"的确保，属于对基本人权的维护。实践中差别待遇的"合理因素"，并非应与集体经济组织成员对土地补偿费的平等分配权在一个层面（或者说范畴）考虑的问题。大量存在的基于性别歧视等原因而进行差别待遇的做法，是对平等法制原则的违背，是对集体经济组织成员合法权益的侵害。基于以上诸方面考虑，本解释第二十四条规定："征地补偿安置方案确定时已经具有本集体经济组织成员资格的人，请求支付相应份额的，应予支持。"

近年来，随着经济的持续快速发展以及城市化进程的加快，土地征收补偿领域引发的问题不断凸显。因我国疆域辽阔，地区发展水平很不平衡，不同区域的具体问题也不尽一致，所以用一种划一的方法很难解决好全局的矛盾。换言之，在将来的集体土地征收补偿制度改革中，只能是确立一个一体遵行的大的原则，至于更加细致地确保被征地农民保持原有生活水平目的实现的制度规范，则需要根据不同行政区域的具体情况而定。国务院《关于深化改革严格土地管理的决定》（国发〔2004〕28号）规定，省、自治区、直辖市人民政府应当根据土地补偿费主要用于被征地农户的原则，制定土地补偿费在集体经济组织内部的分配办法。可以预见，在不久的将来，更加明确和有效的土地补偿费分配规则之确立将成为现实。基于以上实际情况，为达到前瞻性衔接的目的，本解释第二十四条后段，作出了相应的技术处理，即经过全国人大常委会、国务院备案的地方性法规、自治条例和单行条例、地方政府规章对土地补偿费在农村集体经济组织内部的分配办法另有规定的除外。当然，如果将来的法律、行政法规对此有规定的，人民法院当然要遵行，这是不言自明的。

（五）着重调解的问题

本解释第二十六条对相关纠纷案件处理中，应当着重进行调解的问题作出了规定。调解是《民事诉讼法》第九条①确立的民事诉讼基本原则之一。本解释对若干类纠纷案件的审理，特别强调调解的重要性，并不是说其他纠纷案件就可以轻视调解的重要性。因为对这些类型纠纷案件的简单处理有可能会造成一定程度的负面效果，而在依法保护权利人合法权益的同时，降低这种负面效

---

① 对应《民事诉讼法》（2023年修正）第九条。

果，对稳定农村生产关系、促进农业发展和维护农村社会稳定具有重要意义。对此，应有正确的认识。在调解过程中，应当严格依照最高人民法院《关于人民法院民事调解工作若干问题的规定》进行。同时，还要注意调解方法的灵活性，注意农民当事人以及农村社会的特点，以加强调解工作的针对性。

关于本解释第五条和第六条中，有关合同约定甚至合同无效的情况下，规定着重调解的妥当性问题。调解以合法为基本原则之一，但这并不是说在民事行为无效的情况下，就绝对不能进行调解。在不涉及国家利益、社会公共利益以及他人利益的情况下，通过否定相关民事行为的效力并以此为前提针对无效民事行为的后果以及具体处理，在特定当事人之间进行调解与肯定该民事行为的有效性是不同的。换言之，正是否定了该民事行为的合法性，才为其后的调解奠定了基础。前述两类纠纷的现实情况是，发包方基本上已就违法收回、调整的承包地与他人建立了新的承包关系。尽管发包方的收回、调整承包地的行为应为无效，但本着确权保护的指导思想强调诉讼调解的作用，对于维护承包经营权人的权益以及减少机械适用无效后的返还原则所带来的消极影响具有积极意义。

（六）本解释的适用问题

1. 本解释第二十七条规定，本解释自 2005 年 9 月 1 日起施行。施行后受理的第一审案件，适用本解释的规定。

在理解与适用本解释规定的时候，应当注意两个问题：（1）不能认为只有基于《农村土地承包法》施行之后订立的承包合同产生的纠纷，才可以适用《农村土地承包法》或者本解释的规定。因为《农村土地承包法》施行之前，二轮承包工作已经基本结束，如果将基于《农村土地承包法》施行前订立的承包合同产生的纠纷案件排除于《农村土地承包法》或者本解释的调整范围，势必导致维护土地承包经营权人合法权益之立法目的的落空。（2）在本解释施行之前，《农村土地承包法》已经于 2003 年 3 月 1 日施行。在《农村土地承包法》施行后至本解释施行前，因相关纠纷诉至法院的，人民法院虽不能援引本解释的规定作为处理案件的依据，但应以《农村土地承包法》的相关规定作为案件处理的依据。

2. 对《关于审理农业承包合同纠纷案件若干问题的规定（试行）》中已不适当的条款，本解释第二十七条第二款已经作出了排除适用的规定。所以，在审理涉及农村土地承包纠纷案件的时候，应当注意准确适用案件处理的依据。

（撰稿人：辛正郁）

解读《最高人民法院关于审理涉及农村土地承包纠纷案件适用法律问题的解释》修正条文

一、修改情况说明

根据 2020 年 12 月 23 日最高人民法院审判委员会第 1823 次会议通过的《最高人民法院关于修改〈最高人民法院关于在民事审判工作中适用《中华人民共和国工会法》若干问题的解释〉等二十七件民事类司法解释的决定》,对 2005 年《最高人民法院关于审理涉及农村土地承包纠纷案件适用法律问题的解释》(以下简称原司法解释)进行了修正,修正后的司法解释简称为新司法解释。

新司法解释对原司法解释共修改 21 处。其中,引言、第二条第一款、第三条第二款、第四条第二款第二项、第五条、第八条、第九条、第十条、第十一条、第十三条、第十八条、第二十六条涉及法律依据的调整。第一条、第十二条、第十四条、第十七条、第十九条、第二十条、第二十二条涉及实质性修改。此外,保留第六条、第七条、第十六条、第二十三条、第二十四条、第二十五条、第二十七条,废止第十五条、第二十一条。

二、关于适应性修改条文的说明

1. 引言部分:民法典颁布实施后,民法通则、合同法同时废止。因此在对原司法解释修改时,将其引言中"根据《中华人民共和国民法通则》《中华人民共和国合同法》《中华人民共和国民事诉讼法》《中华人民共和国农村土地承包法》《中华人民共和国土地管理法》等法律规定"修改为"根据《中华人民共和国民法典》《中华人民共和国农村土地承包法》《中华人民共和国土地管理法》《中华人民共和国民事诉讼法》等法律规定"。

2. 第二条第一款:最高人民法院《关于适用〈中华人民共和国民事诉讼法〉若干问题的意见》已被 2015 年施行的《最高人民法院关于适用〈中华人民共和国民事诉讼法〉的解释》(以下简称《民诉法解释》)所吸收和修改,其第一百四十五条至一百四十八条的内容已变更为《民诉法解释》二百一十五条、二百一十六条的有关内容。

3. 第三条第二款:施行后的民法典第二条规定,民法调整平等主体的自然人、法人和非法人组织之间的人身关系和财产关系。从该规定看,民事主体分为自然人和非自然人(组织)。为与民法典的规定一致,在对原司法解释进行修改时,将"前款所称承包方是指以家庭承包方式承包本集体经济组织农村土地的农户,以及以其他方式承包农村土地的单位或者个人"修改为"前款所称承包方是指以家庭承包方式承包本集体经济组织农村土地的农户,以及以其他方式承包农村土地的组织或者个人"。

4. 第四条第二款第二项:根据民法典的有关规定,合同的订立,当事人应当签名、盖章或者按指印。相较于合同法的表述,将"签字"修改为"签名"。因此,为与民法典的表述一致,在对原司法解释修改时,将"未依法登记取得土地承包经营权证等证书的,为在承包合同上签字的人"修改为"未依法登记取得土地承包经营权证等证书的,为在承包合同上签名的人"。

5. 第五条:2018年修正的农村土地承包法已将原第二十六条、第二十七条、第三十条修改为第二十七条、第二十八条、第三十一条,并删除了第三十五的规定内容。因此在对原司法解释修改时,将第五条所涉法律条文的顺序进行了相应的调整,即将"违反农村土地承包法第二十六条、第二十七条、第三十条、第三十五条规定的"修改为"违反农村土地承包法二十七条、第二十八条、第三十一条规定的"。

6. 第八条:修正后的农村土地承包法已将原第十七条修改为第十八条,且原第一项内容"(一)维持土地的农业用途,不得用于非农建设"修改为:"(一)维持土地的农业用途,未经依法批准不得用于非农建设。"故在对原司法解释修改时,将"承包方违反农村土地承包法第十七条规定,将承包地用于非农建设"修改为"承包方违反农村土地承包法第十八条规定,未经依法批准将承包地用于非农建设"。

7. 第九条:民法典第三百三十九条明确了土地经营权的流转方式为:出租、入股或者其他方式。且修正后的农村土地承包法已将原第二十六条修改为第二十七条。根据民法典和农村土地承包法的规定,将"发包方根据农村土地承包法第二十六条规定收回承包地前,承包方已经以转包、出租等形式将其土地承包经营权流转给第三人"修改为"发包方依据农村土地承包法第二十七条规定收回承包地前,承包方已经以出租、入股或者其他方式将其土地经营权流转给第三人"。

8. 第十条:修正后的农村土地承包法已将原第二十九条修改为第三十条。因此在对原司法解释修改时,对照法律的条文顺序修改情况,将"承包方交回承包地不符合农村土地承包法第二十九条规定程序的"修改为"承包方交回承包地不符合农村土地承包法第三十条规定程序的"。

9. 第十一条:民法典物权编中关于土地承包经营权之章节,落实了农村土地"三权分置"政策,吸收农村土地承包法关于土地经营权的规定内容。根据民法典的规定,土地承包经营权人流转的标的是土地经营权。故在对原司法解释修改时,将"土地承包经营权"修改为"土地经营权"。

10. 第十四条：根据民法典的有关规定，土地经营权的流转方式为出租、入股和其他方式等三种形式，且区分了土地承包经营权和土地经营权主体变更的方式。在对原司法解释修改时，将"承包方依法采取转包、出租、互换或者其他方式流转土地承包经营权，发包方仅以该土地承包经营权流转合同未报其备案为由"修改为"承包方依法采取出租、入股或者其他方式流转土地经营权，发包方仅以该土地经营权流转合同未报其备案为由"。

11. 第十五条：修正后的农村土地承包法已明确了土地经营权的融资担保内容。如该法第四十七条规定：承包方可以用承包地的土地经营权向金融机构融资担保，并向发包方备案。受让方通过流转取得的土地经营权，经承包方书面同意并向发包方备案，可以向金融机构融资担保。担保物权自融资担保合同生效时设立。当事人可以向登记机构申请登记，未经登记，不得对抗善意第三人。实现担保物权时，担保物权人有权就土地经营权优先受偿。土地经营权融资担保办法由国务院有关部门规定。由此，本条对土地经营权抵押或者抵偿债务的行为性质之规定，与法律的规定和党中央的"三权分置"政策不符。在对司法解释修改时，将本条的规定予以废止。

12. 第十七条：根据民法典的有关规定，土地经营权流转的方式为出租、入股或者其他方式。此外，合同法第二百三十二条的规定已被民法典第七百三十条的规定所吸收。在对原司法解释修改时，将"当事人对转包、出租地流转期限没有约定或者约定不明的，参照合同法第二百三十二条规定处理"修改为"当事人对出租地流转期限没有约定或者约定不明的，参照民法典第七百三十条规定处理"。

13. 第十八条：民法典已明确土地经营权制度。土地经营权作为承包方及土地经营权人的一项权利被确定后，权利人享有流转土地经营权的收益。特别是作为承包方的农户而言，除了享有承包收益之外，在流转土地经营权时，亦享有土地经营权流转的收益。且根据农村土地承包法的有关规定，土地承包经营权的主体变更的方式为互换、转让，流转为土地经营权的主体变更方式。故在对原司法解释修改时，将"发包方或者其他组织、个人擅自截留、扣缴承包收益或者土地承包经营权流转收益"修改为"发包方或者其他组织、个人擅自截留、扣缴承包收益或者土地经营权流转收益"。

14. 第十九条：民法典第二条规定，民法调整平等主体的自然人、法人和非法人组织之间的人身关系和财产关系。根据该条的规定，民事主体的具体类型包括自然人、法人和非法人组织三种。在对原司法解释修改时，对照民法典的规定，将"单位"修改为"组织"。修正后的农村土地承包法第五十一条将"享有优先承包权"修改为"有权优先承包"，故在对原司法解释修改时，吸收了法律的修正内容，将"主张优先承包经营权的"之表述修改为"主张优先承包的"。

15. 第二十条：民法典三百四十二条规定了以其他方式承包取得的土地经营权流转的规定。根据该规定，以其他方式取得的是土地经营权，而非土地承包经营权。在对原司法解释修改时，将"土地承包经营权"的表述修改为"土地经营权"。

16. 第二十一条：民法典第二百一十五条规定了合同效力与物权变动区分之内容。由此，本条有关以其他方式取得土地经营权流转合同效力的规定，与施行的民法典的规定不一致。在对司法解释修改时，将本条的规定予废止。

17. 第二十二条：根据民法典的规定，土地承包经营权人可以自主决定向他人通过出租等方式流转土地经营权。在对原司法解释修改时，将"承包方已将土地承包经营权以转包、出租等方式流转给第三人"修改为"承包方已将土地经营权以出租、入股或者其他方式流转给第三人的"。

18. 第二十六条：因原司法解释第十五条的规定内容予以废止，相应的条文顺序应进行调整，也即第十六条的条文顺序变更为第十五条。在对原司法解释修改时，将"人民法院在审理涉及本解释第五条、第六条第一款第（二）项及第二款、第十六条的纠纷案件时，应当着重进行调解"修改为"人民法院在审理涉及本解释第五条、第六条第一款第（二）项及第二款、第十五条的纠纷案件时，应当着重进行调解"。

三、关于重点修改条文的修改说明和理解与适用

1. 第一条

【修改内容】

第一款将"下列涉及农村土地承包民事纠纷，人民法院应当依法受理：（一）承包合同纠纷；（二）承包经营权侵权纠纷；（三）承包经营权流转纠纷；（四）承包地征收补偿费用分配纠纷；（五）承包经营权继承纠纷"修改为"下列涉及农村土地承包民事纠纷，人民法院应当依法受理：（一）承包合同纠纷；（二）承包经营权侵权纠纷；（三）土地经营权侵权纠纷；（四）承包经营权互换、转让纠纷；（五）土地经营权流转纠纷；（六）承包地征收补偿费用分配纠纷；（七）承包经营权继承纠纷；（八）土地经营权继承纠纷"。将第二款、第三款中"集体经济组织成员"修改为"农村集体经济组织成员"。

【修改说明】

民法典第三百三十九条规定了土地经营权流转的内容，即增加了土地经营权的制度设计。相应地，针对原司法解释关于人民法院应当受理的因农村土地承包纠纷而引发的民事案件的种类和范围，亦应增加土地经营权纠纷案件的种类和范围。民法典第五十五条规定："农村集体经济组织的成员，依法取得农村土地承包经营权，从事家庭承包经营的，为农村承包经营户。"为与民法典的表述一致，将"集体经济组织成员"修改为"农村集体经济组织成员"。

【理解与适用】

随着我国农业现代化进程的加快发展，农业物质技术水平不断得到提高，大量的农村劳动力得到转移，农村承包地流转的情况比较普遍。在此背景下，为推进农业农村现代化，党中央提出探索"三权分置"改革。为此，党中央相继出台了一系列政策。比如2014年中央一号文件《关于全面深农村改革加快推进农业现代化的若干意见》中明确要在落实农村集体所有权的基础上，稳定农户承包权、放活土地经营权。2014年11月，《中共中央办公厅、国务院办公厅关于引导农村土地经营权有序流转发展农业适度规模经营的意见》中明确，要坚持农村土地集体所有权，稳定农户承包权，放活土地经营权，以家庭承包为基础，推进家庭承包经营、集体经营、合作经营等多种经营方式共同发展。鼓励农村承包户依法采取转包、出租、互换、转让及入股等方式流转承包地。2015年11月，中共中央办公厅、国务院办公厅印发的《深化农村改革综合性实施方案》中明确，落实集体所有权、稳定农户承包权、放活土地经营权为深化农村土地制度改革的基本方向。落实所有权，就是落实"农民集体所有的不动产和动产，属于本集体经济组织成员所有"的要求。稳定农户承经营包权，就是要依法将农户承包的本集体经济组织土地的承包经营权保持稳定。放活土地经营权，是允许承包农户将土地经营权依法自愿配置给有需要的经营权流转给有经营意愿和经营能力的主体，发展多种形式的适度规模经营。2016年10月，《中共中央办公厅、国务院办公厅关于完善农村土地所有权承包权经营权办法的意见》中明确，改革开放之初，在农村实行家庭联产承包责任制，将土地所有权和承包经营权分设，所有权归集体，承包权经营权归农户，极大地调动了亿万农民积极性，有效解决了温饱问题，农村改革取得重大成果。现阶段深化农村土地制度改革，顺应农民保留土地承包权、流转土地经营权的意愿，将土地承包经营权分为承包权和经营权，实行所有权、承包权、经营权分置并行，着力推进农业现代化，是继家庭联产承包责任制后农村改革的又一重大制度创新。2018年中央一号文件《中共中央、国务院关于实施乡村振兴战略的意见》中明确，巩固和完善农村基本经营制度。落实农村土地承包关系稳定并长久不变政策，衔接落实好第二轮土地承包到期后再延长30年的政策，让农民吃上长效"定心丸"。完善农村承包地"三权分置"制度，在依法保护集体土地所有权和农户承包权前提下，平等保护土地经营权。农村承包土地经营权可以依法向金融机构融资担保、入股从事农业产业化经营。

在法律层面上，为落实党中央农村承包地"三权分置"政策，2018年修正的农村土地承包法主要任务是落实"三权分置"，修改后的农村土地承包法对于"三权分置"中的第三个权利——土地经营权做出明确规定。在总则第九条中，提出了土地经营权的概念。承包方既可以自己经营，也可以流转其承包地的土地经营权，由他人经营。关于流转的方式，修改后的农村土地承包法第三十六条规定，承包方可以自主决定依法采取出租（转包）、入股或者其他的方式，向他人流转土地经营权，并向发包方备案。民法典在吸收土地承包法中有关土地经营权规定内容的基础上，进行了修改。针对土地经营权的有关规定，民法典第三百三十九条至三百四十二条对土地经营权的流转、土地经营权人享有的基本权利、土地经营权的设立与登记、以其他方式取得的土地经营权的流转等问题进行了明确。由此，本条有关农村土地承包引发的民事案件的种类和范围的规定，则在对照民法典和农村土地承包法有关规定的基础上，增加了土地经营权的纠纷，即增加了土地经营权侵权纠纷、土地经营权流转纠纷和土地经营权继承纠纷。对此，下面简要对前述三种纠纷类型加以介绍。

（1）土地经营权侵权纠纷

所谓土地经营权，是土地经营权合同受让方根据合同的约定享有的对承包地占有，以及利用土地开展农业生产经营并取得收益的权利。土地经营权是土地经营权人依据合同而对承包地依法享有的权利。在论及土地经营权侵权纠纷前，有必要对土地经营权的性质作一分析。尽管在民法典施行后，侵权责任的对象不再存有争议。关于土地经营权的性质，学界的认识并不一致，主要有以下几种观点：一是债权说，认为土地经营权是承租权，其是根据租赁合同享有的权利，本质是债权。二是物权说，认为土地经营权是设立在土地承包经营权之上的用益物权。三是具有物权效力的债权，认为土地经营权是派生于土地承包经营权的债权，是债权性利用关系的法律表达，同时为了赋予其更强的效力，使其具有一定的物权效力。四是折中说，认为土地经营权是债权抑或是物权，是政策选择问题，有稳定需要的就建构为物权，租赁、转包等利用关系则可维系其债权性质。从立法机关的态度看，针对土地经营权的性质，采取用了折中说。如民法典第三百四十一条规定，流转期为五年以上的土地经营权，自流转合同生效时设立。当事人可以向登记机构申请土地经营权登记；未经登记的，不得对抗善意第三人。

从土地经营权的权利内容而言，土地经营权人的权利具体包括占有权，使用权，收益权，改良土壤和建设农业附属配套设施的权利，再流转的权利，融资担保的权利以及根据法律规定、合同约定的其他权利。因此，土地经营权侵权纠纷的具体表现形态，则是侵犯土地经营权人依法享有的前述具体权利的情形。比如，土地经营权人取得土地经营权后，对承包地依法享有占有并排除他人干涉的权利。该占有是对承包地的直接占有，是对承包地的实际控制，在该项权利受到侵害时，土地经营权人有权要求侵权人承担排除妨碍、停止侵害、消除危险、赔偿损失等民事责任。再比如，土地经营权人对承包地享有使用权，可利用承包地开展农业生产经营的权利，可以自主决定开展何种生产经营活动，利用耕地种植粮食作物或者经济作物而不受干涉。农村土地承包法第三十七条亦明确，土地经营权人有权在合同约定的期限内占有农村土地，自主开展农业生产经营取得收益。但需注意的是，土地经营权人需按照农业用地性质使用承包地。如是耕地，需从事种植业，不得变更为林业或者牧业用途；如是林地或者草地，亦不得开垦为耕地。如是基本农田，还必须遵守有关的行政法规和部门规章的规定。

(2) 土地经营权流转纠纷

土地经营权流转，是土地承包经营权人通过出租、入股或者其他方式向他人流转土地经营权的行为。同时，土地经营权人依法将土地经营权再次流转的行为也应包括在内。根据农村土地承包法第四十六条的规定，经承包方书面同意，并向本集体经济组织备案，受让方可以再流转土地经营权。故此，土地经营权流转实际上包括土地经营权的初次流转和土地经营权的再流转。

土地经营权的流转方式，依法应采取书面形式。农村土地承包法第四十条规定，土地经营权流转，当事人双方应当签订书面流转合同。土地经营权流转合同一般包括以下条款：（1）双方当事人的姓名、住所；（2）流转土地的名称、坐落、面积、质量等级；（3）流转期限和起止日期；（4）流转土地的用途；（5）双方当事人的权利和义务；（6）流转价款及支付方式；（7）土地被依法征收、征用、占用时有关补偿费用的归属；（8）违约责任。承包方将土地交由他人代耕不超过一年的，可以不签订书面合同。通常而言，土地经营权流转纠纷所涉及的主要是前述流转合同一般条款的履行问题，特殊情况下，针对代耕时间不超过一年的，则是涉及事实合同履行争议问题。

需注意的是，土地经营权流转也包括以其他方式承包的荒山、荒沟、荒丘、荒滩（四荒地）等农村土地。对于四荒地的土地经营权的流转，与家庭承包的农村土地存在一定的差异。农村土地承包法第五十三条规定，通过招标、拍卖、公开协商等方式承包农村土地，经依法登记取得权属证书的，可以依法采取出租、入股、抵押或者其他方式流转土地经营权。对比该法第四十六条的规定，我们可以看出针对土地经营权的流转，法律的规定和要求存在一定的差异。

(3) 土地经营权继承纠纷

土地经营权为土地承包经营权基础上派生出来的权利。相较于承包经营权，土地经营权亦是权利主体享有的一种独立的权利类型。本条第七项明确了承包经营权继承纠纷类型，土地经营权作为土地经营权人的一项重要权利，亦存在土地经营权人死亡后，相关权利主体对其经营权益的继承问题。

根据民法典继承编的有关规定，因继承产生的民事法律关系，受民法典继承编的调整。国家保护自然人的继承权。而自然人继承的对象则是自然人死亡后所遗留的个人合法财产。土地经营权人取得土地经营权后，便可以开展农业生产经营，并取得收益。而该土地的经营收益，在自然人死亡后，则成为其遗留的个人合法财产，继承人可依法继承。同时，从民法典继承编的规定看，遗产的范围较为广泛,不仅包括了财产,还包括财产性权益。尽管民法典继承编删除了继承法第三条有关个人合法财产范围的规定,但通过概括性的规定明确了遗产的范围,即遗留的个人合法财产,实际上扩大了遗产的范围。关于土地承包经营权以及土地经营权继承问题,农村土地承包法对此有明确的规定。例如,该法第三十二条规定,承包人应得的承包收益,依照继承法的规定继承。林地承包的承包人死亡,其继承人可以在承包期限内继续承包。第五十四条规定,依照本章规定通过招标、拍卖、公开协商等方式取得土地经营权的,该承包人死亡,其应得的承包收益,依照继承法的规定继承;在承包期内,其继承人可以继承承包。尽管前述法律规定针对家庭承包的土地承包经营权和以其他方式的承包的土地经营权的规定,但对在流转期限内的土地经营权而言,针对土地经营收益以及经营权,土地经营权人的继承人可以继承(承包)。

【审判实践中应注意的问题】

关于承包经营权的继承问题,根据农村土地承包法第十六条的规定,家庭承包的承包方是本集体经济组织的农户。农户内家庭成员依法平等享有承包土地的各项权益。由此,家庭承包是以户为生产经营单位进行承包经营的,而非以农户内的家庭成员。因此,家庭部分成员死亡的,作为承包法的户仍然存在,不发生继承的问题,而是由家庭中的其他成员继续承包经营。继承的发生,只能在因家庭成员全部死亡致使其承包单位的户不存在的情况下存在。而对此发生的继承,需区分不同的情形加以处理。如果涉及承包人应得的承包收益的继承问题,如承包经营收货的农作物等,可作为承包人的个人财产,根据继承法的规定予以继承。如果涉及承包经营权的问题,则不能继承,应当由农村集体经济组织收回。

2. 第十二条

【修改内容】

本条将"发包方强迫承包方将土地承包经营权流转给第三人,承包方请求确认其与第三人签订的流转合同无效的,应予支持。发包方阻碍承包方依法流转土地承包经营权,承包方请求排除妨碍、赔偿损失的,应予支持"修改为"发包方胁迫承包方将土地经营权流转给第三人,承包方请求撤销其与第三人签订的流转合同的,应予支持。发包方阻碍承包方依法流转土地经营权,承包方请求排除妨碍、赔偿损失的,应予支持"。

【修改说明】

根据民法典第一百五十条的规定,以胁迫手段实施的民事法律行为的效力为可撤销,而非本解释制定民法通则关于胁迫民事法律行为效力为无效的规定。对发包方胁迫承包方签订流转合同、阻碍流转合同的签订的行为,依法应为可撤销。同时,基于承包地"三权分置"制度设计,承包方可在保留承包权的基础上,向第三方流转土地经营权,由此,将"土地承包经营权"修改为

"土地经营权"。

【理解与适用】

农村土地"三权分置"后，承包方可在保留承包权的基础上，向第三人流转土地经营权，此举既有利于稳定农村土地承包关系，又有利于放活经营权，保障农民收入，实现农民富裕。从法律对土地经营权的规定看，土地承包经营权人既享有是否流转土地经营权的自主权，又享有流转土地经营权具体方式的自由权。而为承包人土地承包经营权免受侵害，法律亦规定了侵害土地经营权的相应法律责任。比如，农村土地承包法第五十七条规定，发包方强迫或者阻碍承包方进行土地承包经营权的互换、转让和土地经营权流转，应当承担停止侵害、排除妨碍、消除危险、返还财产、恢复原状、赔偿损失等民事责任。此举赋予承包方依法救济其所享有的土地承包经营权的方式，有利于保护承包方的土地承包经营权。然而，对于发包方胁迫承包方将土地经营权流转给第三人的行为，除了前述之外，还应赋予承包方依法请求撤销流转合同的权利，以充分保护承包人的权益。

在对原司法解释修改过程中，有意见认为，从文义来看，强迫属于胁迫的一种，同样适用民法典第一百五十条的规定。强迫在条款中能体现发包人利用其优势地位，有利于在审判实践中适当减轻承包人的举证责任负担，且农村土地承包法第六十条、六十五条原条文中所用的词即为强迫，故建议保持一致。经研究，在对原司法解释进行修改时，最终采取了"胁迫"之表述。主要基于以下两点考虑：一是，从内涵而言，胁迫的含义更为广泛。且民法通则、合同法中的有关表述亦为胁迫，相关的司法解释也是使用的"胁迫"的表述。二是，从民法典第一百五十条对于使用威胁、恐吓等不法手段对他人思想上施加的强制亦是胁迫，立法上的表述前后一致。

(1) 发包方胁迫承包方流转土地经营权的构成

在解决此问题之前，有必要对胁迫的构成要件加以明确。通常而言，胁迫的构成包括以下几个方面：一是胁迫者具有胁迫的故意；二是胁迫者实施了胁迫行为；三是行为必须是非法的；四是受胁迫者因胁迫作出违背真实意思的行为。具体而言，胁迫者具有胁迫的故意，即胁迫者明知自己的行为会对受胁迫者造成心理上的恐惧仍故意而为的主观心理状态，且胁迫者希望通过胁迫行为使受胁迫者的行为与胁迫者所追求的结果一致。胁迫者实施了胁迫行为，是胁迫者将胁迫的主观故意客观化的过程，如果没有胁迫行为，只有主观上的故意，不构成胁迫行为。胁迫行为的非法性，要求胁迫者的这种威胁没有法律依据。如果一方有合法的理由对另一方施加压力，则就不构成威胁。比如，如果合同一方当事人未能按照履行合同义务，合同另一方当事人提出起诉保护自己的合法权益的行为，则因提起诉讼是当事人通过法律手段维护权益的一种方式，该行为不构成胁迫。受胁迫者因胁迫作出违背真实意思的行为，则是要求胁迫与受胁迫者的行为具有因果关系,即受胁迫者行为的作出是基于胁迫者的威胁,如果受胁迫者对于胁迫者的胁迫无动于衷,不是基于胁迫者的要求而为的行为,或者说,受胁迫者作出的行为不是因胁迫者的胁迫,则也不构成胁迫。基于此,发包方胁迫承包方流转土地经营权的构成亦是符合前述四个方面的要件。即发包方胁迫承包方流转土地经营权的主观故意;发包方实施了胁迫承包方流转土地经营权的客观行为;发包方的胁迫行为具有非法性;承包方流转土地经营权的行为基于发包方的胁迫。

(2) 发包方胁迫承包方流转土地经营权的行为性质

对受胁迫的行为效力问题,民法典施行之前,法律及司法解释的规定并非可撤销,而是规定为无效。比如,民法通则第五十八条第一款第三项规定,一方以胁迫的手段,使对方在违背真实意思的情况下所为的民事法律行为无效。合同法虽对胁迫的情形进行了区分,但仍明确了胁迫行为的行为在一定情形下的无效性。针对胁迫承包方流转土地经营权的行为性质,农村土地承包法第三十八条第一项规定:"土地经营权流转应当遵循以下原则:(一)依法、自愿、有偿,任何组织和个人不得强迫或者阻碍土地经营权流转。"其中的"强迫"属于合同法第五十二条第五项规定的"违反法律、行政法规的强制性规定",因此,在胁迫的情况下签订的流转合同无效。此外,农村土地承包法第六十条规定,任何组织和个人强迫进行土地承包经营权互换、转让或者土地经营权流转的,该互换转让或者流转无效。

基于此,发包方胁迫承包方将土地经营权流转给第三人,违背了承包方的意愿,侵害了承包方土地承包经营权的行为,违反了农村土地承包法的有关规定,不符合民法通则有关法律行为应当具备的当事人"意思表示真实"的条件,所以是无效的。承包方请求确认其与第三人签订的流转合同无效的,人民法院应予支持。

从当今世界各国和地区的立法来看,多数国家和地区对胁迫效力规定为可撤销,而非无效。例如德国民法典第123条第1款规定,因被恶意欺诈或被不法胁迫,致使作出意思表示的人,可以撤销该表示。我国台湾地区"民法"也有相同的规定,如该法第九十二条规定,因被诈欺或胁迫而为意思表示者,表意人得撤销其意思表示。从立法机关的态度看,民法典采用了世界多数国家和地区立法例,改变了原立法的规定,将胁迫效力由无效变化为可撤销。主要是考虑民事活动的复杂性以及意思自治的民事基本原则,受胁迫人在其权益受损时,有权基于自身的利益衡量对民事法律行为的效力作出选择。因此,本条规定采用世界多数国家和地区立法例,将因胁迫实施的民事法律行为效力规定为可撤销,同时赋予受胁迫人以撤销权。[1]

---

[1] 参见黄薇主编:《中华人民共和国民法典释义》,法律出版社2020年版,第298页。

民法典施行后,关于以胁迫手段实施的民事法律行为的效力为可撤销,而非无效。在此情况下,发包方胁迫承包方将土地经营权流转给第三人的,该土地经营权流转合同的效力为可撤销,而非无效。承包方可基于自身的利益衡量而对土地经营权流转合同的效力采取相应的选择,有权请求撤销因胁迫而与第三人签订的流转合同。

(3) 发包方胁迫承包方流转土地经营权的权利救济

农村土地"三权分置"后,土地经营权是承包人所享有的重要权益。该权益受法律的保护,任何组织和个人不得侵害承包人的此项权利。比如农村土地承包法第六十五条规定,国家机关及其工作人员有利用职权干涉农村土地承包经营,变更、解除承包经营合同,干涉承包经营当事人依法享有的生产经营自主权,强迫、阻碍经营当事人进行土地承包经营权互换、转让或者土地经营权流转等侵害土地承包经营权、土地经营权的行为,给承包经营当事人造成损失的,应当承担损害赔偿等责任;情节严重的,由上级机关或者所在单位给予直接责任人员处分;构成犯罪的,依法追究刑事责任。

与此同时,就受胁迫而订立的土地经营权流转合同,承包方依法享有撤销权。在土地经营权流转合同被撤销后,需依法确定当事人的责任承担问题。根据民法典第一百五十七条的规定,民事法律行为无效、被撤销或者确定不发生效力后,行为人因该行为取得的财产,应当予以返还;不能返还或者没必要返还的,应当折价补偿。有过错的一方当事人应当赔偿对方由此所受到的损失;各方都有过错的,应当各自承担相应的责任。法律另有规定的,依照其规定。由此,土地经营权流转合同被依法撤销后,存在以下几种法律后果:一是返还财产。合同被撤销后,土地经营权人所取得的土地经营权缺乏相应的依据,依法应当将土地经营权返还给承包人。返还土地经营权的目的在于使双方的关系恢复到民事法律行为实施前的状态。二是折价补偿。此种方式是不能返还财产或者没必要返还的情况下而作出的替代举措。民事法律行为被撤销后,返还财产为恢复原状的原则做法。三是赔偿损失。根据前述规定,有错的一方应当赔偿对方由此所受到的损失;各方都有过错的,应当各自承担相应的责任。

【审判实践中应注意的问题】

审判实践中,如何认定发包方的胁迫行为,则是关键问题所在。从立法条文内容看,法律并未对胁迫的具体含义作出明确规定。在此情况下,胁迫的认定则存在认识上的分歧。对此问题,尽管立法机关考虑到民事活动的复杂性以及民事法律行为事件额不断发展而未对胁迫作出明确限制性的规定,但并不影响胁迫的具体认定。对于"胁迫"概念的内涵,不论理论界还是实务界已达成较为广泛的共识。如《最高人民法院关于贯彻执行〈中华人民共和国民法通则〉若干问题的意见(试行)》(以下简称《民法通则意见》)第69条规定,以给公民及其亲友的生活健康、荣誉、名誉、财产等造成损失或者以给法人的荣誉、名誉、财产等造成损害为要挟，迫使对方作出违背真实的意思表示的，可以认定为胁迫行为。尽管《民法通则意见》已被废止，但该规定的内容对于实践中胁迫的具体认定，仍具有一定的参考意义。

3. 第十三条

【修改内容】

本条将"承包方未经发包方同意，采取转让方式流转其土地承包经营权的，转让合同无效"修改为"承包方未经发包方同意，转让其土地承包经营权的，转让合同无效"。

【修改说明】

民法典和修正后的农村土地承包法区分了承包人和土地经营权人的权益，即承包人享有土地承包经营权，土地经营权人依据土地经营权流转合同享有土地经营权。且对承包经营权主体的变更和土地经营权主体的变更方式进行了区分，即承包经营权的变更方式为互换、转让，而土地经营权的变更方式为流转。根据法律的规定，土地承包经营权的转让经发包方同意后，由受让方的农户同发包方建立新的承包关系，原承包方与发包方在该土地上的承包关系即行终止。针对土地承包经营权转让合同效力的问题，在对原司法解释修改时，沿袭了原司法解释的认定规则，仅将"采取转让方式流转其土地承包经营权的"修改为"转让其土地承包经营权的"。

【理解与适用】

从条文规定主旨来看，本条确立了土地承包经营权转让合同未经发包方同意时合同效力为无效的认定规则。同时，针对特定的情形，对合同效力作出了特别的规定。在司法解释修改征求意见时，存在一定的争议。主要的分歧在于未经发包方同意的情况下所签订的转让土地承包经营权合同的效力问题，也即本条的存废之争。

第一，有关废止本条的理由主要为：其一，"经发包方同意"为土地承包经营权转让的程序要件，并无实质意义，且修正后的农村土地承包法将土地承包经营权的受让主体从"有稳定的非农职业或者有稳定的收入来源的农户"限定为"本集体经济组织的其他农户"。其二，农村土地承包法第三十四条规定，经发包方同意，承包方可以将全部或者部分的土地承包经营权转让给本集体经济组织的其他农户，由该农户同发包方确立新的承包关系，原承包方与发包方在该土地上的承包关系即行终止。其中经发包方同意可以视为对承包方处分权（主要是转让这种方式的处分权）的一种限制，应参照适用民法典第五百九十七条关于买卖合同物权处分的规定，其法律效果为转让合同有效，但未经发包方同意或追认权利不能转让，应通过合同解除和违约责任解决后续履行不能的问题。

第二，有关保留本条的理由为：其一，根据农村土地承包法第三十四条的规定，承包方转让土地承包经营权的，须经发包方同意。且承包经营权的转让必须坚持"稳"这一原则。如果允许农民自由转让农村土地承包经营权，可能会导致尚无生活保障的农民失去土地。其二，土地承包经营权转让是承包农户在承包期内完全让渡土地承包经营权。为防止承包方随意转让土地承包经营权，2018年修正的农村土地承包法仍保留了"经发包方同意"的前置程序，承包方可以将全部或者部分的土地承包经营权转让给本集体经济组织的其他农户，由该农户同发包方确立新的承包关系，原承包方与发包方在该土地上的承包关系即行终止。经慎重研究，最终采纳了保留的意见。理由主要为：其一，从修正的农村土地承包法的情况看，尽管修正后的第三十四条对修正前的第四十一条的有关土地承包经营权的转让的规定进行了修改，删除了转让的条件限制，修改了受让方的条件，即从"从事农业生产经营的农户"限制为"本集体经济组织的其他农户"，禁止将土地承包经营权转让给本集体经济组织以外的主体，但仍保留了"经发包方同意"之条件，如发包方同意之对土地承包经营权的转让无实质意义，则修正后的农村土地承包法"发包方同意"之规定内容无存在之必要。其二，考虑到发包方对农村土地的独占权、拥有对土地承包的监督权，监督承包方依照合同约定的用途合理利用和保护土地、监督和制止承包方损害承包地和农业资源以及农村土地承包经营权关涉农村基本经营制度等因素，有必要将"经发包方同意"作为土地承包经营权转让合同的有效要件。其三，严格限制土地承包经营权转让合同的效力，符合目前我国绝大多数农村的农民在较长时期内还得依靠承包经营土地的基本国情，符合党中央"落实所有权、稳定承包权、放活经营权"的农村土地"三权分置"政策。此外，为维护土地承包经营权人的合法权益，在特殊的情况下，对"发包方同意"之例外作出了规定。此举已统筹考虑实践中的情况，避免发包方利用其自身地位借口阻碍、刁难承包方依法转让土地承包经营权而损害土地承包经营权人合法权益的行为。

(1) 土地承包经营权的转让

第一，转让的条件。土地承包经营权的转让，除了发包人同意之前置条件外，还需满足其他的要件。从法律的规定看，主要涉及转让方和受让方的条件限制。在农村土地承包法修正之前，法律对转让方和受让方的条件为：转让方（承包方）有稳定的非农职业或者有稳定的收入来源；受让方为其他从事农业生产经营的农户。比如农村土地承包法第四十一条：承包方有稳定的非农职业或者有稳定的收入来源的，经发包方同意，可以将全部或者部分土地承包经营权转让给其他从事农业生产经营的农户。在农村土地承包法修正之后，法律对转让方和受让方的条件为：转让方为承包方，且并无承包方需有稳定的非农职业或者稳定的收入来源之限制；受让方为本集体经济组织的其他农户，而非其他从事农业生产经营的农户，也即将受让方限定为本集体经济组织的其他农户,不能转让给本集体经济组织之外的其他主体。由此可见,修正后的农村土地承包法则对土地承包经营权转让的规定作了一定的修改。一是删除了对转让方的限制条件,不再要求转让方有稳定的非农职业或者有稳定的收入来源,转让方根据自己的情况自由决定是否转让土地承包经营权;二是修改了受让方的条件,即从"从事农业生产经营的农户"限制为"本集体经济组织的其他农户"。由此,从主体而言,土地承包经营权的转让条件对受让方有限制要求,即本集体经济组织的其他农户,而非其他主体。如承包方不愿继续承包经营土地,也不转让给本集体经济组织的其他农户,可以根据法律规定向他人流转土地经营权,仍保留土地承包权。

第二,转让的范围。土地承包经营权的转让,承包方转让的是其享有的土地承包经营权。从实践的情况看,承包方转让的原因是多方面的。比如,有的农户进城落户,不想再继续承包农村土地。有的是因承包农户自身的原因所致,如家庭农户的劳动力不足,不能有效承包经营农村土地。在此情况下,基于种种原因而转让部分土地承包经营权,而保留部分土地承包经营权。故此,承包人转让的土地承包经营权,可以是全部,也可以是部分。具体的范围,由土地承包经营权人自由决定,不受他人的干涉。从农村土地承包法第三十四条的规定看,该条亦明确承包方可以将全部或者部分土地承包经营权转让。

第三,转让的法律后果。土地承包经营权转让后,基于承包经营权主体发生了变化,将导致一系列的法律后果。首先,关于承包关系问题,受让人基于其与转让人签订的土地承包经营权转让合同而取得土地承包经营权,同时,基于土地的所有权主体为农村集体经济组织,亦是发包方。为此,受让人需与发包方签订新的土地承包经营权合同,确立新的土地承包关系。其次,基于前述分析,土地承包经营权的转让范围存在全部转让和部分转让之分。故此,基于转让范围的不同,相应的法律后果存在一定的差异。在土地承包经营权全部转让的情况下,则发生土地承包经营权人退出其与发包方所订立的土地承包经营权合同法律关系,相应地,受让方在发包方同意的情况下,基于土地承包经营权转让合同,取得了承包人的法律地位,并与发包方重新订立土地承包经营权合同。在土地承包经营权部分转让的情况下,承包方仅就部分土地承包经营权退出了土地承包经营,而未转让的部分其仍享有相应的权利。就退出及剩余的土地承包经营权,不论转让方(承包人)还是受让方(新的承包人)均需与发包人重新订立新的土地承包经营权合同,确立新的承包关系,原承包人与发包人在该土地上的承包关系即行终止。

(2)发包人同意的例外

土地承包经营权是承包人享有的一项法定权利,并不受非法侵犯。如农村土地承包法第八条规定:"国家保护集体土地所有者的合法权益,保护承包方的土地承包经营权,任何组织和个人不得侵犯。"第十七条规定:"承包方享有下列权利：……（二）依法互换、转让土地承包经营权；……"实践中，发包方无法定理由而故意拖延表态的情况较为常见。由于农业生产经营具有较强的季节性，如错过了耕作时节，将会给承包人带来较大的损失。在确定承包方转让土地承包经营权需经发包人同意的一般原则之下，基于实践的复杂性，应允许例外情形，从而避免因发包方故意拖延而损害承包方权利的情形。对此情况，新司法解释明确了两种例外情况。一是发包方无法定理由不同意表态；二是发包方拖延表态。如存在前述两种情形，则承包方转让其土地承包经营权的合同虽未经发包方同意，但合同的效力并不受影响。

司法实践中，如何认定发包方未同意不具备法定理由？从字面意义上理解，主要是法律规定的理由。土地承包经营权的转让，不仅涉及转让人（承包方）与受让方，还与土地的所有权的主体密切相关。从法律的规定看，除了明确不得改变土地用途等强制性规定外，法律赋予了发包方对土地的监督权，监督承包人按照承包合同约定的用途合理利用承包的土地以及履行保护土地的义务，以保护土地资源不被破坏。比如，农村土地承包法第十四条的规定。一般而言，法定理由的情形主要包括：第一，合同存在改变土地用途的情形。土地承包经营权转让合同，承包方转让的对象为土地承包经营权，但不得改变土地的农业用途。如果转让合同约定将土地用于非农建设，则承包方可以拒绝同意。第二，转让合同的期限超出承包人的承包期限。土地承包经营权的转让合同所约定的转让期限，不得超过承包合同尚未履行的剩余期限。如承包期限为三十年，承包人与发包人之间的土地承包经营权合同已履行十年。在承包人与受让人订立合同转让土地承包经营权时，转让的期限不得超过剩余承包期限，即不得超过二十年。第三，受让的对象不是本集体经济组织的其他农户。修正后的农村土地承包法修改了土地承包经营权的转让对象，将"其他从事农业生产经营的农户"修改为"本集体经济组织的其他农户"。因此，如承包人将土地承包经营权转让给非本集体经济组织的其他农户，则发包方可以行使监督权，拒绝同意。

最高人民法院
关于能否将国有土地使用权折价抵偿给抵押权人问题的批复

法释〔1998〕25号

(1998年9月1日最高人民法院审判委员会第1019次会议通过 1998年9月3日最高人民法院公告公布 自1998年9月9日起施行)

四川省高级人民法院：

你院川高法〔1998〕19号《关于能否将国有土地使用权以国土部门认定的价格抵偿给抵押权人的请示》收悉。经研究，答复如下：

在依法以国有土地使用权作抵押的担保纠纷案件中，债务履行期届满抵押权人未受清偿的，可以通过拍卖的方式将土地使用权变现。如果无法变现，债务人又没有其他可供清偿的财产时，应当对国有土地使用权依法评估。人民法院可以参考政府土地管理部门确认的地价评估结果将土地使用权折价，经抵押权人同意，将折价后的土地使用权抵偿给抵押权人，土地使用权由抵押权人享有。

此复

【解读】

解读《最高人民法院关于能否将国有土地使用权折价抵偿给抵押权人问题的批复》

一、问题的提出

最高人民法院1998年公布了《关于能否将国有土地使用权折价抵偿给抵押权人问题的批复》（法释〔1998〕25号，以下简称本批复）。

四川省高级人民法院请示，一些地方由于房地产市场不景气，土地使用权转让价格不断下跌,为了保护国有资产,国家制定了国有土地使用权的保护价,低于保护价不得转让,也不能办理有关权属转移手续。因而,在有关以国有土地使用权作抵押的担保案件中,抵押人依生效法律文书行使抵押权时,作为抵押标的的国有土地使用权以国家规定的保护价也无法转让、变现。在这种情况下,可否直接将土地使用权以国土部门认定的价格抵偿给抵押权人,以实现其抵押权,形成了不同意见。

二、理解与适用

(一)有条件的折价抵偿以实现抵押权

本批复规定通过有条件的折价抵偿以实现抵押权人的抵押权。根据批复,在依法以国有土地使用权作抵押的担保纠纷案件中,债务履行期届满抵押权人未受偿的,将土地使用权变现应当是首要的选择。按照《担保法》的规定,变现的方式可以是拍卖,也可以是变卖。如果无法变现,债务人又没有其他可供清偿的财产时,可以折价抵偿。但本批复规定了两项折价抵偿的条件:一是由人民法院折价,而不是由抵押权人与抵押人协商确定。折价前应当对国有土地使用权依法评估,然后由人民法院参考政府土地管理部门确认的地价评估结果将土地使用权折价,人民法院不得随意折价。二是征得抵押权人同意。将土地使用权折价抵偿给抵押权人,必须经抵押权人同意,不能将土地使用权强行折价抵偿给抵押权人。因为并非所有的抵押权人都需要国有土地使用权或者能够将其变现。例如,银行通常只希望抵押人支付现金以实现抵押权。本批复中所指"经抵押权人同意"应仅就折价抵偿问题取得抵押权人同意,不包括国有土地使用权的折价问题。当然人民法院对国有土地使用权折价时,除参考政府管理部门确认的地价评估结果外,还应当考虑抵押权人取得国有土地使用权的变现成本,也应当充分考虑折价时的国有土地使用权的市场价格。

(二)与本批复相关的若干问题

1. 折价抵偿以实现抵押权符合法律规定

《担保法》第五十三条①第一款规定:"债务履行期届满抵押权人未受清偿的,可以与抵押人协议以抵押物折价或者以拍卖、变卖该抵押物所得的价款受偿;协议不成,抵押权人可以向人民法院提起诉讼。"根据这一规定,抵押权的实现方式包括抵押物折价和拍卖、变卖抵押物。以何种方式实现,由抵押人与抵押权人协商。协商不成,由法院裁判。为了保护抵押人和抵押人的其他债权人的合法权益,抵押物是不能直接受偿的。

根据《城市房地产管理法》第四章"房地产交易"的规定,国有土地使用权可以依法转让。该法对转让国有土地使用权的条件及禁止转让的各种情形作

---

① 对应《民法典》第四百一十条。

出了具体规定，没有禁止通过折价抵偿转让国有土地使用权的方式。《城镇国有土地使用权出让和转让暂行条例》第二十六条规定，土地使用权转让价格明显低于市场价格的，政府有优先购买权，但并未规定不得转让。1990年原国家土地管理局曾发出《关于加强城镇国有土地使用权出让和转让管理的通知》，要求对国有土地使用权的出让加以有效管理，出让金受基准地价限制，但对国有土地使用权的转让没有特别限制。其他法律、行政法规也没有禁止通过折价抵偿转让国有土地使用权。

2. 折价抵偿是客观需要

尽管一般情况下，抵押权实现时，只要对土地使用权依法正确评估，一般不会出现土地使用权的价格高于当地市场价格从而出现不能转让变现的问题，而且强制拍卖的变现价值会低于任意拍卖时的实现价值，或者签订抵押合同的评估价值。但拍卖不能无限制地进行下去。如果房地产市场不景气，国有土地使用权的二级市场处于有价无市状态，抵押财产通过市场无法变现，主债务人也没有其他可供执行的财产，债权人与债务人又无法就抵押受偿达成协议，为了实现抵押权人的合法债权，人民法院可以以有批准权的人民政府土地管理部门确认的地价评估结果为依据，将土地使用权折价，与抵押权人协商并经抵押权人同意后，将折价后的土地使用权抵偿给抵押权人，土地使用权由抵押权人持有。对这一意见原国有资产管理部门和国家土地管理局均表示同意。由于国有土地使用权客观存在无法变现的现实，折价抵偿是不得已的办法。

3. 折价抵偿国有土地使用权不会造成国有资产流失

有人认为，通过拍卖国有土地使用权或者以其折价抵偿实现抵押权会造成国有资产的流失。虽然这种担心不无道理，但这种担心是不必要的。一方面，为实现抵押权而进行的拍卖属于强制拍卖，与一般民事交易活动不同，要受到有关强制执行法律的制约，其目的是使国有土地使用权变现。这种拍卖或折价与拍卖国有企业的其他财产或者将国有企业的其他财产折价的目的完全相同。另一方面，人民法院在确定国有土地使用权的拍卖低价或者折价都不可能不考虑基准地价问题。《城市房地产管理法》第三十三条规定："国家实行房地产价格评估制度。房地产价格评估，应当遵循公正、公平、公开的原则，按照国家规定的技术标准和评估程序，以基准地价、标定地价和各类房屋的重置价格为基础，参照当地的市场价格进行评估。"在司法实践中，抵押权人通常为国有商业银行，更好地实现国有商业银行的债权本身就是防止国有资产的流失。因而，拍卖国有土地使用权或者以国有土地使用权折价抵偿抵押权不可能造成国有资产的流失。

（撰稿人：汪治平）

指导案例 53 号

福建海峡银行股份有限公司福州五一支行诉长乐亚新污水处理有限公司、福州市政工程有限公司金融借款合同纠纷案

（最高人民法院审判委员会讨论通过　2015 年 11 月 19 日发布）

关键词

民事　金融借款合同　收益权质押　出质登记　质权实现

裁判要点

1. 特许经营权的收益权可以质押，并可作为应收账款进行出质登记。

2. 特许经营权的收益权依其性质不宜折价、拍卖或变卖，质权人主张优先受偿权的，人民法院可以判令出质债权的债务人将收益权的应收账款优先支付质权人。

相关法条

《中华人民共和国物权法》第二百零八条①、第二百二十三条②、第二百二十八条③第一款

基本案情

原告福建海峡银行股份有限公司福州五一支行（以下简称海峡银行五一支行）诉称：原告与被告长乐亚新污水处理有限公司（以下简称长乐亚新公司）签订单位借款合同后向被告贷款 3000 万元。被告福州市政工程有限公司（以下简称福州市政公司）为上述借款提供连带责任保证。原告海峡银行五一支行、被告长乐亚新公司、福州市政公司、案外人长乐市建设局四方签订了《特许经营权质押担保协议》，福州市政公司以长乐市污水处理项目的特许经营权提供质押担保。因长乐亚新公司未能按期偿还贷款本金和利息，故诉请法院判令：长乐亚新公司偿还原告借款本金和利息；确认《特许经营权质押担保协议》合法有效，拍卖、变卖该协议项下的质物，原告有优先受偿权；将长乐市建设局支付给两被告的污水处理服务费优先用于清偿应偿还原告的所有款项；福州市政公司承担连带清偿责任。

被告长乐亚新公司和福州市政公司辩称：长乐市城区污水处理厂特许经营

---

① 对应《民法典》第四百二十五条。
② 对应《民法典》第四百四十条。
③ 对应《民法典》第四百四十五条。

权，并非法定的可以质押的权利，且该特许经营权并未办理质押登记，故原告诉请拍卖、变卖长乐市城区污水处理厂特许经营权，于法无据。

法院经审理查明：2003年，长乐市建设局为让与方、福州市政公司为受让方、长乐市财政局为见证方，三方签订《长乐市城区污水处理厂特许建设经营合同》，约定：长乐市建设局授予福州市政公司负责投资、建设、运营和维护长乐市城区污水处理厂项目及其附属设施的特许权，并就合同双方权利义务进行了详细约定。2004年10月22日，长乐亚新公司成立。该公司系福州市政公司为履行《长乐市城区污水处理厂特许建设经营合同》而设立的项目公司。

2005年3月24日，福州市商业银行五一支行与长乐亚新公司签订《单位借款合同》，约定：长乐亚新公司向福州市商业银行五一支行借款3000万元；借款用途为长乐市城区污水处理厂BOT项目；借款期限为13年，自2005年3月25日至2018年3月25日；还就利息及逾期罚息的计算方式作了明确约定。福州市政公司为长乐亚新公司的上述借款承担连带责任保证。

同日，福州市商业银行五一支行与长乐亚新公司、福州市政公司、长乐市建设局共同签订《特许经营权质押担保协议》，约定：福州市政公司以《长乐市城区污水处理厂特许建设经营协议》授予的特许经营权为长乐亚新公司向福州市商业银行五一支行的借款提供质押担保，长乐市建设局同意该担保；福州市政公司同意将特许经营权收益优先用于清偿借款合同项下的长乐亚新公司的债务，长乐市建设局和福州市政公司同意将污水处理费优先用于清偿借款合同项下的长乐亚新公司的债务；福州市商业银行五一支行未受清偿的，有权依法通过拍卖等方式实现质押权利等。

上述合同签订后，福州市商业银行五一支行依约向长乐亚新公司发放贷款3000万元。长乐亚新公司于2007年10月21日起未依约按期足额还本付息。

另查明，福州市商业银行五一支行于2007年4月28日名称变更为福州市商业银行股份有限公司五一支行；2009年12月1日其名称再次变更为福建海峡银行股份有限公司五一支行。

裁判结果

福建省福州市中级人民法院于2013年5月16日作出（2012）榕民初字第661号民事判决：一、长乐亚新污水处理有限公司应于本判决生效之日起十日内向福建海峡银行股份有限公司福州五一支行偿还借款本金28714764.43元及利息（暂计至2012年8月21日为2142597.6元，此后利息按《单位借款合同》的约定计至借款本息还清之日止）；二、长乐亚新污水处理有限公司应于本判决生效之日起十日内向福建海峡银行股份有限公司福州五一支行支付律师代理费人民币123640元；三、福建海峡银行股份有限公司福州五一支行于本判决生效之日起有权直接向长乐市建设局收取应由长乐市建设局支付给长乐亚新污水处理有限公司、福州市政工程有限公司的污水处理服务费，并对该污水处理服务费就本判决第一、二项所确定的债务行使优先受偿权；四、福州市政工程有限公司对本判决第一、二项确定的债务承担连带清偿责任；五、驳回福建海峡银行股份有限公司福州五一支行的其他诉讼请求。宣判后，两被告均提起上诉。福建省高级人民法院于2013年9月17日作出福建省高级人民法院（2013）闽民终字第870号民事判决，驳回上诉，维持原判。

裁判理由

法院生效裁判认为：被告长乐亚新公司未依约偿还原告借款本金及利息，已构成违约，应向原告偿还借款本金，并支付利息及实现债权的费用。福州市政公司作为连带责任保证人，应对讼争债务承担连带清偿责任。本案争议焦点主要涉及污水处理项目特许经营权质押是否有效以及该质权如何实现问题。

一、关于污水处理项目特许经营权能否出质问题

污水处理项目特许经营权是对污水处理厂进行运营和维护，并获得相应收益的权利。污水处理厂的运营和维护，属于经营者的义务，而其收益权，则属于经营者的权利。由于对污水处理厂的运营和维护，并不属于可转让的财产权利，故讼争的污水处理项目特许经营权质押，实质上系污水处理项目收益权的质押。

关于污水处理项目等特许经营的收益权能否出质问题，应当考虑以下方面：其一，本案讼争污水处理项目《特许经营权质押担保协议》签订于2005年，尽管当时法律、行政法规及相关司法解释并未规定污水处理项目收益权可质押，但污水处理项目收益权与公路收益权性质上相类似。《最高人民法院关于适用〈中华人民共和国担保法〉若干问题的解释》第九十七条规定，"以公路桥梁、公路隧道或者公路渡口等不动产收益权出质的，按照担保法第七十五条第（四）项的规定处理"，明确公路收益权属于依法可质押的其他权利，与其类似的污水处理收益权亦应允许出质。其二，国务院办公厅2001年9月29日转发的《国务院西部开发办〈关于西部大开发若干政策措施的实施意见〉》（国办发〔2001〕73号）中提出，"对具有一定还贷能力的水利开发项目和城市环保项目（如城市污水处理和垃圾处理等），探索逐步开办以项目收益权或收费权为质押发放贷款的业务"，首次明确可试行将污水处理项目的收益权进行质押。其三，污水处理项目收益权虽系将来金钱债权，但其行使期间及收益金额均可确定，其属于确定的财产权利。其四，在《中华人民共和国物权法》（以下简称《物权法》）颁布实施后，因污水处理项目收益权系基于提供污水处理服务而产生的将来金钱债权，依其性质亦可纳入依法可出质的"应收账款"的范畴。因此，讼争污水处理项目收益权作为特定化的财产权利，可以允许其出质。

二、关于污水处理项目收益权质权的公示问题

对于污水处理项目收益权的质权公示问题，在《物权法》自2007年10月

1日起施行后,因收益权已纳入该法第二百二十三条第六项的"应收账款"范畴,故应当在中国人民银行征信中心的应收账款质押登记公示系统进行出质登记,质权才能依法成立。由于本案的质押担保协议签订于2005年,在《物权法》施行之前,故不适用《物权法》关于应收账款的统一登记制度。因当时并未有统一的登记公示的规定,故参照当时公路收费权质押登记的规定,由其主管部门进行备案登记,有关利害关系人可通过其主管部门了解该收益权是否存在质押之情况,该权利即具备物权公示的效果。

本案中,长乐市建设局在《特许经营权质押担保协议》上盖章,且协议第七条明确约定"长乐市建设局同意为原告和福州市政公司办理质押登记出质登记手续",故可认定讼争污水处理项目的主管部门已知晓并认可该权利质押情况,有关利害关系人亦可通过长乐市建设局查询了解讼争污水处理厂的有关权利质押的情况。因此,本案讼争的权利质押已具备公示之要件,质权已设立。

三、关于污水处理项目收益权的质权实现方式问题

我国担保法和物权法均未具体规定权利质权的具体实现方式,仅就质权的实现作出一般性的规定,即质权人在行使质权时,可与出质人协议以质押财产折价,或就拍卖、变卖质押财产所得的价款优先受偿。但污水处理项目收益权属于将来金钱债权,质权人可请求法院判令其直接向出质人的债务人收取金钱并对该金钱行使优先受偿权,故无需采取折价或拍卖、变卖之方式。况且收益权均附有一定之负担,且其经营主体具有特定性,故依其性质亦不宜拍卖、变卖。因此,原告请求将《特许经营权质押担保协议》项下的质物予以拍卖、变卖并行使优先受偿权,不予支持。

根据协议约定,原告海峡银行五一支行有权直接向长乐市建设局收取污水处理服务费,并对所收取的污水处理服务费行使优先受偿权。由于被告仍应依约对污水处理厂进行正常运营和维护,若无法正常运营,则将影响到长乐市城区污水的处理,亦将影响原告对污水处理费的收取,故原告在向长乐市建设局收取污水处理服务费时,应当合理行使权利,为被告预留经营污水处理厂的必要合理费用。

三、合　　同

最高人民法院
关于审理买卖合同纠纷案件适用法律问题的解释

(2012年3月31日最高人民法院审判委员会第1545次会议通过 根据2020年12月23日最高人民法院审判委员会第1823次会议通过的《最高人民法院关于修改〈最高人民法院关于在民事审判工作中适用《中华人民共和国工会法》若干问题的解释〉等二十七件民事类司法解释的决定》修正)

为正确审理买卖合同纠纷案件,根据《中华人民共和国民法典》《中华人民共和国民事诉讼法》等法律的规定,结合审判实践,制定本解释。

一、买卖合同的成立

第一条 当事人之间没有书面合同,一方以送货单、收货单、结算单、发票等主张存在买卖合同关系的,人民法院应当结合当事人之间的交易方式、交易习惯以及其他相关证据,对买卖合同是否成立作出认定。

对账确认函、债权确认书等函件、凭证没有记载债权人名称,买卖合同当事人一方以此证明存在买卖合同关系的,人民法院应予支持,但有相反证据足以推翻的除外。

二、标的物交付和所有权转移

第二条 标的物为无需以有形载体交付的电子信息产品,当事人对交付方式约定不明确,且依照民法典第五百一十条的规定仍不能确定的,买受人收到约定的电子信息产品或者权利凭证即为交付。

第三条 根据民法典第六百二十九条的规定,买受人拒绝接收多交部分标的物的,可以代为保管多交部分标的物。买受人主张出卖人负担代为保管期间的合理费用的,人民法院应予支持。

买受人主张出卖人承担代为保管期间非因买受人故意或者重大过失造成的损失的,人民法院应予支持。

第四条 民法典第五百九十九条规定的"提取标的物单证以外的有关单证和资料",主要应当包括保险单、保修单、普通发票、增值税专用发票、产品合格证、质量保证书、质量鉴定书、品质检验证书、产品进出口检疫书、原产地证明书、使用说明书、装箱单等。

第五条 出卖人仅以增值税专用发票及税款抵扣资料证明其已履行交付标的物义务，买受人不认可的，出卖人应当提供其他证据证明交付标的物的事实。

合同约定或者当事人之间习惯以普通发票作为付款凭证，买受人以普通发票证明已经履行付款义务的，人民法院应予支持，但有相反证据足以推翻的除外。

第六条 出卖人就同一普通动产订立多重买卖合同，在买卖合同均有效的情况下，买受人均要求实际履行合同的，应当按照以下情形分别处理：

（一）先行受领交付的买受人请求确认所有权已经转移的，人民法院应予支持；

（二）均未受领交付，先行支付价款的买受人请求出卖人履行交付标的物等合同义务的，人民法院应予支持；

（三）均未受领交付，也未支付价款，依法成立在先合同的买受人请求出卖人履行交付标的物等合同义务的，人民法院应予支持。

第七条 出卖人就同一船舶、航空器、机动车等特殊动产订立多重买卖合同，在买卖合同均有效的情况下，买受人均要求实际履行合同的，应当按照以下情形分别处理：

（一）先行受领交付的买受人请求出卖人履行办理所有权转移登记手续等合同义务的，人民法院应予支持；

（二）均未受领交付，先行办理所有权转移登记手续的买受人请求出卖人履行交付标的物等合同义务的，人民法院应予支持；

（三）均未受领交付，也未办理所有权转移登记手续，依法成立在先合同的买受人请求出卖人履行交付标的物和办理所有权转移登记手续等合同义务的，人民法院应予支持；

（四）出卖人将标的物交付给买受人之一，又为其他买受人办理所有权转移登记，已受领交付的买受人请求将标的物所有权登记在自己名下的，人民法院应予支持。

三、标的物风险负担

第八条 民法典第六百零三条第二款第一项规定的"标的物需要运输的"，是指标的物由出卖人负责办理托运，承运人系独立于买卖合同当事人之外的运输业者的情形。标的物毁损、灭失的风险负担，按照民法典第六百零七条第二款的规定处理。

第九条 出卖人根据合同约定将标的物运送至买受人指定地点并交付给承运人后，标的物毁损、灭失的风险由买受人负担，但当事人另有约定的除外。

第十条 出卖人出卖交由承运人运输的在途标的物,在合同成立时知道或者应当知道标的物已经毁损、灭失却未告知买受人,买受人主张出卖人负担标的物毁损、灭失的风险的,人民法院应予支持。

第十一条 当事人对风险负担没有约定,标的物为种类物,出卖人未以装运单据、加盖标记、通知买受人等可识别的方式清楚地将标的物特定于买卖合同,买受人主张不负担标的物毁损、灭失的风险的,人民法院应予支持。

四、标的物检验

第十二条 人民法院具体认定民法典第六百二十一条第二款规定的"合理期限"时,应当综合当事人之间的交易性质、交易目的、交易方式、交易习惯、标的物的种类、数量、性质、安装和使用情况、瑕疵的性质、买受人应尽的合理注意义务、检验方法和难易程度、买受人或者检验人所处的具体环境、自身技能以及其他合理因素,依据诚实信用原则进行判断。

民法典第六百二十一条第二款规定的"二年"是最长的合理期限。该期限为不变期间,不适用诉讼时效中止、中断或者延长的规定。

第十三条 买受人在合理期限内提出异议,出卖人以买受人已经支付价款、确认欠款数额、使用标的物等为由,主张买受人放弃异议的,人民法院不予支持,但当事人另有约定的除外。

第十四条 民法典第六百二十一条规定的检验期限、合理期限、二年期限经过后,买受人主张标的物的数量或者质量不符合约定的,人民法院不予支持。

出卖人自愿承担违约责任后,又以上述期限经过为由翻悔的,人民法院不予支持。

五、违约责任

第十五条 买受人依约保留部分价款作为质量保证金,出卖人在质量保证期未及时解决质量问题而影响标的物的价值或者使用效果,出卖人主张支付该部分价款的,人民法院不予支持。

第十六条 买受人在检验期限、质量保证期、合理期限内提出质量异议,出卖人未按要求予以修理或者因情况紧急,买受人自行或者通过第三人修理标的物后,主张出卖人负担因此发生的合理费用的,人民法院应予支持。

第十七条 标的物质量不符合约定,买受人依照民法典第五百八十二条的规定要求减少价款的,人民法院应予支持。当事人主张以符合约定的标的物和实际交付的标的物按交付时的市场价值计算差价的,人民法院应予支持。

价款已经支付,买受人主张返还减价后多出部分价款的,人民法院应予支持。

第十八条 买卖合同对付款期限作出的变更,不影响当事人关于逾期付款违约金的约定,但该违约金的起算点应当随之变更。

买卖合同约定逾期付款违约金,买受人以出卖人接受价款时未主张逾期付款违约金为由拒绝支付该违约金的,人民法院不予支持。

买卖合同约定逾期付款违约金,但对账单、还款协议等未涉及逾期付款责任,出卖人根据对账单、还款协议等主张欠款时请求买受人依约支付逾期付款违约金的,人民法院应予支持,但对账单、还款协议等明确载有本金及逾期付款利息数额或者已经变更买卖合同中关于本金、利息等约定内容的除外。

买卖合同没有约定逾期付款违约金或者该违约金的计算方法,出卖人以买受人违约为由主张赔偿逾期付款损失,违约行为发生在2019年8月19日之前的,人民法院可以中国人民银行同期同类人民币贷款基准利率为基础,参照逾期罚息利率标准计算;违约行为发生在2019年8月20日之后的,人民法院可以违约行为发生时中国人民银行授权全国银行间同业拆借中心公布的一年期贷款市场报价利率(LPR)标准为基础,加计30—50%计算逾期付款损失。

第十九条 出卖人没有履行或者不当履行从给付义务,致使买受人不能实现合同目的,买受人主张解除合同的,人民法院应当根据民法典第五百六十三条第一款第四项的规定,予以支持。

第二十条 买卖合同因违约而解除后,守约方主张继续适用违约金条款的,人民法院应予支持;但约定的违约金过分高于造成的损失的,人民法院可以参照民法典第五百八十五条第二款的规定处理。

第二十一条 买卖合同当事人一方以对方违约为由主张支付违约金,对方以合同不成立、合同未生效、合同无效或者不构成违约等为由进行免责抗辩而未主张调整过高的违约金的,人民法院应当就法院若不支持免责抗辩,当事人是否需要主张调整违约金进行释明。

一审法院认为免责抗辩成立且未予释明,二审法院认为应当判决支付违约金的,可以直接释明并改判。

第二十二条 买卖合同当事人一方违约造成对方损失,对方主张赔偿可得利益损失的,人民法院在确定违约责任范围时,应当根据当事人的主张,依据民法典第五百八十四条、第五百九十一条、第五百九十二条、本解释第二十三条等规定进行认定。

第二十三条 买卖合同当事人一方因对方违约而获有利益,违约方主张从损失赔偿额中扣除该部分利益的,人民法院应予支持。

第二十四条 买受人在缔约时知道或者应当知道标的物质量存在瑕疵,主张出卖人承担瑕疵担保责任的,人民法院不予支持,但买受人在缔约时不知道该瑕疵会导致标的物的基本效用显著降低的除外。

六、所有权保留

第二十五条 买卖合同当事人主张民法典第六百四十一条关于标的物所有权保留的规定适用于不动产的，人民法院不予支持。

第二十六条 买受人已经支付标的物总价款的百分之七十五以上，出卖人主张取回标的物的，人民法院不予支持。

在民法典第六百四十二条第一款第三项情形下，第三人依据民法典第三百一十一条的规定已经善意取得标的物所有权或者其他物权，出卖人主张取回标的物的，人民法院不予支持。

七、特种买卖

第二十七条 民法典第六百三十四条第一款规定的"分期付款"，系指买受人将应付的总价款在一定期限内至少分三次向出卖人支付。

分期付款买卖合同的约定违反民法典第六百三十四条第一款的规定，损害买受人利益，买受人主张该约定无效的，人民法院应予支持。

第二十八条 分期付款买卖合同约定出卖人在解除合同时可以扣留已受领价金，出卖人扣留的金额超过标的物使用费以及标的物受损赔偿额，买受人请求返还超过部分的，人民法院应予支持。

当事人对标的物的使用费没有约定的，人民法院可以参照当地同类标的物的租金标准确定。

第二十九条 合同约定的样品质量与文字说明不一致且发生纠纷时当事人不能达成合意，样品封存后外观和内在品质没有发生变化的，人民法院应当以样品为准；外观和内在品质发生变化，或者当事人对是否发生变化有争议而又无法查明的，人民法院应当以文字说明为准。

第三十条 买卖合同存在下列约定内容之一的，不属于试用买卖。买受人主张属于试用买卖的，人民法院不予支持：

（一）约定标的物经过试用或者检验符合一定要求时，买受人应当购买标的物；

（二）约定第三人经试验对标的物认可时，买受人应当购买标的物；

（三）约定买受人在一定期限内可以调换标的物；

（四）约定买受人在一定期限内可以退还标的物。

八、其他问题

第三十一条 出卖人履行交付义务后诉请买受人支付价款，买受人以出卖人违约在先为由提出异议的，人民法院应当按照下列情况分别处理：

（一）买受人拒绝支付违约金、拒绝赔偿损失或者主张出卖人应当采取减

少价款等补救措施的,属于提出抗辩;

(二)买受人主张出卖人应支付违约金、赔偿损失或者要求解除合同的,应当提起反诉。

第三十二条 法律或者行政法规对债权转让、股权转让等权利转让合同有规定的,依照其规定;没有规定的,人民法院可以根据民法典第四百六十七条和第六百四十六条的规定,参照适用买卖合同的有关规定。

权利转让或者其他有偿合同参照适用买卖合同的有关规定的,人民法院应当首先引用民法典第六百四十六条的规定,再引用买卖合同的有关规定。

第三十三条 本解释施行前本院发布的有关购销合同、销售合同等有偿转移标的物所有权的合同的规定,与本解释抵触的,自本解释施行之日起不再适用。

本解释施行后尚未终审的买卖合同纠纷案件,适用本解释;本解释施行前已经终审,当事人申请再审或者按照审判监督程序决定再审的,不适用本解释。

【注　解】

最高人民法院2012年5月10日公布本解释,法释〔2012〕8号,自2012年7月1日起施行。

最高人民法院2020年12月29日公布《最高人民法院关于修改〈最高人民法院关于在民事审判工作中适用《中华人民共和国工会法》若干问题的解释〉等二十七件民事类司法解释的决定》修正本解释,法释〔2020〕17号,该修正自2021年1月1日起施行。

【解　读】

解读《最高人民法院关于审理买卖合同纠纷案件适用法律问题的解释》

为保障人民法院正确审理买卖合同纠纷案件,保护当事人的合法权益,规范市场交易行为,增强买卖合同法则的可操作性,最高人民法院审判委员会于2012年3月31日第1545次会议通过了《关于审理买卖合同纠纷案件适用法律问题的解释》(以下简称《解释》),并于2012年7月1日起施行。《解释》分八个部分,共四十六条,主要对买卖合同的成立及效力、标的物交付和所有权转移、标的物毁损灭失的风险负担、标的物的检验、违约责任、所有权保留、特种买卖以及其他有关问题作出解释,现就《解释》所涉及的主要问题进行说明。

一、关于预约的效力问题

在市场交易活动中存在形形色色的预约,如认购书、订购书、预订书、意向书、允诺书、定金收据、原则性协议、谅解备忘录、缔约纪要、临时协议等。关于此类预约与本约是何种关系、法律效力如何、违约责任范围如何等问题,《解释》第二条规定:"当事人签订认购书、订购书、预订书、意向书、备忘录等预约合同,约定在将来一定期限内订立买卖合同,一方不履行订立买卖合同的义务,对方请求其承担预约合同违约责任或者要求解除预约合同并主张损害赔偿的,人民法院应予支持。"

(一)预约合同的法律性质

在交易和审判实践中,预约与本约的关系经常被混淆,对于预约合同的法律性质主要有四种观点。第一,前契约说。该说认为,预约处于本约成立前的前契约阶段,是本约成立的一个过程,因此不构成合同。第二,从合同说。该说认为,预约是本约之铺垫,本约的成立不以预约的存在为条件,故预约是本约的从合同。第三,附停止条件本约说。该说认为,预约实质为附停止条件的本约。如预约中规定以开发商取得商品房销售许可证为签订本约的条件,条件成就时商品房买卖合同成立并生效。第四,独立契约说。该说认为,预约为独立的合同,其既有预设的本约合同中的民事权利义务关系,同时也有预约合同本身中的标的即双方负有订立本约合同的权利义务。其在合同法中虽系无名合同,但完全符合合同法的规范并受其调整,故预约合同和本约合同均为各具效力之独立契约。综观四种观点,我们认为,预约与本约之间既相互独立,又相互关联,两者之间是手段和目的的关系。预约的目的在于订立本约,预约的标的须是在一定期限内签订本约,履行预约合同的结果是订立本约合同,因此《解释》采纳了独立契约说。

(二)预约合同的法律效力

关于预约合同的法律效力问题有必须磋商说、应当缔约说、内容决定说、视为本约说等四种观点。第一,必须磋商说。该说认为:"当事人之间一旦缔结预约,双方在未来某个时候对缔结本约进行了磋商就履行了预约的义务,是否最终缔结本约则非其所问。"[①] 第二,应当缔约说。该说认为,当事人仅为缔结本约而磋商是不够的,除法定事由外,还应当达成本约,否则预约毫无意义。第三,内容决定说。该说认为,预约的效力不能一概而论,应考察预约的

---

① 韩强:《论预约的效力与形态》,载《华东政法学院学报》2003年第1期。

内容。若预约中已具备本约的主要条款，则产生应当缔约的效力，否则产生必须磋商的效力。第四，视为本约说。该说认为，如果预约实际上已具备本约之要点而无须另订本约者，应视为本约。

综合考量预约制度设立的法律价值以及对实务的可操作性等因素，我们认为应当缔约说更为合理，理由在于：第一，必须磋商说存在严重缺陷。设立预约制度之目的在于缔结本约，而非促使双方进行磋商。磋商仅是缔约的必经阶段和手段，而不是目的。由于完成磋商义务非常容易，若一方当事人根本没有缔结本约的意思，磋商只能流于形式，不利于对诚信守约人之利益保护。第二，内容决定说缺乏实务操作性。该说的逻辑起点在于从预约的内容去探求当事人应当缔约或必须磋商的本意，以充分体现意思自治原则。然而，若当事人缔结预约只是为了将来进一步磋商，则磋商本身几无社会价值；不同性质的合同内容差异甚大，何为本约的主要条款？立法和司法解释不可能完全涵盖，因此以是否具备本约的主要条款来判断当事人是否必须缔约的真意，容易导致司法实践中的混乱。第三，采纳应当缔约说不仅可以保护当事人为预约而付出的成本，而且有利于引导当事人谨慎从事缔约行为，加大对恶意预约人的民事制裁力度，更能体现预约制度的法律价值。

（三）预约合同的违约责任

1. 关于继续履行的问题。预约的继续履行问题之实质是可否强制缔约问题。关于该问题在司法解释制定过程中存在否定和肯定观点之争。否定说认为：第一，并非所有合同均可适用强制履行，《合同法》第一百一十条①对不适用继续履行的情形作了三种特别规定。债务人拒不签订本约合同的违约行为，属于合同法规定不适用继续履行之情形。第二，强制缔约有违合同意思自治原则。预约仅对将来缔结本约为意思表示，而非为交付标的物实现交易，若强制其缔结本约，则人民法院须补足本约的缺失条款，但这些条款的目的均在于交易目的之实现，此有悖于预约当事人的意思表示。第三，如果预约中缺乏本约的必要条款而强制当事人继续缔结本约，则有悖于限制强制履行理论。因此，由法官直接强制当事人进行磋商谈判并缔约，有违现代文明精神。② 肯定说则认为：第一，人身强制并非在任何时候都被禁止。在买卖合同中，当一方当事人不愿履行交货义务并经法院判决强制履行时，就属于人身强制的适用。第二，审判实务中出现的债务人不积极作出意思表示以及本约依何内容成立的问题，完全可以通过合同解释、合同漏洞填补等途径解决。第三，大陆法系的

---

① 对应《民法典》第五百八十二条。
② 李开国、张铣：《论预约的效力及其违约责任》，载《河南省政法管理干部学院学报》2011年第4期。

德、日以及我国台湾地区"民法"和判例基本均采此立场。① 第四，我国民法学界多数学者亦赞同肯定说。② 对于预约能否强制缔约问题，我们认为，考虑到当前我国民法学界对于该问题的学术研究尚有待深入，相关审判实务经验亦有待丰富和发展，宜将该问题留给学术界和审判实践进一步研究和检验，故《解释》采纳了否定说。

2. 关于赔偿损失的范围。其中涉及违约损失的总体范围、机会损失是否赔偿以及是否存在可得利益损失等三个问题。首先，关于违约损失的总体范围问题，我们认为，以本约为参照，预约其实处于订立本约的先契约阶段，因此，相对于本约而言，违反预约的行为既是预约违约行为，也可以视为是本约之缔约过失行为，所以在理论上可以认为可能发生违反预约之违约责任与本约的缔约过失责任之竞合。就此而言，预约的违约损失在总体上应相当于本约的缔约过失责任范围，即相当于本约的信赖利益损失。虽然理论界对于信赖利益的概念及利益范围存在争议，但依合同法理论界目前的基本共识，对信赖利益（指对本约的信赖利益）的赔偿以不超过履行利益为限。其次，关于机会损失赔偿问题。对如何确定机会损失以及是否赔偿机会损失，有观点认为，预约合同可能已经对本约标的物、对价等作出明确约定，当事人对本约的期待利益已经固化，违约方一旦违约，守约方的期待利益也随之丧失，守约方亦丧失了与他人订立同类本约合同的机会，从而导致机会损失可能变为现实损失，该机会损失应当归属于信赖利益范畴。我们认为，机会损失如何界定以及是否赔偿，学界和实务界目前尚未形成共识，有待审判实践进一步总结。最后，关于可得利益损失赔偿问题。我们认为，预约合同的履行只是发生签订本约合同的行为，没有生成任何经济利益。若未达成本约，仅是丧失一次订立合同的机会，并无可得利益损失。而本约合同的履行，则是完成交易之行为，能够直接产生经济利益，该利益是合同的履行利益，其中包含可得利益。因此在违约责任方面，预约合同与本约合同的最大区别之一在于，预约合同违约没有可得利益损失，本约合同违约可能存在可得利益损失。综上，我们认为，考虑到双方仅处于预约阶段，预约合同的损害赔偿应以信赖利益为限，在最高不超过履行利益的范围内，由法官依据诚实信用和公平原则，结合案件的实际情况，综合考虑守约方的履约情况、违约方的过错程度、合理的成本支出等因素，酌情自由裁量。

二、多重买卖的履行顺序

"多重买卖，自古有之，在物价波动之际，最为常见。而此实际多出于罔

---

① 王泽鉴：《债法原理》（一），中国政法大学出版社2001年版，第150页。
② 史尚宽：《债法总论》，中国政法大学出版社2000年版，第13页；王泽鉴：《债法原理》（一），中国政法大学出版社2001年版，第150页。

顾信用，图谋私利。"① 由于多重买卖行为兼涉合同法和物权法两大领域，因此成为买卖合同审判实务研究的重点问题。其中，多重买卖合同效力的认定、②合同的实际履行顺序以及标的物所有权的归属等问题均系审判实务所关注的问题。

（一）四种观点之争论

在我国债权形式主义的物权变动模式下，根据《民法通则》第七十二条第二款、《合同法》第一百三十三条以及《物权法》第二十三条③之规定，在多重买卖合同均为有效合同的场合，尚需交付行为才能完成标的物的物权变动。据此，在数个买卖合同均有效的前提下，先行受领动产标的物交付的买受人请求确认标的物所有权已经转移的，人民法院自应支持。在审判实务中，争论焦点主要集中在：如果各个买受人均未受领标的物的交付，哪个买受人的请求权应当获得优先保护？因法律对此未置明文，故在解释论证过程中存在四种不同观点：第一，出卖人自主决定说：认为数个买受人享有的债权具有平等性，出卖人有权选择履行合同或者不履行合同而承担违约责任，故应由出卖人自主决定向哪个买受人实际履行合同。第二，先行支付价款说：认为应借鉴国外不动产买卖中的优先权制度，按照履行合同顺序确定物权归属。从维护正常的交易秩序、促进合同的善意履行、维护当事人合法权益出发，亦应由先行支付价款的买受人优先享有合同权利并最终取得标的物所有权。第三，合同成立在先说：认为多重买卖通常是因出卖人的过错所致，依据诚实信用原则，应由合同成立在先的买受人先行取得合同权利并获得标的物之所有权。第四，买受人先请求说：认为基于多重买卖而产生的数个债权均处于平等地位，相互之间并无位序关系，先买受人与后买受人皆享有随时要求出卖人履行合同、交付标的物的债权请求权。因此应以买受人请求出卖人履行合同、交付标的物的先后作为优先得到实际履行的判定标准。

（二）《解释》的立场

我们认为，在平衡多重买卖行为中各方的利益时，应当依据诚实信用和公平原则予以衡量。具体而言：多重买卖通常是在出卖人因标的物价格上涨、后买受人支付的价金更高时发生。出卖人本应履行前一买卖合同，交付标的物于先买受人，但其却不履行该义务而将同一标的物出卖给后买受人，明显违反诚实信用原则。其在履行合同与不履行合同并承担违约责任之间的选择方面，通

---

① 王泽鉴：《民法学说与判例研究》（四），中国政法大学出版社1998年版，第162页。
② 《最高人民法院关于适用〈中华人民共和国合同法〉若干问题的解释（二）》第十五条明确地作出肯定性规定："出卖人就同一标的物订立多重买卖合同，合同均不具有合同法第五十二条规定的无效情形，买受人因不能按照合同约定取得标的物所有权，请求追究出卖人违约责任的，人民法院应予支持。"《解释》第三条亦明确承认出卖他人之物合同效力。
③ 对应《民法典》第二百二十四条。

常选择后买受人支付的高价而对先买受人自愿承担低于高价的违约赔偿责任，从而损害交易安全。加之，在数个合同均面临实际履行的请求场合，也容易催生出卖人与个别买受人恶意串通行为之发生。有鉴于此，如果采纳"出卖人自主决定说"，无疑是放任甚至怂恿出卖人的失信行为。因此《解释》否定了出卖人自主决定说，而是综合先行支付价款说和合同成立在先说，并参照《最高人民法院关于审理涉及国有土地使用权合同纠纷案件适用法律问题的解释》法释〔2005〕5号第十条①关于多重转让合同的履行顺序之规定精神，确定了如下的实际履行规则：

第一，均未受领交付的，采纳先行支付价款说。《解释》第九条第（二）项规定："均未受领交付，先行支付价款的买受人请求出卖人履行交付标的物等合同义务的，人民法院应予支持。"理解该项规定时应注意以下两个具体情形：其一，数个买受人先后均已支付价款，但先买受人仅支付部分价款，而后买受人支付全部价款时如何处理？有观点认为，应当支持已支付全部款项或者支付价款多的买受人的请求。我们认为，多重买卖之所以发生，主要是因为出卖人认为后买受人支付的价金更加有利可图。因此，为维护诚实信用原则，并避免问题复杂化，我们在制定《解释》第九条第（二）项时，不再考量支付价款的多少因素，仅以支付时间先后为准。其二，数个买受人同时支付价款的，人民法院应当审查买受人行使请求权的时间先后，以买受人请求出卖人履行交付标的物等合同义务的时间先后，确定先行行使请求权的买受人的合同权利。

第二，均未受领交付，也未支付价款的，采纳合同成立在先说。《解释》第九条第（三）项规定："均未受领交付，也未支付价款，依法成立在先合同的买受人请求出卖人履行交付标的物等合同义务的，人民法院应予支持。"人民法院应当注意审查合同成立时间的先后，支持成立在先的合同买受人的合同权利。

（三）交付与登记的关系

在审判实践中，船舶、航空器、机动车等特殊动产一物数卖中有时发生交付与登记的冲突，主要包括两种情形：其一，先买受人已受领交付但未办理所有权转移登记手续，后买受人办理所有权转移登记手续却未受领交付。其二，先买受人已办理所有权转移登记手续却未受领交付，后买受人已受领交付却未办理所有权转移登记手续。如何协调交付与登记的关系，直接关涉特殊动产物权变动的要件，尤其是《物权法》第二十三条与第二十四条②的关系问题。物权法第二十三条规定："动产物权的设立和转让，自交付时发生效力，但法律

---

① 对应《最高人民法院关于审理涉及国有土地使用权合同纠纷案件适用法律问题的解释》（2020年修正）第九条。

② 对应《民法典》第二百二十五条。

另有规定的除外。"第二十四条规定:"船舶、航空器和机动车等物权的设立、变更、转让和消灭,未经登记,不得对抗善意第三人。"对于上述特殊动产而言,其物权变动要件如何?交付和登记是什么关系?特别是在受领特殊动产交付的买受人与完成特殊动产所有权转移登记的买受人发生权利冲突之场合,该问题显得至关重要。

关于《物权法》第二十三条和第二十四条的关系,即交付与登记的关系,特别是登记是否为特殊动产物权变动的生效要件,学界和实务界存在四种争论观点:第一种观点认为,此三类特殊动产物权之变动,有时以交付为生效要件,但在仅有登记而尚未交付的情形,则以登记为生效要件;在多重买卖之情形,有的买受人已经占有买卖物,而其他买受人虽未占有买卖物但已成为登记名义人之场合,也以登记作为物权变动的生效要件。① 第二种观点认为,特殊动产的物权变动自当事人订立物权变动合同生效时即发生物权变动的效力,并不以交付或者登记为生效条件,而仅以登记为对抗要件。在未登记前,仅在当事人之间发生法律效力,当事人不得对善意第三人主张物权变动的效力。在特殊动产发生多重买卖之情形,先登记的善意买受人可以对抗包括已经受领交付标的物的买受人在内的其他一切买受人。② 第三种观点认为,特殊动产的交付不能对抗所有权转移登记。因为买受人受领交付后虽取得了特殊动产物权,但在没有办理登记过户手续前,该物权仍是一种效力受限的物权,并非完整的所有权。③ 第四种观点认为,交付不仅为动产所有权移转的生效要件,而且应是一切动产物权变动的生效要件。《物权法》第二十三条的规定具有普遍适用性,统领各种类型的动产物权的变动,仅有极个别的情形例外。《物权法》第二十四条关于船舶、航空器和机动车辆等物权变动场合将登记作为对抗第三人的要件之规定,不是对《物权法》第二十三条规定的交付为动产物权变动的生效要件主义的否定,而是对效力强弱和范围之补充,即特殊动产物权变动仍以交付为生效要件,而非以登记作为生效要件。④

我们倾向于第四种观点并认为:除非法律另有规定,交付是特殊动产物权变动的生效要件,登记是其物权变动的对抗要件。在交付与登记发生冲突时,交付优先于登记。理由在于:第一,这种观点契合立法机构关于该条文的学理解释。立法机关对《物权法》第二十四条采登记对抗主义的立法理由解释为:"船舶、航空器和汽车因价值超过动产,在法律上被视为一种准不动产,其物权变动应当以登记为公示方法,但在登记的效力上不采用登记生效主义,这是

---

① 崔建远:《再论动产物权变动的生效要件》,载《法学家》2010年第5期。
② 李勇主编:《买卖合同纠纷》,法律出版社2011年版,第56页。
③ 王利明:《物权法研究》,中国人民大学出版社2007年版,第387页。
④ 崔建远:《再论动产物权变动的生效要件》,载《法学家》2010年第5期。

考虑到船舶、航空器和机动车等本身具有动产的属性，其物权变动并不是在登记时发生效力，依照本法规定，其所有权转移一般在交付时发生效力，其抵押权在抵押合同生效时设立。但是，法律对船舶、航空器和汽车等动产规定有登记制度，其物权的变动如果未在登记部门进行登记，就不产生社会公信力，不能对抗善意第三人。"[1] 第二，该观点符合对《物权法》第二十四条的多种法律解释结论。就《物权法》第二十四条的文义解释而言，该条没有正面规定特殊动产物权变动的要件，既未说自合同生效时发生物权变动，也没有说自登记完毕发生物权变动，属于不完全法条，需要结合有关条文加以解释。就该条文的体系解释和目的解释而言，其处于《物权法》第二章第二节"动产交付"之下，该节动产交付贯彻基于法律行为而发生的动产物权变动以交付为生效要件的原则，同样只承认法律另有规定不以交付为生效要件的例外。无论是海商法还是民用航空法，亦或是机动车登记办法，均未正面规定特殊动产的所有权变动、抵押权设立的生效要件，只是明确地将登记作为对抗要件。既然法律对于船舶、航空器和机动车的物权变动未作另外规定，则自应按照《物权法》第二十三条规定的动产物权变动的原则来解释《物权法》第二十四条的规定，只有在设立抵押权时例外。[2] 第三，该观点可使物权法理论体系自圆其说，避免体系矛盾。《物权法》第二十四条的规定原则上总揽船舶、航空器和机动车的所有权产生、转让、设立质权、设立抵押权、消灭等类型的物权变动，且未设例外。而《物权法》第二百一十二条[3]明确规定："质权自出质人交付质押财产时设立。"在这种情况下，只有将《物权法》第二十四条之规定解释为贯彻"把交付作为船舶、航空器和机动车等动产物权变动的生效要件，将登记作为对抗（善意）第三人的要件"模式，才能自圆其说。如果将其解释为登记为特殊动产物权变动的生效要件，则会造成《物权法》第二十四条与第二百一十二条之间的矛盾。此外，《物权法》第一百八十八条规定，以交通运输工具设立抵押权的，抵押权自抵押合同生效时设立，未经登记，不得对抗善意第三人。该规定表明以特殊动产设立抵押权，仍不以登记为生效要件。第四，若将登记作为特殊动产物权变动生效要件将产生负面效果。《物权法》第二十四条明文规定登记为特殊动产物权变动的对抗要件，而作为对抗要件的登记，难以时时、事事地表征着真实的物权关系。换言之，登记所昭示的物权关系与真实的物权关系有时并不一致。因此，若将登记作为船舶、航空器、机动车等物权变动的生效要件，则既可能误将已经变动的船舶、航空器、机动车的物权关系当

---

[1] 全国人大常委会法制工作委员会民法室编著：《中华人民共和国物权法条文说明·立法理由及相关规定》，北京大学出版社2007年版，第24页。
[2] 崔建远：《再论动产物权变动的生效要件》，载《法学家》2010年第5期。
[3] 对应《民法典》第四百二十九条。

做尚未变动的物权关系,又可能误将尚未变动的物权关系作为已经变动的物权关系看待。基于以上考虑,在特殊动产多重买卖场合发生交付与登记冲突时,交付应当优先于登记。因此,《解释》第十条第(四)项规定:"出卖人将标的物交付给买受人之一,又为其他买受人办理所有权转移登记,已受领交付的买受人请求将标的物所有权登记在自己名下的,人民法院应予支持。"

三、关于风险负担的问题

风险负担制度作为在当事人之间就标的物毁损、灭失的损害进行合理分配的制度,始终是买卖法之核心问题。从某种意义上说,买卖法之目的就在于将基于合同关系所产生的各种损失的风险在当事人之间适当分配。① 《合同法》通过六个条文对此予以专门规定。鉴于近年来买卖合同纠纷案件中当事人因风险负担问题发生争议的数量不断增多,故《解释》以四个条文对风险负担规则进行解释和补充,借以解决审判实践中存在的问题。

(一) 特定地点风险转移规则

对于出卖人向买受人交付标的物情形下的风险负担,《合同法》第一百四十二条②规定了交付主义的一般原则。对于出卖人向承运人交付标的物之情形,《合同法》第一百四十五③规定仅适用于双方对交付地点没有约定或约定不明情况下的风险负担。而对于实践中大量存在的买卖双方约定在某一地点装运货物以运交买受人的情况,合同法未置明文。

因《合同法》第一百四十五条本身系参考《联合国国际货物销售合同公约》(以下简称《公约》)第六十七条第一款之规定,故在弥补合同法该漏洞时应运用比较法解释方法,以《公约》相关规定作为参考文本。《公约》第六十七条第一款包括两句话:第一句话是,"如果销售合同涉及货物的运输,但卖方没有义务在某一特定地点交付货物,自货物按照销售合同交付给第一承运人以转交给买方时,风险就转移到买方承担";第二句话是,"如果卖方有义务在某一特定地点把货物交付给承运人,在货物于该地点交付给承运人以前,风险不移转到买方承担"。可见,《合同法》第一百四十五条的规定直接借鉴了《公约》第六十七条第一款的第一句,而未借鉴该款规定的第二句。《公约》该条款之所以规定第二句,主要是为了解决内陆国家的出口商,包括内地出口商需在邻近的港口交货,货物的风险于港口移交给承运人时转移而不是在内地移交给承运人时转移的问题。立足于该起草背景,对该第二句话的准确理解应当是:如果合同涉及货物的运输,卖方有义务在"某一特定地点"将货物移交给

---

① 冯大同:《国际货物买卖法》,对外经济贸易大学出版社1993年版,第132页。
② 对应《民法典》第六百零四条。
③ 对应《民法典》第六百零七条。

买方,卖方就有义务在该特定地点将货物移交给某个承运人,使货物运交买方,而不管在抵达这一特定地点之前的运输是通过卖方自己的运输工具还是通过卖方雇佣的独立运输公司所致。①

考虑到买卖合同当事人在合同中约定在某一特定地点交货给承运人即为交付的情形在实践中较为常见,故在起草《解释》的过程中,我们参考借鉴《公约》的上述规定来完善特定地点规则。虽然学界有观点认为:"适用该规则的结果是使运输过程中的风险割裂开来,一段由出卖人承担,一段由买受人承担,这一结果在集装箱运输的场合容易发生争议,因为损害发生的具体时点不易确定,相应的风险由哪一方当事人承担便发生困难,不值得推广",②但我们认为,在标的物发生毁损、灭失的情况下,关于损害发生的具体时点的争议几乎是每一个纠纷案件中都会遇到的问题,这是一个事实问题,可以通过分配举证责任的方式加以解决。如果仅仅因为在集装箱运输情形下损害发生时点难以确定,便规定在此种情形下运输的风险完全由一方当事人承担,不符合控制与利益相一致原则的风险负担基本原则,无论在立法论还是在解释论上均会面临诸多难以自圆其说的矛盾。因此,《解释》第十二条规定:"出卖人根据合同约定将标的物运送至买受人指定地点并交付给承运人后,标的物毁损、灭失的风险由买受人负担,但当事人另有约定的除外。"

(二)路货买卖出卖人隐瞒风险事实之风险负担

《合同法》第一百四十四条③规定:"出卖人出卖交由承运人运输的在途标的物,除当事人另有约定的以外,毁损、灭失的风险自合同成立时起由买受人承担。"该规定确立了路货买卖的风险负担为合同成立时起转移的一般规则。但如果出卖人已经知道标的物在运输途中发生毁损、灭失的事实却隐瞒该事实而与买受人签订买卖合同,风险负担如何处理?合同法对此未置明文。

《公约》第六十八条规定:"对于在运输途中销售的货物,从订立合同时起,风险就移转到买受人承担。但是,如果情况表明有此需要,从货物交付给签发载有运输合同单据的承运人时起,风险就由买受人承担。尽管如此,如果出卖人在订立合同时已知道或理应知道货物已经遗失或损坏,而他又不将这一事实告知买受人,则这种遗失或损坏应由出卖人承担。"显然,合同法第一百四十四条之规定系对《公约》第六十八条规定第一句话的剪辑式移植。鉴于我国是《公约》成员国,因此可以借鉴其有益规定来弥补国内法之不足,完善路货买卖的风险负担规则,故《解释》第十三条规定:"出卖人出卖交由承运人

---

① 张玉卿编著:《国际货物统一买卖法——联合国国际货物销售合同公约释义》,中国商务出版社2009年第3版,第430页。
② 韩世远:《合同法学》,高等教育出版社2010年版,第400页。
③ 对应《民法典》第六百零六条。

运输的在途标的物,在合同成立时知道或者应当知道标的物已经毁损、灭失却未告知买受人,买受人主张出卖人负担标的物毁损、灭失的风险的,人民法院应予支持。"

(三)未经特定的标的物风险负担

债法理论认为,债务履行时其标的必须特定。就买卖合同而言,出卖人所交付之货物须是特定化或者已经特定化的货物,因此在合同履行中,出卖人需将货物特定化到具体合同项下,从而在货物与特定合同之间建立一种联系。

在种类物买卖实践中,常有出卖人一次托运一批未经分开的货物以履行数份合同的情形(特别是大宗散装货时),或者一次托运超量的货物去履行已经签订的合同之情形,如果出现货物毁损、灭失,在货物未具体特定化于合同项下的情况下,将无法分清究竟是哪个合同的货物发生了货损。对此类情形中如何分配风险,合同法未予规定。因我国系公约缔约国,故我们参照《公约》第六十七条第二款和第六十九条第三款,以比较法之解释方法弥补合同法的漏洞,《解释》第十四条规定:"当事人对风险负担没有约定,标的物为种类物,出卖人未以装运单据、加盖标记、通知买受人等可识别的方式清楚地将标的物特定于买卖合同,买受人主张不负担标的物毁损、灭失的风险的,人民法院应予支持。"人民法院在适用该条规定时,应当注意:标的物特定于买卖合同项下是买受人承担风险的前提,即买卖标的物未经特定时,风险不能由买受人负担。所谓货物特定化,是指卖方在货物上加标记、或以装运单据、或向买方发出通知或以其他方式清楚地将货物注明于有关合同项下的行为。买卖标的物未经特定时,风险不能由买受人负担,以防止出卖人谎称毁损、灭失的标的物正是买受人所购买的标的物。

四、关于检验期间的问题

在审判实践中,如何衡量标的物的及时检验以及如何确定检验的合理期间,颇难把握。对于如何认定检验期间经过后的法律效果,分歧较大。《解释》对此均作出明确规定。

(一)及时的检验期间

《合同法》第一百五十七条[①]规定:"买受人收到标的物时应当在约定的检验期间内检验。没有约定检验期间的,应当及时检验。"审判实践中的问题是,如果当事人没有约定检验期间,如何认定买受人的检验行为是否"及时"?因实践中情况千差万别,不可能简单地规定一个期间适用于所有情况,故《解释》第十五条规定:"当事人对标的物的检验期间未作约定,买受人签收的送货单、确认单等载明标的物数量、型号、规格的,人民法院应当根据合同法第

---

① 对应《民法典》第六百二十条。

一百五十七条的规定，认定买受人已对数量和外观瑕疵进行了检验，但有相反证据足以推翻的除外。"

在适用该条时，人民法院应当注意两个问题：第一，由于仅凭当事人的自身能力即可实现对数量和外观瑕疵的检验，因此买受人在签收时一般都会对标的物的数量和外观进行核查。从买卖合同纠纷案件审理的实际情况来看，绝大多数的质量争议是买受人在诉讼中以反诉的方式提起的，买受人作为原告单独提起的质量异议之诉较少。其中重要原因之一是买受人希望通过质量异议的方式少付货款或者拖延诉讼。在出卖人请求支付时，买受人常常以质量存在瑕疵进行抗辩，迫使买受人降低价款，或者在诉讼中对没有质量瑕疵或程度轻微并不影响合同目的实现的瑕疵以反诉的方式恶意拖延诉讼，以达到延迟支付价款的目的。在具体工作中，承办法官在接到当事人的反诉状时，经常面临着是否应该受理买受人质量反诉的困惑：若不加区别地一律受理买受人提起的质量瑕疵反诉，势必损害出卖人的合法债权，助长恶意诉讼之风。但若简单地以诉讼效率为由拒绝受理反诉，亦易导致浪费诉讼资源，不能有效保护买受人合法权益的情形。针对这一实际情况，第十五条规定了签收即视为检验的一般原则，以过滤掉审判实践中一些无实际意义的反诉案件。第二，有相反证据足以证明当事人未能对数量和外观瑕疵进行检验的除外。近年来，物流业的迅猛发展在某种程度上已经改变了传统的买卖方式，除了网络购物等新型交易方式之外，很多大件商品也需要借助于专门的运输业者向买受人交付。物流业的迅猛发展在方便群众生活的同时，也给司法实践提出了新的问题，其中以网络购物中快递公司送货的"先签后验"还是"先验后签"之争最为典型。网络卖家要求消费者先拆开包装检验货物后再签收，而快递公司要求消费者必须先签收才能拆开包装验收，两者的规定相互冲突。消费者面临的局面是：如果不签收，则无法顺利取货；如果先签收再拆开包装验货，因卖家在快递详情单上明确提醒消费者要先验货后签收，在快递详情单上签收时，就等于接受了卖家"先验货后签收"的条款，即"约定了检验期在签收前"，且一旦签收就意味着货物已经过检验并且无质量问题。从目前的实际情况来看，"先验后签"还是"先签后验"的争议或许还将持续一段时间。但对其中的消费者权益保护问题司法必须拿出有针对性的解决方案，以中立性的公正解决方案促进快递服务市场的健康发展。根据《解释》第十五条之规定，如果消费者与网络卖家约定先验后签，但网络卖家与快递公司约定先签后验，那么，即便消费者签收的送货单据上载明了货物数量、种类、规格、型号等，仍然不能作为消费者已经对数量和外观进行验收的证据。

（二）合理期间的确定

《合同法》第一百五十八条①第二款规定的合理期间是极富弹性的规定，在审判实践中颇难把握。我们认为，合理期间的认定是一个事实问题，属于法官的自由裁量权的行使范围。为此，《解释》第十七条在总结审判经验的基础上，参考和借鉴了国外同行的惯常做法，将当事人之间的交易性质、交易目的、交易方式、交易习惯、标的物的种类、数量、性质、安装和使用情况、瑕疵的性质、买受人应尽的合理注意义务、检验方法和难易程度、买受人或者检验人所处的具体环境、自身技能以及其他合理因素作为认定合理期间的主要参考因素。应当指出，上述因素只是一些较为重要的因素，在案件审理中法官可以根据案件的具体情况衡量是否还存在其他合理因素。由于诚实信用原则不仅集中体现了合同法的精神，也彰显着合同法的价值判断，因此人民法院考量这些因素时，必须根据诚实信用原则来确定是否合理。

（三）约定的期间过短

由于《合同法》第一百五十八条所规定的买受人瑕疵通知义务并未区分消费合同和商事合同，因此无论买受人是消费者还是商人均承担该通知义务。买受人未在约定的检验期间内提出异议的，视为标的物数量或质量符合约定。该规定在审判实践中的问题主要有二：其一，在双方当事人都是专门商人的商事买卖合同中，经常出现合同约定的检验期间明显过短，以致当事人不可能在该期限内完成检验或者发现瑕疵。其二，在一方当事人为消费者的普通买卖合同中，经营者常常通过格式条款约定较短的检验期间，消费者无法在该期间内对商品质量是否合格作出判断，尤其是在社会各界关注的毒奶粉、含氯可乐、毒胶囊等公共事件中，即便给予消费者检验期间，大多数情况下消费者也根本没有能力对其内在质量作出检查鉴定。在前述情况下，如果仍然机械适用法律，以约定的检验期间或合理期间已经过为由认定标的物质量符合约定，显然有违公序良俗原则。

《解释》将标的物瑕疵分为数量瑕疵和质量瑕疵，质量瑕疵包括外观瑕疵和隐蔽瑕疵。外观瑕疵的检验相对容易，而隐蔽瑕疵的检验则需要借助于专业的知识和设备。因此，理论上二者的检验期间应当有所差别，数量瑕疵和外观瑕疵的检验时间可以短一些，而隐蔽瑕疵检验需要的时间会长一些。我们认为，诚实信用原则是民法的基本原则，如果当事人约定的检验期间明显过短，不利于买受人行使权利的，应依据诚实信用原则认定约定的检验期间为当事人进行外观瑕疵检验的期间；对于隐蔽瑕疵的检验期间，视为没有约定。《解释》第十八条规定："约定的检验期间过短，依照标的物的性质和交易习惯，买受人在检验期间内难以完成全面检验的，人民法院应当认定该期间为买受人对外

---

① 对应《民法典》第六百二十一条。

观瑕疵提出异议的期间，并根据本解释第十七条第一款的规定确定买受人对隐蔽瑕疵提出异议的合理期间。"

（四）期间的法律拟制

买受人在检验期间怠于通知，或者在合理期间内或者自收到标的物之日起两年内未通知出卖人的，《合同法》第一百五十八条规定视为标的物的数量和质量符合约定。该"视为"是事实推定还是法律拟制？如果当事人在检验期间或合理期间之外有确凿证据证明标的物数量和质量不符合约定，该"视为"能否被推翻？我们认为，该"视为"属于法律拟制，上述期间的经过将会使买受人丧失相应的法律救济权和期限利益，不能被证据所推翻，故《解释》第二十条第一款规定："合同法第一百五十八条规定的检验期间、合理期间、两年期间经过后，买受人主张标的物的数量或者质量不符合约定的，人民法院不予支持。"

人民法院在适用该条时应当注意：由于法律拟制的存在，导致司法实践中经常出现符合法律逻辑的判决结果，却因不符合普通民众直观价值判断和公平认知而受到质疑的情况，主要有三种情况：其一，在零售市场领域，当消费者购买了不合格产品而向销售商要求修理、更换、退货时，或因产品质量缺陷受到损害而要求销售商赔偿时，人民法院根据消费者权益保护法、产品质量法等法律判令销售商赔偿消费者的损失并承担修理、更换、退货等违约责任。而当销售商就其因产品质量问题给予消费者退货或赔偿的损失向上游供货商或生产商追偿或者要求退回尚未售出的产品时，常常会因早已超过质量异议期而被视为产品符合约定，导致终端销售商的损失得不到任何赔偿。其二，在建设工程领域，某些建材经销商向工程承包人销售不符合国家标准的水泥、地条钢等伪劣产品，导致承包人被相关行政机关处罚，但当承包人向经销商主张瑕疵担保责任救济权时，却往往因未在合理期间内提出异议而被视为合格。其三，在生产领域，某些小微企业或小业主不具备专业的检验能力，在购进生产原料后未经检验即投入生产，后因产品质量问题被判令向客户赔偿或遭到相关部门的行政处罚，当这些小微企业或小业主向供货商索赔时，大多也会因为未在合理期间内提出异议而被视为标的物合格。在上述情形中，标的物因合理期间经过而"被视为合格"无疑合乎法律规定，但让当事人难以接受的是，明明已经有法院判决或者行政机关的决定认定了产品不合格，为何不能退货、还钱和赔偿损失？上述情况的存在，使得法院判决的公正性受到质疑，必须在法律适用层面加以解决。

我们认为，正确适用《合同法》第一百五十八条第三款的规定，是当前解决上述价值冲突的一个较为可行的办法。根据《合同法》第一百五十八条第三款的规定，在下列情况下，买受人向出卖人主张标的物瑕疵可以不受检验期间的限制：其一，出卖人明知其提供的标的物不符合约定而未告知的情形。其二,出卖人应当知道其提供的标的物不符合约定而未告知的情形。在上述两种情况中,因出卖人对其出卖的标的物的瑕疵明知,构成主观的恶意欺诈,或者本应明知却因重大过失而不知标的物存在瑕疵,其行为明显违反了诚实信用原则。在审判实践中适用《合同法》第一百五十八条第三款,可以从以下三个方面加以把握,以实现民事责任的合理配置,打击制售假冒伪劣产品的不法行为:第一,由于在诉讼中证明出卖人实际明知标的物存在瑕疵非常困难,可以根据相关法律规定的经营者法定义务推定出卖人知道或应当知道其出售的标的物存在质量瑕疵。第二,在举证责任分配方面,当有证据证明标的物确实存在瑕疵时,应当课予出卖人证明其主观上不知道或不应当知道的举证责任,要求其举证证明自身在生产或者销售环节已经尽到足够的注意义务。同时参考案件相关证据,如标的物的价格与正常价格之间是否存在明显的差价、有无利用劣质原材料生产伪劣商品的事实、有相关部门是否已经对其作出了行政处罚等因素,综合认定出卖人主观上是否知道或应当知道标的物质量存在瑕疵。第三,加强案件审理的释明工作,引导当事人正确选择标的物瑕疵的合同之诉和产品质量侵权的侵权之诉。

五、关于违约责任的问题

对于审判实务中就违约责任方面经常出现争论问题,诸如如何计算减价、合同解除后违约金条款能否继续适用、违约金条款过高可否行使释明权、可得利益损失如何计算等,《解释》均作出明确规定。

(一)减价责任及减价的计算

减价是买卖合同中出卖人对标的物质量瑕疵承担违约责任的重要方式,因其对于救治失衡的合同关系,维护当事人之间的利益平衡,稳定交易关系,促进交易流转意义重大,故《合同法》第一百一十一条①对减价作出了规定。

虽然合同法规定了减价责任,但对于依何种计算标准进行减价、如何减价未作规定,致使减价责任规定缺乏操作性,为此,《解释》第二十三条第一款对减价的时间标准和价格标准作出明确规定:"标的物质量不符合约定,买受人依照合同法第一百一十一条的规定要求减少价款的,人民法院应予支持。当事人主张以符合约定的标的物和实际交付的标的物按交付时的市场价值计算差价的,人民法院应予支持。"其中,关于减价的时间标准,存在着两种立法例,一种以《公约》为代表,规定减价以标的物交付时的价差为准;另一种以《德国民法典》第四百四十一条第三款为代表,规定以缔约时的价差为准。我们认为,以何种时点为准并不涉及利益衡量和公正性问题,更多的是立法技术层面的原因。考虑到我国系《公约》的缔约国,如无特别理由,在解释上应采纳公

---

① 对应《民法典》第五百八十二条。

约的立场,故本条解释采用第一种模式,规定以交付时间作为计算减价的标准时点。关于减价的价格计算标准,亦存在两种不同模式:一种模式是以有瑕疵物的实际价值与无瑕疵物的卖价之间的差额为标准。① 举例说明:买卖合同约定标的物的价格为100万元,但因其存在瑕疵,经评估,实际交付时的市场价格仅为80万元,按此标准计算,减价的数额应为20万元。另一种模式是应依瑕疵物于买卖时(或实际交付时)应有的实际价值,与无瑕疵时应有的价值的比例,计算应减少的价格。举例说明:无瑕疵标的物的价值为1000元,买卖合同约定的价格为1200元,标的物有瑕疵时的价值为800元。有瑕疵的标的物的价格的计算公式应为:$800 \div 1000 \times 1200 = 960$ 元,即债权人可以主张的减价的数额为 $1200 - 960 = 240$ 元。② 我们认为,虽然第二种模式维持了减价前后交易双方利益的均衡性,具有合理性且比较精细,但其不足在于,法院在实际计算减价额度时比较繁琐,而且通过评估作价等取得的常常是标的物在市场交易中的实际价格,人民法院如何确定标的物在减价前后的内在价值不无困难。在价值难以确定的情况下,按价值比率确定价格减少的额度自然成了无本之木。第一种模式直接以标的物的市场价格为参数,根据标的物的价格差确定减价的额度,简便易行,操作性更强。考虑到我国现阶段审判实践的客观状况和发展水平,从有利于审判工作开展的角度考量,《解释》采纳了第一种模式。

(二)合同解除与违约金条款

合同解除与违约金责任能否并存,合同解除后违约金条款可否继续适用,系审判实务中的疑难问题,亟待解决。对此有两种争议观点。第一,否定说。该说认为,依合同解除的直接效果说,合同因解除而溯及地消灭,皮之不存,毛将焉附?故违约金条款自然丧失其所附之基础,违约金请求权自当归于消灭,不得再行请求。③ 第二,肯定说。该说认为,"因为当事人违约而产生的违约金责任是客观存在,不能因合同解除而化为乌有,对此,不论什么性质的违约金均应一样。为了照顾违约金需要以合同关系存在为前提的理论,在合同解除有溯及力时,可以拟制合同关系在违约金存在的范围内继续存在。"④ 合同法第九十八条⑤规定:"合同的权利义务终止,不影响合同中结算和清理条款的效力。"合同解除是合同的权利和义务终止的情形之一,违约金条款即属于结算和清理条款。违约金并不因为合同解除而受到影响,仍可请求。⑥

---

① 郑玉波:《民法债编各论》(上册),我国台湾地区三民书局1979年版,第53页。
② 韩世远:《合同法总论》,法律出版社2008年版,第616~617页。
③ 左觉先:《论契约解除后违约金之请求权是否存在》,载郑玉波主编:《民法债编论文选辑》(中),我国台湾地区五南图书出版公司1984年版,第885页以下。
④ 崔建远:《合同责任研究》,吉林大学出版社1992年版,第257页。
⑤ 对应《民法典》第五百六十七条。
⑥ 韩世远:《合同法总论》,法律出版社2008年版,第788页。

鉴于学术界和实务界对于合同解除与违约金责任的关系分歧较大,并直接影响到司法裁判统一,因此最高人民法院近年来在司法政策的制定中努力统一相关认识。《最高人民法院关于当前形势下审理民商事合同纠纷案件若干问题的指导意见》(法发〔2009〕40号)第八条后段规定:"合同解除后,当事人主张违约金条款继续有效的,人民法院可以根据合同法第九十八条的规定进行处理。"该条指导意见的理论依据采纳肯定说,认为违约金是当事人通过约定而预先设定并独立于履约行为之外的给付行为,属于《合同法》第九十八条规定的合同中的结算和清理条款,其效力并不因合同的权利义务终止而受到影响。① 我们赞同肯定说,《解释》第二十六条前半段规定:"买卖合同因违约而解除后,守约方主张继续适用违约金条款的,人民法院应予支持。"值得注意的是,根据《合同法》第九十三条②和第九十四条③之规定,合同解除包括协议解除、约定解除和法定解除三种方式。④ 根据本条解释之规定,无论何种解除方式,适用原合同约定的违约金条款的前提必须是合同因违约而解除,具体包括当事人因违约而协议解除、约定解除的条件是一方违约、因违约而法定解除等情形。

合同解除后违约金条款的适用,涉及两个具体问题:其一,合同解除之后损害赔偿的范围如何确定?其二,违约金请求权与解约后的损害赔偿请求权的关系如何?关于合同解除之后的赔偿范围问题,根据《合同法》第九十七条之规定,合同解除后,当事人有权要求赔偿损失,借以保护守约方的利益。但由于该条关于合同解除后的赔偿损失规定得过于抽象,学界和实务界关于赔偿损失的范围一直存有争议,有赔偿信赖利益说和赔偿可得利益说两种观点。赔偿信赖利益说认为,合同解除后有溯及力的场合,当事人之间的合同关系归于消灭,合同当事人之间恢复到缔约前的状态,可得利益只有在合同被完全履行后才能实现。守约方选择合同解除,意味着其不愿继续履行合同,因此合同解除后,违约方的赔偿范围应当为信赖利益和返还利益。⑤ 赔偿可得利益说认为,解除合同虽然可使合同溯及力归于消灭,但在赔偿问题上应对溯及力加以限制,仍应按可得利益损失进行赔偿,并在赔偿可得利益之后,当事人的订约费

---

① 王闯:《当前人民法院审理商事合同案件适用法律若干问题》,载《法律适用》2009年第9期。
② 对应《民法典》第五百六十二条。
③ 对应《民法典》第五百六十三条。
④ 需要注意的是,合同法上还有一种合同解除方式,即任意解除。任意解除在合同法总则中没有规定,而是体现在合同分则中,如《合同法》第二百三十二条(对应《民法典》第七百三十条)、第二百六十八条(对应《民法典》第七百八十六条)、第四百一十条(对应《民法典》第九百三十三条)等。
⑤ 王利明:《合同法研究》(第二卷),中国人民大学出版社2003年版,第307页;黄立:《民法债编总论》,中国政法大学出版社2002年版,第558页。

用、履约准备费用等信赖利益只能当成交易成本从可得利益中获得补偿。① 在合同解除后无溯及力之情形，合同效力仅向将来终止，此时赔偿的范围不仅包括只恢复原状就能完全弥补解除权人因对方的债务不履行而蒙受的损失，还应该包括可得利益（履行利益）的损失，但必须扣除解除人因被免除债务或者请求返还已为给付而得到的利益，即进行损益相抵。② 我们赞同赔偿可得利益说。

关于违约金与损害赔偿请求权的关系问题，我们认为，由于合同法上的违约金系以补偿性为主、以惩罚性为辅的违约金，补偿性乃其主要属性，因此，违约金本质上属于损害赔偿额之预定，其主要功能在于填补守约方损失，相当于履行之替代。根据《合同法》第一百一十四条③第二款和《最高人民法院关于适用〈中华人民共和国合同法〉若干问题的解释（二）》第二十八条和第二十九条之规定，违约金的损失填补功能和替代履行作用决定了若违约金请求权与合同解除后损害赔偿请求权指向的是同一损害，则应避免同时适用，否则将会出现债权人双重获益之结果。④ 如果违约金过分高于违约解除合同所造成的损失，惩罚性的违约金能否与解除权并存？我们认为，合同解除作为当事人的救济方式，无论是约定解除，抑或是法定解除，均不以过错为前提。只要约定的解除条件成就及法定的解除条件出现，当事人即可行使解除权。既然解除合同不以当事人具有过错为前提，那么违约金这一赔偿损失的责任方式亦不须以此为前提。如果违约金与违约解约造成的损失相差较大，则可以参照《合同法》第一百一十四条第二款的规定予以适当增加与减少。因此《解释》第二十六条后段特别规定："约定的违约金过分高于造成的损失的，人民法院可以参照合同法第一百一十四条第二款的规定处理"。

（三）调整过高违约金释明权

在违约金调整的启动模式上，通常存在法院依职权调整和依当事人申请调整两种立法例。依据《合同法》第一百一十四条第二款以及《最高人民法院关于适用〈中华人民共和国合同法〉若干问题的解释（二）》第二十九条之规定，我国目前采用当事人申请调整的立法模式，人民法院原则上不得依职权直接进行调整。审判实务中亟待解决的问题是：在违约金过高的调整问题上，法官能

---

① 我国民法学界支持此说的学者甚多。谢怀栻主编：《合同法原理》，法律出版社2000年版，第253页。崔建远：《合同法》，法律出版社2007年版，第250页。王利明：《合同法研究》（第2卷），中国人民大学出版社2003年版，第301页。法国、荷兰、日本、意大利、俄罗斯、英国、美国和我国台湾地区民法以及《联合国国际货物买卖公约》等，均无一例外地承认了合同解除后，当事人可以请求债务不履行的损害赔偿，亦即赔偿履行利益。

② 孙森焱：《民法债编总论》（下），法律出版社2006年版，第636～637页。

③ 对应《民法典》第五百八十五条。

④ 韩世远：《合同法学》，高等教育出版社2010年版，第344页。该作者进一步指出，此时应当优先适用违约金请求权。

否行使释明权？对此，存在两种不同的观点。否定说认为，违约金过高的调整请求权属于当事人的实体民事权利，在对待当事人的实体权利处分上，人民法院应时刻保持消极、中立的立场，尊重当事人的实体权利，不能行使释明权。肯定说认为，虽然原则上人民法院未经当事人请求不得调整违约金的数额，但对明显过高的违约金之约定，应当向当事人进行释明。在当事人仅纠缠于是否构成违约而未主张调整过高的违约金数额之场合，为公平公正地处理纠纷，防止判决生效后当事人就违约金问题反复申诉，法院可根据案件的具体情况，就违约金是否过高进行释明。① 我们认为，否定说与肯定说之争论，实际上是民事诉讼中的当事人主义诉讼模式与职权主义诉讼模式在违约金调整问题上如何选择之体现。法官释明权属于法院诉讼指挥权之一种，具有职权主义的意味，但其存在和设定的目的则在于削减辩论主义绝对化所带来的弊害。在审判实务中，当事人无论是真实认为还是出于诉讼策略，往往并不围绕违约金数额是否过高问题，而是将诉讼焦点集中在是否违约方面，并以没有违约、合同未成立、合同未生效、合同无效等为抗辩理由而主张免责，其结果通常是，由于违约方并未提出调整违约金的申请，人民法院自然仅就违约方是否违约作出裁判。而违约方若再主张违约金过高而申请调整，则由于裁判已经作出，而只能另外单独提起调整违约金之诉，这样无疑会增加不必要的诉累和司法成本。因此，为了减少当事人的诉累，节约司法资源，在当事人仅纠缠于是否构成违约而未对违约金高低进行主张权利时，人民法院应当行使释明权：如果被告存在违约行为，对违约金的数额有何异议。

审判实践中有一种情形需要特别注意：违约方通常直接抗辩其没有违约、不构成违约等而不应支付违约金，当这种抗辩不成立时，违约方又会提出其原来的抗辩中包含了约定的违约金过高、请求予以减少的意思表示，请求人民法院予以减少。人民法院能否根据违约方的这种抗辩，将其广义地理解为包含了约定的违约金过高、请求予以减少的意思表示，从而主动地减少违约金的数额？有观点认为，对于违约金过高的，当事人坚持自己未违约，其目的在于抵销、动摇或者并吞对方的违约金支付请求权，此种情况下，如果当事人固守其未违约之主张，从逻辑上看，其认为自己不应支付违约金，无论法院判定其应支付多少违约金，其均会认为违约金过高，法院如果机械地认为当事人未主张违约金过高，就不能调整违约金的做法，则可能造成事实上的不公平。我们认为，当事人的"并没有违约、不应当承担违约责任"抗辩主张与其"约定的违约金过高、请求予以减少"的意思表示，在性质、意义上并不相同：前者是一种抗辩，旨在推卸责任；后者实为一项诉讼请求，意在减轻责任。而且，二者的逻辑前提也不相同：前者以其不存在归责事由（无违约行为）为前提；后者

---

① 《当前民商事审判工作应当注意的几个法律适用问题》，载《法律适用》2007年第7期。

以其承认存在归责事由（有违约行为）、因而应当承担责任为前提，只是在此前提下，请求减轻其责任。此种情形下，当事人抗辩的内容是直接否认其存在违约行为，并未明确表达出违约金额与对方实际损失之间存在差异之问题，没有调整违约金的明确意思表示，因此不能直接适用违约金调整制度的规定。然而，基于诉讼经济之考虑，在当事人仅提出"并没有违约、不应当承担违约责任"的抗辩主张时，人民法院应依据《解释》第二十六条之规定，及时行使释明权，予以询问说明。

（四）可得利益损失计算规则

《合同法》第一百一十三条[①]第一款规定可得利益损失的赔偿问题，但审判实践中关于可得利益的计算方法和标准各异，裁判结果不一。《解释》第二十九、三十和三十一条对可得利益损失的认定规则作出了规定。

合同法上的实际损失通常包括直接损失和可得利益损失。可得利益损失是指在生产、销售或提供服务的合同中，生产者、销售者或服务提供者因对方的违约行为而受到的预期纯利润的损失。换言之，可得利益是合同履行后的纯利润，不包括主观推测的损失以及为取得利润所支付的费用。可得利益的计算必须是将来实际会得到的切实的利益，如果并非实际可以得到的，则属于主观的推测，不能计算在损害赔偿额内。

在计算和认定可得利益损失时通常应运用四个规则。其一，可预见规则。根据《合同法》第一百一十三条第一款的规定，违约方在缔约时应当预见的因违约所造成的损失，包括合理预见的损失数额和根据对方的身份所能预见到的可得利益损失类型。例如，守约方是生产企业，那么通常违约方应当预见到生产利润损失，而不应预见到转售利益损失。其二，减损规则。根据合同法第一百一十九条之规定，衡量守约方为防止损失扩大而采取的减损措施的合理性，守约方减损措施应当是根据当时的情境可以做到且成本不能过高的措施。其三，混合过错规则。亦称与有过失、过失相抵，是指买卖合同中作为受害方对损害的发生也有过错时，人民法院应违约方之请求，应当扣减相应的损失赔偿额。其四，损益相抵规则。当守约方因损失发生的同一违约行为而获益时，其所能请求的赔偿额应当是损失减去获益的差额，运用该规则旨在确定受害人因对方违约而遭受的净损失。总结民法理论及审判实践经验，通常而言，可以扣除的利益包括：中间利息、因违约实际减少的受害人的某些税负、商业保险金、社会保险金、以新替旧中的差额、毁损物件的残余价值、原应支付却因损害事故而免于支付的费用、原本无法获得却因损害事故的发生而获得的利益等。以上述四个认定规则为基础，可得利益损失的计算公式基本是：可得利益损失赔偿额＝可得利益损失总额－不可预见的损失－扩大的损失－受害方自己

---

① 对应《民法典》第五百八十四条。

过错造成的损失—受害方因违约获得的利益—必要的成本。

值得注意的是，可得利益损失的计算和认定，与举证责任分配密切相关。最高人民法院曾于2009年发布《关于当前形势下审理民商事合同纠纷案件若干问题的指导意见》，该指导意见对可得利益损失认定提出举证责任的分配规则。人民法院在根据《解释》认定可得利益损失时，应当结合上述指导意见的规定予以正确适用。第一，因违约行为的发生守约方遭受了哪些可得利益损失，包括生产利润损失、经营利润损失、转售利润损失等，由守约方应负举证责任。第二，守约方所遭受的可得利益损失中，哪些是违约方在订约时可以预见的，守约方负举证责任；至于不可预见的损失，既可以由守约方举证，也可以由人民法院自由裁量。第三，守约方是否因违约而获有利益，如规避了市场风险、少支出了费用等，由违约方负举证责任。第四，守约方是否存在没有采取合理减损措施而导致损失扩大的情形，违约方负举证责任。第五，守约方取得利益需要支出的成本，守约方负举证责任，即违约方一般应当承担非违约方没有采取合理减损措施而导致损失扩大、非违约方因违约而获得利益以及非违约方亦有过失的举证责任；非违约方应当承担其遭受的可得利益损失总额、必要的交易成本的举证责任。

六、关于所有权保留问题

虽然《合同法》第一百三十四条对所有权保留制度作出规定，但过于原则和简略。该制度在实务操作中面临着诸如适用范围如何，当事人之间权利义务保护机制等亟待明确的问题。为此，《解释》在第三十四条至第三十七条，通过四个条文对该制度作出了具体解释。

（一）所有权保留的适用范围

由于《合同法》第一百三十四条未对所有权保留买卖的适用对象作出限制，导致学界和实务界对此存在分歧，消费市场上也存在一些以所有权保留方式买卖房屋的行为。我们认为，所有权保留制度不适用于不动产，理由在于：首先，由于不动产买卖完成转移登记后所有权即发生变动，此时双方再通过约定进行所有权保留，明显违背法律规定。其次，在转移登记的情况下双方采用所有权保留，出卖人的目的是为担保债权实现，买受人的目的在于防止出卖人一物二卖，《物权法》第二十条①规定的预告登记制度足以满足买卖双方所需，因此没有必要采取所有权保留的方式。特别是，转移登记是不动产所有权变动的要件，在转移登记完成前不动产所有权不会发生变动，买受人即使占有使用标的物，只要双方不转移登记，出卖人仍然享有所有权，当然也就可以保障债权，所以更无必要进行所有权保留。最后，综观各国立法及司法实践，大多认

---

① 对应《民法典》第二百二十一条。

为该制度仅适用于动产交易。因此,《解释》第三十四条明确规定,所有权保留制度不适用于不动产。

(二)出卖人取回权及其限制

出卖人保留所有权的主要目的就是担保价款债权的实现,在买受人的行为会对出卖人的债权造成损害时,应当允许出卖人取回标的物以防止利益受损。取回权是指在所有权保留情形下,买受人有违约行为并可能损害出卖人合法权益时,出卖人依法享有的从买受人处取回标的物的权利。合同法未对该取回权进行明确规定,《解释》第三十五条明确出卖人的取回权,即:只要交易双方约定了所有权保留条款,即使其没有明确约定出卖人有取回权,出卖人也可以享有取回权,但是在行使取回权时需要符合特定的条件。《解释》规定取回权的目的是:在所有权保留中由于买受人占有、使用标的物,出卖人以保留的所有权来担保其价金债权的实现,这就造成了所有权人与标的物相分离,一旦买受人不依约支付价款,或者对标的物进行处分进而使得标的物的价值降低或状态改变,都将危害到出卖人的利益。[1] 因此当买受人未履行价金义务或未尽善良管理人应尽的注意义务时,出卖人应享有一定的救济权利,取回标的物无疑是最好的手段。

关于出卖人取回权的法律性质,理论界存在三种观点。第一,解除权效力说。该说认为,认为合同中一方迟延给付价金的,对方可以给定一定的期限要求其给付,如果义务人在期限内仍不履行时,对方可以解除契约。故取回权之行使,亦生解除权之效力。第二,附法定期限解除合同说。该说认为,取回权是附有法定期间的解除契约,即在出卖人取回标的物时,买卖合同依然存在。须至回赎期间届满,买受人不为回赎时,合同关系方告解除。买受人不待回赎期间经过,即为再出卖之请求,或因有急迫情事,出卖人不待买受人回赎而径直为再出卖者,也生同样效果。第三,就物求偿说。该说认为,该观点认为所有权保留买卖所规定的取回制度是出卖人就标的物实现价款的特别程序,因为从取回制度的内容看,它与强制执行基本类似。该取回类似强制执行法的查封,买受人的回赎类似强制执行法的撤销查封,再出卖的程序类似强制执行法的拍卖程序。[2] 上述三种学说中,就物受偿说为通说。依据该说,出卖人行使取回权后买卖合同并不当然解除,我们赞同这种观点。[3] 理由在于:第一,从保留所有权的功能看,法律之所以确立这一制度,其目的在于担保出卖人价金的实现。出卖人取回标的物的目的不是要取消与买受人的合同关系,返还已受领的价金,而是为了实现剩余的价金债权。第二,解除权效力说与附法定期限

---

[1] 王全弟、刘冰沙:《论所有权保留在我国的法律适用》,载《政治与法律》2003年第4期。
[2] 王泽鉴:《民法学说与判例研究》(七),北京大学出版社2009年版,第220～221页。
[3] 龙著华:《论所有权保留买卖中出卖人的取回权》,载《法商研究》2000年第4期。

解除合同说混淆了取回制度与合同解除制度的根本区别。在合同解除制度下，直接的法律后果是消灭合同关系，使当事人之间的关系恢复到订约前的状态，此时，买卖双方不受原合同的约束，买受人回赎请求权、再出卖请求权、转卖价金剩余部分返还请求权均无存在的余地。这显然与各国普遍规定回赎权等权利不一致，所以这两种学说缺乏解释力。第三，再次转卖程序是出卖人实现价金债权的救济手段，它虽然与强制执行中的拍卖程序存在区别，但其目的却相同，均是实现债权。附法定期限解除合同说认为再出卖程序仅是确定出卖人请求权范围的方式，失之牵强，因为现代社会有大量的估价等便捷方式可以使用，大可不必舍简就繁而在当事人的结算方面采用费时耗力、手续复杂的再出卖程序。

应当注意，出卖人的取回权并非绝对，其亦应受到限制：其一，应受善意取得制度的限制。如果标的物被买受人处分给第三人，该第三人又符合《物权法》第一百零六条[1]关于善意取得的规定，则出卖人不得取回标的物。《解释》第三十六条第二款规定："在本解释第三十五条第一款第（三）项情形下，第三人依据物权法第一百零六条的规定已经善意取得标的物所有权或者其他物权，出卖人主张取回标的物的，人民法院不予支持。"其二，应受买受人已支付价款数额的限制。如果买受人已支付的价款达到总价款的百分之七十五以上时，我们认为出卖人的利益已经基本实现，其行使取回权会对买受人利益影响较大，此时应兼顾买受人利益而适当限制出卖人取回权。《解释》第三十六条第一款规定："买受人已经支付标的物总价款的百分之七十五以上，出卖人主张取回标的物的，人民法院不予支持。"如果买受人已支付总价款百分之七十五以上，但其又具有《解释》第三十五条第一款第（二）项、第（三）项规定的情形时，出卖人能否主张取回？我们认为，以百分之七十五为限对出卖人取回权进行限制的主要目的是实现买卖双方利益的平衡，只要买受人已支付百分之七十五的价款，无论此时买受人具有《解释》第三十五条第一款中的何种情形，取回权都应受到限制，取回权的限制不应仅局限于该款第（一）项规定的情形。

（三）关于买受人回赎权问题

买受人由于对标的物的占有使用已与其形成了一定的利益关系，买受人对出卖人完全转移标的物所有权也具有一定的期待，这种利益关系及期待应予保护。出卖人取回标的物后，买受人可以在特定期间通过消除相应的取回事由而请求回赎标的物，此时出卖人不得拒绝，而应将标的物返还给买受人。可见，买受人并不是处于完全消极的地位，只要积极恰当地履行义务，买受人的利益还是能够得到保障。

---

[1] 对应《民法典》第三百一十一条。

回赎权是指所有权保留买卖中出卖人对标的物行使取回权后，在一定期间内买受人履行支付价金义务或完成其他条件后享有的重新占有标的物的权利。买受人行使回赎权的目的是阻止出卖人为实现债权而对标的物再行出卖，从而使得原买卖交易重新回到正常轨道上来。行使回赎权的结果是使买受人可以依契约之约定履行债务并完成所有权取得之条件，同时继续占有使用标的物。

回赎期是出卖人可以行使回赎权的期间。回赎期一般包括法定期间和意定期间。法定期间由法律明确规定，我国台湾地区"动产担保交易法"第十八条第三款设定的法定期间为出卖人取回标的物后十日内。意定期间是当事人确定的期间，包括买卖双方约定的期间和出卖人指定的期间两种，买卖双方约定的期间因属双方自由意思表示，故一般应予准许。出卖人单方指定的期间，一般认为出卖人不能妨碍买受人回赎标的物，所以出卖人指定买受人应在数分钟内完成一定行为的，显然违背诚实信用原则，不发生期间的效力，不能约束买受人。

《解释》第三十七条第一款对回赎期作了规定，与我国台湾地区"动产担保交易法"相比，《解释》中没有确定法定期间，而是规定了两种意定期间，之所以未规定法定期间，主要是考虑所有权保留制度的规范性质。从主要国家的立法例看，所有权保留均属于当事人可以自由选择的制度，如果当事人选择适用，则该类制度发生法律效力，如果当事人不选择适用，则该类制度不发生效力，标的物所有权在买卖双方间的变动规则仍依照一般的物权变动规则。所以从根本上讲，该类规范性质对当事人来讲属于"选入式"规范，这类规范的技术特征就是赋予当事人最大的意思自由，只要不明显损害第三人或社会公共利益，法律规则就尽量不干预。而买受人回赎期的长短问题只是影响双方当事人的利益，一般不具有涉他性，所以也没有干预的必要。另一方面，与我国台湾地区"动产担保交易法"相比，本条除了规定出卖人指定的期间外，还增加规定了双方约定的期间，这更体现了对双方意思的尊重。需要注意的是，双方约定的期间既可以是当事人事先在买卖合同中约定，也可以是出卖人行使取回权后双方约定的期间。

应当注意的问题是：出卖人行使取回权是否必须采取公力救济方式？即出卖人是否必须向法院提出行使取回权的请求并通过法院的执行行为取回标的物？我国台湾地区"动产担保交易法"上，所有权保留中取回权的行使准用抵押权行使的规定。我们认为该做法值得借鉴。根据担保法第三十五条和物权法第一百九十五条第二款之规定，抵押权人实现抵押权的方式存在协议和请求法院直接执行两种。相应地，出卖人行使取回权时，无疑可以通过协商请求买受人返还标的物的占有，如果买受人积极配合或者不予阻碍，出卖人以和平方式取回固无疑问，这样还有利于减少双方矛盾。如果买受人故意阻碍，出卖人无法行使取回权时，我们认为出卖人可以向法院申请执行，但无需向法院提起普通民事诉讼。买受人对执行行为有异议的,可以向法院提出或者直接提起普通民事诉讼。

七、分期付款买卖的问题

分期付款买卖是一种特殊的买卖形式,一般认为其是买受人将其应付的总价款按照一定期限分批向出卖人支付的买卖。《合同法》第一百六十七条①关于分期付款买卖的规定比较简略,不足以解决实践中的诸多问题,有必要就相关问题进一步细化和明确。

(一) 关于分期问题

所谓分期,是指买卖合同的价金债务不是一次性履行完毕,而是分数次履行。期数应"于物之交付后,以有二期支付为已足。于物之交付时,仅剩有一期应支付者,非分期付价契约"。② 期数的界定问题关系到首期款何时支付,以及首期款是否属于分期付款中的一期付款。关于首期款何时支付,学界众说纷纭。有观点认为其系合同成立时或合同订立后,也有观点主张为合同生效时,还有观点认为是买方在收取货物前或订约时。③ 我们认为,通常情况下,首期款要么在出卖人交付货物前支付,要么在出卖人交付货物时同时支付。但如果当事人约定出卖人先行交付货物后,买受人方支付首期款亦无不可。只要在出卖人交付货物后,买受人至少再分两次以上向出卖人支付价款的,即应认定其为分期付款买卖。由于分期付款买卖的实质是买受人向出卖人融资、出卖人向买受人授信,因此在标的物交付前不论买受人是否付过首期款及付过几次价款,均与分期付款买卖的构成无关。如果首期款是于标的物交付前或同时支付给出卖人的,则该期不计入分期中的一期,但若首期款系于出卖人交付标的物后支付的,就应当计入分期中的一期。④《解释》第三十八条第一款规定:"合同法第一百六十七条第一款规定的'分期付款',系指买受人将应付的总价款在一定期间内至少分三次向出卖人支付。"《解释》之所以将期数表述为"在一定期间内至少分三次",其主要的考虑是分期付款买卖中在交货时一般都有首期款的支付,除该款项外,至少还要有两期款项才有可能适用分期付款买卖的法律规则。

(二) 对消费者的特别保护

《合同法》第一百六十七条第一款规定主要是侧重保护买受人,防止出卖人利用优势地位或格式条款不当损害买受人利益。审判实践中的问题是,双方

---

① 对应《民法典》第六百三十四条。
② 史尚宽:《债法各论》,中国政法大学出版社 2000 年版,第 93 页。
③ 江平主编:《中华人民共和国合同法精解》,中国政法大学出版社 1999 年版,第 136 页。
④ 翟云岭:《买卖合同形式及内容的法律规制——以分期付款买卖合同为视角》,载《法学》2007 年第 1 期。

能否约定比《合同法》第一百六十七条第一款更不利于买受人的条款？我们认为，根据该条法律之立法目的，考虑到分期付款买卖一般发生在经营者和消费者之间，买受人一般都是消费者，其面对的出卖人常常是经营者；而且买卖合同也是经营者一方拟订的格式条款，消费者根本没有修改和磋商的可能，此时经营者给定的期限利益丧失条款和保留的合同解除权利恰恰就属于法律需要特别关注的对象，法律要保障消费者的利益不因这些条款和权利而降到法定底线以下。所以，经营者、消费者约定的内容如果使消费者的地位劣于《合同法》第一百六十七条第一款所设定的情况（如双方约定消费者未支付到期价款的金额达到全部价款的十分之一时，出卖人可以要求其支付全部价款），为了更好地保护消费者的利益，应当否定该种约定。《解释》第三十八条第二款规定："分期付款买卖合同的约定违反《合同法》第一百六十七条第一款的规定，损害买受人利益，买受人主张该约定无效的，人民法院应予支持。"

（三）解约扣款的规制

在分期付款买卖结构中，出卖人交付标的物与其回收标的物价款在时空上发生分离，所以出卖人回收价款实际上存在着一定风险。出卖人为规避风险，往往通过增加可解除条件从而强化解除条款以及限制买受人返还款项的权利从而强化扣款条款来最大限度地保障其利益。尤其是在解除合同后的扣款问题上，合同可能约定买受人在合同解除后不得要求偿还已支付的价款。但是，分期付款买卖合同多适用于企业与消费者之间，双方也常常采用出卖人一方提供的格式合同订立，双方在合同中的前述约定未必符合公平、诚实信用原则，如果任其发生作用，不仅会在当事人间造成不公平，而且会因买受人利益过分受损而导致分期付款交易形式的式微从而妨碍交易进行。为此，《解释》第三十九条对《合同法》第一百六十七条第二款规定的分期付款买卖合同解除后出卖人利益补偿问题的进一步明确和规范。第一，因《合同法》第一百六十七条第二款已规定出卖人解除合同后可以向买受人要求支付标的物使用费，故本条解释第二款明确该使用费的数额标准，即：双方有约定的，依约定处理；双方无约定的，可以参照当地同类标的物的租金标准确定。第二，对双方约定的扣留已受领价金条款进行公平性审查。即该被扣留的价金数额以标的物使用费和标的物受损赔偿额之和为限，双方约定的扣留数额超出上述限额的，有违公平，对超出部分法院不应支持。

（撰稿人：宋晓明　张勇健　王　闯）

解读《最高人民法院关于审理买卖合同纠纷案件适用法律问题的解释》修正条文

一、保留原第十二条（现第九条）的说明

《买卖合同解释》原第十二条规定："出卖人根据合同约定将标的物运送至买受人指定地点并交付给承运人后，标的物毁损、灭失的风险由买受人负担，但当事人另有约定的除外。"

该规定此次清理未作修改。《民法典》第六百零七条第一款吸收了原《买卖合同解释》第十二条规定的前半部分内容，未采纳当事人可以另行约定的内容。根据该法第六百零四条的规定，标的物毁损、灭失的风险，在标的物交付之前由出卖人承担，交付之后由买受人承担，但是法律另有规定或者当事人另有约定的除外。以体系解释的角度，《民法典》对当事人就风险负担问题另作约定持明确肯定态度，故对原司法解释的第十二条规定予以保留。

二、第一部分标题

第一部分标题由原来的"买卖合同的成立及效力"修改为"买卖合同的成立"。

由于删除了《买卖合同解释》原第二条、第三条、第四条的规定，该部分没有条文规定买卖合同的效力问题，故将标题作了修改。

三、第十八条（原第二十四条）

在保留原《买卖合同解释》第二十四条前三款规定的基础上，将该条原第四款修改。

本款是关于买卖合同没有约定逾期付款违约金或者该违约金的计算方法时逾期违约金计算标准的规定。关于逾期付款违约金，虽然《民法典》延续了《合同法》的做法，未就此作出明确规定，但是，由于法律、司法解释的传承和习惯性影响，逾期付款违约金的概念已经定型化并被司法实务界所广泛接受和运用，因此，在修改《买卖合同解释》时，对本条规定的大部分内容作出了保留。至于逾期违约金的计算标准，在基本理念上，自公布《最高人民法院关于逾期付款违约金应当按照何种标准计算问题的批复》（法复〔1996〕7号）（已失效）以来，司法实践的基本做法是，当事人如约定了逾期付款违约金标准的，应从其约定；当事人没有约定的，可以参照法定标准，即中国人民银行规定的金融机构计收逾期贷款利息的计算标准。这一做法，一方面坚持"有约

定、依约定"的原则,充分体现市场经济形势下对契约自由原则的遵从;另一方面,在当事人未对逾期付款违约金或者该违约金的计算方法作出约定,以中国人民银行同期同类人民币贷款基准利率为基础计算违约金,也较好地契合了逾期付款违约金的基本原理。按照域外学者观点,金钱本身是一种可以带来利息收益的财产,未获按时清偿的债权人在迟延期间丧失的这部分利息构成损害。以域外立法为借鉴,《德国民法典》第二百八十五条第一款规定"迟延期间应支付金钱债务的利息。迟延利息的年利率为基准利率加5%"。《欧洲共同买卖法草案》(CESL)第一百六十六条关于"迟延付款的利息"(Interest on late payments)的规定亦适用于诸如损害赔偿金、减价后超额款项的返还等非借贷金钱债务。

原《买卖合同解释》制定时,考虑到审判工作的延续性,对如上规定的基本精神予以坚持,同时,为体现对违约方一定的惩戒性,鉴于2004年开始执行的《中国人民银行关于人民币贷款利率有关问题的通知》(银发〔2003〕251号)已对逾期贷款利率标准作出了调整,即对2004年1月1日以后新发放的贷款,逾期贷款罚息利率由原来按照日万分之二点一计收利息,改为在借款合同载明的贷款利率水平上加收30%~50%,原司法解释的第二十四条第四款规定,买卖合同没有约定逾期付款违约金或者该违约金的计算方法,出卖人以买受人违约为由主张赔偿逾期付款损失的,人民法院可以中国人民银行同期同类人民币贷款基准利率为基础,参照逾期罚息利率标准计算。

为深化利率市场化改革,推动降低实体利率水平,自2019年8月20日起,中国人民银行已经授权全国银行间同业拆借中心于每月20日(遇节假日顺延)9时30分公布贷款市场报价利率(LPR),中国人民银行贷款基准利率这一标准已经取消。为适应市场政策变化,最高人民法院在2019年印发的《全国法院民商事审判工作会议纪要》中明确指出,自此之后人民法院裁判贷款利息的基本标准应改为全国银行间同业拆借中心公布的贷款市场报价利率。2020年8月修改的《民间借贷解释》第二十六条①第二款也明确规定,前款所称"一年期贷款市场报价利率",是指中国人民银行授权全国银行间同业拆借中心自2019年8月20日起每月发布的一年期贷款市场报价利率。有鉴于此,《买卖合同解释》修改时,在对逾期付款违约金法定计算标准的规定中也引入了中国人民银行授权全国银行间同业拆借中心公布的一年期贷款市场报价利率(LPR)标准。同时,为保障裁判规则统一性,稳定市场预期,本款规定还对新利率计算标准的溯及力问题作出了明确规定,即以违约行为发生的时间为基本判断标准,违约行为发生在2019年8月20日之后的,人民法院可以违约行

---

① 现为《最高人民法院关于审理民间借贷案件适用法律若干问题的规定》(2020年12月29日修正)第二十五条。

为发生时中国人民银行授权全国银行间同业拆借中心公布的一年期贷款市场报价利率（LPR）标准为基础，加计30～50%计算逾期付款损失；违约行为发生在2019年8月19日之前的，仍适用此前的规定，人民法院可以中国人民银行同期同类人民币贷款基准利率为基础，参照逾期罚息利率标准计算。

四、第二十五条（原第三十四条）

与原《买卖合同解释》第三十四条相比，该条解释在清理时仅作适应性修改，即所引用的《合同法》条文被替换为对应的《民法典》条文，对于所有权保留制度的适用范围未作修改。实践中，在《民法典》颁布前，部分观点认为，既然《合同法》对所有权保留标的物未作限制，则解释上应当认为所有权保留可以不动产为标的物，即不动产所有权保留可以成立。① 农村集体所有土地（宅基地）上村民的住房如果转让，因原则上不需要办理登记，交付就转移房屋所有权，可以适用所有权保留。②

《民法典》第六百四十一条第一款延续了《合同法》第一百三十四条的规定，未就所有权保留制度的适用范围作出明确限定。但从实践来看，首先，不动产买卖所有权变动以完成转移登记为前提，不动产买卖中，买卖双方订立买卖合同后出卖人将不动产交与买受人使用，在买受人未付清全部价款前双方不办理权属变更登记，该不动产的权属仍属于出卖人，但实际使用人是买受人，这样也能兼顾买受人利用和出卖人价金权利保障的双重目的，而不必一定采取所有权保留方式。其次，在买受人已经支付并持续支付价金的不动产买卖交易中，买受人的"期待权"或期待利益可以由预告登记而得到充分保障。最后，在部分特殊的商事交易中，在不动产转移登记后出卖人要保障其价金债权，完全可以采取不动产抵押的形式来完成，不必一定需要保留所有权。在我国目前法律体系下，宅基地上房屋的买卖尚不多见，采取所有权保留的交易形式则更少。基于以上考虑，虽然《民法典》第六百四十一条第一款依然未明确排除不动产所有权保留，但是该条仍然延续原司法解释的政策选择。

五、删除原第四条的说明

该条是关于电子交易合同成立及效力的规定。《合同法》通过时，《电子签名法》尚未颁布实施，《合同法》原则性地确立了电子合同的法律地位，对于电子合同的成立及效力问题未作明确说明。2004年通过的《电子签名法》第三条第一款和第二款规定："民事活动中的合同或者其他文件、单证等文书，

---

① 胡志刚：《实施和完善不动产所有权保留制度的若干思考》，载《房地产法律》2007年第11期。

② 李永军：《所有权保留制度的比较法研究》，载《法学论坛》2013年第6期。

当事人可以约定使用或者不使用电子签名、数据电文。当事人约定使用电子签名、数据电文的文书，不得仅因为其采用电子签名、数据电文的形式而否定其法律效力。"为统一法律适用，结合电子交易实际，《买卖合同解释》原第四条规定："人民法院在按照合同法的规定认定电子交易合同的成立及效力的同时，还应当适用电子签名法的相关规定。"

但随着数字经济的发展，《民法典》编纂对电子合同的成立和效力问题给予了较大的关注。《民法典》第四百九十一条对信件、数据电文形式合同和网络合同成立时间作出更为明确的规定："当事人采用信件、数据电文等形式订立合同要求签订确认书的，签订确认书时合同成立。当事人一方通过互联网等信息网络发布的商品或者服务信息符合要约条件的，对方选择该商品或者服务并提交订单成功时合同成立，但是当事人另有约定的除外。"据此规定，原《买卖合同解释》第四条和《电子签名法》的相关规定已经实际为《民法典》的规定所部分吸收和取代，故在此次司法解释的清理中，将原《买卖合同解释》第四条删除。

[载最高人民法院民法典贯彻实施工作领导小组办公室编著：《最高人民法院实施民法典清理司法解释修改条文（111件）理解与适用》，人民法院出版社2022年版]

【链　　接】

最高人民法院民二庭负责人就《关于审理买卖合同纠纷案件适用法律问题的解释》答记者问

2012年5月10日，最高人民法院公告发布了《关于审理买卖合同纠纷案件适用法律问题的解释》（以下简称《解释》）。该《解释》自2012年7月1日施行。最高人民法院民二庭负责人近日在接受记者采访时表示，买卖合同是所有有偿合同的典范，是社会经济生活中最典型、最普遍、最基本的交易形式。《解释》的公布实施，对于鼓励市场交易，促进市场经济发展，维护公平交易秩序，推动诚信体系建设，维护法律适用统一等，均具有重要意义。

一、问：最高人民法院在 2012 年 5 月 10 日公告发布了《最高人民法院关于审理买卖合同纠纷案件适用法律问题的解释》(以下简称《解释》)，请您谈谈为何要出台该《解释》？

答：买卖合同是所有有偿合同的典范，是社会经济生活中最典型、最普遍、最基本的交易形式。人民法院司法统计数据显示，民商事纠纷案件中的很多案件是买卖合同纠纷；即便是 2008 年全球金融危机蔓延过程发生的民商事纠纷，买卖合同纠纷数量也是位居首位。无论是交易实践还是审判实务，均表明：买卖合同是现实经济生活中最基本、最常见、也最重要的交易形式。《合同法》第九章通过 46 个条文规定了买卖合同法则，居于《合同法》分则规定的有名合同之首，买卖合同案件审理中需要遵循的原则和判断标准亦常为其他有名合同所借鉴，因此，在《合同法》分则中占据统领地位的买卖合同章堪称合同法的"小总则"。

然而，由于《合同法》第九章的 46 个条文难以涵盖买卖合同关系的复杂性和多样性以及市场交易日新月异的变化，特别是在合同法施行以来，各级人民法院在贯彻适用合同法第九章的过程中，遇到诸多新情况和新问题。对买卖合同相关规定的不同理解，导致民商事审判实践在合同法买卖合同章及相关规定的适用上存在较大差异，从而影响了司法的严肃性和统一性。为了及时指导各级人民法院公正审理买卖合同纠纷案件，依法保护当事人的合法权益，规范市场交易行为，提高买卖合同法则的可操作性，最高人民法院于 2000 年 3 月正式立项，决定制定关于审理买卖合同纠纷案件适用法律问题的司法解释，并委派民二庭负责起草。

最高人民法院民二庭对该司法解释进行了深入调研和充分论证，广泛征求了各级人民法院、全国人大法工委、国务院法制办、商务部、工商总局、住房和城乡建设保障部、中国人民银行等各部门意见。特别是多次征求合同法起草人梁慧星教授、王利明教授、崔建远教授以及合同法专家韩世远教授、王轶教授、刘凯湘教授、李永军教授的意见。为了使司法解释更符合市场交易实际和审判实践的要求，更好地保护各方当事人的合法权益，我们还通过最高人民法院网向社会公开征求意见。该司法解释起草工作历时十二年，起草十二稿。2012 年 3 月 31 日最高人民法院审判委员会第 1545 次会议讨论通过了该司法解释。

《解释》包括 8 个部分，总计 46 条，主要对买卖合同的成立及效力、标的物交付和所有权转移、标的物毁损灭失的风险负担、标的物的检验、违约责任、所有权保留、特种买卖等方面如何具体适用法律作出明确的规定。

二、问：合同的效力认定对于市场交易发展和交易秩序稳定影响甚巨，请问《解释》在买卖合同效力的认定方面有何新的进展？

答：现代合同法或买卖法最为重要的基本精神或价值目标就是鼓励合同交易，增进社会财富。市场交易越频繁，市场经济越能充分发展，社会财富和国家财富越能迅速增加。实践不断证明，随着社会关系的日益复杂和市场经济日益繁荣，不适当地宣告合同无效，不仅增加交易成本、阻碍经济发展，而且不利于对当事人意志的尊重，甚至导致民事主体对民商法的信仰危机。合同法颁行之后，为了保障交易的安全顺利进行，保障我国经济顺利转型，提升国家经济实力，最高人民法院贯彻"鼓励交易、增加财富"的原则，发布《关于适用〈中华人民共和国合同法〉若干问题的解释（一）》和《关于适用〈中华人民共和国合同法〉若干问题的解释（二）》等司法解释，严格规制对合同的无效认定。例如，其特别强调，人民法院确认合同无效的依据，只能是全国人大及其常委会制订的法律和国务院制定的行政法规，绝对不能再以地方性法规、行政规章作为依据。并对《合同法》第五十二条第（五）项规定的"强制性规定"作出限缩性解释，即"强制性规定是指效力性强制性规定"，进一步减少了认定合同无效的事由。

鉴于买卖合同是社会经济生活中最典型、最普遍、最基本的交易形式，买卖合同的效力不仅事关交易关系的稳定和当事人合法权益之保护，而且关涉市场经济的健康发展。因此，《解释》继续遵循该原则和司法立场，针对在市场交易活动中存在形形色色的预约，诸如认购书、订购书、预订书、意向书、允诺书、备忘录等预约的法律效力，明确承认其独立契约效力，固定双方交易机会，制裁恶意预约人。对于实务中常见的出卖人在缔约和履约时没有所有权或处分权的买卖合同的效力问题，明确地予以肯定，旨在防止大量买卖合同遭遇无效认定之命运，更周到地保护买受人之权益，明晰交易主体之间的法律关系，强化社会信用，维持交易秩序，确保市场交易顺畅，推动市场经济更加健康有序地发展。

三、问：在当前买卖合同交易实践中，违背诚信、有失公平的行为屡见不鲜，请问《解释》在维护诚信原则，保护当事人合法权益，保障市场公平交易秩序方面有何具体体现？

答：在买卖合同交易实务中，经常出现当事人在买卖合同中订入不公平条款或有违诚信之内容，这既侵害了对方当事人的合法权益，也损害了社会公共利益和市场交易秩序。有鉴于此，《解释》在制定中，始终在对双方当事人平等保护的前提下，注重规制和制裁违背诚信之行为，以实现双方权益平衡，维护公平交易秩序。试举几例：第一，在动产一物数卖情形中，各买受人均要求实际履行合同的,《解释》基于诚实信用原则,否定了出卖人的自主选择权。第二,在路货买卖中,出卖人在缔约时已经知道风险事实却故意隐瞒风险事实的,《解释》规定风险由出卖人负担。第三,对标的物检验期间或者质量保证期约定过短导致买受人难以在检验期间内完成全面检验的情形,《解释》明确规定人民法院应当认定该期间为买受人对外观瑕疵提出异议的期间,并根据本解释规定确定买受人对隐蔽瑕疵提出异议的合理期间,以此彰显对处于弱势地位的买受人利益的保护。第四,对标的物异议期间经过后的出卖人自愿承担违约责任后又翻悔的,《解释》明确规定出卖人自愿承担违约责任后,不得以期间经过为由翻悔,意在体现和维护诚实信用原则。第五,对出卖人明知标的物有瑕疵而故意不告知买受人时的瑕疵担保责任减免特约的效力认定问题,《解释》认为,虽然买卖合同当事人可以通过特约减免出卖人的瑕疵担保责任,但在出卖人明知标的物有瑕疵而故意或者因重大过失而不告知买受人时,属于隐瞒事实真相的欺诈行为,有悖诚实信用原则,因此对于这种特约的效力,人民法院不予支持。第六,对当事人特约违反合同法第一百六十七条①第一款规定时的效力认定等问题,鉴于《合同法》第一百六十七条第一款的目的在于保护买受人的期限利益,旨在体现分期付款买卖的制度功能。因此,如果当事人的特约违反上述规定,损害了买受人的期限利益的,《解释》规定不应承认该约定的效力。因此,《解释》的公布和实施,对于保护买卖合同当事人的合法权益,维护社会主义市场经济公平交易秩序,具有十分重要的意义。

四、问:在现实生活中,存在有大量的以无实物载体的电子信息产品为标的物的买卖合同。此类买卖合同是否适用该《解释》?如何认定这些电子信息产品的交付方式?

答:近二三十年来,随着信息技术的发展和网络的普及,以电子信息产品为交易对象的买卖合同的数量和交易额日益增加,成为买卖合同中越来越重要的交易类型。传统的买卖合同的标的物均为有体物,而电子信息产品却与此不同,它既可以存储于特定的实物载体,如刻录在光盘上的音乐作品;也可以脱离于有体物,以数字化编码的形式存储于计算机系统中。对于标的物是有物质载体的电子信息产品的买卖合同而言,在交付规则上,与一般的买卖合同无异,应适用合同法及《解释》的规定。对于标的物是无实物载体的电子信息产品的买卖合同而言,虽然买卖双方并未实际交付有体物,但仍是以出卖人向买受人交付电子信息产品、买受人给付价款的方式履行合同。因此,在我国未就电子信息产品的买卖交易制定专门的法律法规以前,应当适用合同法及《解释》的规定。

---

① 对应《民法典》第六百三十四条。

无实物载体的电子信息产品具有显著区别于传统买卖合同标的物的特征，例如不以实物承载为必要、使用后无损耗、其本身易于复制并可迅速传播等等。因此，对于标的物是无实物载体的信息产品买卖合同而言，其法律规则具有一定的特殊性。就交付问题而言，合同法中有关买卖合同的交付方式的规定均以有体物的交付为原型，但信息产品已经逐步脱离了实物载体的束缚，更多的是以电子化的方式传送，以在线接收或者网络下载的方式实现交付，买卖双方都不接触实物载体，这与传统的买卖合同中，出卖人向买受人转移对标的物的占有，并转移标的物所有权的交付方式有较大差异。

那么如何认定无实物载体的电子信息产品的交付呢？《解释》对此作出专门规定。首先，如果买卖双方对交付问题有约定的，遵照其约定；没有约定或者约定不明的，当事人可以协议补充；不能达成补充协议的，按照合同有关条款或者交易习惯确定。如果按照上述规则仍不能确定的，买受人收到约定的电子信息产品或者权利凭证即为交付。换言之，《解释》根据电子信息产品的特点，确定了两种具体的交付方式：一是交付权利凭证，二是以在线网络传输的方式接收或者下载该信息产品。

对第一种交付方式而言，买卖双方交付的并非电子信息产品本身，而是仅交付电子信息产品的权利凭证，比如访问或使用特定信息产品的密码。在此情形下，买受人取得权利凭证后，即可自由决定取得、使用该电子信息产品的时间，因此，不宜以买受人收到该电子信息产品为标准来确定交付是否完成，买受人收到该电子信息产品权利凭证的，即应认定出卖人已完成交付义务。

对第二种交付方式而言，买卖双方以电子数据在线传输方式实现电子信息产品的交付。信息产品的传输过程包括出卖人发出信息产品和买受人接收信息产品两个不同阶段。由于技术、网络、计算机系统的原因，出卖人发出电子信息产品并不必然引起买受人收到信息产品的后果。因此，如果以出卖人发出电子信息产品为交付标准，有可能产生买受人虽未能实际接收到该电子信息产品，仍须承担给付价款的合同义务的法律后果，难免有失公允。考虑到电子信息产品的出卖人在电子信息产品的制作及传输方式选择方面有更明显的优势地位，《解释》规定，以买受人收到约定的电子信息产品为完成交付的标准。

五、问：买卖合同成立后标的物如果出现毁损、灭失的情况，应由哪一方当事人承担损失，一直是困扰审判实践的疑难问题，司法解释对标的物的风险负担有什么新的规定？

答：风险负担制度是在合同双方当事人之间对标的物毁损、灭失的不幸损害进行合理分配的制度，一直被视为买卖合同中的核心制度。在买卖合同中，风险由谁负担就意味着谁将承担不利的后果,关涉买卖双方当事人最根本之利益,对买卖双方关系重大。特别需要指出的是,对因标的物毁损、灭失所造成的损失,还面临着谁有权向加害人索赔或向保险人理赔的问题。因此,各国立法对如何在当事人之间适当分配风险,均设计了相应的风险负担制度规则,我国《合同法》在买卖合同章也对此作出专门规定。

随着我国社会经济不断发展,经济贸易日益活跃,合同双方当事人因风险负担问题发生纠纷的案件数量呈现上升趋势。针对审判实践中反映出来的法律适用问题,《解释》通过四个条文对《合同法》的相关规定进行解释和补充:其一,明确了送交买卖中"标的物需要运输的"情况下承运人的身份。承运人是指独立于买卖合同当事人之外的运输业者。这种情况下的承运人不是出卖人或买受人的履行辅助人,这就有别于卖方送货上门的赴偿之债和买方自提的往取之债。其二,补充了特定地点货交承运人的风险负担规则。合同约定在买受人指定地点将标的物交付给承运人的,出卖人将标的物运送至指定地点并交付给承运人后,标的物毁损、灭失的风险由买受人承担。其三,对路货买卖中出卖人隐瞒风险发生事实的风险负担作出补充规定。出卖人在合同成立时知道或应当知道标的物已经毁损、灭失却未告知买受人的,买受人不承担合同成立之前的标的物毁损、灭失风险。其四,对大宗货物买卖中出卖人批量托运货物以履行数份合同或托运超量货物去履行其中一份合同情况下的风险负担进行了明确,规定如果出卖人未以装运单据、加盖标记、通知买受人等可识别的方式清楚地将作为标的物的种类物特定于买卖合同项下,标的物毁损、灭失的风险由出卖人负担。

六、问: 可得利益损失的认定既可谓买卖合同违约纠纷中经常出现的问题,也堪称民商审判实务难点问题。请问《解释》在认定可得利益损失方面有何精神?对此是如何规定的?

答: 的确,可得利益损失的认定是买卖合同违约责任认定中的疑难问题。多年来,由于相关认定规则比较模糊并难以把握,致使审判实践口径不一,不少法官在判决中并不支持可得利益损失。为此,《解释》根据《合同法》的规定、民法原理以及审判实践经验,对可得利益损失的认定作出了具有可操作性的解释和规定。具体而言,买卖合同违约后可得利益损失计算通常运用四个规则,即《合同法》第一百一十三条①规定的可预见规则、第一百一十九条规定的减损规则、与有过失规则以及损益相抵规则,《解释》通过三个条文对此进行明确规定。特别是《解释》第三十条关于"与有过失规则"和第31条关于"损益相抵规则"的规定,填补了合同法在相关规则方面的空白和漏洞。值得

---

① 对应《民法典》第五百八十四条。

注意的是，可得利益损失的计算和认定，与举证责任分配密切相关。最高人民法院曾于2009年发布《关于当前形势下审理民商事合同纠纷案件若干问题的指导意见》，该指导意见对可得利益损失认定提出举证责任的分配规则，即违约方一般应当承担非违约方没有采取合理减损措施而导致损失扩大、非违约方因违约而获得利益，以及非违约方亦有过失的举证责任；非违约方应当承担其遭受的可得利益损失总额、必要的交易成本的举证责任。为了保障可得利益损失认定规则的实务操作性，人民法院在根据《解释》认定可得利益损失时，应当结合上述指导意见的规定予以正确适用。

七、问：《合同法》第一百五十八条①关于标的物检验的"合理期间"是一个实践中颇难把握的问题。请问《解释》对此是如何规定的？

答： 审判实践中对于标的物的检验合理期间如何确定，颇难把握；对于如何认定检验期间经过后的法律效果，分歧较大。《解释》对此作出明确规定。针对《合同法》第一百五十八条第二款规定的"合理期间"的确定问题，《解释》第十七条考虑到标的物种类繁多且瑕疵类别多样，对确定"合理期间"的考量因素进行了提示性列举，赋予法官依照诚实信用原则，根据交易的性质、目的、标的物的种类、瑕疵性质、检验方法等多种因素进行综合考量的自由裁量权。此外，理论界和实务界对于《合同法》第一百五十八条规定的"两年"的性质存在是"诉讼时效"还是"除斥期间"之争，《解释》将其界定为不变期间，该期间不适用诉讼时效中止、中断或者延长的规定。对于审判实务中争议较大的异议期间经过后的法律效果问题，《解释》认为，《合同法》第一百五十八条规定的"视为标的物的数量和质量符合约定"属于法律拟制，异议期间的经过将会使买受人丧失相应的法律救济权和期限利益，不能被证据所推翻；但基于诚实信用原则，出卖人自愿承担违约责任后，不得以期间经过为由翻悔。

八、问：所有权保留制度是买卖关系中非常重要的制度，但合同法对该制度规定得非常原则。请问《解释》对于该制度作出了哪些更具操作性的解释和规定？是如何考虑的？

答： 所有权保留是指买卖合同中买受人先占有、使用标的物，但在双方当事人约定的特定条件成就前出卖人仍保留标的物的所有权，条件成就后标的物所有权才转移给买受人的制度。《合同法》第一百三十四条虽然对所有权保留制度作出规定，但过于原则和简略。该制度在实务操作中面临着诸如适用范围如何，当事人之间权利义务保护机制等亟待明确的问题。因此，《解释》的一

---

① 对应《民法典》第六百二十一条。

个主要任务和内容就是要细化所有权保留制度,进一步提高该制度的实务操作性。为此,《解释》在第三十四条至第三十七条,通过 4 个条文、8 款规定对该制度作出了颇具操作性的具体解释。

我们在解释和规定所有权保留制度相关规则时,主要考虑以下几方面的问题:

第一,关于所有权保留制度的适用范围问题。由于《合同法》第一百三十四条未对所有权保留买卖的适用对象作出限制,导致学界和实务界对此存在分歧,消费市场上也存在一些以所有权保留方式买卖房屋的行为。我们认为,所有权保留制度不应适用于不动产。首先,由于不动产买卖完成转移登记后所有权即发生变动,此时双方再通过约定进行所有权保留,明显违背法律规定。其次,在转移登记的情况下双方还采用所有权保留,出卖人的目的是为担保债权实现,买受人的目的在于防止出卖人一物二卖,《物权法》第二十条①规定的预告登记制度足以满足买卖双方所需,因此没有必要采取所有权保留的方式。特别是,转移登记是不动产所有权变动的要件,在转移登记完成前不动产所有权不会发生变动,买受人即使占有使用标的物,只要双方不转移登记,出卖人仍然享有所有权,当然也就可以保障债权,所以更无必要进行所有权保留。最后,综观各国立法及司法实践,大多认为该制度仅适用于动产交易。因此,《解释》明确规定,所有权保留制度不适用于不动产。

第二,关于出卖人权利的保护机制及其限制问题。出卖人保留所有权的主要目的就是担保价款债权实现,在买受人的行为会对出卖人的债权造成损害时,应当允许出卖人取回标的物以防止利益受损。买受人的上述行为一般包括未按约定支付价款,或者未依约完成特定条件,或者对标的物进行不当处分等。出卖人取回标的物后,在特定期间买受人如果没有向出卖人回赎标的物,出卖人可以将标的物另行出卖并以出卖后的价款弥补债权损失;不足以弥补债权损失的,出卖人还可以向买受人请求赔偿。但出卖人的取回权并非绝对,其亦应受到限制:其一,应受善意取得制度的限制。如果标的物被买受人处分给第三人,该第三人又符合《物权法》第一百零六条②关于善意取得的规定,则出卖人不得取回标的物。其二,应受买受人已支付价款数额的限制。如果买受人已支付的价款达到总价款的百分之七十五以上时,我们认为出卖人的利益已经基本实现,其行使取回权会对买受人利益影响较大,此时应兼顾买受人利益而适当限制出卖人取回权。

第三,关于买受人的回赎权问题。买受人由于对标的物的占有使用已与其形成了一定的利益关系,买受人对出卖人完全转移标的物所有权也具有一定的

---

① 对应《民法典》第二百二十一条。
② 对应《民法典》第三百一十一条。

期待，这种利益关系及期待应予保护。出卖人取回标的物后，买受人可以在特定期间通过消除相应的取回事由而请求回赎标的物，此时出卖人不得拒绝，而应将标的物返还给买受人。可见，买受人并不是处于完全消极的地位，只要积极恰当地履行义务，买受人的利益还是能够得到保障。

最高人民法院
关于审理网络消费纠纷案件适用法律若干问题的规定（一）

法释〔2022〕8号

(2022年2月15日最高人民法院审判委员会第1864次会议通过 2022年3月1日最高人民法院公告公布 自2022年3月15日起施行)

为正确审理网络消费纠纷案件，依法保护消费者合法权益，促进网络经济健康持续发展，根据《中华人民共和国民法典》《中华人民共和国消费者权益保护法》《中华人民共和国电子商务法》《中华人民共和国民事诉讼法》等法律规定，结合审判实践，制定本规定。

第一条 电子商务经营者提供的格式条款有以下内容的，人民法院应当依法认定无效：

（一）收货人签收商品即视为认可商品质量符合约定；

（二）电子商务平台经营者依法应承担的责任一概由平台内经营者承担；

（三）电子商务经营者享有单方解释权或者最终解释权；

（四）排除或者限制消费者依法投诉、举报、请求调解、申请仲裁、提起诉讼的权利；

（五）其他排除或者限制消费者权利、减轻或者免除电子商务经营者责任、加重消费者责任等对消费者不公平、不合理的内容。

第二条 电子商务经营者就消费者权益保护法第二十五条第一款规定的四项除外商品做出七日内无理由退货承诺，消费者主张电子商务经营者应当遵守其承诺的，人民法院应予支持。

第三条 消费者因检查商品的必要对商品进行拆封查验且不影响商品完好，电子商务经营者以商品已拆封为由主张不适用消费者权益保护法第二十五条规定的无理由退货制度的，人民法院不予支持，但法律另有规定的除外。

第四条 电子商务平台经营者以标记自营业务方式或者虽未标记自营但实际开展自营业务所销售的商品或者提供的服务损害消费者合法权益，消费者主张电子商务平台经营者承担商品销售者或者服务提供者责任的，人民法院应予支持。

电子商务平台经营者虽非实际开展自营业务，但其所作标识等足以误导消费者使消费者相信系电子商务平台经营者自营，消费者主张电子商务平台经营者承担商品销售者或者服务提供者责任的，人民法院应予支持。

第五条 平台内经营者出售商品或者提供服务过程中，其工作人员引导消费者通过交易平台提供的支付方式以外的方式进行支付，消费者主张平台内经营者承担商品销售者或者服务提供者责任，平台内经营者以未经过交易平台支付为由抗辩的，人民法院不予支持。

第六条 注册网络经营账号开设网络店铺的平台内经营者，通过协议等方式将网络账号及店铺转让给其他经营者，但未依法进行相关经营主体信息变更公示，实际经营者的经营活动给消费者造成损害，消费者主张注册经营者、实际经营者承担赔偿责任的，人民法院应予支持。

第七条 消费者在二手商品网络交易平台购买商品受到损害，人民法院综合销售者出售商品的性质、来源、数量、价格、频率、是否有其他销售渠道、收入等情况，能够认定销售者系从事商业经营活动，消费者主张销售者依据消费者权益保护法承担经营者责任的，人民法院应予支持。

第八条 电子商务经营者在促销活动中提供的奖品、赠品或者消费者换购的商品给消费者造成损害，消费者主张电子商务经营者承担赔偿责任，电子商务经营者以奖品、赠品属于免费提供或者商品属于换购为由主张免责的，人民法院不予支持。

第九条 电子商务经营者与他人签订的以虚构交易、虚构点击量、编造用户评价等方式进行虚假宣传的合同，人民法院应当依法认定无效。

第十条 平台内经营者销售商品或者提供服务损害消费者合法权益，其向消费者承诺的赔偿标准高于相关法定赔偿标准，消费者主张平台内经营者按照承诺赔偿的，人民法院应依法予以支持。

第十一条 平台内经营者开设网络直播间销售商品，其工作人员在网络直播中因虚假宣传等给消费者造成损害，消费者主张平台内经营者承担赔偿责任的，人民法院应予支持。

第十二条 消费者因在网络直播间点击购买商品合法权益受到损害，直播间运营者不能证明已经以足以使消费者辨别的方式标明其并非销售者并标明实际销售者的，消费者主张直播间运营者承担商品销售者责任的，人民法院应予支持。

直播间运营者能够证明已经尽到前款所列标明义务的，人民法院应当综合交易外观、直播间运营者与经营者的约定、与经营者的合作模式、交易过程以及消费者认知等因素予以认定。

第十三条 网络直播营销平台经营者通过网络直播方式开展自营业务销售商品，消费者主张其承担商品销售者责任的，人民法院应予支持。

第十四条 网络直播间销售商品损害消费者合法权益，网络直播营销平台经营者不能提供直播间运营者的真实姓名、名称、地址和有效联系方式的，消费者依据消费者权益保护法第四十四条规定向网络直播营销平台经营者请求赔偿的，人民法院应予支持。网络直播营销平台经营者承担责任后，向直播间运营者追偿的，人民法院应予支持。

第十五条 网络直播营销平台经营者对依法需取得食品经营许可的网络直播间的食品经营资质未尽到法定审核义务，使消费者的合法权益受到损害，消费者依据食品安全法第一百三十一条等规定主张网络直播营销平台经营者与直播间运营者承担连带责任的，人民法院应予支持。

第十六条 网络直播营销平台经营者知道或者应当知道网络直播间销售的商品不符合保障人身、财产安全的要求，或者有其他侵害消费者合法权益行为，未采取必要措施，消费者依据电子商务法第三十八条等规定主张网络直播营销平台经营者与直播间运营者承担连带责任的，人民法院应予支持。

第十七条 直播间运营者知道或者应当知道经营者提供的商品不符合保障人身、财产安全的要求，或者有其他侵害消费者合法权益行为，仍为其推广，给消费者造成损害，消费者依据民法典第一千一百六十八条等规定主张直播间运营者与提供该商品的经营者承担连带责任的，人民法院应予支持。

第十八条 网络餐饮服务平台经营者违反食品安全法第六十二条和第一百三十一条规定，未对入网餐饮服务提供者进行实名登记、审查许可证，或者未履行报告、停止提供网络交易平台服务等义务，使消费者的合法权益受到损害，消费者主张网络餐饮服务平台经营者与入网餐饮服务提供者承担连带责任的，人民法院应予支持。

第十九条 入网餐饮服务提供者所经营食品损害消费者合法权益，消费者主张入网餐饮服务提供者承担经营者责任，入网餐饮服务提供者以订单系委托他人加工制作为由抗辩的，人民法院不予支持。

第二十条 本规定自 2022 年 3 月 15 日起施行。

【解　　读】

解读《最高人民法院关于审理网络消费纠纷案件适用法律若干问题的规定（一）》

为正确审理网络消费纠纷案件，依法保护消费者合法权益，促进网络经济健康持续发展，2022年2月15日，最高人民法院审判委员会第1864次会议通过了《最高人民法院关于审理网络消费纠纷案件适用法律若干问题的规定（一）》（以下简称《规定》），并已于2022年3月15日起施行。本文就《规定》的起草背景、基本原则及主要问题进行说明，便于实践中准确理解与适用。

一、《规定》制定的背景

党的十八大以来，以习近平同志为核心的党中央高度重视发展数字经济，并将其上升为国家战略。党的十八届五中全会提出，实施网络强国战略和国家大数据战略。党的十九届五中全会提出，发展数字经济，推进数字产业化和产业数字化，推动数字经济和实体经济深度融合。习近平总书记多次就网络治理、平台经济作出重要指示。2020年11月16日，习近平总书记在中央全面依法治国工作会议上指出，数字经济、互联网金融、人工智能、大数据、云计算等新技术新应用快速发展，催生一系列新业态新模式，但相关法律制度还存在时间差、空白区。2021年3月15日，习近平总书记在中央财经委员会第九次会议上指出，要健全完善规则制度，加快健全平台经济法律法规，及时弥补规则空白和漏洞，推动平台经济规范健康持续发展。

近年来，随着我国数字经济的蓬勃发展，网络消费当前已经成为社会大众的基本消费方式。据统计，自2013年起，我国已连续多年成为全球最大的网络零售市场。截至2021年12月，我国网络购物用户规模达8.42亿，占网民整体的81.6%。2021年网上零售额达13.1万亿元，同比增长了14.1%。伴随网络经济的快速发展，网络消费纠纷案件呈现出快速增长的特点，司法实践中也出现了一些新情况和新问题。

正是在这一背景下，最高人民法院经过深入调研，多次召开专家学者、消费者代表、政府部门、企业以及法院系统座谈会，并向全社会公开征求意见，在反复研究论证的基础上，制定《规定》。

二、《规定》坚持的原则

我们在司法解释制定过程中,坚持以下理念和原则。

第一,坚持以人民为中心,加大对消费者合法权益保护力度。网络消费问题关系千家万户,关系人民群众的切身利益。《规定》制定过程中,始终坚持将人民群众的利益放在首位,努力解决人民群众普遍关切的问题,努力使互联网发展成果惠及最广大人民群众,切实增强人民群众的安全感、获得感和幸福感。

第二,贯彻落实新发展理念,促进网络经济健康持续发展。当前,数字经济已经成为我国经济高质量发展的重要支撑。推动网络消费经济健康持续发展,对于巩固脱贫攻坚成果,推进乡村振兴战略,构建以国内大循环为主体、国内国际双循环相互促进的新发展格局、不断实现人民群众对美好生活的向往均具有重要意义。《规定》制定过程中,注意平衡保护,妥善处理好消费者、电商平台、平台内经营者等各方利益关系,为网络经济健康持续发展提供有力司法服务和保障。

第三,遵循网络消费特点,科学合理制定规则。网络消费具有参与交易主体多样化、交易环境虚拟化、交易空间跨地域性、合同格式化等特点,《规定》制定过程中,注重把握规律,制定符合网络消费特点的司法规则。

第四,立足现状,预留未来创新空间。《规定》坚持问题导向,对于实践中迫切需要解决的问题及时予以明确,以统一裁判尺度,回应审判实践需要。同时,我们也认识到,网络经济领域的发展日新月异,新模式新样态不断衍生。《规定》既注重立足现状,解决现实问题,也注意为市场未来创新留出空间。

三、关于网络消费合同格式条款问题

由于网络消费是在虚拟环境中完成,交易合同一般采用格式条款方式订立,消费者一般不具有与电子商务经营者协商合同条款的机会和能力。消费者在合同订立方面处于弱势地位,通常要么接受格式条款,要么放弃交易。实践中,存在电子商务经营者利用其优势地位,制定不公平不合理的格式条款,侵害消费者合法权益的情况。因此,依法规制网络消费格式条款,在尊重合同自由原则的同时进行合法性审查,对于维护消费者权益则显得格外重要。

关于格式条款问题,《民法典》和《消费者权益保护法》等法律都作了规定。为了进一步明确相关问题,更好地维护消费者合法权益,《规定》对实践中较为常见的依法应当认定无效的格式条款进行了列举,并作了兜底性规定。《规定》第一条明确,电子商务经营者提供的格式条款有以下内容的,人民法院应当依法认定无效:(1)收货人签收商品即视为认可商品质量符合约定;

(2) 电子商务平台经营者依法应承担的责任一概由平台内经营者承担；(3) 电子商务经营者享有单方解释权或者最终解释权；(4) 排除或者限制消费者依法投诉、举报、请求调解、申请仲裁、提起诉讼的权利；(5) 其他排除或者限制消费者权利、减轻或者免除电子商务经营者责任、加重消费者责任等对消费者不公平、不合理的内容。

实践中，消费者签收商品时一般不会拆开商品详细查看，更没有时间试用。但有些网络消费合同格式条款单方规定，消费者签收商品后，就不得提出质量问题，这种格式条款显然是不合理的。征求意见过程中，有意见提出，有些生鲜商品，收货人签收商品应当视为认可商品质量符合约定。我们认为，即使消费者签收了生鲜商品，并不意味着认可了商品质量合格，如果有证据证明商品质量不符合约定，消费者有权要求商家承担相应责任。

另外，关于兜底条款的写法问题。根据《民法典》第四百九十七条的规定，提供格式条款一方不合理地免除或者减轻其责任、加重对方责任、限制对方主要权利或者提供格式条款一方排除对方主要权利的格式条款无效。根据《消费者权益保护法》第二十六条第二款的规定，经营者不得以格式条款、通知、声明、店堂告示等方式，作出排除或者限制消费者权利、减轻或者免除经营者责任、加重消费者责任等对消费者不公平、不合理的规定，不得利用格式条款并借助技术手段强制交易。关于兜底条款是采用《民法典》关于格式条款的写法还是《消费者权益保护法》的写法问题，考虑到就格式条款来说，《民法典》合同编的规定与《消费者权益保护法》的规定是一般法与特别法的关系，《消费者权益保护法》有特别规定的，要适用《消费者权益保护法》的规定。《消费者权益保护法》对格式条款的无效情形作了特别规定，应适用该规定，故《规定》第一条兜底条款采用了《消费者权益保护法》的表述。

四、关于七日无理由退货问题

《消费者权益保护法》第二十五条第一款规定，经营者采用网络、电视、电话、邮购等方式销售商品，消费者有权自收到商品之日起七日内退货，且无须说明理由，但下列商品除外：(1) 消费者定作的；(2) 鲜活易腐的；(3) 在线下载或者消费者拆封的音像制品、计算机软件等数字化商品；(4) 交付的报纸、期刊。无理由退货制度，实质是赋予消费者在合同缔结之后适当期间内单方解除合同的权利。赋予消费者单方解除合同的权利，与消费者在特定交易中由于信息不对称而导致的意思表示不真实有关。《消费者权益保护法》第二十五条第一款规定无理由退货制度适用的四项例外情形，主要是基于平衡经营者正当利益的需要，是法律对消费者权益保护的一般标准，法律并不禁止经营者作出对消费者更高保护的承诺。实践中，存在电子商务经营者作出更优承诺的情况，比如就消费者定作的商品承诺无理由退货。如果电子商务经营者就该四项除外商品作出无理由退货承诺，则应当遵守其承诺。《规定》第二条对此进行了明确。

《消费者权益保护法》确立消费者无理由退货制度的目的，是使网购消费者享有与在实体商场购物同等的检查、试用商品的机会从而自主决定是否进行交易。根据《消费者权益保护法》第二十五条第三款的规定，消费者退货的商品应当完好。消费者购买商品后需要拆开包装后对商品进行查验，如果要求消费者退回的商品必须未拆封，那么规定无理由退货制度从某种程度上就失去了意义。但实践中，存在电子商务经营者以商品已拆封为由拒绝消费者行使无理由退货权的情况。我们认为，消费者因检查商品的必要对商品进行拆封查验，只要不影响商品完好，就依法享有无理由退货权。国外立法例对相关问题也有类似规定，比如《韩国电子交易消费者保护法》（2002年）第17条第2款规定，由于消费者过失而导致商品受损或者损毁的，撤销权消灭；但消费者拆开包装和封套以查验商品的除外。《规定》第三条明确，消费者因检查商品的必要对商品进行拆封查验且不影响商品完好，电子商务经营者以商品已拆封为由主张不适用《消费者权益保护法》第二十五条规定的无理由退货制度的，人民法院不予支持，但法律另有规定的除外。

值得注意的是，考虑到行政规章等对于超出查验需要而使用商品，导致商品不完好的判断标准作了较为明确的规定，我们规定了但书条款，此处"法律另有规定的除外"中的"法律"作广义理解，包括法律、行政法规、部门规章等。

五、关于网络经营账号及店铺转让问题

现实中常有经营者注册网络经营账号开设网络店铺后，将网络经营账号及店铺转让给其他经营者，但未进行经营主体信息变更，消费者在该网络店铺进行交易产生纠纷后，公示经营主体与实际经营者互相推诿的问题。

《电子商务法》第十五条规定，电子商务经营者应当在其首页显著位置，持续公示营业执照信息、与其经营业务有关的行政许可信息、属于依照该法第十条规定的不需要办理市场主体登记情形等信息，或者上述信息的链接标识；并规定上述信息发生变更的，电子商务经营者应当及时更新公示信息。

我们认为，网络经营者的主体信息依法应当进行公示，消费者对公示交易主体信息的信赖应当受到法律保护，不论账号后台实际经营者是否系公示主体，消费者均有权主张由公示经营主体承担责任。同时，给消费者造成损害的是实际经营者的经营活动，实际经营者也负有及时更新公示信息的义务，从有利于保护消费者的角度出发，实际经营者也应当为自己的经营行为承担责任。《规定》第六条明确，平台内经营者将网络账号及店铺转让给其他经营者，但未依法进行相关经营主体信息变更公示，实际经营者的经营活动给消费者造成

损害，消费者有权主张注册经营者、实际经营者承担赔偿责任，最大限度保护消费者合法权益。

司法实践中应当注意的是，关于出借网络账号及店铺给他人经营的，如果经营行为给消费者造成损害，由谁承担责任的问题，法律和司法解释均未明确规定。根据相关法律及行政管理规定，已经办理市场主体登记的网络交易经营者应当如实公示相关信息，相关信息发生变更的，电子商务经营者应当及时更新公示信息。平台内经营者出借网络账号及店铺给他人经营，但未依法及时对相关主体信息进行公示的，侵犯了消费者的知情权以及建立在充分知情基础上的消费选择权。我们初步倾向认为，从有利于保护消费者的角度出发，注册经营者、实际经营者原则上均应承担责任。当然，实践中情况比较复杂，仍应结合具体情况予以认定。

另外，实践中还存在平台内经营者将店铺交由他人打理的情况，此种情况下，经营利益等仍为平台内经营者享有，消费者交易对象为平台内经营者，帮助打理店铺的人实际上类似平台内经营者的工作人员，承担销售者责任的通常应为平台内经营者。

六、关于平台外支付问题

实践中，存在平台内经营者的客服等工作人员引导消费者通过交易平台提供的支付方式以外的方式进行支付，比如通过客服个人微信支付的情况。当商品出现质量等问题双方产生纠纷后，平台内经营者又以未经过交易平台支付为由主张其不承担责任。我们认为，平台内经营者出售商品或者提供服务过程中，平台内经营者的客服等工作人员引导支付的行为属于职务行为，消费者交易对象仍是平台内经营者，平台内经营者应当承担销售者或者服务提供者责任。《规定》第五条明确，平台内经营者出售商品或者提供服务过程中，其工作人员引导消费者通过交易平台提供的支付方式以外的方式进行支付，消费者主张平台内经营者承担商品销售者或者服务提供者责任，平台内经营者以未经过交易平台支付为由抗辩的，人民法院不予支持。

适用中应当注意的是，如果是消费者明知交易对象并非平台内经营者，比如客服明确告知消费者其提供的商品另有渠道，并非平台内经营者提供，此时消费者明知交易对象并非平台内经营者而是另有他人，此种情形类似实践中所称"飞单"情形，与《规定》第五条规定的消费者交易对象为平台内经营者的情形不同，责任主体及责任承担应当结合案件情况予以认定。

七、关于二手商品责任问题

闲置物品交易模式是网络经济中的一种典型模式。随着"互联网+"时代的到来，闲置物品交易平台也应运而生。闲置物品交易平台的出现有利于闲置物品的盘活、再利用，避免浪费，节约资源，但由于相关法律规制并不明确，司法实践中对如何认定责任存在不同认识。《消费者权益保护法》第三条规定，经营者为消费者提供其生产、销售的商品或者提供服务，应当遵守该法；该法未作规定的，应当遵守其他有关法律、法规。交易双方是否为经营者与消费者关系是《消费者权益保护法》适用与否的依据。经营者生产、销售商品或者提供服务应具有持续性，偶尔、零星地售出商品或者提供服务的，不宜认定为经营者。比如，某人在网上偶尔出售自己的二手自行车，某家庭主妇偶尔在网上出售自己的物品等，这些不应当认定为经营者。但在现实中，有些人在二手交易平台以交易闲置物品的名义进行经营行为，以达到规避监管和相关法律规制的目的。我们认为，销售者以该平台作为商品经营活动的平台，对同一类产品进行连续的、多次的、重复的销售行为，实质上已经构成经营行为，应适用《消费者权益保护法》进行调整，以切实保护消费者合法权益。《规定》第七条明确，消费者在二手商品网络交易平台购买商品受到损害，人民法院综合销售者出售商品的性质、来源、数量、价格、频率、是否有其他销售渠道、收入等情况，能够认定销售者系从事商业经营活动，消费者主张销售者依据《消费者权益保护法》承担经营者责任的，人民法院应予支持。

八、关于奖品、赠品造成损害问题

随着网络购物快速发展，电子商务经营者之间的竞争也日益激烈，打折、提供奖品、赠品、返券、赠积分、换购等促销手段渐趋常态化。这些促销活动活跃了市场，刺激了消费。但是，也出现了线下服务和线上促销承诺不一致、奖品或赠品给消费者造成损害等问题。在促销活动中提供的奖品、赠品，虽然消费者在形式上未支付对价，但经营者实际上已经将奖品、赠品的费用摊入经营成本中，转嫁给消费者。另外，实践中，消费者有时可以用积分或者是较低价格换购商品，这也是商家一种促销手段。消费者支付的价格虽然较低，但通常是在购买其他商品的情况下进行换购，经营者已经将差价计入成本。奖品、赠品、换购商品给消费者造成损害的，电子商务经营者也应当承担赔偿责任，不得以奖品、赠品属于免费提供或者商品属于换购为由主张免责。

也有观点认为，考虑到消费者毕竟在形式上属于无偿获得，应作一定限制。因此，征求意见稿也曾表述为："电子商务经营者在促销活动中提供的奖品、赠品因存在质量安全问题给消费者造成损害，消费者主张电子商务经营者承担赔偿责任，电子商务经营者以奖品、赠品属于免费提供为由主张免责的，人民法院不予支持。"经征求意见，立法机关认为，促销奖品、赠品等虽然对消费者来说是无偿获得的，但与消费者的消费行为密切相关，如给消费者造成损害，电子商务经营者应依法予以赔偿。故《规定》第八条明确，电子商务经营者在促销活动中提供的奖品、赠品或者消费者换购的商品给消费者造成损害，消费者主张电子商务经营者承担赔偿责任，电子商务经营者以奖品、赠品属于免费提供或者商品属于换购为由主张免责的，人民法院不予支持。

九、关于网络直播间运营者民事责任问题

网络直播电商作为一种数字经济新模式，近年来得到迅速发展。根据有关统计数据，截至2021年12月，我国网络直播用户规模达7.03亿，占网民整体的68.2%。其中，电商直播用户规模为4.64亿，占网民整体的44.9%。如何引导新业态健康发展，保护好消费者合法权益，是司法实践面临的新课题。调研过程中我们对网络直播问题予以了充分关注，《规定》对此作了比较详尽的规定。需要说明的是，《规定》规制的网络直播营销是指商业直播营销，公益性的直播营销不属于《规定》调整的范围。

其一，《规定》第十一条对平台内经营者开设网络直播间销售商品的情况作出规定。经营者在自己开设的直播间中以网络直播的方式售卖商品，实务中通常称为品牌自播。此种情况下，只是经营者展示和销售商品的方式发生了变化，其责任承担与普通经营者无本质区别，平台内经营者直接承担销售者责任，并无争议。经营者的工作人员在直播中对商品进行展示介绍，相当于商家的导购介绍自家的商品，其在直播中的推介行为属于职务行为，因虚假宣传等给消费者造成损害，消费者主张平台内经营者承担赔偿责任的，人民法院应予支持。《规定》第十一条对此予以明确。

其二，除品牌自播情形以外，实践中更为常见的是商家以外的主体开设直播间专门从事直播营销业务。这种情况下，直播间运营者，可能是直播营销服务机构（MCN机构），也可能是自然人主播、其他机构等。根据我们调研的情况，在实务中，此种直播营销又分为自播和代播两种情况。具体操作中，自播与代播情形下，消费者点击商品链接后均是跳转至商品详情页：自播情况下，一般是跳转到直播间运营者自己开设的平台内店铺完成交易；代播情况下，是跳转到他人店铺完成交易。自播情况下，因直播间运营者与店铺经营者主体相同，责任承担并无争议，即直播间运营者承担销售者责任。在代播的情况下，责任承担则存在较大争议。直播间运营者应当承担何种责任，存在不同观点。

一种观点认为，直播间运营者应当承担销售者责任。该观点认为，实务中，消费者通过直播间下单，通常会认为交易对象为直播间运营者，消费者很难辨别实际销售者；消费者通常基于对直播间与主播的好感和信任，才去购买直播间所推荐的商品，通常会认为交易对象为直播间运营者；直播间运营者通常从中分成、提取佣金、收取费用，应当认定直播间以其知名度、影响力等与经营者构成共同经营，直播间运营者应当承担销售者责任。

另一种观点认为，在代播的情况下，直播间运营者仅提供商品推广服务，

不能等同于商品销售者，应当属于广告法调整的范围。商品销售者与消费者建立商品买卖关系，应当对其交付给消费者的商品承担进货检查验收、保持商品质量等义务，并应承担修理、更换、退货、损害赔偿等责任。而在代播情形下，商品付款、发货、退换货等均发生在消费者与销售者之间。直播间运营者仅提供推广服务，并不连接商品生产者、上游销售者，也不负责进货发货，如果"一刀切"地让直播间运营者承担销售者责任，则直播间运营者为避免将来承担责任，要么需要对每一批每一件货物进货查验，在实质上成为销售者，要么不提供购买链接，只做宣传，可能会导致代播模式逐渐消失，仅留下自播或"种草"推荐模式，对电商新业态的发展会造成比较大的影响。

基于以上争议，《规定》征求意见稿列了两种方案。经征求市场监管部门等社会各方面意见，并经过反复论证，采纳目前方案。针对实践中网络直播带货操作不规范，导致消费者对实际销售主体辨识不清的情况，《规定》第十二条第一款规定，直播间运营者不能证明已经以足以使消费者辨别的方式标明其并非销售者并标明实际销售者的，消费者主张直播间运营者承担商品销售者责任的，人民法院应予支持。《网络交易监督管理办法》（国家市场监督管理总局令第37号公布）第二十条第一款规定，通过网络社交、网络直播等网络服务开展网络交易活动的网络交易经营者，应当以显著方式展示商品或者服务及其实际经营主体、售后服务等信息，或者上述信息的链接标识。直播间运营者本身为实际销售者的，承担销售者责任，并无争议。直播间运营者并非实际销售者，而是为实际销售者进行推广宣传，但未尽到法定标明义务，消费者有理由相信其交易对象为网络直播间的，直播间运营者应当承担商品销售者责任。

对于直播间运营者已经尽到标明义务的，并非一概不承担销售者责任。在法律后果认定上存在多种可能性：（1）直播间运营者仍有可能承担销售者责任。比如，虽然标明并非销售者，但是属于为了逃避责任虚假标明；虽然标明并非销售者，但直播间运营者与经营者签订的是经销协议或者合作经营协议，或者与经营者存在较为紧密的合作关系，根据事实能够认定是销售者或者共同经营者；在直播过程中，直播间承诺承担销售者责任；等等。（2）直播间运营者承担广告责任，构成商业广告的，发布虚假广告需承担广告经营者、发布者责任。（3）还有可能构成委托等其他法律关系。《规定》第十二条第二款规定，直播间运营者能够证明已经尽到第一款所列标明义务的，人民法院应当综合交易外观、直播间运营者与经营者的约定、与经营者的合作模式、交易过程以及消费者认知等因素予以认定。

直播样态不断发展，法律关系及责任形式可能会更加丰富，目前《规定》所选择的方案在维护消费者知情权和选择权的同时，旨在引导新业态健康规范发展，不作"一刀切"规定，通过较为弹性的规定为将来发展和司法个案裁量预留出空间。

十、关于网络直播营销平台民事责任问题

网络直播营销平台对于整个直播营销市场的作用应当说是举足轻重的。实践中，有时会发生消费者因无法找到直播间运营者，难以求偿的情况。根据《电子商务法》第九条第二款的规定，该法所称电子商务平台经营者，是指在电子商务中为交易双方或者多方提供网络经营场所、交易撮合、信息发布等服务，供交易双方或者多方独立开展交易活动的法人或者非法人组织。网络直播营销平台也属于为交易双方或者多方提供网络经营场所、交易撮合、信息发布等服务，应当承担《电子商务法》关于电子商务平台经营者的责任。《消费者权益保护法》第四十四条第一款规定，消费者通过网络交易平台购买商品或者接受服务，其合法权益受到损害的，可以向销售者或者服务者要求赔偿。网络交易平台提供者不能提供销售者或者服务者的真实名称、地址和有效联系方式的，消费者也可以向网络交易平台提供者要求赔偿。根据《网络直播营销管理办法》第八条的规定，直播营销平台负有对直播间运营者、直播营销人员进行基于身份证件信息、统一社会信用代码等真实身份信息认证的义务。为使消费者得到更为充分的保护，《规定》第十四条规定，网络直播间销售商品损害消费者合法权益，网络直播营销平台经营者不能提供直播间运营者的真实姓名、名称、地址和有效联系方式的，消费者依据《消费者权益保护法》第四十四条规定向网络直播营销平台经营者请求赔偿的，人民法院应予支持。网络直播营销平台经营者承担责任后，有权向直播间运营者追偿。

《规定》特别关注了网络直播售卖食品情况。实践中，网络直播间销售推广食品的情况很普遍，包括预包装食品和散装食品，还有家庭作坊制作的食品。根据《食品安全法》的规定，入网食品经营者依法应当取得许可证的，平台提供者应当审查其许可证。如果直播营销平台经营者不能对食品经营者的资质把好关，消费者面临食品安全隐患的风险则会大大增加。《规定》第十五条明确，网络直播营销平台经营者对依法需取得食品经营许可的网络直播间的食品经营资质未尽到法定审核义务，使消费者的合法权益受到损害，消费者依据《食品安全法》第一百三十一条等规定主张网络直播营销平台经营者与直播间运营者承担连带责任的，人民法院应予支持。

应当注意的是，根据2021年4月29日修正的《食品安全法》第三十五条第一款的规定，销售食用农产品和仅销售预包装食品的，不需要取得许可。仅销售预包装食品的，应当报所在地县级以上地方人民政府食品安全监督管理部门备案。

另外，根据《电子商务法》第三十八条第一款的规定，电子商务平台经营者知道或者应当知道平台内经营者销售的商品或者提供的服务不符合保障人身、财产安全的要求，或者有其他侵害消费者合法权益行为，未采取必要措施

的，依法与该平台内经营者承担连带责任。网络直播营销平台经营者作为平台经营者也应依法承担相应责任。《规定》第十六条对此予以明确。

十一、关于外卖餐饮民事责任问题

近年来，网络外卖订餐的便捷性、高效性和低成本性赢得了消费者的青睐，截至2021年12月，我国网上外卖用户规模达5.44亿。然而，由于这些网络食品交易虚拟性、隐蔽性、跨地域性的特点，消费者在交易过程中，也面临着食品安全的隐患。有的入网餐饮服务提供者没有任何餐饮卫生资质甚至经营许可证，却利用外卖平台的审核漏洞违法经营。

《食品安全法》第六十二条和第一百三十一条规定了网络食品交易第三方平台提供者负有对入网食品经营者进行实名登记、审查许可证，以及对违法行为履行报告、停止提供网络交易平台服务的义务，《食品安全法》第一百三十一条规定，违反上述义务，使消费者的合法权益受到损害的，应当与食品经营者承担连带责任。司法实践中，很多人对于在餐饮服务纠纷案件中是否适用以及如何适用《食品安全法》并不清楚。根据《食品安全法》第二条的规定，餐饮服务属于食品经营，也应当遵守《食品安全法》的规定。《规定》第十八条明确，网络餐饮服务平台经营者违反《食品安全法》第六十二条和第一百三十一条规定，未对入网餐饮服务提供者进行实名登记、审查许可证，或者未履行报告、停止提供网络交易平台服务等义务，使消费者的合法权益受到损害，消费者主张网络餐饮服务平台经营者与入网餐饮服务提供者承担连带责任的，人民法院应予支持。该条规定旨在压实外卖餐饮平台责任，让外卖餐饮平台为消费者把好食品安全关，确保人民群众"舌尖上的安全"。

另外，《规定》明确了入网餐饮服务提供者委托他人加工制作食品时的责任主体。为更好地保障网络餐饮食品安全，《网络餐饮服务食品安全监督管理办法》第十八条规定，入网餐饮服务提供者应当在自己的加工操作区内加工食品，不得将订单委托其他食品经营者加工制作。实践中，仍然有经营者违规操作的情况，将订单委托他人加工制作，出现纠纷后，入网餐饮服务提供者又以系他人加工为由进行抗辩。我们认为，与消费者之间建立餐饮服务合同关系的是入网餐饮服务提供者，入网餐饮服务提供者负有保证食品质量安全的法定义务和合同义务。并且，入网餐饮服务提供者将订单委托其他食品经营者加工制作，违反行政管理规定，具有可归责性。无论从合同角度还是侵权角度，消费者均有权主张入网餐饮服务提供者承担经营者责任。

（撰稿人：刘　敏　高燕竹）

【链　　接】

保护消费者合法权益　引导网络经济健康持续发展
——最高法民一庭相关负责人就《最高人民法院关于审理网络消费纠纷案件适用法律若干问题的规定（一）》答记者问

2022年3月2日，最高人民法院举行新闻发布会。最高人民法院民一庭有关负责人出席发布会，发布《最高人民法院关于审理网络消费纠纷案件适用法律若干问题的规定（一）》并回答记者提问。

一、问：大家现在观看网络直播进行购物越来越多，请问司法解释对于网络直播营销这种新型的购物方式是怎么考虑的？

答：网络直播电商作为一种数字经济新模式，近年来确实是迅速发展。司法解释制定过程中，我们也充分关注网络直播问题，作了比较详尽的规定。

平台内经营者开设网络直播间销售商品的，实务中通常称作品牌自播。这种情况下，只是展示和销售商品的方式发生了变化，责任承担与普通经营者并没有本质区别。司法解释明确，如果因平台内经营者的工作人员在网络直播中虚假宣传等给消费者造成损害，消费者有权主张平台内经营者承担赔偿责任。

除品牌自播情形以外，实践中更为常见的是商家以外的主体开设直播间专门从事直播营销业务。这种情况下，消费者往往存在对实际销售者辨识不清的问题。针对这一问题，司法解释规定，直播间运营者要能够证明已经标明了其并非销售者并标明实际销售者，并且要达到足以使消费者辨别的程度，否则，消费者有权主张直播间运营者承担商品销售者责任。

直播间运营者已经尽到标明义务的，也并非一概不承担销售者责任。此种情况下，构成何种法律关系以及如何承担责任，法院应当综合交易外观、直播间运营者与经营者的约定、与经营者的合作模式、交易过程以及消费者主观认知等事实认定。直播样态多样，并且不断发展，司法解释没有作一刀切的规定，在维护消费者知情权和选择权的同时，引导新业态规范健康发展，通过较为弹性的规定，为个案裁量和未来发展留出空间。

网络直播营销平台对于整个直播营销市场的作用应当说是举足轻重。实践中，有时会发生消费者无法找到直播间运营者难以求偿的情况。根据相关行政管理规定，直播营销平台负有对直播间运营者真实身份信息进行认证的义务。为使消费者得到更为充分的保护，司法解释规定，直播间销售商品损害消费者合法权益，网络直播营销平台经营者不能提供直播间运营者的真实姓名、名称、地址和有效联系方式的，消费者可以依法向网络直播营销平台经营者请求赔偿。直播营销平台经营者承担责任后，有权向直播间运营者追偿。

另外，司法解释特别关注了网络直播售卖食品情况。我们注意到，网络直播间销售推广食品很普遍，包括预包装食品和散装食品，还有些家庭作坊制作的食品。根据食品安全法的规定，入网食品经营者依法应当取得许可证的，平台提供者应当审查其许可证。如果直播营销平台经营者不能对食品经营者的资质把好关，消费者面临食品安全隐患的风险则会大大增加。司法解释规定，网络直播营销平台经营者对网络直播间的食品经营资质未尽到法定审核义务，使消费者的合法权益受到损害的，应当与直播间运营者承担连带责任。当然，审核的对象是依法需要取得食品经营许可的直播间。

二、问：现在外卖点餐的人越来越多，大家比较关心的是外卖餐饮是否能让人安全放心，司法解释对于外卖餐饮是否作出规制？

答： 近年来，外卖餐饮行业蓬勃发展。网络外卖订餐的优势在于其便捷性、高效性，大家足不出户，就可以享受到美食。然而，实践中也存在一些问题，比如有的入网餐饮服务提供者没有任何餐饮卫生资质甚至经营许可证，却利用外卖平台的审核漏洞违法经营。为更好地保障人民群众的食品安全，司法解释规定，网络餐饮服务平台经营者违反食品安全法相关规定，未对入网餐饮服务提供者进行实名登记、审查许可证，或者未履行报告、停止提供网络交易平台服务等义务，使消费者的合法权益受到损害，应当与入网餐饮服务提供者承担连带责任。

另外，实践中存在入网餐饮服务提供者将订单委托他人加工制作，出现纠纷后，又以是他人加工为由进行抗辩的情况。我们认为，入网餐饮服务提供者负有保证食品质量安全的法定义务和合同义务。并且，入网餐饮服务提供者将订单委托其他食品经营者加工制作，违反行政管理规定，具有可归责性。司法解释规定，消费者主张入网餐饮服务提供者承担经营者责任，入网餐饮服务提供者不得以订单系委托他人加工制作为由主张免责。

三、问：大家在网上买东西，主要是担心质量不合格，或者是在网上看到的东西与实际拿到手的东西不一样，想退货的时候商家又以各种借口拒绝，索赔难度大。对此司法解释是如何考虑的？

答： 您问的这个问题非常好，也是消费者普遍关心的问题。对于这些网购中的痛点和顽疾问题，司法解释打出了组合拳，通过几个方面进行规制。

一是完善七日无理由退货制度，解决退货难的问题。网络购物中的商品一般是通过图片或者视频展示，尤其是通过观看直播购物的情况，消费者有时容易冲动消费。法律基于网购的这个特点规定了无理由退货制度。但是在实践中有的商家会以各种理由推脱，拒绝退货。司法解释明确，消费者因检查商品的必要进行拆封查验，经营者不得以商品已拆封为由拒绝消费者行使无理由退货权。当然，消费者拆封查验的时候也要保证不影响商品完好。

二是明确即使签收商品也不意味着认可商品质量合格。实践中，消费者签收商品时一般不会拆开商品详细查看，更没有时间试用。但有些网络消费合同格式条款单方规定，消费者签收商品后，就不得提出质量问题，这种格式条款显然是不合理的，司法解释明确规定，有关"签收商品即视为认可质量符合约定"的格式条款无效。

三是明确奖品、赠品、换购商品问题，规范网络促销行为。在网上买东西，经常会附赠一些赠品、奖品，有些商品是消费者用优惠券或者积分换购，或者以较低价格换购，这些属于商家的一种促销手段。司法解释明确，奖品、赠品、换购商品给消费者造成损害，电子商务经营者也应当承担赔偿责任，不得以奖品、赠品属于免费提供或者商品属于换购为理由主张免责。

四是明确经营者赔偿承诺要遵守，解决乱承诺、承诺不落实的问题。实践中，商家有时候会作出"假一赔十"等高于法定赔偿标准的承诺，这些承诺对于消费者的消费决策也会产生影响。消费者收到商品后发现存在假冒伪劣等损害消费者合法权益的情形时，商家又拒绝履行承诺。对此，司法解释明确，消费者主张平台内经营者按照承诺赔偿的，人民法院应依法予以支持，切实维护消费者合法权益。

（撰稿人：王丽丽）

指导案例 1 号

上海中原物业顾问有限公司诉陶德华居间合同纠纷案

（最高人民法院审判委员会讨论通过　2011 年 12 月 20 日发布）

关键词

民事　居间合同　二手房买卖　违约

裁判要点

房屋买卖居间合同中关于禁止买方利用中介公司提供的房源信息却绕开该中介公司与卖方签订房屋买卖合同的约定合法有效。但是，当卖方将同一房屋通过多个中介公司挂牌出售时，买方通过其他公众可以获知的正当途径获得相同房源信息的，买方有权选择报价低、服务好的中介公司促成房屋买卖合同成立，其行为并没有利用先前与之签约中介公司的房源信息，故不构成违约。

相关法条

《中华人民共和国合同法》第四百二十四条①

基本案情

原告上海中原物业顾问有限公司（简称中原公司）诉称：被告陶德华利用中原公司提供的上海市虹口区株洲路某号房屋销售信息，故意跳过中介，私自与卖方直接签订购房合同，违反了《房地产求购确认书》的约定，属于恶意"跳单"行为，请求法院判令陶德华按约支付中原公司违约金 1.65 万元。

被告陶德华辩称：涉案房屋原产权人李某某委托多家中介公司出售房屋，中原公司并非独家掌握该房源信息，也非独家代理销售。陶德华并没有利用中原公司提供的信息，不存在"跳单"违约行为。

法院经审理查明：2008 年下半年，原产权人李某某到多家房屋中介公司挂牌销售涉案房屋。2008 年 10 月 22 日，上海某房地产经纪有限公司带陶德华看了该房屋；11 月 23 日，上海某房地产顾问有限公司（简称某房地产顾问公司）带陶德华之妻曹某某看了该房屋；11 月 27 日，中原公司带陶德华看了该房屋，并于同日与陶德华签订了《房地产求购确认书》。该《确认书》第 2.4 条约定，陶德华在验看过该房地产后六个月内，陶德华或其委托人、代理人、代表人、承办人等与陶德华有关联的人，利用中原公司提供的信息、机会等条件但未通过中原公司而与第三方达成买卖交易的，陶德华应按照与出卖方就该房地产买卖达成的实际成交价的 1%，向中原公司支付违约金。当时中原

---

① 对应《民法典》第九百六十一条。

公司对该房屋报价 165 万元，而某房地产顾问公司报价 145 万元，并积极与卖方协商价格。11 月 30 日，在某房地产顾问公司居间下，陶德华与卖方签订了房屋买卖合同，成交价 138 万元。后买卖双方办理了过户手续，陶德华向某房地产顾问公司支付佣金 1.38 万元。

裁判结果

上海市虹口区人民法院于 2009 年 6 月 23 日作出〔2009〕虹民三（民）初字第 912 号民事判决：被告陶德华应于判决生效之日起十日内向原告中原公司支付违约金 1.38 万元。宣判后，陶德华提出上诉。上海市第二中级人民法院于 2009 年 9 月 4 日作出〔2009〕沪二中民二（民）终字第 1508 号民事判决：一、撤销上海市虹口区人民法院〔2009〕虹民三（民）初字第 912 号民事判决；二、中原公司要求陶德华支付违约金 1.65 万元的诉讼请求，不予支持。

裁判理由

法院生效裁判认为：中原公司与陶德华签订的《房地产求购确认书》属于居间合同性质，其中第 2.4 条的约定，属于房屋买卖居间合同中常有的禁止"跳单"格式条款，其本意是为防止买方利用中介公司提供的房源信息却"跳"过中介公司购买房屋，从而使中介公司无法得到应得的佣金，该约定并不存在免除一方责任、加重对方责任、排除对方主要权利的情形，应认定有效。根据该条约定，衡量买方是否"跳单"违约的关键，是看买方是否利用了该中介公司提供的房源信息、机会等条件。如果买方并未利用该中介公司提供的信息、机会等条件，而是通过其他公众可以获知的正当途径获得同一房源信息，则买方有权选择报价低、服务好的中介公司促成房屋买卖合同成立，而不构成"跳单"违约。本案中，原产权人通过多家中介公司挂牌出售同一房屋，陶德华及其家人分别通过不同的中介公司了解到同一房源信息，并通过其他中介公司促成了房屋买卖合同成立。因此，陶德华并没有利用中原公司的信息、机会，故不构成违约，对中原公司的诉讼请求不予支持。

指导案例 17 号

张莉诉北京合力华通汽车服务有限公司买卖合同纠纷案

(最高人民法院审判委员会讨论通过　2013 年 11 月 8 日发布)

关键词

民事　买卖合同　欺诈　家用汽车

裁判要点

1. 为家庭生活消费需要购买汽车,发生欺诈纠纷的,可以按照《中华人民共和国消费者权益保护法》处理。

2. 汽车销售者承诺向消费者出售没有使用或维修过的新车,消费者购买后发现系使用或维修过的汽车,销售者不能证明已履行告知义务且得到消费者认可的,构成销售欺诈,消费者要求销售者按照消费者权益保护法赔偿损失的,人民法院应予支持。

相关法条

《中华人民共和国消费者权益保护法》第二条、第五十五条第一款(该款系 2013 年 10 月 25 日修改,修改前为第四十九条)

基本案情

2007 年 2 月 28 日,原告张莉从被告北京合力华通汽车服务有限公司(简称合力华通公司)购买上海通用雪佛兰景程轿车一辆,价格 138000 元,双方签有《汽车销售合同》。该合同第七条约定:"……卖方保证买方所购车辆为新车,在交付之前已作了必要的检验和清洁,车辆路程表的公里数为 18 公里且符合卖方提供给买方的随车交付文件中所列的各项规格和指标……"合同签订当日,张莉向合力华通公司交付了购车款 138000 元,同时支付了车辆购置税 12400 元、一条龙服务费 500 元、保险费 6060 元。同日,合力华通公司将雪佛兰景程轿车一辆交付张莉,张莉为该车办理了机动车登记手续。2007 年 5 月 13 日,张莉在将车辆送合力华通公司保养时,发现该车曾于 2007 年 1 月 17 日进行过维修。

审理中,合力华通公司表示张莉所购车辆确曾在运输途中造成划伤,于 2007 年 1 月 17 日进行过维修,维修项目包括右前叶子板喷漆、右前门喷漆、右后叶子板喷漆、右前门钣金、右后叶子板钣金、右前叶子板钣金,维修中更换底大边卡扣、油箱门及前叶子板灯总成。送修人系该公司业务员。合力华通公司称,对于车辆曾进行维修之事已在销售时明确告知张莉,并据此予以较大幅度优惠,该车销售定价应为 151900 元,经协商后该车实际销售价格为

138000元，还赠送了部分装饰。为证明上述事实，合力华通公司提供了车辆维修记录及有张莉签字的日期为2007年2月28日的车辆交接验收单一份，在车辆交接验收单备注一栏中注有"加1/4油，此车右侧有钣喷修复，按约定价格销售"。合力华通公司表示该验收单系该公司保存，张莉手中并无此单。对于合力华通公司提供的上述两份证据，张莉表示对于车辆维修记录没有异议，车辆交接验收单中的签字确系其所签，但合力华通公司在销售时并未告知车辆曾有维修，其在签字时备注一栏中没有"此车右侧有钣喷修复，按约定价格销售"字样。

裁判结果

北京市朝阳区人民法院于2007年10月作出（2007）朝民初字第18230号民事判决：一、撤销张莉与合力华通公司于2007年2月28日签订的《汽车销售合同》；二、张莉于判决生效后七日内将其所购的雪佛兰景程轿车退还合力华通公司；三、合力华通公司于判决生效后七日内退还张莉购车款十二万四千二百元；四、合力华通公司于判决生效后七日内赔偿张莉购置税一万二千四百元、服务费五百元、保险费六千零六十元；五、合力华通公司于判决生效后七日内加倍赔偿张莉购车款十三万八千元；六、驳回张莉其他诉讼请求。宣判后，合力华通公司提出上诉。北京市第二中级人民法院于2008年3月13日作出（2008）二中民终字第00453号民事判决：驳回上诉，维持原判。

裁判理由

法院生效裁判认为：原告张莉购买汽车系因生活需要自用，被告合力华通公司没有证据证明张莉购买该车用于经营或其他非生活消费，故张莉购买汽车的行为属于生活消费需要，应当适用《消费者权益保护法》。

根据双方签订的《汽车销售合同》约定，合力华通公司交付张莉的车辆应为无维修记录的新车，现所售车辆在交付前实际上经过维修，这是双方共同认可的事实，故本案争议的焦点为合力华通公司是否事先履行了告知义务。

车辆销售价格的降低或优惠以及赠送车饰是销售商常用的销售策略，也是双方当事人协商的结果，不能由此推断出合力华通公司在告知张莉汽车存在瑕疵的基础上对其进行了降价和优惠。合力华通公司提交的有张莉签名的车辆交接验收单，因系合力华通公司单方保存，且备注一栏内容由该公司不同人员书写，加之张莉对此不予认可，该验收单不足以证明张莉对车辆以前维修过有所了解。故对合力华通公司抗辩称其向张莉履行了瑕疵告知义务，不予采信，应认定合力华通公司在售车时隐瞒了车辆存在的瑕疵，有欺诈行为，应退车还款并增加赔偿张莉的损失。

指导案例 23 号

孙银山诉南京欧尚超市有限公司
江宁店买卖合同纠纷案

(最高人民法院审判委员会讨论通过　2014 年 1 月 26 日发布)

关键词

民事　买卖合同　食品安全　十倍赔偿

裁判要点

消费者购买到不符合食品安全标准的食品，要求销售者或者生产者依照食品安全法规定支付价款十倍赔偿金或者依照法律规定的其他赔偿标准赔偿的，不论其购买时是否明知食品不符合安全标准，人民法院都应予支持。

相关法条

《中华人民共和国食品安全法》第九十六条第二款①

基本案情

2012 年 5 月 1 日，原告孙银山在被告南京欧尚超市有限公司江宁店（简称欧尚超市江宁店）购买"玉兔牌"香肠 15 包，其中价值 558.6 元的 14 包香肠已过保质期。孙银山到收银台结账后，即径直到服务台索赔，后因协商未果诉至法院，要求欧尚超市江宁店支付 14 包香肠售价十倍的赔偿金 5586 元。

裁判结果

江苏省南京市江宁区人民法院于 2012 年 9 月 10 日作出（2012）江宁开民初字第 646 号民事判决：被告欧尚超市江宁店于判决发生法律效力之日起 10 日内赔偿原告孙银山 5586 元。宣判后，双方当事人均未上诉，判决已发生法律效力。

裁判理由

法院生效裁判认为：关于原告孙银山是否属于消费者的问题。《中华人民共和国消费者权益保护法》第二条规定："消费者为生活消费需要购买、使用商品或者接受服务，其权益受本法保护；本法未作规定的，受其他有关法律、法规保护。"消费者是相对于销售者和生产者的概念。只要在市场交易中购买、使用商品或者接受服务是为了个人、家庭生活需要，而不是为了生产经营活动或者职业活动需要的，就应当认定为"为生活消费需要"的消费者，属于消费者权益保护法调整的范围。本案中，原被告双方对孙银山从欧尚超市江宁店购买香肠这一事实不持异议，据此可以认定孙银山实施了购买商品的行为，且孙

---

①　对应《食品安全法》(2018 年修正) 第一百四十八条。

银山并未将所购香肠用于再次销售经营，欧尚超市江宁店也未提供证据证明其购买商品是为了生产经营。孙银山因购买到超过保质期的食品而索赔，属于行使法定权利。因此欧尚超市江宁店认为孙银山"买假索赔"不是消费者的抗辩理由不能成立。

关于被告欧尚超市江宁店是否属于销售明知是不符合食品安全标准食品的问题。《中华人民共和国食品安全法》（以下简称《食品安全法》）第三条①规定："食品生产经营者应当依照法律、法规和食品安全标准从事生产经营活动，对社会和公众负责，保证食品安全，接受社会监督，承担社会责任。"该法第二十八条第（八）项规定，超过保质期的食品属于禁止生产经营的食品。食品销售者负有保证食品安全的法定义务，应当对不符合安全标准的食品自行及时清理。欧尚超市江宁店作为食品销售者，应当按照保障食品安全的要求储存食品，及时检查待售食品，清理超过保质期的食品，但欧尚超市江宁店仍然摆放并销售货架上超过保质期的"玉兔牌"香肠，未履行法定义务，可以认定为销售明知是不符合食品安全标准的食品。

关于被告欧尚超市江宁店的责任承担问题。《食品安全法》第九十六条第一款②规定："违反本法规定，造成人身、财产或者其他损害的，依法承担赔偿责任。"第二款③规定："生产不符合食品安全标准的食品或者销售明知是不符合食品安全标准的食品，消费者除要求赔偿损失外，还可以向生产者或者销售者要求支付价款十倍的赔偿金。"当销售者销售明知是不符合安全标准的食品时，消费者可以同时主张赔偿损失和支付价款十倍的赔偿金，也可以只主张支付价款十倍的赔偿金。本案中，原告孙银山仅要求欧尚超市江宁店支付售价十倍的赔偿金，属于当事人自行处分权利的行为，应予支持。关于被告欧尚超市江宁店提出原告明知食品过期而购买，希望利用其错误谋求利益，不应予以十倍赔偿的主张，因前述法律规定消费者有权获得支付价款十倍的赔偿金，因该赔偿获得的利益属于法律应当保护的利益，且法律并未对消费者的主观购物动机作出限制性规定，故对其该项主张不予支持。

---

① 对应《食品安全法》（2018年修正）第四条。
② 对应《食品安全法》（2018年修正）第一百四十七条。
③ 对应《食品安全法》（2018年修正）第一百四十八条。

指导案例 33 号

瑞士嘉吉国际公司诉福建金石制油有限公司等确认合同无效纠纷案

（最高人民法院审判委员会讨论通过　2014 年 12 月 18 日发布）

关键词

民事　确认合同无效　恶意串通　财产返还

裁判要点

1. 债务人将主要财产以明显不合理低价转让给其关联公司，关联公司在明知债务人欠债的情况下，未实际支付对价的，可以认定债务人与其关联公司恶意串通、损害债权人利益，与此相关的财产转让合同应当认定为无效。

2.《中华人民共和国合同法》第五十九条规定适用于第三人为财产所有权人的情形，在债权人对债务人享有普通债权的情况下，应当根据《中华人民共和国合同法》第五十八条的规定，判令因无效合同取得的财产返还给原财产所有人，而不能根据第五十九条规定直接判令债务人的关联公司因"恶意串通，损害第三人利益"的合同而取得的债务人的财产返还给债权人。

相关法条

《中华人民共和国合同法》第五十二条第二项

《中华人民共和国合同法》第五十八条、第五十九条

基本案情

瑞士嘉吉国际公司（Cargill International SA，简称嘉吉公司）与福建金石制油有限公司（以下简称福建金石公司）以及大连金石制油有限公司、沈阳金石豆业有限公司、四川金石油粕有限公司、北京珂玛美嘉粮油有限公司、宜丰香港有限公司（该六公司以下统称金石集团）存在商业合作关系。嘉吉公司因与金石集团买卖大豆发生争议，双方在国际油类、种子和脂类联合会仲裁过程中于 2005 年 6 月 26 日达成《和解协议》，约定金石集团将在五年内分期偿还债务，并将金石集团旗下福建金石公司的全部资产，包括土地使用权、建筑物和固着物、所有的设备及其他财产抵押给嘉吉公司，作为偿还债务的担保。2005 年 10 月 10 日，国际油类、种子和脂类联合会根据该《和解协议》作出第 3929 号仲裁裁决，确认金石集团应向嘉吉公司支付 1337 万美元。2006 年 5 月，因金石集团未履行该仲裁裁决，福建金石公司也未配合进行资产抵押，嘉吉公司向福建省厦门市中级人民法院申请承认和执行第 3929 号仲裁裁决。2007 年 6 月 26 日，厦门市中级人民法院经审查后裁定对该仲裁裁决的法律效

力予以承认和执行。该裁定生效后，嘉吉公司申请强制执行。

2006年5月8日，福建金石公司与福建田源生物蛋白科技有限公司（以下简称田源公司）签订一份《国有土地使用权及资产买卖合同》，约定福建金石公司将其国有土地使用权、厂房、办公楼和油脂生产设备等全部固定资产以2569万元人民币（以下未特别注明的均为人民币）的价格转让给田源公司，其中国有土地使用权作价464万元、房屋及设备作价2105万元，应在合同生效后30日内支付全部价款。王晓琪和柳锋分别作为福建金石公司与田源公司的法定代表人在合同上签名。福建金石公司曾于2001年12月31日以482.1万元取得本案所涉32138平方米国有土地使用权。2006年5月10日，福建金石公司与田源公司对买卖合同项下的标的物进行了交接。同年6月15日，田源公司通过在中国农业银行漳州支行的账户向福建金石公司在同一银行的账户转入2500万元。福建金石公司当日从该账户汇出1300万元、1200万元两笔款项至金石集团旗下大连金石制油有限公司账户，用途为往来款。同年6月19日，田源公司取得上述国有土地使用权证。

2008年2月21日，田源公司与漳州开发区汇丰源贸易有限公司（以下简称汇丰源公司）签订《买卖合同》，约定汇丰源公司购买上述土地使用权及地上建筑物、设备等，总价款为2669万元，其中土地价款603万元、房屋价款334万元、设备价款1732万元。汇丰源公司于2008年3月取得上述国有土地使用权证。汇丰源公司仅于2008年4月7日向田源公司付款569万元，此后未付其余价款。

田源公司、福建金石公司、大连金石制油有限公司及金石集团旗下其他公司的直接或间接控制人均为王政良、王晓莉、王晓琪、柳锋。王政良与王晓琪、王晓莉是父女关系，柳锋与王晓琪是夫妻关系。2009年10月15日，中纺粮油进出口有限责任公司（以下简称中纺粮油公司）取得田源公司80%的股权。2010年1月15日，田源公司更名为中纺粮油（福建）有限公司（以下简称中纺福建公司）。

汇丰源公司成立于2008年2月19日，原股东为宋明权、杨淑莉。2009年9月16日，中纺粮油公司和宋明权、杨淑莉签订《股权转让协议》，约定中纺粮油公司购买汇丰源公司80%的股权。同日，中纺粮油公司（甲方）、汇丰源公司（乙方）、宋明权和杨淑莉（丙方）及沈阳金豆食品有限公司（丁方）签订《股权质押协议》，约定：丙方将所拥有汇丰源公司20%的股权质押给甲方，作为乙方、丙方、丁方履行"合同义务"之担保；"合同义务"系指乙方、丙方在《股权转让协议》及《股权质押协议》项下因"红豆事件"而产生的所有责任和义务；"红豆事件"是指嘉吉公司与金石集团就进口大豆中掺杂红豆原因而引发的金石集团涉及的一系列诉讼及仲裁纠纷以及与此有关的涉及汇丰源公司的一系列诉讼及仲裁纠纷。还约定，下述情形同时出现之日，视为乙方和丙方的"合同义务"已完全履行：1. 因"红豆事件"而引发的任何诉讼、仲裁案件的全部审理及执行程序均已终结，且乙方未遭受财产损失；2. 嘉吉公司针对乙方所涉合同可能存在的撤销权因超过法律规定的最长期间（五年）而消灭。2009年11月18日，中纺粮油公司取得汇丰源公司80%的股权。汇丰源公司成立后并未进行实际经营。

由于福建金石公司已无可供执行的财产，导致无法执行，嘉吉公司遂向福建省高级人民法院提起诉讼，请求：一是确认福建金石公司与中纺福建公司签订的《国有土地使用权及资产买卖合同》无效；二是确认中纺福建公司与汇丰源公司签订的国有土地使用权及资产《买卖合同》无效；三是判令汇丰源公司、中纺福建公司将其取得的合同项下财产返还给财产所有人。

裁判结果

福建省高级人民法院于2011年10月23日作出（2007）闽民初字第37号民事判决，确认福建金石公司与田源公司（后更名为中纺福建公司）之间的《国有土地使用权及资产买卖合同》、田源公司与汇丰源公司之间的《买卖合同》无效；判令汇丰源公司于判决生效之日起三十日内向福建金石公司返还因上述合同而取得的国有土地使用权，中纺福建公司于判决生效之日起三十日内向福建金石公司返还因上述合同而取得的房屋、设备。宣判后，福建金石公司、中纺福建公司、汇丰源公司提出上诉。最高人民法院于2012年8月22日作出（2012）民四终字第1号民事判决，驳回上诉，维持原判。

裁判理由

最高人民法院认为：因嘉吉公司注册登记地在瑞士，本案系涉外案件，各方当事人对适用中华人民共和国法律审理本案没有异议。本案源于债权人嘉吉公司认为债务人福建金石公司与关联企业田源公司、田源公司与汇丰源公司之间关于土地使用权以及地上建筑物、设备等资产的买卖合同，因属于《合同法》第五十二条第二项"恶意串通，损害国家、集体或者第三人利益"的情形而应当被认定无效，并要求返还原物。本案争议的焦点问题是：福建金石公司、田源公司（后更名为中纺福建公司）、汇丰源公司相互之间订立的合同是否构成恶意串通、损害嘉吉公司利益的合同？本案所涉合同被认定无效后的法律后果如何？

一、关于福建金石公司、田源公司、汇丰源公司相互之间订立的合同是否构成"恶意串通，损害第三人利益"的合同

首先，福建金石公司、田源公司在签订和履行《国有土地使用权及资产买卖合同》的过程中，其实际控制人之间系亲属关系，且柳锋、王晓琪夫妇分别作为两公司的法定代表人在合同上签署。因此，可以认定在签署以及履行转让福建金石公司国有土地使用权、房屋、设备的合同过程中，田源公司对福建金石公司的状况是非常清楚的，对包括福建金石公司在内的金石集团因"红豆事

件"被仲裁裁决确认对嘉吉公司形成1337万美元债务的事实是清楚的。

其次，《国有土地使用权及资产买卖合同》订立于2006年5月8日，其中约定田源公司购买福建金石公司资产的价款为2569万元，国有土地使用权作价464万元、房屋及设备作价2105万元，并未根据相关会计师事务所的评估报告作价。一审法院根据福建金石公司2006年5月31日资产负债表，以其中载明固定资产原价44042705.75元、扣除折旧后固定资产净值为32354833.70元，而《国有土地使用权及资产买卖合同》中对房屋及设备作价仅2105万元，认定《国有土地使用权及资产买卖合同》中约定的购买福建金石公司资产价格为不合理低价是正确的。在明知债务人福建金石公司欠债权人嘉吉公司巨额债务的情况下，田源公司以明显不合理低价购买福建金石公司的主要资产，足以证明其与福建金石公司在签订《国有土地使用权及资产买卖合同》时具有主观恶意，属恶意串通，且该合同的履行足以损害债权人嘉吉公司的利益。

第三，《国有土地使用权及资产买卖合同》签订后，田源公司虽然向福建金石公司在同一银行的账户转账2500万元，但该转账并未注明款项用途，且福建金石公司于当日将2500万元分两笔汇入其关联企业大连金石制油有限公司账户；又根据福建金石公司和田源公司当年的财务报表，并未体现该笔2500万元的入账或支出，而是体现出田源公司尚欠福建金石公司"其他应付款"121224155.87元。一审法院据此认定田源公司并未根据《国有土地使用权及资产买卖合同》向福建金石公司实际支付价款是合理的。

第四，从公司注册登记资料看，汇丰源公司成立时股东构成似与福建金石公司无关，但在汇丰源公司股权变化的过程中可以看出，汇丰源公司在与田源公司签订《买卖合同》时对转让的资产来源以及福建金石公司对嘉吉公司的债务是明知的。《买卖合同》约定的价款为2669万元，与田源公司从福建金石公司购入该资产的约定价格相差不大。汇丰源公司除已向田源公司支付569万元外，其余款项未付。一审法院据此认定汇丰源公司与田源公司签订《买卖合同》时恶意串通并足以损害债权人嘉吉公司的利益，并无不当。

综上，福建金石公司与田源公司签订的《国有土地使用权及资产买卖合同》、田源公司与汇丰源公司签订的《买卖合同》，属于恶意串通、损害嘉吉公司利益的合同。根据《合同法》第五十二条第二项的规定，均应当认定无效。

二、关于本案所涉合同被认定无效后的法律后果

对于无效合同的处理，人民法院一般应当根据合同法第五十八条"合同无效或者被撤销后，因该合同取得的财产，应当予以返还；不能返还或者没有必要返还的，应当折价补偿。有过错的一方应当赔偿对方因此所受到的损失，双方都有过错的，应当各自承担相应的责任"的规定，判令取得财产的一方返还财产。本案涉及的两份合同均被认定无效，两份合同涉及的财产相同，其中国有土地使用权已经从福建金石公司经田源公司变更至汇丰源公司名下，在没有

证据证明本案所涉房屋已经由田源公司过户至汇丰源公司名下、所涉设备已经由田源公司交付汇丰源公司的情况下，一审法院直接判令取得国有土地使用权的汇丰源公司、取得房屋和设备的田源公司分别就各自取得的财产返还给福建金石公司并无不妥。

《合同法》第五十九条规定："当事人恶意串通，损害国家、集体或者第三人利益的，因此取得的财产收归国家所有或者返还集体、第三人。"该条规定应当适用于能够确定第三人为财产所有权人的情况。本案中，嘉吉公司对福建金石公司享有普通债权，本案所涉财产系福建金石公司的财产，并非嘉吉公司的财产，因此只能判令将系争财产返还给福建金石公司，而不能直接判令返还给嘉吉公司。

指导案例 64 号

刘超捷诉中国移动通信集团江苏有限公司徐州分公司电信服务合同纠纷案

(最高人民法院审判委员会讨论通过　2016 年 6 月 30 日发布)

关键词

民事　电信服务合同　告知义务　有效期限　违约

裁判要点

1. 经营者在格式合同中未明确规定对某项商品或服务的限制条件，且未能证明在订立合同时已将该限制条件明确告知消费者并获得消费者同意的，该限制条件对消费者不产生效力。

2. 电信服务企业在订立合同时未向消费者告知某项服务设定了有效期限限制，在合同履行中又以该项服务超过有效期限为由限制或停止对消费者服务的，构成违约，应当承担违约责任。

相关法条

《中华人民共和国合同法》第三十九条 ①

基本案情

2009 年 11 月 24 日，原告刘超捷在被告中国移动通信集团江苏有限公司徐州分公司（以下简称移动徐州分公司）营业厅申请办理"神州行标准卡"，手机号码为 1590520××××，付费方式为预付费。原告当场预付话费 50 元，并参与移动徐州分公司充 50 元送 50 元的活动。在业务受理单所附《中国移动通信客户入网服务协议》中，双方对各自的权利和义务进行了约定，其中第四项特殊情况的承担中的第 1 条为：在下列情况下，乙方有权暂停或限制甲方的移动通信服务，由此给甲方造成的损失，乙方不承担责任：（1）甲方银行账户被查封、冻结或余额不足等非乙方原因造成的结算时扣划不成功的；（2）甲方预付费使用完毕而未及时补交款项（包括预付费账户余额不足以扣划下一笔预付费用）的。

2010 年 7 月 5 日，原告在中国移动官方网站网上营业厅通过银联卡网上充值 50 元。2010 年 11 月 7 日，原告在使用该手机号码时发现该手机号码已被停机，原告到被告的营业厅查询，得知被告于 2010 年 10 月 23 日因话费有效期到期而暂停移动通信服务，此时账户余额为 11.70 元。原告认为被告单方

---

① 对应《民法典》第四百九十六条。

终止服务构成合同违约，遂诉至法院。

裁判结果

徐州市泉山区人民法院于 2011 年 6 月 16 日作出（2011）泉商初字第 240 号民事判决：被告中国移动通信集团江苏有限公司徐州分公司于本判决生效之日起十日内取消对原告刘超捷的手机号码为 1590520×××× 的话费有效期的限制，恢复该号码的移动通信服务。一审宣判后，被告提出上诉，二审期间申请撤回上诉，一审判决已发生法律效力。

裁判理由

法院生效裁判认为：电信用户的知情权是电信用户在接受电信服务时的一项基本权利，用户在办理电信业务时，电信业务的经营者必须向其明确说明该电信业务的内容，包括业务功能、费用收取办法及交费时间、障碍申告等。如果用户在不知悉该电信业务的真实情况下进行消费，就会剥夺用户对电信业务的选择权，达不到真正追求的电信消费目的。

依据《合同法》第三十九条的规定，采用格式条款订立合同的，提供格式条款的一方应当遵循公平原则确定当事人之间的权利和义务，并采取合理的方式提请对方注意免除或者限制其责任的条款，按照对方的要求，对该条款予以说明。电信业务的经营者作为提供电信服务合同格式条款的一方，应当遵循公平原则确定与电信用户的权利义务内容，权利义务的内容必须符合维护电信用户和电信业务经营者的合法权益、促进电信业的健康发展的立法目的，并有效告知对方注意免除或者限制其责任的条款并向其释明。业务受理单、入网服务协议是电信服务合同的主要内容，确定了原被告双方的权利义务内容，入网服务协议第四项约定有权暂停或限制移动通信服务的情形，第五项约定有权解除协议、收回号码、终止提供服务的情形，均没有因有效期到期而中止、解除、终止合同的约定。而话费有效期限制直接影响到原告手机号码的正常使用，一旦有效期到期，将导致停机、号码被收回的后果，因此被告对此负有明确如实告知的义务，且在订立电信服务合同之前就应如实告知原告。如果在订立合同之前未告知，即使在缴费阶段告知，亦剥夺了当事人的选择权，有违公平和诚实信用原则。被告主张"通过单联发票、宣传册和短信的方式向原告告知了有效期"，但未能提供有效的证据予以证明。综上，本案被告既未在电信服务合同中约定有效期内容，亦未提供有效证据证实已将有效期限制明确告知原告，被告暂停服务、收回号码的行为构成违约，应当承担继续履行等违约责任，故对原告主张"取消被告对原告的话费有效期的限制，继续履行合同"的诉讼请求依法予以支持。

指导案例 167 号

北京大唐燃料有限公司诉山东百富物流有限公司买卖合同纠纷案

（最高人民法院审判委员会讨论通过　2021 年 11 月 9 日发布）

关键词

民事　买卖合同　代位权诉讼　未获清偿　另行起诉

裁判要点

代位权诉讼执行中，因相对人无可供执行的财产而被终结本次执行程序，债权人就未实际获得清偿的债权另行向债务人主张权利的，人民法院应予支持。

相关法条

《最高人民法院关于适用〈中华人民共和国合同法〉若干问题的解释（一）》第二十条①

基本案情

2012 年 1 月 20 日至 2013 年 5 月 29 日，北京大唐燃料有限公司（以下简称大唐公司）与山东百富物流有限公司（以下简称百富公司）之间共签订采购合同 41 份，约定百富公司向大唐公司销售镍铁、镍矿、精煤、冶金焦等货物。双方在履行合同过程中采用滚动结算的方式支付货款，但是每次付款金额与每份合同约定的货款金额并不一一对应。自 2012 年 3 月 15 日至 2014 年 1 月 8 日，大唐公司共支付百富公司货款 1827867179.08 元，百富公司累计向大唐公司开具增值税发票总额为 1869151565.63 元。大唐公司主张百富公司累计供货货值为 1715683565.63 元，百富公司主张其已按照开具增值税发票数额足额供货。

2014 年 11 月 25 日，大唐公司作为原告，以宁波万象进出口有限公司（以下简称万象公司）为被告，百富公司为第三人，向浙江省宁波市中级人民法院提起债权人代位权诉讼。该院作出（2014）浙甬商初字第 74 号民事判决书，判决万象公司向大唐公司支付款项 36369405.32 元。大唐公司于 2016 年 9 月 28 日就（2014）浙甬商初字第 74 号民事案件向浙江省象山县人民法院申请强制执行。该院于 2016 年 10 月 8 日依法向万象公司发出执行通知书，但万象公司逾期仍未履行义务，万象公司尚应支付执行款 36369405.32 元及利息，

---

① 对应《民法典》第五百三十七条。

承担诉讼费209684元、执行费103769.41元。经该院执行查明，万象公司名下有机动车二辆，该院已经查封但实际未控制。大唐公司在限期内未能提供万象公司可供执行的财产，也未向该院提出异议。该院于2017年3月25日作出（2016）浙0225执3676号执行裁定书，终结本次执行程序。

大唐公司以百富公司为被告，向山东省高级人民法院提起本案诉讼，请求判令百富公司向其返还本金及利息。

裁判结果

山东省高级人民法院于2018年8月13日作出（2018）鲁民初10号民事判决：一、山东百富物流有限公司向北京大唐燃料有限公司返还货款75814208.13元；二、山东百富物流有限公司向北京大唐燃料有限公司赔偿占用货款期间的利息损失（以75814208.13元为基数，自2014年11月25日起至山东百富物流有限公司实际支付之日止，按照中国人民银行同期同类贷款基准利率计算）；三、驳回北京大唐燃料有限公司其他诉讼请求。北京大唐燃料有限公司不服一审判决，提起上诉。最高人民法院于2019年6月20日作出（2019）最高法民终6号民事判决：一、撤销山东省高级人民法院（2018）鲁民初10号民事判决；二、山东百富物流有限公司向北京大唐燃料有限公司返还货款153468000元；三、山东百富物流有限公司向北京大唐燃料有限公司赔偿占用货款期间的利息损失（以153468000元为基数，自2014年11月25日起至山东百富物流有限公司实际支付之日止，按照中国人民银行同期同类贷款基准利率计算）；四、驳回北京大唐燃料有限公司的其他诉讼请求。

裁判理由

最高人民法院认为：关于（2014）浙甬商初字第74号民事判决书涉及的36369405.32元债权问题。大唐公司有权就该笔款项另行向百富公司主张。

第一，《最高人民法院关于适用〈中华人民共和国合同法〉若干问题的解释（一）》[以下简称《合同法解释（一）》]第二十条规定，债权人向次债务人提起的代位权诉讼经人民法院审理后认定代位权成立的，由次债务人向债权人履行清偿义务，债权人与债务人、债务人与次债务人之间相应的债权债务关系即予消灭。根据该规定，认定债权人与债务人之间相应债权债务关系消灭的前提是次债务人已经向债权人实际履行相应清偿义务。本案所涉执行案件中，因并未执行到万象公司的财产，浙江省象山县人民法院已经作出终结本次执行的裁定，故在万象公司并未实际履行清偿义务的情况下，大唐公司与百富公司之间的债权债务关系并未消灭，大唐公司有权向百富公司另行主张。

第二，代位权诉讼属于债的保全制度，该制度是为防止债务人财产不当减少或者应当增加而未增加，给债权人实现债权造成障碍，而非要求债权人在债务人与次债务人之间择一选择作为履行义务的主体。如果要求债权人择一选择，无异于要求债权人在提起代位权诉讼前，需要对次债务人的偿债能力作充分调查，否则应当由其自行承担债务不得清偿的风险，这不仅加大了债权人提起代位权诉讼的经济成本，还会严重挫伤债权人提起代位权诉讼的积极性，与代位权诉讼制度的设立目的相悖。

第三，本案不违反"一事不再理"原则。根据《最高人民法院关于适用〈中华人民共和国民事诉讼法〉的解释》第二百四十七条的规定，判断是否构成重复起诉的主要条件是当事人、诉讼标的、诉讼请求是否相同，或者后诉的诉讼请求是否实质上否定前诉裁判结果等。代位权诉讼与对债务人的诉讼并不相同，从当事人角度看，代位权诉讼以债权人为原告、次债务人为被告，而对债务人的诉讼则以债权人为原告、债务人为被告，两者被告身份不具有同一性。从诉讼标的及诉讼请求上看，代位权诉讼虽然要求次债务人直接向债权人履行清偿义务，但针对的是债务人与次债务人之间的债权债务，而对债务人的诉讼则是要求债务人向债权人履行清偿义务，针对的是债权人与债务人之间的债权债务，两者在标的范围、法律关系等方面亦不相同。从起诉要件上看，与对债务人诉讼不同的是，代位权诉讼不仅要求具备民事诉讼法规定的起诉条件，同时还应当具备《合同法解释（一）》第十一条规定的诉讼条件。基于上述不同，代位权诉讼与对债务人的诉讼并非同一事由，两者仅具有法律上的关联性，故大唐公司提起本案诉讼并不构成重复起诉。

（生效裁判审判人员：李　伟　王毓莹　苏　蓓）

最高人民法院
关于审理商品房买卖合同纠纷案件适用法律若干问题的解释

(2003年3月24日最高人民法院审判委员会第1267次会议通过　根据2020年12月23日最高人民法院审判委员会第1823次会议通过的《最高人民法院关于修改〈最高人民法院关于在民事审判工作中适用《中华人民共和国工会法》若干问题的解释〉等二十七件民事类司法解释的决定》修正)

为正确、及时审理商品房买卖合同纠纷案件，根据《中华人民共和国民法典》《中华人民共和国城市房地产管理法》等相关法律，结合民事审判实践，制定本解释。

第一条　本解释所称的商品房买卖合同，是指房地产开发企业（以下统称为出卖人）将尚未建成或者已竣工的房屋向社会销售并转移房屋所有权于买受人，买受人支付价款的合同。

第二条　出卖人未取得商品房预售许可证明，与买受人订立的商品房预售合同，应当认定无效，但是在起诉前取得商品房预售许可证明的，可以认定有效。

第三条　商品房的销售广告和宣传资料为要约邀请，但是出卖人就商品房开发规划范围内的房屋及相关设施所作的说明和允诺具体确定，并对商品房买卖合同的订立以及房屋价格的确定有重大影响的，构成要约。该说明和允诺即使未载入商品房买卖合同，亦应当为合同内容，当事人违反的，应当承担违约责任。

第四条　出卖人通过认购、订购、预订等方式向买受人收受定金作为订立商品房买卖合同担保的，如果因当事人一方原因未能订立商品房买卖合同，应当按照法律关于定金的规定处理；因不可归责于当事人双方的事由，导致商品房买卖合同未能订立的，出卖人应当将定金返还买受人。

第五条　商品房的认购、订购、预订等协议具备《商品房销售管理办法》第十六条规定的商品房买卖合同的主要内容，并且出卖人已经按照约定收受购房款的，该协议应当认定为商品房买卖合同。

第六条 当事人以商品房预售合同未按照法律、行政法规规定办理登记备案手续为由，请求确认合同无效的，不予支持。

当事人约定以办理登记备案手续为商品房预售合同生效条件的，从其约定，但当事人一方已经履行主要义务，对方接受的除外。

第七条 买受人以出卖人与第三人恶意串通，另行订立商品房买卖合同并将房屋交付使用，导致其无法取得房屋为由，请求确认出卖人与第三人订立的商品房买卖合同无效的，应予支持。

第八条 对房屋的转移占有，视为房屋的交付使用，但当事人另有约定的除外。

房屋毁损、灭失的风险，在交付使用前由出卖人承担，交付使用后由买受人承担；买受人接到出卖人的书面交房通知，无正当理由拒绝接收的，房屋毁损、灭失的风险自书面交房通知确定的交付使用之日起由买受人承担，但法律另有规定或者当事人另有约定的除外。

第九条 因房屋主体结构质量不合格不能交付使用，或者房屋交付使用后，房屋主体结构质量经核验确属不合格，买受人请求解除合同和赔偿损失的，应予支持。

第十条 因房屋质量问题严重影响正常居住使用，买受人请求解除合同和赔偿损失的，应予支持。

交付使用的房屋存在质量问题，在保修期内，出卖人应当承担修复责任；出卖人拒绝修复或者在合理期限内拖延修复的，买受人可以自行或者委托他人修复。修复费用及修复期间造成的其他损失由出卖人承担。

第十一条 根据民法典第五百六十三条的规定，出卖人迟延交付房屋或者买受人迟延支付购房款，经催告后在三个月的合理期限内仍未履行，解除权人请求解除合同的，应予支持，但当事人另有约定的除外。

法律没有规定或者当事人没有约定，经对方当事人催告后，解除权行使的合理期限为三个月。对方当事人没有催告的，解除权人自知道或者应当知道解除事由之日起一年内行使。逾期不行使的，解除权消灭。

第十二条 当事人以约定的违约金过高为由请求减少的，应当以违约金超过造成的损失 30% 为标准适当减少；当事人以约定的违约金低于造成的损失为由请求增加的，应当以违约造成的损失确定违约金数额。

第十三条 商品房买卖合同没有约定违约金数额或者损失赔偿额计算方法，违约金数额或者损失赔偿额可以参照以下标准确定：

逾期付款的，按照未付购房款总额，参照中国人民银行规定的金融机构计收逾期贷款利息的标准计算。

逾期交付使用房屋的，按照逾期交付使用房屋期间有关主管部门公布或者有资格的房地产评估机构评定的同地段同类房屋租金标准确定。

第十四条　由于出卖人的原因，买受人在下列期限届满未能取得不动产权属证书的，除当事人有特殊约定外，出卖人应当承担违约责任：

（一）商品房买卖合同约定的办理不动产登记的期限；

（二）商品房买卖合同的标的物为尚未建成房屋的，自房屋交付使用之日起90日；

（三）商品房买卖合同的标的物为已竣工房屋的，自合同订立之日起90日。

合同没有约定违约金或者损失数额难以确定的，可以按照已付购房款总额，参照中国人民银行规定的金融机构计收逾期贷款利息的标准计算。

第十五条　商品房买卖合同约定或者《城市房地产开发经营管理条例》第三十二条规定的办理不动产登记的期限届满后超过一年，由于出卖人的原因，导致买受人无法办理不动产登记，买受人请求解除合同和赔偿损失的，应予支持。

第十六条　出卖人与包销人订立商品房包销合同，约定出卖人将其开发建设的房屋交由包销人以出卖人的名义销售的，包销期满未销售的房屋，由包销人按照合同约定的包销价格购买，但当事人另有约定的除外。

第十七条　出卖人自行销售已经约定由包销人包销的房屋，包销人请求出卖人赔偿损失的，应予支持，但当事人另有约定的除外。

第十八条　对于买受人因商品房买卖合同与出卖人发生的纠纷，人民法院应当通知包销人参加诉讼；出卖人、包销人和买受人对各自的权利义务有明确约定的，按照约定的内容确定各方的诉讼地位。

第十九条　商品房买卖合同约定，买受人以担保贷款方式付款、因当事人一方原因未能订立商品房担保贷款合同并导致商品房买卖合同不能继续履行的，对方当事人可以请求解除合同和赔偿损失。因不可归责于当事人双方的事由未能订立商品房担保贷款合同并导致商品房买卖合同不能继续履行的，当事人可以请求解除合同，出卖人应当将收受的购房款本金及其利息或者定金返还买受人。

第二十条　因商品房买卖合同被确认无效或者被撤销、解除，致使商品房担保贷款合同的目的无法实现，当事人请求解除商品房担保贷款合同的，应予支持。

第二十一条　以担保贷款为付款方式的商品房买卖合同的当事人一方请求确认商品房买卖合同无效或者撤销、解除合同的，如果担保权人作为有独立请求权第三人提出诉讼请求，应当与商品房担保贷款合同纠纷合并审理；未提出诉讼请求的，仅处理商品房买卖合同纠纷。担保权人就商品房担保贷款合同纠纷另行起诉的，可以与商品房买卖合同纠纷合并审理。

商品房买卖合同被确认无效或者被撤销、解除后，商品房担保贷款合同也被解除的，出卖人应当将收受的购房贷款和购房款的本金及利息分别返还担保权人和买受人。

第二十二条 买受人未按照商品房担保贷款合同的约定偿还贷款，亦未与担保权人办理不动产抵押登记手续，担保权人起诉买受人，请求处分商品房买卖合同项下买受人合同权利的，应当通知出卖人参加诉讼；担保权人同时起诉出卖人时，如果出卖人为商品房担保贷款合同提供保证的，应当列为共同被告。

第二十三条 买受人未按照商品房担保贷款合同的约定偿还贷款，但是已经取得不动产权属证书并与担保权人办理了不动产抵押登记手续，抵押权人请求买受人偿还贷款或者就抵押的房屋优先受偿的，不应当追加出卖人为当事人，但出卖人提供保证的除外。

第二十四条 本解释自 2003 年 6 月 1 日起施行。

《中华人民共和国城市房地产管理法》施行后订立的商品房买卖合同发生的纠纷案件，本解释公布施行后尚在一审、二审阶段的，适用本解释。

《中华人民共和国城市房地产管理法》施行后订立的商品房买卖合同发生的纠纷案件，在本解释公布施行前已经终审，当事人申请再审或者按照审判监督程序决定再审的，不适用本解释。

《中华人民共和国城市房地产管理法》施行前发生的商品房买卖行为，适用当时的法律、法规和《最高人民法院关于审理房地产管理法施行前房地产开发经营案件若干问题的解答》。

【注　解】

最高人民法院 2003 年 4 月 28 日公布本解释，法释〔2003〕7 号，自 2003 年 6 月 1 日起施行。

最高人民法院 2020 年 12 月 29 日公布《最高人民法院关于修改〈最高人民法院关于在民事审判工作中适用《中华人民共和国工会法》若干问题的解释〉等二十七件民事类司法解释的决定》修正本解释，法释〔2020〕17 号，该修正自 2021 年 1 月 1 日起施行。

【解　读】

解读《最高人民法院关于审理商品房买卖合同纠纷案件适用法律若干问题的解释》

一、问题的提出

针对《城市房地产管理法》施行前的房地产纠纷案件，最高人民法院曾于1995年12月27日公布施行了《关于审理房地产管理法施行前房地产开发经营案件若干问题的解答》（以下简称《解答》），使房地产纠纷得以及时、有效地处理。《城市房地产管理法》施行后，房地产市场秩序虽较以往有了较大改观，但由于房地产市场处于发育阶段，市场管理机制尚不健全，商品房交易行为很不规范，特别是出卖人借机违法经营，如无证销售、一房数卖、面积缩水、发布虚假广告等，严重扰乱了房地产市场秩序，损害了广大买受人的利益，导致商品房买卖合同纠纷大量增加。为此，最高人民法院于2003年4月28日公布了《关于审理商品房买卖合同纠纷案件适用法律若干问题的解释》（以下简称本解释）。

二、理解与适用

（一）本解释的适用范围

这是适用本解释首先要明确的前提条件。因国情和历史原因，目前我国存在着种类不同的房屋：有房地产开发企业建造的商品房、政府组织建造的经济适用房、公房改制出售的房改房、单位集资房、公民个人所有的私有房等。根据我国现行的房地产法律、法规和有关政策，经济适用房、公房改制出售的房改房、单位集资房等房屋，其上市交易要受国家政策的调控，不能自由交易。例如，房屋需补交土地出让金或者相当于土地出让金的价款，或者居住一定年限后方可出售。私有房屋虽可上市交易，但纠纷不突出。在审判实践中发生的房屋买卖纠纷，绝大多数是房地产开发企业出售其建造的商品房引发的。因此，本解释将调整对象明确为因商品房买卖合同发生的纠纷案件，即房地产开发企业建造并向社会公开出售的房屋买卖行为，出卖人主体只限于房地产开发企业。

根据《合同法》关于买卖合同的规定和出卖人出售的商品房建造状况，本解释第一条对商品房买卖合同的含义作出明确解释。商品房买卖合同的标的物为正在建设和已竣工的房屋，其中正在建设的房屋就是通常所说的期房、楼花，包括经依法获准尚未建造或者正在建造中的房屋；已竣工的房屋是已建成的房屋，包括经有关部门验收合格的房屋和尚未验收合格的房屋。

（二）商品房预售合同的效力认定

审判实践中，因预售合同效力引发的纠纷严重影响着商品房市场秩序的稳定。本解释第二条、第六条分别就商品房预售许可证明的取得和商品房预售合同的登记备案对预售合同效力的认定处理作出了相应的规定。

根据《城市房地产管理法》第四十四条的规定，商品房预售需具备四个条件：（1）已交付全部土地使用权出让金，取得土地使用权证书；（2）持有建设工程规划许可证；（3）按提供预售的商品房计算，投入开发建设的资金达到工程建设总投资的25％以上，并已确定施工进度和竣工交付日期；（4）已办理预售登记，取得商品房预售许可证明。关于如何理解预售条件和认定合同效力之间的关系问题，在本解释起草过程中有两种意见。一种意见认为，因商品房预售实行许可证制度，只要出卖人持有预售许可证明，其与买受人签订的预售合同即为有效；另一种意见认为，《城市房地产管理法》规定的四个条件是商品房预售行为必须同时具备的法定要件，否则预售合同无效。

我们认为，《城市房地产管理法》作为行政管理法，主要是对出卖人开发经营行为的行政监管和规范。从该法规定的商品房预售条件看，也均反映的是出卖人与行政管理部门之间的关系问题。在我国，商品房预售实行许可证制度，对此，《城市房地产开发经营管理条例》第二十四条明确列举了办理商品房预售许可证的必备条件和相关程序，其中就包括了《城市房地产管理法》第四十四条规定的前3个条件。这就表明只要出卖人按照法定程序向房地产行政管理部门申请办理并取得预售许可证明的，即可认定其具备全部预售条件。因此，为避免司法权与行政权之间的冲突，人民法院在认定商品房预售合同的效力时，对出卖人的预售资格应只从形式上进行审查，即对出卖人未取得商品房预售许可证明签订的预售合同应认定无效，出卖人取得商品房预售许可证明的，可认定预售合同有效。从实质上审查出卖人是否具备全部预售条件则是行政管理部门的权限。当事人对预售许可证持有异议的，可通过行政或行政诉讼的方式解决。这既可划清司法审判机关与行政管理部门之间的权限，有利于各司其职，也可避免大量无效合同的出现，有利于促进房地产交易和推动房地产市场的发展。

考虑到我国目前房地产市场管理机制还不健全，商品房交易行为也不规范，本解释将出卖人取得商品房预售许可证明的时间放宽至起诉前，而不是签订合同时，也就是只要出卖人在起诉前取得商品房预售许可证明的，人民法院也可认定商品房预售合同有效，以尽量促使合同有效成立和维护商品房交易的安全。这比《解答》规定的一审诉讼期间、《关于适用〈中华人民共和国合同法）若干问题的解释（一）》规定的一审法庭辩论终结前也更为严格，同时便于当事人在起诉前预先知晓诉讼行为的结果，更好地行使诉权。

对《城市房地产管理法》第四十四条规定的商品房预售合同登记备案问题，我们认为，从我国现行的有关不动产登记的立法规定看，商品房预售合同的登记备案在目前应属于是房产管理部门和土地管理部门对合同的一种行政管理措施，不是确认合同效力的必要条件，实务界和理论界对此也已基本形成共识。为此，本解释第六条第一款明确规定："当事人以商品房预售合同未按照法律、行政法规规定办理登记备案手续为由，请求确认合同无效的，不予支持。"

（三）商品房销售广告和宣传资料内容的性质认定

目前，商品房销售广告引发的纠纷在审判实践中大量存在。所以，本解释第三条专门就商品房销售广告和宣传资料内容的认定处理作出了明确规定。在起草过程中有一种意见认为，销售宣传广告只是一种要约邀请，如未将广告宣传的内容订入合同，就不能认定为合同内容，销售广告中的虚假宣传，只要违背诚实信用原则应负的义务，可考虑以缔约过失责任对买受人予以补救。

我们认为，对商品房销售宣传广告的内容性质认定，应根据具体情况区别处理，不能机械地将其一概作为要约邀请。首先，根据《合同法》第十五条①的规定，对商业广告的内容原则上应认定为要约邀请，不能将未订入合同的宣传广告内容作为合同内容看待。但在实际生活中，一些出卖人在销售广告和宣传资料中对商品房及相关设施作出具体明确的说明和允诺，如小区绿化率达80%、规划区内有健身房、游泳池、每单元两部电梯等内容。对此应具体问题具体处理，不能笼统地将商业广告认定为要约邀请。

根据《合同法》第十四条②关于要约的规定，如果意思表示内容具体确定，并表明经受要约人承诺，要约人即受该意思表示约束时，该意思表示即为要约。在实际生活中，买受人往往是基于出卖人在宣传资料中对房屋及相关设施作出具体确定的说明和允诺后才决定购买房屋的。我们认为，如出卖人对其开发项目规划范围内的商品房及相关基础设施作出的说明和允诺具体确定，并对房屋价格的确定有决定作用，足以让买受人产生信赖而签订商品房买卖合同的，该说明和允诺应视为出卖人向买受人发出的要约，买受人对要约的承诺，则买卖合同成立。由于目前商品房买卖合同均是由出卖人提供的格式合同，双方当事人确定可就格式合同之外的宣传广告内容进行协商约定。鉴于出卖人在房地产市场中处于强势地位，销售广告和宣传资料中的一些具体确定的说明和允诺内容虽没有订入买卖合同之中，但纠纷正是因交付使用的房屋与广告说明

---

① 对应《民法典》第四百七十三条。
② 对应《民法典》第四百七十二条。

和允诺不符发生的，为保护弱势群体买受人的合法利益，该广告的说明和允诺也应认定为合同内容，出卖人违反该内容的，应承担违约责任。

据此，出卖人在商品房销售广告和宣传资料中的说明和允诺，符合以下三个条件的，可视为要约：（1）该内容是对开发规划范围内的房屋及相关设施所作出的说明和允诺。如广告称房屋为混凝土结构、居住区绿地、电梯、车库、健身、购物、收视等设施齐全，对规划范围之外的周边环境的渲染、描述等应予除外。（2）对房屋的说明和允诺应具体确定。如小区绿化率达到80%、每单元配有日本原装三菱电梯二部等。（3）该说明和允诺对商品房买卖合同的订立和房屋价格的确定有重大影响。只要该说明和允诺具体明确，即使该内容未订入商品房买卖合同中，也应视为合同内容。如果出卖人交付的房屋及相关设施与广告和宣传具体确定的说明和允诺不符，就应承担违约责任。这不仅符合《合同法》规定和客观实际，也有利于保护买受人权益和规范出卖人的经营行为，有利于维护市场诚信制度。缔约过失责任虽可对买受人给予适当的补救，但对买受人遭受的信赖利益损失无法计算，司法实践中难以操作，极易造成权力滥用和法律适用的不统一，也不利于对买受人合法利益的保护。对销售广告和宣传资料的内容问题，实务界也已突破传统认识，开始区别情况予以认定，并作出变通规定。如《广东省高级人民法院关于〈合同法〉施行后认定房地产开发经营合同效力问题的指导意见》第二十四条规定，商品房售楼广告的内容没有在商品房预售合同中约定，但符合下列情形之一的，该广告内容具有法律约束力：（1）向购房者提供优惠条件或赠送礼品的许诺；（2）对商品房外墙或共用部分装饰标准的告示；（3）对商品房各组成部分或共用部分使用功能质量的陈述；（4）对商品房周围环境质量作出的具有明确的公建指标的说明；（5）其他载有明确指标的说明。这值得我们借鉴。

（四）商品房认购书与定金的问题

出卖人与买受人在签订商品房买卖合同前先行签订认购书，就房屋买卖有关事宜进行初步确认，并收取一定数量的定金作为订立商品房买卖合同的担保。这是当前商品房买卖的通常形式。由于现行法律、法规对认购书问题没有具体规定，引发了大量纠纷，急需给予明确认定。

对认购书性质的认定问题有两种观点：第一种观点认为，认购书即为商品房买卖合同。因认购书是当事人就房屋买卖所作出的真实意思表示，应具有买卖合同的效力。第二种观点认为，认购书不是独立的合同。因认购书仅是对签订正式合同相关事宜的约定，而且认购书中的定金条款是为担保主合同履行的从合同。

我们认为，前述观点均有不足。首先，认购书是独立的合同。认购书是平等主体间为设立某种民事权利义务关系而签订的协议，符合《合同法》第二条①关于合同定义的规定。因此，认购书可以成为独立的合同。其次，从认购书签订的过程和约定的内容看，认购书是当事人就签订商品房买卖合同相关事宜进行的约定，是约定当事人有义务在一定期限内签订买卖合同，不是对行为结果的直接确认。所以，认购书尚不属于商品房买卖合同。根据司法实践中认购书订立的实际情况和合同法理论，我们认为，认购书作为出卖人与买受人约定为将来订立商品房买卖合同而签订的协议，应属于商品房买卖合同的预约合同，即认购书与商品房买卖合同是预约与本约的关系。

对当事人在签订认购书时，约定交付定金的，根据《担保法》第八十九条、最高人民法院《关于适用〈中华人民共和国担保法〉若干问题的解释》第一百一十五条的规定，该定金为立约定金。根据当事人的约定和法律关于定金的规定，因当事人一方违反认购书约定，导致商品房买卖合同未能订立的，按照定金罚则承担责任，即交付定金的当事人一方违约的，丧失取回定金的权利；收取定金的当事人一方违约的，应双倍返还对方当事人定金。如当事人双方均无违约行为，只是就有关条款协商不一致，或者因不可归责于当事人双方的事由，如不可抗力和其他当事人意志以外的因素而导致商品房买卖合同未能订立的，收取定金的当事人一方应将定金返还给对方当事人。

（五）惩罚性赔偿责任的适用

理论界和实务界关于商品房买卖合同能否适用惩罚性赔偿责任的争论，主要集中反映在能否适用《中华人民共和国消费者权益保护法》（以下简称《消费者权益保护法》）第四十九条的问题上。反对意见认为，传统民法理论的民事赔偿主要以补偿性为主，且惩罚性赔偿主要适用于侵权责任。我国的惩罚性赔偿虽在《消费者权益保护法》第四十九条和《合同法》第一百一十三条②有明确规定，但其主要是产品质量方面的责任，适用范围不包括商品房在内。商品房买卖数额巨大，惩罚性赔偿将导致双方利益显失平衡，商品房质量问题可通过瑕疵担保责任制度得到更妥善的解决。对出卖人的欺诈行为难以认定，很难操作。赞成观点认为，商品房买卖合同应适用《消费者权益保护法》第四十九条的规定。《消费者权益保护法》的立法者并没有将商品房买卖排除在《消费者权益保护法》之外，商品房、出卖人、买受人分别属于《消费者权益保护法》第四十九条调整的商品、经营者和消费者。从文义上解释，《消费者权益保护法》第四十九条所说的商品，既包括动产，也包括不动产，不能把商品仅仅理解为动产商品。《合同法》在违约责任中的第一百一十三条第二款仍然重申了《消费者权益保护法》第四十九条，并未对商品的外延作出限制。

---

① 对应《民法典》第四百六十四条。
② 对应《民法典》第五百八十四条。

从我国《合同法》和《消费者权益保护法》的规定看，对商品房能否直接适用《消费者权益保护法》第四十九条的规定没有明确的规定，《消费者权益保护法》第四十九条和《合同法》第一百一十三条的规定适用条件仅仅限于提供的商品和服务有欺诈行为，而商品房是否属于其适用范围也没有明确规定，理论界和实务界也认识不统一。考虑到我国的实际情况，我们认为，商品房买卖合同目前不宜直接适用《消费者权益保护法》第四十九条的规定。但对商品房买卖行为中，出卖人利用其优势地位，为追求最大经济利益，采取欺诈手段与买受人签订合同，或签订合同后又恶意违约的行为，应给予制裁。理由如下：第一，出卖人的恶意违约和欺诈行为完全摒弃了诚实信用原则，严重损害了市场经济的交易安全秩序，它与因客观原因导致合同不能履行的情况有本质区别，对此类行为仅仅依靠补偿性的赔偿是无法弥补买受人损失的，也不能有效地制裁和遏制出卖人恶意违约和欺诈的行为。第二，从各国对损害赔偿制度的研究和审判实践看，也均未对惩罚性赔偿的原则予以否定，而且惩罚性赔偿以其全面补偿受害人的损失、制裁惩和遏制不法行为等多重功能，已逐渐被英美法系和大陆法系的国家立法采纳，并由侵权纠纷向合同纠纷的方向延伸和扩展。美国司法部的研究资料表明，1985 年至 1995 年的十年间，法院将惩罚性赔偿责任适用于合同纠纷中的数量是侵权案件的 3 倍。第三，在我国，《消费者权益保护法》第四十九条首次在立法上确立了惩罚性赔偿制度，随后在《合同法》第一百一十三条的合同责任中也明确了惩罚性赔偿制度，此外，《合同法》第一百一十四条①第二款对当事人在合同中约定的违约金不是过分高于实际损失的也予以认可，这其中就包含了对违约行为的惩罚性赔偿。同时，实务中对《商品房销售管理办法》第二十条关于面积误差绝对值超出 3%部分的房价款实行双倍返还规定的执行效果也很好。由此可见，我国立法对惩罚性赔偿适用于合同责任不是绝对否定的，且具有良好的社会基础。

综上，经多次讨论研究认为，根据《消费者权益保护法》第四十九条和《合同法》第一百一十三条所确立的惩罚性赔偿原则精神，对商品房买卖合同中的某些出卖人恶意违约和欺诈的行为可有条件地适用惩罚性赔偿。为此，结合审判实践和商品房买卖合同纠纷的实际情况，本解释第八条、第九条明确规定了五种适用惩罚性赔偿责任的情形：一是商品房买卖合同订立后，出卖人未告知买受人又将该房屋抵押给第三人；二是商品房买卖合同订立后，出卖人又将该房屋出卖给第三人；三是订立合同时，出卖人故意隐瞒没有取得商品房预售许可证明的事实或者提供虚假商品房预售许可证明；四是在订立合同时，出卖人故意隐瞒所售房屋已经抵押的事实；五是订立合同时，出卖人故意隐瞒所售房屋已经出卖给第三人或者为拆迁补偿安置房屋的事实。因此五种情形导致

---

① 对应《民法典》第五百八十五条。

商品房买卖合同被确认无效或者被撤销、解除时，买受人除可请求出卖人返还已付购房款及利息、赔偿损失外，还可以请求出卖人承担不超过已付购房款一倍的赔偿责任。由此可见，本解释所规定的惩罚性赔偿责任在适用条件和结果上都与《消费者权益保护法》第四十九条的规定有所不同。它只是以《合同法》第一百一十三条和《消费者权益保护法》第四十九条规定的惩罚性赔偿责任原则为依据，但不是对《消费者权益保护法》第四十九条规定的直接适用。这样既注意到依法有效维护买受人的合法权益，又考虑到商品房开发经营过程中的实际情况，有利于促进房地产市场的健康发展，这也是符合国际立法趋势和我国当前社会发展需的。

（六）房屋的交付使用和风险责任承担

因房屋交付使用引发的诉讼，主要涉及房屋所有权的转移和风险的承担及违约金的计算等问题。

1. 房屋的交付使用

《合同法》第一百三十三条和第一百三十五条①规定，商品房买卖合同的出卖人负有向买受人交付房屋并转移所有权的义务，买卖合同的标的物所有权自交付时起转移，法律另有规定或当事人另有约定的除外。据此规定，买卖合同的标的物所有权一般自交付时起转移，而根据《城市房地产管理法》第六十条、《城市房地产开发经营管理条例》第三十三条的规定，不动产房屋的所有权则从办理所有权登记手续时起转移，这也是不动产物权变动的公示方式和要件。因此，房屋所有权就应从办理所有权登记手续时转移。

但在审判实践中，存在着因当事人在签订商品房买卖合同时对房屋的交付使用约定不明而导致的大量纠纷。出卖人认为房屋的交付使用就是买受人直接占有使用房屋，也就是俗称的"交钥匙"；而买受人则认为，房屋的交付使用不仅仅是交付房屋的占有，而且包括交付房屋所有权证书。依据上述法律、法规对房屋所有权转移的有关规定，我们认为，在法律、法规和当事人没有明确约定房屋的交付使用为交付房屋所有权证书的，出卖人对房屋的转移占有，即为合同约定的房屋交付使用。也就是说，出卖人只要在合同约定的期限向买受人交付房屋，即"交钥匙"，就已履行了合同约定的交付房屋的义务。如果当事人在合同中明确约定房屋的交付使用不仅是转移房屋占有，还应办理房屋所有权转移登记的，出卖人就应按约定履行义务。因此，本解释第十一条规定，对房屋的转移占有，视为房屋的交付使用，但当事人另有约定的除外。当然，即使在当事人没有明确约定房屋的交付使用包括办理房屋所有权登记手续时，出卖人"交钥匙"义务的履行也并非就意味着出卖人的合同义务履行完毕，根据法律规定，它还应协助买受人办理房屋所有权登记，转移房屋所有权于买受

---

① 对应《民法典》第五百九十八条。

人。至于房屋所有权转移的时间问题，当事人可另行协商约定，没有约定的，按照《城市房地产开发经营管理条例》第三十三条的规定，预售商品房的买受人应当自房屋交付使用之日起90日内，现售商品房的买受人应当自买卖合同签订之日起90日内，办理土地使用权变更和房屋所有权登记手续，出卖人应当协助买受人办理，并提供必要的证明文件。

2. 风险责任承担

风险责任是因不可抗力或意外事件等不可归责于当事人的事由而导致标的物毁损、灭失。《合同法》第一百四十二条①规定："标的物毁损、灭失的风险，在标的物交付之前由出卖人承担，交付之后由买受人承担，但法律另有规定或者当事人另有约定的除外。"可见，风险责任一般情况下与标的物交付的同时一并转移。而从法理上讲，风险责任则是随着标的物的所有权转移而转移的。如前所述，由于我国房屋所有权的转移是以办理登记为生效要件，所以，房屋所有权的转移时间和标的物的交付时间存在差异，在房屋交付使用后至办理所有权登记手续前的时间内，标的物发生意外风险的责任如何承担，现行法律、法规均无明确规定。我们认为，既然《合同法》第一百四十二条是针对所有买卖合同标的物作出的规定，并没有明确区分动产和不动产，而且，根据该条"法律另有规定或当事人另有约定的除外"的规定，在法律、法规没有规定或者当事人没有约定的情况下，房屋的风险转移应适用该条的规定。因此，本解释第十一条第二款明确规定："房屋毁损、灭失的风险，在交付使用前由出卖人承担，交付使用后由买受人承担；买受人接到出卖人的书面交房通知，无正当理由拒绝接收的，房屋毁损、灭失的风险自书面交房通知确定的交付使用之日起由买受人承担，但法律另有规定或者当事人另有约定的除外。"

（七）商品房包销合同的认定处理

商品房包销是盛行于我国香港和台湾地区的一种商品房销售方式，随后进入我国内地。它在促进商品房市场快速发展的同时，也带来了诸多纠纷。在广东、上海、北京等一些经济发达城市，很早就已出现因包销引发的诉讼，最高人民法院也已审结多起此类案件。但因内地对商品房包销尚无规定，因此，急需对包销予以认定。

根据司法实践中包销行为的一般做法，包销是出卖人与包销人签订商品房包销合同，约定在包销期内，出卖人将已竣工或者尚未建成但符合预售条件的房屋，确定包销基价交由包销人以出卖人的名义与买受人签订商品房买卖合同，包销期限届满，包销人以约定的包销价格买入未出售的剩余商品房的行为。对包销的性质认定有三种观点：一是附条件的代理说。认为包销是包销人以出卖人的名义销售商品房，赚取差价利益，但包销人在包销期满后购买未出

---

① 对应《民法典》第六百零四条。

售的房屋。二是买卖说。认为包销人最终购买所包销的商品房，包销人虽以出卖人的名义销售商品房，但实质上是包销人在为自身利益销售商品房。包销价格的确定，已在出卖人和包销人之间成立了买卖关系，只是未生效而已。三是两合行为说。认为包销是一种兼具代理和买卖特征的民事法律行为，在包销期内为一种委托代理关系，包销期届满后则为一种买卖关系。

我们认为，因目前对商品房包销没有规定，本解释也不便对包销行为的性质给予归类，而只宜按照包销的通常做法，根据《合同法》第七条、第八条①、第一百二十四条的规定，将其定性为无名合同。根据包销的实践做法，本解释第二十条规定，对包销期满后的剩余房屋，当事人有约定的，按照约定处理，没有约定或约定不明的，由包销人按包销价格购买。

为便于包销纠纷的及时解决，本解释第二十二条同时对因包销引发的诉讼主体问题也作出了明确规定。根据合同的相对性原则，因包销合同发生的纠纷，诉讼主体为出卖人与包销人。因买卖合同发生的纠纷，诉讼主体为出卖人与买受人，尽管商品房买卖合同是包销人出面与买受人签订的，但因包销人是以出卖人名义与买受人签订的合同，而且商品房买卖合同的主体仍是出卖人，因此，买卖合同纠纷的诉讼当事人应为出卖人和买受人。但如果出卖人、买受人、包销人三方在买卖合同中约定包销人与出卖人共同承担履行义务的，包销人也应作为当事人参加诉讼。

（八）商品房担保贷款合同纠纷的处理

说到商品房担保贷款合同，就必然会涉及商品房按揭的问题。我国内地法律没有按揭的称谓，只是在2000年最高人民法院审判委员会审议的《关于适用〈中华人民共和国担保法〉若干问题的解释（送审稿）》的说明中，涉及楼花按揭。该说明将楼花按揭定义为"楼宇预售合同中的买方支付部分购楼款后，将其依合同取得的对楼宇的期待权让渡给银行作为取得银行贷款的担保，也称按揭贷款。如买方未能按约履行还本付息的义务，就丧失了赎回这种期待权的权利的一种贷款方法。楼宇竣工后，楼花按揭即转为楼宇按揭。楼花按揭的法律性质是购房抵押贷款，与抵押基本相同，是一种不动产抵押方式，但又有别于我国法律规定的抵押担保方式。"楼花按揭是以其在预售合同中的全部权益为抵押，而法律规定的抵押是以现存实物为抵押标的的，因此，称为准抵押。各国民法一般也均规定权利抵押准用民法关于一般抵押的规定。现楼按揭则与《城市房地产抵押管理办法》第三条规定的预购商品房贷款抵押相同，属于现房抵押贷款。同时，《关于适用〈中华人民共和国担保法〉若干问题的解释》第四十七条明确规定了依法获准尚未建造的或者正在建造中的房屋或者其他建筑物可作为抵押权的标的物。《中国物权法草案建议稿》也作出了相同规

---

① 对应《民法典》第四百六十五条。

定。理论界对商品房按揭也有不同观点：（1）不动产抵押说。这种观点认为，尽管楼花不是现存楼宇，但买楼花会导致事实上获得楼宇，而且，由于购房人在买楼花时已支付部分楼款，因此，虽然楼花具有一种不确定性，它还是具有相当于现存楼宇的价值。同时它与普通房地产抵押在设立目的和法律效力方面是一样的，所以，楼花按揭属于不动产抵押担保。（2）债权质押说。这种观点认为，购房人在订立楼花按揭合同时，其向银行提供的担保标的物不是楼花所有权而是对开发商享有的债权，而且这种债权符合可作为权利质押标的的权利的性质（财产权具有可转让性）。（3）让与担保说。这种观点认为，楼花按揭与让与担保都渊源于罗马法的信托担保；两者都是通过权利的转移而对债权进行担保；有利于保护银行债权的实现。

从我国司法实践看，实务中通常将按揭作为抵押处理，已不是英美法系和香港法律原本意义上的按揭。鉴于我国内地法律尚无按揭的名称，为便于同我国现行法律和正在制定过程中的民法草案统一，本解释将商品房按揭贷款行为统称为商品房担保贷款，包括以现房抵押的贷款和期房抵押的贷款。目前，商品房担保贷款已成为我国房地产金融体系的重要组成部分，而法律无明确规定，我们在总结司法实践经验的基础上，用5个条款对人民法院审理商品房担保贷款纠纷案件的一些基本原则作出了相应规定。

首先，根据《合同法》第九十四条①的规定，本解释第二十三条明确规定，商品房买卖合同约定，买受人以担保贷款方式付款，因当事人一方原因未能订立商品房担保贷款合同并导致商品房买卖合同不能继续履行的，对方当事人可以请求解除合同和赔偿损失。因不可归责于当事人双方的事由未能订立商品房担保贷款合同并导致商品房买卖合同不能继续履行的，当事人可以请求解除合同，出卖人应当将收受的购房款本金及其利息或者定金返还买受人。本解释第二十四条规定，因商品房买卖合同被确认无效或者被撤销、解除，致使商品房担保贷款合同的目的无法实现，当事人请求解除商品房担保贷款合同的，应予支持。因为结合实际情况，在买受人没有能力支付购房款，或者因商品房买卖合同无效、被撤销、解除使买受人的贷款目的失去意义时，如果不允许当事人解除合同，对买受人或者贷款银行都是极为不利的。

其次，根据《合同法》《民事诉讼法》的有关规定，本解释第二十五条、第二十六条、第二十七条又分别对处理商品房担保贷款纠纷案件的程序性问题作出了明确规定。

在商品房担保贷款纠纷中，一般存在三方主体、三个合同关系。三方主体是借款人（担保人、买受人）、贷款人（担保权人、银行）、保证人（出卖人）。三个合同关系是出卖人与买受人之间的商品房买卖合同关系、买受人与银行之

---

① 对应《民法典》第五百六十三条。

间的担保贷款合同关系、出卖人与银行之间的保证合同关系。商品房担保贷款合同的订立是以商品房买卖合同有效成立为前提条件，与商品房买卖合同具有密切联系但又相互独立。对买受人与出卖人因商品房买卖合同发生纠纷而请求确认买卖合同无效、撤销或解除时银行的诉讼地位问题，有两种观点：一是银行作为担保权人，可依据对买卖合同的标的物所享有的担保物权，作为有独立请求权的第三人向人民法院提起诉讼，人民法院将商品房买卖合同与商品房担保贷款合同关系一并解决，否则人民法院应仅审理商品房买卖合同。理由是：根据诉讼法理论，主张由于诉讼结果而使自己权利受到损害的案外人，也可以独立请求权第三人身份参与诉讼。也就是说，第三人就他人之间的诉讼标的的全部或部分有所请求，或主张因他人之间的诉讼结果，自己的权利被侵害时，可以本诉当事人双方为共同被告向法院起诉。这就是所谓的诈害防止参加理论。如德、日等民事诉讼法均有此规定。法国民事诉讼法还赋予受诈害的第三人提起第三人撤销本诉判决的诉权。二是银行只可作为无独立请求权第三人参加诉讼。理由是：根据《民事诉讼法》第五十六条①第一款的规定："对当事人双方的诉讼标的，第三人认为有独立请求权的，有权提起诉讼。"而在买受人与出卖人因商品房买卖合同发生的纠纷诉讼中，银行对双方争议的标的买卖合同关系没有独立请求权。因此，银行不能作为有独立请求权第三人参加诉讼，而只是案件处理结果与其有法律上利害关系的无独立请求权第三人，它只可申请参加诉讼或者由人民法院通知参加诉讼。如银行单独就担保贷款合同起诉的，人民法院根据具体情况予以诉的合并，可以将担保贷款诉讼与商品房买卖合同诉讼一并处理。

对上述观点，银行坚决要求应给予其有独立请求权第三人的地位，实践中有的法院也是以银行享有对楼花或现房的抵押权而将银行列为有独立请求权第三人的。本解释采纳了第一种观点。这不仅符合诉讼效率原则，也有利于及时保护银行的合法权益。

买受人与银行因担保贷款合同发生纠纷时，因担保贷款合同是买受人以现房或将来对期房取得享有的一种期待权作为抵押物，所以，在买受人未按贷款合同约定偿还贷款时，银行就可对现房行使优先受偿权，或通过行使类似债权人代位权的方法请求处分买受人在预售合同中享有的房屋期待权，以获得优先受偿。在买受人未取得房屋权属证书也未与银行办理房屋抵押登记手续，银行只能就买受人在商品房买卖合同中享有的期待权请求处分。根据《合同法》第八十条的规定，债权人转让权利的，应当通知债务人。据此，人民法院在银行提起转让商品房买卖合同权利的诉讼时，应通知出卖人参加诉讼；如出卖人为担保贷款合同提供保证，银行同时起诉出卖人的，出卖人应为共同被告，银行

---

① 对应《民事诉讼法》（2023年修正）第五十九条。

也可直接提起诉讼，要求出卖人承担保证责任。在买受人已取得房屋权属证书并与银行办理房屋抵押登记手续，银行请求买受人偿还贷款或就抵押的房屋优先受偿的，人民法院不应追加出卖人为当事人，但出卖人提供保证的除外。

解读《最高人民法院关于审理商品房买卖合同纠纷案件适用法律若干问题的解释》修正条文

1. 引言部分：《民法典》实施后，《民法通则》《合同法》《担保法》同时废止，因此在对本司法解释进行修改时，将其引言相应进行修改。

2. 第三条：与《民法典》第四百七十三条第二款规定保持一致，销售广告和宣传资料符合要约条件即为要约，而非视为要约。

3. 第十一条（原第十五条）：《合同法》第九十四条已被《民法典》第五百六十三条吸收。

4. 第十四条（原第十八条）：与《民法典》及《不动产登记暂行条例》涉及房屋登记发证的表述保持一致。将"房屋权属证书"修改为"不动产权属证书"，将"房屋所有权登记"修改为"不动产登记"。

5. 第十五条（原第十九条）：因《城市房地产开发经营管理条例》修订，引用条文发生变化，同时与《民法典》及《不动产登记暂行条例》涉及房屋登记发证的表述保持一致。

6. 第二十二条（原第二十六条）：理由同原第十八条。

7. 第二十三条（原第二十七条）：理由同原第十八条。

［载最高人民法院民法典贯彻实施工作领导小组办公室编著：《最高人民法院实施民法典清理司法解释修改条文（111件）理解与适用》，人民法院出版社2022年版］

最高人民法院
关于商品房消费者权利保护问题的批复

法释〔2023〕1号

（2023年2月14日最高人民法院审判委员会第1879次会议通过　2023年4月20日最高人民法院公告公布　自2023年4月20日起施行）

河南省高级人民法院：

你院《关于明确房企风险化解中权利顺位问题的请示》（豫高法〔2023〕36号）收悉。就人民法院在审理房地产开发企业因商品房已售逾期难交付引发的相关纠纷案件中涉及的商品房消费者权利保护问题，经研究，批复如下：

一、建设工程价款优先受偿权、抵押权以及其他债权之间的权利顺位关系，按照《最高人民法院关于审理建设工程施工合同纠纷案件适用法律问题的解释（一）》第三十六条的规定处理。

二、商品房消费者以居住为目的购买房屋并已支付全部价款，主张其房屋交付请求权优先于建设工程价款优先受偿权、抵押权以及其他债权的，人民法院应当予以支持。

只支付了部分价款的商品房消费者，在一审法庭辩论终结前已实际支付剩余价款的，可以适用前款规定。

三、在房屋不能交付且无实际交付可能的情况下，商品房消费者主张价款返还请求权优先于建设工程价款优先受偿权、抵押权以及其他债权的，人民法院应当予以支持。

指导案例 72 号

汤龙、刘新龙、马忠太、王洪刚诉新疆鄂尔多斯彦海房地产开发有限公司商品房买卖合同纠纷案

(最高人民法院审判委员会讨论通过　2016年12月28日发布)

关键词

民事　商品房买卖合同　借款合同　清偿债务　法律效力　审查

裁判要点

借款合同双方当事人经协商一致，终止借款合同关系，建立商品房买卖合同关系，将借款本金及利息转化为已付购房款并经对账清算的，不属于《中华人民共和国物权法》第一百八十六条①规定禁止的情形，该商品房买卖合同的订立目的，亦不属于《最高人民法院关于审理民间借贷案件适用法律若干问题的规定》第二十四条②规定的"作为民间借贷合同的担保"。在不存在《中华人民共和国合同法》第五十二条规定情形的情况下，该商品房买卖合同具有法律效力。但对转化为已付购房款的借款本金及利息数额，人民法院应当结合借款合同等证据予以审查，以防止当事人将超出法律规定保护限额的高额利息转化为已付购房款。

相关法条

《中华人民共和国物权法》第一百八十六条

《中华人民共和国合同法》第五十二条

基本案情

原告汤龙、刘新龙、马忠太、王洪刚诉称：根据双方合同约定，新疆鄂尔多斯彦海房地产开发有限公司（以下简称彦海公司）应于2014年9月30日向四人交付符合合同约定的房屋。但至今为止，彦海公司拒不履行房屋交付义务。故请求判令：一、彦海公司向汤龙、刘新龙、马忠太、王洪刚支付违约金6000万元；二、彦海公司承担汤龙、刘新龙、马忠太、王洪刚主张权利过程中的损失费用416300元；三、彦海公司承担本案的全部诉讼费用。

彦海公司辩称：汤龙、刘新龙、马忠太、王洪刚应分案起诉。四人与彦海公司没有购买和出售房屋的意思表示，双方之间房屋买卖合同名为买卖实为借

---

① 对应《民法典》第四百条。
② 对应《最高人民法院关于审理民间借贷案件适用法律若干问题的规定》（2020年修正）第二十三条。

贷，该商品房买卖合同系为借贷合同的担保，该约定违反了《中华人民共和国担保法》第四十条①、《中华人民共和国物权法》第一百八十六条的规定无效。双方签订的商品房买卖合同存在显失公平、乘人之危的情况。四人要求的违约金及损失费用亦无事实依据。

法院经审理查明：汤龙、刘新龙、马忠太、王洪刚与彦海公司于 2013 年先后签订多份借款合同，通过实际出借并接受他人债权转让，取得对彦海公司合计 2.6 亿元借款的债权。为担保该借款合同履行，四人与彦海公司分别签订多份商品房预售合同，并向当地房屋产权交易管理中心办理了备案登记。该债权陆续到期后，因彦海公司未偿还借款本息，双方经对账，确认彦海公司尚欠四人借款本息 361398017.78 元。双方随后重新签订商品房买卖合同，约定彦海公司将其名下房屋出售给四人，上述欠款本息转为已付购房款，剩余购房款 38601982.22 元，待办理完毕全部标的物产权转移登记后一次性支付给彦海公司。汤龙等四人提交与彦海公司对账表显示，双方之间的借款利息系分别按照月利率 3% 和 4%、逾期利率 10% 计算，并计算复利。

裁判结果

新疆维吾尔自治区高级人民法院于 2015 年 4 月 27 日作出 (2015) 新民一初字第 2 号民事判决，判令：一、彦海公司向汤龙、马忠太、刘新龙、王洪刚支付违约金 9275057.23 元；二、彦海公司向汤龙、马忠太、刘新龙、王洪刚支付律师费 416300 元；三、驳回汤龙、马忠太、刘新龙、王洪刚的其他诉讼请求。上述款项，应于判决生效后十日内一次性付清。宣判后，彦海公司以双方之间买卖合同系借款合同的担保，并非双方真实意思表示，且欠款金额包含高利等为由，提起上诉。最高人民法院于 2015 年 10 月 8 日作出 (2015) 民一终字第 180 号民事判决：一、撤销新疆维吾尔自治区高级人民法院 (2015) 新民一初字第 2 号民事判决；二、驳回汤龙、刘新龙、马忠太、王洪刚的诉讼请求。

裁判理由

法院生效裁判认为：本案争议的商品房买卖合同签订前，彦海公司与汤龙等四人之间确实存在借款合同关系，且为履行借款合同，双方签订了相应的商品房预售合同，并办理了预购商品房预告登记。但双方系争商品房买卖合同是在彦海公司未偿还借款本息的情况下，经重新协商并对账，将借款合同关系转变为商品房买卖合同关系，将借款本息转为已付购房款，并对房屋交付、尾款支付、违约责任等权利义务作出了约定。民事法律关系的产生、变更、消灭，除基于法律特别规定，需要通过法律关系参与主体的意思表示一致形成。民事交易活动中，当事人意思表示发生变化并不鲜见，该意思表示的变化，除为法

---

① 对应《民法典》第四百零一条。

律特别规定所禁止外，均应予以准许。本案双方经协商一致终止借款合同关系，建立商品房买卖合同关系，并非为双方之间的借款合同履行提供担保，而是借款合同到期彦海公司难以清偿债务时，通过将彦海公司所有的商品房出售给汤龙等四位债权人的方式，实现双方权利义务平衡的一种交易安排。该交易安排并未违反法律、行政法规的强制性规定，不属于《中华人民共和国物权法》第一百八十六条规定禁止的情形，亦不适用《最高人民法院关于审理民间借贷案件适用法律若干问题的规定》第二十四条规定。尊重当事人嗣后形成的变更法律关系性质的一致意思表示，是贯彻合同自由原则的题中应有之意。彦海公司所持本案商品房买卖合同无效的主张，不予采信。

但在确认商品房买卖合同合法有效的情况下，由于双方当事人均认可该合同项下已付购房款系由原借款本息转来，且彦海公司提出该欠款数额包含高额利息。在当事人请求司法确认和保护购房者合同权利时，人民法院对基于借款合同的实际履行而形成的借款本金及利息数额应当予以审查，以避免当事人通过签订商品房买卖合同等方式，将违法高息合法化。经审查，双方之间借款利息的计算方法，已经超出法律规定的民间借贷利率保护上限。对双方当事人包含高额利息的欠款数额，依法不能予以确认。由于法律保护的借款利率明显低于当事人对账确认的借款利率，故应当认为汤龙等四人作为购房人，尚未足额支付合同约定的购房款，彦海公司未按照约定时间交付房屋，不应视为违约。汤龙等四人以彦海公司逾期交付房屋构成违约为事实依据，要求彦海公司支付违约金及律师费，缺乏事实和法律依据。一审判决判令彦海公司承担支付违约金及律师费的违约责任错误，本院对此予以纠正。

最高人民法院
关于审理民间借贷案件适用法律若干问题的规定

（2015年6月23日最高人民法院审判委员会第1655次会议通过 根据2020年8月18日最高人民法院审判委员会第1809次会议通过的《最高人民法院关于修改〈关于审理民间借贷案件适用法律若干问题的规定〉的决定》第一次修正 根据2020年12月23日最高人民法院审判委员会第1823次会议通过的《最高人民法院关于修改〈最高人民法院关于在民事审判工作中适用《中华人民共和国工会法》若干问题的解释〉等二十七件民事类司法解释的决定》第二次修正）

为正确审理民间借贷纠纷案件，根据《中华人民共和国民法典》《中华人民共和国民事诉讼法》《中华人民共和国刑事诉讼法》等相关法律之规定，结合审判实践，制定本规定。

第一条 本规定所称的民间借贷，是指自然人、法人和非法人组织之间进行资金融通的行为。

经金融监管部门批准设立的从事贷款业务的金融机构及其分支机构，因发放贷款等相关金融业务引发的纠纷，不适用本规定。

第二条 出借人向人民法院提起民间借贷诉讼时，应当提供借据、收据、欠条等债权凭证以及其他能够证明借贷法律关系存在的证据。

当事人持有的借据、收据、欠条等债权凭证没有载明债权人，持有债权凭证的当事人提起民间借贷诉讼的，人民法院应予受理。被告对原告的债权人资格提出有事实依据的抗辩，人民法院经审查认为原告不具有债权人资格的，裁定驳回起诉。

第三条 借贷双方就合同履行地未约定或者约定不明确，事后未达成补充协议，按照合同相关条款或者交易习惯仍不能确定的，以接受货币一方所在地为合同履行地。

第四条 保证人为借款人提供连带责任保证，出借人仅起诉借款人的，人民法院可以不追加保证人为共同被告；出借人仅起诉保证人的，人民法院可以追加借款人为共同被告。

保证人为借款人提供一般保证，出借人仅起诉保证人的，人民法院应当追加借款人为共同被告；出借人仅起诉借款人的，人民法院可以不追加保证人为共同被告。

第五条 人民法院立案后，发现民间借贷行为本身涉嫌非法集资等犯罪的，应当裁定驳回起诉，并将涉嫌非法集资等犯罪的线索、材料移送公安或者检察机关。

公安或者检察机关不予立案，或者立案侦查后撤销案件，或者检察机关作出不起诉决定，或者经人民法院生效判决认定不构成非法集资等犯罪，当事人又以同一事实向人民法院提起诉讼的，人民法院应予受理。

第六条 人民法院立案后，发现与民间借贷纠纷案件虽有关联但不是同一事实的涉嫌非法集资等犯罪的线索、材料的，人民法院应当继续审理民间借贷纠纷案件，并将涉嫌非法集资等犯罪的线索、材料移送公安或者检察机关。

第七条 民间借贷纠纷的基本案件事实必须以刑事案件的审理结果为依据，而该刑事案件尚未审结的，人民法院应当裁定中止诉讼。

第八条 借款人涉嫌犯罪或者生效判决认定其有罪，出借人起诉请求担保人承担民事责任的，人民法院应予受理。

第九条 自然人之间的借款合同具有下列情形之一的，可以视为合同成立：

（一）以现金支付的，自借款人收到借款时；

（二）以银行转账、网上电子汇款等形式支付的，自资金到达借款人账户时；

（三）以票据交付的，自借款人依法取得票据权利时；

（四）出借人将特定资金账户支配权授权给借款人的，自借款人取得对该账户实际支配权时；

（五）出借人以与借款人约定的其他方式提供借款并实际履行完成时。

第十条 法人之间、非法人组织之间以及它们相互之间为生产、经营需要订立的民间借贷合同，除存在民法典第一百四十六条、第一百五十三条、第一百五十四条以及本规定第十三条规定的情形外，当事人主张民间借贷合同有效的，人民法院应予支持。

第十一条 法人或者非法人组织在本单位内部通过借款形式向职工筹集资金，用于本单位生产、经营，且不存在民法典第一百四十四条、第一百四十六条、第一百五十三条、第一百五十四条以及本规定第十三条规定的情形，当事人主张民间借贷合同有效的，人民法院应予支持。

第十二条 借款人或者出借人的借贷行为涉嫌犯罪，或者已经生效的裁判认定构成犯罪，当事人提起民事诉讼的，民间借贷合同并不当然无效。人民法院应当依据民法典第一百四十四条、第一百四十六条、第一百五十三条、第一百五十四条以及本规定第十三条之规定，认定民间借贷合同的效力。

担保人以借款人或者出借人的借贷行为涉嫌犯罪或者已经生效的裁判认定构成犯罪为由，主张不承担民事责任的，人民法院应当依据民间借贷合同与担保合同的效力、当事人的过错程度，依法确定担保人的民事责任。

第十三条 具有下列情形之一的，人民法院应当认定民间借贷合同无效：

（一）套取金融机构贷款转贷的；

（二）以向其他营利法人借贷、向本单位职工集资，或者以向公众非法吸收存款等方式取得的资金转贷的；

（三）未依法取得放贷资格的出借人，以营利为目的向社会不特定对象提供借款的；

（四）出借人事先知道或者应当知道借款人借款用于违法犯罪活动仍然提供借款的；

（五）违反法律、行政法规强制性规定的；

（六）违背公序良俗的。

第十四条 原告以借据、收据、欠条等债权凭证为依据提起民间借贷诉讼，被告依据基础法律关系提出抗辩或者反诉，并提供证据证明债权纠纷非民间借贷行为引起的，人民法院应当依据查明的案件事实，按照基础法律关系审理。

当事人通过调解、和解或者清算达成的债权债务协议，不适用前款规定。

第十五条 原告仅依据借据、收据、欠条等债权凭证提起民间借贷诉讼，被告抗辩已经偿还借款的，被告应当对其主张提供证据证明。被告提供相应证据证明其主张后，原告仍应就借贷关系的存续承担举证责任。

被告抗辩借贷行为尚未实际发生并能作出合理说明的，人民法院应当结合借贷金额、款项交付、当事人的经济能力、当地或者当事人之间的交易方式、交易习惯、当事人财产变动情况以及证人证言等事实和因素，综合判断查证借贷事实是否发生。

第十六条 原告仅依据金融机构的转账凭证提起民间借贷诉讼，被告抗辩转账系偿还双方之前借款或者其他债务的，被告应当对其主张提供证据证明。被告提供相应证据证明其主张后，原告仍应就借贷关系的成立承担举证责任。

第十七条 依据《最高人民法院关于适用〈中华人民共和国民事诉讼法〉的解释》第一百七十四条第二款之规定，负有举证责任的原告无正当理由拒不到庭，经审查现有证据无法确认借贷行为、借贷金额、支付方式等案件主要事实的，人民法院对原告主张的事实不予认定。

第十八条 人民法院审理民间借贷纠纷案件时发现有下列情形之一的，应当严格审查借贷发生的原因、时间、地点、款项来源、交付方式、款项流向以及借贷双方的关系、经济状况等事实，综合判断是否属于虚假民事诉讼：

（一）出借人明显不具备出借能力；
（二）出借人起诉所依据的事实和理由明显不符合常理；
（三）出借人不能提交债权凭证或者提交的债权凭证存在伪造的可能；
（四）当事人双方在一定期限内多次参加民间借贷诉讼；
（五）当事人无正当理由拒不到庭参加诉讼，委托代理人对借贷事实陈述不清或者陈述前后矛盾；
（六）当事人双方对借贷事实的发生没有任何争议或者诉辩明显不符合常理；
（七）借款人的配偶或者合伙人、案外人的其他债权人提出有事实依据的异议；
（八）当事人在其他纠纷中存在低价转让财产的情形；
（九）当事人不正当放弃权利；
（十）其他可能存在虚假民间借贷诉讼的情形。

第十九条 经查明属于虚假民间借贷诉讼，原告申请撤诉的，人民法院不予准许，并应当依据民事诉讼法第一百一十二条之规定，判决驳回其请求。

诉讼参与人或者其他人恶意制造、参与虚假诉讼，人民法院应当依据民事诉讼法第一百一十一条、第一百一十二条和第一百一十三条之规定，依法予以罚款、拘留；构成犯罪的，应当移送有管辖权的司法机关追究刑事责任。

单位恶意制造、参与虚假诉讼的，人民法院应当对该单位进行罚款，并可以对其主要负责人或者直接责任人员予以罚款、拘留；构成犯罪的，应当移送有管辖权的司法机关追究刑事责任。

第二十条 他人在借据、收据、欠条等债权凭证或者借款合同上签名或者盖章，但是未表明其保证人身份或者承担保证责任，或者通过其他事实不能推定其为保证人，出借人请求其承担保证责任的，人民法院不予支持。

第二十一条 借贷双方通过网络贷款平台形成借贷关系，网络贷款平台的提供者仅提供媒介服务，当事人请求其承担担保责任的，人民法院不予支持。

网络贷款平台的提供者通过网页、广告或者其他媒介明示或者有其他证据证明其为借贷提供担保，出借人请求网络贷款平台的提供者承担担保责任的，人民法院应予支持。

第二十二条 法人的法定代表人或者非法人组织的负责人以单位名义与出借人签订民间借贷合同，有证据证明所借款项系法定代表人或者负责人个人使用，出借人请求将法定代表人或者负责人列为共同被告或者第三人的，人民法院应予准许。

法人的法定代表人或者非法人组织的负责人以个人名义与出借人订立民间借贷合同，所借款项用于单位生产经营，出借人请求单位与个人共同承担责任的，人民法院应予支持。

第二十三条 当事人以订立买卖合同作为民间借贷合同的担保，借款到期后借款人不能还款，出借人请求履行买卖合同的，人民法院应当按照民间借贷法律关系审理。当事人根据法庭审理情况变更诉讼请求的，人民法院应当准许。

按照民间借贷法律关系审理作出的判决生效后，借款人不履行生效判决确定的金钱债务，出借人可以申请拍卖买卖合同标的物，以偿还债务。就拍卖所得的价款与应偿还借款本息之间的差额，借款人或者出借人有权主张返还或者补偿。

第二十四条 借贷双方没有约定利息，出借人主张支付利息的，人民法院不予支持。

自然人之间借贷对利息约定不明，出借人主张支付利息的，人民法院不予支持。除自然人之间借贷的外，借贷双方对借贷利息约定不明，出借人主张利息的，人民法院应当结合民间借贷合同的内容，并根据当地或者当事人的交易方式、交易习惯、市场报价利率等因素确定利息。

第二十五条 出借人请求借款人按照合同约定利率支付利息的，人民法院应予支持，但是双方约定的利率超过合同成立时一年期贷款市场报价利率四倍的除外。

前款所称"一年期贷款市场报价利率"，是指中国人民银行授权全国银行间同业拆借中心自 2019 年 8 月 20 日起每月发布的一年期贷款市场报价利率。

第二十六条 借据、收据、欠条等债权凭证载明的借款金额，一般认定为本金。预先在本金中扣除利息的，人民法院应当将实际出借的金额认定为本金。

第二十七条 借贷双方对前期借款本息结算后将利息计入后期借款本金并重新出具债权凭证，如果前期利率没有超过合同成立时一年期贷款市场报价利率四倍，重新出具的债权凭证载明的金额可认定为后期借款本金。超过部分的利息，不应认定为后期借款本金。

按前款计算，借款人在借款期间届满后应当支付的本息之和，超过以最初借款本金与以最初借款本金为基数、以合同成立时一年期贷款市场报价利率四倍计算的整个借款期间的利息之和的，人民法院不予支持。

第二十八条 借贷双方对逾期利率有约定的，从其约定，但是以不超过合同成立时一年期贷款市场报价利率四倍为限。

未约定逾期利率或者约定不明的，人民法院可以区分不同情况处理：

（一）既未约定借期内利率，也未约定逾期利率，出借人主张借款人自逾期还款之日起参照当时一年期贷款市场报价利率标准计算的利息承担逾期还款违约责任的，人民法院应予支持；

（二）约定了借期内利率但是未约定逾期利率，出借人主张借款人自逾期还款之日起按照借期内利率支付资金占用期间利息的，人民法院应予支持。

第二十九条 出借人与借款人既约定了逾期利率，又约定了违约金或者其他费用，出借人可以选择主张逾期利息、违约金或者其他费用，也可以一并主张，但是总计超过合同成立时一年期贷款市场报价利率四倍的部分，人民法院不予支持。

第三十条 借款人可以提前偿还借款，但是当事人另有约定的除外。

借款人提前偿还借款并主张按照实际借款期限计算利息的，人民法院应予支持。

第三十一条 本规定施行后，人民法院新受理的一审民间借贷纠纷案件，适用本规定。

2020年8月20日之后新受理的一审民间借贷案件，借贷合同成立于2020年8月20日之前，当事人请求适用当时的司法解释计算自合同成立到2020年8月19日的利息部分的，人民法院应予支持；对于自2020年8月20日到借款返还之日的利息部分，适用起诉时本规定的利率保护标准计算。

本规定施行后，最高人民法院以前作出的相关司法解释与本规定不一致的，以本规定为准。

【注　解】

一、最高人民法院2015年8月6日公布本规定，法释〔2015〕18号，自2015年9月1日起施行。

最高人民法院2020年8月19日公布《最高人民法院关于修改〈关于审理民间借贷案件适用法律若干问题的规定〉的决定》第1次修正本规定，法释〔2020〕6号，该修正自2020年8月20日起施行。

最高人民法院2020年12月29日公布《最高人民法院关于修改〈最高人民法院关于在民事审判工作中适用《中华人民共和国工会法》若干问题的解释〉等二十七件民事类司法解释的决定》第2次修正本规定，法释〔2020〕17号，该修正自2021年1月1日起施行。

二、本规定引用的《中华人民共和国民事诉讼法》已于2023年9月1日第5次修正。

【解　　读】

解读《最高人民法院关于审理民间借贷案件适用法律若干问题的规定》

一、问题的提出

随着我国经济社会的高速发展和金融制度的改革以及企业创新的需求，民间借贷作为正规金融的合理补充，已成为扩大闲散资金的融通渠道、解决中小微企业融资难问题的有力手段。但我国对民间借贷的监管缺失，导致民间借贷存在盲目、无序、风险大等问题，由此引发大量纠纷，甚至造成大量因讨债、逃债而致人身伤亡的恶性案件出现，严重影响了社会关系的和谐稳定。民间借贷案件井喷式的发展，给当前的民事审判工作带来了前所未有的压力。而目前审理民间借贷案件主要适用的还是1991年最高人民法院印发的《关于人民法院审理借贷案件的若干意见》。经过二十多年的发展，该意见已远远不能适应新的形势发展要求，远远不能满足司法实践的新需求。与此相适应，民间借贷也发生了巨大的变化，在内容上生产经营性借贷大幅度上扬、生活性借贷大幅度下降，借贷主体逐渐从自然人之间的借贷、自然人与企业之间的借贷发展到企业之间的借贷。而我国目前对大量出现的企业之间的借贷如何进行规制缺乏有力的措施。此外，由于监管的缺失，由民间借贷引发的非法集资犯罪情况频繁出现，相互交织；在利率完全市场化的背景之下，央行不再公布同期贷款基准利率，导致大量涉及民间借贷利率的案件裁判没有依据。鉴于上述情况，最高人民法院公布了《关于审理民间借贷案件适用法律若干问题的规定》（以下简称本规定），自2015年9月1日起施行。

二、理解与适用

（一）民间借贷行为的主体、适用范围

民间借贷是相对于国家正规金融行业自发形成的一种民间融资信用形式，在我国有着深厚的经济基础和广泛的社会基础，在一定程度上为弥补正规金融机构存在的服务机制短缺发挥着重要的作用。长期以来，相关监管政策、法律措施的严重缺失，导致大量游离于正规金融机构之外的非金融机构法人、其他组织和自然人相互间的资金融通行为难以得到规范监督，民间借贷的自发性和无序性必然会引发大量的纠纷。为解决民间借贷存在的各类问题，正确引导，减少纠纷,就必须采取司法干预的措施予以规范。对民间借贷进行规制就必须明确界定民间借贷的内涵、特征、主体范围等。通过对民间借贷的界定,明确掌握民间借贷行为的主体,有效地适用法律对此类资金融通行为进行规制。因民间借贷并非一个法律概念,如何对这种资金融通行为予以界定?根据《合同法》第一百九十六条①对借款合同的规定和《最高人民法院关于人民法院审理借贷案件的若干意见》的相关规定,结合民间借贷行为自身所具有的还本付息的特征,在广泛调研和征求各方意见的基础上,参照《最高人民法院民事案件案由规定》中民间借贷纠纷的案由规定,本规定第一条②第一款采用民间借贷的称谓对此类行为予以定义,即民间借贷是指自然人、法人、其他组织之间及其相互之间进行资金融通的行为。由此,通过对民间借贷的界定,就明确了本规定的适用主体为自然人、法人、其他组织。为便于进一步明确本规定的适用主体范围,根据《银行业监督管理法》《商业银行法》等相关法律规定,本规定第一条第二款将经金融监管部门批准设立的金融机构(包括银行业金融机构和非银行业金融机构等)排除在民间借贷的主体范围之外,明确这些金融机构及其分支机构因发放贷款等相关金融业务引发的纠纷,适用其专门的法律、行政法规,不适用本规定。

从本规定第一条对民间借贷的界定看,其不仅从称谓的形式上明晰了民间借贷与金融机构的金融业务之间存在的民间性和非正规金融的本质区别,更从借贷行为主体的适用范围上与金融机构进行了划分。明确将经金融监管部门批准设立的金融机构排除在本规定适用范围之外,而将金融机构之外的自然人、法人、其他组织相互之间发生的资金借贷行为纳入了本规定的规范范畴。

(二)民间借贷案件的起诉与受理

民间借贷作为一种民事法律行为,人民法院在受理此类纠纷时首先必须依据《民事诉讼法》第一百一十九条③的规定进行审查,当事人提起的诉讼必须符合法定的起诉条件,即原告是与本案有直接利害关系的公民、法人和其他组织;有明确的被告;有具体的诉讼请求和事实、理由;属于人民法院受理民事诉讼的范围和受诉人民法院管辖。从民间借贷的产生和发展的历史过程看,此类借贷通常发生在存有血缘、地缘关系的亲朋好友之间,以少量的自有闲散资金解决生活和简单的生产需要,简单随意性就是这种熟人社会中借贷行为的外在特征,当事人之间往往不签订任何书面借款合同或只写简单的字条。这反映

---

① 对应《民法典》第六百六十七条。
② 对应《最高人民法院关于审理民间借贷案件适用法律若干问题的规定》(2020年修正)第一条。
③ 对应《民事诉讼法》(2023年修正)第一百二十二条。

到司法实践中,就产生了在双方发生借贷纠纷向人民法院起诉时,出借人难以举证证明其为适格原告,借款人难以进行抗辩等问题,容易导致案件客观事实与法律事实严重不一致。为规范当事人之间的借贷行为,加强当事人的权利保障意识,明确双方当事人的权利义务关系,结合民间借贷通常体现出的外在形式,本规定根据《民事诉讼法》关于起诉和举证责任的相关规定,在第二条明确规定了出借人向人民法院起诉时,应当提供借据、收据、欠条等债权凭证。这也是当事人通常为证明存在借贷关系所提交的债权证据。同时,考虑到社会生活的多样化,为保障当事人的诉讼权利,充分举证,出借人在起诉时提交的债权凭证不限于本规定列明的借据、收据、欠条等形式,还包括其他能够证明借贷法律关系存在的证据,如短信、微信、博客、网上聊天记录等电子数据以及录音录像等视听资料,当事人的陈述等。这也是《民事诉讼法》的基本要求,根据人民法院案件受理制度由立案审查制改为立案登记制的要求,只要符合《民事诉讼法》第一百一十九条规定的起诉条件的,人民法院都要受理。但对于不符合法定起诉条件的,即使已经进行了立案登记,也不能进入实体程序,人民法院应当通知当事人补交相关证据材料。这一规定有利于防止当事人滥用诉权,为立案登记制背景下更好地发挥司法对民间借贷纠纷的起诉和受理提供了法律依据。

(三)民间借贷中的民刑交叉

民刑交叉是当前司法实践中最为常见的一种由同一民间借贷行为引发的民事法律关系和刑事法律关系相互交织的现象,也是长期困扰司法机关的社会问题。民间借贷的自发无序和监管的严重缺失,以及人类的趋利本性,导致民间借贷往往从一般的生活消费、生产经营性借贷,向非法吸收公众存款、集资诈骗、非法经营等刑事犯罪的方向发展,这就出现了大量的由同一行为引发的民事和刑事两个关系相互交叉的民刑交叉案件。既然同一民间借贷行为同时涉及接受民事法律和刑事法律的规范,就必然要考虑民事诉讼程序和刑事诉讼程序、民事责任和刑事责任的适用和确定问题。两个诉讼程序如何协调,即在对民间借贷纠纷的处理上选择何种诉讼模式,是司法实践中解决民刑交叉案件的关键问题。在法律层面,除了《民事诉讼法》第一百五十条[①]第一款第五项规定的中止诉讼外,并无其他关于民刑交叉案件程序处理的法律规定。从以往的司法实践看,对于民事行为本身涉嫌犯罪的程序处理,主要依据是最高人民法院发布的关于经济纠纷与经济犯罪处理问题的相关司法解释,处理民刑交叉问题长期适用的是"先刑后民"的司法原则。2014年3月25日,最高人民法院、最高人民检察院和公安部联合颁布了《关于办理非法集资刑事案件适用法律若干问题的意见》,其第七条"关于涉及民事案件的处理问题"规定,"对于

---

① 对应《民事诉讼法》(2023年修正)第一百五十三条。

公安机关、人民检察院、人民法院正在侦查、起诉、审理的非法集资刑事案件，有关单位或者个人就同一事实向人民法院提起民事诉讼或者申请执行涉案财物的，人民法院应当不予受理，并将有关材料移送公安机关或者检察机关。人民法院在审理民事案件或者执行过程中，发现有非法集资犯罪嫌疑的，应当裁定驳回起诉或者中止执行，并及时将有关材料移送公安机关或者检察机关"。由此可见，"两高一部"发布的最新处理非法集资刑事案件的规范性文件，仍旧秉承了"先刑后民"的原则。据此，为彰显公权优先的价值理念，本规定沿袭了该原则，其第五条第一款明确规定："人民法院立案后，发现民间借贷行为本身涉嫌非法集资犯罪的，应当裁定驳回起诉，并将涉嫌非法集资犯罪的线索、材料移送公安或者检察机关。"第七条规定："民间借贷的基本案件事实必须以刑事案件审理结果为依据，而该刑事案件尚未审结的，人民法院应当裁定中止诉讼。"这也是"先刑后民"原则在本规定中的重申和延续。同时，为充分保护当事人的诉讼权利，本规定又作出了后续性补充规定，即在第五条第二款规定："公安或者检察机关不予立案，或者立案侦查后撤销案件，或者检察机关作出不起诉决定，或者经人民法院生效判决认定不构成非法集资犯罪，当事人又以同一事实向人民法院提起诉讼的，人民法院应予受理。"人民法院不能以一事不再理为由不予受理。

在坚持"先刑后民"原则的同时，为保障私权与公权享受平等的保护，防止公权过度干预私权、以刑止民，弱化民事诉讼的功能，本规定确立了"刑民并行"的司法原则，其第六条规定："人民法院立案后，发现与民间借贷纠纷案件虽有关联但不是同一事实的涉嫌非法集资等犯罪的线索、材料的，人民法院应当继续审理民间借贷纠纷案件，并将涉嫌非法集资等犯罪的线索、材料移送公安或者检察机关。"当然，适用"刑民并行"的原则应当是在涉嫌非法集资等犯罪虽与民间借贷纠纷案件有关联但不是由同一事实引发的前提下。

（四）企业、其他组织之间借贷合同的效力

企业和其他组织间借贷合同的效力问题是本规定的亮点之一。企业、其他组织之间的借贷合同，是指企业、其他组织相互之间订立的，由一方向另一方提供货币，另一方在约定期限内归还相应货币，并支付相应利息的合同。而在1991年《最高人民法院关于人民法院审理借贷案件的若干意见》中，民间借贷合同仅指自然人（公民）之间、自然人与企业（法人）之间，以及自然人与其他组织之间的借贷，不包括企业和其他组织相互之间的借贷。而且在长期的审判实践中，对企业之间、其他组织之间及其相互之间的借贷合同始终坚持按无效处理的认定原则，认定无效的依据是中国人民银行发布的《贷款通则》，即企业之间不得违反国家规定办理借贷或者变相借贷融资业务。1996年《最高人民法院关于对企业借贷合同借款方逾期不归还借款的应如何处理的批复》

规定，企业借贷合同违反有关金融法规的，属无效合同。随着1999年《合同法》的颁布实施，认定合同无效有了明确的法定条件和法律依据，对现实生活中存在的大量企业、其他组织之间的借贷合同效力的认定问题，开始有了新的认识和不同做法，作为部门规章的《贷款通则》也不能再成为认定合同效力的法律依据。鉴于当前在我国的法律和行政法规层面，并无对企业、其他组织之间借贷合同的禁止性规定，对企业、其他组织之间的借贷合同不能一概认定无效。经过充分调研论证，本规定在第1条对民间借贷的定义中首次将法人（企业）、其他组织之间的资金融通行为纳入民间借贷的规范之中。与该条相呼应，本规定第十一条①、第十二条②对法人、其他组织之间及其相互之间的借贷合同效力在一定条件下给予了认可，即法人之间、其他组织之间以及它们相互之间为生产经营需要订立的民间借贷合同，法人或者其他组织在本单位内部通过借款形式向职工筹集资金，用于本单位生产经营，且不存在《合同法》第五十二条、本规定第十四条③规定的情形，当事人主张民间借贷合同有效的，人民法院应予支持。从上述规定看，企业、其他组织之间及其相互之间的借贷必须是基于生产经营需要，如果存在以借贷为常业、套取金融机构信贷资金高利转贷，将企业、其他组织内部集资资金转贷牟利等行为的，要依法认定合同无效。

（五）借贷关系的举证证明责任

民间借贷案件的事实审查，是民间借贷案件的审理难点和重点。民间借贷案件的基本事实，包括借贷合意是否形成、款项是否交付、本金数额、利息约定等多个方面，其中借贷事实是否真实发生是民间借贷案件的首要基本事实，也是全案展开的基本依据。

民间借贷案件的事实认定，大多是法官根据经验法则，通过对证据材料的审查和其证明力的认定、判断、取舍，并对比各方当事人不同证据的证明力，推断当事人之间既往发生的法律关系的事实过程。这一过程中所涵盖的经验法则的选择与运用，证据证明力的判断等，都很难通过明确的法律规则来实现，更多的是依靠法官的自由心证。正因如此，司法实践中对于借贷关系是否发生的基本事实作出判断和认定的标准，存在一定程度的差异。虽然完全统一法官心证结果在客观上不可能实现，但通过更精细化的指引，规范事实认定的方向和进路，却是十分必要和可行的。

---

① 对应《最高人民法院关于审理民间借贷案件适用法律若干问题的规定》（2020年修正）第十条。

② 对应《最高人民法院关于审理民间借贷案件适用法律若干问题的规定》（2020年修正）第十一条。

③ 对应《最高人民法院关于审理民间借贷案件适用法律若干问题的规定》（2020年修正）第十三条。

随着民间借贷市场的不断发展壮大，其游离于正规金融体系之外，容易伴生非法集资、非法吸收公众存款、金融欺诈等违法犯罪行为，危害借款人利益，冲击金融市场秩序。另外，民间借贷主体的法律意识淡薄，交易法律手续不完备，借贷行为隐秘性强，也容易引起法律纠纷。审判实践中，存在着大量的原告在提起诉讼时往往仅依据单一的借据、收据、欠条等债权凭证或者仅有金融机构的转账凭证作为证明借贷关系已经发生的证据的情况，如果被告抗辩已经偿还借款，或者被告抗辩转账系偿还双方之前借款或其他债务，在此情况下，如何判定案件事实，就存在着举证证明责任的分配承担问题。此类问题也是长期困扰人民法院审理民间借贷案件的难点，各地各级法院的裁判标准不一，影响了司法的权威。在此情况下，认定案件事实就不能仅仅依据借据、收据、欠条等债权凭证简单地认定借贷关系已经发生以及已经发生的借贷关系的内容。为此，本规定第十六条①、第十七条②提出了有关举证责任分配的要求，即首先应由原告就借贷关系的存在进行初步举证，被告提出抗辩时应当对其抗辩的主张提出相应的证据加以证明，如果被告提不出相应的证据，或者提供的证据不足以证明其主张的，则一般认定借贷关系已经发生。如果被告提供了证据可以证明其主张的，此时的举证证明责任就应当由原告承担。在当事人主张系现金交付的民间借贷案件中，还应当结合借贷金额、款项交付、当事人的经济能力、当地或者当事人之间的交易方式、交易习惯、当事人财产变动情况以及证人证言等事实和因素，综合判断借贷事实是否发生。这一规定也是近年来司法实践的经验总结，对于证据和事实认定起到了很好的指引作用，对广大法官甄别真实借贷关系具有较强的针对性和可操作性，有利于实现维护借款人合法权益、遏制违法犯罪活动的法律效果。我们将这一经验进行修改与整合，吸收到司法解释中，作为民间借贷案件中事实审查的规定，从而明确了此类案件的举证证明责任、审查内容和审查标准。

（六）互联网借贷平台的责任认定

互联网金融是伴随着互联网及其相关技术的发展，在我国迅速发展起来的一种现代资金融通模式。特别是以P2P为代表的网络借贷模式的出现，将民间借贷和互联网技术紧密连接起来。近年来，随着民间借贷规模的扩大，P2P网络借贷也呈现出井喷式发展的态势，从2007年进入我国，目前已发展成数千家。P2P网络贷款平台既然成为一种新型的民间借贷模式，在引发纠纷时，就面临着如何确定相应的权利义务和民事责任的问题。根据我

---

① 对应《最高人民法院关于审理民间借贷案件适用法律若干问题的规定》（2020年修正）第十五条。

② 对应《最高人民法院关于审理民间借贷案件适用法律若干问题的规定》（2020年修正）第十六条。

国现有的P2P网络贷款平台所采取的不同模式，对其相应的民事责任也有不同的认定。

一是居间模式。P2P网络贷款平台进入我国伊始，基本上采取的是国际通用的居间模式。在此模式下，P2P网络贷款平台与出借人和借款人形成的是居间合同关系。根据我国《合同法》的规定，作为居间人的P2P网络贷款平台承担的义务是提供媒介服务，就订立合同的有关事项向委托人如实报告，就已经知晓的相关信息如实披露，按照平台的既定规则促成合同的成立；否则，应承担相应的赔偿责任，出借人或借款人有权请求平台返还已经支付的报酬。本规定第二十二条第一款明确，借贷双方通过网络贷款平台形成借贷关系，网络贷款平台的提供者仅提供媒介服务，不承担担保责任。

二是居间加保证的模式。有的P2P网络贷款平台提供者在通过网页、广告或者其他媒介为当事人提供借贷信息的同时，又明示或者有其他证据证明其将以自有资金向出借人提供本金或本金和利息的保证，或者引入融资性担保公司或小额贷款公司对借款人进行担保，在借款人不能按期付款时，由P2P网络贷款平台或担保公司替代借款人偿付本金或本息，并自替代偿付之日起，取得借款人的债权。此时，P2P网络贷款平台不仅提供借贷中介服务，同时也与出借人和借款人形成担保法律关系，要为借款人的借贷行为进行担保，在借款人逾期偿还借款时，出借人有权请求P2P网络贷款平台提供者承担担保责任。本规定第二十二条第二款就此予以明确规定："网络贷款平台的提供者通过网页、广告或者其他媒介明示或者有其他证据证明其为借贷提供担保，出借人请求网络贷款平台的提供者承担担保责任的，人民法院应予支持。"

上述两款规定明晰了网络贷款平台提供者的权利义务关系，不仅有利于及时解决此类新型民间借贷，而且对网络贷款平台的发展也能起到积极的规范作用。

（七）民间借贷的利率规制

民间借贷是资金融通的重要方式，而利率作为资金的价格自然成为民间借贷的核心，是民间借贷案件的主要根源。合理的利率对发挥社会信用，规范民间借贷行为有着极为重要的作用，利率问题自然也成为本规定最为重要的内容之一。在以往长期的审判实践中，人民法院审理民间借贷案件中有关利率的纠纷主要依据的是银行同类贷款的利率标准。随着我国金融利率市场化改革，中国人民银行将不再公布贷款基准利率，司法审判没有了参照的依据，亟待予以明确。利率市场化并不意味着利率无限化。为及时解决司法审判难题，统一民间借贷案件的裁判尺度，避免民间借贷利率的无序化，综合各类因素反复论证，本规定采取了固定利率的模式，对民间借贷的利率予以明确规制。从民间借贷的特性分析，民间借贷的固定利率应当高于金融市场的平均利率，以激励民间借贷行为，促进民间借贷市场的发展；但金融是为实体经济服务的，从保护实体经济的角度出发，固定利率又不能过度高于实体经济的利润率，否则会阻碍实体经济的扩大再生产和生产力的发展。央行货币政策司的统计数据显示，自2002年2月以来，尽管贷款基准利率存在一定的波动，但总体维持在5%~7.5%的水平内，基本保持在6%左右。按照以往司法实践遵循的不超过四倍的计算原则，民间借贷的固定利率限制在24%为宜，也符合长期以来形成的司法实践惯例。另外，从国外关于民间借贷利率合法上限的立法模式看，总体而言，24%的利率是略高于生活消费性民间借贷的利率，却低于生产经营性民间借贷的利率，而我国当前民间借贷的实际情况也基本是维持在24%。综合上述各种因素，经过反复论证，本规定采取了以6%的贷款基准利率为基础，以四倍算法为限，即24%为民间借贷固定利率。本规定第二十六条[①]第一款规定："借贷双方约定的利率未超过年利率24%，出借人请求借款人按照约定的利率支付利息的，人民法院应予支持。"

此外，考虑到民间借贷市场所具有的盲目性、自发性、滞后性的弊端，如果完全实行利率自由化，将会导致放贷者为获得自身最大利益不断提高民间借贷利率，从而不利于资金在金融市场的优化配置和民间借贷市场的长远发展。因此，有必要以司法干预的形式对民间借贷利率上限进行必要的限制。借鉴国外和其他地区的立法经验，司法干预的主要方式就是确定一个上限，将高于上限的利率约定认定为无效，超过上限给付的利息应当作为不当得利返还债务人。根据调研了解到，我国近几年民间融资平均年利率达到36.2%，按照经济学理论的研究测算，民间借贷利率如果超过36%时，企业均将处于亏损状态。据此，为充分保护实体经济的正常发展，根据我国当前金融市场的现状，本规定以6%的贷款基准利率为基础，以六倍计算作为民间借贷利率的最高上限，即民间借贷利率超过36%的，应当认定为无效。本规定第二十六条第二款规定："借贷双方约定的利率超过年利率36%，超过部分的利息约定无效。借款人请求出借人返还已支付的超过年利率36%部分的利息的，人民法院应予支持。"对于在本规定设定的固定利率24%的司法保护线与最高年利率上限36%的无效线之间的民间借贷利率所产生的利息认定，应视为具有保持力的自然债务，即24%~36%之间的债权并无请求力，但约定也并非无效，当债权人请求给付时，债务人可以拒绝给付，债权人不得通过诉讼强制债务人履行；如果债务人已经给付，债权人受领时，法院亦不得认定为不当得利。

（撰稿人：杨临萍　姚　辉
审稿：杜万华）

[①] 对应《最高人民法院关于审理民间借贷案件适用法律若干问题的规定》（2020年修正）第二十五条。

解读新《最高人民法院关于审理民间借贷案件适用法律若干问题的规定》

基于保障促进实体经济发展和贯彻实施《民法典》的需要，最高人民法院于2020年8月及12月先后两次对2015年9月起施行的《最高人民法院关于审理民间借贷案件适用法律若干问题的规定》（以下简称《民间借贷解释》）作出修改，第二次修正后的新《民间借贷解释》已于2021年1月1日与《民法典》同步施行。本文结合《民间借贷解释》两次修改的背景及条文变化情况，对新《民间借贷解释》中的相关问题进行介绍与阐释，以供在理解和适用中参考。

一、新《民间借贷解释》的修改背景

民间借贷，泛指在国家金融监管体系之外自发形成的融资形式。作为社会经济发展过程中资金供需矛盾的有效解决方案，民间借贷在我国具有广泛的社会基础和深厚的历史渊源。一方面，民间借贷因具备形式灵活、手续简便、融资快捷等显而易见的优点而日趋活跃；另一方面，也因民间借贷天然具有的粗放、隐蔽、无序等特点，加上我国金融体制和法律体系不够完善，民间借贷相关问题引发大量纠纷进入法院，给人民法院司法审判工作带来困扰。

民间借贷在我国并非一个立法层面的概念，长期以来，是最高人民法院通过制定相关司法解释以及司法政策性文件，在司法实务层面上将借贷行为区分为金融借贷和民间借贷，适用不同的裁判规则和利率保护标准。

早在20世纪50年代初施行的《最高人民法院华东分院关于黄金借贷案件处理问题的解释》，以及《最高人民法院关于城市借贷超过几分为高利贷的解答》中，最高人民法院就开始以司法解释对借贷及利息保护的问题加以规定。自1991年最高人民法院颁行《关于人民法院审理借贷案件的若干意见》，首次以司法解释形式对民间借贷作出明确规范后，最高人民法院又于2011年先后下发《全国民事审判工作会议纪要》《关于依法妥善审理民间借贷纠纷案件促进经济发展维护社会稳定的通知》等司法政策文件，重点加强了在民间借贷案件审理过程中的证据审查、利息与高利的认定、防范惩治虚假诉讼与刑事犯罪行为等方面工作的指导。2015年，为贯彻落实党的十八届三中全会关于金融体制改革的要求，在中央鼓励大众创业、万众创新，要求着力解决中小企业融资难、融资贵问题的政策背景下，在民间借贷纠纷案件数量急剧增长、审理难度不断加大的审判压力下，最高人民法院颁布施行了《民间借贷解释》，对于规范民间借贷行为、统一法律适用标准、解决民间借贷纠纷案件中的实体与程序问题起到积极作用,成为人民法院审理民间借贷纠纷案件的重要依据。同时,为便于全国法院认真学习贯彻适用该司法解释,最高人民法院印发《关于认真学习贯彻适用〈关于审理民间借贷案件适用法律若干问题的规定〉的通知》,对司法解释适用中的重要问题作出了进一步规定。

《民间借贷解释》自2015年9月1日正式施行以来,社会各界给予充分肯定和积极评价,但随着我国经济社会不断发展、市场与供求关系不断变化、金融体制改革不断深入,民间借贷在有效缓解中小企业融资难的同时也出现了一些新问题,民间借贷领域出现的借贷主体多元化、借贷关系复杂化、纠纷类型多样化等新情况,在客观上放大了民间借贷的风险隐患。近年来,全国人大代表、全国政协委员多人多次提出议案,重点聚焦民间借贷利率司法保护上限问题,要求对《民间借贷解释》进行修改完善。各级法院在审理案件的过程中,也总结民间借贷纠纷案件呈现的新特点,反映《民间借贷解释》在适用中存在的问题。最高人民法院高度重视,继续深入调研民间借贷相关问题。2017年,最高人民法院印发《关于进一步加强金融审判工作的若干意见》,对规范和引导民间融资秩序,依法否定民间借贷纠纷案件中预扣本金或者利息、变相高息等规避民间借贷利率司法保护上限的合同条款效力作出规范。2018年8月,针对社会上经常出现通过虚增债务、伪造证据、恶意制造违约、收取高额费用等方式非法侵占财物的"套路贷"犯罪行为,最高人民法院印发《关于依法妥善审理民间借贷案件的通知》进行专项规范。直至2019年,《全国法院民商事审判工作会议纪要》进一步明确"人民法院在审理借款合同纠纷案件过程中,要根据防范化解重大金融风险、金融服务实体经济、降低融资成本的精神,区别对待金融借贷与民间借贷,并适用不同规则与利率标准。要依法否定高利转贷行为、职业放贷行为的效力",司法对民间借贷的规制一直延续。

2020年初,我国经济遭受疫情的冲击,中小企业、个体工商户面临更多融资困境。为统筹推进常态化疫情防控和经济社会良性健康发展,最高人民法院正式启动对《民间借贷解释》的修改工作。该次修改以规范与保护民间借贷,统筹推进常态化疫情防控和经济社会良性健康发展为目的,针对民间借贷合同效力、利率利息等重要问题作出研究。值得注意的是,2020年5月28日,我国《民法典》正式颁布,最高人民法院随即展开了对《民法典》相关司法解释和规范性文件的清理工作,故《民间借贷解释》的此次修改还承担了贯彻落实《民法典》精神实质的重要任务。在认真研究各级法院反馈问题,广泛听取代表委员、企业家代表、专家学者以及有关部门意见建议的基础上,先后形成讨论稿、送审稿、清理稿等多个文稿,三次报送审判委员会及民事行政专业委员会讨论。2020年8月18日,最高人民法院审判委员会第1809次会议通过《关于修改〈关于审理民间借贷案件适用法律若干问题的规定〉的决定》,修改后的《民间借贷解释》于2020年8月20日正式公布并施行。

《民间借贷解释》规定的内容，是以《民法典》作为实体法依据。作为《民法典》相关司法解释清理工作必不可少的部分，结合 2020 年 8 月 20 日司法解释施行后社会各界反馈的意见，最高人民法院决定再次对《民间借贷解释》进行修改。2020 年 12 月，司法解释清理工作全面完成，根据 2020 年 12 月 23 日最高人民法院审判委员会第 1823 次会议通过的《关于修改〈最高人民法院关于在民事审判工作中适用《中华人民共和国工会法》若干问题的解释〉等二十七件民事类司法解释的决定》，第二次修正后的新《民间借贷解释》自 2021 年 1 月 1 日起与《民法典》同步施行。

二、新《民间借贷解释》的适用范围

对于民间借贷概念的界定，我国学术和实务界长期存在不同观点，但均认可民间借贷具有未获官方金融机构许可、游离于金融监管之外进行资金融通活动的本质属性。从相关文献看，国外也普遍以"非正式金融"的概念来描述我国的民间借贷，用于泛指在银行业监管机关的监管之外，由非正式金融机构参与实施的金融活动。结合《民法典》第二条"民法调整平等主体的自然人、法人和非法人组织之间的人身关系和财产关系"的规定，新《民间借贷解释》第一条明确规定："本规定所称的民间借贷，是指自然人、法人和非法人组织之间进行资金融通的行为。经金融监管部门批准设立的从事贷款业务的金融机构及其分支机构，因发放贷款等相关金融业务引发的纠纷，不适用本规定。"该规定不仅从形式上明晰了民间借贷的民间性特征，更从借贷主体的角度，将民间借贷与金融借贷进行了划分。

2017 年，中共中央、国务院印发《关于服务实体经济防控金融风险深化金融改革的若干意见》。根据中央部署，地方金融监督管理局的监管范围是"7+4"，具体负责对小额贷款公司、融资担保公司、区域性股权市场、典当行、融资租赁公司、商业保理公司、地方资产管理公司等金融机构实施监管，强化对投资公司、农民专业合作社、社会众筹机构、地方各类交易所等的监管。据此，除传统意义上的金融机构外，我国出现了类金融机构的表现形式。2020 年 8 月 20 日《民间借贷解释》施行以后，因大幅调低了司法对民间借贷利率的保护上限，有关部门和一些法院反映，应对"经金融监管部门批准设立的从事贷款业务的金融机构"的认定标准予以明确。

鉴于批准设立从事贷款业务的金融机构属于金融监管部门职权范围，最高人民法院书面征求了中国人民银行、中国银行保险监督管理委员会的意见，以《关于新民间借贷司法解释适用范围问题的批复》，对广东省高级人民法院作出答复。该批复第一条明确规定："关于适用范围问题。经征求金融监管部门意见，由地方金融监管部门监管的小额贷款公司、融资担保公司、区域性股权市场、典当行、融资租赁公司、商业保理公司、地方资产管理公司七类地方金融

组织,属于经金融监管部门批准设立的金融机构,其因从事相关金融业务引发的纠纷,不适用新民间借贷司法解释。"

三、关于借贷合同无效的认定规则

法律规定了合同无效制度,以集中体现对行为的否定态度。新《民间借贷解释》对民间借贷合同无效事由作出规定,体现对借贷行为的管控和规制,为借贷主体参与民间借贷活动划定界限。相较于2015年《民间借贷解释》,新司法解释第十三条对借贷合同无效事由作出以下修改:

一是删除了第一、二项关于"借款人事先知道或者应当知道"的无效要件,进一步放宽民间借贷合同无效的认定标准;

二是将第一项规定的"信贷资金"改为"贷款",避免在适用中对贷款性质产生歧义,同时删除了"转贷"前的"高利"二字,放弃了出借人牟利目的的无效要件,即便转贷行为并不获利,也因行为具有规避金融监管、扰乱金融秩序的性质,不应认可其效力;

三是增加"未依法取得放贷资格的出借人,以营利为目的向社会不特定对象提供借款的"作为规定的第三项,明确禁止职业放贷行为;

四是为与《民法典》的规定保持一致,对有关条款的具体表述作出规范。

需要注意的是,首先,2015年《民间借贷解释》确立的转贷无效规则,有条件地承认了企业间借贷合同的效力,取得了良好的效果。为顺应我国市场经济发展趋势,新《民间借贷解释》修改过程中,最高人民法院先后征求了有关主管部门、专家学者以及行业协会的意见,决定突出民间借贷以自有资金和禁止吸收他人资金转手放款的原则要求,对转贷无效规则作出严格限定。实践中,对于新《民间借贷解释》第十三条第一项规定存有一定争议,有观点认为,只要有证据证明出借人在出借款项的同期尚有金融机构贷款尚未偿还,出借人又不能举证证明款项的具体来源的,即可推定其实施了套取金融机构贷款的转贷行为。笔者认为,该项规定旨在加重出借人对资金来源的举证责任,但在认定是否构成套取金融机构贷款转贷的具体情形时,还应当综合出借人的贷款用途、出借人的金融贷款与用于出借的款项是否可以区分等方面加以综合考虑。

另外,该条第二项之规定中虽有"向其他营利法人借贷""向本单位职工集资"的表述,但并不影响主体的广泛性,并未将自然人主体排除在外,出借人为自然人的,只要符合行为要件,也可适用该项规定认定合同无效。

其次,我国虽一直秉持民商合一的立法体系,但仍重视民商区分的法律思维。职业放贷人以放贷为业,对金融市场规则十分熟悉,有较高能力控制风险和节约成本,已经超出了民事行为的范畴,依据银行业监督管理法、《中国银行保险监督管理委员会、公安部、国家市场监督管理总局、中国人民银行关于规范民间借贷行为维护经济金融秩序有关事项的通知》的相关规定，职业放贷行为为严重危害金融秩序，应当严格禁止。2015年《民间借贷解释》制定过程中，考虑到职业放贷人难以认定，我国《放贷人条例》在当时已形成草案，故未将职业放贷行为纳入司法解释的规制范围。但《放贷人条例》至今仍未出台，职业放贷现象却愈演愈烈，故新《民间借贷解释》第十三条第三项明确规定了职业放贷行为的合同无效事由。而关于职业放贷行为的认定标准，法律并无明确规定，相关司法解释和司法政策文件虽有涉及，但规定不一。笔者认为，除应结合条款中关于出借人是否获得有权机关的依法批准，出借行为是否具有营利目的以及是否属于向不特定对象提供借款的规定对职业放贷行为作出认定以外，还可以由各高级人民法院探索在本辖区范围内，综合考虑出借人放贷的次数、金额、主要收入来源、在法院集中诉讼的情况等对职业放贷人标准予以具体规范。

最后，该条规定根据民间借贷合同的特点，涵盖了民间借贷合同无效的主要事由。实践中，对于符合《民法典》规定民事法律行为无效情形的民间借贷行为，应当直接依据《民法典》的相关规定认定无效。例如，借贷合同的一方主体为无民事行为能力人的，应当依据《民法典》第一百四十四条之规定认定无效；出借人与借款人以虚假的意思表示订立民间借贷合同的，应依据《民法典》第一百四十六条之规定认定无效。

四、关于民间借贷利率的司法保护上限

利率问题是民间借贷的核心问题，也是新《民间借贷解释》的主要内容。经济学理论认为，金融是实体经济的血脉，以促进资金在各产业和企业间流动，来实现资源的优化配置，促进实体经济发展。理想的利率标准应当由市场自发形成，但利率市场化不是利率无序化，无序的市场会降低金融配置资源的效率，导致金融与实体经济失衡，既不利于实体经济发展，也不利于融资活动规范开展，必须加以规制。从我国目前情况看，行政管理层面上，民间借贷缺乏明确的主管部门；立法层面上，《民法典》第六百八十条虽然规定"禁止高利放贷，借款的利率不得违反国家有关规定"，但民间借贷的利率标准并没有相关法律、法规作出明确规范。与此同时，市场主体的民间借贷活动却日益活跃，人民法院受理民间借贷纠纷案件数量激增，在近年来每年均有两百余万件民间借贷纠纷案件涌入法院，人民法院不能拒绝裁判的情况下，划定民间借贷利率的司法保护上限，是人民法院公平公正处理民间借贷案件的前提条件，可以为民间借贷纠纷的解决提供具体明确的裁判标准和救济渠道。因此，无论是1991年《最高人民法院关于人民法院审理借贷案件的若干意见》，还是2015年《民间借贷解释》，均对民间借贷利率的司法保护上限作出规定。当然，作为借款合同的一种形式，尊重当事人的意思自治仍是处理民间借贷纠纷应当坚

持的一项根本准则，只有恪守意思自治原则，才能充分发挥民间借贷在融通资金、激活市场方面的积极作用。新《民间借贷解释》划定民间借贷利率的保护上限，并不妨碍当事人在实施借贷行为过程中的意思自治。只要不违反法律、行政法规的强制性规定，不违背公序良俗，借贷双方有权按照自己的意思，就借款合同中的借款期限、利息计算、逾期利息、合同解除等内容作出自愿协商，并承受相应的法律后果。

关于民间利率的司法保护上限标准问题，最高人民法院在调研过程中收集到社会各界的三种主要意见。

第一种意见以全国人大代表、政协委员为代表，认为应当大幅度降低民间借贷利率的司法保护上限到与实体经济的利润率基本持平的程度，着力缓解中小企业融资压力，保障促进实体经济发展；

第二种意见以立法机关为代表，认为应对民间借贷采取与金融机构借贷相同利率标准的保护上限，进一步压缩民间借贷的生存空间，体现从严、治乱的精神要求；

第三种意见以金融监管部门为代表，认为2015年《民间借贷解释》确定"以24％和36％为基准的两线三区"标准符合民间借贷的特性，有利于提高民间借贷资金的可获得性，可以继续沿用。

笔者认为，为避免合同在履行过程中的风险，民间借贷利率的司法保护上限经常会成为借贷双方约定利率的重要参考，并辐射性地影响金融市场的资金定价，过高或者过低地划定保护上限的标准，均不利于民间借贷平稳健康发展，也不利于金融市场秩序稳定。鉴于2019年8月17日中国人民银行已经发布2019第15号公告，决定改革完善贷款市场报价利率（LPR）形成机制，参考近期LPR数据的运行情况，将民间借贷利率的保护标准与国家货币政策调控机制进行衔接，既能适应我国利率市场化改革的客观需要，又能有效降低民间融资的成本，为民间借贷市场发展预留空间。同时，考虑到我国司法实践中长期以来对民间借贷利率不超过银行同类贷款利率4倍的上限规定的接受程度，新《民间借贷解释》第二十五条明确规定："出借人请求借款人按照合同约定利率支付利息的，人民法院应予支持，但是双方约定的利率超过合同成立时一年期贷款市场报价利率四倍的除外。前款所称'一年期贷款市场报价利率'，是指中国人民银行授权全国银行间同业拆借中心自2019年8月20日起每月发布的一年期贷款市场报价利率。"

五、新《民间借贷解释》执行的本息保护政策

为贯彻落实《民法典》第六百八十条关于"禁止高利放贷"的原则精神，新《民间借贷解释》继续执行更加严格的本息保护政策。依据新《民间借贷解释》第二十五条第一款、第二十七条第二款、第二十八条以及第二十九条之规

定，无论当事人采取何种方式约定利息，对于按照约定要求借款人支付的利息，超过双方合同成立时1年期贷款市场报价利率4倍计算的整个借款期间利息之和的，人民法院均不予支持。除此以外，当事人主张的逾期利息、违约金或者其他费用总计超过合同成立时1年期贷款市场报价利率4倍的部分，人民法院亦不予支持。

具体而言，该部分法律适用应当注意以下两个问题。

第一，关于2020年8月20日《民间借贷解释》施行后逾期还款违约责任的标准问题，新《民间借贷解释》第二十八条第二款第一项明确规定，"既未约定借期内利率，也未约定逾期利率，出借人主张借款人自逾期还款之日起参照当时一年期贷款市场报价利率标准计算的利息承担逾期还款违约责任的，人民法院应予支持"，对借款人逾期还款违约责任的计算标准作出了完善。

第二，为防止出借人以费用名义额外计收利息，进而规避民间借贷利率的司法保护上限，应当从第二十九条规定控制借款成本的立法本意出发，将"其他费用"理解为借款人为获得借款而支付的其他成本，应与利率的性质基本相同，包括但不限于服务费、咨询费、管理费、会员费等各种除借款本金之外实际支付的费用。对于实践中争议较大的担保费问题，由于"其他费用"已经明确为出借人向借款人实际收取的费用，应视担保费是否最终由出借人实际收取作出认定。

六、新《民间借贷解释》的溯及力

司法解释的溯及力直接决定该司法解释是否适用于某一案件，对当事人的权利义务影响巨大。在修改2015年《民间借贷解释》的过程中，因民间借贷利率司法保护上限的下调，有关溯及力的规定成为利率问题之外的又一重点。因涉及社会综合治理下存量债务的清理工作，涉及新旧司法解释的衔接适用，考虑到对当事人权益的平衡保护，以及该条规定将会对人民法院依法审理民间借贷纠纷案件产生较大影响，在2020年8月20日司法解释颁布后，最高人民法院又听取了各方面反馈意见，以《民法典》司法解释清理工作为契机，对该条规定作出补充完善。

由于我国《立法法》第九十三条规定："法律、行政法规、地方性法规、自治条例和单行条例、规章不溯及既往，但为了更好地保护公民、法人和其他组织的权利和利益而作的特别规定除外。"关于司法解释是否具有溯及力问题一直存有不同认识。

根据1981年第五届全国人大第十九次常委会通过的《关于加强法律解释工作的决议》的相关规定，凡是属于法院审判工作中具体应用法律、法令的问题，由最高人民法院解释。由此可见，司法解释作为司法机关为统一法律适用标准而对现行立法作出的解释，是对如何正确理解和执行法律所作出的具体规定，其内容是法律的应有之义，解释的内容一般不得超越法律本身，也就不会超越社会成员的正当预期，溯及既往也不会损害人们的信赖利益。最高人民法院大多数司法解释都规定，自司法解释施行之日起，人民法院尚未审结的一、二审案件均应适用，这一规定方式实际上是认可了司法解释具有天然溯及力的观点。

但是，司法解释虽是对既有法律所作之解释，而我国的司法解释，在一定程度上还起到填补立法空白的作用，《民间借贷解释》有关利率保护标准的规定即是如此，至少在现阶段承担着填补立法空白的作用，按照"法不溯及既往"的普遍原则，民事法律行为的当事人不应被将来的、不确定的法律规范，影响其在设定民事权利义务时的合法信赖利益。

法的生命在于实施，以无溯及力为原则，有溯及力为例外。新《民间借贷解释》第三十一条规定："本规定施行后，人民法院新受理的一审民间借贷纠纷案件，适用本规定。2020年8月20日之后新受理的一审民间借贷案件，借贷合同成立于2020年8月20日之前，当事人请求适用当时的司法解释计算自合同成立到2020年8月19日的利息部分的，人民法院应予支持；对于自2020年8月20日到借款返还之日的利息部分，适用起诉时本规定的利率保护标准计算。本规定施行后，最高人民法院以前作出的相关司法解释与本规定不一致的，以本规定为准。"本条第一款"本规定施行后，人民法院新受理的一审民间借贷纠纷案件，适用本规定"，是指自2020年8月20日起，各级人民法院新受理的一审民间借贷纠纷案件适用新《民间借贷解释》，对于已经受理的一审、二审、再审案件的审理不适用新《民间借贷解释》，是新司法解释时间效力的原则性规定。

一是慎重考量了《立法法》的相关规定。基于司法解释的功能定位，新《民间借贷解释》关于利率保护和合同效力等主要内容，符合《立法法》第九十三条"为了更好地保护公民、法人和其他组织的权利和利益而作的特别规定"的例外情形，可以有利溯及适用。

二是充分参考了2014年以来最高人民法院发布的民商事类司法解释，多采"实体从旧、程序从新"的溯及力准则，作为民间借贷行为的全面规范，新《民间借贷解释》以实体内容为主，适用于新受理的一审案件，也符合民事审判规律。至于"新受理案件"的标准问题，实践中存有一定争议。笔者认为，按照我国立案登记制度的相关规定，在2020年8月20日前人民法院收到当事人起诉材料且已转入诉前调解程序的，在2020年8月20日（含）后登记立案的案件，应视为是8月20日前受理的案件，依据《规定》第三十一条第一款之规定，不适用新《民间借贷解释》。

《规定》第三十一条第二款之规定注重保护民间借贷合同当事人的合理预期，为不减损当事人既存权利，同时体现新司法解释颁布后的规范和引导作用，明确了"跨法"行为分段适用新旧司法解释的具体规则。依据该款规定，人民法院在审理2020年8月20日后新受理的一审民间借贷案件时，对于借贷合同成立于8月20日之前，延续到新司法解释之后的借贷合同，当事人请求按照2015年《民间借贷解释》确定的标准计算部分利息的，以不越过8月19日为界，人民法院应予支持。

此外，根据"新法优于旧法"的法的适用原则，《规定》第三十一条第三款规定，最高人民法院以前作出的司法解释与新《民间借贷解释》对同一法律问题或者规则的规定存在适用冲突的，以新《民间借贷解释》的规定为准。

（撰稿人：刘　敏　张　纯　唐　倩）

解读《最高人民法院关于审理民间借贷案件适用法律若干问题的规定》修正条文

一、修改情况说明

根据2020年8月18日最高人民法院审判委员会第1809次会议通过的《最高人民法院关于修改〈关于审理民间借贷案件适用法律若干问题的规定〉的决定》第一次修正，根据2020年12月23日最高人民法院审判委员会第1823次会议通过的《最高人民法院关于修改〈最高人民法院关于在民事审判工作中适用《中华人民共和国工会法》若干问题的解释〉等二十七件民事类司法解释的决定》，对2015年《最高人民法院关于审理民间借贷案件适用法律若干问题的规定》（以下简称原司法解释）进行第二次修改，修改后的司法解释简称为新司法解释。

新司法解释对原司法解释共修改32处。其中，引言、第一条第一款、第二条、第三条、第五条、第七条、第九条、第十条、第十一条、第十二条、第十三条、第十五条、第十六条、第十七条、第十八条、第十九条、第二十条、第二十一条、第二十二条、第二十三条、第二十四条、第二十五条、第二十七条、第二十八条、第二十九条、第三十条、第三十一条、第三十二条、第三十三条涉及对法律依据或者条文表述的调整；第十四条、第二十六条、第三十三条涉及实质性修改。

需要注意的是：第一，在司法解释的修改过程中，为保持与民法典规定的一致性，我们对第十条、第三十一条规定作了删除处理，并据此对第十一条至第三十条、第三十二的条文序号进行了相应修改。为简化形式、精炼内容，后文不再就条文序号问题进行逐条、专门的说明，而是直接依据修改前的条文，对条文内容方面的修改情况作出具体阐述。第二，因对第二十八条、第二十九条、第三十条规定的修改，均是以原司法解释重新划定民间借贷利率的司法保护上限为基础，上述条文关于利息计算与保护方面的内容，将在对第二十六条规定的修改说明中一并作出解读。

二、关于适应性修改条文的说明

1. 引言部分：民法典颁布实施后，民法通则、物权法、担保法、合同法同时废止。因此，在对司法解释进行修改时，将引言中"《中华人民共和国民法通则》《中华人民共和国物权法》《中华人民共和国担保法》《中华人民共和国合同法》《中华人民共和国民事诉讼法》等相关法律之规定"修改为"根据《中华人民共和国民法典》《中华人民共和国民事诉讼法》《中华人民共和国刑事诉讼法》等相关法律之规定"。

2. 第一条第一款：依据民法典第二条关于"民法调整平等主体的自然人、法人和非法人组织之间的人身关系和财产关系"之规定，将第一条第一款"自然人、法人、其他组织及其相互之间进行资金融通的行为"修改为"自然人、法人和非法人组织之间进行资金融通的行为"。

3. 第二条：根据2011年《最高人民法院关于印发修改后的〈民事案件案由规定〉的通知》关于"借款合同纠纷"的相关规定，将第二条第一款"出借人向人民法院起诉时"修改为"出借人向人民法院提起民间借贷诉讼时"；因民事诉讼法第一百一十九条所规定的起诉条件，仅涉及程序处理，尚不涉及案件实体问题，依照司法惯例，将第二条第二款"人民法院经审理认为原告不具有债权人资格的，裁定驳回起诉"修改为"人民法院经审查认为原告不具有债权人资格的，裁定驳回起诉"。

4. 第三条：为规范表述，将第三条"按照合同有关条款"修改为"按照合同相关条款"。

5. 第五条：因"非法集资"并非刑法上的一个独立罪名，通常是指对违反国家金融管理法律规定，向社会公众（包括单位和个人）吸收资金这一类犯罪行为的统称，在对司法解释进行修改时，将第五条中的"非法集资犯罪"修改为"非法集资等犯罪"。

6. 第七条：为完善表述，在对原司法解释进行修改时，将第七条中的"民间借贷"修改为"民间借贷纠纷"；"以刑事案件审理结果"修改为"以刑事案件的审理结果"。

7. 第九条：为保持与民法典有关精神、原则和条文内容的一致性，对第九条进行了如下修改：一是删除了"合同法第二百一十条"的法律依据，并对文字表述顺序作出相应调整；二是将"合同生效"修改为"合同成立"；三是取消了第二项中"或者通过网络贷款平台"的支付形式。

8. 第十条：依据民法典第六百七十九条之规定，对第十条作删除处理。

9. 第十一条：为保持与民法典规定的一致性和司法解释的体系性，对第十一条作出如下调整：一是将"其他组织"修改为"非法人组织"；二是将"合同法第五十二条"的法律依据修改为"民法典第一百四十六条、第一百五十三条、第一百五十四条"；三是将"本规定第十四条规定的情形外"修改为"本规定第十三条规定的情形外"。

10. 第十二条：为保持与民法典规定的一致性以及司法解释的体系性，对第十二条作出如下调整：一是将"其他组织"修改为"非法人组织"；二是将"合同法第五十二条"的法律依据修改为"民法典第一百四十四条、第一百四十六条、第一百五十三条、第一百五十四条"；三是将"本规定第十四条规定的情形"修改为"本规定第十三条规定的情形"。

11. 第十三条：为保持与民法典规定的一致性以及司法解释本身的体系性，将第十三条第一款"根据合同法第五十二条"修改为"依据民法典第一百四十四条、第一百四十六条、第一百五十三条、第一百五十四条"；将"本规定第十四条之规定"修改为"本规定第十三条之规定"。为完善表述，将"已经生效的判决"统一修改为"已经生效的裁判"。

12. 第十六条：依据民法典第六百七十九条之规定，将第十六条中"借贷关系的成立"修改为"借贷关系的存续"。为规范表述，将"举证证明责任"修改为"举证责任"；将"被告抗辩已经偿还借款"修改为"被告抗辩已经偿还借款的"。

13. 第十七条：为规范条文表述，将第十七条"被告抗辩转账需偿还双方之前借款或其他债务"修改为"被告抗辩转账需偿还双方之前借款或者其他债务的"；将"举证证明责任"修改为"举证责任"。

14. 第十八条：为规范法律用语，明确意思表示，将第十八条中的"根据《关于适用〈中华人民共和国民事诉讼法〉的解释》"修改为"依据《最高人民法院关于适用〈中华人民共和国民事诉讼法〉的解释》"；将"举证证明责任"修改为"举证责任"；将"经审查现有证据无法确认借贷行为、借贷金额、支付方式等案件主要事实，人民法院对其主张的事实不予认定"修改为"经审查现有证据无法确认借贷行为、借贷金额、支付方式等案件主要事实的，人民法院对原告主张的事实不予认定"。

15. 第十九条：为规范表述，将第十九条"人民法院审理民间借贷纠纷案件时发现有下列情形"修改为"人民法院审理民间借贷纠纷案件时发现有下列情形之一的"；将第四项中"期间"修改为"期限"；将第五项的"一方或双方"删除；将第七项中的"或"改为"或者"。

16. 第二十条：为规范表述，将第二十条中的"依照""根据"等表述统一修改为"依据"。

17. 第二十一条：为规范表述，将第二十一条"他人在借据、收据、欠条等债权凭证或者借款合同上签字或者盖章，但未表明其保证人身份或者承担保证责任"修改为"他人在借据、收据、欠条等债权凭证或者借款合同上签名或者盖章，但是未表明其保证人身份或者承担保证责任"。

18. 第二十三条：为保持与民法典规定的一致性，规范条文表述，将第二十三条中"企业法定代表人或负责人"修改为"法人的法定代表人或者非法人组织的负责人"；将"出借人、企业或者其股东能够证明所借款项用于企业法定代表人或负责人个人使用"修改为"有证据证明所借款项系法定代表人或者负责人个人使用"；将"企业"统一修改为"单位"、将"或"统一改为"或者"、将"签订"改为"订立"。

19. 第二十四条：依据2019年《最高人民法院关于民事诉讼证据的若干规定》，将第二十四条第一款"并向当事人释明变更诉讼请求。当事人拒绝变更的，人民法院裁定驳回起诉"修改为"当事人根据法庭审理情况变更诉讼请求的，人民法院应当准许"；为规范表述，将"签订"修改为"订立"，将"或"改为"或者"。

20. 第二十五条：依据民法典第六百八十条之规定，将"出借人主张支付借期内利息的，人民法院不予支持"修改为"出借人主张支付利息的，人民法院不予支持"。鉴于中国人民银行贷款基准利率取消后，应当适用全国银行间同业拆借中心公布的贷款市场报价利率（LPR）作为贷款利率计算标准，将"市场利率"的表述修改为"市场报价利率"。

21. 第二十八条：因在修改原司法解释时，已对有关民间借贷利率司法保护上限的规定作出了修改，对第二十八条作出如下调整：（1）将上限"年利率24%"修改为"合同成立时一年期贷款市场报价利率四倍"。（2）删除了"约定的利率超过年利率24%，当事人主张超过部分的利息不能计入后期借款本金的，人民法院应予支持"相关表述；（3）在文字表述上作了一些修改。如第一款，将"超过部分的利息不能计入后期借款本金"修改为"超过部分的利息，不应认定为后期借款本金"；第二款，将"不能超过最初借款本金与以最初借款本金为基数，以年利率24%计算的整个借款期间的利息之和"的表述修改为"超过以最初借款本金与以最初借款本金为基数、以合同成立时一年期贷款市场报价利率四倍计算的整个借款期间的利息之和的，人民法院不予支持"。

22. 第二十九条：因在修改原司法解释时，已对有关民间借贷利率司法保护上限的规定作出了修改，将第二十九条第一款"以不超过年利率24%为限"修改为"以不超过合同成立时一年期贷款市场报价利率四倍为限"；以当事人对逾期利率是否作出明确约定为标准，在当事人既未约定借期内利率，也未约定逾期利率的情形下，将二十九条第二款第一项"按照年利率6%支付资金占用期间利息"修改为"参照当时一年期贷款市场报价利率标准计算的利息承担逾期还款违约责任"。为规范表述，将"但"统一修改为"但是"，删除多余的"的"。

23. 第三十条：因在修改原司法解释时，已对有关民间借贷利率司法保护上限的规定作出了修改，将第三十条"总计超过年利率24%的部分"修改为"总计超过合同成立时一年期贷款市场报价利率四倍的部分"。为规范表述，将"但"修改为"但是"。

24. 第三十一条：依据民法典第六百八十条之规定，对第三十一条作删除处理。

25. 第三十二条：为规范表述，将"但"修改为"但是"，"借款期间"修改为"借款期限"。

三、关于重点修改条文的修改说明和理解与适用

1. 第十四条（新司法解释第十三条）

【修改内容】

在对原司法解释在修改过程中，对第十四条规定民间借贷合同的无效事由作出了如下修改：一是删除了第一、二项关于"借款人事先知道或者应当知道"的无效要件，进一步放宽民间借贷合同无效的认定标准；二是将第一项规定的"信贷资金"改为"贷款"，避免在适用中对贷款性质产生歧义，同时删除了转贷前的"高利"二字，放弃了出借人牟利目的的无效要件，即便转贷行为并不获利，也因行为具有规避金融监管、扰乱金融秩序的性质，不应认可其效力；三是增加规定"未依法取得放贷资格的出借人，以营利为目的向社会不特定对象提供借款的"作为第三项，明确禁止职业放贷行为。

另外，为与民法典的规定保持一致，我们对条款的具体表述也进行了规范，除删除了第五项中的"社会"与第六项中"效力性"的词语、将第二项的"企业"改为"营利法人"的概念之外，还调整了第五项、第六项的先后顺序。

【修改说明】

为突出民间借贷以"自有闲置资金""非经常性"放款的原则要求，本条以民法典规定的民事法律行为无效制度为基础，结合民间借贷合同的特点，进行修改。

【理解与适用】

法律规定合同无效制度，以集中体现对行为的否定态度。本条规定对民间借贷合同的无效事由作出规定，体现对借贷行为的管控和规制，为借贷主体参与民间借贷活动划定界限。

首先，在司法解释修改以前已经确立的"转贷无效"规则，有条件地承认了企业间借贷合同的效力，在施行过程中取得了良好的效果。但为顺应我国市

场经济发展趋势，在司法解释修改过程中，最高人民法院又先后征求了有关主管部门、专家学者以及行业协会的意见，决定突出民间借贷以自有资金和禁止吸收他人资金转手放款的原则要求，对转贷无效规则作出严格限定。实践中，对于本条第一项规定存有一定争议，有观点认为，只要有证据证明出借人在出借款项的同期尚有金融机构贷款尚未偿还，出借人又不能举证证明款项的具体来源的，即可推定其实施了套取金融机构贷款转贷行为。我们认为，该项规定旨在加重出借人对资金来源的举证责任，但在认定是否构成套取金融机构贷款转贷的具体情形时，还应当综合出借人的贷款用途，出借人的金融贷款与用于出借的款项是否可以区分等方面加以综合考虑。另外，本条第二项之规定中虽有"向其他营利法人借贷""向本单位职工集资"的表述，但并不影响主体的广泛性，并未将自然人主体排除在外，出借人为自然人的，只要符合行为要件，也可适用本条第二项之规定认定合同无效。

其次，我国虽一直秉持民商合一的立法体系，但仍重视民商区分的法律思维，职业放贷人以放贷为业，对金融市场规则十分熟悉，有较高能力控制风险和节约成本，已经超出了民事主体的范畴。依据《银行业监督管理法》《关于规范民间借贷行为维护经济金融秩序有关事项的通知》的相关规定，职业放贷行为严重危害金融秩序，应当严格禁止。2015年，在制定本司法解释的过程中，考虑到职业放贷人难以认定，我国《放贷人条例》在当时已形成草案，故未将职业放贷行为纳入司法解释的规制范围，但《放贷人条例》至今仍未出台，职业放贷现象却愈演愈烈，故在修改司法解释时，在本条规定的第三项增加规定了职业放贷行为的合同无效事由。而关于职业放贷行为的认定标准，法律并无明确规定，相关司法解释和司法政策文件虽有涉及，也规定不一。我们认为，除应结合条款中关于出借人是否获得有权机关的依法批准，出借行为是否具有营利目的以及是否属于向不特定对象提供借款的规定对职业放贷行为作出认定以外，还可以由各高级法院探索在本辖区范围内，综合考虑出借人放贷的次数、金额、主要收入来源、在法院集中诉讼的情况等对职业放贷人标准予以具体规范。

最后，本条规定根据民间借贷合同的特点，涵盖了民间借贷合同无效的主要事由。实践中，对于符合民法典规定民事法律行为无效制度的民间借贷行为，应当直接依据民法典的相关规定认定无效。例如，借贷合同的一方主体为无民事行为能力人的，应当依据民法典第一百四十四条之规定认定为无效；出借人与借款人以虚假的意思表示订立民间借贷合同的，亦应依据民法典第一百四十六条之规定认定无效。

2. 第二十六条（新司法解释第二十五条）

【修改内容】

本条第一款将"借贷双方约定的利率未超过年利率24%，出借人请求借款人按照约定的利率支付利息的，人民法院应予支持"修改为"出借人请求借款人按照合同约定利率支付利息的，人民法院应予支持，但是双方约定的利率超过合同成立时一年期贷款市场报价利率四倍的除外"。一方面，是重新划定了民间借贷利率的司法保护上限；另一方面，体现了司法解释依法保障民间借贷主体的意思自治。

为进一步贯彻民法典禁止高利放贷的精神要求，本条第二款取消了"借贷双方约定的利率超过年利率36%，超过部分的利息约定无效。借款人请求出借人返还已支付的超过年利率36%部分的利息的，人民法院应予支持"的规定内容，而将第二款改为"前款所称'一年期贷款市场报价利率'，是指中国人民银行授权全国银行间同业拆借中心自2019年8月20日起每月发布的一年期贷款市场报价利率"，即对本条第一款所确定的利率计算标准作出明确界定。

【修改说明】

依据民法典第六百八十条第一款关于"禁止高利放贷，借款利率不得违反国家有关规定"之规定，结合中国人民银行贷款取消基准利率后，应当适用全国银行间同业拆借中心公布的贷款市场报价利率（LPR）作为贷款利率的计算标准，本司法解释重新划定了民间借贷利率的司法保护上限。

【理解与适用】

利率问题是民间借贷的核心问题，也是民间借贷司法解释的主要内容。经济学理论认为，金融是实体经济的血脉，以促进资金在各产业和企业间流动，来实现资源的优化配置、促进实体经济发展。理想的利率标准应当由市场自发形成，但利率市场化不是利率无序化，无序的市场会降低金融配置资源的效率，导致金融与实体经济失衡，既不利于实体经济发展，也不利于融资活动规范开展，必须加以规制。从我国目前情况看，行政管理层面上，民间借贷缺乏明确的主管部门；立法层面上，民法典第六百八十条虽然规定"禁止高利放贷，借款的利率不得违反国家有关规定"，但至今没有法律法规对民间借贷的利率标准作出明确规范。与此同时，市场主体的民间借贷活动却日益活跃，人民法院受理民间借贷纠纷案件数量激增，在近年来每年均有两百余万件的民间借贷纠纷案件涌入法院，人民法院却又不能"拒绝裁判"的情况下，划定民间借贷利率的司法保护上限是人民法院公平公正处理民间借贷案件的前提条件，可以为民间借贷纠纷的解决提供具体明确的裁判标准和救济渠道。因此，无论是1991年《最高人民法院关于人民法院审理借贷案件的若干意见》，还是本司法解释，均对民间借贷利率的司法保护上限作出规定。当然，作为借款合同的一种形式，尊重当事人的意思自治仍是处理民间借贷纠纷应当坚持的一项根本准则，只有恪守意思自治原则，才能充分发挥民间借贷在融通资金、激活市场方面的积极作用。需要注意的是，本司法解释划定民间借贷利率的保护上限，并不妨碍当事人在实施借贷行为过程中的意思自治。只要不违反法律、行政法规的强制性规定，不违背公序良俗，借贷双方有权按照自己的意思，就借款合同中的借款期限、利息计算、逾期利息、合同解除等内容作出自愿协商，并承受相应的法律后果。

关于民间利率的司法保护上限的标准问题，最高人民法院在调研过程中收集到社会各界形成的三种主要意见：一种意见以全国人大代表、政协委员为代表，认为应当大幅度降低民间借贷利率的司法保护上限到与实体经济的利润率基本持平的程度，着力缓解中小企业融资压力，保障促进实体经济发展；另一种意见以立法机关为代表，认为应对民间借贷采取与金融机构借贷相同利率标准的保护上限，进一步压缩民间借贷的生存空间，体现从严、治乱的精神要求；还有一种意见以金融监管部门为代表，认为原司法解释已经确定的"以24％和36％为基准的两线三区"的标准符合民间借贷的特性，有利于提高民间借贷资金的可获得性，可以继续沿用。笔者认为，为避免合同在履行过程中的风险，民间借贷利率的司法保护上限经常会成为借贷双方约定利率的重要参考，并辐射性地影响金融市场的资金定价，过高或者过低地划定保护上限的标准，均不利于民间借贷平稳健康发展，也不利于金融市场秩序稳定。鉴于2019年8月17日，中国人民银行已经发布"2019第15号公告"，决定改革完善贷款市场报价利率（LPR）形成机制，参考近期LPR数据的运行情况，将民间借贷利率的保护标准与国家货币政策调控机制进行衔接，在实际上大幅调低了民间借贷利率的司法保护上限，既能适应我国利率市场化改革的客观需要，又能有效降低民间融资的成本，为民间借贷市场发展预留空间。同时，考虑到我国司法实践中长期以来对民间借贷利率不超过"银行同类贷款利率的4倍"上限规定的接受程度，在对原司法解修改过程中，以中国人民银行授权全国银行间同业拆借中心每月20日发布的一年期贷款市场报价利率（LPR）四倍的标准，重新划定了民间借贷利率的司法保护上限，取代"以24％和36％为基准的两线三区"的规定标准，是在充分吸收社会各界意见后形成的最大公约数，可以将民间借贷利率的司法保护上限控制在一个相对合理的范围内。

据此，依据新司法解释的相关规定，我们将继续执行更加严格的本息保护政策，无论当事人采取何种方式约定利息，对于按照约定要求借款人支付的利息，超过双方合同成立时一年期贷款市场报价利率四倍计算的整个借款期间利息之和的，人民法院均不予支持。除此以外，当事人主张的逾期利息、违约金或者其他费用总计超过合同成立时一年期贷款市场报价利率四倍的部分，人民法院亦不予支持。

还应注意的是，为防止出借人以费用名义额外计收利息，进而规避民间借贷利率的司法保护上限，应当从新司法解释控制借款成本的立法本意出发，将原第三十条（修改后的第二十九条）中的"其他费用"理解为借款人为获得借款而支付的其他成本，应与利率的性质基本相同，包括但不限于服务费、咨询费、管理费、会员费等各种除借款本金之外实际支付的费用。关于实践中争议较大的担保费问题，由于"其他费用"已经明确为出借人向借款人实际收取的费用，应视担保费是否最终由出借人实际收取作出认定。

3. 第三十三条（新司法解释第三十一条）

【修改内容】

从规范适用的角度，本条将"本规定公布施行后，最高人民法院于1991年8月13日发布的《关于人民法院审理借贷案件的若干意见》同时废止；最高人民法院以前发布的司法解释与本规定不一致的，不再适用"修改为"本规定施行后，最高人民法院以前作出的相关司法解释与本规定不一致的，以本规定为准"，作为本条的第三款。

从适用案件的角度，本条增加规定"本规定施行后，人民法院新受理的一审民间借贷纠纷案件，适用本规定"，作为本条第一款。

从适用标准的角度，本条增加规定"2020年8月20日之后新受理的一审民间借贷案件，借贷合同成立于2020年8月20日之前，当事人请求适用当时的司法解释计算自合同成立到2020年8月19日的利息部分的，人民法院应予支持；对于自2020年8月20日到借款返还之日的利息部分，适用起诉时本规定的利率保护标准计算"，作为本条第二款。

【修改说明】

依据我国《立法法》第九十三条之规定，基于新旧司法解释的衔接适用过程中，涉及社会综合治理下存量债务的清理工作，以及对当事人权益的平衡保护，进行修改。

【理解与适用】

司法解释的溯及力直接决定该司法解释是否适用于某一案件，对当事人的权利义务影响巨大。在本司法解释修改过程中，因民间借贷利率司法保护上限的下调，有关溯及力的规定成为利率问题之外的又一重点。因新旧司法解释的衔接适用，将涉及社会综合治理下存量债务的清理工作，以及对当事人权益的平衡保护，新司法解释的溯及力将会对人民法院依法审理民间借贷纠纷案件产生较大影响。

由于我国《立法法》第九十三条规定："法律、行政法规、地方性法规、自治条例和单行条例、规章不溯及既往，但为了更好地保护公民、法人和其他组织的权利和利益而作的特别规定除外。"关于司法解释是否具有溯及力的问题，一直存有不同认识。有观点认为，根据1981年第五届全国人大第十九次常委会通过《关于加强法律解释工作的决议》的相关规定，司法解释是最高人民法院为统一法律适用标准而对现行立法作出的解释，解释的内容一般不得超越法律本身，也就不会超越社会成员的正当预期，溯及既往并不会损害其信赖利益，故最高人民法院司法解释大多规定，自司法解释施行之日起，人民法院尚未审结的一审、二审案件均应适用，这种观点在实际上是认为司法解释具有天然的溯及力。但也有相反观点认为，司法解释虽是对既有法律的解释，而我国的司法解释在一定程度上还起到填补立法空白的作用，按照"法不溯及既往"的普遍原则，民事法律行为的当事人不应被将来的、不确定的法律规范，影响其在设定民事权利义务时的合法信赖利益。民间借贷司法解释有关利率司法保护上限的规定即是如此，故司法解释不应具有溯及力。

笔者认为，法的生命在于实施，以无溯及力为原则，有溯及力为例外。具体而言，本条第一款规定"本规定施行后，人民法院新受理的一审民间借贷纠纷案件，适用本规定"，是指第一次修改后的司法解释自2020年8月20日公布之日起开始施行，新司法解释施行后，各级人民法院新受理的一审民间借贷纠纷案件均应适用本司法解释，但对于已经受理的一审、二审、再审案件的审理不适用本规定。该款规定是关于本司法解释适用案件的原则性规定，一是慎重考量了《立法法》关于"有利溯及"的相关规定，基于司法解释的功能定位，新民间借贷司法解释关于利率保护和合同效力等主要内容，符合《立法法》第九十三条"为了更好地保护公民、法人和其他组织的权利和利益而作出的特别规定"的例外情形；二是充分参考了2014年以来，最高人民法院发布的民商事类司法解释，多采"实体从旧、程序从新"的溯及力准则，作为民间借贷行为的全面规范，新民间借贷司法解释以实体内容为主，适用于新受理的一审案件，也符合民事审判规律。关于"新受理"案件的标准问题，实践中存有一定争议。我们认为，按照我国立案登记制度的相关规定，在2020年8月20日前人民法院收到当事人起诉材料且已转入诉前调解程序的，在2020年8月20日（含）后登记立案的案件，应视为是8月20日前受理的案件，依据本条第一款之规定，不适用新民间借贷司法解释。

本条第二款之规定以不减损当事人既存权利为前提，同时体现新司法解释颁布后的规范和引导作用，明确了"跨法"行为分段适用新旧司法解释的具体规则，注重保护民间借贷合同当事人的合理预期。依据该款规定，人民法院在审理2020年8月20日后新受理的一审民间借贷案件时，对于借贷合同成立于8月20日之前，延续到新司法解释之后的借贷合同，当事人请求按照原民间借贷司法解释确定的标准计算部分利息的，以不越过8月19日为界，人民法院应予支持。

此外，根据"新法优于旧法"的法的适用原则，本条第三款规定，最高人民法院以前发布的司法解释与新民间借贷司法解释对同一法律问题或者规则的规定存在适用冲突的，以新民间借贷司法解释的规定为准。

【链　　接】

规范民间借贷　统一裁判标准
——杜万华就《关于审理民间借贷案件适用
法律若干问题的规定》答记者问

为贯彻党的十八届四中全会提出的全面推进依法治国的重大战略部署，切实加强社会主义法治建设，充分保护人民群众和广大民事主体在民间借贷活动中的合法权益，维护正常的资金融通秩序，最高人民法院根据《中华人民共和国民法通则》《中华人民共和国物权法》《中华人民共和国担保法》《中华人民共和国合同法》《中华人民共和国民事诉讼法》《中华人民共和国刑事诉讼法》等相关法律之规定，结合审判实践，经审判委员会五次专题讨论，通过了《最高人民法院关于审理民间借贷案件适用法律若干问题的规定》（以下简称《规定》）。值此司法解释公布之际，最高人民法院审判委员会专职委员杜万华就《规定》的有关问题接受了记者的采访。

一、问：请您具体给我们解释一下《规定》出台的具体原因是什么，该解释与 1991 年出台的《最高人民法院关于人民法院审理借贷案件的若干意见》（以下简称《若干意见》）相比最大的不同是什么？

答：谢谢你提这个问题。其实民间借贷由来已久，在我国几千年的历史中一直都存在，并延续到现在。在世界各国也存在民间借贷。对于民间借贷这种现象，封建时期的官府进行管制也是长期的，比如说古代明清时期，管制的利率不能超过三分，如果再高就以刑法手段处理。新中国成立以后，最高人民法院最早于 50 年代初对东北辽宁就有过一个关于民间借贷的批复，里面就确定了四倍利率这样一个做法，以后长期以来这个四倍利率一直在审判实践中运用，1991 年，我院曾针对借贷案件问题颁布了《若干意见》，当时制定那个解释的时候继续沿用了这个做法。

现在为什么在这样一个时代，要重新全面地修改制定民间借贷的司法解释呢？1991 年的《若干意见》是根据 1979 年以来改革开放的情况，总结当时的审判经验作出的。这个规定对于推动我国的社会主义市场经济的发展和完善发挥了很大的作用。但是此后，我国经济社会发生了翻天覆地的变化，特别是 1993 年，我们确立了要建立中国特色的社会主义以来，变化就更加巨大。我觉得这个变化产生了一种新的需求，至少有这么几点：

第一，民间借贷的内容发生了变化，以前老百姓的民间借贷主要是生活性借贷，例如生活缺钱，向朋友亲戚借点。生产经营性借贷所占的比重相对较低。但是经过改革开放30多年来，我们国民的财富在增长，因此民间借贷的内容也在发生变化。就目前来讲，生产经营性的借贷大幅度上扬，相反，生活性的民间借贷大幅度下降。大家生活的周围恐怕很少有朋友因为生活窘迫借款，这个所占的比重已经比较低了。这是我们要考虑的一个因素。

第二，这几十年来民间借贷的主体发生了很大的变化，以前民间借贷的主体几乎都是自然人，在计划经济时代，很少有企业借贷的，在改革开放特别是1993年之后，借贷的主体逐渐地从自然人之间的借贷、自然人与企业之间的借贷发展到企业与企业之间的借贷，主体变化很多，甚至发展到企业的负责人以自然人的身份借贷，借贷以后又用于企业，这样的情况非常复杂。这是第二种变化，也是我们面对这样的情况需要考虑的现实。

第三，民间借贷大量出现以后，现在非法集资的现象在我国从南到北、从东到西非常普遍，因此民间借贷与非法集资犯罪往往交叉，这种情况也比较多。怎样把这两方面的情形理清楚，既要打击非法集资，因为非法集资所产生的恶果很大，会破坏我们的金融秩序、经济秩序，甚至危及社会稳定，但又不能说"一刀切"得将民间借贷都不要了，这会对我们的生产经营产生很大影响，怎么样厘清这个问题确实是当前司法工作中的难题，是需要考虑的。

第四，刚才所说的企业与企业之间的借贷已经非常普遍，以前企业间拆借是不合法的，但是出现了许多规避借贷行为被认定为无效的种种企业借贷运作模式，怎样规范企业之间的借贷，也是我们必须要着重考虑的一个问题。

第五，随着社会主义经济体制的改革不断深入，利率的市场化是一个必然的趋势，而且中央也在大力推进。在利率市场化的背景之下，出现了一些新情况，比如说央行在2013年7月就规定了不再公布同期贷款基准利率，而最高人民法院1991年《若干意见》是要以同期贷款基准利率为标准，按四倍来计算借贷合同的利息是否受民事法律保护的。一旦不公布同期贷款基准利率，大量的案子将没办法审理了，所以在这种情况下，我们就不能不对以往的司法解释进行修改。这就是为什么在这样的背景下制定《规定》的主要原因。

二、问：民间借贷因涉嫌非法集资而触犯刑事法律的现象是非常普遍的，在此类案件中，当事人既有向公安机关报案要求追究犯罪嫌疑人刑事责任的，也有向人民法院提起民事诉讼的，请问《规定》是如何协调刑事与民事的关系的？

答：民间借贷的司法解释确实涉及民刑交叉的问题，在审判实践中，存在着大量的民间借贷纠纷案件都与非法吸收公众存款犯罪和集资诈骗犯罪等刑事案件交错的情况。在这种情况之下，如何来协调处理刑事案件和民事案件是我们当前处理民间借贷纠纷中比较重要的一个问题。

在 2014 年 3 月，最高人民法院、最高人民检察院和公安部曾经共同颁布了《关于办理非法集资刑事案件适用法律若干问题的意见》（以下简称《意见》）。按照此《意见》，人民法院在审理民事案件中如果发现有非法集资的犯罪，应当要将案件移送公安机关或者检察机关。这一次我们制定司法解释的时候，实际上就对这个问题进行了重申，也就是重新把它规定到我们的民事司法解释里面来。之所以如此规定，是因为非法集资案件涉及不特定的多数人的利益，在处理上应当坚持一体化解决的原则，防止有的受害人获得足额清偿而有的受害人却根本不能得到补偿的现象发生。因此，只要是涉及非法集资犯罪的案件，民事案件审理中发现了就要移送，法院就不再审理了，这是一种处理方式。

第二种处理方式，如果在审理民间借贷案件的过程中，发现涉及非法集资等犯罪的线索与材料，在这种情况下该怎么办？比如，有人非法集资，把非法集资来的钱又转贷给他人，后者转贷会形成民间借贷案件，对这类案件怎么办？我们新的司法解释第六条作了规定，涉及非法集资线索的材料，我们应当要移送到公安机关或者是检察机关，但是对于后面的民间借贷的那部分案件还要继续审理。

第三种情况，在审理非法集资的案件过程中，可能会涉及担保人的担保责任问题，我们在审理案件中不能因为一部分当事人的非法集资犯罪就认定整个合同无效，担保人的担保责任也没了，这是不行的。遇到这种情况，只要当事人要起诉担保人，对这类案件，人民法院是应当予以受理的。

第四种情况，如果民间借贷的案件审理过程中，案件的基本事实需要刑事案件查清以后才能继续审理的，这类案件就应当中止审理，因为犯罪事实的行为可能涉及民间借贷案件的基本事实，基本案件事实可能涉及主体、权利义务的确定等，这种情况下我们要先刑后民，先把刑事案件结案了，我们民事案件才能恢复审理。

三、问：在《规定》里提到有 24% 和 36% 这样两个数字，您刚才也说了民间借贷年利率以前是按照银行的同期利率四倍来计算，为何要作出这样的修订，请您再具体说一说。

答： 你的问题涉及本司法解释的核心问题，就是利率问题。为什么这么规定？我们本次规定利率有几个特点：第一，规定的利率是一个固定利率，而不是像以前是参照央行同期贷款基准利率。第二，我们划了"两线三区"。首先划了第一根线，就是民事法律应予保护的固定利率为年利率的 24%。第二条线是年利率 36% 以上的借贷合同为无效，通过这两线，划分了三个区域，一个是无效区，一个是自然债务区，一个是司法保护区。为什么考虑 24% 的利率？刚才在前面已经讲到，年利率四倍的历史源远流长，其实在古代的时候月利率两分，也就是大约24％的含义。我们在制定司法解释的时候就研究过从古到今利率的变化，特别是1990年以来央行设定的整个利率的线索，我们研究发现，央行设定的贷款基准利率变化比较大，最低是百分之二点几，最高的是百分之十二点几，中间较多的是5％至8％，最后我们折中就选了6％，又参照传统四倍的含义，四六二十四，就是这样来的。因此，24％的利率是长期以来我们在审判实践中所确立的一个执法标准，实际上也是从古至今在民间利率方面的一条规则，不算我们的独创。

第二，为什么要规定36％以上无效？按照1991年《若干意见》，规定的是银行贷款基准利率的四倍，超过部分不受法律保护。这个不受法律保护的含义，就是说你要向人民法院起诉，要求动用国家强制力来保护你所获得利息，超过四倍不保护，但是如果当事人愿意自动履行的，法院是认可的，如果当事人履行了以后，再反悔想要回来，法院是不支持的，1991年《若干意见》是这个含义。我们总结这么多年来经济发展的情况发现，实体经济所创造的利润相应来说肯定没有这么高，如果我们不把高利贷控制住，对于实体经济，特别是对于中小微企业的发展是不利的。所以这次规定了年利率36％以上就无效，这个无效的含义是，如果当事人原来自愿偿还了利息，基于合同无效，还可以要求返还，这是对1991年《若干意见》的重大的修改。规定36％以上无效，是基于现实社会的实际情况，经商请相关主管部门，同时也参考了国外的一些立法例而划定的。国外有一些地区也规定，在利率无效的情况下是要返还的。对于24％至36％之间的这一部分，我们把它作为一个自然债务看待，如果要提起诉讼，要求法院保护，法院不会保护，但是当事人愿意自动履行，法院也不反对。

四、问：认定企业之间借贷行为合法有效，可以说是这部司法解释的亮点之一，之前司法实践一般都认定为是无效的，《规定》在认定企业之间的拆借行为效力上是一律认定为合法有效，还是有一定的限制性条件？

答：这个问题实际上涉及如何认识企业之间的借贷问题。的确正如你说的，我们对于企业之间借贷的认识有一个发展过程，这与我们国家的经济体制改革、经济发展是相适应的。以往，企业与企业之间的借贷被认定为是无效的，为什么要认定无效呢？因为当时基于1996年央行发布的《贷款通则》，加之最高人民法院也作了一些司法解释，认为企业与企业之间的借贷会破坏金融秩序，因此，在当时的情况下认定企业与企业之间借贷的合同是无效的。而且，这个规则一直到现在都没有废，但是随着经济的发展，特别是社会主义法治的不断健全和完善，这一规则出现了一些问题。第一，1999年《合同法》生效，《合同法》规定，要认定合同无效只能依据国家的法律和行政法规。从现有的国家法律和行政法规来讲，没有明确规定企业与企业之间的借贷是无效的。当然《贷款通则》是规定了，但是它属于一个部门规章，它的法律效力等级还没有上升到行政法规和法律的层面。《合同法》颁行以后，就面临着法律上的冲突。第二个原因是与《物权法》的冲突。2007年，我国颁布了《物权法》，按照《物权法》的规定，物权的权利人有权依法自由地处分自己的财产，货币资金当然是属于他的财产，他当然可以处分。如果依据《贷款通则》就无权处分，显然，这样的规则与《物权法》的规定有冲突。基于这样的情况，近几年来，我们依据现有的法律作了调整，其实我们的实际案例已经突破了原来的规定。包括最高人民法院审理的案子，依据《合同法》《物权法》等的规则，2005年以后陆续审结了一批企业与企业之间借贷的合同为有效合同的案件，示范效应是积极的，效果也很好。近几年来，我们在总结审判工作所取得的经验基础上，明确规定了把企业与企业之间的借贷有条件地认定为有效。这次司法解释的第十一条①，对企业之间融资有效是作了一定界定的，法人之间、其他组织之间以及他们相互之间为生产经营需要订立的民间借贷合同，除存在《合同法》第五十二条和《规定》第十四条②规定的情形以外，当事人主张合同有效的予以支持。根据这一条规定，企业与企业之间的合同的有效是要限定这个合同是为生产和经营需要而订立的借款合同。如果作为一个生产经营性企业不搞生产经营，变成一个专业放贷人，把钱拿去放贷，甚至从银行套取现金再去放贷，是不行的。司法解释规定这样的合同就会被认定为无效。同时，在解释中还规定了如果企业向其他企业借贷，或者从本单位职工集资，本来是为本单位的生产、经营需要，但却没有投入企业经营，而去放贷，这也要认定为无效。所以我们这次对企业的放开是一个有限度的放开，企业之间如果有闲散资金，因为对方是为了生产、经营需要，而不是为了借钱去放贷，这种合同应当是有效的，仅仅限于这个范围。这样做的目的既解决企业资金的短缺，又维护了我们国家的金融安全，国家金融不安全，我们经济发展就没保障。

五、问： 现实生活中可能有的借款人在没有约定利息的情况下自愿支付利息，或者支付的利息超过了24%，但是没有超过36%的情况下，事后又反悔，能否向法院主张要求出借人返还已付的利息，《规定》如何协调两者之间的利益平衡？

答： 我们现在规定的利息利率是24%，在24%以内当事人起诉到人民法

---

① 对应《最高人民法院关于审理民间借贷案件适用法律若干问题的规定》（2020年修正）第十条。

② 对应《最高人民法院关于审理民间借贷案件适用法律若干问题的规定》（2020年修正）第十三条。

院，人民法院对这类利息只要不突破24％，都要给予法律保护。当然在实践之中，确实有这样一个情况，有些当事人约定的利息是超过24％，没有超过36％，因为36％就是无效，24％与36％之间的，这一段的债务我们把它叫作自然债务。这类债务如果当事人依据合同，向人民法院起诉要求保护这个区间的利息，人民法院是不予法律保护的。所以起诉到法院不予以保护，但是这个合同如果约定利率以后，借款人按照合同的约定偿还了利息，这个偿还是有效的，如果偿还以后又反悔，向法院起诉要求返还超过24％部分利息的，不能支持。但超过36％以上的是无效，即使自愿给付了，也可基于合同无效要求返还。

六、问：我们注意到，《规定》特别强调，出借人向人民法院起诉时，应当提供债权凭证或者能够证明借贷关系存在的证据。这一规定是否与立案登记制相矛盾？

答：这一规定不仅与立案登记制不矛盾，而且还相辅相成。早在3000多年前的西周时期，人们把借贷契约称为"傅别"，西周的《周礼》就有"听称责以傅别"的记载，说的是官员审理借贷纠纷时必须要有凭据、证据。从司法实践情况看，民间借贷纠纷案件中，当事人为证明存在借贷关系所提交的证据多为借据、收据、欠条等债权凭证，这些大都属于书证范畴。当然，债权凭证的表现形式不仅限于《规定》已列明的"借据、收据、欠条"等形式，还包括能够证明借贷关系存在的其他证据，如短信、微信、博客、网上聊天记录等电子数据以及录音录像等视听资料。总之，原告向法院起诉，必须提供相应的证据证明，这是民事诉讼的基本要求。只要符合《民事诉讼法》第119条规定的起诉条件的，人民法院都要受理。对于不符合法定起诉条件的，即使已经进行了立案登记，也不能进入实体程序，人民法院应当通知当事人补交相关证据材料。上述规定也有利于防止当事人滥用诉权。

七、问：民间借贷纠纷中，经常会有其他人在借条、欠条或者收据上签名，并容易引发纠纷。请问，《规定》是如何规范这一问题的？

答：经过调研，我们发现，审判实践中存在相当多的纠纷是由于在他人出具的借条或者欠条上签名而引发对民事责任承担的争执，进而引发矛盾形成诉讼。应当看到，传统的民间借贷更多地存在于熟人社会中，基于亲属、朋友、同事或者其他社会关系，他人或者作为借款人的保证人，或者作为借贷的见证人，或者作为中间人，或者出于其他原因而在借条上签字。然而，他人的签字是否意味着其应当承担保证责任，则存有争议。

正是由于民间借贷实践中，第三人在债权凭证或者借款合同中签字盖章的法律意义具有多种可能性，所以本司法解释才作出明确规定，包括三层意思：

第一，仅有他人签名或者盖章的，不足以认定保证人身份，他人也就不承担保证责任。所谓"仅有"，是指既未在借款凭证或借款合同中表明保证人身份，也未在其中约定保证条款并指向签字或盖章人，同时也无其他证据证明该签字或盖章人为保证人。第二，只有在通过其他事实不能推定其为保证人的情况下，才能作出他人非为保证人的判断。第三，仅有第三人在其中签字或者盖章，但其中表明了签字或者盖章人为保证人，或者通过其他条款或事实能够推定出其为保证人的，则应当对借款承担担保责任。

八、问：民间借贷中，借款人向他人借钱时一般要出具欠条，相应地，出借人起诉时也要持有欠条作为证明借贷关系存在的证据。仅仅提供借据或者银行的转账凭证，是否能够认定借贷关系已经发生？《规定》就借贷关系成立的举证证明责任问题有哪些新的内容？

答：您提的这个问题很有针对性和专业性。民间借贷案件的事实审查，是民间借贷案件审理的难点和重点。民间借贷案件的基本事实，包括借贷合意是否形成、款项是否交付、本金数额、利息约定等多个方面，其中借贷事实是否真实发生是民间借贷案件的首要基本事实，也是全案展开的基本依据。

民间借贷案件的事实认定，大多是由法官根据经验法则，通过对证据材料的审查和其证明力的认定、判断、取舍，并对比各方当事人不同证据的证明力，推断当事人之间既往发生的法律关系的事实过程的。这一过程中所涵盖的经验法则的选择与运用，证据证明力的判断等，都很难通过明确的法律规则来实现，更多的是依靠法官的自由心证。正因如此，司法实践中对于借贷关系是否发生的基本事实作出判断和认定的标准，存在一定程度的差异。虽然完全统一法官心证结果在客观上不可能实现，但通过更精细化的指引，规范事实认定的方向和进路，却是十分必要和可行的。

随着民间借贷市场的不断发展壮大，且游离于正规金融体系之外，这种活动容易伴生非法集资、非法吸收公众存款、金融欺诈等违法犯罪行为，危害借款人利益，冲击金融市场秩序。另外，民间借贷主体的法律意识淡薄，交易手续不完备，借贷行为隐蔽性强，也容易引起法律纠纷。现实中，原告提起诉讼往往仅依据借据等债权凭证或者仅依据金融机构转账凭证作为证明借贷关系已经发生的证据，如果被告抗辩已经偿还借款，或者被告抗辩转账系偿还双方之前借款或其他债务，在此情况下，就存在着证明责任的承担问题，而不能仅仅依据借据、收据、欠条等，简单地认定借贷关系已经发生以及已经发生的借贷关系的内容。为此，《规定》提出了有关举证责任分配的要求，即被告应当对其抗辩的主张提出相应的证据加以证明，而不能仅仅一辩了之。如果被告提不出相应的证据，或者提供的证据不足以证明其主张的，则一般要认定借贷关系已经发生。当然，如果被告提供了证据证明其主张的，此时举证证明责任发生转移，应当由原告就借贷关系的成立承担举证证明责任。

需要强调的是，对于当事人主张系现金交付的民间借贷，《规定》明确要求应当结合借贷金额、款项交付、当事人的经济能力、当地或者当事人之间的交易方式、交易习惯、当事人财产变动情况以及证人证言等事实和因素，综合判断查证借贷事实是否发生。这一规定也是近年来对司法实践的经验总结，对于证据和事实认定起到了很好的指引作用，加强了对广大法官甄别真实借贷关系的针对性和可操作性，有利于实现维护借款人合法权益，遏制违法犯罪活动的法律效果。我们将这一经验进行了修改与整合，吸收到司法解释中，作为民间借贷案件中事实审查的规定，从而明确了此类案件的举证责任、审查内容和审查标准。

九、问：我们注意到，《规定》特别强调要加大对虚假诉讼的防范和制裁，为什么如此关注这一问题？

答：经过调研发现，当前，民事审判领域存在许多虚假诉讼，在民间借贷案件中尤为突出。如何有效遏制民间借贷纠纷中的虚假诉讼，是摆在审判实践中的一个突出难题，也是亟待解决的一个课题。

虚假的民间借贷诉讼往往包裹在"合法"的外衣下，以正常合法的程序进入到法院，造假者们通过精心设计各种骗局，以混淆视听迷惑法官，从而获得对其有利的判决。此类案件利益关系复杂，且往往使真正权利人的利益无法得到保障，一旦法院支持了虚假诉讼当事人的利益，则不但无法化解纠纷，反而更加激化了当事人之间的矛盾，极易引发和激化社会冲突。总之，虚假民间借贷诉讼既侵犯了真实权利人的利益，又浪费了有限的司法资源；既扰乱正常的司法审判秩序，又影响了社会稳定。

虽然《民事诉讼法》第112条中新增加了对虚假诉讼的规定，但实践中审判人员很难明确识别、认定虚假诉讼，而《民事诉讼法》中"虚假诉讼构成犯罪，依法追究刑事责任"的一般性规定，在《刑法》中也并没有相对应的条款，没有具体的罪名，也没有相应的处罚措施。立法的不完善致使虚假民间借贷诉讼的违法成本非常低，诉讼当事人恶意串通、虚构法律关系向法院提起诉讼所追求的不法利益，与当事人制造、参与虚假诉讼付出的成本的巨大差异对当事人作出不法行为产生了不当的激励。因此，必须加大对虚假诉讼的预防和打击，以维持诚实守信的诉讼环境。

如何识别虚假诉讼是遏制虚假诉讼所面临的首要问题。之前，法院对调解率的片面强调，容易给当事人进行虚假诉讼提供便利；法官对调解的偏好也使调解中对事实的查明大打折扣。在虚假民间借贷诉讼案件中，由于双方当事人之间系恶意串通，不存在激烈的诉辩对抗，而且有时提交给法院的证据可能就是双方共同伪造的，这就给法官鉴别虚假诉讼增加了难度。对于这一问题，各级法院在司法实践过程中形成了不同的处理方式,但也达成了基本共识,即应当在民间借贷案件审理过程中加强对证据的审查力度。《规定》结合了虚假民间借贷诉讼审判实践的调研结果,吸收了实践中有益的经验做法,采纳了综合判断的规范模式,并具体列举了可能属于虚假民间借贷诉讼的十种行为,以供审判人员审理案件时适用。当然,正确识别虚假民间借贷诉讼还要求审判人员基于自身的审判经验和对生活的认知,结合借贷发生的原因、时间、地点、款项来源、交付方式、款项流向以及借贷双方的关系、经济状况等事实,综合判断是否属于虚假民事诉讼。

经审理,发现属于虚假诉讼的,人民法院除判决驳回原告的请求外,还要严格按照《规定》的内容,对恶意制造、参与虚假诉讼的诉讼参与人依法予以罚款、拘留;构成犯罪的,必须要移送有管辖权的司法机关追究刑事责任。

十、问:随着互联网金融的迅猛发展,许多民间借贷改变了传统的交易模式,而由网络交易快速完成。作为新生事物的 P2P 网络借贷,《规定》采取了哪些措施进行规制?

答:自从 1979 年孟加拉国经济学家穆罕默德·尤努斯最初提出 P2P 概念,并将小额信贷和互联网技术相连接以来,P2P 网络借贷逐步进入了人们的视野,并于 2007 年正式进入我国。2013 年以来,P2P 网络借贷出现井喷式发展,在一年之内由最初的几十家增长到几千家,从而不仅实现了数量上的增长,在借贷种类和方式上也得到扩张。应当看到,P2P 网贷有助于一般人群、小微企业获得所需的融资,弥补银行借贷的空白,帮助传统借贷中难以获得融资的企业和个人得到资金支持。我国已经形成了有别于国外 P2P 网贷模式的新特点,同时也产生了平台角色复杂、监管主体缺位、信用系统缺乏等新问题,其中最主要的是 P2P 利用投资理财为幌子,参与非法集资。据统计,2014 年,P2P 网络借贷平台涉嫌非法集资发案数、涉案金额、参与集资人数分别是 2013 年全年的 11 倍、16 倍和 39 倍,今年上半年仍然有较大幅度的增长。

在当前涉及 P2P 网络借贷平台的法律规范缺失的情况下,为了更好地保护当事人的合法权益,进一步促进我国网络小额借贷资本市场良好发展,《规定》分别对于 P2P 涉及居间和担保两种法律关系时,是否应当以及如何承担民事责任作出了规定。按照《规定》中的条款内容,如果借贷双方通过 P2P 网贷平台形成借贷关系,P2P 网络贷款平台的提供者仅提供媒介服务,则其对于民间借贷形成的债务不承担担保责任;如果 P2P 网贷平台的提供者通过网页、广告或者其他媒介明示或者有其他证据证明其为借贷提供担保,根据出借人的请求,人民法院应当判决 P2P 网贷平台的提供者承担担保责任。

今后,最高人民法院还将继续加强对 P2P 网络借贷平台法律规制的调研,密切关注这一新型事物的发展态势,结合行业特点和法律关系,制定更加充实详细的司法解释或者规范性文件,以司法的手段维护互联网对创业、创新的支撑作用,推动各类要素资源集聚、开放和共享,为形成大众创业、万众创新的浓厚氛围提供有力的司法保障。

十一、问: 实践中存在大量企业法定代表人以个人名义借贷用于企业生产经营,或者以企业名义借贷用于个人消费的现象,从而引发纠纷。请问,《规定》如何规范此类问题,在民事责任的承担方面作了哪些新的规定?

答: 企业作为法律拟制的人,在社会经济生活中的一切活动均要通过其法定代表人来实施。一般来讲,按照法人的代表人制度理论,法定代表人的行为就可以认定为企业行为。但是根据同一理论,鉴于法定代表人自然人和代表人的双重身份,企业承受法定代表人行为的法律后果,必须是其行使"代表行为"的情况下,具体表现为以法人的名义行为和在授权的范围内行为。

《规定》出台以前,司法实践中一直认定企业间借贷无效,基于对企业间借贷无效的规避和对资金融通的需求,实践中出现的法定代表人以个人名义借贷,用于企业生产经营的情况比较突出。为了保护出借人的利益,《规定》明确,法定代表人以个人名义签订借贷合同,但是所借款项用于生产经营的,出借人可以请求企业与个人共同承担责任。但也要看到,有的企业的法定代表人虽以企业名义借款,但所借款项却用于个人生活和消费,为避免企业合法权益遭到损害,对于出借人、企业或者其股东能够提出证据证明的,在诉讼中人民法院可以应出借人的请求将法定代表人列为共同被告或者第三人。作出这样的规定,能够有效防止法定代表人滥用代表权,能够达到均衡保护企业和出借人双方合法权益的目标。

十二、问: 实践中还有一种现象,就是借款人往往通过买卖合同作为民间借贷合同的担保。一旦发生纠纷后,出借人往往要求履行买卖合同,进而取得标的物的所有权。请您介绍一下此类案件的处理思路。

答: 正如您刚才所讲,民间借贷实践中,借贷双方当事人通过签订买卖合同作为民间借贷合同的担保,是民间借贷中比较典型的纠纷类型。债权人为避免债务人无力偿还借款,往往与债务人签订买卖合同(以房屋买卖合同为主),约定债务人不能偿还债款本息的,则履行买卖合同。在最高人民法院出台《规定》之前,各地法院的处理方式千差万别,导致法律适用标准不一,影响了法律的权威性。此类案件的处理,关系到人民法院裁判的统一,关系到当事人切身利益的维护。同时,正确处理此类案件,对于防范虚假诉讼,健全担保规范,促进经济健康发展具有重要意义。

目前,从审判实践看,买卖与借贷交叉混合主要有两种类型:一是以买卖作为民间借贷的担保,二是双方既有真实的买卖关系同时又有借贷的法律关系。由于前者最为常见且问题最多,因此,《规定》仅针对前者作出相应的规范。对于以买卖合同作为民间借贷合同的担保,在借期届满后借款人无法偿还本金利息的,出借人往往要求履行买卖合同,进而达到其直接获取买卖标的物的目的。我们认为,此种情形下的买卖合同应当视为类似于担保合同,其效力依附于作为主合同的民间借贷法律关系。正因如此,出借人撇开主合同而要求直接履行作为从合同的买卖合同的,实际上是颠倒了主从合同关系。对此,人民法院应当按照民间借贷法律关系审理双方之间的纠纷。只有从程序上作出如此规定,才能使双方的权利义务关系真正归位到正确的实体关系中去。如果出借人坚持要求审理买卖合同的,则应当裁定驳回其起诉。

按照民间借贷法律关系审理作出的判决生效后,借款人不履行生效判决确定的偿还本息的金钱给付债务,出借人可以申请拍卖买卖合同标的物,以偿还债务。《规定》作出这样的制度设计,是对债务人不履行债务时依法处置担保物的必然安排,其目的在于保护债权人的合法权益不受侵害。但是,任何制度设计都要坚持公平、公正的原则,在保护债权人利益的同时,也不能忽视对债务人合法权益的保护,而通过拍卖程序可以有效防止估价过高或者过低,损害另一方当事人利益。因此,《规定》要求,应当通过拍卖而非估价的方式处理标的物,以体现公平原则。此外,《规定》还特别强调,通过拍卖标的物所得的价款与应偿还借款本息之间的差额,借款人或者出借人有权主张返还或者补偿。这一规定能够在当事人之间实现利益平衡,体现了公正原则,从而真正完成从程序正义到实质正义的嬗变。

最高人民法院民一庭负责人就修正后的《最高人民法院关于审理民间借贷案件适用法律若干问题的规定》答记者问

2020年8月19日,最高人民法院发布了新修正的《关于审理民间借贷案件适用法律若干问题的规定》。最高人民法院民一庭负责人就有关问题回答了记者提问。

一、问:为什么将民间借贷利率司法保护上限确定为1年期贷款市场报价利率的"4倍"?

答:这次修正民间借贷司法解释,我们将民间借贷利率司法保护上限由年利率24%至36%调整为中国人民银行授权全国银行间同业拆借中心每月发布的"一年期贷款市场报价利率的4倍"。这样规定,主要考虑了我国社会经济发展状况、民间借贷利率司法保护的历史沿革、市场需求以及域外国家和地区的有关规定等因素。现在能够查到的最早的关于民间借贷的规定，是1952年11月27日我院答复最高人民法院东北分院《关于城市借贷超过几分为高利贷的解答》，其主要内容为："关于城市借贷利率以多少为宜的问题，根据目前国家银行放款利率以及市场物价情况私人借贷利率一般不应超过三分。"1991年8月13日施行的《最高人民法院关于人民法院审理借贷案件的若干意见》第六条规定，民间借贷利率不得超过银行同类贷款利率的4倍。长期以来，这一规定为社会各界所知悉、所接受，各级人民法院依据这一司法解释审理了大量民间借贷案件。2015年9月1日施行的《最高人民法院关于审理民间借贷案件适用法律若干问题的规定》（以下简称2015年《规定》）也是将银行同类贷款利率的4倍作为考虑利率保护上限的一个重要因素。从行业主管部门来看，2001年4月26日《中国人民银行办公厅关于以高利贷形式向社会不特定对象出借资金行为法律性质问题的批复》再次明确高利贷的认定标准为银行同类贷款利率的4倍。2002年1月31日，中国人民银行下发并于同日施行的《关于取缔地下钱庄及打击高利贷行为的通知》第二条规定，民间个人借贷利率不得超过中国人民银行公布的金融机构同期同档次贷款利率的4倍。由此可以看出，我院司法解释和中国人民银行有关批复规定的利率保护上限基本是一致的，即银行同类贷款利率的4倍。因此，确定1年期贷款市场报价利率的4倍作为民间借贷利率司法保护上限有助于人民群众对此标准的理解和接受，也体现了司法政策的延续性，同时，这一标准也接近多数国家和地区的有关规定。

二、问：此次司法解释的修正对认可企业间借贷行为的态度较前是否有变化？

答：民间借贷主体近几十年来发生了很大变化。在计划经济时代，民间借贷的主体几乎都是自然人。改革开放之后，借贷的主体逐渐从自然人之间、自然人与企业之间发展到企业与企业之间。2015年《规定》施行前，我国长期实行企业间借贷无效的司法政策，这对整顿金融市场秩序、防范和化解金融风险产生过积极的影响。但在我国市场经济不断深入发展完善的背景下，这种"一刀切"的做法，明显不适应改革开放以来我国经济发展的新形势。2015年制定的民间借贷司法解释，有限制条件地承认了企业之间借贷合同的效力，从价值取向和处理思路上来讲是积极的，效果也是好的。为了更好地促进中小微企业的发展，有效缓解"融资难""融资贵"难题，对于利益相关企业之间基于友好合作、战略发展需要等目的，以自有闲置资金开展的非经常性、非经营性借贷，因有利于企业自身经营和市场经济发展，亦不损害社会公共利益、扰乱金融秩序，还是应当确认其民事法律行为的效力。但企业之间拆借资金的条件和范围过宽，又可能影响金融市场及金融体系的稳定和安全。此次修正司法解释，总的指导思想是缩小民间借贷范围，突出民间借贷以自有资金和禁止吸收他人资金转手放款这一特点，针对审判实践中有关企业套取银行贷款又转贷、企业向单位员工集资后又转贷等情况，第十四条①将此作为"民间借贷合同无效"的一种情形，这样规定便于促进民间借贷平稳健康发展。

三、问：此次修正增加了对"职业放贷人"的规定，能作一下具体介绍吗？

答：近几年，随着民间借贷的迅速发展，放贷人的职业化倾向越来越明显，出现了所谓"职业放贷人"，就是出借人的出借行为具有反复性、经常性，借款目的也具有营业性。2018年4月银保监会、公安部、国家市场监督管理总局、中国人民银行联合下发了《关于规范民间借贷行为维护经济金融秩序有关事项的通知》，明确"未经有权机关依法批准，任何单位和个人不得设立从事或者主要从事发放贷款业务的机构或以发放贷款为日常业务活动"。职业放贷人的行为，实际上变相违反了该规定，属于从事非法金融业务活动，如果数量、金额过大，可能会对正常金融秩序产生危害。2019年7月，最高人民法院与最高人民检察院、公安部、司法部联合制定了《关于办理非法放贷刑事案件若干问题的意见》，其中规定，"一、违反国家规定，未经监管部门批准，或者超越经营范围，以营利为目的，经常性地向社会不特定对象发放贷款，扰乱金融市场秩序，情节严重的，依照刑法第二百二十五条第（四）项的规定，以非法经营罪定罪处罚。前款规定中的'经常性地向社会不特定对象发放贷款'，是指2年内向不特定多人（包括单位和个人）以借款或其他名义出借资金10次以上。贷款到期后延长还款期限的，发放贷款次数按照1次计算。"该规定是有关"职业放贷人"犯罪行为的认定标准。2019年11月，《全国法院民商事审判工作会议纪要》第53条规定："未依法取得放贷资格的以民间借贷为业的法人，以及以民间借贷为业的非法人组织或者自然人从事的民间借贷行为，应当依法认定无效。同一出借人在一定期间内多次反复从事有偿民间借贷行为的，一般可以认定为是职业放贷人。民间借贷比较活跃的地方的高级人民法院或者经其授权的中级人民法院，可以根据本地区的实际情况制定具体的认定标准。"依据上述司法解释和司法政策性文件的规定，这次修正司法解释时，在第十四条"认定民间借贷合同无效"条款中，增加了第三项"未依法取得放贷资格的出借人，以营利为目的向社会不特定对象提供借款的"，就是对职业放贷行为作出的限定。

四、问：这次修正民间借贷司法解释，是如何处理与《民法典》的关系的？

答：大家知道，《民法典》将于2021年1月1日施行。民法典颁布后，我

---

① 对应《最高人民法院关于审理民间借贷案件适用法律若干问题的规定》（2020年修正）第十三条。

院已经开始全面清理与民法典有关的司法解释。这次修正民间借贷司法解释，必然涉及与民法典的关系。考虑到民法典还有一段时间才能实施，与民法典有关的法律还属于现行有效的法律，我们在处理民间借贷司法解释与民法典的关系问题时，主要采取了以下方式：一是在内容上，民法典有明确规定或者民间借贷司法解释与民法典的规定不一致的，修改司法解释的规定，确保司法解释与民法典的规定保持一致。比如，民法典第六百八十条第二款规定："借款合同对支付利息没有约定的，视为没有利息。"我们就将司法解释第二十五条第一款修改为"借贷双方没有约定利息，出借人主张支付利息的，人民法院不予支持"。二是在文字表述上，与民法典的表述完全一致，把与民法典不一致或者不规范的表述全部修改。比如，将原司法解释中使用的"其他组织"改为"非法人组织"，将"有关条款"改为"相关条款"，将"根据"改为"依据"等。三是对于与民法典的内容没有实质冲突的内容，予以保留，等将来民法典实施后再进行修订。比如，在司法解释的引言部分，我们仍然保留了原来的内容，即"为正确审理民间借贷纠纷案件，根据《中华人民共和国民法通则》《中华人民共和国物权法》《中华人民共和国担保法》《中华人民共和国合同法》《中华人民共和国民事诉讼法》《中华人民共和国刑事诉讼法》等相关法律之规定，结合审判实践，制定本规定"。因为，在民法典实施之前，民法通则、合同法、担保法等法律都还是现行有效的法律，仍然应当作为制定司法解释的依据。只有民法典实施后，有关法律才失去效力，到时候，我们将再进行统一的修改。

最高人民法院
关于新民间借贷司法解释适用范围问题的批复

法释〔2020〕27号

（2020年11月9日最高人民法院审判委员会第1815次会议通过　2020年12月29日最高人民法院公告公布　自2021年1月1日起施行）

广东省高级人民法院：

你院《关于新民间借贷司法解释有关法律适用问题的请示》（粤高法〔2020〕108号）收悉。经研究，批复如下：

一、关于适用范围问题。经征求金融监管部门意见，由地方金融监管部门监管的小额贷款公司、融资担保公司、区域性股权市场、典当行、融资租赁公司、商业保理公司、地方资产管理公司等七类地方金融组织，属于经金融监管部门批准设立的金融机构，其因从事相关金融业务引发的纠纷，不适用新民间借贷司法解释。

二、其他两问题已在修订后的司法解释中予以明确，请遵照执行。

三、本批复自2021年1月1日起施行。

【解　　读】

解读《最高人民法院关于新民间借贷司法解释适用范围问题的批复》

非银行业金融机构，顾名思义，就是银行业之外的金融机构。过去有一个简单判断标准，即不是由原银监会监管的金融机构。但是这种分类方式并不精准，因为除了从事保险业、证券业的金融机构分别由保监会、证监会监管之外，原银监会事实上也监管部分非银行金融机构。例如，金融资产管理公司、信托公司、企业集团财务公司、金融租赁公司、汽车金融公司、货币经纪公司、消费金融公司等。自2018年银监会、保监会合并成立银保监会后，则不能再以其监管机构不同简单划分,而应从其是否从事吸收公众存款业务并辅以所从事业务领域来区分银行业金融机构与非银行金融机构。

1. 从事证券或保险及其衍生业务的金融机构,如证券公司、保险公司、期货公司、公募基金、私募基金等,由于金融行业实行分业经营、区别监管,故这些机构因不从事银行业务,一般都没有得到从事贷款业务的许可,比如证券公司、基金公司、期货公司等都没有发放贷款的资质。因此,虽然这些机构满足《最高人民法院关于审理民间借贷案件适用法律若干问题的规定》(以下简称《民间借贷规定》)第一条第二款中"经金融监管部门批准设立"的要求,但依法没有从事贷款业务的资格,故不能满足该条第2款例外情形的规定。但是也有一些特殊情形,比如证券公司的融资融券,保险公司的保单质押贷款等本质上也具备贷款业务的特征,但是目前并没有法律予以明确。由上,从《民间借贷规定》第一条第一款和第二款体系解释角度,除了特殊情形之外,上述金融机构如参与借贷活动,目前也应归入《民间借贷规定》定义的民间借贷范畴,由该规定进行调整。

2. 由银保监会监管的其他非银行金融机构。例如,信托公司、企业集团财务公司、金融租赁公司、汽车金融公司、货币经纪公司、消费金融公司,这些非银行金融机构虽然属于银保监机构设立并监管,但也因不从事吸收公众存款业务,故被纳入非银行金融机构范围。其是否适用《民间借贷规定》第一条,则取决于是否满足《民间借贷规定》第一条第二款中"从事贷款业务"。也即其经批准的经营范围是否包括发放贷款。如果是,则发放贷款属于其经审批的金融业务范围,不适用《民间借贷规定》第一条。

3. 地方金融监管部门监管的金融机构。如小额贷款公司、融资担保公司、区域性股权市场、典当行、融资租赁公司、商业保理公司、地方资产管理公司等七类地方金融组织,这些金融组织都属于广义上金融监管部门批准设立的地方金融机构。从现实情况看,在这些机构中,小额贷款公司和典当行主要从事的就是贷款业务,而融资担保公司、商业保理公司、融资租赁公司、地方资产管理公司、区域性股权市场在经营过程中也可能涉及提供融资服务。关于这些地方金融机构从事放贷业务是否属于本规定调整对象的问题,在2015年《民间借贷规定》第一条起草过程中,就有争议。当时的主流观点认为,当时这些机构都是地方政府或行业主管部门审批设立,并非中央金融监管部门监管对象,并不执行统一的利率、准备金率、放贷规模等方面的监管政策,日常业务监管并不规范,甚至有监管滞后、缺位现象。故其具备民间借贷特征,发生纠纷时,应适用《民间借贷规定》第一条处理。但2015年《民间借贷规定》制定施行后,相关争议并未尘埃落定。

近年来,最高人民法院不断收到关于应明确上述七类地方金融机构不适用《民间借贷规定》第一条,以免对消费金融业务带来冲击,减少普惠金融供给的建议和意见，而且各地法院也普遍反映《民间借贷规定》第一条第二款中金融机构的范围及认定标准应当明确。为此，我们在修正《民间借贷规定》过程中，专程前往广东省、浙江省等地方法院就此问题进行专题调研，并征求了相关金融监管部门的意见。金融监管部门反馈意见认为，《中共中央、国务院关于服务实体经济防控金融风险深化金融改革的若干意见》（中发〔2017〕23号）已经明确，上述七类地方金融组织，由中央金融监管部门制定规则，地方金融监管部门实施监管。而《国务院办公厅关于全面推进金融业综合统计工作的意见》（国办发〔2018〕18号）也已将上述七类地方金融组织纳入金融业综合统计范围。据了解，目前中国人民银行正在起草的《地方金融监督管理条例》拟明确上述七类地方金融组织需经地方金融监管部门批准设立，接受地方金融部门监管。与此同时，司法部正在起草的《非存款类放贷组织条例》重点对小额贷款公司和典当行等非存款类放贷组织的业务作出规范。在此背景下，建议明确规定上述七类地方金融组织，不适用《民间借贷规定》。

几经斟酌，2020年11月9日，最高人民法院审判委员会第1815次会议通过了《最高人民法院关于新民间借贷司法解释适用范围问题的批复》，针对广东省高级人民法院的请示，批复如下："一、关于适用范围问题。经征求金融监管部门意见，由地方金融监管部门监管的小额贷款公司、融资担保公司、区域性股权市场、典当行、融资租赁公司、商业保理公司、地方资产管理公司等七类地方金融组织，属于经金融监管部门批准设立的金融机构，其因从事相关金融业务引发的纠纷，不适用新民间借贷司法解释。二、其他两问题已在修订后的司法解释中予以明确，请遵照执行。三、本批复自2021年1月1日起施行。"也即自2021年1月1日起，上述七类由地方金融机关部门监管的金融机构从事放贷业务引发的纠纷，不适用《民间借贷规定》第一条调整。

（载最高人民法院民事审判第一庭编著：《最高人民法院新民间借贷司法解释理解与适用》，人民法院出版社2021年版）

指导案例 168 号

中信银行股份有限公司东莞分行诉陈志华等金融借款合同纠纷案

（最高人民法院审判委员会讨论通过　2021 年 11 月 9 日发布）

关键词

民事　金融借款合同　未办理抵押登记　赔偿责任　过错

裁判要点

以不动产提供抵押担保，抵押人未依抵押合同约定办理抵押登记的，不影响抵押合同的效力。债权人依据抵押合同主张抵押人在抵押物的价值范围内承担违约赔偿责任的，人民法院应予支持。抵押权人对未能办理抵押登记有过错的，相应减轻抵押人的赔偿责任。

相关法条

1.《中华人民共和国物权法》第十五条①；

2.《中华人民共和国合同法》第一百零七条、第一百一十三条第一款、第一百一十九条第一款②。

基本案情

2013 年 12 月 31 日，中信银行股份有限公司东莞分行（以下简称中信银行东莞分行）与东莞市华丰盛塑料有限公司（以下简称华丰盛公司）、东莞市亿阳信通集团有限公司（以下简称亿阳公司）、东莞市高力信塑料有限公司（以下简称高力信公司）签订《综合授信合同》，约定中信银行东莞分行为亿阳公司、高力信公司、华丰盛公司提供 4 亿元的综合授信额度，额度使用期限自 2013 年 12 月 31 日起至 2014 年 12 月 31 日止。为担保该合同，中信银行东莞分行于同日与陈志波、陈志华、陈志文、亿阳公司、高力信公司、华丰盛公司、东莞市怡联贸易有限公司（以下简称怡联公司）、东莞市力宏贸易有限公司（以下简称力宏公司）、东莞市同汇贸易有限公司（以下简称同汇公司）分别签订了《最高额保证合同》，约定：高力信公司、华丰盛公司、亿阳公司、力宏公司、同汇公司、怡联公司、陈志波、陈志华、陈志文为上述期间的贷款本息、实现债权费用在各自保证限额内向中信银行东莞分行提供连带保证责

---

① 现为《民法典》第二百一十五条。
② 现为《民法典》第五百七十七条、第五百八十四条、第五百九十一条第一款。

任。同时，中信银行东莞分行还分别与陈志华、陈志波、陈仁兴、梁彩霞签订了《最高额抵押合同》，陈志华、陈志波、陈仁兴、梁彩霞同意为中信银行东莞分行自2013年12月31日至2014年12月31日期间对亿阳公司等授信产生的债权提供最高额抵押，担保的主债权限额均为4亿元，担保范围包括贷款本息及相关费用，抵押物包括：1.陈志华位于东莞市中堂镇东泊村的房产及位于东莞市中堂镇东泊村中堂汽车站旁的一栋综合楼（未取得不动产登记证书）；2.陈志波位于东莞市中堂镇东泊村陈屋东兴路东一巷面积为4667.7平方米的土地使用权及地上建筑物、位于东莞市中堂镇吴家涌面积为30801平方米的土地使用权及位于东莞市中堂镇东泊村面积为12641.9平方米的土地使用权（均未取得不动产登记证书）；3.陈仁兴位于东莞市中堂镇的房屋；4.梁彩霞位于东莞市中堂镇东泊村陈屋新村的房产。以上不动产均未办理抵押登记。

另，中信银行东莞分行于同日与亿阳公司签订了《最高额权利质押合同》《应收账款质押登记协议》。

基于《综合授信合同》，中信银行东莞分行与华丰盛公司于2014年3月18日、19日分别签订了《人民币流动资金贷款合同》，约定：中信银行东莞分行为华丰盛公司分别提供2500万元、2500万元、2000万元流动资金贷款，贷款期限分别为2014年3月18日至2015年3月18日、2014年3月19日至2015年3月15日、2014年3月19日至2015年3月12日。

东莞市房产管理局于2011年6月29日向东莞市各金融机构发出《关于明确房地产抵押登记有关事项的函》（东房函〔2011〕119号），内容为："东莞市各金融机构：由于历史遗留问题，我市存在一些土地使用权人与房屋产权人不一致的房屋。2008年，住建部出台了《房屋登记办法》（建设部令第168号），其中第八条明确规定'办理房屋登记，应当遵循房屋所有权和房屋占用范围内的土地使用权权利主体一致的原则'。因此，上述房屋在申请所有权转移登记时，必须先使房屋所有权与土地使用权权利主体一致后才能办理。为了避免抵押人在实现该类房屋抵押权时，因无法在房管部门办理房屋所有权转移登记而导致合法利益无法得到保障，根据《物权法》《房屋登记办法》等相关规定，我局进一步明确房地产抵押登记的有关事项，现函告如下：一、土地使用权人与房屋产权人不一致的房屋需办理抵押登记的，必须在房屋所有权与土地使用权权利主体取得一致后才能办理。二、目前我市个别金融机构由于实行先放款再到房地产管理部门申请办理抵押登记，产生了一些不必要的矛盾纠纷。为了减少金融机构信贷风险和信贷矛盾纠纷，我局建议各金融机构在日常办理房地产抵押贷款申请时，应认真审查抵押房地产的房屋所有权和土地使用权权利主体是否一致，再决定是否发放该笔贷款。如对房地产权属存在疑问，可咨询房地产管理部门。三、为了更好地保障当事人利益，我局将从2011年8月1日起，对所有以自建房屋申请办理抵押登记的业务，要求申请人必须同时提交土地使用权证。"

中信银行东莞分行依约向华丰盛公司发放了 7000 万贷款。然而，华丰盛公司自 2014 年 8 月 21 日起未能按期付息。中信银行东莞分行提起本案诉讼。请求：华丰盛公司归还全部贷款本金 7000 万元并支付贷款利息等；陈志波、陈志华、陈仁兴、梁彩霞在抵押物价值范围内承担连带赔偿责任。

裁判结果

广东省东莞市中级人民法院于 2015 年 11 月 19 日作出（2015）东中法民四初字第 15 号民事判决：一、东莞市华丰盛塑料有限公司向中信银行股份有限公司东莞分行偿还借款本金 7000 万元、利息及复利并支付罚息；二、东莞市华丰盛塑料有限公司赔偿中信银行股份有限公司东莞分行支出的律师费 13 万元；三、东莞市亿阳信通集团有限公司、东莞市高力信塑料有限公司、东莞市力宏贸易有限公司、东莞市同汇贸易有限公司、东莞市怡联贸易有限公司、陈志波、陈志华、陈志文在各自《最高额保证合同》约定的限额范围内就第一、二判项确定的东莞市华丰盛塑料有限公司所负中信银行股份有限公司东莞分行的债务范围内承担连带清偿责任，保证人在承担保证责任后，有权向东莞市华丰盛塑料有限公司追偿；四、陈志华在位于广东省东莞市中堂镇东泊村中堂汽车站旁的一栋综合楼，陈志波在位于广东省东莞市中堂镇东泊村陈屋东兴路东一巷面积为 4667.7 平方米的土地使用权及地上建筑物（面积为 3000 平方米的三幢住宅）、位于东莞市中堂镇吴家涌面积为 30801 平方米的土地使用权、位于东莞市中堂镇东泊村面积为 12641.9 平方米的土地使用权的价值范围内就第一、二判项确定的东莞市华丰盛塑料有限公司所负中信银行股份有限公司东莞分行债务的未受清偿部分的二分之一范围内承担连带赔偿责任；五、驳回中信银行股份有限公司东莞分行的其他诉讼请求。中信银行股份有限公司东莞分行提出上诉。广东省高级人民法院于 2017 年 11 月 14 日作出（2016）粤民终 1107 号民事判决：驳回上诉，维持原判。中信银行股份有限公司东莞分行不服向最高人民法院申请再审。最高人民法院于 2018 年 9 月 28 日作出（2018）最高法民申 3425 号民事裁定，裁定提审本案。2019 年 12 月 9 日，最高人民法院作出（2019）最高法民再 155 号民事判决：一、撤销广东省高级人民法院（2016）粤民终 1107 号民事判决；二、维持广东省东莞市中级人民法院（2015）东中法民四初字第 15 号民事判决第一、二、三、四项；三、撤销广东省东莞市中级人民法院（2015）东中法民四初字第 15 号民事判决第五项；四、陈志华在位于东莞市中堂镇东泊村的房屋价值范围内、陈仁兴在位于东莞市中堂镇的房屋价值范围内、梁彩霞在位于东莞市中堂镇东泊村陈屋新村的房屋价值范围内，就广东省东莞市中级人民法院（2015）东中法民四初字第 15 号民事判决第一、二判项确定的东莞市华丰盛塑料有限公司所负债务未清偿部分的二分之一范围内向中信银行股份有限公司东莞分行承担连带赔偿责任；五、驳回中信银行股份有限公司东莞分行的其他诉讼请求。

裁判理由

最高人民法院认为:《物权法》第十五条规定:"当事人之间订立有关设立、变更、转让和消灭不动产物权的合同,除法律另有规定或者合同另有约定外,自合同成立时生效;未办理物权登记的,不影响合同效力。"本案中,中信银行东莞分行分别与陈志华等三人签订的《最高额抵押合同》,约定陈志华以其位于东莞市中堂镇东泊村的房屋、陈仁兴以其位于东莞市中堂镇的房屋、梁彩霞以其位于东莞市中堂镇东泊村陈屋新村的房屋为案涉债务提供担保。上述合同内容系双方当事人的真实意思表示,内容不违反法律、行政法规的强制性规定,应为合法有效。虽然前述抵押物未办理抵押登记,但根据《中华人民共和国物权法》第十五条之规定,该事实并不影响抵押合同的效力。

依法成立的合同,对当事人具有法律约束力,当事人应当按照合同约定履行各自义务,不履行合同义务或履行合同义务不符合约定的,应依据合同约定或法律规定承担相应责任。《最高额抵押合同》第六条"甲方声明与保证"约定:"6.2甲方对本合同项下的抵押物拥有完全的、有效的、合法的所有权或处分权,需依法取得权属证明的抵押物已依法获发全部权属证明文件,且抵押物不存在任何争议或任何权属瑕疵……6.4设立本抵押不会受到任何限制或不会造成任何不合法的情形。"第十二条"违约责任"约定:"12.1本合同生效后,甲乙双方均应履行本合同约定的义务,任何一方不履行或不完全履行本合同约定的义务的,应当承担相应的违约责任,并赔偿由此给对方造成的损失。12.2甲方在本合同第六条所作声明与保证不真实、不准确、不完整或故意使人误解,给乙方造成损失的,应予赔偿。"根据上述约定,陈志华等三人应确保案涉房产能够依法办理抵押登记,否则应承担相应的违约责任。本案中,陈志华等三人尚未取得案涉房屋所占土地使用权证,因房地权属不一致,案涉房屋未能办理抵押登记,抵押权未依法设立,陈志华等三人构成违约,应依据前述约定赔偿由此给中信银行东莞分行造成的损失。

《中华人民共和国合同法》第一百一十三条第一款规定:"当事人一方不履行合同义务或者履行合同义务不符合约定,给对方造成损失的,损失赔偿额应当相当于因违约所造成的损失,包括合同履行后可以获得的利益,但不得超过违反合同一方订立合同时预见到或者应当预见到的因违反合同可能造成的损失。"《最高额抵押合同》第6.6条约定:"甲方承诺:当主合同债务人不履行到期债务或发生约定的实现担保物权的情形,无论乙方对主合同项下的债权是否拥有其他担保(包括但不限于主合同债务人自己提供物的担保、保证、抵押、质押、保函、备用信用证等担保方式),乙方有权直接请求甲方在其担保范围内承担担保责任,无需行使其他权利(包括但不限于先行处置主合同债务人提供的物的担保)。"第8.1条约定:"按照本合同第二条第2.2款确定的债务履行期限届满之日债务人未按主合同约定履行全部或部分债务的,乙方有权按本合同的约定处分抵押物。"在《最高额抵押合同》正常履行的情况下,当主债务人不履行到期债务时,中信银行东莞分行可直接请求就抵押物优先受偿。本案抵押权因未办理登记而未设立,中信银行东莞分行无法实现抵押权,损失客观存在,其损失范围相当于在抵押财产价值范围内华丰盛公司未清偿债务数额部分,并可依约直接请求陈志华等三人进行赔偿。同时,根据本案查明的事实,中信银行东莞分行对《最高额抵押合同》无法履行亦存在过错。东莞市房产管理局已于2011年明确函告辖区各金融机构,房地权属不一致的房屋不能再办理抵押登记。据此可以认定,中信银行东莞分行在2013年签订《最高额抵押合同》时对于案涉房屋无法办理抵押登记的情况应当知情或者应当能够预见。中信银行东莞分行作为以信贷业务为主营业务的专业金融机构,应比一般债权人具备更高的审核能力。相对于此前曾就案涉抵押物办理过抵押登记的陈志华等三人来说,中信银行东莞分行具有更高的判断能力,负有更高的审查义务。中信银行东莞分行未尽到合理的审查和注意义务,对抵押权不能设立亦存在过错。同时,根据《中华人民共和国合同法》第一百一十九条"当事人一方违约后,对方应当采取适当措施防止损失的扩大;没有采取适当措施致使损失扩大的,不得就扩大的损失要求赔偿"的规定,中信银行东莞分行在知晓案涉房屋无法办理抵押登记后,没有采取降低授信额度、要求提供补充担保等措施防止损失扩大,可以适当减轻陈志华等三人的赔偿责任。综合考虑双方当事人的过错程度以及本案具体情况,酌情认定陈志华等三人以抵押财产价值为限,在华丰盛公司尚未清偿债务的二分之一范围内,向中信银行东莞分行承担连带赔偿责任。

(生效裁判审判人员:高燕竹 张颖新 刘少阳)

最高人民法院
关于审理城镇房屋租赁合同纠纷案件具体应用法律若干问题的解释

(2009年6月22日最高人民法院审判委员会第1469次会议通过 根据2020年12月23日最高人民法院审判委员会第1823次会议通过的《最高人民法院关于修改〈最高人民法院关于在民事审判工作中适用《中华人民共和国工会法》若干问题的解释〉等二十七件民事类司法解释的决定》修正)

为正确审理城镇房屋租赁合同纠纷案件,依法保护当事人的合法权益,根据《中华人民共和国民法典》等法律规定,结合民事审判实践,制定本解释。

第一条 本解释所称城镇房屋,是指城市、镇规划区内的房屋。

乡、村庄规划区内的房屋租赁合同纠纷案件,可以参照本解释处理。但法律另有规定的,适用其规定。

当事人依照国家福利政策租赁公有住房、廉租住房、经济适用住房产生的纠纷案件,不适用本解释。

第二条 出租人就未取得建设工程规划许可证或者未按照建设工程规划许可证的规定建设的房屋,与承租人订立的租赁合同无效。但在一审法庭辩论终结前取得建设工程规划许可证或者经主管部门批准建设的,人民法院应当认定有效。

第三条 出租人就未经批准或者未按照批准内容建设的临时建筑,与承租人订立的租赁合同无效。但在一审法庭辩论终结前经主管部门批准建设的,人民法院应当认定有效。

租赁期限超过临时建筑的使用期限,超过部分无效。但在一审法庭辩论终结前经主管部门批准延长使用期限的,人民法院应当认定延长使用期限内的租赁期间有效。

第四条 房屋租赁合同无效,当事人请求参照合同约定的租金标准支付房屋占有使用费的,人民法院一般应予支持。

当事人请求赔偿因合同无效受到的损失,人民法院依照民法典第一百五十七条和本解释第七条、第十一条、第十二条的规定处理。

第五条 出租人就同一房屋订立数份租赁合同,在合同均有效的情况下,

承租人均主张履行合同的,人民法院按照下列顺序确定履行合同的承租人:

(一)已经合法占有租赁房屋的;

(二)已经办理登记备案手续的;

(三)合同成立在先的。

不能取得租赁房屋的承租人请求解除合同、赔偿损失的,依照民法典的有关规定处理。

第六条 承租人擅自变动房屋建筑主体和承重结构或者扩建,在出租人要求的合理期限内仍不予恢复原状,出租人请求解除合同并要求赔偿损失的,人民法院依照民法典第七百一十一条的规定处理。

第七条 承租人经出租人同意装饰装修,租赁合同无效时,未形成附合的装饰装修物,出租人同意利用的,可折价归出租人所有;不同意利用的,可由承租人拆除。因拆除造成房屋毁损的,承租人应当恢复原状。

已形成附合的装饰装修物,出租人同意利用的,可折价归出租人所有;不同意利用的,由双方各自按照导致合同无效的过错分担现值损失。

第八条 承租人经出租人同意装饰装修,租赁期间届满或者合同解除时,除当事人另有约定外,未形成附合的装饰装修物,可由承租人拆除。因拆除造成房屋毁损的,承租人应当恢复原状。

第九条 承租人经出租人同意装饰装修,合同解除时,双方对已形成附合的装饰装修物的处理没有约定的,人民法院按照下列情形分别处理:

(一)因出租人违约导致合同解除,承租人请求出租人赔偿剩余租赁期内装饰装修残值损失的,应予支持;

(二)因承租人违约导致合同解除,承租人请求出租人赔偿剩余租赁期内装饰装修残值损失的,不予支持。但出租人同意利用的,应在利用价值范围内予以适当补偿;

(三)因双方违约导致合同解除,剩余租赁期内的装饰装修残值损失,由双方根据各自的过错承担相应的责任;

(四)因不可归责于双方的事由导致合同解除的,剩余租赁期内的装饰装修残值损失,由双方按照公平原则分担。法律另有规定的,适用其规定。

第十条 承租人经出租人同意装饰装修,租赁期间届满时,承租人请求出租人补偿附合装饰装修费用的,不予支持。但当事人另有约定的除外。

第十一条 承租人未经出租人同意装饰装修或者扩建发生的费用,由承租人负担。出租人请求承租人恢复原状或者赔偿损失的,人民法院应予支持。

第十二条 承租人经出租人同意扩建,但双方对扩建费用的处理没有约定的,人民法院按照下列情形分别处理:

(一)办理合法建设手续的,扩建造价费用由出租人负担;

(二)未办理合法建设手续的,扩建造价费用由双方按照过错分担。

第十三条 房屋租赁合同无效、履行期限届满或者解除，出租人请求负有腾房义务的次承租人支付逾期腾房占有使用费的，人民法院应予支持。

第十四条 租赁房屋在承租人按照租赁合同占有期限内发生所有权变动，承租人请求房屋受让人继续履行原租赁合同的，人民法院应予支持。但租赁房屋具有下列情形或者当事人另有约定的除外：

（一）房屋在出租前已设立抵押权，因抵押权人实现抵押权发生所有权变动的；

（二）房屋在出租前已被人民法院依法查封的。

第十五条 出租人与抵押权人协议折价、变卖租赁房屋偿还债务，应当在合理期限内通知承租人。承租人请求以同等条件优先购买房屋的，人民法院应予支持。

第十六条 本解释施行前已经终审，本解释施行后当事人申请再审或者按照审判监督程序决定再审的案件，不适用本解释。

【注　解】

最高人民法院 2009 年 7 月 30 日公布本解释，法释〔2009〕11 号，自 2009 年 9 月 1 日起施行。

最高人民法院 2020 年 12 月 29 日公布《最高人民法院关于修改〈最高人民法院关于在民事审判工作中适用《中华人民共和国工会法》若干问题的解释〉等二十七件民事类司法解释的决定》修正本解释，法释〔2020〕17 号，该修正自 2021 年 1 月 1 日起施行。

【解　读】

解读《最高人民法院关于审理城镇房屋租赁合同纠纷案件具体应用法律若干问题的解释》

一、问题的提出

《最高人民法院关于审理城镇房屋租赁合同纠纷案件具体应用法律若干问题的解释》（以下简称本解释）经最高人民法院审判委员会第 1469 次会议通过，于 2009 年 9 月 1 日施行。为便于司法实践正确理解与适用，现就司法解释起草的背景及主要内容介绍如下。

在我国经济高速发展和住房制度改革日益深化的推动下，房屋租赁业迅猛发展，涌现出许多新情况、新问题，并形成诉讼进入司法领域。近年来，人民法院受理的房屋租赁合同纠纷案件以10%的增长率逐年上升。为应对与日俱增的审判压力，很多高级人民法院对房屋租赁合同纠纷案件的审判进行深入研究，并颁布了专门性指导意见。由于对法律规范理解上的差异，各地人民法院对此类案件的法律适用存在不同的观点，导致裁判结果迥异，亟需出台司法解释，统一裁判标准。最高人民法院基于审判实践的迫切需求，于2006年9月着手本解释的起草和调研工作。2009年7月30日，最高人民法院公布了本解释。

二、理解与适用

（一）本解释的适用范围

人民法院受理的租赁纠纷案件主要为城镇房屋（城市规划区、镇规划区范围内的房屋）租赁合同纠纷案件，法律适用的难点多出现在此类案件的审判中。为解决审判实践中的突出问题，本解释将适用范围确定为城镇房屋租赁合同纠纷案件。城镇房屋的判断标准是依照《城乡规划法》规定的土地规划性质，即房屋占有土地是否在城市规划区、镇规划区内，与租赁房屋占地性质是国有土地还是集体所有制土地无关。

承租人依照国家福利政策承租的公有住房、廉租住房、经济适用房，具有社会福利性和保障性，不属于完全的民事法律行为，有关合同纠纷不适用本解释。

随着我国城市化和城乡一体化进程的快速推进，一部分经济比较发达的乡村和城市规划区、镇规划区周边的乡村，房屋建设规模扩大、用途多样，租赁经营日益活跃，与城镇房屋租赁采用的交易规则和适用的法律已没有区别。为满足这部分乡村房屋租赁合同纠纷案件审判的需要，本解释规定："乡、村庄规划区内的房屋租赁合同纠纷案件，可以参照本解释处理。"案件受理法院可以根据乡村租赁房屋的建设规模、使用用途、装饰装修等情况，决定是否参照本解释规定处理案件。

（二）合同效力的认定

合同效力的认定对促进房屋租赁市场发展，维护房屋租赁市场交易秩序意义重大。本解释回应社会经济发展需求，在遵循法律规定精神的基础上，确定了尽量维持合同效力原则，体现在以下两个方面：一是明确合同无效的情形。本解释将违法建筑租赁合同、转租期限超过承租人剩余租赁期限的合同、未经出租人同意的转租合同认定为无效。二是对欠缺生效条件的合同效力处理上，采取了补救性的措施，即当事人只要在一审法庭辩论终结前，取得了法律、行政法规规定的条件，不存在《合同法》第五十二条规定的无效情形，就认定合同有效。

1. 违法建筑租赁合同无效

实践中，违法建筑租赁较为普遍，对违法建筑租赁合同效力的认定一直是人民法院面临的法律适用难点问题。《城乡规划法》规定，禁止房屋建设者未取得建设工程规划许可证或者未按照建设工程规划许可证的规定进行建设。《民法通则》第七十二条规定："财产所有权的取得，不得违反法律规定。"《物权法》第三十条①规定："因合法建造、拆除房屋等事实行为设立或者消灭物权的，自事实行为成就时发生效力。"依照上述法律规定，违法建筑因建设行为的违法性，不能产生设立物权的法律效果，建设人因此对违法建筑不享有物权权益。《城市房屋拆迁管理条例》第二十二条规定，拆迁人拆除违章建筑和超过批准期限的临时建筑，不予补偿。上述法律规定表明，法律不仅从维护公共利益的角度禁止违法建设行为，同时也否定违法建设的法律效力。本解释遵循法律意旨，规定违法建筑租赁合同无效。

依照《城乡规划法》的规定，违法建筑是指未取得建设工程规划许可证或者未按照建设工程规划许可证规定进行建设的建筑物和构筑物。本解释第二条、第三条规定的"未取得建设工程规划许可证或者未按照建设工程规划许可证规定建设的房屋，未经批准或者未按照批准内容建设的临时建筑，超过批准使用期限的临时建筑"均为违法建筑。

2. 合同无效后占有利益的返还

依照无效合同的处理原则，承租人应返还依无效合同取得的财产，包括占有的房屋和实际占有房屋期间所获取的占有利益。这里需要注意的是，违法建筑租赁合同被认定无效，如果承租人已经占有租赁房屋，仍然需要向出租人返还占有利益。依照《物权法》对占有的规定，出租人（建设者）不能取得违法建筑的所有权，但不影响其基于占有享有的占有利益。承租人取得了出租人对违法建筑享有的占有利益，应当予以返还。占有利益为无形财产，承租人只能采用折价补偿的方式返还。本解释将支付房屋占有使用费作为承租人对获取的占有利益进行折价补偿的主要方式。从审判实践既有案例的裁判效果看，按照合同约定的租金标准确定房屋占有使用费，易于双方当事人认可，且标准明确，有利于人民法院判断掌握，可避免采用评估方式确定房屋占有使用费，加重当事人诉讼成本，延长案件审理期间的弊端。考虑到存在因房屋质量问题或其他原因影响承租人使用房屋，完全参照合同约定的租金标准可能与承租人获取的占有利益不符，本解释规定："当事人请求参照合同约定的租金标准支付房屋占有使用费的，人民法院一般应予支持。"案件受理法院可以根据承租人对房屋的实际使用状况确定是否参照、如何参照合同约定的租金标准。

---

① 对应《民法典》第二百三十一条。

(三) 装饰装修物的处理

装饰装修物的处理涉及债权和物权两大领域，关涉添附制度、不当得利等民法理论，在理论界及审判实务界均引起高度关注。本解释针对合同无效、合同解除、合同履行期间届满三种情形，吸收装饰装修物形成附合、未形成附合情形下所有权归属理论及补偿理论，用五个条款对装饰装修物的处理进行了详细规定。

1. 装饰装修物的范围

《合同法》第二百二十三条①规定："承租人经出租人同意，可以对租赁物进行改善或者增设他物。"改善是指不改变租赁物的外观形状，对其性能进行改良。增设他物是指在原有的租赁物上又添加另外的物。实践中，承租人对租赁房屋进行改善或者增设他物多在装饰装修中进行。建设部颁布的《建筑装饰装修管理规定》规定，建筑装饰装修是指为使建筑物、构筑物内外空间达到一定的环境质量要求，使用装饰装修材料，对建筑物、构筑物外表和内部进行修饰处理的工程建筑活动。《建设工程质量管理条例》释义解释称："改建是指不增加建筑物或建设项目体量，在原有基础上，为改善建筑物使用功能、改变使用目的，对原有工程进行改造的建设项目。装修工程也是改建。"从上述部颁规定对专业术语的解释看，改建包括装饰装修，均是对建筑物进行改善的重要方式。房屋租赁市场普遍将改建称为装饰装修，房屋增设他物因多在装饰装修中进行，且常与房屋结合密切不可分离，同装饰装修区分不明显，一般也纳入装饰装修的范畴。本解释依照行业理解，条文中所称的装饰装修物包括改建工程、普通装饰装修工程的装饰装修物和增设的他物。

2. 装饰装修物的归属

对租赁房屋进行改善或者增设他物，均是将动产附着于不动产。按照装饰装修物与房屋结合的继续性与固定性的物理形态和装饰装修物是否丧失独立价值的经济学标准划分，装饰装修物可分为附合和未形成附合装饰装修物两类。附合装饰装修物是动产与不动产结合后，动产成为不动产的重要部分，非毁损或变更其性质而不能分离。例如，对租赁房屋铺设地板砖、吊设天花板；租赁房屋作为酒店或者商场所安装的空调管道、照明设施等。依照世界各国和我国有关添附理论的通说，动产与不动产的附合发生物权法上的效果，包括两个方面：一是动产的所有权被不动产所有权所吸纳，动产所有权灭失；二是不动产所有人即时取得动产的所有权。依照添附理论，对于未形成附合的装饰装修物，不能产生所有权变动的法律后果，其所有权仍属于承租人。本解释针对装饰装修物的两种形态，吸收物权添附理论，规定未形成附合的装饰装修物可由承租人取回。形成附合的装饰装修物由出租人取得所有权。

---

① 对应《民法典》第七百一十五条。

3. 附合装饰装修物的补偿

承租人未经出租人同意装饰装修构成侵权，承担侵权责任。下文对本解释有关附合装饰装修物补偿规定的介绍，均是建立在经承租人同意装饰装修的前提下。

（1）合同履行期间届满时附合装饰装修费用的处理

附合发生债权法上的效果是丧失动产所有权的人有权基于不当得利而请求返还添附物的价值。不动产所有权人获取利益与动产所有权人遭受损失是构成不当得利的两个重要要件。但在房屋租赁合同中，出租人收回房屋时取得装饰装修物的所有权，却不必然获得利益，承租人亦不会当然遭受损失，不能适用不当得利理论。这由以下方面因素决定：①承租人对租赁房屋装饰装修，是为满足己方的使用需要，根据其审美情趣和使用目的进行。当承租人审美情趣与确定的房屋用途与出租人不一致时，出租人往往要重新进行装修，不会因接受承租人的装饰装修获取利益。②承租人如经出租人同意装饰装修，应当本着诚实信用原则确定与其租赁期限相适应的装饰装修费用，该费用作为其租赁房屋的投资成本，应当在租赁期间内摊销完毕。《合同法》第二百三十五条①规定："租赁期间届满，承租人应当返还租赁物。返还的租赁物应当符合按照约定或者租赁物的性质使用后的状态。"依照该条法律的规定，承租人返还的房屋应当符合经装饰装修使用后的状态，出租人不能要求承租人恢复房屋原状，亦无需对装饰装修予以补偿。③装饰装修主要发生在经营用房租赁中，缔约双方普遍约定合同履行期间届满，出租人无偿取得装饰装修物，上述约定已经成为行业惯例。本解释综合考虑上述因素，规定："承租人经出租人同意装饰装修，租赁期间届满时，承租人请求出租人补偿附合装饰装修费用的，不予支持。但当事人另有约定的除外。"

（2）合同解除时附合装饰装修费用的处理

本解释第十一条规定，承租人经出租人同意装饰装修，合同解除时，双方对已形成附合的装饰装修物的处理没有约定的，人民法院按照下列情形分别处理：①因出租人违约导致合同解除，承租人请求出租人赔偿剩余租赁期内装饰装修残值损失的，应予支持；②因承租人违约导致合同解除，承租人请求出租人赔偿剩余租赁期内装饰装修残值损失的，不予支持。但出租人同意利用的，应在利用价值范围内予以适当补偿；③因双方违约导致合同解除，剩余租赁期内的装饰装修残值损失，由双方根据各自的过错承担相应的责任；④因不可归责于双方的事由导致合同解除的，剩余租赁期内的装饰装修残值损失，由双方按照公平原则分担。法律另有规定的，适用其规定。上述规定中，涵盖了如下方面的内容：一是明确了装饰装修损失的负担原则。合同解除，承租人装饰装

---

① 对应《民法典》第七百三十三条。

修费用尚未摊销完毕。承租人不能利用剩余租赁期内的装饰装修价值，是由合同解除导致的，该价值作为合同解除的损失，由导致合同解除的违约方负担。双方违约的，根据各自过错分担。因不可归责于当事人双方的原因导致合同解除的，按照公平责任原则分担。依照《物权法》《城市房屋拆迁管理条例》的规定，出租房屋被国家征收或者被拆迁时，政府部门或者拆迁人要对被征收或者被拆迁的房屋进行补偿。依照相关行政规范。补偿事项一般包括房屋的装饰装修损失。租赁房屋在返还出租人之前，装饰装修物归承租人所有，补偿款作为装饰装修物的代位物，依照物权归属原则，归承租人所有。此时，虽然合同解除具有不可归责任于双方的事由，却不能适用公平原则解决装饰装修损失的补偿问题，装饰装修的补偿按照物的归属，在拆迁补偿款中处理。本解释第十一条第（四）项因此作出"法律另有规定的，适用其规定"的表述，作为适用本解释规定的负担原则之外的兜底条款。二是确定了装饰装修损失的范围。按照本解释规定，合同解除时装饰装修的损失为残值损失，这一损失范围的确定，需要考虑出租人是否同意利用装饰装修的因素。如果出租人同意利用装饰装修，表明装饰装修对出租人具有利用价值，该价值由出租人实际取得，其应当依照不当得利的民法理论，对承租人予以补偿，补偿的款项应当在承租人装饰装修损失中扣除。考虑到上述装饰装修损失范围的认定原则已被审判实践普遍采用，因此，仅在本解释第十一条第（二）项进行了规定，在第（三）（四）项中未作表述，但该原则在第（三）（四）项规定情形中同样适用。

（3）合同无效时附合装饰装修物的处理

依照本解释第九条第二款的规定，合同无效时，已形成附合的装饰装修物，出租人同意利用的，可折价归出租人所有；不同意利用的，由双方各自按照导致合同无效的过错分担现值损失。

（4）现值损失和残值损失的计算方法

本解释根据有效合同和无效合同的不同法律后果，对装饰装修损失采用了现值损失和残值损失两种不同的认定标准。现值损失是指合同被认定无效时，装饰装修的现存价值。该价值一般采用审计鉴定的方法确定。残值损失是指在合同解除时装饰装修的剩余价值，该价值通过装饰装修的工程造价扣减合同履行期间消耗的装饰装修价值来确定。通常情况下，残值损失与装饰装修的现值相符，但因为本解释确定装饰装修费用在租赁期间内摊销完毕，故合同履行期间已经摊销（消耗）的装饰装修费用，不应纳入合同解除后的损失范围。残值损失应考虑因合同解除未摊销的费用，该费用可能高于或者低于装饰装修的现值，此时确定装饰装修残值损失采用"就低"原则：如果未摊销费用高于现值，残值损失按照装饰装修的现值确定。因装饰装修损失作为合同解除的损失，应当以实际损失为基础确定；如果未摊销费用低于现值，残值损失按照未摊销的费用确定。因装饰装修费用在租赁期间摊销完毕是基本原则，如果每年摊销（消耗）的费用高于按照审计确定的折旧费用，双方必须按照已摊销的费用确定租赁期间消耗的费用，按照未摊销的费用确定残值损失；否则，装饰装修费用在租赁期内摊销完毕的原则无法体现。如装饰装修费用60万元，租期五年，合同履行三年后解除，则摊销费用为36万元，未摊销费用为60－36＝24万元。如果装饰装修现值为20万元，残值损失应当确定为20万元；如装饰装修现值为30万元，残值损失应当确定为24万元。

（四）承租人优先购买权的保护

承租人优先购买权是当今世界各国普遍确立的一项民事法律制度，我国《合同法》也确定了承租人优先购买权制度，但未对该权利的法律性质、实现程序及救济方法作出规定，使该权利的保护成为司法实践中适用法律的重要难点问题之一。在本解释起草过程中，各方面意见均强烈要求对承租人优先购买权问题作出规定。本解释用4个条款对这一问题进行了规定，以期弥补现有法律有关承租人优先购买权制度的立法缺失，最大效益地发挥这项法律制度的社会功能。

1. 承租人优先购买权的性质

依照《物权法》规定的物权法定原则，在法律未规定承租人的优先购买权为物权情形下，该权利不应认定为物权并具有排他性。《合同法》第二百三十条①规定的"承租人享有以同等条件优先购买的权利"应为债权，不具有对抗第三人的效力。基于上述原因，最高人民法院于2008年12月18日公布的《关于废止2007年底以前发布的有关司法解释（第七批）的决定》中，以《民法通则适用意见》第一百一十八条规定"出租人出卖出租房屋，应提前三个月通知承租人，承租人在同等条件下，享有优先购买权；出租人未按此规定出卖房屋的，承租人可以请求人民法院宣告该房屋买卖无效"与《物权法》规定冲突为由，予以废止。本解释将承租人优先购买权定性为债权，规定承租人不能以出租人侵害其优先购买权为由，请求确认出租人与第三人签订的房屋买卖合同无效。

2. 不同情形下优先购买权的保护

从本解释第二十一条至第二十四条的规定内容中，可以归纳出对优先购买权保护的整体思路。

（1）将承租人的优先购买权作为强制缔约请求权予以保护

通说认为，承租人的优先购买权是指当出租人出卖房屋时，承租人在同等条件下，依法享有优先于其他人而购买房屋的权利。该权利系请求权。从功能上看，请求权旨在实现请求权人的利益，使当事人取得物权或者其他支配性的权利或者利益。请求权在性质上属于手段性的权利，但如果法律规定请求权的

---

① 对应《民法典》第七百二十六条。

相对人负有不得拒绝的义务，该请求权就具有了一定的终局性和目的性。《合同法》设立优先购买权制度，就是赋予承租人相对于第三人优先购买房屋的权利，将其性质定为附强制缔约义务的请求权，赋予承租人在行使优先购买权时，出租人无正当理由不得拒绝，就能使承租人取得租赁物买受人的地位，使法律关系的稳定性增强，优先购买权的立法目的得以彰显。同时，也解决了审判实践中承租人优先购买权保护不周延，该权利无法行使的突出问题。从本解释第二十二条、第二十四条对承租人优先购买权保护的规定中，可以推断出上述含义。承租人优先购买权是法律规定的特定权利，该权利受到侵害时，承租人享有损害赔偿请求权，也享有强制缔约请求权，两种请求权竞合，承租人可以选择一种请求权予以主张。

当然，承租人主张优先购买房屋时，人民法院应当考虑以下两方面的问题，一是承租人应当具有履约能力，如责令承租人交付押金或者定金等方式提供履约担保，以避免人民法院支持承租人购买房屋的主张后，因承租人缺乏履约能力导致合同无法履行，损害出租人利益。二是依照权利义务对等原则，承租人的优先购买权亦应当在合理期限内主张，在出租人履行通知义务后，承租人应当在 15 日内明确表示是否行使优先购买权；出租人没有履行通知义务的，承租人可在知道或者应当知道出租人出卖房屋之日起一年内主张，超过合理期限的，人民法院不应予以支持。上述内容是完整保护承租人优先购买权必须要考虑的问题，实践中可以借鉴探索。

（2）抵押权人实现抵押权或者租赁房屋拍卖时优先购买权的保护

从权利的设置目的看，抵押权是从抵押物的交换价值中优先受偿，其追求的是抵押物的交换价值，不享有对抵押物的处分权。优先购买权是优先购买租赁房屋的权利，并以同等条件为权利行使的必备要件。上述两种权利行使时不会发生冲突。抵押权人与出租人协商折价、变卖或者拍卖抵押房屋实现抵押权时，属于出租人出卖房屋的方式，承租人以同等条件优先购买抵押的租赁房屋，不会影响抵押权人实现债权，不论抵押权设立在租赁合同成立前或后，均不会与抵押人实现抵押权发生冲突。因此，本解释规定，出租人与抵押权人协议折价、变卖租赁房屋偿还债务时，依法保护承租人的优先购买权。

拍卖是出租人出售租赁房屋的一种方式，将该种出售方式排除在承租人优先购买权保护范围外，与《合同法》规定不符。本解释（征求意见稿）第二十三条规定："出租人以拍卖方式出卖租赁房屋时，应当在拍卖 5 日前通知承租人。承租人未参加拍卖的，人民法院应当认定承租人放弃优先购买权。拍卖过程中，有最高应价时，承租人可以表示以该最高价购买，如无更高应价，承租人享有以该最高价优先购买的权利；如有更高应价，承租人不作表示的，人民法院应当认定承租人放弃优先购买权。"因最高人民法院正在准备就《拍卖法》进行司法解释立项，本解释删除了第二十三条有关具体拍卖程序中承租人优先购买权行使的规定,留待拍卖法司法解释作出规定。但这一问题的研究已较为成熟,审判实践可以参照本解释(征求意见稿)中的规定,判断承租人在具体拍卖程序中优先购买权的行使问题。

(3)优先购买权行使的例外情形

本解释第二十四条从权利设置目的和法律价值衡量角度综合考虑,规定了承租人优先购买权行使的四种例外情形:①房屋共有人行使优先购买权的。法律设定共有人具有优先购买权,宗旨是简化物权关系,维护共有关系的稳定性,充分发挥物的用益价值,而承租人优先购买权主要是维护使用关系的稳定性,从利益衡量的角度考量,应当优先保护共有人的购买权。②出租人将房屋出卖给近亲属情形。我国是靠亲情和人情为纽带联系起来的熟人社会,人们在经济交往中,亲情关系往往是交换价值确定的重要考虑因素,具有浓厚的人身色彩,与纯粹的买卖关系终究有所不同。本解释立足国情,将出租人出卖房屋给近亲属的情况,列为出租人出售房屋的特别方式,排除承租人优先购买权。这一规定有利于促进家庭和睦与社会稳定,符合构建和谐社会的重大历史任务要求。③出租人履行告知义务后,承租人在15日内未明确表示愿意购买的。本项是对《合同法》第二百三十条①规定的进一步细化。从权利义务对等的角度分析,承租人在合理期限内行使优先购买权,亦应为承租人优先购买权的内容。如果承租人不及时行使优先购买权,将导致出租人权益受到损害。在房屋交易市场价格波动加大的情况下,这种损害更为明显。因此,本项将承租人接到通知后15日,作为行使优先购买权的合理期限,逾期视为承租人放弃优先购买权。④购买房屋的第三人出于善意并已办理登记手续的。《物权法》第一百零六条②规定了善意取得制度,即受让人以财产所有权转移为目的,善意、对价受让且占有该财产,即使出让人无处分权,受让人仍可取得转让物的所有权。根据"举重以明轻"的民法解释原则,在第三人善意购买出租房屋,并办理了登记手续的情形下,可以对抗承租人优先购买房屋的主张。

(撰稿人:杜万华 冯小光 关 丽)

---

① 对应《民法典》第七百二十六条。
② 对应《民法典》第三百一十一条。

解读《最高人民法院关于审理城镇房屋租赁合同纠纷案件具体应用法律若干问题的解释》修正条文

修改情况说明

本司法解释仅涉及对法律依据的调整。凡是《民法典》已经吸收的内容，在新的解释中不再重复；凡与《民法典》不一致的内容，予以废止；司法实践中出现的新问题或者尚存在一定争议的问题，新解释暂未涉及，留待以后研究处理。原解释条文二十五条，清理后的条文共十六条，其中原文保留了十二条，另对四条进行了保留并作文字表述的修改，删除了九条。《民法典》实施的同时，《民法通则》《物权法》《合同法》废止，因此在对本司法解释修改时，将其引言相应修改。此外，第五条第二款、第六条第二款、第七条涉及对法律依据的调整；第二十条根据《民法典》有关规定进行文字修改，与《民法典》表述保持一致。

[载最高人民法院民法典贯彻实施工作领导小组办公室编著：《最高人民法院实施民法典清理司法解释修改条文（111件）理解与适用》，人民法院出版社 2022 年版]

【链　　接】

妥处房屋租赁　促进市场健康发展
——最高人民法院民一庭负责人就
《关于审理城镇房屋租赁合同纠纷案件具体
应用法律若干问题的解释》答记者问

一、出台司法解释的背景

问：最高人民法院在 2009 年 8 月日正式公布了《关于审理城镇房屋租赁合同纠纷案件具体应用法律若干问题的解释》（以下简称本解释），请您谈谈本解释出台的背景情况？

答：在我国经济高速发展和住房制度改革日益深化的推动下，房屋租赁经营方式日益普遍，房屋租赁业迅猛发展，伴随发展产生的大量房屋租赁纠纷形成诉讼进入司法领域。近年来，人民法院受理的房屋租赁合同纠纷案件日益增多。由于相关法律规范比较原则，人民法院在审理房屋租赁合同纠纷案件中面临很多具体适用法律的问题。为统一法律适用，指导各级人民法院公正及时处理房屋租赁合同纠纷案件，促进房屋租赁市场的健康发展，最高人民法院于2006年9月着手本解释（征求意见稿）的起草和调研工作。

房屋租赁主要包括居住用房的租赁和经营用房的租赁，居住用房是人类生存的基本物质条件，经营用房是人类从事生产经营的必要生产资料，因此，房屋租赁与国家利益、社会公共利益和广大人民群众的切身利益息息相关，亦与社会的和谐稳定、经济的平稳发展息息相关。最高人民法院从"保民生、保稳定、保发展"的全局工作出发，高度重视该部司法解释的起草工作，确定以落实科学发展观和司法为民作为指导思想，严循立法精神，重视调查研究，强化起草内容的针对性和操作性。期间，起草小组奔赴全国各地进行调研收集情况，多次召开座谈会广泛征求各级人民法院、全国人大常委会法制工作委员会、国务院法制办公室、住房和城乡建设部、专家学者等各方面意见。在反复研究讨论的基础上，经最高人民法院审判委员会第1469次会议研究通过，并于2009年9月1日施行。

二、司法解释的适用范围

问：本解释将适用范围确定为城镇房屋租赁合同纠纷案件，是基于何种考虑？

答：按照《城乡规划法》有关规划区域的规定，我国现有房屋可分为城市规划区、镇规划区、乡规划区、村庄规划区范围内的房屋。本解释为表述简练，将城市规划区、镇规划区范围内的房屋统称为城镇房屋。城镇房屋建设规模大，房屋性质多样，用途广泛。其开发、建设、交付使用受到《城市房地产管理法》《城乡规划法》《建筑法》《消防法》等法律和行政法规强制性规范的调整。如《建筑法》规定，限额以上的工程应当向工程所在地县级以上人民政府建设行政主管部门申请领取施工许可证。该类工程按照《消防法》的规定，属于按照国家工程建筑消防技术标准需要进行消防设计的建筑工程。上述工程未经竣工验收，不得交付使用。而乡、村庄规划区内的房屋因建设规模小，达不到适用上述法律、行政法规强制性规范的标准，在房屋建设、使用条件上的强制性法律规定较少。同时，由于城镇房屋和乡村房屋租赁经营活跃程度不同，租赁交易规则和租赁纠纷产生的原因亦有很大不同。从数量上看，乡村房屋租赁合同纠纷数量较少。为解决审判实践中的突出问题，我们确定本司法解释的适用范围为城镇房屋租赁合同纠纷案件。

随着我国城市化和城乡一体化进程的快速推进，一部分经济比较发达的乡村和城镇规划区周边的乡村，房屋建设规模扩大、房屋使用性质多样、租赁经营日益活跃，与城镇房屋在适用法律和采用的交易规则方面已没有区别。为满足这部分乡村房屋租赁合同纠纷案件审判的需要，本解释规定："乡、村庄规划区内的房屋租赁合同纠纷案件，可以参照本解释处理。但法律另有规定的，适用其规定。"

承租人依照国家福利政策承租的公有住房、廉租住房、经济适用房，具有社会福利性和保障性，其租赁关系不属于完全的民事法律行为，有关合同纠纷不适用本解释。

三、明确租赁合同无效的范围

问：本解释在合同效力的认定上，是如何体现促进房屋租赁市场发展和维护稳定的房屋租赁交易秩序这一目标的？

答：合同效力的认定对促进房屋租赁市场发展，维护房屋租赁市场交易秩序稳定意义重大。解释在准确判断相关法律、行政法规的强制性规定是否为效力性强制性规定基础上，确定了认定合同效力的原则：一是，限定无效合同的范围。解释仅将违法建筑物租赁合同、转租期限超过承租人剩余租赁期限的合同、未经出租人同意的转租合同认定为无效。在违法建筑物范围认定上，确定未取得建设工程规划许可证或者未按照建设工程规划许可证规定建设的房屋，未经批准或者未按照批准内容建设的临时建筑，超过批准使用期限的临时建筑为违法建筑。二是，对欠缺生效条件合同效力的处理上，采取了补救性的措施，即当事人只要在一审法庭辩论终结前，取得了法律、行政法规规定的条件，不存在《合同法》第五十二条规定的无效情形，就认定合同有效。解释在遵循法律规定精神的基础上，采用宽严适当的原则，确定合同效力，目的就是在尽量维持合同效力的基础上，促进社会资源的有效利用，保障房屋租赁市场的健康发展。

问：本解释规定合同被认定无效后，承租人要支付房屋占有使用费，是将无效合同按照有效处理吗？为什么参照合同约定的租金标准确定占有使用费？

答：这种理解是错误的。合同无效后，承租人支付占有房屋期间的使用费，是返还依无效合同取得的财产的一种方式，并不是按照合同履行支付的租金。依照无效合同的处理原则，承租人应返还依无效合同取得的财产，包括占有租赁的房屋和实际占有房屋所获取的占有利益。占有利益为无形财产，承租人只能采用折价补偿的方式，即支付房屋使用费予以返还。

对于房屋使用费按照何种标准确定，实践中做法很多。合同约定的租金标准，与合同签订时的市场行情相符，易于双方当事人认可，且标准明确，有利于人民法院判断掌握，亦可避免采用评估方式确定房屋使用费，加重当事人诉讼成本，延长案件审理期间的弊端。考虑到实践中存在因房屋质量问题或其他原因影响承租人使用房屋的情形，完全参照合同约定的租金标准确定承租人支付使用费可能与其获取的占有利益不符，有失公平，本条规定："当事人请求参照合同约定的租金标准支付房屋使用费的，人民法院可予支持。"将是否应予支持的裁量权交由人民法院，根据承租人对房屋的实际使用状况确定是否参照、如何参照合同约定的租金标准确定占有使用费。

四、适用不同民法理论处理装饰装修问题

问：房屋租赁合同纠纷案件中装饰装修的处理，一直是司法审判中的热点和难点问题，本解释对此问题是如何规定的？

答：装饰装修的处理涉及债权和物权两大领域，关涉添附制度、不当得利等民法理论，该类案件的处理在理论界及审判实务界均引起高度关注。本解释在吸收各级人民法院和学术界意见基础上，结合装饰装修的具体情况，确立了处理此类纠纷的规则：一是对附合和未形成附合的装修装修物分别适用不同的处理规则。未形成附合的装饰装修物，承租人作为所有权人享有处分权；已形成附合的装饰装修物区分合同无效、合同有效解除、合同履行期限届满情形，适用不同的处理规则。二是出租人是否对承租人的装饰装修进行补偿，如何补偿，要区分不同情况。合同无效时，出租人同意利用的装饰装修，基于不当得利对承租人进行补偿；不同意利用的，装饰装修的现值损失作为无效合同的损失，由双方按照过错承担；合同解除，由导致合同解除的违约方承担装饰装修残值损失。在双方均无过错情形下，由双方依照公平原则分担装饰装修残值损失；需要注意的是，合同解除时，如果出租人同意利用承租人装饰装修的，仍需基于不当得利对承租人予以补偿；合同履行期间届满，出租人取得装饰装修物无需补偿。

问：本解释就附合装饰装修的处理出现"现值损失"和"残值损失"两个名词，如何理解和区分这两种损失。

答：一直以来，各地人民法院对附合装饰装修损失的认定，方法多样，标准不同，统一这一问题的法律适用，对司法审判意义重大。本解释根据有效合同和无效合同的不同法律效果，对装饰装修损失采用了现值损失和残值损失两种不同的标准。现值损失是指合同被认定无效时，装饰装修的现存价值。在合同无效场合，承租人通常已经占用使用租赁房屋一段时间，其在此期间享有的装饰装修利益，不应再列入合同无效的损失范围。残值损失是指在合同解除时，装饰装修的剩余"价值"，这一"价值"的确定是以合同解除时装饰装修的现值为基础，且不能低于合同履行期间摊销的装饰装修费用。本解释依照租赁合同的权利义务内容、行业惯例、交易习惯，规定在双方当事人无约定情形下，承租人的装饰装修费用应当在租赁期内摊销完毕，出租人无需补偿。按照

这一规定，合同履行期间已经摊销的装饰装修费用，不应列入合同解除的损失范围。如装饰装修造价60万元，租期5年，则60万元造价摊销在租期内，每年平均摊销12万元。合同履行三年后解除，按照评估价值，装饰装修现值为30万元，但按照租期内摊销价计算，三年摊销费用为36万元。则残值应当按照摊销费用确定为36万元。如果装饰装修现值高于摊销的造价费用，则应当按照装饰装修的现值来确定残值。

五、依法保护承租人的优先购买权

问：本解释规定承租人优先购买权受侵害时，无权主张认定出租人与第三人签订的买卖合同无效，是基于何种考虑？

答：首先需要明确，本解释规定的是"承租人不能以出租人侵害其优先购买权为由，请求确认出租人与第三人签订的房屋买卖合同无效"，而不是规定在何种情形下，承租人均不得主张认定出租人与第三人签订的买卖合同无效。

优先购买权纠纷一直是审判实践中的难点问题。承租人优先购买权性质的认定，是解决该难点首要面临的问题。2007年10月1日施行的《物权法》，并未将优先购买权规定为物权，该权利因此不具有"对世性"权利。最高人民法院废止了《关于贯彻执行〈中华人民共和国民法通则〉若干问题的意见（试行）》第118条规定，就是基于该条规定与《物权法》规定相冲突。本解释遵循法律规定精神，将承租人优先购买权定性还原为债权，规定承租人不能以出租人侵害其优先购买权为由，请求确认出租人与第三人签订的房屋买卖合同无效。该项规定并不妨碍出租人与第三人恶意串通签订买卖合同损害承租人优先购买权时，承租人依照《民法通则》第五十八条第一款①第（四）项的规定和《合同法》第五十二条第（二）项的规定，主张认定出租人与第三人签订的买卖合同无效。

问：出租人出租房屋上设立抵押权的情况在房屋租赁中时有发生，本解释对抵押权人行使抵押权时承租人优先购买权的保护是如何规定的？

答：从权利的设置目的看，抵押权是从抵押物的交换价值优先受偿，其追求的是抵押物的交换价值，不要求转移抵押物的占有，亦不享有对抵押物的处分权。优先购买权是优先购买租赁房屋的权力，并以同等条件为权力行使的必备要件。上述两种权利从设置目的上看，行使时不会发生冲突。抵押权人与出租人协商折价、变卖或者拍卖抵押房屋实现抵押权时，属于出租人出卖房屋的方式，承租人以同等条件优先购买抵押的租赁房屋，不会影响抵押权人实现债权，不论抵押权设立在租赁合同成立前或后，均不会与抵押人实现抵押权发生

---

① 对应《民法典》第一百四十四条至第一百四十八条。

冲突。因此，本解释依照抵押权与承租人优先购买权立法目的不同，规定出租人与抵押权人协议折价、变卖租赁房屋偿还债务，或者拍卖房屋时，依法保护承租人的优先购买权。出租人以其他方式出卖房屋时，应当采取同样的规则保护承租人的优先购买权。当然，承租人主张优先购买房屋时，人民法院应当考虑以下两方面的问题：一是承租人应当具有让出租人信赖的履约能力，如责令承租人以交付押金或者定金等方式提供履约担保，使出租人信赖其履约能力，以避免人民法院支持承租人购买房屋的主张后，因承租人缺乏履约能力导致合同无法履行，损害出租人利益。二是依照权利义务对等原则，承租人的优先购买权亦应当在合理期限内主张，在出租人履行通知义务后，承租人应当在15日内明确表示是否行使优先购买权；出租人没有履行通知义务的，承租人可在知道或者应当知道出租人出卖房屋之日起1年内主张，超过合理期限的，人民法院不应予以支持。

问：按照本解释规定，是否只要出租人出卖租赁房屋，承租人就可主张优先购买房屋？

答：这种理解是错误的。解释第二十四条规定了对抗承租人优先购买权行使的四种情形：（1）房屋共有人行使优先购买权的。法律设定共有人具有优先购买权，宗旨是简化物权关系，维护共有关系的稳定性，充分发挥物的用益价值，而承租人优先购买权主要是维护使用关系的稳定性，从利益衡量的角度考量，应当优先保护共有人的购买权。（2）出租人将房屋出卖给近亲属情形。我国是靠亲情和人情为纽带联系起来的熟人社会，人们在经济交往中，亲情关系往往是交换价值确定的重要考虑因素，具有浓厚的人身色彩，与纯粹的买卖关系终究有所不同。本解释立足国情，将出租人出卖房屋给近亲属的情况，列为出租人出售房屋的特别方式，排除承租人优先购买权。这一规定有利于促进家庭和睦和社会稳定，符合构建和谐社会的重大历史任务要求。（3）出租人履行告知义务后，承租人在十五日内未明确表示愿意购买的。本项是对《合同法》第二百三十条①规定的进一步细化。从权利义务对等的角度分析，承租人在合理期限内行使优先购买权，亦应为承租人优先购买权的内容。如果承租人不及时行使优先购买权，将导致出租人所有者权益受到损害。在房屋交易市场价格波动加大的情况下，这种损害更为明显。因此，本项将承租人接到通知后15日，作为行使优先购买权的合理期限，逾期视为承租人放弃优先购买权。（4）购买房屋的第三人出于善意并已办理登记手续的。《物权法》第一百零六条②规定了善意取得制度，即受让人以财产所有权转移为目的，善意、对价受让且占有该财产，即使出让人无处分

---

① 对应《民法典》第七百二十六条。
② 对应《民法典》第三百三十一条。

权，受让人仍可取得转让物的所有权。根据"举重以明轻"的民法解释原则，在第三人善意购买出租房屋，并办理登记手续情形下，可以对抗承租人优先购买房屋的主张。

问：本解释规定从公布之日起施行，是基于何种考虑？

答：本解释规定从公布之日起施行，主要基于以下两方面的考虑：一是，房屋租赁纠纷属于传统的民事案件，此类纠纷案件数量较大，各级人民法院均有大量的司法实践活动，审判法官积累了较为丰富的经验，很多高级人民法院对如何审理房屋颁布了指导意见。本司法解释规定的内容，各地人民法院均进行过研究探讨，解释条款规定内容比较成熟，不需要在解释公布后再明确施行的时间，以便于解释的宣传和学习。二是，当事人对房屋租赁经营非常了解，对租赁行为的相关规定及交易惯例也较为熟悉，本司法解释只是对实践中有争议的一些问题进行规范，当事人及审判法官都有思想上的准备，具备了马上实施的条件。为使本解释尽快发挥作用，本解释规定在公布之日起施行。

辨明装饰装修归属　妥处房屋租赁纠纷
——最高人民法院民一庭负责人就《关于审理城镇房屋租赁合同纠纷案件具体应用法律若干问题的解释》所涉装饰装修物处理规定的解析

装饰装修物的处理涉及物权和债权两大领域，关涉添附制度、不当得利等民法理论，在理论界及审判实务界均引起高度关注。2009年9月1日施行的《关于审理城镇房屋租赁合同纠纷案件具体应用法律若干问题的解释》（以下简称本解释）针对合同无效、合同解除、合同履行期间届满三种情形，吸收装饰装修物形成附合、未形成附合情形下所有权归属理论及补偿理论，用五个条款对装饰装修物的处理进行了详细规定。为便于审判实践理解和适用，最高人民法院民事审判第一庭负责人就本解释中有关装饰装修处理的规定阐述如下。

一、装饰装修物的范围及归属

《合同法》第二百二十三条[①]规定："承租人经出租人同意，可以对租赁物

[①] 对应《民法典》第七百一十五条。

进行改善或者增设他物。"改善是指不改变租赁物的外观形状，对其性能进行改良。增设他物是指在原有的租赁物上又添加另外的物。实践中，承租人对租赁房屋进行改善或者增设他物多在装饰装修中进行。建设部颁布的《建筑装饰装修管理规定》（编者注：该件已废止）规定，建筑装饰装修是指为使建筑物、构筑物内、外空间达到一定的环境质量要求，使用装饰装修材料，对建筑物、构筑物外表和内部进行修饰处理的工程建筑活动。《建设工程质量管理条例》释义解释称："改建是指不增加建筑物或建设项目体量，在原有基础上，为改善建筑物使用功能、改变使用目的，对原有工程进行改造的建设项目。装修工程也是改建。"从上述部颁规定对专业术语的解释看，改建包括装饰装修，均是对建筑物进行改善的重要方式。房屋租赁市场普遍将改建称为装饰装修，房屋增设他物因多在装饰装修中进行，且常与房屋结合密切不可分离，同装饰装修区分不明显，一般也纳入装饰装修的范畴。本解释依照行业理解，条文中所称的装饰装修物包括改建工程、普通装饰装修工程的装饰装修物和增设的他物。

对租赁房屋进行改善或者增设他物，均是将动产附着于不动产。按照装饰装修物与房屋结合的继续性与固定性的物理形态和装饰装修物是否丧失独立价值的经济学标准划分，装饰装修物可分为附合和未形成附合装饰装修物两类。附合装饰装修物是动产与不动产结合后，动产成为不动产的重要部分，非毁损或变更其性质而不能分离。例如，对租赁房屋铺设地板砖、吊设天花板；租赁房屋作为酒店或者商场所安装的空调管道、照明设施等。依照世界各国和我国有关添附理论的通说，动产与不动产的附合发生物权法上的效果，包括两个方面：一是动产的所有权被不动产所有权所吸纳，动产所有权灭失。二是不动产所有人即时取得动产的所有权。依照添附理论，对于未形成附合的装饰装修物，不能产生所有权变动的法律后果，其所有权仍属于承租人。本解释针对装饰装修物的两种形态，吸收物权添附理论，规定未形成附合的装饰装修物可由承租人取回。形成附合的装饰装修物由出租人取得所有权。

二、附合装饰修物的补偿

承租人未经出租人同意装饰装修构成侵权，承担侵权责任。下文对本解释有关附合装饰装修物补偿规定的介绍，均是建立在承租人经同意装饰装修的前提下。

（一）合同履行期间届满时附合门装饰装修费用的处理

附合发生债权法上的效果是丧失动产所有权的人有权基于不当得利而请求返还添附物的价值。不动产所有权人获取利益与动产所有权人遭受损失是构成不当得利的两个重要要件。但在房屋租赁合同中，出租人收回房屋时取得装饰装修物的所有权，却不必然获得利益，承租人亦不会当然遭受损失，不能适用不当得利理论。这由以下方面因素决定：

1. 承租人对租赁房屋装饰装修，是为满足己方的使用需要，根据其审美情趣和使用目的进行。当承租人审美情趣与确定的房屋用途与出租人不一致时，出租人往往要重新进行装修，不会因接受承租人的装饰装修获取利益。

2. 承租人如经出租人同意装饰装修，应当本着诚实信用原则确定与其租赁期限相适应的装饰装修费用，该费用作为其租赁房屋的投资成本，应当在租赁期间内摊销完毕。《合同法》第二百三十五条[①]规定："租赁期间届满，承租人应当返还租赁物。返还的租赁物应当符合按照约定或者租赁物的性质使用后的状态。"依照该条法律规定，承租人返还的房屋应当符合经装饰装修使用后的状态，出租人不能要求承租人恢复房屋原状，亦无需对装饰装修予以补偿。

3. 装饰装修主要发生在经营用房租赁中，缔约双方普遍约定合同履行期间届满，出租人无偿取得装饰装修，上述约定已经成为行业惯例。

本解释综合考虑上述因素，规定："承租人经出租人同意装饰装修，租赁期间届满时，承租人请求出租人补偿附合装饰装修费用的，不予支持。但当事人另有约定的除外。"

（二）合同解除时附合装饰装修费用的处理

本解释第十一条规定："承租人经出租人同意装饰装修，合同解除时，双方对已形成附合的装饰装修物的处理没有约定的，人民法院按照下列情形分别处理：（一）因出租人违约导致合同解除，承租人请求出租人赔偿剩余租赁期内装饰装修残值损失的，应予支持；（二）因承租人违约导致合同解除，承租人请求出租人赔偿剩余租赁期内装饰装修残值损失的，不予支持。但出租人同意利用的，应在利用价值范围内予以适当补偿；（三）因双方违约导致合同解除，剩余租赁期内的装饰装修残值损失，由双方根据各自的过错承担相应的责任；（四）因不可归责于双方的事由导致合同解除的，剩余租赁期内的装饰装修残值损失，由双方按照公平原则分担。法律另有规定的，适用其规定。"

上述规定中，涵盖了如下方面的内容：

第一，明确了装饰装修损失的负担原则。合同解除，承租人装饰装修费用尚未摊销完毕。承租人不能利用剩余租赁期内的装饰装修价值，是由合同解除导致的，该价值作为合同解除的损失，由导致合同解除的违约方负担。双方违约的，根据各自过错分担。因不可归责于当事人双方的原因导致合同解除的，按照公平原则分担。依照《物权法》《城市房屋拆迁管理条例》的规定，出租

---

① 对应《民法典》第七百三十三条。

房屋被国家征收或者被拆迁时，政府部门或者拆迁人要对被征收或者被拆迁的房屋进行补偿。依照相关行政规范，补偿事项一般包括房屋的装饰装修损失。租赁房屋在返还出租人之前，装饰装修物归承租人所有，补偿款作为装饰装修物的代位物，依照物权归属原则，归承租人所有。此时，虽然合同解除具有不可归责于双方的事由，却不能适用公平原则解决装饰装修损失的补偿问题，装饰装修的补偿按照物的归属，在拆迁补偿款中处理。本解释第十一条第（四）项因此作出"法律另有规定的，适用其规定"的表述，作为适用解释规定的负担原则之外的"兜底"条款。

第二，确定了装饰装修损失的范围。按照本解释的规定，合同解除时装饰装修的损失为残值损失，这一损失范围的确定，需要考虑出租人是否同意利用装饰装修的因素。如果出租人同意利用装饰装修，表明装饰装修对出租人具有利用价值，该价值由出租人实际取得，其应当依照不当得利的民法理论，对承租人予以补偿，补偿的款项应当在承租人装饰装修损失中扣除。考虑到上述装饰装修损失范围的认定原则已被审判实践普遍采用，因此，仅在本解释第十一条第（二）项进行了规定，在第（三）（四）项中未作出表述，但该原则在第（三）（四）项规定情形中同样适用。

（三）合同无效时附合装饰装修物的处理

依照本解释第九条第二款的规定，合同无效时，已形成附合的装饰装修物，出租人同意利用的，可折价归出租人所有；不同意利用的，由双方各自按照导致合同无效的过错分担现值损失。

（四）现值损失和残值损失的计算方法

本解释根据有效合同和无效合同的不同法律后果，对装饰装修损失采用了现值损失和残值损失两种不同的认定标准。现值损失是指合同被认定无效时，装饰装修的现存价值。该价值一般采用审计鉴定的方法确定。残值损失是指在合同解除时，装饰装修的"剩余价值"，该价值通过装饰装修的工程造价扣减合同履行期间消耗的装饰装修价值来确定。通常情况下，残值损失与装饰装修的现值相符，但因为本解释确定装饰装修费用在租赁期间内摊销完毕，故合同履行期间已经摊销（消耗）的装饰装修费用，不应纳入合同解除后的损失范围。残值损失应考虑因合同解除未摊销的费用，该费用可能高于或者低于装饰装修的现值，此时确定装饰装修残值损失采用"就低"原则：如果未摊销费用高于现值，残值损失按照装饰装修的现值确定。因装饰装修损失作为合同解除的损失，应当以实际损失为基础确定；如果未摊销费用低于现值，残值损失按照未摊销的费用确定。因装饰装修费用在租赁期间摊销完毕是基本原则，如果每年摊销（消耗）的费用高于按照审计确定的折旧费用，双方必须按照已摊销的费用确定租赁期间消耗的费用，按照未摊销的费用确定残值损失，否则，装饰装修费用在租赁期内摊销完毕的原则无法体现。如装饰装修费用60万元，租期5年，合同履行3年后解除，则摊销费用为36万元，未摊销费用为60－36＝24（万元），如果装饰装修现值为20万元，残值损失应当确定为20万元；如果装饰装修现值为30万元，残值损失应当确定为24万元。

指导案例 170 号

饶国礼诉某物资供应站等房屋租赁合同纠纷案

(最高人民法院审判委员会讨论通过　2021 年 11 月 9 日发布)

关键词

民事　房屋租赁合同　合同效力　行政规章　公序良俗　危房

裁判要点

违反行政规章一般不影响合同效力,但违反行政规章签订租赁合同,约定将经鉴定机构鉴定存在严重结构隐患,或将造成重大安全事故的应当尽快拆除的危房出租用于经营酒店,危及不特定公众人身及财产安全,属于损害社会公共利益、违背公序良俗的行为,应当依法认定租赁合同无效,按照合同双方的过错大小确定各自应当承担的法律责任。

相关法条

《中华人民共和国民法总则》第一百五十三条、《中华人民共和国合同法》第五十二条、第五十八条①

基本案情

南昌市青山湖区晶品假日酒店(以下简称晶品酒店)组织形式为个人经营,经营者系饶国礼,经营范围及方式为宾馆服务。2011 年 7 月 27 日,晶品酒店通过公开招标的方式中标获得租赁某物资供应站所有的南昌市青山南路 1 号办公大楼的权利,并向物资供应站出具《承诺书》,承诺中标以后严格按照加固设计单位和江西省建设工程安全质量监督管理局等权威部门出具的加固改造方案,对青山南路 1 号办公大楼进行科学、安全的加固,并在取得具有法律效力的书面文件后,再使用该大楼。同年 8 月 29 日,晶品酒店与物资供应站签订《租赁合同》,约定:物资供应站将南昌市青山南路 1 号(包含房产证记载的南昌市东湖区青山南路 1 号和东湖区青山南路 3 号)办公楼 4120 平方米建筑出租给晶品酒店,用于经营商务宾馆。租赁期限为十五年,自 2011 年 9 月 1 日起至 2026 年 8 月 31 日止。除约定租金和其他费用标准、支付方式、违约赔偿责任外,还在第五条特别约定:1. 租赁物经有关部门鉴定为危楼,需加固后方能使用。晶品酒店对租赁物的前述问题及瑕疵已充分了解。晶品酒店承诺对租赁物进行加固,确保租赁物达到商业房产使用标准,晶品酒店承担全部费用。2. 加固工程方案的报批、建设、验收(验收部门为江西省建设工程

---

① 对应《民法典》第一百五十三条、第一百五十七条。

安全质量监督管理局或同等资质的部门）均由晶品酒店负责，物资供应站根据需要提供协助。3. 晶品酒店如未经加固合格即擅自使用租赁物，应承担全部责任。合同签订后，物资供应站依照约定交付了租赁房屋。晶品酒店向物资供应站给付 20 万元履约保证金，1000 万元投标保证金。中标后物资供应站退还了 800 万元投标保证金。

2011 年 10 月 26 日，晶品酒店与上海永祥加固技术工程有限公司签订加固改造工程《协议书》，晶品酒店将租赁的房屋以包工包料一次包干（图纸内的全部土建部分）的方式发包给上海永祥加固技术工程有限公司加固改造，改造范围为主要承重柱、墙、梁板结构加固新增墙体全部内粉刷，图纸内的全部内容，图纸、电梯、热泵。开工时间 2011 年 10 月 26 日，竣工时间 2012 年 1 月 26 日。2012 年 1 月 3 日，在加固施工过程中，案涉建筑物大部分垮塌。

江西省建设业安全生产监督管理站于 2007 年 6 月 18 日出具《房屋安全鉴定意见》，鉴定结果和建议是：1. 该大楼主要结构受力构件设计与施工均不能满足现行国家设计和施工规范的要求，其强度不能满足上部结构承载力的要求，存在较严重的结构隐患。2. 该大楼未进行抗震设计，没有抗震构造措施，不符合《建筑抗震设计规范》（GB 50011—2001）的要求。遇有地震或其他意外情况发生，将造成重大安全事故。3. 根据《危险房屋鉴定标准》（GB 50292—1999），该大楼按房屋危险性等级划分，属 D 级危房，应予以拆除。4. 建议：（1）应立即对大楼进行减载，减少结构上的荷载。（2）对有问题的结构构件进行加固处理。（3）目前，应对大楼加强观察，并应采取措施，确保大楼安全过渡至拆除。如发现有异常现象，应立即撤出大楼的全部人员，并向有关部门报告。（4）建议尽快拆除全部结构。

饶国礼向一审法院提出诉请：一、解除其与物资供应站于 2011 年 8 月 29 日签订的《租赁合同》；二、物资供应站返还其保证金 220 万元；三、物资供应站赔偿其各项经济损失共计 281 万元；四、本案诉讼费用由物资供应站承担。

物资供应站向一审法院提出反诉诉请：一、判令饶国礼承担侵权责任，赔偿其 2463.5 万元；二、判令饶国礼承担全部诉讼费用。

再审中，饶国礼将其上述第一项诉讼请求变更为：确认案涉《租赁合同》无效。物资供应站亦将其诉讼请求变更为：饶国礼赔偿物资供应站损失 418.7 万元。

裁判结果

江西省南昌市中级人民法院于 2017 年 9 月 1 日作出（2013）洪民一初字第 2 号民事判决：一、解除饶国礼经营的晶品酒店与物资供应站 2011 年 8 月 29 日签订的《租赁合同》；二、物资供应站应返还饶国礼投标保证金 200 万元；三、饶国礼赔偿物资供应站 804.3 万元，抵扣本判决第二项物资供应站返还饶国礼的 200 万元保证金后，饶国礼还应于本判决生效后十五日内给付物资供应站 604.3 万元；四、驳回饶国礼其他诉讼请求；五、驳回物资供应站其他诉讼请求。一审判决后，饶国礼提出上诉。江西省高级人民法院于 2018 年 4 月 24 日作出（2018）赣民终 173 号民事判决：一、维持江西省南昌市中级人民法院（2013）洪民一初字第 2 号民事判决第一项、第二项；二、撤销江西省南昌市中级人民法院（2013）洪民一初字第 2 号民事判决第三项、第四项、第五项；三、物资供应站返还饶国礼履约保证金 20 万元；四、饶国礼赔偿物资供应站经济损失 182.4 万元；五、本判决第一项、第三项、第四项确定的金额相互抵扣后，物资供应站应返还饶国礼 375.7 万元，该款项限物资供应站于本判决生效后十日内支付；六、驳回饶国礼的其他诉讼请求；七、驳回物资供应站的其他诉讼请求。饶国礼、物资供应站均不服二审判决，向最高人民法院申请再审。最高人民法院于 2018 年 9 月 27 日作出（2018）最高法民申 4268 号民事裁定，裁定提审本案。2019 年 12 月 19 日，最高人民法院作出（2019）最高法民再 97 号民事判决：一、撤销江西省高级人民法院（2018）赣民终 173 号民事判决、江西省南昌市中级人民法院（2013）洪民一初字第 2 号民事判决；二、确认饶国礼经营的晶品酒店与物资供应站签订的《租赁合同》无效；三、物资供应站自本判决发生法律效力之日起十日内向饶国礼返还保证金 220 万元；四、驳回饶国礼的其他诉讼请求；五、驳回物资供应站的诉讼请求。

裁判理由

最高人民法院认为：根据江西省建设业安全生产监督管理站于 2007 年 6 月 18 日出具的《房屋安全鉴定意见》，案涉《租赁合同》签订前，该合同项下的房屋存在以下安全隐患：一是主要结构受力构件设计与施工均不能满足现行国家设计和施工规范的要求，其强度不能满足上部结构承载力的要求，存在较严重的结构隐患；二是该房屋未进行抗震设计，没有抗震构造措施，不符合《建筑抗震设计规范》国家标准，遇有地震或其他意外情况发生，将造成重大安全事故。《房屋安全鉴定意见》同时就此前当地发生的地震对案涉房屋的结构造成了一定破坏、应引起业主及其上级部门足够重视等提出了警示。在上述认定基础上，江西省建设业安全生产监督管理站对案涉房屋的鉴定结果和建议是，案涉租赁房屋属于应尽快拆除全部结构的 D 级危房。据此，经有权鉴定机构鉴定，案涉房屋已被确定属于存在严重结构隐患、或将造成重大安全事故的应当尽快拆除的 D 级危房。根据中华人民共和国住房和城乡建设部《危险房屋鉴定标准》（2016 年 12 月 1 日实施）第 6.1 条规定，房屋危险性鉴定属 D 级危房的，系指承重结构已不能满足安全使用要求，房屋整体处于危险状态，构成整幢危房。尽管《危险房屋鉴定标准》第 7.0.5 条规定，对评定为局部危房或整幢危房的房屋可按下列方式进行处理：1. 观察使用；2. 处理使用；3.

停止使用；4. 整体拆除；5. 按相关规定处理。但本案中，有权鉴定机构已经明确案涉房屋应予拆除，并建议尽快拆除该危房的全部结构。因此，案涉危房并不具有可在加固后继续使用的情形。《商品房屋租赁管理办法》第六条规定，不符合安全、防灾等工程建设强制性标准的房屋不得出租。《商品房屋租赁管理办法》虽在效力等级上属部门规章，但是，该办法第六条规定体现的是对社会公共安全的保护以及对公序良俗的维护。结合本案事实，在案涉房屋已被确定属于存在严重结构隐患、或将造成重大安全事故、应当尽快拆除的D级危房的情形下，双方当事人仍签订《租赁合同》，约定将该房屋出租用于经营可能危及不特定公众人身及财产安全的商务酒店，明显损害了社会公共利益、违背了公序良俗。从维护公共安全及确立正确的社会价值导向的角度出发，对本案情形下合同效力的认定应从严把握，司法不应支持、鼓励这种为追求经济利益而忽视公共安全的有违社会公共利益和公序良俗的行为。故依照《民法总则》第一百五十三条第二款关于违背公序良俗的民事法律行为无效的规定，以及《合同法》第五十二条第四项关于损害社会公共利益的合同无效的规定，确认《租赁合同》无效。关于案涉房屋倒塌后物资供应站支付给他人的补偿费用问题，因物资供应站应对《租赁合同》的无效承担主要责任，根据《合同法》第五十八条"合同无效后，双方都有过错的，应当各自承担相应的责任"的规定，上述费用应由物资供应站自行承担。因饶国礼对于《租赁合同》无效亦有过错，故对饶国礼的损失依照《合同法》第五十八条的规定，亦应由其自行承担。饶国礼向物资供应站支付的220万元保证金，因《租赁合同》系无效合同，物资供应站基于该合同取得的该款项依法应当退还给饶国礼。

（生效裁判审判人员：张爱珍　何　君　张　颖）

最高人民法院关于审理涉及国有土地使用权合同纠纷案件适用法律问题的解释

(2004年11月23日最高人民法院审判委员会第1334次会议通过 根据2020年12月23日最高人民法院审判委员会第1823次会议通过的《最高人民法院关于修改〈最高人民法院关于在民事审判工作中适用《中华人民共和国工会法》若干问题的解释〉等二十七件民事类司法解释的决定》修正)

为正确审理国有土地使用权合同纠纷案件，依法保护当事人的合法权益，根据《中华人民共和国民法典》《中华人民共和国土地管理法》《中华人民共和国城市房地产管理法》等法律规定，结合民事审判实践，制定本解释。

一、土地使用权出让合同纠纷

第一条 本解释所称的土地使用权出让合同，是指市、县人民政府自然资源主管部门作为出让方将国有土地使用权在一定年限内让与受让方，受让方支付土地使用权出让金的合同。

第二条 开发区管理委员会作为出让方与受让方订立的土地使用权出让合同，应当认定无效。

本解释实施前，开发区管理委员会作为出让方与受让方订立的土地使用权出让合同，起诉前经市、县人民政府自然资源主管部门追认的，可以认定合同有效。

第三条 经市、县人民政府批准同意以协议方式出让的土地使用权，土地使用权出让金低于订立合同时当地政府按照国家规定确定的最低价的，应当认定土地使用权出让合同约定的价格条款无效。

当事人请求按照订立合同时的市场评估价格交纳土地使用权出让金的，应予支持；受让方不同意按照市场评估价格补足，请求解除合同的，应予支持。因此造成的损失，由当事人按照过错承担责任。

第四条 土地使用权出让合同的出让方因未办理土地使用权出让批准手续而不能交付土地，受让方请求解除合同的，应予支持。

第五条 受让方经出让方和市、县人民政府城市规划行政主管部门同意，改变土地使用权出让合同约定的土地用途，当事人请求按照起诉时同种用途的土地出让金标准调整土地出让金的，应予支持。

第六条 受让方擅自改变土地使用权出让合同约定的土地用途，出让方请求解除合同的，应予支持。

二、土地使用权转让合同纠纷

第七条 本解释所称的土地使用权转让合同，是指土地使用权人作为转让方将出让土地使用权转让于受让方，受让方支付价款的合同。

第八条 土地使用权人作为转让方与受让方订立土地使用权转让合同后，当事人一方以双方之间未办理土地使用权变更登记手续为由，请求确认合同无效的，不予支持。

第九条 土地使用权人作为转让方就同一出让土地使用权订立数个转让合同，在转让合同有效的情况下，受让方均要求履行合同的，按照以下情形分别处理：

（一）已经办理土地使用权变更登记手续的受让方，请求转让方履行交付土地等合同义务的，应予支持；

（二）均未办理土地使用权变更登记手续，已先行合法占有投资开发土地的受让方请求转让方履行土地使用权变更登记等合同义务的，应予支持；

（三）均未办理土地使用权变更登记手续，又未合法占有投资开发土地，先行支付土地转让款的受让方请求转让方履行交付土地和办理土地使用权变更登记等合同义务的，应予支持；

（四）合同均未履行，依法成立在先的合同受让方请求履行合同的，应予支持。

未能取得土地使用权的受让方请求解除合同、赔偿损失的，依照民法典的有关规定处理。

第十条 土地使用权人与受让方订立合同转让划拨土地使用权，起诉前经有批准权的人民政府同意转让，并由受让方办理土地使用权出让手续的，土地使用权人与受让方订立的合同可以按照补偿性质的合同处理。

第十一条 土地使用权人与受让方订立合同转让划拨土地使用权，起诉前经有批准权的人民政府决定不办理土地使用权出让手续，并将该划拨土地使用权直接划拨给受让方使用的，土地使用权人与受让方订立的合同可以按照补偿性质的合同处理。

三、合作开发房地产合同纠纷

第十二条 本解释所称的合作开发房地产合同，是指当事人订立的以提供出让土地使用权、资金等作为共同投资，共享利润、共担风险合作开发房地产为基本内容的合同。

第十三条 合作开发房地产合同的当事人一方具备房地产开发经营资质的，应当认定合同有效。

当事人双方均不具备房地产开发经营资质的，应当认定合同无效。但起诉前当事人一方已经取得房地产开发经营资质或者已依法合作成立具有房地产开发经营资质的房地产开发企业的，应当认定合同有效。

第十四条 投资数额超出合作开发房地产合同的约定，对增加的投资数额的承担比例，当事人协商不成的，按照当事人的违约情况确定；因不可归责于当事人的事由或者当事人的违约情况无法确定的，按照约定的投资比例确定；没有约定投资比例的，按照约定的利润分配比例确定。

第十五条 房屋实际建筑面积少于合作开发房地产合同的约定，对房屋实际建筑面积的分配比例，当事人协商不成的，按照当事人的违约情况确定；因不可归责于当事人的事由或者当事人违约情况无法确定的，按照约定的利润分配比例确定。

第十六条 在下列情形下，合作开发房地产合同的当事人请求分配房地产项目利益的，不予受理；已经受理的，驳回起诉：

（一）依法需经批准的房地产建设项目未经有批准权的人民政府主管部门批准；

（二）房地产建设项目未取得建设工程规划许可证；

（三）擅自变更建设工程规划。

因当事人隐瞒建设工程规划变更的事实所造成的损失，由当事人按照过错承担。

第十七条 房屋实际建筑面积超出规划建筑面积，经有批准权的人民政府主管部门批准后，当事人对超出部分的房屋分配比例协商不成的，按照约定的利润分配比例确定。对增加的投资数额的承担比例，当事人协商不成的，按照约定的投资比例确定；没有约定投资比例的，按照约定的利润分配比例确定。

第十八条 当事人违反规划开发建设的房屋，被有批准权的人民政府主管部门认定为违法建筑责令拆除，当事人对损失承担协商不成的，按照当事人过错确定责任；过错无法确定的，按照约定的投资比例确定责任；没有约定投资比例的，按照约定的利润分配比例确定责任。

第十九条 合作开发房地产合同约定仅以投资数额确定利润分配比例，当事人未足额交纳出资的，按照当事人的实际投资比例分配利润。

第二十条 合作开发房地产合同的当事人要求将房屋预售款充抵投资参与利润分配的，不予支持。

第二十一条 合作开发房地产合同约定提供土地使用权的当事人不承担经营风险，只收取固定利益的，应当认定为土地使用权转让合同。

第二十二条 合作开发房地产合同约定提供资金的当事人不承担经营风险，只分配固定数量房屋的，应当认定为房屋买卖合同。

第二十三条 合作开发房地产合同约定提供资金的当事人不承担经营风险，只收取固定数额货币的，应当认定为借款合同。

第二十四条 合作开发房地产合同约定提供资金的当事人不承担经营风险，只以租赁或者其他形式使用房屋的，应当认定为房屋租赁合同。

四、其他

第二十五条 本解释自 2005 年 8 月 1 日起施行；施行后受理的第一审案件适用本解释。

本解释施行前最高人民法院发布的司法解释与本解释不一致的，以本解释为准。

【注　解】

最高人民法院 2005 年 6 月 18 日公布本解释，法释〔2005〕5 号，自 2005 年 8 月 1 日起施行。

最高人民法院 2020 年 12 月 29 日公布《最高人民法院关于修改〈最高人民法院关于在民事审判工作中适用《中华人民共和国工会法》若干问题的解释〉等二十七件民事类司法解释的决定》修正本解释，法释〔2020〕17 号，该修正自 2021 年 1 月 1 日起施行。

【解　读】

解读《最高人民法院关于审理涉及国有土地使用权合同纠纷案件适用法律问题的解释》

一、问题的提出

《土地管理法》和《城市房地产管理法》的公布施行，确立了我国土地制度的发展方向，有力地推动了市场经济体制的建立和完善。针对《城市房地产管理法》施行前我国房地产市场出现的国有土地使用权出让、转让、抵押、投资合作建房等一些问题，最高人民法院曾出台《关于审理房地产管理法施行前房地产开发经营案件若干问题的解答》，对审理欠缺法定条件的土地使用权出让、转让、抵押、投资合作建房等违法行为作出了补救性规定，将补办合法手续的时间延至一审诉讼期间，适当放宽了对无效行为的认定条件，为及时、合理、有效地解决纠纷发挥了积极作用。

经过几年的司法审判实践和工作调研，我们尽管《城市房地产管理法》施行后的房地产开发经营行为已较以往有了较大改观，但由于我国民事立法尚不完善，土地行政执法和管理机制环节薄弱，在我国房地产的一、二、三级市场都仍存在着大量的违法行为。最终，最高人民法院于2003年5月7日和2004年10月26日分别公布了《关于审理商品房买卖合同纠纷案件适用法律若干问题的解释》和《关于审理建设工程施工合同纠纷案件适用法律问题的解释》。随后，《关于审理涉及国有土地使用权合同纠纷案件适用法律问题的解释》（以下简称本解释）也于2004年11月23日经最高人民法院审判委员会第1334次会议讨论通过并于2005年6月22日予以公布。

二、理解与适用

（一）土地使用权出让合同的主体、标的物

本解释第一条对土地使用权出让合同进行定义性解释，主要目的就是要明确土地使用权出让合同的出让主体和出让行为的标的物。依据现行法律规定，出让主体为市、县人民政府所属的土地行政管理职能部门。在讨论中，不少地方反映了一些市辖区及的各类开发区管理委员会出让土地的情况和问题。为此，有观点认为，本解释将土地出让主体限定为市、县人民政府土地管理部门不全面，遗漏了主体，出让土地的主体还应包括市辖区人民政府和开发区管理委员会。对市辖区人民政府能否作为出让主体的问题，根据《国家土地管理局〈对出让国有土地使用权有关问题请示的答复〉》《中华人民共和国城镇国有土地使用权出让和转让暂行条例》中的"市、县人民政府"，所指"市"包括全国各级市；所指"县"不包括市辖区。对开发区管理委员会能否作为国有土地使用权出让主体的问题，国土资源部认为开发区管理委员会不具备土地使用权出让的主体资格。综合上述意见，本解释将国有土地使用权出让的主体依法限定为市、县人民政府的土地管理部门。土地使用权出让合同的标的物，即土地使用权出让的客体为土地使用权，不是土地本身但也并非所有的土地使用权均可出让。依据法律规定，土地使用权出让制度只是针对国有土地实行的一种土地利用制度，允许出让进行房地产开发的只能是国有土地。对农民集体所有土地的使用权，依照《土地管理法》第六十三条的规定，农民集体所有的土地的使用权不得出让、转让或者出租用于非农业建设。《城市房地产管理法》第八条也明确规定，城市规划区内的集体所有的土地，经依法征收为国有土地后，该幅国有土地的使用权方可有偿出让。对城市规划区以外的集体所有土地，依据《土地管理法》第五章关于建设用地的有关规定，因建设需要占有使用土地的，必须依法申请使用国有土地，涉及农用地转为建设用地的，应当办理农用地转用审批手续。据此，城市规划区外的集体所有土地未经依法征收转为国有土地的，不得出让。这也是从我国土地使用制度改革和保护农业用地的实际情况出发，法律对集体所有土地出让的一种限制性规定。有人提出，出让的国有土地使用权应否包括国有农场的土地使用权的问题。根据我国现行法律规定和土地立法确定的土地用途管制原则，出让的国有土地使用权是指城市规划区内的国有建设性用地使用权，而国有农场的土地属于国有农用地，未经依法批准不得出让。因此，土地使用权出让合同的客体只能是国有土地使用权。

（二）开发区管委会出让土地使用权的合同效力认定

根据《城市房地产管理法》的规定，土地使用权出让合同的出让人主体是特定的，即必须由市、县人民政府土地管理部门代表国家以国有土地所有者的身份具体实施出让行为，其他部门、单位无权以出让人的身份订立土地使用权出让合同。但在征求意见过程中，不少地方反映了开发区管委会出让土地的情况和问题，针对这种情况，国务院办公厅于2003年7月30日发布了《关于清理整顿各类开发区加强建设用地管理的通知》，目前正在对各类开发区随意圈占土地和违法出让、转让土地等行为进行全面清理整顿。对开发区管委会作为出让主体订立的土地使用权出让合同的效力认定问题，存有不同观点：第一种意见认为，依据现行法律规定，土地使用权出让合同的出让方是特定的，必须是市、县人民政府土地管理部门，其他任何部门、单位以出让人身份订立的土地使用权出让合同一律无效。但在起诉前经市、县人民政府批准，由市、县土地管理部门与受让人重新订立土地使用权出让合同的，可认定合同有效。第二种意见认为，对此类合同效力可放宽认定，但应限制在解释实施以前订立的合同，区分情况分别处理。第三种意见认为，根据法律规定，市、县人民政府土地管理部门是依法有权经办国有土地所有权出让行为的唯一主体。从出让土地使用权的行为目的看，其实质是创设一种对土地的用益物权，因此，国有土地使用权的出让属于对国有土地所有权的法律处分行为，开发区管委会出让国有土地属于无权处分行为，依据《合同法》第五十一条的规定，应按照效力待定合同处理，而不是无效合同，在经过市、县人民政府土地管理部门追认后，可以认定合同有效。

我们认为，参照上述意见，从我国实际情况出发，目前对开发区管委会作为出让方订立的土地使用权出让合同效力既不能一概认定为无效，也不能全部按照效力待定予以处理，而是要分别情况，区别对待。首先，为配合国务院当前部署开展的土地市场整顿工作，加大促进国土管理部门对土地市场的管理力度，我们采纳了第一种意见，根据《城市房地产管理法》第十一条、第十四条的规定，市、县人民政府土地管理部门是依法有权经办国有土地所有权出让行为的唯一主体，具有出让土地使用权的民事行为能力，开发区管委会则不具备相应的民事权利和民事行为能力，依据《民法通则》第五十五条①、第五十八条②的规定，本解释第一款明确规定对不具备法定主体资格的开发区管委会作为出让方与受让方订立的土地使用权出让合同按无效处理，以对今后土地出让行为给予有效规范。其次，在前款明确规定将开发区管委会作为出让方与受让方订立的土地使用权出让合同认定为无效的同时，又考虑到开发区管委会行使出让土地权利的历史形成原因和目前我国土地市场存在的实际情况等因素，本解释对开发区管委会订立的土地使用权出让合同效力并未一概按无效处理，而是采取了相应的补救措施，避免大量无效合同的出现，导致土地市场交易关系更大的混乱。为此，最高人民法院采纳了全国人大法工委、国务院法制办的意见，结合无权处分的观点，通过对本解释适用范围上的限定，来区别认定合同的效力。与此相应，在对合同效力的认定处理上，按照本解释实施时间前后的不同而采取了不同的处理原则。即在本解释实施后，对开发区管委会作为出让方订立的土地使用权出让合同，应严格依法处理，一律认定为无效；对在本解释实施前开发区管委会订立的土地使用权出让合同，可以按照无权处分的原则予以认定处理，以此为补救手段，有条件地认定合同有效。根据《城市房地产管理法》的规定，市、县人民政府设置的土地管理部门是依法有权经办国有土地使用权出让行为的主体，其实施的土地使用权出让行为，实质是为创设一种对土地的用益物权，属于对国有土地所有权的法律处分行为，开发区管委会未经授权出让国有土地应属于无权处分行为，对其订立的土地使用权出让合同可以作为效力待定的合同予以处理，而不是直接认定合同无效。根据《合同法》第五十一条的规定，无处分权的人处分他人财产，经权利人追认后，该合同有效。据此，本解释规定，开发区管委会在起诉前经市、县人民政府土地管理部门追认后，可以认定合同有效。同时为防止追认手段的滥用，有效规范今后的土地出让行为，对追认的范围限定在本解释实施之前订立的合同。按照上述意见，在理解适用本解释第二条时应把握以下两个要点：一是可以追认的合同只限于本解释实施前开发区管委会作为出让方订立的土地使用权出让合同。由于本解释正式实施是2005年8月1日，因此，只有在2005年8月1日前开发区管委会作为出让方订立的土地使用权出让合同才可适用本条款。二是开发区管委会作为出让方订立的土地使用权出让合同必须在起诉前经市、县人民政府土地管理部门追认。只有同时具备这两个条件，开发区管委会作为出让方订立的土地使用权出让合同才可以认定有效，如果只具备其中一个条件，该合同依然应当认定为无效。本解释之所以将追认的对象范围限定在本解释实施之前订立的出让合同，且追认行为必须限定在向人民法院起诉前，就是为防止追认权的

---

① 对应《民法典》第一百四十三条。
② 对应《民法典》第一百四十四条至第一百四十八条。

滥用，有效规范今后的土地出让行为。

通过上述本解释所规定的两款宽严相济的处理原则，能够有利于人民法院对开发区管委会出让土地使用权合同纠纷案件及时有效地裁决，避免大量无效合同的出现，客观高效地解决历史遗留问题，稳定土地交易市场的秩序，促进和保障我国房地产市场健康有序地发展。

（三）对协议出让土地使用权的出让金价格的认定处理

为保障土地使用权出让行为的透明度和公开性，优化土地资源配置，国土资源部依据现行法律、行政法规制定了《招标拍卖挂牌出让国有土地使用权规定》，明令商业、旅游、娱乐和商品住宅等各类经营性用地，必须以招标、拍卖或者挂牌方式出让。对以协议方式出让国有土地使用权时，出让金低于当地政府按国家规定所确定的最低价的，合同效力如何认定，争议的焦点主要是该合同中的出让金价格条款无效，还是合同无效。有意见认为，《城市房地产管理法》第十二条已明确规定，采取双方协议方式出让土地使用权的出让金不得低于按国家规定所确定的最低价。其目的就在于防止出让方和受让方随意甚至恶意串通，以极低的价格获取土地使用权，导致"炒地"现象大量出现，损害国家和社会公共利益。《民法通则》第五十八条、《合同法》第五十二条对恶意串通、损害国家和社会公共利益的行为均明确规定为无效。

我们认为，在我国房地产一级市场，虽然法律、行政法规规定土地使用权出让可以采取拍卖、招标的方式，但实际上长期实行的是以协议方式出让土地，只是在近年才对商业、旅游、娱乐和商品住宅等各类经营性用地，明令必须以招标、拍卖或者挂牌方式出让。由于我国地域广，各地情况差异大，再加上某些人为因素和历史原因，以协议方式出让土地的情况还为数不少，各地在按照国家规定确定土地出让金最低价方面也情况各异，如果仅以土地出让金低于按照国家规定确定的土地出让金最低价为由就认定土地使用权出让合同无效，将会导致出让方滥用请求确认合同无效的诉权，这不仅不利于合同交易关系的稳定和对土地的有效利用，也不利于保护受让方的合法权益。另外，还存在如果当事人不主张合同无效，又应由谁来请求确认合同无效的问题，且合同无效后也难以处理。因此，我们认为，针对我国实际情况，对以协议方式出让土地使用权的，在其他条款不违反法律、行政法规的强制性规定，只是出让金低于按国家规定确定的最低价时，从保护国家和社会公共利益出发，可只认定合同约定的出让金价格条款无效。根据《合同法》第五十六条"合同部分无效，不影响其他部分效力的，其他部分仍然有效"的规定，允许当事人按照合同订立时的市场评估价格补足价款，促使合同有效履行；鉴于出让方在土地出让一级市场所处的强势地位，导致价格条款无效往往是由出让方造成的实际情况，本解释第三条第二款作出了规定。这就表明当事人即出让方和受让方任何一方请求按照订立合同时的市场评估价格交纳土地使用权出让金的，都应予以支持,这既促进合同的有效继续履行,维护房地产一级市场秩序的稳定,更可以保障国家和社会公共利益免遭损失。而在不同意按照市场价格补足,请求解除合同方面,只限于受让方提出的请求,才可支持,出让方提出的不予支持。这样可有效规范约束出让方的出让行为,促进土地的有效利用,建立和维护市场诚信体系。

(四)土地使用权转让合同的效力认定

从本解释起草之初,对土地使用权的转让问题就始终围绕如何理解适用《城市房地产管理法》第三十七条、第三十八条的规定展开争论。《城市房地产管理法》第三十八条规定:"以出让方式取得土地使用权的,转让房地产时,应当符合下列条件:(一)按照出让合同约定已经支付全部土地使用权出让金,并取得土地使用权证书;(二)按照出让合同约定进行投资,属于房屋建设工程的,完成开发投资总额的百分之二十五以上,属于成片开发土地的,形成工业用地或者其他建设用地条件。"第三十七条规定,以出让方式取得的土地使用权,不符合第三十八条规定条件的,不得转让。据此,有观点认为,只要不完全具备第三十八条规定的条件,即应认定转让合同无效,但如果在起诉前符合转让条件,可以认定转让合同有效。这样可有效规范土地交易行为,防止投机炒地,也符合当前的立法精神。相反观点则认为,根据我国现行的民事法律规定,物权变动采取的是债权契约+交付(或登记)的原则,债权契约只是当事人就某项财产的买卖达成协议,只有经过动产交付或者不动产权属变更登记后,方可发生物权变动的效力,因此,交付或登记与合同是相互独立的。对土地使用权转让合同,只要符合《民法通则》所规定的民事行为有效条件,合同即成立生效,至于转让人是否取得土地使用权证书,转让的标的物是否达到《城市房地产管理法》第三十八条规定的条件,能否完成转让行为,只是合同履行的问题,并不影响合同的效力,可通过瑕疵担保责任制度对受让人进行救济。对不符合《城市房地产管理法》第三十八条规定条件的土地使用权转让合同,不能认定为无效合同。

对上述两种观点,我们认为均有不妥之处。既不能按照第一种意见一概认定合同无效,也不能采纳第二种观点全部认定有效。按照《城市房地产管理法》第三十八条的规定,土地使用权转让应当具备两个条件:一是取得土地使用权证书,二是转让的土地应达到一定的法定投资条件。因此,对土地使用权转让合同的效力认定应区分两种情况予以处理:一是转让方未取得土地使用权证书订立的土地使用权转让合同,二是转让的土地未达到法定的投资条件。

1. 对转让方未取得土地使用权证书订立的土地使用权转让合同效力的认定

首先,从土地使用权转让的性质和规制原则看,因土地使用权是出让方与受让方以合同形式合意创设的一种对国有土地的占有、使用、处分、收益的用益物权,土地使用权转让即是该用益物权的变动,在性质上属于物权变动的范畴。因此，土地使用权转让自应受物权变动原则的规制，而物权变动采取何种原则由物权变动的立法模式所决定。依通说，我国现行法律关于物权变动系采债权形式主义的立法模式。该模式又称意思主义与登记或交付相结合的物权变动模式，指物权因法律行为发生变动时，当事人除有债权合意外，尚需践行登记或交付的法定方式。该模式将物权变动的时间界限确定在物的交付或者登记之时，而没有确定为意思表示一致的时候，如果没有进行动产的交付或不动产登记，物权不发生变动。该立法模式原则上虽然要求以交付或登记行为作为标的物所有权移转的表征，但并不承认物权合意的存在，认为债权合同就是所有权移转的内在动力和根本原因。例如，根据我国《民法通则》第七十二条第二款的规定，按照合同或者其他合法方式取得财产的，财产所有权从财产交付时起转移，法律另有规定或者当事人另有约定的除外。从该规定可以看出，基于合同发生的所有权转移，一般以交付为准，以所有权移转作为债权契约的当然结果，无需另有所有权转移的合意。此外，在《土地管理法》《城市房地产管理法》《城镇国有土地使用权出让转让暂行条例》《城市私有房屋管理条例》对土地权属的变更、房屋所有权的转移也均明确规定实行登记。土地使用权转让作为不动产物权变动的一种形态，其转让行为自应适用该物权变动原则的规制，即土地使用权进行转让时，当事人之间除订立债权合同外，尚需践行土地使用权权属变更登记的法定方式后方可发生物权变动的效力。

其次，根据我国法律规定，土地使用权的转让行为，应通过合同的形式进行，合同行为为基础行为，只有在合同有效成立的前提下，才发生合同的履行问题，才有不动产权属变更登记问题。据此，土地使用权的转让正是基于合同发生的物权变动，而土地使用权转让合同就是当事人以转让土地使用权的意思表示为内容，以发生债法上的给付义务为效果的民事法律行为，属于债权法律行为。按照债权形式主义立法模式下的物权变动原则，土地使用权转让合同即是当事人就土地使用权转让达成的意思表示的债权合同，该合同成立生效后，还必须通过履行土地使用权权属变更登记行为才能实现物权变动，而不能直接发生物权变动的效果。由于土地使用权转让是通过合同行为进行的一种物权变动形态，合同行为为物权变动的基础行为，因此，对合同行为的效力认定关系到物权变动的能否。按照债权形式主义立法模式下的物权变动原则，物权变动的合同和物权变动本身是相互区分的，根据该原则的要求，物权变动中的债权合同是所有权移转的内在动力和根本原因，基于合同发生的所有权转移，虽然一般以交付或者登记为准，但所有权移转是债权契约的当然结果。当然当事人之间仅有债权契约，而尚未交付或者登记，也不发生所有权转移。在此物权变动原则下，以发生物权变动为目的的债权合同，属于债权法律关系的范畴，其成立生效应依据债权法、合同法的规定，标的物是否成就、能否交付，物权是否发生变动，只是合同履行的结果问题，并非当然是合同的生效要件，决不能以合同不能履行或者物权没有发生变动来反推合同无效。土地使用权转让合同作为物权变动的根本原因和内在动力，其成立生效应当符合债权合同的生效条件。债权合同的生效条件是指能够按照当事人意思表示的内容发生法律效果应当具备的条件。根据《民法通则》第五十五条①和《合同法》的有关规定，债权合同的生效应当具备三个条件：(1) 行为人具有相应的民事行为能力；(2) 意思表示真实；(3) 不违反法律或者社会公共利益。据此，土地使用权转让合同的成立只要具备上述条件，即可依法生效。

第三，对转让方未取得土地使用权证书订立的土地使用权转让合同的效力认定。根据《城市房地产管理法》第三十八条的规定，以出让方式取得土地使用权的，转让房地产时，应当取得土地使用权证书。已如前述，土地使用权转让合同是以土地使用权发生物权变动为目的债权合同，而合同的标的物土地使用权作为一种民事财产权利——用益物权，其自身包含有处分权能，处分的对象为权利自身。当事人行使民事权利处分权能，就是法律上的处分行为，属于民事法律行为的一种，将产生民事权利变动的结果。当事人如要实现这一目的，仅仅达成物权变动的合意是不够的，还必然要享有对土地使用权处分的权能，即取得土地使用权证书，成为土地使用权的权利主体，才能行使旨在引起土地使用权发生物权变动的处分行为。所以，土地使用权证书的取得是土地使用权转让必须具备的条件，转让方只有取得土地使用权证书才可借此表明其为该出让土地使用权的权利主体，才依法享有处分该土地使用权的权利，这也是为防止土地交易市场"空买空卖"，稳定土地交易市场秩序的有效手段。在民法上，对民事权利的处分行为如由权利人行使为有权处分，如由非权利人行使则为无权处分。转让方未取得土地使用权证与受让方订立的土地使用权转让合同，就属于无权处分的情形。处分行为是指以引起民事权利的变动为目的的法律行为，因它在不同的物权变动立法模式下，含义有所区别，所以，在对无权处分效力的认定上也大相径庭。在债权意思主义和债权形式主义的物权变动模式下，无权处分行为实际是指，对特定标的物没有处分权的当事人所订立的、以引起标的物物权变动为目的的债权合同，典型的如出卖他人之物所订立的买卖合同；而在物权形式主义的物权变动模式下，无权处分行为则是指，对标的物没有处分权的当事人所进行的，以引起标的物物权变动为目的的物权行为。

对无权处分行为的效力认定，不同的立法模式有不同的结果。我国在1999年3月15日《合同法》颁布之前，民事立法均未对无权处分行为的效力设置规定，只是在最高人民法院的司法解释中有些许体现。例如，最早规范出卖他人之物的司法解释是1951年4月16日发布的《最高人民法院华东分院关于解答房屋纠纷及诉讼程序等问题的批复》和1979年2月2日发布的《关于

---

① 对应《民法典》第一百四十三条。

贯彻执行民事政策法律的意见》以及在其后 1984 年 8 月 30 日公布的《关于贯彻执行民事政策法律若干问题的意见》第五十五条，都明确规定，非所有权人出卖他人房屋的，应废除其买卖关系。部分共有人未取得其他共有人同意，擅自出卖共有房屋的，应宣布买卖关系无效。在 1996 年颁布实施的《民法通则》关于无效民事行为的列举中并未对出让他人之物的行为效力予以规定，而在 1988 年 4 月 2 日发布的最高人民法院《关于贯彻执行〈中华人民共和国民法通则〉若干问题的意见（试行）》第八十九条对无权处分行为的效力作出明确规定："共同共有人对共有财产享有共同的权利，承担共同的义务。在共同共有关系存续期间，部分共有人擅自处分共有财产的，一般认定无效。但第三人善意、有偿取得该项财产的，应当维护第三人的合法权益；对其他共有人的损失，由擅自处分共有财产的人赔偿。"由此解释规定可见，无权处分行为的效力一般被认定为无效。

　　《合同法》的颁布，对无权处分行为的效力问题设有明文。第五十一条规定："无处分权的人处分他人财产，经权利人追认或者无处分权的人订立合同后取得处分权的，该合同有效。"但对该条如何理解，存有不同观点。第一种意见认为，《合同法》第五十一条并非是关于无权处分行为效力的一般规定，而是无权处分行为为无效行为的例外。在我国民事立法上，无权处分行为的效力一般应为无效。理由有二：一是从比较法的角度考察，《法国民法典》第 1599 条明确认定出卖他人之物的买卖合同为无效合同，我国法律就无权处分行为的效力亦应作出同样解释；二是我国《合同法》第一百三十二条第一款明确规定："出卖的标的物，应当属于出卖人所有或者出卖人有权处分"。该条规定属于《合同法》上的强制性规定。依据《合同法》第五十二条第五项的规定，"违反法律、行政法规的强制性规定"的合同无效。因此，出卖他人之物的买卖合同为无效合同，当无异议。但该观点目前为少数。第二种意见认为，《合同法》第五十一条的规定应理解为属于我国民事立法上针对无权处分行为所设置的一般规定，无权处分行为应属效力待定的行为。在该种意见中又有两种观点：一种观点认为，效力待定的无权处分行为，是指当事人之间的债权合同效力待定。依据《合同法》第五十一条的规定，出卖他人之物，权利人追认或者处分人事后取得处分权的，合同有效；反之，权利人不追认并且处分人事后也未取得处分权的，合同无效。这里所说的无效，不是处分行为无效，而是无权处分的合同无效，不能解释为买卖合同有效，仅处分行为无效。有的学者作这样的解释，实际上是以债权合同与物权行为、负担行为与处分行为的区分为根据的，与《合同法》立法思想不符。该观点为当前我国学界和实务界的通说。另一观点认为，《合同法》第五十一条效力待定的是物权行为，而非债权合同。以买卖为例，该观点认为就出卖他人之物的买卖合同，其效力判断不应当依据第五十一条，效力待定的是移转标的物所有权的物权行为。这种观点在学术界和实务界也占有强有力的位置。第三种观点认为，以债权形式主义的物权变动模式为前提，唯有将无权处分行为认定为生效行为，方可既获取形式上的正当性，又获取实质上的正当性。《合同法》第五十一条是当事人对物权变动的一种特别约定。中国民法典立法研究课题组起草的《民法典·总则编》第一百三十八条对无权处分行为的效力规定："无处分权人处分他人财产的行为，经权利人追认或者处分人事后取得处分权的，溯及于该行为成立时有效。"在所附理由中称："依本条规定，无权处分行为，其是否发生效力，取决于权利人之是否追认及处分人是否取得处分权。经权利人追认，或者处分人事后取得处分权的，溯及于成立之时发生效力；权利人不追认并且处分人事后也未取得处分权的，应溯及于成立时无效。此所谓无效，指无权处分的合同无效，不能解释为仅处分行为无效而买卖合同有效。本条是以《合同法》第五十一条的规定为根据。"由此可见，该条规定采纳的是债权合同效力待定的观点，与通说意见一致。就无权处分行为的效力所引发的争议，也一直存在于本解释的起草过程之中。后经综合各方面因素，最终研究决定，由于我国民事立法在物权变动采取的是债权形式主义的模式，没有采严格区分负担行为和处分行为的物权行为理论，按照《合同法》第一百三十条①："买卖合同是出卖人转移标的物所有权于买受人，买受人支付价款的合同"的规定，买卖合同定义将处分行为纳入债权行为之中，而在债权形式主义的物权变动模式下无权处分行为实际所指又为对特定标的物没有处分权的当事人所订立的以引起标的物物权变动为目的的债权合同，因此，将无权处分行为按照效力待定观点中的债权合同效力待定处理较为符合我国当前《城市房地产管理法》和《合同法》的立法精神。因此，本解释对转让方未取得出让土地使用权证书订立合同转让土地使用权的行为，认定为无权处分行为，其与受让方订立的转让土地使用权的合同为效力待定的合同。但由于《合同法》对无权处分行为效力待定的期限没有明确规定，为便于及时解决纠纷，确定无权处分行为即债权合同的效力，本解释将无权处分行为的效力待定时间限定在向人民法院起诉前，即起诉前，无权处分人取得处分权或者经权利人追认的，处分行为自成立时有效；如处分人没有取得处分权或者权利人没有追认，无权处分行为则应无效。

与上述相对应，在对本解释第九条的理解适用上就是：未取得出让土地使用权证书的转让方即为无处分权人，其与受让方订立合同转让土地使用权的行为即为无权处分行为，该无权处分行为在转让方取得出让土地使用权证书或者有批准权的人民政府批准之前属于效力未定的法律行为。但该无权处分行为的效力待定不是无期限的，在当事人向人民法院起诉前，如转让方仍未取得出让土地使用权证书或者有批准权的人民政府没有批准，不仅其转让行为无效而且

---

① 对应《民法典》第五百九十五条。

其所订立的转让合同也应认定为无效;如转让方取得出让土地使用权证书或者经有批准权的人民政府批准,则转让行为溯及于行为成立时有效,随即应当认定转让合同有效。

2. 对转让的土地未达到法定投资开发条件的转让合同效力的认定

根据《城市房地产管理法》第三十八条的规定,以出让方式取得土地使用权的,转让房地产时,不仅应当取得土地使用权证书,还应达到一定的投资开发条件。转让行为不符合第二个转让条件即转让的土地没有达到法定投资开发条件的情况下,对所订立的土地使用权转让合同效力问题,我们认为,应在我国现行法律采取的债权形式主义的物权变动模式下予以认定。依前述通说的观点,我国民事立法虽在物权变动上采取的是债权形式主义的模式,但没有严格区分负担行为和处分行为,而是将处分行为纳入债权行为之中,在该模式下的处分行为实际所指又为当事人对特定标的物所订立的以引起标的物物权变动为目的的债权合同。因此,在债权契约+交付(或登记)的物权变动模式下,债权合同与处分行为相统一,交付或者登记并不是对标的物的处分行为,其只是完成物权变动必需践行的法定方式,即如果没有经过动产交付或者不动产权属变更登记,不发生物权变动的效力。因此,债权形式主义立法模式下的交付或者登记行为只是作为标的物所有权移转的表征,其作用是将物权变动的时间界限确定在标的物的交付或者登记之时,属于债权合同的履行问题,不是债权合同的生效要件。《城市房地产管理法》作为行政性法律,其规范调整的主要是房地产开发经营行为,第三十八条所规定的第二个条件的立法本意也只是对土地使用权人"炒地"行为的限制,属于政府土地行政管理部门对土地转让的一种监管措施,而非针对转让合同这种债权行为所作出的禁止性规定。因此,《城市房地产管理法》第三十八条规定的第二个转让条件,即转让的土地没有达到法定投资开发条件不得转让,仅仅是从行政管理的角度规定转让的土地不符合法定投资开发条件的,不得办理土地使用权权属变更登记手续。接前述,土地使用权转让合同所转让的标的物土地因没有达到法定的投资开发条件,导致无法办理土地使用权权属变更登记的属于土地使用权转让合同的转让方不能完全履行合同的问题,可通过瑕疵担保责任制度和违约责任制度对受让人进行救济,作为民事合同法律关系,不能因转让的标的物有瑕疵而认定合同无效,标的物能否移转在逻辑上直接影响的是其能否依约履行转移标的物的合同义务,不能因为其不能按约履行转让义务,就否认合同的效力。最高人民法院审理终结的〔2004〕民一终字第46号上诉人柳州市全威电器有限责任公司、柳州超凡房地产开发有限责任公司与被上诉人南宁桂馨源房地产有限公司土地使用权转让合同纠纷一案对此已有明确裁决:"……本案一审起诉前全威公司办理了国有土地使用权证,讼争土地具备了进入市场进行依法转让的条件。而土地出让金的交纳问题,属土地出让合同当事人即柳州市国土资源局和全威公司之间的权利义务内容,其是否得到完全履行不影响对本案土地使用权转让合同效力的认定。故超凡公司提出的因《土地开发合同》签订时未取得国有土地使用权证及土地出让金未全部交清违反法律强制性规定应认定该合同无效的上诉主张,本院不予支持。关于投资开发的问题,《城市房地产管理法》第三十八条关于土地转让时投资应达到开发投资总额25%的规定,是对土地使用权转让合同标的物设定的于物权变动时的限制性条件,转让的土地未达到25%以上的投资,属合同标的物的瑕疵,并不直接影响土地使用权转让合同的效力,《城市房地产管理法》第三十八条中的该项规定,不是认定土地使用权转让合同效力的法律强制性规定。因此,超凡公司关于《土地开发合同》未达到25%投资开发条件应认定无效的主张,本院亦不予支持。"

(五)关于合作开发行为的认定问题

对合作开发房地产合同的特征及因合作开发引发的相关问题如何认定处理,关键的问题就是对合作行为的认定。由于现行立法没有对合作行为作出明确界定,从而导致在理论和实务中对合作行为的特征有不同认识。基于以往合作行为的实际做法和所形成的传统认识,较为一致的观点认为,合作行为具有四个特征,即合作方共同出资、共同经营、共享利润、共担风险。这在最高人民法院《关于审理联营合同纠纷案件若干问题的解答》中即有明确体现。

在本解释起草过程中,各界普遍认为,合作方无论是以何种形式出资,共同出资作为认定合作的条件是毋庸置疑的,而且是必备的首要条件,但共同经营在目前的合作行为中已无足轻重,而且实际中许多合作方基于自身管理经验、能力等方面的不足,也是不参与经营的,而是由其他合作方独立经营,这也符合合同自由原则。考虑此现实情况,尊重当事人意思自由,因此,不应再将共同经营作为认定合作的条件。对共享利润、共担风险是否为认定合作的必要条件问题,多数意见认为,应作为认定合作行为的必备要件,因当事人共同出资合作的目的就是要对合作成果所带来的经济利益共同分享,与此相应,对合作过程中以及合作的不利益后果和风险也要共同承担,这也是民事权利义务相一致原则的内在必然要求和具体表现。少数意见则认为,从合同自由原则出发,应完全充分尊重当事人意愿,只要合同是在自愿平等、意思自治的基础上协商达成的,不违反法律禁止性规定,合同即为合法有效,当事人就应按照合同约定履行相应义务,据此,当事人可以在合作合同中约定,共同出资,但合作一方只享有固定利润,不参与经营,也不承担亏损和风险,而这也往往又是双方进行合作的一个先决条件,否则达不成合作协议,社会生活实践中也不乏事例。此外,对共负盈亏的理解也不能局限于传统的共同分享利润就必须是对合作成果的绝对分割,如合作建房,合作一方可以不要求对房屋进行分配,只是无偿或者有偿占有使用,这也应视为分享利润的一种形式。而风险的负担,也不是必须要由合作各方来共同承担,特别是对因经营产生的亏损,不参与经营的合作一方完全可以通过约定来排除因合作对方不当经营给其带来的不利益；合作各方也通常以合作一方少量承担或者完全不承担亏损作为合作的条件，在合作合同中予以明确。合同自由原则，必然允许当事人在一个合同关系中同时设定多个民事权利义务关系，不能以合作合同约定合作一方只分享利润不承担风险为由，就断然否定合作行为的性质，这是不切实际的，也有违背当事人意思自治原则之嫌。

综合上述意见，我们认为，合作行为作为当事人为实现共同利益而建立的一种社会关系，必然要求各方当事人应共同出资，这也是合作得以进行的前提条件，而利润的共享才是合作的最终目的，按照民事权利义务相一致的原则，共享利润就必然要对为获取利润所产生的风险予以共同承担，方才符合当事人合作的目的。为此，本解释第十四条作出了规定。

(六) 房地产开发经营资质的问题

对开发经营房地产的资质问题，虽然目前法律和行政法规没有明确的限定，但根据现行立法精神和最高人民法院法发〔1996〕2号《解答》的规定及以往判例，基本一致的观点是，房地产开发关系到国计民生和社会公共安全，作为一个特种行业，房地产的开发经营应受房地产市场准入许可限制，其经营者应是依照《城市房地产管理法》第二十九条规定设立的房地产开发企业法人，否则不得进行房地产开发经营。与此相应，对进行房地产开发经营的合作各方，也就必然要求至少其中一方必须具备房地产开发经营资格，否则，合作各方订立的房地产合作开发经营合同无效。但就开发经营资格，存在一个如果是非经营性质的合作开发行为，是否也要受开发经营资格限定的问题。例如，一方出地，一方出资，合作建房用于自用，不对外销售的，对此合作行为能否要求合作方具备开发经营资格。多数意见认为，此类合作行为不能认定为是开发经营房地产行为，只能看作是一般的合建、联建房屋行为，合作方不需具备经营资格。据此，本解释第十五条明确规定，当事人双方均不具备房地产开发经营资质的，应当认定合同无效。但在起诉前当事人一方已经取得房地产开发经营资质或者已依法合作成立具有房地产开发经营资质的房地产开发企业的，应当认定合同有效。

(七) 对违章建筑的处理

当事人进行房地产合作开发的目的即是为获取利益，而利益分配的主要形式之一就是房屋的分配，即合作开发房地产的当事人对合作开发建设的房屋，按照合同约定的比例进行分配，其实质就是取得所分配房屋的所有权。根据《城市房地产管理法》第二十六条、《建筑法》第六十一条的规定，房地产开发项目竣工，经验收合格后，方可交付使用，未经验收或者验收不合格的，不得交付使用。《城市房地产开发管理暂行办法》第十六条规定，房地产开发项目竣工后，应当进行综合验收。综合验收包括规划要求是否落实、配套建设的基础设施和公共服务设施是否建设完毕、单项工程质量的验收手续是否完备等内容。经综合验收合格后，才可交付使用，办理房屋权属登记手续。《城市房屋权属登记管理办法》第十六条规定，新建房屋申请房屋所有权初始登记时，应当提交土地使用权证、建设用地规划许可证、建设工程规划许可证、房屋竣工验收资料等证明文件。按照上述规定，房屋的交付使用及房屋所有权的取得必须经过综合验收，这是国家对关乎国计民生的房地产开发建设的特别规定，也是保障房地产开发项目工程建设质量的关键。

依物权法原理和司法实践，物权变动区分为因法律行为发生的物权变动和非因法律行为发生的变动，非依法律行为发生的物权变动又包括依据公共权力发生的物权变动（法定物权变动）、因继承发生的物权变动、因事实行为发生的物权变动。而法定物权变动主要是指直接依据法律的规定、法院的判决、政府的指令所发生的物权变动。依据法院判决发生的物权变动时间是在法院判决或者调解书生效之时，不是不动产登记和动产交付之时。对此，各国法律均有明确规定，我国现行法律虽然对法院判决发生物权变动的类型没有明确规定，但对其他的法定不动产物权有相关规定，如土地使用权、法定抵押权、法定优先权、法定居住权。在目前的《物权法（草案）》及《物权法草案建议稿》中对法定物权变动的问题均有明确具体的规定。人民法院判决作为法定物权变动的一种类型，具有物权变动的效力，当事人完全可以依据人民法院的判决或者调解书径行取得不动产或者动产的所有权。而根据《建筑法》《城乡规划法》《城市房地产管理法》的有关规定，房地产开发项目工程须经批准而未批准的、未取得建设工程规划许可证的、擅自变更建设工程规划的，均属于违法建筑，不得交付使用。因此，本解释第十九条规定，在以上三种情况下，合作开发房地产合同的当事人请求人民法院分配房地产项目利益的，不予受理；已经受理的，驳回起诉。

解读《最高人民法院关于审理涉及国有土地使用权合同纠纷案件适用法律问题的解释》修正条文

1. 引言：《民法典》实施后，《民法通则》《合同法》同时废止。

2. 第一条：2018年，十三届人大一次会议批准成立自然资源部，将国土资源部、住房和城乡建设部的城乡规划管理等部门的职责整合，组建自然资源部。为此，将"土地管理部门"修改为"自然资源主管部门"。此外，从《民法典》的规定看，对典型合同的定义，均采用"合同"的表述。为此，将条文中"协议"的表述修改为"合同"。

3. 第二条：理由同第一条。

4. 第七条：理由同第一条。

5. 删除原第九条：根据《民法典》第597条有关无权处分情形下合同效力的规定，未取得出让土地使用权证书而订立的合同有效。此外，根据《民法典》第215条的规定，当事人之间订立有关设立、变更、转让和消灭不动产物权的合同，除法律另有规定或者当事人另有约定外，自合同成立时生效；未办理物权登记的，不影响合同效力。因此，当事人订立的土地使用权出让合同的效力并不因转让方未取得土地使用权证书而无效。本条规定内容与《民法典》的规定相冲突，在对司法解释进行清理时，删除了该规定。

6. 第九条（原第十条）：《民法典》实施后，《合同法》的内容被吸收成为《民法典》合同编。故修改本条内容。

7. 删除原第十一条：《民法典》施行后，未经批准而转让划拨土地使用权的合同并非无效。本条规定内容与《民法典》的有关规定相冲突，在对司法解释进行修改时，删除了该规定。

8. 第十二条（原第十四条）：理由同第一条。

9. 删除原第十六条：《民法典》施行后，未经批准而以划拨土地使用权作为投资订立的合同并非无效。本条规定内容与《民法典》的有关规定相冲突，在对司法解释进行修改时，删除了该规定。

10. 第十四条（原第十七条）：根据《民法典》第五百八十五条的规定，违约责任的主要考量因素为当事人的违约情况。在对本解释进行修改时，将"按照当事人的过错"修改为"按照当事人的违约情况"。

11. 第十五条（原第十八条）：理由同原第十七条。

［载最高人民法院民法典贯彻实施工作领导小组办公室编著：《最高人民法院实施民法典清理司法解释修改条文（111件）理解与适用》，人民法院出版社2022年版］

【链　　接】

最高人民法院有关负责人就《关于审理涉及国有土地使用权合同纠纷适用法律问题的解释》答记者问

继2003年4月28日公布《关于审理商品房买卖合同纠纷案件适用法律若干问题的解释》后,最高人民法院于2005年6月18日公布旨在规范房地产市场的国有土地使用权合同纠纷司法解释,指导各级人民法院公正及时地处理房地产纠纷案件,规范房地产市场交易行为,促进房地产市场健康发展。新华社记者就有关问题采访了最高人民法院有关负责人。

一、集体土地和农用土地不适用新司法解释

《土地管理法》第二条规定,我国实行土地全民所有制和劳动群众集体所有制,全民所有即国家所有。与土地所有制相对应,我国目前土地使用权也可分国有土地使用权和集体土地使用权两类。根据《城市房地产管理法》的规定,房地产开发是指在依法取得的国有土地使用权的土地上进行基础设施、房屋建设的行为,由此决定房地产开发所需要的土地仅限于国有土地,而非集体土地;城市规划区内的集体所有的土地,经依法征用转为国有土地后,该幅国有土地的使用权方可有偿出让。《土地管理法》也明确规定,任何单位和个人进行建设,需要使用土地的,必须依法申请使用国有土地;农民集体所有的土地的使用权不得出让、转让或者出租用于非农业建设。因此,新出台的司法解释调整的范围只限于涉及国有土地使用权的合同纠纷案件,不包括集体所有土地。

按照《土地管理法》确立的土地用途管制制度和基本农田保护制度,我国土地分为农用地、建设用地和未利用地,严格限制农用地转为建设用地。在国有土地上,对于按照土地利用总体规划划入基本农田保护区的农用地要严格管理,因房地产开发建设需要使用国有建设用地的,可通过出让或者划拨的方式取得;涉及农用地转为建设用地的,应当办理农用地转用审批手续。因此,本司法解释调整的国有土地范围为国有建设用地,不包括国有农用地。

二、不轻易确认合同无效

合同效力的认定不仅关系着土地交易关系的稳定和当事人合法权益的保

护，而且关系到房地产市场的有序发展。因此，司法解释根据《合同法》的规定，结合社会现状和审判实际，在对欠缺生效条件合同的效力认定处理上，采取了补救性的措施，即当事人只要在向人民法院起诉前，符合法律、行政法规规定的条件，不存在《合同法》第五十二条规定的无效情形，就应当认定合同有效，尽量尊重当事人双方的意思表示，不轻易确认合同无效，以促进合同加速履行和社会资源的有效利用。

此外，在合同的解除上，司法解释严格当事人行使解除权的条件，只有在出现根本违约，合同目的无法实现的情况下，当事人请求解除的才予以支持。

三、开发区管委会订立的土地出让合同无效

《土地管理法》和《城市房地产管理法》规定，土地使用权出让合同的出让方为市、县人民政府土地管理部门，其他部门无权出让。但由于以往土地市场管理不规范，特别是对各类开发区内的土地管理缺乏有效措施，导致了一些开发区的国有土地出让、转让呈现无序状态，开发区管委会擅自出让土地的情况较为严重，引发了大量的合同纠纷。针对上述情况，目前国务院已经对全国土地市场部署开展治理整顿工作，其中开发区即为整治的重点。

为配合国务院此项工作，在综合相关部门意见的基础上，司法解释对开发区管委会订立的土地使用权合同效力认定作出区别对待的规定。首先，为配合国务院开展的土地市场整治工作，加大促进国土管理部门对土地市场的管理力度，司法解释明确将不具备法定主体资格的开发区管委会与受让人订立的土地使用权出让合同按无效处理，对今后土地出让行为可以给予有效规范。其次，考虑到我国目前实际情况，对开发区管委会遗留下的为数不少的出让土地问题，仍采取一定的补救手段，即在起诉前经过市、县人民政府土地管理部门追认的，可以认定有效，同时为防止追认手段的滥用，有效规范今后的土地出让行为，对追认的范围限定在本司法解释实施之前的情况。司法解释实施以后，开发区管委会再行订立的土地使用权出让合同一律按照无效处理。通过宽严相济的规定，对此类纠纷给予合理解决。

四、司法解释有利于构建和谐社会

据相关资料表明，随着城镇居民住房的商品化和市场化，目前房地产开发建设的商品房近90%由个人购买，而商品房的开发建设与土地市场具有直接的关系。司法解释的公布实施，有利于推动我国房地产市场各项制度的改革和土地交易市场健康有序地发展。有利于保护房地产市场开发经营主体和广大人民群众的合法权益。

司法解释的公布实施，还有利于法制的统一和社会主义和谐社会的构建。房地产作为不动产，属于民事财产权的范畴，应由《物权法》进行调整。现行

的《土地管理法》和《城市房地产管理法》作为行政性法律，主要是从行政管理的角度对房地产的开发经营行为加以规定。由于目前我国还没有完善的不动产法律，《物权法》也尚未出台，因此，人民法院在处理法律关系复杂的房地产纠纷案件时缺乏具体明确的法律依据，适用法律不统一。这不仅不利于平等保护当事人的合法权益，也不符合法制统一原则的要求。司法解释的制定出台，为人民法院正确、及时处理房地产纠纷案件，维护房地产市场秩序，公平保护当事人合法权益提供了有力的法律武器。

最高人民法院
关于国有土地开荒后用于农耕的土地使用权转让合同纠纷案件如何适用法律问题的批复

（2011年11月21日最高人民法院审判委员会第1532次会议通过　根据2020年12月23日最高人民法院审判委员会第1823次会议通过的《最高人民法院关于修改〈最高人民法院关于在民事审判工作中适用《中华人民共和国工会法》若干问题的解释〉等二十七件民事类司法解释的决定》修正）

甘肃省高级人民法院：

你院《关于对国有土地经营权转让如何适用法律的请示》（甘高法〔2010〕84号）收悉。经研究，答复如下：

开荒后用于农耕而未交由农民集体使用的国有土地，不属于《中华人民共和国农村土地承包法》第二条规定的农村土地。此类土地使用权的转让，不适用《中华人民共和国农村土地承包法》的规定，应适用《中华人民共和国民法典》和《中华人民共和国土地管理法》等相关法律规定加以规范。

对于国有土地开荒后用于农耕的土地使用权转让合同，不违反法律、行政法规的强制性规定的，当事人仅以转让方未取得土地使用权证书为由请求确认合同无效的，人民法院依法不予支持；当事人根据合同约定主张对方当事人履行办理土地使用权证书义务的，人民法院依法应予支持。

【注　解】

最高人民法院2012年9月4日公布本批复，法释〔2012〕14号，自2012年11月1日起施行。

最高人民法院2020年12月29日公布《最高人民法院关于修改〈最高人民法院关于在民事审判工作中适用《中华人民共和国工会法》若干问题的解释〉等二十七件民事类司法解释的决定》修正本批复，法释〔2020〕17号，该修正自2021年1月1日起施行。

【解　读】

解读《最高人民法院关于国有土地开荒后用于农耕的土地使用权转让合同纠纷案件如何适用法律问题的批复》

一、问题的提出

2012年9月4日，最高人民法院公布了《关于国有土地开荒后用于农耕的土地使用权转让合同纠纷案件如何适用法律问题的批复》（以下简称《批复》），对国有土地开荒后用于农耕的土地使用权的性质及该土地使用权转让合同的效力问题作出了明确规定。为便于审判实践中正确理解和把握《批复》的有关内容，现就《批复》作简要介绍。

二、理解与适用

（一）关于国有土地开荒后用于农耕的土地使用权是否应当适用农村土地承包法的问题

对于这一问题，在调研过程中，有关部门及专家学者一致意见认为，开发未确定使用权的国有荒地从事农业生产的，不适用农村土地承包法，而应适用土地管理法及相关行政法规的规定。我们赞成此意见。农村土地承包法第二条规定："本法所称农村土地，是指农民集体所有和国家所有依法由农民集体使用的耕地、林地、草地，以及其他依法用于农业的土地。"鉴于甘肃省高级人民法院（甘高法〔2010〕84号）《关于对国有土地经营权转让如何适用法律的请示》（以下简称《请示》），所涉及的土地为开荒后用于农耕而未交由农民集体使用的国有土地，并不属于上述规定的农村土地，故不能适用该法调整。此类土地使用权的转让，应适用合同法和土地管理法等相关法律规定加以规范。

（二）关于国有土地开荒后用于农耕的土地使用权转让合同的效力认定问题

这一问题是《批复》的核心内容。对此，在调研过程中有两种意见：一种意见认为，国有土地开荒后用于农耕的土地使用权转让合同的效力认定不能适用农村土地承包法，而土地管理法等法律对于国有农用地使用权流转并没有设定行政审批等限定条件，其流转无需履行审批手续，未取得相关证书或未经有关部门批准，只是土地使用缺乏合法性，并不影响合同本身效力，故国有土地开荒后用于农耕的土地使用权转让合同应当认定为有效；另一种意见认为，

《最高人民法院关于审理涉及国有土地使用权合同纠纷案件适用法律问题的解释》对此已有明确规定，其第九条规定："转让方未取得出让土地使用权证书与受让方订立合同转让土地使用权，起诉前转让方已经取得出让土地使用权证书或者有批准权的人民政府同意转让的，应当认定合同有效。"国有土地开荒后用于农耕的土地使用权转让合同的效力认定问题，可以直接适用此规定，即国有土地开荒后用于农耕的土地使用权转让合同在起诉前未经有关部门批准的，应该认定为无效。我们经认真研究后认为，对于国有土地开荒后用于农耕的土地使用权转让合同的效力认定问题，应该根据案情进行具体判断，对于不违反法律、行政法规的强制性规定的，当事人仅以转让方未取得土地使用权证书为由请求确认合同无效的，人民法院应依法不予支持。

1. 关于国有土地开荒后用于农耕的土地使用权转让合同效力的判断规则

《合同法》第四十四条①第二款规定："法律、行政法规规定应当办理批准、登记等手续生效的，依照其规定。"《物权法》第十五条规定："当事人之间订立有关设立、变更、转让和消灭不动产物权的合同，除法律另有规定或者合同另有约定外，自合同成立时生效；未办理物权登记的，不影响合同效力。"最高人民法院《关于适用〈中华人民共和国合同法〉若干问题的解释（一）》第四条规定："合同法实施以后，人民法院确认合同无效，应当以全国人大及其常委会制定的法律和国务院制定的行政法规为依据，不得以地方性法规、行政规章为依据。"其第九条第一款规定："依照合同法第四十四条第二款的规定，法律、行政法规规定合同应当办理批准手续，或者办理批准、登记等手续才生效，在一审法庭辩论终结前当事人仍未办理批准手续的，或者仍未办理批准、登记等手续的，人民法院应当认定该合同未生效；法律、行政法规规定合同应当办理登记手续，但未规定登记后生效的，当事人未办理登记手续不影响合同的效力，合同标的物所有权及其他物权不能转移。"虽然土地管理法第四十条规定："开发未确定使用权的国有荒山、荒地、荒滩从事种植业、林业、畜牧业、渔业生产的，经县级以上人民政府依法批准，可以确定给开发单位或者个人长期使用。"但是本条规定仅是对国有荒地出让或划拨的限定，并非对国有土地开荒后用于农耕的土地使用权转让的禁止性规定，"经县级以上人民政府依法批准"也不是国有土地开荒后用于农耕的土地使用权转让合同的生效要件。因此，不能以未经县级以上人民政府依法批准或者未取得土地使用权证书认定国有土地开荒后用于农耕的土地使用权转让合同无效。

2. 结合具体案情的考量

《合同法》第一百零七条②规定："当事人一方不履行合同义务或者履行合

---

① 对应《民法典》第五百零二条。
② 对应《民法典》第五百七十七条。

同义务不符合约定的,应当承担继续履行、采取补救措施或者赔偿损失等违约责任。"《请示》所涉及案件的双方当事人在土地转让契约中明确约定:"待徐某某将所有土地手续办齐全和土地双方验收后付第二次的40万元。……徐某某要尽快办理土地使用的一切手续,待办好后交苟某某收存保管。"可见,办理土地使用权审批手续属于合同约定的徐某某应当承担的义务。徐某某未按约定履行该义务,应当承担相应的违约责任,而不能据此认定该合同无效。

3. 从法律效果与社会效果有机统一的办案目标考量

作为一种新的涉农案件类型,在不违反法律、行政法规的强制性规定的情况下,尽量维持合同效力,不以未办理相关土地使用权证书或履行批准手续为由认定合同无效,符合合同法、物权法及最高人民法院印发的《关于为推进农村改革发展提供司法保障和法律服务的若干意见》等法律、规范性文件的精神,有利于维持合同关系稳定,促进土地开发和利用,推动农业生产和发展。

(三)关于在国有土地开荒后用于农耕的土地使用权转让合同纠纷中贯彻物权变动与其原因行为的区分原则的问题

区分原则是物权法规定的一项重要原则,其第十五条①规定:"当事人之间订立有关设立、变更、转让和消灭不动产物权的合同,除法律另有规定或者合同另有约定外,自合同成立时生效;未办理物权登记的,不影响合同效力。"在物权法施行后,有关土地使用权转让的合同效力要与物权变动本身予以区分,未办理批准登记手续影响的是土地使用权是否变动本身,并不能就此认定合同无效。肯定合同效力,至少可以通过追究违约责任的方式对守约方予以救济,也符合诚实信用原则的要求。但是若简单地认定合同有效,在实践操作上容易与土地使用权转让本身相混淆,影响国家的土地管理秩序。从维护合同诚信、公平保护当事人合法权益及鼓励交易的理念出发,按照区分原则的要求,对国有土地开荒后用于农耕的土地使用权转让合同的效力认定问题应作以下理解:

1. 区分认定该土地使用权转让与该土地使用权转让合同的效力

转让人是否取得土地使用权证书或者其使用该土地是否经有批准权的人民政府批准直接涉及当事人对该土地是否为合法有权使用,当然也是该土地使用权合法有效转让的基础性条件。但这应该与该土地使用权转让合同相区分,该合同的效力仍应依据《合同法》第五十二条等规定从合同本身进行判断。对于当事人仅以转让方未取得土地使用权证书或者其使用该土地未经有批准权的人民政府依法批准为由请求确认该土地使用权转让合同无效的,人民法院应当依法不予支持。

---

① 对应《民法典》第四百七十三条。

2. 区分认定该土地使用权转让合同的不同条款的效力

《合同法》第五十六条后半段规定："合同部分无效，不影响其他部分效力的，其他部分仍然有效。"如上所述，转让人是否取得土地使用权证书或者其使用该土地是否经有批准权的人民政府批准是该土地使用权合法有效转让的基础性条件。这可以影响该合同项下的土地使用权转让部分的效力，但不能影响该合同项下关于当事人履行办理土地使用权证书义务条款的效力。在此条款不违反法律、行政法规的强制性规定的前提下，有关当事人负有办理土地使用权证书的义务。而在其履行办理土地使用权义务并取得土地使用权证书或者经过有批准权的人民政府依法批准后，该合同项下土地使用权转让部分的条款当然也就具备了合法有效的基础。因此，对于未取得土地使用权证书或者未经有批准权的人民政府批准的情况下，将有关土地使用权本身转让的条款理解为未生效更为科学合理。这样规定既充分尊重了当事人的意思自治，又能够有效维护守约方的合法权益，更是倡导了诚实守信、鼓励交易的合同法基本价值取向。

（撰稿人：孙佑海　陈龙业）

解读《最高人民法院关于国有土地开荒后用于农耕的土地使用权转让合同纠纷案件如何适用法律问题的批复》修正条文

修改情况说明

本批复共修改 1 处。《民法典》施行后，《合同法》的内容被吸收成为《民法典》合同编。故对相关内容进行修改。

［载最高人民法院民法典贯彻实施工作领导小组办公室编著：《最高人民法院实施民法典清理司法解释修改条文（111 件）理解与适用》，人民法院出版社 2022 年版］

最高人民法院
关于审理建设工程施工合同纠纷案件适用法律问题的解释（一）

法释〔2020〕25号

（2020年12月25日最高人民法院审判委员会第1825次会议通过 2020年12月29日最高人民法院公告公布 自2021年1月1日起施行）

为正确审理建设工程施工合同纠纷案件，依法保护当事人合法权益，维护建筑市场秩序，促进建筑市场健康发展，根据《中华人民共和国民法典》《中华人民共和国建筑法》《中华人民共和国招标投标法》《中华人民共和国民事诉讼法》等相关法律规定，结合审判实践，制定本解释。

第一条 建设工程施工合同具有下列情形之一的，应当依据民法典第一百五十三条第一款的规定，认定无效：

（一）承包人未取得建筑业企业资质或者超越资质等级的；

（二）没有资质的实际施工人借用有资质的建筑施工企业名义的；

（三）建设工程必须进行招标而未招标或者中标无效的。

承包人因转包、违法分包建设工程与他人签订的建设工程施工合同，应当依据民法典第一百五十三条第一款及第七百九十一条第二款、第三款的规定，认定无效。

第二条 招标人和中标人另行签订的建设工程施工合同约定的工程范围、建设工期、工程质量、工程价款等实质性内容，与中标合同不一致，一方当事人请求按照中标合同确定权利义务的，人民法院应予支持。

招标人和中标人在中标合同之外就明显高于市场价格购买承建房产、无偿建设住房配套设施、让利、向建设单位捐赠财物等另行签订合同，变相降低工程价款，一方当事人以该合同背离中标合同实质性内容为由请求确认无效的，人民法院应予支持。

第三条 当事人以发包人未取得建设工程规划许可证等规划审批手续为由，请求确认建设工程施工合同无效的，人民法院应予支持，但发包人在起诉前取得建设工程规划许可证等规划审批手续的除外。

发包人能够办理审批手续而未办理，并以未办理审批手续为由请求确认建设工程施工合同无效的，人民法院不予支持。

第四条 承包人超越资质等级许可的业务范围签订建设工程施工合同，在建设工程竣工前取得相应资质等级，当事人请求按照无效合同处理的，人民法院不予支持。

第五条 具有劳务作业法定资质的承包人与总承包人、分包人签订的劳务分包合同，当事人请求确认无效的，人民法院依法不予支持。

第六条 建设工程施工合同无效，一方当事人请求对方赔偿损失的，应当就对方过错、损失大小、过错与损失之间的因果关系承担举证责任。

损失大小无法确定，一方当事人请求参照合同约定的质量标准、建设工期、工程价款支付时间等内容确定损失大小的，人民法院可以结合双方过错程度、过错与损失之间的因果关系等因素作出裁判。

第七条 缺乏资质的单位或者个人借用有资质的建筑施工企业名义签订建设工程施工合同，发包人请求出借方与借用方对建设工程质量不合格等因出借资质造成的损失承担连带赔偿责任的，人民法院应予支持。

第八条 当事人对建设工程开工日期有争议的，人民法院应当分别按照以下情形予以认定：

（一）开工日期为发包人或者监理人发出的开工通知载明的开工日期；开工通知发出后，尚不具备开工条件的，以开工条件具备的时间为开工日期；因承包人原因导致开工时间推迟的，以开工通知载明的时间为开工日期。

（二）承包人经发包人同意已经实际进场施工的，以实际进场施工时间为开工日期。

（三）发包人或者监理人未发出开工通知，亦无相关证据证明实际开工日期的，应当综合考虑开工报告、合同、施工许可证、竣工验收报告或者竣工验收备案表等载明的时间，并结合是否具备开工条件的事实，认定开工日期。

第九条 当事人对建设工程实际竣工日期有争议的，人民法院应当分别按照以下情形予以认定：

（一）建设工程经竣工验收合格的，以竣工验收合格之日为竣工日期；

（二）承包人已经提交竣工验收报告，发包人拖延验收的，以承包人提交验收报告之日为竣工日期；

（三）建设工程未经竣工验收，发包人擅自使用的，以转移占有建设工程之日为竣工日期。

第十条 当事人约定顺延工期应当经发包人或者监理人签证等方式确认，承包人虽未取得工期顺延的确认，但能够证明在合同约定的期限内向发包人或者监理人申请过工期顺延且顺延事由符合合同约定，承包人以此为由主张工期顺延的，人民法院应予支持。

当事人约定承包人未在约定期限内提出工期顺延申请视为工期不顺延的，

按照约定处理，但发包人在约定期限后同意工期顺延或者承包人提出合理抗辩的除外。

第十一条 建设工程竣工前，当事人对工程质量发生争议，工程质量经鉴定合格的，鉴定期间为顺延工期期间。

第十二条 因承包人的原因造成建设工程质量不符合约定，承包人拒绝修理、返工或者改建，发包人请求减少支付工程价款的，人民法院应予支持。

第十三条 发包人具有下列情形之一，造成建设工程质量缺陷，应当承担过错责任：

（一）提供的设计有缺陷；

（二）提供或者指定购买的建筑材料、建筑构配件、设备不符合强制性标准；

（三）直接指定分包人分包专业工程。

承包人有过错的，也应当承担相应的过错责任。

第十四条 建设工程未经竣工验收，发包人擅自使用后，又以使用部分质量不符合约定为由主张权利的，人民法院不予支持；但是承包人应当在建设工程的合理使用寿命内对地基基础工程和主体结构质量承担民事责任。

第十五条 因建设工程质量发生争议的，发包人可以以总承包人、分包人和实际施工人为共同被告提起诉讼。

第十六条 发包人在承包人提起的建设工程施工合同纠纷案件中，以建设工程质量不符合合同约定或者法律规定为由，就承包人支付违约金或者赔偿修理、返工、改建的合理费用等损失提出反诉的，人民法院可以合并审理。

第十七条 有下列情形之一，承包人请求发包人返还工程质量保证金的，人民法院应予支持：

（一）当事人约定的工程质量保证金返还期限届满；

（二）当事人未约定工程质量保证金返还期限的，自建设工程通过竣工验收之日起满二年；

（三）因发包人原因建设工程未按约定期限进行竣工验收的，自承包人提交工程竣工验收报告九十日后当事人约定的工程质量保证金返还期限届满；当事人未约定工程质量保证金返还期限的，自承包人提交工程竣工验收报告九十日后起满二年。

发包人返还工程质量保证金后，不影响承包人根据合同约定或者法律规定履行工程保修义务。

第十八条 因保修人未及时履行保修义务，导致建筑物毁损或者造成人身损害、财产损失的，保修人应当承担赔偿责任。

保修人与建筑物所有人或者发包人对建筑物毁损均有过错的，各自承担相应的责任。

第十九条 当事人对建设工程的计价标准或者计价方法有约定的，按照约定结算工程价款。

因设计变更导致建设工程的工程量或者质量标准发生变化，当事人对该部分工程价款不能协商一致的，可以参照签订建设工程施工合同时当地建设行政主管部门发布的计价方法或者计价标准结算工程价款。

建设工程施工合同有效，但建设工程经竣工验收不合格的，依照民法典第五百七十七条规定处理。

第二十条 当事人对工程量有争议的，按照施工过程中形成的签证等书面文件确认。承包人能够证明发包人同意其施工，但未能提供签证文件证明工程量发生的，可以按照当事人提供的其他证据确认实际发生的工程量。

第二十一条 当事人约定，发包人收到竣工结算文件后，在约定期限内不予答复，视为认可竣工结算文件的，按照约定处理。承包人请求按照竣工结算文件结算工程价款的，人民法院应予支持。

第二十二条 当事人签订的建设工程施工合同与招标文件、投标文件、中标通知书载明的工程范围、建设工期、工程质量、工程价款不一致，一方当事人请求将招标文件、投标文件、中标通知书作为结算工程价款的依据的，人民法院应予支持。

第二十三条 发包人将依法不属于必须招标的建设工程进行招标后，与承包人另行订立的建设工程施工合同背离中标合同的实质性内容，当事人请求以中标合同作为结算建设工程价款依据的，人民法院应予支持，但发包人与承包人因客观情况发生了在招标投标时难以预见的变化而另行订立建设工程施工合同的除外。

第二十四条 当事人就同一建设工程订立的数份建设工程施工合同均无效，但建设工程质量合格，一方当事人请求参照实际履行的合同关于工程价款的约定折价补偿承包人的，人民法院应予支持。

实际履行的合同难以确定，当事人请求参照最后签订的合同关于工程价款的约定折价补偿承包人的，人民法院应予支持。

第二十五条 当事人对垫资和垫资利息有约定，承包人请求按照约定返还垫资及其利息的，人民法院应予支持，但是约定的利息计算标准高于垫资时的同类贷款利率或者同期贷款市场报价利率的部分除外。

当事人对垫资没有约定的，按照工程欠款处理。

当事人对垫资利息没有约定，承包人请求支付利息的，人民法院不予支持。

第二十六条 当事人对欠付工程价款利息计付标准有约定的，按照约定处理。没有约定的，按照同期同类贷款利率或者同期贷款市场报价利率计息。

第二十七条 利息从应付工程价款之日开始计付。当事人对付款时间没有约定或者约定不明的，下列时间视为应付款时间：

（一）建设工程已实际交付的，为交付之日；

（二）建设工程没有交付的，为提交竣工结算文件之日；

（三）建设工程未交付，工程价款也未结算的，为当事人起诉之日。

第二十八条 当事人约定按照固定价结算工程价款，一方当事人请求对建设工程造价进行鉴定的，人民法院不予支持。

第二十九条 当事人在诉讼前已经对建设工程价款结算达成协议，诉讼中一方当事人申请对工程造价进行鉴定的，人民法院不予准许。

第三十条 当事人在诉讼前共同委托有关机构、人员对建设工程造价出具咨询意见，诉讼中一方当事人不认可该咨询意见申请鉴定的，人民法院应予准许，但双方当事人明确表示受该咨询意见约束的除外。

第三十一条 当事人对部分案件事实有争议的，仅对有争议的事实进行鉴定，但争议事实范围不能确定，或者双方当事人请求对全部事实鉴定的除外。

第三十二条 当事人对工程造价、质量、修复费用等专门性问题有争议，人民法院认为需要鉴定的，应当向负有举证责任的当事人释明。当事人经释明未申请鉴定，虽申请鉴定但未支付鉴定费用或者拒不提供相关材料的，应当承担举证不能的法律后果。

一审诉讼中负有举证责任的当事人未申请鉴定，虽申请鉴定但未支付鉴定费用或者拒不提供相关材料，二审诉讼中申请鉴定，人民法院认为确有必要的，应当依照民事诉讼法第一百七十条①第一款第三项的规定处理。

第三十三条 人民法院准许当事人的鉴定申请后，应当根据当事人申请及查明案件事实的需要，确定委托鉴定的事项、范围、鉴定期限等，并组织当事人对争议的鉴定材料进行质证。

第三十四条 人民法院应当组织当事人对鉴定意见进行质证。鉴定人将当事人有争议且未经质证的材料作为鉴定依据的，人民法院应当组织当事人就该部分材料进行质证。经质证认为不能作为鉴定依据的，根据该材料作出的鉴定意见不得作为认定案件事实的依据。

第三十五条 与发包人订立建设工程施工合同的承包人，依据民法典第八百零七条的规定请求其承建工程的价款就工程折价或者拍卖的价款优先受偿的，人民法院应予支持。

第三十六条 承包人根据民法典第八百零七条规定享有的建设工程价款优先受偿权优于抵押权和其他债权。

第三十七条 装饰装修工程具备折价或者拍卖条件，装饰装修工程的承包人请求工程价款就该装饰装修工程折价或者拍卖的价款优先受偿的，人民法院

---

① 对应《民事诉讼法》（2023年修正）第一百七十七条。

应予支持。

第三十八条 建设工程质量合格，承包人请求其承建工程的价款就工程折价或者拍卖的价款优先受偿的，人民法院应予支持。

第三十九条 未竣工的建设工程质量合格，承包人请求其承建工程的价款就其承建工程部分折价或者拍卖的价款优先受偿的，人民法院应予支持。

第四十条 承包人建设工程价款优先受偿的范围依照国务院有关行政主管部门关于建设工程价款范围的规定确定。

承包人就逾期支付建设工程价款的利息、违约金、损害赔偿金等主张优先受偿的，人民法院不予支持。

第四十一条 承包人应当在合理期限内行使建设工程价款优先受偿权，但最长不得超过十八个月，自发包人应当给付建设工程价款之日起算。

第四十二条 发包人与承包人约定放弃或者限制建设工程价款优先受偿权，损害建筑工人利益，发包人根据该约定主张承包人不享有建设工程价款优先受偿权的，人民法院不予支持。

第四十三条 实际施工人以转包人、违法分包人为被告起诉的，人民法院应当依法受理。

实际施工人以发包人为被告主张权利的，人民法院应当追加转包人或者违法分包人为本案第三人，在查明发包人欠付转包人或者违法分包人建设工程价款的数额后，判决发包人在欠付建设工程价款范围内对实际施工人承担责任。

第四十四条 实际施工人依据民法典第五百三十五条规定，以转包人或者违法分包人怠于向发包人行使到期债权或者与该债权有关的从权利，影响其到期债权实现，提起代位权诉讼的，人民法院应予支持。

第四十五条 本解释自 2021 年 1 月 1 日起施行。

【注　　解】

本解释引用的《中华人民共和国民事诉讼法》已于 2023 年 9 月 1 日第 5 次修正。

【解　读】

解读《最高人民法院关于审理建设工程施工合同纠纷案件适用法律问题的解释（一）》

一、建设工程施工合同司法解释的制定和清理过程

1999年3月15日，第九届全国人民代表大会第二次会议通过的《中华人民共和国合同法》（以下简称《合同法》）就建设工程合同专设一章即第十六章，对建设工程合同作出规范。该章规定的建设工程合同包括工程勘察、设计、施工合同。其中，司法实践中遇到最多、涉及利益主体最多、争议最多、处理难度最大的是建设工程施工合同纠纷。针对司法实践中出现的问题，为贯彻中央方针政策和正确适用法律，最高人民法院在总结司法实践经验的基础上，制定了一系列司法解释。

2002年6月11日，最高人民法院审判委员会第1225次会议通过《最高人民法院关于建设工程价款优先受偿权问题的批复》（法释〔2002〕16号，以下简称2002年《建设工程价款优先受偿权批复》），就建设工程价款优先受偿权的效力等级、可优先受偿的建设工程价款范围、建设工程承包人行使优先权的期限等问题作了规定。该批复虽然只有5条，但对司法实践产生了深远影响，尤其是关于围绕建设工程设立的各类权利的效力等次排序，对执行异议和执行异议之诉的办理影响深远。

2004年9月29日，最高人民法院审判委员会第1327次会议通过《最高人民法院关于审理建设工程施工合同纠纷案件适用法律问题的解释》（法释〔2004〕14号，以下简称2004年《建工解释》）。最高人民法院作出这个司法解释主要是基于以下两个方面的考虑：一是为了给国家关于清理工程拖欠款和农民工工资重大部署的实施提供司法保障。建筑市场投资不足问题造成了大量拖欠工程款和农民工工资的现象，已经严重侵害了建筑企业和进城务工人员的合法权益。该问题引起了党中央和国务院领导的高度重视，已经采取专项措施予以治理。该解释主要是从法律上提供更加明确有力的保障。二是由于有些法律规定还比较原则，人民法院在审理建设工程施工合同纠纷案件时，对某些法律问题在具体适用上认识不统一，如无效合同处理原则，合同解除条件，质量不合格工程、未完工程的工程价款结算问题，工程质量缺陷的责任，工程欠款利息的起算时间等。不解决这些法律适用问题，不仅影响到人民法院司法的公

正性、统一性和审判的效率,而且也不利于尽快解决拖欠工程款和农民工工资问题。① 2004年《建工解释》的内容主要包括以下几方面:一是关于合同效力的规定,包括建设工程施工合同无效的情形、合同无效建设工程经验收合格和不合格的情形下如何结算工程价款、人民法院可以适用民法通则有关规定收缴当事人非法所得的情形、建设工程竣工前承包人已经取得与承接建设工程相符的资质等级不能认定合同无效、建设工程施工合同中的垫资约定有效、劳务分包不是转包应当认定有效的规定;二是关于合同解除的规定,包括发包人、承包人有权行使合同解除权的情形、合同解除的后果等方面;三是关于合同履行的规定,包括对工程价款结算、工程质量、工期、欠付工程价款利息、黑白合同、工程造价鉴定等方面的规定;四是程序性规定,主要包括建设工程施工合同应以施工行为地为合同履行地、总承包人、分承包人、实际施工人就工程质量对发包人承担连带责任、在一定条件下实际施工人可以以发包人为被告提起诉讼等方面的规定;另外还包括保修责任和解释时间效力的规定。②

2018年10月29日,最高人民法院审判委员会第1751次会议通过《最高人民法院关于审理建设工程施工合同纠纷案件适用法律问题的解释(二)》(法释〔2018〕20号,以下简称2018年《建工解释》)。制定2018年《建工解释》的主要背景是自2004年《建工解释》实施以来,建筑市场发生了新变化,工程建设项目审批制度改革试点工作有序推进,工程总承包模式加快推进;司法实践出现了新问题,合同效力问题、鉴定问题、损失赔偿问题、优先权行使条件问题、实际施工人权利保护问题等缺乏统一裁判标准;建筑市场管理政策有了新突破,例如,2018年3月,国家发展改革委颁布《必须招标的工程项目规定》,大幅度提高了必须招标工程的金额,2018年5月,国务院办公厅下发《关于开展工程建设项目审批制度改革试点的通知》,对民间投资的房屋建筑工程,试行由建设单位自主决定发包方式,2018年9月,建设工程施工合同备案制度取消。为让司法审判与建筑领域新的经营方式、管理政策相适应,积极应对建设工程司法审判中面临的挑战,指导全国法院加强建设工程施工合同纠纷案件审判工作,最高人民法院制定了2018年《建工解释》。③ 该解释就建设工程施工合同效力、建设工程价款结算、建设工程鉴定、建设工程价款优先受偿权和实际施工人权利保护等问题作了规定。

2020年5月28日,第十三届全国人民代表大会第三次会议通过《中华人

---

① 参见冯小光:《〈关于审理建设工程施工合同纠纷案件适用法律问题的解释〉的理解与适用》,载《建筑经济》2005年第1期。
② 参见冯小光:《〈关于审理建设工程施工合同纠纷案件适用法律问题的解释〉的理解与适用》,载《建筑经济》2005年第1期。
③ 参见程新文、刘敏、谢勇:《〈关于审理建设工程施工合同纠纷案件适用法律问题的解释(二)〉的理解与适用》,载《人民司法·应用》2019年第4期。

民共和国民法典》(以下简称《民法典》)。《民法典》颁布后,最高人民法院对中华人民共和国成立以来现行有效的591件司法解释及相关规范性文件进行全面清理。凡是与《民法典》规定不一致的司法解释及相关规范性文件,予以废止;根据司法审判实践需要,对部分司法解释进行修改。经清理,最终决定保留与《民法典》规定一致的司法解释364件,对标《民法典》修改司法解释111件,决定废止司法解释及相关规范性文件116件。其中,对标《民法典》修改司法解释111件,主要是对原有司法解释进行了整合。将原司法解释中已经被《民法典》吸纳以及与《民法典》规定相冲突的条文予以删除,对部分条文进行了修改完善,也有少数增加条文。这111件修改司法解释中民事类27件。最高人民法院按照"统一规划、分批制定,急用先行、重点推进"原则,制定了与《民法典》配套的第一批共7件新的司法解释,于2021年1月1日与《民法典》同步施行,其中就包括《最高人民法院关于审理建设工程施工合同纠纷案件适用法律问题的解释(一)》(法释〔2020〕25号,以下简称2020年《建工解释》)。与此同时,2002年《建设工程价款优先受偿权批复》、2004年《建工解释》、2018年《建工解释》一并废止。

二、建设工程施工合同司法解释清理后的规则变化

2002年《建设工程价款优先受偿权批复》、2004年《建工解释》、2018年《建工解释》一共59个条文。对照《民法典》清理后发布的2020年《建工解释》一共有45个条文。2020年对建工解释的清理主要包括三个方面:一是原司法解释中已经被《民法典》吸纳的条文被删除;二是原司法解释与《民法典》规定相冲突的条文也予以删除;三是对照《民法典》的规定或者总结司法实践经验对部分条文进行了修改完善,包括文字表述上的修改和实质规范内容的修改。

(一)原司法解释中因被《民法典》吸纳而删除的条文

在清理建工司法解释过程中,被删除的条文主要包括三类:一是因被《民法典》吸纳而删除的条文;二是因与《民法典》规定相冲突而删除的条文;三是因在后的解释就同一问题作出新的规定而删除之前的解释条文。其中,因被《民法典》吸纳而删除的条文包括以下两方面的条文:

一是2004年《建工解释》第二条和第三条的规定。2004年《建工解释》第二条规定:"建设工程施工合同无效,但建设工程经竣工验收合格,承包人请求参照合同约定支付工程价款的,应予支持。"第三条规定:"建设工程施工合同无效,且建设工程经竣工验收不合格的,按照以下情形分别处理:(一)修复后的建设工程经竣工验收合格,发包人请求承包人承担修复费用的,应予支持;(二)修复后的建设工程经竣工验收不合格,承包人请求支付工程价款的,不予支持。因建设工程不合格造成的损失,发包人有过错的,也应承担相

应的民事责任。"该两条解释被民法典所吸收，规定在《民法典》第七百九十三条中："建设工程施工合同无效，但是建设工程经验收合格的，可以参照合同关于工程价款的约定折价补偿承包人。建设工程施工合同无效，且建设工程经验收不合格的，按照以下情形处理：（一）修复后的建设工程经验收合格的，发包人可以请求承包人承担修复费用；（二）修复后的建设工程经验收不合格的，承包人无权请求参照合同关于工程价款的约定折价补偿。发包人对因建设工程不合格造成的损失有过错的，应当承担相应的责任。"需要注意的是，2004年《建工解释》颁布后，理论和实践上对该解释第二条存在误解，认为是将无效合同作有效合同处理，直到《民法典》通过前，这种批评的声音仍然存在。实际上，2004年《建工解释》第二条规定只是一种合理、经济、便捷且适合建设工程施工合同特点的折价补偿方法。《合同法》第五十八条规定："合同无效或者被撤销后，因该合同取得的财产，应当予以返还；不能返还或者没有必要返还的，应当折价补偿。有过错的一方应当赔偿对方因此所受到的损失，双方都有过错的，应当各自承担相应的责任。"显然，在合同无效的情况下，对于已经竣工验收合格的建设工程，不适用返还财产这一责任方式，发包人应当折价补偿。折价补偿的方法有二：一是对工程价值进行鉴定；二是参照合同关于工程价款的约定。鉴定的成本非常高，会增加当事人的诉讼成本，而参照合同关于工程价款的约定来进行折价则是一种经济、便捷、合理的折价方式。《民法典》在吸收2004年《建工解释》的基础上，进一步明确了在建设工程施工合同无效，但是建设工程经验收合格的情况下，可以参照合同关于工程价款的约定"折价补偿"承包人。这不仅将司法实践中的有益经验上升为法律，而且进一步明确了本条规定的法理基础，消弭了理论和实践上的争议。

二是2004年《建工解释》第八条至第十条规定。2004年建工解释第八条规定："承包人具有下列情形之一，发包人请求解除建设工程施工合同的，应予支持：（一）明确表示或者以行为表明不履行合同主要义务的；（二）合同约定的期限内没有完工，且在发包人催告的合理期限内仍未完工的；（三）已经完成的建设工程质量不合格，并拒绝修复的；（四）将承包的建设工程非法转包、违法分包的。"第九条规定："发包人具有下列情形之一，致使承包人无法施工，且在催告的合理期限内仍未履行相应义务，承包人请求解除建设工程施工合同的，应予支持：（一）未按约定支付工程价款的；（二）提供的主要建筑材料、建筑构配件和设备不符合强制性标准的；（三）不履行合同约定的协助义务的。"第十条规定："建设工程施工合同解除后，已经完成的建设工程质量合格的，发包人应当按照约定支付相应的工程价款；已经完成的建设工程质量不合格的，参照本解释第三条规定处理。因一方违约导致合同解除的，违约方应当赔偿因此而给对方造成的损失。"上述规定被《民法典》所吸纳，体现在《民法典》第八百零六条规定："承包人将建设工程转包、违法分包的，发包人可以解除合同。发包人提供的主要建筑材料、建筑构配件和设备不符合强制性标准或者不履行协助义务，致使承包人无法施工，经催告后在合理期限内仍未履行相应义务的，承包人可以解除合同。合同解除后，已经完成的建设工程质量合格的，发包人应当按照约定支付相应的工程价款；已经完成的建设工程质量不合格的，参照本法第七百九十三条的规定处理。"上述解释条文规定的部分内容属于《民法典》第五百六十三条规定的当事人享有法定解除权的情形，直接适用《民法典》该条规定即可，无需再另行作出规定。《民法典》第五百六十三条规定："有下列情形之一的，当事人可以解除合同：（一）因不可抗力致使不能实现合同目的；（二）在履行期限届满前，当事人一方明确表示或者以自己的行为表明不履行主要债务；（三）当事人一方迟延履行主要债务，经催告后在合理期限内仍未履行；（四）当事人一方迟延履行债务或者有其他违约行为致使不能实现合同目的；（五）法律规定的其他情形。以持续履行的债务为内容的不定期合同，当事人可以随时解除合同，但是应当在合理期限之前通知对方。"

除此之外，部分建工解释条文的规定因被之后的解释所取代，已无存在必要，在2020年清理司法解释的过程中，也予以删除。例如，2004年《建工解释》第二十四条规定，建设工程施工合同纠纷以施工行为地为合同履行地。《最高人民法院关于适用〈中华人民共和国民事诉讼法〉若干问题的解释》（法释〔2015〕5号）第二十八条第二款规定："农村土地承包经营合同纠纷、房屋租赁合同纠纷、建设工程施工合同纠纷、政策性房屋买卖合同纠纷，按照不动产纠纷确定管辖。"即建设工程施工合同纠纷由建设工程所在地法院管辖。另，2002年《建设工程价款优先受偿权批复》第三条规定："建筑工程价款包括承包人为建设工程应当支付的工作人员报酬、材料款等实际支出的费用，不包括承包人因发包人违约所造成的损失。"第四条规定："建设工程承包人行使优先权的期限为六个月，自建设工程竣工之日或者建设工程合同约定的竣工之日起计算。"该两条解释已被之后的司法解释所修改，故也予以删除。

（二）原司法解释中因与《民法典》相冲突而删除的条文

《民法典》虽是编纂，但与之前的民事单行法相比，仍有不少变化。如果《民法典》的规定与之前的民事法律规定不一致，依据之前民事法律所作的司法解释就需要修改或者删除。另外，旧司法解释制定时的政策环境已经发生变化的，也需要对相应的条文予以删除。因这方面原因删除的旧解释条文主要包括以下几方面的规定：

第一，关于承担民事责任的方式，《民法典》第一百七十九条未保留民法通则第一百三十四条关于"收缴进行非法活动的财物和非法所得"的规定。《民法典》施行后，收缴违法所得这一责任方式不再作为民事责任的主要方式之一。对此，2020年清理司法解释时，删除了2004年《建工解释》第四条中关于"人民法院可以根据民法通则第一百三十四条规定，收缴当事人已经取得的非法所得"的规定。

第二，2004年《建工解释》第二十一条规定，当事人就同一建设工程另行订立的建设工程施工合同与经过备案的中标合同实质性内容不一致的，应当以备案的中标合同作为结算工程价款的根据。2018年5月，国务院办公厅下发《关于开展工程建设项目审批制度改革试点的通知》，试点取消建设工程施工合同备案制度，对民间投资的房屋建筑工程试行由建设单位自主决定发包方式。2018年9月，住房和城乡建设部作出《关于修改〈房屋建筑和市政基础设施工程施工招标投标管理办法〉的决定》，决定删除该办法第四十七条第一款中的"订立书面合同后7日内，中标人应当将合同送工程所在地的县级以上地方人民政府建设行政主管部门备案"的规定。建设工程施工合同备案制度已经成为历史，该条解释规定已无存在必要。而且《民法典》关于民事行为的规定整体上已经回归到意思表示制度。如果双方当事人的意思表示欠缺效果意思，该意思表示行为应认定为无效。对此，《民法典》第一百四十六条规定："行为人与相对人以虚假的意思表示实施的民事法律行为无效。以虚假的意思表示隐藏的民事法律行为的效力，依照有关法律规定处理。"实践中，当事人一方面签订备案合同，另一方面又签订一份反映真实意思表示的合同的，备案合同往往属于"以虚假的意思表示实施的民事法律行为"，属于通谋虚伪行为，故应当认定为无效的民事法律行为。因此，删除2004年《建工解释》第二十一条规定，也是保持与《民法典》规定相一致的要求。

第三，2002年《建设工程价款优先受偿权批复》第二条规定，消费者交付购买商品房的全部或者大部分款项后，承包人就该商品房享有的工程价款优先受偿权不得对抗买受人。该条解释体现了对消费者居住权优先保护的价值取向，对司法实践影响非常深远。2014年12月29日，最高人民法院审判委员会第1638次会议通过《最高人民法院关于人民法院办理执行异议和复议案件若干问题的规定》。该解释第二十八条规定："金钱债权执行中，买受人对登记在被执行人名下的不动产提出异议，符合下列情形且其权利能够排除执行的，人民法院应予支持：（一）在人民法院查封之前已签订合法有效的书面买卖合同；（二）在人民法院查封之前已合法占有该不动产；（三）已支付全部价款，或者已按照合同约定支付部分价款且将剩余价款按照人民法院的要求交付执行；（四）非因买受人自身原因未办理过户登记。"第二十九条规定："金钱债权执行中，买受人对登记在被执行的房地产开发企业名下的商品房提出异议，符合下列情形且其权利能够排除执行的，人民法院应予支持：（一）在人民法院查封之前已签订合法有效的书面买卖合同；（二）所购商品房系用于居住且买受人名下无其他用于居住的房屋；（三）已支付的价款超过合同约定总价款的百分之五十。"这两条司法解释与2002年《建设工程价款优先受偿权批复》

第二条规定在精神和价值取向上一脉相承,其不仅对执行异议的办理影响大,对执行异议之诉案件的办理同样有重要影响。2020年清理司法解释时,2002年《建设工程价款优先受偿权批复》第二条规定未予保留,有待在下一步制定的执行异议之诉司法文件中进一步作细化规定。

(三)对照《民法典》的规定或者总结司法实践经验作实质性修改的条文

2020年清理司法解释时,对照《民法典》的规定,对旧解释进行了修改。这类修改主要包括两种类型:一是进行文字表述修改;二是进行规范内容修改。本文只介绍规范内容的修改,主要有以下几方面的修改。

第一,2018年《建工解释》第十八条规定:"装饰装修工程的承包人,请求装饰装修工程价款就该装饰装修工程折价或者拍卖的价款优先受偿的,人民法院应予支持,但装饰装修工程的发包人不是该建筑物的所有权人的除外。"2020年清理司法解释时,对该条进行了修改,一是增加了"装饰装修工程具备折价或者拍卖条件"的要求,二是删除了"但装饰装修工程的发包人不是该建筑物的所有权人的除外"的规定。2020年《建工解释》第三十七条规定:"装饰装修工程具备折价或者拍卖条件,装饰装修工程的承包人请求工程价款就该装饰装修工程折价或者拍卖的价款优先受偿的,人民法院应予支持。"在这两处修改中,"装饰装修工程具备折价或者拍卖条件"主要包括两方面的内涵:一是装饰装修工程本身具有价值,且价值能够予以评估,即装饰装修工程的价值与装饰装修之前工程的价值能够区分,且能够分别计算出其价值;二是装饰装修工程的发包人应当是该建筑物的所有权人。装饰装修工程与原来的建筑物已成为一体,原则上应当一并折价或者拍卖。如果装饰装修工程的发包人只是建筑物的承租人,对装饰装修工程进行折价或拍卖就会影响装饰装修工程所依附的建筑物所有权人的权益。这种情况下,装饰装修工程的承包人,请求装饰装修工程价款就该装饰装修工程折价或者拍卖的价款优先受偿的,人民法院就不应支持。由此可见,清理后的司法解释虽然删除了"但装饰装修工程的发包人不是该建筑物的所有权人的除外"的表述,但并没有否定该规定的内容,而是将其涵盖在"装饰装修工程具备折价或者拍卖条件"这一条件中。

第二,关于代位权诉讼制度,《合同法》第七十三条规定:"因债务人怠于行使其到期债权,对债权人造成损害的,债权人可以向人民法院请求以自己的名义代位行使债务人的债权,但该债权专属于债务人自身的除外。代位权的行使范围以债权人的债权为限。债权人行使代位权的必要费用,由债务人负担。"《民法典》对《合同法》的规定进行了修改,《民法典》第五三十五条规定:"因债务人怠于行使其债权或者与该债权有关的从权利,影响债权人的到期债权实现的,债权人可以向人民法院请求以自己的名义代位行使债务人对相对人的权利,但是该权利专属于债务人自身的除外。代位权的行使范围以债权人的到期债权为限。债权人行使代位权的必要费用,由债务人负担。相对人对债务人的抗辩，可以向债权人主张。"就代位权诉讼的提起条件，《民法典》的修改体现在两方面：一是将债务人怠于行使其债权有关的从权利影响债权人的到期债权实现的情况，也作为债权人可提起代位权诉讼的条件；二是将《合同法》第七十三条规定的"对债权人造成损害"修改为"影响债权人的到期债权实现"。由于我国并未建立对债权的侵权责任制度，《民法典》的表述显然更为合理、妥当，但后一修改并不属于实质性修改。将债务人怠于行使其债权有关的从权利影响债权人的到期债权实现的情况也作为债权人可提起代位权诉讼的条件才是《民法典》对《合同法》的实质性修改。最高人民法院在清理司法解释时，对照《民法典》的修改，对2018年《建工解释》进行了修改。2018年《建工解释》第二十五条规定："实际施工人根据合同法第七十三条规定，以转包人或者违法分包人怠于向发包人行使到期债权，对其造成损害为由，提起代位权诉讼的，人民法院应予支持。"修改后的2020年《建工解释》第四十四条规定："实际施工人依据《民法典》第五百三十五条规定，以转包人或者违法分包人怠于向发包人行使到期债权或者与该债权有关的从权利，影响其到期债权实现，提起代位权诉讼的，人民法院应予支持。"这就涉及实际施工人是否可代位行使优先受偿权的问题。本文认为，实际施工人不能代位行使建设工程价款优先受偿权。2020年《建工解释》第三十五条规定："与发包人订立建设工程施工合同的承包人，依据民法典第八百零七条的规定请求其承建工程的价款就工程折价或者拍卖的价款优先受偿的，人民法院应予支持。"之所以规定只有与发包人订立建设工程施工合同的承包人才享有建设工程价款优先受偿权，主要是基于以下考虑：第一，建设工程价款优先受偿权是对世权，具有优先于设立在建设工程上的抵押权、普通债权的效力，对交易安全和第三人利益影响较大，为维护交易安全和平衡善意第三人利益，对其权利主体不宜过度放宽。第二，实际施工人并非严格的法律主体概念，实践中实际施工人身份的认定本身就是争议很大的问题。如果实际施工人均享有建设工程价款优先受偿权，则围绕建设工程建立的一系列法律关系均处于不稳定之中，不仅损害交易安全和其他相关方的利益，也会对建设工程的使用、转让等造成不良影响。第三，《民法典》第八百零七条规定："发包人未按照约定支付价款的，承包人可以催告发包人在合理期限内支付价款。发包人逾期不支付的，除根据建设工程的性质不宜折价、拍卖外，承包人可以与发包人协议将该工程折价，也可以请求人民法院将该工程依法拍卖。建设工程的价款就该工程折价或者拍卖的价款优先受偿。"从本条规定的文义理解，只有有权请求发包人支付建设工程价款的人才能行使建设工程价款优先受偿权，若实际施工人与发包人之间不具有建设工程施工合同关系，则不应当享有建设工程价款优先受偿权。第四，2020年《建工解释》第四十三条和第四十四条突破合同的相对性，对实际施工人的利益予以保护，是以不加重发包人的责任为前提。实际施工人与发包人未建立建设工程施工合同关系，发包人在与承包人签订建设工程施工合同时，往往并不知道实际施工人的存在。但是建设工程价款优先受偿权对发包人利益有重大影响，如果发包人在与承包人签订建设工程施工合同时并不知道工程会由实际施工人施工，其本意就是由承包人负责施工，结果承包人与实际施工人背地里签订了转包或者违法分包合同，已经损害了发包人权益，如果还允许实际施工人向其主张建设工程价款优先受偿权，对发包人明显不公平。①

《民法典》第五百三十五条规定债权人可代位行使债务人的债权及有关的从权利。这里的从权利主要是指担保权利，包括担保物权和保证。② 这里要注意区分建设工程价款优先受偿权与担保物权的区别。依据物权公示公信原则，担保物权的设立原则上以一定的公示行为为条件，才能产生公信力，具有对世性。例如《民法典》第四百零二条规定："以本法第三百九十五条第一款第一项至第三项规定的财产或者第五项规定的正在建造的建筑物抵押的，应当办理抵押登记。抵押权自登记时设立。"第四百零三条规定："以动产抵押的，抵押权自抵押合同生效时设立；未经登记，不得对抗善意第三人。"第四百零四条规定："以动产抵押的，不得对抗正常经营活动中已经支付合理价款并取得抵押财产的买受人。"第四百二十九条规定："质权自出质人交付质押财产时设立。"第四百四十一条规定："以汇票、本票、支票、债券、存款单、仓单、提单出质的，质权自权利凭证交付质权人时设立；没有权利凭证的，质权自办理出质登记时设立。法律另有规定的，依照其规定。"第四百五十七条规定，留置权人对留置财产丧失占有的，留置权消灭。因此，在缺乏必要的公示方式的情况下，担保物权或不能成立，或不能对抗善意第三人。但《民法典》及相关司法解释并未规定建设工程价款优先受偿权需以法定公示方式为条件，却赋予了其对抗善意第三人的效力，不仅优先于一般债权，而且优先于抵押权。从比较法的角度看，其他主要国家和地区确定建设工程价款优先受偿的方式主要有三：一是由法律明确规定；二是由当事人事先登记；三是由法院通过诉讼确认。有的国家或者地区采用其中一种方式，有的国家或者地区采用其中两种方式。其中，日本民法第三百二十七条规定，日本民法上的不动产工事先取特权及于"该不动产上施工事所生之费用"。建设工程价款优先受偿的范围为"因承揽关系所生之债权"。同时，日本法律要求该不动产工事先取特权因于工事开始前将其费用之预算额登记而保存其效力。但依日本民法第三百零八条第一项之规定，"不动产工事先取特权，其实际工事费用超过其登记之预算额时，该超过部分无先取特权"。日本法上建设工程价款优先受偿的范围依登记范围而确定，法律并不对其具体组成部分作出规定。这种保护方式的优势在于建设

---

① 参见谢勇：《建设工程施工合同案件裁判规则解析》，法制出版社2020年版，第233~234页。
② 参见黄薇主编：《中华人民共和国民法典释义（中）》，法律出版社2020年版，第1025页。

工程价款优先受偿权的范围通过足以产生公信力的方式公示，对第三人预期和交易秩序以较好保护。在美国，经过登记的建设工程价款优先受偿权并不当然取得执行效力。优先受偿权人要行使建设工程价款优先受偿权，需要根据法律规定在法定期限内向法院提起优先受偿权行使之诉，由法院确认建设工程价款优先受偿权的效力以及建设工程价款优先受偿的范围。《美国统一建筑优先权法》第四百零三条规定：优先权申请人超出其实际债权数额主张优先权时，法庭可以宣告其优先权无效，并判令其赔偿由此对业主或者其他利害相关人造成的损失，以及更正优先受偿权登记的费用和合理的律师费用。法国《民法典》第二千三百七十四条第四项规定：建筑施工人首先需要该不动产所在地大审法院依职权指定的鉴定专家事先作成的笔录以确认与所有人宣告拟建的工程有关的现场状况，并且工程完工后最迟6个月内由同样依职权指定的鉴定人验收，才能就法律规定范围内的债权对该不动产享有优先权。但是优先权的数额不得超过第二份笔录所确认的价值，并且以转让不动产时已经进行的工程的增加额为限。我国《民法典》及相关司法解释并不要求承包人享有的建设工程价款优先受偿权以登记为要件，也没有规定法定确认等前置程序，但却赋予其对世性和极强的优先效力。因此，在理解和适用《民法典》第五百五十三条规定时，一定要注意区分建设工程价款优先受偿权与担保物权在成立条件、效力优先性、对交易安全的影响等方面的巨大差异，不宜将二者简单画等号。

第三，关于建设工程施工合同有效，工程竣工验收不合格情况下如何结算工程款的问题，2004年《建工解释》第十六条规定："当事人对建设工程的计价标准或者计价方法有约定的，按照约定结算工程价款。因设计变更导致建设工程的工程量或者质量标准发生变化，当事人对该部分工程价款不能协商一致的，可以参照签订建设工程施工合同时当地建设行政主管部门发布的计价方法或者计价标准结算工程价款。建设工程施工合同有效，但建设工程经竣工验收不合格的，工程价款结算参照本解释第三条规定处理。"2004年《建工解释》第三条规定已经被《民法典》所吸收，规定在《民法典》第七百九十三条："建设工程施工合同无效，但是建设工程经验收合格的，可以参照合同关于工程价款的约定折价补偿承包人。建设工程施工合同无效，且建设工程经验收不合格的，按照以下情形处理：（一）修复后的建设工程经验收合格的，发包人可以请求承包人承担修复费用；（二）修复后的建设工程经验收不合格的，承包人无权请求参照合同关于工程价款的约定折价补偿。发包人对因建设工程不合格造成的损失有过错的，应当承担相应的责任。"清理后发布的2020年《建工解释》第十九条对此作了修改。该条第3款规定："建设工程施工合同有效，但建设工程经竣工验收不合格的，工程价款结算参照民法典第五百七十七条规定处理。"《民法典》第五百七十七条规定："当事人一方不履行合同义务或者履行合同义务不符合约定的，应当承担继续履行、采取补救措施或者赔偿损失等违约责任。"虽然《民法典》第五百七十七条是关于违约责任的规定,《民法典》第七百九十三条是关于建设工程施工合同无效后法律后果的规定。前者以建设工程施工合同有效为前提,后者以建设工程施工合同无效为条件。这也是修改本条解释的主要理由。但实际上,修改前后在法律后果上没有根本性差异。如果建设工程施工合同无效,且建设工程经竣工验收不合格,根据《民法典》第七百九十三条规定,应当由承包人进行修复,如果修复后的建设工程经验收合格,发包人可以请求承包人承担修复费用,但要参照合同约定的价款进行折价补偿;如果修复后的建设工程经验收不合格,承包人无权请求参照合同关于工程价款的约定折价补偿,当事人因此遭受损失的,由有过错的当事人承担;如果建设工程施工合同有效,但建设工程经竣工验收不合格,根据《民法典》第五百七十七条规定,承包人应当承担采取补救措施的违约责任,即应当由承包人进行修复,如果修复后的建设工程经验收合格,发包人可以请求承包人承担修复费用,但要依照合同约定支付工程价款;如果修复后的建设工程经验收不合格,承包人无权请求发包人依照合同约定支付工程价款;如果因此对发包人造成了损失,承包人应当承担赔偿责任。

第四,关于建设工程价款优先受偿权的行使期限问题,2018年《建工解释》第二十二条规定:"承包人行使建设工程价款优先受偿权的期限为六个月,自发包人应当给付建设工程价款之日起算。"2020年清理司法解释时,为充分保护承包人及建筑工人权益,延长了承包人行使建设工程价款优先受偿权的期限,从6个月延长到18个月。2020年《建工解释》第四十一条规定:"承包人应当在合理期限内行使建设工程价款优先受偿权,但最长不得超过十八个月,自发包人应当给付建设工程价款之日起算。"

三、建设工程施工合同司法解释一的其他重点难点问题

(一)建设工程施工合同无效的主要情形

2020年《建工解释》第一条规定:"建设工程施工合同具有下列情形之一的,应当依据《民法典》第一百五十三条第一款的规定,认定无效:(一)承包人未取得建筑业企业资质或者超越资质等级的;(二)没有资质的实际施工人借用有资质的建筑施工企业名义的;(三)建设工程必须进行招标而未招标或者中标无效的。承包人因转包、违法分包建设工程与他人签订的建设工程施工合同,应当依据民法典第一百五十三条第一款及第七百九十一条第二款、第三款的规定,认定无效。"根据该条规定,建设工程施工合同无效包括发包行为无效、转包行为无效和分包行为无效三种类型。

第一,建设工程违法发包行为的类型。关于建设工程的违法发包,住建部《建筑工程施工转包违法分包等违法行为认定查处管理办法(试行)》第四条规定:"本办法所称违法发包,是指建设单位将工程发包给不具有相应资质条件

的单位或个人,或者肢解发包等违反法律法规规定的行为。"该条规定了两类违法发包的行为:一是承包人不具备资质;二是肢解发包。对于承包人不具备资质,根据《建筑工程施工转包违法分包等违法行为认定查处管理办法(试行)》第五条的规定,又可以将其分为两小类:一是承包人为不具有相应资质条件的单位;二是承包人为个人。关于肢解发包,建筑法第二十四条规定:"提倡对建筑工程实行总承包,禁止将建筑工程肢解发包……不得将应当由一个承包单位完成的建筑工程肢解成若干部分发包给几个承包单位。"《建设工程质量管理条例》第七条规定:"建设单位应当将工程发包给具有相应资质等级的单位。建设单位不得将建设工程肢解发包。"第七十八条第一款规定:"本条例所称肢解发包,是指建设单位将应当由一个承包单位完成的建设工程分解成若干部分发包给不同的承包单位的行为。"2020年《建工解释》第一条第一款第一项规定的"承包人未取得建筑业企业资质或者超越资质等级"签订的建设工程施工合同无效,以及第二项规定的"没有资质的实际施工人借用有资质的建筑施工企业名义"签订的建设工程施工合同无效均属于承包人缺乏资质的情形。另外,对于应当招标投标的工程以及通过招标投标方式签订建设工程施工合同的情形,如果合同当事人的行为违反招标投标法的强制性规定,也应认定合同无效。对此,2020年《建工解释》第一条第一款第三项规定,在建设工程必须进行招标而未招标或者中标无效的情况下,建设工程施工合同无效。

第二,违法分包行为的类型。建设工程分包包括合法分包和违法分包两种情况。对于违法分包,《建筑工程施工转包违法分包等违法行为认定查处管理办法(试行)》第八条规定:"本办法所称违法分包,是指施工单位承包工程后违反法律法规规定或者施工合同关于工程分包的约定,把单位工程或分部分项工程分包给其他单位或个人施工的行为。"根据这一定义,违法分包的主体一方是从发包人处承包工程的承包人,另一方是分包合同的承包人。违法分包行为的违法性体现为,承包人把单位工程或分部分项工程分包给其他单位或个人施工的行为,违反法律法规规定或者施工合同关于工程分包的约定。2020年《建工解释》第一条第二款规定,违法分包行为无效。

第三,转包行为一律无效。根据2020年《建工解释》第一条第二款规定,转包行为一律无效。关于转包,建筑法第二十八条规定:"禁止承包单位将其承包的全部建筑工程转包给他人,禁止承包单位将其承包的全部建筑工程肢解以后以分包的名义分别转包给他人。"《建设工程质量管理条例》第七十八条第三款规定:"本条例所称转包,是指承包单位承包建设工程后,不履行合同约定的责任和义务,将其承包的全部建设工程转给他人或者将其承包的全部建设工程肢解以后以分包的名义分别转给其他单位承包的行为。"《建筑工程施工转包违法分包等违法行为认定查处管理办法(试行)》第六条规定:"本办法所称转包,是指施工单位承包工程后,不履行合同约定的责任和义务,将其承包的全部工程或者将其承包的全部工程肢解后以分包的名义分别转给其他单位或个人施工的行为。"《房屋建筑和市政基础设施工程施工分包管理办法》第十三条规定："禁止将承包的工程进行转包。不履行合同约定，将其承包的全部工程发包给他人，或者将其承包的全部工程肢解后以分包的名义分别发包给他人的，属于转包行为。违反本办法第十二条规定，分包工程发包人将工程分包后，未在施工现场设立项目管理机构和派驻相应人员，并未对该工程的施工活动进行组织管理的，视同转包行为。"与分包不同，转包行为无合法与违法之分，一律无效。

除了缔约行为违法会导致建设工程施工合同无效外，标的物违法也会导致建设工程施工合同无效。对此，2020年《建工解释》第三条规定："当事人以发包人未取得建设工程规划许可证等规划审批手续为由，请求确认建设工程施工合同无效的，人民法院应予支持，但发包人在起诉前取得建设工程规划许可证等规划审批手续的除外。发包人能够办理审批手续而未办理，并以未办理审批手续为由请求确认建设工程施工合同无效的，人民法院不予支持。"根据建筑法、土地管理法、城乡规划法等法律法规的规定，在我国建设工程施工需要取得"四证"，即国有土地使用权证、建设用地规划许可证、建设工程规划许可证和建设工程施工许可证。在建设工程开工之日，当事人应当将"四证"办齐。但在申领建设工程施工许可证和签订建设工程施工合同的时间关系上，应当是先签订建设工程施工合同，后申领建设工程施工许可证。在"四证"中，建设工程施工许可证的办理时间应当是建设工程施工合同签订之后、工程开工之前。因此，2020年《建工解释》第三条规定，发包人在起诉前未取得建设工程规划许可证等规划审批手续的，建设工程施工合同无效。

（二）建设工程施工合同无效的法律后果

《民法典》第一百五十七条规定："民事法律行为无效、被撤销或者确定不发生效力后，行为人因该行为取得的财产，应当予以返还；不能返还或者没有必要返还的，应当折价补偿。有过错的一方应当赔偿对方由此所受到的损失；各方都有过错的，应当各自承担相应的责任。法律另有规定的，依照其规定。"根据该条规定，合同无效的一般法律后果有三种：返还财产、折价补偿、赔偿损失。建设工程施工合同与其他合同相比，具有特殊性，即承包人在履行建设工程合同的过程中逐步将劳动和建筑材料等物化在建设工程中，而建设工程作为特定物，对发包人具有较大价值，但对于承包人来讲价值不高。因为承包人对建设工程施工的目的是要获得建设工程价款，而不是建设工程。同时，关于建设用地使用权以及建筑物的转让，《民法典》第三百五十六条规定："建设用地使用权转让、互换、出资或者赠与的，附着于该土地上的建筑物、构筑物及其附属设施一并处分。"第三百五十七条规定："建筑物、构筑物及其附属设施转让、互换、出资或者赠与的，该建筑物、构筑物及其附属设施占用范围内的建设用地使用权一并处分。"这两条法律规定体现了房地一体处分原则。在实践中,建设工程所占用土地的使用权通常归发包人所有。建设工程施工合同被确认无效后,如果要求发包人将承包人施工建设的工程返还给承包人,则会违反上述房地一体原则。因此,建设工程施工合同被确认无效后,对于已经履行的部分不能适用返还财产的处理方式。建设工程施工合同无效主要产生折价补偿和赔偿损失两个法律后果。关于折价补偿的规则主要体现在《民法典》第七百九十三条规定中。关于赔偿损失的规定,则主要体现在2020年《建工解释》第六条规定。

2020年《建工解释》第六条规定:"建设工程施工合同无效,一方当事人请求对方赔偿损失的,应当就对方过错、损失大小、过错与损失之间的因果关系承担举证责任。损失大小无法确定,一方当事人请求参照合同约定的质量标准、建设工期、工程价款支付时间等内容确定损失大小的,人民法院可以结合双方过错程度、过错与损失之间的因果关系等因素作出裁判。"在理解与适用该条规定时,应注意把握好该规定的几个层次。首先,该条规定第一款实际体现的是"谁主张、谁举证"原则。无论是发包人还是承包人请求对方赔偿损失的,都应当就对方过错、损失大小、过错与损失之间的因果关系承担举证责任。其次,损失数额问题也应当由原告一方承担举证责任。再次,如果损失大小无法确定,原告方可以请求参照合同约定的质量标准、建设工期、工程价款支付时间等内容确定损失大小。这里主要解决的就是发包人依承包人的请求参照建设工程施工合同约定折价补偿,而承包人又未按合同约定的质量标准和施工期限完成建设工程施工的情况下,发包人赔偿请求权如何救济的问题。这种情况下,发包人也有权按照建设工程施工合同约定的质量标准、建设工期等内容来计算损失大小。该条规定并非将无效合同作为有效合同处理。根据《民法典》第一百五十七条规定,合同无效后,当事人在返还财产和折价补偿之后仍存在损失,或者虽无返还财产和折价补偿之必要但当事人遭受损失的,有过错的一方应当赔偿对方因此所受到的损失,双方都有过错的,应当各自承担相应的责任。建设工程施工合同所具有的特殊性导致实践中原告证明其损失数额存在困难。为保护当事人利益,2020年《建工解释》第六条规定只是确定一种损失的计算方法而已。最后,在确定当事人损失赔偿责任大小时,应当充分考虑双方当事人过错。一般情况下,交付质量合格的建设工程是承包人的义务,但如果因发包人原因造成建设工程质量缺陷,则应当由发包人承担过错责任。2020年《建工解释》第十三条规定:"发包人具有下列情形之一,造成建设工程质量缺陷,应当承担过错责任:(一)提供的设计有缺陷;(二)提供或者指定购买的建筑材料、建筑构配件、设备不符合强制性标准;(三)直接指定分包人分包专业工程。承包人有过错的,也应当承担相应的过错责任。"

(三)确定建设工程价款数额的依据

在建设工程施工合同有效的情况下,建设工程经验收合格后,发包人应当依照合同约定支付工程款。在建设工程施工合同无效的情况下,建设工程经验收合格后,依据《民法典》第七百九十三条规定,发包人应参照合同约定折价补偿。实践中,发包人与承包人之间往往签订有多份建设工程施工合同,依照哪份合同计算工程款或者参照哪份合同折价补偿通常是当事人争议的焦点问题。

在建设工程施工合同有效的情况下,原则上应当依意思表示解释规则来确定哪份合同是当事人的真实意思表示,从而确定应当依照哪份合同计算工程款。但在经过招标投标方式订立建设工程施工合同的情况下,首先应当依据招标投标法的强制性规定确定计算工程价款的依据。招标投标法第四十六条第一款规定:"招标人和中标人应当自中标通知书发出之日起三十日内,按照招标文件和中标人的投标文件订立书面合同。招标人和中标人不得再行订立背离合同实质性内容的其他协议。"关于中标合同中的哪些内容不允许当事人变更的问题,2020年《建工解释》第二条规定:"招标人和中标人另行签订的建设工程施工合同约定的工程范围、建设工期、工程质量、工程价款等实质性内容,与中标合同不一致,一方当事人请求按照中标合同确定权利义务的,人民法院应予支持。招标人和中标人在中标合同之外就明显高于市场价格购买承建房产、无偿建设住房配套设施、让利、向建设单位捐赠财物等另行签订合同,变相降低工程价款,一方当事人以该合同背离中标合同实质性内容为由请求确认无效的,人民法院应予支持。"该条司法解释将工程范围、建设工期、工程质量、工程价款等内容确定为实质性内容。招标人在编制招标文件、投标人在编制投标文件、评标委员会在选择中标人时,都应当围绕上述实质性内容进行。投标人对投标文件中含义不明确的内容作必要的澄清或者说明时,其澄清或者说明不得改变投标文件中关于工程范围、建设工期、工程质量、工程价款等实质性内容。此外,根据招标投标法第四十三条规定,在确定中标人前,招标人不得与投标人就工程范围、建设工期、工程质量、工程价款等实质性内容进行谈判。如果招标人和中标人背离中标合同关于工程范围、建设工期、工程质量、工程价款等实质性内容的约定,另行签订其他建设工程施工合同,就不能依据意思表示的解释规则来确定认定工程价款数额的依据,而应当以招标文件和投标文件为依据。此外,对于非必须招标的工程,如果采用招标投标方式订立建设工程施工合同,也应当遵守招标投标法的规定。对此,2020年《建工解释》第二十三条规定:"发包人将依法不属于必须招标的建设工程进行招标后,与承包人另行订立的建设工程施工合同背离中标合同的实质性内容,当事人请求以中标合同作为结算建设工程价款依据的,人民法院应予支持,但发包人与承包人因客观情况发生了在招标投标时难以预见的变化而另行订立建设工程施工合同的除外。"

对建设工程施工合同无效，应当参照哪份合同折价补偿的问题，2020年《建工解释》第二十四条规定："当事人就同一建设工程订立的数份建设工程施工合同均无效，但建设工程质量合格，一方当事人请求参照实际履行的合同关于工程价款的约定折价补偿承包人的，人民法院应予支持。实际履行的合同难以确定，当事人请求参照最后签订的合同关于工程价款的约定折价补偿承包人的，人民法院应予支持。"根据该条规定，发包人和承包人就同一建设工程签订的多份建设工程施工合同均无效时，承包人可以请求参照当事人实际履行合同的约定折价补偿承包人；如果当事人实际履行的合同无法确定，应当参照当事人最后签订合同的约定折价补偿承包人。之所以这样规定，主要是考虑到发包人和承包人实际履行的合同，符合双方当事人的真实意思，参照双方实际履行的合同对承包人施工的建设工程折价补偿既公平，也更容易为发包人和承包人接受。实践中，当双方当事人对于哪份施工合同属于实际履行的合同存在争议，而双方又均无法举证证明实际履行的合同是哪一份时，参照双方当事人最后签订的合同进行折价补偿，符合建设工程施工合同签订后至合同履行期间的实际情况。

（四）建设工程质量责任的承担

按照建设工程施工合同约定向发包人交付质量合格的建设工程是承包人的基本义务，也是承包人获得建设工程价款所必须支付的对价。如果承包人交付的建设工程质量不合格，则应当承担违约责任。由于实践中存在分包、违法分包、转包等情况，在确定建设工程质量责任主体时需要注意以下问题：

第一，在建设工程实行总承包的情况下，总承包单位应当对全部建设工程质量负责。对此，《建设工程质量管理条例》第六十三条第三款规定："建设工程实行总承包的，总承包单位应当对全部建设工程质量负责；建设工程勘察、设计、施工、设备采购的一项或者多项实行总承包的，总承包单位应当对其承包的建设工程或者采购的设备的质量负责。"

第二，在合法分包的情况下，分包人（总承包人）和分承包人都应当对分包工程质量承担责任。建筑法第五十五条规定："建筑工程实行总承包的，工程质量由工程总承包单位负责，总承包单位将建筑工程分包给其他单位的，应当对分包工程的质量与分包单位承担连带责任。分包单位应当接受总承包单位的质量管理。"即在分包的情况下，分包单位即分承包人作为施工人，应当对分包工程质量问题承担责任，而总承包单位即分包人对分承包人负有进行质量管理的义务，其对分包工程的质量应当与分承包人承担连带责任。

第三，在违法分包的情况下，分包人和分承包人都应当对分包工程质量承担责任。建筑法第五十五条只是规定，分包人应当对分包工程的质量与分承包人承担连带责任。从文义上看，该条规定未区分合法分包和违法分包。但无论从哪个角度看，违法分包的情况下，分包人和分承包人都应当对分包工程质量承担责任。

第四，在转包的情况下，转包人与转承包人应当对建设工程质量承担连带责任。转包人将其所承包的工程转包给第三人，不仅违反法律规定，而且会损害发包人的利益。发包人在与转包人签订建设工程施工合同时，对于其所发包的工程将由第三方施工的事实并不知情。转包人将其所承包的工程转包给第三人，既违反了法律的规定，也违反了建设工程施工合同的约定。而转包人和转承包人均知道或者应当知道其转包行为属于违法和违反约定的行为，在主观上均具有过错。第五，在缺乏资质的单位或者个人借用资质签订建设工程施工合同的情况下，出借资质一方应当与借用资质一方对建设工程质量承担连带责任。对于该问题，2020年《建工解释》第四条规定："缺乏资质的单位或者个人借用有资质的建筑施工企业名义签订建设工程施工合同，发包人请求出借方与借用方对建设工程质量不合格等因出借资质造成的损失承担连带赔偿责任的，人民法院应予支持。"同时，对于建设工程质量纠纷的诉讼主体问题，2020年《建工解释》第十五条规定："因建设工程质量发生争议的，发包人可以以总承包人、分包人和实际施工人为共同被告提起诉讼。"

向发包人交付质量合格的建设工程是承包人最基本的合同义务，因此，如果发包人交付的建设工程质量不合格，承包人应当承担违约责任。但是，如果是系发包人原因造成建设工程质量缺陷，则应当由发包人承担责任。对此，2020年《建工解释》第十三条规定："发包人具有下列情形之一，造成建设工程质量缺陷，应当承担过错责任：（一）提供的设计有缺陷；（二）提供或者指定购买的建筑材料、建筑构配件、设备不符合强制性标准；（三）直接指定分包人分包专业工程。承包人有过错的，也应当承担相应的过错责任。"

实践中，有的发包人长期拖欠工程款，一旦承包人起诉请求发包人支付工程款时，发包人就以存在工程质量缺陷为由，主张少付、不付或者承包人返还工程款。有的发包人在已经使用工程的情况下，仍然以建设工程质量不符合合同约定或者法律规定为由拒付工程款。针对这些现象，2020年《建工解释》第十六条规定："发包人在承包人提起的建设工程施工合同纠纷案件中，以建设工程质量不符合合同约定或者法律规定为由，就承包人支付违约金或者赔偿修理、返工、改建的合理费用等损失提出反诉的，人民法院可以合并审理。"本条解释的本义是要注意区分抗辩和反诉，如果在承包人提起的建设工程施工合同纠纷案件中，发包人以建设工程质量不符合合同约定或者法律规定为由，要求承包人支付违约金或者赔偿修理、返工、改建的合理费用等损失，并据此请求少付、不付工程款的，发包人必须以反诉的方式提出，而不能以抗辩的方式提出，因为发包人上述主张中，包含有其独立的诉讼请求。此外，2020年《建工解释》第十四条还规定："建设工程未经竣工验收，发包人擅自使用后，又以使用部分质量不符合约定为由主张权利的，人民法院不予支持；但是承包人应当在建设工程的合理使用寿命内对地基基础工程和主体结构质量承担民事责任。"在适用本条规定时，应当注意以下问题：第一，建设工程未经竣工验收，发包人擅自使用了建设工程，才不能以使用部分质量不符合约定为由主张权利。如果不存在建设工程未经竣工验收，发包人擅自使用的事实，就不能适用该条规定。第二，建设工程未经竣工验收，发包人擅自使用了建设工程后，只是对其所使用部分，不能以工程质量不符合约定为由主张权利。对于发包人未使用部分，不适用该条规定。第三，发包人擅自使用建设工程之前，并无证据证明建设工程存在质量问题。如果在发包人擅自使用建设工程之前，就已经发现建设工程质量问题，发包人要求承包人修复，承包人未予修复，发包人另行联系第三方修复后才使用建设工程的，就不能适用该条规定。在这种情况下，发包人有权请求承包人赔偿其为修复而支出的合理费用。第四，虽然发包人在建设工程未经竣工验收的情况下就擅自使用，但是如果建设工程的地基基础工程和主体结构质量在合理使用寿命内出现质量问题的，发包人仍然有权请求承包人承担相应的民事责任。一方面，地基基础工程和主体结构质量影响到建设工程的安全使用，承包人对此所应承担的瑕疵担保责任应当更重。另一方面，发包人擅自使用未经验收合格的建设工程通常不会对地基基础工程和主体结构质量造成影响。这两项工程质量问题的责任比较容易划分。

（五）建设工程价款优先受偿权的保护

关于建设工程价款优先受偿权的主体，2020年《建工解释》第三十五条规定："与发包人订立建设工程施工合同的承包人，依据民法典第八百零七条的规定请求其承建工程的价款就工程折价或者拍卖的价款优先受偿的，人民法院应予支持。"之所以作此规定，主要是为了做好交易安全和保护建筑工人利益两方面的平衡。《民法典》规定建设工程价款优先受偿权，目的是通过保护承包人的建设工程价款债权来保护农民工等建筑工人的利益。根据2020年《建工解释》第三十六条规定，建设工程价款优先受偿权不仅优先于普通债权，而且优先于在建设工程上设立的抵押权。建设工程价款优先受偿权对于承包人建设工程价款债权的实现具有重大意义，同时对于交易安全和发包人及其债权人、抵押权人等利害相关方的利益影响重大。实际施工人并非严格的立法概念，其范围在实践中不易确定，而且一个工程可能存在多个实际施工人，如果都能够行使建设工程价款优先受偿权，则围绕建设工程设立的各个法律关系均处于不稳定之中，既影响建设工程的流转和使用，也影响抵押权人等利益主体权利的实现。尤其是对于发包人而言，如果发包人在与承包人签订建设工程施工合同时并不知道工程会由实际施工人施工，其本意就是由承包人负责施工，结果承包人与实际施工人背地里签订了转包或者违法分包合同，已经损害了发包人权益，如果还允许实际施工人向其主张建设工程价款优先受偿权，对发包人明显不公平。将建设工程价款优先受偿权的主体锁定为对发包人享有建设工程价款债权的承包人，既符合《民法典》第八百零七条规定的本意，也有利于保护交易安全。根据该条解释规定，转承包人和违法分承包人均不享有建设工程价款优先受偿权。

关于承包人行使建设工程价款优先受偿权的条件，2020年《建工解释》第三十八条规定："建设工程质量合格，承包人请求其承建工程的价款就工程折价或者拍卖的价款优先受偿的，人民法院应予支持。"该条解释仅将建设工程质量合格作为承包人行使建设工程价款优先受偿权的条件，未将建设工程施工合同有效也作为条件。之所以这样规定，是因为建工司法解释以保障建设工程质量为首要价值选择，规定承包人行使建设工程价款优先受偿权必须以建设工程质量合格为条件。同时，鉴于建设工程领域特有的资质与招标投标管理要求，实践中建设工程施工合同无效的情况较为常见。该条解释并未将建设工程施工合同有效作为承包人行使建设工程价款优先受偿权的条件，以保护农民工等建筑工人的合法利益。① 无论工程是否竣工，只要建设工程质量合格，承包人就有权行使建设工程价款优先受偿权。对此，2020年《建工解释》第三十九条规定："未竣工的建设工程质量合格，承包人请求其承建工程的价款就其承建工程部分折价或者拍卖的价款优先受偿的，人民法院应予支持。"

关于建设工程价款优先受偿的范围，2020年《建工解释》第四十条规定："承包人建设工程价款优先受偿的范围依照国务院有关行政主管部门关于建设工程价款范围的规定确定。承包人就逾期支付建设工程价款的利息、违约金、损害赔偿金等主张优先受偿的，人民法院不予支持。"2002年《建设工程价款优先受偿权批复》第三条规定，建筑工程价款包括承包人为建设工程应当支付的工作人员报酬、材料款等实际支出的费用，不包括承包人因发包人违约所造成的损失。该规定的目的是回归《合同法》第二百八十六条设立建设工程价款优先受偿权制度的本意。建设工程价款优先受偿权不仅优先于普通债权，而且优先于抵押权，具有对抗第三人的效力，对发包人的债权人、建设工程的抵押权人和交易安全影响巨大。《合同法》第二百八十六条设立建设工程价款优先受偿权制度的本意是保护农民工等建筑工人的合法权益，将建设工程价款优先受偿的范围限定为承包人为建设工程应当支付的工作人员报酬、材料款等实际支出的费用，有利于进一步平衡各方当事人的权益。从价值取向和法理基础而言，该条批复是适当的，但也存在不足，即缺乏可操作性，没有考虑诉讼成本。从建设工程施工合同司法实践来看，由于建设工程的项目多、周期长，工

---

① 参见《最高人民法院民一庭负责人就〈最高人民法院关于审理建设工程施工合同纠纷案件适用法律问题的解释（二）〉答记者问》，载 https://www.chinacourt.org/article/detail/2019/01/id/3641356.shtml，访问时间2021年5月30日。

程价款计算方式较为特殊,要从建设工程价款中区分出利润未必可行,成本太高,而且根据不同计算方式和依据,结果也不相同。要从建设工程价款中计算承包人为建设工程应当支付的工作人员报酬、材料款等实际支出的费用,缺乏可操作性,即使可能,成本也太高。因此,本条批复在司法实践中适用的效果并不太理想。《民法典》第八百零七条对建筑工人权益的保护具有间接性。因为发包人并不是将承包人的劳务成本单独支付给承包人,承包人再将这一部分建设工程价款全部支付给建筑工人。如果对承包人应得的全部工程价款不予优先保护,就会导致承包人的资产负债状况恶化,造成承包人发不出工资,从而影响建筑工人的合法权益。因此,对承包人的利润以优先保护,符合《民法典》第八百零七条的立法精神。由于2020年《建工解释》第四十条已经将包括承包人利润在内的全部建设工程价款债权纳入优先受偿的范围,作为利益平衡的手段,该条解释未将工程款利息纳入优先受偿的范围。

(六)实际施工人权利的保护

实际施工人是我国建筑市场和民事司法中特有的现象和制度。根据2020年《建工解释》的规定,实际施工人包括转承包人、违法分承包人和借用资质与发包人签订建设工程施工合同的施工人。实践中,有观点认为凡是建设工程施工合同无效的情况下,承包人都属于实际施工人。这种观点并不准确。民法突破合同相对性原则,对实际施工人权利予以特别保护,源自2004年《建工解释》第二十六条第二款规定。这一制度既是维护社会公平的需要,也是保护经济发展的要求。2018年《建工解释》第二十三条对2004年《建工解释》第二十六条第二款规定进行了完善。一是明确规定人民法院应当追加转包人或者违法分包人为本案第三人;二是规定要在查明发包人欠付转包人或者违法分包人建设工程价款的数额后,判决发包人在欠付建设工程价款范围内对实际施工人承担责任。这既有利于实际施工人权利的实现,也有利于防止发包人陷入过多的诉讼和纠纷之中。2018年《建工解释》第二十四条还规定了实际施工人有权对发包人提起代位权诉讼,以期进一步加强对农民工等建筑工人权益的保护。2020年清理司法解释时,最高人民法院依照《民法典》的规定对2018年《建工解释》第二十四条规定进行了修改,同时保留了2018年《建工解释》第二十三条的规定。2020年《建工解释》第四十三条规定:"实际施工人以转包人、违法分包人为被告起诉的,人民法院应当依法受理。实际施工人以发包人为被告主张权利的,人民法院应当追加转包人或者违法分包人为本案第三人,在查明发包人欠付转包人或者违法分包人建设工程价款的数额后,判决发包人在欠付建设工程价款范围内对实际施工人承担责任。"第四十四条规定:"实际施工人依据民法典第五百三十五条规定,以转包人或者违法分包人怠于向发包人行使到期债权或者与该债权有关的从权利,影响其到期债权实现,提起代位权诉讼的,人民法院应予支持。"需要注意的是,建工解释对合同相对性原则的突破体现为转承包人、违法分承包人有权请求发包人在欠付工程款范围内承担责任。发包人欠付转包人、违法分包人的工程款以及转包人、违法分包人欠付转承包人、违法分承包人的工程款都应依据各自的基础法律关系认定，这一点并未突破合同相对性原则。

司法实践中争议较多的一个问题是，借用资质的实际施工人是否有权请求发包人支付工程款。需要注意的是，借用资质或者挂靠仅指实际施工人和有资质的建筑企业之间的内部关系。在涉及发包人的外部关系时，要区分发包人是否善意来分析各方的法律关系。如果发包人并非善意，知道或者应当知道是实际施工人借用建筑企业的资质与其签订建设工程施工合同，就属于借用资质与发包人签订建设工程施工合同的实际施工人。根据《民法典》第一百四十六条规定，实际施工人借用资质与发包人签订的建设工程施工合同属于该条规定的通谋虚伪意思表示。实际施工人、出借资质的建筑企业和发包人之间对于实际施工人借用资质签订建设工程施工合同的事实是知道的。出借资质的建筑企业即名义上的承包人与发包人签订的合同属于《民法典》第一百四十六条第一款规定的通谋虚伪行为。被该通谋虚伪行为隐藏的是实际施工人与发包人之间的建设工程施工合同。依民法法理以及《民法典》第一百四十六条规定，通谋虚伪行为欠缺效果意思，是无效行为，而被虚假的意思表示隐藏的民事法律行为具备表示行为和效果意思两个要件，并不当然无效，或者说原则上应当有效，除非不符合《民法典》相关规定，例如违反法律的强制性规定或者行为人属于无行为能力人。发包人同出借资质的建筑企业签订的建设工程施工合同因欠缺效果意思，系无效的民事法律行为。真正的承包人即实际施工人借名与发包人签订的建设工程施工合同是双方当事人的真实意思表示，但因违反法律的强制性规定而无效。这两个行为虽然均无效，但无效的法律后果并不相同。出借资质的企业与发包人之间不构成建设工程施工合同关系，其与发包人、实际施工人之间构成借用资质关系，故无权请求发包人支付工程款。借用资质的实际施工人与发包人之间构成建设工程施工合同关系，虽然双方签订的建设工程施工合同无效，但是在实际施工人所施工工程质量合格的情况下，实际施工人有权依据《民法典》第七百九十三条第一款规定请求发包人参照合同约定折价补偿。实践中需要注意的是，发包人通常直接向出借资质的建筑企业支付工程款，出借资质的企业再向实际施工人支付工程款。鉴于三方当事人通谋之事实，如无相反约定，此类支付对于实际施工人而言属于合意支付。发包人已经支付给出借资质的企业的工程款部分，不应再次向实际施工人支付。对该部分工程款，实际施工人应当向出借资质的企业主张，以避免发包人承担双重清偿责任。

（撰稿人：谢　勇）

【链　　接】

最高人民法院相关负责人就首批《民法典》配套司法解释答记者问

（本文已收录于《最高人民法院关于适用〈中华人民共和国民法典〉时间效力的若干规定》[链　接] 栏目，此处不再重复收录）

指导案例 171 号

中天建设集团有限公司诉河南恒和置业有限公司建设工程施工合同纠纷案

（最高人民法院审判委员会讨论通过　2021年11月9日发布）

关键词

民事　建设工程施工合同　优先受偿权　除斥期间

裁判要点

执行法院依其他债权人的申请，对发包人的建设工程强制执行，承包人向执行法院主张其享有建设工程价款优先受偿权且未超过除斥期间的，视为承包人依法行使了建设工程价款优先受偿权。发包人以承包人起诉时行使建设工程价款优先受偿权超过除斥期间为由进行抗辩的，人民法院不予支持。

相关法条

《中华人民共和国合同法》第二百八十六条①

基本案情

2012年9月17日，河南恒和置业有限公司与中天建设集团有限公司签订一份《恒和国际商务会展中心工程建设工程施工合同》约定，由中天建设集团有限公司对案涉工程进行施工。2013年6月25日，河南恒和置业有限公司向中天建设集团有限公司发出《中标通知书》，通知中天建设集团有限公司中标位于洛阳市洛龙区开元大道的恒和国际商务会展中心工程。2013年6月26日，河南恒和置业有限公司和中天建设集团有限公司签订《建设工程施工合同》，合同中双方对工期、工程价款、违约责任等有关工程事项进行了约定。合同签订后，中天建设集团有限公司进场施工。施工期间，因河南恒和置业有限公司拖欠工程款，2013年11月12日、2013年11月26日、2014年12月23日中天建设集团有限公司多次向河南恒和置业有限公司送达联系函，请求河南恒和置业有限公司立即支付拖欠的工程款，按合同约定支付违约金并承担相应损失。2014年4月、5月，河南恒和置业有限公司与德汇工程管理（北京）有限公司签订《建设工程造价咨询合同》，委托德汇工程管理（北京）有限公司对案涉工程进行结算审核。2014年11月3日，德汇工程管理（北京）有限公司出具《恒和国际商务会展中心结算审核报告》。河南恒和置业有限公司、中天建设集团有限公司和德汇工程管理（北京）有限公司分别在审核报告

---

① 对应《民法典》第八百零七条。

中的审核汇总表上加盖公章并签字确认。2014 年 11 月 24 日，中天建设集团有限公司收到通知，河南省焦作市中级人民法院依据河南恒和置业有限公司其他债权人的申请将对案涉工程进行拍卖。2014 年 12 月 1 日，中天建设集团有限公司第九建设公司向河南省焦作市中级人民法院提交《关于恒和国际商务会展中心在建工程拍卖联系函》中载明，中天建设集团有限公司系恒和国际商务会展中心在建工程承包方，自项目开工，中天建设集团有限公司已完成产值 2.87 亿元工程，中天建设集团有限公司请求依法确认优先受偿权并参与整个拍卖过程。中天建设集团有限公司和河南恒和置业有限公司均认可案涉工程于 2015 年 2 月 5 日停工。

2018 年 1 月 31 日，河南省高级人民法院立案受理中天建设集团有限公司对河南恒和置业有限公司的起诉。中天建设集团有限公司请求解除双方签订的《建设工程施工合同》并请求确认河南恒和置业有限公司欠付中天建设集团有限公司工程价款及优先受偿权。

裁判结果

河南省高级人民法院于 2018 年 10 月 30 日作出（2018）豫民初 3 号民事判决：一、河南恒和置业有限公司与中天建设集团有限公司于 2012 年 9 月 17 日、2013 年 6 月 26 日签订的两份《建设工程施工合同》无效；二、确认河南恒和置业有限公司欠付中天建设集团有限公司工程款 288428047.89 元及相应利息（以 288428047.89 元为基数，自 2015 年 3 月 1 日起至 2018 年 4 月 10 日止，按照中国人民银行公布的同期贷款利率计付）；三、中天建设集团有限公司在工程价款 288428047.89 元范围内，对其施工的恒和国际商务会展中心工程折价或者拍卖的价款享有行使优先受偿权的权利；四、驳回中天建设集团有限公司的其他诉讼请求。宣判后，河南恒和置业有限公司提起上诉，最高人民法院于 2019 年 6 月 21 日作出（2019）最高法民终 255 号民事判决：驳回上诉，维持原判。

裁判理由

最高人民法院认为：《最高人民法院关于审理建设工程施工合同纠纷案件适用法律问题的解释（二）》第二十二条规定："承包人行使建设工程价款优先受偿权的期限为六个月，自发包人应当给付建设工程价款之日起算。"根据《最高人民法院关于建设工程价款优先受偿权问题的批复》第一条规定，建设工程价款优先受偿权的效力优先于设立在建设工程上的抵押权和发包人其他债权人所享有的普通债权。人民法院依据发包人的其他债权人或抵押权人申请对建设工程采取强制执行行为，会对承包人的建设工程价款优先受偿权产生影响。此时，如承包人向执行法院主张其对建设工程享有建设工程价款优先受偿权的，属于行使建设工程价款优先受偿权的合法方式。河南恒和置业有限公司和中天建设集团有限公司共同委托的造价机构德汇工程管理（北京）有限公司于 2014 年 11 月 3 日对案涉工程价款出具《审核报告》。2014 年 11 月 24 日，中天建设集团有限公司收到通知，河南省焦作市中级人民法院依据河南恒和置业有限公司其他债权人的申请将对案涉工程进行拍卖。2014 年 12 月 1 日，中天建设集团有限公司第九建设公司向河南省焦作市中级人民法院提交《关于恒和国际商务会展中心在建工程拍卖联系函》，请求依法确认对案涉建设工程的优先受偿权。2015 年 2 月 5 日，中天建设集团有限公司对案涉工程停止施工。2015 年 8 月 4 日，中天建设集团有限公司向河南恒和置业有限公司发送《关于主张恒和国际商务会展中心工程价款优先受偿权的工作联系单》，要求对案涉工程价款享有优先受偿权。2016 年 5 月 5 日，中天建设集团有限公司第九建设公司又向河南省洛阳市中级人民法院提交《优先受偿权参与分配申请书》，依法确认并保障其对案涉建设工程价款享有的优先受偿权。因此，河南恒和置业有限公司关于中天建设集团有限公司未在六个月除斥期间内以诉讼方式主张优先受偿权，其优先受偿权主张不应得到支持的上诉理由不能成立。

(生效裁判审判人员：包剑平　杜　军　谢　勇)

最高人民法院
关于审理旅游纠纷案件适用法律若干问题的规定

（2010年9月13日最高人民法院审判委员会第1496次会议通过 根据2020年12月23日最高人民法院审判委员会第1823次会议通过的《最高人民法院关于修改〈最高人民法院关于在民事审判工作中适用《中华人民共和国工会法》若干问题的解释〉等二十七件民事类司法解释的决定》修正）

为正确审理旅游纠纷案件，依法保护当事人合法权益，根据《中华人民共和国民法典》《中华人民共和国消费者权益保护法》《中华人民共和国旅游法》《中华人民共和国民事诉讼法》等有关法律规定，结合民事审判实践，制定本规定。

第一条 本规定所称的旅游纠纷，是指旅游者与旅游经营者、旅游辅助服务者之间因旅游发生的合同纠纷或者侵权纠纷。

"旅游经营者"是指以自己的名义经营旅游业务，向公众提供旅游服务的人。

"旅游辅助服务者"是指与旅游经营者存在合同关系，协助旅游经营者履行旅游合同义务，实际提供交通、游览、住宿、餐饮、娱乐等旅游服务的人。

旅游者在自行旅游过程中与旅游景点经营者因旅游发生的纠纷，参照适用本规定。

第二条 以单位、家庭等集体形式与旅游经营者订立旅游合同，在履行过程中发生纠纷，除集体以合同一方当事人名义起诉外，旅游者个人提起旅游合同纠纷诉讼的，人民法院应予受理。

第三条 因旅游经营者方面的同一原因造成旅游者人身损害、财产损失，旅游者选择请求旅游经营者承担违约责任或者侵权责任的，人民法院应当根据当事人选择的案由进行审理。

第四条 因旅游辅助服务者的原因导致旅游经营者违约，旅游者仅起诉旅游经营者的，人民法院可以将旅游辅助服务者追加为第三人。

第五条 旅游经营者已投保责任险，旅游者因保险责任事故仅起诉旅游经营者的，人民法院可以应当事人的请求将保险公司列为第三人。

第六条 旅游经营者以格式条款、通知、声明、店堂告示等方式作出排除或者限制旅游者权利、减轻或者免除旅游经营者责任、加重旅游者责任等对旅游者不公平、不合理的规定，旅游者依据消费者权益保护法第二十六条的规定请求认定该内容无效的，人民法院应予支持。

第七条 旅游经营者、旅游辅助服务者未尽到安全保障义务，造成旅游者人身损害、财产损失，旅游者请求旅游经营者、旅游辅助服务者承担责任的，人民法院应予支持。

因第三人的行为造成旅游者人身损害、财产损失，由第三人承担责任；旅游经营者、旅游辅助服务者未尽安全保障义务，旅游者请求其承担相应补充责任的，人民法院应予支持。

第八条 旅游经营者、旅游辅助服务者对可能危及旅游者人身、财产安全的旅游项目未履行告知、警示义务，造成旅游者人身损害、财产损失，旅游者请求旅游经营者、旅游辅助服务者承担责任的，人民法院应予支持。

旅游者未按旅游经营者、旅游辅助服务者的要求提供与旅游活动相关的个人健康信息并履行如实告知义务，或者不听从旅游经营者、旅游辅助服务者的告知、警示，参加不适合自身条件的旅游活动，导致旅游过程中出现人身损害、财产损失，旅游者请求旅游经营者、旅游辅助服务者承担责任的，人民法院不予支持。

第九条 旅游经营者、旅游辅助服务者以非法收集、存储、使用、加工、传输、买卖、提供、公开等方式处理旅游者个人信息，旅游者请求其承担相应责任的，人民法院应予支持。

第十条 旅游经营者将旅游业务转让给其他旅游经营者，旅游者不同意转让，请求解除旅游合同、追究旅游经营者违约责任的，人民法院应予支持。

旅游经营者擅自将其旅游业务转让给其他旅游经营者，旅游者在旅游过程中遭受损害，请求与其签订旅游合同的旅游经营者和实际提供旅游服务的旅游经营者承担连带责任的，人民法院应予支持。

第十一条 除合同性质不宜转让或者合同另有约定之外，在旅游行程开始前的合理期间内，旅游者将其在旅游合同中的权利义务转让给第三人，请求确认转让合同效力的，人民法院应予支持。

因前款所述原因，旅游经营者请求旅游者、第三人给付增加的费用或者旅游者请求旅游经营者退还减少的费用的，人民法院应予支持。

第十二条 旅游行程开始前或者进行中，因旅游者单方解除合同，旅游者请求旅游经营者退还尚未实际发生的费用，或者旅游经营者请求旅游者支付合理费用的，人民法院应予支持。

第十三条 签订旅游合同的旅游经营者将其部分旅游业务委托旅游目的地的旅游经营者，因受托方未尽旅游合同义务，旅游者在旅游过程中受到损害，要求作出委托的旅游经营者承担赔偿责任的，人民法院应予支持。

旅游经营者委托除前款规定以外的人从事旅游业务，发生旅游纠纷，旅游者起诉旅游经营者的，人民法院应予受理。

第十四条 旅游经营者准许他人挂靠其名下从事旅游业务，造成旅游者人身损害、财产损失，旅游者依据民法典第一千一百六十八条的规定请求旅游经营者与挂靠人承担连带责任的，人民法院应予支持。

第十五条 旅游经营者违反合同约定，有擅自改变旅游行程、遗漏旅游景点、减少旅游服务项目、降低旅游服务标准等行为，旅游者请求旅游经营者赔偿未完成约定旅游服务项目等合理费用的，人民法院应予支持。

旅游经营者提供服务时有欺诈行为，旅游者依据消费者权益保护法第五十五条第一款规定请求旅游经营者承担惩罚性赔偿责任的，人民法院应予支持。

第十六条 因飞机、火车、班轮、城际客运班车等公共客运交通工具延误，导致合同不能按照约定履行，旅游者请求旅游经营者退还未实际发生的费用的，人民法院应予支持。合同另有约定的除外。

第十七条 旅游者在自行安排活动期间遭受人身损害、财产损失，旅游经营者未尽到必要的提示义务、救助义务，旅游者请求旅游经营者承担相应责任的，人民法院应予支持。

前款规定的自行安排活动期间，包括旅游经营者安排的在旅游行程中独立的自由活动期间、旅游者不参加旅游行程的活动期间以及旅游者经导游或者领队同意暂时离队的个人活动期间等。

第十八条 旅游者在旅游行程中未经导游或者领队许可，故意脱离团队，遭受人身损害、财产损失，请求旅游经营者赔偿损失的，人民法院不予支持。

第十九条 旅游经营者或者旅游辅助服务者为旅游者代管的行李物品损毁、灭失，旅游者请求赔偿损失的，人民法院应予支持，但下列情形除外：

（一）损失是由于旅游者未听从旅游经营者或者旅游辅助服务者的事先声明或者提示，未将现金、有价证券、贵重物品由其随身携带而造成的；

（二）损失是由于不可抗力造成的；

（三）损失是由于旅游者的过错造成的；

（四）损失是由于物品的自然属性造成的。

第二十条 旅游者要求旅游经营者返还下列费用的，人民法院应予支持：

（一）因拒绝旅游经营者安排的购物活动或者另行付费的项目被增收的费用；

（二）在同一旅游行程中，旅游经营者提供相同服务，因旅游者的年龄、职业等差异而增收的费用。

第二十一条 旅游经营者因过错致其代办的手续、证件存在瑕疵，或者未尽妥善保管义务而遗失、毁损，旅游者请求旅游经营者补办或者协助补办相关手续、证件并承担相应费用的，人民法院应予支持。

因上述行为影响旅游行程，旅游者请求旅游经营者退还尚未发生的费用、赔偿损失的，人民法院应予支持。

第二十二条　旅游经营者事先设计，并以确定的总价提供交通、住宿、游览等一项或者多项服务，不提供导游和领队服务，由旅游者自行安排游览行程的旅游过程中，旅游经营者提供的服务不符合合同约定，侵害旅游者合法权益，旅游者请求旅游经营者承担相应责任的，人民法院应予支持。

第二十三条　本规定施行前已经终审，本规定施行后当事人申请再审或者按照审判监督程序决定再审的案件，不适用本规定。

【注　解】

最高人民法院2010年10月26日公布本规定，法释〔2010〕13号，自2010年11月1日起施行。

最高人民法院2020年12月29日公布《最高人民法院关于修改〈最高人民法院关于在民事审判工作中适用《中华人民共和国工会法》若干问题的解释〉等二十七件民事类司法解释的决定》修正本规定，法释〔2020〕17号，该修正自2021年1月1日起施行。

【解　读】

解读《最高人民法院关于审理旅游纠纷案件适用法律若干问题的规定》

一、问题的提出

2010年10月26日，最高人民法院发布了《关于审理旅游纠纷案件适用法律若干问题的规定》（以下简称本规定），并定于2010年11月1日施行。这是最高人民法院深入推进三项重点工作，践行"为大局服务，为人民司法"主题的重要体现，也是最高人民法院履行司法审判指导职责的重大举措。

近年来，随着旅游人数的逐年上升，法院受理的旅游纠纷案件逐年增多，审判实践中旅游纠纷案件出现很多法律适用的难点和热点问题。由于旅游涉及的环节多、链条长、责任主体多元化，加大了旅游经营者与旅游者之间纠纷解决的难度。而与旅游业的发展趋势相比，旅游立法明显滞后。《合同法》未对旅游合同加以规定，司法实践中裁判也不统一。这种状况既不利于旅游业的健康发展，也不利于旅游者合法权益的保护，因此，急需出台司法解释以规范旅游纠纷案件的裁判尺度。

为有效解决人民法院审理旅游纠纷案件过程中产生的许多理解上的分歧与法律适用上的困惑，最高人民法院民事审判第一庭于2008年开始调研工作，随后抓紧起草本规定，共十易其稿。经反复修改，最高人民法院于10月26日发布本规定。

按照最高人民法院关于司法解释规范性文件的规定，最高人民法院的司法解释包括规定、解释、批复等形式。本司法解释之所以叫规定，是因为我国法律对旅游合同和旅游侵权没有作出专章规定。解释的依据是按《合同法》的原则，以及《消费者权益保护法》《侵权责任法》《民事诉讼法》的有关法律规定。鉴于本解释是根据审判实践的需要作出的，且带有填补空白的性质，故本解释采用"规定"的名称。本规定主要着眼于解决在旅游过程中，旅游者权益受到损害时旅游经营者的责任认定等问题。例如，本规定中所涉及的损害赔偿是民法的基本问题，既涉及合同法领域，也涉及侵权法领域。因此，本规定的依据包括《民法通则》《合同法》《侵权责任法》。同时，由于旅游者并未脱离消费者的范畴，所以《消费者权益保护法》也是本规定的重要法律依据，如本规定中霸王条款的效力认定、旅游者的安全保障义务以及欺诈的双倍赔偿等问题均遵循了《消费者权益保护法》的规定。由于涉及程序问题，无疑《民事诉讼法》是本规定制定的重要依据。

旅游纠纷涉及了《合同法》《侵权责任法》《消费者权益保护法》以及《民事诉讼法》等众多法律法规，其并非专门针对哪一部法律所作出的司法解释，而是就人民法院在审理旅游纠纷案件时，如何对案件进行处理所作的具体规定。据此，本规定对所依据的法律法规采纳了列举式与概括式的写法。除所列举的实体法外，在概括的相关法律中，还包括《保险法》《民用航空法》《铁路法》以及《旅行社条例》等法律法规。

二、适用

本规定适用的范围很广泛。包括旅游者与旅游经营者之间发生的纠纷，也包括旅游者与旅游辅助服务者之间发生的纠纷。原稿中，我们将本规定适用的主体界定在旅游者与旅行社、旅游辅助服务者之间。法学专家在论证会上建议，参照国外立法例，应采用旅游经营者的概念来代替旅行社。因为在实践中，旅游经营者多为旅行社，但是也有许多未经旅游主管部门批准，自行从事旅游经营的人，而且容易产生纠纷的也恰恰是这些非旅行社的旅游经营者。因此，旅行社以外的旅游经营者与旅游者之间发生的纠纷，也应列入本规定调整的范围。关于旅游辅助服务者的概念，我们采纳了国家旅游局的意见。旅游辅助服务者是辅助旅游经营者提供旅游服务的人。旅游辅助服务者与旅游经营者之间存在合同关系。在旅游过程中与旅游者直接打交道的除旅游经营者外，更多的是旅游辅助服务者。旅游辅助服务者与旅游者之间发生的纠纷，也属于本规定的调整范围。旅游者个人未参团出游，与旅游景点之间发生的纠纷参照适用本规定。

三、理解

本规定切实从维护消费者的角度，对于旅游者的权益保护方面作了较为全面的规定。大到旅游者的人身财产安全，小到旅游者的行李物品甚至护照、证件问题均作了详细的规定。第一次规定了消费者个人信息的保护，明确了集体旅游中旅游者的个人诉权，对于旅游经营者不规范经营损害旅游者利益的行为也作了规范。现就这方面的几个主要问题，逐一阐述。

（一）旅游者的个人诉权

本规定规定了旅游者个人的诉权。在实践中，随着旅游业的不断发展，单位旅游与家庭旅游等集体旅游形式层出不穷，一个单位的某个部门，一个、几个单位或家庭出游，与旅游经营者签订旅游合同的主体表现形式不同。单位旅游中，签约人多为直接经办人或部门负责人。家庭旅游中多为几个家庭推选的代表签约，或家庭成员之一签约。也有一人签约，并附注随行人员的。在旅游过程中，如果旅游者受到损害，合同的签约人可以提起诉讼，但如合同签约人怠于提起诉讼，则旅游者的权利无法得到保障。因此本规定按照旅游合同的特殊性，明确规定了旅游者以个人名义提起合同纠纷诉讼的，人民法院应当受理。

（二）霸王条款的效力问题

实践中旅游者与旅游经营者相比，处于弱势地位，旅游经营者以格式合同、通知、声明、告示等方式作出对旅游者不公平、不合理的规定，或者减轻、免除其损害旅游者合法权益的责任，旅游者可以向人民法院请求依据《消费者权益保护法》第二十四条的规定认定该内容无效，依据本规定人民法院应支持旅游者的请求。《消费者权益保护法》第二十四条规定："经营者不得以格式合同、通知、声明、店堂告示等方式作出对消费者不公平、不合理的规定，或者减轻、免除其损害消费者合法权益应当承担的民事责任。格式合同、通知、声明、店堂告示等含有前款所列内容的，其内容无效。"在征求意见过程中，中消协主张作出本条规定。在历次讨论中，一部分意见认为本条规定为法院认定旅游合同中霸王条款无效提供了依据，有利于维护旅游者的利益；一部分意见认为《消费者权益保护法》第二十四条与《合同法》第四十条[①]对此已有明确规定，不必再作规定。在征求各地法院意见过程中，绝大多数法院提

---

① 对应《民法典》第四百九十七条。

出,希望能明确一下格式合同的效力问题,因此,最终我们明确了旅游者可以向法院主张旅游经营者提供的霸王条款无效的权利。

(三)旅游经营者与旅游辅助服务者的安全保障义务

旅游者与旅游经营者相比,缺乏专业知识,亦缺乏应对突发事件的能力。因此,有必要规定旅游经营者与旅游辅助服务者对于旅游者的安全保障义务。《消费者权益保护法》第十八条规定:"经营者应当保证其提供的商品或者服务符合保障人身、财产安全的要求。对可能危及人身、财产安全的商品和服务,应当向消费者作出真实的说明和明确的警示,并说明和标明正确使用商品或者接受服务的方法以及防止危害发生的方法。经营者发现其提供的商品或者服务存在严重缺陷,即使正确使用商品或者接受服务仍然可能对人身、财产安全造成危害的,应当立即向有关行政部门报告和告知消费者,并采取防止危害发生的措施。"旅游经营者与旅游辅助服务者的安全保障义务为采取防止危害发生的必要措施的预防义务,以及旅游者受到人身伤害时对其救助的义务等。鉴于采取列举式的规定罗列旅游经营者与旅游辅助服务者的义务难免挂一漏万,故采取概括性的规定。因第三人的行为造成旅游者损害的,应由第三人承担责任,第三人承担责任不足以弥补旅游者损失的,旅游经营者与旅游辅助服务者未尽到安全保障义务,应当承担与其过错程度相适应的补充赔偿责任。

(四)旅游经营者及旅游辅助服务者的保密义务

《旅行社条例实施细则》第四十四条第三款规定:"旅行社不得向其他经营者或者个人,泄露旅游者因签订旅游合同提供的个人信息;超过保存期限的旅游者个人信息资料,应当妥善销毁。"旅游经营者对旅游者的个人信息负有保密义务,违反该义务应当承担相应的赔偿责任。在讨论过程中,对于旅游经营者、旅游辅助服务者承担责任是否以造成损害后果为要件,存在很大争议:一种意见认为应当以损害后果为要件,否则容易造成滥诉;另一种意见以中消协为代表,认为只要旅游经营者违反了保密义务就应当承担责任,这样才能警示旅游经营者,有效维护消费者的权益。我们采纳了后一种意见,同时将旅游经营者的赔偿责任表述为"相应责任",人民法院可以依据案件具体情况进行裁量,判定适当的民事责任承担方式。我们认为,只要旅游经营者、旅游辅助服务者泄露旅游者个人信息或者未经旅游者同意公开其个人信息的行为,本身就是对消费者个人隐私权的侵害,就应当承担相应的法律责任。只有这样才能警示旅游经营者,有效维护消费者的合法权益。当然我们在规定旅游经营者的赔偿责任时将责任确定为"相应责任",这样做的目的,是给审判工作留下适用法律的空间,人民法院可以依据案件具体情况进行裁量,判定适当的民事责任承担方式。对于未造成损害后果或损害后果轻微的,可以判定赔礼道歉的责任承担方式,对于造成严重后果的,则可以要求其承担经济赔偿责任。

（五）旅游经营者违约的处理

在旅游纠纷中，旅游经营者违约，主要体现为擅自改变旅游行程、遗漏旅游景点、减少旅游服务项目、降低旅游服务标准等行为，对于旅游经营者承担责任的范围，司法实践中，各地法院判决并不统一。有仅支持景点门票费用的，有支持景点门票费用与交通费的，也有凡是合理费用均支持的。我们认为，从维护旅游者利益的角度，旅游者完成约定行程的合理费用均应得到支持。旅游是以精神愉悦为目的的消费活动。实践中，对因旅游经营者、旅游辅助服务者的欺诈行为造成旅游者损失的，仅赔偿旅游门票、交通费等损失很难弥补旅游者的损失，也不足以警示违约方，依照《消费者权益保护法》第四十九条的规定，旅游经营者应双倍赔偿旅游者的损失。

（六）挂靠的责任承担

实践中，经常会有一些不具备旅游经营资格的人挂靠旅游经营者从事旅游业务盈利，如果旅游过程中旅游者发生人身损害与财产损失，是由挂靠人来承担责任，还是被挂靠人来承担责任？本规定予以明确规定旅游经营者准许他人挂靠其名下从事旅游业务，造成旅游者人身损害、财产损失，旅游经营者与挂靠人应承担连带责任。旅游业经营的行政许可制度就是为了排除旅游业市场中不具经营资格的主体，保障具有相应资质尤其是有健全的经营管理制度的经营主体进入市场，从而达到"维护旅游市场秩序，促进旅游业的健康发展"的立法目的。挂靠行为规避了法律的此项规定，使得不具有相应经营条件的挂靠者进入旅游市场，扰乱了国家的经济管理秩序。从规范管理实现立法目的的角度，也应要求被挂靠人承担连带责任。

（七）转团的法律后果

本规定明确规定了旅游经营者将旅游业务转让给其他旅游经营者的法律后果。法律、行政法规并无明文规定禁止转团。因此，规范的转团是允许的，取得旅游者同意的旅游业务转让为债权债务的概括移转，此时，受让的旅游经营者与旅游者建立了直接的合同关系，原来与旅游者建立合同关系的旅游经营者不再承担责任。由于旅游合同有很强的人身信任性，旅游者不同意转团的，可以解除合同并要求旅游经营者承担违约责任。在旅游者不知情的情况下旅游经营者擅自转团的，如旅游者遭受损失，则与旅游者签约的旅游经营者与受让旅游业务的旅游经营者应当承担连带责任，以更好地维护旅游者的利益。

（八）行李物品的损害赔偿

旅游者的物品分为行李物品与随身物品。现金、有价证券、贵重物品属于随身物品，旅游经营者与旅游辅助服务者无保管的义务，但应提示旅游者随身携带，不放入行李物品中。旅游经营者与旅游辅助服务者只要尽到了提示义务，出现丢失情况，其无需承担任何责任，因为对于旅游者的随身物品，旅游经营者与旅游辅助经营者均无从控制其风险，所以旅游者应自担损失。但对于行李物品，旅游者在长途跋涉中随身携带既不经济也不太现实，只能由旅游经营者或者旅游辅助服务者为旅游者代管。如果在保管期间发生行李物品的毁损与灭失，责任如何承担以及承担赔偿责任的基础与范围，一直困扰着司法实践。我们认为旅游经营者与旅游者之间并未形成事实上的保管合同关系，其承担责任的依据是旅游经营者的附随义务。本规定规定了旅游经营者承担责任的情况及例外。旅游经营者或者旅游辅助服务者为旅游者代管的行李物品损毁、灭失，旅游者请求赔偿损失的，人民法院应予支持，但四种情形除外：（1）损失是由于旅游者未听从旅游经营者或者旅游辅助服务者事先声明现金、有价证券、贵重物品由其随身携带而未携带造成的；（2）损失是由于不可抗力、意外事件造成的；（3）损失是由于旅游者的过错造成的；（4）损失是由于物品的自然属性造成的。

（九）证照纠纷的处理

证照纠纷在旅游纠纷中占一定比重，旅游过程中，经常发生旅游经营者代办手续存在瑕疵或将旅游者手续或证件丢失，影响旅游行程的情况。而旅游合同中又通常对此不作出规定。按照过错责任原则，对因旅游经营者的过错发生本条情况的，规定由旅游经营者补办或者协助旅游者补办，并负担合理费用；由此影响旅游行程的，由旅游经营者进行赔偿。

（十）差价费用的返还

差价费纠纷的确是旅游过程中经常发生的纠纷。尽管随着人们生活水平的提高，旅游业得到长足的发展，但对于刚刚起步的中国旅游业来说，不规范的旅游市场，是产生差价费的根本原因。旅行社为了争夺市场，以低于成本的价格吸引游客，团费与成本相同，称为零团费；团费低于成本，就是负团费，差价费便是在零、负团费的基础上滋生出来的一大怪现象。差价费是一种不健康的旅游业运行方式，其根源与零、负团费有着必然的关系，由于团费过低旅行社业者只好采取这种差价费的方式来弥补超低的团费。零、负团费使得旅行社和导游另辟蹊径来赚取利润，而购物和自费项目的提成是其唯一的利润来源。因此，2010年沸沸扬扬的香港导游因内地游客不购物而大加辱骂的事件绝不是孤立的、偶然的事件。根治零、负团费"毒瘤"、从根本上改变导游的生存方式，创造一个健康有序的旅游市场是解决差价费的根本。新近出台的《旅行社条例》与《旅行社条例实施细则》绝对禁止零、负团费的出现，但在短期内这一行为并不可能马上销声匿迹。同时，《旅行社条例》与《旅行社条例实施细则》作为行政规章是从行政管理的角度对收取差价费作出禁止规定，由于其侧重的是行政处罚，以起到警示预防的作用。而对于普通的旅游者来说，其更关心的是出现了差价收费，如何获得民事救济。旅游者与旅游经营者相比，处于相对弱势的地位。俗话说，近处无风景。旅游者多为异地旅游甚至是异国旅游。同旅行社相比，其对于当地的法律、风俗习惯甚至语言均缺乏了解。旅行社对不参加购物与自费项目的旅游者收取差价费,旅游者当时很难提出相反意见,否则会面临被不道德的旅行社或导游甩团的危险。因此,本规定赋予了旅游者事后要求旅游经营者返还差价费的权利。

(撰稿人:杜万华　张进先　王毓莹)

解读《最高人民法院关于审理旅游纠纷案件适用法律若干问题的规定》修正条文

根据 2020 年 12 月 23 日最高人民法院审判委员会第 1823 次会议通过的《最高人民法院关于修改〈最高人民法院关于在民事审判工作中适用《中华人民共和国工会法》若干问题的解释〉等二十七件民事类司法解释的决定》修正,对 2010 年《最高人民法院关于审理旅游纠纷案件适用法律若干问题的规定》(以下简称原司法解释)进行了修正,修正后的司法解释简称为新司法解释。

1. 引言部分:

【修改内容】

民法典颁布实施后,民法通则、合同法、侵权责任法同时废止,另外,原司法解释实施后旅游法颁布,因此在对司法解释修改时,将引言"根据《中华人民共和国民法通则》、《中华人民共和国合同法》、《中华人民共和国消费者权益保护法》、《中华人民共和国侵权责任法》和《中华人民共和国民事诉讼法》等有关法律规定"修改为"根据《中华人民共和国民法典》《中华人民共和国消费者权益保护法》《中华人民共和国旅游法》和《中华人民共和国民事诉讼法》等有关法律规定"。

2. 第三条

【修改内容】

将"因旅游经营者方面的同一原因造成旅游者人身损害、财产损失,旅游者选择要求旅游经营者承担违约责任或者侵权责任的,人民法院应当根据当事人选择的案由进行审理。"修改为"因旅游经营者方面的同一原因造成旅游者人身损害、财产损失,旅游者选择请求旅游经营者承担违约责任或者侵权责任的,人民法院应当根据当事人选择的案由进行审理"。即"要求"修改为"请求"。

【修改说明】

用词与民法典第一百八十六条保持一致。

民法典第一百八十六条 因当事人一方的违约行为,损害对方人身权益、财产权益的,受损害方有权选择请求其承担违约责任或者侵权责任。

3. 第六条

【修改内容】

将"旅游经营者以格式合同、通知、声明、告示等方式作出对旅游者不公平、不合理的规定,或者减轻、免除其损害旅游者合法权益的责任,旅游者请求依据消费者权益保护法第二十四条的规定认定该内容无效的,人民法院应予支持"修改为"旅游经营者以格式条款、通知、声明、店堂告示等方式作出排除或者限制旅游者权利、减轻或者免除旅游经营者责任、加重旅游者责任等对旅游者不公平、不合理的规定,旅游者依据消费者权益保护法第二十六条的规定请求认定该内容无效的,人民法院应予支持"。即将"格式合同"修改为"格式条款";将"消费者权益保护法第二十四条"修改为"消费者权益保护法第二十六条"。表述相应调整。

【修改说明】

用词与民法典和消费者权益保护法保持一致;消费者权益保护法条文序号在原司法解释颁布后修改。

消费者权益保护法第二十六条第二款规定,经营者不得以格式条款、通知、声明、店堂告示等方式,作出排除或者限制消费者权利、减轻或者免除经营者责任、加重消费者责任等对消费者不公平、不合理的规定,不得利用格式条款并借助技术手段强制交易。第三款规定,格式条款、通知、声明、店堂告示等含有前款所列内容的,其内容无效。

4. 第九条

【修改内容】

将"旅游经营者、旅游辅助服务者泄露旅游者个人信息或者未经旅游者同意公开其个人信息,旅游者请求其承担相应责任的,人民法院应予支持"修改为"旅游经营者、旅游辅助服务者以非法收集、存储、使用、加工、传输、买卖、提供、公开等方式处理旅游者个人信息,旅游者请求其承担相应责任的,人民法院应予支持"。

【修改说明】

与民法典第一百一十一条和第一千零三十五条表述保持一致。

民法典第一百一十一条 自然人的个人信息受法律保护。任何组织或者个人需要获取他人个人信息的,应当依法取得并确保信息安全,不得非法收集、使用、加工、传输他人个人信息,不得非法买卖、提供或者公开他人个人信息。

民法典第一千零三十五条 处理个人信息的,应当遵循合法、正当、必要原则,不得过度处理,并符合下列条件:

（一）征得该自然人或者其监护人同意，但是法律、行政法规另有规定的除外；

（二）公开处理信息的规则；

（三）明示处理信息的目的、方式和范围；

（四）不违反法律、行政法规的规定和双方的约定。

个人信息的处理包括个人信息的收集、存储、使用、加工、传输、提供、公开等。

5.第十三条　因不可抗力等不可归责于旅游经营者、旅游辅助服务者的客观原因导致旅游合同无法履行，旅游经营者、旅游者请求解除旅游合同的，人民法院应予支持。旅游经营者、旅游者请求对方承担违约责任的，人民法院不予支持。旅游者请求旅游经营者退还尚未实际发生的费用的，人民法院应予支持。

因不可抗力等不可归责于旅游经营者、旅游辅助服务者的客观原因变更旅游行程，在征得旅游者同意后，旅游经营者请求旅游者分担因此增加的旅游费用或旅游者请求旅游经营者退还因此减少的旅游费用的，人民法院应予支持。

【修改内容】

删除。

【修改说明】

第一，该条第二款与旅游法第六十七条第二项规定冲突。在合同变更情况下，该条第2款规定："旅游经营者请求旅游者分担因此增加的旅游费用或者旅游者请求旅游经营者退还因此减少的旅游费用的，人民法院应予支持"；旅游法第六十七条第二项规定："合同变更的，因此增加的费用由旅游者承担，减少的费用退还旅游者"。第二，删除该条规定不影响案件审理。旅游法在原司法解释实施之后颁布，对于不可抗力导致旅游合同不能履行的情况做出更为明确规定。案件审理适用民法典第五百九十条、旅游法第六十七条规定即可。

民法典第五百九十条　当事人一方因不可抗力不能履行合同的，根据不可抗力的影响，部分或者全部免除责任，但是法律另有规定的除外。因不可抗力不能履行合同的，应当及时通知对方，以减轻可能给对方造成的损失，并应当在合理期限内提供证明。

当事人迟延履行后发生不可抗力的，不免除其违约责任。

旅游法第六十七条　因不可抗力或者旅行社、履行辅助人已尽合理注意义务仍不能避免的事件，影响旅游行程的，按照下列情形处理：

（一）合同不能继续履行的，旅行社和旅游者均可以解除合同。合同不能完全履行的，旅行社经向旅游者作出说明，可以在合理范围内变更合同；旅游者不同意变更的，可以解除合同。

（二）合同解除的，组团社应当在扣除已向地接社或者履行辅助人支付且不可退还的费用后，将余款退还旅游者；合同变更的，因此增加的费用由旅游者承担，减少的费用退还旅游者。

（三）危及旅游者人身、财产安全的，旅行社应当采取相应的安全措施，因此支出的费用，由旅行社与旅游者分担。

（四）造成旅游者滞留的，旅行社应当采取相应的安置措施。因此增加的食宿费用，由旅游者承担；增加的返程费用，由旅行社与旅游者分担。

6. 第十四条　因旅游辅助服务者的原因造成旅游者人身损害、财产损失，旅游者选择请求旅游辅助服务者承担侵权责任的，人民法院应予支持。

旅游经营者对旅游辅助服务者未尽谨慎选择义务，旅游者请求旅游经营者承担相应补充责任的，人民法院应予支持。

【修改内容】

删除。

【修改说明】

第一，该条第二款与旅游法第七十一条规定冲突，旅游法未将"旅游经营者对旅游辅助服务者未尽谨慎选择义务"作为旅游经营者承担赔偿责任的要件。第二，删除该条规定不影响案件审理。旅游法第七十一条对"由于地接社、履行辅助人的原因造成旅游者人身损害、财产损失的"情况作了更为明确的规定，案件审理适用旅游法第七十一条规定即可。

旅游法第七十一条　由于地接社、履行辅助人的原因导致违约的，由组团社承担责任；组团社承担责任后可以向地接社、履行辅助人追偿。

由于地接社、履行辅助人的原因造成旅游者人身损害、财产损失的，旅游者可以要求地接社、履行辅助人承担赔偿责任，也可以要求组团社承担赔偿责任；组团社承担责任后可以向地接社、履行辅助人追偿。但是，由于公共交通经营者的原因造成旅游者人身损害、财产损失的，由公共交通经营者依法承担赔偿责任，旅行社应当协助旅游者向公共交通经营者索赔。

7. 第十六条

【修改内容】

将"旅游经营者准许他人挂靠其名下从事旅游业务，造成旅游者人身损害、财产损失，旅游者请求旅游经营者与挂靠人承担连带责任的，人民法院应予支持"修改为"旅游经营者准许他人挂靠其名下从事旅游业务，造成旅游者人身损害、财产损失，旅游者依据民法典第一千一百六十八条的规定请求旅游经营者与挂靠人承担连带责任的，人民法院应予支持"。即明确旅游者请求旅游经营者与挂靠人承担连带责任的法律依据是民法典第一千一百六十八条。

【修改说明】

全国人大常委会法工委建议明确挂靠人与被挂靠人承担连带责任的法律依据。连带责任的法律依据有：民法典第一千二百一十一条"以挂靠形式从事道路运输经营活动的机动车,发生交通事故造成损害,属于该机动车一方责任的,由挂靠人和被挂靠人承担连带责任"。第一千一百六十八条"二人以上共同实施侵权行为,造成他人损害的,应当承担连带责任"。旅游经营者与挂靠人承担连带责任的依据是共同侵权的法律规定,故作出上述修改。

8. 第十七条

将"旅游经营者违反合同约定,有擅自改变旅游行程、遗漏旅游景点、减少旅游服务项目、降低旅游服务标准等行为,旅游者请求旅游经营者赔偿未完成约定旅游服务项目等合理费用的,人民法院应予支持。

旅游经营者提供服务时有欺诈行为,旅游者请求旅游经营者双倍赔偿其遭受的损失的,人民法院应予支持。"

修改为"旅游经营者违反合同约定,有擅自改变旅游行程、遗漏旅游景点、减少旅游服务项目、降低旅游服务标准等行为,旅游者请求旅游经营者赔偿未完成约定旅游服务项目等合理费用的,人民法院应予支持。

旅游经营者提供服务时有欺诈行为,旅游者依据消费者权益保护法第五十五条第一款规定请求旅游经营者承担惩罚性赔偿责任的,人民法院应予支持。"

【修改说明】

该条第二款规定惩罚性赔偿的数额为"双倍赔偿旅游者遭受的损失",与消费者权益保护法第五十五条规定存在冲突,修改为与消费者权益保护法第五十五条第一款规定一致。

《消费者权益保护法》第五十五条第一款 经营者提供商品或者服务有欺诈行为的,应当按照消费者的要求增加赔偿其受到的损失,增加赔偿的金额为消费者购买商品的价款或者接受服务的费用的三倍;增加赔偿的金额不足五百元的,为五百元。法律另有规定的,依照其规定。

9. 第二十一条 旅游者提起违约之诉,主张精神损害赔偿的,人民法院应告知其变更为侵权之诉;旅游者仍坚持提起违约之诉的,对于其精神损害赔偿的主张,人民法院不予支持。

【修改内容】

删除。

【修改说明】

该条规定旅游者提起违约之诉,不能主张精神损害赔偿,与民法典第九百九十六条规定冲突。当事人提起违约之诉,亦可以主张精神损害赔偿责任。案件审理应适用民法典第九百九十六条规定。

《民法典》第九百九十六条 因当事人一方的违约行为,损害对方人格权并造成严重精神损害,受损害方选择请求其承担违约责任的,不影响受损害方请求精神损害赔偿。

10. 第二十二条将"旅游经营者或者旅游辅助服务者为旅游者代管的行李

物品损毁、灭失,旅游者请求赔偿损失的,人民法院应予支持,但下列情形除外:(一)损失是由于旅游者未听从旅游经营者或者旅游辅助服务者的事先声明或者提示,未将现金、有价证券、贵重物品由其随身携带而造成的;(二)损失是由于不可抗力、意外事件造成的;(三)损失是由于旅游者的过错造成的;(四)损失是由于物品的自然属性造成的"修改为"旅游经营者或者旅游辅助服务者为旅游者代管的行李物品损毁、灭失,旅游者请求赔偿损失的,人民法院应予支持,但下列情形除外:(一)损失是由于旅游者未听从旅游经营者或者旅游辅助服务者的事先声明或者提示,未将现金、有价证券、贵重物品由其随身携带而造成的;(二)损失是由于不可抗力造成的;(三)损失是由于旅游者的过错造成的;(四)损失是由于物品的自然属性造成的"。即第三项删除"意外事件"。

【修改说明】

民法典并未将意外事件作为一种独立的免责事由进行规定。本条系根据全国人大常委会法工委的意见修改。

11. 第二十五条

【修改内容】

将"旅游经营者事先设计,并以确定的总价提供交通、住宿、游览等一项或者多项服务,不提供导游和领队服务,由旅游者自行安排游览行程的旅游过程中,旅游经营者提供的服务不符合合同约定,侵害旅游者合法权益,旅游者请求旅游经营者承担相应责任的,人民法院应予支持。

旅游者在自行安排的旅游活动中合法权益受到侵害,请求旅游经营者、旅游辅助服务者承担责任的,人民法院不予支持。"

修改为"旅游经营者事先设计,并以确定的总价提供交通、住宿、游览等一项或者多项服务,不提供导游和领队服务,由旅游者自行安排游览行程的旅游过程中,旅游经营者提供的服务不符合合同约定,侵害旅游者合法权益,旅游者请求旅游经营者承担相应责任的,人民法院应予支持。"即删除第二款。

【修改说明】

旅游法第七十条第三款对此已经予以规定。

旅游法第七十条第三款　在旅游者自行安排活动期间,旅行社未尽到安全提示、救助义务的,应当对旅游者的人身损害、财产损失承担相应责任。

【链　　接】

依法维权构建规范有序和谐稳定的旅游市场
——最高人民法院民一庭负责人就
《关于审理旅游纠纷案件适用法律
若干问题的规定》答记者问

2010年11月1日,《最高人民法院关于审理旅游纠纷案件适用法律若干问题的规定》(以下简称本规定)开始施行。此司法解释经最高人民法院审判委员会1496次会议讨论通过。最高人民法院民事审判第一庭负责人就司法解释的有关问题接受了记者的采访。

制定这一司法解释的目的是为深入贯彻落实党的十七届五中全会精神,践行科学发展观,适应加快转变经济发展方式和改善民生的需要,依法维护旅游者和旅游经营者、旅游辅助服务者的合法权益,构建规范有序、和谐稳定的旅游市场。

一、问:我们注意到最高人民法院出台的司法解释,题目多为关于审理某某纠纷适用法律若干问题的解释,而本部司法解释为《关于审理旅游纠纷案件适用法律若干问题的规定》,这是出于什么考虑?本部司法解释制定的依据是什么?

答:按照最高人民法院关于司法解释规范性文件规定,最高人民法院的司法解释包括规定、解释、批复等形式。本司法解释之所以叫规定,是因为我国法律对旅游合同和旅游侵权没有作出专章规定。解释的依据是《合同法》的原则,以及《消费者权益保护法》《侵权责任法》《民事诉讼法》的有关法律规定。鉴于本解释是根据审判实践的需要作出的,且带有填补空白的性质,故本解释采用"规定"的名称。本规定主要着眼于解决在旅游过程中,旅游者权益受到损害时旅游经营者的责任认定等问题。例如,"规定"中所涉及的损害赔偿是民法的基本问题,既涉及合同法领域,也涉及侵权法领域。因此,本规定的依据包括《民法通则》《合同法》《侵权责任法》。同时,由于旅游者并未脱离消费者的范畴,所以《消费者权益保护法》也是本规定的重要法律依据,如本规定中"霸王条款"的效力认定、旅游者的安全保障义务以及欺诈的双倍赔偿等问题均遵循了《消费者权益保护法》的规定。由于涉及程序问题,无疑《民事诉讼法》是本规定制定的重要依据。

旅游纠纷涉及了《合同法》《侵权责任法》《消费者权益保护法》以及《民事诉讼法》等众多法律规定，其并非专门针对哪一部法律所作的司法解释，而是就人民法院在审理旅游纠纷案件时，如何对案件进行处理所作的具体规定。据此，本规定对所依据的法律法规采纳了列举式与概括式的写法。除所列举的实体法外，在概括的相关法律中，还包括《保险法》《民用航空法》《铁路法》以及《旅行社条例》等法律法规。

二、问：以集体形式与旅游经营者订立的旅游合同，提起合同之诉中的应是签约的集体，司法解释规定旅游者个人也可以提起旅游合同纠纷诉讼，是出于什么考虑？

答： 司法解释规定了旅游者个人的诉权。在实践中，随着旅游业的不断发展，单位旅游与家庭旅游等集体旅游形式层出不穷，一个单位的某个部门，一个、几个单位或家庭出游，与旅游经营者签订旅游合同的主体表现形式不同。单位旅游中，签约人多为直接经办人或部门负责人。家庭旅游中多为几个家庭推选的代表签约，或家庭成员之一签约。也有一人签约，并附注随行人员的。在旅游过程中，如果旅游者受到损害，合同的签约人可以提起诉讼，但如合同签约人怠于提起诉讼，则旅游者的权利无法得到保障。因此本解释按照旅游合同的特殊性，明确规定了旅游者以个人名义提起合同纠纷诉讼的，人民法院应当受理。

三、问：旅游者遭遇"霸王条款"，如何通过本规定维权？

答： 实践中旅游者与旅游经营者相比，处于弱势地位，旅游经营者以格式合同、通知、声明、告示等方式作出对旅游者不公平、不合理的规定，或者减轻、免除其损害旅游者合法权益的责任，旅游者可以向人民法院请求依据《消费者权益保护法》第二十四条的规定认定该内容无效，依据本规定人民法院应支持旅游者的请求。

四、问：本规定第一次明确了对于消费者信息的保护，但未将造成损害后果作为责任承担的依据，这样规定对于旅游经营者、旅游辅助服务者来说是否责任过重？

答： 日常生活中消费者经常会被垃圾短信困扰，或接到莫名其妙的电话，我们认为只要旅游经营者、旅游辅助服务者泄露旅游者个人信息或者未经旅游者同意公开其个人信息的行为，本身就是对消费者个人隐私权的侵害，就应当承担相应的法律责任。只有这样才能警示旅游经营者，有效维护消费者的合法权益。当然我们在规定旅游经营者的赔偿责任时将责任确定为"相应责任"，这样做的目的，是为了给审判工作留下适用法律的空间，人民法院可以依据案件具体情况进行裁量，判定适当的民事责任承担方式。对于未造成损害后果或损害后果轻微的，可以判定赔礼道歉的责任承担方式，对于造成严重后果的，则可以要求其承担经济赔偿责任。

五、问：旅游经营者违约，旅游者如何获得救济？

答：在旅游纠纷中，旅游经营者违约，主要体现为擅自改变旅游行程、遗漏旅游景点、减少旅游服务项目、降低旅游服务标准等行为，对于旅游经营者承担责任的范围，司法实践中，各地法院判决并不统一。有仅支持景点门票费用的，有支持景点门票费用与交通费的，也有凡是合理费用均支持的。我们认为，从维护旅游者利益的角度，旅游者完成约定行程的合理费用均应得到支持。旅游是以精神愉悦为目的的消费活动。旅游经营者、旅游辅助服务者的欺诈行为，不仅属于严重违约，而且有违诚实信用原则，如果对于旅游者遭受的损失，仅赔偿旅游门票、交通费等损失，则很难弥补旅游者的损失，也不足以警示违约方，此种情况下，可依照《消费者权益保护法》第四十九条的规定，旅游经营者应双倍赔偿旅游者的损失。

六、问：实践中，旅游者不可能随身携带行李物品去旅游，通常是将行李放置在旅游车上，能否理解为旅游经营者与旅游者之间形成事实上的保管合同？

答：这种理解是错误的。

从主观方面看，旅游者与旅游经营者并没有订立保管合同的意思表示。合同的根本目的是旅游经营者为旅游者提供旅游服务，而不是保管物品。旅游者将行李物品放在旅游车上的行为，虽然有让旅游经营者代为看管的意思表示，但考察双方意思表示的主要目的是进行游览而非保管物品。从客观方面看，双方并未发生交付行为，而且，旅游经营者、旅游辅助服务者作为保管人，在实际履行过程中，未能充分享有保管人的权利，包括对保管物的知情权、接受保管物的交付等。故将旅游经营者、旅游辅助服务者代为保管旅游者行李物品的行为认定为成立事实上的保管合同关系，并不妥当。依照合同性质、交易习惯，旅游经营者对于旅游者的行李物品负有保管的附随义务。

目前，旅游行程中因行李物品损毁、灭失而发生的纠纷较为常见，有必要对相关责任予以明确。

司法解释明确了旅游经营者与旅游辅助服务者的责任赔偿范围和除外情况。旅游者的物品分为行李物品与随身物品。对于行李物品，旅游者不可能随身携带，只能由旅游经营者或者旅游辅助服务者为旅游者代管，如果在保管期间发生行李物品的毁损与灭失，适用保管合同的规定。现金、有价证券、贵重物品属于随身物品，旅游经营者与旅游辅助服务者无保管的义务，应提示旅游者随身携带，不放入行李物品中。

七、问：旅游过程中转团的，旅游者的权益如何得到维护？

答： 司法解释明确规定了旅游经营者将旅游业务转让给其他旅游经营者的法律后果。法律、行政法规并无明文规定禁止转团。因此，规范的转团是允许的，取得旅游者同意的旅游业务转让为债权债务的概括移转，此时，受让的旅游经营者与旅游者建立了直接的合同关系，原来与旅游者建立合同关系的旅游经营者不再承担责任。

由于旅游合同有很强的人身信任性，旅游者不同意转团的，可以解除合同并要求旅游经营者承担违约责任。在旅游者不知情的情况下旅游经营者擅自转团的，如旅游者遭受损失，则与旅游者签约的旅游经营者与受让旅游业务的旅游经营者应当承担连带责任，以更好地维护旅游者的利益。

八、问：因客观原因变更、解除合同的如何处理，此时旅游经营者是否还需要承担违约责任？

答： 由于恶劣天气、自然灾害、战争、罢工、骚乱、恐怖事件、政府行为、公共卫生事件等客观原因，造成旅游行程安排的交通服务延误、景区临时关闭、宾馆饭店临时被征用、出境管制、边境关闭、目的地入境政策临时变更、我国政府机构发布橙色及以上旅游预警信息等，均会导致旅游目的无法实现。上述事件均不可归责于旅游经营者、旅游辅助服务者。旅游者与旅游经营者出于经济上的考虑，可以协商变更行程。变更行程后费用减少的，旅游经营者应退还旅游者，变更行程后费用增加的，应由旅游经营者与旅游者共同负担。协商不成的，双方均可解除合同，损失自担，互不承担违约责任。未实际发生的费用，旅游经营者应当退还旅游者，已经实际发生的费用不予退还。

九、问：在旅游过程中经常会发生因公共交通延误而造成的旅游行程的缩短，对此旅游经营者是否需要承担违约责任？

答： 公共交通是面向社会不特定公众的，并非单纯为旅游者服务。公共交通工具延误是指飞机、火车、班轮、城际客运班车的延误，是旅游经营者不能控制的，在此情况下，让旅游经营者承担赔偿责任，无疑对其很不公平，但如果因为公共交通工具的延误导致旅游行程的缩短，旅游经营者应当退还旅游者相应的费用。需要注意的是仅是由于旅游经营者无法控制的公共交通工具的延误其免责，如果是旅游经营者可以控制的旅游车的延误，则旅游经营者不能免除责任。

十、问：实践中，经常会有一些不具备旅游经营资格的人挂靠旅游经营者从事旅游业务盈利，如果旅游过程中旅游者发生人身损害与财产损失，是由挂靠人来承担责任，还是被挂靠人来承担责任？

答：旅游经营者准许他人挂靠其名下从事旅游业务，造成旅游者人身损害、财产损失，旅游经营者与挂靠人应承担连带责任。旅游业经营的行政许可制度就是为了排除旅游业市场中不具经营资格的主体，保障具有相应资质尤其是有健全的经营管理制度的经营主体进入市场，从而达到"维护旅游市场秩序，促进旅游业健康发展"的立法目的。挂靠行为违反了法律规定，使得不具有相应经营条件的挂靠者进入旅游市场，扰乱了国家的经济管理秩序。挂靠的表现形式为"借照经营"，并通过向挂靠人收取管理费来维系，该行为规避了国家行政管理，损害了旅游者的合法权益。从规范管理实现立法目的的角度，也应要求被挂靠人承担连带责任。

十一、问：自由行产品中，旅游经营者承担何种责任？

答：旅游经营者事先设计，并以确定的总价提供交通、住宿、游览等一项或多项服务，不提供导游和领队服务，由旅游者自行安排游览行程的旅游产品为自由行。

自由行是旅游业内俗称的"小包价"产品。其通常表现为"机票＋酒店"的形式，旅游经营者并不提供导游和领队。自由行由于旅游者的自由度较大，在旅游市场中占据很大的份额。因此，产生的纠纷也比较多。

自由行过程中的责任承担，应以旅游经营者能够控制的风险为限。对于自由行产品来讲，只要旅游经营者按约提供了服务，则其无需承担责任。对于其未提供服务的部分，即旅游者自行安排的活动，旅游经营者对在此期间的风险无从控制，旅游经营者不应承担责任。

十二、问：旅游者在境外旅游时，其合法权益如何保障？

答：境内的旅游者出境旅游，通常与境内的旅行社签约。为保证出境旅游者实现旅游目的，境内旅行社往往要委托境外旅行社或者旅游辅助服务者提供旅游服务。旅游者在境外旅游时，如果因旅游经营者或者旅游辅助服务者方面的原因造成旅游者人身损害、财产损失，旅游者可以选择要求旅游经营者或者旅游辅助服务者承担违约责任或者侵权责任。

如果旅游者选择要求旅游经营者承担违约责任，可以向被告所在地法院起诉；如果旅游合同约定由原告所在地、合同签订地法院管辖的，也可以向约定的法院起诉；如果旅游者选择要求旅游经营者或者旅游辅助服务者承担侵权责任，则旅游者可在侵权行为地即境外提起诉讼。

十三、问：旅游者在旅游期间经常被迫购物，其权益如何保障？

答： 旅游者在旅游期间购物，必须坚持平等自愿、公平等价原则，任何强迫或变相强迫购物的行为，都是违法行为，其买卖行为应属无效。

如果旅游者有证据证明因导游、领队胁迫、诱骗购物等不法行为而遭受损失，可以向有关法院起诉，请求旅行社承担赔偿责任。旅游者如果购买到假冒伪劣商品，旅游者可以依法向有关法院起诉销售者，请求销售者承担相应赔偿责任。

指导案例 51 号

阿卜杜勒·瓦希德诉中国东方航空股份有限公司航空旅客运输合同纠纷案

(最高人民法院审判委员会讨论通过 2015 年 4 月 15 日发布)

关键词

民事 航空旅客运输合同 航班延误 告知义务 赔偿责任

裁判要点

1. 对航空旅客运输实际承运人提起的诉讼，可以选择对实际承运人或缔约承运人提起诉讼，也可以同时对实际承运人和缔约承运人提起诉讼。被诉承运人申请追加另一方承运人参加诉讼的，法院可以根据案件的实际情况决定是否准许。

2. 当不可抗力造成航班延误，致使航空公司不能将换乘其他航班的旅客按时运抵目的地时，航空公司有义务及时向换乘的旅客明确告知到达目的地后是否提供转签服务，以及在不能提供转签服务时旅客如何办理旅行手续。航空公司未履行该项义务，给换乘旅客造成损失的，应当承担赔偿责任。

3. 航空公司在打折机票上注明"不得退票，不得转签"，只是限制购买打折机票的旅客由于自身原因而不得退票和转签，不能据此剥夺旅客在支付票款后享有的乘坐航班按时抵达目的地的权利。

相关法条

《中华人民共和国民法通则》第一百四十二条

《经 1955 年海牙议定书修订的 1929 年华沙统一国际航空运输一些规则的公约》第十九条、第二十条、第二十四条第一款

《统一非立约承运人所作国际航空运输的某些规则以补充华沙公约的公约》第七条

基本案情

2004 年 12 月 29 日，ABDUL WAHEED（阿卜杜勒·瓦希德，以下简称阿卜杜勒）购买了一张由香港国泰航空公司（以下简称国泰航空公司）作为出票人的机票。机票列明的航程安排为：2004 年 12 月 31 日上午 11 点，上海起飞至香港，同日 16 点香港起飞至卡拉奇；2005 年 1 月 31 日卡拉奇起飞至香港，同年 2 月 1 日香港起飞至上海。其中，上海与香港间的航程由中国东方航空股份有限公司（以下简称东方航空公司）实际承运，香港与卡拉奇间的航程

由国泰航空公司实际承运。机票背面条款注明，该合同应遵守华沙公约所指定的有关责任的规则和限制。该机票为打折票，机票上注明"不得退票、不得转签"。

2004年12月30日15时起上海浦东机场下中雪，导致机场于该日22点至23点被迫关闭1小时，该日104个航班延误。31日，因飞机除冰、补班调配等原因，导致该日航班取消43架次、延误142架次，飞机出港正常率只有24.1%。东方航空公司的MU703航班也因为天气原因延误了3小时22分钟，导致阿卜杜勒及其家属到达香港机场后未能赶上国泰航空公司飞卡拉奇的衔接航班。东方航空公司工作人员告知阿卜杜勒只有两种处理方案：其一是阿卜杜勒等人在机场里等候3天，然后搭乘国泰航空公司的下一航班，3天费用自理；其二是阿卜杜勒等人出资，另行购买其他航空公司的机票至卡拉奇，费用为25000港元。阿卜杜勒当即表示无法接受该两种方案，其妻子杜琳打电话给东方航空公司，但该公司称有关工作人员已下班。杜琳对东方航空公司的处理无法接受，且因携带婴儿而焦虑、激动。最终由香港机场工作人员交涉，阿卜杜勒及家属共支付17000港元，购买了阿联酋航空公司的机票及行李票，搭乘该公司航班绕道迪拜，到达卡拉奇。为此，阿卜杜勒支出机票款4721港元、行李票款759港元，共计5480港元。

阿卜杜勒认为，东方航空公司的航班延误，又拒绝重新安排航程，给自己造成了经济损失，遂提出诉讼，要求判令东方航空公司赔偿机票款和行李票款，并定期对外公布航班的正常率、旅客投诉率。

东方航空公司辩称，航班延误的原因系天气条件恶劣，属不可抗力；其已将此事通知了阿卜杜勒，阿卜杜勒亦明知将错过香港的衔接航班，其无权要求东方航空公司改变航程。阿卜杜勒称，其明知会错过衔接航班仍选择登上飞往香港的航班，系因为东方航空公司对其承诺会予以妥善解决。

裁判结果

上海市浦东新区人民法院于2005年12月21日作出（2005）浦民一（民）初字第12164号民事判决：一、中国东方航空股份有限公司应在判决生效之日起十日内赔偿阿卜杜勒损失共计人民币5863.60元；二、驳回阿卜杜勒的其他诉讼请求。宣判后，中国东方航空股份有限公司提出上诉。上海市第一中级人民法院于2006年2月24日作出（2006）沪一中民一（民）终字第609号民事判决：驳回上诉，维持原判。

裁判理由

法院生效裁判认为：原告阿卜杜勒是巴基斯坦国公民，其购买的机票，出发地为我国上海，目的地为巴基斯坦卡拉奇。《中华人民共和国民法通则》第一百四十二条第一款规定："涉外民事关系的法律适用，依照本章的规定确定。"第二款规定："中华人民共和国缔结或者参加的国际条约同中华人民共和国的民事法律有不同规定的，适用国际条约的规定，但中华人民共和国声明保留的条款除外。"我国和巴基斯坦都是《经1955年海牙议定书修订的1929年华沙统一国际航空运输一些规则的公约》（以下简称《1955年在海牙修改的华沙公约》）和1961年《统一非立约承运人所办国际航空运输的某些规则以补充华沙公约的公约》（以下简称《瓜达拉哈拉公约》）的缔约国，故这两个国际公约对本案适用。《1955年在海牙修改的华沙公约》第二十八条第1款规定："有关赔偿的诉讼，应该按原告的意愿，在一个缔约国的领土内，向承运人住所地或其总管理处所在地或签订契约的机构所在地法院提出，或向目的地法院提出。"第三十二条规定："运输合同的任何条款和在损失发生以前的任何特别协议，如果运输合同各方借以违背本公约的规则，无论是选择所适用的法律或变更管辖权的规定，都不生效力。"据此，在阿卜杜勒持机票起诉的情形下，中华人民共和国上海市浦东新区人民法院有权对这起国际航空旅客运输合同纠纷进行管辖。

《瓜达拉哈拉公约》第一条第二款规定："'缔约承运人'指与旅客或托运人，或与旅客或托运人的代理人订立一项适用华沙公约的运输合同的当事人。"第三款规定："'实际承运人'指缔约承运人以外，根据缔约承运人的授权办理第二款所指的全部或部分运输的人，但对该部分运输此人并非华沙公约所指的连续承运人。在没有相反的证据时，上述授权被推定成立。"第七条规定："对实际承运人所办运输的责任诉讼，可以由原告选择，对实际承运人或缔约承运人提起，或者同时或分别向他们提起。如果只对其中的一个承运人提起诉讼，则该承运人应有权要求另一承运人参加诉讼。这种参加诉讼的效力以及所适用的程序，根据受理案件的法院的法律决定。"阿卜杜勒所持机票，是由国泰航空公司出票，故国际航空旅客运输合同关系是在阿卜杜勒与国泰航空公司之间设立，国泰航空公司是缔约承运人。东方航空公司与阿卜杜勒之间不存在直接的国际航空旅客运输合同关系，也不是连续承运人，只是推定其根据国泰航空公司的授权，完成该机票确定的上海至香港间运输任务的实际承运人。阿卜杜勒有权选择国泰航空公司或东方航空公司或两者同时为被告提起诉讼；在阿卜杜勒只选择东方航空公司为被告提起的诉讼中，东方航空公司虽然有权要求国泰航空公司参加诉讼，但由于阿卜杜勒追究的航班延误责任发生在东方航空公司承运的上海至香港段航程中，与国泰航空公司无关，根据本案案情，衡量诉讼成本，无需追加国泰航空公司为本案的当事人共同参加诉讼。故东方航空公司虽然有权申请国泰航空公司参加诉讼，但这种申请能否被允许，应由受理案件的法院决定。一审法院认为国泰航空公司与阿卜杜勒要追究的航班延误责任无关，根据本案旅客维权的便捷性、担责可能性、诉讼的成本等情况，决定不追加香港国泰航空公司为本案的当事人，并无不当。

《1955年在海牙修改的华沙公约》第十九条规定："承运人对旅客、行李或货物在航空运输过程中因延误而造成的损失应负责任。"第二十条第 1 款规定:"承运人如果证明自己和他的代理人为了避免损失的发生,已经采取一切必要的措施,或不可能采取这种措施时,就不负责任。"2004 年 12 月 31 日的 MU703 航班由于天气原因发生延误,对这种不可抗力造成的延误,东方航空公司不可能采取措施来避免发生,故其对延误本身无需承担责任。但还需证明其已经采取了一切必要的措施来避免延误给旅客造成的损失发生,否则即应对旅客因延误而遭受的损失承担责任。阿卜杜勒在浦东机场时由于预见到 MU703 航班的延误会使其错过国泰航空公司的衔接航班,曾多次向东方航空公司工作人员询问怎么办。东方航空公司应当知道国泰航空公司从香港飞往卡拉奇的衔接航班三天才有一次,更明知阿卜杜勒一行携带着婴儿,不便在中转机场长时间等候,有义务向阿卜杜勒一行提醒中转时可能发生的不利情形,劝告阿卜杜勒一行改日乘机。但东方航空公司没有这样做,却让阿卜杜勒填写《续航情况登记表》,并告知会帮助解决,使阿卜杜勒对该公司产生合理信赖,从而放心登机飞赴香港。鉴于阿卜杜勒一行是得到东方航空公司的帮助承诺后来到香港,但是东方航空公司不考虑阿卜杜勒一行携带婴儿要尽快飞往卡拉奇的合理需要,向阿卜杜勒告知了要么等待三天乘坐下一航班且三天中相关费用自理,要么自费购买其他航空公司机票的"帮助解决"方案。根据查明的事实,东方航空公司始终未能提供阿卜杜勒的妻子杜琳在登机前填写的《续航情况登记表》,无法证明阿卜杜勒系在明知飞往香港后会发生对己不利的情况仍选择登机,故法院认定"东方航空公司没有为避免损失采取了必要的措施"是正确的。东方航空公司没有采取一切必要的措施来避免因航班延误给旅客造成的损失发生,不应免责。阿卜杜勒迫于无奈自费购买其他航空公司的机票,对阿卜杜勒购票支出的 5480 港元损失,东方航空公司应承担赔偿责任。

在延误的航班到达香港机场后,东方航空公司拒绝为阿卜杜勒签转机票,其主张阿卜杜勒的机票系打折票,已经注明了"不得退票,不得转签",其无须另行提醒和告知。法院认为,即使是航空公司在打折机票上注明"不得退票,不得转签",只是限制购买打折机票的旅客由于自身原因而不得退票和转签;旅客购买了打折机票,航空公司可以相应地取消一些服务,但是旅客支付了足额票款,航空公司就要为旅客提供完整的运输服务,并不能剥夺旅客在支付了票款后享有的乘坐航班按时抵达目的地的权利。本案中的航班延误并非由阿卜杜勒自身的原因造成。阿卜杜勒乘坐延误的航班到达香港机场后肯定需要重新签转机票,东方航空公司既未能在始发机场告知阿卜杜勒在航班延误时机票仍不能签转的理由,在中转机场亦拒绝为其办理签转手续。因此,东方航空公司未能提供证据证明损失的产生系阿卜杜勒自身原因所致,也未能证明其为了避免损失扩大采取了必要的方式和妥善的补救措施,故判令东方航空公司承担赔偿责任。

【解　　读】

指导案例 51 号《阿卜杜勒·瓦希德诉中国东方航空股份有限公司航空旅客运输合同纠纷案》的理解与参照
——旅客运输航班延误责任

2015 年 4 月 15 日，最高人民法院发布了指导性案例《阿卜杜勒·瓦希德诉中国东方航空股份有限公司航空旅客运输合同纠纷案》（指导案例 51 号）。为了正确理解和准确参照适用该指导性案例，现对其推选经过、裁判要点、需要说明问题等情况予以解释、论证和说明。

一、推选过程及其意义

阿卜杜勒·瓦希德诉中国东方航空股份有限公司航空旅客运输合同纠纷案，由上海市第一中级人民法院作为备选指导性案例报送上海市高级人民法院，经上海市高级人民法院审判委员会讨论决定，将本案例向最高人民法院案例指导工作办公室推荐。案例指导工作办公室经研究讨论后将该案例送最高人民法院民四庭审查和征求意见。民四庭经审查认为，该案例适用法律正确，对审理同类案件具有指导作用，同意作为指导性案例。2015 年 3 月 31 日，最高人民法院审委会经讨论认为，该案例符合《最高人民法院关于案例指导工作的规定》第二条的有关规定，同意将该案例确定为指导性案例。2015 年 4 月 15 日，最高人民法院以法〔2015〕85 号文件将该案例作为第 10 批指导性案例予以发布。

该案例是因航班延误引发的国际航空旅客运输纠纷，在涉及两家航空公司的联程运输中，因前一航班延误而导致乘客未能在中转点赶上衔接航班，而机票背面条款（或在航空公司网上公布的运输条件）约定承运人对衔接航班免责、并且是注明"不得签转"的折扣机票，旅客的利益如何保护。该案例明确了航空法中的缔约承运人和实际承运人的关系、不可抗力造成航班延误下承运人的义务范围、打折机票不得签转约定的解释等问题。该案例有利于规范航空公司的服务行为，引导旅客依法理性维权，维护民航秩序，促进航空运输业的发展。

二、裁判要点的理解与说明

该指导案例的裁判要点确认：（1）对航空旅客运输实际承运人提起的诉

讼，可以选择对实际承运人或缔约承运人提起诉讼，也可以同时对实际承运人和缔约承运人提起诉讼。被诉承运人申请追加另一方承运人参加诉讼的，法院可以根据案件的实际情况决定是否准许。(2) 当不可抗力造成航班延误，致使航空公司不能将换乘其他航班的旅客按时运抵目的地时，航空公司有义务及时向换乘的旅客明确告知到达目的地后是否提供转签服务，以及在不能提供转签服务时旅客如何办理旅行手续。航空公司未履行该项义务，给换乘旅客造成损失的，应当承担赔偿责任。(3) 航空公司在打折机票上注明"不得退票，不得签转"只是限制购买打折机票的旅客由于自身原因而不得退票和签转，不能据此剥夺旅客在支付票款后享有的乘坐航班按时抵达目的地的权利。以下围绕与该裁判要点相关的问题逐一分析说明。

（一）旅客对缔约承运人和实际承运人起诉选择权

缔约承运人和实际承运人的概念最早出现在1961年签订于瓜达拉哈拉的《统一非缔约承运人所作国际航空运输的某些规则以补充华沙公约的公约》（简称瓜达拉哈拉公约）。该公约第1条第2款规定，缔约承运人指以本人资格与旅客、托运人，或者旅客、托运人的代理人订立受华沙公约约束的运输协议人。第3款规定，实际承运人指非缔约承运人经缔约承运人的授权办理第2款而承担全部或部分运输的人，但对该部分运输并非华沙公约所指的连续承运人，在没有相反的证明时应认为该授权是存在的。第2条规定，如实际承运人办理第1条第2款所指合同规定适用华沙公约的运输的全部或部分，除非本公约另有规定，缔约承运人和实际承运人都应受华沙公约的约束，前者适用于合同规定运输的全部，后者只适用于其办理的运输。1999年签订于蒙特利尔的《统一国际航空运输某些规则的公约》（简称蒙特利尔公约）和我国民用航空法都有关于缔约承运人和实际承运人相同的规定。简言之，缔约承运人应当对合同约定的全部运输负责，实际承运人应当对其履行的运输负责。由于实际承运人并非运输合同的当事人，其承担运输合同的责任来源于法律规定，与缔约承运人在实际承运阶段负连带责任。华沙公约中提到的连续运输，是指各段承运人都是运输合同的缔约一方。

结合本案例来看，原告所持机票由香港国泰航空公司出具，但航程分为上海到香港、香港至卡拉奇两段，两段分别由东方航空公司和香港国泰航空公司实际承运，即为业内所称涉及两家航空公司的联程运输，在形式上只有一张机票或一张行程单。出具机票的香港国泰航空公司为缔约承运人，负责上海至香港段运输的东方航空公司为实际承运人。

在诉讼主体的选择上，瓜达拉哈拉公约的第7条前段①赋予了旅客或者托运人在追究实际承运人所承运的航段的责任时可以在实际承运人和缔约承运人之间选择起诉对象的权利。然而上述法条的后段又规定，如只向其中一个承运人提出诉讼，则该承运人应有权要求另一承运人参加诉讼。在本案的一审法庭辩论阶段，被告东方航空公司提出将国泰航空公司追加为第三人的申请。是否需要追加另一承运人，涉及两者在民事诉讼中是否构成必要的共同诉讼？从法理上说，实际承运人和缔约承运人承担的是连带责任而非共同责任。连带责任是指法律规定或者当事人约定、有牵连关系的两个以上的当事人均需对全部债务承担清偿的民事责任。从民事诉讼法角度而言，连带债务诉讼是一种牵连性的共同诉讼，并非不可分的共同诉讼。在旅客决定由实际承运人作为单一诉讼对象时，实际承运人要求缔约承运人参加诉讼，是以共同被告、还是第三人身份参加诉讼并无定论，公约交由受诉法院的法律决定。实际承运人申请缔约承运人以共同被告参加诉讼，则有赖于作为原告的旅客的意愿；以第三人身份参加诉讼，则法院对于是否追加有决定权。我们认为，国际航空旅客运输往往涉及国外的航空公司，如追加境外当事人，则难免需要涉及涉外的送达，诉讼可能旷日持久，给旅客维权增加了难度。在旅客起诉实际承运人追究其延误责任的情况下，追加缔约承运人对于查明与延误相关事实并无必要。基于上述考虑，本案的两级法院驳回东方航空公司的申请是正确的。

当然，如果延误发生在由实际承运人承运的境外段运输，旅客基于诉讼便利选择境内的缔约承运人诉讼，缔约承运人申请法院追加境外的实际承运人，应准许该申请，否则无法查清与延误相关的案件事实。

（二）航班延误的告知和协助

当不可抗力造成航班延误时，承运人免责的前提是为避免旅客损失已经采取一切必要的措施。联程运输的前程航班合理延误时，前程承运人有义务告知并协助旅客中转地的签转事宜。

华沙公约本身并未对延误下定义，也未对延误原因系不可抗力或航空公司自身原因作区分。华沙公约规定了承运人对旅客在航空运输中的延误而造成的损失应负责任，但承运人如果证明为了避免损失的发生已经采取了一切必要的措施，或不可能采取这种措施，就不负责任。因此，公约强调的是在延误发生时，承运人应采取一切必要措施避免旅客的损失。当发生不可抗力，比如天气原因、空中管制，承运人对于延误本身并无过错不需承担赔偿责任，但如果其未尽到勤勉尽责的善良管理人的注意义务以避免旅客损害的发生，仍应承担相

---

① 对实际承运人所办运输的责任诉讼，可以由原告选择，对实际承运人或缔约承运人提起，或者同时或分别向他们提起。如果只对其中的一个承运人提起的诉讼，则该承运人或缔约承运人有权要求另一承运人参加诉讼。这种参加诉讼的效力以及所适用的程序，根据受理案件的法院的法律决定。

应的义务。

判断承运人是否采取了"一切必要措施",应当考察承运人的合同附随义务的范围,即根据诚实信用原则和旅客的合理需要来认定。我国民航总局1997年12月颁布的《中国民用航空旅客、行李国际运输规则》第六十条规定,在因为承运人无法控制或者不能预见的原因而造成旅客非自愿改变航程的,承运人应当考虑旅客的合理需要,采取以下措施:(1)为旅客安排一个能够订妥座位的航班或者签转给其他承运人;(2)改变原客票载明的航程,安排承运人的航班或者签转给其他承运人,将旅客运送到目的地点或者中途分程地点;(3)退票;(4)协助旅客安排住宿、地面交通。始发地旅客的费用由旅客自理。参考上述规定,承运人应当承担的合同附随义务主要包括:(1)告知义务,即及时向旅客告知因为不可抗力不能运输的事由及可能延误的时间,以减轻旅客可能发生的损失;(2)协助义务,即根据实际情况,为旅客进行相应的替代交通安排、协助旅客安排食宿等。

本案例中,东方航空公司承运的上海至香港的航段系天气原因造成延误,但原告及其家属因为该延误而没有在香港赶上国泰航空公司香港飞卡拉奇的衔接航班。国泰航空公司的下一个航班要三天后才有。在原告及其家属因相信东方航空公司会协助解决后续衔接航班而乘坐了前段航程到达香港,此时将原告及其家人签转给其他航空公司才是合理的措施。然而,东方航空公司拒绝签转,不考虑原告携带婴儿要尽快飞往卡拉奇的合理需要。而是要求原告及其家属在自费购买其他航空公司的机票和自费留在香港三天等待国泰航空公司的下一航班这两者之间作出选择。这明显不符合公约要求承运人采取"一切必要措施"避免旅客的损失。法院认定东方航空公司没能采取"一切必要措施",不能免责,应当赔偿原告的经济损失。

另一个问题是如何判断延误造成的损失。我们认为,审判中应该特别强调合同法上有关损失的可预见性规则,即在合同订立时承运人可预测到延误可能对旅客造成的损失作为赔偿的范围。一般来说,延误造成的食宿损失和赶不上联程运输中的衔接航班损失都是比较明确和固定的,而可得利益损失或精神损失都不在赔偿范围内。出于扶持航空业的考虑,华沙公约和我国的民用航空法都规定了承运人对旅客的赔偿限额,但对于延误没有单独的赔偿限额。1999年蒙特利尔公约大幅度提高了华沙公约中承运人对旅客赔偿限额,并单独规定了对每位旅客延误赔偿限额为4150特别提款权。这个延误赔偿限额标准就承运人一般可预见的范围内已经不低,无论是否适用蒙特利尔公约,均可将此作为参考。

(三)打折机票上的"不得退票,不得签转"只是限制旅客因自身原因而不得退票和签转

航空公司对于打折机票采取"不得退票,不得签转"限制已经非常普遍,在消费者眼里不啻为"霸王条款",不能一概认为航空公司可以免去退票和签转义务。这一条款的解释应遵循公平合理的原则,如果是由于旅客自身原因导致错过航班,那么航空公司可以拒绝退票和签转;如果由于非旅客原因(包括不可抗力和航空公司原因)造成航班延误和取消,航空公司不能履行合同,当然有义务接受退票和签转。在此情况下旅客选择退票,即解除运输合同,航空公司应按旅客已付款全额返还,不得收取退票手续费。旅客选择签转,即要求承运人继续履行运输合同,可根据旅客的需要和当日航班情况改签下一航班或签转给其他航空公司履行运输合同。

本案涉及两家航空公司的国际联程运输,在签转问题上稍显复杂。东方航空公司承运的上海到香港这一段因天气原因发生延误,在始发地上海即已知道不可能赶上当日衔接航班。东方航空公司应劝告原告改签两段航程机票日期。如果原告仍选择当日上海到香港的航班,后续香港到卡拉奇航段是国泰航空公司的机票由东方航空公司出面签转有难度,东方航空公司应明确告知他无法为其解决当日衔接航班签转问题并通知国泰航空公司对后一程机票作退票处理。但东方航空公司没有履行此告知义务,相反让原告填写《续航情况登记表》并告知会帮助解决,使原告放心登机,那么东方航空公司在中转机场有义务将原告签转到其他航空公司。

三、其他需要说明的问题

1. 有关国际航空运输公约的适用问题

现在主要国家之间的国际航空运输大多适用 1999 年蒙特利尔公约,但该公约有生效条款,对每个国家的生效日也不一致。① 2005 年 7 月 31 日蒙特利尔公约对中国生效。本案航空运输发生在 2004 年 12 月,故适用经 1955 年《海牙议定书》修订的 1929 年华沙公约。

在 1999 年蒙特利尔公约以前,国际上已经存在九个关于统一国际航空运输某些规则的公约②,即以 1929 年华沙公约为核心及对该公约进行修订或补充的公约或议定书,统称为华沙公约及其相关文件。有关蒙特利尔公约和华沙公约及其相关文件之间的关系,蒙特利尔公约第 55 条特别说明,蒙特利尔公约在适用效力上优先于华沙公约及其相关文件。但从国际法的角度讲,蒙特利

---

① 根据蒙特利尔公约第 53 条的规定,当国际民航组织(ICAO)收到第三十份批准书后的第 60 天,公约将在递交批准书的国家之间生效。2003 年 9 月 5 日,美国政府向国际民航组织提交了批准书,从而使美国成为第三十个批准该公约的成员国。因此,蒙特利尔公约在 2003 年 11 月 4 日对美国、日本、加拿大、墨西哥、哥伦比亚等 31 个批准国正式生效。我国于 2005 年 2 月批准该公约,2005 年 7 月 31 日蒙特利尔公约对中国生效。公约对各缔约国的生效时间可在国际民航组织(ICAO)网站上查询。

② 参阅赵维田:《国际航空法》,社会科学文献出版社 2000 年版,第 231~233 页。

尔公约和华沙公约文件之间的关系并非替代关系。它们各自具有独立的性质：在形式上，每个公约对自己的缔约国的拘束力都是独立的；每个公约的生效程序和退出程序都是独立的。蒙特利尔公约第55条采取的做法是基于维也纳条约法公约第30条，其并不要求缔约国正式退出先已存在的条约。在一个仅参加了华沙公约的缔约国和一个既参加了华沙公约又参加了蒙特利尔公约的缔约国之间发生的国际运输，应适用华沙公约。蒙特利尔公约是一个强制适用的公约，在两个同为华沙公约和蒙特利尔公约缔约国之间发生的国际运输，蒙特利尔公约优先适用。在蒙特利尔公约应优先适用情况下，当事人能否以书面方式选择适用其他公约或国内法？回答是否定的。该公约第49条规定，运输合同的任何条款和在损失发生前达成的所有特别协议，其当事人借以违反本公约规则的，无论是选择所适用的法律还是变更有关管辖权的规则，均属于无效。

2.本案例的裁判要点对于国内航空旅客运输合同纠纷案件的审理也有指导意义

本案裁判要点所依据的公约条款在我国《民用航空法》①第一百二十六条（承运人对延误的责任和免责条件）、第一百三十七条（缔约承运人与实际承运人）、第一百三十八条（缔约承运人与实际承运人的责任）均有类似的规定。因此，在国内航空旅客运输发生延误也可以参照本案例的三个裁判要点。

（撰稿人：孙　黎　李　兵）

---

① 《民用航空法》已于2021年4月29日第6次修正。

解读

最高人民法院司法解释
（含指导性案例）

民事卷（下）

人民法院出版社 编

人民法院出版社

总目录

上 册

一、总　类 ……………………………………………………（ 1 ）

二、物　权 ……………………………………………………（131）

三、合　同 ……………………………………………………（251）

下 册

四、人格权 ……………………………………………………（517）

五、婚姻家庭、继承 …………………………………………（659）

六、侵权责任 …………………………………………………（705）

七、劳动、人事争议 …………………………………………（867）

八、环境资源 …………………………………………………（929）

目　录

下　册

四、人格权

最高人民法院
关于确定民事侵权精神损害赔偿责任若干问题的解释
（2020年12月29日修正）···（519）
　　【注解】···（520）
　　【解读】　解读《最高人民法院关于确定民事侵权精神损害赔偿责任
　　　　　　　若干问题的解释》··（520）
　　　　　　　解读《最高人民法院关于确定民事侵权精神损害赔偿责任
　　　　　　　若干问题的解释》修正条文···（538）
　　【链接】　最高人民法院副院长唐德华就《关于确定民事侵权精神
　　　　　　　损害赔偿责任若干问题的解释》答记者问·······························（548）

指导案例99号　葛长生诉洪振快名誉权、荣誉权纠纷案·············（552）
　　【解读】　指导案例99号《葛某生诉洪某快名誉权、荣誉权纠纷案》的
　　　　　　　理解与参照
　　　　　　　——以细节考据、观点争鸣等方式对英雄烈士的事迹和精神进行
　　　　　　　　贬损、丑化的行为构成对英雄烈士名誉权、荣誉权的
　　　　　　　　侵害···（554）

指导案例143号　北京兰世达光电科技有限公司、黄晓兰诉赵敏
名誉权纠纷案···（560）

最高人民法院
关于审理人身损害赔偿案件适用法律若干问题的解释
（2022年2月15日修正）···（564）
　　【注解】···（567）

【解读】 解读《最高人民法院关于审理人身损害赔偿案件适用法律
若干问题的解释》……………………………………………（568）

解读《最高人民法院关于审理人身损害赔偿案件适用法律
若干问题的解释》修正条文……………………………………（587）

解读《最高人民法院关于审理人身损害赔偿案件适用法律
若干问题的解释》两次修改条文………………………………（595）

最高人民法院
关于审理铁路运输人身损害赔偿纠纷案件适用法律
若干问题的解释
（2021年12月8日修正）…………………………………………（606）

【注解】…………………………………………………………………（608）

【解读】 解读《最高人民法院关于审理铁路运输人身损害赔偿纠纷案件
适用法律若干问题的解释》……………………………………（608）

解读《最高人民法院关于修改〈最高人民法院关于审理铁路运输
人身损害赔偿纠纷案件适用法律若干问题的解释〉的决定》
修正条文…………………………………………………………（617）

【链接】 正确审理铁路运输人身损害赔偿案件
促进社会进步　保障社会和谐
——最高人民法院审判监督庭负责人就《关于审理
铁路运输人身损害赔偿纠纷案件适用法律若干
问题的解释》答记者问…………………………………（618）

指导案例98号　张庆福、张殿凯诉朱振彪生命权纠纷案…………………（624）

【解读】 指导案例98号《张某福、张某凯诉朱某彪生命权纠纷案》的
理解与参照
——见义勇为行为在诉讼中的认定……………………（627）

指导案例140号　李秋月等诉广州市花都区梯面镇红山村村民委员会
违反安全保障义务责任纠纷案…………………………………（630）

指导案例141号　支某1等诉北京市永定河管理处生命权、健康权、
身体权纠纷案……………………………………………………（633）

指导案例142号　刘明莲、郭丽丽、郭双双诉孙伟、河南兰庭物业管理
有限公司信阳分公司生命权纠纷案……………………………（636）

最高人民法院
  关于审理使用人脸识别技术处理个人信息相关民事案件适用
    法律若干问题的规定
    (法释〔2021〕15号 2021年7月27日)……………………（639）
    【解读】解读《最高人民法院关于审理使用人脸识别技术处理个人信息
           相关民事案件适用法律若干问题的规定》………………（642）
    【链接】强化人脸信息司法保护　促进数字经济健康发展
           ——最高人民法院相关负责人就审理使用人脸识别技术处理
           个人信息相关民事案件的司法解释答记者问……………（653）

五、婚姻家庭、继承

最高人民法院
  关于适用《中华人民共和国民法典》婚姻家庭编的解释（一）
    (法释〔2020〕22号 2020年12月29日)………………………（661）
    【解读】解读《最高人民法院关于适用〈中华人民共和国民法典〉
           婚姻家庭编的解释（一）》……………………………（671）
    【链接】最高人民法院相关负责人就首批《民法典》配套司法解释
           答记者问………………………………………………（682）

指导案例66号　雷某某诉宋某某离婚纠纷案……………………（683）

最高人民法院
  关于适用《中华人民共和国民法典》继承编的解释（一）
    (法释〔2020〕23号 2020年12月29日)………………………（686）
    【解读】解读《最高人民法院关于适用〈中华人民共和国民法典〉
           继承编的解释（一）》…………………………………（690）
    【链接】最高人民法院相关负责人就首批《民法典》配套司法解释
           答记者问………………………………………………（700）

指导案例50号　李某、郭某阳诉郭某和、童某某继承纠纷案…………（701）

六、侵权责任

最高人民法院
 关于审理利用信息网络侵害人身权益民事纠纷案件适用法律
  若干问题的规定
   （2020年12月29日修正）……………………………………（707）
  【注解】……………………………………………………………（709）
  【解读】　解读《最高人民法院关于审理利用信息网络侵害人身权益民事
    纠纷案件适用法律若干问题的规定》………………（710）
   解读《最高人民法院关于审理利用信息网络侵害人身权益民事
    纠纷案件适用法律若干问题的规定》修正条文…………（721）
  【链接】　最高人民法院民一庭负责人就《关于审理利用信息网络
    侵害人身权益民事纠纷案件适用法律若干问题的规定》
    答记者问…………………………………………………（732）

最高人民法院
 关于审理食品药品纠纷案件适用法律若干问题的规定
  （2021年11月18日修正）……………………………………（741）
  【注解】……………………………………………………………（743）
  【解读】　解读《最高人民法院关于审理食品药品纠纷案件
    适用法律若干问题的规定》…………………………（744）
   解读《最高人民法院关于审理食品药品纠纷案件
    适用法律若干问题的规定》修正条文………………（755）
  【链接】　不给制售有毒有害食品和假冒伪劣药品的人以可乘之机
    ——最高人民法院民一庭负责人就《关于审理食品药品
    纠纷案件适用法律若干问题的规定》答记者问…………（765）

最高人民法院
 关于审理食品安全民事纠纷案件适用法律若干问题的解释（一）
  （法释〔2020〕14号　2020年12月8日）……………………（770）
  【解读】　解读《最高人民法院关于审理食品安全民事纠纷案件适用法律
    若干问题的解释（一）》………………………………（772）
  【链接】　切实促进食品安全状况实现根本好转
    ——最高人民法院相关负责人就《最高人民法院关于审理食品
    安全民事纠纷案件适用法律若干问题的解释（一）》和
    典型案例答记者问……………………………………（786）

最高人民法院
  关于审理道路交通事故损害赔偿案件适用法律若干问题的解释
    （2020年12月29日修正） ……………………………………（790）
    【注解】 ………………………………………………………（794）
    【解读】 解读《最高人民法院关于审理道路交通事故损害赔偿
        案件适用法律若干问题的解释》 ………………………（794）
      解读《最高人民法院关于审理道路交通事故损害赔偿
        案件适用法律若干问题的解释》修正条文 ……………（806）
    【链接】 最高人民法院民一庭负责人就《关于审理道路交通事故
        损害赔偿案件适用法律若干问题的解释》答记者问 …………（816）

最高人民法院
  关于购买人使用分期付款购买的车辆从事运输因交通事故造成
    他人财产损失保留车辆所有权的出卖方不应承担民事责任的
    批复
    （法释〔2000〕38号 2000年12月1日） ………………………（827）
    【解读】 解读《最高人民法院关于购买人使用分期付款购买的车辆从事
        运输因交通事故造成他人财产损失保留车辆所有权的出卖方
        不应承担民事责任的批复》 ………………………………（827）

指导案例19号 赵春明等诉烟台市福山区汽车运输公司卫德
  平等机动车交通事故责任纠纷案 …………………………………（831）

指导案例24号 荣宝英诉王阳、永诚财产保险股份有限公司
  江阴支公司机动车交通事故责任纠纷案 …………………………（834）

最高人民法院
  关于审理医疗损害责任纠纷案件适用法律若干问题的解释
    （2020年12月29日修正） ……………………………………（837）
    【注解】 ………………………………………………………（841）
    【解读】 解读《最高人民法院关于审理医疗损害责任纠纷案件适用
        法律若干问题的解释》 …………………………………（842）
      解读《最高人民法院关于审理医疗损害责任纠纷案件适用
        法律若干问题的解释》修正条文 …………………………（853）

【链接】 为构建和谐医患关系推进健康中国建设提供司法保障
——最高人民法院研究室负责人就《关于审理医疗损害责任纠纷案件适用法律若干问题的解释》答记者问 ……（860）

七、劳动、人事争议

最高人民法院
关于审理劳动争议案件适用法律问题的解释（一）
（法释〔2020〕26号　2020年12月29日） ……（869）
　　【解读】 解读《最高人民法院关于审理劳动争议案件适用法律问题的解释（一）》 ……（877）
　　【链接】 最高人民法院相关负责人就首批《民法典》配套司法解释答记者问 ……（886）

最高人民法院
关于人民法院审理事业单位人事争议案件若干问题的规定
（法释〔2003〕13号　2003年8月27日） ……（887）
　　【注解】 ……（887）
　　【解读】 解读《最高人民法院关于人民法院审理事业单位人事争议案件若干问题的规定》 ……（887）
　　【链接】 最高人民法院关于事业单位人事争议案件适用法律等问题的答复
　　　　　（2004年4月30日） ……（898）

最高人民法院
关于人事争议申请仲裁的时效期间如何计算的批复
（法释〔2013〕23号　2013年9月12日） ……（899）
　　【解读】 解读《最高人民法院关于人事争议申请仲裁的时效期间如何计算的批复》 ……（899）

指导案例18号　中兴通讯（杭州）有限责任公司诉王鹏劳动合同纠纷案 ……（903）
指导案例180号　孙贤锋诉淮安西区人力资源开发有限公司劳动合同纠纷案 ……（905）

指导案例181号　郑某诉霍尼韦尔自动化控制（中国）有限公司劳动
　　　　　　　　合同纠纷案 …………………………………………………（908）
指导案例182号　彭宇翔诉南京市城市建设开发（集团）有限责任公司
　　　　　　　　追索劳动报酬纠纷案 ……………………………………（911）
指导案例183号　房玥诉中美联泰大都会人寿保险有限公司劳动合同
　　　　　　　　纠纷案 ……………………………………………………（914）
指导案例184号　马筱楠诉北京搜狐新动力信息技术有限公司竞业
　　　　　　　　限制纠纷案 ………………………………………………（916）
指导案例185号　闫佳琳诉浙江喜来登度假村有限公司平等就业权
　　　　　　　　纠纷案 ……………………………………………………（919）
指导案例189号　上海熊猫互娱文化有限公司诉李岑、昆山播爱游
　　　　　　　　信息技术有限公司合同纠纷案 …………………………（922）
指导案例190号　王山诉万得信息技术股份有限公司竞业限制
　　　　　　　　纠纷案 ……………………………………………………（925）

八、环境资源

最高人民法院
关于审理矿业权纠纷案件适用法律若干问题的解释
　　（2020年12月29日修正） ………………………………………………（931）
　　【注解】 …………………………………………………………………（934）
　　【解读】　解读《最高人民法院关于审理矿业权纠纷案件适用法律若干
　　　　　　　问题的解释》 ………………………………………………（934）
　　　　　　　解读《最高人民法院关于审理矿业权纠纷案件适用法律若干
　　　　　　　问题的解释》修正条文 ……………………………………（945）
　　【链接】　适应矿业权市场发展需求　保障矿产资源合理开发利用
　　　　　　　——最高人民法院环资庭负责人就《关于审理矿业权
　　　　　　　纠纷案件适用法律若干问题的解释》答记者问 …………（956）

最高人民法院
关于审理海洋自然资源与生态环境损害赔偿纠纷案件若干
问题的规定
　　（法释〔2017〕23号　2017年12月29日） ……………………………（966）
　　【注解】 …………………………………………………………………（968）
　　【解读】　解读《最高人民法院关于审理海洋自然资源与生态环境损害赔偿
　　　　　　　纠纷案件若干问题的规定》 ………………………………（968）

【链接】 依法审理海洋自然资源与生态环境损害赔偿纠纷案件
服务保障海洋生态文明建设
——最高人民法院民四庭负责人就《关于审理海洋
自然资源与生态环境损害赔偿纠纷案件若干
问题的规定》答记者问 …………………………（978）

指导案例 127 号　吕金奎等 79 人诉山海关船舶重工有限责任公司
海上污染损害责任纠纷案 ………………………………（983）

最高人民法院
关于审理生态环境损害赔偿案件的若干规定（试行）
（2020 年 12 月 29 日修正）……………………………（987）
　【注解】 ……………………………………………………（990）
　【解读】 解读《最高人民法院关于审理生态环境损害赔偿案件的
若干规定（试行）》 ……………………………（991）
解读《最高人民法院关于审理生态环境损害赔偿案件的
若干规定（试行）》修正条文 …………………（1005）
　【链接】 依法追究责任　严格保护环境
为建设美好家园提供有力司法服务和保障
——最高人民法院环境资源庭负责人就《关于审理生态环境
损害赔偿案件的若干规定（试行）》答记者问 …………（1038）

最高人民法院
关于生态环境侵权案件适用禁止令保全措施的若干规定
（法释〔2021〕22 号　2021 年 12 月 27 日）……………（1046）
　【注解】 ……………………………………………………（1048）
　【解读】 解读《最高人民法院关于生态环境侵权案件适用禁止令
保全措施的若干规定》 …………………………（1048）

最高人民法院
关于审理生态环境侵权纠纷案件适用惩罚性赔偿的解释
（法释〔2022〕1 号　2022 年 1 月 12 日）………………（1061）
　【解读】 解读《最高人民法院关于审理生态环境侵权纠纷案件适用惩罚性
赔偿的解释》 ……………………………………（1063）
　【链接】 用最严格制度最严密法治保护生态环境
——最高人民法院相关负责人就《最高人民法院关于审理生态
环境侵权纠纷案件适用惩罚性赔偿的解释》答记者问 …（1073）

最高人民法院　最高人民检察院
关于办理海洋自然资源与生态环境公益诉讼案件若干问题的规定
（法释〔2022〕15号　2022年5月10日）……………………（1077）
　　【解读】解读《最高人民法院、最高人民检察院关于办理海洋自然资源与
　　　　　　生态环境公益诉讼案件若干问题的规定》……………………（1078）
　　【链接】加大海洋环境司法保护力度　服务海洋强国建设
　　　　　　——最人民法院、最高人民检察院相关部门负责人就《关于
　　　　　　办理海洋自然资源与生态环境公益诉讼案件若干问题的
　　　　　　规定》答记者问 ……………………（1086）

最高人民法院
关于审理森林资源民事纠纷案件适用法律若干问题的解释
（法释〔2022〕16号　2022年6月13日）……………………（1089）
　　【注解】……………………（1092）
　　【解读】解读《最高人民法院关于审理森林资源民事纠纷案件适用
　　　　　　法律若干问题的解释》……………………（1093）
　　【链接】最高人民法院相关负责人就《最高人民法院关于审理森林资源
　　　　　　民事纠纷案件适用法律若干问题的解释》及配套
　　　　　　典型案例答记者问 ……………………（1103）

最高人民法院
关于具有专门知识的人民陪审员参加环境资源案件审理的若干规定
（法释〔2023〕4号　2023年7月26日）……………………（1106）
　　【解读】解读《最高人民法院关于具有专门知识的人民陪审员参加环境
　　　　　　资源案件审理的若干规定》……………………（1108）
　　【链接】完善规则，丰富环境资源案件专门性事实查明方法
　　　　　　——最高人民法院环境庭负责人就《关于具有专门知识的人民
　　　　　　陪审员参加环境资源案件审理的若干规定》答记者问 …（1111）

最高人民法院
关于审理生态环境侵权责任纠纷案件适用法律若干问题的解释
（法释〔2023〕5号　2023年8月14日）……………………（1114）
　　【链接】健全完善法律适用规则体系　推动生态环境审判工作高质量发展
　　　　　　——最高人民法院相关负责人就最新发布的生态环境侵权
　　　　　　相关司法解释答记者问……………………（1118）

指导案例 128 号　李劲诉华润置地（重庆）有限公司环境污染
　　责任纠纷案 ………………………………………………………（1122）
指导案例 129 号　江苏省人民政府诉安徽海德化工科技有限公司
　　生态环境损害赔偿案 ……………………………………………（1126）
指导案例 130 号　重庆市人民政府、重庆两江志愿服务发展
　　中心诉重庆藏金阁物业管理有限公司、重庆首旭环保科技
　　有限公司生态环境损害赔偿、环境民事公益诉讼案 …………（1129）
指导案例 133 号　山东省烟台市人民检察院诉王振殿、马群凯
　　环境民事公益诉讼案 ……………………………………………（1135）
指导案例 175 号　江苏省泰州市人民检察院诉王小朋等 59 人生态
　　破坏民事公益诉讼案 ……………………………………………（1140）
指导性案例 204 号　重庆市人民检察院第五分院诉重庆瑜煌电力
　　设备制造有限公司等环境污染民事公益诉讼案 ………………（1143）
指导性案例 206 号　北京市人民检察院第四分院诉朱清良、朱清涛
　　环境污染民事公益诉讼案 ………………………………………（1146）
指导性案例 207 号　江苏省南京市人民检察院诉王玉林生态破坏
　　民事公益诉讼案 …………………………………………………（1149）

最高人民法院
　　关于生态环境侵权民事诉讼证据的若干规定
　　（法释〔2023〕6 号　2023 年 8 月 14 日） ………………………（1153）

指导案例 135 号　江苏省徐州市人民检察院诉苏州其安工艺品
　　有限公司等环境民事公益诉讼案 ………………………………（1158）

四、人格权

最高人民法院
关于确定民事侵权精神损害赔偿责任若干问题的解释

(2001年2月26日最高人民法院审判委员会第1161次会议通过 根据2020年12月23日最高人民法院审判委员会第1823次会议通过的《最高人民法院关于修改〈最高人民法院关于在民事审判工作中适用《中华人民共和国工会法》若干问题的解释〉等二十七件民事类司法解释的决定》修正)

为在审理民事侵权案件中正确确定精神损害赔偿责任,根据《中华人民共和国民法典》等有关法律规定,结合审判实践,制定本解释。

第一条 因人身权益或者具有人身意义的特定物受到侵害,自然人或者其近亲属向人民法院提起诉讼请求精神损害赔偿的,人民法院应当依法予以受理。

第二条 非法使被监护人脱离监护,导致亲子关系或者近亲属间的亲属关系遭受严重损害,监护人向人民法院起诉请求赔偿精神损害的,人民法院应当依法予以受理。

第三条 死者的姓名、肖像、名誉、荣誉、隐私、遗体、遗骨等受到侵害,其近亲属向人民法院提起诉讼请求精神损害赔偿的,人民法院应当依法予以支持。

第四条 法人或者非法人组织以名誉权、荣誉权、名称权遭受侵害为由,向人民法院起诉请求精神损害赔偿的,人民法院不予支持。

第五条 精神损害的赔偿数额根据以下因素确定:
(一)侵权人的过错程度,但是法律另有规定的除外;
(二)侵权行为的目的、方式、场合等具体情节;
(三)侵权行为所造成的后果;
(四)侵权人的获利情况;
(五)侵权人承担责任的经济能力;
(六)受理诉讼法院所在地的平均生活水平。

第六条 在本解释公布施行之前已经生效施行的司法解释,其内容有与本解释不一致的,以本解释为准。

【注　解】

最高人民法院2001年3月8日公布本解释，法释〔2001〕7号，自2001年3月10日起施行。

最高人民法院2020年12月29日公布《最高人民法院关于修改〈最高人民法院关于在民事审判工作中适用《中华人民共和国工会法》若干问题的解释〉等二十七件民事类司法解释的决定》修正本解释，法释〔2020〕17号，该修正自2021年1月1日起施行。

【解　读】

解读《最高人民法院关于确定民事侵权精神损害赔偿责任若干问题的解释》

一、问题的提出

《民法通则》第一百二十条关于姓名、肖像、名誉、荣誉等四项具体人格权遭受侵害时，受害人可以要求赔偿损失的规定，在审判实践中被普遍援引为确认当事人精神损害赔偿责任的法律依据。随着《民法通则》的颁布施行，一度被视为"人格权利商品化"的精神损害赔偿，在理论和实践中都获得了广泛的认同。为顺应时代潮流，加强对以人格权利为核心的有关民事权益的司法保护，实现司法公正，维护人格尊严，最高人民法院制定了《关于确定民事侵权精神损害赔偿责任若干问题的解释》（以下简称本解释），由最高人民法院审判委员会第1161次会议通过，自2001年3月10日起施行。

二、理解与适用

（一）精神损害的概念界定与赔偿范围

审判实践中，首先面临的一个重要问题就是精神损害的赔偿范围。精神损害的赔偿范围，一是指主体范围，即何种类型的民事主体（自然人、法人或者其他组织）就其民事权益受到侵害，可以请求赔偿精神损害；二是指客体范围，即何种性质的民事权益受到侵害可以请求赔偿精神损害。要明确这一问题，首先应当明确什么是精神损害。

按照大陆法系国家传统的民法理论，因侵权致人损害，其损害后果可以区分为两种形态：即"财产上损害"和"非财产上损害"。"财产上的损害"是指一切有形财产和无形财产所受损失，包括现有实际财产的减少和可得利益的丧失。其基本特征是损害具有财产上的价值，可以用金钱加以计算。"非财产上损害"相对于财产上损害而言，是指没有直接的财产内容或者不具有财产上价值的损害，其损害本身不能用金钱加以计算。广义说认为，在此意义上，凡属"财产损害"以外的其他一切形态的损害，包括生理、心理以及超出生理、心理范围的抽象精神利益损害，都是"非财产上损害"，不以民事主体是否具有生物形态的存在和精神感受力为前提。因此，无论自然人、法人，其民事权益遭受侵害时都会发生"非财产上损害"。狭义的观点认为，"非财产上损害"作为具体的损害结果，首先是指精神痛苦，忧虑、绝望、怨愤、失意、悲伤、缺乏生趣等均为其表现形态，其次还包括肉体痛苦。"名誉遭受侵害者，被害人多仅生精神上之痛苦，但身体被侵害者，依其情形，亦会产生肉体之痛苦。精神与肉体，均系不具有财产上价值，其所受之痛苦，应同属非财产上损害。"由于精神和肉体，是自然人人格的基本要素，也是自然人享有人格权益的生理和心理基础，因此，狭义说将"非财产上损害"限于自然人人格权益遭受侵害导致精神痛苦和肉体痛苦的情形，并依社会一般观念称之为"精神损害"。

我们认为，从概念本身的逻辑含义来看，"非财产上损害"应从广义加以理解，其表现形态有两个方面：(1) 以生理、心理的可感受性为前提和基础的具体形态的精神损害，包括积极意义上的精神损害即精神痛苦和肉体痛苦；也包括消极意义上的精神损害即自然人的知觉丧失与心神丧失，如因身体遭受侵害成为植物人、脑瘫病人，因侵权行为使精神遭受刺激，成为完全丧失民事行为能力的精神病人等。(2) 不以生理、心理的可感受性为前提的抽象形态的精神损害，如法人或者其他组织的名誉贬损，即抽象意义的精神利益损害。但从损害赔偿的价值理念出发，对"非财产上损害"的金钱赔偿，即通常所说的"精神损害赔偿"，世界各国和地区的立法和判例通常采取狭义说。本解释也从限定主义的立场出发，采取狭义说，在精神损害赔偿的主体范围上以自然人为限；但在"精神损害"概念的外延上则修正了传统的狭义说，认定自然人的精神损害包括积极的精神损害即精神痛苦和肉体痛苦，也包括消极的精神损害即知觉丧失与心神丧失。

将精神损害赔偿的主体范围限定为自然人，其理由是：

第一，民法对损害的救济，以恢复原状为原则，不能恢复原状或者恢复原状有明显困难时，才考虑以金钱赔偿填补损害。就自然人而言，其"非财产上损害"表现为积极意义上的精神痛苦和肉体痛苦，以及消极意义上的知觉丧失和心神丧失，对前者可采取停止侵害、恢复名誉、消除影响、赔礼道歉等方式弥补损害，在采取这些方式仍不足以弥补受害人所受损害的情况下，则以金钱赔偿的方式抚慰受害人，以填补损害；对消极意义的精神损害，依其情形只能以金钱赔偿作为救济，无适用赔礼道歉等救济方式之余地。就法人而言，其"非财产上损害"既不表现为有形和无形的财产损失，也不表现为可以感受的精神痛苦和肉体痛苦，作为纯粹的抽象精神利益损害，在损害赔偿的利益衡量范围内，不具有斟酌价值，即不能主张以金钱赔偿；但不妨碍受害人就其财产上损害，向侵权人主张其他形式的责任承担，如赔礼道歉、消除影响、恢复名誉。这也符合民法救济以"填补损害"为其基本功能的价值理念。

第二，对"非财产上损害"给予金钱赔偿，在填补损害的功能以外，还具有对加害行为的惩罚功能，对当事人利益的调整功能等，已经超出了民法救济以实现"平均的正义"为目标的价值功能。由此决定了精神损害赔偿的制度设计在立法上具有限定主义的特征。

第三，限定主义立法将"非财产上损害"的赔偿范围在主体上限于自然人，在客体上限于人格权益和身份权益，体现了现代社会以人为本的基本价值观念。"人格尊严及人格价值的保护，在现代个人自觉意识浓厚、工艺技术进步、大众传播发达的社会，具有特别重要的意义。"精神损害赔偿限于自然人的人格和身份权益受到侵害的情形，体现了在个人人格普遍受到重视和尊重的时代，从民法的角度对时代思潮所作出的回应。把包含有"人权"内涵的自然人的人格权利与主要是作为商法上具有商业标识和商誉性质的法人等社会组织的人格权利等量齐观，混为一谈，衡之事理，诚非适当；后者实质上是一种无形财产权。从损害赔偿的角度来看，企业法人人格所受损害本质上是财产上的损害，如其商业信誉丧失本质上即表现为现有财产的减少和可得利益的丧失，相应地，其损害赔偿救济也只能是财产损害赔偿中的所受损失和所失利益的赔偿；机关团体和事业单位法人虽与营利性的企业法人有所不同，但在不具备精神感受力方面并无本质区别。从比较法的角度来看，各国通常是将法人人格权纳入对无形财产权的保护范畴或由竞争法间接予以调整，立法上虽承认其"非财产上损害"的救济，但并不认可其具有非财产上的损害赔偿请求权。最高人民法院1993年6月15日通过的《关于审理名誉权案件若干问题的解答》第十条第二款，对《民法通则》第一百二十条规定的"赔偿损失"明确区分为"经济损失"和"精神损害"，并确认只有公民享有精神损害赔偿请求权。这种区分所体现的司法价值取向，符合当今世界和社会一般的主流价值取向，具有妥当性，故本解释采取这一立场。当然，也有意见认为侵权案件中要证明可得利益损失十分困难，赋予法人精神损害赔偿请求权可避免因举证不能导致当事人之间利益失衡，也能充分体现精神损害赔偿制度的调整功能。这种考虑有其合理性，可以通过今后的立法政策来作出最终抉择。

关于精神损害赔偿的客体范围，是审判实践中争议的焦点，也是本解释意图加以明确的重点。从立法政策的角度来看，大陆法系各国对此有两种立法模式：其一是限定主义的立法，明确规定"非财产上损害"以法律规定者为限，可以请求金钱赔偿，即在立法上对财产损害和非财产上损害不作出区分，或虽作区分但对精神损害赔偿的范围不作出特别的限制性规定，而是一般规定因过错致人损害的，应负损害赔偿责任。但前已述及，由于精神损害与自然人人格遭受侵害的不利益状态具有较为直接和密切的联系，加之从损害赔偿的价值理念及维护人格尊严的立法价值取向出发，有关国家和地区的民事法律，一般都将精神损害的赔偿范围限定在自然人的人身权益直接遭受侵害的情形，对财产权益受到侵害发生的精神损害，原则上不得主张损害赔偿救济。即使采取非限定主义立法模式的国家，其判例和学说也主张对精神损害的赔偿范围加以限制。因为财产权益受到侵害发生的精神损害，属于间接损害，民法理论一般认为，间接损害的发生，其后果往往难以预料，其范围通常也难以确定，如果一律给予赔偿，将会漫无边际。立法和判例上限制赔偿，一方面在防止过分加重当事人一方的负担；另一方面则充分体现了民事立法和民事司法对个人人权的普遍尊重和维护。非限定主义立法外延过宽，容易造成滥诉，并且会从根本上动摇损害赔偿制度的基本价值理念，为我国立法所不取。本解释根据《民法通则》等有关民事立法的原则规定，从维护人身权利和人格尊严的基本价值目标出发，也将精神损害赔偿的客体范围限制在以自然人的人格权益为核心的相关民事权益受到侵害的情形。本解释第一条至第四条对此予以规定。

（二）侵权类型之一："权利侵害"类型

本解释第一条包括两款，涉及侵权行为的两种类型。第一种类型理论上称之为"权利侵害"的类型，明确列举我国法律规定的各项具体人格权利，并引入"一般人格权"条款，确认自然人的人格权利遭受侵害，可以请求赔偿精神损害。

人格是指人之所以为人的尊严和价值。人格具有自然属性和社会属性，其自然属性表现为生命、身体和健康，其社会属性表现为名誉、荣誉、姓名、肖像、人格尊严和人身自由等等，是与特定民事主体的人身不能分离的固有的人格利益，当其被法律确认为民事权利时，就是人格权。在过去的审判实践中，对精神损害的赔偿范围限于《民法通则》第一百二十条规定的姓名权、肖像权、名誉权、荣誉权等几项具体人格权。本解释根据《民法通则》第五条、第一百零一条、第一百一十九条、第一百二十条规定的原则精神，以及《消费者权益保护法》第十四条、第二十五条的规定，完善了对自然人人格权利的司法保护体系。以下分别述之：

1. 生命权、身体权、健康权，理论上称为"物质性人格权"，是姓名权、肖像权、名誉权、荣誉权等"精神性人格权"赖以存在的前提和物质基础。生命权，就是自然人的生命不被非法剥夺、生命安全不受非法侵害的权利。身体权是指自主支配身体组织器官及其安全完整不受非法侵害的权利。健康权，是指保持生理、心理机能的完全及其不受非法侵害的权利。生命是自然人个体的生物存在方式，生命、身体是最基本的人格要素，生命、身体、健康则是人之所以为人的最基本的人格利益。《民法通则》第九十八条明确规定："公民享有生命健康权。"第一百一十九条规定："侵害公民身体造成伤害的，应当赔偿医疗费，因误工减少的收入，残废者生活补助费等费用；造成死亡的，并应当支付丧葬费、死者生前扶养的人必要的生活费等费用。"实践中对第一百一十九条规定所列损害赔偿"费用"是否包含精神损害抚慰金一直存在争议。但在《消费者权益保护法》《产品质量法》和《道路交通事故处理办法》等有关法律和行政法规中，对因身体遭受侵害造成死亡和残疾的，规定有"残疾赔偿金""死亡赔偿金"或"死亡补偿费""抚恤费"等，此种金钱赔偿具有精神损害抚慰金的性质，解释上认为这是对《民法通则》第一百一十九条规定的损害赔偿从概念的内涵上予以价值补充，使其外延包含了财产损害赔偿和非财产上损害赔偿的内容。鉴于其适用范围限于法律、行政法规有特别规定的侵权行为类型，且限于造成残疾和死亡的损害后果的情形，其保护不够充分和完善，本解释依据《民法通则》第九十八条①等有关规定扩张其适用范围。本解释的规定实现了精神损害赔偿范围从"精神性人格权"向"物质性人格权"的发展，是人格权司法保护的一个重要进步。

实践中另一个容易引起争议的问题，是对身体权与健康权应当如何来界定？过去认为《民法通则》第九十八条只规定了生命健康权，身体被解释为生命健康权的客体。但在有关国家和地区立法中，身体与健康是同时并列受到保护的独立人格权利。一般认为，所谓身体，系指肉体之组织，所谓健康，系指生理机能而言，两者应有区别。实践中，如强制文身、强制抽血、偷剪发辫、致人肢体残疾，乃至美容手术致人不美反丑，应属侵害他人身体权；如同时造成生理机能损害的，则可能同时构成侵害他人健康权。两者存在交叉，因此《日本民法》第七百一十条以身体包括健康；我国审判实践中则倾向于对健康权作扩张解释，以涵盖身体权乃至其他没有具体归类范畴的精神权益遭受侵害的情形（即所谓心理健康权）。鉴于即使对健康权作扩张解释也难以概括害身体权的各种类型，本解释根据《民法通则》第一百一十九条的规定，在第一条第一款第一项中，增列"身体权"。

2. 姓名权、肖像权、名誉权、荣誉权，理论上通常称之为"精神性人格权"。姓名权、肖像权是自然人自主支配和使用其姓名、肖像，并要求他人予以尊重的权利。名誉权是自然人就其才具、品行等人格价值获得社会公正评价并享受其利益的权利。关于荣誉权，其性质历来存在人格权与身份权之争。主张其为人格权的，认为荣誉权是名誉权的一种特殊形态，是国家给予之荣典。本解释对此不作争论，仍根据《民法通则》第一百二十条的规定予以列举。实

---

① 对应《民法典》第一百一十条。

践中，对上述精神性人格权的侵害行为，客观上往往和一定的财产利益或者机会利益联系在一起，成为侵权人牟取利益的手段。因此，侵权人获利情况，成为确定精神损害抚慰金的斟酌因素，本解释第十条对此予以规定。

3. 人身自由权和人格尊严权。《宪法》第三十七条规定："中华人民共和国公民的人身自由不受侵犯。"这是人身自由权作为一项人格权利的宪法渊源。人身自由权作为民事权利首先规定在消费者权益保护法中。《消费者权益保护法》第二十五条规定："经营者……不得侵犯消费者的人身自由。"鉴于人身自由权受到《宪法》《刑法》等公法的保护，在民事活动中也是一项基本的人格权利，本解释依据有关法律规定扩张其适用范围。人身自由权的基本含义，是指自然人的活动不受非法干涉、拘束或者妨碍的权利。它包括身体自由和意志自由两个方面的内容，也是人之所以为人的一般人格利益，因此，理论上有认为人身自由权属于一般人格权。侵害身体自由的情形，在消费者保护领域中主要表现为强行滞留；一般情形下，侵害人身自由权通常和犯罪行为有关，如非法拘禁、绑架、拐卖以及与性犯罪相联系的藏匿，其行为本身也构成民事侵权。此外，学说上认为诬告他人致受冤狱，妨碍公路通行，妨碍相邻关系通行权等，均属侵害身体自由权，审判实践中对此尚需进一步研究。侵害意思自由的情形，一般认为《最高人民法院关于贯彻执行〈中华人民共和国民法通则〉若干问题的意见（试行）》第一百四十九条设有规定："盗用、假冒他人名义，以函、电等方式进行欺骗或者愚弄他人，并使其财产、名誉受到损害的，侵权人应当承担民事责任。"有关国家的判例和学说，对此也予以肯定。

关于人格尊严权，《宪法》第三十八条规定："中华人民共和国公民的人格尊严不受侵犯"，表明我国宪法保护人格尊严权。人格尊严是人格权利一般价值的集中体现，因此人格尊严权本质上应是一般人格权。《民法通则》对一般人格权未作出规定，而将人格尊严具体化为名誉权的权利内涵。《民法通则》第一百零一条规定："公民、法人享有名誉权，公民的人格尊严受法律保护，禁止用侮辱、诽谤等方式损害公民、法人的名誉。"从一般人格权是具体人格权的权利渊源的意义上来理解，该条规定有其合理性，但其限制了人格尊严作为一般人格权客体的功能发挥，泛化了名誉权作为一项具体人格权的权利内涵。随着《消费者权益保护法》的颁布施行，人格尊严权作为一般人格权在民事活动中的地位得以确认。《消费者权益保护法》第十四条规定："消费者在购买、使用商品和接受服务时，享有其人格尊严……得到尊重的权利。"但在审判实践中，对人格尊严权的保护是人民法院通过宪法民法化的方法在判例中确认的。鉴于一般人格权对自然人人格权利的保护具有特别重要的意义，为贯彻宪法保护一般人格权的原则精神，本解释引入"一般人格权"条款，并依据其宪法渊源表述为"人格尊严权"，将其扩展到民事活动的普遍适用范围。值得特别指出的是，"人格尊严权"作为"一般人格权"条款，它具有补充法律规定的具体人格权利立法不足的重要作用。但在处理具体案件时，应当优先适用具体人格权的规定，而将"人格尊严权"作为补充适用条款。本解释的规定实现了精神损害赔偿范围从"具体人格权"到"一般人格权"的发展，是人格权司法保护的又一重大进步。

（三）侵权类型之二："公序良俗违反"类型

本解释第一条第二款，理论上称之为"公序良俗违反"，是侵权法结构体系中一个重要的侵权类型。根据该款规定，违反社会公共利益、社会公德侵害他人人格利益构成侵权，受害人可以请求赔偿精神损害。

《民法通则》第五条[①]规定："公民、法人合法的民事权益受法律保护，任何组织和个人不得侵犯。""民事权益"包括权利和利益。在审判实践中，人民法院对侵害他人合法民事权利的行为均直接确认其构成侵权，但对于合法权益遭受侵害，则往往是通过间接的方式给予司法保护。对隐私的司法保护就具有代表性。隐私在我国现行民事法律中尚未被直接规定为一项民事权利，而是由相关司法解释将隐私作为公民（自然人）名誉权的一个内容予以保护。《最高人民法院关于贯彻执行〈中华人民共和国民法通则〉若干问题的意见（试行）》第一百四十条规定："以书面、口头等形式宣扬他人的隐私，……造成一定影响的，应当认定为侵害公民名誉权的行为。"《最高人民法院关于审理名誉权案件若干问题的解答》之七"对未经他人同意，擅自公布他人的隐私材料或者以书面、口头形式宣扬他人隐私，致使他人名誉受到损害的，按照侵害他人名誉权处理"，就是一种间接保护。既然给予司法保护，说明隐私作为一项人格利益具有合法性。为什么不能提供直接的保护呢？主要是由于存在理论上的障碍和法律基础上的障碍。

传统的侵权法理论认为，权利在本质上是一种利益，但其与尚未被实体法确定为权利的利益不同：权利受法律保护，可以排除任何形式的侵犯，利益一旦成为权利的内容，权利人可以要求所有的人、特定的人以及一部分人不得做损害利益的行为；而利益系指任何人类欲望的客体，它可能是正当的，也可能是不正当的，利益并不必然受法律保护。只有在侵害利益的同时，也侵犯了法律权利，利益才可能受到法律的保护，获得侵权法上的救济。审判实践实际上是贯彻这一理论的。

从法律基础的角度来看，隐私要获得法律保护，必须是侵害隐私的行为具备侵权行为的构成要件。按照侵权法原理，行为的违法性是判断侵权行为成立与否的第一构成要件，只有具备违法性要件，才考虑行为与损害后果之间是否具有因果关系，加害人是否具有主观的可归责性。而行为是否具有违法性，其基本的判断依据就是：加害行为所直接侵害的客体，是否属于法律所保护的合

---

① 对应《民法典》第三条。

法民事权利。不具备违法性要件，就不能成立侵权行为，受害人就没有请求司法保护的法律基础。间接保护借助名誉侵权的法律构成，为隐私的保护提供了法律基础。但名誉与隐私内涵并不相同，名誉权在外延上也不能涵盖隐私权的全部内容。我国《宪法》规定通信秘密受法律保护，民诉法则规定涉及个人隐私的案件不公开审理，均表明我国法律保护隐私，隐私作为人格利益具有正当性、合法性。但公法的保护不能取代私法的保护，只有将隐私纳入民法保护之中，其法律保护才是完整的。这就提出了一个问题，权利是生成的、发展的，还是静止的、僵化的？显然，任何权利都是历史地生成的。侵权法的整个历史显示一个倾向，那些被认为值得法律保护的利益，在此前，往往没有受到任何保护。它也表明这样的可能性，即现在没有受到保护的利益以后会受到保护，现在没有受到完善保护的，以后会受到全面的保护。但权利的生成并非立法上的"顿悟"，而往往是通过司法判例来发展的。这就提出了另一个问题，如何为这种权利的生成和发展提供适当的法律基础？这在有关国家和地区的民事立法实践中，已经有了可资借鉴的经验，即将侵权行为类型化的方法，或称之为侵权行为法之体系构成。

所谓侵权行为法之体系构成，源自《德国民法典》的规定侵权法体系的三个结构层次，学说上也称之为侵权构成的三种类型：第一种为权利侵害类型；第二种为目的违反类型；第三种为利益侵害类型，三种类型分别具有三种不同的法律构成要件，为损害赔偿诉讼提供了完备的法律基础。其中第三种类型，在法律构成上称之为"公序良俗违反"，是指对利益的侵害违反公序良俗，其行为就具有违法性。即在"权利侵害"之外，为加害行为是否具有违法性，提供了另一个判断标准，即是否违反公序良俗。这样，不仅直接侵害法律规定的民事权利的行为具有违法性，可以构成侵权；对由于历史或者其他原因，尚未被法律确认为民事权利的正当利益，如果故意以违反公序良俗的方式加以侵害，则此种侵害行为也会被确认为具有违法性，可能构成民事侵权行为。这就为某些特定利益的司法保护提供了法律基础，也为权利的生成提供了法律机制——在此意义上，权利表现为一种积极的利益，利益则成为消极的权利。由于侵权法结构体系所具有的特殊功能，"民法得以应付剧烈变动的社会现实，民法在司法实践中得以成长"，学者因此而称道："侵权行为法是民法的生长点。"

基于上述学说，本解释第一条第二款将侵害隐私纳入违反公序良俗致人损害的侵权类型中予以规定，同时涵盖了不能归入第一款"权利侵害"类型中的侵害其他人格利益的案件类型，从而确立了我国侵权行为体系构成中的"公序良俗违反"类型。应当说明的问题是，本解释的规定，是否具有法律依据？我们认为，按照民法解释学中的比较法解释方法和体系解释方法来分析，可以肯定本解释的规定是有法律依据的。

综上所述，公序良俗原则在有关国家和地区的民事立法和司法判例中，都是作为一项民法基本原则,同时规范法律行为和侵权行为。即使立法上仅在法律行为的效力部分明确规定公序良俗原则,在侵权行为部分未作出明确规定或未作规定的,在解释适用上也认为该原则同时规范侵权行为。

从比较法的观点看,我国《民法通则》第七条①关于"民事活动应当尊重社会公德、不得损害社会公共利益"的原则规定,与上述有关国家和地区民法中的"公序良俗"原则规范功能一致。《民法通则》第五十八条第(五)项②违反法律或者社会公共利益的民事行为无效的规定就体现了这一功能。解释上认为,"公共利益"相当于"公共秩序","社会公德"相当于"善良风俗"。《民法通则》仅就公序良俗原则对法律行为的规范功能作出规定,没有直接体现其对侵权行为的规范功能,但从比较法的角度对《民法通则》第七条规定作出体系解释,则其当然具有对侵权行为的规范功能。本解释对此予以揭示,应属对《民法通则》立法精神合乎逻辑的贯彻和引申。

人民法院在审判实践中,已有实际运用公序良俗原则确认侵权行为违法性的案例。如在他人卧室墙上安装监视器窥探他人隐私的侵害隐私案,在他人新房设置灵堂侵权案等。现实生活中类似这样没有具体的权利侵害类型,但确属违反公序良俗的案例还会层出不穷,司法解释予以规定,对这类案件的处理提供了依据。本解释明确规定违反社会公共利益、社会公德侵害他人人格利益构成侵权,将包括隐私在内的合法人格利益纳入直接的司法保护中,完善了对人格权益提供司法保护的法律基础,对完善侵权法的结构体系和侵权案件的类型化也会产生积极的促进作用。

在适用该条规定的时候,还会发生如下的问题:第一,什么是公序良俗原则?什么样的行为可以认定其违反公序良俗,构成侵权行为?第二,"其他人格利益"是指何种类型的人格利益?如何确认其具有正当性或者合法性,从而人民法院应当给予司法保护?

"公序良俗",是指公共秩序和善良风俗,是社会基本的法制秩序和道德准则的抽象概括。学说上认为其性质是一般条款,没有可能的文义,只是为法官指出了一个方向,要他朝着这个方向去进行裁判,因此,该原则包含了法官自由裁量的因素,具有极大的灵活性。"公共秩序和善良风俗,属于国家一般利益及社会一般道德准则,毫无疑问,为正当的重大事由。""鉴于立法者不可能就损害国家一般利益和违反社会一般道德准则的行为作出具体的禁止规定,因而通过规定公序良俗这样的一般条款,授权法官针对具体案件进行价值补充,以求获得判决的社会妥当性。"我国《民法通则》使用"社会公共利益"和"社会公德"的表述,作为法律概念虽不够规范,"且不能涵括一切公序良俗违

---

① 对应《民法典》第八条。
② 对应《民法典》第一百五十三条。

反类型"，但较为通俗地揭示了该原则所指引的价值方向。鉴于公序良俗原则的基本功能在于弥补法律强行性规定和禁止性规定之不足，因此其适用应从严掌握。例如，有关国家和地区的立法对"公序良俗违反"构成侵权，都以行为人主观故意为要件，本解释在适用中对此也应当作同一解释，防止滥用。

对"其他人格利益"的确认是与对"公序良俗违反"的类型化直接结合在一起的。"其他人格利益"，应当是在社会基本的法制秩序和道德观念上认为是正当的利益。理论上已有学者提出了"公序良俗违反行为"的类型，但其主要针对市场交易中的法律行为，而非针对侵权行为。其中，"违反性道德的行为类型"，"违反人权和人格尊重的行为类型"等，具有启发性，可以借鉴为侵权行为中的"公序良俗违反"行为类型。

此外，本解释第三条关于自然人死亡以后，对其生前享有的人格利益的延伸保护的规定，实质上是将这种情形下的侵权行为纳入了"公序良俗违反"类型。按照传统的民法理论，自然人的权利能力始于出生，终于死亡，自然人死亡以后就不再具有民事主体资格，不享有民事权利，当然也就谈不上死者具有人格权。但由于近亲属间特定的身份关系，自然人死亡以后，其人格要素对其仍然生存着的配偶、父母、子女和其他近亲属会发生影响，并构成生者精神利益的重要内容。这种精神利益所体现出的人性的光辉，有助于社会的团结和睦，有利于维护社会稳定。因此，对死者人格的侵害，实际上是对其活着的配偶、父母、子女和其他近亲属精神利益和人格尊严的直接侵害，在侵权类型上，同样属于以违反公序良俗的方式致人损害，损害后果表现为使死者配偶、父母、子女和其他近亲属蒙受感情创伤、精神痛苦或者人格贬损。以往的司法解释仅就名誉权的延伸保护有过规定，本解释则将其扩大到自然人的其他人格要素，包括姓名、肖像、荣誉、隐私以及死者的遗体、遗骨。其真正的目的，应是保护生者的人格尊严和精神利益。

（四）侵权类型之三：身份法益与监护权

本解释第二条是关于特定的身份权利受到侵害，可以请求赔偿精神损害的规定。

民法理论上认为，民事权利可以分为财产权和人身权两个基本范畴。人身权则包括人格权和身份权。身份权，是以一定身份关系为基础所具有的权利。理论上认为，身份权的实质在于对人的支配，因此，凡是不以对人的支配为内容的民事权利，即使是基于身份关系所产生的权利，也不属于身份权。据此，法定继承，夫妻或者父母子女之间的扶养请求权，虽以身份关系为前提，但其内容非属对人的支配，均不属于身份权。根据这一理论，存在较大争议的荣誉权，也不属于身份权，因其本质亦非属对人的支配。荣誉权的客体本身，是国家或社会的权威机构，对民事主体的人格所具有的社会价值给予的褒扬或者荣典。本解释遵从惯例，仍将"荣誉权"视为人格权。

现代社会，人格独立、自由、平等已成为社会基本的法律价值理念，以对人的支配和约束为内容的身份权，如传统亲属法中的夫权、家长权都不再为法律认可。但在亲属法的范畴内，为保护亲属关系利益，法律仍然承认一定范围内基于亲属相对关系的身份权，但法律保护的重心已从对人的支配权利的保护发展演变为对特定身份关系利益（包括财产利益和人格利益）的保护。其中最具重要性的，就是基于婚姻家庭关系产生，内涵特定的人格和精神利益的亲权和近亲属范围内的亲属权。

亲权是父母对未成年子女进行监督、保护和管教的权利，其性质属于身份权。亲权的行使虽局限于自然血亲，但其本质上是以自然血亲为基础所形成的一种特定的身份权利，亲子感情的幸福圆满是其固有的人格利益内涵。亲权被侵害，受害人所遭受的通常并不是财产上的损害，而是感情创伤和精神痛苦，即"非财产上的损害"。不仅亲权如此，近亲属范围内的亲属权也是如此，作为身份权利，都内含特定的人格和精神利益，其所受损害，同样属于"非财产上损害"。"寒衣针线密，家信墨痕新，见面怜清瘦，呼儿问苦辛"；"君问归期未有期，巴山夜雨涨秋池；何当共剪西窗烛，却话巴山夜雨时"；"香雾云鬟湿，清辉玉臂寒"，"但愿人长久，千里共婵娟"——这种父子之亲，夫妇之爱，兄弟姐妹之情，源于人类固有的基本伦理感情，其作为自然人的一项重要人格利益，应无疑义。加害人因故意或重大过失侵害上述身份权利，致受害人伦理感情遭受巨大伤害的，应当赔偿受害人的精神损害。审判实践中曾发生过这样的案例：一个幸福的三口之家，由于一次偶然的体检，父母发现养育了六年而且情感深笃的儿子竟不是自己的亲生儿子，六年前生产时医护人员因重大过错将初生婴儿交叉抱错，造成一个家庭此恨绵绵无绝期的永久的遗憾和悲伤。此种"非财产上损害"如果得不到法律救济，有违社会正义，有失事理之平。传统民法对此种情形的救济类型，从概念逻辑上通常是以父母对未成年子女所享有的亲权作为其权利救济类型，换言之，就是以亲权被侵害作为当事人请求权的法律基础。但中国现行《婚姻法》没有将亲权直接确认为一项民事权利。审判实践中，通常类推适用监护权的有关规定作为救济。一种观点认为，监护系为被监护人的利益而设，因此监护只是一项职责而非权利。我们认为，在近亲属范围内，监护实际上具有身份权利的性质。非法使被监护人脱离监护，导致亲子关系或近亲属间的亲身关系遭受严重损害的，可以认定为侵害他人的监护权，监护人请求赔偿精神损害的，人民法院应当依法予以受理。本解释将精神损害赔偿范围从单纯的人格权利延伸到以婚姻家庭关系为基础，内涵特定人格和精神利益的一定范围内的身份权利，是对人格权司法保护的又一发展。

与此相关的是，2001年4月30日颁布施行的新《婚姻法》第四十六条①规定，对因一方重婚或即使不以夫妻名义但形成婚外同居关系、实施家庭暴力或以其他行为虐待家庭成员、或遗弃家庭成员而导致离婚的情形，规定无过错方有权请求损害赔偿。据了解，此处所谓"损害赔偿"主要针对"非财产上损害"即精神损害的赔偿。该条规定最后审议通过，表明立法直接确认了因婚姻关系纠纷造成的精神损害赔偿，但其性质是否涉及对身份权利的侵害，以及涉及对何种身份权利的侵害，需要进一步研究。

（五）侵权类型之四：对特定财产权的保护类型

本解释第四条是对因侵害财产权利造成物品所有人精神损害，当事人是否可以请求赔偿精神损害的特殊规定。

民事权利包括人身权和财产权，侵权损害则包括财产损害和非财产损害。客观上，任何权益遭受侵害，都可能发生财产上损害和非财产上损害。如传家名画被盗，会造成当事人精神痛苦，名誉遭受诋毁，也可能导致业主营业下降，收入减少。财产权利遭受侵害，给财产所有人造成精神损害，当事人能否请求赔偿精神损害？本解读之二中，对此问题已作出阐述，即从精神损害赔偿的价值理念和调整功能出发，精神损害的赔偿范围限定在自然人的人身权益直接遭受侵害的情形，对财产权益受到侵害发生的精神损害，原则上不得主张损害赔偿救济。但在审判实践中，人民法院对财产权遭受侵害导致财产所有人精神损害的特殊情形，也有判决支持当事人精神损害赔偿诉讼请求的若干判例。例如，一位在地震中失去双亲的孤儿，将父母生前唯一的一张遗照送到照相馆翻拍时被照相馆丢失，业主同意按洗印费十倍赔偿财产损失，受害人则要求赔偿精神损害。双方诉至法院，法院斟酌本案财产损失造成当事人精神损害的具体情况，判决业主赔偿受害人精神损害抚慰金。类似情形，多有发生，人民法院酌情判决赔偿受害人精神损害抚慰金，符合社会正义。但审判实践中，对其构成要件应从严掌握。首先，侵害的客体应当是特定物而非种类物；其次，该特定物以精神利益为内容，具有重大感情价值或特定纪念意义；第三，该特定财产具有与特定人格相联系的专属性质或人格象征意义；第四，因侵权行为致该物品永久性灭失或毁损，其损失具有不可逆转的性质。不具备以上构成要件的，仍应当按照损害赔偿法的一般原理，赔偿受害人的实际财产损失。

因侵害财产权利造成财产所有人精神损害，原则上该所有人只能就其财产损害请求赔偿，不得就精神损害请求赔偿，是基于损害赔偿法学区分"直接损失"和"间接损失"的理论。精神损害赔偿的固有含义是对人身非财产损害的赔偿，在侵权的客体或侵害的对象是财产权益而不是人格或者身份权益的情况下，精神损害具有间接损害的性质，即此种损害后果不是由于侵权行为直接侵

---

① 对应《民法典》第一千零九十一条。

害所致，而是以被直接侵害的客体为媒介间接造成，客观上往往难以预料。按照损害赔偿的法理，对客观上难以预料也难以确定其范围和大小的间接损失不在赔偿之列；如果给予赔偿，将会过分加重侵权人一方的负担，在利益衡量上有失公平。需要说明的是，此外"间接损失"一词，与国内民法学界过去所理解的"间接损失"不同。国内民法学界传统所说的"间接损失"，实质是指"消极利益损失"。例如，因他人交通肇事使自己车辆被损坏，车辆修复的费用损失，称为积极利益损失，因停运造成的营运损失，称为消极利益损失，从因果关系衡量，两种情形均属直接损失。国内民法学界，过去曾将消极利益损失称为间接损失，认为不应当赔偿，实际上是将"消极利益损失"混淆为"间接损失"，系对概念的误用，其逻辑推理的结论自然也不正确。最高人民法院法释〔1999〕5号《关于交通事故中的财产损失是否包括被损车辆停运损失问题的批复》指出："在交通事故损害赔偿案件中，如果受害人以被损车辆正用于货物运输或者旅客运输活动中，要求赔偿被损车辆修复期间的停运损失的，交通事故责任者应当予以赔偿。"其理论依据，就是认为消极利益损失非属间接损失，而是直接损失，与侵权行为具有直接因果关系。而因侵害财产权利致使财产所有人遭受精神损害，侵权行为所直接指向的客体是财产，由于财产所有关系，间接导致财产所有人的精神损害。这种意义上的间接损害，不在侵权法的赔偿范围之内，乃是大陆法系民法损害赔偿理论的一项重要原则。

与本条规定相联系，是关于违约损害赔偿，是否包括对精神损害的赔偿？合同责任不包括精神损害赔偿责任，为现行法律所确认，也为民法理论所公认。因为违约损害赔偿的基本价值理念，是按照等价交换原则，填补合同一方当事人因对方违约所受损害，与侵权损害赔偿的基本价值理念在本质上并无不同。精神损害如非因加害履行或瑕疵结果损害直接侵害合同一方当事人的人身所致，则仍属间接损害，不能请求损害赔偿。如果因加害履行等违约行为直接造成合同一方当事人人身权益被侵害，则发生合同责任与侵权责任的竞合。在此情形下，受害当事人得根据《合同法》第一百二十二条的规定："因当事人一方的违约行为，侵害对方人身、财产权益的，受损害方有权选择依照本法要求其承担违约责任或者依照其他法律要求其承担侵权责任。"选择要求对方承担侵权责任的，可根据《民法通则》等有关法律法规和本解释的规定，就所受精神损害要求侵权人承担赔偿责任。如果选择违约责任，仍不能请求精神损害赔偿。本解释第四条涉及违约与侵权的竞合，鉴于违约责任不包括精神损害赔偿，因此本条强调，必须是物品所有人"以侵权为由"起诉，才能请求赔偿精神损害。

国外有因违反合同而被法院判决赔偿精神损害的若干判例，但一般限于以提供安宁的享受或解除痛苦和烦恼等期待精神利益为目的的合同，如旅游度假服务合同、摄影录像服务合同。国内对美容整形服务合同未能达到预期目的并造成不良后果的,也有判决违约方赔偿精神损害的若干判例;包括洗印照片被丢失的案例,有意见认为应从违约损害赔偿的角度来观察和理解。其理论上的依据,国内有学者从合同利益构造的角度认为,一方违约造成对方精神损害属于维持利益损害,应当给予赔偿;也有认为期待精神利益损失可以类推适用《合同法》第一百一十三条①规定中的可得利益损失。因为期待精神利益损失符合该条规定中的"可预见性"特征,即违反合同一方订立合同时预见到或者应当预见到的因违反合同可能造成的损失,因而具有直接损失的性质;如因债务人一方违约而使合同目的落空,债权人可以向人民法院起诉要求赔偿精神损失,但以合同不能继续履行为限。本解释依据现行法律规定,未采纳违反合同也应承担精神损害赔偿责任的观点,而将精神损害赔偿的范围限制在上述侵权案件类型中。

鉴于本条规定将精神损害赔偿的保护范围扩大到人格和身份权利以外的特定财产权,为防止滥用诉权,如以宠物被伤害为由请求赔偿精神损害,本条加上"具有人格象征意义"的条件作为限制。对"人格象征意义"应当如何理解,在审判实践中可能会有疑问。本解释这样规定,意在从消极方面限制滥诉行为,至于积极的方面何种情形可以认为是具有人格象征意义,应由审判实践予以总结。原则上,与特定人格的才能、品行、形象、风貌乃至精神魅力有关的纪念物品,可以认定为"具有人格象征意义"。

(六)关于诉讼主体

关于主体方面的规定,主要涉及以下两个问题:(1)自然人因侵权行为致死或自然人死亡后其人格或者遗体遭受侵害的,由死者配偶、父母和子女享有请求权;没有配偶、父母和子女的,其他近亲属享有请求权。(2)法人或者其他组织以人格权利等民事权益遭受侵害为由要求赔偿精神损害的,人民法院不予支持。

按照大陆法系传统的民法理论,侵权损害赔偿只赔偿直接受害人,对间接受害人一般不予赔偿。因为间接受害人的范围往往难以预料,也难以确定。如果一律给予赔偿,无疑会加重侵权人一方的负担,在利益衡量上显失公平。但有若干例外情形,对间接受害人给予赔偿符合社会正义观念。受害人死亡,即属于公认的例外情形之一。在此情形下,各国一般都确认受害人的配偶、父母和子女有权请求赔偿精神损害。鉴于中国的国情,我们认为应当将享有请求权的范围适当扩大。一种意见是扩大到与受害人形成赡养、抚养和扶养关系的近亲属,但以受害人没有配偶、父母和子女的情形为限;另一种意见则主张取消形成赡养、扶养和抚养关系这一限制性条件。本解释最终采取了后一种意见。其基本理由,是对于自然人死亡后,其人格或者遗体遭受侵害的,不仅配偶、

---

① 对应《民法典》第五百八十四条。

父母和子女有权请求赔偿精神损害,而且在没有配偶、父母和子女的情况下,其他近亲属也可以请求赔偿精神损害,对比自然人因侵权行为致死的情形,两者孰重孰轻,应不难判断。

关于法人和其他组织是否享有精神损害赔偿请求权,与对精神损害赔偿的功能和性质的确认有关。通常认为,精神损害赔偿是对"非财产上损害"的赔偿。"非财产上损害"在传统民法理论中一般被定义为精神痛苦和肉体痛苦。法人和其他组织作为民事主体仅在社会功能上与自然人相同,但其不具有精神感受力,无精神痛苦之可言,因此,其人格权利遭受侵害时,不具备精神损害后果这一侵权民事责任的构成要件。另一方面,对自然人的精神损害给予司法救济,与对人权的法律保护密切相关;把包含有"人权"内涵的自然人的人格权利与作为社会组织体的法人或者其他组织的人格权利等量齐观,混为一谈,是不适当的,后者实质上是一种无形财产权。法人人格遭受损害,赔礼道歉即足以恢复其名誉,无须给予金钱赔偿。相反的观点认为,"非财产上损害"与财产损害相对应,不能简单地将"非财产上损害"定义为精神痛苦和肉体痛苦,法人尤其是非营利法人名誉受损,导致其社会信誉降低,客观上也属于"非财产上损害",金钱赔偿有利于防止这类侵权行为的发生,充分发挥损害赔偿制度的教育防范功能。此外,营利性法人名誉受损,其财产损失往往难以有效举证,从"非财产上损害"的角度判令侵权人赔偿损失,能充分体现精神损害赔偿制度的调整功能,有利于制止商业不正当竞争等违法侵权行为的发生。鉴于精神损害赔偿制度着重在对基本人权的保护和对人格尊严的维护,对精神损害赔偿的泛化有违其制度设计的初衷,本解释没有采纳第二种意见。《最高人民法院关于审理名誉权案件若干问题的解答》第十条第二款,对《民法通则》第一百二十条规定的"赔偿损失"明确区分为"经济损失"和"精神损害",并确认只有公民享有精神损害赔偿请求权,本解释仍采取这一立场。

(七)关于赔偿责任的构成要件与赔偿数额的确定

关于精神损害赔偿责任的构成要件,与财产损害赔偿责任的构成要件,原则上并无不同,两者同属侵权损害赔偿,故精神损害赔偿责任的成立也应具备以下要件:(1)有损害后果,即因人格权益等有关民事权益遭受侵害,造成受害人"非财产上损害"——包括精神痛苦和肉体痛苦。(2)有违法侵害自然人人格和身份权益的侵权事实。违法性的判断标准,一是直接侵害法定权利,二是以违反社会公共利益或者社会公德(公序良俗)的方式侵害合法的人格利益。(3)侵权事实和损害后果之间具有因果关系。(4)侵权人主观上有故意或者过失,但法律另有规定的除外。需要说明的是,具备以上构成要件,侵权人应当承担相应的民事责任,包括停止侵害,恢复名誉,消除影响,赔礼道歉;但对未造成严重后果,受害人请求赔偿精神损害的,一般不予支持。造成严重后果的,人民法院根据受害人的请求,可以判令侵权人赔偿相应的精神损害抚慰金。其指导思想在于，精神损害赔偿只是当事人承担民事责任的一种方式，而责任承担方式与责任的大小存在一定的均衡性。金钱赔偿属于较严重的责任承担方式，自然只有造成较为严重的损害后果，主张金钱赔偿才属损害与责任相当。这符合平均的正义的司法理念，有利于防止滥诉，节约诉讼成本。对于何种情形属于"未造成严重后果"，何种情形才构成"后果严重"，属于具体个案中的事实判断问题，应由审判合议庭或者审理案件的法官结合案件具体情节认定。

精神损害是一种无形损害，本质上不可计量。金钱赔偿并不是给精神损害"明码标价"，两者之间不存在商品货币领域里等价交换的对应关系。但从国家的经济文化发展水平和社会的一般价值观念出发，可以从司法裁判的角度对精神损害的程度、后果和加害行为的可归责性及其道德上的可谴责性作出主观评价，即由审判合议庭行使自由裁量权确定具体案件的赔偿数额。但为了尽量减少或降低自由裁量的主观性和任意性，本解释第八条和第十条规定了若干原则。第八条规定的意义已如上述，是明确精神损害赔偿只承担精神损害民事责任的一种方式，只有当侵权人承担其他形式的民事责任不足以弥补受害人精神损害的情况下，方可考虑采取金钱赔偿的方式。本解释第十条对确定抚慰金时应当考虑的相关因素作了原则规定。其中，比较容易引起争议的是第（五）项"侵权人承担责任的经济能力"。一种观点认为，侵权责任的承担是为了填补损害，只能由损害的大小来决定责任的大小。考虑侵权人的经济能力，有违法律面前人人平等的原则；有钱多赔，也会导致受害人获得不当利益。此种观点，未综合考虑精神损害赔偿的抚慰功能、惩罚功能和调整功能，而单纯就填补损害功能立论，所以不能区分精神损害赔偿与财产损害赔偿的不同作用，本解释未予采取。从平均的正义向分配的正义的发展，是现代社会立法和司法实践中一个带有趋势性的重要现象。精神损害赔偿基于其特殊的调整功能和惩罚功能，在填补损害的前提下考虑加害人承担责任的经济能力，体现了司法实践中从平均的正义向分配的正义的发展，具有积极意义。基于同样的理由，对赔偿数额的确定还应考虑受诉法院所在地的平均生活水平，不应盲目攀比，鉴于我国经济、社会和文化发展所固有的地区不平衡性，本解释对赔偿的具体标准未作规定。实践中，已经有一些地方立法机关和高级人民法院对精神损害赔偿数额作出了比较具体的规定。制定这些规定，与本解释的指导思想没有原则冲突。各地法院的不同规定，与当地的经济文化发展水平有关，也是积累审判实践经验。今后可以通过判例的积累进一步总结经验，归纳类型，逐步实现全国范围内的相对衡平。

（八）关于法律、法规与司法解释的相互协调

本解释第九条规定是为了与现行的有关民事特别法和行政法规等相协调。《消费者权益保护法》第四十一条、四十二条规定，经营者提供商品或者服务，

造成消费者或者其他受害人人身伤害，致人残疾的，应当支付"残疾赔偿金"，致人死亡的，应当支付"死亡赔偿金"，《产品质量法》第四十三条也有类似的规定，其性质均属本解释规定的精神损害抚慰金。此外，《道路交通事故处理办法》第三十七条第（八）项规定的"死亡补偿费"，与"死亡赔偿金"名称不同，但具有同一性质，属于精神损害抚慰金。需要指出的是，《道路交通事故处理办法》第三十七条第（五）项规定的"残疾者生活补助费"属于对受害人财产损失的赔偿，不属精神损害抚慰金，与《消费者权益保护法》第四十一条规定的"残疾者生活补助费"相同，而与该法中的"残疾赔偿金"不能作同一解释。一种意见认为，"死亡赔偿金"是对逸失利益的赔偿，因而性质上仍属对财产损失的赔偿，而不是精神损害赔偿。但对逸失利益的赔偿有两种立法模式，即对继承丧失的赔偿与对扶养丧失的赔偿。前者指因受害人死亡，造成其在正常生存情况下余命年限内的收入损失，该收入损失扣除其个人生活费用，其余部分属于其继承人应得的财产利益，"死亡赔偿金"就是对这部分利益的赔偿。"扶养丧失"则是指因受害人死亡，死者亲属丧失了原有扶养费供给来源，并支出丧葬费，对其财产损失（丧葬费、生活补助费）和精神损害（死亡赔偿金）应予赔偿。我国有关立法属于"扶养丧失"的损失赔偿类型，故"死亡赔偿金"应理解为精神损害抚慰金。

刑事附带民事诉讼中的精神损害赔偿，是一个存在较大争议的问题。2000年12月19日法释〔2000〕47号《最高人民法院关于刑事附带民事诉讼范围问题的规定》第一条第二款规定："对于被害人因犯罪行为遭受精神损失而提起附带民事诉讼的，人民法院不予受理。"而依据本解释的规定，侵害他人生命、健康、身体权等项人身权益造成严重后果的，侵权人应当承担精神损害赔偿责任。如何理解这两个司法解释之间的关系，涉及如何看待刑事附带民事诉讼和独立民事诉讼的相互关系问题。一种观点认为，刑事附带民事诉讼只赔偿受害人物质损失，不包括精神损害，法有明文规定的，司法解释不能与之相抵触。各地法院亦有一部分同志持这一意见，认为刑事制裁已经起到抚慰受害人的作用，并且刑事被告被判刑后，其个人财产往往不足以支付民事损害赔偿金，即使作出赔偿精神损害的判决，事实上也难以执行。另一种意见认为，因犯罪而受到刑事制裁，与因侵权而承担民事责任，两者具有完全不同的性质。前者系因犯罪行为危害统治关系，而由犯罪分子承担具有公法性质的法律责任，目的是制裁和惩罚犯罪，防止犯罪行为的发生；后者系因违法行为侵害他人合法权益，而由侵权者对受害人本人承担的私法性质的法律责任，目的是依照等价赔偿原理填补受害人所受损失。两者性质不同，承担责任的对象不同，即使犯罪行为与民事侵权发生竞合，两种不同性质的责任也不能互相抵销。民事损害赔偿包括财产损害赔偿和精神损害赔偿两个方面的内容，凡是涉及因侵权引起的民事损害赔偿，无论通过何种诉讼程序请求损害赔偿救济，损害赔偿的实体内容和价值理念都应当是一致的、平等的，不能因为程序的不同而导致实体权利的不平等。持这一观点的意见认为，现行有关民事立法中没有直接出现过"精神损害赔偿"的概念，因此，《刑法》第三十六条和《刑事诉讼法》第七十七条中也不可涉及"精神损害赔偿"的规定，但这不能理解为《刑法》和《刑事诉讼法》排除或者否定了刑事附带民事诉讼中的精神损害赔偿，更不能理解为《刑法》和《刑事诉讼法》完全排除了对刑事犯罪分子追究民事责任时包括精神损害赔偿。《刑事诉讼法》第七十七条规定："被害人由于被告人的犯罪行为而遭受物质损失的，在刑事诉讼过程中，有权提起附带民事诉讼。"该条规定属于授权性规范，其着重点在于刑事附带民事诉讼的程序设置，表明受害人有权依照这一程序机制提起附带民事诉讼，而非将精神损害赔偿的诉讼请求排除在该程序设置之外。至于民事诉讼的诉权的有无以及诉讼请求的法律基础，应当以《民事诉讼法》以及民法和相关司法解释的规定为依据。

审判实践中对处理该问题形成了两种意见：一种意见认为，我国刑事附带民事诉讼的程序设置，是为了简化诉讼程序，提高诉讼效率。如果刑事附带民事诉讼与独立的民事诉讼适用不同的实体法律规范，受害人就可能宁愿选择独立的民事诉讼，也不愿提起附带民事诉讼，这不仅导致刑事附带民事诉讼作为一种程序机制的名存实亡，还会增大诉讼成本，使追求效率的程序设计反而导致非效率的结果，违反制度设计的初衷。因此，我国的刑事附带民事诉讼的程序机制如果继续存在并发挥其程序功能，其前提应当是尊重附带民事诉讼程序的独立性。另一种意见认为，鉴于我国的刑事附带民事诉讼与德国模式较为接近，过去的审判实践和相关法律、司法解释都排除在刑事附带民事诉讼中受理精神损害赔偿请求，故倾向于受害人在刑事附带民事诉讼中提出精神损害赔偿诉讼请求的，人民法院不予受理；但受害人在刑事诉讼终结后单独提起民事诉讼请求赔偿损失包括精神损害的，人民法院应当依法予以受理。这样，既与当前审判实践中普遍做法相一致，也能较好地协调两个司法解释之间的关系。同时，在精神损害抚慰金数额的确定上，应当考虑犯罪分子所受刑罚，以及对其个人承担责任的经济能力予以酌定。因为犯罪分子受到刑罚处罚，客观上具有抚慰受害人精神痛苦的反射性作用；侵权人承担责任的经济能力，也是本解释第十条第一款第（五）项明确规定的精神损害抚慰金的酌量因素之一。因此，在价值判断上虽然不能否认因犯罪导致受害人精神损害也要承担精神损害赔偿责任，但在确定具体赔偿数额时，要根据损害后果，特别是犯罪分子受到刑罚处罚的情况以及他个人承担责任的经济能力酌情决定赔多赔少甚至不赔（如损害后果较轻、受害人与有重大过失的情形），以正确引导当事人理性索赔。

鉴于该问题目前尚无明确结论，故仍以尊重过去的实践为宜。

（撰稿人：陈现杰）

解读《最高人民法院关于确定民事侵权精神损害赔偿责任若干问题的解释》修正条文

一、修改情况说明

根据2020年12月23日最高人民法院审判委员会第1823次会议通过的《最高人民法院关于修改〈最高人民法院关于在民事审判工作中适用《中华人民共和国工会法》若干问题的解释〉等二十七件民事类司法解释的决定》，对2001年《最高人民法院关于确定民事侵权精神损害赔偿责任若干问题的解释》（以下简称原司法解释）进行了修正，修正后的司法解释简称新司法解释。

新司法解释对原司法解释共修改5条、废止6条。其中，引言涉及调整法律依据以及规范文字表述。第一条、第三条、第四条、第五条涉及实质性修改。废止的条款为：原第四条、原第六条、原第七条、原第八条、原第九条、原第十一条。

二、关于适应性修改条文的说明

引言部分：民法典颁布实施后，民法通则同时废止，因此在对司法解释修改时，将其引言中"根据《中华人民共和国民法通则》等有关法律规定"修改为"根据《中华人民共和国民法典》等有关法律规定"。同时，采司法解释规范表述，将"结合审判实践经验，对有关问题作如下解释"修改为"结合审判实践，制定本解释"。

三、关于重点修改条文的修改说明和理解与适用

以下为新司法解释条文。

1. 第一条

【修改内容】

本规定共有两处修改：一是将有权提起精神损害赔偿之诉的主体由"自然人"修改为"自然人或者其近亲属"。二是将精神损害赔偿之诉的受案范围由列举式改为概括式，将可以提起精神损害赔偿诉讼的情形由"生命权、健康权、身体权、姓名权、肖像权、名誉权、荣誉权、人格尊严权、人身自由权等人格权利、隐私以及其他人格利益受到非法侵害"修改为侵害"人身权益或者具有人身意义的特定物受到侵害"。

【修改说明】

民法典规定了精神损害赔偿制度，为与民法典关于精神损害赔偿制度相关

规定相衔接，并进一步细化规则，本规定作出修改。

【理解与适用】

本条是关于精神损害赔偿受案范围的规定。精神损害赔偿受案范围涉及两个问题：一是主体范围，即何种类型的民事主体就其民事权益受到侵害，可以请求赔偿精神损害；二是指客体范围，即何种性质的民事权益受到侵害可以请求赔偿精神损害。

（1）精神损害赔偿的主体。按照大陆法系国家传统的民法理论，因侵权致人损害，其损害后果可以区分为两种形态：即"财产上损害"和"非财产上损害"。"财产上损害"是指一切有形财产和无形财产所受损失，包括现有实际财产的减少和可得利益的丧失。其基本特征是损害具有财产上的价值，可以用金钱加以计算。"非财产上损害"相对于财产上损害而言，是指没有直接的财产内容或者不具有财产上价值的损害。其损害本身不能用金钱加以计算，在此意义上，凡属"财产损害"以外的其他一切形态的损害，包括生理、心理以及超出生理、心理范围的抽象精神利益损害，都是"非财产上损害"，不以民事主体是否具有生物形态的存在和精神感受力为前提。广义上认为，无论自然人、法人，其民事权益遭受侵害时都会发生"非财产上损害"；而狭义的观点认为，"非财产上损害"作为具体的损害结果，首先是指精神痛苦，忧虑、绝望、怨愤、失意、悲伤、缺乏生趣等均为其表现形态；其次包括肉体痛苦。通常认为，由于法人不具有精神感受力，无法产生精神和肉体上的痛苦，因此对法人而言不存在精神损害赔偿。我国民法典采狭义论观点，认为对法人和非法人组织不能适用精神损害赔偿。

需要注意的是，本规定此次修改将有权提起精神损害赔偿的主体由"自然人"修改为"自然人或者其近亲属"，主要是考虑到与民法典第一千一百八十一条、第一千一百八十三条的衔接。根据民法典第一千一百八十一条的规定，被侵权人死亡的，其近亲属有权请求侵权人承担侵权责任。此处的侵权责任是否包括精神损害赔偿？应当说，自侵权责任法明确规定精神损害赔偿制度以来，我国立法与司法实践对上述问题都是持肯定态度的，即认可因侵权行为而死亡的被侵权人的近亲属有权主张精神损害赔偿。民法典释义认为，民法典第一千一百八十三条第一款中的"侵害自然人人身权益"中的"自然人"包括了被侵权人死亡时其近亲属。然而，在民法典编纂过程中，有的观点提出，被侵权人因侵权行为死亡的，其近亲属能不能主张精神损害赔偿，不够明确，建议予以明确。[①] 在司法解释修正征求意见时，也有反馈意见建议明确规定精神损害赔偿的主体是否包括被侵权人的近亲属。考虑到审判实践的需要，我们在规

---

① 参见黄薇主编：《中华人民共和国民法典释义及适用指南（下）》，中国民主法制出版社 2020 年版，第 1803 页。

定精神损害赔偿主体资格时采"自然人或者其近亲属"的表述，目的是进一步强调精神损害赔偿的主体范围排除法人及非法人组织的同时，明确被侵权人死亡时其近亲属有权提起精神损害赔偿，这与民法典第一千一百八十三条规定的精神并不矛盾。

(2) 精神损害赔偿的客体。从立法政策的角度来看，大陆法系各国对精神损害赔偿客体的规定，一般有两种立法模式：其一是限定主义的立法，明确规定"非财产上损害"以法律规定者为限，可以请求金钱赔偿。其二是非限定主义的立法，即在立法上对财产损害和非财产上损害不作区分，或虽作区分但对精神损害赔偿的范围不作特别的限制性规定，而是一般规定因过错致人损害的，应负损害赔偿责任。在第二种立法模式下，无论是人身权还是财产权受到侵害，凡能证明因为此种侵害遭受非财产上损害的，都可以请求赔偿其损害。但前已述及，由于精神损害与自然人的人身权益遭受侵害的不利益状态具有较为直接和密切的联系，有关国家和地区的民事法律一般都将精神损害的赔偿范围限定在自然人的人身权益遭受侵害的情形之中，对财产权益受到侵害发生的精神损害，原则上不得主张损害赔偿救济。《民法典》从维护人身权利和人格尊严的基本价值目标出发，同时考虑到一些特定的物品对于被侵权人而言具有重要的人身意义，比如结婚纪念册、特殊纪念品等等，这些物品一般独一无二、难以复制，如果这些物品损毁、灭失，也会造成被侵权人严重的精神损害。因此，民法典将精神损害赔偿的客体范围主要规定为自然人的人身权益的同时，还规定了对自然人具有人身意义的特定物，也属于精神损害赔偿的客体范围。

(3) 精神损害赔偿诉讼受案范围。需要注意的是，本规定并非是对原解释中关于精神损害赔偿客体范围的修改，而是基于体例协调的考虑，对精神损害赔偿诉讼受案范围采取了概括式的规定。原司法解释第一条至第四条规定了精神损害赔偿的客体是人格权益、以监护权为代表的身份权以及具有人格意义的特定物，上述规定已为民法典一千一百八十三条所吸收，并规定为自然人及其近亲属实体上可以获得支持的权利。本规定在2001年制定时，精神损害赔偿制度处于探索完善时期，司法实践对这类诉讼是否属于民事诉讼受案范围尚有疑义，因此，原司法解释第一条至第四条均采"应予受理"的表述，是为了解决此类诉讼"进门"的问题。应当说，随着审判实践的发展，特别是2015年立案登记制改革，对于精神损害赔偿应作为民事诉讼案件受理且权利人能够依法得到实体法上的支持，已为立法和实践认可，现阶段再规定精神损害赔偿的受理规则已无必要。因此，本规定在此次修订时的总体思路是：第一，关于精神损害赔偿诉讼的受案范围，不再按照精神损害赔偿客体逐条强调受理要件，而是将本规定作为第一条，在吸收原解释第一条至第四条客体范围的基础之上，统一规定精神损害赔偿受案范围，以保持体例完整。同时，本规定第二条为监护权的特别规定,尽管第一条已经规定了身份权是精神损害赔偿的客体,即第一条已经包括了第二条的内容。在司法解释修正征求意见过程中,大部分意见建议保留,理由是有利于强调对未成年人的保护。我们采纳大部分意见,将第二条保留。第二,对于民法典有明确规定的,对于该类起诉应予受理毋庸赘述,其受理规则不再保留,故删除了原第四条。第三,对于近亲属是否可以主张精神损害赔偿,民法典没有明确规定,故将第三条由受理规则修改为实体判断规则,与民法典第一千一百八十三条相衔接。

本规定对精神损害赔偿受案范围作出修改,需要注意三个问题:第一,民法典第九百九十条的规定:"人格权是民事主体享有的生命权、身体权、健康权、姓名权、名称权、肖像权、名誉权、荣誉权、隐私权等权利。除前款规定的人格权外,自然人享有基于人身自由、人格尊严产生的其他人格权益。"因此,原规定所列举的具体人格权益已为民法典九百九十条吸收,本规定不再详细列举。还需要说明的是,隐私权在民法典人格权编中,已经规定为人格权利,原规定将隐私列入人格利益范畴已不恰当。第二,原司法解释第四条关于"具有人格象征意义的特定纪念物品,因侵权行为而永久性灭失或者毁损,物品所有人以侵权为由,向人民法院起诉请求赔偿精神损害的,人民法院应当依法予以受理"的规定,已被民法典第一千一百八十三条第二款吸收。故在原第4条废止的同时,此类情形仍需指引。至于此类诉讼请求能否得到支持,应依法进行实体判断。第三,民法典第一千一百八十三条规定的精神损害赔偿客体是自然人的人身权益,本解释第二条监护权受到侵害可以提起精神损害赔偿的规定,即体现了身份权亦为精神损害赔偿保护客体。除了监护权之外,如果自然人因其他身份权益遭受严重精神损害,是否可以依法主张精神损害赔偿?本规定没有具体列举其他身份权益,而是采取一种较为开放的态度,为今后司法实践留出探索空间。

2. 第三条

【修改内容】

本规定共有两处修改:一是将原司法解释列举的自然人死亡后其近亲属可以提起精神损害赔偿的三种情形精简规定为"死者的姓名、肖像、名誉、荣誉、隐私、遗体、遗骨等受到侵害";二是将符合上述情形而自然人的近亲属提起精神损害赔偿的,人民法院"应当依法予以受理"修改为"应当依法予以支持"。

【修改说明】

民法典第一千一百八十三条关于精神损害赔偿的规定,是实体判断规则。2015年实行立案登记制改革,对于符合民事诉讼法第一百一十九条规定的案件,人民法院应当有案必立、有诉必理。在立案登记制的背景之下,结合民法典的相关规定,本规定作出相应修改。

【理解与适用】

本规定是对死者的人身权益延伸保护的规定。审判实践中，因死者的姓名、肖像、名誉、荣誉、隐私、遗体、遗骨等受到侮辱、贬损、丑化引起的纠纷不断出现。自然人死亡后，其姓名、肖像、名誉、荣誉等应当受到法律保护自无争议，但对法律和司法解释在这里保护的是谁的权利，是什么权利还存在不同的认识。一种观点认为，自然人死亡后的一段时间内，死者仍然可以作为人身权的主体享有权利。因此，法律保护的是民事主体人身权的延伸。另一种观点则认为，自然人的民事权利能力始于出生，终于死亡。之所以在死者姓名、肖像、名誉、荣誉受到侵害时，允许其近亲属向人民法院起诉，主要是为了保护死者近亲属的利益。

近代民事立法中一般均规定，自然人的民事权利始于出生，终于死亡。法律在保护自然人的人身权益的同时，对于其在诞生前或死亡后依法享有的利益，给予延伸保护。既然我国民法典第十三条已经明确规定，自然人从出生时起到死亡时止，具有民事权利能力，依法享有民事权利，承担民事义务。死者不具有民事权利能力，也就不享有民事权利。因此，将本规定中保护的内容解释为死者的民事权利，就缺少法律依据，故不能理解为本规定确定了对死者人身权的保护。同时，根据死者近亲属享有诉权就认为本条解释的目的是保护死者近亲属的民事权利的观点则明显与本解释的原意相悖。姓名、肖像、名誉、荣誉均属于人格权的范畴，人格权是民事主体的一种专属权利，只能由每个民事主体单独享有，不得转让、抛弃、继承。人格权的这种专属性，决定了除自然人本人以外，任何他人均不可能通过转让、继承来取得他人的人格权，所以，自然人死亡以后，其姓名、肖像、名誉、荣誉受损的事实，不能视为其近亲属民事权利受损。法律和司法解释保护的，也不是死者近亲属的民事权利。现代民法理论认为，自然人生命终止以后，继续存在着某些与该自然人作为民事主体存续期间已经取得和享有的与其人身权相联系的利益，损害这些利益，将直接影响到曾经作为民事主体存在的该自然人的人格尊严。通常认为，民事主体享有民事权利能力时，其享有人身权益；当民事主体还未诞生以及消灭以后，作为权利主体已经不存在，但由于其围绕人身权益而存在的先期利益和延续利益客观地存在着。民法典第九百九十四条将死者的姓名、肖像、名誉、荣誉、隐私、遗体、遗骨作为一种合法利益给予法律保护，体现了法律对民事主体权益保护的完整性，也有利于引导人们重视个人生前和身后的声誉，符合社会主义核心价值观。

理解本条规定还应该注意，既然司法解释的本意是对自然人生前享有的人身权而产生的利益给予延伸保护，死者的近亲属享有的是什么权利？应该说死者近亲属享有的是一种请求权是为了保护死者人身权利益必备的一种请求权。之所以规定由死者近亲属行使这种请求权，是考虑到由于近亲属与死者具有在共同生活中形成的感情、亲情或特定的身份关系，最关心死者人身权利益的延伸保护问题；另外，以往最高人民法院的司法解释已经对近亲属的内涵作了明确的规定，又因为近亲属的存活年限有一般的规律存在，可以作为对死者人身权利益的保护期限。明确这一点，对于审判实践最直接的意义是，当死者的人身权利益受损的事实发生后，无论其亲属有多少人同时提起诉讼，都不影响人民法院判令侵权人支付精神损害抚慰金的数额；一个损害事实只能引起一次诉讼，死者的其他近亲属就同一侵权事实提起的请求精神损害赔偿的诉讼，人民法院不能因为提起诉讼的主体不同而全部予以支持。

3. 第四条

【修改内容】

本规定共有三处修改：一是将"其他组织"修改为"非法人组织"；二是将法人或者非法人组织的"人格权利"修改为"名誉权、荣誉权、名称权"；三是将此类主体起诉请求精神损害赔偿时，人民法院"不予受理"修改为"不予支持"。

【修改说明】

民法典总则编将民事主体分为三类：自然人、法人以及非法人组织，原司法解释规定中关于"其他组织"的表述与民法典规定不符。同时，根据民法典第一百一十条第二款的规定，法人享有的人格权仅为名称权、名誉权、荣誉权，原规定中关于"人格权利"的表述过于宽泛。此外，民法典第一千一百八十三条规定的有权主张精神损害赔偿的主体为自然人而排除了法人以及非法人组织，此为实体判断规则。据此，为与民法典相关规定精神保持一致，本规定作出修改。

【理解与适用】

本条是对自然人以外的其他民事主体能否主张精神损害赔偿的规定。

关于自然人以外的其他民事主体人格权受到侵害是否可以主张精神损害赔偿，学术界大致存在两种观点：一种为所谓的"精神痛苦说"。这种观点认为，精神损害在本质上是一种非财产损害，它是指自然人因侵害人格权的行为而导致的生理、心理、精神、感情上的创伤和痛苦。这种创伤和痛苦只有自然人才存在，并以悲伤、忧虑、绝望等形式表现出来。精神痛苦是精神损害赔偿的基础和前提。而法人和非法人组织作为社会组织，在名称权、名誉权、荣誉权等人格权利受到侵害时，不存在精神、心理等方面的痛苦，不存在精神损害的问题，自然没有精神损害赔偿适用的余地。在法人或者非法人组织的人格权受到侵害的情况下，损害赔偿应以财产损失为前提，即造成法人和非法人组织财产损失的，应当予以赔偿；未造成财产损失的，应采取其他民事责任形式如停止侵害、赔礼道歉、消除影响等方式来处理。故精神损害赔偿只能限定在自然人的范围。另一种观点认为，精神损害不仅指因侵权行为导致的受害人生理、心理、精神等方面的痛苦，也包括受害人因侵权行为而遭受的抽象精神利益的损害。依这种观点，精神损害可以分为三种情况：即以侵害权利人生命权、健康权、身体权为主要内容的生理方面的损害；以造成受害人精神痛苦、焦虑、绝望等损害为主要内容的心理方面的损害和以侵害权利人姓名（名称）、肖像、名誉、婚姻家庭关系等为主要内容的精神利益的损害。精神利益不以权利主体的生物形态为存在的基础，凡是法律上的"人"，不论自然人还是法人均存在精神利益，都可能成为精神损害的受害者。因此，在侵权行为造成法人或者非法人组织的精神利益受损时，也应当承担精神损害赔偿责任。这种观点还认为，导致精神损害的行为也不限于侵害人身权益的行为，侵害他人财产权的行为，甚至违约行为，均可能导致他人的精神损害，并引起精神损害赔偿的发生。而"精神痛苦说"混淆了精神利益与精神痛苦的关系，将精神痛苦作为精神损害的唯一的客体，缩小了精神损害赔偿的适用范围，特别是将法人和其他组织排除在精神损害赔偿之外，使法人和其他组织的精神利益无法实现，不利于保护法人和其他组织的合法权益。其他国家和地区的学说和立法上一般不采用精神损害赔偿的提法，而是使用"非财产损害赔偿"的概念。所谓非财产损害，有学者认为即是指精神痛苦和生理痛苦，以此为前提，法人"仅其社会价值与自然人相同而已"，不存在精神痛苦，不应适用非财产损害赔偿；也有学者认为，"非财产损害赔偿"是无形损害，不仅仅指精神痛苦，所有的非财产损害均应包括在内，不能因为法人没有精神而否认其有非财产损害。各个国家和地区由于立法原则不同，立法和判例对于法人是否可以适用非财产损害赔偿问题采取不同的立场。我国的立法和实践主流观点不支持法人和非法人组织的精神损害赔偿，因此，民法典采纳了这一观点，将侵权责任法中有权主张精神损害赔偿的主体"他人"修改为"自然人"，明确了只有自然人才可以作为有权主张精神损害赔偿的主体。因此，为与民法典规定精神保持一致，人民法院对于法人或者非法人组织以名称权、名誉权、荣誉权遭受侵害为由，请求赔偿精神损害的，不应予以支持。需要注意的人、法人或者非法人组织以名称权、名誉权、荣誉权之外的其他人格权益遭受侵害为由请求精神损害赔偿，人民法院应如何处理？由于民法典人格权编中，名称权、名誉权、荣誉权之外的其他人格权益是自然人专属的人格权，法人或者非法人组织并不享有，因此，法人或者非法人组织以名称权、名誉权、荣誉权之外的其他人格权益遭受侵害为由主张侵权损害赔偿的，由于其不具有诉的利益，不符合民事诉讼法第一百一十九条的规定，人民法院对此类诉讼应不予受理，已经受理的，应当驳回起诉。

4. 第五条

【修改内容】

本规定共有四处修改：一是将原第一款第一项修改为"但是"；二是将第一款第二项"手段、场合、行为方式"修改为"目的、方式、场合"；三是将

"受诉法院"修改为"受理诉讼"法院；四是删除原司法解释第二款。

【修改说明】

关于"但是""受理诉讼法院"的表述是民法典的规范表述，本规定系根据民法典相关表述进行修改。关于第二项侵权行为的具体情节，系参照民法典第九百九十八条关于侵害人格权民事责任的参考因素的规定进行的修改。此外，关于删除残疾赔偿金、死亡赔偿金相关规定的原因是，民法典第一千一百七十九条将残疾赔偿金、死亡赔偿金作为财产损失的具体项目予以明确，民法典第一千一百八十三条关于精神损害赔偿是独立于财产损失的赔偿类目，精神损害赔偿中不涉及适用残疾赔偿金、死亡赔偿金。

【理解与适用】

本规定是关于确定精神损害赔偿数额的规定。精神损害赔偿数额的确定标准是审判实践中经常遇到的问题。由于缺少法律和司法解释的依据，各地人民法院在审判实践中判出的数额相差悬殊。因此，有必要对精神损害赔偿金数额的确定标准加以规范。

不同国家对于精神损害赔偿金采取了不同的标准，固定赔偿、标准赔偿和限额赔偿的原则在大陆法系国家中采用的较为普遍。而英美法系多由法官自由裁量。考虑到涉及精神损害赔偿的案件类型多种多样，每一个案件的具体侵权状况和引起的后果各不相同，采取列举的方式并不能穷尽所有的侵权行为，且各侵权行为发生地的经济情况和当事人的收入水平也不尽一致，很难制定出一个统一的精神损害赔偿标准。因此，本规定仍采取的是由法官根据确定的因素进行裁量的办法，但这种裁量要遵循一定的原则，尽可能降低裁量的主观性和任意性。

赔偿损失是承担民事责任的一种重要方式，精神损害赔偿本质上与财产损害赔偿的责任构成要件并无不同。本规定之所以要求法官在确定精神损害赔偿数额时首先考虑侵权人的主观过错，是因为过错责任原则是侵权责任法的一般归责原则。精神损害赔偿作为一种民事责任，自然应遵循这一归责原则。因此，侵权人主观上具有过错，过错程度是否严重，是故意还是过失，应该成为法官在确定精神损害赔偿数额时所要考虑的重要因素。这是过错责任原则的基本要求。将这一原则应用到审判实践中，就是要在确定精神损害赔偿数额时做到：其一，侵权人没有过错的，只有在法律另有规定的情况下，才可以判决其承担精神损害赔偿责任；其二，在侵权后果大致相同的情况下，故意侵权致人损害的当事人较之过失侵权致人精神损害的当事人责任要重，支付的精神损害赔偿金的数额相对要多一些；其三，对于过失致人精神损害的当事人，重大过失和一般过失相比较，前者支付的精神赔偿金数额要高一些。

侵权人的侵害目的、方式、场合等具体情节和侵权行为所造成的后果是法官在确定精神损害赔偿数额时需要结合起来考虑的问题。精神损害是一种无形损害，本质上不可用金钱计量，金钱也并不能像填补物质损害一样对受害人的精神损害起到填平损害的作用。要求侵权人承担精神损害的赔偿责任，主要是基于对侵犯他人人身权益的侵权行为的可归责性及道德上的可谴责性作出的主观评价。因此，精神损害赔偿兼具抚慰、惩罚和调整功能。精神损害的性质决定了损害后果是由多种因素综合造成的，单纯考虑某一种因素所得出的结果并不科学。例如：精神损害后果的严重与否，与受害人的主观状态，特别是其心理承受能力有密切的关系。同样的侵权行为，发生在不同的当事人身上，可引起不同的后果。因此，在确定精神损害赔偿金数额的时候，不仅仅要看到侵权行为造成的直接后果，还要结合侵害人的侵害目的、方式、场合等具体侵权情节加以考虑。一般说来，审判实践中结合侵权行为所造成的后果和侵权人的目的、方式、场合考虑确定精神损害赔偿金数额时应注意：（1）从损害后果上看，侵权致人精神损害，造成受害人死亡、精神失常丧失劳动能力、生活自理能力的，较造成受害人一般精神痛苦的，侵权人的精神损害赔偿责任要重；（2）从侵权行为的道德可谴责性看，在公众场合，公然侮辱、诽谤他人，采取恶劣手段侮辱妇女，造成重大影响的，较一般后果、影响不大的侵权行为，侵权人的精神损害赔偿责任要重。也就是说，从侵害目的、方式、场合看，侵权行为的道德可谴责性越大，侵权人所应承担的精神损害赔偿责任也就相应地应该加重。

对于因人身权益造成的损失到底是什么，是多少，在实践中往往难以认定。这时就要考虑采用其他合理的赔偿标准。在财产损失赔偿中，如果被侵权人的财产损失难以确定的，一般情况下采取侵权人所获利益标准进行赔偿。采取这种标准的原因在于，在被侵权人损失难以计算的情况下，通常对方所获得的利益就是等同于所遭受的损失。这种做法在知识产权领域早有实践，在此背景下，民法典第一千一百八十二条在总结有关经验的基础上明确了以侵权人获利为标准的赔偿方式。本规定参照民法典第一千一百八十二条规定，将获利标准作为精神损害赔偿数额的考虑因素，是一种务实的选择。

是否应当将侵权人承担经济责任的能力作为确定精神损害赔偿数额的因素考虑，是争议较大的问题。持反对意见的人认为，将侵权人的经济承担能力作为确定精神损害赔偿金数额的依据，造成的直接后果是，实施同样侵权行为的人，有钱的就多赔，无钱的就少赔；对于受害者来说，受到有钱的行为人侵害，就可以多获赔偿，受到没有钱的行为人的侵害，就要少得赔偿或得不到赔偿，这种做法直接违反法律面前人人平等的原则。其实，这种观点是片面的。民法的一项基本功能就是平衡当事人之间的经济利益。精神损害赔偿有着许多不同于财产损害赔偿的特点：一是精神损害是无形的，其本身无法以金钱数额的多少进行计量，因此，不能单纯以给付数量的多少体现判决是否公平；二是从精神损害抚慰金的功能上看，受害人是否从精神上得到满足，往往也不是由精神损害抚慰金的绝对数额决定的，只要能够给侵权人以惩罚，就能够起到安抚受害人的作用。如果受害人看到侵权人因为他的侵权行为而承担的责任对于其经济状况来说已经属于一种惩罚，常常能够感到一种安慰从而接受这样的裁决。相反，如果法院判决加害人支付的精神损害抚慰金远远超过其支付能力而使受害人得不到实际的赔偿，则不利于起到安抚受害人的作用。精神损害赔偿的另一个功能是调整作用，目的是平衡双方当事人之间的经济利益，如果法官在作出裁决时不考虑侵权人的责任承担能力，使判决的结果在当事人之间造成新的重大的利益失衡，会使判决的执行变为不可能，从而使人民法院裁决的公平性、公正性受损。

处理侵权赔偿纠纷案一般要适用侵权行为地法，但侵权行为地又可以分为侵权行为发生地和侵权行为结果地。根据民事诉讼法的规定，受害人可以选择在侵权行为发生地或侵权行为结果地提起民事诉讼。又由于侵权人和受害人可能分属两个不同的国家或地区，所以，受诉法院常常在确定损害赔偿数额时，就参考哪一地的平均生活水平而发生分歧。由于精神损害赔偿不同于财产损害赔偿，不需要针对受害人的实际经济损失的大小作出准确的裁决，本着诉讼经济的原则，为了免去法官在就精神损害抚慰金数额作出裁决时考察受害人或侵权人住所地平均生活水平的麻烦，新司法解释明确规定法官在确定精神损害抚慰金的数额时可以只将受诉法院所在地的平均生活水平作为考虑因素。

四、关于废止条文的说明

1. 原司法解释第四条

根据民法典第一千一百八十三条第二款规定，因故意或者重大过失侵害自然人具有人身意义的特定物造成严重精神损害的，被侵权人有权请求精神损害赔偿。该条从实体法角度支持了被侵权人的主张，原司法解释第四条规定为被侵权人提起此类诉讼，人民法院应予受理，是程序性规定，在民法典已经进行实体性规定的情况下，原规定已无意义，故予以废止。

2. 原司法解释第六条

民事诉讼法司法解释第二百四十条规定："当事人就已经提起的事项在诉讼过程中或者裁判生效后再次起诉，同时符合下列条件的，构成重复起诉：（一）后诉与前诉的当事人相同；（二）后诉与前诉的诉讼标的相同；（三）后诉与前诉的诉讼请求相同，或者后诉的诉讼请求实质上否定前诉裁判结果。当事人重复起诉的，裁定不予受理；已经受理的，裁定驳回起诉，但法律、司法解释另有规定的除外。"根据民事诉讼法的上述规定，当事人在侵权诉讼中没有提出赔偿精神损害的诉讼请求，诉讼终结后又基于同一侵权事实另行起诉请求赔偿精神损害的，当事人另诉主张的精神损害赔偿与前诉并不相同，二者不构成重复起诉。在立案登记制的背景之下，原规定不予受理没有法律依据。特别是在一些侵害人身权益的案件中，被侵权人的精神损害在其提起诉讼之时并未凸显，时隔多年才产生或者发现精神损害，这种情况下，剥夺当事人提起精神损害赔偿的诉权，于理不公。据此，当事人就此种情形提起诉讼的，应由人民法院依法判断，不宜采取一刀切的规定，故在本解释修改过程中，废止原第六条的规定。但是，需要说明的是，从两便原则以及提高纠纷解决效率的角度考虑，应当鼓励当事人将纠纷一次性解决。

3. 原司法解释第七条

该条规定已被民法典第九百九十四条吸收，并且与新司法解释第三条重复，不必重复规定。

4. 原司法解释第八条

该规定已被民法典第一千一百八十三条、第九百九十五条吸收，不必重复规定。

5. 原司法解释第九条

民法典第一千一百七十九条中规定的残疾赔偿金或死亡赔偿金，属于独立于精神损害抚慰金的赔偿项目。该规定与民法典第一千一百七十九条、第一千一百八十三条规定精神不一致，应予以废止。

6. 原司法解释第十一条

本该规定已被民法典第一千一百七十三条的规定所吸收，不必重复规定。

【链　　接】

最高人民法院副院长唐德华就《关于确定民事侵权精神损害赔偿责任若干问题的解释》答记者问

一、问：最高人民法院今天公布《关于确定民事侵权精神损害赔偿责任若干问题的解释》（以下简称本解释）的指导思想是什么？为什么要制定这样一个司法解释？

答：首先，加强对民事权益的司法保护，努力实现司法公正，是人民法院工作的一项重要指导思想和基本价值目标。改革开放以来，随着《民法通则》等民事法律的颁布施行，我国的社会生活发生了巨大的变化，民主法制观念逐步深入人心，公民的权利意识日益觉醒。近年来，在审判实践中发生了大量以维护公民自身合法权益为内容的民事案件，集中体现了公民维权意识的提高，反映出我国社会正在向现代法治社会转型。社会的发展对人民法院的审判工作提出了更高的要求，顺应时代要求，加强对民事权益的司法保护，是人民法院工作的职责所在，也是公正司法的必然要求。最高人民法院制定关于如何确定精神损害赔偿责任的司法解释，就是加强对民事权益司法保护的一项重要措施。

其次，以人为本，权利在民，是建立现代民事审判制度的一个重要前提。去年十月召开的全国民事审判工作会议，规划了在新世纪建立我国现代民事审判制度的宏伟蓝图，也确立了我国现代民事审判制度维护和保障公民民事权利的司法价值目标。在新中国的法制建设历史上，《民法通则》的颁布实施是一个重要的里程碑。《民法通则》将人身权从其他民事权利中独立出来，单独作为一节，体现了经历过"文革"浩劫以后，中国人民痛定思痛，要依法维护人身权利和人格尊严的决心和信念。确认侵害他人人身权益应当承担精神损害赔偿责任，是最高人民法院制定司法解释的基本指导思想，也是对《民法通则》立法精神的贯彻实施。人民法院通过司法裁判确认精神损害赔偿责任，可以抚慰受害人，教育、惩罚侵权人，引导社会努力形成尊重他人人身权利，尊重他人人格尊严的法制意识和良好社会风尚，促进社会的文明、进步。

再次，最高人民法院制定关于确定精神损害赔偿责任的司法解释，是审判实践本身的需要。过去，最高人民法院曾经函复有关部门以及批复下级法院，肯定因交通肇事致人死亡应对死者家属酌情给予抚恤或者经济补偿，既表示对死者负责，也是对死者家属精神上的安慰。可以认为这是审判实践中确认精神损害赔偿责任的最早先例。《民法通则》颁布以后，法学理论实现了拨乱反正，一度被视为"人格权利商品化"的精神损害赔偿也首次在立法上得到确认。但在审判实践中，对精神损害赔偿的范围、标准和赔偿数额的确定，长期存在理解不一致，适用法律不统一的现象，影响了司法的严肃性和权威性，并导致对当事人利益的司法保护不够统一和均衡。社会各界对此反响强烈。为正确适用法律，确保司法公正，最高人民法院在广泛征求意见的基础上，起草制定了该项司法解释。

二、问：按照本解释的规定，哪些民事权益受到侵害，可以请求赔偿精神损害？本解释作出规定的法律依据是什么？

答：《民法通则》第五条①规定："公民、法人合法的民事权益受法律保护，任何组织和个人不得侵犯。"《民法通则》第一百一十九条、第一百二十条对公民的生命权、健康权、姓名权、肖像权、名誉权、荣誉权受到侵害，应当承担损害赔偿责任作出了原则性规定，这是我们制定司法解释的基本法律依据。此外，《消费者权益保护法》等民事特别法对人格尊严权和人身自由权的

---

① 对应《民法典》第三条。

规定，也给司法解释的制定提供了法律依据。除了以上权利受到侵害的情形以外，根据《民法通则》第七条①的规定，违反社会公共利益和社会公德，侵害他人合法的人格利益，也构成侵权。如对隐私的侵害，就是属于对法律所保护的合法人格利益的侵害。过去的司法解释，将对隐私的侵害作为侵犯名誉权的一种类型，对隐私的保护不够充分。本解释将违反社会公共利益或者社会公德侵害他人人格利益作为一种独立的侵权类型，对这类合法利益提供直接的司法保护，体现了现代社会法律道德化和道德法律化的历史发展趋势，是建立有中国特色的现代民事审判制度的一个重要特点。

本解释关于赔偿范围的另一项重要内容，是类推《最高人民法院关于审理名誉权案件若干问题的解答》第五条的规定，将对死者名誉的保护延伸到死者姓名、肖像、荣誉、隐私、遗体、遗骨。中国古代思想家认为，慎终追远，民德归厚。对逝去亲人的怀念和哀思，是生者精神利益的重要内容，其中所体现出的人性的光辉，有助于社会的团结和睦，有利于维护社会稳定。因此，对死者人格的侵害，实际上是对其生存着的近亲属精神利益和人格尊严的直接侵害，对死者人格的保护，归根结底是为了保护生者的人格利益和尊严。

本解释对监护权遭受侵害，以及因特定纪念物品遭受灭失毁损引起的精神损害，也规定受害人可以请求赔偿精神损害。

三、问：《婚姻法》目前正在修订过程当中，《婚姻法》（修正草案）第四十六条规定："因一方重婚或即使不以夫妻名义但形成婚外同居关系、实施家庭暴力或以其他行为虐待家庭成员、或遗弃家庭成员而导致离婚的，无过失方有权请求损害赔偿。"据了解，这里规定的"无过失方有权请求损害赔偿"主要是指精神损害赔偿。如果该条规定最后审议通过，本解释对此没有规定，是否与《婚姻法》相冲突？

答：本解释是最高人民法院行使司法解释权，对审判实践中如何适用法律的问题进行解释。对法律有明确规定的，应当依照法律规定。《婚姻法》是全国人大制定的法律，《婚姻法》的修订一旦审议通过，人民法院将直接在审判实践中遵照执行，本解释规定与否，对此不会发生影响。

四、问：因侵权造成他人精神损害，应当如何承担民事责任？

答：本解释第九条对此有明文规定："因侵权致人精神损害，但未造成严重后果，受害人请求赔偿精神损害的，一般不予支持，人民法院可以根据情形判令侵权人停止侵害、恢复名誉、消除影响、赔礼道歉。因侵权致人精神损害，造成严重后果的，人民法院除判令侵权人承担停止侵害、恢复名誉、消除

---

① 对应《民法典》第八条。

影响、赔礼道歉等民事责任外，可以根据受害人一方的请求判令其赔偿精神损害抚慰金。"应当明确，精神损害赔偿只是当事人承担民事责任的一种方式，因此，人民法院在审判实践中要正确引导当事人，尽量避免滥诉行为，避免无谓增加诉讼负担。

五、问：精神损害赔偿数额应当如何确定，有没有最高或者最低限额？

答：本解释规定的精神损害赔偿仅是因侵权行为给受害人造成精神痛苦应支付的抚慰金，不包括侵权人应赔偿给受害人因此而支付的费用及其他实际损失。关于赔偿数额的确定，本解释第十一条规定应当结合侵权人的过错程度、侵权行为所造成的损害后果、侵权人的获利情况、侵权人承担责任的经济能力，以及受诉法院所在地的平均生活水平等因素，综合予以确定。本解释没有规定最高或者最低限额，因为案件千差万别，各地经济发展水平和生活水平也相差很大，而且社会还处在不断的发展变化之中，因此，应该由法官根据案件具体情况决定。需要强调指出的是，金钱赔偿并不是给精神损害"明码标价"，精神损害与金钱赔偿之间不存在商品货币领域中等价交换的对应关系。金钱赔偿实质上是人民法院的审判人员依法行使审判权，对加害行为的可归责性及其道德上的可谴责性，结合精神损害后果的严重程度作出的司法评价。因此，精神损害赔偿应当根据当地社会的经济文化发展水平，考虑社会公众的认可程度，合理确定赔偿数额。应当明确，人民法院通过审判活动，确认侵权人的精神损害赔偿责任，其目的在于抚慰受害人，教育、惩罚侵权行为人，在社会上倡导尊重他人人身权利，尊重他人人格尊严的现代法制意识和文明进步的良好道德风尚。盲目攀比，一味求高，结果将会事与愿违。

六、问：本解释的公布施行，将会对审判实践产生重要的影响，应当如何评价其影响和作用？

答：本解释是对《民法通则》等有关法律的贯彻实施，也是对审判实践经验的总结。社会生活是不断发展的，新情况、新问题不断涌现，审判实践也是不断发展的。本解释只是人民法院在努力实现司法公正过程中的一个阶段性总结；即使旧的矛盾解决了，还会有很多新问题需要研究，需要从理论和实践方面进一步总结、探讨。但是，人民法院维护公民合法人身权益的职责不会改变，追求实现司法公正的价值目标不会改变，并将为此继续作出不懈的努力。

指导案例 99 号

葛长生诉洪振快名誉权、荣誉权纠纷案

(最高人民法院审判委员会讨论通过 2018 年 12 月 19 日发布)

关键词
民事　名誉权　荣誉权　英雄烈士　社会公共利益

裁判要点

1. 对侵害英雄烈士名誉、荣誉等行为，英雄烈士的近亲属依法向人民法院提起诉讼的，人民法院应予受理。

2. 英雄烈士事迹和精神是中华民族的共同历史记忆和社会主义核心价值观的重要体现，英雄烈士的名誉、荣誉等受法律保护。人民法院审理侵害英雄烈士名誉、荣誉等案件，不仅要依法保护相关个人权益，还应发挥司法彰显公共价值功能，维护社会公共利益。

3. 任何组织和个人以细节考据、观点争鸣等名义对英雄烈士的事迹和精神进行污蔑和贬损，属于歪曲、丑化、亵渎、否定英雄烈士事迹和精神的行为，应当依法承担法律责任。

相关法条

《中华人民共和国侵权责任法》第二条、第十五条

基本案情

原告葛长生诉称：洪振快发表的《小学课本〈狼牙山五壮士〉有多处不实》一文以及《"狼牙山五壮士"的细节分歧》一文，以历史细节考据、学术研究为幌子，以细节否定英雄，企图达到抹黑"狼牙山五壮士"英雄形象和名誉的目的，请求判令洪振快停止侵权、公开道歉、消除影响。

被告洪振快辩称：案涉文章是学术文章，没有侮辱性的言词，关于事实的表述有相应的根据，不是凭空捏造或者歪曲，不构成侮辱和诽谤，不构成名誉权的侵害，不同意葛长生的全部诉讼请求。

法院经审理查明：1941 年 9 月 25 日，在易县狼牙山发生了著名的狼牙山战斗。在这场战斗中，"狼牙山五壮士"英勇抗敌的基本事实和舍生取义的伟大精神，赢得了全中国人民的高度认同和广泛赞扬。新中国成立后，五壮士的事迹被编入义务教育教科书，五壮士被人民视为当代中华民族抗击外敌入侵的民族英雄。

2013 年 9 月 9 日，时任《炎黄春秋》杂志社执行主编的洪振快在财经网发表《小学课本〈狼牙山五壮士〉有多处不实》一文。文中写道：据《南方都

市报》2013年8月31日报道，广州越秀警方于8月29日晚间将一位在新浪微博上"污蔑狼牙山五壮士"的网民抓获，以虚构信息、散布谣言为由予以行政拘留7日。所谓"污蔑狼牙山五壮士"的"谣言"原本就有。据媒体报道，该网友实际上是传播了2011年12月14日百度贴吧里一篇名为《狼牙山五壮士真相原来是这样！》的帖子的内容，该帖子说五壮士"5个人中有3个是当场被打死的，后来清理战场把尸体丢下悬崖。另两个当场被活捉，只是后来不知道什么原因又从日本人手上逃了出来。"2013年第11期《炎黄春秋》杂志刊发洪振快撰写的《"狼牙山五壮士"的细节分歧》一文，亦发表于《炎黄春秋》杂志网站。该文分为"在何处跳崖""跳崖是怎么跳的""敌我双方战斗伤亡""'五壮士'是否拔了群众的萝卜"等部分。文章通过援引不同来源、不同内容、不同时期的报刊资料等，对"狼牙山五壮士"事迹中的细节提出质疑。

裁判结果

北京市西城区人民法院于2016年6月27日作出（2015）西民初字第27841号民事判决：一、被告洪振快立即停止侵害葛振林名誉、荣誉的行为；二、本判决生效后三日内，被告洪振快公开发布赔礼道歉公告，向原告葛长生赔礼道歉，消除影响。该公告须连续刊登五日，公告刊登媒体及内容需经本院审核，逾期不执行，本院将在相关媒体上刊登判决书的主要内容，所需费用由被告洪振快承担。一审宣判后，洪振快向北京市第二中级人民法院提起上诉，北京市第二中级人民法院于2016年8月15日作出（2016）京02民终6272号民事判决：驳回上诉，维持原判。

裁判理由

法院生效裁判认为：1941年9月25日，在易县狼牙山发生的狼牙山战斗，是被大量事实证明的著名战斗。在这场战斗中，"狼牙山五壮士"英勇抗敌的基本事实和舍生取义的伟大精神，赢得了全国人民高度认同和广泛赞扬，是五壮士获得"狼牙山五壮士"崇高名誉和荣誉的基础。"狼牙山五壮士"这一称号在全军、全国人民中已经赢得了普遍的公众认同，既是国家及公众对他们作为中华民族的优秀儿女在反抗侵略、保家卫国中作出巨大牺牲的褒奖，也是他们应当获得的个人名誉和个人荣誉。"狼牙山五壮士"是中国共产党领导的八路军在抵抗日本帝国主义侵略伟大斗争中涌现出来的英雄群体，是中国共产党领导的全民抗战并取得最终胜利的重要事件载体。"狼牙山五壮士"的事迹经由广泛传播，已成为激励无数中华儿女反抗侵略、英勇抗敌的精神动力之一；成为人民军队誓死捍卫国家利益、保障国家安全的军魂来源之一。在和平年代，"狼牙山五壮士"的精神，仍然是我国公众树立不畏艰辛、不怕困难、为国为民奋斗终身的精神指引。这些英雄烈士及其精神，已经获得全民族的广泛认同，是中华民族共同记忆的一部分，是中华民族精神的内核之一，也是社会主义核心价值观的重要内容。而民族的共同记忆、民族精神乃至社会主义核心价值观，无论是从我国的历史看，还是从现行法上看，都已经是社会公共利益的一部分。

案涉文章对于"狼牙山五壮士"在战斗中所表现出的英勇抗敌的事迹和舍生取义的精神这一基本事实，自始至终未作出正面评价。而是以考证"在何处跳崖""跳崖是怎么跳的""敌我双方战斗伤亡"以及"'五壮士'是否拔了群众的萝卜"等细节为主要线索，通过援引不同时期的材料、相关当事者不同时期的言论，全然不考虑历史的变迁，各个材料所形成的时代背景以及各个材料的语境等因素。在无充分证据的情况下，案涉文章多处作出似是而非的推测、质疑乃至评价。因此，尽管案涉文章无明显侮辱性的语言，但通过强调与基本事实无关或者关联不大的细节，引导读者对"狼牙山五壮士"这一英雄烈士群体英勇抗敌事迹和舍生取义精神产生质疑，从而否定基本事实的真实性，进而降低他们的英勇形象和精神价值。洪振快的行为方式符合以贬损、丑化的方式损害他人名誉和荣誉权益的特征。

案涉文章通过刊物发行和网络传播，在全国范围内产生了较大影响，不仅损害了葛振林的个人名誉和荣誉，损害了葛长生的个人感情，也在一定范围和程度上伤害了社会公众的民族和历史情感。在我国，由于"狼牙山五壮士"的精神价值已经内化为民族精神和社会公共利益的一部分，因此，也损害了社会公共利益。洪振快作为具有一定研究能力和熟练使用互联网工具的人，应当认识到案涉文章的发表及其传播将会损害到"狼牙山五壮士"的名誉及荣誉，也会对其近亲属造成感情和精神上的伤害，更会损害到社会公共利益。在此情形下，洪振快有能力控制文章所可能产生的损害后果而未控制，仍以既有的状态发表，在主观上显然具有过错。

【解　　读】

指导案例 99 号《葛某生诉洪某快名誉权、荣誉权纠纷案》的理解与参照
——以细节考据、观点争鸣等方式对英雄烈士的事迹和精神进行贬损、丑化的行为构成对英雄烈士名誉权、荣誉权的侵害

2018 年 12 月 19 日，最高人民法院发布了第 19 批指导性案例，包括第 97 号至第 101 号共 5 件指导性案例，总结了审判实践中某些普遍的疑难复杂法律适用问题，有利于进一步明确裁判规则，统一司法尺度。其中，第 99 号指导

案例为《葛某生诉洪某快名誉权、荣誉权纠纷案》。为了正确理解和准确参照适用该指导案例，现对该指导案例的选编过程、裁判要点、参照适用等有关情况予以解释和说明。

一、案例选编过程及指导意义

北京市高级人民法院向最高人民法院案例指导工作办公室推荐该案例作为备选指导性案例。该案是近年来保护英雄烈士人格权益的典型案例，对类似案件的审判具有指导意义，且推动了民法总则中相关内容的立法和英雄烈士保护法的出台，意义重大。最高人民法院案例指导工作办公室经过初审认为，该案例基本符合指导性案例要求，并提交最高人民法院研究室室务会讨论。2018年9月30日，最高人民法院研究室室务会经讨论，同意推荐该案例，并建议征求最高人民法院研究室民事处和民一庭意见。最高人民法院研究室民事处、民一庭均同意推荐该案例为指导性案例。2018年11月20日，该案例经最高人民法院民专会第302次会议讨论，同意作为指导性案例。12月19日，最高人民法院以法〔2018〕338号文件将该案例编入第19批指导性案例予以发布。

二、关于本案例的相关情况

近年来，社会上出现了以各种手段歪曲历史事实，侮辱、诽谤英雄人物和烈士的现象。这种现象，不仅损害了英雄、烈士的个人名誉、荣誉等人格权益，更直接或间接损害了英雄人物及其历史事件所体现的全民族的共同记忆和情感，同时也损害了这些英雄、烈士等英雄人物所代表的社会主义核心价值观。葛某生诉洪某快名誉权、荣誉权纠纷案件是这种现象的集中反映。依法审理好该系列案件，涉及英雄烈士个人名誉、荣誉等民事权益的保护问题，更涉及以法治手段、法治思维弘扬社会主义核心价值观，维护社会公共利益的重大问题。

本案的基本情况：1941年9月25日，在易县狼牙山发生了著名的狼牙山战斗。在这场战斗中，"狼牙山五壮士"英勇抗敌的基本事实和舍生取义的伟大精神，赢得了全中国人民的高度认同和广泛赞扬。中华人民共和国成立后，五壮士的事迹被编入义务教育教科书，五壮士被人民视为当代中华民族抗击外敌入侵的民族英雄。2013年9月9日，时任《炎黄春秋》杂志社执行主编的洪某快在财经网发表《小学课本〈狼牙山五壮士〉有多处不实》一文。文中写道：据《南方都市报》2013年8月31日报道，广州越秀警方于8月29日晚间将一位在新浪微博上"污蔑狼牙山五壮士"的网民抓获，以虚构信息、散布谣言为由予以行政拘留7日。所谓"污蔑狼牙山五壮士"的"谣言"原本就有。据媒体报道，该网友实际上是传播了2011年12月14日百度贴吧里一篇名为《狼牙山五壮士真相原来是这样！》的帖子的内容，该帖子说五壮士"五个人中有三个是当场被打死的，后来清理战场把尸体丢下悬崖。另两个当场被活捉，只是后来不知道什么原因又从日本人手上逃了出来"。2013 年第 11 期《炎黄春秋》杂志刊发洪某快撰写的《"狼牙山五壮士"的细节分歧》一文，亦发表于《炎黄春秋》杂志网站。该文分为"在何处跳崖""跳崖是怎么跳的""敌我双方战斗伤亡""'五壮士'是否拔了群众的萝卜"等部分。文章通过援引不同来源、不同内容、不同时期的报刊资料等，对"狼牙山五壮士"事迹中的细节提出质疑。

北京市西城区人民法院于 2016 年 6 月 27 日判决：（1）被告洪某快立即停止侵害葛振林名誉、荣誉的行为；（2）本判决生效后三日内，被告洪某快公开发布赔礼道歉公告，向原告葛某生赔礼道歉，消除影响。该公告须连续刊登五日，公告刊登媒体及内容需经本院审核，逾期不执行，本院将在相关媒体上刊登判决书的主要内容，所需费用由被告洪某快承担。一审宣判后，洪某快向北京市第二中级人民法院提起上诉，北京市第二中级人民法院于 2016 年 8 月 15 日作出判决：驳回上诉，维持原判。

随着社会的不断发展，此类侵权行为的表现形态更为多样化，经常表现为学术文章、观点争论等。涉案文章无明显侮辱性的语言，但通过强调与基本事实无关或者关联不大的细节，引导读者对"狼牙山五壮士"这一英雄人物群体英勇抗敌事迹和舍生取义精神产生怀疑，对此，人民法院应依据现行法更为实质性地把握名誉权侵权行为的表现方式。该案的审理，分析了"狼牙山五壮士"获得个人名誉及荣誉的历史事实，并以这一英雄群体在我国当代史上发挥的作用为依据，将其精神归纳为民族的共同记忆、民族精神和社会主义核心价值观的一部分，因而构成了社会公共利益的一部分。该案的判决，保护了英雄烈士的名誉和荣誉，维护了社会公共利益，被最高人民法院确定为"依法保护英雄烈士名誉等人格权益，弘扬社会主义核心价值观典型案例"，被评为"2016 年度十大民事行政案件"，推动了民法总则关于英雄烈士等人格权益保护及英雄烈士保护法的立法进程，为网络言论、学术研究、历史人物评价确立了是非标准，划出了法律底线。

三、裁判要点的理解与说明

该指导案例的裁判要点确认：第一，对侵害英雄烈士名誉、荣誉等行为，英雄烈士的近亲属依法向人民法院提起诉讼的，人民法院应予受理。第二，英雄烈士事迹和精神是中华民族的共同历史记忆和社会主义核心价值观的重要体现，英雄烈士的名誉、荣誉等受法律保护。人民法院审理侵害英雄烈士名誉、荣誉等案件，不仅要依法保护相关个人权益，还应发挥司法彰显公共价值功能，维护社会公共利益。第三，任何组织和个人以细节考据、观点争鸣等名义对英雄烈士的事迹和精神进行污蔑和贬损，属于歪曲、丑化、亵渎、否定英雄烈士事迹和精神的行为,应当依法承担法律责任。

现围绕与该裁判要点相关的问题逐一解释和说明如下。

(一)关于第一个裁判要点的说明

《民事诉讼法》第一百一十九条①第一项规定:"原告是与本案有利害关系的公民、法人和其他组织。"根据《最高人民法院关于确定民事侵权精神损害赔偿责任若干问题的解释》第三条②规定,自然人死亡后,其近亲属因侮辱、诽谤、贬损、丑化或者违反社会公共利益、社会公德的其他方式侵害死者姓名、肖像、名誉、荣誉的,有权向人民法院提起诉讼。《最高人民法院关于适用〈中华人民共和国民事诉讼法〉的解释》第六十九条规定:"对侵害死者遗体、遗骨以及姓名、肖像、名誉、荣誉、隐私等行为提起诉讼的,死者的近亲属为当事人。"由此可知,死者的近亲属有权就侵害死者名誉、荣誉等行为提起民事诉讼,死者的近亲属是正当当事人。具体到本案,根据在案证据可以认定,葛振林与葛某生系父子关系,葛振林系"狼牙山五壮士"之一,其已去世,葛某生作为近亲属有权就侵害葛振林名誉、荣誉的行为提起民事诉讼,葛某生作为本案原告适格。2018年5月1日起施行的《英雄烈士保护法》对此也予以明确,该法第二十五条第一款规定:"对侵害英雄烈士的姓名、肖像、名誉、荣誉的行为,英雄烈士的近亲属可以依法向人民法院提起诉讼。"

值得注意的是,从法律规定的近亲属范围以及革命英烈的亲属现状来看,很多革命英烈已经逝世多年,没有人为其提起诉讼,或者即便有,也没有能力诉至法院,这就使得革命英烈的名誉权保护可能出现真空地带。值得欣慰的是,2018年5月1日起施行的《英雄烈士保护法》第二十五条第二款规定:"英雄烈士没有近亲属或者近亲属不提起诉讼的,检察机关依法对侵害英雄烈士的姓名、肖像、名誉、荣誉,损害社会公共利益的行为向人民法院提起诉讼。"第三款规定:"负责英雄烈士保护工作的部门和其他有关部门在履行职责过程中发现第一款规定的行为,需要检察机关提起诉讼的,应当向检察机关报告。"对英雄烈士的名誉权、荣誉权给予了周到、全面的保护。

(二)关于第二个裁判要点的说明

本案的特殊价值在于,以"狼牙山五壮士"这一英雄群体在我国当代史上发挥的作用为依据,将其精神归纳为民族的共同记忆、民族精神和社会主义核心价值观的一部分,因而构成了社会公共利益的一部分。英雄人物的人格权益成为社会公共利益的一部分,是价值判断和选择的结果。英雄烈士的人格利益

---

① 对应《民事诉讼法》第一百二十二条。
② 对应《最高人民法院关于确定民事侵权精神损害赔偿责任若干问题的解释》(2020年修正)第三条。

作为英雄烈士依法享有的法律上利益，首先表现为英雄烈士的个人利益。但英雄烈士的人格利益及建立在其人格利益基础之上的英雄烈士的形象、事迹和精神，在战争年代，是表征中华女儿不畏强敌、不怕牺牲、英勇奋争精神的具体载体；在和平年代，是体现中华儿女不惧艰难、勇于开拓、敢于创新的形象空间。英雄烈士的人格利益及建立在其人格利益基础之上的英雄烈士的形象、事迹和精神，已经成为中华民族的共同的历史记忆，是中华儿女共同的宝贵的精神财富，已经衍生为社会公众的民族情感和历史情感，从而构成了社会公共利益的重要组成部分，因此，它具有浓厚的社会公共利益的属性色彩，对它的保护，究其实质，是对社会公共利益的保护。

《民法总则》《英雄烈士保护法》相继作出规定。《民法总则》第一百八十五条规定："侵害英雄烈士等的姓名、肖像、名誉、荣誉，损害社会公共利益的，应当承担民事责任。"《英雄烈士保护法》第二十六条规定："以侮辱、诽谤或者其他方式侵害英雄烈士的姓名、肖像、名誉、荣誉，损害社会公共利益的，依法承担民事责任……"在案件审理中，判断英雄烈士的人格权益是否构成社会公共利益的一部分，要以事实为依据，特别要以历史事实和社会现实为依据，审查这些英雄烈士之所以被认定为英雄烈士的英雄事件、历史背景。审判实践中，如何认定英雄烈士人格利益与社会公共利益之间的关系，本案确立的裁判规则可以提供参考。

（三）关于第三个裁判要点的说明

涉案两篇文章《小学课本〈狼牙山五壮士〉有多处不实》《"狼牙山五壮士"的细节分歧》的主要内容是对我国抗日战争史中的"狼牙山五壮士"英雄事迹的解构。尽管两篇文章无明显侮辱性的语言，但被告采取的行为方式却是，通过强调与基本事实无关或者关联不大的细节，引导读者对"狼牙山五壮士"这一英雄人物群体英勇抗敌事迹和舍生取义精神产生怀疑，从而否定基本事实的真实性，进而降低他们的英勇形象和精神价值，必然依法应当承担法律责任。

值得注意的是，该案的审理推动了我国立法的完善。《英雄烈士保护法》通过"其他方式"的规定对此予以明确。该法第二十二条第二款规定："任何组织和个人不得在公共场所、互联网或者利用广播电视、电影、出版物等，以侮辱、诽谤或者其他方式侵害英雄烈士的姓名、肖像、名誉、荣誉……"第二十六条规定："以侮辱、诽谤或者其他方式侵害英雄烈士的姓名、肖像、名誉、荣誉，损害社会公共利益的，依法承担民事责任……"

四、参照适用时应注意的问题

在无充分证据的情况下，对英雄烈士进行似是而非的推测、质疑乃至评价，通过强调与基本事实无关或者关联不大的细节，引导公众对英雄烈士英勇事迹和舍生取义精神产生怀疑，从而否定基本事实的真实性，进而降低他们的英勇形象和精神价值,贬损、丑化英雄烈士的名誉和荣誉,损害社会公共利益,这就超越了边界,应当依法承担法律责任。

(撰稿人:北京市高级人民法院　凌　巍
　　　　北京市第二中级人民法院　何江恒
编审人:最高人民法院研究室　马蓓蓓)

指导案例 143 号

北京兰世达光电科技有限公司、黄晓兰诉赵敏名誉权纠纷案

(最高人民法院审判委员会讨论通过 2020 年 10 月 9 日发布)

关键词

民事　名誉权　网络侵权　微信群　公共空间

裁判要点

1. 认定微信群中的言论构成侵犯他人名誉权,应当符合名誉权侵权的全部构成要件,还应当考虑信息网络传播的特点并结合侵权主体、传播范围、损害程度等具体因素进行综合判断。

2. 不特定关系人组成的微信群具有公共空间属性,公民在此类微信群中发布侮辱、诽谤、污蔑或者贬损他人的言论构成名誉权侵权,应当依法承担法律责任。

相关法条

1.《中华人民共和国民法通则》第一百零一条①、第一百二十条

2.《中华人民共和国侵权责任法》第六条②、第二十条③、第二十二条④

基本案情

原告北京兰世达光电科技有限公司(以下简称兰世达公司)、黄晓兰诉称:黄晓兰系兰世达公司员工,从事机器美容美甲业务。自 2017 年 1 月 17 日以来,被告赵敏一直对二原告进行造谣、诽谤、诬陷,多次污蔑、谩骂,称黄晓兰有精神分裂,污蔑兰世达公司的仪器不正规、讹诈客户,并通过微信群等方式进行散布,造成原告名誉受到严重损害,生意受损,请求人民法院判令:一、被告对二原告赔礼道歉,并以在北京市顺义区×号张贴公告、北京当地报纸刊登公告的方式为原告消除影响、恢复名誉;二、赔偿原告兰世达公司损失 2 万元;三、赔偿二原告精神损害抚慰金各 5000 元。

被告赵敏辩称:被告没有在小区微信群里发过损害原告名誉的信息,只与邻居、好朋友说过与二原告发生纠纷的事情,且此事对被告影响亦较大。兰世

---

① 对应《民法典》第一百一十条。
② 对应《民法典》第一千一百六十五条。
③ 对应《民法典》第一千一百八十二条。
④ 对应《民法典》第一千一百八十三条。

达公司仪器不正规、讹诈客户非被告一人认为，其他人也有同感。原告的美容店经常不开，其损失与被告无关。故请求驳回原告的诉讼请求。

法院经审理查明：兰世达公司在北京市顺义区某小区一层开有一家美容店，黄晓兰系该公司股东兼任美容师。2017年1月17日16时许，赵敏陪同住小区的另一业主到该美容店做美容。黄晓兰为顾客做美容，赵敏询问之前其在该美容店祛斑的事情，后二人因美容服务问题发生口角。后公安部门对赵敏作出行政处罚决定书，给予赵敏行政拘留三日的处罚。

原告主张赵敏的微信昵称为X郡主（微信号X－calm），且系小区业主微信群群主，双方发生纠纷后赵敏多次在业主微信群中对二原告进行造谣、诽谤、污蔑、谩骂，并将黄晓兰从业主群中移出，兰世达公司因赵敏的行为生意严重受损。原告提供微信聊天记录及张某某的证人证言予以证明。微信聊天记录来自两个微信群，人数分别为345人和123人，记载有昵称X郡主发送的有关黄晓兰、兰世达公司的言论，以及其他群成员询问情况等的回复信息；证人张某某是兰世达公司顾客，也是小区业主，其到庭陈述看到的微信群内容并当庭出示手机微信，群主微信号为X－－－calm。

赵敏对原告陈述及证据均不予认可，并表示其2016年在涉诉美容店做激光祛斑，黄晓兰承诺保证全部祛除掉，但做过两次后，斑越发严重，多次沟通，对方不同意退钱，事发当日其再次咨询此事，黄晓兰却否认赵敏在此做过祛斑，双方发生口角；赵敏只有一个微信号，且经常换名字，现在业主群里叫X果，自己不是群主，不清楚群主情况，没有加过黄晓兰为好友，也没有在微信群里发过损害原告名誉的信息，只与邻居、朋友说过与原告的纠纷，兰世达公司仪器不正规、讹诈客户，其他人也有同感，公民有言论自由。

经原告申请，法院自深圳市腾讯计算机系统有限公司调取了微信号X－－－calm的实名认证信息，确认为赵敏，同时确认该微信号与黄晓兰微信号X－HL互为好友时间为2016年3月4日13：16：18。赵敏对此予以认可，但表示对于微信群中发送的有关黄晓兰、兰世达公司的信息其并不清楚，现已经不用该微信号了，也退出了其中一个业主群。

裁判结果

北京市顺义区人民法院于2017年9月19日作出（2017）京0113民初5491号民事判决：一、被告赵敏于本判决生效之日起七日内在顺义区×房屋门口张贴致歉声明，向原告黄晓兰、北京兰世达光电科技有限公司赔礼道歉，张贴时间为七日，致歉内容须经本院审核；如逾期不执行上述内容，则由本院在上述地址门口全文张贴本判决书内容；二、被告赵敏于本判决生效之日起七日内赔偿原告北京兰世达光电科技有限公司经济损失3000元；三、被告赵敏于本判决生效之日起七日内赔偿原告黄晓兰精神损害抚慰金2000元；四、驳回原告黄晓兰、北京兰世达光电科技有限公司的其他诉讼请求。宣判后，赵敏提出上诉。北京市第三中级人民法院于 2018 年 1 月 31 日作出（2018）京 03 民终 725 号民事判决：驳回上诉，维持原判。

裁判理由

法院生效裁判认为：名誉权是民事主体依法享有的维护自己名誉并排除他人侵害的权利。民事主体不仅包括自然人，也包括法人及其他组织。《中华人民共和国民法通则》第一百零一条规定，公民、法人享有名誉权，公民的人格尊严受法律保护，禁止用侮辱、诽谤等方式损害公民、法人的名誉。

本案的争议焦点为，被告赵敏在微信群中针对原告黄晓兰、兰世达公司的言论是否构成名誉权侵权。传统名誉权侵权有四个构成要件，即受害人确有名誉被损害的事实、行为人行为违法、违法行为与损害后果之间有因果关系、行为人主观上有过错。对于微信群中的言论是否侵犯他人名誉权的认定，要符合传统名誉权侵权的全部构成要件，还应当考虑信息网络传播的特点并结合侵权主体、传播范围、损害程度等具体因素进行综合判断。

本案中，赵敏否认其微信号 X－－－calm 所发的有关涉案信息是其本人所为，但就此未提供证据证明，且与已查明事实不符，故就该抗辩意见，法院无法采纳。根据庭审查明情况，结合微信聊天记录内容、证人证言、法院自深圳市腾讯计算机系统有限公司调取的材料，可以认定赵敏在与黄晓兰发生纠纷后，通过微信号在双方共同居住的小区两个业主微信群发布的信息中使用了"傻 X""臭傻 X""精神分裂""装疯卖傻"等明显带有侮辱性的言论，并使用了黄晓兰的照片作为配图，而对于兰世达公司的"美容师不正规""讹诈客户""破仪器""技术和产品都不灵"等贬损性言辞，赵敏未提交证据证明其所发表言论的客观真实性；退一步讲，即使有相关事实发生，其亦应通过合法途径解决。赵敏将上述不当言论发至有众多该小区住户的两个微信群，其主观过错明显，从微信群的成员组成、对其他成员的询问情况以及网络信息传播的便利、广泛、快捷等特点来看，涉案言论确易引发对黄晓兰、兰世达公司经营的美容店的猜测和误解，损害小区公众对兰世达公司的信赖，对二者产生负面认识并造成黄晓兰个人及兰世达公司产品或者服务的社会评价降低，赵敏的损害行为与黄晓兰、兰世达公司名誉受损之间存在因果关系，故赵敏的行为符合侵犯名誉权的要件，已构成侵权。

行为人因过错侵害他人民事权益，应当承担侵权责任。不特定关系人组成的微信群具有公共空间属性，公民在此类微信群中发布侮辱、诽谤、污蔑或者贬损他人的言论构成名誉权侵权，应当依法承担法律责任。公民、法人的名誉权受到侵害，有权要求停止侵害，恢复名誉，消除影响，赔礼道歉，并可以要求赔偿损失。现黄晓兰、兰世达公司要求赵敏基于侵犯名誉权之行为赔礼道歉，符合法律规定，应予以支持，赔礼道歉的具体方式由法院酌情确定。关于兰世达公司名誉权被侵犯产生的经济损失，兰世达公司提供的证据不能证明实际经济损失数额，但兰世达公司在涉诉小区经营美容店，赵敏在有众多该小区住户的微信群中发表不当言论势必会给兰世达公司的经营造成不良影响，故对兰世达公司的该项请求，综合考虑赵敏的过错程度、侵权行为内容与造成的影响、侵权持续时间、兰世达公司实际营业情况等因素酌情确定。关于黄晓兰主张的精神损害抚慰金，亦根据上述因素酌情确定具体数额。关于兰世达公司主张的精神损害抚慰金，缺乏法律依据，故不予支持。

（生效裁判审判人员：巴晶焱　李　森　徐　晨）

最高人民法院
关于审理人身损害赔偿案件适用法律若干问题的解释

(2003年12月4日最高人民法院审判委员会第1299次会议通过 根据2020年12月23日最高人民法院审判委员会第1823次会议通过的《最高人民法院关于修改〈最高人民法院关于在民事审判工作中适用《中华人民共和国工会法》若干问题的解释〉等二十七件民事类司法解释的决定》第一次修正 根据2022年2月15日最高人民法院审判委员会第1864次会议通过的《最高人民法院关于修改〈最高人民法院关于审理人身损害赔偿案件适用法律若干问题的解释〉的决定》第二次修正)

为正确审理人身损害赔偿案件,依法保护当事人的合法权益,根据《中华人民共和国民法典》《中华人民共和国民事诉讼法》等有关法律规定,结合审判实践,制定本解释。

第一条 因生命、身体、健康遭受侵害,赔偿权利人起诉请求赔偿义务人赔偿物质损害和精神损害的,人民法院应予受理。

本条所称"赔偿权利人",是指因侵权行为或者其他致害原因直接遭受人身损害的受害人以及死亡受害人的近亲属。

本条所称"赔偿义务人",是指因自己或者他人的侵权行为以及其他致害原因依法应当承担民事责任的自然人、法人或者非法人组织。

第二条 赔偿权利人起诉部分共同侵权人的,人民法院应当追加其他共同侵权人作为共同被告。赔偿权利人在诉讼中放弃对部分共同侵权人的诉讼请求的,其他共同侵权人对被放弃诉讼请求的被告应当承担的赔偿份额不承担连带责任。责任范围难以确定的,推定各共同侵权人承担同等责任。

人民法院应当将放弃诉讼请求的法律后果告知赔偿权利人,并将放弃诉讼请求的情况在法律文书中叙明。

第三条 依法应当参加工伤保险统筹的用人单位的劳动者,因工伤事故遭受人身损害,劳动者或者其近亲属向人民法院起诉请求用人单位承担民事赔偿责任的,告知其按《工伤保险条例》的规定处理。

因用人单位以外的第三人侵权造成劳动者人身损害,赔偿权利人请求第三人承担民事赔偿责任的,人民法院应予支持。

第四条 无偿提供劳务的帮工人,在从事帮工活动中致人损害的,被帮工人应当承担赔偿责任。被帮工人承担赔偿责任后向有故意或者重大过失的帮工人追偿的,人民法院应予支持。被帮工人明确拒绝帮工的,不承担赔偿责任。

第五条 无偿提供劳务的帮工人因帮工活动遭受人身损害的,根据帮工人和被帮工人各自的过错承担相应的责任;被帮工人明确拒绝帮工的,被帮工人不承担赔偿责任,但可以在受益范围内予以适当补偿。

帮工人在帮工活动中因第三人的行为遭受人身损害的,有权请求第三人承担赔偿责任,也有权请求被帮工人予以适当补偿。被帮工人补偿后,可以向第三人追偿。

第六条 医疗费根据医疗机构出具的医药费、住院费等收款凭证,结合病历和诊断证明等相关证据确定。赔偿义务人对治疗的必要性和合理性有异议的,应当承担相应的举证责任。

医疗费的赔偿数额,按照一审法庭辩论终结前实际发生的数额确定。器官功能恢复训练所必要的康复费、适当的整容费以及其他后续治疗费,赔偿权利人可以待实际发生后另行起诉。但根据医疗证明或者鉴定结论确定必然发生的费用,可以与已经发生的医疗费一并予以赔偿。

第七条 误工费根据受害人的误工时间和收入状况确定。

误工时间根据受害人接受治疗的医疗机构出具的证明确定。受害人因伤致残持续误工的,误工时间可以计算至定残日前一天。

受害人有固定收入的,误工费按照实际减少的收入计算。受害人无固定收入的,按照其最近三年的平均收入计算;受害人不能举证证明其最近三年的平均收入状况的,可以参照受诉法院所在地相同或者相近行业上一年度职工的平均工资计算。

第八条 护理费根据护理人员的收入状况和护理人数、护理期限确定。

护理人员有收入的,参照误工费的规定计算;护理人员没有收入或者雇佣护工的,参照当地护工从事同等级别护理的劳务报酬标准计算。护理人员原则上为一人,但医疗机构或者鉴定机构有明确意见的,可以参照确定护理人员人数。

护理期限应计算至受害人恢复生活自理能力时止。受害人因残疾不能恢复生活自理能力的,可以根据其年龄、健康状况等因素确定合理的护理期限,但最长不超过二十年。

受害人定残后的护理,应当根据其护理依赖程度并结合配制残疾辅助器具的情况确定护理级别。

第九条 交通费根据受害人及其必要的陪护人员因就医或者转院治疗实际

发生的费用计算。交通费应当以正式票据为凭；有关凭据应当与就医地点、时间、人数、次数相符合。

第十条 住院伙食补助费可以参照当地国家机关一般工作人员的出差伙食补助标准予以确定。

受害人确有必要到外地治疗，因客观原因不能住院，受害人本人及其陪护人员实际发生的住宿费和伙食费，其合理部分应予赔偿。

第十一条 营养费根据受害人伤残情况参照医疗机构的意见确定。

第十二条 残疾赔偿金根据受害人丧失劳动能力程度或者伤残等级，按照受诉法院所在地上一年度城镇居民人均可支配收入标准，自定残之日起按二十年计算。但六十周岁以上的，年龄每增加一岁减少一年；七十五周岁以上的，按五年计算。

受害人因伤致残但实际收入没有减少，或者伤残等级较轻但造成职业妨害严重影响其劳动就业的，可以对残疾赔偿金作相应调整。

第十三条 残疾辅助器具费按照普通适用器具的合理费用标准计算。伤情有特殊需要的，可以参照辅助器具配制机构的意见确定相应的合理费用标准。

辅助器具的更换周期和赔偿期限参照配制机构的意见确定。

第十四条 丧葬费按照受诉法院所在地上一年度职工月平均工资标准，以六个月总额计算。

第十五条 死亡赔偿金按照受诉法院所在地上一年度城镇居民人均可支配收入标准，按二十年计算。但六十周岁以上的，年龄每增加一岁减少一年；七十五周岁以上的，按五年计算。

第十六条 被扶养人生活费计入残疾赔偿金或者死亡赔偿金。

第十七条 被扶养人生活费根据扶养人丧失劳动能力程度，按照受诉法院所在地上一年度城镇居民人均消费支出标准计算。被扶养人为未成年人的，计算至十八周岁；被扶养人无劳动能力又无其他生活来源的，计算二十年。但六十周岁以上的，年龄每增加一岁减少一年；七十五周岁以上的，按五年计算。

被扶养人是指受害人依法应当承担扶养义务的未成年人或者丧失劳动能力又无其他生活来源的成年近亲属。被扶养人还有其他扶养人的，赔偿义务人只赔偿受害人依法应当负担的部分。被扶养人有数人的，年赔偿总额累计不超过上一年度城镇居民人均消费支出额。

第十八条 赔偿权利人举证证明其住所地或者经常居住地城镇居民人均可支配收入高于受诉法院所在地标准的，残疾赔偿金或者死亡赔偿金可以按照其住所地或者经常居住地的相关标准计算。

被扶养人生活费的相关计算标准，依照前款原则确定。

第十九条 超过确定的护理期限、辅助器具费给付年限或者残疾赔偿金给付年限，赔偿权利人向人民法院起诉请求继续给付护理费、辅助器具费或者残疾赔偿金的,人民法院应予受理。赔偿权利人确需继续护理、配制辅助器具,或者没有劳动能力和生活来源的,人民法院应当判令赔偿义务人继续给付相关费用五至十年。

第二十条　赔偿义务人请求以定期金方式给付残疾赔偿金、辅助器具费的,应当提供相应的担保。人民法院可以根据赔偿义务人的给付能力和提供担保的情况,确定以定期金方式给付相关费用。但是,一审法庭辩论终结前已经发生的费用、死亡赔偿金以及精神损害抚慰金,应当一次性给付。

第二十一条　人民法院应当在法律文书中明确定期金的给付时间、方式以及每期给付标准。执行期间有关统计数据发生变化的,给付金额应当适时进行相应调整。

定期金按照赔偿权利人的实际生存年限给付,不受本解释有关赔偿期限的限制。

第二十二条　本解释所称"城镇居民人均可支配收入""城镇居民人均消费支出""职工平均工资",按照政府统计部门公布的各省、自治区、直辖市以及经济特区和计划单列市上一年度相关统计数据确定。

"上一年度",是指一审法庭辩论终结时的上一统计年度。

第二十三条　精神损害抚慰金适用《最高人民法院关于确定民事侵权精神损害赔偿责任若干问题的解释》予以确定。

第二十四条　本解释自2022年5月1日起施行。施行后发生的侵权行为引起的人身损害赔偿案件适用本解释。

本院以前发布的司法解释与本解释不一致的,以本解释为准。

【注　解】

最高人民法院2003年12月26日公布本解释,法释〔2003〕20号,自2004年5月1日起施行。

最高人民法院2020年12月29日公布《最高人民法院关于修改〈最高人民法院关于在民事审判工作中适用《中华人民共和国工会法》若干问题的解释〉等二十七件民事类司法解释的决定》第1次修正本解释,法释〔2020〕17号,该修正自2021年1月1日起施行。

最高人民法院2022年4月24日公布《最高人民法院关于修改〈最高人民法院关于审理人身损害赔偿案件适用法律若干问题的解释〉的决定》第2次修正本解释,法释〔2022〕14号,该修正自2022年5月1日起施行。

【解　读】

解读《最高人民法院关于审理人身损害赔偿案件适用法律若干问题的解释》

一、问题的提出

《民法通则》对侵权民事责任规定得比较原则，《最高人民法院关于贯彻执行〈民法通则〉若干问题的意见（试行）》（以下简称《意见》）对此虽有所补充，但仍不能适应当前审判实践的迫切需要；尤其是人身损害赔偿的范围和计算标准，过去一直没有统一的规范可供遵循，使人民法院对相关案件的审理常常面临法律适用上的困难。《最高人民法院关于审理人身损害赔偿案件适用法律若干问题的解释》（以下简称本解释）的制定，既是出于审判实践的迫切需要，也是为了依法公正审理人身损害赔偿案件，保护公民（自然人）的合法权益，维护国家法制统一。

二、理解

（一）关于权利保护范围

本解释列举为生命权、健康权、身体权三项具体人格权。人格权是关于人的尊严和价值的权利，在抽象意义上被称为一般人格权，性质上是一种母权，是由各种具体人格权所衍生的上位权利。具体人格权又称个别人格权，是立法上以排他的归属范畴予以确定和保护的特定人格利益，如生命权、健康权、身体权、名誉权、肖像权、隐私权。我国司法实践中所称的人身损害赔偿纠纷，实际上是指自然人的生命权、健康权、身体权这几项具体人格权遭受侵害，赔偿权利人请求赔偿财产损失和精神损害发生的损害赔偿纠纷。人身损害的人身，与民法理论上的人身权并非同一含义。前者是指生命权、健康权、身体权的客体，后者则是人格权与身份权的集合与缩略。习惯上，人们通常把生命权、健康权、身体权称为人身权，而将名誉权、姓名权、肖像权、隐私权称为人格权；但在理论上，生命权、健康权、身体权通常被称为物质性人格权；而名誉权、姓名权、肖像权、隐私权则被称为精神性人格权。无论物质性人格权还是精神性人格权，本质上都是人格权，与身份权相对，与财产权更是迥然有别。本解释中的生命、健康、身体权，理论上应当从人格权的意义上来把握。

（二）关于赔偿权利人

赔偿权利人，又称赔偿请求权人，是指基于损害事实，有权请求损害赔偿的受害人。赔偿权利人包括：

1. 直接受害人，即因侵权行为或者其他致害原因直接遭受人身损害的受害人。直接受害人原则上应为赔偿权利人。但按照损害后果的形态划分，直接受害人包括生命受侵害之受害人以及身体、健康受侵害之受害人。生命受侵害以受害人死亡为成立要件。死亡结果导致受害人权利主体资格消灭，不发生损害赔偿请求权，死亡受害人亦非赔偿权利人，不能就其生命权受侵害请求损害赔偿。立法上所认可的死亡赔偿，赔偿权利人无论在理论上还是在事实上都应当是死亡受害人的近亲属（继承人）以及被扶养人。当然，在受害人因伤致死的情形，其因抢救治疗支出医药费或者因误工减少收入，受害人本人就是赔偿权利人；受害人虽最终不治身死，其就抢救治疗所发生财产损失的损害赔偿请求权，可以为其继承人所继承。但应区别的是，此时其作为赔偿权利人，是就其身体权受侵害主张权利，而非就生命权受侵害主张权利。此外，其精神损害抚慰金的请求权，因具有人身专属的性质，除已依契约承诺或者已起诉的外，不得继承。

2. 间接受害人，是指侵害行为直接指向的对象以外因法律关系或者社会关系的媒介作用受到损害的人。在不法侵害他人致死的情形，被害人既已死亡，其权利能力即行中止，固无损害赔偿请求权可言，唯其死亡影响其他人的利益甚大，故被害人以外之人受有损害者，亦得请求赔偿，始合情理。根据我国有关法律、行政法规以及司法解释的规定，我国法律所保护的间接受害人，不仅包括死亡受害人的近亲属以及其生前依法承担扶养义务的被扶养人，而且包括残疾受害人丧失劳动能力前依法承担扶养义务的被扶养人。

（1）被扶养人。此之所谓扶养，是广义的扶养，包括狭义的扶养即平辈之间的扶养以及长辈对晚辈的抚养和晚辈对长辈的赡养。承担扶养义务的前提，是当事人之间具有法律规定的身份法益。被扶养人包括未满18周岁的未成年人以及丧失劳动能力又没有其他生活来源的成年人。根据《最高人民法院关于审理触电人身损害赔偿案件若干问题的解释》第四条第（九）项的规定，被扶养人生活费"以死者生前或者残者丧失劳动能力前实际扶养的、没有其他生活来源的人为限"；人民法院审理人身损害赔偿案件中普遍参照适用的《道路交通事故处理办法》（以下简称《办法》）第三十七条第（九）项也作出了完全相同的规定。强调实际扶养，实质就是只承认现实的扶养请求权，而不承认未来的扶养请求权。但损害事故发生时已经受孕的胎儿后来出生且为活体的除外。

（2）近亲属。直接受害人因侵权损害事故死亡的情形，其近亲属作为间接受害人享有独立的损害赔偿请求权，就其办理丧葬事宜支出的费用以及因受害人死亡导致的收入损失等财产损害和反射性精神损害，有权作为赔偿权利人请求损害赔偿。关于近亲属的范围，《最高人民法院关于审理名誉权案件若干问题的解答》之五有明确规定："近亲属包括：配偶、父母、子女、兄弟姐妹、祖父母、外祖父母、孙子女、外孙子女。"

未出生的胎儿是否享有赔偿请求权的问题，本解释未涉及。传统的民法理论不承认未出生的胎儿为人身损害赔偿的赔偿权利人。对未出生胎儿的损害，视为其母亲的身体所受损害，仅由胎儿的母亲享有赔偿请求权。现代民法理论肯定胎儿可以享有权利能力，但对其性质则有两种学说：其一为附解除条件说，认为胎儿出生前既已取得权利能力，但将来如系死产时，则溯及丧失其权利能力；其二是附停止条件说，认为胎儿须待出生后，始溯及出生前取得权利能力。两说在实务上的区别是，依前说则胎儿因他人故意或者过失行为遭受损害，即享有损害赔偿请求权，可由胎儿的父母以法定代理人的身份请求损害赔偿。胎儿出生后为死产的，其父母应依不当得利规定，返还以胎儿名义受领的损害赔偿；依后说则认为须待胎儿出生后不即死亡的，方能就其未出生前所受侵害行使赔偿请求权。未出生之前，将来是否死产无从悬揣，其父母亦不能以法定代理人身份请求赔偿。我国《民法通则》未就胎儿的人身权益保护问题作出规定，理论上也未形成有影响的学说。参考上述学说，我们倾向于采取附解除条件说。理由是胎儿身体或健康受侵害往往与其母亲遭受人身损害相联系，采取附解除条件说可以对基于同一侵权事实造成的人身损害合并进行审理，有利于胎儿出生后及时得到救济，符合诉讼经济和诉讼效率原则。

（三）关于赔偿义务人

赔偿义务人是指对造成受害人人身损害的损害事故依法应当承担赔偿责任的自然人、法人或者其他组织。赔偿义务人包括以下情形：因自己或者他人的侵权行为依法应当承担民事责任的人；因其他致害原因依法应当承担民事责任的人。具体可分为四种类型：

1. 承担自己责任的赔偿义务人。因故意、过失侵害他人生命、身体或者健康的，行为人应当就其行为承担损害赔偿责任。在此情况下，行为人即加害人就是赔偿义务人，责任主体与行为主体相一致。

2. 承担替代责任的赔偿义务人。替代责任，即为他人的侵权行为承担赔偿责任。其较为典型的适用领域为雇主责任领域；此外，未成年人的监护人就未成年人致他人人身损害的行为承担赔偿责任，其性质上也是一种替代责任。替代责任，改变了传统的过错归责原则，其主要根据在于公共政策，即危险分担的思想。因为雇主的替代责任可以通过责任保险乃至社会保险方式向社会分散。就替他人的侵权行为承担责任而言，行为人的加害行为本身应当符合侵权构成要件，如系一般侵权行为，其主观上应有过错。但就赔偿义务人而言，则其承担责任系基于其与行为人的雇佣关系或者监护关系。此时赔偿义务人与行为人不一致。

3. 因动物致人损害承担赔偿责任的赔偿义务人。动物致人损害,与因人的行为致人损害发生原因不同,前者系属一种自然事实。但理论上认为动物的所有人、管理人或者饲养人,对防止动物致他人损害负有管理的义务。发生损害事故的,所有人、管理人或者饲养人即为加害人,应当承担赔偿责任,即作为赔偿义务人。此时,赔偿义务人与加害人一致。

4. 因物件致人损害承担赔偿责任的赔偿义务人。物件,指建筑物、构筑物等土地上的工作物或者所有人、使用人管理、使用、支配下的任何财产。物件致人损害是人身损害事故发生的一项重要原因,立法上通常有一般物件致人损害以及建筑物、构筑物等地上工作物致人损害的规定。我国《民法通则》第一百二十六条规定:"建筑物或者其他设施以及建筑物上的搁置物、悬挂物发生倒塌、脱落、坠落造成他人损害的,它的所有人或者管理人应当承担民事责任。"我国立法未就物件致人损害作概括规定,而是具体规定了建筑物致人损害这一物件致人损害的特殊类型。在责任承担上,一般采取过错推定确定民事责任。此时,所有人或管理人为加害人即赔偿义务人。

(四)关于诉讼请求的内容

诉讼请求的内容就是对损害的填补。人身损害赔偿损害包括两个方面,即财产损失和精神损害。财产损失又称财产上损害,是指一切财产上不利之变动,包括财产的积极减少和消极的不增加。现有财产的积极减少,称为所受损失,或称积极损失;应增加的财产而未增加,称为所失利益,或称消极损失。具体内容由本解释第十七条关于赔偿范围的界定予以规定。

精神损害,民法理论上称为非财产上损害,相对于财产上损害而言,指没有直接财产内容或者不具有财产上价值的损害。广义的非财产上损害,是指财产损害以外的其他一切形态的损害,包括生理、心理以及超出生理、心理范围的无形损害,如肉体痛苦、精神痛苦以及丧失既有的公众信誉。在此意义上的非财产上损害,不限于自然人的精神损害,法人商誉贬损,通常也被包括在其中,被认为是一种无形损害。狭义的观点认为,非财产上损害指肉体痛苦和精神痛苦,须以自然人生理和心理的感受性为基础,故其主体范围限于自然人,且不包括精神病人和植物人等心神丧失或者知觉丧失的无民事行为能力人。我们采取修正的狭义说,即认为精神损害包括积极意义和消极意义两个方面,前者为积极感受的肉体痛苦和精神痛苦即积极的精神损害;后者为因侵害行为导致受害人丧失生理、心理感受性的消极精神损害。

(五)关于共同侵权行为

《民法通则》第一百三十条规定共同侵权应承担连带责任,但未明确共同侵权的构成要件和类型。这在审判实践中造成了对共同侵权的认定不一致,从而导致对当事人权益的司法保护不能趋于一致。本解释为保证法律适用的统一,对涉及共同侵权的三个问题作出了具体解释。

1. 关于共同侵权的构成要件

理论上有三种学说。主观说认为，共同侵权以侵权人有共同的意思联络为必要，即主观上应当有共同故意，才能作为共同侵权承担连带责任。理由是共同故意是承担连带责任的道德基础，也是将侵权行为一体化处理的法理基础；没有共同故意而承担连带责任，与没有过错而承担民事责任，对责任承担者同样不公平。客观说认为，"民法上之共同侵权行为与《刑法》上之共犯不同，苟各自之行为，客观上有关联共同，即为足已。"行为具有关联共同性，是指数人的加害行为相互结合发生同一损害后果。依客观说，行为具有关联共同性，即属共同侵权，不以加害人之间有意思联络为必要。折中说认为，共同侵权的成立，应从主、客观两个方面来分析。主观上虽不以加害人有共同的意思联络为必要，但各加害人须均有过错，且过错的内容是相同或者相似的；客观方面须加害人的行为具有关联共同性，且共同构成损害结果发生的唯一原因。据此，有意思联络的侵权行为固属共同侵权；没有意思联络，但基于相同内容的过失或者基于相同内容的故意、过失之结合侵害同一受害人相同或者相近民事权利的行为，属于共同侵权行为。

我们认为，上述三说中，折中说与客观说并无本质的区别，折中说不过是客观说的具体化、合理化。就客观说与主观说而言，两者在理论上各有其立论依据，难分轩轾；但在指导思想和价值取向上，主观说立足于责任人的责任承担应与其主观过错相一致，从而主张严格限制连带责任的适用范围；客观说则立足于对无辜受害人应当给予充分救济的立场，主张应适当扩大连带责任的适用范围，在当事人之间合理分配损害和风险。本解释采纳了客观说的立场，同时在具体构成要件上参考折中说作了进一步的界定。根据本解释的规定，共同侵权可以具体划分为以下三种类型：

(1) 共同故意致人损害。此属典型的共同侵权，主观说、客观说均予认可。

(2) 共同过失致人损害。共同过失指对损害发生的可能性有认识上的共同性，但均有回避损害的自信。早期的主观说以必要的共谋为要件，不认可共同过失致人损害构成共同侵权。但目前持主观说的学者一般认为共同侵权包括共同故意和共同过失。但共同过失之共同，是否以一定程度的意思联络为必要？即是否须有对损害认识之交流，或者只需客观上应有共同的认识，交流与否在所不问？我国台湾地区学者王泽鉴在"共抬重物登高案"中持前说；实务中则有持后说的，如"相约在高速路上赛车案"中，肇事司机虽与相约赛车的共同侵权人就在高速路上赛车有相约之意思联络，但对损害之认识及彼此有无回避之自信并无信息交流，仅在客观上应有共同认识。此种情形，实务上仍认定其属共同过失。

(3) 虽无共同故意、共同过失，但加害行为直接结合发生同一损害后果的，亦构成共同侵权。其构成要件是：第一，须各行为人的行为均为积极的加害行为，即直接侵害他人生命、身体、健康等权利客体的行为。第二，须各行为人的行为相互直接结合。例如，两车相撞致行人伤亡。直接结合可从以下几个方面判断：加害行为具有时空同一性；加害行为相互结合而为损害结果的唯一原因。第三，须损害结果不可分，即具有同一性。两人以上的行为符合以上条件的，即属行为竞合，构成共同侵权，各侵权责任人应当依照《民法通则》第一百三十条规定承担连带责任。与行为竞合密切相关的是原因竞合。所谓原因竞合，即数个原因间接结合发生同一损害结果，也就是所谓多因一果。传统民法理论认为，多因一果系数人无意思联络的分别行为间接结合在一起，相互助成而发生同一损害后果。其构成要件是：第一，各行为人的行为均为作为行为，对损害结果的发生均有原因力。第二，各行为人的行为相互间接结合。间接结合的判断标准：数行为作为损害结果发生的原因不具有同时性，通常是相互继起，各自独立，但互为中介；数行为分别构成损害结果的直接原因和间接原因。第三，各行为人没有共同的意思联络，且各行为人主观上非属故意侵权或者故意犯罪。第四，损害结果同一。由于多因一果致人损害并非数人共同积极加害，故其责任承担与共同侵权不同，即不承担连带责任，而是根据行为人的过错大小或者数行为致损害结果发生的原因力比例分别承担相应的民事责任。

本解释对共同侵权采取客观说，是基于如下价值判断：

（1）客观说与主观说的本质区别，在于应当如何确定连带责任的适用范围。主观说严格限制连带责任的适用范围，只承认共同故意的加害行为构成共同侵权，不利于对受害人的司法保护。客观说将共同侵权的类型从共同故意扩大到共同过失乃至虽无共同故意、共同过失，但加害行为相互直接结合发生同一损害后果三种类型，扩张了连带责任的适用范围，更有利于保护受害人的利益。

（2）客观说虽扩大了连带责任的适用范围，但其实质不过是将受害人求偿不能的风险转移给了实施侵害行为的加害人一方，并未过分加重侵权人的责任承担。因为连带责任只是对外连带，对内仍是按份责任。实际承担连带责任的赔偿义务人，就超过其责任份额的部分，可以向其他共同侵权人追偿。固然存在其他共同侵权人没有经济能力导致追偿不能的风险，但相对于生命、身体、健康无辜遭受侵害的受害人而言，与其让加害人承担按份责任而使受害人求偿不能，毋宁使加害人承担连带责任而致其追偿不能，在利益衡量上更为妥当。毕竟加害行为是在道德和法律上都应予以谴责和给予否定评价的行为；而侵权法的制度使命就是要通过合理移转损害和风险，对受害人给予充分的救济。主观说囿于责任与过错的概念逻辑，利益衡量上过于倾向于加害人，偏离了侵权法的制度使命，其价值判断未尽妥当，故为本解释所不取。

应当注意的是，客观说在价值取向上虽更符合侵权法的制度使命，但其缺点是容易混淆共同侵权与多因一果致人损害。其行为关联共同的概念将无意思联络的数人侵权全部囊括进共同侵权的概念构成中，将共同侵权泛化。本解释虽认同客观说的价值取向，但对共同侵权构成要件则作出了有别于传统客观说的界定，将无意思联络的数人侵权中加害行为直接结合的情形纳入共同侵权的概念构成，而将无意思联络数人侵权中数行为间接结合发生同一损害后果的多因一果与共同侵权予以区分，在一定程度上吸收了无意思联络数人侵权的合理因素。可以认为，本解释对共同侵权构成要件的规定是从矫正的正义立场上对主观说与客观说的折中。

2. 关于共同危险行为

共同危险行为理论上称为准共同侵权，属于共同侵权的类型之一。《民法通则》和《意见》均未设规定。《最高人民法院关于民事诉讼证据的若干规定》从证明责任负担的角度首次对共同危险行为作出规定。本解释则对共同危险行为的构成要件和免责事由从实体上进行规定。

（1）关于构成要件。根据本解释，共同危险行为的构成要件，一是行为共同，即各行为人均实施了相同性质或者相同种类的危险行为，即均有作为行为，但不以有共同认识为必要；相同性质或者相同种类的危险行为在同一辐射范围内偶然同时发生，即为行为共同。二是危险，指该等行为均具有致人生命、身体、健康损害的高度盖然性。三是加害人不明，指共同危险行为人中一人或数人的行为已实际造成损害后果，但究竟是谁的行为实际造成损害结果的，其事实难以认定。四是各行为人就其实施危险行为均存在过失。根据上述构成要件，"高楼抛物致人损害"不属共同危险行为，不能适用共同危险行为的责任承担规则。

（2）关于免责事由。主要有两种观点：因果关系排除说认为，既然共同危险行为人中仅一人或者数人的行为造成损害结果，并非全体共同危险行为人的行为均参与造成损害结果，则共同危险行为人只要能证明其行为与损害结果没有因果关系，根本不可能导致损害结果的发生，即可免责。因果关系证明说认为，仅证明自己的行为与损害结果之间没有因果关系尚不足以免责，必须进一步证明数行为人中谁是真正的加害人，即证明损害结果与何人的行为具有因果关系，才能免除证明者的责任。因果关系证明说将指证他人的义务加诸共同危险行为人，目的是避免各行为人均证明自己的行为与损害结果没有因果关系而免责，导致受害人不能获得赔偿。但实务上认定共同危险行为的前提就是共同危险行为人中一人或数人的行为与损害结果存在事实上的因果关系，仅加害人不明而已，因此，通过举证整体排除各共同危险行为人的行为与损害结果的因果关系，以所谓法律真实来否定客观真实，逻辑上或有可能，事实上殊无此例，因此种证明几无可能。此外，因果关系排除说既无因果关系，自非侵权人的判断，符合侵权构成要件的原理，故本解释免责事由的规定采取此说。

3. 共同侵权诉讼的性质与赔偿权利人部分免责的效力

（1）关于对共同侵权人提起的损害赔偿诉讼的性质，我国传统的民事诉讼法理论认为其属于必要的共同诉讼。因此当受害人仅对部分侵权人提起诉讼时，人民法院应当依照《民事诉讼法》第一百一十九条①的规定，通知其他共同侵权人参加诉讼。但民法理论认为，共同侵权人承担的是连带责任；根据民法连带债务的性质，债权人（受害人）有权就部分或者全部债权向全体或者部分债务人请求清偿。必要共同诉讼的理论与实体法上的连带债务理论发生了矛盾。诉讼法学者认为，对共同侵权在程序上按必要的共同诉讼处理，符合共同诉讼原理和诉讼标的理论；判决既判力的主观效力也有利于防止受害人对不同的侵权人分别起诉，获得不当利益。另一方面，共同侵权未经诉讼，事实尚未确定，连带责任与否及债权人的选择权亦无从谈起；共同侵权成立与否经诉讼确定之后，方可言及是否有连带责任之承担。因此，受害人可在执行阶段选择共同侵权人之一人、数人或全体承担责任，这与连带债务理论并无不合，只不过将其选择权的实现后置到连带债务经诉讼确定后的执行阶段而已，对债权人有益无害。本解释第五条采纳共同侵权为必要共同诉讼的观点，同时吸收反对意见的合理因素，规定赔偿权利人仅就部分共同侵权人提起诉讼的，人民法院应依职权通知未被诉的其他共同侵权人参加诉讼。须注意的是，其他共同侵权人不符合《民事诉讼法》第一百零八条②第（二）项规定条件的，自无可能追加，当然也不必追加。

（2）关于受害人仅免除部分侵权人责任的效力问题。传统民法理论认为，受害人仅免除部分侵权人责任的，对全体被诉共同侵权人发生绝对效力。我们综合审判实践和国内民法、民事诉讼法学者的多数意见，对此种免责采纳相对效力的观点，以充分尊重债权人对自己权利的处分自由，同时平衡各债务人之间的利益。

（六）关于经营者的安全保障义务

近年来，社会生活中出现了一系列犯罪分子在宾馆、酒店、银行等经营场所杀人越货的事件，经营者在安全保障上存在的问题给犯罪分子以可乘之机。赔偿权利人在向犯罪分子索赔不能的情况下，往往单独起诉经营者要求赔偿。但一些经营者以自己没有实施侵害行为，不应对他人的侵权行为负责作为抗辩。这就涉及经营者是否对相关公众负有安全保障义务，此种义务的边界应当止于何处，违反义务消极不作为致发生损害时应如何承担责任等问题。本解释借鉴德国法上的社会活动安全注意义务理论，依据我国《消费者权益保护法》

---

① 对应《民事诉讼法》（2023年修正）第一百二十二条。
② 对应《民事诉讼法》（2023年修正）第一百一十一条。

等相关法律规定，对经营者的安全保障义务的范围、责任界限、诉讼结构等与审判实务有关的问题作出了规定。

1. 安全保障义务的法理依据

经营者的安全保障义务的理论基础，来源于德国法院法官从判例中发展起来的社会活动安全注意义务或者一般安全注意义务的理论。传统的民法理论认为，不作为行为只在以下三种情形导致损害结果发生时始负侵权行为责任：(1) 依法律规定应当作为而不作为；(2) 依契约约定应当作为而不作为；(3) 因先危险行为发生防范危险的作为义务而不作为。德国法院法官根据诚实信用原则，基于分配正义的需要，通过判例扩大先危险行为的不作为责任，抽象出作为所有注意义务一般性条款的一般安全注意义务。根据一般安全注意义务的要求，从事交易或者社会活动，肇致形成或者持续特定危险源的，应当采取必要安全措施，以保护他人免受损害。违反此项一般安全注意义务要求导致损害结果发生，虽无法律明确规定的作为义务或者合同约定的作为义务，安全注意义务人仍应当为自己的不作为行为承担民事责任。

鉴于一般安全注意义务要求过于抽象，实务中不易明确其界限，学者通过类型化方法整理出其主要的类型：(1) 先行为肇致危险的防范义务，如驾车撞人，纵无过失亦应将伤者送医救治；挖掘水沟，应为加盖或采其他必要措施。(2) 开启或者维持某种交通或交往的危险防范义务，如寺庙佛塔楼梯有缺陷，应为必要警告或照明；在自家庭院举办酒会，应防范腐朽老树压伤宾客。(3) 因从事一定营业或职业而承担防范危险的义务。如经营旅馆饭店，应注意清除楼梯油渍，维护电梯安全，照明通往停车场的道路，防止发生危险。经营者的安全保障义务，即系对上述第三种类型的规定。

2. 经营者安全保障义务的责任类型

本解释规定了经营者安全保障义务的两种责任类型：

(1) 直接责任。经营者未尽合理限度范围内的安全保障义务，致相关公众遭受人身损害的，应当承担相应的赔偿责任。其构成要件：①经营者从事经营活动引起正当信赖，如信赖其环境设施的正常利用符合安全性要求；②损害发生于经营者的危险控制范围；③对发生损害的潜在危险经营者能够合理予以控制，如地面防滑、"断头门"闭锁、枝形吊灯防坠落；④损害结果的发生没有第三者责任的介入。

(2) 补充责任。经营者未尽安全保障义务，致使第三人侵权造成他人人身损害的，经营者应当承担补充赔偿责任。其构成要件：①第三人侵权是损害结果发生的直接原因；②经营者对第三人的侵权未尽必要的防范和合理控制义务，即经营者不作为；③第三人侵权与经营者未尽安全保障义务发生原因竞合；此种原因竞合系作为行为与不作为行为的原因竞合，它表现为如果经营者尽到作为义务，通常能够防止或者制止损害结果的发生或者扩大。符合以上要件的，经营者应当承担补充赔偿责任。所谓补充赔偿责任，包括两个方面的含义：一是顺位的补充，即首先应由直接责任人承担赔偿责任，直接责任人没有赔偿能力或者不能确定谁是直接责任人时，才由未尽安全保障义务的经营者承担赔偿责任；二是实体的补充，即补足差额。但必须注意的是，经营者在实体上的补充赔偿责任有一个重要的限制，即经营者只能在其能够防止或者制止损害的范围内承担补充赔偿责任。这意味着，经营者的补充赔偿责任的总额，不是以直接侵权人应当承担的赔偿责任的总额为限，而是根据其自己行为应当承担的赔偿责任的总额为限。两者可能一致，如经营者如尽到安全保障义务，损害结果根本不会发生的情形，经营者应当承担的责任范围与第三人应当承担的责任范围完全一致。但许多情形下，经营者的赔偿责任范围要小于直接侵权人的赔偿责任范围；尤其是第三人故意犯罪致人损害的情形，犯罪者往往利用经营者在安全保障方面的缺陷达到其犯罪目的，经营者虽难辞其咎，但故意犯罪的恶劣性质所产生的恶劣后果，使两者在赔偿责任的范围上不能完全一致。此时，经营者的补充赔偿就自己的责任而言可能是完全赔偿，就补充直接侵权人责任而言则可能不是完全赔偿。这一限制，根据的是责任范围的因果关系理论，即经营者的不作为行为与损害后果在多大的程度或者范围内具有相当因果关系。这与根据过错大小的比例过失原则确定责任承担的按份责任是完全不同的。前者虽是补充责任，但亦是自己责任。后者则是多因一果情形下的按份责任。不作为行为与侵权行为的原因竞合不同于数个作为行为的原因竞合，责任承担的不同是一个重要的分际。

对于补充赔偿责任的性质，理论上存在争论。一种观点认为，补充责任的理论基础是不真正连带债务。不真正连带债务，是指数债务人基于不同的发生原因，对于债权人负有以同一给付为标的的数个债务，其中一债务人为完全履行，他债务因目的达到而消灭。连带债务与不真正连带债务的区别，一般认为：①连带之债系基于同一发生原因如共同侵权；而不真正连带之债基于不同的发生原因，如第三人过失酿成火灾，致寄存人寄存的财产被烧毁，保管人基于保管合同，第三人基于侵权行为分别发生以同一给付为标的的违约之债和侵权之债。②连带之债内部为按份之债，超出应承担的债务份额而为清偿的债务人对其他债务人有追偿权；不真正连带之债各自基于独立的债务发生原因承担责任，不能相互追偿。但也有相反的观点认为，不真正连带之债的发生原因如果涉及侵权行为，应当有终局的责任承担人，因而发生单向的追偿权，即实际承担赔偿责任的不真正连带债务人可以向终局责任承担人行使追偿权。只有这样，才符合公平原则，才能保持当事人之间的利益均衡。本解释采纳了这一理论，认为经营者未尽安全保障义务承担补充责任的情形，直接侵权的第三人是终局责任人，经营者承担赔偿责任后，可以向直接侵权人追偿。

经营者承担补充赔偿责任的法理依据，在于经营者违反应当积极作为的安全保障义务，使本来可以避免或者减少的损害得以发生或者扩大，增加了损害发生的几率，因此经营者应当为受害人向直接侵权人求偿不能承担风险责任。让无辜的受害人得到救济，而让那些侵害他人或者无视他人安全的人承担责任和风险，符合司法正义的理念。

3. 诉讼结构

未尽安全保障义务发生直接责任的情形，诉讼结构与一般侵权诉讼并无不同。但在发生补充赔偿责任的情形，由于经营者的责任具有顺位补充和实体补充的性质，故其诉讼结构与普通侵权诉讼有所不同，系属一种单向的必要共同诉讼。所谓单向的必要共同诉讼，是指赔偿权利人可以单独起诉直接侵权的第三人，但不能单独起诉负有安全保障义务的经营者，除非直接侵权人不能确定，从而不能作为适格的被告被诉，方可依顺位补充起诉经营者。

4. 归责原则

本解释规定，经营者未尽安全保障义务造成损害结果的应当承担赔偿责任，即责任的承担以义务违反为要件。此种责任的性质是过错责任。但对经营者过错的认定，存在一定的困难。因为现代民法对过错的认定已存在客观化的趋势，即以违反注意义务作为判断有无过错的标准。因此，安全保障义务的范围，就成为判断经营者主观上是否存在过错的客观依据。但经营者的安全保障义务，系从社会活动一般安全注意义务发展而来，注意义务的内容，并非完全依据法定或者约定，当然导致对过错认定的困难。本解释对经营者安全保障义务的范围，只提供了一个价值指引，即应在合理限度范围内承担安全保障义务。合理限度本属抽象概念，需要在具体案件中进行价值补充。鉴于一般安全注意义务系由先危险行为的不作为责任发展而来，合理限度范围内的安全保障义务实质上是对与经营行为相关的危险源合理控制的义务。合理控制的判断标准，应当根据与经营者的经营性质和规模相适应的安全保障的必要性和可能性，结合案件具体事实予以认定。例如，避险成本过高，与经营性质和规模不相当，显非合理。又如技术上没有预见可能性与防止或者回避可能性，亦非合理。

（七）关于雇主责任及相关问题

1. 雇主承担替代责任的归责原则，理论上存在争论

一种意见认为，雇主责任宜采《德国民法典》和我国台湾地区"民法"的模式，实行过错推定。雇主可以通过证明对雇员已尽选任、监督义务而免责。雇主举证免责后雇员没有经济能力承担责任的，可以根据公平原则，斟酌雇主的经济能力给受害人以适当补偿。另一意见认为，雇主替代责任采取严格责任，有利于我国劳动用工制度在整体上的整合，有利于保护受害人，也与审判实践中的实际做法一致，且符合国际发展趋势。本解释根据审判实践和社会各界意见，对雇主责任采取严格责任。其基本理由：第一，《最高人民法院关于

适用〈民事诉讼法〉若干问题的意见》第四十五条规定，个体工商户、农村承包经营户、合伙组织雇佣的人员在进行雇佣合同规定的生产经营活动中造成他人损害的，其雇主是当事人。本解释从程序意义上为雇主责任采取严格责任提供了依据，并为长期的审判实践所遵循。第二，根据现代民法中的报偿责任理论，享受利益者亦应承担责任。雇佣他人从事劳务活动，本质上是通过使用他人劳动扩大雇主的事业范围或者活动范围，雇主因此获得利益；同时，这种事业范围、活动范围的扩大也增加了其他人因此受到损害的风险。按照利益和风险一致、风险和责任一致的原则，雇主应当为使用他人劳动过程中对第三人造成人身损害承担责任。第三，从受害人的立场来看，如果雇员没有能力承担赔偿责任，雇主又以自己已经尽到对受雇人的选任监督义务、主观上没有过错为理由主张免除其赔偿责任，对于无辜遭受人身损害的受害人不公平。雇主承担严格责任，不仅有利于对受害人给予及时和充分的救济，也有利于雇主加强对企业的管理，加强对雇员的教育，提高自身的风险防范意识。本解释在对雇主责任采取严格责任的同时，规定雇员因故意或者重大过失致人损害的，也要为自己的侵权行为负责，与雇主一起对受害人承担连带赔偿责任，进一步增加了对受害人赔偿请求权的保障。

2. 关于从事雇佣活动的判断标准

雇员从事雇佣活动中致人损害，雇主应承担替代责任，其基本理由是雇员的活动乃雇主"手臂的延长"。如何认定雇员的职务行为，审判实践中历来是一个难题。理论上有主观说与客观说两种学说。主观说又分为以雇主意思为标准或以雇员意思为标准两种观点。以雇主意思为标准即授权范围说，雇员行为超出授权范围，擅自行为或者违反禁止性规定的行为，均非职务行为；授权范围说极易使雇主免责，对受害人不利，现代各国基本上不采此说。以雇员意思为标准，即凡雇员主观上是为了雇主利益的行为，均属职务行为，即使其选择的方式和手段不明智或者不必要，亦不影响职务行为的成立。但此说亦存在举证上的困难，对受害人仍属不利。客观说认为，只要表见上是与履行职务有关的行为，即属职务行为。理论上的通说为客观说。本解释采取客观说，但以授权范围作为基本的判断标志。在授权范围内所为行为固然属于职务行为，即使超出授权范围，擅自行为或者违反禁止性规定，但行为本身表见为履行职务或者客观上与履行职务有内在联系，对受害人而言即属职务行为，雇主应承担替代责任。

3. 雇佣与承揽的区别

雇主责任为替代责任，且系严格责任；但定作人对承揽人致人损害，则仅在定作或者选任、指示有过失时承担赔偿责任。由此发生雇佣与承揽在实务上如何加以区别的问题。理论上前者是一方提供劳务，另一方支付报酬的合同；后者是约定一方为他方完成工作，他方在承揽方交付工作成果后支付报酬的合同。雇主对雇员存在身份上的支配和从属关系，而承揽关注的是工作成果，当事人双方没有身份上的约束。近年来，随着劳动用工制度的改革，社会生活中出现了劳动关系以外的用工关系，包括生产用工和生活服务用工。按《劳动法》第二条的规定，劳动关系的建立有严格的用工主体要求，即用人单位应当是境内企业和个体经济组织。对于非法用工，如未经登记的家庭作坊用工，劳动行政管理部门不承认其为劳动关系，发生纠纷后往往难以处理。明确雇主责任，有利于处理这类纠纷。但审判实践中，存在一些边际案型，不易区分其是雇工还是承揽。本解释起草过程中，曾规定当事人双方就承揽与雇佣的性质发生争议时，人民法院可以综合分析下列因素，结合案件具体情况予以认定：（1）当事人之间是否存在控制、支配和从属关系；（2）是否由一方指定工作场所、提供劳动工具或设备、限定工作时间；（3）是定期给付劳动报酬还是一次性结算劳动报酬；（4）是继续性提供劳务，还是一次性提供劳动成果；（5）当事人一方所提供的劳动是其独立的业务或者经营活动，还是构成合同相对方的业务或者经营活动的组成部分。上述标准之（1）理论上被称为控制标准，（2）（3）（4）被称为契约形态标准，（5）被称为组织标准。如当事人之间存在控制、支配和从属关系，由一方指定工作场所，提供劳动工具或设备，限定工作时间，定期给付劳动报酬，所提供的劳动是接受劳务一方生产经营活动的组成部分的，可以认定为雇佣；反之，则应当认定为承揽。以上意见可以参考。

（八）关于工伤保险与民事损害赔偿的相互关系

工伤保险与民事损害赔偿的关系问题，在审判实践中长期存在争论。从性质上看，工伤保险属于社会保险范畴，与民事损害赔偿性质上存在根本差别。但是，由于工伤保险赔付是基于工伤事故的发生，与劳动安全事故或者劳动保护瑕疵等原因有关，因此，工伤事故在民法上被评价为民事侵权。这就产生了工伤保险赔付与民事损害赔偿的相互关系问题。

相对于民事损害赔偿而言，工伤保险具有特殊的优点：工伤保险实行用人单位无过错责任，并且不考虑劳动者是否有过错，只要发生工伤，工伤保险经办机构就应给予全额赔偿。民事侵权考虑受害人自身是否存在过失，实行过失相抵，即根据受害人过失程度相应减少赔偿数额。此外，工伤保险实行社会统筹，有利于受害人及时获得充分救济；企业参加工伤保险，分散了赔偿责任，有利于企业摆脱高额赔付造成的困境，避免因行业风险过大导致竞争不利；工伤保险还有利于劳资关系和谐，避免劳资冲突和纠纷。用人单位通过缴纳保险费的方式承担责任，对用人单位和劳动者双方都有利。

国务院制定的《工伤保险条例》，已于2004年1月1日起施行。根据政府有关部门的规定，在中国境内的企事业单位和个体工商户都要参加工伤保险统筹，为劳动者缴纳工伤保险费。违法不缴纳保险费的，发生工伤事故，要按照工伤保险条例的规定承担给付工伤职工相应保险待遇的责任。本解释根据《工伤保险条例》等相关法规的规定，并征求国务院法制办以及劳动和社会保障部的意见，对工伤保险与民事损害赔偿的关系按照混合模式予以规范。混合模式的实质，就是在用人单位责任范围内，以完全的工伤保险取代民事损害赔偿。但如果劳动者遭受工伤，是由于第三人的侵权行为造成，第三人不能免除民事赔偿责任。例如，职工因公出差遭遇交通事故，工伤职工虽依法享受工伤保险待遇，但对交通肇事负有责任的第三人仍应当承担民事赔偿责任。

（九）关于损害赔偿金的计算

关于损害赔偿金的计算，涉及几个问题：

1. 关于财产损失的赔偿范围

财产损失的赔偿范围，从积极损害和消极损害两个方面进行界定。前者又称为所受损失，一般是指现有财产的减少或者支出；后者又称为所失利益，是指丧失本应该获得的利益，即逸失利益。本解释参考国外立法例并结合我国的审判实践，对人身损害赔偿的积极损失和消极损失具体界定为三个方面：

（1）因治疗损伤支出的费用：如医疗费、护理费、交通费、营养费、后续治疗费、康复费、整容费。（2）因增加生活上需要支出的费用：如配制残疾用具、长期护理依赖支出的费用。（3）因误工导致的收入损失以及因全部或者部分丧失劳动能力导致收入丧失或减少，或者因死亡导致未来收入损失。第（1）（2）两项属于积极损失；第（3）项属于消极损失，或称逸失利益。无论积极损失或者消极损失，都是侵权导致的直接损失，赔偿义务人均应当予以赔偿。

2. 关于赔偿标准

赔偿标准，采取差额赔偿与定型化赔偿相结合的原则。差额赔偿就是以受害人发生损害前后费用增加或者财产减少的算术差额作为赔偿依据的赔偿原则。定型化赔偿则不考虑具体受害人个人财产损失的算术差额，而是从损害赔偿的社会妥当性和社会公正性出发，为损害确定固定标准的赔偿原则。传统损害赔偿理论采用差额赔偿，但由于其过分与个人的收入状况相联系，客观上导致损害赔偿的两极分化和贫富差距，在现代损害赔偿理论中受到批判。但是，差额说本身并未被彻底否定，因为在根本上差额说符合填平损害的损害赔偿价值理念。本解释有鉴于此，采取了折中的原则，即具体损失采取差额赔偿，抽象损失采取定型化赔偿。所谓具体损失，就是根据受害人的具体情况和特点等主观利益损失量化计算的损失，如医疗费、误工费、交通费、营养费；所谓抽象损失，就是因劳动能力丧失或受害人死亡等因素只能抽象评价的未来收入损失。本解释对残疾赔偿金和死亡赔偿金就是采取定型化赔偿，设置有固定的赔偿标准和期限；对医疗费、误工费等则采取差额赔偿，实际支出或者损失多少就赔多少，体现了折中的原则。

本解释起草过程中，就残疾赔偿和死亡赔偿究竟采取差额赔偿还是定型化赔偿曾经反复争论，多次修改。最终认为，抽象损失仍以采定型化赔偿为宜。

理由是：第一，与过去的有关立法、解释相衔接；第二，已被审判实践所肯定并被社会普遍接受；第三，有法理依据，前已论述；第四，具有社会妥当性。至于定型化赔偿的弊端，即可能与受害人的实际生存利益不一致（按平均寿命计算同样会存在这一问题），本解释也采取了补救办法。例如，残疾赔偿20年期满受害人仍尚生存，且没有生活来源的，本解释规定赔偿权利人可以再行起诉，以资补救。

3. 关于损害赔偿的计算

损害赔偿的计算，遵循主观计算（具体计算）与客观计算（抽象计算）相结合的原则。对实际发生的费用或损失，原则上依主观计算；对增加生活上需要和逸失利益损失，原则上依客观计算；以体现既要保障受害人利益，又要适当兼顾社会公平的指导思想。例如，残疾赔偿金按受诉法院所在地标准计算，系客观计算，但受害人住所地或者经常居住地平均生活费高于受诉法院所在地时，经当事人举证可以依主观计算。

4. 关于残疾赔偿采劳动能力丧失说

残疾赔偿采劳动能力丧失说。劳动能力丧失说是根据残疾等级抽象评定劳动力丧失程度，并以此作为评价受害人逸失利益损失的学说。劳动能力丧失说与收入丧失说相对而言。依据收入丧失说（其法理依据为差额说或者利益说），只有实际取得收入的受害人才会有收入损失；也只有实际减少收入的人才存在收入损失。因此，未成年人、待业人员都不存在收入损失，因此不能获得赔偿。受害人虽然因伤致残，但实际收入没有减少的，也不应获得赔偿。这显然不合理。因此，实际上没有人主张绝对的收入丧失说，通常都是收入丧失说结合劳动能力丧失说作为评价残疾赔偿的理论依据。本解释则以劳动能力丧失说为原则，同时考虑收入丧失与否的实际情况，作为决定残疾赔偿的加权因素，以平衡当事人双方的利益。本解释第二十五条规定，残疾赔偿金根据丧失劳动能力的程度或者伤残等级，按照受诉法院所在地上一年度城镇居民人均可支配收入或者农村居民人均纯收入计算，就是以劳动能力丧失程度作为评价收入减少程度的标准和参数，这显然是采取劳动能力丧失说。但该条第二款又规定，受害人因伤致残但实际收入没有减少，或者伤残等级较轻但造成职业妨害严重影响其劳动就业的，可以对残疾赔偿金作出相应调整。这实际上又斟酌了收入丧失说的合理成分。

（1）关于计算标准。本解释接受国家统计局的建议，以城镇居民人均可支配收入和农村居民人均纯收入指标作为残疾赔偿金以及死亡赔偿金的计算标准，是基于如下考虑：

①残疾赔偿金、死亡赔偿金均系对未来收入损失的赔偿，但未来的收入乃是一个抽象的不确定的概念。尤其是暂不具备劳动能力的未成年人，其未来的劳动能力和收入水平难以预测。因此，对此种抽象的未来收入损失，本解释采

取客观方法计算,即按照平均收入水平计算。

②现行统计指标体系中并无直接的平均收入指标,但平均收入指标可根据"人均可支配收入"乘以平均负担系数还原计算,即:平均收入=城镇居民人均可支配收入或者农村居民人均纯收入×(城镇居民或者农村居民)平均负担系数。

③我国现行立法在残疾赔偿金以外还规定须赔偿被扶养人生活费,因此,依据劳动能力丧失说对受害人收入损失的赔偿就在事实上被分解为两个部分,其结构如下:

残疾者收入损失=残疾赔偿金+被扶养人生活费

如果与现行立法相协调,残疾赔偿金就不能以平均收入为计算依据,否则,残疾赔偿金加上被扶养人生活费,其结果就会大大超过就业人口的平均收入,而与劳动能力丧失说的理论相悖。本解释据此将平均收入进行分解,即分为城镇居民人均可支配收入(或者农村居民人均纯收入)和城镇居民人均消费性支出(或者农村居民人均年生活消费支出)两项指标,分别与残疾赔偿金和被扶养人生活费相对应。即:

平均收入=城镇居民人均可支配收入(或者农村居民人均纯收入)+城镇居民人均消费性支出(或者农村居民人均年生活消费支出)

试根据2001年北京市的有关统计指标作一简单计算:

城镇就业人口平均收入=城镇居民人均可支配收入(2001年北京市城镇居民人均可支配收入为11577.8元)×平均负担系数(1.86)=21534.708元

残疾者收入损失=残疾赔偿金(按人均可支配收入计算为11577.8元)+被扶养人生活费(按北京市2001年人均消费性支出计算为8922.7元)=20500.5元

上述计算结果表明,按人均可支配收入计算残疾赔偿金,同时按人均消费性支出计算被扶养人生活费,两项加起来与还原计算的城镇就业居民的平均收入相当。因此,本解释所确定的计算标准是合理的,适当的。

据劳动和社会保障部介绍,职工工资一般按照平均能够养活1.5个人的标准测算确定。同时根据国家统计局的咨询意见,我国目前就业人口的平均负担系数应为1.7至1.8,即一人的工资可以养活1.7至1.8个人。这一比例分配与前述人均可支配收入和平均生活费的比例相当。故本解释以人均可支配收入作为残疾赔偿金的计算参数,而以平均生活费作为被扶养人生活费的计算参数,既体现了对受害人收入损失的全部填补,也与我国目前的法律规定相协调。死亡赔偿金的计算标准,也与此完全一致

(2)关于计算期限。根据本解释的规定,残疾赔偿金与死亡赔偿金的计算期限为20年。但60周岁以上的,年龄每增加一岁减少一年;75周岁以上的,按5年计算。确定按20年期限计算残疾赔偿金及死亡赔偿金的理由:

①与现行有关法律、法规的规定相一致。《国家赔偿法》《办法》对残疾者生活补助费规定的赔偿期限均为（或最高为）20年，本解释的规定既体现人身损害赔偿计算的历史连续性，也与现行有关法律、法规的规定相一致。

②按20年计算的残疾赔偿金须一次性给付。大陆法系国家的传统做法，是要按照霍夫曼计算法或者莱布尼兹计算法扣除一次性给付损害赔偿金的期前利息。但由于中国经济发展迅速，物价水平和工资水平在未来相当一段时间内还会持续上涨，因此，我国的一次性赔偿向来不考虑扣除期前利息。这样，与扣除期前利息的大陆法系国家和地区比较，按20年计算的一次性赔偿金与其他国家和地区按平均寿命计算的一次性损害赔偿金，事实上不会过于悬殊，甚至还互有短长。

③指向未来的一次性赔偿有许多不确定因素，计算期限过长难免会发生实际赔偿与生活实态不一致的情形，过分加重赔偿义务人的负担，并有可能使一次性高额赔偿转化为不当利益。为避免因期限过长导致不确定因素的发生几率相应增大，适当期间的赔偿年限就是必要的。20年期限多数情形下较按平均寿命计算的赔偿期限为短，且在过去的立法实践和审判实践中都已被社会所接受，故其无论是在心理上、社会效果上和当事人双方的利益均衡上都是一个较为恰当和适中的期限。

④由于本解释第三十二条赋予了赔偿权利人就赔偿周期届满后再次起诉的权利，按20年计算残疾赔偿金的不利因素基本上被消除。

(3) 关于60岁以上赔偿期限递减的理由：《办法》规定残疾者生活补助费赔偿期限为20年。按平均寿命70岁计算，年满50岁的赔偿期限递减。本解释将递减的年龄起点提高到60岁，主要根据是国家统计局的咨询意见。国家统计局的专家介绍，平均寿命在统计学上是一个动态概念而非静态概念。平均寿命70岁，是指0岁人口的平均预期寿命。而50、60岁乃至70岁尚生存的人口的平均预期寿命当然就不一定是70岁。根据2000年第五次全国人口普查的资料计算，60、70、75岁人口的平均预期寿命分别为78.36、81.39和83.69岁。国家统计局的专家据此建议，将赔偿期限递减的起点调整为60岁，75周岁以上的按5年计算，以与统计结果相一致。本解释采纳了这一意见。

5. 关于死亡赔偿采继承丧失说

自然人因遭受人身损害而死亡，其权利能力消灭，法律主体资格不复存在，因此，死者不能以权利主体资格主张死亡赔偿。此时的赔偿权利人，实际上是死者的近亲属即间接受害人。对间接受害人而言，其因直接受害人死亡所蒙受的财产损失可有两种计算方法，其一是以被扶养人丧失生活来源作为计算依据的扶养丧失说；其二是以受害人死亡导致的家庭整体收入减少为计算依据的继承丧失说。依据扶养丧失说，受害人死亡后，其生前依法定扶养义务供给生活费的被扶养人因此失去了生活来源，赔偿义务人对此应予赔偿。但赔偿的范围，是被扶养人生活费，即只对间接受害人的具体的、直接的、积极的财产损失进行赔偿，除被扶养人生活费外，不承认有其他财产损失存在。对于因直接受害人死亡而导致家庭的整体收入减少，因其属于抽象的、间接的、消极的财产损失，而未被纳入扶养丧失说的财产损害赔偿范围。按照《民法通则》第一百一十九条的规定，侵害他人身体造成死亡的，应当支付丧葬费，死者生前扶养的人必要的生活费等费用，解释上一直认为该项死亡赔偿采纳的是扶养丧失说。因此，《办法》第三十七条第（八）项在被扶养人生活费以外，又规定了死亡补偿费，在解释上就被理解为精神损害抚慰金。这一理解，事实上影响了后来的立法。我国《产品质量法》第四十四条、《消费者权益保护法》第四十二条，均采取在被扶养人生活费以外，同时给付死亡赔偿金的模式；其死亡赔偿金，解释上也认为是精神损害抚慰金。但这一模式，在审判实践中出现了重大问题。由于有关司法解释对附带民事诉讼和独立民事诉讼的法律适用作了限制性区分，规定刑事附带民事诉讼不受理精神损害赔偿，以致在犯罪引起的导致受害人死亡的人身损害赔偿案件中，受害人近亲属不能通过附带民事诉讼获得死亡赔偿金的赔偿；法释〔2002〕17号《最高人民法院关于人民法院是否受理刑事案件被害人提起精神损害赔偿民事诉讼问题的批复》进一步限制了受害人通过独立民事诉讼获得精神损害赔偿的途径，使死亡赔偿严重失衡。为了使死亡受害人的近亲属能够得到合理救济，在不改变刑事附带民事诉讼不受理精神损害赔偿的现行救济模式下，对死亡赔偿改采继承丧失说，能在一定程度上调整死亡赔偿的利益失衡，使死亡受害人的近亲属获得相对公正的司法救济。

按照继承丧失说，受害人死亡导致的财产损失，应当以家庭整体收入的减少为标准进行计算。其理由在于，受害人的个人收入并非全部用于个人消费，除其中个人消费部分（通常占全部收入的25%～30%）以外，其余的收入应当用于家庭共同消费或者家庭积累。受害人因人身损害死亡，家庭可以预期的其未来生存年限中的收入因此丧失，实际是家庭成员在财产上蒙受的消极损失。依据损害赔偿法原理，消极损失同样应当予以赔偿。人民法院涉外审判实务中，对人身损害赔偿就有采纳继承丧失说的规定。法发〔1992〕16号《最高人民法院关于审理涉外海上人身伤亡案件损害赔偿的具体规定》第四"死亡赔偿的范围和计算公式"第一项规定："收入损失。是指根据死者生前的综合收入水平计算的收入损失。收入损失＝（年收入－年个人生活费）×死亡时起至退休的年数＋退休收入×10。死者年个人生活费占年收入的25%－30%。"该项收入损失的计算，就是采取的继承丧失说；该条第（三）项规定的安抚费，被明确定为对死者遗属的精神损失所给予的补偿。即在收入损失的财产损失以外，另外赔偿精神损害抚慰金，对死亡受害人近亲属的财产利益损失和精神利益损害，给予全面救济。

本解释对死亡赔偿采纳继承丧失说，但与前述《最高人民法院关于审理涉外海上人身伤亡案件损害赔偿的具体规定》对收入损失的赔偿仍有所不同：第一，在概念上，与现行法律规定保持一致，将对收入损失的赔偿称为死亡赔偿金，而对精神损害的赔偿就叫精神损害抚慰金，以期概念准确，用语规范。第二，赔偿标准，采定型化赔偿和客观计算。《最高人民法院关于审理涉外海上人身伤亡案件损害赔偿的具体规定》对收入损失的计算方法是差额赔偿和主观计算，即以死者生前的年收入为依据按余命年岁计算赔偿额。本解释则按照人均可支配收入的客观标准，并以20年固定赔偿年限为计算的时间，旨在既与过去的法律、法规相衔接，又不致因主观计算导致两极分化、贫富悬殊。但较之过去的赔偿标准，在赔偿参数上有了明显的提高，即以人均可支配收入取代过去的平均生活费；赔偿年限也比过去延长一倍，实际赔偿额则超过过去的一倍多。第三，对赔偿的内容进行分解，即仍保留过去的被扶养人生活费的赔偿，而分解出人均可支配收入作为死亡赔偿金予以赔偿，以与《民法通则》和现行有关立法相衔接。按照继承丧失说，对死亡受害人近亲属的逸失利益按收入损失计算，即按代表死者生前综合收入水平的年收入标准计算，被扶养人生活费在计算上被收入损失吸收。因此，收入损失之外不再重复赔偿被扶养人生活费。鉴于《民法通则》《消费者权益保护法》《产品质量法》中均有被扶养人生活费的赔偿项目，为使司法解释与立法保持一致，解释以分解的方法对继承丧失说的收入损失赔偿作了技术处理，即将收入损失分解为人均可支配收入及被扶养人生活费两个部分。人均可支配收入按职工人均工资除以平均负担系数计算，代表的是人均工资的2/3，因为平均负担系数一般是1.5（即工资标准一般按能够养活1.5个人测算），另外1/3则以被扶养人生活费的方式体现，按平均生活费指标计算。平均生活费是指城镇居民人均消费性支出或者农村居民人均纯收入。因此，分解的结果既体现了继承丧失说的赔偿理念和标准，又避免了与现行法律、法规相冲突。残疾赔偿中的残疾赔偿金与被扶养人生活费的赔偿理念和分解模式，也与此完全一致。

（十）明确了损害赔偿计算的标准时

损害赔偿计算的标准时，是指依据有关赔偿参数计算损害赔偿金额的大小时，应当以哪一时间点为标准进行计算。例如残疾者生活补助费，其赔偿参数是上一年度人均可支配收入，该上一年度具体是指侵权行为发生时的上一年度抑或侵权结果发生时的上一年度，或者是指损害结果确定时的上一年度？审判实践中过去从未明确界定。理论上对侵权损害赔偿计算的标准时主要有两个时间点：其一是侵权行为时，具体也有区分为侵权行为发生时及侵权结果发生时的；其二是事实审言词辩论终结时。后一时间点靠近对受害人损失的实际填补，通常对受害人较为有利。但传统观点认为应当以侵权行为发生时作为损害赔偿计算的标准时。我国立法对损害赔偿计算的标准时没有统一的界定。《办法》第三十七条第（五）项规定残疾者生活补助费"从定残之月起，赔偿20年"，本质上并不是对损害赔偿标准时的规定，而是对赔偿年限起算时间的规定。本解释鉴于涉及损害赔偿计算标准时的主要是残疾赔偿和死亡赔偿，其对赔偿权利人利益损失的填补主要是指向未来，因此确定以最接近实际填补时间的事实审言词辩论终结时作为损害赔偿计算的标准时。本解释第三十五条第三款中即据此明确界定，本解释所称上一年度，是指一审法庭辩论终结时的上一统计年度。

（十一）关于定期金赔偿

过去的审判实践，一般采取一次性赔付的方式赔偿受害人损失。但一次性支付赔偿金有诸多弊端：首先是过分加重侵权人一方的赔偿负担，甚至有可能导致侵权人支付不能或者企业破产，最终损害受害人一方的利益；其次是可能导致受害人不能对赔偿金进行合理的分配使用，使赔偿目的落空，或者被其他人（如未成年人的监护人）挪用、侵吞，获得不当利益等。本解释借鉴有关国家经验，对赔偿金的支付兼采一次性支付和定期支付两种形式，以一次性支付为原则，定期支付为补充。同时规定定期支付的，赔偿义务人应当提供担保，进一步完善了定期支付的保障制度，将会给今后的审判实践带来重大影响。

三、适用

本解释规定的赔偿标准及其计算方法对侵权人身损害赔偿具有普遍适用性。但一部分现行法律和行政法规中，对一些特殊侵权类型的损害赔偿作出了专门规定，如《民用航空法》《医疗事故处理条例》。这些法律、行政法规的规定具有优先适用的效力，本解释的规定对这类特殊侵权行为的损害赔偿不具有约束力。

（撰稿人：陈现杰）

解读《最高人民法院关于审理人身损害赔偿案件适用法律若干问题的解释》修正条文

一、修改情况说明

根据 2020 年 12 月 23 日最高人民法院审判委员会第 1823 次会议通过的《最高人民法院关于修改〈最高人民法院关于在民事审判工作中适用《中华人民共和国工会法》若干问题的解释〉等二十七件民事类司法解释的决定》，对 2003 年《最高人民法院关于审理人身损害赔偿案件适用法律若干问题的解释》

（以下简称原司法解释）进行了修正，修正后的司法解释简称为新司法解释。

新司法解释保留原司法解释条文四条，即原第五条、第十二条、第三十四条、第三十五条；删除原条文共计十四条，即原第二条、第三条、第四条、第六条、第七条、第八条、第九条、第十条、第十一条、第十五条、第十六条、第十七条、第十八条、第三十一条；修改四条，即引言、原司法解释第一条、第十三条、第十四条、第三十三条；增加两条，即第十六条、第二十三条。修改后的解释条文共计二十四条。其中，引言涉及对法律依据的调整，原第一条、第十三条、第十四条、第三十三条涉及实质性修改，修改后的条文内容与民法典的规定和精神保持一致；增加第十六条和第二十三条是为了保持司法解释逻辑体例的完整性；删除十四个条文是因其内容已经被民法典吸收，上升为法律规定而没有保留必要。

二、关于适应性修改的条文说明

引言部分：民法典颁布实施后，《中华人民共和国民法通则》同时废止，因此在对司法解释修改时，将其引言中"根据《中华人民共和国民法通则》（以下简称民法通则）、《中华人民共和国民事诉讼法》（以下简称民事诉讼法）等有关法律规定"修改为"根据《中华人民共和国民法典》（以下简称民法典）、《中华人民共和国民事诉讼法》（以下简称民事诉讼法）等有关法律规定"。同时，统一文字表述，将"结合审判实践，就有关适用法律的问题作如下解释"修改为"结合审判实践，制定本解释"。

三、关于重点修改条文的修改说明和理解与适用

1. 第一条

【修改内容】

本条对原条文的三款规定均作了修改。第一款将"因生命、健康、身体遭受侵害，赔偿权利人起诉请求赔偿义务人赔偿财产损失和精神损害的，人民法院应予受理"修改为"因生命、身体、健康遭受侵害，赔偿权利人起诉请求赔偿义务人赔偿物质损害和精神损害的，人民法院应予受理"。一是将物质性人格权的客体由生命、健康、身体，调整为生命、身体、健康；二是将赔偿范围由财产损失和精神损害，修改为物质损害和精神损害。

第二款将"本条所称'赔偿权利人'，是指因侵权行为或者其他致害原因直接遭受人身损害的受害人、依法由受害人承担扶养义务的被扶养人以及死亡受害人的近亲属"修改为"本条所称'赔偿权利人'，是指因侵权行为或者其他致害原因直接遭受人身损害的受害人以及死亡受害人的近亲属"，即关于赔偿权利人的规定，删除了"依法由受害人承担扶养义务的被扶养人"。

第三款关于赔偿义务人的规定，将"其他组织"修改为"非法人组织"。

【修改说明】

根据民法典第一百一十条、第九百九十条、第一千零五条、总则编第四章非法人组织的规定以及侵权责任编第二章损害赔偿的规定，对人身损害的侵害客体、损害赔偿的请求权主体、赔偿义务主体进行相应修改。

【理解与适用】

关于人身损害的侵害客体。民法典总则第一百一十条规定"自然人享有生命权、身体权、健康权"，这三项人格权属于物质性人格权，与荣誉权、肖像权、名誉权、隐私权等精神性人格权相区分。人格权编第九百九十条、第一千零五条对物质性人格权的权利顺序也作出相同规定，均规定为生命权、身体权、健康权。据此，将原解释第一条规定的"生命、健康、身体"，调整为"生命、身体、健康"，调整后的权利顺序与民法典的规定保持一致。

关于损害的类型。新司法解释是关于人身损害赔偿的专门司法解释，损害赔偿系侵权责任的主要承担方式，民法典侵权责任编第二章专章规定损害赔偿。生命权、身体权、健康权等物质性人格权遭受损害，既有物质损害，又有精神损害，这里的物质损害不限于财产损失，还应包括生命、身体、健康这些物质性人格权的权利载体的损害，原司法解释第一条规定的财产损失不能涵盖上述损害，外延过窄，新司法解释予以修改，将损害区分为"物质损害"和"精神损害"，不再使用"财产损失"的表述。

关于赔偿权利人的范围。原司法解释第一条第二款将"依法由受害人承担扶养义务的被扶养人"作为赔偿权利人，同时又规定"死亡受害人的近亲属"也是赔偿权利人。本解释第一条第二款关于赔偿权利人的规定，删除了"依法由受害人承担扶养义务的被扶养人"。这是因为，民法典第一百二十条规定："民事权益受到侵害的，被侵权人有权请求侵权人承担侵权责任。"第一千一百八十一条规定："被侵权人死亡的，其近亲属有权请求侵权人承担侵权责任。"由此可见，根据民法典的规定，被侵权人生存时的赔偿权利人是被侵权人自己，被侵权人死亡时的赔偿权利人是死亡受害人的近亲属，民法典未将受害人承担扶养义务的被扶养人作为间接受害人或者权利继承人而赋予其赔偿请求权。根据民法典婚姻家庭编的相关规定，受害人承担法定扶养义务的未成年人和其承担扶养义务的成年近亲属，其范围与民法典第一千零四十五条规定的近亲属范围一致。在被侵权人死亡时，死亡受害人的近亲属作为赔偿权利人，实际涵盖了受害人承担法定扶养义务的被扶养人，无须再将被扶养人与死亡受害人的近亲属并列规定为赔偿权利人。同时，新司法解释增加一条作为第十六条，规定"被扶养人生活费计入残疾赔偿金和死亡赔偿金"，第十七条第一款规定了被扶养人生活费的计算标准。也就是说，尽管新司法解释不再将被扶养人规定为赔偿权利人，但将被扶养人基于法定扶养义务关系享有的反射利益纳入赔偿范围，保障了被扶养人的利益得到填补。

关于赔偿义务人的范围。民法典总则将法人之外的组织表述为"非法人组织",不再使用"其他组织"的表述,本解释第一条第三款作相应调整。

2. 第四条(原司法解释第十三条)

【修改内容】

本条将原司法解释第十三条"为他人无偿提供劳务的帮工人,在从事帮工活动中致人损害的,被帮工人应当承担赔偿责任。被帮工人明确拒绝帮工的,不承担赔偿责任。帮工人存在故意或者重大过失,赔偿权利人请求帮工人和被帮工人承担连带责任的,人民法院应予支持"的规定,修改为第四条"无偿提供劳务的帮工人,在从事帮工活动中致人损害的,被帮工人应当承担赔偿责任。被帮工人承担赔偿责任后向有故意或者重大过失的帮工人追偿的,人民法院应予支持。被帮工人明确拒绝帮工的,不承担赔偿责任"。即改变了帮工人侵权的责任主体和责任形态。

【修改说明】

参照民法典第一千一百九十二条第一款规定,并依据第一百七十八条第三款关于"连带责任,由法律规定或者当事人约定"的规定,对帮工人侵权的责任主体和责任形态作出相应调整。一是非实质性的文字修改,将"为他人无偿提供劳务的帮工人"修改为"无偿提供劳务的帮工人",使表述更加简练;二是不再将被帮工人与过错帮工人的责任认定为连带责任,被帮工人的责任是替代责任、外部责任,其承担责任后可以向过错帮工人追偿。

【理解与适用】

本条是关于帮工人在帮工活动中致人损害应如何承担民事责任的规定。民法典侵权责任编第三章关于责任主体的特殊规定中,未规定帮工人在帮工过程中致人损害的侵权责任。在司法实践中,帮工人在帮工过程中致人损害的案件时有发生,故有必要保留原司法解释第十三条的规定,并根据民法典的新精神作出相应调整,以为司法实践适用法律作出指引。本条规定包含四层含义:

(1)被帮工人的替代责任。被帮工人接受帮工或者未明确拒绝帮工的,帮工人在帮工活动中致人损害的责任由被帮工人承担。这主要是考虑,帮工人一般是应被帮工人的请求参加帮工活动,或虽然被帮工人没有邀请帮工人参加帮工活动,但当帮工人得知被帮工人在建房、收割粮食、搬家等方面存在困难时,基于中华民族的善良风俗而主动帮忙、无偿提供劳务,被帮工人是受益人,因帮工活动获得利益。因此,只要被帮工人没有明确拒绝帮工,帮工人因帮工活动致人损害的责任就应由被帮工人承担。被帮工人承担的赔偿责任,是基于帮工的特定关系而为帮工人的行为承担的替代责任,这与民法典第一千一百九十二条第一款关于个人劳务关系中提供劳务一方致人损害的侵权责任的立法意旨是一致的。

(2)被帮工人与有故意或者重大过失的帮工人之间不再承担连带责任。民法典第一百七十八条第三款规定："连带责任，由法律规定或者当事人约定。"原解释第十三条"帮工人存在故意或者重大过失，赔偿权利人请求帮工人和被帮工人承担连带责任的，人民法院应予支持"的规定，缺乏法律依据，对此予以删除。

（3）被帮工人承担责任后享有追偿权。原解释第十三条对被帮工人承担赔偿责任后能否向帮工人追偿的问题没有作出规定，本条增加规定被帮工人承担赔偿责任后向有故意或者重大过失的帮工人追偿的，人民法院应予支持。作出这一修改，主要考虑：一是被帮工人在帮工活动中受益是有限的，不能要求被帮工人对帮工人所有的侵权行为都承担赔偿责任，如帮工人自身对侵权行为存在故意或者重大过失的，帮工人应当承担最终责任，否则就难免导致帮工人因帮工获得的利益小于其承担的风险和责任，产生利益失衡，也不利于帮工人尽到必要的注意义务。因此，应允许被帮工人承担责任后向有故意或者重大过失的帮工人追偿，这也体现了过错责任原则，对被帮工人而言是过错推定，对帮工人而言是过错责任。二是帮工人因帮工活动致人损害，与工作人员执行工作任务、个人之间因提供劳务造成他人损害的情况是类似的。侵权责任法关于用人单位责任、个人之间因提供劳务造成他人损害的责任的规定，未明确规定用人单位和接受劳务一方享有追偿权。民法典第一千一百九十一条、第一千一百九十二条作了相应调整，增加规定用人单位和接受劳务一方的追偿权。从立法逻辑的一致性出发，本条参照民法典的上述规定，相应增加被帮工人的追偿权。三是原解释第十三条规定被帮工人与有故意或者重大过失的帮工人承担连带责任，连带责任是允许内部追偿的，也就是说，按照原规定，有故意或者重大过失的帮工人仍然是最终责任主体。因此，本条增加规定被帮工人的追偿权，与原条文的基本精神不矛盾。

（4）被帮工人明确拒绝帮工的，不承担责任。被帮工人明确拒绝帮工，其主观上不存在获得帮工利益的意图，若责令其为帮工人的侵权行为承担责任，缺乏正当性，故本条保留原解释关于"被帮工人明确拒绝帮工的，不承担责任"的规定。

3. 第五条（原司法解释第十四条）

【修改内容】

本条对原第十四条的两款规定均作了修改，条文序号调整为新解释的第五条：一是将原条文第一款"帮工人因帮工活动遭受人身损害的，被帮工人应当承担赔偿责任。被帮工人明确拒绝帮工的，不承担赔偿责任；但可以在受益范围内予以适当补偿"的规定，修改为"无偿提供劳务的帮工人因帮工活动遭受人身损害的，根据帮工人和被帮工人各自的过错承担相应的责任；被帮工人明确拒绝帮工的，被帮工人不承担赔偿责任，但可以在受益范围内予以适当补偿。"二是将第二款"帮工人因第三人侵权遭受人身损害的，由第三人承担赔偿责任。第三人不能确定或者没有赔偿能力的，可以由被帮工人予以适当补偿"的规定，修改为"帮工人在帮工活动中因第三人的行为遭受人身损害的，有权请求第三人承担赔偿责任，也有权请求被帮工人予以适当补偿。被帮工人补偿后，可以向第三人追偿"。即改变了帮工人遭受人身损害时的责任主体和责任形态。

【修改说明】

本条参照民法典第一千一百九十二条第一款和第二款的规定，对帮工人因帮工活动遭受人身损害的侵权责任主体和责任形态作出相应调整。一是将帮工人因帮工活动遭受人身损害时被帮工人的替代责任修改为按份责任；二是在第三人侵权时，赋予遭受侵害的帮工人对赔偿义务人的选择权以及无过错被帮工人承担补偿责任后向第三人的追偿权。

【理解与适用】

本条规定了帮工人在帮工活动中遭受人身损害和被第三人侵害两种情形的处理原则。

(1)帮工人在帮工活动中遭受人身损害的责任承担。根据原司法解释第十四条规定，帮工人因帮工活动遭受人身损害的，由被帮工人承担赔偿责任，其理由是被帮工人是帮工活动的受益人，被帮工人理应承担赔偿责任。笔者认为，义务帮工人因帮工活动遭受损害，与用人单位的工作人员执行工作任务遭受损害的情形不一样，义务帮工人一方在帮工活动中有较大自主权，不像用人单位对工作人员的控制力那么强。义务帮工人因帮工活动遭受损害的，要求被帮工人一方无条件地承担赔偿责任，难免责任过重，也不利于促使帮工人尽到必要的注意义务。而且，有时被帮工人并不是受益人，像被帮工人为代管他人房屋请他人帮工维修，实际受益人是房屋产权人而非帮工人。义务帮工与个人之间的劳务关系虽有区别，但也存在着相似性，被帮工人对帮工人因帮工活动遭受损害所承担的责任，不应超过个人劳务关系中提供劳务一方遭受损害时接受劳务一方承担的责任。根据民法典第一千一百九十二条第一款规定，个人之间形成劳务关系，提供劳务一方因劳务受到损害的，根据双方各自的过错承担相应的责任。这一规定区分情况，根据双方过错来确定民事责任比较合理。因此，参照该条规定，本条将义务帮工人因帮工活动遭受人身损害的责任相应修改为"根据帮工人和被帮工人各自的过错承担相应的责任"。

(2)适用公平原则确定被帮工人的补偿责任。帮工人因帮工活动遭受损害，被帮工人承担责任的基础是其存在过错，因为无过错责任只有在法律有明确规定的情形下才适用。若被帮工人已经明确表示拒绝帮工人帮工，帮工人执意帮工并不符合被帮工人的意愿，帮工人在帮工活动中发生意外或者人身损害结果更是超出了被帮工人的主观意志，被帮工人在主观上不存在过错，不构成侵权行为，不应承担侵权损害赔偿责任。但是，被帮工人虽然对被帮工人因帮工活动遭受的人身损害不承担侵权责任，但不等于说在帮工活动中帮工人受到的损害与已无关，不管怎么讲，帮工人参加帮工活动使被帮工人受益了，根据公平原则被帮工人应当在受益的范围内对帮工人予以补偿。因此，本条保留了原司法解释关于"被帮工人明确拒绝帮工的，不承担赔偿责任；但可以在受益范围内予以适当补偿"的规定。

（3）帮工人因第三人侵权遭受损害的责任承担。对于帮工人因第三人侵权遭受人身损害的情形，原司法解释第十四条的处理是一个递进关系，即由第三人承担赔偿责任，第三人不能确定或者没有赔偿能力的，可以由被帮工人予以适当补偿。本条将帮工人请求权的这种递进关系，修改为选择关系，主要是因为帮工关系与个人之间的劳务关系具有相似性，故参照民法典第一千一百九十二条第二款的规定，即"提供劳务期间，因第三人的行为造成提供劳务一方损害的，提供劳务一方有权请求第三人承担侵权责任，也有权请求接受劳务一方给予补偿。接受劳务一方补偿后，可以向第三人追偿"的规定，作出相应调整。

4. 第十六条（新增）

【修改内容】

本解释增加第十六条，规定"被扶养人生活费计入残疾赔偿金或者死亡赔偿金"。

【修改说明】

本条吸收《最高人民法院关于适用〈侵权责任法〉若干问题的通知》第四条规定，增加规定"被扶养人生活费计入残疾赔偿金或者死亡赔偿金"。

【理解与适用】

侵权责任法取消了"被扶养人生活费"的赔偿项目，其原因是当时最高人民法院拟推动死亡赔偿金和残疾赔偿金计算标准的修改，提高两金的赔偿标准。该法实施后，最高人民法院下发《关于适用〈中华人民共和国侵权责任法〉的通知》，该通知第四条规定，被扶养人的生活费计入残疾赔偿金或者死亡赔偿金。侵权责任法实施十余年来，死亡赔偿金和残疾赔偿金的赔偿标准没有修改。民法典制定时，对于赔偿项目的规定和侵权责任法的规定大体保持了一致，人身损害的赔偿项目仍不包含被扶养人生活费，若将被扶养人生活费的赔偿项目删除，则必然导致被侵权人获得的赔偿少于过去的标准，被扶养人的反射利益将得不到保障，故最高人民法院在新司法解释中仍保留了被扶养人生活费计算标准的规定，并增加一条规定，明确将被扶养人生活费计入残疾赔偿金或者死亡赔偿金。经征求立法机关意见，立法机关认为上述规定与民法典的规定不冲突。

5. 第二十条（原司法解释第三十三条）

【修改内容】

本条将原司法解释第三十三条"赔偿义务人请求以定期金方式给付残疾赔偿金、被扶养人生活费、残疾辅助器具费的，应当提供相应的担保。人民法院可以根据赔偿义务人的给付能力和提供担保的情况，确定以定期金方式给付相关费用。但是，一审法庭辩论终结前已经发生的费用、死亡赔偿金以及精神损害抚慰金，应当一次性给付"的规定，修改为第二十条"赔偿义务人请求以定期金方式给付残疾赔偿金、辅助器具费的，应当提供相应的担保。人民法院可以根据赔偿义务人的给付能力和提供担保的情况，确定以定期金方式给付相关费用。但是，一审法庭辩论终结前已经发生的费用、死亡赔偿金以及精神损害抚慰金，应当一次性给付"。

【修改说明】

根据民法典第一千一百七十九条规定，删除"被扶养人生活费"的赔偿项目，将"残疾辅助器具费"修改为"辅助器具费"，以与民法典的表述保持一致。

【理解与适用】

根据民法典第一千一百七十九条和新司法解释第十六条规定，"被扶养人生活费"不再作为一项单独的赔偿项目，而是作为残疾赔偿金和死亡赔偿金的组成部分，故本条相应删除了"被扶养人生活费"。辅助器具费是指受害人因残疾而造成身体功能全部或者部分丧失后需要配制补偿功能的残疾辅助器具的费用。民法典第一千一百七十九条没有使用残疾辅助器具费的表述，而是使用了"辅助器具费"，本条根据民法典的表述作出相应调整。

6. 第二十三条（新增）

【修改内容】

新司法解释增加第二十三条，规定"精神损害抚慰金适用《最高人民法院关于确定民事侵权精神损害赔偿责任若干问题的解释》予以确定"。

【修改说明】

本解释增加规定精神损害赔偿的法律适用指引性规定，以便与《最高人民法院关于确定民事侵权精神损害赔偿责任若干问题的解释》的适用相衔接，从而使人身损害赔偿的制度体例具有完整性。

【理解与适用】

本解释制定实施前，《最高人民法院关于确定民事侵权精神损害赔偿责任若干问题的解释》已经颁布，故新司法解释未再具体规定精神损害抚慰金的确定问题。考虑到精神损害抚慰金属于人身损害赔偿项目，为做好制度衔接，新司法解释增加规定确定精神损害抚慰金的法律适用指引规定。

解读《最高人民法院关于审理人身损害赔偿案件适用法律若干问题的解释》两次修改条文

《民法典》于 2020 年 5 月 28 日公布以后，为配合《民法典》贯彻实施，最高人民法院依法履行进行司法解释的职能，集中开展相关的司法解释清理工作。2020 年年底，《最高人民法院关于审理人身损害赔偿案件适用法律若干问题的解释》（法释〔2003〕20 号，以下简称 2003 年《人身损害赔偿解释》）完成第一次整体清理修改，其中保留十八条①、删除十四条②、修改四条③、增加二条④，修改后的司法解释共计二十四条。

2020 年 12 月 23 日，最高人民法院审判委员会第 1823 次会议审议通过《最高人民法院关于修改最高人民法院关于在民事审判工作中适用〈中华人民共和国工会法〉若干问题的解释等二十七件民事类司法解释的决定》（法释〔2020〕17 号），据此修改后的《最高人民法院关于审理人身损害赔偿案件适用法律若干问题的解释》（以下简称 2020 年《人身损害赔偿解释》）于 2021 年 1 月 1 日起与《民法典》同步施行。

2022 年 2 月 15 日，最高人民法院审判委员会第 1864 次会议审议通过《关于修改〈最高人民法院关于审理人身损害赔偿案件适用法律若干问题的解释〉的决定》，据此发布《最高人民法院关于审理人身损害赔偿案件适用法律若干问题的解释》（法释〔2022〕14 号，以下简称 2022 年《人身损害赔偿解释》）。此次修改，主要聚焦死亡赔偿金、残疾赔偿金和被扶养人生活费的计算标准，涉及六个条文，自 2022 年 5 月 1 日起施行。

---

① 保留 2003 年《人身损害赔偿解释》第五条、第十二条、第十九条至第三十条、第三十二条、第三十四条至第三十六条。上述条文对应修改后的司法解释第二条、第三条、第六条至第十五条、第十七条至第十九条、第二十一条、第二十二条、第二十四条。

② 删除 2003 年《人身损害赔偿解释》第二条（过失相抵原则的适用范围与例外）、第三条（共同侵权行为的认定）、第四条（共同危险行为的认定）、第六条（安全保障义务与第三人侵权）、第七条（教育机构的过错责任）、第八条（执行职务侵权的民事责任）、第九条（雇员侵权的雇主责任）、第十条（定作人的民事责任）、第十一条（雇员工伤的雇主责任）、第十五条（受益人的补偿责任）、第十六条（物件致人损害的赔偿责任）、第十七条（人身损害赔偿的范围）、第十八条（精神损害赔偿）、第三十一条（赔偿金总额的确定）。上述条文因其内容已被《民法典》吸收或修改，故予删除。

③ 修改 2003 年《人身损害赔偿解释》引言、第一条（人身损害赔偿法律关系的一般规定）、第十三条（义务帮工人致人损害）、第十四条（义务帮工人遭受人身损害）、第三十三条（定期金的适用与限制）。其中，引言部分修改了制定司法解释的法律依据和文字表述，属于适应性修改；第一条、第十三条、第十四条及第三十三条属于内容的实质性修改。

④ 增加规定第十六条（被扶养人生活费计入残疾赔偿金或者死亡赔偿金）、第二十三条（精神损害抚慰金的指引适法），以保持司法解释逻辑体例的完整性。

一、第一次修改涉及的实质性条款

（一）人身损害赔偿法律关系的一般规定

损害赔偿的主体和客体系人身损害赔偿之债的核心构成要素。2020年《人身损害赔偿解释》第一条对人身损害赔偿之债的主体和客体均进行了相应修改。第一款将人身损害赔偿之债的客体范围调整为"生命、身体、健康"，将赔偿内容由"财产损失和精神损害"修改为"物质损害和精神损害"。第二款缩减了赔偿权利人范围，删除了"依法由受害人承担扶养义务的被扶养人"。第三款是关于赔偿义务人的规定，将"其他组织"修改为"非法人组织"。

对人身损害赔偿客体范围的调整，不是适应性修改，而是法律关系的实质性修改。依据民法通则，"生命健康权"是公民享有的一项民事权利；侵权责任法虽然将生命权和健康权明确划分为两种单独的权利，但是未将身体权规定为一种单独权利。[1] 早在侵权责任法制定之前，2003年《人身损害赔偿解释》参照法学理论观点，将"身体"作为一项单独权利的客体，并置于"健康"之后。《民法典》总则编第一百一十条更进一步，将"身体权"作为一项独立的人格权，[2] 与生命权、健康权并列在一起，并将身体权置于健康权之前。2020年《人身损害赔偿解释》据此作出相应调整。

身体权与生命权、健康权密切相关又相互区分。生命权的内容是自然人生命的延续受法律保护，身体权的内容是身体完整和行动自由受法律保护，健康权的内容则是身体健康和心理健康受法律保护。[3] 因此，仅导致自然人生理组织的完整性遭受破坏的，构成侵害身体权，比如剪光他人头发、违法提取卵细胞，而对身体机能以及精神机能造成侵害的，则构成侵害健康权。

生命权、身体权、健康权等物质性人格权[4]遭受损害，既包括造成物质损害，又包括造成精神损害。这里的物质损害首先是指生命、身体、健康等生命有机体本身遭受的损害，这是第一层次的损害。为恢复生命有机体的机能或办理丧葬事宜支出的合理费用，势必造成一定的财产损失，这种财产损失是第一层次物质损害的转化形式，因此是第二层次的损害。通过赔偿方式对生命有机

---

[1] 在一些国家的民事立法中仅规定身体权而未规定健康权，认为导致他人肉体组织完整性遭到破坏的情形，通常也会导致他人生理机能的完善性遭到破坏，故身体权足以包括或涵摄健康权。

[2] 《民法典》总则编第一百一十条规定："自然人享有生命权、身体权、健康权……"

[3] 健康权是否保护心理健康，法学理论上长期存在争议。《民法典》第一千零四条对健康权作出规定："自然人享有健康权。自然人的身心健康受法律保护。任何组织或者个人不得侵害他人的健康权。"该条规定将健康权的权利客体表述为身心健康，在立法上认可了心理健康属于健康权的保护范围，但立法机关同时明确，该条规定的健康权不包括一个人在社会适应方面的良好状态以及道德健康等。

[4] 生命权、身体权、健康权是自然人享有的最基本的人格权，其性质属于物质性人格权，与荣誉权、肖像权、名誉权、隐私权等精神性人格权相区分。

体本身的损害或者精神损害予以救济,最终都体现为财产损失赔偿或者以赔偿方式予以精神抚慰。基于上述法理逻辑,本条将赔偿内容调整为"物质损害"和"精神损害",不再使用"财产损失"的表述。

损害赔偿之主体包括赔偿权利人和赔偿义务人。《民法典》未规定被扶养人享有独立的赔偿请求权,2020年《人身损害赔偿解释》相应将被扶养人从赔偿权利人范围中予以删除。广义的扶养,包括平辈之间的扶养、长辈对晚辈的抚养以及晚辈对长辈的赡养。依照《民法典》婚姻家庭编法定扶养义务的相关规定,① 被扶养人的范围与《民法典》第一千零四十五条规定的近亲属②范围一致。因此,被侵权人死亡的,其近亲属作为赔偿权利人,覆盖了被扶养人的赔偿请求权。被侵权人残疾的,请求权主体虽是残疾受害人本人,但依据2020年《人身损害赔偿解释》新增的第十六条"被扶养人生活费计入残疾赔偿金和死亡赔偿金"的规定,被扶养人因被侵权人遭受侵害丧失劳动能力而产生的反射性损害③能够得到填补。被侵权人无论是死亡还是残疾,其承担法定扶养义务的被扶养人能够通过受害人近亲属或者受害人本人间接行使请求权,被扶养人的利益不因其丧失请求权主体资格而遭受减损。关于赔偿义务人,因《民法典》将"其他组织"修改为"非法人组织",2020年《人身损害赔偿解释》第一条据此进行了适应性调整。

(二)无偿帮工人致人损害

《民法典》未规定帮工人在从事帮工活动中致人损害的侵权责任,无偿帮工的侵权责任难以纳入《民法典》第一千一百九十一条用人单位责任和第一千一百九十二条个人劳务侵权责任予以调整。司法实践中确实存在无偿帮工人在从事帮工活动中致人损害的案件,故有必要保留2003年《人身损害赔偿解释》第十三条关于无偿帮工人致人损害的责任规定。根据《民法典》的新精神,2020年《人身损害赔偿解释》第四条对无偿帮工人因帮工致人损害的责任主体和责任形态作出修改:一是将被帮工人与过错帮工人的连带责任修改为由被

---

① 依照《民法典》第一千零五十九条、第一千零六十七条、第一千零七十四条、第一千零七十五条的规定,法定抚养义务具体包括:(1)夫妻有相互扶养的义务;(2)父母对未成年子女或者不能独立生活的成年子女有抚养义务;(3)成年子女对缺乏劳动能力或者生活困难的父母有赡养义务;(4)有负担能力的祖父母、外祖父母,对于父母已经死亡或者父母无力抚养的未成年孙子女、外孙子女,有抚养的义务;(5)有负担能力的孙子女、外孙子女,对于子女已经死亡或者子女无力赡养的祖父母、外祖父母,有赡养的义务;(6)有负担能力的兄、姐,对于父母已经死亡或者父母无力抚养的未成年弟、妹,有扶养的义务;(7)由兄、姐扶养长大的有负担能力的弟、妹,对于缺乏劳动能力又缺乏生活来源的兄、姐,有扶养的义务。

② 《民法典》第一千零四十五条第二款规定:"配偶、父母、子女、兄弟姐妹、祖父母、外祖父母、孙子女、外孙子女为近亲属。"

③ 国外对间接受害人所受损害有固有损害说与反射损害说。反射损害说对间接受害人如何行使请求权又有直接请求权说与间接请求权说。

帮工人承担责任；二是增加被帮工人的追偿权。

被帮工人接受帮工或者未明确拒绝帮工的，帮工人因从事帮工活动致人损害的责任由被帮工人承担。作出这样的修改，一是因为《民法典》第一百七十八条第三款规定："连带责任，由法律规定或者当事人约定"，2003年《人身损害赔偿解释》第十三条关于帮工人与被帮工人承担连带责任的规定，缺乏法律依据。二是因为帮工人参加帮工活动一般是应被帮工人的请求，或者基于中华民族的善良风俗而主动为被帮工人在建房、农忙、搬家等活动中无偿提供劳务帮助。基于帮工特定关系而获益的被帮工人为帮工人的侵权行为承担民事责任，体现了风险与收益相当的原则，这与《民法典》第一千一百九十一条第一款用人单位责任和第一千一百九十二条第一款个人劳务关系中提供劳务一方致人损害的民事责任的立法精神一致。① 应注意，若被帮工人明确拒绝帮工，其主观上不存在获得帮工利益的意图，则责令其为帮工人的侵权行为承担责任，缺乏正当性，故第四条保留2003年《人身损害赔偿解释》关于"被帮工人明确拒绝帮工的，不承担责任"的规定。

被帮工人并非终局责任主体，2020年《人身损害赔偿解释》第四条特增加规定承担赔偿责任的被帮工人向有故意或者重大过失的帮工人的追偿权。一是被帮工人往往经济能力有限、在帮工活动中受益有限，由因故意或者重大过失实施侵权行为的帮工人承担终局责任，体现了过错归责，有利于促使帮工人在帮工活动中尽到必要注意义务，也避免导致被帮工人承担的风险大于因帮工获得的利益，产生利益失衡。二是被帮工人对外承担替代责任后有权向有故意或者重大过失的帮工人追偿，法理逻辑与《民法典》有关替代责任的规定保持一致，亦与2003年《人身损害赔偿解释》第十三条连带责任的规定在内部追偿问题上保持了一致。

（三）无偿帮工人因帮工遭受人身损害

2020年《人身损害赔偿解释》第五条修改了原第十四条帮工人在帮工活动中遭受人身损害和被第三人侵害两种情形的处理原则：一是帮工人因帮工活动遭受人身损害的，不再单独由被帮工人承担责任，改由帮工人和被帮工人根

---

① 《民法典》第一千一百九十二条规定："个人之间形成劳务关系，提供劳务一方因劳务造成他人损害的，由接受劳务一方承担侵权责任。接受劳务一方承担侵权责任后，可以向有故意或者重大过失的提供劳务一方追偿。提供劳务一方因劳务受到损害的，根据双方各自的过错承担相应的责任。提供劳务期间，因第三人的行为造成提供劳务一方损害的，提供劳务一方有权请求第三人承担侵权责任，也有权请求接受劳务一方给予补偿。接受劳务一方补偿后，可以向第三人追偿。"

据各自过错承担相应责任;① 二是帮工人在帮工活动中遭受第三人侵害的,赋予帮工人对赔偿义务人的选择权,帮工人有权请求第三人承担赔偿责任,也有权请求被帮工人予以适当补偿;② 三是明确被帮工人承担补偿义务后可以向第三人追偿。

帮工人在帮工活动中遭受人身损害,根据帮工人和被帮工人各自的过错承担相应责任,其责任形态为过错按份责任。义务帮工不同于雇佣,帮工人享有较大自主权,被帮工人对帮工人并无管理控制力,被帮工人对帮工人的损害亦无法通过工伤保险赔付分散风险,故原第十四条规定由被帮工人承担无过错赔偿责任,责任过重,也不利于促使帮工人尽到必要注意义务。根据帮工人和被帮工人的过错来确定民事责任较为公平合理,体现了与有过失原则,亦与《民法典》第一千一百九十二条第一款提供劳务一方因劳务受到损害的责任规定精神一致。

帮工人因第三人的行为遭受损害,第三人应当承担侵权责任,自无疑问。被帮工人因不是侵权行为人,不应承担侵权责任,但不等于说帮工人在帮工活动中受到的损害与被帮工人无关,毕竟被帮工人因帮工而受益,被帮工人因此应当给予受害帮工人适当补偿。被帮工人的适当补偿义务,是否必然劣后于第三人的赔偿责任,对此我们持否定态度,不再规定赔偿和补偿的顺序,而是赋予受害帮工人一定的选择权。主要考虑是,不规定第三人赔偿和被帮工人补偿的顺序而赋予受害帮工人一定的选择权,便于受害帮工人选择于己有利的求偿方案,快速便捷解决争议,更有利于受害人权益的维护,这也符合《民法典》类似规定的精神。

基于公平原则作出补偿以后,补偿义务人能否向侵权行为人追偿,这一问题曾在学界和司法实务中产生认识分歧。参照《民法典》第一千一百九十二条第二款"接受劳务一方补偿后,可以向第三人追偿"的规定,我们认为,应当允许被帮工人补偿后向第三人追偿。据此,2020年《人身损害赔偿解释》第五条增加规定,被帮工人补偿后可以向侵权第三人追偿。

(四)定期金的适用与限制

2020年《人身损害赔偿解释》第二十条关于定期金适用与限制的规定,

---

① 2003年《人身损害赔偿解释》第十四条第一款规定:"帮工人因帮工活动遭受人身损害的,被帮工人应当承担赔偿责任。被帮工人明确拒绝帮工的,不承担赔偿责任;但可以在受益范围内予以适当补偿。"修改后的第五条第一款规定:"无偿提供劳务的帮工人因帮工活动遭受人身损害的,根据帮工人和被帮工人各自的过错承担相应的责任;被帮工人明确拒绝帮工的,被帮工人不承担赔偿责任,但可以在受益范围内予以适当补偿。"

② 2003年《人身损害赔偿解释》第十四条第二款规定:"帮工人因第三人侵权遭受人身损害的,由第三人承担赔偿责任。第三人不能确定或者没有赔偿能力的,可以由被帮工人予以适当补偿。"修改后的第五条第二款规定:"帮工人在帮工活动中因第三人的行为遭受人身损害的,有权请求第三人承担赔偿责任,也有权请求被帮工人予以适当补偿。被帮工人补偿后,可以向第三人追偿。"

对原第三十三条作出两处修改：一是因"被扶养人生活费"不再是单独的赔偿项目，而是作为残疾赔偿金或者死亡赔偿金的组成部分，第二十条相应删除了"被扶养人生活费"的赔偿项目；二是为与《民法典》以及残疾人保障法的表述一致，关于人身损害赔偿范围的规定，不再使用"残疾辅助器具费"的表述，将"残疾辅助器具费"修改为"辅助器具费"。辅助器具费是指受害人因身体功能全部或者部分丧失后需要配制补偿功能的辅助器具的费用。

二、第一次修改涉及的新增条文

（一）被扶养人生活费计入"两金"

《人身损害赔偿解释》第一次修改时增加第十六条，规定"被扶养人生活费计入残疾赔偿金或者死亡赔偿金"。《人身损害赔偿解释》第二次修改时，有观点提出应将被扶养人生活费这一赔偿项目删除，以与《民法典》第一千一百七十九条赔偿项目的规定保持一致。我们没有采纳此种意见。

被扶养人生活费是2003《人身损害赔偿解释》第十七条第三款规定的赔偿项目，侵权责任法制定时未在赔偿项目的规定中列明该项费用，其背景是当时最高人民法院拟提高死亡赔偿金和残疾赔偿金的计算标准，从而覆盖被扶养人生活费。后因上述"两金"计算标准未能修改，最高人民法院下发《最高人民法院关于适用〈中华人民共和国侵权责任法〉的通知》，在第四条规定"将被扶养人生活费计入残疾赔偿金或死亡赔偿金"。《民法典》第一千一百七十九条关于人身损害赔偿项目的规定，基本上承继了侵权责任法的规定。《民法典》实施后，若不支持赔偿被扶养人生活费，被扶养人作为间接受害人遭受的反射性损害①将得不到填补，这必然导致《民法典》实施前后同一问题赔偿标准不统一的问题。为此，2020年《人身损害赔偿解释》专门增加规定"被扶养人生活费计入残疾赔偿金或者死亡赔偿金。"

应注意的是，赔偿权利人最终获得的死亡赔偿金包括两部分，其一是按照2020年《人身损害赔偿解释》第十五条规定计算的死亡赔偿金，其二是按照2020年《人身损害赔偿解释》第十七条规定计算的被扶养人生活费。残疾赔偿金的计算亦是如此。

（二）精神损害赔偿的指引适法

《人身损害赔偿解释》第一次修改时增加第二十三条，规定精神损害抚慰金适用《最高人民法院关于确定民事侵权精神损害赔偿责任若干问题的解释》予以确定。

---

① 国外对间接受害人所受损害有固有损害说与反射损害说。反射损害说对间接受害人如何行使请求权又有直接请求权说与间接请求权说。

从体系解释的角度，人身损害的赔偿范围应当包括《民法典》第一千一百八十三条规定的精神损害赔偿与第一千一百七十九条规定的人身损害赔偿。为确保《人身损害赔偿解释》内容体例完整，做好司法解释的适用衔接，《人身损害赔偿解释》2020年第一次修改时增加第二十三条，为精神损害赔偿的法律适用作出指引性规定。

三、第二次修改的核心内容

《人身损害赔偿解释》第二次修改，主要聚焦死亡赔偿金、残疾赔偿金和被扶养人生活费的计算标准。这次修改不再区分受害人户籍，统一按照城镇居民赔偿标准计算赔偿数额，实现了"两金一费"赔偿标准的城乡统一。

人身损害的赔偿项目，分为据实赔偿和定额赔偿两种类型。为治疗和康复支出的合理费用应当据实赔偿，即发生多少赔偿多少；死亡赔偿金、残疾赔偿金和被扶养人生活费则是定额赔偿。因我国存在城乡发展不平衡的基本国情，赔偿标准长期坚持城乡二元区分，由此引发所谓"同命不同价"的讨论，其根源就在于对残疾赔偿金和死亡赔偿金的性质存在误解。死亡赔偿金和残疾赔偿金并不是对死者生命价值或者身体伤残本身的赔偿，不是"命价"，而是对受害人未来收入损失的赔偿。人的生命是无价的，人死亡后权利能力消灭，民事主体资格已不复存在，死者不可能以权利主体资格主张死亡赔偿。死亡赔偿金是对死者近亲属（间接受害人）因受害人死亡所遭受的财产损失而给予的赔偿，并非对死者生命价值的衡量。残疾赔偿金是对自然人健康权遭受侵害导致其全部或部分丧失劳动能力从而产生未来收入损失的赔偿，不是对自然人健康权的价值衡量。因此说，"同命不同价"是对死亡赔偿金、残疾赔偿金的一种误解。

随着我国经济发展以及城乡融合发展，中共中央、国务院于2019年4月15日印发《中共中央、国务院关于建立健全城乡融合发展体制机制和政策体系的意见》，明确提出"统筹城乡社会救助体系""改革人身损害制度，统一城乡居民赔偿标准"的意见。最高人民法院在充分调研的基础上，本着积极稳妥的原则，于2019年9月授权全国各高级人民法院在辖区内开展人身损害赔偿标准城乡统一试点工作。经过为期两年的试点，在充分总结试点经验、广泛征求社会各界意见的基础上，最高人民法院启动《人身损害赔偿解释》的第二次修改工作。本次修改后的残疾赔偿金①、死亡赔偿金②按照受诉法院所在地上一年度城镇居民人均可支配收入标准计算，被扶养人生活费③按照受诉法院所在地上一年度城镇居民人均消费支出标准计算。同时，第十八条对属地计算标准的选择、第二十二条对赔偿标准的统计依据作了适应性修改。

四、修改和适用中的若干争议

（一）为什么不按照《民法典》的法条表述将"赔偿权利人""赔偿义务人"修改为"侵权人""被侵权人"

《人身损害赔偿解释》进行修改时，有意见主张，为与《民法典》侵权责任编的法条表述一致，应当将"赔偿权利人"和"赔偿义务人"修改为"侵权人"和"被侵权人"。我们未采纳这一意见。在侵权损害赔偿之债的法律关系中，"赔偿权利人"和"赔偿义务人"不完全对应于"侵权人"和"被侵权人"。例如，"赔偿权利人"可以是作为直接受害人的被侵权人，也可以是作为间接受害人的死亡受害人的近亲属，还可以是为被侵权人支付医疗费、丧葬费等合理费用的人，④ 上述主体均享有独立的赔偿请求权，均可以成为赔偿权利人。同样，"赔偿义务人"也不限于侵权行为人，与行为人或者致害动物、物件等具有一定管领控制关系的人亦可成为赔偿义务人，比如无民事行为能力人和限制民事行为能力人的监护人、致害动物和物件的所有人或管理人。因此，采用"赔偿权利人"和"赔偿义务人"来表述人身损害赔偿之债的权利义务主体，符合司法审判的实际情况，也能够更好地体现人身损害赔偿的债性质。

审判实践中应注意，被扶养人虽不再具有独立的赔偿请求权，但因被扶养

---

① 2022年《人身损害赔偿解释》第十二条修改为："残疾赔偿金根据受害人丧失劳动能力程度或者伤残等级，按照受诉法院所在地上一年度城镇居民人均可支配收入标准，自定残之日起按二十年计算。但六十周岁以上的，年龄每增加一岁减少一年；七十五周岁以上的，按五年计算。""受害人因伤致残但实际收入没有减少，或者伤残等级较轻但造成职业妨害严重影响其劳动就业的，可以对残疾赔偿金作相应调整。"

② 2022年《人身损害赔偿解释》第十五条修改为："死亡赔偿金按照受诉法院所在地上一年度城镇居民人均可支配收入标准，按二十年计算。但六十周岁以上的，年龄每增加一岁减少一年；七十五周岁以上的，按五年计算。"

③ 2022年《人身损害赔偿解释》第十七条修改为："被扶养人生活费根据扶养人丧失劳动能力程度，按照受诉法院所在地上一年度城镇居民人均消费支出标准计算。被扶养人为未成年人的，计算至十八周岁；被扶养人无劳动能力又无其他生活来源的，计算二十年。但六十周岁以上的，年龄每增加一岁减少一年；七十五周岁以上的，按五年计算。"被扶养人是指受害人依法应当承担扶养义务的未成年人或者丧失劳动能力又无其他生活来源的成年近亲属。被扶养人还有其他扶养人的，赔偿义务人只赔偿受害人依法应当负担的部分。被扶养人有数人的，年赔偿总额累计不超过上一年度城镇居民人均消费支出额。"

④《民法典》第一千一百八十一条第二款规定："被侵权人死亡的，支付被侵权人医疗费、丧葬费等合理费用的人有权请求侵权人赔偿费用，但是侵权人已经支付该费用的除外。"

人生活费仍应计入残疾赔偿金和死亡赔偿金，故在确定法定被扶养人的范围时，应严格依照《民法典》婚姻家庭编的相关规定，一般不得基于法官自由裁量将被侵权人自愿扶养的非近亲属的旁系血亲或者姻亲纳入被扶养人范围，从而加重赔偿义务人的赔偿责任。被侵权人有法定被扶养人的情况下，其自愿扶养的非近亲属的旁系血亲或者姻亲，因被侵权人死亡或者残疾导致生活困难的，可通过其他途径获得救济。

（二）共同侵权坚持必要共同诉讼是否与债权人对连带债务人享有选择权的规定相悖

2003年《人身损害赔偿解释》第五条明确了对共同侵权人提起的损害赔偿之诉属于必要的、不可分的共同诉讼，如果赔偿权利人仅起诉部分共同侵权人，人民法院应当依职权追加其余共同侵权人为共同被告。有意见提出，上述规定限制了连带债务的债权人的选择权，与《民法典》第五百一十八条的规定冲突。① 经研究并报经立法机关同意，2022年《人身损害赔偿解释》第二条保留了共同侵权采取必要共同诉讼形式的规定，将债权人对连带债务人的选择权后移至执行程序。主要考虑是，关于债权人对连带债务的债务人追责问题，实体法与程序法的规定并不完全一致。按照现行民事诉讼法②第五十五条、第一百三十五条的规定，当事人一方或者双方为二人以上，其诉讼标的是共同的，构成必要共同诉讼。必须共同进行诉讼的当事人没有参加诉讼的，人民法院应当通知其参加诉讼。共同侵权产生的连带责任主体为二人以上，被侵权人与侵权人之间争议的并要求人民法院裁决的法律关系同一，故依程序法的逻辑，对共同侵权人提起的损害赔偿之诉应属必要共同诉讼，当事人必须一同起诉或者应诉，人民法院应当合并审理。如从诉讼处分原则的角度出发，允许债权人选择被告，人民法院为查明共同过错、因果关系等案件事实的需要，往往会将未被债权人追责的共同侵权人追加为第三人，这就面临对第三人的范围进行扩张的问题，与民事诉讼法第五十九条的规定存在冲突。考虑到将共同侵权人追加为共同被告，并不会损害债权人利益，亦符合必要共同诉讼的规定，且有利于人民法院查明事实、一次性解决纠纷，避免出现分开起诉侵权人导致作出的裁判相互抵触的情况，且债权人还可在执行程序中对法院裁判确认的连带债务人行使履行选择权。因此，2003年《人身损害赔偿解释》第五条的规定仍然具有法律适用价值，在协调实体法和程序法方面具有重要意义，所以继续予以保留。

---

① 《民法典》第五百一十八条第一款规定，债务人为二人以上，债权人可以请求部分或者全部债务人履行全部债务的，为连带债务。

② 《全国人民代表大会常务委员会关于修改〈中华人民共和国民事诉讼法〉的决定》已由中华人民共和国第十三届全国人民代表大会常务委员会第三十二次会议于2021年12月24日通过，自2022年1月1日起施行。本文所述现行民事诉讼法，均指2022年1月1日起施行的民事诉讼法。

（三）删除雇员工伤的雇主责任规定后，雇员因安全生产事故遭受人身损害的责任如何确定

2003年《人身损害赔偿解释》第十一条对雇员工伤的雇主责任作出规定，2020年第一次修改时对该条规定予以删除，主要因为该条规定第一款的内容已为《民法典》第一千一百九十一条用人单位责任的规定、第一千一百九十二条个人劳务关系中的侵权责任规定所吸收取代。该条第二款关于"雇员在从事雇佣活动中因安全生产事故造成人身损害，发包人、分包人知道或者应当知道接受发包或者分包业务的雇主没有相应资质或者安全生产条件的，应当与雇主承担连带责任"的规定，在当时有效的安全生产法第一百条中有类似规定，《人身损害赔偿解释》无须重复规定。2021年安全生产法修正，原第一百条规定的内容保留，条文序号修改为第一百零三条。因此，2003年《人身损害赔偿解释》第十一条第二款规定删除后，相关情形可以适用2021年修正的安全生产法第一百零三条第一款的规定来确定民事责任。①

（四）删除人身损害赔偿范围的规定后，受害人亲属办理丧葬事宜支出的交通费、住宿费和误工损失等其他合理费用能否继续支持赔偿

《民法典》第一千一百七十九条规定的人身损害赔偿范围限于"为治疗和康复支出的合理费用"，对于"造成死亡的"赔偿范围还包括丧葬费和死亡赔偿金。从字面上来看，上述规定未涵盖2003年《人身损害赔偿解释》第十七条第三款所规定的"受害人亲属办理丧葬事宜支出的交通费、住宿费和误工损失等其他合理费用"。审判实践中，对《民法典》实施后是否还继续支持赔偿受害人亲属办理丧葬事宜支出的交通费、住宿费和误工损失的问题，形成两种意见。一种意见认为，《民法典》第一千一百七十九条规定的丧葬费涵盖了奔丧费用，《人身损害赔偿解释》对丧葬费采定额化赔偿，丧葬费的计算标准不低，不应再支持赔偿。另一种意见认为，《人身损害赔偿解释》规定的定额化计算的丧葬费不包含奔丧费用，奔丧费用在2003年《人身损害赔偿解释》中是单独赔偿项目，丧葬费的现行计算标准与办理丧葬事宜的实际支出相比并不高，很多地方甚至买不到一块墓地。受害人近亲属奔丧属于因侵权行为产生的合理损失，国外立法例多数支持赔偿，故2003年《人身损害赔偿解释》第十七条第三款规定的受害人亲属办理丧葬事宜支出的交通费、住宿费和误工损失等合理费用仍应支持赔偿。

对此，笔者认为，目前立法机关对上述争议费用是否继续支持赔偿尚未有明确态度，人民法院可暂依照《民法典》第一千一百八十一条第二款"被侵权

---

① 2021年修正的安全生产法第一百零三条第一款规定："生产经营单位将生产经营项目、场所、设备发包或者出租给不具备安全生产条件或者相应资质的单位或者个人的……导致发生安全生产事故给他人造成损害的，与承包方、承租方承担连带责任。"

人死亡的,支付被侵权人医疗费、丧葬费等合理费用的人有权请求侵权人赔偿费用,但是侵权人已经支付该费用的除外"的规定,对"受害人亲属办理丧葬事宜支出的交通费、住宿费和误工损失等其他合理费用"予以支持。

(五)《人身损害赔偿解释》时间效力条款如何理解

《人身损害赔偿解释》第一次修改未对原最后一条的时间效力作出修改。第二次修改将第二十四条时间效力条款修改为:"本解释自2022年5月1日起施行。施行后发生的侵权行为引起的人身损害赔偿案件适用本解释。本院以前发布的司法解释与本解释不一致的,以本解释为准。"

上述规定中的"施行后发生的侵权行为",包括2022年5月1日之后实施的侵权行为、2022年5月1日之前实施并持续至2022年5月1日之后的侵权行为以及2022年5月1日之前实施但损害后果发生在2022年5月1日之后的侵权行为。

(撰稿人:潘 杰)

最高人民法院
关于审理铁路运输人身损害赔偿纠纷案件适用法律若干问题的解释

(2010年1月4日最高人民法院审判委员会第1482次会议通过 根据2020年12月23日最高人民法院审判委员会第1823次会议通过的《最高人民法院关于修改〈最高人民法院关于在民事审判工作中适用《中华人民共和国工会法》若干问题的解释〉等二十七件民事类司法解释的决定》第一次修正 根据2021年11月24日最高人民法院审判委员会第1853次会议通过的《最高人民法院关于修改〈最高人民法院关于审理铁路运输人身损害赔偿纠纷案件适用法律若干问题的解释〉的决定》第二次修正)

为正确审理铁路运输人身损害赔偿纠纷案件,依法维护各方当事人的合法权益,根据《中华人民共和国民法典》《中华人民共和国铁路法》《中华人民共和国民事诉讼法》等法律的规定,结合审判实践,就有关适用法律问题作如下解释:

第一条 人民法院审理铁路行车事故及其他铁路运营事故造成的铁路运输人身损害赔偿纠纷案件,适用本解释。

铁路运输企业在客运合同履行过程中造成旅客人身损害的赔偿纠纷案件,不适用本解释;与铁路运输企业建立劳动合同关系或者形成劳动关系的铁路职工在执行职务中发生的人身损害,依照有关调整劳动关系的法律规定及其他相关法律规定处理。

第二条 铁路运输人身损害的受害人以及死亡受害人的近亲属为赔偿权利人,有权请求赔偿。

第三条 赔偿权利人要求对方当事人承担侵权责任的,由事故发生地、列车最先到达地或者被告住所地铁路运输法院管辖。

前款规定的地区没有铁路运输法院的,由高级人民法院指定的其他人民法院管辖。

第四条 铁路运输造成人身损害的,铁路运输企业应当承担赔偿责任;法律另有规定的,依照其规定。

第五条 铁路行车事故及其他铁路运营事故造成人身损害,有下列情形之一的，铁路运输企业不承担赔偿责任：

（一）不可抗力造成的；

（二）受害人故意以卧轨、碰撞等方式造成的；

（三）法律规定铁路运输企业不承担赔偿责任的其他情形造成的。

第六条 因受害人的过错行为造成人身损害，依照法律规定应当由铁路运输企业承担赔偿责任的，根据受害人的过错程度可以适当减轻铁路运输企业的赔偿责任，并按照以下情形分别处理：

（一）铁路运输企业未充分履行安全防护、警示等义务，铁路运输企业承担事故主要责任的，应当在全部损害的百分之九十至百分之六十之间承担赔偿责任；铁路运输企业承担事故同等责任的，应当在全部损害的百分之六十至百分之五十之间承担赔偿责任；铁路运输企业承担事故次要责任的，应当在全部损害的百分之四十至百分之十之间承担赔偿责任；

（二）铁路运输企业已充分履行安全防护、警示等义务，受害人仍施以过错行为的，铁路运输企业应当在全部损害的百分之十以内承担赔偿责任。

铁路运输企业已充分履行安全防护、警示等义务，受害人不听从值守人员劝阻强行通过铁路平交道口、人行过道，或者明知危险后果仍然无视警示规定沿铁路线路纵向行走、坐卧故意造成人身损害的，铁路运输企业不承担赔偿责任，但是有证据证明并非受害人故意造成损害的除外。

第七条 铁路运输造成无民事行为能力人人身损害的，铁路运输企业应当承担赔偿责任；监护人有过错的，按照过错程度减轻铁路运输企业的赔偿责任。

铁路运输造成限制民事行为能力人人身损害的，铁路运输企业应当承担赔偿责任；监护人或者受害人自身有过错的，按照过错程度减轻铁路运输企业的赔偿责任。

第八条 铁路机车车辆与机动车发生碰撞造成机动车驾驶人员以外的人人身损害的，由铁路运输企业与机动车一方对受害人承担连带赔偿责任。铁路运输企业与机动车一方之间的责任份额根据各自责任大小确定；难以确定责任大小的，平均承担责任。对受害人实际承担赔偿责任超出应当承担份额的一方，有权向另一方追偿。

铁路机车车辆与机动车发生碰撞造成机动车驾驶人员人身损害的，按照本解释第四条至第六条的规定处理。

第九条 在非铁路运输企业实行监护的铁路无人看守道口发生事故造成人身损害的，由铁路运输企业按照本解释的有关规定承担赔偿责任。道口管理单位有过错的，铁路运输企业对赔偿权利人承担赔偿责任后，有权向道口管理单位追偿。

第十条 对于铁路桥梁、涵洞等设施负有管理、维护等职责的单位，因未尽职责使该铁路桥梁、涵洞等设施不能正常使用，导致行人、车辆穿越铁路线路造成人身损害的，铁路运输企业按照本解释有关规定承担赔偿责任后，有权向该单位追偿。

第十一条 有权作出事故认定的组织依照《铁路交通事故应急救援和调查处理条例》等有关规定制作的事故认定书，经庭审质证，对于事故认定书所认定的事实，当事人没有相反证据和理由足以推翻的，人民法院应当作为认定事实的根据。

第十二条 在专用铁路及铁路专用线上因运输造成人身损害，依法应当由肇事工具或者设备的所有人、使用人或者管理人承担赔偿责任的，适用本解释。

第十三条 本院以前发布的司法解释与本解释不一致的，以本解释为准。

【注　解】

最高人民法院2010年3月3日公布本解释，法释〔2010〕5号，自2010年3月16日起施行。

最高人民法院2020年12月29日公布《最高人民法院关于修改〈最高人民法院关于在民事审判工作中适用《中华人民共和国工会法》若干问题的解释〉等二十七件民事类司法解释的决定》第1次修正本解释，法释〔2020〕17号，该修正自2021年1月1日起施行。

最高人民法院2021年12月8日公布《最高人民法院关于修改〈最高人民法院关于审理铁路运输人身损害赔偿纠纷案件适用法律若干问题的解释〉的决定》第2次修正本解释，法释〔2021〕19号，该修正自2022年1月1日起施行。

【解　读】

解读《最高人民法院关于审理铁路运输人身损害赔偿纠纷案件适用法律若干问题的解释》

一、问题的提出

2010年1月4日，最高人民法院审判委员会第1482次会议通过了《关于审理铁路运输人身损害赔偿纠纷案件适用法律若干问题的解释》（以下简称本解释),自 2010 年 3 月 16 日起施行。

这些年来,各地法院在审理铁路运输人身损害赔偿纠纷案件中遇到了如何确定管辖法院、如何理解《中华人民共和国民法通则》(以下简称《民法通则》)第一百二十三条和《中华人民共和国铁路法》(以下简称《铁路法》)第五十八条的关系等疑难、复杂的问题,在实践中也一直存在不同认识,并导致了法律适用不同、裁判尺度不一的情况。一些案件的案情基本相近,但裁判结果差异却比较大,这无疑损害了司法公信力。各地法院多次反映,希望最高人民法院能够出台司法解释,对困扰审判实践的这些疑难问题予以明确。同时,随着我国经济社会的高速发展,铁路建设也日新月异,铁路通车里程不断增加,列车运行速度不断提高;随着城市化的发展,城市范围不断扩大,铁路运营的环境也发生了很大的变化。这就使得人民法院在审理此类案件中又遇到了新情况、新问题,铁路行政主管部门也希望最高人民法院能作出明确的司法解释。

最高人民法院审判监督庭作为全国铁路运输法院的业务指导部门,经慎重研究申报了此件司法解释的立项,从 2008 年 5 月起,正式全面启动了本解释的起草调研工作。起草小组迅速草拟了本解释的初稿,于 2008 年 6 月交当时正在举办的全国铁路运输两级法院院长培训班讨论。随后,起草小组又几次组织召开了主要由地方高级人民法院、铁路运输中级法院、部分铁路运输基层法院以及部分铁路局的同志参加的座谈会,了解铁路运输事故发生、处理等方面的总体情况。起草小组还多次走访全国人大法工委、国务院法制办和铁道部,了解有关立法背景、事故发生处理等情况,征求其意见。经多次研究、修改,起草小组完成了本解释的征求意见稿,印发各铁路运输中级法院及其驻在地的高级人民法院征求意见,并邀请全国人大法工委、国务院法制办、铁道部的同志,以及部分高校和科研机构的专家学者,召开了专家论证会。在广泛、深入调研,吸收各方面意见的基础上,最高人民法院审判委员会讨论通过了本解释。

二、理解与适用

(一)制定本解释的指导思想

在制定本解释的过程中,贯彻了以下两个指导思想:一是严格依照法律的有关规定。这一点也是最高人民法院制定司法解释中一贯坚持的。具体到本解释,就是严格依照《民法通则》《铁路法》《中华人民共和国民事诉讼法》(以下简称《民事诉讼法》)等法律的规定。本解释的基本内容,就是结合铁路运输人身损害赔偿纠纷案件的具体特点,将这些法律中的有关规定予以具体化,以便于审判实践中具体操作,以便于统一司法标准。这里需要特别说明的,是本解释与《中华人民共和国侵权责任法》(以下简称《侵权责任法》)之间的关系问题。在起草本解释的过程中，我们一直密切关注着《侵权责任法》的立法进展情况，并充分考虑了本解释与尚未出台的《侵权责任法》之间的协调一致的问题。目前，《侵权责任法》尚未施行，本解释虽然没有直接以其为依据，但本解释的内容是符合《侵权责任法》的精神的。《侵权责任法》施行后，也不会影响本解释的适用。在制定本解释的过程中，曾有一种意见认为，《侵权责任法》出台后，有关铁路运输的侵权纠纷也将完全适用该法，《铁路法》的有关规定等均将不再适用。其实这是一种误解。目前并没有修改《铁路法》的立法规划。即使在《侵权责任法》颁布施行后，作为特别法的《铁路法》也不可能在短时间内修改，处理有关铁路运输中的人身损害赔偿纠纷案件，不可能不考虑《铁路法》的规定。正是基于这样的情况，我们直接以《民法通则》《铁路法》为依据，又考虑了即将施行的《侵权责任法》的相关规定，制定了本解释。

制定本解释的另一个指导思想是依法维护各方当事人合法权益。铁路是我国交通运输大动脉，在整个国民经济和社会生活中都占有十分重要的地位，也是当前国家重点投资、加快发展的基础设施。从服务于党和国家工作大局出发，人民法院在司法审判实践中必须注意依法保护好铁路运输企业的合法权益。同时，以人为本、司法为民，是人民法院司法审判活动的根本要求，必须充分保护人民群众的合法权益，必须对铁路运输事故中的受害人予以及时妥当的救济。这就要求我们在保护铁路运输企业权益和事故受害人权益之间找到一个平衡点，其标准就是"依法"。要通过对各方当事人权益的依法保护，促进社会整体进步，保障社会和谐。

（二）关于本解释的适用范围问题

在过去相当长的时期内，对于铁路运输中发生的人身伤亡，基本上区分为三种：一是路外伤亡，指非正在岗位执行任务的铁路职工和未持有效乘车凭证的旅客的伤亡。二是旅客伤亡，旅客是指持有效乘车凭证乘车的人员以及按照国务院铁路主管部门有关规定免费乘车的儿童。经铁路运输企业同意，根据铁路货物运输合同，随车护送货物的人，视为旅客。三是工伤工亡，也就是铁路企业职工在履行职务过程中发生的伤亡。上述路外伤亡概念，内涵较为模糊，又带有依据身份不同而作出差别对待的色彩，且区分标准不一，一方面，以是否具有铁路企业职工身份为标准；另一方面，以是否属于持有有效乘车凭证的旅客为标准，容易引起歧义。所以，这个概念在铁路行业内部也已经不再使用了。在制定本解释的过程中，我们也没有采用路外伤亡的概念，而是规定"人民法院审理铁路行车事故及其他铁路运营事故造成的铁路运输人身损害赔偿纠纷案件，适用本解释。与铁路运输企业建立劳动合同关系或者形成劳动关系的铁路职工在执行职务中发生的人身损害，依照有关调整劳动关系的法律规定及其他相关法律规定处理。"将造成人身损害的原因确定为"铁路行车事故及其他铁路运营事故"。一方面有《铁路法》第五十八条为根据，另一方面各铁路运输法院对这个提法也已经适应，基本上没有异议。根据上述规定，工伤工亡案件，不适用本解释，而应当依照有关调整劳动关系的法律规定及其他相关法律规定处理。

（三）关于案件的管辖问题

如何确定铁路运输人身损害赔偿案件的管辖法院，是急需解决的突出问题之一。在以往的实践中，此类案件有一部分是由铁路运输法院受理的，还有一部分是由地方法院受理的。而地方法院和铁路运输法院对法律的理解有一定的差异，司法尺度也不尽一致，导致了案情相近的案件，其处理结果差异较大，损害了司法统一。虽然这次通过制定本解释，可以从实体规定上将人们的认识统一起来，但统一确定案件管辖法院，仍然是非常必要的。

导致以往实践中案件受理法院不一致的原因，是最高人民法院曾出台的规范文件有冲突。1990年6月16日，最高人民法院发布《关于铁路运输法院对经济纠纷案件管辖范围的规定》（法〔交〕发〔1990〕8号），其第十一条规定："铁路行车、调车作业造成人身、财产损害，原告选择向铁路运输法院起诉的侵权纠纷案件"，属于铁路运输法院受理经济纠纷案件的范围。最高人民法院1992年发布的《关于适用〈中华人民共和国民事诉讼法〉若干问题的意见》第三十条规定："铁路运输合同纠纷及与铁路运输有关的侵权纠纷，由铁路运输法院管辖。"据此，此类案件均应由铁路运输法院专门管辖。及至1995年1月25日，最高人民法院又对河北省高级人民法院作出《关于铁路路外人身伤亡损害赔偿案件管辖问题的复函》（法函〔1995〕6号）称："本院法（交）发〔1990〕8号《关于铁路运输法院对经济纠纷案件管辖范围的规定》中第十一条属于当事人选择管辖的规定。"有些地方法院据此复函认为当事人有选择管辖的权利，当事人选择向地方法院起诉的，地方法院可以受理。起草小组研究认为，在上述几个文件中，1992年的民事诉讼法司法解释效力最高，时间也晚于1990年的规定，1995年的复函似有不当。故此类案件应由铁路运输法院专门管辖。另外，通过多年司法实践经验的积累，铁路运输法院比地方法院更了解铁路运输的特殊性，这类案件由铁路运输法院专门管辖更为适当，也符合设立铁路运输法院系统的目的。基于上述考虑，本解释第三条根据《民事诉讼法》第三十条和第二十八条的规定，区分侵权纠纷或者是合同纠纷，分别明确了案件的地域管辖问题。即赔偿权利人要求对方当事人承担侵权责任的，由事故发生地、列车最先到达地或者被告住所地铁路运输法院管辖；赔偿权利人依照《合同法》要求承运人承担违约责任予以人身损害赔偿的，由运输始发地、目的地或者被告住所地铁路运输法院管辖。

在制定本解释的过程中，有一种意见认为，规定事故发生地、列车最先到达地、被告住所地，以及运输始发地、目的地的铁路运输法院都有管辖权，会使当事人可选择的管辖法院过多，会导致案件向经济发达地区的铁路运输法院集中，所以应当规定案件仅由事故发生地的铁路运输法院管辖。起草小组研究认为，这种意见不符合《民事诉讼法》的规定，限制了当事人的诉讼权利，故未予采纳。

（四）关于铁路运输人身损害的归责原则

如何认识《民法通则》第一百二十三条和《铁路法》第五十八条之间的关系，是困扰以往审判实践的一个突出问题。《民法通则》第一百二十三条规定："从事高空、高压、易燃、易爆、剧毒、放射性、高速运输工具等对周围环境有高度危险的作业造成他人损害的，应当承担民事责任；如果能够证明损害是由受害人故意造成的，不承担民事责任。"而《铁路法》第五十八条的规定是："因铁路行车事故及其他铁路运营事故造成人身伤亡的，铁路运输企业应当承担赔偿责任；如果人身伤亡是因不可抗力或者由于受害人自身的原因造成的，铁路运输企业不承担赔偿责任。违章通过平交道口或者人行过道，或者在铁路线路上行走、坐卧造成的人身伤亡，属于受害人自身的原因造成的人身伤亡。"两者均规定了铁路运输企业的无过错责任，但在免责条件上，《铁路法》规定的范围要宽一些。

从《侵权责任法》的立法过程看，高度危险责任属于无过错责任，这一点是没有疑问的。就铁路运输侵权问题而言，《侵权责任法》的规定与《民法通则》《铁路法》相比，在归责原则上没有实质变化，都是无过错责任。但《侵权责任法》规定的免除责任的条件要比《民法通则》宽，和《铁路法》也不完全相同，另外增加了减轻责任的规定。同时，《侵权责任法》第五条又规定："其他法律对侵权责任另有特别规定的，依照其规定。"这意味着作为特殊法的《铁路法》应当优先适用。

综上，《民法通则》第一百二十三条前半句和《铁路法》第五十八条第一款前半句在实质上没有区别，都是规定了铁路运输企业的无过错责任。《侵权责任法》的规定，也是如此。因此，本解释第四条规定："铁路运输造成人身损害的，铁路运输企业应当承担赔偿责任；法律另有规定的，依照其规定。"这就明确宣示了此类案件的基本的归责原则是无过错责任原则。

（五）关于免除铁路运输企业赔偿责任的问题

如前面所述，《民法通则》第一百二十三条和《铁路法》第五十八条规定的免责条件是不同的，这是在以往实践中形成意见分歧的根本原因。一种意见认为，铁路运输属于高危作业，应当贯彻无过错归责原则，应当以《民法通则》的规定作为铁路运输企业免责的条件，即仅有"受害人故意"的情形，才能免除铁路运输企业的侵权赔偿责任。另一种意见则强调应当严格适用《铁路法》第五十八条的规定，只要有该条中规定的受害人自身原因，则无需考虑其他任何条件，均应免除铁路运输企业的赔偿责任。起草小组研究认为，《铁路法》第五十八条体现了国家对铁路予以特别保护的目的，在司法中不能排除其适用。而《民法通则》作为民事基本法，亦当然应予适用。所以本解释综合纳入了《民法通则》第一百二十三条和《铁路法》第五十八条的规定，并在结合以往司法实践经验的基础上予以细化，以便于司法实践中具体操作。即本解释第五条规定："铁路运输中发生人身损害，铁路运输企业举证证明有下列情形之一的，不承担赔偿责任：（一）不可抗力造成的；（二）受害人故意以卧轨、碰撞等方式造成的。"第七条第二款规定："受害人不听从值守人员劝阻或者无视禁行警示信号、标志硬行通过铁路平交道口、人行过道，或者沿铁路线路纵向行走，或者在铁路线路上坐卧，造成人身损害，铁路运输企业举证证明已充分履行安全防护、警示等义务的，不承担赔偿责任。"另需注意的是，在铁路运输企业主张免除其赔偿责任的情形，应当就免责事由承担举证责任。这一点在本解释中虽然没有特别规定，但从诉讼的基本原理来讲，是不言而喻的。

（六）关于减轻铁路运输企业赔偿责任的问题

在法学理论上，对于侵权人依法承担无过错责任时能否实行过失相抵，曾有不同见解，但目前一般认为可以实行过失相抵。《侵权责任法》的有关规定，也肯定了过失相抵。从相关的实践情况看，在铁路运输中发生的人身伤亡事故中，受害人本身基本上都存在着一定程度的"过错"，也就是铁路运输企业通常所说的"受害人不上线，火车就撞不到他"。这时让铁路运输企业承担全部赔偿责任，也有失公平。所以，本解释第六条规定："因受害人翻越、穿越、损毁、移动铁路线路两侧防护围墙、栅栏或者其他防护设施穿越铁路线路，偷乘货车，攀附行进中的列车，在未设置人行通道的铁路桥梁、隧道内通行，攀爬高架铁路线路，以及其他未经许可进入铁路线路、车站、货场等铁路作业区域的过错行为，造成人身损害的，应当根据受害人的过错程度适当减轻铁路运输企业的赔偿责任，并按照以下情形分别处理：（一）铁路运输企业未充分履行安全防护、警示等义务，受害人有上述过错行为的，铁路运输企业应当在全部损失的百分之八十至百分之二十之间承担赔偿责任；（二）铁路运输企业已充分履行安全防护、警示等义务，受害人仍施以上述过错行为的，铁路运输企业应当在全部损失的百分之二十至百分之十之间承担赔偿责任。"第七条第一款规定："受害人横向穿越未封闭的铁路线路时存在过错，造成人身损害的，按照前条规定处理。"上述规定，体现了受害人应当因其过错而承担相应损失的过失相抵原则，有利于教育和引导铁路沿线群众增强安全意识，遵章守纪。

减轻铁路运输企业赔偿责任的前提，是受害人存在过错，故本解释参照《铁路法》第五十条、《铁路运输安全保护条例》第五十九条等规定内容，列明了受害人的部分过错行为的具体表现，同时，以"其他未经许可进入铁路线路、车站、货场等铁路作业区域"作为兜底，并点明"过错行为"。在受害人有过错的前提下，根据铁路运输企业是否已充分履行安全防护、警示等义务的不同情形，分别处理。为了便于司法实践中操作，本解释还具体规定了铁路运输企业承担赔偿责任的比例。但铁路运输企业究竟要承担多大的赔偿责任，还必须根据案件的具体事实，综合考虑铁路运输企业履行安全防护、警示等义务的情况以及受害人自身过错情况等，作出妥当的判定。尤其是在判定受害人自身的过错程度时，更应全面考虑事故发生的时间、地点、环境等各方面的因素。比如，新建的铁路穿过农田，将受害人承包的土地一分为二，而该处距离正式设置的道口很远，受害人为了耕作等生产活动方便而穿越铁路线路的，就不宜将其过错程度认定得太高。再比如，铁路线路两侧的防护网破损后长期无人修补，许多人每天都在此通行，在事实上形成了过道，在此处发生事故的，就应当更多地考虑铁路企业未尽安全防护、警示义务的因素，而不宜将受害人的过错程度认定得太高。应当注意的是，本解释第六条中规定的80%～20%之间、20%～10%之间两个比例范围，只是为了审判实践中统一裁判标准和便于具体操作而作出的指导性规定，应当根据案件具体情况在这两个比例的限度内作出妥当的判定。总之，司法审判应当在妥当地处理具体案件的同时，起到积极的引导作用。一方面，引导铁路运输企业注意履行好安全防护、警示等义务，为群众提供合理、方便的通行设施；另一方面，引导群众遵章守纪，珍视自身的生命安全。

（七）关于对不完全民事行为能力人的特殊保护问题

从以往的司法实践看，事故受害人是不完全民事行为能力人，尤其是未成年人的案件处理难度相对要大得多。一方面是此类案件损害后果非常严重。如果受害人已经死亡，那么对于其父母而言往往是中年丧子，且很可能是失去了唯一的子女；如果受害人幸运地保住了生命，也往往留下了很重的残疾，其一辈子的生活、学习、工作等各个方面都有一个"怎么办"的问题。且不说事故的原因或者各方是否有过错，单单面对这样一个不幸的后果，就不能不让人感到深切的同情。但在另一方面，未成年人认识和避免危险、控制自身行为的能力又比较低，铁路运输企业即使设置了完备的警示标志、信号，也可能对未成年人不起任何作用，可以说是防不胜防。并且，在这类案件中通常也的确存在监护人未尽监护责任的问题。本解释第八条主要从以人为本、民生为重、构建和谐社会的角度考虑，认为应当倾向于保护未成年受害人，铁路运输企业应当承担更多的社会责任。所以首先规定铁路运输企业应当承担赔偿责任，同时规定监护人及受害人有过错的，应按照其过错程度适当减轻铁路运输企业的赔偿责任。但无论何种情形，铁路运输企业承担的赔偿责任都应当不低于全部损失的50%或者40%。也就是说，即使铁路运输企业已充分履行了安全防护、警示等义务，也要承担不低于50%或者40%的赔偿责任。

（八）关于事故原因中掺杂有其他因素的问题

在铁路运输中发生事故造成人身伤亡，有时并不仅仅是铁路运输企业或者受害人方面的原因，还掺杂有其他方面的因素，最突出的就是铁路机车车辆与机动车相撞造成人身伤亡的情形。本解释第九条从受害人的角度考虑，区分两种情形作出了不同的规定。第一种情形是铁路机车车辆与机动车发生碰撞造成机动车驾驶人员以外的人人身损害的，由铁路运输企业与机动车一方对受害人承担连带赔偿责任。铁路运输企业与机动车一方之间，按照各自的过错分担责任，双方均无过错的，按照公平原则分担责任。对受害人实际承担赔偿责任超出其应当承担份额的一方，有权向另一方追偿。也就是说，铁路运输企业与机动车一方在对受害人的外部关系上，是连带赔偿关系，承担的是无过错责任。无论铁路运输企业与机动车一方有无过错，均应连带地对受害人承担赔偿责任；在铁路运输企业与机动车一方内部责任划分问题上，是按份承担责任的关系。一般而言，在铁路机车车辆与机动车发生碰撞的情形，基本上都存在着双方或单方过错，双方均无过错的情形几乎没有。所以，双方应按照各自的过错分担责任。如果是双方均无过错的特殊情形，则应当按照公平原则分担责任。这样既可以充分保护受害人的权利，也可以公平地确定铁路运输企业与机动车一方的各自的责任。第二种情形是碰撞造成机动车驾驶员人身损害的，对于该驾驶员要与普通行人同样对待。

在导致人身伤亡的事故原因中，常见的因素中还有一个就是铁路道口的管理方面的问题。铁路与其他道路平面相交形成的道口有两大类，一类是有人看守道口，由铁路运输企业按照一定的技术规范设立信号机、栏杆等安全设施，并派铁路职工专门看守。在有人看守道口发生事故，责任通常较为清楚。另一类是无人看守道口。在无人看守道口上，原本只是设置标志和护桩等安全设施，而没有任何人进行看护。随着社会发展，一些无人看守道口的行人、车辆通行量越来越大，发生的事故也增多了。当地政府有关部门为了减少和防止事故发生，就安排人员进行看护。1995年8月31日，当时的国家经济贸易委员会、铁道部、交通部、公安部、农业部、建设部、劳动部联合下发《铁路无人看守道口监护管理规定》，其中规定："在铁路无人看守道口处，设专人对通过道口的车辆和行为实施监督和防护，以保障道口安全畅通。"但对于发生事故后如何处理，仅规定："铁路无人看守道口实行监护后，其性质仍为无人看守道口。发生道口事故，铁路部门应当按照国家有关事故调查处理的规定办理。"并未涉及责任的具体承担问题。本解释第十条从实际出发，规定这时应由铁路运输企业承担赔偿责任，道口管理单位有过错的，铁路运输企业承担赔偿责任后有权向道口管理单位追偿。规定由铁路运输企业承担赔偿责任，可以充分地保护和救济受害人，明确铁路运输企业的追偿权，则可以促使道口管理单位更加切实地履行职责。

另外，有些铁路桥梁、涵洞等设施管理、维护不善，不能正常使用，是导致行人、车辆穿越铁路线路造成人身损害的一个重要原因。本解释第十一条规定，在这种情形，铁路运输企业承担赔偿责任后，也有权向对铁路桥梁、涵洞等设施负有管理、维护等职责的单位追偿。

(九) 关于旅客人身损害的问题

根据本解释第十二条的规定，铁路旅客运送期间，旅客受到人身损害的，赔偿权利人有选择要求铁路运输企业承担违约责任或者侵权责任的权利。赔偿权利人要求铁路运输企业承担违约责任的，是合同纠纷，人民法院应当依照《合同法》的有关规定处理；赔偿权利人要求铁路运输企业承担侵权责任的，是侵权赔偿纠纷，人民法院应当依照有关侵权责任的法律规定处理。这种情形，在法学理论上称为请求权竞合，当事人选择某一请求权并实际行使后，另一请求权自然消灭，不得同时或先后提起两个不同的诉讼。

根据本解释第十三条的规定，铁路旅客运送期间因第三人侵权造成旅客人身损害的，应当由实施侵权行为的第三人承担赔偿责任。铁路运输企业不是直接的侵权行为人，其不应承担完全的赔偿责任。但铁路运输企业基于其合同上的安全运送义务，或者经营场所的一般安全保护义务，在其有过错的情形，则应当在能够防止或者制止损害的范围内承担相应的补充赔偿责任。铁路运输企业承担赔偿责任后，有权向实施侵权行为的第三人追偿。但在车外第三人投掷石块等击打列车造成车内旅客人身损害的情形比较特殊，这时候加害人通常很难找到，为了保护、救济受害人，本解释作出了特别规定，即赔偿权利人要求铁路运输企业先予赔偿的，人民法院应当予以支持，铁路运输企业赔付后，有权向第三人追偿。

(十) 在制定本解释的过程中涉及的其他问题

在制定本解释的调研过程中，有一种意见认为，应当在本解释中明确规定赔偿限额的问题。这个问题也是在实践中困扰各地铁路运输法院的一个比较突出的问题。1994年的《铁路旅客运输损害赔偿规定》第五条规定："铁路运输企业依照本规定应当承担赔偿责任的，对每名旅客人身伤亡的赔偿责任限额为人民币40000元，自带行李损失的赔偿责任限额为人民币800元。"这里没有区分造成旅客伤亡的原因，无论是因铁路交通事故造成的伤亡还是其他原因造成的伤亡，均有赔偿限额，且限额均为40000元。上述规定，在实践中一直执行到2007年。2007年的《铁路交通事故应急救援和调查处理条例》废止了前面的《铁路旅客运输损害赔偿规定》，仅在第三十三条中规定："事故造成铁路旅客人身伤亡和自带行李损失的，铁路运输企业对每名铁路旅客人身伤亡的赔偿责任限额为人民币15万元，对每名铁路旅客自带行李损失的赔偿责任限额为人民币2000元。"也就是说，就目前的规范而言，对于因铁路交通事故造成的旅客伤亡是有赔偿限额规定的，而对于其他原因造成的旅客伤亡则变得没有明确的赔偿限额规定了。铁路运输企业方面提出，其他原因造成的旅客伤亡也应当设置赔偿限额，所有的旅客伤亡都应同样对待，而不应区分伤亡的原因。

在这种情况下,一些铁路运输法院提出,希望本解释能够明确规定,对其他原因造成的旅客伤亡能否比照铁路交通事故造成的旅客伤亡实行限额赔偿。起草小组研究认为,在民事损害赔偿中规定赔偿的限额,是法律的权限,而不能由司法解释作出规定。对于法律没有规定赔偿限额的情形,司法审判中不能比照其他规定作出限额赔偿的判决。所以在本解释中没有明确规定限额的问题。另需注意的是,《侵权责任法》第七十七条①已经规定:"承担高度危险责任,法律规定赔偿限额的,依照其规定。"如果将来在立法上对上述情形作出了赔偿限额的规定,则司法审判中当然应严格执行。

(撰稿人:宫 鸣 张代恩)

解读《最高人民法院关于修改〈最高人民法院关于审理铁路运输人身损害赔偿纠纷案件适用法律若干问题的解释〉的决定》修正条文

本解释于 2020 年 12 月 29 日第一次修正。将第三条修改为:"赔偿权利人要求对方当事人承担侵权责任的,由事故发生地、列车最先到达地或者被告住所地铁路运输法院管辖;赔偿权利人依照民法典第三编要求承运人承担违约责任予以人身损害赔偿的,由运输始发地、目的地或者被告住所地铁路运输法院管辖。"将第十二条修改为:"铁路旅客运送期间发生旅客人身损害,赔偿权利人要求铁路运输企业承担违约责任的,人民法院应当依照民法典第八百一十一条、第八百二十二条、第八百二十三条等规定,确定铁路运输企业是否承担责任及责任的大小;赔偿权利人要求铁路运输企业承担侵权赔偿责任的,人民法院应当依照有关侵权责任的法律规定,确定铁路运输企业是否承担赔偿责任及责任的大小。"

本解释于 2021 年 11 月 24 日第二次修正。删去第三条第一款中的"赔偿权利人依照民法典第三编要求承运人承担违约责任予以人身损害赔偿的,由运输始发地、目的地或者被告住所地铁路运输法院管辖"。同时增加一款作为第 2 款规定:"前款规定的地区没有铁路运输法院的,由高级人民法院指定的其他人民法院管辖。"删去第十二条。

由于第三条和第十二条在 2021 年修正中再次被修改,故本书中收录本解释最新司法解释全文。

---

① 对应《民法典》第一千二百四十四条。

【链　接】

正确审理铁路运输人身损害赔偿案件
促进社会进步　保障社会和谐
——最高人民法院审判监督庭负责人就《关于审理铁路运输人身损害赔偿纠纷案件适用法律若干问题的解释》答记者问

2010年1月4日，最高人民法院审判委员会第1482次会议通过了《最高人民法院关于审理铁路运输人身损害赔偿纠纷案件适用法律若干问题的解释》（以下简称《解释》），本报记者就《解释》的起草背景、指导思想和主要内容等，采访了最高人民法院审判监督庭负责人。

一、问：《解释》的出台背景如何？

答：这些年来，各地法院在审理铁路运输人身损害赔偿纠纷案件中遇到了如何确定管辖法院、如何理解《铁路法》第五十八条等疑难问题，在实践中也一直存在不同认识，并导致了法律适用不同、裁判尺度不一的情况。各地法院多次反映，希望最高人民法院尽快出台司法解释。同时，随着我国经济社会的高速发展，铁路建设也日新月异，铁路通车里程不断增加；随着城市化的发展，城市范围不断扩大，铁路运营的环境也发生了很大的变化。这就使得人民法院在审理此类案件又遇到了新情况、新问题。最高人民法院审判监督庭作为全国铁路运输法院的业务指导部门，经过深入调研、广泛征求意见，起草了《解释》，经本院审判委员会审议通过，现予公布施行。

问：制定《解释》的指导思想是什么？

答：一是严格依照法律的有关规定。我们制定《解释》，依据的是《民法通则》《铁路法》《民事诉讼法》等法律规定，《解释》的基本内容，就是结合铁路运输人身损害赔偿纠纷案件的具体特点，将这些法律中的有关规定予以具体化，以便于审判实践中具体操作，以便于统一司法标准。另外，在起草《解释》的过程中，我们同时密切关注了《侵权责任法》的立法进展情况。现在《侵权责任法》已经公布而尚未施行，《解释》的有关内容注意了与《侵权责任法》协调、一致，是符合该法的。二是依法维护各方当事人合法权益。铁路是我国交通运输大动脉，在整个国民经济和社会生活中都占有十分重要的地位，也是当前国家重点投资、加快发展的基础设施。从服务于党和国家工作大局出发，人民法院在司法审判实践中必须注意依法保护好铁路运输企业的合法权益。同时，以人为本、司法为民，是人民法院司法审判活动的根本要求，必须充分保护人民群众的合法权益，必须对铁路运输事故中的受害人予以及时妥当的救济。这就要求我们在保护铁路运输企业权益和事故受害人权益之间找到一个平衡点，其标准就是"依法"。要通过对各方当事人权益的依法保护，促进社会整体进步，保障社会和谐。

三、问：《解释》的适用范围如何？

答： 因铁路行车事故及其他铁路运营事故造成的人身损害赔偿纠纷案件，包括行人、机动车与铁路机车车辆发生碰撞等造成的人身损害和旅客人身损害案件，都适用《解释》。但是，与铁路运输企业建立劳动合同关系或者形成劳动关系的铁路职工在执行职务中发生的人身损害，也就是所谓的工伤工亡案件，不适用《解释》，而应当依照有关调整劳动关系的法律规定及其他相关法律规定处理。

四、问：此类案件，如何确定管辖法院？

答： 应当根据赔偿权利人起诉的案由的不同来确定管辖法院。赔偿权利人要求对方当事人承担侵权责任的，由事故发生地、列车最先到达地或者被告住所地铁路运输法院管辖；赔偿权利人要求承运人承担违约责任的，由运输始发地、目的地或者被告住所地铁路运输法院管辖。最高人民法院1992年发布的《关于适用〈中华人民共和国民事诉讼法〉若干问题的意见》第三十条规定："铁路运输合同纠纷及与铁路运输有关的侵权纠纷，由铁路运输法院管辖。"《解释》重申了此类案件由铁路运输法院专门管辖的原则。

以往在社会上有一种观点，认为铁路运输法院是铁路系统内部设立的法院，质疑其能否公正审理此类案件。其实，铁路运输法院每年都审理了相当数量的各类案件，整体上看是客观公正的，只是由于其管理体制上的原因容易受到质疑，损害了司法公信力。据了解，中央有关部门已把铁路运输法院体制改革确定为司法改革的一项重要内容。目前，这项改革正在积极稳妥地推进过程中，其方向是将铁路运输法院作为专门法院予以整体保留，纳入国家司法管理体系，同时其在人财物等各方面均与铁路运输企业脱钩。改革完成后，应该可以消除人们由于体制原因而对铁路运输法院所抱有的疑虑。同时我们还要看到，铁路运输法院作为人民法院中的一个重要组成部分，其司法审判活动要受到上级人民法院的监督，当事人对于铁路运输法院作出的裁判不服的，可以根据法律的规定，向各有关高级人民法院提出上诉或者提出再审申请，这也可以确保当事人获得保护和救济。另外，铁路运输活动有相当的专业性。铁路运输法院比地方法院更了解铁路运输的特殊性，这类案件由铁路运输法院专门管辖更为适当，所以《解释》规定了铁路运输法院的专门管辖。

五、问：人民法院审理此类案件的基本原则是什么？

答：首先必须明确的是，铁路运输造成人身损害的，铁路运输企业应当承担赔偿责任，除非法律另有规定。如何认识《民法通则》第一百二十三条和《铁路法》第五十八条之间的关系，是以往困扰审判实践的一个突出问题。这两个条文，以及《侵权责任法》第七十三条，① 均明确规定了铁路运输企业的赔偿责任，但在铁路运输企业不承担责任和减轻责任的条件上则有所不同。制定《解释》的目的之一，就是对这些规定作出妥当解释，以便于统一认识，统一司法审判尺度。《解释》结合实践中铁路运输人身伤亡事故处理的实际情况，以及以往的审判实践经验，按照依法公平保护各方当事人合法权益的要求，在第五条至第七条中具体规定了铁路运输企业适当减轻赔偿责任或不承担赔偿责任的不同情形。这些规定的基本内涵是，除了在损害是因不可抗力或者受害人故意以卧轨、碰撞等方式造成的情形，铁路运输企业不承担赔偿责任之外，即使铁路运输企业已充分履行了安全防护、警示等义务，也只有在受害人不听从值守人员劝阻或者无视禁行警示信号、标志硬行通过铁路平交道口、人行过道，或者沿铁路线路纵向行走，或者在铁路线路上坐卧而造成人身损害等有限情形，才能免除铁路运输企业的赔偿责任。而在更多的情形，只能是适当减轻铁路运输企业的赔偿责任。至于减轻到什么程度，则应当根据案件的具体事实，综合考虑铁路运输企业履行安全防护、警示等义务的情况以及受害人自身过错情况等，作出妥当的判定。尤其是在判定受害人自身的过错程度时，更应全面考虑事故发生的时间、地点、环境等各方面的因素。比如，新建的铁路穿过农田，将受害人承包的土地一分为二，而该处距离正式设置的道口很远，受害人为了耕作等生产活动方便而穿越铁路线路的，就不宜将其过错程度认定得太高。再比如，铁路线路两侧的防护网破损后长期无人修补，许多人每天都在此通行，在事实上形成了过道，在此处发生事故的，就应当更多地考虑铁路企业未尽安全防护、警示义务的因素，而不宜将受害人的过错程度认定得太高。应当注意的是，《解释》第六条中规定了百分之八十至百分之二十之间、百分之二十至百分之十之间两个比例范围，这只是为了审判实践中统一裁判标准和便于具体操作而作出的指导性规定，应当根据案件具体情况在这两个比例的限度内作出妥当的判定。总之，司法审判应当在妥当地处理具体案件的同时，起到积极的引导作用。一方面是引导铁路运输企业注意履行好安全防护、警示等义务，为群众提供合理、方便的通行设施，另一方面引导群众遵章守纪，珍视

---

① 对应《民法典》第一千二百四十条。

自身的生命安全。

六、问：在实践中，事故受害人为未成年人的情形比较多，《解释》对此有什么考虑？

答：从以往的司法实践看，事故受害人为不完全民事行为能力人的案件，尤其是受害人为未成年人的案件，处理难度相对要大得多。一方面是此类案件损害后果非常严重。如果受害人已经死亡，那么对于其父母而言往往是中年丧子，且很可能是失去了唯一的子女；如果受害人幸运地保住了生命，也往往留下了很重的残疾，其一辈子的生活、学习、工作等各个方面都有一个"怎么办"的问题。且不说事故的原因或者各方是否有过错，单单面对这样一个不幸的后果，就不能不让人感到深切的同情。但在另一方面，未成年人认识和避免危险、控制自身行为的能力又比较低，铁路运输企业即使设置了完备的警示标志、信号，也可能对未成年人不起任何作用，可以说是防不胜防。并且，在这类案件中通常也的确存在监护人未尽监护责任的问题。《解释》主要从以人为本、民生为重、构建和谐社会的角度考虑，认为应当倾向于保护未成年受害人，铁路运输企业应当承担更多的社会责任。所以首先规定铁路运输企业应当承担赔偿责任，同时规定监护人及受害人有过错的，应按照其过错程度适当减轻铁路运输企业的赔偿责任。但无论何种情形，铁路运输企业承担的赔偿责任都应当不低于全部损失的百分之五十或者百分之四十。也就是说，即使铁路运输企业已充分履行了安全防护、警示等义务，也要承担不低于百分之五十或者百分之四十的赔偿责任。

七、问：在铁路运输中发生事故造成人身伤亡，有时并不仅仅是铁路运输企业或者受害人方面的原因，还掺杂有其他方面的因素，这种情形应如何处理？

答：从司法实践来看，铁路机车车辆与机动车相撞造成人身伤亡的情况比较突出，也就是在损害原因方面掺杂进了机动车的因素。《解释》从受害人的角度考虑，区分两种情形作出了不同的规定。第一种情形是铁路机车车辆与机动车发生碰撞造成机动车驾驶员以外的人人身损害的，由铁路运输企业与机动车一方对受害人承担连带赔偿责任。铁路运输企业与机动车一方之间，按照各自的过错分担责任，双方均无过错的，按照公平原则分担责任。对受害人实际承担赔偿责任超出其应当承担份额的一方，有权向另一方追偿。也就是说，铁路运输企业与机动车一方在对受害人的外部关系上，是连带赔偿关系，承担的是无过错责任。无论铁路运输企业与机动车一方有无过错，均应连带地对受害人承担赔偿责任；在铁路运输企业与机动车一方内部责任划分问题上，是按份承担责任的关系。一般而言，在铁路机车车辆与机动车发生碰撞的情形，基本上都存在着双方或单方过错，双方均无过错的情形几乎没有。所以，双方应按照各自的过错分担责任。如果是双方均无过错的特殊情形，则应当按照公平原则分担责任。这样既可以充分保护受害人的权利，也可以公平地确定铁路运输企业与机动车一方的各自的责任。第二种情形是碰撞造成机动车驾驶员人身损害的，对于该驾驶员要按照普通行人同样对待。

在导致人身伤亡的事故原因中，常见的因素中还有一个就是铁路道口的管理方面的问题。铁路与其他道路平面相交形成的道口有两大类，一类是有人看守道口，由铁路运输企业按照一定的技术规范设立信号机、栏杆等安全设施，并派铁路职工专门看守。在有人看守道口发生事故，责任通常较为清楚。另一类是无人看守道口。在无人看守道口上，原本只是设置标志和护桩等安全设施，而没有任何人进行看护。随着社会发展，一些无人看守道口的行人、车辆通行量越来越大，发生的事故也增多了。当地政府有关部门为了减少和防止事故发生，就安排人员进行看护。1995年8月31日，当时的国家经济贸易委员会、铁道部、交通部、公安部、农业部、建设部、劳动部联合下发《铁路无人看守道口监护管理规定》，其中规定："在铁路无人看守道口处，设专人对通过道口的车辆和行为实施监督和防护，以保障道口安全畅通。"但对于发生事故后如何处理，仅规定："铁路无人看守道口实行监护后，其性质仍为无人看守道口。发生道口事故，铁路部门应当按照国家有关事故调查处理的规定办理。"并未涉及责任的具体承担问题。《解释》从实际出发，规定这时应由铁路运输企业承担赔偿责任，道口管理单位有过错的，铁路运输企业承担赔偿责任后有权向道口管理单位追偿。规定由铁路运输企业承担赔偿责任，可以充分地保护和救济受害人，明确铁路运输企业的追偿权，则可以促使道口管理单位更加切实地履行职责。

另外，有些铁路桥梁、涵洞等设施管理、维护不善，不能正常使用，是导致行人、车辆穿越铁路线路造成人身损害的一个重要原因。在这种情形，铁路运输企业承担赔偿责任后，也有权向对铁路桥梁、涵洞等设施负有管理、维护等职责的单位追偿。

八、问：在铁路旅客运送期间发生旅客人身损害的，如何处理？

答： 根据《解释》的规定，在铁路旅客运送期间发生旅客人身损害的，赔偿权利人有选择要求铁路运输企业承担违约责任或者侵权责任的权利。赔偿权利人要求铁路运输企业承担违约责任的，是合同纠纷，人民法院应当依照合同法的有关规定处理；赔偿权利人要求铁路运输企业承担侵权责任的，是侵权赔偿纠纷，人民法院应当依照有关侵权责任的法律规定处理。铁路旅客运送期间因第三人侵权造成旅客人身损害的，由实施侵权行为的第三人承担赔偿责任。铁路运输企业有过错的，应当在能够防止或者制止损害的范围内承担相应的补充赔偿责任。铁路运输企业承担赔偿责任后,有权向第三人追偿。车外第三人投掷石块等击打列车造成车内旅客人身损害,赔偿权利人要求铁路运输企业先予赔偿的,人民法院应当予以支持。铁路运输企业赔付后,有权向第三人追偿。

指导案例 98 号

张庆福、张殿凯诉朱振彪生命权纠纷案

(最高人民法院审判委员会讨论通过　2018年12月19日发布)

关键词
民事　生命权　见义勇为

裁判要点
行为人非因法定职责、法定义务或约定义务，为保护国家、社会公共利益或者他人的人身、财产安全，实施阻止不法侵害者逃逸的行为，人民法院可以认定为见义勇为。

相关法条
《中华人民共和国侵权责任法》第六条①
《中华人民共和国道路交通安全法》第七十条

基本案情
原告张庆福、张殿凯诉称：2017年1月9日，被告朱振彪驾驶奥迪小轿车追赶骑摩托车的张永焕。后张永焕弃车在前面跑，被告朱振彪也下车在后面继续追赶，最终导致张永焕在迁曹线 90 公里 495 米处（滦南路段）撞上火车身亡。朱振彪在追赶过程中散布和传递了张永焕撞死人的失实信息；在张永焕用语言表示自杀并撞车实施自杀行为后，朱振彪仍然追赶，超过了必要限度；追赶过程中，朱振彪手持木凳、木棍，对张永焕的生命造成了威胁，并数次漫骂张永焕，对张永焕的死亡存在主观故意和明显过错，对张永焕死亡应承担赔偿责任。

被告朱振彪辩称：被告追赶交通肇事逃逸者张永焕的行为属于见义勇为行为，主观上无过错，客观上不具有违法性，该行为与张永焕死亡结果之间不存在因果关系，对张永焕的意外死亡不承担侵权责任。

法院经审理查明：2017年1月9日上午11时许，张永焕由南向北驾驶两轮摩托车行驶至古柳线青坨鹏盛水产门口，与张雨来无证驾驶同方向行驶的无牌照两轮摩托车追尾相撞，张永焕跌倒、张雨来倒地受伤、摩托车受损，后张永焕起身驾驶摩托车驶离现场。此事故经曹妃甸交警部门认定：张永焕负主要责任，张雨来负次要责任。

事发当时，被告朱振彪驾车经过肇事现场，发现肇事逃逸行为即驾车追

---

① 对应《民法典》第一千一百六十五条。

赶。追赶过程中，朱振彪多次向柳赞边防派出所、曹妃甸公安局110指挥中心等公安部门电话报警。报警内容主要是：柳赞镇一道档北两辆摩托车相撞，有人受伤，另一方骑摩托车逃逸，报警人正在跟随逃逸人，请出警。朱振彪驾车追赶张永焕过程中不时喊"这个人把人怼了逃跑呢"等内容。张永焕驾驶摩托车行至滦南县胡各庄镇西梁各庄村内时，弃车从南门进入该村村民郑如深家，并从郑如深家过道屋拿走菜刀一把，从北门走出。朱振彪见张永焕拿刀，即从郑如深家中拿起一个木凳，继续追赶。后郑如深赶上朱振彪，将木凳讨回，朱振彪则拿一木棍继续追赶。追赶过程中，有朱振彪喊"你怼死人了往哪跑！警察马上就来了"，张永焕称"一会儿我就把自己砍了"，朱振彪说"你把刀扔了我就不追你了"之类的对话。

走出西梁各庄村后，张永焕跑上滦海公路，有向过往车辆冲撞的行为。在被李江波驾驶的面包车撞倒后，张永焕随即又站起来，在路上行走一段后，转向铁路方向的开阔地跑去。在此过程中，曹妃甸区交通局路政执法大队副大队长郑作亮等人加入，与朱振彪一起继续追赶，并警告路上车辆，小心慢行，这个人想往车上撞。

张永焕走到迁曹铁路时，翻过护栏，沿路堑而行，朱振彪亦翻过护栏继续跟随。朱振彪边追赶边劝阻张永焕说：被撞到的那个人没事儿，你也有家人，知道了会惦记你的，你自首就中了。2017年1月9日11时56分，张永焕自行走向两铁轨中间，51618次火车机车上的视频显示，朱振彪挥动上衣，向驶来的列车示警。2017年1月9日12时02分，张永焕被由北向南行驶的51618次火车撞倒，后经检查被确认死亡。

在朱振彪跟随张永焕的整个过程中，两人始终保持一定的距离，未曾有过身体接触。朱振彪有劝张永焕投案的语言，也有责骂张永焕的言辞。

另查明，张雨来在与张永焕发生交通事故受伤后，当日先后被送到曹妃甸区医院、唐山市工人医院救治，于当日回家休养，至今未进行伤情鉴定。张永焕死亡后其第一顺序法定继承人有二人，即其父张庆福、其子张殿凯。

2017年10月11日，大秦铁路股份有限公司大秦车务段滦南站作为甲方，与原告张殿凯作为乙方，双方签订《铁路交通事故处理协议》，协议内容"2017年1月9日12时02分，51618次列车运行在曹北站至滦南站之间90公里495处，将擅自进入铁路线路的张永焕撞死，构成一般B类事故；死者张永焕负事故全部责任；铁路方在无过错情况下，赔偿原告张殿凯4万元。"

裁判结果

河北省滦南县人民法院于2018年2月12日作出（2017）冀0224民初3480号民事判决：驳回原告张庆福、张殿凯的诉讼请求。一审宣判后，原告张庆福、张殿凯不服，提出上诉。审理过程中，上诉人张庆福、张殿凯撤回上诉。河北省唐山市中级人民法院于2018年2月28日作出（2018）冀02民终

2730号民事裁定：准许上诉人张庆福、张殿凯撤回上诉。一审判决已发生法律效力。

裁判理由

法院生效裁判认为：张庆福、张殿凯在本案二审审理期间提出撤回上诉的请求，不违反法律规定，准许撤回上诉。

本案焦点问题是被告朱振彪行为是否具有违法性；被告朱振彪对张永焕的死亡是否具有过错；被告朱振彪的行为与张永焕的死亡结果之间是否具备法律上的因果关系。

首先，案涉道路交通事故发生后张雨来受伤倒地昏迷，张永焕驾驶摩托车逃离。被告朱振彪作为现场目击人，及时向公安机关电话报警，并驱车、徒步追赶张永焕，敦促其投案，其行为本身不具有违法性。同时，根据《道路交通安全法》第七十条规定，交通肇事发生后，车辆驾驶人应当立即停车、保护现场、抢救伤者，张永焕肇事逃逸的行为违法。被告朱振彪作为普通公民，挺身而出，制止正在发生的违法犯罪行为，属于见义勇为，应予以支持和鼓励。

其次，从被告朱振彪的行为过程看，其并没有侵害张永焕生命权的故意和过失。根据被告朱振彪的手机视频和机车行驶影像记录，双方始终未发生身体接触。在张永焕持刀声称自杀意图阻止他人追赶的情况下，朱振彪拿起木凳、木棍属于自我保护的行为。在张永焕声称撞车自杀，意图阻止他人追赶的情况下，朱振彪和路政人员进行了劝阻并提醒来往车辆。考虑到交通事故事发突然，当时张雨来处于倒地昏迷状态，在此情况下被告朱振彪未能准确判断张雨来伤情，在追赶过程中有时喊话传递的信息不准确或语言不文明，但不构成民事侵权责任过错，也不影响追赶行为的性质。在张永焕为逃避追赶，跨越铁路围栏、进入火车运行区间之后，被告朱振彪及时予以高声劝阻提醒，同时挥衣向火车司机示警，仍未能阻止张永焕死亡结果的发生。故该结果与朱振彪的追赶行为之间不具有法律上的因果关系。

综上，原告张庆福、张殿凯一审中提出的诉讼请求理据不足，不予支持。

【解　　读】

指导案例 98 号《张某福、张某凯诉朱某彪生命权纠纷案》的理解与参照
——见义勇为行为在诉讼中的认定

2018 年 12 月 19 日，最高人民法院发布了第 19 批指导性案例，包括第 97 号至第 101 号共 5 件指导性案例，总结了审判实践中某些普遍的疑难复杂法律适用问题，有利于进一步明确裁判规则，统一司法尺度。其中，第 98 号指导案例为《张某福、张某凯诉朱某彪生命权纠纷案》。为了正确理解和准确参照适用该指导案例，现对该指导案例的选编过程、裁判要点、参照适用等有关情况予以解释和说明。

一、案例选编过程及指导意义

2018 年 6 月 21 日，河北省高级人民法院向案例指导工作办公室推荐该案例作为备选指导性案例。最高人民法院案例指导工作办公室经过初审认为，该案例基本符合指导性案例要求，并提交最高人民法院研究室室务会讨论。2018 年 9 月 30 日，最高人民法院研究室室务会经讨论，同意推荐该案例，并建议征求最高人民法院研究室民事处和民一庭意见。最高人民法院研究室民事处、民一庭均同意推荐该案例为指导性案例。2018 年 11 月 20 日，该案例经最高人民法院民专会第 302 次会议讨论，同意其作为指导性案例。12 月 19 日，最高人民法院以法〔2018〕338 号文件将该案例编入第 19 批指导性案例予以发布。

二、关于本案例的相关情况

本案的基本情况是：2017 年 1 月 9 日，张某焕由南向北驾驶两轮摩托车行驶至古柳线青坨鹏盛水产门口时发生交通事故，张某焕跌倒，对方倒地受伤、摩托车受损，后张某焕起身驾驶摩托车驶离现场。事发当时，被告朱某彪驾车经过肇事现场，并驾车追赶张某焕。朱某彪多次向公安部门电话报警。追赶过程中，张某焕走到迁曹铁路，翻过护栏，沿路堑而行，朱某彪亦翻过护栏继续跟随，朱某彪追赶的同时亦在劝阻张某焕。后张某焕自行走向两铁轨中间，被由北向南行驶的火车撞倒，后经检查被确认死亡。其间，朱某彪挥动上衣，向驶来的列车示警。张某焕之父张某福、之子张某凯向河北省滦南县人民

法院起诉请求朱某彪对张某焕的死亡承担赔偿责任。2018年2月12日,河北省滦南县人民法院一审判决认定:张某焕肇事逃逸构成违法,朱某彪的追赶行为是对张某焕逃逸行为的制止,属于见义勇为,应予支持和鼓励。驳回原告张某福、张某凯的诉讼请求。原告不服,提出上诉。审理过程中,上诉人张某福、张某凯撤回上诉。2018年2月28日,河北省唐山市中级人民法院作民事裁定,准许上诉人张某福、张某凯撤回上诉。

本案的发生引发了社会的高度关注,继"扶不扶""劝不劝"后,又形成了"追不追"的社会话题,社会各界期待人民法院给出明确答案。法院经审理认为,因《道路交通安全法》七十条规定,交通肇事发生后,车辆驾驶人应当立即停车、保护现场、抢救伤者,故张某焕肇事逃逸的行为构成违法,朱某彪作为普通公民,发现违法行为,挺身而出,予以制止,属于见义勇为。该案的审理对于传统严格适用法律解决纠纷裁判模式进行适当拓展,承担起对社会主导价值观和行为模式的引导责任,通过司法裁判的方式认定见义勇为行为,并旗帜鲜明地予以支持和鼓励,以公正裁判树立行为规则,引领社会风尚。

三、裁判要点的理解与说明

该指导案例的裁判要点确认:行为人非因法定职责、法定义务或约定义务,为保护国家、社会公共利益或者他人的人身、财产安全,实施阻止不法侵害者逃逸的行为,人民法院可以认定为见义勇为。

现围绕与该裁判要点相关的问题逐一解释和说明如下。

在此类案件的审判中我们必须面对的问题就是:一何谓见义勇为;二在民事审判中能否认定见义勇为。《论语·为证》中说:"见义不为,无勇也。"看到合乎道义的事,便勇敢地去做,甚至不顾个人安危,是大义。见义勇为是中华民族的传统美德,属于传统的道德规范范畴。博登海默认为,虽然道德和法律代表着不同的规范性命令,然而它们控制的领域却在部分上是重叠的。那些被视为是社会交往的基本而必要的道德正当原则,通过转化为法律规则,而在所有的社会中被赋予了具有强大力量的强制性质。在那些已成为法律一部分的道德原则与那些仍处于法律范围之外的道德原则之间有一条不易确定的分界线,且这条分界线也不是一成不变的,是受到社会发展影响的。[①] 在我国,绝大部分地方都制定了关于见义勇为的地方性法规和规章,体现了各地对见义勇为行为的鼓励和重视,但由于各地情况不同,对见义勇为行为的界定也不尽相同,这就可能会存在对同一行为作出不同认定的情形。因而,为避免对于同一行为产生不同认定的情形,在全国范围内进一步统一对于见义勇为行为的认定

---

① 参见[美] E. 博登海默:《法理学:法律哲学与法律方法》,邓正来译,中国政法大学出版社2004年版,第391~399页。

就显得十分必要了。

现代社会的复杂性对司法裁判提出了新要求和新期待，司法裁判要确保政治上的正确性、法律上的合法性以及伦理上的正当性，要弘扬社会主义核心价值，要让司法公正得到更广泛的社会认同。司法裁判要承担起对社会主导价值观和行为模式的引导责任，势必要对传统严格适用法律解决纠纷裁判模式进行适当拓展。具体到本案，因道路交通安全法七十条明确规定，交通肇事发生后，车辆驾驶人应当立即停车、保护现场、抢救伤者，故张某焕肇事逃逸的行为构成违法。朱某彪作为普通公民，事发当时，驾车经过肇事现场，发现肇事逃逸行为即驾车追赶，属于为了保护他人的利益，在紧急情况下自愿实施的紧急救助行为，故应当认定朱某彪的行为属于见义勇为。

四、参照适用时应注意的问题

本案中，朱某彪目睹交通事故的发生，并看到张某焕事故后起身驾驶摩托车驶离现场。朱某彪为了保护他人的利益，及时报警，并追赶肇事逃逸者张某焕。发生交通事故，驾驶人应当立即停车、保护现场、抢救伤者，这是法定义务。遵守法律，不仅是对法律的尊重，也是对自身安全的最好保护。朱某彪的行为符合行为人非因法定职责、法定义务或约定义务，为保护国家、社会公共利益或者他人的人身、财产安全，实施阻止不法侵害者逃逸的行为，故最终法院认定朱某彪的行为构成见义勇为。

（撰稿人：河北省高级人民法院　王　佳
编审人：最高人民法院研究室　马蓓蓓）

指导案例 140 号

李秋月等诉广州市花都区梯面镇红山村村民委员会违反安全保障义务责任纠纷案

(最高人民法院审判委员会讨论通过 2020 年 10 月 9 日发布)

关键词
民事 安全保障义务 公共场所 损害赔偿

裁判要点
公共场所经营管理者的安全保障义务,应限于合理限度范围内,与其管理和控制能力相适应。完全民事行为能力人因私自攀爬景区内杲树采摘果实而不慎跌落致其自身损害,主张经营管理者承担赔偿责任的,人民法院不予支持。

相关法条
《中华人民共和国侵权责任法》第三十七条①第一款

基本案情
红山村景区为国家 AAA 级旅游景区,不设门票。广东省广州市花都区梯面镇红山村村民委员会(以下简称红山村村民委员会)系景区内情人堤河道旁杨梅树的所有人,其未向村民或游客提供免费采摘杨梅的活动。2017 年 5 月 19 日下午,吴某私自上树采摘杨梅不慎从树上跌落受伤。随后,有村民将吴某送红山村医务室,但当时医务室没有人员。有村民拨打 120 电话,但 120 救护车迟迟未到。后红山村村民李某 1 自行开车送吴某到广州市花都区梯面镇医院治疗。吴某当天转至广州市中西医结合医院治疗,后因抢救无效于当天死亡。

红山村曾于 2014 年 1 月 26 日召开会议表决通过《红山村村规民约》,该村规民约第二条规定:每位村民要自觉维护村集体的各项财产利益,每个村民要督促自己的子女自觉维护村内的各项公共设施和绿化树木,如有村民故意破坏或损坏公共设施,要负责赔偿一切费用。

吴某系红山村村民,于 1957 年出生。李记坤系吴某的配偶,李秋月、李月如、李天托系吴某的子女。李秋月、李月如、李天托、李记坤向法院起诉,主张红山村村民委员会未尽到安全保障义务,在本案事故发生后,被告未采取及时和必要的救助措施,应对吴某的死亡承担责任。请求判令被告承担 70% 的人身损害赔偿责任 631346.31 元。

---

① 对应《民法典》第一千一百九十八条。

裁判结果

广东省广州市花都区人民法院于 2017 年 12 月 22 日作出（2017）粤 0114 民初 6921 号民事判决：一、被告广州市花都区梯面镇红山村村民委员会向原告李秋月、李月如、李天托、李记坤赔偿 45096.17 元，于本判决发生法律效力之日起十日内付清；二、驳回原告李秋月、李月如、李天托、李记坤的其他诉讼请求。宣判后，李秋月、李月如、李天托、李记坤与广州市花都区梯面镇红山村村民委员会均提出上诉。广东省广州市中级人民法院于 2018 年 4 月 16 日作出（2018）粤 01 民终 4942 号民事判决：驳回上诉，维持原判。二审判决生效后，广东省广州市中级人民法院于 2019 年 11 月 14 日作出（2019）粤 01 民监 4 号民事裁定，再审本案。广东省广州市中级人民法院于 2020 年 1 月 20 日作出（2019）粤 01 民再 273 号民事判决：一、撤销本院（2018）粤 01 民终 4942 号民事判决及广东省广州市花都区人民法院（2017）粤 0114 民初 6921 号民事判决；二、驳回李秋月、李月如、李天托、李记坤的诉讼请求。

裁判理由

法院生效裁判认为：本案的争议焦点是红山村村民委员会是否应对吴某的损害后果承担赔偿责任。

首先，红山村村民委员会没有违反安全保障义务。红山村村民委员会作为红山村景区的管理人，虽负有保障游客免遭损害的安全保障义务，但安全保障义务内容的确定应限于景区管理人的管理和控制能力的合理范围之内。红山村景区属于开放式景区，未向村民或游客提供采摘杨梅的活动，杨梅树本身并无安全隐患，若要求红山村村民委员会对景区内的所有树木加以围蔽、设置警示标志或采取其他防护措施，显然超过善良管理人的注意标准。从爱护公物、文明出行的角度而言，村民或游客均不应私自爬树采摘杨梅。吴某作为具有完全民事行为能力的成年人，应当充分预见攀爬杨梅树采摘杨梅的危险性，并自觉规避此类危险行为。故李秋月、李月如、李天托、李记坤主张红山村村民委员会未尽安全保障义务，缺乏事实依据。

其次，吴某的坠亡系其私自爬树采摘杨梅所致，与红山村村民委员会不具有法律上的因果关系。《红山村村规民约》规定：村民要自觉维护村集体的各项财产利益，包括公共设施和绿化树木等。该村规民约是红山村村民的行为准则和道德规范，形成红山村的公序良俗。吴某作为红山村村民，私自爬树采摘杨梅，违反了村规民约和公序良俗，导致了损害后果的发生，该损害后果与红山村村民委员会不具有法律上的因果关系。

最后，红山村村民委员会对吴某私自爬树坠亡的后果不存在过错。吴某坠亡系其自身过失行为所致，红山村村民委员会难以预见和防止吴某私自爬树可能产生的后果。吴某跌落受伤后，红山村村民委员会主任李某 2 及时拨打 120 电话求救，在救护车到达前，另有村民驾车将吴某送往医院救治。因此，红山村村民委员会对吴某损害后果的发生不存在过错。

综上所述，吴某因私自爬树采摘杨梅不慎坠亡，后果令人痛惜。虽然红山村为事件的发生地，杨梅树为红山村村民委员会集体所有，但吴某的私自采摘行为有违村规民约，与公序良俗相悖，且红山村村民委员会并未违反安全保障义务，不应承担赔偿责任。

（生效裁判审判人员：龚连娣　张一扬　兰永军）

指导案例 141 号

支某 1 等诉北京市永定河管理处生命权、健康权、身体权纠纷案

(最高人民法院审判委员会讨论通过　2020 年 10 月 9 日发布)

关键词

民事　生命权纠纷　公共场所　安全保障义务

裁判要点

消力池属于禁止公众进入的水利工程设施,不属于侵权责任法第三十七条第一款规定的"公共场所"。消力池的管理人和所有人采取了合理的安全提示和防护措施,完全民事行为能力人擅自进入造成自身损害,请求管理人和所有人承担赔偿责任的,人民法院不予支持。

相关法条

《中华人民共和国侵权责任法》第三十七条①第一款

基本案情

2017 年 1 月 16 日,北京市公安局丰台分局卢沟桥派出所接李某某 110 报警,称支某 3 外出遛狗未归,怀疑支某 3 掉在冰里了。接警后该所民警赶到现场开展查找工作,于当晚在永定河拦河闸自西向东第二闸门前消力池内发现一男子死亡,经家属确认为支某 3。发现死者时永定河拦河闸南侧消力池内池水表面结冰,冰面高度与消力池池壁边缘基本持平,消力池外河道无水。北京市公安局丰台分局于 2017 年 1 月 20 日出具关于支某 3 死亡的调查结论(丰公治亡查字〔2017〕第 021 号),主要内容为:经过(现场勘察、法医鉴定、走访群众等)工作,根据所获证据,得出如下结论:一、该人系符合溺亡死亡;二、该人死亡不属于刑事案件。支某 3 家属对死因无异议。支某 3 遗体被发现的地点为永定河拦河闸下游方向闸西侧消力池,消力池系卢沟桥分洪枢纽水利工程(拦河闸)的组成部分。永定河卢沟桥分洪枢纽工程的日常管理、维护和运行由北京市永定河管理处负责。北京市水务局称事发地点周边安装了防护栏杆,在多处醒目位置设置了多个警示标牌,标牌注明管理单位为"北京市永定河管理处"。支某 3 的父母支某 1、马某某,妻子李某某和女儿支某 2 向法院起诉,请求北京市永定河管理处承担损害赔偿责任。

---

① 对应《民法典》第一千一百九十八条。

裁判结果

北京市丰台区人民法院于 2019 年 1 月 28 日作出（2018）京 0106 民初 2975 号民事判决：驳回支某 1 等四人的全部诉讼请求。宣判后，支某 1 等四人提出上诉。北京市第二中级人民法院于 2019 年 4 月 23 日作出（2019）京 02 民终 4755 号民事判决：驳回上诉，维持原判。

裁判理由

本案主要争议在于支某 3 溺亡事故发生地点的查实、相应管理机关的确定，以及该管理机关是否应承担侵权责任。本案主要事实和法律争议认定如下：

一、关于支某 3 的死亡地点及管理机关的事实认定。首先，从死亡原因上看，公安机关经鉴定认定支某 3 死因系因溺水导致；从事故现场上看，支某 3 遗体发现地点为永定河拦河闸前消力池。根据受理支某 3 失踪查找的公安机关派出所出具工作记录可认定支某 3 溺亡地点为永定河拦河闸南侧的消力池内。其次，关于消力池的管理机关。现已查明北京市永定河管理处为永定河拦河闸的管理机关，北京市永定河管理处对此亦予以认可，并明确确认消力池属于其管辖范围，据此认定北京市永定河管理处系支某 3 溺亡地点的管理责任方。鉴于北京市永定河管理处系依法成立的事业单位，依法可独立承担相应民事责任，故北京市水务局、北京市丰台区水务局、北京市丰台区永定河管理所均非本案的适格被告，支某 1 等四人要求该三被告承担连带赔偿责任的主张无事实及法律依据，不予支持。

二、关于管理机关北京市永定河管理处是否应承担侵权责任的认定。首先，本案并不适用侵权责任法中安全保障义务条款。安全保障义务所保护的人与义务人之间常常存在较为紧密的关系，包括缔约磋商关系、合同法律关系等，违反安全保障义务的侵权行为是负有安全保障义务的人由于没有履行合理范围内的安全保障义务而实施的侵权行为。根据查明的事实，支某 3 溺亡地点位于永定河拦河闸侧面消力池。从性质上看，消力池系永定河拦河闸的一部分，属于水利工程设施的范畴，并非对外开放的冰场；从位置上来看，消力池位于拦河闸下方的永定河河道的中间处；从抵达路径来看，抵达消力池的正常路径，需要从永定河的沿河河堤下楼梯到达河道，再从永定河河道步行至拦河闸下方，因此无论是消力池的性质、消力池所处位置还是抵达消力池的路径而言，均难以认定消力池属于公共场所。北京市永定河管理处也不是群众性活动的组织者，故支某 1 等四人上诉主张四被上诉人未尽安全保障义务，与法相悖。其次，从侵权责任的构成上看，一方主张承担侵权责任，应就另一方存在违法行为、主观过错、损害后果且违法行为与损害后果之间具有因果关系等侵权责任构成要件承担举证责任。永定河道并非正常的活动、通行场所，依据一般常识即可知无论是进入河道或进入冰面的行为，均容易发生危及人身的危险,此类对危险后果的预见性,不需要专业知识就可知晓。支某 3 在明知进入河道、冰面行走存在风险的情况下,仍进入该区域并导致自身溺亡,其主观上符合过于自信的过失,应自行承担相应的损害后果。成年人应当是自身安危的第一责任人,不能把自己的安危寄托在国家相关机构的无时无刻的提醒之下,户外活动应趋利避害,不随意进入非群众活动场所是每一个公民应自觉遵守的行为规范。综上,北京市永定河管理处对支某 3 的死亡发生无过错,不应承担赔偿责任。在此需要指出,因支某 3 意外溺亡,造成支某 1、马某某老年丧子、支某 2 年幼丧父,其家庭境遇令人同情,法院对此予以理解,但是赔偿的责任方是否构成侵权则需法律上严格界定及证据上的支持,不能以情感或结果责任主义为导向将损失交由不构成侵权的他方承担。

(生效裁判审判人员:邢述华 唐季怡 陈光旭)

指导案例 142 号

刘明莲、郭丽丽、郭双双诉孙伟、河南兰庭物业管理有限公司信阳分公司生命权纠纷案

(最高人民法院审判委员会讨论通过　2020 年 10 月 9 日发布)

关键词

民事　生命权　劝阻　合理限度　自身疾病

裁判要点

行为人为了维护因碰撞而受伤害一方的合法权益,劝阻另一方不要离开碰撞现场且没有超过合理限度的,属于合法行为。被劝阻人因自身疾病发生猝死,其近亲属请求行为人承担侵权责任的,人民法院不予支持。

相关法条

《中华人民共和国侵权责任法》第六条①

基本案情

2019 年 9 月 23 日 19 时 40 分左右,郭某骑着一辆折叠自行车从博士名城小区南门广场东侧道路出来,向博士名城南门出口骑行,在南门广场与 5 岁儿童罗某相撞,造成罗某右颌受伤出血,倒在地上。带自己孩子在此玩耍的孙伟见此情况后,将罗某扶起,并通过微信语音通话功能与罗某母亲李某 1 联系,但无人接听。孙伟便让身旁的邻居去通知李某 1,并让郭某等待罗某家长前来处理。郭某称是罗某撞了郭某,自己还有事,需要离开。因此,郭某与孙伟发生言语争执。孙伟站在自行车前面阻拦郭某,不让郭某离开。

事发时的第一段视频显示:郭某往前挪动自行车,孙伟站在自行车前方,左手拿手机,右手抓住自行车车把,持续时间约 8 秒后孙伟用右手推车把两下。郭某与孙伟之间争执的主要内容为:郭某对孙伟说,你讲理不？孙伟说,我咋不讲理,我叫你等一会儿。郭某说,你没事我还有事呢。孙伟说,我说的对不,你撞小孩。郭某说,我还有事呢。孙伟说,你撞小孩,我说你半天。郭某说,是我撞小孩还是小孩撞我？第二段视频显示,孙伟、郭某、博士名城小区保安李某 2、吴某四人均在博士名城小区南门东侧出口从南往北数第二个石墩附近。孙伟左手拿手机,右手放在郭某自行车车把上持续时间 5 秒左右。李某 2、吴某劝郭某不要骂人,郭某称要拨打 110,此时郭某情绪激动并有骂人的行为。

---

① 对应《民法典》第一千一百六十五条。

2019年9月23日19时46分，孙伟拨打110报警电话。郭某将自行车停好，坐在博士名城小区南门东侧出口从南往北数第一个石墩上。郭某坐在石墩上不到两分钟即倒在地上。孙伟提交的一段时长14秒事发状况视频显示，郭某倒在地上，试图起身；孙伟在操作手机，报告位置。

2019年9月23日19时48分，孙伟拨打120急救电话。随后，孙伟将自己孩子送回家，然后返回现场。医护人员赶到现场即对郭某实施抢救。郭某经抢救无效，因心脏骤停死亡。

另，郭某曾于2019年9月4日因"意识不清伴肢体抽搐1小时"为主诉入住河南省信阳市中心医院，后被诊断为"右侧脑梗死，继发性癫痫，高血压病3级（极高危），2型糖尿病，脑血管畸形，阵发性心房颤动"。信阳市中心医院就郭某该病症下达病重通知书，显示"虽经医护人员积极救治，但目前患者病情危重，并且病情有可能进一步恶化，随时会危及患者生命"。信阳市中心医院在对郭某治疗期间，在沟通记录单中记载了郭某可能出现的风险及并发症，其中包含：脑梗塞进展，症状加重；脑疝形成呼吸心跳骤停；恶性心律失常猝死等。郭某2019年9月16日的病程记录记载：郭某及其家属要求出院，请示上级医师后予以办理。

郭某之妻刘明莲及其女郭丽丽、郭双双提起诉讼，要求孙伟承担侵权的赔偿责任，河南兰庭物业管理有限公司信阳分公司承担管理不善的赔偿责任。

裁判结果

河南省信阳市平桥区人民法院于2019年12月30日作出（2019）豫1503民初8878号民事判决：驳回原告刘明莲、郭丽丽、郭双双的诉讼请求。宣判后，各方当事人均未提出上诉。一审判决已发生法律效力。

裁判理由

法院生效裁判认为：本案争议的焦点问题是被告孙伟是否实施了侵权行为；孙伟阻拦郭某离开的行为与郭某死亡的结果之间是否有因果关系；孙伟是否有过错。

第一，郭某骑自行车与年幼的罗某相撞之后，罗某右颌受伤出血并倒在地上。郭某作为事故一方，没有积极理性处理此事，执意离开。对不利于儿童健康、侵犯儿童合法权益的行为，任何组织和个人有权予以阻止或者向有关部门控告。罗某作为未成年人，自我保护能力相对较弱，需要成年人对其予以特别保护。孙伟见到郭某与罗某相撞后，为保护罗某的利益，让郭某等待罗某的母亲前来处理相撞事宜，其行为符合常理。根据案发当晚博士名城业主群聊天记录中视频的发送时间及孙伟拨打110、120的电话记录等证据证实，可以确认孙伟阻拦郭某的时间为8分钟左右。在阻拦过程中，虽然孙伟与郭某发生言语争执，但孙伟的言语并不过激。孙伟将手放在郭某的自行车车把上，双方没有发生肢体冲突。孙伟的阻拦方式和内容均在正常限度之内。因此，孙伟的劝阻行为是合法行为，且没有超过合理限度，不具有违法性，应予以肯定与支持。

第二，郭某自身患脑梗、高血压、心脏病、糖尿病、继发性癫痫等多种疾病，事发当月曾在医院就医，事发前一周应其本人及家属要求出院。孙伟阻拦郭某离开，郭某坐在石墩上，倒地后因心脏骤停不幸死亡。郭某死亡，令人惋惜。刘明莲、郭丽丽、郭双双作为死者郭某的近亲属，心情悲痛，提起本案诉讼，可以理解。孙伟的阻拦行为本身不会造成郭某死亡的结果，郭某实际死亡原因为心脏骤停。因此，孙伟的阻拦行为与郭某死亡的后果之间并不存在法律上的因果关系。

第三，虽然孙伟阻拦郭某离开，诱发郭某情绪激动，但是，事发前孙伟与郭某并不认识，不知道郭某身患多种危险疾病。孙伟阻拦郭某的行为目的是保护儿童利益，并不存在侵害郭某的故意或过失。在郭某倒地后，孙伟拨打120急救电话予以救助。由此可见，孙伟对郭某的死亡无法预见，其对郭某的死亡后果发生没有过错。

（生效裁判审判人员：易　松　彭　洁　周成云）

最高人民法院
关于审理使用人脸识别技术处理个人信息相关民事案件适用法律若干问题的规定

法释〔2021〕15号

（2021年6月8日最高人民法院审判委员会第1841次会议通过 2021年7月27日最高人民法院公告公布 自2021年8月1日起施行）

为正确审理使用人脸识别技术处理个人信息相关民事案件，保护当事人合法权益，促进数字经济健康发展，根据《中华人民共和国民法典》《中华人民共和国网络安全法》《中华人民共和国消费者权益保护法》《中华人民共和国电子商务法》《中华人民共和国民事诉讼法》等法律的规定，结合审判实践，制定本规定。

第一条 因信息处理者违反法律、行政法规的规定或者双方的约定使用人脸识别技术处理人脸信息、处理基于人脸识别技术生成的人脸信息所引起的民事案件，适用本规定。

人脸信息的处理包括人脸信息的收集、存储、使用、加工、传输、提供、公开等。

本规定所称人脸信息属于民法典第一千零三十四条规定的"生物识别信息"。

第二条 信息处理者处理人脸信息有下列情形之一的，人民法院应当认定属于侵害自然人人格权益的行为：

（一）在宾馆、商场、银行、车站、机场、体育场馆、娱乐场所等经营场所、公共场所违反法律、行政法规的规定使用人脸识别技术进行人脸验证、辨识或者分析；

（二）未公开处理人脸信息的规则或者未明示处理的目的、方式、范围；

（三）基于个人同意处理人脸信息的，未征得自然人或者其监护人的单独同意，或者未按照法律、行政法规的规定征得自然人或者其监护人的书面同意；

（四）违反信息处理者明示或者双方约定的处理人脸信息的目的、方式、范围等；

（五）未采取应有的技术措施或者其他必要措施确保其收集、存储的人脸信息安全，致使人脸信息泄露、篡改、丢失；

（六）违反法律、行政法规的规定或者双方的约定，向他人提供人脸信息；

（七）违背公序良俗处理人脸信息；

（八）违反合法、正当、必要原则处理人脸信息的其他情形。

第三条 人民法院认定信息处理者承担侵害自然人人格权益的民事责任，应当适用民法典第九百九十八条的规定，并结合案件具体情况综合考量受害人是否为未成年人、告知同意情况以及信息处理的必要程度等因素。

第四条 有下列情形之一，信息处理者以已征得自然人或者其监护人同意为由抗辩的，人民法院不予支持：

（一）信息处理者要求自然人同意处理其人脸信息才提供产品或者服务的，但是处理人脸信息属于提供产品或者服务所必需的除外；

（二）信息处理者以与其他授权捆绑等方式要求自然人同意处理其人脸信息的；

（三）强迫或者变相强迫自然人同意处理其人脸信息的其他情形。

第五条 有下列情形之一，信息处理者主张其不承担民事责任的，人民法院依法予以支持：

（一）为应对突发公共卫生事件，或者紧急情况下为保护自然人的生命健康和财产安全所必需而处理人脸信息的；

（二）为维护公共安全，依据国家有关规定在公共场所使用人脸识别技术的；

（三）为公共利益实施新闻报道、舆论监督等行为在合理的范围内处理人脸信息的；

（四）在自然人或者其监护人同意的范围内合理处理人脸信息的；

（五）符合法律、行政法规规定的其他情形。

第六条 当事人请求信息处理者承担民事责任的，人民法院应当依据民事诉讼法第六十四条及《最高人民法院关于适用〈中华人民共和国民事诉讼法〉的解释》第九十条、第九十一条，《最高人民法院关于民事诉讼证据的若干规定》的相关规定确定双方当事人的举证责任。

信息处理者主张其行为符合民法典第一千零三十五条第一款规定情形的，应当就此所依据的事实承担举证责任。

信息处理者主张其不承担民事责任的，应当就其行为符合本规定第五条规定的情形承担举证责任。

第七条 多个信息处理者处理人脸信息侵害自然人人格权益，该自然人主张多个信息处理者按照过错程度和造成损害结果的大小承担侵权责任的，人民法院依法予以支持；符合民法典第一千一百六十八条、第一千一百六十九条第一款、第一千一百七十条、第一千一百七十一条等规定的相应情形,该自然人主张多个信息处理者承担连带责任的,人民法院依法予以支持。

信息处理者利用网络服务处理人脸信息侵害自然人人格权益的,适用民法典第一千一百九十五条、第一千一百九十六条、第一千一百九十七条等规定。

第八条 信息处理者处理人脸信息侵害自然人人格权益造成财产损失,该自然人依据民法典第一千一百八十二条主张财产损害赔偿的,人民法院依法予以支持。

自然人为制止侵权行为所支付的合理开支,可以认定为民法典第一千一百八十二条规定的财产损失。合理开支包括该自然人或者委托代理人对侵权行为进行调查、取证的合理费用。人民法院根据当事人的请求和具体案情,可以将合理的律师费用计算在赔偿范围内。

第九条 自然人有证据证明信息处理者使用人脸识别技术正在实施或者即将实施侵害其隐私权或者其他人格权益的行为,不及时制止将使其合法权益受到难以弥补的损害,向人民法院申请采取责令信息处理者停止有关行为的措施的,人民法院可以根据案件具体情况依法作出人格权侵害禁令。

第十条 物业服务企业或者其他建筑物管理人以人脸识别作为业主或者物业使用人出入物业服务区域的唯一验证方式,不同意的业主或者物业使用人请求其提供其他合理验证方式的,人民法院依法予以支持。

物业服务企业或者其他建筑物管理人存在本规定第二条规定的情形,当事人请求物业服务企业或者其他建筑物管理人承担侵权责任的,人民法院依法予以支持。

第十一条 信息处理者采用格式条款与自然人订立合同,要求自然人授予其无期限限制、不可撤销、可任意转授权等处理人脸信息的权利,该自然人依据民法典第四百九十七条请求确认格式条款无效的,人民法院依法予以支持。

第十二条 信息处理者违反约定处理自然人的人脸信息,该自然人请求其承担违约责任的,人民法院依法予以支持。该自然人请求信息处理者承担违约责任时,请求删除人脸信息的,人民法院依法予以支持;信息处理者以双方未对人脸信息的删除作出约定为由抗辩的,人民法院不予支持。

第十三条 基于同一信息处理者处理人脸信息侵害自然人人格权益发生的纠纷,多个受害人分别向同一人民法院起诉的,经当事人同意,人民法院可以合并审理。

第十四条 信息处理者处理人脸信息的行为符合民事诉讼法第五十五条、消费者权益保护法第四十七条或者其他法律关于民事公益诉讼的相关规定,法律规定的机关和有关组织提起民事公益诉讼的,人民法院应予受理。

第十五条 自然人死亡后,信息处理者违反法律、行政法规的规定或者双方的约定处理人脸信息,死者的近亲属依据民法典第九百九十四条请求信息处理者承担民事责任的，适用本规定。

第十六条 本规定自 2021 年 8 月 1 日起施行。

信息处理者使用人脸识别技术处理人脸信息、处理基于人脸识别技术生成的人脸信息的行为发生在本规定施行前的，不适用本规定。

【 解　　读 】

解读《最高人民法院关于审理使用人脸识别技术处理个人信息相关民事案件适用法律若干问题的规定》

为正确审理使用人脸识别技术处理个人信息相关民事案件，保护当事人合法权益，促进数字经济健康发展，2021 年 6 月 8 日，最高人民法院审判委员会第 1841 次会议审议通过了《最高人民法院关于审理使用人脸识别技术处理个人信息相关民事案件适用法律若干问题的规定》（法释〔2021〕15 号，以下简称《规定》），自 2021 年 8 月 1 日起施行。本文就《规定》的起草背景、起草过程及重点条文进行说明，便于广大法官准确理解和适用。

一、《规定》起草的背景

人脸识别技术是指通过对人脸信息的自动化处理，实现验证个人身份、辨识特定自然人或者预测分析个人特征等目的的一项生物识别技术。人脸识别是人工智能的重要应用。近年来，随着信息技术飞速发展，人脸识别逐步渗透到人们生活的方方面面，大到智慧城市建设，小到手机客户端的登录解锁，都能见到人脸识别的应用。在国境边防、公共交通、城市治安、疫情防控等诸多领域，人脸识别技术发挥着巨大作用。

在为社会生活带来便利的同时，人脸识别技术所带来的个人信息保护问题也日益凸显，一些经营者滥用人脸识别技术侵害自然人合法权益的事件频发，引发社会公众的普遍关注和担忧。

比如，有些知名门店使用无感式人脸识别技术，在未经同意的情况下擅自采集消费者人脸信息，分析消费者的性别、年龄、心情等，进而采取不同营销策略。

又如，有些物业服务企业强制将人脸识别作为业主出入小区或者单元门的唯一验证方式，要求业主录入人脸并绑定相关个人信息，未经识别的业主不得进入小区。

再如，部分线上平台或者应用软件强制索取用户的人脸信息，还有的卖家在社交平台和网站公开售卖人脸识别视频、买卖人脸信息等。因人脸信息等身份信息泄露导致被贷款、被诈骗，隐私权、名誉权被侵害等现象也多有发生，甚至还有一些犯罪分子利用非法获取的身份证照片等个人信息制作成动态视频，破解人脸识别验证程序，实施窃取财产、虚开增值税普通发票等犯罪行为。

上述行为严重损害自然人的人格权益，侵害其人身、财产等合法权益，破坏社会秩序，亟待规制。

人脸信息属于敏感个人信息中的生物识别信息，是生物识别信息中社交属性最强、最易采集的个人信息，具有唯一性和不可更改性，一旦泄露将对个人的人身和财产安全造成极大危害，甚至还可能威胁公共安全。

据App专项治理工作组2020年发布的《人脸识别应用公众调研报告》显示，在2万多名受访者中，94.07%的受访者用过人脸识别技术，64.39%的受访者认为人脸识别技术有被滥用的趋势，30.86%的受访者已经因为人脸信息泄露、滥用等遭受损失或者隐私被侵犯。

近段时间，人脸识别成为热门名词，社会公众对人脸识别技术滥用的担心不断增加，强化人脸信息保护的呼声日益高涨。

党中央高度重视个人信息保护工作。习近平总书记多次强调，要坚持网络安全为人民、网络安全靠人民，保障个人信息安全，维护公民在网络空间的合法权益，对加强个人信息保护工作提出明确要求。

最高人民法院深入学习贯彻习近平法治思想，立足人民群众现实需求，以问题为导向，充分发挥审判职能作用，主动回应人民关切和期待，严格依照民法典、网络安全法、消费者权益保护法、电子商务法、民事诉讼法等法律，吸收个人信息保护立法有关经验成果，在充分调研基础上制定了《规定》，对人脸信息提供司法保护。

二、《规定》的起草过程

为及时对滥用人脸识别问题作出司法统一规定，最高人民法院专门成立了起草小组，紧锣密鼓地开展涉人脸识别司法解释的调研起草工作。

2021年3月中旬，起草小组向全国各高级法院下发通知征集意见、建议，并与个人信息保护领域专家学者进行深入探讨。在认真梳理各高院意见、专家学者意见和国内外相关资料的基础上，构建了司法解释整体框架，拟定了需重点解决的问题清单。

3月底到4月初，起草小组先后在江苏高院、北京互联网法院进行调研座谈，听取全国部分高院和北京市三级法院部分审判业务专家意见，形成司法解释初稿。

4月8日，在最高人民法院机关召开专项工作小组会，起草小组各成员单位对司法解释初稿逐条进行研究论证。

4月中下旬，起草小组又分别在上海、四川召开全国部分法院座谈会，听取审判一线法官的意见建议，并委托地方法院就小区物业安装人脸识别门禁等问题开展实地调研。

为确保司法解释质量，起草小组又组织召开了专家论证会，邀请全国人大常委会法工委、中央网信办、中国人民大学、清华大学等单位的有关负责同志、专家学者以及部分审判业务专家参加论证。

起草过程中，起草小组始终与全国人大常委会法工委、中央网信办等单位保持常态化沟通，及时研究解决重点难点问题。形成征求意见稿后，广泛征求全国人大常委会法工委、中央政法委、中央网信办、公安部、最高人民检察院、司法部、工信部、市场监管总局等中央有关单位以及国内知名专家学者的意见、建议。在认真吸收各方意见、建议基础上，形成送审稿，提请审委会审议。

此后，起草小组又根据审委会决议对司法解释部分条文表述进行修改完善，并征求中央宣传部意见，再次征求全国人大常委会法工委意见。中央宣传部、全国人大常委会法工委回函均表示无不同意见。可以说，在全国人大常委会法工委的全程指导下，在中央有关部门的大力支持下，《规定》认真参考、吸收各方面意见和建议，是理论界和实务界共同智慧的结晶。

三、《规定》的基本原则

《规定》的起草，始终坚持四个原则。

一是以人民为中心，回应群众所急所盼。人脸识别技术为人民群众的生活带来了便利，而该技术的滥用不同程度侵害了人民群众的合法权益，引发了社会的普遍关注和担忧。《规定》的起草，始终坚持以习近平法治思想为指导，牢牢站稳人民立场，积极回应技术滥用这一群众所急所盼的问题，切实加强权益保护。通过对滥用人脸识别问题作出统一司法规定，充分发挥裁判引领作用，实现好、维护好最广大人民群众的根本利益。

二是坚持问题导向，聚焦重点领域。《规定》并非限制人脸识别技术的使用，而是限制人脸识别技术的滥用。《规定》坚持以问题为导向，对人脸识别技术滥用的主要场景进行梳理。比如，经营场所擅自使用远距离、无感式人脸识别技术，小区物业强制刷脸方能进入，部分应用软件强制索取用户人脸信息等，这是人脸识别技术滥用的重点领域，严重影响人民群众的"人脸安全"，甚至引发集体焦虑。对于上述问题，《规定》均提出针对性的司法解决方案。

三是严格依照法律规定，切实符合司法规律。对生物识别信息等敏感个人信息的规制，是一个系统工程。在个人信息保护法以及相关行政法规出台前，起草涉人脸识别司法解释需要注意与立法、行政执法的衔接，做到不缺位、不越位。《规定》的起草坚持用足用好民法典等现有法律规定，为规制人脸识别技术滥用提供清晰的法律适用指引；秉持审慎原则，对于应由法律或者行政法规作出规定的未予涉及，同时使用"违反法律、行政法规规定"等表述，为与有关法律、行政法规的规定有机衔接预留接口。

四是强化权益保护，注重价值平衡。《规定》将人脸信息等人格权益的保护作为重点，通过明确侵权行为样态、责任承担、举证责任、财产损失范围界定等规则，多角度遏制侵害自然人人格权益的行为。同时，《规定》也十分注重价值平衡，通过细化免责事由、引入动态系统论、明确不溯及既往等，妥善处理好个人利益和公共利益、惩戒侵权行为和促进数字经济发展之间的关系，促进个人信息合法合理使用和数字经济健康发展。

四、《规定》的主要内容

《规定》共16条，主要从适用范围、侵权责任、合同规则、诉讼程序等方面对滥用人脸识别问题作出规定。

（一）关于适用范围

《规定》第一条第一款明确了本司法解释的适用范围。正确理解该款，需注意以下几点。

首先，该款明确界定使用人脸识别技术处理个人信息相关民事案件的外延，具体是指信息处理者违反法律、行政法规的规定或者双方的约定，使用人脸识别技术处理人脸信息、处理基于人脸识别技术生成的人脸信息所引起的民事案件。

之所以将处理基于人脸识别技术生成的人脸信息也纳入调整范围，主要是因为人脸信息的处理包括人脸信息的收集、存储、使用、加工、传输、提供、公开等，处理环节较多、流程较长，实践中往往存在多个信息处理者，如将适用范围限定为使用人脸识别技术处理人脸信息，无法涵盖有些信息处理者并未使用人脸识别技术而只是在后端处理基于人脸识别技术所生成的人脸信息的情形，不利于对人脸信息的全流程保护。

其次，《规定》仅适用于平等民事主体之间因使用人脸识别技术处理人脸信息所引起的相关民事案件。对于国家机关、承担行政职能的法定机构因履行法定职责使用人脸识别技术所引起的行政案件，对于非平等民事主体之间使用人脸识别技术引发的纠纷案件，不适用《规定》。

最后，该款并未限定侵害权益类型和民事责任类型，因此《规定》涉及的责任承担既包括侵权责任，也包括违约责任，受侵害的权益既包括个人信息权益，也包括肖像权、隐私权、名誉权等人格权以及财产权。

除此之外，《规定》第十五条还明确了自然人死亡后，信息处理者违反法律、行政法规的规定或者双方的约定处理人脸信息,死者的近亲属依据民法典第九百九十四条请求信息处理者承担民事责任的,也要适用《规定》。

还需要说明的是,《规定》只是针对该领域重点问题进行规定,所牵涉其他问题,法律和其他司法解释已有明确规定,故未作重复规定。在审理此类纠纷时,要注意《规定》与法律、其他司法解释之间的衔接配套。

(二)关于人脸信息的界定

"人脸信息"是《规定》中的一个重要概念。

根据《民法典》第一千零三十四条的规定,个人信息是以电子或者其他方式记录的能够单独或者与其他信息结合识别特定自然人的各种信息,包括自然人的姓名、出生日期、身份证件号码、生物识别信息、住址、电话号码、电子邮箱、健康信息、行踪信息等。

2020年国家标准《信息安全技术个人信息安全规范》(GB/T 35273—2020)以及即将审议通过的个人信息保护法将个人信息进行了分类,包括敏感个人信息和一般个人信息。其中,生物识别信息属于敏感个人信息范畴。个人信息保护法草案专门对敏感个人信息作了特殊规定,以强化对敏感个人信息的保护力度。《信息安全技术个人信息安全规范》对敏感个人信息中的生物识别信息进行了列举,包括个人基因、指纹、声纹、掌纹、虹膜、面部识别特征等信息。

遵循《民法典》规定,结合个人信息保护立法精神和国家标准,同时参考欧盟《通用数据保护条例》(GDPR)等域外规定,《规定》使用了"人脸信息"这个概念。从种属上看,《规定》中所称"人脸信息"属于《民法典》第一千零三十四条规定的"生物识别信息",属于个人信息保护法草案中的"敏感个人信息"。从外延上看,人脸信息不仅包括人脸识别技术通过算法生成的人脸特征数据,还包括人脸识别技术所抓取的原始人脸图像。相较于其他概念,《规定》使用"人脸信息"的概念,不仅符合人脸识别技术所牵涉的个人信息,也更有利于全面保护人民群众的人格权益。

实践中需要注意的是,对原始人脸图像的侵害,既可能是因违反个人信息处理规则而侵害个人信息权益,也可能构成因对肖像的不当使用而侵害自然人的肖像权,要根据所侵害的权益,分别适用《民法典》人格权编的相关规定。

(三)关于侵害自然人人格权益的典型行为

《规定》第二条将几类典型行为明确认定为属于侵害自然人人格权益的行为。现对重点情形介绍如下。

1. 关于在经营场所、公共场所使用人脸识别技术的行为

使用远距离、无感式的人脸识别技术擅自采集人脸信息,是人脸识别技术滥用的典型样态,引发社会公众普遍质疑。

从域外经验看,美国旧金山、奥克兰、萨默维尔和华盛顿均对远距离、无

感式人脸信息采集和使用持否定态度。欧盟2021年4月所公布的《人工智能条例草案》将公共场所的远程生物识别（RBI）系统列为人工智能的高风险应用类型，原则上限定为查找失踪儿童、预防犯罪或恐怖袭击、侦查犯罪等用途。

《规定》第二条第一项明确，"在宾馆、商场、银行、车站、机场、体育场馆、娱乐场所等经营场所、公共场所违反法律、行政法规的规定使用人脸识别技术进行人脸验证、辨识或者分析"属于侵害自然人人格权益的行为。

正确理解该项规定，需注意以下几点。

首先，《规定》第二条第一项采取的是场景式列举，主要针对在经营场所、公共场所采取人脸识别技术进行人脸辨识、人脸分析等现象进行规定，与本条其他项所列情形有所不同。

其次，在经营场所、公共场所处理人脸信息必须遵守现行法律、行政法规对个人信息处理的规定。《民法典》第一千零三十五条、第一千零三十六条规定了个人信息的处理规则和免责事由，《规定》对上述规则和事由予以细化。从告知同意层面看，除法律、行政法规另有规定外，在经营场所、公共场所使用人脸识别技术处理人脸信息，无论是人脸验证（人脸验证是指将采集的人脸识别数据与已存储的特定自然人的人脸识别数据进行1∶1比对，以确认特定自然人是否为其所声明的身份。一般而言，人脸验证主要应用于需要比对真实身份的场景，比如机场、车站的人证比对，线上支付环境中的人脸验证等，要求相对较高，管理较为规范）、人脸辨识（人脸辨识是指将采集的人脸识别数据与已存储的指定范围内的人脸识别数据进行1∶N比对，以识别特定自然人。人脸辨识的应用场景较为广泛，技术层面也容易实现，比如公园入园、居民小区门禁、商场无感式人脸识别辨识特定客户或者中介等）还是人脸分析（人脸分析是指通过分析人脸图像，预测评估个人年龄、健康、天赋、情绪、工作或者学习专注度等个人特征的活动。人脸分析可能会引发个人歧视，侵害人格尊严），均应征得自然人或者其监护人的单独同意。故线下门店等在经营场所未经自然人单独同意擅自使用人脸识别技术处理人脸信息的行为，属于侵害自然人人格权益的行为。

最后，要注意《规定》第二条第一项与《规定》第五条第二项的衔接。根据《民法典》第一千零三十六条的规定，为维护公共利益或者自然人合法权益，合理实施的其他行为，信息处理者不承担民事责任。《规定》第五条对《民法典》上述规定中的公共利益予以细化，明确"为维护公共安全，依据国家有关规定在公共场所使用人脸识别技术的"，不承担民事责任。该规定也与个人信息保护法草案第二十七条的立法精神相一致。

2. 关于违反单独同意的行为

告知同意规则，也称知情同意规则，是指任何组织或个人在处理个人信息时都应当对信息主体即其个人信息被处理的自然人进行告知，并在取得同意后从事相应的个人信息处理活动，否则处理行为即属违法，除非法律、行政法规另有规定。

无论是《民法典》还是网络安全法，都规定了告知同意规则。然而，实践中的人脸识别应用存在各种不规范做法，使得个人同意往往流于形式。人脸信息属于高度敏感的个人信息，也是生物识别信息中社交属性最强、最易采集的个人信息，一旦泄露，将对个人的人身和财产安全造成极大危害。因此，在告知同意上，有必要设定较高标准，以确保个人在充分知情的前提下，考虑对自身权益的后果进而作出同意，让个人充分参与到人脸信息处理的决策之中。

《规定》第二条第三项在《民法典》第一千零三十五条的基础上，充分吸收个人信息保护立法重要成果，进一步将第一千零三十五条的"同意"细化为"单独同意"，即信息处理者在征得个人同意时，必须就人脸信息处理活动单独取得个人的同意，不能通过一揽子告知同意等方式征得个人同意，否则处理人脸信息的行为属于侵害人格权益的行为。

需要注意的是，单独同意规则只适用于基于个人同意处理人脸信息的情形，对于法律、行政法规所规定的不需要征得个人同意的情形，不适用这一规则。

3.《规定》第二条所列其他情形

《规定》第二条所列其他情形均系对《民法典》规定的细化。

其中，第七项之所以对违背公序良俗处理人脸信息的行为予以规定，主要是考虑到信息处理者使用深度伪造等人脸生成技术，违背公序良俗，恶意毁损他人名誉的事件时有发生，对他人人格权益造成严重侵害。结合人脸生成技术所带来的系列问题，对使用人脸识别技术专门予以强调，也为加强人脸信息司法保护预留了空间。

第八项以"违反合法、正当、必要原则处理人脸信息的其他情形"进行兜底，与《民法典》第一千零三十五条的规定精神保持一致，并保证了逻辑的周延性。

（四）关于动态系统论的适用

保护人格权是尊重和保护人格尊严的要求，但是，如果对人格权的保护过于绝对和宽泛，则难免会产生与其他权利的冲突。人格权保护的价值并非在所有情形中总是一般性地、抽象地高于其他价值，而必须在个案和具体情形中对所有这些价值进行综合权衡。

《民法典》第九百九十八条引入动态系统论，有利于协调人格利益与其他价值的冲突，强化人格权的保护。为妥善平衡人脸信息保护和其他权利之间的关系，《规定》第三条也引入动态系统论，在《民法典》第九百九十八条的基础上，对侵害人脸信息责任认定的考量因素予以进一步细化，增加告知同意情况以及信息处理的必要程度等因素，充分考量信息主体以及信息处理者的实际情况，合理认定民事责任。

在此需要强调的是，伴随着人脸识别应用场景越来越广泛，未成年人的人脸信息被采集的场景也越来越多，既有线上的，也有线下的。比如，商场、小区、公园等场所安装的人脸识别系统，手机上带有人脸识别功能的App软件，互联网上需要进行人脸验证的平台，等等。由于未成年人身心发育尚未成熟，社会阅历有限，个人信息保护意识相对淡薄，加之对新生事物较为好奇，其人脸信息被采集的概率相对较大。未成年人的人脸信息一旦泄露，侵权影响甚至可能伴随其一生，特别是技术歧视或算法偏见所导致的不公平待遇，会直接影响未成年人的人格发展。

从比较法的角度看，欧盟《通用数据保护条例》、美国儿童网上隐私保护法等对未成年人个人信息保护也作出了特别规定。其中，法国对采集儿童人脸信息持极其慎重的态度，例如，以控制校园进出为目的而实施针对儿童的人脸识别是被明确禁止的。

结合我国当前未成年人人脸信息保护现状，《规定》明确将受害人是否为未成年人作为责任认定特殊考量因素，对于违法处理未成年人人脸信息的，在责任承担时依法予以从重从严，确保未成年人人脸信息依法得到特别保护，呵护未成年人健康成长。

（五）关于强迫同意无效规则的适用

基于个人同意处理人脸信息的，个人同意是信息处理活动的合法性基础。只要信息处理者不超出个人同意的范围，原则上该行为就不构成侵权行为。

自愿原则是《民法典》的基本原则之一，个人的同意必须基于自愿而作出，特别是对人脸信息的处理，不能带有任何强迫因素。调研中发现，一些App往往使用人脸识别技术将非必要的人脸信息作为提供产品或服务的前提条件，不同意就无法继续安装或使用该应用程序；还有的信息处理者以与其他授权捆绑等方式，强迫或者变相强迫自然人同意处理其人脸信息。这种通过模式设计强制索取人脸信息的行为，导致自然人无法单独对人脸信息作出自愿同意，或者被迫同意处理其本不愿提供且非必要的人脸信息。这是当前公众感受最深、反映最强烈的问题，也是维权较难的问题。

为强化人脸信息保护，防止信息处理者对人脸信息的不当采集，《规定》第四条对处理人脸信息的有效同意采取从严认定的思路。对于信息处理者采取与其他授权捆绑、不点击同意就不提供服务等方式强迫或者变相强迫自然人同意处理其人脸信息，信息处理者据此认为其已征得相应同意的，人民法院不予支持。

在适用《规定》第四条时需要注意以下几个问题。

第一，本条适用的前提仅限于基于个人同意处理人脸信息的情形。

第二，当事人针对信息处理者通过强迫同意采集人脸信息，以信息处理者侵害其人格权益为由向人民法院提起诉讼的，人民法院依法予以受理。

第三，本条中"提供产品或者服务所必需"不仅包括事实上的必需，也包括法律、行政法规或者规章有特别规定的情形。

第四，本条规定不仅适用于线上应用，对于需要告知同意的线下场景也同样适用。

（六）关于免责条款

"保护当事人合法权益，促进数字经济健康发展"是《规定》的制定宗旨。《规定》在起草过程中紧紧围绕这一宗旨，既注重权益保护，又注重价值平衡。

《规定》第五条对《民法典》第九百九十九条及第一千零三十六条进行细化。其中，根据《民法典》第九百九十九条，第三项明确规定"为公共利益实施新闻报道、舆论监督等行为在合理的范围内处理人脸信息的"，不承担民事责任；根据《民法典》第一千零三十六条第一项，第四项明确规定"在自然人或者其监护人同意的范围内合理处理人脸信息的"，不承担民事责任。

考虑到人脸识别在疫情防控、寻找失踪儿童、打击违法犯罪、维护公共安全等方面发挥着巨大作用，《规定》第五条第一项、第二项将《民法典》第一千零三十六条第三项的"维护公共利益或者该自然人合法权益"细化为两种情形：一是为应对突发公共卫生事件，或者紧急情况下为保护自然人的生命健康和财产安全所必需而处理人脸信息的；二是为维护公共安全，依据国家有关规定在公共场所使用人脸识别技术的。符合上述两种情形的，不承担民事责任。

《民法典》第一千零三十六条第二项还规定了一个免责事由，即"合理处理该自然人自行公开的或者其他已经合法公开的信息，但是该自然人明确拒绝或者处理该信息侵害其重大利益的除外"。《规定》第五条之所以没有将《民法典》第一千零三十六条第二项细化，主要是考虑人脸信息作为敏感个人信息，在保护力度上要比一般个人信息强，对于自然人自行公开的人脸图片或者视频资料，信息处理者在未征得该自然人同意的情况下使用人脸识别技术处理这些图像，超出了合理的范畴，且对其自然人人格权益有重大影响，故不符合第一千零三十六条第二项所规定情形。当然，在个案中确实存在处理人脸信息符合《民法典》第一千零三十六条第二项规定情形的，可以依据《规定》第五条第五项"符合法律、行政法规规定的其他情形"，引向适用《民法典》的这一规定。

（七）关于举证责任分配

信息处理者使用人脸识别技术处理人脸信息侵害人格权益相关纠纷的举证责任分配，应当遵循民事诉讼法及相关司法解释的一般性规定。但由于人脸识别技术具有较强的技术性和专业性，实践中，使用人脸识别技术处理人脸信息的有关证据一般均由信息处理者掌握，加之信息主体对于信息处理者如何处理信息并不了解，让信息主体承担信息处理者信息处理行为违法的证明责任，将面临知识和信息上的障碍。有鉴于此，个人信息保护法草案采取了过错推定原则，将过错要件的举证责任倒置给信息处理者。

由于归责原则和举证责任倒置具有法定性，在个人信息保护法正式施行前，信息处理者使用人脸识别技术侵害自然人人格权益的案件，能否直接适用过错推定责任原则实行举证责任倒置值得研究。

我们认为，依据现有举证责任的法律适用规则，在用足现有规定特别是《民法典》第一千零三十五条、第一千零三十六条等规定的基础上，充分考虑双方当事人经济实力不对等、信息不对称等因素，在举证责任分配上课以信息处理者更多的举证责任是可行、合理的。

据此，《规定》第六条第二款规定："信息处理者主张其行为符合民法典第一千零三十五条第一款规定情形的，应当就此所依据的事实承担举证责任。"

（八）小区物业不得将人脸识别作为出入小区的唯一验证方式

《规定》起草过程中，我们对小区物业使用人脸识别门禁系统问题进行了专门调研，发现各地小区安装人脸识别设备的原因较为复杂，且安装人脸识别设备是否属于《民法典》第二百七十八条第一款第九项所规定的"有关共有和共同管理权利的其他重大事项"存在一定争议，实践中做法不一，有待进一步积累司法经验。

调研中也发现，群众关心小区物业安装人脸识别设备，集中在强制刷脸的问题上。实践中，部分小区物业强制要求居民录入人脸信息，并将人脸识别作为出入小区的唯一验证方式，这种行为违反了告知同意原则，群众质疑声较大。

有鉴于此，《规定》第十条专门对小区物业强制刷脸问题予以规定。

人脸信息属于敏感个人信息，小区物业对人脸信息的采集、使用必须依法征得业主或者物业使用人的同意。只有业主或者物业使用人自愿同意使用人脸识别，对人脸信息的采集、使用才有了合法性基础。小区物业不能以智能化管理为由，侵害相关居民的人格权益。

为此，《规定》第十条第一款规定："物业服务企业或者其他建筑物管理人以人脸识别作为业主或者物业使用人出入物业服务区域的唯一验证方式，不同意的业主或者物业使用人请求其提供其他合理验证方式的，人民法院依法予以支持。"

根据这一规定，小区物业在使用人脸识别门禁系统录入人脸信息时，应当征得业主或者物业使用人的同意。不同意的业主或者物业使用人，可以向人民法院起诉要求物业服务企业或者其他建筑物管理人提供替代性验证方式。

（九）其他内容

除上述重点条款外，《规定》还对如下内容进行明确。

1. 多个信息处理者侵权责任的承担

由于人脸信息的处理链条较长，往往涉及多个信息处理者，《规定》第七条依据《民法典》相关规定对多个信息处理者侵权责任进行法律适用指引。

需要注意的是，第七条第二款的前提是"信息处理者利用网络服务"，而不是"信息处理者利用网络"，"网络服务"在这里专指"他人所提供的网络服务"，不包括"信息处理者利用自身网络"的情形。

2. 合理界定财产损失范围

除适用《民法典》第一千一百八十二条外，考虑到侵害人脸信息可能并无具体财产损失，但被侵权人为维权支付的相关费用却较大，如果不赔偿，将会造成被侵权人维权成本过高、侵权人违法成本较小的不平衡状态。《规定》第八条明确被侵权人为制止侵权行为所支付的合理开支以及合理的律师费用可作为财产损失请求赔偿。

3. 明确特定格式条款无效

对于信息处理者通过采用格式条款与自然人订立合同，要求自然人授予其无期限限制、不可撤销、可任意转授权等处理人脸信息的权利的，此类条款应属于《民法典》第四百九十七条第二项所规定的"提供格式条款一方不合理地免除或者减轻其责任、加重对方责任、限制对方主要权利"的情形，《规定》第十一条对其效力予以否定性评价，以防止一些商家滥用格式条款，规范人脸信息处理活动。

4. 细化违约删除规则

《规定》第十二条在《民法典》第一千零三十七条基础上明确：无论对人脸信息的删除是否有约定，信息处理者违反约定处理自然人的人脸信息，该自然人请求信息处理者承担违约责任时，请求删除人脸信息的，人民法院依法予以支持。

5. 积极倡导民事公益诉讼

由于实践中受害者分散、个人维权成本高、举证能力有限等因素，个人提起诉讼维权的情况相对较少，而公益诉讼制度能够有效弥补这一不足。结合人民法院审理个人信息民事公益诉讼相关实践，《规定》第十四条对涉人脸信息民事公益诉讼予以规定。

（撰稿人：郭　锋　陈龙业　贾玉慧　张　音）

【链　　接】

强化人脸信息司法保护　促进数字经济健康发展
——最高人民法院相关负责人就审理使用人脸识别技术
处理个人信息相关民事案件的司法解释答记者问

7月28日上午，最高人民法院召开新闻发布会，发布《最高人民法院关于审理使用人脸识别技术处理个人信息相关民事案件适用法律若干问题的规定》（以下简称《规定》）。最高人民法院副院长杨万明、研究室副主任郭锋、研究室民事处处长陈龙业出席发布会，介绍相关情况并回答记者提问。

一、问：我们注意到《规定》以问题为导向，有针对性地对人民群众关心的问题予以及时回应，强化对人脸信息的司法保护。请问，最高人民法院出台《规定》是如何兼顾权益保护和价值平衡的？

答：我们出台《规定》主要是对滥用人脸识别问题作出司法统一规定。"保护当事人合法权益，促进数字经济健康发展"是《规定》的制定宗旨。《规定》在起草过程中紧紧围绕这一宗旨，既注重权益保护，又注重价值平衡。

在权益保护方面，《规定》在如下方面强化对人脸信息的司法保护：一是合理分配举证责任。《规定》第六条依据现有举证责任的法律适用规则，以及《民法典》第一千零三十五条、第一千零三十六条等规定内容，充分考虑双方当事人的经济实力不对等、专业信息不对称等因素，在举证责任分配上科以信息处理者更多的举证责任。二是合理界定财产损失范围。除适用《民法典》第一千一百八十二条外，考虑到侵害人脸信息可能并无具体财产损失，但被侵权人为维权支付的相关费用却较大，如果不赔偿，将会造成被侵权人维权成本过高，侵权人违法成本较小的不平衡状态。第八条明确被侵权人为制止侵权行为所支付的合理开支以及合理的律师费用可作为财产损失请求赔偿。三是积极倡导民事公益诉讼。由于实践中受害者分散、个人维权成本高、举证能力有限等因素，个人提起诉讼维权的情况相对较少，而公益诉讼制度能够有效弥补这一不足。结合人民法院审理个人信息民事公益诉讼相关实践，《规定》第十四条对涉人脸信息民事公益诉讼予以明确规定。

在价值平衡方面，一是注重个人利益和公共利益的平衡。在依法保护自然人人脸信息的同时，第五条在吸收个人信息保护法立法精神的基础上，对《民法典》第一千零三十六条规定进行了细化，明确规定了使用人脸识别不承担民事责任的情形，比如，为应对突发公共卫生事件，或者紧急情况下为保护自然人的生命健康和财产安全所必需而处理人脸信息的；再如，为维护公共安全，依据国家有关规定在公共场所使用人脸识别技术的，等等。同时，第五条通过"兜底条款"的规定，将其他免责事由适用引向《民法典》等法律。二是注重惩戒侵权行为和促进数字经济发展的平衡。《规定》充分考量人脸识别技术的积极作用，一方面规范信息处理活动，保护敏感个人信息，另一方面注重促进数字经济健康发展，保护人脸识别技术的合法应用。为了避免对信息处理者科以过重责任，妥善处理好惩戒侵权和鼓励数字科技发展之间的关系，《规定》第十六条明确了本司法解释不溯及既往的基本规则，即：对于信息处理者使用人脸识别技术处理人脸信息、处理基于人脸识别技术生成的人脸信息的行为发生在本规定施行前的，不适用本规定。

二、问：未成年人保护是全社会关注的焦点，《规定》第三条专门将"受害人是否未成年人"作为动态考量因素。请问，关于未成年人的人脸信息，《规定》是如何进行保护的？

答：习近平总书记指出，"全社会都要了解少年儿童、尊重少年儿童、关心少年儿童、服务少年儿童，为少年儿童提供良好社会环境。""对损害少年儿童权益、破坏少年儿童身心健康的言行，要坚决防止和依法打击。"未成年人是国家的未来、民族的希望。未成年人的健康成长，关系亿万家庭的幸福安宁，关系社会的和谐稳定。

伴随着人脸识别应用场景越来越广泛，未成年人的人脸信息被采集的场景也越来越多，既有线上的，也有线下的。比如，商场、小区、学校等场所安装的人脸识别系统，手机上带有人脸识别功能的 APP 软件，互联网上需要进行人脸验证的平台，等等。由于未成年人身心发育尚未成熟，社会阅历有限，个人信息保护意识相对淡薄，加之对新生事物较为好奇，其人脸信息被采集的概率相对较大。据团中央最近发布的《2020年全国未成年人互联网使用情况研究报告》显示，2020年我国未成年网民规模达到1.83亿，个人信息未经允许在网上被公开的比例为4.9%。在这些个人信息中，人脸信息具有唯一性和不可更改性，我们可以换手机、可以换密码、可以换住址，但是我们没法"换脸"。未成年人的人脸信息一旦泄露，侵权影响甚至可能伴随其一生，特别是技术歧视或算法偏见所导致的不公平待遇，会直接影响未成年人的人格发展。

我国《未成年人保护法》《网络安全法》等法律对未成年人的网络保护作出了专门规定：如信息处理者处理不满十四周岁未成年人个人信息的，应当征得未成年人的父母或者其他监护人同意；未成年人、父母或者其他监护人要求信息处理者更正、删除未成年人个人信息的，信息处理者应当及时采取措施予以更正、删除，等等。从比较法的角度看，欧盟 GDPR、美国《儿童网上隐私保护法》等对未成年人个人信息保护也作出了特别规定。

《规定》坚持最有利于未成年人原则,从司法审判层面加强对未成年人人脸信息的保护。按照告知同意原则,第二条第(三)项规定,信息处理者处理未成年人人脸信息的,必须征得其监护人的单独同意。关于具体年龄,可依据未成年人保护法、网络安全法以及将来的个人信息保护法进行认定。从责任认定角度看,第三条在《民法典》第九百九十八条的基础上,对侵害人脸信息责任认定的考量因素予以细化,结合当前未成年人人脸信息保护现状,明确将"受害人是否未成年人"作为责任认定特殊考量因素,对于违法处理未成年人人脸信息的,在责任承担时依法予以从重从严,确保未成年人人脸信息依法得到特别保护,呵护未成年人健康成长。

三、问:当前,部分小区使用人脸识别门禁系统,引发了社会热议。我们注意到《规定》第十条对此予以回应,能否详细介绍一下制定本条的考量因素?

答:关于部分小区使用人脸识别门禁系统的问题,我们一直在关注,前期也做了一些调研。伴随着人脸识别技术应用场景的不断丰富,一些小区引入人脸识别系统,用"刷脸"代替"刷卡",可以说,这是新形势下小区物业管理的一种创新模式。当前,社会各界对此有不同看法。有意见认为,将人脸识别作为住户身份验证方式,是一种智能化管理,可以更精准识别出入小区人员,让小区管理更安全、更高效。也有意见认为,在录入人脸信息时,小区物业要求人脸信息和详细住址、身份信息相绑定,这些信息一旦泄露,可能给个人隐私造成损害。

调研中发现,群众关心小区物业安装人脸识别设备,集中在强制"刷脸"的问题上。人脸信息属于敏感个人信息,小区物业对人脸信息的采集、使用必须依法征得业主或者物业使用人的同意。只有业主或者物业使用人自愿同意使用人脸识别,对人脸信息的采集、使用才有了合法性基础。实践中,部分小区物业强制要求居民录入人脸信息,并将人脸识别作为出入小区的唯一验证方式,这种行为违反"告知同意"原则,群众质疑声较大。我们应该拥抱新科技,但同时也要尊重人格权益。小区物业不能以智能化管理为由,侵害居民人格权益。为此,《规定》第十条第一款专门规定:"物业服务企业或者其他建筑物管理人以人脸识别作为业主或者物业使用人出入物业服务区域的唯一验证方式,不同意的业主或者物业使用人请求其提供其他合理验证方式的,人民法院依法予以支持。"根据这一规定,小区物业在使用人脸识别门禁系统录入人脸信息时,应当征得业主或者物业使用人的同意,对于不同意的,小区物业应当提供替代性验证方式,不得侵害业主或物业使用人的人格权益和其他合法权益。

另外,为更好规范物业服务企业或者其他管理人,防止其将人脸信息泄露或者侵害业主或物业使用人隐私,第十条第二款又进一步明确:"物业服务企业或者其他建筑物管理人存在本规定第二条规定的情形,当事人请求物业服务企业或者其他建筑物管理人承担侵权责任的,人民法院依法予以支持。"这样就对业主及其他物业使用人的人脸信息形成全面保护。

四、问:当前,一些APP通过捆绑授权等不合理方式强制索取个人信息的现象较为突出。对此,《规定》是如何采取司法对策的?

答:一段时间以来,部分移动应用程序(APP)通过一揽子授权、与其他授权捆绑、"不点击同意就不提供服务"等方式强制索取非必要个人信息的问题比较突出,这既是广大用户的痛点,也是维权的难点。

为从司法角度规范此类行为,更好保护人民群众合法权益,《规定》根据《民法典》第一千零三十五条,在吸收个人信息保护立法精神、借鉴域外做法的基础上,明确了以下处理人脸信息的规则:

一是单独同意规则。由于人脸信息属于敏感个人信息,处理活动对个人权益影响重大,因此,在告知同意上,有必要设定较高标准,以确保个人在充分知情的前提下,合理考虑对自己权益的后果而作出同意。《规定》第二条第(三)项引入单独同意规则,即:信息处理者在征得个人同意时,必须就人脸信息处理活动单独取得个人的同意,不能通过一揽子告知同意等方式征得个人同意。

二是强迫同意无效规则。基于个人同意处理人脸信息的,个人同意是信息处理活动的合法性基础。只要信息处理者不超出自然人同意的范围,原则上该行为就不构成侵权行为。自愿原则是《民法典》的基本原则之一,个人的同意必须是基于自愿而作出。特别是对人脸信息的处理,不能带有任何强迫因素。如果信息处理者采取"与其他授权捆绑""不点击同意就不提供服务"等做法,会导致自然人无法单独对人脸信息作出自愿同意,或者被迫同意处理其本不愿提供且非必要的人脸信息。为强化人脸信息保护,防止信息处理者对人脸信息的不当采集,《规定》第四条对处理人脸信息的有效同意采取从严认定的思路。对于信息处理者采取"与其他授权捆绑""不点击同意就不提供服务"等方式强迫或者变相强迫自然人同意处理其人脸信息的,信息处理者据此认为其已征得相应同意的,人民法院不予支持。第四条的规定不仅适用于线上应用,对于需要告知同意的线下场景也同样适用。

五、问:下一步,最高人民法院在个人信息保护方面还将采取哪些举措?

答:个人信息保护关系到广大人民群众的切身利益,关系到数字经济的健康发展。最高人民法院将始终坚持以人民为中心,系统谋划,整体推进,持之以恒抓好个人信息司法保护各项工作。重点抓好以下几方面工作:

一是将个人信息司法保护融入《民法典》贯彻实施工作当中。我们将认真贯彻落实习近平总书记重要讲话精神，不断加强涉及人格权保护特别是个人信息保护的民事审判工作和监督指导工作，积极回应社会关切。将个人信息保护作为《民法典》教育培训、普法宣传的重要内容，指导广大法官不断提高依法审理涉个人信息保护纠纷案件的司法能力和水平；采取喜闻乐见的形式，让《民法典》关于个人信息保护的规定精神真正走进人民群众心里。

二是全力配合做好个人信息保护法立法工作。立足人民法院工作职责，不断总结审判实践经验，紧紧围绕个人信息保护法草案内容，积极向立法机关建言献策。个人信息保护法颁布后，人民法院将认真做好贯彻实施工作，确保个人信息保护法的新精神、新理念在审判执行工作中落地落实落细。

三是切实加强个人信息司法保护的统一法律适用工作。我们将紧紧围绕《民法典》规定精神，坚持问题导向，加大调研力度，及时制定或完善其他个人信息保护民事司法解释。充分发挥一个案例胜过一打文件的优势，加大个人信息保护方面的指导性案例、典型案例发布力度，切实加强对下业务指导。开展个人信息司法保护专项调研，密切关注司法实践中个人信息保护所遇到的新情况、新问题，认真总结提炼规律性、经验性成果，确保法律规则的统一正确适用。

四是持续加强对个人信息刑事犯罪的打击力度。全国法院要保持高压态势，坚持依法严惩不放松，进一步加强对相关案件的审判工作，通过依法严惩侵犯公民个人信息及相关犯罪，切实维护人民群众的个人信息安全和财产、人身权益，促进完善国家和社会治理。

五、婚姻家庭、继承

最高人民法院
关于适用《中华人民共和国民法典》婚姻家庭编的解释（一）

法释〔2020〕22 号

（2020 年 12 月 25 日最高人民法院审判委员会第 1825 次会议通过　2020 年 12 月 29 日最高人民法院公告公布　自 2021 年 1 月 1 日起施行）

为正确审理婚姻家庭纠纷案件，根据《中华人民共和国民法典》《中华人民共和国民事诉讼法》等相关法律规定，结合审判实践，制定本解释。

一、一般规定

第一条　持续性、经常性的家庭暴力，可以认定为民法典第一千零四十二条、第一千零七十九条、第一千零九十一条所称的"虐待"。

第二条　民法典第一千零四十二条、第一千零七十九条、第一千零九十一条规定的"与他人同居"的情形，是指有配偶者与婚外异性，不以夫妻名义，持续、稳定地共同居住。

第三条　当事人提起诉讼仅请求解除同居关系的，人民法院不予受理；已经受理的，裁定驳回起诉。

当事人因同居期间财产分割或者子女抚养纠纷提起诉讼的，人民法院应当受理。

第四条　当事人仅以民法典第一千零四十三条为依据提起诉讼的，人民法院不予受理；已经受理的，裁定驳回起诉。

第五条　当事人请求返还按照习俗给付的彩礼的，如果查明属于以下情形，人民法院应当予以支持：

（一）双方未办理结婚登记手续；

（二）双方办理结婚登记手续但确未共同生活；

（三）婚前给付并导致给付人生活困难。

适用前款第二项、第三项的规定，应当以双方离婚为条件。

二、结婚

第六条 男女双方依据民法典第一千零四十九条规定补办结婚登记的，婚姻关系的效力从双方均符合民法典所规定的结婚的实质要件时起算。

第七条 未依据民法典第一千零四十九条规定办理结婚登记而以夫妻名义共同生活的男女，提起诉讼要求离婚的，应当区别对待：

（一）1994年2月1日民政部《婚姻登记管理条例》公布实施以前，男女双方已经符合结婚实质要件的，按事实婚姻处理。

（二）1994年2月1日民政部《婚姻登记管理条例》公布实施以后，男女双方符合结婚实质要件的，人民法院应当告知其补办结婚登记。未补办结婚登记的，依据本解释第三条规定处理。

第八条 未依据民法典第一千零四十九条规定办理结婚登记而以夫妻名义共同生活的男女，一方死亡，另一方以配偶身份主张享有继承权的，依据本解释第七条的原则处理。

第九条 有权依据民法典第一千零五十一条规定向人民法院就已办理结婚登记的婚姻请求确认婚姻无效的主体，包括婚姻当事人及利害关系人。其中，利害关系人包括：

（一）以重婚为由的，为当事人的近亲属及基层组织；

（二）以未到法定婚龄为由的，为未到法定婚龄者的近亲属；

（三）以有禁止结婚的亲属关系为由的，为当事人的近亲属。

第十条 当事人依据民法典第一千零五十一条规定向人民法院请求确认婚姻无效，法定的无效婚姻情形在提起诉讼时已经消失的，人民法院不予支持。

第十一条 人民法院受理请求确认婚姻无效案件后，原告申请撤诉的，不予准许。

对婚姻效力的审理不适用调解，应当依法作出判决。

涉及财产分割和子女抚养的，可以调解。调解达成协议的，另行制作调解书；未达成调解协议的，应当一并作出判决。

第十二条 人民法院受理离婚案件后，经审理确属无效婚姻的，应当将婚姻无效的情形告知当事人，并依法作出确认婚姻无效的判决。

第十三条 人民法院就同一婚姻关系分别受理了离婚和请求确认婚姻无效案件的，对于离婚案件的审理，应当待请求确认婚姻无效案件作出判决后进行。

第十四条 夫妻一方或者双方死亡后，生存一方或者利害关系人依据民法典第一千零五十一条的规定请求确认婚姻无效的，人民法院应当受理。

第十五条 利害关系人依据民法典第一千零五十一条的规定，请求人民法院确认婚姻无效的，利害关系人为原告，婚姻关系当事人双方为被告。

夫妻一方死亡的,生存一方为被告。

第十六条 人民法院审理重婚导致的无效婚姻案件时,涉及财产处理的,应当准许合法婚姻当事人作为有独立请求权的第三人参加诉讼。

第十七条 当事人以民法典第一千零五十一条规定的三种无效婚姻以外的情形请求确认婚姻无效的,人民法院应当判决驳回当事人的诉讼请求。

当事人以结婚登记程序存在瑕疵为由提起民事诉讼,主张撤销结婚登记的,告知其可以依法申请行政复议或者提起行政诉讼。

第十八条 行为人以给另一方当事人或者其近亲属的生命、身体、健康、名誉、财产等方面造成损害为要挟,迫使另一方当事人违背真实意愿结婚的,可以认定为民法典第一千零五十二条所称的"胁迫"。

因受胁迫而请求撤销婚姻的,只能是受胁迫一方的婚姻关系当事人本人。

第十九条 民法典第一千零五十二条规定的"一年",不适用诉讼时效中止、中断或者延长的规定。

受胁迫或者被非法限制人身自由的当事人请求撤销婚姻的,不适用民法典第一百五十二条第二款的规定。

第二十条 民法典第一千零五十四条所规定的"自始没有法律约束力",是指无效婚姻或者可撤销婚姻在依法被确认无效或者被撤销时,才确定该婚姻自始不受法律保护。

第二十一条 人民法院根据当事人的请求,依法确认婚姻无效或者撤销婚姻的,应当收缴双方的结婚证书并将生效的判决书寄送当地婚姻登记管理机关。

第二十二条 被确认无效或者被撤销的婚姻,当事人同居期间所得的财产,除有证据证明为当事人一方所有的以外,按共同共有处理。

三、夫妻关系

第二十三条 夫以妻擅自中止妊娠侵犯其生育权为由请求损害赔偿的,人民法院不予支持;夫妻双方因是否生育发生纠纷,致使感情确已破裂,一方请求离婚的,人民法院经调解无效,应依照民法典第一千零七十九条第三款第五项的规定处理。

第二十四条 民法典第一千零六十二条第一款第三项规定的"知识产权的收益",是指婚姻关系存续期间,实际取得或者已经明确可以取得的财产性收益。

第二十五条 婚姻关系存续期间,下列财产属于民法典第一千零六十二条规定的"其他应当归共同所有的财产":

(一)一方以个人财产投资取得的收益;

(二)男女双方实际取得或者应当取得的住房补贴、住房公积金;

（三）男女双方实际取得或者应当取得的基本养老金、破产安置补偿费。

第二十六条 夫妻一方个人财产在婚后产生的收益，除孳息和自然增值外，应认定为夫妻共同财产。

第二十七条 由一方婚前承租、婚后用共同财产购买的房屋，登记在一方名下的，应当认定为夫妻共同财产。

第二十八条 一方未经另一方同意出售夫妻共同所有的房屋，第三人善意购买、支付合理对价并已办理不动产登记，另一方主张追回该房屋的，人民法院不予支持。

夫妻一方擅自处分共同所有的房屋造成另一方损失，离婚时另一方请求赔偿损失的，人民法院应予支持。

第二十九条 当事人结婚前，父母为双方购置房屋出资的，该出资应当认定为对自己子女个人的赠与，但父母明确表示赠与双方的除外。

当事人结婚后，父母为双方购置房屋出资的，依照约定处理；没有约定或者约定不明确的，按照民法典第一千零六十二条第一款第四项规定的原则处理。

第三十条 军人的伤亡保险金、伤残补助金、医药生活补助费属于个人财产。

第三十一条 民法典第一千零六十三条规定为夫妻一方的个人财产，不因婚姻关系的延续而转化为夫妻共同财产。但当事人另有约定的除外。

第三十二条 婚前或者婚姻关系存续期间，当事人约定将一方所有的房产赠与另一方或者共有，赠与方在赠与房产变更登记之前撤销赠与，另一方请求判令继续履行的，人民法院可以按照民法典第六百五十八条的规定处理。

第三十三条 债权人就一方婚前所负个人债务向债务人的配偶主张权利的，人民法院不予支持。但债权人能够证明所负债务用于婚后家庭共同生活的除外。

第三十四条 夫妻一方与第三人串通，虚构债务，第三人主张该债务为夫妻共同债务的，人民法院不予支持。

夫妻一方在从事赌博、吸毒等违法犯罪活动中所负债务，第三人主张该债务为夫妻共同债务的，人民法院不予支持。

第三十五条 当事人的离婚协议或者人民法院生效判决、裁定、调解书已经对夫妻财产分割问题作出处理的，债权人仍有权就夫妻共同债务向男女双方主张权利。

一方就夫妻共同债务承担清偿责任后，主张由另一方按照离婚协议或者人民法院的法律文书承担相应债务的，人民法院应予支持。

第三十六条 夫或者妻一方死亡的，生存一方应当对婚姻关系存续期间的夫妻共同债务承担清偿责任。

第三十七条 民法典第一千零六十五条第三款所称"相对人知道该约定的",夫妻一方对此负有举证责任。

第三十八条 婚姻关系存续期间,除民法典第一千零六十六条规定情形以外,夫妻一方请求分割共同财产的,人民法院不予支持。

四、父母子女关系

第三十九条 父或者母向人民法院起诉请求否认亲子关系,并已提供必要证据予以证明,另一方没有相反证据又拒绝做亲子鉴定的,人民法院可以认定否认亲子关系一方的主张成立。

父或者母以及成年子女起诉请求确认亲子关系,并提供必要证据予以证明,另一方没有相反证据又拒绝做亲子鉴定的,人民法院可以认定确认亲子关系一方的主张成立。

第四十条 婚姻关系存续期间,夫妻双方一致同意进行人工授精,所生子女应视为婚生子女,父母子女间的权利义务关系适用民法典的有关规定。

第四十一条 尚在校接受高中及其以下学历教育,或者丧失、部分丧失劳动能力等非因主观原因而无法维持正常生活的成年子女,可以认定为民法典第一千零六十七条规定的"不能独立生活的成年子女"。

第四十二条 民法典第一千零六十七条所称"抚养费",包括子女生活费、教育费、医疗费等费用。

第四十三条 婚姻关系存续期间,父母双方或者一方拒不履行抚养子女义务,未成年子女或者不能独立生活的成年子女请求支付抚养费的,人民法院应予支持。

第四十四条 离婚案件涉及未成年子女抚养的,对不满两周岁的子女,按照民法典第一千零八十四条第三款规定的原则处理。母亲有下列情形之一,父亲请求直接抚养的,人民法院应予支持:

(一)患有久治不愈的传染性疾病或者其他严重疾病,子女不宜与其共同生活;

(二)有抚养条件不尽抚养义务,而父亲要求子女随其生活;

(三)因其他原因,子女确不宜随母亲生活。

第四十五条 父母双方协议不满两周岁子女由父亲直接抚养,并对子女健康成长无不利影响的,人民法院应予支持。

第四十六条 对已满两周岁的未成年子女,父母均要求直接抚养,一方有下列情形之一的,可予优先考虑:

(一)已做绝育手术或者因其他原因丧失生育能力;

(二)子女随其生活时间较长,改变生活环境对子女健康成长明显不利;

(三)无其他子女,而另一方有其他子女;

（四）子女随其生活，对子女成长有利，而另一方患有久治不愈的传染性疾病或者其他严重疾病，或者有其他不利于子女身心健康的情形，不宜与子女共同生活。

第四十七条 父母抚养子女的条件基本相同，双方均要求直接抚养子女，但子女单独随祖父母或者外祖父母共同生活多年，且祖父母或者外祖父母要求并且有能力帮助子女照顾孙子女或者外孙子女的，可以作为父或者母直接抚养子女的优先条件予以考虑。

第四十八条 在有利于保护子女利益的前提下，父母双方协议轮流直接抚养子女的，人民法院应予支持。

第四十九条 抚养费的数额，可以根据子女的实际需要、父母双方的负担能力和当地的实际生活水平确定。

有固定收入的，抚养费一般可以按其月总收入的百分之二十至三十的比例给付。负担两个以上子女抚养费的，比例可以适当提高，但一般不得超过月总收入的百分之五十。

无固定收入的，抚养费的数额可以依据当年总收入或者同行业平均收入，参照上述比例确定。

有特殊情况的，可以适当提高或者降低上述比例。

第五十条 抚养费应当定期给付，有条件的可以一次性给付。

第五十一条 父母一方无经济收入或者下落不明的，可以用其财物折抵抚养费。

第五十二条 父母双方可以协议由一方直接抚养子女并由直接抚养方负担子女全部抚养费。但是，直接抚养方的抚养能力明显不能保障子女所需费用，影响子女健康成长的，人民法院不予支持。

第五十三条 抚养费的给付期限，一般至子女十八周岁为止。

十六周岁以上不满十八周岁，以其劳动收入为主要生活来源，并能维持当地一般生活水平的，父母可以停止给付抚养费。

第五十四条 生父与继母离婚或者生母与继父离婚时，对曾受其抚养教育的继子女，继父或者继母不同意继续抚养的，仍应由生父或者生母抚养。

第五十五条 离婚后，父母一方要求变更子女抚养关系的，或者子女要求增加抚养费的，应当另行提起诉讼。

第五十六条 具有下列情形之一，父母一方要求变更子女抚养关系的，人民法院应予支持：

（一）与子女共同生活的一方因患严重疾病或者因伤残无力继续抚养子女；

（二）与子女共同生活的一方不尽抚养义务或有虐待子女行为，或者其与子女共同生活对子女身心健康确有不利影响；

（三）已满八周岁的子女，愿随另一方生活，该方又有抚养能力；

（四）有其他正当理由需要变更。

第五十七条 父母双方协议变更子女抚养关系的，人民法院应予支持。

第五十八条 具有下列情形之一，子女要求有负担能力的父或者母增加抚养费的，人民法院应予支持：

（一）原定抚养费数额不足以维持当地实际生活水平；

（二）因子女患病、上学，实际需要已超过原定数额；

（三）有其他正当理由应当增加。

第五十九条 父母不得因子女变更姓氏而拒付子女抚养费。父或者母擅自将子女姓氏改为继母或继父姓氏而引起纠纷的，应当责令恢复原姓氏。

第六十条 在离婚诉讼期间，双方均拒绝抚养子女的，可以先行裁定暂由一方抚养。

第六十一条 对拒不履行或者妨害他人履行生效判决、裁定、调解书中有关子女抚养义务的当事人或者其他人，人民法院可依照民事诉讼法第一百一十一条的规定采取强制措施。

五、离婚

第六十二条 无民事行为能力人的配偶有民法典第三十六条第一款规定行为，其他有监护资格的人可以要求撤销其监护资格，并依法指定新的监护人；变更后的监护人代理无民事行为能力一方提起离婚诉讼的，人民法院应予受理。

第六十三条 人民法院审理离婚案件，符合民法典第一千零七十九条第三款规定"应当准予离婚"情形的，不应当因当事人有过错而判决不准离婚。

第六十四条 民法典第一千零八十一条所称的"军人一方有重大过错"，可以依据民法典第一千零七十九条第三款前三项规定及军人有其他重大过错导致夫妻感情破裂的情形予以判断。

第六十五条 人民法院作出的生效的离婚判决中未涉及探望权，当事人就探望权问题单独提起诉讼的，人民法院应予受理。

第六十六条 当事人在履行生效判决、裁定或者调解书的过程中，一方请求中止探望的，人民法院在征询双方当事人意见后，认为需要中止探望的，依法作出裁定；中止探望的情形消失后，人民法院应当根据当事人的请求书面通知其恢复探望。

第六十七条 未成年子女、直接抚养子女的父或者母以及其他对未成年子女负担抚养、教育、保护义务的法定监护人，有权向人民法院提出中止探望的请求。

第六十八条 对于拒不协助另一方行使探望权的有关个人或者组织，可以由人民法院依法采取拘留、罚款等强制措施，但是不能对子女的人身、探望行

第六十九条 当事人达成的以协议离婚或者到人民法院调解离婚为条件的财产以及债务处理协议，如果双方离婚未成，一方在离婚诉讼中反悔的，人民法院应当认定该财产以及债务处理协议没有生效，并根据实际情况依照民法典第一千零八十七条和第一千零八十九条的规定判决。

当事人依照民法典第一千零七十六条签订的离婚协议中关于财产以及债务处理的条款，对男女双方具有法律约束力。登记离婚后当事人因履行上述协议发生纠纷提起诉讼的，人民法院应当受理。

第七十条 夫妻双方协议离婚后就财产分割问题反悔，请求撤销财产分割协议的，人民法院应当受理。

人民法院审理后，未发现订立财产分割协议时存在欺诈、胁迫等情形的，应当依法驳回当事人的诉讼请求。

第七十一条 人民法院审理离婚案件，涉及分割发放到军人名下的复员费、自主择业费等一次性费用的，以夫妻婚姻关系存续年限乘以年平均值，所得数额为夫妻共同财产。

前款所称年平均值，是指将发放到军人名下的上述费用总额按具体年限均分得出的数额。其具体年限为人均寿命七十岁与军人入伍时实际年龄的差额。

第七十二条 夫妻双方分割共同财产中的股票、债券、投资基金份额等有价证券以及未上市股份有限公司股份时，协商不成或者按市价分配有困难的，人民法院可以根据数量按比例分配。

第七十三条 人民法院审理离婚案件，涉及分割夫妻共同财产中以一方名义在有限责任公司的出资额，另一方不是该公司股东的，按以下情形分别处理：

（一）夫妻双方协商一致将出资额部分或者全部转让给该股东的配偶，其他股东过半数同意，并且其他股东均明确表示放弃优先购买权的，该股东的配偶可以成为该公司股东；

（二）夫妻双方就出资额转让份额和转让价格等事项协商一致后，其他股东半数以上不同意转让，但愿意以同等条件购买该出资额的，人民法院可以对转让出资所得财产进行分割。其他股东半数以上不同意转让，也不愿意以同等条件购买该出资额的，视为其同意转让，该股东的配偶可以成为该公司股东。

用于证明前款规定的股东同意的证据，可以是股东会议材料，也可以是当事人通过其他合法途径取得的股东的书面声明材料。

第七十四条 人民法院审理离婚案件，涉及分割夫妻共同财产中以一方名义在合伙企业中的出资，另一方不是该企业合伙人的，当夫妻双方协商一致，将其合伙企业中的财产份额全部或者部分转让给对方时，按以下情形分别处理：

（一）其他合伙人一致同意的，该配偶依法取得合伙人地位；

（二）其他合伙人不同意转让，在同等条件下行使优先购买权的，可以对转让所得的财产进行分割；

（三）其他合伙人不同意转让，也不行使优先购买权，但同意该合伙人退伙或者削减部分财产份额的，可以对结算后的财产进行分割；

（四）其他合伙人既不同意转让，也不行使优先购买权，又不同意该合伙人退伙或者削减部分财产份额的，视为全体合伙人同意转让，该配偶依法取得合伙人地位。

第七十五条　夫妻以一方名义投资设立个人独资企业的，人民法院分割夫妻在该个人独资企业中的共同财产时，应当按照以下情形分别处理：

（一）一方主张经营该企业的，对企业资产进行评估后，由取得企业资产所有权一方给予另一方相应的补偿；

（二）双方均主张经营该企业的，在双方竞价基础上，由取得企业资产所有权的一方给予另一方相应的补偿；

（三）双方均不愿意经营该企业的，按照《中华人民共和国个人独资企业法》等有关规定办理。

第七十六条　双方对夫妻共同财产中的房屋价值及归属无法达成协议时，人民法院按以下情形分别处理：

（一）双方均主张房屋所有权并且同意竞价取得的，应当准许；

（二）一方主张房屋所有权的，由评估机构按市场价格对房屋作出评估，取得房屋所有权的一方应当给予另一方相应的补偿；

（三）双方均不主张房屋所有权的，根据当事人的申请拍卖、变卖房屋，就所得价款进行分割。

第七十七条　离婚时双方对尚未取得所有权或者尚未取得完全所有权的房屋有争议且协商不成的，人民法院不宜判决房屋所有权的归属，应当根据实际情况判决由当事人使用。

当事人就前款规定的房屋取得完全所有权后，有争议的，可以另行向人民法院提起诉讼。

第七十八条　夫妻一方婚前签订不动产买卖合同，以个人财产支付首付款并在银行贷款，婚后用夫妻共同财产还贷，不动产登记于首付款支付方名下的，离婚时该不动产由双方协议处理。

依前款规定不能达成协议的，人民法院可以判决该不动产归登记一方，尚未归还的贷款为不动产登记一方的个人债务。双方婚后共同还贷支付的款项及其相对应财产增值部分，离婚时应根据民法典第一千零八十七条第一款规定的原则，由不动产登记一方对另一方进行补偿。

第七十九条　婚姻关系存续期间，双方用夫妻共同财产出资购买以一方父母名义参加房改的房屋，登记在一方父母名下，离婚时另一方主张按照夫妻共同财产对该房屋进行分割的，人民法院不予支持。购买该房屋时的出资，可以作为债权处理。

第八十条 离婚时夫妻一方尚未退休、不符合领取基本养老金条件，另一方请求按照夫妻共同财产分割基本养老金的，人民法院不予支持；婚后以夫妻共同财产缴纳基本养老保险费，离婚时一方主张将养老金账户中婚姻关系存续期间个人实际缴纳部分及利息作为夫妻共同财产分割的，人民法院应予支持。

第八十一条 婚姻关系存续期间，夫妻一方作为继承人依法可以继承的遗产，在继承人之间尚未实际分割，起诉离婚时另一方请求分割的，人民法院应当告知当事人在继承人之间实际分割遗产后另行起诉。

第八十二条 夫妻之间订立借款协议，以夫妻共同财产出借给一方从事个人经营活动或者用于其他个人事务的，应视为双方约定处分夫妻共同财产的行为，离婚时可以按照借款协议的约定处理。

第八十三条 离婚后，一方以尚有夫妻共同财产未处理为由向人民法院起诉请求分割的，经审查该财产确属离婚时未涉及的夫妻共同财产，人民法院应当依法予以分割。

第八十四条 当事人依据民法典第一千零九十二条的规定向人民法院提起诉讼，请求再次分割夫妻共同财产的诉讼时效期间为三年，从当事人发现之日起计算。

第八十五条 夫妻一方申请对配偶的个人财产或者夫妻共同财产采取保全措施的，人民法院可以在采取保全措施可能造成损失的范围内，根据实际情况，确定合理的财产担保数额。

第八十六条 民法典第一千零九十一条规定的"损害赔偿"，包括物质损害赔偿和精神损害赔偿。涉及精神损害赔偿的，适用《最高人民法院关于确定民事侵权精神损害赔偿责任若干问题的解释》的有关规定。

第八十七条 承担民法典第一千零九十一条规定的损害赔偿责任的主体，为离婚诉讼当事人中无过错方的配偶。

人民法院判决不准离婚的案件，对于当事人基于民法典第一千零九十一条提出的损害赔偿请求，不予支持。

在婚姻关系存续期间，当事人不起诉离婚而单独依据民法典第一千零九十一条提起损害赔偿请求的，人民法院不予受理。

第八十八条 人民法院受理离婚案件时，应当将民法典第一千零九十一条等规定中当事人的有关权利义务，书面告知当事人。在适用民法典第一千零九十一条时，应当区分以下不同情况：

（一）符合民法典第一千零九十一条规定的无过错方作为原告基于该条规定向人民法院提起损害赔偿请求的，必须在离婚诉讼的同时提出。

（二）符合民法典第一千零九十一条规定的无过错方作为被告的离婚诉讼案件，如果被告不同意离婚也不基于该条规定提起损害赔偿请求的，可以就此单独提起诉讼。

（三）无过错方作为被告的离婚诉讼案件，一审时被告未基于民法典第一千零九十一条规定提出损害赔偿请求，二审期间提出的，人民法院应当进行调解；调解不成的，告知当事人另行起诉。双方当事人同意由第二审人民法院一并审理的，第二审人民法院可以一并裁判。

第八十九条 当事人在婚姻登记机关办理离婚登记手续后，以民法典第一千零九十一条规定为由向人民法院提出损害赔偿请求的，人民法院应当受理。但当事人在协议离婚时已经明确表示放弃该项请求的，人民法院不予支持。

第九十条 夫妻双方均有民法典第一千零九十一条规定的过错情形，一方或者双方向对方提出离婚损害赔偿请求的，人民法院不予支持。

六、附则

第九十一条 本解释自 2021 年 1 月 1 日起施行。

【解　读】

解读《最高人民法院关于适用〈中华人民共和国民法典〉婚姻家庭编的解释（一）》

为贯彻落实习近平总书记在中央政治局第二十次集体学习时的重要讲话精神，更好地贯彻实施《民法典》，2020 年，最高人民法院除完成 591 件司法解释及相关规范性文件的清理工作外，还新修改制定了第一批与《民法典》配套的 7 件司法解释，其中之一即为《最高人民法院关于适用〈中华人民共和国民法典〉婚姻家庭编的解释（一）》（以下简称《解释》）。现就其制定背景和相关重要问题介绍如下。

一、《解释》修改制定的背景

婚姻家庭制度是规范夫妻关系和家庭关系的基本准则，《婚姻法》回归民法体系是此次《民法典》编纂的重要成果。《民法典》婚姻家庭编以《婚姻法》和《收养法》为基础，结合社会发展需要，修改完善了部分规定，并增加了新的规定。为配合《民法典》的实施，统一法律适用标准，最高人民法院在《民法典》通过后即着手婚姻家庭编司法解释的修改制定工作。涉及婚姻家庭方面的司法解释共有 11 个，条文共计达 200 余条，体量庞大。经逐件逐条清理，并经反复研究论证，我们认为，其中，《最高人民法院关于审理涉及夫妻债务纠纷案件适用法律有关问题的解释》《最高人民法院关于人民法院审理离婚案件如何认定夫妻感情确已破裂的若干具体意见》《最高人民法院关于人民法院审理未办结婚登记而以夫妻名义同居生活案件的若干意见》《最高人民法院关于人民法院审理离婚案件处理财产分割问题的若干具体意见》《最高人民法院关于审理离婚案件中公房使用、承租若干问题的解答》等 5 个司法解释或部分条文已被《民法典》吸收或所规范的情形已不适应当前经济社会实际需要，故可整体予以废止；对《最高人民法院关于适用〈中华人民共和国婚姻法〉若干问题的解释（一）》（以下简称《婚姻法解释一》）、《最高人民法院关于适用〈中华人民共和国婚姻法〉若干问题的解释（二）》（以下简称《婚姻法解释二》）、《最高人民法院关于适用〈中华人民共和国婚姻法〉若干问题的解释（三）》（以下简称《婚姻法解释三》）、《最高人民法院关于适用〈中华人民共和国婚姻法〉若干问题的解释（二）的补充规定》《最高人民法院关于人民法院审理离婚案件处理子女抚养问题的若干具体意见》《最高人民法院关于夫妻离婚后人工授精所生子女的法律地位如何确定的复函》等 6 个司法解释，在废止后按照婚姻家庭编的体例进行体系化整合，并经征求全国人大常委会法工委、国务院妇儿工委、全国妇联、民政部、司法部、最高人民检察院等单位以及各高级人民法院的意见后，由最高人民法院审判委员会第 1825 次会议通过，于 2021 年 1 月 1 日起施行。

二、《解释》修改制定的原则

在婚姻家庭编司法解释修改制定过程中，主要坚持了以下几个原则。

一是坚持婚姻家庭和谐稳定原则。党的十八大以来，以习近平同志为核心的党中央高度重视家庭文明建设。习近平总书记深刻指出："家庭和谐则社会安定，家庭幸福则社会祥和，家庭文明则社会文明。"《民法典》婚姻家庭编中也明确规定"家庭应当树立优良家风，弘扬家庭美德，重视家庭文明建设"。最高人民法院深入学习、坚决贯彻落实党中央决策部署和习近平总书记关于家庭、家教、家风的重要论述，始终坚持将司法为民、维护妇女和儿童合法权益作为重要工作内容，立足自身职能作了大量工作。2016 年以来，最高人民法院持续深入推进家事审判方式和工作机制改革，建立了包括民政部、公安部、全国妇联等 15 个部门共同参与的联席会议制度，抓前端、治未病，坚持将非诉讼纠纷解决机制挺在前面，不断完善家事审判多元化纠纷解决机制。此次婚姻家庭编司法解释清理中，最高人民法院也将维护婚姻家庭和谐稳定作为重要工作统领。清理过程中尤其注重保留了相关司法解释的规定，比如在反家庭暴力法已经明确规定家庭暴力的基础上，继续保留原规定中"持续性、经常性的家庭暴力,可以认定为虐待"的规定,体现了弘扬良好家庭美德、对家庭暴力坚决说"不"的鲜明价值导向。

二是坚持司法为民原则。保护妇女、未成年人、老年人和残疾人的合法权益是婚姻家庭编的基本原则,此次对婚姻家庭方面司法解释的清理尤其注重贯彻该原则。例如,对无民事行为能力人在法定情形下变更监护人并提起离婚诉讼的细化规定;对亲子关系确认、否认之诉的条文进一步完善;贯彻最有利于未成年子女原则,在离婚诉讼中对于未成年子女的抚养纠纷,尊重8周岁以上子女的真实意愿,删除了原来10周岁的规定;等等。

三是坚持严格依法和分步走原则。此次修改制定的《解释》主要是在对标对表《民法典》基础上对原有司法解释清理修改后制定。对与《民法典》抵触的坚决予以废止,确保司法解释符合《民法典》规定,法律适用标准统一;对已经被《民法典》吸收的,如关于夫妻共同债务的规定、婚内特定情形分割夫妻共同财产的规定等,因司法解释内容已经上升为法律规定,适用中直接引用法律规定即可,相关规定不再纳入《解释》;对其他与《民法典》规定不抵触的,以保留为原则,整体思路是不作大的修改。由于原有司法解释在不同年代制定,时间跨度达30年,其中也有针对不同问题的重复规定,有的还存在矛盾之处,此次清理中整体上按照婚姻家庭编的体例结构,进行体系化整合,保持司法解释内在统一协调;针对近年来婚姻家庭领域新出现的重大、疑难问题,鉴于司法解释的制定需要更加广泛充分的调研和论证,而且有争议的或者《民法典》新规定的内容仍需司法实践继续探索,故此次暂未作规定,留待以后专门立项制定新的司法解释。

三、《解释》中的几个主要问题

(一)删除原有司法解释1年期间的规定

关于1年期间的规定,涉及原婚姻法司法解释的条文有4条,分别为:

《婚姻法解释一》第三十条:"人民法院受理离婚案件时,应当将《婚姻法》第四十六条等规定中当事人的有关权利义务,书面告知当事人。在适用《婚姻法》第四十六条时,应当区分以下不同情况:(一)符合《婚姻法》第四十六条规定的无过错方作为原告基于该条规定向人民法院提起损害赔偿请求的,必须在离婚诉讼的同时提出。(二)符合《婚姻法》第四十六条规定的无过错方作为被告的离婚诉讼案件,如果被告不同意离婚也不基于该条规定提起损害赔偿请求的,可以在离婚后一年内就此单独提起诉讼。(三)无过错方作为被告的离婚诉讼案件,一审时被告未基于《婚姻法》第四十六条规定提出损害赔偿请求,二审期间提出的,人民法院应当进行调解,调解不成的,告知当事人在离婚后一年内另行起诉。"

《婚姻法解释二》第五条:"夫妻一方或者双方死亡后一年内,生存一方或者利害关系人依据《婚姻法》第十条的规定申请宣告婚姻无效的,人民法院应当受理。"

《婚姻法解释二》第九条:"男女双方协议离婚后一年内就财产分割问题反悔,请求变更或者撤销财产分割协议的,人民法院应当受理。人民法院审理后,未发现订立财产分割协议时存在欺诈、胁迫等情形的,应当依法驳回当事人的诉讼请求。"

《婚姻法解释二》第二十七条:"当事人在婚姻登记机关办理离婚登记手续后,以《婚姻法》第四十六条规定为由向人民法院提出损害赔偿请求的,人民法院应当受理。但当事人在协议离婚时已经明确表示放弃该项请求,或者在办理离婚登记手续一年后提出的,不予支持。"

上述4个条文中涉及的1年期间虽然在审判实践中争议不大,但考虑到期间的设定对当事人利益影响巨大,应当由法律统一作出规定。在征求意见过程中,全国人大常委会法工委也提出对该4个条文应当进一步斟酌考虑。故本着严格依法的原则,此次清理过程中,将4个条文中的1年期间均予以删除。我们认为,删除了1年期间的规定,并不意味着上述权利的行使不受任何限制,审判实践中,在具体适用上述条文时要根据相关请求权的性质分别适用不同的规定。具体分述如下:

1. 关于离婚损害赔偿请求权问题。《婚姻法解释一》第三十条和《婚姻法解释二》第二十七条均涉及离婚损害赔偿请求权的行使,并以离婚之日作为期间起算点。损害赔偿请求权本质上属于债权请求权范畴,因此,应当受诉讼时效制度的规范。由于婚姻家庭编对离婚损害赔偿请求权没有作出特别规定,根据体系解释原则,应当适用《民法典》总则编有关诉讼时效的规定。根据《民法典》第一百八十八条的规定,该请求权的诉讼时效期间为3年,以无过错方知道或者应当知道权利受到损害之日起计算。当然,由于离婚损害赔偿请求权是以离婚为前提,故即便在婚姻关系存续期间,已经知道对方存在《民法典》第一千零九十一条规定的情形,亦不宜以此计算诉讼时效。为尽量维护婚姻家庭的和谐稳定,尊重当事人对婚姻家庭的选择,同时最大限度保障无过错方的权益,以离婚之日作为起算点较为合适。但实践中也存在比如离婚之后才发现对方与他人同居的事实,则不以离婚之日,而以无过错方知道其权利受损害之日起算,能更好地保护无过错方的合法权益。此外,为维护社会秩序的稳定,该权利的行使原则上也应受20年最长时效的限制。当然,有特殊情况的,根据当事人申请,人民法院也可以决定予以延长。

2. 关于确认婚姻无效问题。《婚姻法解释二》第五条规定了夫妻一方或双方死亡后,生存一方或利害关系人的婚姻无效确认请求权。《婚姻法》回归民法体系后,从体系解释角度看,确认婚姻无效应当与确认民事法律行为无效的路径一致。一般认为,民事法律行为的效力是公权力对私法自治的评价,不受诉讼时效制度规制,因此,该条不应适用诉讼时效的规定。

3.关于撤销离婚财产分割协议问题。《婚姻法解释二》第九条涉及的撤销权属于形成权,在婚姻家庭编对该种情况没有特别规定的情况下,应当适用总则编关于撤销权行使除斥期间的有关规定。根据《民法典》第一百五十二条规定,虽然权利行使的期间仍为1年,但起算点不同,在受欺诈的情形下,应为当事人知道或者应当知道撤销事由之日,而不是原来规定的离婚之日;在受胁迫的情形下,为胁迫行为终止之日。而且,由于离婚财产分割协议是以离婚为条件,根据《民法典》第一百五十二条规定的精神,自离婚之日起5年内没有行使撤销权的,撤销权即消灭。

(二)对宣告婚姻无效案件的诉讼程序进行调整

原有《婚姻法》相关司法解释中涉及婚姻无效案件诉讼程序的条文共有5条,具体为:

《婚姻法解释一》第九条:"人民法院审理宣告婚姻无效案件,对婚姻效力的审理不适用调解,应当依法作出判决;有关婚姻效力的判决一经作出,即发生法律效力。涉及财产分割和子女抚养的,可以调解。调解达成协议的,另行制作调解书。对财产分割和子女抚养问题的判决不服的,当事人可以上诉。"

《婚姻法解释二》第二条:"人民法院受理申请宣告婚姻无效案件后,经审查确属无效婚姻的,应当依法作出宣告婚姻无效的判决。原告申请撤诉的,不予准许。"

《婚姻法解释二》第三条:"人民法院受理离婚案件后,经审查确属无效婚姻的,应当将婚姻无效的情形告知当事人,并依法作出宣告婚姻无效的判决。"

《婚姻法解释二》第四条:"人民法院审理无效婚姻案件,涉及财产分割和子女抚养的,应当对婚姻效力的认定和其他纠纷的处理分别制作裁判文书。"

《婚姻法解释二》第七条:"人民法院就同一婚姻关系分别受理了离婚和申请宣告婚姻无效案件的,对于离婚案件的审理,应当待申请宣告婚姻无效案件作出判决后进行。前款所指的婚姻关系被宣告无效后,涉及财产分割和子女抚养的,应当继续审理。"

在制定《婚姻法解释一》和《婚姻法解释二》过程中,基于对婚姻无效案件为非诉案件,非诉案件比照特别程序审理的思路,对于申请宣告婚姻无效的程序用5个条文进行了设计。这次清理中,基于体系化解释和对审判实践理解的深入,我们认为,现有确认合同无效的案件均适用普通程序审理,确认婚姻无效的案件也应当与其他确认民事法律行为效力的案件在程序选择上作一体化处理。而且,审判实践中,婚姻效力问题如果是当事人双方的争议焦点,应当以充分辩论为前提,适用特别程序一审终审可能损害当事人的程序和实体利益。同时，根据《民事诉讼法》第一百七十七条①的规定，适用特别程序审理的案件只包括选民资格案件、宣告失踪和宣告死亡案件、认定公民无民事行为能力或者限制民事行为能力案件、认定财产无主案件、确认调解协议案件和实现担保物权案件，没有适用其他案件的解释空间，确认婚姻无效案件适用一审终审的特别程序已不符合《民事诉讼法》的规定。故此次清理将宣告婚姻无效案件从一审终审的特别程序改为普通程序。相应地，由于程序设计的变化，将原有的5个条文整合成3个条文，即《解释》的第十一条、第十二条和第十三条。

之所以这样规定，出于以下几方面考虑。

1. 将婚姻无效与财产分割、子女抚养一并处理。由于确认婚姻无效案件不再适用特别程序，故删除了《婚姻法解释一》第九条中"有关婚姻效力的判决一经作出，即发生法律效力"和"对财产分割和子女抚养问题的判决不服的，当事人可以上诉"的规定，确认婚姻无效和财产分割、子女抚养的诉讼请求可以一并处理，当事人不服的，均可以上诉，不再对财产分割和子女抚养问题判决可以上诉另行作出特别规定。但是，婚姻效力问题涉及国家对婚姻的评价，不允许当事人撤诉，也不适用调解，故在《解释》第十一条整合了《婚姻法解释二》第二条的规定，明确请求确认婚姻无效案件的基本原则。考虑到财产分割和子女抚养问题可以与婚姻效力问题一并审理，而不需要适用不同程序，因此删去了《婚姻法解释二》第四条关于婚姻效力和其他纠纷处理分别制作裁判文书的规定。但因为婚姻效力的问题不适用调解，只能依法作出判决，而财产分割和子女抚养完全可以由当事人调解解决，故仍保留了原来的对财产分割和子女抚养达成调解协议后，需要另行制作调解书的内容。考虑到如果对财产分割和子女抚养不能达成调解协议的情况下，两项诉讼请求均适用普通程序审理，则可以一并作出判决，而且该判决均可以上诉，因此，增加规定："未达成调解协议的，应当一并作出判决。"同时，由于改变了原来特别程序的制度设计，在文字表述上也将"申请宣告"改为"请求确认"。

2. 离婚诉讼中涉及婚姻效力问题的，应当予以审理。对此，此次清理中保留了《婚姻法解释二》第三条的内容，即如果当事人提起离婚的诉讼请求，但经审理属于无效婚姻的，应当作出宣告婚姻无效的判决。但在审理相关案件中要注意依法保障当事人的程序利益。如果一方起诉离婚，另一方主张婚姻无效的，应当根据《最高人民法院关于民事诉讼证据的若干规定》第五十三条规定，将婚姻的效力问题作为焦点问题进行审理，经过当事人充分辩论后依法认定。如果当事人因此变更诉讼请求的，人民法院应当准许，并可以根据案件的具体情况重新指定举证期限。

---

① 对应《民事诉讼法》（2023年修正）第一百八十四条。

3. 对同一婚姻关系分别受理离婚和请求确认婚姻无效的，着重考虑当事人的程序利益。为此，对《婚姻法解释二》第七条进行了修改。考虑到离婚案件的当事人只能是夫妻双方，而申请确认婚姻无效的当事人可能是婚姻关系当事人，也可能是利害关系人，合并审理存在一定的障碍，也不利于保护相关当事人合法权益，为稳妥起见，仍保持了原来的制度设计，即在审理离婚诉讼中，如果就同一婚姻关系，另行受理了请求确认婚姻无效的案件的，应当分别审理。由于离婚须以合法有效的婚姻关系为前提，故在此情况下，离婚案件审理属于《民事诉讼法》第一百五十条规定的必须以另一案的审理结果为依据，而另一案尚未审结的情形，离婚案件应当中止诉讼，待请求确认婚姻无效的案件判决生效后恢复诉讼。故本次清理中保留了《婚姻法解释二》第七条第一款的规定，即人民法院就同一婚姻关系分别受理了离婚和请求确认婚姻无效案件的，对于离婚案件的审理，应当待请求确认婚姻无效案件作出判决后进行。要特别注意的是，由于请求确认婚姻无效的案件不再实行一审终审，故须待该案件二审判决生效后，离婚案件才可以恢复诉讼。《婚姻法解释二》第七条第二款还规定，婚姻关系被宣告无效后，涉及财产分割和子女抚养的，应当继续审理。此规定是考虑到如果当事人在申请宣告婚姻无效的同时，请求处理无效婚姻引起的子女抚养和财产分割争议的，因宣告婚姻无效是一审终审，而在宣告婚姻无效后，财产分割和子女抚养仍可以按照普通程序继续审理，故而作出规定。但根据《解释》第十一条规定，婚姻无效和财产分割、子女抚养问题可以一并适用普通程序审理，因此，对于财产分割和子女抚养，不是继续审理的问题，而是一并审理，故删除了该款规定。如果宣告婚姻无效的案件中没有提出财产分割和子女抚养诉请而在离婚纠纷中提出相关诉请的，在对婚姻效力的案件作出判决后，在离婚纠纷一案中，对解除婚姻关系的诉讼请求应当予以驳回，对财产分割和子女抚养诉请也需要一并审理。

4. 对相关程序处理的考虑。基于婚姻无效案件适用特别程序的制度设计，《婚姻法解释一》第十一条专门规定，人民法院审理婚姻当事人因受胁迫而请求撤销婚姻的案件，应当适用简易程序或者普通程序。该条规定即是为了区别婚姻无效案件适用特别程序而对撤销婚姻案件适用程序作出的规定。在婚姻无效案件已经统一改为普通程序审理的情况下，该条规定已无存在的意义，故删除此条规定。

（三）关于同居关系问题

《民法典》第一千零四十九条规定：要求结婚的男女双方应当亲自到婚姻登记机关申请结婚登记。符合本法规定的，予以登记，发给结婚证。完成结婚登记，即确立婚姻关系。未办理结婚登记的，应当补办登记。可见，法律倡导有结婚意愿的男女通过办理结婚登记的方式保护其合法权益，未办理结婚登记的，应当补办登记。虽然单身适婚男女同居是当事人的自主选择，不再被认定为违法行为，但法律对该种行为是持否定态度的，表现在未办理结婚登记的，双方不具有夫妻之间的权利义务关系，相互之间的扶养、继承等有关身份权利无法得到法律的保障。同居关系问题非常复杂，1989年最高人民法院就曾出台《关于人民法院审理未办结婚登记而以夫妻名义同居生活案件的若干意见》，针对当时同居引发的纠纷进行规范。该意见距今已经30余年，经济社会生活以及人们的思想观念发生了巨大变化，同居群体的年龄结构、心理预期、财产形式等均与30年前有很大不同，该司法解释确立的规则大部分已经不能适应新的审判实践需要，而新规则的确立需要考量社会、文化、心理等多方面因素，更需要大量的审判实践支持，在进行广泛深入的调研后再出台有针对性的规则更为适宜，因此，清理中整体废止了上述关于同居的司法解释。同时，对婚姻法司法解释中的其他相关条文也进行了体系化梳理和修改，具体有以下几个问题需要关注。

1. 关于补办登记是否具有溯及力的问题。《民法典》第一千零四十九条规定，完成结婚登记，即确立婚姻关系。结婚登记是男女缔结婚姻关系的法定必经程序，因此原则上双方应当以结婚登记作为婚姻关系确立的起点。该条同时规定，未办理结婚登记的，应当补办登记。在编纂《民法典》时，对该条后半部分是否予以保留有过争议，其中就包括补办登记的情况下婚姻关系自何时确立的问题，最后《民法典》仍保留了《婚姻法》的表述，但是，对于补办结婚登记的情况下婚姻关系的效力能否具有溯及力没有明确。我们认为，既然法律规定可以补办登记，那么认定补办登记具有溯及既往的效力更能保护当事人的权益。即不仅认可事实婚姻关系在补办登记后的合法婚姻效力，而且对补办登记前的事实婚姻关系也应予以认可。但对补办登记前婚姻效力的追及认可，是以没有办理结婚登记即以夫妻名义同居生活的男女双方必须具备结婚的法定实质要件为条件的，即补办登记的溯及力自男女双方均符合结婚的实质要件时起算，而不是溯及到男女双方以夫妻名义同居生活时。对于该条规定，全国人大常委会法工委在征求意见的回函中亦未提出不同意见。

2. 关于是否可以诉请解除同居关系的问题。《最高人民法院关于人民法院审理未办结婚登记而以夫妻名义同居生活案件的若干意见》和《婚姻法解释一》第五条均有解除同居关系的规定，《婚姻法解释二》第一条也在但书部分对有配偶者与他人同居的情形规定可以解除同居关系。我们经研究认为，目前法律并未明确规定同居关系，同居关系本身不具有法律上的权利义务内容，故没有必要由人民法院通过判决的方式予以解除。而且，有配偶者与他人同居亦无例外规定的必要。因此，《解释》第三条统一规定，当事人提起诉讼仅请求解除同居关系的，人民法院不予受理。同时，在《解释》第七条关于《婚姻登记管理条例》公布实施以后未补办结婚登记的情况，删除了原来"按解除同居关系处理"的规定，转引至第三条统一处理。

3. 关于婚姻被确认无效或被撤销后的财产问题。《民法典》第一千零五十四条规定，无效的或者被撤销的婚姻自始没有法律约束力，当事人不具有夫妻的权利和义务。同居期间所得的财产，由当事人协议处理；协议不成的，由人民法院根据照顾无过错方的原则判决。可见，婚姻被确认无效或者被撤销后，对前期同居期间所得的财产，法律并未明确规定为共同共有，而是指引当事人通过协议的方式处理。因此，在婚姻被确认无效或者被撤销后，如果当事人对同居期间所得的财产有协议，应当首先按照协议约定处理，不适用《婚姻法》有关夫妻法定婚后所得共同制的规定，也不存在依法分割夫妻共同财产的问题。因为无效婚姻或被撤销婚姻的双方在法律上并不是配偶关系而只是同居关系，夫妻财产制所调整的财产关系，是以合法的配偶身份关系为前提的，无效婚姻或被撤销婚姻当事人同居期间并非婚姻关系存续期间，在同居期间所得的财产，不能当然地视为双方当事人共同所有。夫妻共有财产与其他一般共有财产的最大区别在于，夫妻共有财产关系是基于配偶身份，基于彼此是夫妻的特别关系而产生的，虽然财产的形成也含有共同投资、共同劳动的内容，但法律更强调的是身份关系，并不要求双方付出等同的劳动、智力才能共同所有。而其他财产共有关系主要是基于共同投资、共同经营而形成的，如合伙共有财产、出资合购的共有房屋等都不是基于身份而产生的共有关系。无效婚姻或被撤销的婚姻中，虽没有配偶身份关系，但共同生活期间因紧密联系而共同投资、经营或者共同购置的，也可能形成共有财产。这次司法解释清理中，《解释》第二十二条对《婚姻法解释一》第十五条整体上没有改变，只是文字上作了微调，将除外条款提前，以强调这一理念，即同居期间，如果有证据证明为一方所有的，即首先认定为个人财产，以更明确地区别于合法的婚姻关系。要特别说明的是，《解释》第二十二条只适用于婚姻被确认无效或者被撤销后同居期间的财产分割问题，而不适用于一般同居关系中的财产纠纷。

(四) 关于体系化协调问题

《解释》第十九条第一款来源于《婚姻法解释一》第十二条，该条是对婚姻法第十一条的解释。《婚姻法》第十一条规定：因胁迫结婚的，受胁迫的一方可以向婚姻登记机关或人民法院请求撤销该婚姻。受胁迫的一方撤销婚姻的请求，应当自结婚登记之日起1年内提出。被非法限制人身自由的当事人请求撤销婚姻的，应当自恢复人身自由之日起1年内提出。该条规定的婚姻撤销权，其性质属于形成权，功能在于权利主体得依其单方之意思表示，干预他人之法律关系，使权利人自己与他人已成立的法律关系发生变更。因撤销权的行使将干预他人的利益，为保护相对人的利益，法律规定形成权的行使应受相应的限制，以避免置相对人和法律关系处于不确定之状态。该条规定中1年的性质属于对形成权行使的限制，即除斥期间。除斥期间是法定权利的存续期间，它是一种不变期间，法定权利因该期间的经过将发生实体权利消灭的法律效果。它与诉讼时效不同，除斥期间不发生中止、中断、延长的问题。故《婚姻法解释一》第十二条明确，该1年不适用诉讼时效中止、中断或者延长的规定。《婚姻法解释一》的规定并无不当，故此次清理中予以保留。但由于此次《民法典》编纂过程中在总则编第一百五十二条第二款增加了当事人自民事法律行为发生之日起5年内没有行使撤销权的，撤销权消灭，因此，从体系解释的角度，需要回答该款是否适用于婚姻家庭编中婚姻撤销权这一问题。我们经研究认为，在《婚姻法》回归民法体系的大前提下，原则上婚姻家庭编作为分编，应当受总则编的规制。但是，根据特别法优于一般法的法律适用基本原则，亦应当作精细化解释。虽然总则编规定了撤销民事法律行为的各种情形，但是，对撤销婚姻的具体情形，在婚姻家庭编中有单独的规定，应当适用该特别规定。针对被胁迫或者非法限制人身自由的情况，《民法典》第一千零五十二条作出了明确规定，而在该规定中，并未如总则编第一百五十二条第二款一样对撤销权消灭的客观标准进行规定；而且，由于胁迫或非法限制人身自由可能一直处于持续状态，如果自被胁迫或者非法限制人身自由之日起5年内没有行使撤销权的，撤销权即消灭，将对当事人的基本人身权益产生重大影响。从最大限度保护当事人婚姻自主权和妇女权益的角度，作此理解更为妥当。故《解释》第十九条在《婚姻法解释一》第十二条的基础上专门增加了一款，明确受胁迫或者被非法限制人身自由的当事人请求撤销婚姻的，不适用《民法典》第一百五十二条第二款的规定，以体现婚姻家庭编保护当事人婚姻自主权的基本价值取向。

（五）关于父母为子女出资购房问题

近年来，由于房价高企，子女购房财力有限，往往需要父母的资助。为了子女能够安居乐业，很多父母也是倾其大半生积蓄。父母为子女购房出资的性质以及归属关涉各方切身利益，往往成为社会热点。《婚姻法解释二》和《婚姻法解释三》对此问题均有规定。此次清理中对上述规定进行了体系化整合，删除了《婚姻法解释三》第七条。在理解时需要注意以下问题。

1. 严格遵守法律的规定。根据《民法典》第一千零六十二条第一款第四项和第一千零六十三条第三项规定，夫妻在婚姻关系存续期间继承或受赠的财产原则上为夫妻共同所有，除非遗嘱或者赠与合同中确定财产只归一方。也即，在我国法定夫妻财产制为婚后所得共同制的前提下，夫妻一方婚后所得的财产原则上均为夫妻共同所有，除非遗嘱或赠与合同中确定只归夫或妻一方的财产。因此，总体上，《婚姻法解释二》第二十二条第二款是符合立法精神的。但考虑到实践中的情形非常复杂，有借款的情形，也有赠与的情形；有只赠与一方的，也有愿意赠与双方的。如果当事人愿意通过事先协议的方式明确出资性质以及房屋产权归属，则能够最大限度减少纠纷的发生。为此，我们对《婚姻法解释二》第二十二条第二款进行了重新表述。首先规定当事人结婚后，父母为双方购置房屋出资的，依照约定处理；对于没有约定或者约定不明的，严格按照法律规定的精神，直接转引至《民法典》第一千零六十二条第一款第四项的规定，即如果没有明确表示是赠与一方的，则按照夫妻共同财产处理。

2. 要明确法律关系的性质。实践中，对父母为子女购房出资的性质是借贷还是赠与，各方可能存在争议，在此情况下，应当将法律关系的性质作为争议焦点进行审理，根据查明的案件事实，准确认定双方的法律关系是借款还是赠与，不能仅依据《解释》第二十九条当然地认为是赠与法律关系。要特别强调的是，在相关证据的认定和采信上，注意适用《最高人民法院关于适用〈中华人民共和国民事诉讼法〉的解释》第一百零五条的规定，运用逻辑推理和日常生活经验法则，对证据有无证明力和证明力大小进行判断，从而准确认定法律关系的性质。从中国现实国情看，子女刚参加工作缺乏经济能力，无力独自负担买房费用，而父母基于对子女的亲情，往往自愿出资为子女购置房屋。大多数父母出资的目的是要解决或改善子女的居住条件，希望子女生活更加幸福，而不是日后要回这笔出资，因此，在父母一方主张为借款的情况下，应当由父母来承担证明责任，这也与一般人的日常生活经验感知一致。

3. 准确认定是赠与一方还是赠与双方。认定父母为子女出资购房为赠与的情况下，根据《民法典》第一千零六十二条的规定，婚姻关系存续期间受赠的财产原则上为夫妻共同财产，除非赠与合同中确定只归一方的财产。因此，《解释》没有再作出具体规定，而是转引至《民法典》第一千零六十二条第一款第四项。要特别注意的是第四项中的但书条款，即《民法典》第一千零六十三条第三项的规定，对于如何认定"赠与合同中确定只归一方"，司法实践中最具争议。如前所述，我们在《解释》中首先引导当事人事先约定，以期尽量减少纠纷的发生。但是，基于父母子女间密切的人身关系和特有的中国传统家庭文化的影响，实践中父母与子女之间一般并没有正式赠与合同的存在，或者说没有一个书面赠与合同的存在，对于是否存在口头的赠与合同以及赠与合同的内容，在夫妻离婚时往往是双方争议的焦点。在一方父母出全资并且在购买不动产后将不动产登记在自己一方子女名下的，考虑到物权法已经实施多年，普通民众对不动产登记的意义已经有较为充分的认识，在出资后将不动产登记在自己一方子女名下，认定为是父母将出资确定赠与给自己子女一方的意思表示，符合当事人本意，也符合法律规定的精神。

4. 删除双方父母出资情况下房产按份共有的规定。实践中，由于房价高企，一方父母可能无力单独承担购房负担，由双方父母共同出资为子女购房的情形并不鲜见，父母为子女出资购房不仅是家族财产的传递形式之一，也寄托了父母对子女婚姻幸福美满的期望，在双方没有明确约定的情况下，认定为按份共有与家庭的伦理性特征不相符，也与法律规定有一定冲突。根据《民法典》第一千零六十二条规定，在没有明确表示赠与一方的情况下，应当归夫妻共同所有。同时,《民法典》第三百零八条也规定,共有人对共有的不动产或者动产没有约定为按份共有或者共同共有,或者约定不明确的,除共有人具有家庭关系等外,视为按份共有。可见,在双方没有明确约定的情况下,基于家庭关系的特殊身份属性,亦不宜认定为按份共有。

(撰稿人:刘　敏　王　丹)

【链　　接】

最高人民法院相关负责人就首批《民法典》配套司法解释答记者问

(本文已收录于《最高人民法院关于适用〈中华人民共和国民法典〉时间效力的若干规定》[链　接]栏目,此处不再重复收录)

指导案例 66 号

雷某某诉宋某某离婚纠纷案

(最高人民法院审判委员会讨论通过　2016 年 9 月 19 日发布)

关键词
民事　离婚　离婚时　擅自处分共同财产

裁判要点
一方在离婚诉讼期间或离婚诉讼前,隐藏、转移、变卖、毁损夫妻共同财产,或伪造债务企图侵占另一方财产的,离婚分割夫妻共同财产时,依照《中华人民共和国婚姻法》第四十七条①的规定可以少分或不分财产。

相关法条
《中华人民共和国婚姻法》第四十七条

基本案情
原告雷某某(女)和被告宋某某于 2003 年 5 月 19 日登记结婚,双方均系再婚,婚后未生育子女。双方婚后因琐事感情失和,于 2013 年上半年产生矛盾,并于 2014 年 2 月分居。雷某某曾于 2014 年 3 月起诉要求与宋某某离婚,经法院驳回后,双方感情未见好转。2015 年 1 月,雷某某再次诉至法院要求离婚,并依法分割夫妻共同财产。宋某某认为夫妻感情并未破裂、不同意离婚。

雷某某称宋某某名下在中国邮政储蓄银行的账户内有共同存款 37 万元,并提交存取款凭单、转账凭单作为证据。宋某某称该 37 万元,来源于婚前房屋拆迁补偿款及养老金,现尚剩余 20 万元左右(含养老金 14 322.48 元),并提交账户记录、判决书、案款收据等证据。

宋某某称雷某某名下有共同存款 25 万元,要求依法分割。雷某某对此不予认可,一审庭审中其提交在中国工商银行尾号为 4179 账户自 2014 年 1 月 26 日起的交易明细,显示至 2014 年 12 月 21 日该账户余额为 262.37 元。二审审理期间,应宋某某的申请,法院调取了雷某某上述中国工商银行账号自 2012 年 11 月 26 日开户后的银行流水明细,显示雷某某于 2013 年 4 月 30 日通过 ATM 转账及卡取的方式将该账户内的 195 000 元转至案外人雷某齐名下。宋某某认为该存款是其婚前房屋出租所得,应归双方共同所有,雷某某在离婚之前即将夫妻共同存款转移。雷某某提出该笔存款是其经营饭店所得收益,开

---

① 对应《民法典》第一千零九十二条。

始称该笔款已用于夫妻共同开销,后又称用于偿还其外甥女的借款,但雷某某对其主张均未提供相应证据证明。另,雷某某在庭审中曾同意各自名下存款归各自所有,其另行支付宋某某10万元存款,后雷某某反悔,不同意支付。

裁判结果

北京市朝阳区人民法院于2015年4月16日作出(2015)朝民初字第04854号民事判决:准予雷某某与宋某某离婚;雷某某名下中国工商银行尾号为4179账户内的存款归雷某某所有,宋某某名下中国邮政储蓄银行账号尾号为7101、9389及1156账户内的存款归宋某某所有,并对其他财产和债务问题进行了处理。宣判后,宋某某提出上诉,提出对夫妻共同财产雷某某名下存款分割等请求。北京市第三中级人民法院于2015年10月19日作出(2015)三中民终字第08205号民事判决:维持一审判决其他判项,撤销一审判决第三项,改判雷某某名下中国工商银行尾号为4179账户内的存款归雷某某所有,宋某某名下中国邮政储蓄银行尾号为7101账户、9389账户及1156账户内的存款归宋某某所有,雷某某于本判决生效之日起七日内支付宋某某12万元。

裁判理由

法院生效裁判认为:婚姻关系以夫妻感情为基础。宋某某、雷某某共同生活过程中因琐事产生矛盾,在法院判决不准离婚后,双方感情仍未好转,经法院调解不能和好,双方夫妻感情确已破裂,应当判决准予双方离婚。

本案二审期间双方争议的焦点在于雷某某是否转移夫妻共同财产和夫妻双方名下的存款应如何分割。《婚姻法》第十七条①第二款规定:"夫妻对共同所有的财产,有平等的处理权。"第四十七条规定:"离婚时,一方隐藏、转移、变卖、毁损夫妻共同财产,或伪造债务企图侵占另一方财产的,分割夫妻共同财产时,对隐藏、转移、变卖、毁损夫妻共同财产或伪造债务的一方,可以少分或不分。离婚后,另一方发现有上述行为的,可以向人民法院提起诉讼,请求再次分割夫妻共同财产。"这就是说,一方在离婚诉讼期间或离婚诉讼前,隐藏、转移、变卖、毁损夫妻共同财产,或伪造债务企图侵占另一方财产的,侵害了夫妻对共同财产的平等处理权,离婚分割夫妻共同财产时,应当依照《中华人民共和国婚姻法》第四十七条的规定少分或不分财产。

本案中,关于双方名下存款的分割,结合相关证据,宋某某婚前房屋拆迁款转化的存款,应归宋某某个人所有,宋某某婚后所得养老保险金,应属夫妻共同财产。雷某某名下中国工商银行尾号为4179账户内的存款为夫妻关系存续期间的收入,应作为夫妻共同财产予以分割。雷某某于2013年4月30日通过ATM转账及卡取的方式,将尾号为4179账户内的195 000元转至案外人名下。雷某某始称该款用于家庭开销,后又称用于偿还外债,前后陈述明显矛

---

① 对应《民法典》第一千零六十二条。

盾，对其主张亦未提供证据证明，对钱款的去向不能作出合理的解释和说明。结合案件事实及相关证据，认定雷某某存在转移、隐藏夫妻共同财产的情节。根据上述法律规定，对雷某某名下中国工商银行尾号4179账户内的存款，雷某某可以少分。宋某某主张对雷某某名下存款进行分割，符合法律规定，予以支持。故判决宋某某婚后养老保险金14 322.48元归宋某某所有，对于雷某某转移的19.5万元存款，由雷某某补偿宋某某12万元。

最高人民法院
关于适用《中华人民共和国民法典》
继承编的解释（一）

法释〔2020〕23号

（2020年12月25日最高人民法院审判委员会第1825次会议通过 2020年12月29日最高人民法院公告公布 自2021年1月1日起施行）

为正确审理继承纠纷案件，根据《中华人民共和国民法典》等相关法律规定，结合审判实践，制定本解释。

一、一般规定

第一条 继承从被继承人生理死亡或者被宣告死亡时开始。

宣告死亡的，根据民法典第四十八条规定确定的死亡日期，为继承开始的时间。

第二条 承包人死亡时尚未取得承包收益的，可以将死者生前对承包所投入的资金和所付出的劳动及其增值和孳息，由发包单位或者接续承包合同的人合理折价、补偿。其价额作为遗产。

第三条 被继承人生前与他人订有遗赠扶养协议，同时又立有遗嘱的，继承开始后，如果遗赠扶养协议与遗嘱没有抵触，遗产分别按协议和遗嘱处理；如果有抵触，按协议处理，与协议抵触的遗嘱全部或者部分无效。

第四条 遗嘱继承人依遗嘱取得遗产后，仍有权依照民法典第一千一百三十条的规定取得遗嘱未处分的遗产。

第五条 在遗产继承中，继承人之间因是否丧失继承权发生纠纷，向人民法院提起诉讼的，由人民法院依据民法典第一千一百二十五条的规定，判决确认其是否丧失继承权。

第六条 继承人是否符合民法典第一千一百二十五条第一款第三项规定的"虐待被继承人情节严重"，可以从实施虐待行为的时间、手段、后果和社会影响等方面认定。

虐待被继承人情节严重的，不论是否追究刑事责任，均可确认其丧失继承权。

第七条 继承人故意杀害被继承人的,不论是既遂还是未遂,均应当确认其丧失继承权。

第八条 继承人有民法典第一千一百二十五条第一款第一项或者第二项所列之行为,而被继承人以遗嘱将遗产指定由该继承人继承的,可以确认遗嘱无效,并确认该继承人丧失继承权。

第九条 继承人伪造、篡改、隐匿或者销毁遗嘱,侵害了缺乏劳动能力又无生活来源的继承人的利益,并造成其生活困难的,应当认定为民法典第一千一百二十五条第一款第四项规定的"情节严重"。

二、法定继承

第十条 被收养人对养父母尽了赡养义务,同时又对生父母扶养较多的,除可以依照民法典第一千一百二十七条的规定继承养父母的遗产外,还可以依照民法典第一千一百三十一条的规定分得生父母适当的遗产。

第十一条 继子女继承了继父母遗产的,不影响其继承生父母的遗产。

继父母继承了继子女遗产的,不影响其继承生子女的遗产。

第十二条 养子女与生子女之间、养子女与养子女之间,系养兄弟姐妹,可以互为第二顺序继承人。

被收养人与其亲兄弟姐妹之间的权利义务关系,因收养关系的成立而消除,不能互为第二顺序继承人。

第十三条 继兄弟姐妹之间的继承权,因继兄弟姐妹之间的扶养关系而发生。没有扶养关系的,不能互为第二顺序继承人。

继兄弟姐妹之间相互继承了遗产的,不影响其继承亲兄弟姐妹的遗产。

第十四条 被继承人的孙子女、外孙子女、曾孙子女、外曾孙子女都可以代位继承,代位继承人不受辈数的限制。

第十五条 被继承人的养子女、已形成扶养关系的继子女的生子女可以代位继承;被继承人亲生子女的养子女可以代位继承;被继承人养子女的养子女可以代位继承;与被继承人已形成扶养关系的继子女的养子女也可以代位继承。

第十六条 代位继承人缺乏劳动能力又没有生活来源,或者对被继承人尽过主要赡养义务的,分配遗产时,可以多分。

第十七条 继承人丧失继承权的,其晚辈直系血亲不得代位继承。如该代位继承人缺乏劳动能力又没有生活来源,或者对被继承人尽赡养义务较多的,可以适当分给遗产。

第十八条 丧偶儿媳对公婆、丧偶女婿对岳父母,无论其是否再婚,依照民法典第一千一百二十九条规定作为第一顺序继承人时,不影响其子女代位继承。

第十九条 对被继承人生活提供了主要经济来源，或者在劳务等方面给予了主要扶助的，应当认定其尽了主要赡养义务或主要扶养义务。

第二十条 依照民法典第一千一百三十一条规定可以分给适当遗产的人，分给他们遗产时，按具体情况可以多于或者少于继承人。

第二十一条 依照民法典第一千一百三十一条规定可以分给适当遗产的人，在其依法取得被继承人遗产的权利受到侵犯时，本人有权以独立的诉讼主体资格向人民法院提起诉讼。

第二十二条 继承人有扶养能力和扶养条件，愿意尽扶养义务，但被继承人因有固定收入和劳动能力，明确表示不要求其扶养的，分配遗产时，一般不应因此而影响其继承份额。

第二十三条 有扶养能力和扶养条件的继承人虽然与被继承人共同生活，但对需要扶养的被继承人不尽扶养义务，分配遗产时，可以少分或者不分。

三、遗嘱继承和遗赠

第二十四条 继承人、受遗赠人的债权人、债务人，共同经营的合伙人，也应当视为与继承人、受遗赠人有利害关系，不能作为遗嘱的见证人。

第二十五条 遗嘱人未保留缺乏劳动能力又没有生活来源的继承人的遗产份额，遗产处理时，应当为该继承人留下必要的遗产，所剩余的部分，才可参照遗嘱确定的分配原则处理。

继承人是否缺乏劳动能力又没有生活来源，应当按遗嘱生效时该继承人的具体情况确定。

第二十六条 遗嘱人以遗嘱处分了国家、集体或者他人财产的，应当认定该部分遗嘱无效。

第二十七条 自然人在遗书中涉及死后个人财产处分的内容，确为死者的真实意思表示，有本人签名并注明了年、月、日，又无相反证据的，可以按自书遗嘱对待。

第二十八条 遗嘱人立遗嘱时必须具有完全民事行为能力。无民事行为能力人或者限制民事行为能力人所立的遗嘱，即使其本人后来具有完全民事行为能力，仍属无效遗嘱。遗嘱人立遗嘱时具有完全民事行为能力，后来成为无民事行为能力人或者限制民事行为能力人的，不影响遗嘱的效力。

第二十九条 附义务的遗嘱继承或者遗赠，如义务能够履行，而继承人、受遗赠人无正当理由不履行，经受益人或者其他继承人请求，人民法院可以取消其接受附义务部分遗产的权利，由提出请求的继承人或者受益人负责按遗嘱人的意愿履行义务，接受遗产。

四、遗产的处理

第三十条 人民法院在审理继承案件时，如果知道有继承人而无法通知的，分割遗产时，要保留其应继承的遗产，并确定该遗产的保管人或者保管单位。

第三十一条 应当为胎儿保留的遗产份额没有保留的，应从继承人所继承的遗产中扣回。

为胎儿保留的遗产份额，如胎儿出生后死亡的，由其继承人继承；如胎儿娩出时是死体的，由被继承人的继承人继承。

第三十二条 继承人因放弃继承权，致其不能履行法定义务的，放弃继承权的行为无效。

第三十三条 继承人放弃继承应当以书面形式向遗产管理人或者其他继承人表示。

第三十四条 在诉讼中，继承人向人民法院以口头方式表示放弃继承的，要制作笔录，由放弃继承的人签名。

第三十五条 继承人放弃继承的意思表示，应当在继承开始后、遗产分割前作出。遗产分割后表示放弃的不再是继承权，而是所有权。

第三十六条 遗产处理前或者在诉讼进行中，继承人对放弃继承反悔的，由人民法院根据其提出的具体理由，决定是否承认。遗产处理后，继承人对放弃继承反悔的，不予承认。

第三十七条 放弃继承的效力，追溯到继承开始的时间。

第三十八条 继承开始后，受遗赠人表示接受遗赠，并于遗产分割前死亡的，其接受遗赠的权利转移给他的继承人。

第三十九条 由国家或者集体组织供给生活费用的烈属和享受社会救济的自然人，其遗产仍应准许合法继承人继承。

第四十条 继承人以外的组织或者个人与自然人签订遗赠扶养协议后，无正当理由不履行，导致协议解除的，不能享有受遗赠的权利，其支付的供养费用一般不予补偿；遗赠人无正当理由不履行，导致协议解除的，则应当偿还继承人以外的组织或者个人已支付的供养费用。

第四十一条 遗产因无人继承又无人受遗赠归国家或者集体所有制组织所有时，按照民法典第一千一百三十一条规定可以分给适当遗产的人提出取得遗产的诉讼请求，人民法院应当视情况适当分给遗产。

第四十二条 人民法院在分割遗产中的房屋、生产资料和特定职业所需要的财产时，应当依据有利于发挥其使用效益和继承人的实际需要，兼顾各继承人的利益进行处理。

第四十三条 人民法院对故意隐匿、侵吞或者争抢遗产的继承人，可以酌情减少其应继承的遗产。

第四十四条　继承诉讼开始后,如继承人、受遗赠人中有既不愿参加诉讼,又不表示放弃实体权利的,应当追加为共同原告;继承人已书面表示放弃继承、受遗赠人在知道受遗赠后六十日内表示放弃受遗赠或者到期没有表示的,不再列为当事人。

五、附则

第四十五条　本解释自2021年1月1日起施行。

【解　　读】

解读《最高人民法院关于适用〈中华人民共和国民法典〉继承编的解释(一)》

为贯彻落实习近平总书记在中央政治局第二十次集体学习时的重要讲话精神,更好地贯彻实施《民法典》,2020年,最高人民法院除完成591件司法解释及相关规范性文件的清理工作外,还新修改制定了与《民法典》配套的7件司法解释,其中之一即为《最高人民法院关于适用〈中华人民共和国民法典〉继承编的解释(一)》(以下简称《解释》)。现就其制定背景和相关重要问题介绍如下。

一、《解释》修改制定的背景

继承制度是关于自然人死亡后财富传承的基本制度。继承法制定于1985年,距今已有30余年的时间。近年来,随着人民群众生活水平的不断提高,个人和家庭拥有的财富日益增多,因继承引发的纠纷也越来越多。《民法典》继承编以继承法为基础,根据我国社会家庭结构、继承观念等方面的发展变化,修改完善了继承制度,以满足人民群众处理遗产的现实需要。为配合《民法典》的实施,统一法律适用标准,最高人民法院在《民法典》通过后即着手继承编司法解释的修改制定工作。关于继承的司法解释主要是《最高人民法院关于贯彻执行〈中华人民共和国继承法〉若干问题的意见》(以下简称《继承法解释》),《解释》即主要以《继承法解释》为基础清理制定。其他涉及继承的司法解释还有3件,包括《最高人民法院关于保险金能否作为被保险人遗产的批复》(〔1987〕民他字第52号)、《最高人民法院关于被继承人死亡后没有法定继承人分享遗产人能否分得全部遗产的复函》(〔1992〕民他字第25号)、

《最高人民法院关于如何处理农村五保对象遗产问题的批复》（法释〔2000〕23号）。该3件司法解释或已经被其他法律吸收，或已经不适应当前经济社会发展需要，此次清理均予以废止。此外，《最高人民法院对国务院宗教事务局一司关于僧人遗产处理意见的复函》涉及遗产处理问题，考虑到该复函性质上不属于司法解释，而且复函内容与《民法典》不冲突，故予以保留。

在结构体例上，《解释》与《继承法解释》相比，没有大的变动，主要包括一般规定、法定继承、遗嘱继承和遗赠、遗产的处理以及附则五部分。清理制定的基本原则是：与《民法典》抵触的坚决予以废止，确保司法解释符合《民法典》规定，法律适用标准统一；对已经被《民法典》吸收的，如相互有继承关系的几个人在同一事件中死亡如何确定死亡时间、被继承人宽恕制度、转继承制度、遗产分割顺序等，因司法解释内容已经上升为法律，适用中直接引用法律规定即可，相关内容不再纳入《解释》；对其他与《民法典》规定不抵触的，以保留为原则，整体思路是不作大的修改。对于近年来继承领域新出现的重大、疑难问题，鉴于司法解释的制定需要更加广泛充分的调研和论证，而且有争议的或者《民法典》新规定的内容仍需司法实践继续探索，故此次暂未作规定，留待以后专门立项制定新的司法解释。经征求全国人大常委会法工委、国务院妇儿工委、全国妇联、民政部、司法部、最高人民检察院等单位以及各高级人民法院的意见后，《解释》由最高人民法院审判委员会第1825次会议通过，于2021年1月1日起施行。

二、《解释》中的几个主要问题

（一）关于死亡时间的确定

《民法典》第一千一百二十一条第一款规定，继承从被继承人死亡时开始。继承的开始意味着继承法律关系的形成，故继承开始的时间非常重要，其决定着继承人（受遗赠人）的范围、遗产的范围、遗产所有权的转移、遗嘱的效力和继承权放弃的时间等许多重要问题。死亡从法律上而言，包括自然死亡与宣告死亡。自然死亡就是生理意义上的死亡，即自然人生命的终结。《解释》保留了《继承法解释》第1条第1款关于"继承从被继承人生理死亡或者被宣告死亡时开始"的规定。

1. 关于生理死亡时间。实践中，确定生理死亡时间应当适用《民法典》第十五条的规定，即自然人死亡时间，以死亡证明记载的时间为准；没有死亡证明的，以户籍登记或者其他有效身份登记记载的时间为准。当然，如果有其他证据足以推翻以上记载时间的，应当以该证据证明的时间为准。

2. 关于宣告死亡时间。《继承法解释》第1条第2款规定："失踪人被宣告死亡的，以法院判决中确定的失踪人的死亡日期，为继承开始的时间。"其后的《最高人民法院关于贯彻执行〈中华人民共和国民法通则〉若干问题的意见（试行）》第36条规定，被宣告死亡的人，判决宣告之日为其死亡的日期。但民法总则第四十八条对此作了修改，区分一般下落不明和因意外事件下落不明分别确定了不同的死亡时间，即被宣告死亡的人，人民法院宣告死亡的判决作出之日视为其死亡的日期；因意外事件下落不明宣告死亡的，意外事件发生之日视为其死亡的日期。《民法典》对该条未作修改。考虑到《民法典》总则编对宣告死亡时间已经有明确规定，司法解释无须重复，故《解释》第一条第二款将此转引至总则编的规定，据此认定继承开始的时间。

（二）关于继承权丧失的确认

继承权丧失是指继承人因对被继承人或者其他继承人实施了法律所禁止的行为，而依法被取消继承被继承人遗产的资格。一般认为，在出现可以导致继承权丧失的事由之后，继承人当然地丧失继承权。但是，考虑到司法实践中，当事人往往对继承权是否丧失发生争议，因此，《解释》第五条基本沿用了原来的规定，即："在遗产继承中，继承人之间因是否丧失继承权发生纠纷，向人民法院提起诉讼的，由人民法院依据《民法典》第一千一百二十五条的规定，判决确认其是否丧失继承权。"该诉在性质上属于确认之诉。确认之诉不同于形成之诉，不引起民事法律关系的变动或消灭，只是对某种民事法律关系的确认或否认。因此，如果人民法院经过审理，认为该继承人符合《民法典》第一千一百二十五条规定的某项情形而确认其丧失继承权的，则该继承人丧失继承权的时点不是判决生效之时，而是法律规定的继承开始之时。此外，《民法典》第一千一百二十五条增加规定了受遗赠人丧失受遗赠权的规定，与继承人丧失继承权的情形相同。继承人与受遗赠人或者受遗赠人之间因是否丧失受遗赠权发生纠纷的，亦应当作同一理解，根据本条的处理思路进行处理。

（三）关于被继承人宽恕制度

继承法中针对继承人丧失继承权的情形，没有规定被继承人宽恕制度，但是《继承法解释》基于社会生活实践，确立了该项制度，其中第13条规定，继承人虐待被继承人情节严重的，或者遗弃被继承人的，如以后确有悔改表现，而且被虐待人、被遗弃人生前又表示宽恕，可不确认其丧失继承权。《民法典》第一千一百二十五条吸收了《继承法解释》的该条规定，并拓展至"伪造、篡改、隐匿或者销毁遗嘱，情节严重"以及"以欺诈、胁迫手段迫使或者妨碍被继承人设立、变更或者撤回遗嘱，情节严重"两种情形，同时，将"事后在遗嘱中将其列为继承人"也作为宽恕的一种形式，对继承权法定丧失制度予以完善，从而更好地尊重被继承人处分自己财产的自由意志，也进一步弘扬了尊老爱幼的中华传统美德。但是，从《民法典》第一千一百二十五条规定看，如果继承人故意杀害被继承人或者为争夺遗产而杀害其他继承人的，属于继承权的绝对丧失，不适用被继承人宽恕制度。该继承权不仅包括法定继承的情形，也应当包括遗嘱继承的情形。因此，《解释》第八条保留了《继承法解释》第12条规定精神，明确如果存在《民法典》第一千一百二十五条规定的第一项和第二项情形，而被继承人立遗嘱将遗产指定由该继承人继承的，可以确认遗嘱无效，并确认该继承人丧失继承权。此处被继承人立遗嘱的行为包括上述法定情形发生之前，也包括相关情形发生之后。

(四) 关于代位继承问题

代位继承是法定继承中的一项重要制度，对于保障遗产在各支系中合理分配、实现财产的传承、发挥遗产育幼功能等方面具有重大作用。代位继承也被称为"间接继承"，是相对于本位继承而言，指具有法定继承权的人因主客观原因不能继承时，由其直系晚辈血亲按照该继承人的继承地位和顺序，继承被继承人遗产的制度。关于代位继承制度，在理解中需要注意以下几点。

1. 代位继承人范围。此次《民法典》编纂对代位继承制度作出了重大修改，增加了兄弟姐妹的子女可以代位继承的规定。据此，代位继承人包括两类：一类是被继承人子女的直系晚辈血亲；一类是被继承人兄弟姐妹的子女。《继承法解释》第25条基于代位继承的制度目的，明确被继承人的孙子女、外孙子女、曾孙子女、外曾孙子女都可以代位继承，代位继承人不受辈数的限制。《解释》第十四条保留了原来的规定。要特别强调的是，在被继承人子女直系晚辈血亲代位继承时，需要按照辈分依次代位，不能隔辈代位。例如，在儿子去世的情况下，孙子女可以代位继承，如果孙子女在世，曾孙子女不能代位继承，但如果孙子女也先于被继承人去世，则曾孙子女可以代位。在被继承人兄弟姐妹的子女代位继承时，从法条的文义解释看，应仅限于兄弟姐妹的子女，而不包括兄弟姐妹的其他直系晚辈。因此，在兄弟姐妹子女代位继承的情况下，代位继承人是受辈数限制的。还需注意的是，因兄弟姐妹是第二顺序继承人，只能在没有第一顺序继承人继承的情况下，被继承人的兄弟姐妹才有资格继承，其子女也才可能发生代位继承。如果被继承人的配偶或者父母、子女在世且未丧失或放弃继承权，则不发生兄弟姐妹子女代位继承的问题。此外，根据《民法典》第一千一百二十七条规定，继承编所称子女，包括婚生子女、非婚生子女、养子女和有扶养关系的继子女。据此，从体系解释的角度，被继承人兄弟姐妹的子女应当与被继承人的子女作一体解释，即只要符合《民法典》第一千一百二十七条子女的范围，均可以代位继承。

2. 代位继承人的分配原则。根据《民法典》第一千一百二十八条第三款规定，代位继承人一般只能继承被代位继承人有权继承的遗产份额。但是，考虑到代位继承是法定继承制度的一部分，在法定继承中需要多分或少分的，应当同样适用于代位继承情况。因此，《解释》第十六条保留了《继承法解释》第27条的规定，明确代位继承人缺乏劳动能力又没有生活来源或者对被继承人尽了主要赡养义务的，分配遗产时，可以多分。

3. 代位继承的限制。关于代位继承的法律性质，存在两种学说，一种是代表权说，一种是固有权说。代表权说认为，代位继承是代位继承人代表被代位继承人参加继承，行使被代位继承人的权利。在被代位继承人丧失或者放弃继承权的情况下，不能再由他人代位继承；固有权说认为，代位继承权是法律赋予代位继承人的固有权利，并不是基于被代位继承人的继承权而继承。因此，只要被代位继承人不能继承，代位继承人就可以代位继承。根据全国人大常委会法工委的解释，《民法典》最终没有采纳固有权说，而是采用代表权说，主要理由是：确定代位继承发生原因时，要综合考虑被继承人的意愿、遗产应发挥的功能、公序良俗等多方面因素，允许继承人在丧失继承权时可以由其直系晚辈血亲代位继承，违背丧失继承权制度的目的，容易引发道德风险，也不符合社会公众关于公平正义的期待。据此，《解释》第十七条保留了《继承法解释》第28条的规定，即采代表权说，在继承人丧失继承权的情况下，其晚辈直系血亲不得代位继承。当然，特殊情况下，代位继承人可以通过《民法典》第一千一百三十一条规定的酌分遗产请求权以及被继承人立遗嘱的方式，分给其一定遗产。也就是说，如果该代位继承人依靠被继承人抚养或者对被继承人赡养较多的，可以分给适当遗产。《解释》第十七条所称的"该代位继承人缺乏劳动能力又没有生活来源"是指该代位继承人需要依靠被继承人扶养的情况。此外，虽然第十七条没有明确规定，但对于兄弟姐妹丧失继承权的情况应按照本条精神作一体理解，即兄弟姐妹如果丧失继承权的，其子女亦不得代位继承。对于继承人放弃继承的，《民法典》也采代表权说。立法者认为，在继承开始后，继承人放弃继承的，并不是客观上不能行使继承权，而是对自己权利的一种处分，法律应当尊重当事人的选择。如果允许代位继承，可能违背继承人的意愿，也容易产生纠纷。因此，继承人放弃继承权的，也应参照《解释》第十七条的精神处理，即不论是其子女的直系晚辈血亲，还是其兄弟姐妹的子女，都不得代位继承。

4.代位继承人与特定法定继承人的关系。当被继承人的子女先于被继承人死亡，如果该子女已经结婚，儿媳、女婿作为姻亲，不享有法定继承权。但法律为弘扬中华民族传统家庭美德和优良家风，促进家庭内部互助友爱、团结和睦，使老年人能够老有所养，同时贯彻权利义务一致原则，保留了继承法关于对公婆或者岳父母尽了主要赡养义务的丧偶儿媳、丧偶女婿的第一顺序法定继承人身份。为此，《解释》第十八条也保留了《继承法解释》第29条的规定，即丧偶儿媳对公婆、丧偶女婿对岳父母，无论其是否再婚，依法作为第一顺序继承人时，不影响其子女代位继承。

（五）关于放弃继承权的问题

继承权是继承人依法享有的一种权利，继承人可以放弃，也可以不放弃，应当以尊重继承人的真实意愿为原则。理解此问题时需要重点关注以下几个方面。

1. 放弃继承权的具体形式。考虑到放弃继承关系到继承人的重大利益，有必要以要式法律行为作出，《民法典》第一千一百二十四条在继承法规定的基础上，增加规定放弃的意思表示必须以书面方式作出，以示慎重。基于法律的上述修改，相应地，《解释》第三十三条删除了《继承法解释》第47条后半段"用口头方式表示放弃继承，本人承认，或有其他充分证据证明的，也应当认定其有效"的规定，以更加符合法律修改的精神。但是，考虑到继承人的各种特殊情况，有些继承人由于身体健康等方面的原因可能无法以书面方式提出，《解释》第三十四条保留了《继承法解释》第48条的规定，即在诉讼中，继承人向人民法院以口头方式表示放弃继承的，要制作笔录，由放弃继承的人签名。该种放弃继承的意思表示虽然是继承人以口头方式作出的，但是由于在诉讼中，通过制作笔录由放弃继承的人签名的方式，固定了证据，实质上已经转化为书面形式，能够保证放弃继承意思表示的真实性，不违背《民法典》第一千一百二十四条的精神。而且，可以最大限度满足人民群众的司法需求。对于实践中如何认定书面形式，我们认为，可以参考《民法典》合同编中的第四百六十九条的规定，能够有形地表现所载内容的形式即可以认定为书面形式。除信件、电报、电传、传真等可以作为书面形式外，以电子数据交换、电子邮件等方式能够有形地表现所载内容，并可以随时调取查用的数据电文，也应可以视为书面形式。

2. 放弃继承的对象。《民法典》编纂过程中，有意见提出，应当明确规定放弃继承的意思表示须向遗产管理人作出。考虑到遗产管理人在继承开始后需要一段时间才能确定，所以《民法典》未予明确。《民法典》第一千一百四十五条规定，继承开始后，遗嘱执行人为遗产管理人；没有遗嘱执行人的，继承人应当及时推选遗产管理人；继承人未推选的，由继承人共同担任遗产管理人；没有继承人或者继承人均放弃继承的，由被继承人生前住所地的民政部门或者村民委员会担任遗产管理人。从该条规定的文字表述看，确定遗产管理人应当是遗产处理的前提，因此，放弃继承的意思表示似乎只向遗产管理人作出即可。但是，实践中大多数普通家庭结构相对简单、财产并不复杂，可能并不存在名义上的遗产管理人。而且，即便明确遗产管理人，也需要在继承开始后一段时间才能确定。因此，《解释》虽然为配套衔接《民法典》新增加的遗产管理人制度，在第三十三条增加规定放弃继承的可以向遗产管理人提出，但仍保留了向"其他继承人表示"的规定。此外，如果在遗产继承的诉讼中，当事人向人民法院表示放弃继承的，也应当认可该意思表示的合法性。

3. 放弃继承权的限制。继承人可以放弃继承权，这是继承人对自己权益处分意思自治的体现，应当充分予以尊重。但是，如果继承人因放弃继承权导致其不能履行法定义务的，则应当认定该放弃继承的行为无效。此处的法定义务主要是指依法负有的抚养、扶养或赡养义务。例如，继承人原本生活困难，放弃继承后,导致无法履行对妻子的扶养义务,则该放弃继承的行为应认定无效。对于放弃继承导致不能履行合同义务的,是否因此认定放弃继承权的行为无效,存在争议。我们认为,继承权系源于血缘、婚姻等身份关系产生,放弃继承权可能基于情感利益或者其他家庭因素考量,会涉及其他继承人的利益,比如其他继承人尽了主要赡养义务或者其他继承人生活有特殊困难又缺乏劳动能力等,需要在其他继承人利益与债权人利益之间作出平衡。放弃继承权虽可能导致继承人责任财产不足以清偿债务,但不宜简单认定放弃继承权的行为无效。对于该行为,可以根据《民法典》第五百三十八条规定的精神予以处理。《民法典》第五百三十八条规定,债务人以放弃其债权、放弃债权担保、无偿转让财产等方式无偿处分财产权益,或者恶意延长其到期债权的履行期限,影响债权人的债权实现的,债权人可以请求人民法院撤销债务人的行为。与合同法第七十四条相比,该条扩大了债权人撤销权的范围,能够最大限度保障债权人利益。因此,如果债权人能够证明作为继承人的债务人恶意放弃继承影响债权人债权实现的,可以通过行使撤销权保障其合法权益。

4. 放弃继承的时间要求。根据《民法典》第一千一百二十四条的规定,放弃继承必须在特定时间作出,即继承开始后、遗产处理前。根据《民法典》第一千一百二十一条的规定,继承是从被继承人死亡时开始,如果被继承人尚未死亡,继承人就作出放弃继承的意思表示,因继承还未开始,这种放弃继承自应当是无效的。如果遗产已经处理完毕,遗产的所有权已经转移给继承人,此时继承人放弃的不是继承权,而是所继承遗产的所有权。《解释》第三十五条对此作出了规定。

5. 对放弃继承反悔的理解。根据禁止反言原则,放弃继承的,一般不应允许其反悔,但如果有特殊情况,人民法院可以根据其提出的具体理由决定是否承认。遗产处理后,遗产的所有权已经转移给各继承人或受遗赠人,为了维护社会秩序的稳定,则不宜再允许对放弃继承予以反悔。此处的反悔不包括欺诈、胁迫或者继承人无民事行为能力的情况,如果存在上述情形,根据《民法典》总则编的规定,应属于法定的撤销或者无效情形。

(六)关于转继承的问题

转继承是指继承人在继承开始后、遗产分割前死亡,其所应继承的遗产份额转由其继承人承受的法律制度。继承法没有规定转继承制度,但《继承法解释》第52条对转继承问题作出了明确规定。《民法典》第一千一百五十二条对此予以吸收并完善,规定:"继承开始后,继承人于遗产分割前死亡,并没有放弃继承的,该继承人应当继承的遗产转给其继承人,但是遗嘱另有安排的除外。"该条理清了转继承的是"该继承人应当继承的遗产",而不是"其继承遗产的权利"。同时,为最大限度尊重被继承人处分遗产的自由,增加了但书条款,即"遗嘱另有安排的除外"。所谓"遗嘱另有安排",是指被继承人在其遗嘱中，特别说明所留遗产仅限于给继承人本人，不得转继承给其他人。由于转继承制度经过完善后已经上升为法律规定，故《解释》删除了《继承法解释》第52条的规定。

《继承法解释》第53条还对受遗赠权转继承问题作出了规定，但是，此次《民法典》编纂并未将之上升为法律。对此，我们经研究认为，《继承法解释》第53条关于受遗赠权转继承的规定，不违背《民法典》规定的精神，可予以保留，即《解释》第三十八条"继承开始后，受遗赠人表示接受遗赠，并于遗产分割前死亡的，其接受遗赠的权利转移给他的继承人"。对该条征求全国人大常委会法工委意见时，全国人大常委会法工委亦未提出异议。

在理解该条时需要注意以下两点。

1. 根据《民法典》第一千一百二十四条的规定，受遗赠人应当在知道受遗赠后60日内，作出接受或者放弃受遗赠的表示；到期没有表示的，视为放弃受遗赠。因此，该条所称的"受遗赠人表示接受遗赠"需要在法律规定的时间作出。如果受遗赠人在知道受遗赠后超过60日作出接受遗赠的表示，则该表示无效，应当视为其已经放弃受遗赠。如果其在遗产分割前死亡，亦不存在受遗赠的权利转移给其继承人的问题。

2. 《民法典》物权编第二百三十条对《物权法》第二十九条进行重大修改，删去了受遗赠取得物权的，自受遗赠开始时发生效力的规定。可见，受遗赠的财产所有权已经从非法律行为的物权变动中剥离出来，应当遵循物权变动的一般原则，即使受遗赠人表示接受遗赠，遗产所有权亦不当然转移至受遗赠人。因此，《解释》仍沿用了"接受遗赠的权利"的表述，而未采用"接受遗赠的遗产"之表述。

（七）关于农村五保户问题

《继承法解释》第55条规定，集体组织对五保户实行五保时，双方有扶养协议的，按协议处理；没有扶养协议，死者有遗嘱继承人或法定继承人要求继承的，按遗嘱继承或法定继承处理，但集体组织有权要求扣回五保费用。但是，1994年的《农村五保供养工作条例》改变了农村五保户遗产的归属。其中，第十八条规定，五保对象的个人财产，其本人可以继续使用，但是不得自行处分；其需要代管的财产，可以由农村集体经济组织代管。第十九条规定，五保对象死亡后，其遗产归所在的农村集体经济组织所有；有五保供养协议的，按照协议处理。可见，农村五保户死亡后，在没有五保供养协议的情况下，遗产由原来的可以由遗嘱继承人或法定继承人继承，变为归所在农村集体经济组织所有。为此，《最高人民法院关于如何处理农村五保对象遗产问题的批复》（法释〔2000〕23号）规定，农村五保对象死亡后，其遗产按照国务院《农村五保供养工作条例》第十八条、第十九条的有关规定处理。该批复基于当时生效的《农村五保供养工作条例》，改变了《继承法解释》第55条确立的继承规则。随后，2006年，新的《农村五保供养工作条例》出台，又废除了1994年《农村五保供养工作条例》第十八条和第十九条。依据2006年《农村五保供养工作条例》第十一条规定，农村五保供养资金，在地方人民政府财政预算中安排。有农村集体经营等收入的地方，可以从农村集体经营等收入中安排资金，用于补助和改善农村五保供养对象的生活。可见，目前五保户的供养资金主要来源于地方政府预算。在此情况下，不仅五保对象遗产归农村集体经济组织所有失去了依据，集体组织要求扣回五保费用也失去了依据。考虑到农村五保户的相关政策发生多次变化，因此，司法解释清理中不仅废止了《最高人民法院关于如何处理农村五保对象遗产问题的批复》，而且对《继承法解释》第55条也同时予以废止。本条在征求意见过程中，民政部无不同意见。司法实践中，如果存在五保户的遗产纠纷，可以根据《解释》第三十九条规定的精神予以处理。

（八）关于遗嘱问题

立遗嘱是指自然人生前依照法律规定预先处分其个人财产，安排与此有关的事务，并于其死亡后发生效力的单方民事法律行为。相较于法定继承由法律直接规定继承人的范围和继承顺序、继承遗产的份额等，依照遗嘱处分财产，可以由自然人自主决定在其死后如何对其个人财产进行分配与处置，充分体现了对自然人意思自治的尊重以及私有财产权利的保障。

遗嘱部分需要注意以下问题。

1. 遗嘱能力。遗嘱能力是否适用民事行为能力的一般规则，有不同的立法例。《民法典》第一千一百四十三条第一款规定，无民事行为能力人或者限制民事行为能力人所立的遗嘱无效。可见，我国采取的是遗嘱能力与民事行为能力一致原则。但是，法律对于以何时为准来认定遗嘱能力未予明确，《继承法解释》确定以立遗嘱时为准。《解释》继续采纳此立场。同时，根据《民法典》总则编对民事行为能力的表述，予以文字修改，第二十八条明确，遗嘱人立遗嘱时必须具有完全民事行为能力，无民事行为能力人或者限制民事行为能力人所立的遗嘱，即使其本人后来具有完全民事行为能力，仍属无效遗嘱。遗嘱人立遗嘱时具有完全民事行为能力，后来成为无民事行为能力人或者限制民事行为能力人的，不影响遗嘱的效力。这样，就比较全面地对遗嘱能力进行了规定。实践中，对遗嘱人立遗嘱时是否具有完全民事行为能力发生争议的，如果有条件，可以通过司法鉴定确定；如果无法判断何时丧失或者恢复完全民事行为能力，可以结合遗嘱人的病历资料、居民委员会（村民委员会）证明或者其他证人证言以及遗嘱的合理性等，运用日常生活经验法则，综合判断遗嘱人是否具有完全民事行为能力。

2. 公证遗嘱。继承法第二十条第三款规定，自书、代书、录音、口头遗嘱，不得撤销、变更公证遗嘱。《继承法解释》第42条进一步规定为：遗嘱人以不同形式立有数份内容相抵触的遗嘱，其中有公证遗嘱的，以最后所立公证遗嘱为准；没有公证遗嘱的，以最后所立的遗嘱为准。上述规定突出强调了公证遗嘱的优先效力。从法理上而言，遗嘱以体现立遗嘱人的真实意愿为己任，遗嘱的效力本质上取决于其真实性，只要是按照法律规定的方式设立的遗嘱，均应具有法律效力。公证遗嘱与其他遗嘱相比，并不存在哪种遗嘱的效力更优先的问题。公证遗嘱与其他遗嘱的差异在于，当遗嘱的真实性发生争议时，由于公证遗嘱形式更严格、程序更严谨，更能保障遗嘱人意思表示的真实性，因而，在证据的证明力上强于其他遗嘱，但本质上与其他遗嘱并无不同，不当然具有优先效力。从近些年的司法实践看，该规则有些情况下并不利于充分保护遗嘱人的遗嘱自由。作为一种死因民事法律行为，遗嘱从设立到生效往往要经过一段较长的时间，在此期间，客观情况往往会发生一定的变化，而公证遗嘱程序相对复杂，当事人立有公证遗嘱后，紧急情况下如果不能通过其他形式遗嘱变更原遗嘱内容，则不利于保护其自由处分的意志；从世界范围的立法例看，也没有公证遗嘱优先效力的规定。此次《民法典》编纂取消了原来公证遗嘱的优先效力，其中第一千一百四十二条第三款规定，立有数份遗嘱，内容相抵触的，以最后的遗嘱为准，即在存有数份遗嘱的情况下，完全按照先后顺序确定立遗嘱人的最后真实意思；立遗嘱人也可以自由通过其他形式改变公证遗嘱的内容。基于此，《解释》删除了与《民法典》新规定不符的《继承法解释》第 42 条。

(九) 关于继承纠纷的共同诉讼问题

《继承法解释》第 60 条规定：继承诉讼开始后，如继承人、受遗赠人中有既不愿参加诉讼，又不表示放弃实体权利的，应追加为共同原告；已明确表示放弃继承的，不再列为当事人。该条确定了继承纠纷作为必要共同诉讼的情形。《最高人民法院关于适用〈中华人民共和国民事诉讼法〉的解释》第七十条也规定，在继承遗产的诉讼中，部分继承人起诉的，人民法院应通知其他继承人作为共同原告参加诉讼；被通知的继承人不愿意参加诉讼又未明确表示放弃实体权利的，人民法院仍应将其列为共同原告。我们认为，将继承纠纷作为必要共同诉讼，对于查清事实，更好地保护所有继承人利益，妥善解决继承纠纷具有重要意义。因此，《解释》对原规定的精神予以保留。考虑到《民法典》对继承的制度设计是采当然继承主义，只要不明确表示放弃继承的，即视为接受继承；但受遗赠不同，自然人以遗嘱方式作出遗赠虽然是单方行为，但从法律的本质上而言，遗赠行为在某种程度上应当视为一种双方法律行为，遗赠人作出赠与的意思表示，受遗赠人需要接受方可，这就需要双方意思表示达成一致方能成立，如果受遗赠人在法定期限内不做任何意思表示，赠与的合意难以形成，因此，法律规定接受遗赠必须以明示的方式作出意思表示，受遗赠人如果在法定期限内不作出意思表示的，即视为放弃。故《解释》第四十四条区分继承与受遗赠两种不同的制度设计,将原规定中的"已明确表示放弃继承的,不再列为当事人",修改为"继承人已书面表示放弃继承、受遗赠人在知道受遗赠后六十日内表示放弃受遗赠或者到期没有表示的,不再列为当事人",进一步完善了相关程序设计。

(十)其他问题

此次司法解释清理还尤其注重弘扬社会主义核心价值观。例如,《民法典》第一千一百六十条规定了无人继承又无人受遗赠的遗产归国家所有,用于公益事业;死者生前是集体所有制组织成员的,归所在集体所有制组织所有。但是,考虑到此情况下,如果在死者生前有对其扶养较多的人,可以适用《民法典》第一千一百三十一条规定的酌给遗产制度,使其获得一定数额的遗产,不仅在继承中贯彻了正义、扶助的理念,也有助于发扬我国养老育幼、互助互爱的传统美德,因此,《解释》第四十一条规定,遗产因无人继承又无人受遗赠归国家或集体所有制组织所有时,按照《民法典》第一千一百三十一条规定可以分给适当遗产的人提出取得遗产的诉讼请求,人民法院应当视情况适当分给遗产。

此外,由于民事行为能力、法定代理以及诉讼时效制度在《民法典》总则编中已均有明确规定,故《解释》删除了《继承法解释》相应的第七条、第八条以及第十五条至第十八条。

(撰稿人:刘 敏 王 丹)

【链　接】

最高人民法院相关负责人就首批《民法典》配套司法解释答记者问

(本文已收录于《最高人民法院关于适用〈中华人民共和国民法典〉时间效力的若干规定》[链　接]栏目,此处不再重复收录)

指导案例 50 号

李某、郭某阳诉郭某和、童某某继承纠纷案

（最高人民法院审判委员会讨论通过　2015 年 4 月 15 日发布）

关键词

民事　继承　人工授精　婚生子女

裁判要点

1. 夫妻关系存续期间，双方一致同意利用他人的精子进行人工授精并使女方受孕后，男方反悔，而女方坚持生出该子女的，不论该子女是否在夫妻关系存续期间出生，都应视为夫妻双方的婚生子女。

2. 如果夫妻一方所订立的遗嘱中没有为胎儿保留遗产份额，因违反《中华人民共和国继承法》第十九条规定，该部分遗嘱内容无效。分割遗产时，应当依照《中华人民共和国继承法》第二十八条规定，为胎儿保留继承份额。

相关法条

《中华人民共和国民法通则》第五十七条①

《中华人民共和国继承法》第十九条②、第二十八条③

基本案情

原告李某诉称：位于江苏省南京市某住宅小区的 306 室房屋，是其与被继承人郭某顺的夫妻共同财产。郭某顺因病死亡后，其儿子郭某阳出生。郭某顺的遗产，应当由妻子李某、儿子郭某阳与郭某顺的父母即被告郭某和、童某某等法定继承人共同继承。请求法院在析产继承时，考虑郭某和、童某某有自己房产和退休工资，而李某无固定收入还要抚养幼子的情况，对李某和郭某阳给予照顾。

被告郭某和、童某某辩称：儿子郭某顺生前留下遗嘱，明确将 306 室赠予二被告，故对该房产不适用法定继承。李某所生的孩子与郭某顺不存在血缘关系，郭某顺在遗嘱中声明他不要这个人工授精生下的孩子，他在得知自己患癌症后，已向李某表示过不要这个孩子，是李某自己坚持要生下孩子。因此，应该由李某对孩子负责，不能将孩子列为郭某顺的继承人。

---

① 对应《民法典》第一百三十五条。
② 对应《民法典》第一千一百四十一条。
③ 对应《民法典》第一千一百五十五条。

法院经审理查明：1998年3月3日，原告李某与郭某顺登记结婚。2002年，郭某顺以自己的名义购买了涉案建筑面积为45.08平方米的306室房屋，并办理了房屋产权登记。2004年1月30日，李某和郭某顺共同与南京军区南京总医院生殖遗传中心签订了人工授精协议书，对李某实施了人工授精，后李某怀孕。2004年4月，郭某顺因病住院，其在得知自己患了癌症后，向李某表示不要这个孩子，但李某不同意人工流产，坚持要生下孩子。5月20日，郭某顺在医院立下自书遗嘱，在遗嘱中声明他不要这个人工授精生下的孩子，并将306室房屋赠与其父母郭某和、童某某。郭某顺于5月23日病故。李某于当年10月22日产下一子，取名郭某阳。原告李某无业，每月领取最低生活保障金，另有不固定的打工收入，并持有夫妻关系存续期间的共同存款18705.4元。被告郭某和、童某某系郭某顺的父母，居住在同一个住宅小区的305室，均有退休工资。2001年3月，郭某顺为开店，曾向童某某借款8500元。

南京大陆房地产估价师事务所有限责任公司受法院委托，于2006年3月对涉案306室房屋进行了评估，经评估房产价值为19.3万元。

裁判结果

江苏省南京市秦淮区人民法院于2006年4月20日作出一审判决：涉案的306室房屋归原告李某所有；李某于本判决生效之日起30日内，给付原告郭某阳33442.4元，该款由郭某阳的法定代理人李某保管；李某于本判决生效之日起30日内，给付被告郭某和33442.4元、给付被告童某某41942.4元。一审宣判后，双方当事人均未提出上诉，判决已发生法律效力。

裁判理由

法院生效裁判认为：本案争议焦点主要有两方面：一是郭某阳是否为郭某顺和李某的婚生子女？二是在郭某顺留有遗嘱的情况下，对306室房屋应如何析产继承？

关于争议焦点一。《最高人民法院关于夫妻离婚后人工授精所生子女的法律地位如何确定的复函》中指出："在夫妻关系存续期间，双方一致同意进行人工授精，所生子女应视为夫妻双方的婚生子女，父母子女之间权利义务关系适用《中华人民共和国婚姻法》的有关规定。"郭某顺因无生育能力，签字同意医院为其妻子即原告李某施行人工授精手术，该行为表明郭某顺具有通过人工授精方法获得其与李某共同子女的意思表示。只要在夫妻关系存续期间，夫妻双方同意通过人工授精生育子女，所生子女均应视为夫妻双方的婚生子女。《中华人民共和国民法通则》第五十七条规定："民事法律行为从成立时起具有法律约束力。行为人非依法律规定或者取得对方同意，不得擅自变更或者解除。"因此，郭某顺在遗嘱中否认其与李某所怀胎儿的亲子关系，是无效民事行为，应当认定郭某阳是郭某顺和李某的婚生子女。

关于争议焦点二。《中华人民共和国继承法》（以下简称《继承法》）第五条①规定："继承开始后，按照法定继承办理；有遗嘱的，按照遗嘱继承或者遗赠办理；有遗赠扶养协议的，按照协议办理。"被继承人郭某顺死亡后，继承开始。鉴于郭某顺留有遗嘱，本案应当按照遗嘱继承办理。《继承法》第二十六条②规定："夫妻在婚姻关系存续期间所得的共同所有的财产，除有约定的以外，如果分割遗产，应当先将共同所有的财产的一半分出为配偶所有，其余的为被继承人的遗产。"《最高人民法院关于贯彻执行〈中华人民共和国继承法〉若干问题的意见》第38条规定："遗嘱人以遗嘱处分了属于国家、集体或他人所有的财产，遗嘱的这部分，应认定无效。"登记在被继承人郭某顺名下的306室房屋，已查明是郭某顺与原告李某夫妻关系存续期间取得的夫妻共同财产。郭某顺死亡后，该房屋的一半应归李某所有，另一半才能作为郭某顺的遗产。郭某顺在遗嘱中，将306室全部房产处分归其父母，侵害了李某的房产权，遗嘱的这部分应属无效。此外，《继承法》第十九条规定："遗嘱应当对缺乏劳动能力又没有生活来源的继承人保留必要的遗产份额。"郭某顺在立遗嘱时，明知其妻子腹中的胎儿而没有在遗嘱中为胎儿保留必要的遗产份额，该部分遗嘱内容无效。《继承法》第二十八条规定："遗产分割时，应当保留胎儿的继承份额。"因此，在分割遗产时，应当为该胎儿保留继承份额。综上，在扣除应当归李某所有的财产和应当为胎儿保留的继承份额之后，郭某顺遗产的剩余部分才可以按遗嘱确定的分配原则处理。

---

① 对应《民法典》第一千一百二十三条。
② 对应《民法典》第一千一百五十三条。

六、侵权责任

最高人民法院
关于审理利用信息网络侵害人身权益民事纠纷案件适用法律若干问题的规定

(2014年6月23日最高人民法院审判委员会第1621次会议通过 根据2020年12月23日最高人民法院审判委员会第1823次会议通过的《最高人民法院关于修改〈最高人民法院关于在民事审判工作中适用《中华人民共和国工会法》若干问题的解释〉等二十七件民事类司法解释的决定》修正)

为正确审理利用信息网络侵害人身权益民事纠纷案件,根据《中华人民共和国民法典》《全国人民代表大会常务委员会关于加强网络信息保护的决定》《中华人民共和国民事诉讼法》等法律的规定,结合审判实践,制定本规定。

第一条 本规定所称的利用信息网络侵害人身权益民事纠纷案件,是指利用信息网络侵害他人姓名权、名称权、名誉权、荣誉权、肖像权、隐私权等人身权益引起的纠纷案件。

第二条 原告依据民法典第一千一百九十五条、第一千一百九十七条的规定起诉网络用户或者网络服务提供者的,人民法院应予受理。

原告仅起诉网络用户,网络用户请求追加涉嫌侵权的网络服务提供者为共同被告或者第三人的,人民法院应予准许。

原告仅起诉网络服务提供者,网络服务提供者请求追加可以确定的网络用户为共同被告或者第三人的,人民法院应予准许。

第三条 原告起诉网络服务提供者,网络服务提供者以涉嫌侵权的信息系网络用户发布为由抗辩的,人民法院可以根据原告的请求及案件的具体情况,责令网络服务提供者向人民法院提供能够确定涉嫌侵权的网络用户的姓名(名称)、联系方式、网络地址等信息。

网络服务提供者无正当理由拒不提供的,人民法院可以依据民事诉讼法第一百一十四条的规定对网络服务提供者采取处罚等措施。

原告根据网络服务提供者提供的信息请求追加网络用户为被告的,人民法院应予准许。

第四条 人民法院适用民法典第一千一百九十五条第二款的规定,认定网络服务提供者采取的删除、屏蔽、断开链接等必要措施是否及时,应当根据网络服务的类型和性质、有效通知的形式和准确程度、网络信息侵害权益的类型和程度等因素综合判断。

第五条 其发布的信息被采取删除、屏蔽、断开链接等措施的网络用户，主张网络服务提供者承担违约责任或者侵权责任，网络服务提供者以收到民法典第一千一百九十五条第一款规定的有效通知为由抗辩的，人民法院应予支持。

第六条 人民法院依据民法典第一千一百九十七条认定网络服务提供者是否"知道或者应当知道"，应当综合考虑下列因素：

（一）网络服务提供者是否以人工或者自动方式对侵权网络信息以推荐、排名、选择、编辑、整理、修改等方式作出处理；

（二）网络服务提供者应当具备的管理信息的能力，以及所提供服务的性质、方式及其引发侵权的可能性大小；

（三）该网络信息侵害人身权益的类型及明显程度；

（四）该网络信息的社会影响程度或者一定时间内的浏览量；

（五）网络服务提供者采取预防侵权措施的技术可能性及其是否采取了相应的合理措施；

（六）网络服务提供者是否针对同一网络用户的重复侵权行为或者同一侵权信息采取了相应的合理措施；

（七）与本案相关的其他因素。

第七条 人民法院认定网络用户或者网络服务提供者转载网络信息行为的过错及其程度，应当综合以下因素：

（一）转载主体所承担的与其性质、影响范围相适应的注意义务；

（二）所转载信息侵害他人人身权益的明显程度；

（三）对所转载信息是否作出实质性修改，是否添加或者修改文章标题，导致其与内容严重不符以及误导公众的可能性。

第八条 网络用户或者网络服务提供者采取诽谤、诋毁等手段，损害公众对经营主体的信赖，降低其产品或者服务的社会评价，经营主体请求网络用户或者网络服务提供者承担侵权责任的，人民法院应依法予以支持。

第九条 网络用户或者网络服务提供者，根据国家机关依职权制作的文书和公开实施的职权行为等信息来源所发布的信息，有下列情形之一，侵害他人人身权益，被侵权人请求侵权人承担侵权责任的，人民法院应予支持：

（一）网络用户或者网络服务提供者发布的信息与前述信息来源内容不符；

（二）网络用户或者网络服务提供者以添加侮辱性内容、诽谤性信息、不当标题或者通过增删信息、调整结构、改变顺序等方式致人误解；

（三）前述信息来源已被公开更正，但网络用户拒绝更正或者网络服务提供者不予更正；

（四）前述信息来源已被公开更正，网络用户或者网络服务提供者仍然发布更正之前的信息。

第十条 被侵权人与构成侵权的网络用户或者网络服务提供者达成一方支付报酬，另一方提供删除、屏蔽、断开链接等服务的协议，人民法院应认定为无效。

擅自篡改、删除、屏蔽特定网络信息或者以断开链接的方式阻止他人获取网络信息，发布该信息的网络用户或者网络服务提供者请求侵权人承担侵权责任的，人民法院应予支持。接受他人委托实施该行为的，委托人与受托人承担连带责任。

第十一条 网络用户或者网络服务提供者侵害他人人身权益，造成财产损失或者严重精神损害，被侵权人依据民法典第一千一百八十二条和第一千一百八十三条的规定，请求其承担赔偿责任的，人民法院应予支持。

第十二条 被侵权人为制止侵权行为所支付的合理开支，可以认定为民法典第一千一百八十二条规定的财产损失。合理开支包括被侵权人或者委托代理人对侵权行为进行调查、取证的合理费用。人民法院根据当事人的请求和具体案情，可以将符合国家有关部门规定的律师费用计算在赔偿范围内。

被侵权人因人身权益受侵害造成的财产损失以及侵权人因此获得的利益难以确定的，人民法院可以根据具体案情在 50 万元以下的范围内确定赔偿数额。

第十三条 本规定施行后人民法院正在审理的一审、二审案件适用本规定。

本规定施行前已经终审，本规定施行后当事人申请再审或者按照审判监督程序决定再审的案件，不适用本规定。

【注　解】

最高人民法院 2014 年 8 月 21 日公布本规定，法释〔2014〕11 号，自 2014 年 10 月 10 日起施行。

最高人民法院 2020 年 12 月 29 日公布《最高人民法院关于修改〈最高人民法院关于在民事审判工作中适用《中华人民共和国工会法》若干问题的解释〉等二十七件民事类司法解释的决定》修正本规定，法释〔2020〕17 号，该修正自 2021 年 1 月 1 日起施行。

【解　　读】

解读《最高人民法院关于审理利用信息网络侵害人身权益民事纠纷案件适用法律若干问题的规定》

一、问题的提出

为贯彻党的十八大提出的依法加强互联网管理的精神，充分保护人民群众的合法权益，依法实现开放、自由、规范、有序的互联网秩序，最高人民法院审判委员会于2014年6月23日第1621次会议通过了《最高人民法院关于审理利用信息网络侵害人身权益民事纠纷案件适用法律若干问题的规定》（法释〔2014〕11号，以下简称《规定》），并于2014年10月10日起施行。

二、理解与适用

（一）关于《规定》的适用范围

《规定》的名称和第一条明确了适用范围，即适用于利用信息网络侵害人身权益的纠纷案件。从司法实践来看，随着互联网的发展，围绕着电子商务、网络游戏、虚拟财产等问题，出现了一系列的新类型纠纷，但基于如下原因，本司法解释仅适用于侵害人身权益的案件：第一，人身权益的极端重要性。在各项民事权益中，人身权益是最重要的民事权益之一，它涉及自然人、法人的尊严、名誉等基本人格利益，严重的甚至涉及生命权。利用信息网络侵害人身权益的案件对当事人影响巨大，其损害后果的深度、广度和速度，都与传统侵权手段不可同日而语。第二，尽管涉互联网的其他类型的纠纷近些年也在增长，例如电子商务方面的纠纷、利用网络侵害财产权的案件等，但是一方面，传统法律尤其是民商法在该领域具有高度的适用性，另一方面，不少问题还需要在实践中进一步梳理和研究，待条件成熟时再作进一步规范。

（二）关于管辖问题

利用信息网络实施侵权行为所引发的民事诉讼，在管辖权的确定方面面临着较多困难，主要表现在：其一，管辖区域的界限模糊。在网络侵权场合，由于信息网络是一个开放性的虚拟空间，没有明确的边界，网络用户在互联网上的每一个活动也都可能是全球性的，侵权行为可以在接通互联网的任何地点实施，侵权结果也可能在任何地点发生。在此意义上，在确定网络侵权诉讼管辖权时，物理世界上位置和范围的意义越发变小。① 管辖权的确定也随着变得模糊。其二，"原告就被告"的原则存在适用中的困境。在网络侵权案件中，由于网络本身具有全球性、即时性等特点，网络用户与物理空间的联系很难确定，网络用户的身份难以确定，造成传统的"原告就被告"的管辖原则遭遇困境。其三，侵权行为地存在不确定性。网络侵权行为所具有的超越地域性的特点使网络侵权纠纷的侵权行为地相应地呈现出复杂化、多元化的特征，侵权行为地也失去了原有的唯一性和确定性。

为解决这些问题，理论上提出了网络自治论、网址作为新的管辖基础论、技术优先管辖论、管辖相对论、网络服务器所在地理论、不以侵权行为地作为管辖标准等多个观点。

《规定》坚持在《民事诉讼法》第二十八条②规定的管辖原则下，探索解决利用信息网络侵害人身权益诉讼管辖的有效方法，通过对侵权行为地的解释，明确了侵权行为实施地与结果发生地的识别标准。《规定》明确规定，以实施侵权行为的计算机等终端设备所在地为侵权行为实施地，以被侵权人的住所地为侵权结果发生地。将实施侵权行为的计算机等终端设备所在地作为侵权行为实施地，符合网络侵权的行为特征，在外观上也较为明确。另外，尽管互联网的无边界性导致理论上侵权结果发生地可以是任何地方，但实际上，侵害人身权益的损害后果，恰恰突出表现在以受害人所在地为中心的地域范围内。同时，这也符合我国的司法实践。

与《最高人民法院关于审理侵害信息网络传播权民事纠纷案件适用法律若干问题的规定》相比，本司法解释未将被诉侵权行为的网络服务器所在地作为管辖地，主要基于以下考虑：第一，网络技术的发展尤其是云计算技术的发展，使得很多互联网企业无需再建立自身的服务器，而是通过云计算供应商提供的云计算服务实现功能。第二，从互联网技术的发展来看，互联网企业越来越多地采用分布式设立服务器，以满足巨大的计算需求。如此，某个侵权信息可能会涉及不同地点的服务器。而该服务器所在地可能是原被告住所地之外的第三地，如果以此地作为管辖地，不利于当事人诉讼和人民法院审理。第三，从实践来看，选择服务器所在地作为管辖连接点的情形十分少见，主要原因是原告要提供证据证明服务器所在地非常困难。第四，与信息网络传播权不同的是，侵害名誉权等人身权场合，原告住所地往往是侵权结果发生地，将原告住所地作为管辖地之一，足以满足方便当事人诉讼的目的。基于以上原因，将服务器所在地作为管辖标准，并不符合诉讼管辖的"方便当事人诉讼、方便法院审理"的两便原则，故本条解释未将服务器所在地作为管辖地。

---

① 王德全：《试论 Internet 案件的司法管辖权》，载《中外法学》1998 年第 2 期。
② 对应《民事诉讼法》（2023 年修正）第二十九条。

(三) 关于诉讼程序问题

《侵权责任法》第三十六条第二、三款,① 都涉及网络服务提供者与网络用户的连带责任。在诉讼程序上面临的问题是,如果原告仅起诉网络用户或者网络服务提供者,人民法院是否应当追加另外一方为共同被告?如果一审法院未予追加,是否构成程序错误?

这个问题,涉及实体法与程序法的衔接,也关系到当事人诉讼权利的保障。一种观点认为,实体法上的连带责任,赋予了原告选择权,债权人可以请求部分或者全部债务人履行部分或者全部债务。这一实体法上的权利义务关系决定了,无需追加其他连带责任人为共同被告。另一种观点则认为,前一种观点是从事后的观点而非事中观点看待诉讼程序的,在法院判决作出之前,多个主体是否承担连带责任并不确定,不追加其他人为共同被告,不仅案件事实难以查清,而且未来可能出现重复判决和矛盾判决,不利于提高诉讼解决纠纷的实效性,因此,应当将其他(可能的)连带责任人追加为共同被告。

对上述问题,司法解释立足于在保障当事人实体权利和诉讼权利的基础上,追求纠纷解决的实效性这一原则,对诉讼程序作出了如下规定:原告仅起诉网络用户,网络用户请求追加网络服务提供者为共同被告或者第三人的,人民法院应予准许;原告仅起诉网络服务提供者,网络服务提供者请求追加可以确定的网络用户为共同被告或者第三人的,人民法院应予准许。这一规定,应作如下理解:

首先,利用信息网络侵害人身权益案件的一大特征是涉嫌侵权的网络用户难以确定。主要原因是,我国目前并未实行彻底的网络用户实名制,普遍认为,《全国人大常委会关于加强网络信息保护的决定》第六条确立的是有限的实名制,即后台实名、前台可匿名。同时,在移动互联网呈现井喷式发展的背景下,网络服务提供者在提供网络信息服务时也无法对网络用户的身份一一验证,技术上实现的成本也会过巨。所以,如果要求原告必须追加涉嫌侵权的网络用户作为被告,在实践中往往客观不能。但是,在涉嫌侵权的网络用户难以确定的情况下,不能以此否定原告单独起诉的权利。

其次,在原告单独起诉网络服务提供者的情况下,如果后者以侵权信息系网络用户发布为由抗辩且申请追加该网络用户为被告的,涉及原告是否同意的问题。从民事诉讼法的处分原则来看,如果原告坚持仅起诉网络服务提供者或者不请求网络用户承担责任的,则人民法院基于网络服务提供者的请求追加网络用户为共同被告的合理性就会受到质疑,但是人民法院基于事实判断和认定责任的需要,可以将网络用户作为第三人。

最后,实践中,不大可能出现网络服务提供者难以确定的情形,原告单独

---

① 对应《民法典》第一千一百九十四条、一千一百九十五条。

起诉网络用户的情形也比较少，但是，如果原告仅起诉网络用户，由于网络用户的行为是否侵权是网络服务提供者是否承担责任的前提性问题，因此，网络服务提供者不进入该诉讼，不影响网络用户责任是否成立的判断，但是可能影响其责任范围的判断，同时还会影响网络用户和网络服务提供者之间未来的责任份额。因此，如果网络用户以网络服务提供者应当承担连带责任为由抗辩且要求追加后者的，如果原告同意，则人民法院将其追加为共同被告；如果被告不同意，则可将其追加为第三人。

（四）关于网络服务提供者的信息披露义务

网络的匿名性在为人们提供充分表达、自由表达的虚拟空间的同时，也为一些人实施侵权行为提供了便利，被侵权人往往难以确定涉嫌侵权的网络用户的难题由此形成。

与被侵权人对网络用户信息无从知晓的状况相比，网络服务提供者由于自身的性质，通常能够按照国家有关法律的规定获取网络用户的注册资料、姓名、联系方式、上网时间、账号、互联网地址或者域名等信息，并可以利用技术手段，确定侵权人的真实身份，由此，需要解决的进一步问题是，在何种条件下、谁有权要求网络服务提供者向谁提供涉嫌侵权的网络用户的个人信息？进而，如何实现网络服务提供者的这种信息披露义务与其对网络用户个人信息保密义务之间的平衡与协调？

对此，比较法上主要有两种模式，即私力模式和公力模式。前者是指被侵权人在提供一定证明材料的情况下，有权直接要求网络服务提供者披露涉嫌侵权的网络用户的身份信息，无需通过司法程序。但此模式下，被侵权人要求网络服务提供者披露涉嫌侵权人的信息，必须经由法定的方式和程序，否则网络服务提供者有权拒绝。公力模式下，被侵权人无权直接要求网络服务提供者披露网络用户的身份信息，只能通过司法程序，向法院提出申请，由法院责令网络服务提供者披露侵权人的身份。而从我国已有的实践来看，《信息网络传播权保护条例》第十三条规定，著作权行政管理部门为了查处侵犯信息网络传播权的行为，可以要求网络服务提供者提供涉嫌侵权的服务对象的姓名（名称）、联系方式、网络地址等资料。这是关于行政机关要求披露涉嫌侵权的网络用户的个人信息的规定，对于私主体并不适用。

分析两种模式的利弊得失，同时考虑到利用网络侵害人身权益案件的特征，我们认为，私力模式不利于网络服务提供者遵守保密义务，不利于网络用户的个人信息的保护，并有可能助长借维权之名获取他人个人信息的现象。而公力模式则比较妥当地平衡了被侵权人权益保护与网络用户个人信息保护、网络服务提供者遵守保密义务之间的关系。基于上述考虑，司法解释第四条规定了网络服务提供者的信息披露义务，基本原则是，由原告在诉讼中提出请求，人民法院审查后可要求网络服务提供者提供网络用户的个人信息，原告并可以追加该网络用户为被告。如网络用户无正当理由拒不提供的,人民法院可以采取民事诉讼强制措施。适用本条规定,应注意以下几个条件:一是原告已经对网络服务提供者提起诉讼,且网络服务提供者以涉嫌侵权的信息系网络用户发布为由抗辩。二是原告由于客观原因无法取得网络用户的个人信息,依据民事诉讼法第六十四条的规定,请求人民法院责令网络服务提供者披露网络用户的个人信息。三是人民法院需要根据案件具体情况判断是否需要责令网络服务提供者披露网络用户的个人信息。判断的因素包括原告提出该申请的目的是否为了追究网络用户的侵权责任、原告提供的证据材料证明网络用户侵权的可能性大小等。四是披露的信息以能够确定网络用户的真实身份、满足原告提起诉讼的条件为限。五是网络服务提供者的免责事由为"有正当理由",包括相关信息的客观灭失、已经超出法定的保存期限等。

(五) 关于《侵权责任法》第三十六条①的适用问题

《侵权责任法》第三十六条第二款、第三款分别规定了网络服务提供者承担连带责任的两种情形,围绕着这两款规定,实践中产生了诸多问题:什么样的通知才是一个有效的通知?有效的通知将发生何种法律效果?网络服务提供者接到通知在多长时间内采取措施才能满足"及时"的要求?是否允许被采取措施的网络用户作出反通知?通知错误导致错误删除,责任由谁承担?如何判断网络服务提供者"知道"网络用户利用网络侵害他人人身权益?

对于上述问题,司法解释第五条至第九条作出了规定,主要内容如下:1. 通知的形式及内容

被侵权人向网络服务提供者发出通知的形式要求,主要应当考虑便捷性和证据的保存两方面。另外,由于互联网行业竞争的压力,不少网络服务提供者为了取得竞争优势,会设置更为便捷的投诉或通知方式并向网络用户公示,这种通知方式自然也能满足《侵权责任法》的要求。所以,司法解释规定了两种通知形式。

关于通知的内容,司法解释第五条列举了三项,首先,通知人的姓名(名称)、联系方式等个人信息是必要的。这里的姓名和联系方式,应作广义理解,即能够确定通知人真实身份的信息。其次,由于通知的目的在于要求网络服务提供者删除涉嫌侵权的信息,所以应当要求通知人提供明确的网络地址,从而达到"通知什么,删除什么"的效果。如果涉嫌侵权的内容网络地址不明,则网络服务提供者即无法准确定位涉嫌侵权的相关信息或者定位该信息的成本过巨,将导致网络服务提供者的负担过重。最后,要求通知人阐述理由,其主要目的有二:一是向网络服务提供者表明通知人即是被侵权人或者与被侵权人具有一定关系的主体,例如被侵权人的监护人等;二是阐述构成侵权的理由。如

---

① 对应《民法典》第一千一百九十四条、第一千一百九十五条、第一千一百九十七条。

此，一方面可以减少恶意通知的情形，另一方面可以减轻网络服务提供者的负担，达到双方主体利益的平衡。

需要说明的是，本司法解释未借鉴国务院《信息网络传播权保护条例》第十四条的内容，未将"构成侵权的初步证明材料"作为通知的必备内容之一。原因在于，在侵害著作权的情形下，通知人需要证明自己为著作权人，因此初步证明材料就有必要。但是在涉及侵害名誉权、隐私权等人身权益的场合，侵权是否成立往往难以判断，相应的证明材料也较为难以提供，多数情形下，侵权信息本身就是构成侵权的初步证明材料。因此，本司法解释未作此规定。

2."及时"的判断标准：抽象标准

《侵权责任法》第三十六条第二款规定，网络服务提供者收到通知后，未及时采取措施的，应当承担连带责任。这里的"及时"应当如何判断？本司法解释第六条规定，应当综合网络服务的性质、有效通知的形式和准确程度、网络信息侵害权益的类型和程度等因素综合判断。

之所以采取综合判断的方法，主要基于如下几个原因：一是"及时"的判断标准，必须兼顾网络用户的表达自由、网络服务提供者的经营负担以及权利人的权利保护。"及时"的标准过严，则会加重互联网行业自我审查的义务，负担过重，并且影响网络用户的表达自由；"及时"的标准过宽，则互联网行业会倾向于怠于履行义务，对权利人的权利保护不利。二是互联网技术的发展日新月异，具体的时间标准容易落后于技术的发展，反倒不利于被侵权人的权利保护。三是具体的时间标准在目前容易引发恶意通知，尤其是以损害竞争对手为目的的恶意通知。四是从比较法上看，鲜有国家或地区为网络服务提供者采取必要措施的义务设置一个具体的时间标准。综上，司法解释规定，要综合多个因素加以判断：一是网络服务的性质，不同的服务内容，删除的速度也不一样。二是通知的形式和通知的准确程度，电子形式的通知，删除速度就比纸质形式的快，"及时"的标准就高；通知越准确，网络服务提供者删除的速度就越快。三是侵害权益的类型和程度。例如，侵害隐私权的行为比较容易判断，网络服务提供者作出判断所需要的时间就少，"及时"的标准就高。

3. 及时采取措施的法律后果

本司法解释关于避风港规则的具体化，总的思路是：网络服务提供者收到通知后，是否及时采取措施，由网络服务提供者自行判断；一旦及时采取措施，则网络服务提供者"双向免责"，既免除对网络用户（错误删除）的违约责任或者侵权责任，也免除对被侵权人的侵权责任；如果网络服务提供者不采取措施或者不及时采取措施，则是否承担责任，取决于网络用户是否构成侵权，如果网络用户构成侵权，则网络服务提供者承担相应范围内的连带责任，如果网络用户不构成侵权，则网络服务提供者同样不承担责任。一言以蔽之，在网络服务提供者未及时采取措施的情况下，网络服务提供者是否承担责任，

4. 网络服务提供者的通知义务与反通知程序

通知人的通知，在是否侵权的判断上，可能准确，也可能谬误，进而，网络服务提供者采取的措施也存在正确与错误之分，这就涉及发布信息的网络用户的言论自由和表达自由的保护问题。对此，司法解释规定了两项救济措施：一是被采取措施的网络用户有权要求网络服务提供者提供通知内容。理由在于，如前所述，网络服务提供者于此"双向免责"，如此，就必须为被采取措施的网络用户向通知人主张权利提供便利条件。另外，本司法解释未采用知识产权领域通行的赋予网络服务提供者一般性通知义务的做法，主要原因在于，在社交媒体高度发达、海量信息即时产生、网络匿名性仍然普遍存在的背景下，这种通知义务会造成网络服务提供者的过重负担。同时，赋予被采取措施的网络用户要求网络服务提供者披露通知的请求权，并不会对其维护自身权利形成障碍。二是被采取措施的网络用户有权要求通知人承担侵权责任，即错误删除的责任由通知人承担而非网络服务提供者承担。

本解释未采纳知识产权领域的反通知程序，主要基于如下原因：首先，反通知程序不符合人身权益保护即时性的要求。在知识产权领域，侵权行为造成的后果主要是财产权益的损失，大多可以通过赔偿损失来弥补。但是，在名誉权、隐私权等人身权益领域，网络用户反通知后网络服务提供者恢复相关信息这种程序，恰恰会造成难以弥补的损害后果。其次，不采纳反通知程序并不会置网络用户的权利于不顾，被采取措施的网络用户仍有维护自己权益的途径。最后，从实践来看，反通知程序在实践中发生的几率很小。

5. 错误删除侵害的权益类型

如前所述，错误通知导致的错误删除，网络服务提供者仍然免责，错误删除的责任应由通知人承担，需要解决的问题是，由于错误通知导致网络用户发布的信息被错误删除，侵害了网络用户的何种权益？

我们认为，错误删除妨碍了网络用户的表达自由，在现行法框架下，依据《侵权责任法》第二条，参照《最高人民法院关于确定民事侵权精神损害赔偿责任若干问题的解释》第一条①之规定，可将此种权益归属于人格尊严权。因此，网络用户要求网络服务提供者恢复的，在技术可能的情况下，人民法院应予支持。

6. "知道"的判断标准：指引性规定

《侵权责任法》第三十六条第三款②规定网络服务提供者承担的连带责任，

---

① 对应《最高人民法院关于确定民事侵权精神损害赔偿责任若干问题的解释》（2020年修正）第一条。

② 对应《民法典》第一千一百九十七条。

以网络服务提供者知道网络用户利用网络侵害他人民事权益为条件。司法实践中如何判断"知道",比较困难。从目前互联网的发展态势来看,互联网行业已经进入了内容、社区和商务高度结合的形态,很多网络服务提供者都已经或者正在发展为平台运营商。在这种背景下,如何认定"知道",应更加慎重。一方面,司法裁判中认定的标准过严,会造成网络服务提供者承担责任过重,并可能会促使网络服务提供者自我审查过严,经营负担加大,并进而影响合法信息的自由传播,不利于互联网的发展。另一方面,司法裁判中的标准过宽,则会导致网络服务提供者怠于履行必要的注意义务,放纵甚至主动实施侵权行为。所以,在兼顾两者的前提下,《规定》采取了多个因素来综合认定网络服务提供者是否"知道"。这是根据审判实践所总结归纳的指引性标准。在适用该条规定时,并不需要机械地对该条中所列明的因素一一考虑,人民法院应当根据个案的具体情况进行认定。在某些情况下,司法解释规定的考虑因素一个或几个满足即可认定网络服务提供者"知道"。

（六）转载的法律责任问题

社交网络、自媒体的产生及发展,是此次互联网浪潮的重要特点之一。由此产生的问题是,大量的转载行为应否承担责任?应在何种范围内承担责任?

关于转载行为的责任承担,在适用的规则上,应为一般侵权责任的构成要件,应无异议。但是,在互联网时代,转载的过错认定呈现出与前互联网时代不同的特征,一是转载主体的多种多样,自媒体、社交网络占据主流地位;二是转载行为的数量呈几何级增长。

在此背景下,在过错的认定标准上作出区分,仍然有利于充分保护言论自由、尊重互联网发展的同时,实现网络行为的规范、有序,实现权益保护的目的。所以,司法解释规定,应当根据以下因素判断转载者的过错：一是不同的主体所承担的注意义务不同。盈利性的专业媒体所承担的注意义务要比重在意见表达的自媒体所承担的注意义务要高;而自媒体的影响力越大,其所负担的注意义务也越高。这是权利义务相一致原则的当然要求。二是所转载信息侵害他人民事权益的明显程度。所转载信息侵权的程度越明显,转载主体的过错程度就可能越高,这符合合理性人的判断标准。三是是否对所转载信息作出实质性修改等编辑行为。转载主体对所转载信息作出实质性修改、修改文章标题或者内容导致误导公众的,则其过错程度就可能更高。

综上所述,转载者的过错认定标准,是判断责任有无和大小的重要因素,人民法院应当结合具体案情,在互联网的背景下取得言论自由和权益保护之间的平衡。

（七）关于个人信息保护的若干问题

在《全国人大常委会关于加强网络信息保护的决定》实施之前,我国的个人信息保护法律体系总的特点是：一是不同的部门法都有所涉及,依据各部门所涉及的事项分别作出规定；二是所规范的对象因各部门法调整对象的不同而不同；三是除了消费者权益保护法之外，多数法律仅仅规定了对个人信息的保密义务；四是多数未涉及电子化或与互联网有关的个人信息的保护问题。而《全国人大常委会关于加强网络信息保护的决定》则首次全面地规定了个人信息保护的基本原则、适用范围、责任主体等内容，标志着我国的个人信息保护进入到新的水平。

本司法解释在个人信息的保护上，以第十二条作出专门规定，主要内容为：

1. 个人信息的范围

依据《全国人大常委会关于加强网络信息保护的决定》之规定，对两类个人信息予以保护：一是个人的隐私信息，强调该信息对于个人的秘密性；二是能够识别个人身份的信息，强调与特定个人的相关性和可识别性。两者的共同价值取向就是个人的人格尊严。司法解释在此基础上，进一步列举了几项较为敏感的个人信息和现实中较易受到侵害的个人信息。需要注意的是：第一，这种列举是说明性的、强调性的而非穷尽性的，意在强调所列举信息的敏感性；第二，除隐私信息外，个人信息的范围受到《全国人大常委会关于加强网络信息保护的决定》的限制，即只有满足与特定自然人的相关性和可识别性的标准，才有保护的必要。

2. 侵害个人信息的行为类型：利用网络公开

侵害个人信息的行为多种多样，司法解释所规制的主要限于在网络上"公开"自然人的个人信息的行为，主要基于以下考虑：

第一，在我国现行法上，如果说信息主体对个人信息享有某种权利的话，在现行法上也主要是一种消极性的、防御性的权利。而《全国人大常委会关于加强网络信息保护的决定》也未明确信息主体所享有的权利内容。在此情形下，我们认为，司法解释应当就个人信息的最重要内容和侵害个人信息的最典型情形先作出规定。从司法实践的角度看，在互联网上公布他人个人信息是目前最常见的侵权行为，应当先作出规定。

第二，在大数据时代，利用网络收集、使用自然人个人信息的行为往往是大规模的，在无例外规定的情况下，这些行为的侵权责任仍然要适用《侵权责任法》的一般规则，但是，损害如何确定？权利主体是否有权要求网络用户或者网络服务提供者停止使用？在技术上是否可能？无实际损害时，还能否请求损害赔偿？同时，这些问题的解决不配置相应的诉讼机制例如集团诉讼、公益诉讼等制度，是难以实现的，所以，要对这些行为的民事责任作出规定，需要立法支持。

第三，要认识到个人信息保护与隐私权保护的不同价值取向。大数据时代的到来，使得个人信息成为一种非常重要的资源。在现行法未针对个人信息的收集和利用规则、就信息主体的权利内容作出进一步规定之前,司法解释难以照顾到大数据时代对个人信息和使用的合理要求。

综上,本司法解释仅针对利用网络公开个人信息的行为作出了规定。

3. 关于已公开信息的再次公开

本司法解释列举了几种公认的公开他人个人信息不构成侵权的情形,其中,自然人在网络上自行公开的信息或者其他已合法公开的个人信息,以及其他人以合法渠道获取的个人信息,网络用户或者网络服务提供再在网络上公布的,不能认定为侵权。但是,在实践中,通过这两种方式所公布的信息本身往往并不足以指向特定的个人,但是网络用户或者网络服务提供者利用搜索引擎等手段获取他人的网络信息并将多个个别信息综合起来使之与现实中的某个特定人对应起来(人肉搜索),从而使这些信息具有可识别性,指向特定的自然人。那么,如果这种再次公开的方式违反社会公共利益或者社会公德,则仍然构成侵权;或者网络用户或者网络服务提供者的这种再次公开侵害了权利人的其他重大利益,同样,也应当承担侵权责任。

(八) 对非法"删帖"与网络"水军"的规制

网络服务提供者与网络用户之间以及不同的网络用户之间,对互联网技术的掌握存在着不对等性,基于这种技术的不对等性,发布侵权信息的网络用户或者网络服务提供者会利用技术优势要求被侵权人为采取必要措施行为支付报酬,对于双方达成的此种协议,效力如何认定?

基于如下理由,本司法解释规定,此类协议应认定为无效:一是采取删除等必要措施是侵权人的法定义务;二是被侵权人接受网络服务提供者或者网络用户的对价要求往往是迫不得已的;三是作为侵权人的网络用户或者网络服务提供者的有偿删帖行为损害了公共利益;四是相关刑事司法解释已经对此种行为的刑事责任作出了规定。

就其他人(非被侵权人)支付报酬要求网络用户或网络服务提供者删除网络信息的行为效力问题,本司法解释未作规定,主要原因是,此类协议可能有效也可能无效,例如删除网络信息的行为本身可能违背公序良俗,即为无效;而要求网络服务提供者或者网络用户删除有害信息(但未构成侵权)的行为,就不宜认定无效。需要结合具体案件作出判断,故本司法解释不作规定。

另外,与之有关的是,擅自篡改、删除、屏蔽或者组织他人获取网络信息的行为,在法律上如何评价?我们认为,在互联网时代,利用信息网络发表意见是自然人的一项基本人格权,未经同意删除他人发表的网络信息,侵害了他人表达自由,在我国现行法下,应认定侵害了他人的人格尊严权,也应承担侵权责任。

关于网络"水军"的问题,常见的形态是,既有组织者、教唆者,也有实施者,本司法解释依据《侵权责任法》第八条、第九条的规定,将雇佣、组织、教唆或者帮助他人发布网络信息侵害他人权益的情形，认定为共同侵权，由行为人承担连带责任。

(九) 关于损害赔偿问题

利用网络侵害人身权益案件的损害赔偿，包括精神损害赔偿和物质损害赔偿，并无异议。但审判实践中需要进一步解决的问题是，在此类案件中，被侵权人的财产损失应包含哪些？在有财产损失却无证据证明的情况下，如何确定财产损失的数额？

对于上述问题，司法解释提供的解决方案为：一是将维权成本，包括调查取证的合理费用和合理的律师费用作为侵害人身权益的财产损失，由侵权人予以赔偿；二是参照知识产权法的相关规定，在被侵权人的财产损失或侵权人获益无法确定的情况下，人民法院可在50万元以下根据具体案情作出裁量。

上述规定的主要理由是：第一，要认识到侵权民事诉讼所具有的外部效用。针对侵权人的民事诉讼具有一定的外部性，尤其是原告胜诉的案件，在倡导正确的网络观念、确立良好的网络行为规范、建立规范的网络秩序等方面，具有重要作用。因此，合理分配维权成本有利于促进网络秩序的良性循环。第二，网络侵权诉讼的维权成本比较高，主要体现在确定侵权人身份的成本高、取证成本高、律师费用高等几个方面。第三，在侵害人身权益的案件中，被侵权人往往并无具体的财产损失或者不能证明具体的财产损失，结果造成维权成本过高、违法成本过低的不平衡状态。第四，将律师费用等维权费用作为财产损失的赔偿范围，符合《侵权责任法》的全部赔偿原则或填平原则。第五，侵害法人商业信誉、名称权等案件与侵害商标权、著作权等案件相比，被侵权人的损失往往更大。

另外，关于五十万元的赔偿上限问题，适用时需要注意：首先，在证明责任上，原告有义务证明自己的损失数额。但是，原告可能会因损失较小而不提出证据证明并意图获得该五十万的赔偿上限。此时，被告可以通过证明原告的损失或者自己的收益作为对抗原告试图获得赔偿上限的一种手段。换言之，被告的收益既是原告的攻击手段，也是被告的防御手段。其次，只有在原被告就损失和收益皆无证据证明的情况下，才由法官自由裁量。最后，所谓五十万元的赔偿上限，并非在每一个案件中都是按照上限予以赔偿，人民法院应当根据案件的具体情况在五十万元以内酌情确定，需要考虑的因素包括侵权人的过错程度、侵权行为及其方式、损害后果及其影响等等。

(撰稿人：杨临萍　姚　辉　姜　强)

解读《最高人民法院关于审理利用信息网络侵害人身权益民事纠纷案件适用法律若干问题的规定》修正条文

一、关于适应性修改条文的说明

1. 引言：《民法典》实施后，《民法通则》《侵权责任法》同时废止，因此在对本司法解释进行修改时，将其引言相应修改。

2. 第二条（原第三条）：对照《民法典》，将"侵权责任法第三十六条第二款、第三款"修改为"民法典第一千一百九十五条、第一千一百九十七条"。

3. 第四条（原第六条）：将"侵权责任法三十六条第二款"修改为"民法典第一千一百九十五条第二款"。同时，为与《民法典》的上述规定相衔接，本条规定将网络服务提供者采取的删除、屏蔽、断开链接等必要措施是否及时的认定依据进行相应修改，将"根据网络服务的性质"修改为"根据网络服务的类型和性质"。

4. 第十一条（原第十七条）：将"侵权责任法第二十条和第二十二条"修改为"民法典第一千一百八十二条和第一千一百八十三条"。

二、关于重点修改条文的修改说明和理解与适用

（一）第五条（原第七条）

【修改内容】

本条共有两处修改：一是网络用户实施侵权行为后，网络服务提供者根据权利人的通知采取相应措施，网络用户就此请求网络服务提供者承担违约责任或者侵权责任时，明确网络服务提供者进行抗辩的事由是《民法典》第一千一百九十五条第一款规定的有效通知；二是删除原第二款规定。

【修改说明】

本规定是关于网络服务提供者接到权利人通知后及时采取措施的法律后果的规定，原是对《侵权责任法》第三十六条的解释。《民法典》第一千一百九十五条在《侵权责任法》第三十六条的基础上完善了相关规则。为与《民法典》的规定相衔接，本条进行修改。

【理解与适用】

1. 网络言论自由与他人合法权益的平衡保护

互联网是继报纸、广播、电视之后的第四媒体，但影响却远远超过前几种媒体，它提供了一个开放性的、去中心化的、交互性的、自由的信息平台，更

为重要的是，它为公民和其他社会主体提供了一个交流思想、表达见解、反映诉求、声张权利的私有或公共的空间，为人类意志的自由表达提供了一个前所未有的畅通渠道。网络为言论自由释放了一个比以往任何媒介都更广阔的、更民主的空间，借助网络不仅能及时全面地接触社会信息，还能方便表达意愿，从而形成观点的交流、思想的碰撞。正是基于此，各国虽均感到互联网对传统社会治理带来较大的冲突和压力，但在互联网规制上均较为慎重。

毋庸讳言，网络为言论自由表达提供了很好的话语平台，给言论自由的释放提供了比以往媒介更广阔的、更民主的空间。然而，也不能忽视其潜在的负面效应。由于其自由开放，由于其隐匿和虚拟，缺少现实法律和道德的束缚力量，很多在现实社会不敢发表和实施的言行却在网上恣意妄行、大胆而开放，现实的压力和不良情绪都可能在网上得到无限制的释放，口诛笔伐，甚至群暴群殴群踩，形成网络暴力。这些符号化、虚拟化的网络用户潜隐在网络空间自由和恣意宣泄自己的思想、观点和情绪时，可能已经触碰到他人自由的边界，侵害到其他主体的合法权益。

无论在理论上还是实践中，自由表达其实均有其公认的边界。网络的普及，让私人信息大批量地进入公共领域，其表现出的只是一个松散、开放和具有弹性的交往平台。但即便如此，言论自由也不能成为道德失控的借口，不能成为侵犯他人基本权利的依据。因此，合理界定网络言论自由的边界，平衡保护网络言论自由与他人合法权益是网络侵权责任法律规则的重要任务。

2. 避风港原则

网络服务提供者是一个概括性表述，既包括提供接入、缓存、信息存储空间、搜索以及链接等服务类型的技术服务提供者，也包括主动向网络用户提供内容的内容服务提供者，还包括在电子商务中为交易双方或者多方提供网络经营场所、交易撮合、信息发布等服务，供交易双方或者多方独立开展交易活动的电子商务平台经营者。① 在传统的规制中，政府主导的规制面对的只有直接的侵权主体，而网络空间的规制却构成了一个三元的规制框架，即网络用户—网络服务提供者—政府。② 对网络用户侵权的规制与传统规制相比，除技术的差别外并无太大差异，但对网络服务提供者的规制却面临着两难处境：一方面，它是网络空间的服务者，维持着网络运行，推动着网络技术进步，代表着信息技术发展的方向，承载着知识经济发展的重任，保证其权利是社会公共利益的选择，若使其承担过重的法律责任，可能阻碍互联网的发展；另一方面，它又可能因为责任限制的缺失而疏于自己的注意义务，造成民事主体权益受到

---

① 黄薇主编：《中华人民共和国民法典释义及适用指南（下）》，中国民主法制出版社2020年版，第1823页。

② 参见陈道英：《我国网络空间中的言论自由》，载《河北法学》2012年第10期。

侵害，从而成为间接侵权人或直接侵权人，成为不当利益贪婪的获取人。"就网络用户的行为而言，如果不与网络服务提供者的不作为相结合，网络侵权的行为是很难发生或扩大的。"① 即使如此，由于网络传播极为迅速的特点，要求网络服务提供者完全防止侵权信息在网络上出现也是极为困难的。因此，法律上无法为其确立特别的注意义务，其只能负有一般性的审查义务。同时，作为平台或载体的网络服务提供者，其也必然面临上文叙及的权利抉择处境：一方面，根据明示或默示合同进入网络空间、享有表达自由权的网络用户，网络服务提供者享有的规制权利极其有限，否则其可能构成侵权或违约；另一方面，一旦网络用户的自由行为触及他人自由权益的底线，网络服务提供者即使不构成直接侵权，也可能成为间接侵权人而被追究责任。

正是政府规制的两难选择和网络服务提供者面临的权利抉择困境，促生了关于网络服务提供者中介责任的限制理论。其实，网络服务提供者的注意义务有一个由严格日益走向宽松的过程。20世纪90年代，随着知识产权尤其是著作权客体的数字化，网络上的盗版现象较为猖獗。为此，作为受害人的版权人利益集团开展了强大的游说和起诉工作，希望通过法律途径将新技术给传统商业模式带来的冲击和损害降到最低，当时的法院和立法者也一定程度上采纳了他们的意见，认为网络服务提供者应当如图书馆或图书销售商一样，需对网络平台上的内容承担合法性审查义务，并在侵权责任认定方面，适用了与一般侵犯版权相同的严格责任归责原则。但随着人们对网络媒体自身特性及严格的司法责任认定对互联网发展所起制约作用的认识，法律对网络服务提供者的责任认定标准发生了相应的变化。在1995年年底发生的一起针对BBS经营者所提起的版权侵权之诉中，美国法院认为，如果网络服务提供商在侵权中的作用不过是建立和运行一种维持网络正常运输所必需的系统，那么让无数这样的当事人陷入责任之中即是不明智的，因为让整个因特网为侵权行为负责并不能有效地制裁和预防侵权行为。②

1998年美国通过《美国千禧年数字版权法案》，该部法律对规制网络服务提供者提供了全新的责任认定标准，其首创的"避风港"制度影响极为深远，其中又以"通知和删除"机制影响最大，一度成为避风港制度的代称。③ 避风港制度实质上就是网络服务提供者责任限制的一种待遇，表现在诉讼上是一种法定的抗辩事由。网络服务提供者要想享受责任限制的待遇，必须满足两个基本条件：一是网络服务提供者必须拒绝为反复实施侵权的用户提供服务；二是

---

① 王利明：《侵权责任法研究（下）》，中国人民大学出版社2011年版，第118页。
② 参见梅夏英、刘明：《网络侵权责任的现实规制及价值考量——以〈侵权责任法〉第36条为切入点》，载《法律科学》2013年第2期。
③ 参见薛虹：《网络服务提供者中介责任"避风港"的比较研究》，载《中国版权》2011年第4期。

网络服务提供者不得干预版权人采取的标识或保护其版权作品的技术措施。该法创设的"通知制度"规定，一旦接收到权利人所发送的符合法定标准的通知，网络服务提供者就必须采取措施删除侵权信息或者断开该信息的链接，如果做到了这一点，即应视为其尽到了合理注意义务，可以免除其责任。① 作为免责性质的条款，避风港制度的适用一般针对两种法律责任：一是版权责任，包括直接或间接侵权责任；二是有关网络用户的法律责任。如果网络服务提供者根据侵权通知，或明显的侵权事实，善意移除嫌疑用户的网络内容，任何人都不能针对网络服务提供者提起诉讼，即使该用户事后被证实并不构成侵权。换句话说，避风港条款并不是对网络服务提供者版权责任的最终确定，而仅是为其提供了新的抗辩理由，告诉网络服务提供者怎样可以避免版权责任。如果网络服务提供者无法满足避风港的要求，也不一定意味着一定会承担责任，其仍可能通过传统的合理使用、时效、非实质性侵权使用等抗辩理由以逃脱版权责任。

《德国多媒体法》将网络服务提供者分成接入服务提供者及主机服务提供者两类。对前者，该法规定其原则上不为第三方的侵权行为承担任何责任，但其如果得知侵权内容存在，仍有依照一般法律义务阻止侵权内容继续使用的职责；而对后者，该法规定需要具备两个条件才可使其承担侵权责任，即该服务提供者知道非法内容存在于服务器上，并且在技术上可能、在情理上应当阻止非法内容被继续使用，但是却没有阻止的情况下，才承担责任。随后，《欧盟电子商务指令》也规定了类似通知制度，即网络服务提供者在被告知或自己得知非法行为的存在时，必须立即清除有关信息，或阻止对该信息的获取。清除有关信息或阻止获取有关信息的时候必须尊重表达自由的原则，并且遵守各国对此规定的必要程序。②

我国法律、法规对避风港规则的借鉴经过了一个由模糊到明确的过程。2000年最高人民法院公布的《最高人民法院关于审理涉及计算机网络著作权纠纷案件适用法律若干问题的解释》（法释〔2000〕48号）（现已失效）第五条规定："提供内容服务的网络服务提供者，明知网络用户通过网络实施侵犯他人著作权的行为，或者经著作权人提出确有证据的警告，但仍不采取移除侵权内容等措施以消除侵权后果的，人民法院应当根据民法通则第一百三十条的规定，追究其与该网络用户的共同侵权责任。"该条规定并没有明确规定网络服务提供者在某种情况下不承担责任，但从反面规定了其在何种情况下承担责

---

① 高圣平主编：《〈中华人民共和国侵权责任法〉立法争点、立法例及经典案例》，北京大学出版社2020年版，第36页。

② 高圣平主编：《〈中华人民共和国侵权责任法〉立法争点、立法例及经典案例》，北京大学出版社2020年版，第36页。

任,学者一般认为该条款暗含着避风港规则,为法院适用该规则留下了空间。2005年国家版权局、原信息产业部公布实施的《互联网著作权行政保护办法》第十二条规定:"没有证据表明互联网信息服务提供者明知侵权事实存在的,或者互联网信息服务提供者接到著作权人通知后,采取措施移除相关内容的,不承担行政法律责任。"该规定明确了符合某些条件的情况下可以排除网络服务提供者的行政责任。2006年国务院公布实施的《信息网络传播权保护条例》(已被修订)第二十条、第二十一条、第二十二条、第二十三条具体规定了网络服务提供者在提供自动接入服务、自动传输服务、自动存储、提供信息存储空间、提供搜索与链接服务等方面不承担赔偿责任的情形,显然已对所借鉴的避风港规则作出了细化处理,这是我国避风港规则正式确立的标志。需要说明的是,该条例于2013年作出修订,但上述规则并未改变。2010年颁布实施《侵权责任法》,作为侵权责任领域的基本法,对于网络服务提供者的责任虽只是原则性规定,并没有特别具体的规定,但从规定内容看,仍然是在未采取必要措施的情况下才承担民事责任,体现了"通知删除"模式,这被认为是避风港原则引入一般网络侵权领域的体现。《民法典》第一千一百九十五条承继了《侵权责任法》第三十六条规定的基本精神,对"避风港"规则进行了完善和细化,主要体现在:一是将被侵权人修改为权利人;二是在"通知—取下"程序中增加规定权利人通知所包含的必要信息;三是增加规定网络服务提供者接到通知后的及时转送义务;四是增加规定权利人错误通知的侵权责任。①

3. 网络服务提供者的抗辩事由和义务

据《民法典》的内容,本规定也作出相应的修改。第一处修改是将"网络服务提供者以收到通知为由抗辩的,人民法院应予支持"修改为"网络服务提供者以收到民法典第一千一百九十五条第一款规定的有效通知为由抗辩的,人民法院应予支持"。此处修改的关键问题是何为有效通知。根据《民法典》第一千一百九十五条的规定,权利人的通知应当包括构成侵权的初步证据以及权利人的真实身份信息,《民法典》作出上述规定目的是减少或者避免恶意通知损害网络用户合法权益的情况。如果缺少上述内容的通知,并不能构成有效通知。网络服务提供者以收到有效通知主张免责的,才能得到人民法院的支持,反之则不能得到支持。第二处修改是删除原第二款规定。这涉及对网络服务提供者义务的理解。根据《民法典》第一千一百九十五条规定,网络服务提供者的义务包括两方面。第一,要及时将权利人通知转送相关网络用户。这是因为,权利人发出通知是其单方的行为,无法确定相关信息是否对其构成侵权,网络服务提供者将通知转送相关网络用户之后,便于网络用户依法维护自身权

---

① 最高人民法院民法典贯彻实施工作领导小组主编:《中华人民共和国民法典理解与适用侵权责任编》,人民法院出版社2020年版,第266页。

益。第二,根据构成侵权的初步证据和服务类型采取必要措施,以达到在技术能够做到的范围内避免相关信息进一步传播。由于《民法典》第一千一百九十五条新增了网络服务提供者的通知转送义务,这就意味着即使没有网络用户的请求,网络服务提供者也应当主动履行这一义务,《民法典》上述新增规定与本条规定原第二款关于"被采取删除、屏蔽、断开链接等措施的网络用户,请求网络服务提供者提供通知内容的,人民法院应予支持"的规定相比,这种义务更为严格。本解释在2014年制定时,之所以没有将网络服务提供者的通知转送义务规定为一般性通知转送义务,主要原因在于,在社交媒体高度发达、海量信息即时产生、网络匿名性仍然普遍存在的背景下,这种通知义务会造成网络服务提供者的过重负担。同时,赋予被采取措施的网络用户要求网络服务提供者、通知人披露通知的请求权,并不会对其维护自身权利形成障碍。① 应当看到,近些年来,随着国家对互联网生态治理力度不断加大,一些领域已经进行实名认证,而互联网技术也在不断进步,在当前的条件下要求网络服务提供者进行一般性的通知转送的基础条件与2014年相比已经发生了变化,与此同时,错误通知、恶意通知的事件也高发频发,反向侵害网络用户合法权益。《民法典》的上述规定,更有利于平衡保护各方主体合法权益。本规定原第2款删除之后,网络用户可以依据《民法典》第一千一百九十五条第二款规定主张权利。

(二)第六条(原第九条)

【修改内容】

本条规定共有两处修改:一是将认定网络服务提供者与网络用户承担连带责任的法律依据由《侵权责任法》第三十六条修改为《民法典》第一千一百九十七条;二是将认定网络服务提供者与网络用户承担连带责任的主观构成要件由"知道"网络用户利用网络服务侵害他人民事权益修改为"知道或者应当知道"网络用户利用网络服务侵害他人民事权益。

【修改说明】

本条规定是关于网络服务提供者与网络用户承担连带责任时其过错标准认定的指引性规则。本解释出台时,《侵权责任法》第三十六条是本条规定的法律依据,《民法典》第一千一百九十七条将《侵权责任法》第三十六条中的网络服务提供者与网络用户承担连带责任的主观构成要件由"知道"修改为"知道或者应当知道"。为与《民法典》第一千一百九十七条规定的表述一致,本条规定作出修改。

---

① 最高人民法院民事审判第一庭编著:《最高人民法院利用网络侵害人身权益司法解释理解与适用》,人民法院出版社2014年版,第125页。

【理解与适用】

《民法典》第一千一百九十七条对《侵权责任法》第三十六条关于网络服务提供者与网络用户承担连带责任的主观构成要件的修改，并非实质性修改。立法机关认为，《侵权责任法》第三十六条中使用的是"知道"，从解释上，包括"明知"和"应知"两种主观状态，多年来，法院在审判实践中也是这样操作的。在编纂《民法典》过程中，有的意见建议将"知道"修改为"知道或者应当知道"，表述更清楚。经研究采纳了这个建议，这样修改内涵没有变化，但更清楚明了，也保持了不同法律之间用语的统一。① 需要注意的是，尽管本条规定修改前采用的是"知道"的表述，但并不意味着本条规定列举的具体情形仅为"明知"的情形。实际上，本条规定关于网络服务提供者主观构成要件的标准，包括"明知"和"应知"两种类型，其中，第一项是"明知"标准的规定，第二～六项是"应知"的判断标准，第七项属于兜底条款。

准确理解和适用本条规定的关键在于"知道"和"应当知道"的判断标准。由于网络具有开放性的特征，网络信息十分庞杂，对于网络服务提供者来说，一般不要求其进行普遍性的审查。对于网络服务提供者的注意义务，国际社会通行的标准是"红旗规则"，即只有当侵权事实在网络空间中像红旗一样明显时，方可根据侵权事实发生的具体环境推定网络服务提供者对侵权事实知道并要求其采取必要措施制止侵权行为，这也就是"知道"或者"应当知道"的含义。本条规定结合立法起草和司法实践的情况，对"知道"和"应当知道"的判断标准作出指引性规定。

第一，网络服务提供者是否以人工或者自动方式对侵权网络信息以推荐、排名、选择、编辑、整理、修改等方式作出处理。一般而言，权利人向网络服务提供者发送符合规定的通知即可认定网络服务提供者明知网络用户侵权。此种情形下，因有"通知"这一外在表征而较易判断网络服务提供者的主观状态。而在被侵权人未通知或通知之前，要判断网络服务提供者知道侵权是比较困难的，如果网络服务提供者已经对侵权信息采取一定手段进行处理，无论此种处理是自动方式还是人工方式，都应当认定为网络服务提供者已经明确知道。

第二，网络服务提供者应当具备的管理信息的能力，所提供服务的性质、方式及其引发侵权的可能性大小。这属于网络服务提供者的自身因素。网络服务提供者不同的服务类型、经营模式和管理能力会影响过错的判定。相比提供其他技术服务的网络服务提供者，提供接入、缓存服务的网络服务提供者"知道"的标准应当更加严格。接入服务连接着网站和网络用户，所有网络信息包

---

① 黄薇主编：《中华人民共和国民法典释义及适用指南（下）》，中国民主法制出版社2020年版，第1829页。

括侵权信息都需要通过接入服务才能得以传输,但这种传输是即时的,信息量十分庞大,该类型网络服务提供者无法一一核实,如果认定标准过于宽泛,可能会使接入服务提供者承担过重的责任,影响普遍接入服务。对于搜索引擎、信息存储空间、P2P 文件传输服务提供者提供的信息收集、整理、分类服务,如果是纯客观的分类,不能推定网站知道或者应当知道侵权内容;如果按照主观分类,可以推定网站知道或者应当知道,容易判断其是否有过错。如果上传的侵权内容显示在提供存储空间服务网站的首页,则任何网络服务提供者的管理能力均足以达到发现侵权信息的程度,法院可以认定其有过错。对于电子商务交易平台如淘宝网上有几千万个商家,其中一个商家在其自家网页广告宣传中侮辱、诋毁其他同类商家的商品,法院不能推定淘宝网知道或者应当知道。

第三,网络信息侵害民事权益的类型及明显程度。涉嫌诋毁他人名誉、不当使用他人肖像、违法公布他人个人信息等行为,不经法院审理,有时难以准确判断是否是侵权行为,网络服务提供者不是司法机关,不应要求其具有专业法律素养,更不能要求其对用户发布的信息一一核实。但是,对于家庭地址等信息被公布,这种侵害隐私权的判断就比较容易。

第四,网络信息的社会影响程度或者一定时间内的浏览量。网络信息的社会影响程度与其一定时间内的浏览量相匹配,浏览量大,证明社会影响大,网络服务提供者知道侵权事实的可能性就大。

第五,网络服务提供者采取预防侵权措施的技术可能性及其是否采取了相应的合理措施。目前,自动抓取等技术已经普及,如果网络服务提供者采用预防措施的成本较低,则其"知道"义务的范围就越广。当然,与著作权等权利不同的是,由于侵害人格权的类型多种多样,目前网络服务提供者在预防侵犯人格权信息方面的措施和技术仍然较少,但本条规定具有一定的前瞻性,即随着技术的发展,采取预防措施的能力可能会大大提高、预防措施的成本会大大降低,在此情形下,该判断因素即具有适用性。

第六,网络服务提供者是否针对同一网络用户的重复侵权行为或者同一侵权信息采取了相应的合理措施。虽然侵权人多次发布侵权信息多数并不能单独作为判断网络服务提供者知道的判断标准,但是作为一个综合考虑因素,仍有在个案中发挥作用的空间。

第七,就其他相关因素而言,需要结合个案加以判断。在根据该条规定认定网络服务提供者是否应知其网络用户侵害人格权益时,司法解释中规定的考虑因素并不需要机械地全部进行考虑。特别是对于"应当知道"标准的把握,

人民法院应当根据个案的具体情况,综合考虑平衡保护互联网行业健康发展与权利人合法权益的价值取向,选择合理的判断标准。

(三) 第十二条（原第十八条）

【修改说明】

本条是关于利用网络侵害人身权益应赔偿的财产损失范围的规定。《民法典》第一千一百八十二条是关于侵害他人人身权益造成财产损失后赔偿数额应如何认定的规定。本条规定根据《民法典》的上述规定对相关文字表述进行修改。此外，依据《民法典》第一千一百八十三条的规定，精神损害赔偿是独立于财产损害赔偿的项目，本规定仅适用于财产损害赔偿，而不适用于精神损害赔偿，故删除原第三款规定。

【理解与适用】

侵害人身权益的财产损害赔偿，是指侵权人因侵害民事主体人格权、身份权等权利而造成的财产损害赔偿。《民法典》第一千一百八十二条规定："侵害他人人身权益造成财产损失的，按照被侵权人因此受到的损失或者侵权人因此获得的利益赔偿；被侵权人因此受到的损失以及侵权人因此获得的利益难以确定，被侵权人和侵权人就赔偿数额协商不一致，向人民法院提起诉讼的，由人民法院根据实际情况确定赔偿数额。"可以说，该条对侵害人身权益的财产损害赔偿作出了概括性的规定，确定了侵害人身权益的财产损害赔偿的规则。本条规定进一步细化规定了通过信息网络侵害他人人身权益导致的财产损失的范围，将被侵权人为制止侵权行为所支付的合理费用及特定情况下的律师费纳入财产损失范围内，符合侵权责任法理论上的完全赔偿原则，即只要与侵权行为有因果关系的损害，都应当予以赔偿，以使受害人恢复到如同损害没有发生时的状态。

1. 为制止侵权行为所支付的合理费用

利用信息网络侵害人身权益的案件中，由于人身权益的保护对象是抽象、无形的，因此，其受侵害时并没有像有形财产那样直接表现为财产的毁损或灭失。但并不能片面地认为侵犯人身权益的行为没有导致财产损失，此时的财产损失主要表现为因侵权行为使被侵权人多支出的费用。如被侵权人为制止侵权行为支出的调查、取证的合理费用，这部分费用是因为侵权行为而增加的，是为恢复权利的必要支出，应列入财产损失的范围，由侵权行为人承担赔偿责任，这同时也体现了完全赔偿原则的要求。

2. 律师费

律师费是诉讼当事人为聘请律师为自己提供法律服务所支付的费用，一般包括按固定收费标准收取的费用和其他费用，如差旅费等。随着民事诉讼的专业化程度越来越高，律师费越来越成为民事诉讼的一项必要支出。关于民事诉讼中律师费的负担，在世界范围内主要有三种模式：第一种是以法国、德国等一些大陆法系国家以及英国等国家为代表的败诉方负担模式。第二种是以美国为代表的律师费各自负担为主、根据申请单独判决为辅的模式。第三种是以日本为代表的，以各自负担为主、但有明确例外规定的模式。并且，已有案例作出了新的突破。比如，日本最高法院有判决认为，侵权行为的被害者，为了保护自己的权利不得已提起诉讼时的律师费用，是与侵权行为有相当因果关系的损失，可以向当事人请求赔偿。

律师费应当由谁来承担，在我国律师法及律师收费制度中都没有明确规定，也没有其他法律法规作出具有普遍约束力的规定。但是近几年最高人民法院出台的司法解释，在个别领域对民事诉讼律师费由败诉方承担有明确规定。比如，在知识产权领域，2010修改后的《著作权法》第四十九条规定："……赔偿数额还应当包括权利人为制止侵权行为所支付的合理开支。"《商标法》《专利法》也作出相应的规定。其后，相应的司法解释明确了"支出的合理开支"的具体范畴。如《最高人民法院关于审理著作权民事纠纷案件适用法律若干问题的解释》第二十六条第一款规定："著作权法第四十九条第一款规定的制止侵权行为所支付的合理开支，包括权利人或者委托代理人对侵权行为进行调查、取证的合理费用。"第二款规定："人民法院根据当事人的诉讼请求和具体案情，可以将符合国家有关部门规定的律师费用计算在赔偿范围内。"《最高人民法院关于审理商标民事纠纷案件适用法律若干问题的解释》第十七条也作出了相应的规定。知识产权领域的这一规定，是在我国加入WTO的大背景下，根据TRIPs协议的精神作出的调整。这样规定一方面坚持了我国诉讼制度和最高人民法院的一贯做法，谨慎地对待这个问题，在整体诉讼制度上有所协调；另一方面又符合TRIPs协议规定的精神，根据诉讼请求和具体案情可以将律师费计算在赔偿数额内，履行了我国在加入世贸组织谈判中的庄严承诺。而在律师费前用了"符合国家有关部门规定"的表述，使规定更加稳妥，以避免在经验不足的情况下法官不好掌握或者自由裁量施之过宽的情形。可以说，知识产权领域"将合理诉讼费纳入损害赔偿范围"的实践取得了良好的法律效果和社会效果。本条规定充分借鉴了知识产权领域的做法和经验，规定"人民法院根据当事人的请求和具体案情，可以将符合国家有关部门规定的律师费用计算在赔偿范围内"，遵循侵权责任的完全赔偿原则，对民事主体的权益施以更加完备的保护，同时也顺应了立法和司法的发展需要。

3. 限额赔偿

限额赔偿是指在权利人损失以及侵权人获利均难以确定或者在权利人直接请求适用的情况下，依据与侵权行为相关的一些因素在一定幅度内酌情确定条件的赔偿方法。这是在司法实践中发展起来的一种赔偿损失的新思路，其原则是强调"合理的赔偿"。《民法典》第一千一百八十二条规定，侵害人身权益的财产损失按照所受损失或者侵权人所得利益两种方法计算，如果两种方法都难以确定的，且被侵权人和侵权人不能协商一致的，由人民法院根据具体情况确定。在利用网络侵害人身权益的案件中，不少情况下被侵权人确实有财产损失但无相关证据支持。为此,有必要规定一个赔偿上限,以便于人民法院作出裁判。本条解释规定50万元的上限,主要考虑为:一是在侵害企业法人商誉权、名称权的案件中,此类案件与侵害商标权、著作权、专利权造成的损失相比,有时更大。因此,参考知识产权法的相关规定,确定50万元的赔偿上限并不过分高。二是在侵害自然人名誉权、隐私权等案件中,其财产损失虽然不一定明显,但其后果却较为严重,规定50万元的上限有利于人民法院根据具体情况酌情判断。在确定最高限额的情况下,具体的赔偿数额应充分考虑侵权行为人的过错程度、具体侵权行为和方式、造成的损害或影响等因素综合考量确定。

四、关于删除条文的说明

(一)删除原第二条

《民事诉讼法》第二十八条规定:"因侵权行为提起的诉讼,由侵权行为地或者被告住所地人民法院管辖。"2015年《民事诉讼法解释》制定时,对信息网络侵权行为实施地进行了专门规定。根据该解释第二十五条规定,"信息网络侵权行为实施地包括实施被诉侵权行为的计算机等信息设备所在地,侵权结果发生地包括被侵权人住所地。"因此,该条规定已被《民事诉讼法》第二十八条以及《民事诉讼法解释》第二十五条吸收,为避免重复规定,本解释修改时将该条规定删除。

(二)删除原第五条

该规定是关于权利人对网络服务提供者通知内容的规定。关于何为有效通知,《侵权责任法》当时没有明确规定。《民法典》第一千一百九十五条第一款对此作了规定,即通知包括构成侵权的初步证据和权利人的真实身份信息。本条规定与《民法典》第一千一百九十五条第一款规定不一致,故予以删除。《民法典》第一千一百九十五条第一款规定:"网络用户利用网络服务实施侵权行为的,权利人有权通知网络服务提供者采取删除、屏蔽、断开链接等必要措施。通知应当包括构成侵权的初步证据及权利人的真实身份信息。"

(三)删除原第八条

该条规定第一款是关于通知错误情形下权利人应承担责任的规定,已被《民法典》第一千一百九十五条第三款吸收,已无必要保留。第二款是有关网络用户有权请求恢复的规定,与《民法典》第一千一百九十六条规定不一致,予以删除。

(四)删除原第十二条

该条是关于利用网络侵害个人隐私和个人信息应承担侵权责任的规定。《民法典》第一千零三十二至一千零三十九条新增隐私权和个人信息保护的规定,本条内容已经不能完全对应《民法典》的相关规定,故予以删除。

(五) 删除原第十五条

该条是关于雇佣、组织、教唆或者帮助他人发布、转发网络信息侵害他人权益承担连带责任的规定。《民法典》第一千一百六十九条已经规定了教唆、帮助情形下承担连带责任的规定，已无必要重复规定，至于雇佣他人侵权的情形，依据《民法典》第一千一百九十一条、第一千一百九十二条的规定，应由雇主承担侵权责任，故规定行为人承担连带责任没有法律依据。综上，该条整体应予删除。

(六) 删除原第十六条

本条是关于网络侵权中判处侵权人承担赔礼道歉、消除影响、恢复名誉责任的处理，已被《民法典》第一千条吸收，无必要继续保留。《民法典》第一千条规定："行为人因侵害人格权承担消除影响、恢复名誉、赔礼道歉等民事责任的，应当与行为的具体方式和造成的影响范围相当。行为人拒不承担前款规定的民事责任的，人民法院可以采取在报刊、网络等媒体上发布公告或者公布生效裁判文书等方式执行，产生的费用由行为人负担。"

[载最高人民法院民法典贯彻实施工作领导小组办公室编著：《最高人民法院实施民法典清理司法解释修改条文（111件）理解与适用》，人民法院出版社2022年版]

【链　接】

最高人民法院民一庭负责人就《关于审理利用信息网络侵害人身权益民事纠纷案件适用法律若干问题的规定》答记者问

为贯彻党的十八大提出的依法加强互联网管理的精神，充分保护人民群众的合法权益，依法实现开放、自由、规范、有序的互联网秩序，最高人民法院根据《中华人民共和国民法通则》（以下简称《民法通则》）、《中华人民共和国侵权责任法》（以下简称《侵权责任法》）、《全国人民代表大会常务委员会关于加强网络信息保护的决定》（以下简称《网络信息保护决定》）和《中华人民共和国民事诉讼法》（以下简称《民事诉讼法》）等法律的相关规定，结合审判实践，经审判委员会第1621次会议讨论，通过了《最高人民法院关于审理利用信息网络侵害人身权益民事纠纷案件适用法律若干问题的规定》（以下简称《规定》）。值此司法解释公布之际，最高人民法院民一庭负责人就《规定》的有关问题接受了记者的采访。

一、问：最高人民法院于 2014 年 10 月 9 日发布《规定》，请您谈谈为何要出台该《规定》？

答：互联网的快速发展，在丰富人民群众物质文化生活的同时，也带来了一系列的法律问题。从人民法院的审判实践看，利用网络侵害自然人、法人民事权益的案件类型不断涌现，尤其是利用网络侵害他人名誉权、隐私权、肖像权以及企业名誉及商品信誉的案件呈上升趋势，部分案件甚至引起了较大的、有时也是恶劣的社会影响，成为社会热点问题。所以，审理好这类案件，不仅是在个案中实现公平正义的要求，更是利用法治手段规范人们的网络行为、治理网络违法行为、保护民事权益的重要手段。

但是，利用网络侵害他人人身权益的案件，在法律适用上存在诸多难点：一是现行法律关于网络侵权的规定比较原则，在针对性和操作性上，需要细化。例如《侵权责任法》第三十六条①在若干方面就需要进一步具体化。二是在若干问题上，如何根据现行法的原则发展出有效的裁判规则，需要指引。三是网络技术日新月异的发展速度对民事裁判提出了更高的要求，在技术上，需要跟进。四是既要高度重视和充分保护民事主体的人身权益，也要考虑互联网的现实需求和未来发展，在理念上，需要提升。

基于上述背景，针对利用信息网络侵害他人人身权益案件中出现的问题和审判实践的需求，我们在认真总结审判经验的基础上，经过反复调研论证和广泛征求意见，制定出台了《规定》。

二、问：我们注意到，《规定》适用于利用信息网络侵害人身权益的案件，请问这是基于什么考虑？

答：您的观察是准确的。《规定》适用于利用信息网络侵害他人姓名权、名称权、名誉权等人身权益引发的纠纷案件。之所以如此确定《规定》的适用范围，有如下考虑：首先，从侵害姓名权、名誉权等人身权益的法律适用上看，无论是《民法通则》还是关于《民法通则》的司法解释，以及后来最高法院出台的关于名誉权侵权、精神损害赔偿以及人身损害赔偿的司法解释，都从不同角度对侵犯人身权益的行为及责任作出了规定。实践证明，这些司法解释回应了现实需求，为人身权益的保护提供了有效的司法手段。但是，随着互联网技术及产业的发展，利用信息网络侵害人身权益的案件日益增多。应该看到，网络侵权，与用传统手段侵权，尽管两者在侵权的性质上有一致性，但在表现方式上仍具有特殊性。为了应对实践的发展，本司法解释针对"利用信息

---

① 对应《民法典》第一千一百九十四条、第一千一百九十五条、第一千一百九十七条。

网络"实施的侵权行为作出规定。

其次，人身权益保护的极端重要性。在各项民事权益中，人身权益是最重要的民事权益之一，它往往涉及自然人、法人的尊严、名誉等基本人格利益，严重的甚至涉及生命权。在互联网如此发达的今天，利用互联网侵害人身权益造成损害后果的深度、广度和速度，都与传统侵权手段不可同日而语。所以，审理好这些案件，有利于化解矛盾，更有利于建立良好的互联网法治秩序。所以，《规定》将焦点集中在人身权益保护方面。

当然，现实中还有其他类型的涉及互联网的民事案件，这些案件类型存在的各种问题，还需要在实践中进一步梳理和研究，待条件成熟时再作进一步规范。

三、问：在移动互联网普及的背景下，利用网络侵害他人民事权益的案件，在管辖上有无特殊性？《规定》在这方面主要把握了何种原则？

答： 移动互联网的普及，对网络侵权案件尤其是侵害人身权益案件的最直接影响是，管辖地变得几乎无处不在。我国民事诉讼法及其司法解释，规定侵权案件由侵权行为地或者被告住所地人民法院管辖。利用互联网尤其是利用移动互联网发布侵权信息侵害他人人身权益，基于移动互联网本身的特征，会导致管辖法院变得更加广泛和不确定。例如，在理论上，侵权结果发生地可以是任何地方。但是，我们认为，在管辖法院确定问题上，仍然要坚持民事诉讼法所确定的"方便当事人诉讼、方便人民法院审理"的"两便"原则，同时要考虑互联网的技术特征。所以，司法解释规定，侵权行为实施地包括实施被诉侵权行为的终端设备所在地，侵权结果发生地包括被侵权人住所地。司法解释未将实施被诉侵权行为的网络服务器所在地作为管辖地，一个非常重要的原因，是云计算技术的发展、分布式服务器技术的采用等，导致以此作为管辖地具有某些不确定性，并不符合"两便"原则。

四、问：从以往的网络侵权案件中，我们注意到，涉嫌侵权的网络用户往往无法确定，那是不是意味着原告就无法起诉？能不能单独起诉网络服务提供者？

答： 网络侵权案件的另外一个特征是发布侵权信息的侵权人身份往往难以确定。但是，不能因此就减轻对被侵权人的保护。目前，在实践中需要解决的问题是，原告仅起诉网络服务提供者的，应如何处理？我们认为，发布信息的侵权人身份不能确定，并不能妨碍原告根据《侵权责任法》第三十六条第二、三款的规定单独起诉网络服务提供者。当然，在能够确定侵权人且网络服务提供者请求追加其为共同被告或第三人时，人民法院应予准许。这既是《侵权责任法》关于网络用户和网络服务提供者责任承担规定在程序上的逻辑延伸，也是方便被侵权人起诉、方便当事人维权的合理选择。当然，允许追加能够确定的侵权人为共同被告或第三人，也有利于人民法院查明事实和实现实体责任的公平。

五、问：司法解释用专门条文就诉讼中网络服务提供者的告知义务作出了规定，请问是基于何种考虑？

答：在网络侵权案件中，网络服务提供者往往处于左右为难的境地。一方面，网络服务提供者负有对网络用户个人信息的保密义务，这是《个人信息保护决定》所明确规定的。另一方面，认为自己被侵权的主体不少情形下又只能经网络服务提供者获得发布涉嫌侵权的网络用户的个人信息，进而确定被告并对其提起诉讼。所以，如果允许原告有权直接要求网络服务提供者向其提供网络用户的个人信息，则很容易发生借维权之名获取他人个人信息的现象，网络服务提供者也会违反相应的保密义务。但是，在不少情形下，如果网络服务提供者不提供相关个人信息，则被告就无法确定，原告维权就更加困难。司法解释对此问题的处理思路是：已经对网络服务提供者提起诉讼的原告，可请求人民法院依据案件情况，责令网络服务提供者提供涉嫌侵权的网络用户的有关个人信息。所谓根据案件情况，一是要看网络服务提供者是否以涉嫌侵权信息系网络用户发布作为抗辩事由；二是要看原告的此项请求是否合理，与案件审理的相关性；三是要看原告此项请求的可实现性，在技术上的可能性等等。当然，如果人民法院责令网络服务提供者提供相关信息，网络服务者无正当理由拒不提供的，人民法院可以对其采取相关处罚措施。

这种处理方式，整体上看，是对要求网络服务提供者提供涉嫌侵权的网络用户个人信息的请求作出的一种司法上的审查，应该说，它符合人民法院依职权调查取证的规则，也防止了个别人滥用权利，同时有利于网络服务提供者履行法定保密义务。

六、问：人民法院有权对网络服务提供者采取处罚措施，会不会对网络服务提供者科以较重的义务？

答：这里要注意几点：一是这个规则的目的是使可能受到侵权的原告，能够在技术上明确谁是侵权信息的发布者，并进而通过诉讼维护自己的权益。因此，制定此条的目的并不是为网络服务提供者设定一般的披露义务。二是如前所述，并非只要原告人提出，网络服务商就必须提供相关信息，人民法院要对原告的这种请求作出审查和判断，最终由人民法院确定网络服务提供者是否需要提供。三是即使人民法院要求网络服务提供者提供相关信息，网络服务提供者仍有相应的抗辩事由，例如，相关信息已经超过法定的保存期限、在技术上不可能等等。所以，司法解释规定，人民法院对网络服务提供者采取处罚措施的前提是网络服务提供者"无正当理由拒不提供"。

七、问：《侵权责任法》第三十六条第二款规定的最重要制度就是"避风港规则"，对于该规则，《规定》是如何细化的？

答：《侵权责任法》第三十六条是有关网络侵权的最重要的规定，其中第二款规定的避风港规则，在审判实践中遇到的主要问题至少有如下这些：一是被侵权人应当以何种形式通知，通知的内容应当有哪些？这涉及通知的有效性问题。二是如何认定网络服务提供者采取措施是及时的？这涉及网络服务提供者是否免责以及在多大范围内免责的问题。三是是否允许被采取措施的网络用户作出反通知？如果不允许，为什么？这涉及反通知的合理性和必要性问题。四是通知人通知错误导致网络服务提供者错误删除，产生何种后果？这涉及通知人与网络服务提供者之间的责任问题。

以上四个方面的问题，是审判实践中的难点，也是理论上的争议点。《规定》关于这些问题的总体思路是，既要尊重互联网的发展现状，也要正视人身权益保护的紧迫性。所以，在通知的形式上，书面形式和网络服务提供者公示的方式都可以。在通知的内容上，强调通知人有义务明确涉嫌侵权的网络信息的具体地址，从而避免通知内容不明为网络服务提供者造成过重的负担。

关于网络服务提供者采取措施是否及时的判断标准，《规定》采用了结合多个因素综合判断的方式。之所以没有采用固定标准，最重要的原因就在于，采取划一的固定期间标准，既不能与多样态的网络服务相适应，在海量信息的背景下，也可能会为互联网企业造成不合理的负担并产生不必要的纠纷或诉讼，更重要的是，固定期间可能会阻碍合法信息的自由快速传播。

关于反通知程序，《规定》并未采纳。主要原因有：首先，反通知程序不符合人身权益保护即时性的要求。在知识产权领域，侵权行为造成的后果主要是财产权益的损失，大多可以通过赔偿损失来弥补。但是，在名誉权、隐私权等人身权益领域，网络用户反通知后网络服务提供者恢复相关信息这种程序，恰恰会造成难以弥补的损害后果。其次，不采纳反通知程序并不会置网络用户的权利于不顾，被采取措施的网络用户仍有维护自己权益的途径。具体而言，本司法解释在两个方面作出了规定，一是规定被采取措施的网络用户有权要求网络服务提供者提供通知内容。不同于网络服务提供者主动向网络用户提供通知内容的做法，主要是考虑到海量信息、网络匿名导致网络用户常常无法通知等现实因素。应该说，网络用户请求后才披露通知内容，避免了网络服务提供者的过重负担，实现了网络用户的权益保护。二是网络用户因通知人的错误通知而被错误采取措施的，则可以针对通知人提起诉讼。

第四个方面就是错误采取措施的责任。根据《侵权责任法》第三十六条的规定，因错误通知导致网络服务提供者采取措施错误的，网络服务提供者免责，而应由通知人承担责任。从性质上看，利用网络发表意见已经成为互联网时代人们的一项重要的人格利益，因错误通知导致所发布的信息被删除的，则通知人应承担侵权责任。

八、问：《侵权责任法》第三十六条第三款规定网络服务提供者知道侵权行为的，则应当承担连带责任，关键是，在司法实践中应如何认定"知道"？

答：从目前的发展来看，互联网行业已经进入了内容、社区和商务高度结合的形态。这就意味着，很多网络服务提供者尤其是我国较大的网络服务提供者都已经或者正在发展为平台运营商。在这种背景下，如何认定《侵权责任法》第三十六条第三款所规定的"知道"，就要更加慎重。一方面，司法裁判中认定的标准过严，会造成网络服务提供者承担责任过重，并可能会促使网络服务提供者自我审查过严，经营负担加大，并进而影响合法信息的自由传播，不利于互联网的发展。另一方面，司法裁判中的标准过宽，则会导致网络服务提供者怠于履行必要的注意义务，放纵甚至主动实施侵权行为。所以，在兼顾两者的前提下，《规定》采取了多个抽象因素来综合认定网络服务提供者是否"知道"。

应该看到，这种多个因素综合考虑的认定标准，有利于人民法院根据具体案件情况、根据互联网技术的发展现状与时俱进地作出判断，有利于实现权益保护和信息自由传播的多重价值。

九、问：近几年，以微博、微信为代表的社交网络发展迅速，由此产生的自媒体也日益增多，请问，在自媒体的民事责任上，《规定》是否有所反映？

答：微博、微信等近几年迅猛发展的社交网络以及由此产生的自媒体，在传播范围、影响力等各个方面均有超出传统媒体之势。例如，在传播的及时性上，专业媒体或传统媒体所具有的优势在减弱。在信息传播的主体上，现在往往是自媒体先发出声音，产生影响后，传统媒体再跟进，这也与以往大不相同。在信息传播的形态上，以社交网络为媒介的转载等二次传播，影响巨大。

针对这些特征，本司法解释规定，应当根据转载主体的类型、影响范围来判断其注意义务，应当结合注意义务、转载信息侵权的明显程度以及转载者的客观行为判断其过错程度。这一规则，在自媒体时代，符合民事责任应当与主体的类型、影响范围和获益程度相适应的原则。

十、问：我们注意到，基于互联网的传播功能，利用互联网侵害法人或其他组织商业信誉的案件也在增加，本司法解释对此有无涉及？

答：是的，利用微博、微信等社交网络，发布虚假信息，作出不当评论，并借助互联网传播的特点,损害其他经营主体的商业信誉、降低公众对其产品或者服务的社会评价,进而达到降低竞争对手市场份额,提升自己市场占有率,这种行为呈现上升趋势,甚至有产业化的苗头。这些案件,小到对网店商家的恶意评价,大至对某些知名企业专门制造虚假新闻事件,等等。对此,本司法解释明确规定,此种行为构成侵权,应承担赔偿责任。

当然,要看到,此类案件在实践中有两个难点,一是侵权行为的认定难,即如何区分正常的批评与恶意的诋毁诽谤?这需要根据案件的具体情况、社会的一般标准等因素综合判断,不能一概而论。二是损害后果的认定难。如何认定被侵权人因商业信誉被侵害所发生的损失,涉及民事司法手段能否周到保护受害人、惩罚侵权人的问题,需要在实践中继续探索。我们认为,通过积极探索,逐步发展出一些依据较为明确、计算较为简便、损失补偿较为充分的损失确定规则,将是民事审判实践的重要任务。

十一、问: 2012年全国人大常委会通过了《关于加强网络信息保护的决定》,是我国有关网络信息的首部专门立法,请问《规定》在贯彻落实该决定方面有无进一步的举措?

答:《网络信息保护决定》确实具有非常重要的意义,它确立了个人信息尤其是个人电子信息保护的基本原则,即合法、正当、必要的三原则。但是,应该看到,在互联网时代,个人信息尤其是个人电子信息的保护正面临着诸多挑战。一是在个人信息的收集上,现行法律环境和互联网的发展导致个人信息的收集几乎无处不在。二是个人信息的利用,在广度、深度上都发生了实质性的飞跃,大数据技术已经成为互联网发展的重要推动力。三是个人信息的内涵、外延都在发生着深刻的变化,它的内涵越来越丰富,范围越来越广。

基于这些背景,《规定》在个人信息保护方面,用一个条文作出了规定,主要特点是:

一是在针对的事项上,鉴于本解释重点在于规范利用信息网络侵害人身权益的行为,因此在个人信息方面,主要针对利用信息网络侵害他人信息权益的行为。

二是在调整的行为上,本解释仅调整利用信息网络公开个人信息的行为,而未涵盖收集、利用等行为类型。原因在于,通过民事司法保护个人信息,有其内在的制度要求,例如,针对非法收集、利用个人信息的行为,如果在立法上无集体诉讼制度、公益诉讼等制度辅助,则实践中通过民事诉讼方式实现权益保护就比较困难。再如,仅违法收集个人信息造成何种损害、作出何种赔偿、是通过行政手段治理更加有效还是通过民事诉讼手段更加合理,也需要立法上予以明确,等等。但是,通过信息网络非法公开个人信息的案件,在实践中已经发生,在法律上也应当承担侵权责任,应无异议。

三是列举了一些较为敏感的个人信息，强调其保护的重要性。基因信息、病历资料、健康检查资料、犯罪记录、家庭地址等，都属于比较敏感的个人信息。这些信息一旦向社会公开，不仅会造成个人难以弥补的损害，而且很多情形下会造成整个社会的不安。

四是明确了一些例外。这些例外，要么考虑到互联网时代个人信息一定程度公开的不可避免，要么考虑到公共利益的要求，要么考虑到当事人的意思自治。总体原则仍然是，合法、正当和必要。

五是本条规定不适用于国家机关公开个人信息的行为。原因在于，国家机关公开个人信息的相关问题，涉及行政法、行政诉讼法的相关内容，不宜通过民事诉讼加以解决。

十二、问：互联网的发展，也带来了一系列的问题，例如现实中以提供非法删帖或发帖服务为代表的灰色产业链问题，请问，本司法解释是如何规制这个问题的？

答：实践中，以非法删帖服务为代表的互联网灰色产业之所以存在，一个非常重要的原因就是互联网技术的不对等性，发布侵权信息的网络用户或者网络服务提供者往往具备技术优势。实践中，这种非法删帖服务主要表现为两种形式。一是发布侵权信息的网络用户即侵权人与被侵权人达成删帖协议，由侵权人提供删除服务，被侵权人支付报酬。对于这种协议的效力，应如何认定？我们认为，按照现行法的规定，侵权人采取删除等必要措施是其法定义务。侵权人利用技术上的优势、利用互联网本身的特点与被侵权人达成协议，显然违背公序良俗，应认定为无效。

二是专门以删帖为业的经营主体，接受他人委托，对特定的网络信息采取篡改、删除等措施。我们知道，在互联网时代，通过互联网发布信息既是民事主体表达意见的一种重要途径，更是一项重要的人格利益。未经网络信息的发布者同意，篡改、删除他人发布的网络信息，就侵害了网络用户的一般人格利益，应当承担侵权责任。委托人、受委托人应承担连带责任。

三是所谓的网络水军问题，常见的形态是，既有组织者、教唆者，也有实施者，在侵权责任的形态上，构成共同侵权，应当承担连带责任。

本司法解释的这些规定，从民事责任角度对这些行为作出规制，而《最高人民法院、最高人民检察院关于办理利用信息网络实施诽谤等刑事案件适用法律若干问题的解释》则从刑事责任角度进行调整，两者并行不悖，相互配合。

十三、问：关于侵权人应如何承担赔偿责任，被侵权人的损失应如何填补等问题，《规定》有哪些新的思路？

答：利用信息网络侵害人身权益的案件，有几个特点：一是维权成本比较高。

维权成本高体现在确定侵权人的成本高、取证成本高、律师费用高等几个方面。二是通过诉讼维护个人权益具有一定的外部性，这些诉讼尤其是原告胜诉的案件，在倡导正确的网络观念、确立良好的网络行为规范、建立规范的网络秩序等方面，有重要作用。因此，合理分配维权成本有利于促进网络秩序的良性循环。三是在侵害隐私权、名誉权等人身权益的案件中，被侵权人往往并无具体的财产损失或者不能证明具体的财产损失，结果造成维权成本过高、违法成本过低的不平衡状态。有鉴于此，《规定》在财产损失的赔偿方面作出了如下规定：一是将维权成本，包括调查取证的合理费用和合理的律师费用作为侵害人身权益的财产损失，由侵权人予以赔偿。二是参照相关规定，在被侵权人的财产损失或侵权人获益无法确定的情况下，人民法院可在50万元以下根据具体案情作出裁量。

最高人民法院
关于审理食品药品纠纷案件适用法律若干问题的规定

(2013年12月9日最高人民法院审判委员会第1599次会议通过 根据2020年12月23日最高人民法院审判委员会第1823次会议通过的《最高人民法院关于修改〈最高人民法院关于在民事审判工作中适用《中华人民共和国工会法》若干问题的解释〉等二十七件民事类司法解释的决定》第一次修正 根据2021年11月15日最高人民法院审判委员会第1850次会议通过的《最高人民法院关于修改〈最高人民法院关于审理食品药品纠纷案件适用法律若干问题的规定〉的决定》第二次修正)

为正确审理食品药品纠纷案件,根据《中华人民共和国民法典》《中华人民共和国消费者权益保护法》《中华人民共和国食品安全法》《中华人民共和国药品管理法》《中华人民共和国民事诉讼法》等法律的规定,结合审判实践,制定本规定。

第一条 消费者因食品、药品纠纷提起民事诉讼,符合民事诉讼法规定受理条件的,人民法院应予受理。

第二条 因食品、药品存在质量问题造成消费者损害,消费者可以分别起诉或者同时起诉销售者和生产者。

消费者仅起诉销售者或者生产者的,必要时人民法院可以追加相关当事人参加诉讼。

第三条 因食品、药品质量问题发生纠纷,购买者向生产者、销售者主张权利,生产者、销售者以购买者明知食品、药品存在质量问题而仍然购买为由进行抗辩的,人民法院不予支持。

第四条 食品、药品生产者、销售者提供给消费者的食品或者药品的赠品发生质量安全问题,造成消费者损害,消费者主张权利,生产者、销售者以消费者未对赠品支付对价为由进行免责抗辩的,人民法院不予支持。

第五条 消费者举证证明所购买食品、药品的事实以及所购食品、药品不符合合同的约定,主张食品、药品的生产者、销售者承担违约责任的,人民法院应予支持。

消费者举证证明因食用食品或者使用药品受到损害,初步证明损害与食用食品或者使用药品存在因果关系，并请求食品、药品的生产者、销售者承担侵权责任的，人民法院应予支持，但食品、药品的生产者、销售者能证明损害不是因产品不符合质量标准造成的除外。

第六条 食品的生产者与销售者应当对于食品符合质量标准承担举证责任。认定食品是否安全，应当以国家标准为依据；对地方特色食品，没有国家标准的，应当以地方标准为依据。没有前述标准的，应当以食品安全法的相关规定为依据。

第七条 食品、药品虽在销售前取得检验合格证明，且食用或者使用时尚在保质期内，但经检验确认产品不合格，生产者或者销售者以该食品、药品具有检验合格证明为由进行抗辩的，人民法院不予支持。

第八条 集中交易市场的开办者、柜台出租者、展销会举办者未履行食品安全法规定的审查、检查、报告等义务，使消费者的合法权益受到损害的，消费者请求集中交易市场的开办者、柜台出租者、展销会举办者承担连带责任的，人民法院应予支持。

第九条 消费者通过网络交易第三方平台购买食品、药品遭受损害，网络交易第三方平台提供者不能提供食品、药品的生产者或者销售者的真实名称、地址与有效联系方式，消费者请求网络交易第三方平台提供者承担责任的，人民法院应予支持。

网络交易第三方平台提供者承担赔偿责任后，向生产者或者销售者行使追偿权的，人民法院应予支持。

网络交易第三方平台提供者知道或者应当知道食品、药品的生产者、销售者利用其平台侵害消费者合法权益，未采取必要措施，给消费者造成损害，消费者要求其与生产者、销售者承担连带责任的，人民法院应予支持。

第十条 未取得食品生产资质与销售资质的民事主体，挂靠具有相应资质的生产者与销售者，生产、销售食品，造成消费者损害，消费者请求挂靠者与被挂靠者承担连带责任的，人民法院应予支持。

消费者仅起诉挂靠者或者被挂靠者的，必要时人民法院可以追加相关当事人参加诉讼。

第十一条 消费者因虚假广告推荐的食品、药品存在质量问题遭受损害，依据消费者权益保护法等法律相关规定请求广告经营者、广告发布者承担连带责任的，人民法院应予支持。

其他民事主体在虚假广告中向消费者推荐食品、药品，使消费者遭受损害，消费者依据消费者权益保护法等法律相关规定请求其与食品、药品的生产者、销售者承担连带责任的，人民法院应予支持。

第十二条 食品检验机构故意出具虚假检验报告，造成消费者损害，消费者请求其承担连带责任的，人民法院应予支持。

食品检验机构因过失出具不实检验报告，造成消费者损害，消费者请求其承担相应责任的，人民法院应予支持。

第十三条　食品认证机构故意出具虚假认证，造成消费者损害，消费者请求其承担连带责任的，人民法院应予支持。

食品认证机构因过失出具不实认证，造成消费者损害，消费者请求其承担相应责任的，人民法院应予支持。

第十四条　生产、销售的食品、药品存在质量问题，生产者与销售者需同时承担民事责任、行政责任和刑事责任，其财产不足以支付，当事人依照民法典等有关法律规定，请求食品、药品的生产者、销售者首先承担民事责任的，人民法院应予支持。

第十五条　生产不符合安全标准的食品或者销售明知是不符合安全标准的食品，消费者除要求赔偿损失外，依据食品安全法等法律规定向生产者、销售者主张赔偿金的，人民法院应予支持。

生产假药、劣药或者明知是假药、劣药仍然销售、使用的，受害人或者其近亲属除请求赔偿损失外，依据药品管理法等法律规定向生产者、销售者主张赔偿金的，人民法院应予支持。

第十六条　食品、药品的生产者与销售者以格式合同、通知、声明、告示等方式作出排除或者限制消费者权利、减轻或者免除经营者责任、加重消费者责任等对消费者不公平、不合理的规定，消费者依法请求认定该内容无效的，人民法院应予支持。

第十七条　消费者与化妆品、保健食品等产品的生产者、销售者、广告经营者、广告发布者、推荐者、检验机构等主体之间的纠纷，参照适用本规定。

法律规定的机关和有关组织依法提起公益诉讼的，参照适用本规定。

第十八条　本规定所称的"药品的生产者"包括药品上市许可持有人和药品生产企业，"药品的销售者"包括药品经营企业和医疗机构。

第十九条　本规定施行后人民法院正在审理的一审、二审案件适用本规定。

本规定施行前已经终审，本规定施行后当事人申请再审或者按照审判监督程序决定再审的案件，不适用本规定。

【注　解】

最高人民法院2013年12月23日公布本规定，法释〔2013〕28号，自2014年3月15日起施行。

最高人民法院2020年12月29日公布《最高人民法院关于修改〈最高人民法院关于在民事审判工作中适用《中华人民共和国工会法》若干问题的解

释〉等二十七件民事类司法解释的决定》第 1 次修正本规定，法释〔2020〕17 号，该修正自 2021 年 1 月 1 日起施行。

最高人民法院 2021 年 11 月 18 日公布《最高人民法院关于修改〈最高人民法院关于审理食品药品纠纷案件适用法律若干问题的规定〉的决定》第 2 次修正本规定，法释〔2021〕17 号，该修正自 2021 年 12 月 1 日起施行。

【 解 读 】

解读《最高人民法院关于审理食品药品纠纷案件适用法律若干问题的规定》

一、问题的提出

为正确审理食品、药品纠纷案件，依法保护消费者的合法权益，2013 年 12 月 9 日，最高人民法院审判委员会第 1599 次会议讨论通过了《关于审理食品药品纠纷案件适用法律若干问题的规定》（以下简称《规定》）。

《规定》的起草主要是出于两个方面的考虑：一是外部因素，即国家对于食品、药品安全的重视；二是内部因素，即解决人民法院在审理食品、药品纠纷案件中遇到的问题，以统一裁判尺度。

（一）外部因素：国家对于食品、药品安全的高度重视

"国以民为本，民以食为天"。食品、药品安全关系到公民的人身健康和生命、财产安全，也关系到社会的稳定与发展。近几年来，我国频繁发生食品、药品安全事件，如"苏丹红""毒胶囊"以及"问题奶粉"等事件，屡屡引发社会公众对食品、药品安全的心理恐慌，对社会稳定和经济发展造成巨大冲击。国家高度重视食品、药品安全问题，在 2013 年 12 月 23 日至 24 日召开的中央农村工作会议上，中央要求用最严谨的标准、最严格的监管、最严厉的处罚、最严肃的问责，确保人民群众"舌尖上的安全"。本规定的制定，立足于依法维护广大消费者的合法权益，引导因食品、药品质量问题、安全问题受到损害的消费者，运用法律手段维护合法权益，同时依法制裁假冒伪劣食品、药品的生产经营者，以构建规范有序、安全放心的食品、药品市场。

（二）内部因素：人民法院审理食品、药品民事纠纷案件的需求

随着食品、药品案件的增多，人民法院在司法实践中遇到的难点问题也日益增多。由于食品、药品纠纷涉及人身损害，不仅会产生违约责任，而且还会产生侵权责任，案件受到《食品安全法》《消费者权益保护法》《合同法》《侵

权责任法》等一系列法律法规的调整，适用法律非常复杂，办案中遇到的程序和实体问题亟待解决。由于各地法院对相关法律条文的理解不同，出现了"同案不同判"的情况，因此，需要通过制定司法解释加以规范。为统一裁判尺度，维护司法权威，《规定》应运而生。这也是由食品、药品民事纠纷案件的特点决定的。食品药品民事纠纷案件具有如下特点：

1. 案件小幅上升，进入诉讼的案件数量并不多

近年来，食品、药品纠纷案件已经成为全国法院民事审判工作中社会关注度较高、涉及范围较广的案件类型。据不完全统计，2010年～2012年，全国法院受理的食品、药品民事纠纷案件共计13216件，占各类消费者权益纠纷案件的6%。其中2010年受理4080件；2011年受理4513件，同比上升9.59%；2012年受理4623件，同比上升2.44%。从上述数据可以看出食品、药品民事纠纷案件逐年呈小幅上升趋势，但是其绝对数量相对其他民事案件而言，数量并不多。这一方面是因为消费者协会作为依法成立对商品和服务进行社会监督并保护消费者合法权益的社会团体，对于处理消费纠纷发挥了较大的作用，前期化解了大量的消费纠纷，有效缓解了消费纠纷进入诉讼的压力。另一方面，从食品、药品民事纠纷案件的特点看，诉讼标的额一般不大，大量的消费属于日常消费，多数为几百、几千元，有些案件甚至只有几元钱，消费者囿于维权成本的考虑，往往会选择与商家协商解决纠纷，而非进入诉讼。

2. 群体性纠纷较多，类型渐趋多元化

消费者与经营者相比处于相对弱势地位，一旦发生经营者损害多数消费者利益的情形，很容易产生群体性纠纷，因为食品、药品若出现质量问题，往往是同批次的产品被众多的人群使用，呈现受害者人数众多的特点。从消费者维权内容看，其类型渐趋多元化，从最初的以食品饮料、化妆日用品等为主，渐渐扩展到药品保健品等内容，并且药品、保健品成为诉讼对象的趋势渐涨。此类案件诉称的问题产品涉及的原因主要有质量问题，生产销售的产品违反了国家法律法规对生产许可证、批号批文等规定，外包装或产品说明书内容不符合法律规定，违反规定添加食品原料，宣传存在误解、欺诈以及服务等。以广州市越秀区人民法院为例，其审理的食品、药品纠纷中，"生产销售的产品违反了国家法律法规对生产许可证、批号批文等规定"和"外包装或产品说明书内容不符合法律规定，违反规定添加食品原料"两个原因所占比重较大，占此类案件的一半以上。但近年来因宣传存在误解或涉及虚假宣传的案子也呈现增加的趋势。

3. 没有统一案由，确定法律关系难，执法尺度不统一

目前最高人民法院发布的《民事案件案由规定》并未将消费者权益纠纷作为类别进行划分。消费者毕竟并非法律专业人士，在主张权利时对选择法律关系往往存在迷茫，甚至无所适从。消费者在立案时，多选择买卖合同纠纷以及

健康权、产品责任纠纷、违反安全保障义务责任纠纷等侵权责任纠纷。案由不同，则意味着不同的法律关系，审理时举证责任、归责原则、赔偿范围也不同，造成执法尺度的不统一。同一纠纷，往往因案由选择不同，而导致最终的裁判结果有所差异。

4. 消费者举证难、鉴定难

《最高人民法院关于民事诉讼证据的若干规定》第4条第6款规定："因缺陷产品致人损害的侵权诉讼，由产品的生产者就法律规定的免责事由承担举证责任。"依照该规定，消费者首先要证明所购产品存在缺陷，且该缺陷与损害后果之间存在因果关系，之后才由生产者就免责事由举证。如何证明产品存在缺陷及因果关系，对于消费者具有一定难度。《产品质量法》第46条规定："本法所称缺陷，是指产品存在危及人身、他人财产安全的不合理的危险；产品有保障人体健康和人身、财产安全的国家标准、行业标准的，是指不符合该标准。"一方面，"不合理的危险"的界定没有明确的标准；另一方面，产品没有保障人体健康和人身、财产安全的国家标准、行业标准的，依照《合同法》的规定，应"按照通常标准或者符合合同目的的特定标准履行"。显然，上述两个方面，消费者的理解具有主观性，有时需要依靠法官的自由裁量来确定，有时则必须借助科学的鉴定结论，这就增加了消费者的举证负担。

司法鉴定逐渐成为处理食品安全案件的瓶颈。消费者权益纠纷案件中，当事人之间的争议都集中在因果关系的确定上，而食品与损害结果之间存在因果关系也是进行赔偿的重要的构成要件。现代社会，食品的种类纷繁复杂，在确定因果关系时常常涉及很专业的知识，很多时候不得不依赖司法鉴定。一方面，鉴定费用较高，诉讼成本甚至高于消费者的期待利益；另一方面，难以确定鉴定样品，例如消费者所购产品已全部食用，生产者或经营者提供的新批次的样品，消费者又不予认可，即便确定了鉴定样品，往往不能鉴定出损害结果因产品质量和服务之间唯一而确定的因果关系，损害结果的产生存在多种可能性，这使得法院对因果关系难以作出判定。更为重要的是，法律、法规对司法鉴定的范围、程序等方面规范不够全面，司法鉴定机构的专业水平良莠不齐，导致司法鉴定结论常常存在瑕疵或重大缺陷，难以采信，导致重复鉴定，案件久拖不结。

二、《规定》的制定依据

由于食品、药品纠纷涉及的法律关系非常复杂，可能同时引发民事责任、行政责任和刑事责任，民事责任中又涉及违约责任与侵权责任，因此，制定《规定》的依据包括诸多法律、行政法规和司法解释，仅《规定》第十四条民事责任优先所依据的法律就有四部。但主要依据是《合同法》《侵权责任法》《消费者权益保护法》和《食品安全法》。此外，依据的法律还有《民法通则》

《药品管理法》《产品质量法》《标准化法》等。具体而言,《规定》第十条关于挂靠经营食品是依据《侵权责任法》,同时参照《最高人民法院关于审理旅游纠纷案件适用法律若干问题的规定》和《最高人民法院关于审理道路交通事故损害赔偿案件适用法律若干问题的解释》规定的;《规定》第十二条关于食品、药品检验机构的责任,是依据《药品管理法》第八十七条的规定制定的;《规定》第十三条关于认证机构的责任是依据《认证认可条例》制定的;《规定》第十五条关于价款 10 倍赔偿金是依据《食品安全法》第九十六条制定的;《规定》中的若干程序问题是依据民事诉讼法制定的;《规定》中"霸王条款"的效力认定、虚假广告的责任承担、第三网络平台交易者的责任承担等问题主要是依据 2013 年修订的《消费者权益保护法》制定的。

三、《规定》的适用范围

《规定》适用的范围很广泛。消费者与食品、药品的生产者、销售者、广告经营者、广告发布者、推荐者、检验机构、认证机构等主体之间因购买、食用食品或者使用药品发生的纠纷均适用《规定》。需要说明的是,只要消费者与食品、药品的生产者、销售者之间因购买、食用食品或者使用药品产生的合同纠纷或侵权纠纷都可适用本解释,而不仅仅局限于因食品、药品的质量安全问题引起的纠纷。民事司法解释更侧重于对消费者损失的补偿,因此,从更好地维护消费者权益的角度出发,即使不存在食品、药品质量安全问题,仅造成财产损失的,也可适用《规定》。依照《食品安全法》的规定,保健食品、食用农产品也属于食品范畴,故因保健食品、食用农产品引起的质量纠纷也适用《规定》。化妆品、保健品虽不属于药品,但其性质与药品类似,其产品质量直接关系消费者人身健康,故应参照适用《规定》。民事诉讼法确立了公益诉讼制度。2013 年修订的《消费者权益保护法》进一步规定了消费者协会有权提起公益诉讼。有诉讼主体资格的消费者协会组织因群体性食品、药品安全事故提起的公益诉讼,实际上是代替消费者诉讼,其本质也属于消费者维权。因此,《规定》明确消费者协会依法提起公益诉讼的,参照《规定》处理,这正是顺应《民事诉讼法》和《消费者权益保护法》的修改,以更好地维护消费者权益。

四、《规定》中的重点与难点问题解析

(一)案件受理

食品、药品民事纠纷案件,当事人面临的第一个难题就是起诉难。由于食品药品质量问题比较专业,在司法实践中,有法院认为,对于食品、药品是否符合质量合格标准,应当以行政机关的认定为依据。我们认为,从《民事诉讼法》的规定看,《民事诉讼法》并未对起诉食品、药品的生产者、销售者作任

何限制条件,因此,食品、药品民事纠纷案件不适用行政前置程序,否则,就是不适当地剥夺了消费者的诉权。为解决食品、药品领域起诉难的问题,《规定》第1条即开宗明义地规定:消费者因食品、药品纠纷提起民事诉讼,符合民事诉讼法规定受理条件的,人民法院应当依法受理。

(二)消费者的求偿权

食品、药品纠纷中,消费者往往最为关心的首要问题是其能够向谁主张权利。在食品、药品纠纷案件中,因食品、药品存在质量问题造成消费者损害,往往会形成违约责任与侵权责任的竞合,根据《合同法》第一百二十二条的规定,消费者只能择其一向人民法院提起诉讼。如果依据《合同法》,以食品、药品的生产者、销售者违反合同约定为由提起诉讼,那么原告应为不合格食品、药品的购买者,被告为食品、药品的销售者。如果依据《侵权责任法》、产品质量法提起诉讼,原告既可以是购买者,也可以是食品、药品的食用者或使用者。被告既可以是生产者、也可以是销售者。为防止生产者与销售者互相推诿责任。消费者可以择生产者或销售者之一起诉,也可以将生产者与销售者同时列为共同被告。

(三)知假买假

对于所谓的"知假买假者"也应是民事赔偿求偿权的主体。在司法实践中对于知假买假者是否应当将其视为消费者存在很大争议。一种意见认为,知假买假主观上虽有牟利企图,但客观上净化了市场,在行政监管不到位的情况下,司法应当给予肯定的态度。另一种意见认为,知假买假者的真正企图不是为了抑制制假售假,而是为了自身利益,甚至有人借此敲诈商家,容易引发道德风险。笔者认为,应将知假买假者作为消费者予以保护。

首先,从消费者的定义来看,消费者的含义比较广泛。而且其是一个相对的概念,消费者是相对生产者、销售者而言的,凡是与生产者或经营者进行交易,从他们手中购买商品,除本身也是经营者外,应被看作生活消费。其应作广义的理解。消费者不仅包括为自己生活需要购买物品的人,也包括为了收藏、保存、送人等需要而购买商品,以及替家人、朋友购买物品,代理他人购买生活用品的人。消费是由需要引起的,消费者购买商品和接受服务的目的是为了满足自己的各种需要,购买商品和接受服务本身体现着消费者一定的经济利益的追求。任何人只要其购买商品和接受服务的目的不是为了将商品或者服务再次转手,不是为了专门从事商品交易活动,其购买行为则属于生活消费,他或她便是消费者。因此,从数量上判断是否为生活消费,恐怕有失偏颇。

其次,从规范市场秩序的角度来说,不管是不是知假买假,这些人买到的确实是有问题的食品,《消费者权益保护法》与《食品安全法》就应该保护。无论知假买假者主观意图为何,其行为客观上是为了保护消费者的权益,维护诚实商家的利益以及公平公正的市场交易秩序和竞争秩序。① 知假买假确实潜移默化地促成了中国消费者的维权意识，改变着消费市场格局。从消费者保护立法的目的来看，是为了强化对消费者的保护。如果坚持知假买假不属于消费者的观点，就会使得消费者的概念过于狭窄，使消费者作为一个整体的利益主体得不到法律的有效保护，也起不到打击不法商人的作用。即便消费者被证明为"知假买假"，从制裁、打击违法经营者，建立健康、规范、有序的市场经济秩序考虑，也应认定"知假买假"者为一般的消费者，给予正常的法律保护。法律不保护"知假买假"的有一定消费知识的人，违反了权利主体资格平等保护的法理学基本原理。

再次，从实务操作层面上看，是否知假买假是个主观判断问题，很难举证。

如果存在知假买假者敲诈商家的情况，属于另外的法律问题，应当适用《刑法》的相关规定，对其进行处理。对于专门以打假为业的职业打假人，情况比较复杂，有待司法实践中审判经验的进一步积累，目前对于其能否像普通消费者一样对待，仍缺乏明确的规定。

(四) 关于食品、药品的赠品引起的纠纷

食品、药品事关消费者的人身安全，即使是赠品，也必须保证质量安全。消费者对赠品虽未支付对价，但是实际上赠品的成本已经分摊到付费商品中。故赠送的食品、药品造成消费者权益损害的，生产者与销售者亦应承担赔偿责任。但考虑到消费者毕竟在形式上未支付价款获赠食品、药品，故对于生产者、销售者承担责任的条件作一限定，即该赠品必须实际出现了质量安全问题，造成了消费者损害，消费者才能主张权利。如果赠与的食品符合安全标准，但包装或者食品本身质量有瑕疵，或者数量短缺，消费者主张权利的，人民法院一般不予支持。

(五) 关于食品、药品虚假广告责任的认定

目前，我国广告市场存在不规范现象，虚假食品、药品广告并不鲜见。少数商家为扩大其市场销售份额，利用媒体、明星代言人做虚假广告，损害了消费者的合法权益，危害了人民群众的身体健康。审判实践中，与食品、药品广告有关的纠纷也越来越多，需要对相关主体的责任加以明确。媒体、个人代言人做虚假广告获取大量经济利益，消费者基于对广告的信赖而购买食品、药品遭受损失，根据权利义务相一致的原则，《规定》第十一条明确：消费者可以依照2013年《消费者权益保护法》的相关规定，请求广告经营者、发布者承担连带责任。该条同时还明确，社会团体或者其他组织、个人利用虚假广告推销食品、药品，造成消费者损害的，依照2013年《消费者权益保护法》的相

---

① 参见李振宇、李学迎：《知假买假行为适用惩罚性赔偿评析》，载《政法论丛》2006年第1期。

关规定应当承担连带责任。考虑到在连带责任中,有时广告的经营者、发布者、代言人的支付能力不足,或者在诉讼中找不到,法院可以依法追加食品、药品的生产者、销售者为当事人,这不仅有利于查明案情,更有利于消费者权益的保护。

(六)关于对不安全食品经营者的惩罚性赔偿

《规定》第十五条是对《食品安全法》第九十六条规定的解释。该法第九十六条规定了价款10倍赔偿金的惩罚性赔偿。惩罚性措施是提高违法成本从而遏制违法行为的一种手段。惩罚性赔偿制度具有严厉制裁失信者、充分补偿受害者、慷慨奖励维权者、有效教育社会公众的四大功能,是惩恶扬善、鼓励诚信、制裁失信的好制度。①《食品安全法》第九十六条虽规定了惩罚性赔偿,但缺乏细化的规定。

销售者承担"十倍赔偿"责任须以"明知"为前提,那么什么叫作销售者"明知"呢?"明知"是指确实知道、应当知道还是推定知道?对不同业态、规模、渠道与地位的销售者是否应不同对待?"应当知道"是否属于"明知"?笔者认为,明知应当既包括明明知道的情形,也包括应当知道的情形。从审判实践看,下列情形可推定销售者"明知":销售明显不符合安全标准的食品,或者销售《食品安全法》等法律、法规明令禁止销售的食品;故意更改食品保质期,故意更换食品生产日期、批号的行为;食品经营者因销售不符合食品安全标准的食品,事先已被工商机关警告或者已经受到行政处罚,仍继续销售相关不合格食品的行为;对于同一批次食品,有关部门已经检验确定为不符合食品安全标准,且依法公布监测结果后,食品经营者仍上架销售的行为;食品经营者有意通过不正当销售渠道采购食品,且进货价格远低于当地一般市场进货价格,或者未建立食品进货查验记录制度,导致销售的食品出现假冒、变质现象。

实践中有不少人认为,请求惩罚赔偿金必须以造成实际人身损害为前提,如果仅仅购买了不安全食品,不得请求价款10倍赔偿金。其依据是《侵权责任法》第四十七条的规定,即"明知产品存在缺陷仍然生产、销售,造成他人死亡或者健康严重损害的,被侵权人有权请求相应的惩罚性赔偿"。该法晚于《食品安全法》施行,应遵循"新法优于旧法"的法律适用原则。我们认为这是误解,原因如下:(1)《食品安全法》是特别法,应优先于《侵权责任法》适用;(2)《食品安全法》第九十六条的立法本意并不限于人身权益损害,还包括违约损失;(3) 2013年《消费者权益保护法》第五十五条也规定了惩罚性赔偿适用于违约之诉和侵权之诉,进一步说明惩罚性赔偿不受人身权益遭受损害的限制,而且消费者花钱购买的食品不能食用本身就是损失。因此,《规

---

① 参见刘俊海:《食品安全监督管理制度的核心是民事责任》,载《广州律师》2013年第4期。

定》第十五条明确规定，消费者除要求赔偿损失外，还可以向经营者主张价款10倍赔偿金。意思是只要消费者购买了不安全食品，即可主张10倍赔偿金。本条还规定"或者依照法律规定的其他赔偿标准要求赔偿"，主要考虑到与两部法律的衔接：一是与正在修改的《食品安全法》衔接，该法律修正案规定了生产或者故意销售不安全食品最低赔偿1000元的规定；二是与2014年3月15日施行的《消费者权益保护法》衔接，该法规定的惩罚性赔偿标准不同，消费者可以在生产者或者销售者制售的食品虽然合格但存在欺诈的情况下请求获得惩罚性赔偿。

值得注意的是，在法律适用上，如果食品存在质量安全问题，应当适用《食品安全法》第九十六条的规定支付10倍赔偿金；而在食品企业采用严于食品安全标准的企业标准时，虽然食品不合格，但在食品安全标准之上，此时不能适用《食品安全法》，而应当适用《消费者权益保护法》的相关规定。另外，在归责原则上，对于生产者适用的是无过错责任，对于销售者适用的是过错责任。

（七）关于食品安全标准的认定

我国的食品标准原来由国家15个部门负责制定，制定出的标准包括：食用农产品质量安全标准、食品卫生标准、食品质量标准和有关食品的行业标准。《食品安全法》公布之后，原卫生部出台了《食品安全国家标准"十二五"规划》，拟将现有的食用农产品质量安全标准、食品卫生标准、食品质量标准和有关食品的行业标准整合成唯一的强制性标准。目前，国家卫生计生委已将食品安全国家标准清理完毕，地方标准也于2013年底清理完毕。到2015年，将完成所有食品安全标准的清理认定工作，经整合、重新认定后予以公布。迄今为止，国家卫生计生委已公布的食品安全标准多达303部，覆盖食品6000余种，除国家标准、地方标准外，还有食品安全企业标准和高于国家标准、地方标准的非强制性企业标准。每年还有许多新品种的食品没有标准。

《食品安全法》规定了食品安全的国家标准、地方标准和企业标准。我国现有全国食品安全标准整合后，行业标准虽被弱化但仍将继续存在。对于消费者购买、食用没有上述标准的食品，发生食品质量纠纷，《规定》第六条明确适用法定的食品安全基本标准，亦即食品无毒、无害，符合应当有的营养要求，对人体健康不造成任何急性、亚急性或者慢性危害。

关于三种食品安全标准的关系问题，应作如下理解：制定本规定第六条的核心就是要明确适用国家标准、地方标准、企业标准的顺序，正确处理这三种食品安全标准的关系，确认适用哪一种标准来认定食品是否合格。首先，就强制性标准而言，国家标准处于优先适用的地位，只要有国家标准，就不得适用地方标准和企业标准。只要有地方标准，在其行政区划内就不得适用企业标准，没有前两种标准的，适用经政府主管部门批准的企业标准。其次，就推荐性标准而言，这是严于国家标准、地方标准的标准，只要食品企业选择适用这个标准，人民法院在审理案件时就应当以此为据来衡量食品是否合格；但是，如果经鉴定证明食品实际上不符合食品安全标准，消费者请求适用《食品安全法》关于惩罚性赔偿的规定进行处理的，人民法院应当支持；如果经鉴定证明食品达到了食品安全标准，但尚未达到其采用的高标准，也可以认定其构成违约，承担违约责任。如果经营者有欺诈行为，应适用《消费者权益保护法》第五十五条关于惩罚性赔偿的规定。对于尚无食品安全标准的新品种食品，应当以《食品安全法》第九十九条规定的食品安全的基本标准作为认定食品是否合格的依据。

关于本条规定的适用条件，具体包括：（1）适用于消费者与经营者之间发生的食品纠纷，包括保健食品、食用农产品纠纷，不适用于药品纠纷和其他纠纷。（2）涉及对争议食品质量的认定，如果发生的是食品数量短少，而非食品质量问题，则不适用本条规定。（3）适用于食品安全标准调整后的标准，即国家标准、地方标准、企业标准，不适用调整前的多种食品标准。

审判实践中应注意的问题：（1）要正确区分不安全食品与不合格食品。一般来说，不符合推荐性标准的食品，可以认定为不合格食品，但不能认定为不安全食品。不安全食品肯定是不合格食品，反之，不合格食品不一定都是不安全食品。对两者应注意适用不同的法律。（2）几个"地方标准"不同的，应以哪个"地方标准"为准。如果几个省都对同一种食品制定了不同的地方标准，不同标准的食品肯定会有区别，食品跨省流通发生质量纠纷，应以食品生产者所在地的地方标准认定食品是否合格。（3）如何适用进口食品的安全标准。随着我国进口食品规模的扩大，进口的不安全食品事件频发。我国的食品安全标准有的比国外的标准低，有的则比国外的标准高。那么，认定进口食品是否符合安全标准，应以我国的食品标准为依据。（4）注意食品安全标准的变化。随着我国自然环境和国际食品标准的变化，调高或者调低标准均有可能，由于食品安全标准的参数和指标的变化，可能会产生食品适用旧标准符合食品安全标准，适用新标准则不符合食品安全标准。食品出厂时符合安全标准，保质期内销售过程中因标准调高引起食品不达标，应当认定经营者无过错，但不得继续销售。如果继续销售产生食品质量纠纷，人民法院应当适用《食品安全法》第九十六条关于惩罚性赔偿的规定处理。

（八）挂靠

食品质量安全由于直接关系到人民群众的生命健康，因此国家对于食品的生产者与销售者实行严格的准入制度，一些具备食品生产资质或者销售资质的商家，为了抢占市场，或者出于牟利的考虑，会允许不具备相应食品生产资质或销售资质的商家挂靠其名下进行经营，而收取一定的费用。挂靠者与被挂靠者利益共享，在食品质量出现问题，造成消费者损害时，应当认定挂靠者与被挂靠者向消费者共同承担连带责任。

(九) 关于食品认证机构的责任的认定

食品认证是食品认证机构对初级农产品或者经过加工的食品所达到的等级作出认证。目前市场上经过认证的食品越来越多,经过认证的食品价格要远远高于普通食品,但实际上有不少普通食品,甚至不合格食品贴有无公害食品、绿色食品或者有机食品的认证标识,欺诈消费者。为维护消费者权益,遏制食品认证机构作虚假认证,《规定》第十三条规定了食品认证机构的责任,其中区分了食品认证机构认证食品与其实际性质不符是出于故意还是过失。如果食品认证机构故意出具虚假认证,造成消费者人身损害、财产损失的,其与食品的生产者、销售者构成共同侵权,应当承担连带责任;如果因过失导致认证不实,则应当承担与过错程度相适应的补充赔偿责任。

(十) 关于第三方网络交易平台提供者的责任

网络购物是新兴的购物方式,2012年我国网购用户达2.47亿个,网络交易金额突破1.3万亿元,越来越多的消费者通过网络交易平台来购买食品、药品,而商家入驻网络交易平台通常要支付不菲的入场费,为更好地维护消费者的合法权益,在网络交易平台提供者不能提供食品、药品生产者、销售者的真实名称、地址和有效联系方式时,依照《消费者权益保护法》的相关规定其应当承担责任。网络交易平台提供者仅仅是提供给商家一个销售食品、药品的场所,直接的责任人应当是生产者或者销售者,网络交易平台提供者承担责任后可以向食品、药品的生产者、销售者追偿。

实践中存在网络交易平台的提供者明知食品、药品的生产者、销售者利用其平台侵害消费者权益而放任自流的情形,此种情况下构成共同侵权,对此,《规定》第九条明确,依照《侵权责任法》的有关规定,网络交易平台的提供者与食品、药品的生产者、销售者承担连带责任。

(十一) 关于经营者举证责任的承担

举证难是审理食品、药品纠纷案件中一个比较突出的问题。作为一名普通的食品消费者由于食品消费而受到损害的例子时有发生,轻者会患上各种疾病,重者则出现残疾甚至生命危险。消费者在维权过程中为了争取自己的权利需要费尽心血,消耗几个月甚至是几年的时间在诉讼纷争之中,力不从心。对于每天必须消费的食品,消费者们通常都难以主动地保留相关的证据材料以备后用。而且不安全食品大多数都不是食用后就会立刻出现中毒的迹象,一般是要在过了一段时间或者长期食用才会显现出其危害,到这个时候才去追究相关责任人的责任,则很可能消费凭证根本就没有办法找到了。另外,按照传统的"谁主张,谁举证"原则,消费者只有举证出因食用了有危害的食品并因此而导致了该损害后果,才能获得相应的赔偿。而随着食品的品种越来越多样化,食品结构也越来越复杂,作为普通的消费者难以搞清楚导致损害的直接原因,可民事诉讼又必须证明损害身体健康的事实是由该产品导致的。因此，食品安全案件中受害者举证难度大从很大程度上阻碍了他们维护自己的正当权益。食品安全诉讼中，受害者往往不能提交确切有效的证据以证明食品与侵害之间的必然联系，鉴于这样的事实情况，《规定》第五条合理分配了消费者与经营者的举证责任，防止有理的消费者因举证不能而败诉。消费者在选择不同诉因进行诉讼时需依法承担相应的举证责任。在违约之诉与侵权之诉中，消费者承担的举证责任是不同的。选择违约之诉时，消费者仅对购买涉案商品的事实以及涉案商品不符合合同约定的或者法定的安全标准举证。而在侵权之诉中，消费者不仅要举证证明经营者有违法行为，并且证明其因购买商品受到损害，还要初步证明损害与食用食品或者使用药品之间存在因果关系。食品、药品的生产者、销售者能证明消费者的损害不是因产品不符合质量标准造成的可以不承担责任。

（十二）关于"霸王条款"效力的认定

消费者与食品、药品的经营者相比，处于弱势地位，食品、药品的生产者与销售者往往以格式合同、通知、声明、告示等方式作出排除或者限制消费者权利，减轻或者免除经营者责任、加重消费者责任等对消费者不公平、不合理的规定。因此，《规定》第十六条明确，消费者可以依据《消费者权益保护法》的相关规定，请求人民法院认定该内容无效。人民法院应支持消费者的请求。实践中，"霸王条款"一般只有抽象规定，缺乏具体认定标准，人民法院应当在办案过程中不断总结，逐步加以明确。前不久，国家工商行政管理总局支持北京市工商管理局对餐饮企业6种侵害消费者权益的告示认定为"霸王条款"，人民法院可以在办案时作为参考。

五、人民法院下一步需做的工作

食品、药品安全事关国计民生，食品、药品纠纷案件是民事纠纷案件中的热点与难点。下一步全国各级人民法院要重点做好以下几个方面的工作，以切实保障民生。

一要降低消费者诉讼维权成本。消费者是弱势群体，也是假冒伪劣食品、药品的受害者。人民法院审理消费者维权案件，要设身处地为消费者排忧解难，减少他们不必要的诉讼负担。

二要坚持平等保护。正确运用赔偿消费者损失和价款10倍赔偿金并处的规定，加大经营者的违法成本，让故意制售假冒伪劣商品的经营者付出沉重代价，把维护消费者权益真正落到实处。同时，注意平等保护诚信经营者的合法权益。支持依法维权，倡导理性维权，抑制过度维权，努力使人民群众在每一个司法案件中都感受到公平正义。

三要把消费者权益的保护纳入更为严格规范的制度架构之中。最高人民法院将继续加强对消费者权益保护案件审判工作的调研,适时出台相关司法解释,及时解决侵害消费者权益案件法律适用中的疑难问题。

四要加大对该类案件的指导力度。最高人民法院和各高级人民法院要切实做好审判指导工作,积极推进指导性案例制度,及时总结推广审判经验。

五要做好诉调对接工作。要充分发挥多元纠纷解决机制的作用,做好矛盾化解工作。食品、药品纠纷案件通常争议标的额小,各级法院在审理案件时要加强与消费者协会的沟通与协调,积极主动地邀请居民委员会、村民委员会、人民调解员、人民陪审员等社会各方力量参与调解,力争案结事了。

六要积极探索消费纠纷小额诉讼和公益诉讼制度。修改后的民事诉讼法规定了小额诉讼和公益诉讼制度。由于食品、药品纠纷案件大多属于事实清楚、权利义务关系明确的案件,争议不大,应积极探索设立小额诉讼法庭,以简化诉讼程序,提高审判效率,从而便于消费者诉讼,降低诉讼成本,提高消费者的维权积极性。

(撰稿人:王毓莹)

解读《最高人民法院关于审理食品药品纠纷案件适用法律若干问题的规定》修正条文

一、关于适应性修改条文的说明

1. 引言:《民法典》实施后,《侵权责任法》《合同法》同时废止,因此在对本司法解释进行修改时,将其引言中法律依据进行修改。同时,《药品管理法》于2019年8月26日经第十三届全国人民代表大会常务委员会第十二次会议进行第三次修正,本解释将修正后的《药品管理法》一并作为法律依据。

2. 第九条:与《食品安全法》的相关表述保持一致。

3. 第十条:《民法典》规定了自然人、法人、非法人组织三类民事主体,本条原表述"个人、企业或者其他组织"与《民法典》关于民事主体的分类不一致,本次修改将"个人、企业或者其他组织"统一修改为"民事主体",即包括《民法典》中的"自然人、法人、非法人组织"三类民事主体。

4. 第十一条:《民法典》规定了自然人、法人、非法人组织三类民事主体,本条原表述"社会团体或者其他组织、个人"与《民法典》关于民事主体的分类不一致,本次修改将"社会团体或者其他组织、个人"修改为"其他民事主体",指除广告经营者、广告发布者之外的其他在虚假广告中向消费者推荐食品、药品的自然人、法人、非法人组织。

5. 第十四条：将本条所涉法律依据"侵权责任法"修改为"民法典"。

二、关于重点修改条文的修改说明和理解与适用

（一）第六条

【修改内容】

本条是关于食品质量标准举证证明责任以及食品安全标准应如何认定的规定。本条修改内容如下：一是将原规定中"认定食品是否合格"修改为"认定食品是否安全"。二是依法明确地方标准适用的范围。在没有国家标准的情况下以地方标准为依据的范围应限定为地方特色食品，故在原规定"没有国家标准的，应当以地方标准为依据"之前增加"对地方特色食品"的限定词。三是删除"没有国家标准、地方标准的，应当以企业标准为依据。食品的生产者采用的标准高于国家标准、地方标准的，应当以企业标准为依据"。

【修改说明】

食品质量、安全直接关系到生产者、销售者责任的认定。《食品安全法》公布施行之前，我国食品标准政出多门，一定程度上影响了食品安全市场监管和惩治力度。《食品安全法》于2009年公布施行之后，为依法加强食品安全工作，原卫生部出台了《食品安全国家标准"十二五"规划》，决定将原有的食用农产品质量安全标准、食品卫生标准、食品质量标准和有关食品的行业标准等各项标准整合成统一的强制性标准。2015年之后，国家通过对各类食品标准的清理，形成了以国家食品安全标准、地方食品安全标准为强制性标准的食品安全标准体系，至此已不存在没有食品安全国家标准或者地方标准的情况。据此，2015年《食品安全法》修订时，删除了原《食品安全法》第二十五条"企业生产的食品没有食品安全国家标准或者地方标准的，应当制定企业标准，作为组织生产的依据"的规定，同时对食品安全地方安全标准的相关规定进行了修改。由于我国食品安全标准体系的建立和《食品安全法》的修订，原规定无法继续适用，故作出修改。

【理解与适用】

1. 强制性标准与推荐性标准

标准是为适应科学发展和合理组织生产的需要，在产品的品种、规格、质量、等级或者安全、卫生要求等方面规定的统一技术要求。根据是否具有强制性，标准分为强制性标准和推荐性标准。其中，保障人体健康、人身、财产安全的标准和法律、行政法规规定强制执行的标准是强制性标准，其他标准是推荐性标准。[1]

---

[1] 全国人大常委会法制工作委员会行政法室编著：《〈中华人民共和国食品安全法〉释义及实用指南》，中国民主法制出版社2015年版，第102～103页。

食品安全标准是强制性标准，食品安全标准又分为食品安全国家标准和食品安全地方标准。根据《食品安全法》第二十七条的规定，食品安全国家标准由国务院卫生行政部门会同国务院食品药品监督管理部门制定、公布，并由国务院标准化行政部门提供国家标准编号。需要注意的是，在食品标准整合前，食品安全国家标准包括强制性标准和推荐性标准。食品标准整合后，所有的食品安全国家标准都是强制性标准。根据《食品安全法》第二十九条的规定，食品安全地方标准是针对地方特色食品，在没有食品安全国家标准的情况下，由省、自治区、直辖市人民政府卫生行政部门制定并公布，食品安全地方标准需要报国务院卫生行政部门备案。食品安全地方标准并非永久性的标准，当某一地方特色食品的食品安全国家标准制定后，该地方标准即行废止。2009年的《食品安全法》关于食品安全地方标准的规定为"没有食品安全国家标准的，可以制定食品安全地方标准"，2015年《食品安全法》修订时，对制定食品安全地方标准的情形进行了限制，仅对没有食品安全国家标准的地方特色食品可以制定食品安全地方标准，对于非地方特色食品的其他食品，或者食品添加剂、食品相关产品、专供婴幼儿和其他特定人群的主辅食品、保健食品等其他食品安全标准内容，不能制定地方标准。由于2015年《食品安全法》对食品安全地方标准进行了较大修改，故本次司法解释进行相应调整。

《食品安全法》第三十条规定的食品生产企业制定的严于食品安全国家标准或者地方标准的企业标准，是推荐性标准。食品安全企业标准是生产食品的企业自己制定的，作为企业组织生产的依据。制定高于国家标准或者地方标准的企业标准，有利于企业强化内部管理、提高市场竞争力，保障食品安全，因此国家鼓励此种企业标准。

2. 食品不安全与食品不合格

由于食品的推荐性标准高于强制性标准。一般来说，不符合推荐性标准的食品，可以认定为不合格食品，但不能认定为不安全食品。也就是说，不安全食品肯定是不合格食品，但不合格食品不一定都是不安全食品。比如，某企业生产的冬虫夏草胶囊，标明的冬虫夏草的含量为30%，但经检验证明冬虫夏草的含量仅有20%，除此之外，该款产品均符合国家食品安全标准。这款产品是不合格产品，但确实是符合国家安全标准的产品。因此，认定一款产品是否符合食品安全，以食品安全国家标准为依据，或者对于地方特色产品，在没有食品安全国家标准的情况下，以食品安全地方标准为依据；认定一款产品是否合格，根据产品标签、说明书或者厂家承诺等确定。需要注意的是，生产、销售不安全食品和不合格食品，对于责任主体而言承担的民事法律后果是不一样的，具体表现在：依据《食品安全法》第一百四十八条的规定，生产不符合食品安全标准的食品或者经营明知是不符合食品安全标准的食品，生产者或者销售者应承担消费者支付价款10倍或者损失3倍的赔偿金。赔偿金额不足

1000 元的，为 1000 元。依据《消费者权益保护法》第五十五条规定，如销售不合格产品，消费者有权以经营者存在欺诈行为请求其赔偿消费者购买价款的 3 倍，金额不足 500 元的，为 500 元。

（二）第八条

【修改内容】

本规定作出如下修改：一是将"集中交易市场的开办者、柜台出租者、展销会举办者未履行食品安全法规定的审查、检查、管理等义务"修改为"集中交易市场的开办者、柜台出租者、展销会举办者未履行食品安全法规定的审查、检查、报告等义务"；二是针对消费者可以请求集中交易市场的开办者、柜台出租者、展销会举办者承担连带责任的情形，将"发生食品安全事故，致使消费者合法权益受到损害"这一前提条件修改为"使消费者的合法权益受到损害的"，即只要集中交易市场的开办者、柜台出租者、展销会举办者未履行《食品安全法》规定的审查、检查、报告等义务，使消费者的合法权益受到损害的，消费者可以请求集中交易市场的开办者、柜台出租者、展销会举办者与入场食品经营者承担连带责任。

【修改说明】

《食品安全法》在 2018 年修订后，对于集中交易市场的开办者、柜台出租者、展销会举办者与入场经营者承担连带责任的相关规定进行修改。为与现行《食品安全法》的规定协调衔接，本解释作出相应修改。

【理解与适用】

1. 关于集中交易市场开办者、柜台出租者、展销会举办者的义务

《食品安全法》第六十一条规定："集中交易市场的开办者、柜台出租者和展销会举办者，应当依法审查入场食品经营者的许可证，明确其食品安全管理责任，定期对其经营环境和条件进行检查，发现其有违反本法规定行为的，应当及时制止并立即报告所在地县级人民政府食品安全监督管理部门。"据此，集中交易市场的开办者、柜台出租者和展销会举办者对入场食品经营者负有管理责任，应履行审查、检查、报告等法定义务。具体来说，包括以下几个方面：第一，审查入场食品经营者的许可证，包括柜台承租者的许可证。关于许可证的审查，应当依照《食品安全法》第三十五条关于食品许可制度的规定进行。第二，定期对入场食品经营者的经营环境和条件进行检查。进行检查时，可以参照《食品安全法》第三十三条对食品生产经营环境和条件的要求进行。第三，发现食品经营者有违法行为的，应当制止并报告食品安全监管部门。制止属于劝告行为，因为集中交易市场的开办者不属于行政执法机构，没有行政执法权，因此发现入场食品经营者有违法行为的，必须报告所在地县级食品安全监管部门。

2. 集中交易市场的开办者、柜台出租者、展销会举办者连带责任的构成要件

《民法典》第一百七十八条第三款规定："连带责任，由法律规定或者当事人约定。"《食品安全法》第一百三十条第一款规定："违反本法规定，集中交易市场的开办者、柜台出租者、展销会的举办者允许未依法取得许可的食品经营者进入市场销售食品，或者未履行检查、报告等义务的，由县级以上人民政府食品安全监督管理部门责令改正，没收违法所得，并处五万元以上二十万元以下罚款；造成严重后果的，责令停业，直至由原发证部门吊销许可证；使消费者的合法权益受到损害的，应当与食品经营者承担连带责任。"据此，《食品安全法》的上述规定是确定集中交易市场的开办者、柜台出租者、展销会举办者与入场经营者对消费者承担连带责任的法律依据。其责任构成要件如下：

第一，集中交易市场的开办者、柜台出租者、展销会的举办者对损害发生具备主观过错，即怠于或拒绝履行《食品安全法》第六十一条规定的法定监管义务。一些集中交易市场的开办者、柜台出租者和展销会举办者片面追求入场经营者的数量、规模和入场费（包括市场开办者收取的管理费、柜台出租者收取的租金和展销会举办者收取的参展费），而忽视了对入场经营者的自律监管。在一些特殊情况下，也可能体现为拒绝履行监管义务，放任不合格食品流入市场。有关集中交易市场的开办者、柜台出租者和展销会举办者过失的认定，应当采取推定过错的方法，即除非集中交易市场的开办者、柜台出租者和展销会举办者能够证明其已经尽到监督、检查的责任，否则根据发生食品安全事故的事实本身，即可以推定其主观上存在过错。以此减轻消费者的证明负担，加强集中交易市场的开办者、柜台出租者和展销会举办者的责任意识。

第二，导致消费者的合法权益遭受实际损害。一般认为，消费者与缺陷产品的购买者即买卖关系的债权人并非一一对应的关系。如果仅仅将消费者理解为产品的购买人，就会使债权人之外的其他产品使用人的损害无法保护。消费者也不单指产品的使用人，从一般意义上讲，不是产品使用人造成损害，也应当承担产品侵权责任。《食品安全法》规定为"使消费者的合法权益受到损害"，是因为缺陷食品造成损害的一般限于食品使用人，没有食用食品的人很难造成损害。消费者所遭受损害既包括财产权益损失，也包括人身权益的损害。

第三，集中交易市场的开办者、柜台出租者和展销会举办者怠于或拒绝履行法定监管义务的行为与消费者遭受的损害之间存在因果关系。集中交易市场的开办者、柜台出租者和展销会举办者怠于或拒绝履行法定监管义务的行为与损害之间的因果关系，具有一定的间接性。由于消费者往往出于对集中交易市场的开办者、柜台出租者和展销会举办者的信赖而购买缺陷食品遭受损害，集中交易市场的开办者、柜台出租者和展销会举办者怠于或拒绝履行法定监管义

务的行为与缺陷产品的生产行为或者销售行为相结合，构成了一个组合起来的原因行为，对损害事实的发生产生了引起与被引起的因果联系，二者结合导致损害的发生。

（三）第十五条

【修改说明】

本条是关于惩罚性赔偿的规定。《食品安全法》2015年修订时，其中第一百四十八条第二款对2009年《食品安全法》第九十六条第二款的惩罚性赔偿条款作出修改，增加了消费者可以要求支付"损失三倍"的赔偿金、最低赔偿金额和但书规定。同时，2019年《药品管理法》修订时，比照《食品安全法》增加了惩罚性赔偿的规定。本解释根据现行《食品安全法》《药品管理法》的相关规定进行了相应修改。

【理解与适用】

食品、药品生产经营者所承担的赔偿范围包括：

第一，人身损失赔偿。依据《民法典》第一千一百七十九条规定，造成人身伤害的，食品、药品生产经营者应当赔偿医疗费、护理费、交通费、营养费、住院伙食补助费等为治疗和康复支出的合理费用，以及因误工减少的收入。造成残疾的，还应当赔偿辅助器具费和残疾赔偿金；造成死亡的，还应当赔偿丧葬费和死亡赔偿金。

第二，财产损失赔偿。食品、药品生产经营者应当赔偿被侵权人实际遭受的财产损失。

第三，精神损害赔偿。依据《民法典》第一千一百八十三条第一款的规定，侵害他人人身权益造成严重精神损害的，食品、药品生产经营者还应当进行精神损害赔偿。

第四，惩罚性赔偿。2009年《食品安全法》第九十六条规定："违反本法规定，造成人身、财产或者其他损害的，依法承担赔偿责任。生产不符合食品安全标准的食品或者销售明知是不符合食品安全标准的食品，消费者除要求赔偿损失外，还可以向生产者或者销售者要求支付价款十倍的赔偿金。"2015年《食品安全法》第一百四十八条第二款将生产者、经营者惩罚性赔偿责任修改为"支付价款十倍或者损失三倍的赔偿金；增加赔偿的金额不足一千元的，为一千元"。2019年修订《药品管理法》时，该法第一百四十四条第三款也规定了"生产假药、劣药或者明知是假药、劣药仍然销售、使用的，受害人或者其近亲属除请求赔偿损失外，还可以请求支付价款十倍或者损失三倍的赔偿金；增加赔偿的金额不足一千元的，为一千元"。

需要注意的是，除了依据《食品安全法》和《药品管理法》主张惩罚性赔偿外，消费者依据《消费者权益保护法》第五十五条规定主张惩罚性赔偿金的，应予支持。

(四) 第十七条

【修改说明】

根据《食品安全法》第一百五十二条第二款的规定,本解释中涉及的对于具有特定保健功能,适宜于特定人群食用,具有调节机体功能,治疗疾病为目的的食品不宜采用"保健食品"的规范表述。

2017年修正《民事诉讼法》时,对于有权提起民事公益诉讼的主体进行了进一步明确,即在原第五十五条的基础上增加第二款为"人民检察院在履行职责中发现破坏生态环境和资源保护、食品药品安全领域侵害众多消费者合法权益等损害社会公共利益的行为,在没有前款规定的机关和组织或者前款规定的机关和组织不提起诉讼的情况下,可以向人民法院提起诉讼。前款规定的机关或者组织提起诉讼的,人民检察院可以支持起诉"。据此,除了消费者协会之外,检察机关也有权提起涉食药安全民事公益诉讼。

【理解与适用】

1. 消费公益诉讼的概念和特点

消费公益诉讼是指由于商品、服务经营者的不法经营行为,使正常商业秩序和绝大部分消费者公共利益遭受侵害或对社会公共利益有潜在危害时,法律允许特定的社会组织或者个人根据法律授权为维护消费者公共利益而向法院提起诉讼的制度。其主要特征有:

第一,消费公益诉讼的目的强调的是对公共利益的维护,并以追求公共利益最大化作为诉讼的终极目标。消费公益诉讼不同于普通的民事诉讼和行政诉讼。不安全食品、药品的受害人常常因为损失小、起诉费用高而放弃救济。消费者公益诉讼通过对不特定多数人的保护,实现了整个社会利益的最大化。

第二,消费公益诉讼具有显著的预防性。与私益诉讼相比,公益诉讼的提起及最终裁决并不要求一定有损害事实的发生,只要能根据有关情况合理判断有社会公共利益被侵害的潜在可能,即可提起诉讼,由违法行为人承担相应的法律责任。这样可以有效地保护公共利益不受违法行为的侵害,把违法行为消灭在萌芽状态。

第三,权利主体的分散性和不确定性。在传统诉讼中,原告必须符合两个条件:一是法定的主体,包括公民、法人、其他组织;二是与案件有直接利害关系。这两个条件缺一不可。而公益诉讼权利主体是不特定的,大多数是因被告的不法行为而受到侵害或有潜在被侵害危险的消费者,具有分散性和不确定性的特点。

2. 消费公益诉讼的原告主体资格

2012年修正的《民事诉讼法》的亮点之一,就是明确规定了民事公益诉讼制度。根据该法第五十五条①规定，对于污染环境、侵害众多消费者合法权益等损害社会公共利益的行为，法律规定的机关和有关组织可以向人民法院提起诉讼。从当时的规定来看，对于公益诉讼制度的法律规定比较原则性，特别是关于有权提起民事公益诉讼的主体并不明确，这主要是考虑到公益诉讼制度在我国刚刚建立，各项配套制度需要给实践留有一定空间。《民事诉讼法》修改后，《消费者权益保护法》在2013年作出修改，授权社会组织提起公益诉讼。其中《消费者权益保护法》第四十七条规定："对侵害众多消费者合法权益的行为，中国消费者协会以及在省、自治区、直辖市设立的消费者协会，可以向人民法院提起诉讼。"上述规定赋予了中国消费者协会和省一级的消费者协会依法提起公益诉讼的资格。对于检察机关能否提起民事公益诉讼的问题，当时的主流观点对检察机关提起民事公益诉讼总体上持积极态度。2014年10月，第十八届四中全会作出《中共中央关于全面推进依法治国若干重大问题的决定》，明确提出要"探索建立检察机关提起公益诉讼制度"。随后，2015年7月，《检察机关提起公益诉讼改革试点方案》明确检察机关将要进行的改革试点工作涉及行政公益诉讼和民事公益诉讼。2015年7月1日，全国人大常委会授权最高人民检察院在部分地区开展公益诉讼改革试点。根据全国人大常委会的授权，检察机关提起民事公益诉讼的案件范围是生态环境和资源保护、食品药品安全等领域。检察机关是补充性的民事公益诉讼的提起者，即在没有法律规定的机关或组织或者虽然有上述机关或组织但它们不提起诉讼的情况下，由人民检察院为了维护社会公共利益而向法院提起诉讼。为期两年的改革试点结束后，全国人大常委会随即于2017年6月27日再次对《行政诉讼法》和《民事诉讼法》进行了修改，检察机关提起行政公益诉讼和民事公益诉讼由此写入了法律。② 需要注意的是，就目前法律规定来看，上述两类主体提起消费公益诉讼的范围不同，消费者协会可以提起消费公益诉讼的案件范围没有限制，而检察机关仅能就涉食品、药品安全类案件提起消费民事公益诉讼。

3. 消费公益诉讼原告能否提起惩罚性赔偿

惩罚性赔偿制度是由法院判令被告人在补偿性损失之外仍应承担赔偿责任的制度，旨在惩罚和遏制恶意侵权或者违约行为。惩罚性赔偿是一项源于英美法的制度，我国借鉴国外立法经验，先后在《消费者权益保护法》《食品安全法》《药品管理法》以及《民法典》中规定了惩罚性赔偿。依据上述法律的相关规定，消费者有权依法提起惩罚性赔偿自无争议，但是，消费公益诉讼的原告能否提起惩罚性赔偿，这一问题是目前理论界和实务界争议较大的问题。持支持论的观点多从消费公益诉讼原告的地位优势、遏制侵害消费者权益有效

---

① 对应《民事诉讼法》（2023年修正）第五十八条。
② 李浩：《民事公益诉讼起诉主体的变迁》，载《江海学刊》2020年第1期。

性、降低社会成本等角度出发,论证消费公益诉讼原告,特别是检察机关可以提起消费公益诉讼惩罚性赔偿的必要性;反对的观点则从损害赔偿制度的法理基础出发,论证消费公益诉讼原告提起此类诉讼请求无法理及法律基础,同时还提出一系列实务中难以处理和协调的问题,比如:民事公益诉讼惩罚性赔偿案件的实际损害应如何认定、惩罚性赔偿金的计算基数应如何认定、公益诉讼惩罚性赔偿金与刑事罚金、行政处罚罚款应如何协调、公益诉讼惩罚性赔偿金的管理及使用应如何规范等。2019年5月9日公布的《中共中央、国务院关于深化改革加强食品安全工作的意见》明确提出,要"探索建立食品安全民事公益诉讼惩罚性赔偿制度"。为贯彻落实党中央的决策部署,各地法院、检察院的积极实践探索有力推进了此项制度发展。经过调研我们发现,近几年来,检察机关提起食品安全民事公益诉讼惩罚性赔偿的案件具有案件量增幅大、惩罚性赔偿获得法院支持率高、上诉率低等特点,通过这类案件的审理往往取得了较好的社会效果。下一步,我们将继续加强对此问题的调研,持续推动食品安全民事公益诉讼惩罚性赔偿制度不断完善。

(五)新增第十八条

【修改说明】

2019年修订的《药品管理法》增加规定了药品上市许可持有人制度,明确了药品上市许可持有人的责任。同时,《民法典》第一千二百二十三条规定了药品上市许可持有人、生产者、血液提供机构、医疗机构等因药品、消毒产品、医疗器械的缺陷或者输入不合格血液造成患者损害时应承担的侵权责任。

为与《药品管理法》《民法典》的相关规定相衔接,本解释新增本条规定。

【理解与适用】

1. 药品上市许可持有人与药品生产者的关系

药品上市许可持有人,是指获得药品注册证书,以自己的名义将药品投放市场并对药品的安全性、有效性和质量可控性负责的主体。[①] 为鼓励药品创新,激发科研机构和科研人员创新的积极性,2015年11月4日,全国人大常委会作出《全国人民代表大会常务委员会关于授权国务院在部分地方开展药品上市许可持有人制度试点和有关问题的决定》,根据全国人大常委会的授权,国务院在北京、天津、河北、上海、江苏、浙江、福建、山东、广东、四川十个省、直辖市开展药品上市许可持有人制度试点,允许药品研发机构和科研人员取得药品批准文号,对药品质量承担相应责任。2016年发布的《国务院办公厅关于印发药品上市许可持有人制度试点方案的通知》中明确,试点行政区域内的药品研发机构或者科研人员可以作为药品注册申请人,提交药物临床试

---

① 袁杰、王振江、刘红亮、刘沛主编:《中华人民共和国药品管理法释义》,中国民主法制出版社2019年版,第91页。

验申请、药品上市申请，申请人取得药品上市许可及药品批准文号的，可以成为药品上市许可持有人。根据试点情况，《药品管理法》在2019年修订时，设专章规定了药品上市许可持有人制度。其中，《药品管理法》第三十条规定，药品上市许可持有人是取得药品注册证书的企业或者药品研制机构等，法律虽然没有对药品上市许可人的主体类型作出具体规定，但药品上市许可持有人最终是以自身名义将药品投放市场并承担责任，因此药品上市许可持有人必须有相应的资质和能力，一般情况下，药品上市许可持有人为企业或者药品研制机构。

《药品管理法》第三十条第二款规定，药品上市许可持有人对药品的非临床研究、临床试验、生产经营、上市后研究、不良反应监测及报告与处理等承担责任。其他从事药品研制、生产、经营、储存、运输、使用等活动的单位和个人依法承担相应责任。据此，药品上市许可持有人对药品研发、生产、经营、事后监测等全过程负责，与药品上市许可持有人签署合同开展相应研制、生产经营主体违反规定的，药品上市许可持有人应当承担责任。《药品管理法》第三十二条规定，药品上市许可持有人可以自行生产药品，也可以委托药品生产企业生产。如果药品上市许可持有人委托药品生产企业生产，应当委托符合条件的药品生产企业。药品上市许可持有人和受托生产企业应当签订委托协议和质量协议，并严格履行协议约定的义务。第三十三条规定，药品上市许可持有人应当建立药品上市放行规程，对药品生产企业出厂放行的药品进行审核，经质量授权人签字后方可放行；不符合国家药品标准的，不得放行。因此，在委托生产的情况下，尽管药品的实际生产者并非药品上市许可持有人，但其仍对药品质量依法负有管控责任，故药品上市许可持有人与受托生产企业均应视为《民法典》一千二百零二条规定的产品生产者。

2.医疗机构与药品销售者之间的关系

我国医疗卫生体制改革肇始于1985年，1985年4月，原国家卫生部作出《关于卫生工作改革若干政策问题的报告》（国发〔1985〕62号），该报告提出，为加快卫生事业发展，中央和地方应逐步增加卫生经费和投资；同时，必须进行改革，放宽政策，简政放权，多方集资，开阔发展卫生事业的路子，把卫生工作搞活。为此开展了以完善卫生机构补偿机制为主的医疗卫生体制改革，此项改革允许医疗卫生单位在保证完成各项任务的前提下，从扩大服务项目和服务范围中增加合理收入，用于改善工作和生活条件。这一阶段的医疗卫生事业发展总体上以国家"多给政策少给钱"为主。2000年国家再次启动医疗卫生体制改革，其中涉及药品生产流通体制改革，比如对药品实行集中招标采购政策，以规范医疗机构的购药行为。2009年3月17日，中共中央、国务院公布《中共中央、国务院关于深化医药卫生体制改革的意见》，提出此次改革的总体目标是建立健全覆盖城乡居民的基本医疗卫生制度，为群众提供安全、有效、方便、价廉的医疗卫生服务。随着我国医药卫生体制改革的深入，国家对药品价格管理的加强，有的观点认为，医疗机构仅是医疗用品的使用单位，而不应视为经营者。《民法典》编纂过程中，立法机关认为，医疗机构使用了缺陷医疗产品或者不合格血液制品，患者面对的是医疗机构，产品上写明的是生产者，并不知道谁是经营者。因此，尽管《民法典》第一千二百二十三条没有规定药品经营者，但并不意味着患者对经营者不能追责，依照《民法典》第一千二百零三条的规定，缺陷医疗产品或者不合格血液制品也属于产品，当然可以依据上述规定追究经营者责任。① 据此，基于医疗的公益性考虑，《民法典》并未认定医疗机构是医疗产品的经营者，而是基于充分保护患者救济权利的考虑，在责任承担上确定了医疗机构承担与医疗产品经营者类似的法律责任。本解释根据《民法典》精神制定，对于医疗机构与药品销售者关系的理解亦为二者在法律责任的承担上具有相似地位。

［载最高人民法院民法典贯彻实施工作领导小组办公室编著：《最高人民法院实施民法典清理司法解释修改条文（111件）理解与适用》，人民法院出版社2022年版］

【链　　接】

不给制售有毒有害食品和假冒
伪劣药品的人以可乘之机
——最高人民法院民一庭负责人就《关于审理食品药品
纠纷案件适用法律若干问题的规定》答记者问

一、问：《最高人民法院关于审理食品药品纠纷案件适用法律若干问题的规定》（以下简称《规定》）对实践中消费者出现的"知假买假"行为如何处理？

答：《规定》第三条明确规定："因食品、药品质量问题发生纠纷，购买者向生产者、销售者主张权利，生产者、销售者以购买者明知食品、药品存在质量问题而仍然购买为由进行抗辩的，人民法院不予支持。"也就是说，"知假买

---

① 黄薇主编：《中华人民共和国民法典释义及适用指南》，中国民主法制出版社2020年版，第1867页。

假"行为不影响消费者维护自身权益。

通常情况下,购物者应当认定为消费者,可以主张惩罚性赔偿。《规定》确认其具有消费者主体资格,对于打击无良商家,维护消费者权益具有积极意义,有利于净化食品、药品市场环境。

例如,最高人民法院发布的孙银山诉南京欧尚超市有限公司江宁店买卖合同纠纷案中,孙银山明知该超市出售的香肠过了保质期而购买,法院依然依法判决支持孙银山退货并取得10倍价款赔偿金。

二、问:惩罚性赔偿是否要以消费者人身权益遭受损害为前提?

答:针对食品领域的乱象,《食品安全法》第九十六条规定了食品价款10倍的惩罚性赔偿,从而加大了经营者的违法成本和维护消费者权益的力度。

例如,最高人民法院发布的华燕诉北京天超仓储超市有限责任公司第二十六分公司、北京天超仓储超市有限责任公司人身权益纠纷案中,华燕因购买并食用不合格食品造成人身损害,请求销售者依法支付医疗费、退货价款和购物价款10倍赔偿金,人民法院予以支持。

实践中,有一种观点认为,适用《食品安全法》第九十六条关于惩罚性赔偿的规定应以消费者人身权益遭受损害为前提。对此,《规定》第十五条明确规定:"生产不符合安全标准的食品或者销售明知是不符合安全标准的食品,消费者除要求赔偿损失外,向生产者、销售者主张支付价款十倍赔偿金或者依照法律规定的其他赔偿标准要求赔偿的,人民法院应予支持。"

也就是说,消费者主张食品价款10倍赔偿金不以人身权益遭受损害为前提。这对于统一裁判尺度,维护消费者合法权益,净化食品、药品环境,将产生积极影响。

三、问:请问商家是否应当对赠品的质量安全承担责任?

答:《规定》第四条规定:"食品、药品生产者、销售者提供给消费者的食品或者药品的赠品发生质量安全问题,造成消费者损害,消费者主张权利,生产者、销售者以消费者未对赠品支付对价为由进行免责抗辩的,人民法院不予支持。"

食品、药品事关消费者的人身安全,即使是赠品,也必须保证质量安全。消费者对赠品虽未支付对价,但是赠品的成本实际上已经分摊到付费商品中。赠送的食品、药品因质量问题造成消费者权益损害的,生产者与销售者亦应承担赔偿责任。

但是,考虑到消费者获赠食品、药品在实质上属于商家让利性质,故对于生产者、销售者承担责任的条件,《规定》作了限定,即该赠品必须实际出现了质量安全问题,造成消费者损害,消费者才能主张权利。

四、问：《规定》对网络交易平台提供者规定了什么法律责任？

答：网络购物是新兴的购物方式，有关数据显示，2012年我国网购用户达2.47亿个，网络交易金额突破1.3万亿元，通过网络交易平台购买食品、药品的消费者越来越多，由此引发的纠纷也越来越多。

据中消协统计，2012年网络购物投诉20454件，占销售服务投诉量的52.4%。2013年上半年网络购物投诉18471件，2013年上半年食品、药品投诉20530件。

为更好地维护消费者的合法权益，《规定》第九条规定："消费者通过网络交易平台购买食品、药品遭受损害，网络交易平台提供者不能提供食品、药品的生产者或销售者的真实名称、地址与有效联系方式，消费者请求网络交易平台提供者承担责任的，人民法院应予支持。网络交易平台提供者承担赔偿责任后，向生产者或者销售者行使追偿权的，人民法院应予支持。网络交易平台提供者知道或者应当知道食品、药品的生产者、销售者利用其平台侵害消费者合法权益，未采取必要措施，给消费者造成损害，消费者要求其与生产者、销售者承担连带责任的，人民法院应予支持。"

这样规定的基本考虑是，商家入驻网络交易平台通常要支付不菲的入场费，具备先行赔付的条件，在网络交易平台提供者不能提供食品、药品生产者、销售者的真实名称、地址和有效联系方式时，其应当承担责任。

如果网络交易平台的提供者明知食品、药品的生产者、销售者利用其平台侵害消费者权益而放任自流，此种情况下则构成共同侵权。

五、问：虚假食品药品广告代言人和推销者，是否承担法律责任？

答：近年来，利用虚假食品、药品广告坑害消费者的情况较为普遍，社会危害十分严重。不少商家为扩大其市场销售份额，利用媒体、个人代言人做虚假广告，或者利用虚假广告推销食品、药品，严重损害了消费者生命健康和财产安全。

针对这种不法行为，《规定》第十一条第一款规定："消费者因虚假广告推荐的食品、药品存在质量问题遭受损害，依据消费者权益保护法等法律相关规定请求广告经营者、广告发布者承担连带责任的，人民法院应予支持。"

该条第二款规定："社会团体或者其他组织、个人，在虚假广告中向消费者推荐食品、药品，使消费者遭受损害，消费者依据消费者权益保护法等法律相关规定请求其与食品、药品的生产者、销售者承担连带责任的，人民法院应予支持。"

根据《消费者权益保护法》《侵权责任法》的相关规定精神，在连带责任中，消费者既可以一并起诉食品、药品的生产商、销售商、广告经营者、广告发布者、广告代言人，请求其共同承担赔偿责任，也可以起诉其中一个或者几个作为被告，由其承担全部赔偿责任，然后再向其他责任主体行使追偿权。

六、问：食品认证机构故意出具虚假认证，是否承担责任？

答：食品认证是食品认证机构对初级农产品或者经过加工的食品所达到的等级作出的认定。目前市场上经过认证的食品越来越多，消费者对经过认证的食品认可度和信任度较高。如果食品认证作假，消费者权益将蒙受巨大损失，我国的食品认证管理秩序将遭到严重破坏。

据2013年4月16日《人民日报》报道，我国经批准的认证企业有5468家，但是有不少普通食品，甚至不合格食品贴有无公害食品、绿色食品或者有机食品的认证标识，欺诈消费者。

为维护消费者权益，遏制食品认证机构作虚假认证，《规定》第十三条规定了食品认证机构的责任："食品认证机构故意出具虚假认证，造成消费者损害，消费者请求其承担连带责任的，人民法院应予支持。食品认证机构因过失出具不实认证，造成消费者损害，消费者请求其承担相应责任的，人民法院应予支持。"

这样规定，有利于全面规范市场行为，不给制售有毒有害食品和假冒伪劣药品的人以可乘之机。

七、问：《规定》第十四条是否体现的就是民事责任优先原则？

答：《规定》第十四条规定："生产、销售的食品、药品存在质量问题，生产者与销售者需同时承担民事责任、行政责任和刑事责任，其财产不足以支付，当事人依照侵权责任法等有关法律规定，请求食品、药品的生产者、销售者首先承担民事责任的，人民法院应予支持。"

之所以作出这样的规定，旨在加大保护消费者权益的力度。制售假冒伪劣食品、药品，往往会同时产生行政责任、刑事责任和民事责任。有关行政执法机关和法院可分别依照不同的法律对生产者、销售者作出缴纳罚款、罚金、支付民事赔偿金的处理。消费者是弱势群体，如果不确立民事责任优先原则，可能会出现消费者打赢官司却得不到赔偿的情况。因此，《规定》依照《食品安全法》和《侵权责任法》的有关规定，进一步明确责任主体应首先承担民事责任，以最大限度保护消费者的合法权益。

八、问：《规定》对实践中经常出现的"霸王条款"有何具体规定？

答：实践中，消费者与食品、药品的经营者相比，往往处于弱势地位。一些食品、药品的生产者、销售者以"霸王条款"对消费者作出不公平、不合理的规定，损害消费者合法权益。

对此,《规定》第十六条规定:"食品、药品的生产者与销售者以格式合同、通知、声明、告示等方式作出排除或者限制消费者权利,减轻或者免除经营者责任、加重消费者责任等对消费者不公平、不合理的规定,消费者依法请求认定该内容无效的,人民法院应予支持。"

也就是说,消费者可以依据《消费者权益保护法》的相关规定,请求人民法院认定"霸王条款"内容无效。

九、问:消费者协会依法提起公益诉讼,人民法院是否予以支持?

答:为更好地维护消费者的权益,修改后的《民事诉讼法》确立了公益诉讼制度。修改后的《消费者权益保护法》也规定了消费者协会有权提起公益诉讼。

为此,《规定》第十七条第二款规定:"消费者协会依法提起公益诉讼的,参照适用本规定。"这样规定与修改后的《民事诉讼法》和《消费者权益保护法》精神一脉相承,以更好地维护消费者权益。

最高人民法院
关于审理食品安全民事纠纷案件适用法律若干问题的解释（一）

法释〔2020〕14号

（2020年10月19日最高人民法院审判委员会第1813次会议通过 2020年12月8日最高人民法院公告公布 自2021年1月1日起施行）

为正确审理食品安全民事纠纷案件，保障公众身体健康和生命安全，根据《中华人民共和国民法典》《中华人民共和国食品安全法》《中华人民共和国消费者权益保护法》《中华人民共和国民事诉讼法》等法律的规定，结合民事审判实践，制定本解释。

第一条 消费者因不符合食品安全标准的食品受到损害，依据食品安全法第一百四十八条第一款规定诉请食品生产者或者经营者赔偿损失，被诉的生产者或者经营者以赔偿责任应由生产经营者中的另一方承担为由主张免责的，人民法院不予支持。属于生产者责任的，经营者赔偿后有权向生产者追偿；属于经营者责任的，生产者赔偿后有权向经营者追偿。

第二条 电子商务平台经营者以标记自营业务方式所销售的食品或者虽未标记自营但实际开展自营业务所销售的食品不符合食品安全标准，消费者依据食品安全法第一百四十八条规定主张电子商务平台经营者承担作为食品经营者的赔偿责任的，人民法院应予支持。

电子商务平台经营者虽非实际开展自营业务，但其所作标识等足以误导消费者让消费者相信系电子商务平台经营者自营，消费者依据食品安全法第一百四十八条规定主张电子商务平台经营者承担作为食品经营者的赔偿责任的，人民法院应予支持。

第三条 电子商务平台经营者违反食品安全法第六十二条和第一百三十一条规定，未对平台内食品经营者进行实名登记、审查许可证，或者未履行报告、停止提供网络交易平台服务等义务，使消费者的合法权益受到损害，消费者主张电子商务平台经营者与平台内食品经营者承担连带责任的，人民法院应予支持。

第四条 公共交通运输的承运人向旅客提供的食品不符合食品安全标准，

旅客主张承运人依据食品安全法第一百四十八条规定承担作为食品生产者或者经营者的赔偿责任的，人民法院应予支持；承运人以其不是食品的生产经营者或者食品是免费提供为由进行免责抗辩的，人民法院不予支持。

第五条 有关单位或者个人明知食品生产经营者从事食品安全法第一百二十三条第一款规定的违法行为而仍为其提供设备、技术、原料、销售渠道、运输、储存或者其他便利条件，消费者主张该单位或者个人依据食品安全法第一百二十三条第二款的规定与食品生产经营者承担连带责任的，人民法院应予支持。

第六条 食品经营者具有下列情形之一，消费者主张构成食品安全法第一百四十八条规定的"明知"的，人民法院应予支持：

（一）已过食品标明的保质期但仍然销售的；
（二）未能提供所售食品的合法进货来源的；
（三）以明显不合理的低价进货且无合理原因的；
（四）未依法履行进货查验义务的；
（五）虚假标注、更改食品生产日期、批号的；
（六）转移、隐匿、非法销毁食品进销货记录或者故意提供虚假信息的；
（七）其他能够认定为明知的情形。

第七条 消费者认为生产经营者生产经营不符合食品安全标准的食品同时构成欺诈的，有权选择依据食品安全法第一百四十八条第二款或者消费者权益保护法第五十五条第一款规定主张食品生产者或者经营者承担惩罚性赔偿责任。

第八条 经营者经营明知是不符合食品安全标准的食品，但向消费者承诺的赔偿标准高于食品安全法第一百四十八条规定的赔偿标准，消费者主张经营者按照承诺赔偿的，人民法院应当依法予以支持。

第九条 食品符合食品安全标准但未达到生产经营者承诺的质量标准，消费者依照民法典、消费者权益保护法等法律规定主张生产经营者承担责任的，人民法院应予支持，但消费者主张生产经营者依据食品安全法第一百四十八条规定承担赔偿责任的，人民法院不予支持。

第十条 食品不符合食品安全标准，消费者主张生产者或者经营者依据食品安全法第一百四十八条第二款规定承担惩罚性赔偿责任，生产者或者经营者以未造成消费者人身损害为由抗辩的，人民法院不予支持。

第十一条 生产经营未标明生产者名称、地址、成分或者配料表，或者未清晰标明生产日期、保质期的预包装食品，消费者主张生产者或者经营者依据食品安全法第一百四十八条第二款规定承担惩罚性赔偿责任的，人民法院应予支持，但法律、行政法规、食品安全国家标准对标签标注事项另有规定的除外。

第十二条 进口的食品不符合我国食品安全国家标准或者国务院卫生行政部门决定暂予适用的标准，消费者主张销售者、进口商等经营者依据食品安全法第一百四十八条规定承担赔偿责任，销售者、进口商等经营者仅以进口的食品符合出口地食品安全标准或者已经过我国出入境检验检疫机构检验检疫为由进行免责抗辩的，人民法院不予支持。

第十三条 生产经营不符合食品安全标准的食品，侵害众多消费者合法权益，损害社会公共利益，民事诉讼法、消费者权益保护法等法律规定的机关和有关组织依法提起公益诉讼的，人民法院应予受理。

第十四条 本解释自 2021 年 1 月 1 日起施行。

本解释施行后人民法院正在审理的一审、二审案件适用本解释。

本解释施行前已经终审，本解释施行后当事人申请再审或者按照审判监督程序决定再审的案件，不适用本解释。

最高人民法院以前发布的司法解释与本解释不一致的，以本解释为准。

【解　　读】

解读《最高人民法院关于审理食品安全民事纠纷案件适用法律若干问题的解释（一）》

为正确审理食品安全民事纠纷案件，保障公众身体健康和生命安全，2020 年 10 月 19 日，最高人民法院审判委员会第 1813 次会议讨论通过了《最高人民法院关于审理食品安全民事纠纷案件适用法律若干问题的解释（一）》（以下简称《解释》），并已于 2021 年 1 月 1 日起施行。现就《解释》涉及的主要问题谈谈我们的认识。

一、《解释》制定的背景

"民以食为天，食以安为先。"食品安全关系人民群众身体健康和生命安全，关系中华民族的未来。党中央、国务院高度重视食品安全工作。党的十九大报告明确提出实施食品安全战略，让人民吃得放心。习近平总书记多次作出重要指示，强调要把食品安全作为一项重大的政治任务来抓，要求用最严谨的标准、最严格的监管、最严厉的处罚、最严肃的问责，确保人民群众"舌尖上的安全"。党的十九届五中全会通过了《中共中央关于制定国民经济和社会发展第十四个五年规划和二〇三五年远景目标的建议》，强调坚持人民至上、生命至上，把保护人民生命安全摆在首位，要求提高食品药品等关系人民健康产品和服务的安全保障水平。

同时，随着经济社会与科学技术的快速发展，人们在享受日益丰富的食品时，也面临着食品安全问题带来的各种风险。食品安全事件时有发生，食品安全违法行为仍屡禁不止，这些问题的存在，影响了消费者的食品安全信心，也影响了食品行业的健康发展。2019年5月中共中央、国务院发布的《关于深化改革加强食品安全工作的意见》指出，我国食品安全工作仍面临不少困难和挑战，形势依然复杂严峻；违法成本低，维权成本高，法制不够健全。这些问题成为全面建成小康社会、全面建设社会主义现代化国家的明显短板。

最高人民法院高度重视食品安全民事审判和研究工作。2014年出台了《关于审理食品药品纠纷案件适用法律若干问题的规定》，对统一食品、药品领域的民事司法尺度发挥了积极的作用。2015年，《食品安全法》经过重大修订，按照建立最严格的食品安全监管制度的总体要求，在强化预防和防范、建立最严格的全过程监管制度的同时，强调要综合运用民事、行政、刑事等手段，建立最严格的法律责任制度，实行和推进社会共治格局。随着法律的修订和实践的发展，有些新情况、新问题需要进一步明确和解释。正是在这一背景下，最高人民法院经过深入调研，多次召开专家学者、政府部门、企业、消费者代表以及法院系统座谈会，并向全社会公开征求意见，在反复研究论证的基础上，制定了《解释》。

二、《解释》坚持的原则

《解释》坚持以下基本原则。

第一，坚持以人民为中心，为人民群众身体健康和生命安全提供有力司法保障。把保障人民群众食品安全放在首位，坚守安全底线，是中央的基本精神，在制定司法解释时我们始终秉持和贯彻这一精神。《解释》从解决人民群众普遍关心的突出问题入手，以维护和保障人民群众身体健康和生命安全为目标，充分发挥人民法院审判职能作用，守护人民群众"舌尖上的安全"，切实增强广大人民群众的安全感、获得感和幸福感。

第二，尊重立法精神，坚持合法性解释原则。司法解释是立法在审判工作中的具体化，我们在制定《解释》时立足于体现立法精神，遵循立法本意。在现有法律规定范围内，确保《解释》符合立法宗旨和目的，遵守司法解释基本要求。

第三，立足审判实践，统一裁判尺度。司法解释工作坚持问题导向，努力解决审判实践中存在的突出问题以及社会大众密切关注的问题，统一裁判尺度。

第四，明确责任承担，引导市场主体规范经营。实践中，一些生产经营者主体责任意识不强，制假售假等问题时有发生。《解释》进一步明确民事责任主体和责任承担要件，依法惩戒恶意违法者，保护诚信经营者，促进食品生产经营行业健康发展。

第五，坚持社会共治，遵循各司其职各尽其责的原则。食品安全问题，需要立法、行政监管、民事刑事行政司法共同发挥作用。制定《解释》过程中，注意民事审判与行政监管之间的职能区分，使民事审判在自己的职能范围内发挥应有的作用，促进形成各方各尽其责、齐抓共管、合力共治的工作格局。

三、关于首负责任制的适用问题

《食品安全法》第一百四十八条第一款规定了首负责任制，具体内容为："消费者因不符合食品安全标准的食品受到损害的，可以向经营者要求赔偿损失，也可以向生产者要求赔偿损失。接到消费者赔偿要求的生产经营者，应当实行首负责任制，先行赔付，不得推诿；属于生产者责任的，经营者赔偿后有权向生产者追偿；属于经营者责任的，生产者赔偿后有权向经营者追偿。"

第二款规定了惩罚性赔偿，具体内容为："生产不符合食品安全标准的食品或者经营明知是不符合食品安全标准的食品，消费者除要求赔偿损失外，还可以向生产者或者经营者要求支付价款十倍或者损失三倍的赔偿金；增加赔偿的金额不足一千元的，为一千元。……"实践中，消费者因不符合食品安全标准的食品受到损害的，可以向经营者要求赔偿损失，也可以向生产者要求赔偿损失。接到消费者赔偿请求的生产者或者经营者应当先行赔付消费者损失，不得以自身无过错、赔偿责任应由生产经营者中的另一方承担为由主张免责抗辩，这是《食品安全法》规定首负责任制的应有之义。至于生产者或经营者之间谁来承担最终的责任，属于内部互相追偿的问题，不应以此对抗消费者。

另外，关于首负责任制的适用范围问题。首负责任制适用于消费者请求赔偿损失的情况，这一点并无争议，但是否适用于惩罚性赔偿，实践中存在不同做法和观点。一种观点认为，首负责任制不适用于惩罚性赔偿，即生产经营者仅对消费者的损失承担首负责任，消费者主张经营者承担惩罚性赔偿，仍需证明符合经营者明知等法定要件。另一种观点认为，首负责任制的适用范围包括惩罚性赔偿，即消费者因不符合食品安全标准的食品受到损害，其既可以向经营者要求赔偿损失并承担惩罚性赔偿责任，也可以向生产者要求赔偿损失并承担惩罚性赔偿责任。生产者或者经营者承担责任后，可再向真正的责任人追偿。

因该问题具有普遍性，影响较大，在征求意见过程中，我们列了两种方案。除目前《解释》第一条规定的方案外，另一方案为："消费者因不符合食品安全标准的食品受到损害，依据《食品安全法》第一百四十八条规定诉请生产者或者经营者赔偿损失，或者承担惩罚性赔偿责任，被诉的生产者或经营者以赔偿责任应由生产经营者中的另一方承担为由主张免责的，人民法院不予支持。属于生产者责任的，经营者赔偿后有权向生产者追偿；属于经营者责任的，生产者赔偿后有权向经营者追偿。"由于此问题主要是要厘清《食品安全法》第一百四十八条第一款和第二款规定的适用关系问题，要适用好该制度，需要准确把握立法目的和原意。故此，我们两次征求立法机关等相关部门意见。立法机关认为，《食品安全法》中惩罚性赔偿虽然与首负责任制规定在同一条，但从立法原意来看，惩罚性赔偿不宜理解为适用首负责任制，倾向同意《解释》第一条目前所采纳的立场。在起草论证过程中，我们也向社会各界公开征求了意见。

在反复研究论证的基础上，我们采纳了目前立场，规定消费者因不符合食品安全标准的食品受到损害，依据《食品安全法》第一百四十八条第一款规定诉请食品生产者或者经营者赔偿损失的，适用首负责任制，首负责任制适用范围不包括第一百四十八条第二款规定的惩罚性赔偿责任。消费者主张经营者承担惩罚性赔偿责任，仍需证明符合经营者明知等法定要件。该规定主要基于以下考虑：

首先，从立法文义上看，《食品安全法》第一百四十八条两款之间并非包含关系。从立法将首负责任制和惩罚性赔偿分别规定在两款中以及措辞看，首负责任制并不当然适用于惩罚性赔偿责任。

其次，从惩罚性赔偿制度的功能定位看，其主要功能在于惩罚并遏制有主观恶意的侵权行为，法律规定食品经营者承担惩罚性赔偿责任的前提是明知。虽然经营者在承担中间性责任后可以追偿，但其仍然要承担追偿不到的风险，要付出时间成本和经济成本。如果食品经营者在不具备明知条件的情况下，也要承担惩罚性赔偿的首负责任，则不能真正实现惩罚性赔偿的制度目的，也不符合保护诚信经营者、惩治恶意经营者的司法价值导向。

最后，从利益平衡的角度讲，如果不论经营者主观状态如何，均令其就惩罚性赔偿承担首负责任，会极大地增加经营者的经营成本，经营者反过来又会通过提高价格等方式将成本转嫁到消费者的身上，反而不利于整个消费者群体。

因此，《解释》第一条规定："消费者因不符合食品安全标准的食品受到损害，依据《食品安全法》第一百四十八条第一款规定诉请食品生产者或者经营者赔偿损失，被诉的生产者或者经营者以赔偿责任应由生产经营者中的另一方承担为由主张免责的，人民法院不予支持。属于生产者责任的，经营者赔偿后有权向生产者追偿；属于经营者责任的，生产者赔偿后有权向经营者追偿。"一方面，明确了消费者因不符合食品安全标准的食品受到损害的，可以向经营者要求赔偿损失，也可以向生产者要求赔偿损失。接到消费者赔偿请求的生产者或者经营者应当先行赔付消费者损失，不得以自身无过错、赔偿责任应由生产经营者中的另一方承担为由主张免责抗辩。另一方面，明确了《食品安全法》规定的首负责任制的适用范围为赔偿损失，不包括惩罚性赔偿责任，消费者主张经营者承担惩罚性赔偿责任，仍需证明符合经营者明知等法定要件。

适用中应当注意的是关于生产经营者之间的追偿权问题。《食品安全法》第一百四十八条第一款除规定首负责任以外，还规定了生产经营者之间的追偿权，即在接到消费者赔偿要求的生产经营者承担首负责任后，可向终局责任人追偿。如果说第一百四十八条第一款规定的首负责任制并不适用于惩罚性赔偿，那么生产者或者经营者承担惩罚性赔偿责任后，是否就不存在相互追偿的问题呢？我们认为并非如此，除首负责任制下的追偿权以外，法律还规定了连带责任等其他责任制度下的追偿权，生产者和经营者之间是否有权相互追偿要视具体情况确定。

四、关于网购食品安全责任问题

近年来，随着电子商务的迅猛发展，网络购物现在已经成为一种很普遍的消费方式，通过网络平台进行食品交易的规模也越来越大。《解释》制定过程中，对于网购食品安全问题予以高度关注。

一方面，对电子商务平台自营及自营误导问题作出规定。实践中，电子商务平台主要通过两种方式进行经营，一种是为第三方交易提供平台服务，另一种是自己直接作为当事人一方进行交易，即为自营模式。两种交易模式存在根本的差别，因此法律上设置的权利义务也存在差别。在自营模式下，电子商务平台本身为食品经营者，应当承担作为食品经营者的法律责任。根据电子商务法第三十七条第二款规定，电子商务平台经营者对其标记为自营的业务依法承担商品销售者或者服务提供者的民事责任。但实践中仍存在电商平台开展自营业务，应当依法标记自营而未标记的情况。《解释》第二条第一款规定：电子商务平台经营者以标记自营业务方式所销售的食品或者虽未标记自营但实际开展自营业务所销售的食品不符合食品安全标准，消费者依据《食品安全法》第一百四十八条规定主张电子商务平台经营者承担作为食品经营者的赔偿责任的，人民法院应予支持。

《解释》第二条第二款对自营误导的情形作出规定。电子商务法第三十七条第一款明确规定，电子商务平台经营者在其平台上开展自营业务的，应当以显著方式区分标记自营业务和平台内经营者开展的业务，不得误导消费者。根据《消费者权益保护法》第八条、第九条等规定，消费者享有知悉其购买、使用的商品或者接受的服务的真实情况的权利，享有自主选择商品或者服务的权利。电子商务平台经营者虽非实际开展自营业务，但其所作标识等足以给消费者造成误导，让消费者相信系电子商务平台经营者自营的，该自营误导应视为电子商务平台经营者对消费者作出承担经营者责任的承诺，消费者也有权要求电子商务平台经营者承担食品经营者的责任，以更好地保护消费者合法权益。

《解释》第二条第二款规定：电子商务平台经营者虽非实际开展自营业务，但其所作标识等足以误导消费者让消费者相信系电子商务平台经营者自营，消费者依据《食品安全法》第一百四十八条规定主张电子商务平台经营者承担作为食品经营者的赔偿责任的，人民法院应予支持。

另一方面，《解释》对电子商务平台经营者未尽实名登记等义务的法律后果作了进一步明确。

《食品安全法》第六十二条规定了网络食品交易第三方平台负有对入网食品经营者进行实名登记、审查许可证，以及对违法行为履行报告、停止提供网络交易平台服务的义务；第一百三十一条第一款规定，网络食品交易第三方平台提供者违反上述义务，使消费者的合法权益受到损害的，应当与食品经营者承担连带责任。

《电子商务法》第三十八条第二款规定：对关系消费者生命健康的商品或者服务，电子商务平台经营者对平台内经营者的资质资格未尽到审核义务，或者对消费者未尽到安全保障义务，造成消费者损害的，依法承担相应的责任。

关于《食品安全法》第一百三十一条与电子商务法第三十八条的适用关系问题，在实务中存在争议。我们认为，食品安全关涉消费者生命健康，应当予以特别保护。为了方便食品消费者行使求偿权，更好地保护其合法权益，《解释》第三条规定：电子商务平台经营者违反《食品安全法》第六十二条和第一百三十一条规定，未对平台内食品经营者进行实名登记、审查许可证，或者未履行报告、停止提供网络交易平台服务等义务，使消费者的合法权益受到损害，消费者主张电子商务平台经营者与平台内食品经营者承担连带责任的，人民法院应予支持。这一规定有利于督促电子商务平台经营者加强对平台内食品经营者相关资质、资格的审核，并依法采取相应救济措施，以更好地保护网购消费者。

五、关于经营者明知的认定问题

根据《食品安全法》第一百四十八条的规定，经营者只有在经营明知是不符合食品安全标准的食品时才承担惩罚性赔偿责任，因此，"明知"的判断至关重要。因"明知"是主观状态，审判实践中较难把握。调研中，地方法院希望对于经营者明知规定一个可操作性的认定标准。《解释》第六条对较为常见的能够认定为经营者明知的情形进行列举，同时作出兜底性规定。第六条规定："食品经营者具有下列情形之一，消费者主张构成《食品安全法》第一百四十八条规定的'明知'的，人民法院应予支持：（一）已过食品标明的保质期但仍然销售的；（二）未能提供所售食品的合法进货来源的；（三）以明显不合理的低价进货且无合理原因的；（四）未依法履行进货查验义务的；（五）虚假标注、更改食品生产日期、批号的；（六）转移、隐匿、非法销毁食品进销货记录或者故意提供虚假信息的；（七）其他能够认定为明知的情形。"

其中，关于经营者未依法履行进货查验义务的情形是否应当认定为构成经营者明知的问题，在《解释》起草过程中存在不同观点。一种观点认为，进货查验义务是《食品安全法》明确规定的经营者义务，《解释》应当严格按照"四个最严"的要求，明确将未尽查验义务认定为经营者明知，由经营者承担惩罚性赔偿责任，最大限度保证食品安全，也为法院司法提供指引。另一种观点则认为，《食品安全法》规定经营者承担惩罚性赔偿责任的前提是"明知"，未尽进货查验义务与故意违法不同，考虑到我国食品经营市场的发展现状，规定将未尽查验义务推定为经营者明知，会对市场产生较大影响。我们认为，进货查验义务是《食品安全法》明确规定的经营者义务，对于保证食品安全至关重要，消费者基于对经营者的信任采购食品，经营者不履行进货查验义务显然是极不负责任的。经过征求各方面意见并研究讨论，《解释》明确将未依法履行进货查验义务作为经营者明知的一种情形予以规定，引导经营者规范经营，最大限度保证食品安全，督促经营者依法履行法定义务，保护消费者合法权益。

对于进货查验义务的内涵，实践中存在不同的理解。根据2020年9月国家市场监管总局印发的《食品销售者食品安全主体责任指南（试行）》（以下简称《责任指南》）第10.1项的规定，食品进货查验主要包括三个方面内容：(1) 查验供货者许可证和食品合格证明文件；(2) 查验食品感官性状等质量安全情况；(3) 建立进货查验记录制度，并按规定保存记录和凭证。

对于这三方面义务，我们初步认为：

其一，关于查验供货者许可证和食品合格证明文件的义务。根据《食品安全法》第五十三条第一款的规定，食品经营者采购食品，应当查验供货者的许可证和食品出厂检验合格证或者其他合格证明。该规定的目的是要从源头保障食品的安全可靠，每个食品经营者都应当意识到查验供货者的许可证和食品合格证明文件是必须履行的法定义务。如果未查验供货者许可证和食品合格证明文件，应当认定为构成经营者明知。

其二，关于食品感官性状的查验。《食品安全法》第五十三条进货查验记录制度虽然并未对此作出规定，但是《食品安全法》第三十四条明确禁止经营感官性状异常的食品，《责任指南》也将查验食品感官性状等质量安全情况纳入进货查验的范畴。讨论过程中，普遍认为，经营者购进感官性状异常的食品并销售，属于未尽到进货查验义务，违反该项义务也应当认定为构成经营者明知。

其三，关于进货查验记录与民事责任之间的关系，存在较大争议。一种观点认为查验记录义务是进货查验义务的重要内容，可追溯制度的建立对于保障食品安全至关重要，未建立进货查验记录应当推定为经营者明知；另一种观点认为，进货查验记录制度的目的是可追溯，未建立进货查验记录与经营者是否明知经营不符合安全标准的食品之间在逻辑上不具有必然联系，并且法律规定记录的事项包括名称、规格、数量、生产日期或者生产批号、保质期、进货日期以及供货者名称、地址、联系方式等内容，如果一概认定为经营者明知进而承担惩罚性赔偿责任，对于经营者来说负担过重。我们初步认为，进货查验记录制度的主要目的是产品可追溯、责任可追究，在司法实践中，未建立进货查验记录是否认定为经营者明知，还要结合经营者主体类型、经营者是否已尽到查验证照的义务以及是否因之导致构成《解释》第六条第二项无法提供合法进货来源等具体案件情况予以认定，相关问题还需结合实践情况进一步调研论证。

司法实践中，应当注意以下问题。

第一，关于农产品的进货查验义务。《食品安全法》第六十五条规定：食用农产品销售者应当建立食用农产品进货查验记录制度，如实记录食用农产品的名称、数量、进货日期以及供货者名称、地址、联系方式等内容，并保存相关凭证。记录和凭证保存期限不得少于六个月。与《食品安全法》第五十三条相比，法律并未要求经营者对食用农产品查验许可证和产品合格证明文件。在制定《食品安全法》过程中，立法机关认为，从我国目前食用农产品销售的情况看，农民和小散的个体经营者的经营对象主要是蔬菜瓜果等鲜活农产品，通过许可进行管理，不现实。

第二，要注意义务主体的区分。《食品安全法》第五十三条第一款规定，查验食品合格证明文件的义务主体为食品经营者，而第二款规定的进货查验记录制度的义务主体为食品经营企业。食品经营者既包括食品经营企业，也包括个体工商户等主体。因此，从立法目的和文义看，《食品安全法》区分不同主体施加不同的义务，对于经济实力更强的食品经营企业施加的义务则更重。另外，《食品安全法》第五十三条第三款和第四款对分别实行统一配送经营方式的食品经营企业和从事食品批发业务的经营企业的进货查验作出了规定。

第三，在司法实践中，要特别注意行政责任与民事责任的区分，不能将二者等同。根据《食品安全法》第一百二十六条第一款第三项的规定，食品、食品添加剂生产经营者进货时未查验许可证和相关证明文件，或者未按规定建立并遵守进货查验记录、出厂检验记录和销售记录制度，由县级以上人民政府食品药品监督管理部门责令改正，给予警告；拒不改正的，处五千元以上五万元以下罚款；情节严重的，责令停产停业，直至吊销许可证。第一百四十八条第二款规定："生产不符合食品安全标准的食品或者经营明知是不符合食品安全标准的食品，消费者除要求赔偿损失外，还可以向生产者或者经营者要求支付价款十倍或者损失三倍的赔偿金；增加赔偿的金额不足一千元的，为一千元。但是，食品的标签、说明书存在不影响食品安全且不会对消费者造成误导的瑕疵的除外。"两者相较,行政责任除罚款外,可通过警告、吊销执照等其他方式分梯次对责任主体进行处罚,而民事责任则侧重于对消费者的经济补偿,并通过惩罚性赔偿对经营者进行惩戒。行政责任与民事责任的规制角度、目的以及惩罚手段和力度等都有所不同。区分行政责任和民事责任,是在整个《解释》的适用中都要注意的问题。

六、关于法律适用的梯次及衔接问题

实践中,食品企业为了满足消费者需求,提高市场竞争力,承诺的质量标准可能会高于国家食品安全标准。如果食品符合国家食品安全标准,但未达到承诺的质量标准,应如何处理?

《解释》第九条对此予以明确。食品符合安全标准,但不符合承诺的质量标准,涉及多种情形,相应地,也涉及《食品安全法》《消费者权益保护法》《民法典》等多部法律的适用。

有的经营者存在故意,构成欺诈,属于以次充好的情况,但并未跨越食品安全界限;有的经营者并不构成欺诈,但构成违约。无论是构成欺诈还是存在其他问题,只有不符合食品安全标准的,才适用《食品安全法》第一百四十八条规定的价款十倍或损失三倍的惩罚性赔偿制度。

虽然符合食品安全标准,但构成欺诈的,消费者可以依据《消费者权益保护法》第五十五条规定主张惩罚性赔偿;构成违约的,消费者可依据《民法典》第五百七十七条、第五百八十二条以及第五百八十三条等规定主张经营者承担责任;构成侵权的,消费者可以依据《民法典》侵权责任编相关规定寻求救济。

另外,《消费者权益保护法》还规定了消费者的公平交易权、知情权等内容,在符合这些规定的情形下,还可以通过相关的具体法律规定进行救济。《解释》第九条规定,食品符合食品安全标准但未达到生产经营者承诺的质量标准,消费者依照民法典、《消费者权益保护法》等法律规定主张生产经营者承担责任的,人民法院应予支持,但消费者主张生产经营者依据《食品安全法》第一百四十八条规定承担赔偿责任的,人民法院不予支持。该条规定就是为了明确法律适用上的梯次和界限。

另外,《食品安全法》第一百四十八条第二款与《消费者权益保护法》第五十五条第一款对食品安全惩罚性赔偿责任与消费欺诈惩罚性赔偿责任规定了不同的构成要件,但在司法实践中,食品生产经营者的行为可能同时满足上述两个法律规范的构成要件,比如食品经营者以虚假宣传的方式销售其明知不符合食品安全标准的食品。由于不同消费者在利益诉求、举证能力等方面均可能存在差异,如何诉讼,消费者有权选择。这两种责任都是以惩罚性赔偿为内容,具有惩罚和吓阻加害人的制度功能,此种情形下消费者可择一主张。《解释》第七条规定:消费者认为生产经营者生产经营不符合食品安全标准的食品

同时构成欺诈的,有权选择依据《食品安全法》第一百四十八条第二款或者《消费者权益保护法》第五十五条第一款规定主张食品生产者或者经营者承担惩罚性赔偿责任。

七、关于惩罚性赔偿责任是否以造成人身损害为要件的问题

关于《食品安全法》第一百四十八条惩罚性赔偿责任的承担是否应以给消费者造成人身损害为前提条件的问题,实践中存在不同的观点。一种观点认为,惩罚性赔偿责任的承担应以造成人身损害为前提,现实生活中存在大量消费者购买不符合食品安全标准的食品但未食用,却诉至法院请求十倍赔偿的情形,如均获支持,则将偏离立法原意。另一种观点认为,《食品安全法》上惩罚性赔偿制度不应当以损害后果为前提条件,即使消费者未食用,只要食品不符合安全标准,消费者也有权主张惩罚性赔偿。这种观点是基于严格监管食品安全的立法意图而提出的。鉴于实践中存在不同的观点和做法,有必要对此予以统一。我们认为,《食品安全法》第一百四十八条第二款规定的惩罚性赔偿,不以给消费者造成人身损害为前提条件。《解释》第十条规定:食品不符合食品安全标准,消费者主张生产者或者经营者依据《食品安全法》第一百四十八条第二款规定承担惩罚性赔偿责任,生产者或者经营者以未造成消费者人身损害为由抗辩的,人民法院不予支持。采纳这一立场,主要基于以下方面考虑。

首先,从立法文义看,《食品安全法》第一百四十八条第二款规定:"生产不符合食品安全标准的食品或者经营明知是不符合食品安全标准的食品,消费者除要求赔偿损失外,还可以要求支付价款十倍或者损失三倍的赔偿金。"该款并未要求以消费者遭受人身损害为前提。该款规定的惩罚性赔偿,不一定是在造成消费者人身损害的情况下才可以主张,消费者购买了不符合食品安全标准的食品,即使尚未食用,仍可要求生产经营者支付价款十倍的赔偿金。民法典第一千二百零七条规定:明知产品存在缺陷仍然生产、销售,或者没有依据前条规定采取有效补救措施,造成他人死亡或者健康严重损害的,被侵权人有权请求相应的惩罚性赔偿。但是,《食品安全法》旨在保证食品安全,保障公众身体健康和生命安全。相较于民法一般规定而言,《食品安全法》第一百四十八条属于对于食品安全领域所作的特别规定,应当优先适用。

其次,从现实情况看,如果《食品安全法》第一百四十八条规定的价款十倍的惩罚性赔偿责任必须以造成人身损害为要件,对于消费者来说,要完成举证有相当难度。食品价额一般不高,有的三五元、十几元,如果消费者购买了不符合安全标准的食品,必须能够证明有人身损害才能获得惩罚性赔偿,也就意味着在不能够证明因所购食品造成人身损害的情况下,通常只能获得食品价款的赔偿,而多数情况下这个赔偿显然不能弥补消费者维权成本,更无法很好地激励消费者维权并发挥监督作用。

关于在这个问题上是否要区分侵权责任纠纷和合同纠纷而作不同处理，有观点认为，损害后果是侵权责任构成要件，原告提起产品责任纠纷诉讼，应当以不安全食品造成消费者人身损害后果为要件。当消费者购买到不符合安全标准的食品时，若该食品尚未对消费者造成损害，则属买卖合同中标的物的质量不合格，根据合同相对性原理，消费者只能追究销售者的违约责任，向销售者请求赔偿。我们倾向认为，在食品安全民事纠纷案件中，无论当事人提起产品责任之诉还是买卖合同之诉，《食品安全法》第一百四十八条规定的价款十倍的赔偿均不以食品造成消费者人身损害为前提。

首先，《食品安全法》第一百四十八条第二款规定并未区分产品责任纠纷还是买卖合同纠纷而设置不同的构成要件。该款规定相对于民法典关于惩罚性赔偿的规定来说，属于特别规范，应当优先适用。其次，在侵权法上，购买不安全食品本身也属于损失。立法机关认为民法典侵权责任编第四章的财产损害，既包括缺陷产品以外的其他财产的损害，也包括缺陷产品本身，这样，有利于及时、便捷地保护用户、消费者的合法权益。因此，消费者购买的食品不符合安全标准不能食用，本身就是损失。最后，从实际处理效果讲，由于我国民事纠纷案由中并未列食品安全民事纠纷这一案由，当事人通常以买卖合同、产品责任纠纷等案由提起诉讼。无论是产品责任之诉还是买卖合同之诉，在符合法定条件的情况下，当事人援引《食品安全法》第一百四十八条第二款规定主张生产经营者承担十倍价款的赔偿责任，均有法律依据。人民法院以未造成人身损害为由驳回，让当事人另行以合同纠纷为由提起诉讼，实无必要。

八、关于生产经营未标明基本信息的预包装食品的赔偿责任问题

《解释》第十一条就预包装食品的生产经营者漏标基本信息或者标示基本信息不清晰应承担惩罚性赔偿责任作了规定。预包装食品包装标签问题，是人民群众最为关心的问题之一，也是近年来司法实践中经常遇到、争议较大的问题。预包装食品是指预先定量包装或者制作在包装材料和容器中的食品，包括预先定量包装以及预先定量制作在包装材料和容器中并且在一定限量范围内具有统一的质量或体积标示的食品。

关于预包装食品包装标签的争议主要集中在两个方面：一是预包装食品包装标签缺乏哪些基本标示内容会影响食品安全，只要生产经营的预包装食品缺乏这些标示信息，生产经营者就必须承担惩罚性赔偿责任。二是预包装食品包装标签不符合《食品安全法》等法律和国家标准规定，是否属于《食品安全法》第一百四十八条第二款规定的不影响食品安全且不会对消费者造成误导的标签瑕疵。这实际是一个问题的两个方面。

针对上述问题，《解释》第十一条规定，生产经营漏标生产者信息即生产者名称、地址，食品成分信息即成分或者配料表，保质期信息即生产日期、保

质期的预包装食品的，消费者有权请求生产者或者经营者依据《食品安全法》第一百四十八条第二款规定承担惩罚性赔偿责任。

其中，漏标生产者信息即生产者名称、地址的预包装食品主要是指人民群众深恶痛绝的"黑作坊"食品。《解释》第十一条着力于打掉"黑作坊"食品的生产经营链条。实践中，"黑作坊"地难找、人易跑，具有隐蔽性。由于预包装食品包装标签上漏标了生产者名称和地址，消费者购买此类食品权利受到侵害的，往往不知道找谁承担责任。本条规定，生产经营未标明生产者名称、地址的预包装食品，不仅生产者要承担惩罚性赔偿责任，经营者也要承担惩罚性赔偿责任，让经营者不愿、不敢经营"黑作坊"食品。这就打掉了"黑作坊"食品的市场，切断了"黑作坊"食品的经营链条。

成分或者配料表属于预包装食品包装标签强制标识信息，对于食品安全有实质性影响，对于消费者了解食品安全信息具有重要意义。

生产日期与保质期是广大消费者在购买预包装食品时最关注的食品安全信息，《解释》深入贯彻习近平总书记提出的"四个最严"要求，强化预包装食品生产经营者清晰标明生产日期和保质期的责任。根据《解释》第十一条规定，生产经营的预包装食品的包装标签未标明生产日期、保质期，或者标明的生产日期、保质期不清晰的，生产经营者都将承担惩罚性赔偿责任，以充分保护消费者的知情权、生命权和健康权。

司法实践中，在适用《解释》第十一条规定时，应注意以下五个问题。

第一，准确理解《解释》第十一条但书部分规定，即法律、行政法规、食品安全国家标准对标签标注事项另有规定的除外。此处所称的除外，是指《预包装食品标签通则》（GB 7718—2011）（以下简称《标签通则》）关于标示内容豁免的两种情形：一是酒精度大于等于10%的饮料酒、食醋、食用盐、固态食糖类、味精可以免除标示保质期。二是当预包装食品包装物或包装容器的最大表面面积小于10平方厘米时［包装物或包装容器最大表面面积计算方法是：长方体形包装物或长方体形包装容器计算方法是长方体形包装物或长方体形包装容器的最大一个侧面的高度（cm）乘以宽度（cm）；圆柱形包装物、圆柱形包装容器或近似圆柱形包装物、近似圆柱形包装容器计算方法是包装物或包装容器的高度（cm）乘以圆周长（cm）的40%；其他形状的包装物或包装容器计算方法是包装物或包装容器的总表面积的40%。如果包装物或包装容器有明显的主要展示版面，应以主要展示版面的面积为最大表面面积。包装袋等计算表面面积时应除去封边所占尺寸。瓶形或罐形包装计算表面面积时不包括肩部、颈部、顶部和底部的凸缘］，可以只标示产品名称、净含量、生产者（或经销商）的名称和地址。

第二，要正确处理《解释》第十一条规定与标签瑕疵的关系。《食品安全法》第一百四十八条第二款规定食品生产经营者的惩罚性赔偿责任时作了例外规定，即食品的标签、说明书存在不影响食品安全且不会对消费者造成误导的瑕疵的，生产者或者经营者无须承担惩罚性赔偿责任。在被起诉承担惩罚性赔偿责任时，食品生产经营者通常会以食品的标签、说明书的问题属于瑕疵，不影响食品安全且不会对消费者造成误导为由进行抗辩。需要注意的是，《食品安全法》第一百四十八条第二款的但书规定适用条件非常严格，必须同时符合三个要件：一是食品的标签、说明书不符合食品安全标准仅属于瑕疵；二是该瑕疵不影响食品安全；三是该瑕疵不会对消费者造成误导。《解释》第十一条所规定情形不属于《食品安全法》第一百四十八条第二款规定的标签瑕疵。

第三，注意生产者与经营者惩罚性赔偿责任构成要件的关系。根据《食品安全法》第一百四十八条第二款规定，生产者生产不符合食品安全标准的食品的，应当承担惩罚性赔偿责任。在适用《解释》第十一条时，需要注意经营者对于预包装食品标签应当标示的基本信息应当予以审查。预包装食品标示是否未标明生产者名称、地址、成分或者配料表以及是否清晰标明生产日期、保质期是明显可察的，因此，如果经营者经营的预包装食品未标明生产者名称、地址、成分或者配料表，未清晰标明生产日期、保质期，经营者就应当承担惩罚性赔偿责任，不能以不知道其所经营的预包装食品违反食品安全标准为由进行免责抗辩。

第四，生产经营者不能以食品标签未标明基本信息实质上不影响预包装食品安全进行抗辩。预包装食品标示是否会对食品安全造成影响，应当由立法机关和食品安全标准制定部门作出判断。人民法院在食品安全纠纷民事诉讼中，需要判断的是生产经营者生产经营的食品是否符合《食品安全法》以及食品安全标准的要求。而且，预包装食品标签上应当标明的生产者名称、地址、生产日期、保质期、成分或者配料表等信息属于强制标示的信息，也属于影响消费者知情权和食品安全的基本信息，故生产经营未标明上述信息以及未清晰标明生产日期和保质期信息的，生产经营者应当承担惩罚性赔偿责任。

第五，要准确把握预包装食品漏标其他标签信息时生产经营者的责任。《解释》第十一条只是对实践中问题较为突出的漏标基本信息或者基本信息标示不清晰的情况作了规定，如果预包装食品标签漏标了其他应当标示的信息，仍应当依据《食品安全法》和《标签通则》等相关规定认定生产经营者是否应当依据《食品安全法》第一百四十八条第二款规定承担惩罚性赔偿责任。

九、关于经营进口食品的赔偿责任问题

《解释》第十二条就不符合我国食品安全国家标准或者国务院卫生行政部门决定暂予适用标准的进口食品经营者民事责任作了规定。

对于进口食品，需要处理好我国食品安全国家标准与国外食品安全标准的关系，以及进口食品是否经过我国出入境检验检疫机构检验检疫与进口食品是

否符合我国食品安全国家标准的关系。

关于第一个关系,根据《食品安全法》第二条、第九十二条第二款等规定,无论食品经营者销售的是进口食品还是我国境内生产的食品,都应当遵守《食品安全法》的规定,其所销售食品均应当符合我国食品安全标准,不能以食品出口国的食品安全标准代替我国食品安全标准。实践中,存在部分进口食品在国内缺乏相应的食品安全标准的情况,根据《食品安全法》第九十三条规定,应由境外出口商、境外生产企业或者其委托的进口商向国务院卫生行政部门提交所执行的相关国家(地区)标准或者国际标准。国务院卫生行政部门对相关标准进行审查,认为符合食品安全要求的,决定暂予适用,并及时制定相应的食品安全国家标准。

关于第二个关系,实践中曾有不同认识,但根据《食品安全法》第九十二条规定,进口的食品、食品添加剂符合我国食品安全国家标准,与进口的食品、食品添加剂经过出入境检验检疫机构依照进出口商品检验相关法律、行政法规的规定检验检疫并非一回事。进口食品和食品添加剂既要符合我国食品安全国家标准,也应当经出入境检验检疫机构依照进出口商品检验相关法律、行政法规的规定进行检验检疫,不能用经过了出入境检验检疫机构检验检疫取代食品安全国家标准,将其作为判断进口食品是否安全的依据。

实践中,有的进口商以其并非进口食品的经营者为由进行抗辩,主张其不应对进口食品不符合我国食品安全标准承担责任。这一主张不能成立。不同进口商的经营模式不同,有的进口商进口食品后先转售给零售商,再由零售商销售给消费者;有的进口商则直接将进口食品销售给消费者。在前一种情况下,进口商与批发商的地位并无二致;在第二种情况下,进口商与普通销售者的角色相同。无论在哪种情况下,进口商都属于进口商品的经营者,都应当承担经营者的责任。

(撰稿人:刘　敏　高燕竹　谢　勇)

【 链　　接 】

切实促进食品安全状况实现根本好转
——最高人民法院相关负责人就《最高人民法院关于审理
食品安全民事纠纷案件适用法律若干问题的
解释（一）》和典型案例答记者问

2020 年 12 月 8 日，最高人民法院发布《最高人民法院关于审理食品安全民事纠纷案件适用法律若干问题的解释（一）》（以下简称《解释》）和相关典型案例。最高人民法院相关负责人就有关问题回答了记者提问。

一、问：《解释》对打击制售食品的"黑作坊"采取了哪些有针对性的举措？

答：众所周知，制售食品的"黑作坊"是危害食品安全的毒瘤，其食品原料或腐败变质，或有违法添加，其生产原料、包装材料、生产过程等达不到《食品安全法》和食品安全国家标准的要求，食品安全和质量无从谈起，对人民群众的身体健康、生命安全造成严重损害。尤其在经济欠发达地区以及广大农村地区，"黑作坊"食品更为泛滥，危害更大。另一方面，制售食品的"黑作坊"多藏匿于隐蔽的工厂或农村，人员流动性较强，隐蔽性强，欠发达地区和农村消费者的防假和维权意识相对薄弱，即使购买到这类"黑作坊"食品，在没有对身体健康和生命安全造成明显损害的情况下，大多会放弃维权。这些情况加大了打击制售违法食品的"黑作坊"的难度。

针对"黑作坊"不敢在其制售的食品包装标签上标明生产者名称、地址以逃避法律责任的特点，《解释》第十一条明确规定，生产经营未标明生产者名称、地址的预包装食品，消费者主张生产者或者经营者依据《食品安全法》第一百四十八条第二款规定承担惩罚性赔偿责任的，人民法院应予支持。本条解释的针对性很强，既打"黑作坊"食品的源头，又打其生产经营链条。对未标明生产者名称、地址的预包装食品，不仅生产者要承担惩罚性赔偿责任，而且经营者也要承担惩罚性赔偿责任。这样经营者就不敢经营"黑作坊"食品，打断了"黑作坊"食品的经营链条，也将打掉"黑作坊"食品的市场。

另外，实践中，"黑窝点""黑作坊""黑市场"往往形成产供销一条龙，生产者需要凭借场地、设备、技术、原料、销售渠道、运输、储存等便利条件，才能制售有毒有害食品。对于明知从事违法生产经营行为仍提供便利条件的单位或者个人,《解释》第五条明确,消费者有权依据《食品安全法》第一百二十三条的规定主张该单位或者个人与食品生产经营者承担连带责任。通过强化为违法行为提供便利条件者的责任,加大对制售违法食品的"黑作坊""黑窝点"的打击力度。

二、问:《食品安全法》规定了惩罚性赔偿制度,但实践中对于该制度的适用存在理解不一的情况,《解释》对惩罚性赔偿责任的适用要件方面是否作了进一步明确?

答:《食品安全法》第一百四十八条规定了惩罚性赔偿制度,该制度在维护食品安全方面发挥了重要作用。对于惩罚性赔偿责任的适用要件,《解释》从主客观两个方面作了进一步明确。

一方面,《解释》明确了经营者"明知"的认定问题。根据《食品安全法》第一百四十八条的规定,经营者只有在经营明知是不符合食品安全标准的食品时才承担惩罚性赔偿责任。因此,经营者"明知"的判断至关重要。因为"明知"是当事人主观心理状态,消费者举证难,法院认定也难。《解释》第六条以列举加兜底的方式作了进一步明确,增强了可操作性。第六条对于司法实践中较为常见的情形进行了列举,分别是:已过食品标明的保质期但仍然销售的;未能提供所售食品的合法进货来源的;以明显不合理的低价进货且无合理原因的、未依法履行进货查验义务的;虚假标注、更改食品生产日期、批号的;转移、隐匿、非法销毁食品进销货记录或者故意提供虚假信息的。以上情形下,消费者主张经营者构成《食品安全法》第一百四十八条规定的"明知"的,人民法院应予支持。同时规定了兜底条款,以避免遗漏。关于经营者"未依法履行进货查验义务"是否认定为"明知"的问题,我们认为,进货查验义务是《食品安全法》明确规定的经营者义务,对于保证食品安全至关重要,消费者基于对经营者的信任采购食品,经营者不履行进货查验义务显然是极不负责任的。《解释》深入贯彻"四个最严"的要求,明确将未尽查验义务认定为经营者"明知",引导经营者规范经营,最大限度保证食品安全。

另一方面,《解释》明确惩罚性赔偿不以造成消费者人身损害为前提。我们认为,《食品安全法》第一百四十八条第二款规定的惩罚性赔偿,并未要求以消费者人身遭受损害为前提。该款规定的惩罚性赔偿,不一定是在造成消费者人身损害的情况下才可以主张。该款规定属于《食品安全法》对于食品安全领域所作的特别规定,旨在保障公众身体健康和生命安全。由于食品价额一般不高,惩罚性赔偿以造成人身损害后果为前提,不利于鼓励消费者维权,也不利于惩治和防范食品违法行为,净化食品安全环境。《解释》第十条明确规定,食品不符合食品安全标准,消费者主张生产者或者经营者依法承担惩罚性赔偿责任,生产者或者经营者以未造成消费者人身损害为由抗辩的,人民法院不予支持，以统一裁判尺度，加大对消费者权益的保护力度。

三、问：生产日期和保质期是消费者在购买食品时最关注的食品安全信息，《解释》对此有无专门规定？

答：根据《食品安全法》、食品安全国家标准的有关规定，生产日期和保质期是预包装食品包装标签强制标识的信息，这也是消费者在购买食品时最为关注的食品安全信息。目前，实践中主要存在两方面问题：一是预包装食品包装标签上缺少生产日期和保质期信息。这种情况下，消费者无法对食品安全作出判断，生产经营者向消费者出售的食品很可能是过期食品，损害消费者身体健康、生命安全。二是预包装食品包装标签上虽然标明了生产日期和保质期信息，但是标注不清晰、不醒目，让消费者找不到、看不清、弄不明，失去了预包装食品包装标签本身的意义。

最高人民法院严格贯彻执行习近平总书记就食品安全问题提出的"四个最严"要求。针对上述问题，《解释》第十一条规定，生产经营未清晰标明生产日期、保质期的预包装食品，消费者主张生产者或者经营者依据《食品安全法》第一百四十八条第二款规定承担惩罚性赔偿责任的，人民法院应予支持。因此，生产经营的预包装食品包装标签未标明生产日期、保质期，或者标明的生产日期、保质期不清晰，生产经营者都将承担惩罚性赔偿责任，以充分保护消费者的知情权和生命健康。

四、问：现在人们在网上购买食品的情况已经很普遍了，网络食品安全也是大家很关注的问题，请问对《解释》相关规定能否作进一步说明？

答：的确，近年来，随着电子商务的迅猛发展，通过网络平台进行食品交易的规模也越来越大。网络购物现在已经成为一种很普遍的消费方式，《解释》制定过程中，对于网络食品安全问题予以了高度关注。

一方面，对电子商务平台自营及自营误导问题作出规定。实践中，电子商务平台主要通过两种方式进行经营，一种是为第三方交易提供平台服务，另一种是自己直接作为当事人一方进行交易，即自营模式。在自营模式下，电子商务平台本身为食品经营者，应当承担作为食品经营者的法律责任。交易相对方是谁，对于消费者的选择至关重要。经营者应保障消费者的知情权，对经营主体的相关信息如实告知。根据电子商务法的规定，电子商务平台经营者在其平台上开展自营业务的，应当以显著方式区分标记自营业务和非自营业务，不得误导消费者。但实践中，电子商务平台存在应当标记自营而不标记的情况。《解释》第二条针对这种情况，规定电子商务平台经营者以标记自营业务方式所销售的食品或者虽未标记自营但实际开展自营业务所销售的食品不符合食品安全标准，消费者依据《食品安全法》第一百四十八条规定主张电子商务平台经营者承担作为食品经营者的赔偿责任的，人民法院应予支持。另外，实践中，还存在不是电子商务平台经营者的自营业务，但平台所作的标识等使得消费者以为是平台自营，消费者基于对电商平台的信任购买食品，给消费者造成误导的情况。根据《解释》第二条规定，这种情况下，消费者也有权要求电子商务平台经营者承担食品经营者的责任。

另一方面，电子商务平台经营者相较于消费者，在信息占有上具有一定优势，对哪些主体能够入网经营食品具有一定的控制能力。《解释》第三条规定，电子商务平台经营者未依法对平台内食品经营者进行实名登记、审查许可证，或者未履行报告、停止提供网络交易平台服务等义务，使消费者的合法权益受到损害，消费者有权主张电子商务平台经营者与平台内食品经营者承担连带责任。食品安全关系消费者生命健康，必须予以特别保护，这一规定有利于督促电子商务平台经营者加强对平台内食品经营者的相关资质、资格的审核并依法采取相应救济措施，以更好地保护网购消费者。

最高人民法院
关于审理道路交通事故损害赔偿案件适用法律若干问题的解释

(2012年9月17日最高人民法院审判委员会第1556次会议通过 根据2020年12月23日最高人民法院审判委员会第1823次会议通过的《最高人民法院关于修改〈最高人民法院关于在民事审判工作中适用《中华人民共和国工会法》若干问题的解释〉等二十七件民事类司法解释的决定》修正)

为正确审理道路交通事故损害赔偿案件,根据《中华人民共和国民法典》《中华人民共和国道路交通安全法》《中华人民共和国保险法》《中华人民共和国民事诉讼法》等法律的规定,结合审判实践,制定本解释。

一、关于主体责任的认定

第一条 机动车发生交通事故造成损害,机动车所有人或者管理人有下列情形之一,人民法院应当认定其对损害的发生有过错,并适用民法典第一千二百零九条的规定确定其相应的赔偿责任:

(一)知道或者应当知道机动车存在缺陷,且该缺陷是交通事故发生原因之一的;

(二)知道或者应当知道驾驶人无驾驶资格或者未取得相应驾驶资格的;

(三)知道或者应当知道驾驶人因饮酒、服用国家管制的精神药品或者麻醉药品,或者患有妨碍安全驾驶机动车的疾病等依法不能驾驶机动车的;

(四)其他应当认定机动车所有人或者管理人有过错的。

第二条 被多次转让但是未办理登记的机动车发生交通事故造成损害,属于该机动车一方责任,当事人请求由最后一次转让并交付的受让人承担赔偿责任的,人民法院应予支持。

第三条 套牌机动车发生交通事故造成损害,属于该机动车一方责任,当事人请求由套牌机动车的所有人或者管理人承担赔偿责任的,人民法院应予支持;被套牌机动车所有人或者管理人同意套牌的,应当与套牌机动车的所有人或者管理人承担连带责任。

第四条 拼装车、已达到报废标准的机动车或者依法禁止行驶的其他机动车被多次转让,并发生交通事故造成损害,当事人请求由所有的转让人和受让人承担连带责任的,人民法院应予支持。

第五条 接受机动车驾驶培训的人员,在培训活动中驾驶机动车发生交通事故造成损害,属于该机动车一方责任,当事人请求驾驶培训单位承担赔偿责任的,人民法院应予支持。

第六条 机动车试乘过程中发生交通事故造成试乘人损害,当事人请求提供试乘服务者承担赔偿责任的,人民法院应予支持。试乘人有过错的,应当减轻提供试乘服务者的赔偿责任。

第七条 因道路管理维护缺陷导致机动车发生交通事故造成损害,当事人请求道路管理者承担相应赔偿责任的,人民法院应予支持。但道路管理者能够证明已经依照法律、法规、规章的规定,或者按照国家标准、行业标准、地方标准的要求尽到安全防护、警示等管理维护义务的除外。

依法不得进入高速公路的车辆、行人,进入高速公路发生交通事故造成自身损害,当事人请求高速公路管理者承担赔偿责任的,适用民法典第一千二百四十三条的规定。

第八条 未按照法律、法规、规章或者国家标准、行业标准、地方标准的强制性规定设计、施工,致使道路存在缺陷并造成交通事故,当事人请求建设单位与施工单位承担相应赔偿责任的,人民法院应予支持。

第九条 机动车存在产品缺陷导致交通事故造成损害,当事人请求生产者或者销售者依照民法典第七编第四章的规定承担赔偿责任的,人民法院应予支持。

第十条 多辆机动车发生交通事故造成第三人损害,当事人请求多个侵权人承担赔偿责任的,人民法院应当区分不同情况,依照民法典第一千一百七十条、第一千一百七十一条、第一千一百七十二条的规定,确定侵权人承担连带责任或者按份责任。

二、关于赔偿范围的认定

第十一条 道路交通安全法第七十六条规定的"人身伤亡",是指机动车发生交通事故侵害被侵权人的生命权、身体权、健康权等人身权益所造成的损害,包括民法典第一千一百七十九条和第一千一百八十三条规定的各项损害。

道路交通安全法第七十六条规定的"财产损失",是指因机动车发生交通事故侵害被侵权人的财产权益所造成的损失。

第十二条 因道路交通事故造成下列财产损失,当事人请求侵权人赔偿的,人民法院应予支持:

(一)维修被损坏车辆所支出的费用、车辆所载物品的损失、车辆施救费用；

（二）因车辆灭失或者无法修复，为购买交通事故发生时与被损坏车辆价值相当的车辆重置费用；

（三）依法从事货物运输、旅客运输等经营性活动的车辆，因无法从事相应经营活动所产生的合理停运损失；

（四）非经营性车辆因无法继续使用，所产生的通常替代性交通工具的合理费用。

三、关于责任承担的认定

第十三条 同时投保机动车第三者责任强制保险（以下简称交强险）和第三者责任商业保险（以下简称商业三者险）的机动车发生交通事故造成损害，当事人同时起诉侵权人和保险公司的，人民法院应当依照民法典第一千二百一十三条的规定，确定赔偿责任。

被侵权人或者其近亲属请求承保交强险的保险公司优先赔偿精神损害的，人民法院应予支持。

第十四条 投保人允许的驾驶人驾驶机动车致使投保人遭受损害，当事人请求承保交强险的保险公司在责任限额范围内予以赔偿的，人民法院应予支持，但投保人为本车上人员的除外。

第十五条 有下列情形之一导致第三人人身损害，当事人请求保险公司在交强险责任限额范围内予以赔偿，人民法院应予支持：

（一）驾驶人未取得驾驶资格或者未取得相应驾驶资格的；

（二）醉酒、服用国家管制的精神药品或者麻醉药品后驾驶机动车发生交通事故的；

（三）驾驶人故意制造交通事故的。

保险公司在赔偿范围内向侵权人主张追偿权的，人民法院应予支持。追偿权的诉讼时效期间自保险公司实际赔偿之日起计算。

第十六条 未依法投保交强险的机动车发生交通事故造成损害，当事人请求投保义务人在交强险责任限额范围内予以赔偿的，人民法院应予支持。

投保义务人和侵权人不是同一人，当事人请求投保义务人和侵权人在交强险责任限额范围内承担相应责任的，人民法院应予支持。

第十七条 具有从事交强险业务资格的保险公司违法拒绝承保、拖延承保或者违法解除交强险合同，投保义务人在向第三人承担赔偿责任后，请求该保险公司在交强险责任限额范围内承担相应赔偿责任的，人民法院应予支持。

第十八条 多辆机动车发生交通事故造成第三人损害，损失超出各机动车交强险责任限额之和的，由各保险公司在各自责任限额范围内承担赔偿责任；损失未超出各机动车交强险责任限额之和，当事人请求由各保险公司按照其责任限额与责任限额之和的比例承担赔偿责任的,人民法院应予支持。

依法分别投保交强险的牵引车和挂车连接使用时发生交通事故造成第三人损害,当事人请求由各保险公司在各自的责任限额范围内平均赔偿的,人民法院应予支持。

多辆机动车发生交通事故造成第三人损害,其中部分机动车未投保交强险,当事人请求先由已承保交强险的保险公司在责任限额范围内予以赔偿的,人民法院应予支持。保险公司就超出其应承担的部分向未投保交强险的投保义务人或者侵权人行使追偿权的,人民法院应予支持。

第十九条 同一交通事故的多个被侵权人同时起诉的,人民法院应当按照各被侵权人的损失比例确定交强险的赔偿数额。

第二十条 机动车所有权在交强险合同有效期内发生变动,保险公司在交通事故发生后,以该机动车未办理交强险合同变更手续为由主张免除赔偿责任的,人民法院不予支持。

机动车在交强险合同有效期内发生改装、使用性质改变等导致危险程度增加的情形,发生交通事故后,当事人请求保险公司在责任限额范围内予以赔偿的,人民法院应予支持。

前款情形下,保险公司另行起诉请求投保义务人按照重新核定后的保险费标准补足当期保险费的,人民法院应予支持。

第二十一条 当事人主张交强险人身伤亡保险金请求权转让或者设定担保的行为无效的,人民法院应予支持。

四、关于诉讼程序的规定

第二十二条 人民法院审理道路交通事故损害赔偿案件,应当将承保交强险的保险公司列为共同被告。但该保险公司已经在交强险责任限额范围内予以赔偿且当事人无异议的除外。

人民法院审理道路交通事故损害赔偿案件,当事人请求将承保商业三者险的保险公司列为共同被告的,人民法院应予准许。

第二十三条 被侵权人因道路交通事故死亡,无近亲属或者近亲属不明,未经法律授权的机关或者有关组织向人民法院起诉主张死亡赔偿金的,人民法院不予受理。

侵权人以已向未经法律授权的机关或者有关组织支付死亡赔偿金为理由,请求保险公司在交强险责任限额范围内予以赔偿的,人民法院不予支持。

被侵权人因道路交通事故死亡,无近亲属或者近亲属不明,支付被侵权人医疗费、丧葬费等合理费用的单位或者个人,请求保险公司在交强险责任限额范围内予以赔偿的,人民法院应予支持。

第二十四条 公安机关交通管理部门制作的交通事故认定书,人民法院应依法审查并确认其相应的证明力，但有相反证据推翻的除外。

五、关于适用范围的规定

第二十五条 机动车在道路以外的地方通行时引发的损害赔偿案件，可以参照适用本解释的规定。

第二十六条 本解释施行后尚未终审的案件，适用本解释；本解释施行前已经终审，当事人申请再审或者按照审判监督程序决定再审的案件，不适用本解释。

【注　解】

最高人民法院2012年11月27日公布本解释，法释〔2012〕9号，自2012年12月21日起施行。

最高人民法院2020年12月29日公布《最高人民法院关于修改〈最高人民法院关于在民事审判工作中适用《中华人民共和国工会法》若干问题的解释〉等二十七件民事类司法解释的决定》修正本解释，法释〔2020〕17号，该修正自2021年1月1日起施行。

【解　读】

解读《最高人民法院关于审理道路交通事故损害赔偿案件适用法律若干问题的解释》

为妥善审理道路交通事故损害赔偿案件，及时化解矛盾，保护道路交通事故的各方参与人尤其是受害人的合法权益，增强《侵权责任法》的可操作性，统一裁判尺度，最高人民法院审判委员会于2012年9月17日第1556次会议通过了《关于审理道路交通事故损害赔偿案件适用法律若干问题的解释》（以下简称《解释》），并于2012年12月21日起实施。《解释》分五个部分，共二十九条，主要对道路交通事故的主体责任、损害赔偿的范围、各个主体的责任承担以及诉讼程序等问题作出解释。现就《解释》所涉及的主要问题作出说明。

一、关于主体责任的认定问题

（一）道路交通事故引发的侵权责任的归责原则问题

多数观点认为，2004年《道路交通安全法》第七十六条所规定的归责原则为二元化体系，即机动车与非机动车驾驶人、行人之间因交通事故引发的侵权责任，机动车一方适用无过错责任；机动车与机动车之间因交通事故引发的侵权责任，则适用过错责任。该法2007年修订后，关于该条所确立的机动车一方与非机动车驾驶人、行人发生交通事故的归责原则问题，存在着无过错责任说、10%的无过错责任加过错责任说、过错推定责任加10%的公平责任说、过错推定责任加10%的无过错责任说等几种观点。

我们认为，在该法第七十六条的规定之下，采取何种理论路径，案件审理并不会产生实质不同。主要理由在于，首先，适用第七十六条第一款第（二）项的规定，在责任构成上，要求损害、机动车运行与损害后果之间有因果关系。如果认为该规定采过错推定责任，则机动车一方的过错是责任的构成要件之一，但由机动车一方承担自己不能证明自己没有过错的证明责任，原告不承担过错的证明责任。如果认为该规定是无过错责任，则过错不是责任成立的要件，原告自然也不承担该证明责任。其次，"非机动车驾驶人、行人没有过错的"这一规定的内容，既非过错推定责任的构成要件，也非无过错责任的构成要件，在证明责任上，既无需原告证明，也无需被告机动车一方证明。因此，"非机动车驾驶人、行人没有过错的"这一表述，仅对赔偿范围有意义，对于责任的成立则无意义。再次，虽然采过错推定责任，在理论上被告可通过证明自己无过错而免责，但在审判实践中，机动车一方很难推翻对其过错的推定。无论采取过错推定责任还是无过错责任，在审判实践中的差别趋近于无。最后，无论是过错推定责任还是无过错责任，在责任的范围上都应当考虑受害人的过错，受害人的过错具有减轻侵权人赔偿责任的功能。这一点，民法通则第一百三十一条、《最高人民法院关于审理人身损害赔偿案件适用法律若干问题的解释》第二条①、《侵权责任法》第二十六条②都已作出明确规定。虽然民法理论通说认为，在无过错责任中，过失相抵原则要求受害人的过错程度限于重大过失以上，而在过错推定责任中，受害人对损害的发生具有一般过失即可减轻加害人的责任。但是，在审判实践中，基于机动车一方在无过错情形下仍然承担10%的赔偿责任这一规定所蕴含的价值判断和利益衡量、基于第七十六条中"适当减轻"的表述以及交通事故责任认定书的证明力③等因素，采无

---

① 对应《民法典》第一千一百六十五条。
② 对应《民法典》第一千一百七十三条。
③ 参见《解释》第二十七条。

过错责任或过错推定责任的不同理论路径，对于案件审理的证明责任和实体结果也无大的影响。

基于上述理由，《解释》并未对《道路交通安全法》第七十六条第一款第（二）项的归责原则问题作出进一步解释。在判断机动车一方相应主体的责任时，《解释》第三条、第四条、第五条、第七条强调"属于机动车一方责任的"，意在说明，应当根据《道路交通安全法》第七十六条第一款第（一）（二）项的规定分别适用不同的归责原则，在确定属于机动车一方的责任及责任范围之后，再根据各条规定由相应的主体承担赔偿责任。

（二）道路交通事故损害赔偿的责任主体问题

1．"有过错的一方""机动车一方"的具体认定

关于《道路交通安全法》第七十六条所规定的"有过错的一方""机动车一方"的具体认定问题，《侵权责任法》实施之前，民法理论对此问题的主要研究进路是，首先，根据《道路交通安全法》第七十六条的规定，机动车与非机动车驾驶人、行人发生交通事故，应当首先确定谁是无过错责任的主体，谁是过错责任的主体。① 其次，基于无过错责任的正当化基础即危险开启理论、危险控制理论和报偿理论等理论，机动车保有人应当承担无过错责任，机动车驾驶人应当承担过错责任。最后，在具体判断机动车保有人的标准上，应当依据"运行利益"和"运行控制"为标准。保有人为无过错责任的主体，而实际驾驶人为过错责任主体。最高人民法院的相关司法解释和指导意见也确立了以"运行利益"和"运行控制"为认定责任主体的标准。

《侵权责任法》吸收了上述理论解说及司法实践，以第四十九条②、第五十条③分别就机动车所有人与使用人分离、转让未转移登记等情形下的责任主体作出规定。④ 从这些规定来看，首先，道路交通事故引发的侵权责任的具体主体，与道路交通事故损害赔偿责任的归责原则并无直接联系。原因在于，对于《道路交通安全法》第七十六条，"有过错的一方""机动车一方"是指机动车的所有人、管理人或驾驶人，需要进一步明确。在《道路交通安全法》第七十六条已经明确规定两类交通事故归责原则的前提下，具体责任主体的确定问题就无必要与归责原则联系起来。《侵权责任法》第四十九条、第五十条所确立的责任主体认定标准，不仅适用于"有过错的一方"的认定，而且适用于"机动车一方"的认定，不仅适用于无过错责任、过错推定责任之中，也同样

---

① "危险责任""无过错责任"和"严格责任"的用语，在我国民法理论上经常在同一含义上使用，本文统一用无过错责任表述。

② 对应《民法典》第一千二百零九条。

③ 对应《民法典》第一千二百一十条。

④ 王胜明主编：《中华人民共和国侵权责任法解读》，中国法制出版社2010年版，第253、258页。

适用于过错责任。① 其次，在此意义上，依据大陆法系国家立法及其理论中的无过错责任——机动车保有人——"运行利益"与"运行支配"这一理论路径解释我国《侵权责任法》关于机动车交通事故责任主体的认定标准就不够顺畅。而从行为责任和物件责任的角度分析，将《道路交通安全法》第七十六条的"有过错的一方""机动车一方"确定为行为责任主体，从而根据交通事故的不同类型适用不同的归责原则，将其他主体确定为物件责任主体适用过错责任的分析路径就更具说服力。进一步，在机动车的所有与使用发生分离的情形下，原则上由行为人根据《道路交通安全法》第七十六条的规定承担责任，所有人承担过错责任。② 最后，依据此解释路径，在机动车的所有与使用发生二次或多次分离的情形下，作为行为责任的主体即为驾驶人，作为物件责任的主体即为所有人或者管理人。③

基于上述理由，《解释》根据《侵权责任法》第四十九条、第五十条以及《道路交通安全法》第七十六条的规定，对机动车所有与使用分离情形下的责任主体进一步明确。第一，针对机动车的所有与使用可能发生多次分离的情形，将第四十九条规定的所有人的过错责任扩展至管理人。④ 由此，过错责任适用于对机动车负有管理义务、对机动车的运行负有注意义务的人，而不仅限于物权法意义上的所有人。第二，明确所有人或管理人过错的认定标准，所有人或管理人的过错主要表现为对机动车安全、技术性能的疏于维护、对使用人驾驶资质和驾驶能力的疏于注意等情形，符合现代侵权责任过失认定的客观化趋势。⑤ 第三，明确擅自驾驶他人机动车情形下适用《侵权责任法》第四十九条的规定，但盗窃、抢劫情形的除外。

适用时应重点注意：首先，擅自驾驶他人机动车如果是发生在特定关系的当事人（朋友、亲戚、同事等）之间，则驾驶人的驾驶行为虽未经所有人的明示同意，但并不违背所有人可得知或可推知的意思。此种情形与《侵权责任法》第四十九条所调整的类型具有相似性。当然，此种情形下认定所有人的过

---

① 有学者就认为，理论上从大陆法系国家的机动车保有人制度讨论责任主体的路径存在问题。首先，在《道路交通安全法》第七十六条的规定之下，会出现矛盾。因为保有人制度在我国只能适用于机动车与非机动车之间的交通事故类型，而不能适用于整个道路交通事故领域。其次，根据"运行利益"和"运行支配"标准判断保有人存在着较大的任意性，需要进一步按照类型构筑判断基准。参见谢薇、韩文：《对〈侵权责任法〉上机动车交通事故责任主体的解读——以与道路交通安全法第76条责任主体的对接为中心》，载《法学评论》2010年第6期。

② 谢薇、韩文：《对侵权责任法上机动车交通事故责任主体的解读——以与〈道路交通安全法〉第76条责任主体的对接为中心》，载《法学评论》2010年第6期。

③ 同上注。

④ 参见《解释》第一、二、五条。此部分讨论暂不考虑驾驶人与所有人存在雇佣关系的情形。

⑤ 王泽鉴：《侵权行为》，北京大学出版社2009年版，第241~243页。

错标准与经所有人明示同意驾驶其机动车情形下的过错认定标准存在不同。①其次,如果行为人违背所有人或管理人的意思擅自驾驶机动车但又不构成盗窃、抢劫的场合,所有人或管理人的过错认定标准要与经所有人管理人同意驾驶的情形有所区别,所有人或管理人的过错主要体现在是否尽到合理的、必要的管理义务等方面。第四,《侵权责任法》第五十条所规定的"由受让人承担责任"未涵盖受让人与驾驶人合法分离的情形,此时应当分别适用《侵权责任法》第四十九条、《解释》第二条和《侵权责任法》第五十条的规定,由驾驶人依据《道路交通安全法》第七十六条的规定承担行为责任,再由受让人(所有人/管理人)承担过错责任。基于此,《解释》第四条规定,机动车多次转让均未办理移转登记时,由最后一次的受让人承担赔偿责任。具体适用方法应当区分两种情形,在受让人同时也是驾驶人的情形下,由受让人承担赔偿责任(行为责任);在受让人与驾驶人分离的情形下,由驾驶人依据第七十六条承担责任,受让人则承担过错责任(物件责任)。

2. 几种违法情形下的责任主体与责任形态

以《侵权责任法》中的连带责任的适用范围和规范目的为依据,《解释》对以下情形的责任主体和责任形态作出了明确规定。

(1)《解释》第三条规定,以挂靠形式从事道路运输经营活动的机动车发生交通事故引发的侵权责任,由挂靠人和被挂靠人承担连带责任。主要理由在于:首先,挂靠行为违反了现行的道路运输管理法规,违背了行政许可、规避了国家有关行业准入制度。其次,以挂靠行为从事运输经营,被挂靠人有经营之名无经营之实从而疏于安全管理、增加了道路交通事故的风险。再次,被挂靠人是道路运输经营许可证的主体,由被挂靠人承担责任符合民法上的外观主义原则和信赖原则。再次,被挂靠人通过挂靠形式允许他人使用经营许可证,允许挂靠人以其名义将机动车投入允许,某种意义上,是危险的开启者,同时也从此种危险活动中获取了包括但不限于经济方面的利益。最后,由被挂靠人承担连带责任有利于受害人的保护,减少违法行为,保障公众安全,维护正常的运输经营秩序,实现公法与私法的协调统一。②

(2)针对现实中的套牌车现象,从被套牌机动车所有人或管理人同意他人套牌行为的违法性以及由此所导致的交通事故发生可能性和危害程度的增加、

---

① 例如,在借用、租赁情形下,所有人知道或者应当知道机动车存在缺陷仍出借导致交通事故发生的,应当认定所有人有过错;但在擅自驾驶他人机动车情形下,由于驾驶人未经所有人同意,基于机动车缺陷所产生的所有人的过错在此种情形下即难以成立(当然,所有人可能因其他原因存在过错,例如未成年人擅自驾驶、所有人保管不善等情形下的过错)。

② 对于挂靠情形下的赔偿责任问题,《解释》与之前的司法实践的观点有所不同。如最高人民法院〔2001〕民一他字第23号复函认为,在挂靠情形下,由于被挂靠单位从挂靠车辆的运营中取得了利益,应承担适当的民事责任。

受害人的保护等角度考虑,《解释》第五条规定,被套牌机动车所有人或者管理人同意他人套牌的,应当与套牌机动车的所有人或者管理人承担连带责任。

(3) 依据《侵权责任法》第五十一条①的规定,针对买卖拼装车、报废车等严重违法行为,《解释》第六条规定由所有的出卖人和买受人承担无过错且无免责事由的连带责任。②

3. 多因一果情形下的责任主体的确定

道路的管理维护缺陷、建造设计缺陷以及机动车的产品缺陷导致的交通事故是其中的重要类型。《解释》第九条、第十条、第十一条和第十二条对相关的主体责任予以明确。

(1) 道路管理维护缺陷导致交通事故的责任主体

关于道路管理维护缺陷导致交通事故的赔偿责任的性质,《解释》未采纳属于国家赔偿责任的观点,主要理由是:首先,我国国家赔偿法并未将道路等公有公共设施的管理维护缺陷造成的损害赔偿责任纳入到国家赔偿的范围之列;③ 其次,从实质上看,在侵权责任成立的前提下,国家赔偿与民事赔偿并不应存在实质性的不同;最后,将道路管理维护缺陷造成的损害赔偿责任纳入到民事赔偿中符合市场经济的要求和道路管理的发展趋势。基于上述理由,《解释》第九条、第十条对道路管理维护缺陷导致的交通事故损害赔偿责任作出明确规定。具有如下特点:一是以《侵权责任法》第八十五条④、第八十九条⑤为依据,将道路管理者的责任确定为过错推定责任,适用物件损害责任的归责原则;二是适用范围以公共道路及其附属设施为限;三是应当结合我国道路管理的现状,以相应的法律、法规等为依据确定道路管理者的具体主体;四是结合我国的道路管理现状,以法律、法规、规章、国家标准、行业标准或者地方标准作为认定道路管理者注意义务的标准,从而避免过度扩大道路管理者的责任范围;五是根据管理维护缺陷与交通事故损害后果之间的因果关系,确定由道路管理者承担责任的份额。

(2) 道路设计建造缺陷导致交通事故的责任主体

与道路管理维护缺陷致害责任类似,根据现行法的规定,道路设计建造缺陷致害责任在性质上仍为民事赔偿责任。《侵权责任法》第八十六条⑥的实质

---

① 对应《民法典》第一千二百一十四条。
② 全国人大常委会法制工作委员会民法室编:《中华人民共和国侵权责任法条文说明、立法理由及相关规定》,北京大学出版社2010年版,第216页。
③ 全国人大常委会法制工作委员会民法室编:《〈中华人民共和国国家赔偿法〉释义》,法律出版社2010年版,第92页。
④ 对应《民法典》第一千二百五十三条。
⑤ 对应《民法典》第一千二百五十六条。
⑥ 对应《民法典》第一千二百五十二条。

是建筑物、构筑物的建造设计缺陷导致倒塌致人损害的赔偿规则。同理，道路作为构筑物应适用同一规则。《解释》第十一条适用时应重点注意：一是道路设计缺陷导致交通事故的赔偿责任适用无过错责任，与《侵权责任法》第八十六条保持一致；二是根据道路设计建造缺陷与交通事故损害后果之间原因力，确定由建设单位和施工单位承担相应的赔偿责任；三是在确定道路设计建造缺陷时，考虑到我国还存在大量的等级外公路以及我国道路事业的发展需要，将是否符合法律、法规、规章或国家标准、行业标准、地方标准的强制性规定作为认定设计建造缺陷的标准。

（3）机动车产品缺陷导致交通事故的责任主体

在规范目的和责任构成上，由于机动车的产品缺陷所导致的交通事故损害赔偿责任，与一般的产品责任并无不同。因此，《解释》第十二条将因机动车产品缺陷引发的交通事故损害赔偿责任，引向《侵权责任法》第五章的规定。

二、关于损害赔偿的范围问题

围绕着《道路交通安全法》第七十六条规定的"人身伤亡"和"财产损失"的划分标准、精神损害属于何种类型以及其在交强险中的赔偿次序、财产损失的范围等问题，《解释》第十四条、第十五条作出了进一步的解释，主要内容如下。

（一）明确"人身伤亡"和"财产损失"的内涵

依据民法理论，《道路交通安全法》和《机动车交通事故责任强制保险条例》（以下简称《交强险条例》）① 所规定的"人身伤亡"和"财产损失"的分类是根据道路交通事故所侵害的客体为标准的。《解释》第十四条加以明确，有利于下列问题的处理。一是关于人身伤亡和财产损失的范围问题，实践中有观点认为，这里的"财产损失"是与精神损害相对应的损失类型，应当包括因人身伤亡产生的各项经济损失。② 显然，此种观点及实践未能正确把握《道路交通安全法》和《交强险条例》关于交通事故损害的分类标准。按照《解释》第十四条的规定，《交强险条例》第二十二条第二款所规定的交强险保险公司对于几种情形下的财产损失不予赔偿，仅指交通事故造成机动车等财产权益不予赔偿，而不包括医疗费用、死亡或残疾赔偿金等。二是关于交强险是否赔偿精神损害的问题也迎刃而解，既然人身伤亡的损失包括精神损害赔偿，交强险应当赔偿精神损害也顺理成章。

---

① 《交强险条例》于2019年3月2日根据《国务院关于修改部分行政法规的决定》进行了第四次修订。——编者注

② 参见《安徽省高级人民法院关于如何理解和适用〈机动车交通事故责任强制保险条例〉第二十二条的请示》和《最高人民法院关于对安徽省高级人民法院如何理解和适用〈机动车交通事故责任强制保险条例〉第二十二条的请示的复函》（〔2009〕民立他字第42号），该复函即持上述观点。

（二）明确财产损失的赔偿范围

应当看到，虽然损害赔偿的范围在多数情形下可以通过因果关系、过错等技术性制度加以规范，但在更多情形下，例如纯粹经济损失的界定及其范围、物之使用中断损失的界定及其范围等等问题，需要依据一国的现实情况，基于一定的价值立场和利益衡量作出类型化的安排。① 《解释》根据我国道路交通的现实情况，适当限制侵害财产权益的赔偿范围，以第十五条列举了四种典型的财产损失。

适用《解释》第十五条的规定，需要重点注意以下问题。一是机动车的维修费用或重置费用、施救费用和车辆所载物品的损失，当然具有可赔偿性。二是依法从事经营性活动的车辆的停运损失、非经营性车辆的使用中断的损失，在具体的赔偿范围上，应当从合理性和必要性上加以判断，同时辅之以损益相抵规则、可预见性规则、减轻损失规则等侵权法上的其他制度作出认定。② 三是机动车贬值损失问题，不乏承认其具有可赔偿性的外国立法或实践，③ 在我国的现实条件下并不可取。原因在于，贬值损失的可赔偿性要兼顾一国的道路交通状况，在事故率比较高的背景下，一般性地承认贬值损失的可赔偿性会使道路交通参与人的负担过重。另外，从司法实践看，贬值损失的确定具有较大的任意性，可能会导致案件审理结果实质上的不公平。因此，对贬值损失的可赔偿性，原则上持否定态度。四是鉴于交强险费率厘定的原则，停运损失和使用中断的损失不属于交强险的赔偿范围。

三、关于责任承担问题

由于保险制度的介入，道路交通事故损害赔偿责任的承担呈现出一定的复杂性。首先，交强险与侵权责任之间的关系决定了交强险、商业三者险的赔付义务与侵权责任各自的功能与目的。其次，在前述问题结论的基础上，交强险保险公司的赔偿责任在若干情形下的赔付范围如何确定，需要进一步明确。

（一）交强险与侵权责任的关系问题

从世界范围来看，交强险可以区分为两种模式，一种是以侵权责任为基础，强调交强险的责任保险属性，在理念上，强调交强险分担被保险人损失的功能，即对被保险人依法应当向第三人承担的侵权责任为保险标的的保险，可以称之为责任保险模式。另一种则可以称之为基本保障模式或"脱钩模式"，

---

① 参见［德］克里斯蒂安·冯·巴尔：《欧洲比较侵权行为法》（下卷），焦美华译，张新宝审校，法律出版社2001年版，第1~57页。

② 相关司法解释也体现出这一精神，如《最高人民法院关于审理船舶油污损害赔偿纠纷案件若干问题的规定》（2020年修正）第十六条。

③ 参见［德］克里斯蒂安·冯·巴尔：《欧洲比较侵权行为法》（下卷），焦美华译，张新宝审校，法律出版社2001年版，第171、172页。

此种模式在理念上更加重视受害人的损失填补、强调交强险的基本社会保障功能，在不同程度上，使之与侵权责任相互分离。① 因此，交强险的功能并不受制于法律尤其是保险法的逻辑。选择何种模式，取决于一国立法者赋予交强险承担的功能和欲实现的目的。同时，交强险的功能定位与一国交强险的费率水平、赔偿范围、赔偿限额以及道路交通状况、机动车事故率以及其他的因素是紧密联系的。

从《道路交通安全法》的规定、立法目的及其立法历史来看，站在解释论的立场上，我国现行法更加强调交强险的基本保障功能，更为重视交强险对受害人损失的填补功能，因此，我国的交强险采取的是在一定范围内与侵权责任脱钩的模式。②

（二）交强险的分项限额应否遵守

实践中，不少观点认为，分项限额违反了《道路交通安全法》的规定，不利于保护受害人，根据上位法优于下位法的原则，不予适用。③

我们认为，首先，在交强险的赔偿在一定范围内与侵权责任脱钩的模式下，交强险保障范围的大小与一国所欲投入的损失填补成本息息相关，并不取决于法律上的逻辑。其次，从现行法的规定、分项限额问题所涉及的因素以及其影响、审判权的特点来看，该问题不属于司法判断的范围而应由立法来决策。因此，在现行法的框架和我国目前的国情之下，交强险与侵权责任一定范围内脱钩、分项限额制度是人民法院审理道路交通事故损害赔偿案件的制度背景。④

（三）关于交强险、商业三者险与侵权责任的赔偿次序问题

《解释》第十六条对交强险、商业三者险并存情形下的赔偿责任作出了明确规定。一是进一步明确交强险在其责任限额范围内与侵权责任在一定程度上相互分离的结论，首先由交强险在其责任限额范围内（包括分项限额）予以赔偿。二是强调商业三者险对被保险人风险分散的功能，在交强险赔偿之后，由商业三者险保险公司根据保险合同承担赔偿责任。适用过程中应注意，首先明确交强险赔偿之后的侵权责任及其赔偿范围，在此基础上依据保险合同确定商业三者险的赔偿范围。三是由相应的责任主体承担剩余的侵权责任。

---

① 详细论述，参见姜强：《交强险的功能定位及其与侵权责任的关系》，载《法律适用》2013年第1期。

② 详细论述，参见姜强：《交强险的功能定位及其与侵权责任的关系》，载《法律适用》2013年第1期。

③ 孙玉荣：《机动车交通事故责任强制保险存在的问题及完善建议》，载《法律适用》2009年第5期。

④ 详细论述，参见姜强：《交强险的功能定位及其与侵权责任的关系》，载《法律适用》2013年第1期。

另外，第十六条第二款吸收审判实践中的成熟经验，规定精神损害赔偿在交强险中的赔偿次序，由请求权人选择。① 这一规定，不仅符合债法和交强险的基本原理，也更有利于受害人的保护。

(四) 合理确定交强险的保障范围

关于交强险的赔偿范围，实践中比较集中的问题是第三人的范围及《交强险条例》第二十二条的适用问题。《解释》以第十七、十八条分别作出规定。

1. 交强险中的第三人的范围。审判实践中，有观点认为，《交强险条例》规定的第三人范围过于狭窄，应当扩展至车上人员。② 与分项限额问题类似，第三人的范围问题是一个立法判断问题。在现行法的框架下，车上人员不属于第三人，也难以"转化"为第三人。但是，在机动车投保人与实际驾驶人出现分离时，由于被保险人只有在交通事故发生时方能具体确定，而此时处于车外的投保人即成为第三人。在驾驶人造成车外的投保人损害时，由于驾驶人此时为被保险人，因此交强险应予赔偿。同时，鉴于《解释》已对违法情形下的交强险赔偿责任作出明确规定，所以第十七条不再将其适用范围限于合法驾驶人的范围之内。当然，在法律和《解释》明确规定的情况下，例如机动车被盗抢期间发生交通事故的赔偿责任，自应适用《侵权责任法》第五十二条③的规定。

2. 关于《交强险条例》第二十二条规定的适用问题。《解释》第十八条采纳了理论及实务的多数观点，规定在无证驾驶、醉酒驾驶、吸毒后驾驶以及被保险人故意制造交通事故等情形下，交强险保险公司仍应对第三人人身损害承担赔偿责任。主要理由有：第一，这些违法情形下保险公司对第三人承担赔偿责任，符合交强险制度的目的。第二，保险公司承担赔偿责任后可以向侵权人追偿，由于保险公司比受害人具有更强的追偿能力，更有利于实现制裁违法行为的目的。第三，《侵权责任法》第五十二条仅规定机动车被盗抢期间发生交通事故的，交强险保险公司可以免除赔偿责任，只垫付抢救费用。该规定说明，《侵权责任法》对于其他几种情形的评价与对机动车被盗抢期间发生交通事故情形的评价有所不同，这也是《解释》关于这个问题规定的主要法律基础。第四，从其他国家或地区的立法及实践来看，例如德国、日本、韩国以及我国台湾地区等，都采纳了交强险保险公司在此类情形下先承担赔偿责任，再

---

① 参见《最高人民法院关于财保六安市分公司与李福国等道路交通事故人身损害赔偿纠纷请示的复函》（〔2008〕民一他字第25号复函），以及姜操：《交通事故责任强制保险与商业第三者责任险并存时精神损害赔偿与物质损害赔偿的次序》，载最高人民法院民事审判第一庭编：《民事审判指导与参考》2008年第4期，人民法院出版社2009年版。

② 钟良生：《机动车第三者强制责任保险制度若干问题研究》，载《人民司法·应用》2011年第5期。

③ 对应《民法典》第一千二百一十五条。

向侵权人追偿的处理思路。

(五)违反法定投保义务和承保义务的责任承担

《解释》第十九条、第二十条、第二十一条分别对违反法定投保义务未投保交强险的责任和违法拒保、拖延承保的民事责任作出了明确规定。

1. 违反强制投保义务未投保交强险的责任承担

《解释》第十九条以《侵权责任法》第六条第一款为依据,明确规定,未依法投保交强险的机动车发生交通事故造成损害,由投保义务人在交强险责任限额范围内对第三人承担赔偿责任;投保义务人和行为人不一致的,由两者承担连带责任。主要理由如下。第一,未履行法定的投保交强险的义务是投保义务人应承担侵权责任的行为基础。第二,未投保交强险的行为侵害了第三人不能获得交强险赔偿的利益,属于《侵权责任法》的保护范围。如前所述,我国交强险与侵权责任相互脱钩的模式,决定了交强险对第三人损害的填补范围比单纯适用侵权责任规则使第三人所获得的赔偿要大。第三,未投保交强险的行为具有违法性。第四,由于交强险与侵权责任在一定范围内脱钩,同时由于驾驶人负有审核机动车是否投保交强险的法定注意义务,因此,第三人不能从交强险中获得赔偿的利益是投保义务人和驾驶人共同违反相应法定注意义务所造成的,应当承担连带责任。

同理,交强险保险公司违法法定承保义务违法拒保、拖延承保、违法解除交强险合同,也应承担相应的赔偿责任。但是,在承担责任的方式上有所不同,由投保义务人先向第三人赔偿,再向违反法定义务的保险公司追偿。

2. 多车事故下部分机动车未投保交强险的责任承担

与《解释》第十九条相关联,在多车事故中,如果部分机动车未投保交强险的,依据交强险与侵权责任脱钩的逻辑,《解释》第二十一条第三款规定,应当先由已承保交强险的保险公司在其责任限额内对第三人赔偿,但保险公司就超出其应承担的部分有权向未投保交强险的投保义务人追偿。具体适用该条规定,应注意以下方面。一是该规定中的第三人是指多辆机动车的共同第三人。二是追偿权的具体计算方法为,分别计算部分机动车未投保交强险时各保险公司的赔偿数额和所有机动车都已投保交强险时各保险公司的赔偿数额,两者之差即为已承保交强险保险公司的追偿权数额。在有的情形下,已承保交强险的保险公司对外的总的赔付数额并未发生变化,但在不同的受害人之间的分配比例发生了变化,此时无追偿权问题。三是在未投保交强险一方同时也是已投保交强险一方的第三人时,应当注意保护已承保交强险的保险公司抵销权的行使。

四、交强险保险公司的诉讼地位

依照大陆法系国家民事诉讼理论,我国道路交通事故中机动车交强险的保险公司、侵权人与被侵权人之间的诉讼关系难以构成固有必要共同诉讼。但是，应当看到，正如大陆法系国家或地区对必要共同诉讼的解释是在其实定法的规定之下展开的那样，在我国，也应当根据我国诉讼法和实体法的框架之下安排道路交通事故损害赔偿案件的诉讼程序。总的理念应是，在保护私权、保障程序权利的前提下，应当尽可能地为当事人提供富有效率的一次性解决纠纷的机制，这是诉讼程序的基本价值追求。

以上述理念为指导，交强险保险公司作为应当追加的共同被告参加诉讼，主要理由如下：第一，《道路交通安全法》第七十六条赋予第三人（受害人）对保险公司的直接请求权，决定了保险公司可以作为被告。第二，道路交通事故损害赔偿案件的实体法律关系决定了应当将交强险保险公司作为共同被告。虽然从实体法律关系的角度看，第三人（受害人）对保险公司或侵权人（被保险人）的请求权可分别行使，但是在进入诉讼这一特定的场景之下，将会发生如下问题：首先，机动车是交通事故发生的参与方或原因之一，这一要件事实既是保险公司承担赔偿责任的要件事实，也是侵权人承担侵权责任的要件事实。在诉讼中，人民法院就该要件事实的认定，存在合一确定之必要。其次，由于侵权责任是在交强险赔偿之后才确定，如果不追加保险公司作为共同被告，侵权人侵权责任的范围即无法准确认定。再次，如果不追加保险公司，在侵权人（被保险人）另行起诉保险公司的后诉中，被保险机动车是否为交通事故的参与方或原因之一仍然是重要的争点之一，由于保险公司未参与前诉的诉讼程序，其诉讼权利也难以得到保障。第四，将交强险保险公司作为共同被告不会造成诉讼过分迟延。

五、商业三者险保险公司的诉讼地位

《解释》将商业三者险保险公司作为经当事人申请追加的共同被告，主要理由如下。第一，一次性解决纠纷、减少当事人诉累的需要。司法实践中两次诉讼的处理模式显然增加了当事人的诉讼负担，徒增诉累。第二，商业险保险合同是以交强险赔偿范围之外的赔偿责任为保险标的，交强险保险公司的赔付责任和商业三者险保险公司的赔付责任具有较为紧密的关联性。在案件审理过程中遵循交强险先赔偿、再根据侵权责任和商业三者险合同确定保险公司的赔偿责任，最后确定侵权人自己承担的赔偿责任这一顺序，并不会出现法律关系过于复杂、案件难以处理、诉讼过分迟延的情况。第三，保险法第六十五条规定，商业三者险中的第三者在被保险人怠于请求保险金时有直接请求权。这里的"怠于"，在受害人已经起诉请求赔偿而被保险人尚未请求商业三者险保险公司赔偿的情况下，被保险人即处于懈怠状态。因此，将商业三者险合并审理符合保险法的规定。第四，合并审理有利于避免就相同争点重复审理，提高诉讼效率。在商业三者险合同纠纷中，保险公司

往往需要根据具体情况就侵权人（被保险人）是否承担责任、承担责任的范围提出异议、行使相应的抗辩权，从而导致在商业三者险合同诉讼中出现相同争点重复审理的现象。另一方面，商业三者险的保险公司进入同一诉讼，也有利于其在该诉讼中行使合同上的抗辩权。

（撰稿人：杜万华　贺小荣　李明义　姜　强）

解读《最高人民法院关于审理道路交通事故损害赔偿案件适用法律若干问题的解释》修正条文

一、修改情况说明

根据2020年12月23日最高人民法院审判委员会第1823次会议通过的《最高人民法院关于修改〈最高人民法院关于在民事审判工作中适用《中华人民共和国工会法》若干问题的解释〉等二十七件民事类司法解释的决定》，对2012年《最高人民法院关于审理道路交通事故损害赔偿案件适用法律若干问题的解释》（以下简称原司法解释）进行了修正，修正后的司法解释简称新司法解释。

新司法解释对原司法解释共修改9条、废止3条。其中，引言、第一条、第二条、第七条、第九条、第十条、第十三条涉及调整法律依据以及规范文字表述。第十一条、第十六条涉及实质性修改。废止的条款为：原第二条、原第三条、原第十条。

二、关于适应性修改条文的说明

1. 引言部分：民法典颁布实施后，侵权责任法、合同法同时废止，因此在对司法解释修改时，将其引言中本解释的法律依据"《中华人民共和国侵权责任法》《中华人民共和国合同法》"修改为"《中华人民共和国民法典》"。

2. 第一条：本规定是关于租赁、借用等机动车发生交通事故造成损害时，机动车所有人、管理人过错认定的规定。其中，确定机动车所有人、管理人承担责任的依据由侵权责任法第四十九条修改为民法典第一千二百零九条。

3. 第二条：本规定是关于交通事故中，被多次转让但未办理转移登记的机动车一方责任主体应如何确定的规定。民法典第一千二百一十条是本规定的法律依据，根据上述法律的规范表述，本规定进行文字表述修改，将"但"修改为"但是"，将"转移登记"修改为"登记"。

4. 第七条：本规定将"按照法律、法规、规章、国家标准、行业标准或者地方标准的要求"修改为"依照法律、法规、规章的规定，或者按照国家标准、行业标准、地方标准的要求"，系根据民法典的规范表述进行文字修改。同时，将第二款高速公路管理者承担赔偿责任的法律依据由侵权责任法第七十六条修改为民法典第一千二百四十三条。

5. 第九条：本规定将机动车产品缺陷责任的法律依据由"侵权责任法第五章"修改为"民法典第七编第四章"。

6. 第十条：本规定将多辆机动车发生交通事故时如何承担侵权责任的法律依据由"侵权责任法第十条、第十一条或者第十二条"修改为"民法典第一千一百七十条、第一千一百七十一条、第一千一百七十二条"。

7. 第十三条：本条是关于交强险、商业险和侵权责任人赔偿次序的规定。本规定第一款已被民法典第一千二百一十三条吸收，第二款关于精神损害优先赔偿的规定，民法典并无明确规定，具有法律适用意义。据此，本规定在整体保留的情况下，为精简表述，不再对第1款赔偿顺序进行列举规定，而是在符合本规定的情形下，直接指引适用民法典第一千二百一十三条的规定。

三、关于重点修改条文的修改说明和理解与适用

1. 第十一条

【修改内容】

本规定共有两处修改：一是将"身体权"受到的侵害纳入人身伤亡的概念范畴；二是将被侵权人因人身伤亡有权主张损害赔偿类型的法律依据由"侵权责任法第十六条和第二十二条"修改为"民法典第一千一百七十九条和第一千一百八十三条"。

【修改说明】

民法典第一百一十条第一款规定："自然人享有生命权、身体权、健康权、姓名权、肖像权、名誉权、荣誉权、隐私权、婚姻自主权等权利。"民法典在总则民事权利一章中，将身体权作为自然人的民事权利予以保护，为与民法典的上述规定相衔接，本规定作出相应修改。同时，关于侵权责任损害赔偿的类型，民法典第一千一百七十九条和第一千一百八十三条分别吸收侵权责任法第十六条和第二十二条，据此，本规定对法律依据作出调整。

【理解与适用】

（1）关于人身权益的理解。我国民事法律对人身权的规定起于民法通则。民法通则中规定了生命健康权、姓名权、名称权、肖像权、名誉权、荣誉权、婚姻自主权等人身权。之后侵权责任法中增加规定了隐私权，并将生命健康权区分规定为生命权、健康权两项权利。精神损害赔偿司法解释还规定了身体权、人格尊严权、人身自由权。民法总则综合了多年来我国法律、司法解释对

人身性民事权利的规定，将主要人身权列举为生命权、健康权、身体权、姓名权、肖像权、名誉权、荣誉权、隐私权、婚姻自主权，同时为了防止民事权利的不断发展变化，维持民法的稳定性，增加了"等"，便于司法实践的操作。此次民法典编纂时，对这一规定予以沿用。民法典第一百一十条规定的自然人享有的民事权利包括物质性的人格权和精神性的人格权。物质性的人格权是对自然人的物质表现形式所体现的人格利益设定的权利。物质性的人格权包括生命权、身体权、健康权。精神性人格权是指与人的生理和心理相关的以维持精神利益为主旨的人格权，是自然人对其精神性（心理性）人格要素的不可转让的支配权的总称，包括姓名权、肖像权、名誉权、荣誉权、隐私权、婚姻自主权等。因道路交通事故给被侵权人造成的人身伤害，一般是对物质性人格权的损害，即对生命权、身体权、健康权的损害。鉴于生命权、身体权、健康权均为民法典所保护的物质性人格权，有必要对上述三类权利予以区分，以厘清其概念和范围。其一，生命权。生命权是以自然人的生命安全利益为内容的权利，它以生命安全和生命维持为客体，以维护人的生命活动延续为基本内容。生命权受到侵害，必须以生命不可逆转的丧失为标准。其二，身体权。身体权是自然人维护其身体完全并支配其肢体、器官和其他身体组织的具体人格权。身体权受到侵害，表现为身体的完整性遭到破坏。身体权与健康权保护的方向不同，对身体的侵害主要指肉体上的侵害，造成机体或者器官无法正常运转。而健康权不仅是肉体上的，还包括心理上的，心理健康可使机体或者器官良好地运转，正常发挥其功能，使身体达到更好的状态。其三，健康权。健康权是以自然人及其身体和器官的功能利益为内容的权利。健康权不仅指身体及其器官的完整，还包括身体机能和器官可以正常运转；不仅包括身体机能的健康，还包括心理的健康，对健康权的侵害往往与身体权相伴随。由于在侵权责任法中，关于物质性的人格权中，并没有身体权，原司法解释制定之时并没有"身体权"的规定，而民法典第一百一十条将身体权规定为自然人的民事权利，故本规定增加规定了道路交通事故造成身体权损害的情况下，也构成人身伤亡。

（2）人身损害与财产损害。从侵权行为侵害的客体来进行区分，可以依据侵权行为侵害的是人身权还是财产权，将侵权行为区分为侵害人身权的侵权行为和侵害财产权的侵权行为。一般而言，侵害人身权益的侵权责任相较于侵害财产权益的民事责任，具有以下几个特点：第一，侵害人身权益造成的损害后果表现为人身伤害和人格利益的损害。其可以表现为一般的无形的人格利益损害，其中不具有或不直接具有财产利益。也可以表现为财产的损失。第二，侵害人身权益的后果往往难以用金钱计算损失，而侵害财产权益的后果基于填补损失的原则，比较容易计算。尽管人身权益具有明显的非财产性特征，但却又和财产权存在着不可分割的关系，因为人身权益是民事主体从事各类民事法律行为的基础，在很多情况下，人身权益是民事主体取得财产权的前提，人身权益也可以通过对其客体的商业化转化为财产权。而在审判实践中，当人身权益受到损害时，给予一定的财产性补偿则是较通用的做法。基于此，人们往往将人身损害混淆为财产损害，这实际上是混淆了在侵权救济模式意义上的侵权责任后果。基于侵权行为救济模式的区分，一般可以分为财产损害和非财产损害（其核心部分是精神损害赔偿）。在这一分类模式下，人身损害并没有独立的地位，也就是说人身损害并不是独立于财产损害和非财产损害的类型。这一分类模式实际上也是人身权益的非财产性与财产性的联系体现，这也就决定了对人身权利的侵害包括了很多具体的具有财产补偿性质的类别，如残疾赔偿金、死亡赔偿金、精神损害赔偿金等，这些损失体现在损害赔偿上则往往是以财产损失的方式表现。因此，民法典第一千一百七十九条、第一千一百八十三条规定的赔偿项目则是从侵权损害的救济模式，而非侵权客体（显然其并非侵权客体）的角度进行规定的。

无论是道路交通安全法还是《机动车交通事故责任强制保险条例》（以下简称《交强险条例》）中的人身伤亡和财产损失，是从侵权客体的角度进行分类，这种法律规定并不等同于在结果上的救济规定。在前述侵权客体和侵权救济模式的区分上，各国立法往往对于侵害人身权设定了两种救济模式，既可以体现在财产内容的救济模式，也可以体现在精神损害内容的救济模式。鉴于在我国目前的法律体系中，只有对人身权客体造成的侵害才可以适用精神损害赔偿，而对于财产损害则不存在精神损害内容的救济模式。而对于道路交通安全法以及《交强险条例》中的人身伤亡来说，其系基于侵权客体而进行规定的。而在侵害客体为人身权益的情形下，其救济意义上的赔偿责任则显然涵盖了民法典第一千一百七十九条、第一千一百八十三条规定的赔偿范围及项目。进而言之，在机动车发生交通事故造成第三人人身权益损害的情况下，既可能产生死亡赔偿金、残疾赔偿金等财产损害的侵权损害救济方式，也可能存在赔偿权利人精神损害的侵权损害救济方式。而在机动车发生交通事故造成被侵权人财产损失的情况下，则被侵权人仅能就实际损失请求侵权人承担赔偿责任。

2. 第十六条

【修改内容】

本规定将第二款投保义务人和侵权人不是同一人时，就机动车交通事故造成的损害在交强险责任限额范围内承担侵权责任的方式由连带责任修改为相应责任。

【修改说明】

民法典第一百七十八条第三款规定："连带责任，由法律规定或者当事人约定。"民法典对连带责任采严格立场，要求当事人承担连带责任必须有明确的依据，或由法律规定，或由当事人约定。据此，本规定关于投保义务人与侵权人就未投保机动车因发生交通事故造成损害在交强险责任限额范围内承担连带责任的依据并不充分,在征求意见的过程中,全国人大常委会法工委亦认为此种情形不应规定为连带责任。为与民法典关于连带责任规定的精神保持一致,遂作出修改。

【理解与适用】

本规定是关于机动车未投保交强险发生交通事故赔偿责任如何承担的规定。

(1) 未投保交强险的责任性质及其构成

未投保交强险的机动车发生交通事故造成损害,投保义务人是否承担责任在我国现行法中并未明文规定,那么,需要进一步探究的问题是,投保义务人应否承担责任?如果应当承担责任,则承担责任的法律依据是什么?其责任构成如何?

我们认为,未投保交强险的机动车发生交通事故造成损害,投保义务人应当承担侵权责任,其法律依据为民法典第一千一百六十五条第一款,其责任范围即在交强险限额范围内的赔偿责任。

关于投保义务人的过错。在侵权责任法上,侵权行为可以区分为作为与不作为。其中,不作为成立侵权,必须以作为义务的存在为前提,而作为义务的来源,主要有根据法律规定的作为义务、依据合同约定的作为义务、公序良俗所产生的作为义务以及因社会活动安全注意义务所产生的作为义务(主要包括因自己先前行为、开启或维持某种交通或交往以及因从事一定营业或职业而产生的危险防范义务)。① 根据道路交通安全法第十七条规定,国家实行交强险制度,《交强险条例》第二条规定在中国境内道路上行驶的机动车的所有人或管理人都应当投保交强险,这是机动车所有人或者管理人的法定义务。由于投保交强险的义务是法律的明确规定,从现实来看,在机动车购买、转让、年检、车船税的缴纳、违章的处罚等各个环节都要求投保交强险这一条件。所以,未投保交强险的行为在主观上多数是故意,少数情况下为重大过失。交强险的投保义务人因故意或者重大过失未投保交强险,违反了法定义务,其行为具有过错。

关于被侵权人的利益损失。根据道路交通安全法、《交强险条例》的规定,我国的交强险更加强调对第三人的损失填补功能,更加重视对受害人的权益保障。在制度设计上,实现了交强险与侵权责任在一定范围内脱钩,即无论投保义务人对机动车事故是否具有过错,只要是造成被侵权人的损害,在交强险一定的责任限额范围内,都要对被侵权人进行赔付,从而使交强险的基本保障性质的功能更为凸显。在此背景下,机动车的投保义务人未投保交强险,导致被侵权人不能获得交强险的保险赔付。机动车未投保交强险,导致发生交通事故

---

① 参见王泽鉴:《侵权行为》,北京大学出版社2009年版,第92~94页。

后第三人不能从交强险中获得赔偿的损失，显然不是一种类似生命权、健康权、财产权等绝对权形态的权利。那么，它是否属于侵权法应当保护的利益？我们认为，应作肯定回答。原因在于：根据我国目前的交强险制度，发生交通事故造成第三人损害的，在交强险责任范围内不讨论侵权责任，第三人能够从交强险保险公司获得相应限额范围内的赔偿。根据目前交强险的赔付规则，在机动车一方无责的情形下，交强险保险公司要在无责的限额内赔付；在机动车一方有责的情形下，不再区分责任的大小，交强险保险公司应在有责的限额内赔付。这种对第三人损害的填补方式，显然比适用过错责任的赔偿的范围要大，保障程度要高。由于投保义务人未投保交强险，导致第三人不能以此种方式获得赔偿，显然使第三人的利益受到损害。尽管我国的民法理论通说认为，权利之外的利益，在侵权责任领域并非一概保护，而是原则上不保护，例外情形下保护，① 但是，至少从文义解释的角度看，投保义务人投保交强险从而使受害的第三人能够获得交强险的赔偿确实是一种实实在在的利益。即使理论通说认为关于利益的保护应受限制，但也主要是从构成要件的角度展开。换言之，需要首先确定是否是可保护利益的范围，然后才能判断是否符合侵权责任的其他构成要件。侵权责任法第二条第二款采取列举式的方法规定了侵权责任法保护的民事权益的范围，同时在各列举的民事权益后加了"等"字，以为将来新型民事权益的类型留出空间。与侵权责任法相比，民法典第一千一百六十五条并未采取列举的方式，而是直接规定行为人因过错侵害他人民事权益造成损害的，应当承担侵权责任。也就是说，与侵权责任法第2条相比，民法典第一千一百六十五条对侵权责任保护的民事权益的范围采取了更为开放的态度。民法理论认为，对侵权责任法保护的民事权益应当作出限缩解释，限缩所需要排除的情形主要是：①因过失（或虽因故意但不违反善良风俗）而侵害绝对权之外的财产利益（并且不违反保护他人的法律）；②虽然因过错而违反法律并致人损害，但是该法律的目的并非保护受害人的被侵害的利益；③因故意或过失侵害他人具体人格权以外的人格利益，但情节并非重大。据此，侵权责任法保护的民事权益三种主要类型：①因过错不法侵害他人绝对权并造成损害；②因过错违反保护他人的法律并造成损害；③故意以违反善良风俗的方式加损害于他人。② 更进一步讲，可从区分权利和利益的角度切入，通过界定哪些法益属于权利、哪些属于权利之外的利益来确定侵权责任的保护范围。

上述理论解释，为本规定提供了支持。我们认为，由于投保义务人未投交

---

① 参见于飞：《侵权法中权利与利益的区分方法》，载《法学研究》，2011年第4期；葛云松：《纯粹经济损失的赔偿与一般侵权行为条款》，载《中外法学》2009年第5期；王利明：《侵权责任法研究》（上卷），中国人民大学出版社，2011年版，第90页。

② 葛云松：《〈侵权责任法〉所保护的民事权益》，载《中国法学》2010年第3期；陈现杰：《〈侵权责任法〉一般条款中的违法性判断要件》，载《法律适用》2010年第7期。

强险导致受害人（第三人）不能从交强险中获得赔偿的损失，应当受到侵权责任法的保护。其一，理论通说认为，对于绝对权之外的其他利益，在行为违反法律明确规定的情况下，应当对该利益的损失承担赔偿责任。如前所述，道路交通安全法、《交强险条例》所规定的投保义务人投保交强险的义务，其立法目的在于保护道路交通中的不特定的第三人，所以，这些法律、行政法规具有保护他人之目的。即使按照德国法对利益保护持谨慎态度的立法或理论，投保义务人未投保交强险给第三人造成不能从交强险中获得赔偿的损失，也应当具有可赔偿性。其二，利益受到侵权责任法的保护之所以要受到限制，主要原因在于利益的不确定性，即人的不确定性和责任范围的不确定性。[①] 但是，由于交强险为法律和行政法规所明文规定，且交强险的赔偿方式和赔偿范围也为公众所知晓。相应地，被侵权人（第三人）能够从交强险中获得赔偿的利益，从侵权人的角度看，在范围上并不存在不确定性。所以，从侵权责任法需要平衡受害人的损失填补和行为人行为自由的利益角度衡量，受害人（第三人）应当受到交强险赔偿的利益具有确定性，不会造成过度限制行为人行为自由的结果。其三，从我国现行法的规定来看，对于投保义务人未履行法定的投保义务，造成的损失由投保义务人负担的规定，早已有之。例如，《工伤保险条例》第六十二条第二款规定："依照本条例规定应当参加工伤保险而未参加工伤保险的用人单位职工发生工伤的，由该用人单位按照本条例规定的工伤保险待遇项目和标准支付费用。"本规定在理念上与该规定是一致的。其四，如前所述，民法典相较于侵权责任法的规定，对利益的保护应当说采取了更为开放的态度，因此，明确侵权责任保护对被侵权人从交强险中获得赔付的这种利益，有利于通过私法的手段实现某些公法的目的，在客观上有利于道路交通安全法、交强险条例等立法目的的实现。这种客观效果，也为被侵权人此种利益的保护提供了正当化依据。

关于投保义务人未投交强险的行为与被侵权人不能获得交强险赔偿而产生的利益损失之间存在因果关系。有观点认为，投保义务人未投保交强险的行为，与道路交通事故中的被侵权人的损害后果没有直接的因果关系，因此不应当由投保义务人按照本条规定承担责任。我们认为，这种观点虽然具有一定的合理性，但是却忽视了我国交强险制度的特征以及其与侵权责任的关系。

如前所述，基于交强险的基本保障功能，因交通事故所造成的损害是否构成侵权责任对于交强险的赔偿而言并不重要。因此，不能由此认为，由于交通事故所造成的损害是由驾驶机动车的驾驶行为所引起而非未投保交强险的行为所造成，投保义务人不应当按照本条的规定承担责任。而应当是，正是由于投保义务人未投交强险的行为，导致交通事故所造成的损害中的一部分不能

[①] 参见王泽鉴：《侵权行为》，北京大学出版社2009年版，第297页。

从交强险中获得赔偿,这种损害恰恰与未投保交强险的行为具有因果关系。

综上,我们认为,未投保交强险的机动车发生交通事故,投保义务人因违反道路交通安全法、交强险条例关于投保交强险的法定义务,导致被侵权人不能从交强险中获得赔付,由此产生的利益损失,投保义务人具有过错。依据民法典第一千一百六十五条的规定,投保义务人在交强险责任限额范围内应承担侵权责任。需要说明的是,投保义务人与侵权人为同一人的情况下,由于侵权人驾驶机动车给被侵权人造成人身、财产权利的损害,属于对绝对权利的损害,侵权人应当就全部损失承担损害赔偿责任。由于因绝对权利造成的损害赔偿范围中,包含了交强险赔偿,这是从外观上观察的结果。但究其实质,侵权人基于绝对权承担的损害赔偿责任,与投保义务人因未投保交强险给向被侵权人的合法利益进行的损害赔偿责任,是两种不同的侵权责任,只是在交强险责任范围内,上述两种责任发生竞合,根据损失填补的原则,被侵权人不能就此获得双倍赔偿。因此,在投保义务人和侵权人为同一人的情况下,由侵权人对因侵害绝对权的损失进行全部赔偿后,被侵权人不得就未获得交强险利益的损失再次请求赔偿;或者侵权人在交强险范围内先赔偿之后,被侵权人不得就其全部损失主张赔偿,仅能在扣除交强险责任限额后向侵权人主张赔偿。

(2)投保义务人与侵权人不一致应承担何种责任。根据道路交通安全法、《交强险条例》的规定,机动车交强险的投保义务人为机动车的所有人或管理人,在实践中经常发生的情形是,机动车的所有人或管理人将未投保交强险的机动车以借用等方式供他人使用,在此期间发生交通事故。对于此种投保义务人和驾驶人不一致的情形,交强险责任限额范围内的责任应如何承担?是此次修改的重要问题。

我们认为,应当在交强险责任限额范围之内由投保义务人和行为人承担相应责任。对此,需要说明以下几个问题:

第一,对侵权人的责任应如何理解。由于机动车肇事给被侵权人造成人身、财产的损失,此种损失属于侵权人侵害他人人身、财产权利产生的损失,侵权人的过错是损失产生的直接原因,侵权人因过错行为对全部损失承担赔偿责任,此为侵权责任法过错责任原则的应有之义,不再赘述。

第二,对投保义务人的责任应如何理解。驾驶机动车上道路行驶,应当投保交强险。尽管投保义务人未投保交强险并非被侵权人人身、财产损失产生的直接原因,但如前所述,如果投保义务人此前已经投保了交强险,那么被侵权人可以直接获得交强险的赔付,此时,因为投保义务人没有投保交强险,由此导致被侵权人不能获得交强险赔付的利益损失,这种损失并非被侵权人因绝对权利受到侵害而产生的损失,要注意区分上述两种损害赔偿责任。其一,主体不同,前者承担侵权责任的主体是侵权人,后者承担侵权责任的主体是投保义务人;其二,客体不同,前者保护的是他人的人身、财产权利,是一种绝对权；后者保护的是他人的合法利益；其三，法律效果不同。前者通过承担损害赔偿责任，目的是使得受害者恢复到交通事故发生前的状态，而后者的损害赔偿责任旨在恢复到投保交强险能够得到赔付的状态。由于交强险制度与侵权责任损害赔偿制度存在高度关联，交强险的意义在于加强侵权损害赔偿功能，因此，尽管侵权人与投保义务人在因未投保交强险的情况下造成的事故，对被侵权人而言承担的是不同的侵权责任，但由于二者同时具有的损失填补的功能，从结果上看，在交强险责任限额范围内，侵权人与投保义务人对被侵权人的损害赔偿责任产生了重合。但是，由于此时侵权人和投保义务人分别实施两个独立的侵权行为，侵害两个法益，因此二者并不构成连带责任、按份责任以及补充责任，而是二人均应独立承担侵权责任。

第三，侵权人与投保义务人责任的先后顺序。如果被侵权人仅选择侵权人或者投保义务人主张赔偿，二人分别承担各自的侵权责任，对此较好理解，也并无争议。问题是如果被侵权人同时向侵权人与投保义务人主张赔偿，就交强险责任限额内的赔偿责任来说，虽然侵权人对被侵权人的赔偿与投保义务人对被侵权人的赔偿是两项独立的赔偿，但对于被侵权人而言，其在该部分的损失只要获得其中一方的赔偿即获得弥补，故其不能双倍主张，这就面临着侵权人与投保义务人责任承担先后的问题。我们认为，应当由侵权人对其造成的损失先行承担责任，如果其先行承担责任仍然不能赔偿被侵权人的全部损失的，由投保义务人在交强险责任限额范围内进行赔偿。需要注意的是，此处投保义务人虽然是在后位承担责任，具有补充责任的外观，但其实质并非补充责任，因为二人实施的侵权行为不同，投保义务人对其因未依法投保给被侵权人造成交强险限额范围内赔付利益的损失承担责任，很难说是为侵权人对其因机动车交通事故给被侵权人人身、财产权利造成的损失进行补充赔偿。对于此种情形，由侵权人先行承担责任的理由是：其一，侵权责任对于权利的保护与对利益的保护条件不同。从侵权责任法的制度价值来看，侵权责任法是救济法，其基本功能是对受害人的损害提供救济。① 现代侵权责任法的发展是以救济受害人为中心而展开的，其基本价值理念是对受害人遭受的损害提供全面救济，以保护公民人身财产安全为目标，所贯彻的是民法的人文关怀精神。在这一目标指导下，侵权责任法一般确立了对人身权的优先保护，对受害人的全面救济等制度。② 侵权责任法保护绝对权并无争议，但是，对于绝对权之外的纯粹经济损失是否保护存在争议。对于纯粹经济损失的含义，尽管各国和学者之间的观点

---

① ［德］克雷斯蒂安·冯·巴尔：《欧洲比较侵权行为法》（上卷），焦关华译、张新宝审校，法律出版社2004年版，第1页。

② 参见王利明：《侵权责任法与合同法的界分——以侵权责任法的扩张为视野》，载《中国法学》2011年第3期。

有一定差异，但简单理解，纯粹经济损失是一种非因绝对权受侵害而发生的财产上的损害（不利益）。① 应当说，现阶段理论和实践对于由侵权责任保护纯粹经济损失已经作出一些研究和探索，从一定程度上缩小了争议，目前就侵权责任法对纯粹经济损失的适用条件应当严于对绝对权的适用条件，并无太大争议。本规定涉及的投保义务人未依法投保，在发生机动车交通事故时，导致被侵权人交强险责任限额范围内不能获得赔偿，这是一种纯粹经济损失。机动车交通事故侵权中，在有直接侵权人的情况下，适用侵权责任的一般条款足以对被侵权人的损失进行完全的弥补，此种情况下不再启动纯粹经济损失的侵权保护，具有理论依据。其二，从保险制度与侵权损害赔偿责任的关系上看。在近代社会，侵权责任法坚持过错责任原则，强调对侵权人过错的追责和道德的谴责，这体现了侵权责任法的惩罚功能。随着工业社会的发展，侵权责任法补偿功能日益突出，其中一个显著的表现就是责任保险制度的发展。责任保险制度的实质就是将承担侵权责任的风险由社会共同分担，以此避免责任人因无力赔偿导致受害人不能得到真正救济的情况，从这个意义上说，责任保险制度的目的在于更好地实现侵权责任法的损害赔偿功能，但责任保险制度并不能够完全替代侵权责任的过错责任，不能因为存在责任保险制度而完全免除侵权人的损害赔偿责任。因此，在新司法解释第十六条的情形下，尽管投保义务人需要对受害人在交强险责任限额范围内承担赔偿责任，但这并不意味着侵权人对受害人的损害赔偿责任当然免除，否则，有违侵权责任法"自己责任"的基本法理，难以有效督促对机动车进行直接控制的侵权尽到最大注意，从根本上避免损失发生。相反，如果侵权人通过承担损害赔偿责任，已经实现了对受害人损失的弥补，受害人就不能够再请求投保义务人承担责任。

综上，对于第十六条第二款投保义务人与侵权人承担相应责任的理解，包括两个层次：第一个层次是，投保义务人与侵权人各自均应向受害人承担损害赔偿责任，即投保义务人对其因不依法投保交强险给受害人在不能得到交强险责任限额内赔付利益的损失承担赔偿责任、侵权人对机动车交通事故给受害人造成的人身、财产权利损失承担赔偿责任；第二个层次是，受害人请求投保义务人与侵权人赔偿损失的，应由侵权人先就其给受害人造成的全部损失进行赔偿，侵权人无力赔偿部分，由投保义务人在其应投保交强险责任限额范围内对受害人赔偿。

四、关于废止条文的说明

1. 原司法解释第二条

该条规定内容已经被民法典第一千二百一十二条吸收，不再重复规定。

---

① 参见葛云松：《纯粹经济损失的赔偿与一般侵权行为条款》，载《中外法学》2009年第5期。

2. 原司法解释第三条

该条规定内容已经被民法典第一千二百一十一条吸收，不再重复规定。

3. 原司法解释第十条

该条规定内容被民法典第一千二百五十六条吸收，不再重复规定。

【链　　接】

最高人民法院民一庭负责人就《关于审理道路交通事故损害赔偿案件适用法律若干问题的解释》答记者问

为贯彻党的十八大提出的五位一体的重大战略部署，切实保障和改善民生，加快形成法治保障的社会管理体制，为全面建成小康社会提供有力的司法保障，最高人民法院根据《侵权责任法》《合同法》《道路交通安全法》《保险法》《民事诉讼法》等法律的相关规定，结合审判实践，经审判委员会第1556次会议讨论，通过了《最高人民法院关于审理道路交通事故损害赔偿案件适用法律若干问题的解释》（以下简称《解释》）。值此司法解释公布之际，最高人民法院民一庭负责人就《解释》的有关问题接受了记者的采访。

一、出台背景

问：《最高人民法院关于审理道路交通事故损害赔偿案件适用法律若干问题的解释》2012年12月21日施行，请您谈谈为何要出台该《解释》？

答：近年来，我国道路交通事业高速发展，机动车的保有量飞速增长，根据公安部发布的信息，截至2012年6月底，我国机动车总保有量2.33亿辆，其中汽车1.14亿辆，摩托车1.03亿辆。全国机动车驾驶人达2.47亿人，其中汽车驾驶人1.86亿人。机动车保有量和驾驶人数量的飞速增长导致因交通事故引发的案件数量也大幅增加。2010年，全国公安部门接报道路交通事故案件390.6万件，2011年达到422.4万件。2010年全国法院一审受理的道路交通事故损害赔偿案件为612596件，2011年为744570件，分别比上一年上升31.83%和21.54%，今年上半年，新受理的案件更是达到403476件，位居增幅最快的民生类案件的前列。此类案件涉及人民群众的基本人身财产权益，如何迅速妥当审理此类案件、及时化解矛盾、保护道路交通事故的各方参与人尤其是受害人的合法权益，是人民法院践行为民司法的必然要求，也是最高人民法院制定《解释》的价值基础和现实依据。

与此同时，随着2004年《道路交通安全法》、2006年《机动车交通事故责任强制保险条例》以及2010年《侵权责任法》等法律、行政法规的实施，道路交通事故损害赔偿案件的审理涌现出较为突出的问题：一是在责任主体及其责任范围的判断上，实践中的形态多种多样。如何根据现行法律准确认定责任主体及其责任范围，需要统一裁判尺度。二是交强险制度的建立和商业三者险的逐步普及，致使此类案件在法律关系上具有复杂性。如何针对不同的法律关系适用相应的法律规范，需要明确裁判依据。三是结合我国的现实国情，在依法保障受害人权益的前提下，如何为相关行业及其他道路交通参与人提供必要的发展空间和行为自由，需要平衡各方利益。四是在依法保障各方当事人实体权利和诉讼权利的目标下，如何为当事人提供具有实效性的一次性诉讼纠纷解决机制、减少当事人的诉累，需要创新诉讼机制。

针对上述问题，最高人民法院从2007年起即启动了《解释》的起草工作，后因《侵权责任法》的制定而暂停。《侵权责任法》颁布实施后，根据《侵权责任法》的立法精神及审判实践的要求，我们重新启动了《解释》的起草工作。在起草过程中，我们认真多次听取了全国人大法工委、国务院法制办、公安部、交通运输部、保监会、农业部、各级人民法院以及相关专家学者的意见。由于该《解释》涉及基本的民生问题，涉及人民群众的日常生活，为集思广益，我们于2012年3月21日至4月21日通过《人民法院报》和中国法院网向全社会公开征求意见。征求意见过程中，共收到社会各界人士提出的意见建议600余件，在总结、归纳、吸收这些意见的基础上，经过最高人民法院审判委员会认真讨论、仔细研究，最终于2012年9月17日第1556次会议通过了《解释》。

二、确定责任主体依据的原则和精神

问：我们注意到，《解释》首先对道路交通事故的责任主体作出了规定，在确定相关的责任主体时，《解释》依据了什么样的原则和精神？

答：责任主体的确定是道路交通事故损害赔偿案件的重中之重，它不仅涉及到由谁承担侵权责任、受害人的损害由谁赔偿、能否得到赔偿的问题，还关系到《侵权责任法》有效制裁侵权行为、预防交通事故发生这一功能能否实现的问题。因此，这是《解释》要解决的核心问题之一。在侵权责任主体的确定规则上，我们主要依据了以下原则和精神：一是根据《侵权责任法》第四十九条①、第五十条②的规定，原则上由机动车的运行支配和运行利益的享有者承担责任，由所有人或管理人承担过错责任。这主要针对借用、租赁、转让、非

---

① 对应《民法典》第一千二百零九条。
② 对应《民法典》第一千二百一十条。

盗抢等情形下擅自驾驶他人机动车发生交通事故的场合。所有人或管理人的过错主要表现为对机动车安全、技术性能的疏于维护、对使用人驾驶资质和驾驶能力的疏于注意等情形。二是根据《侵权责任法》第五十一条①的规定，针对一系列违法情形下的机动车的所有人或管理人，从加大对受害人的保护、减少交通事故的发生风险、制裁违法行为的角度，规定由相关范围内的违法行为人承担连带责任，例如套牌车、拼装车、报废车等情形下的责任主体的确定规则。三是以《侵权责任法》其他章节的规定为法律依据，对道路交通事故发生的原因作出区分，以相关主体所负担的法定注意义务为基本的判断因素，确定多因一果情形下的责任主体。例如道路管理、维护缺陷导致交通事故的责任主体的认定，道路设计、维护缺陷导致交通事故的责任主体的确定规则等。

总而言之，在道路交通事故责任主体的确定方面，《解释》紧紧围绕《侵权责任法》的填补损失功能、制裁功能、预防功能等立法目的，合理妥当地确定相关的责任主体。

三、挂靠经营的机动车发生交通事故责任主体的确定

问：当前，以挂靠形式从事道路运输经营活动的情形比较常见，在不少地方甚至比较普遍，请问《解释》对这种机动车发生交通事故的责任主体和责任形态是如何规定的？

答：以挂靠形式从事运输经营活动的情形在现实中确实比较普遍。其主要特征是，挂靠人为了满足车辆运输经营管理上的需要，将自己出资购买的机动车挂靠于某个具有运输经营权的企业，由该企业为挂靠车主代办各种法律手续，并以该企业的名义对外进行运输经营。以挂靠形式进行运输经营，在实践中产生了较多的弊端，一是违反了《道路运输条例》等行政法规的规定，使国家通过运输经营许可证的形式加强安全管理、规范市场经营秩序的管理目的落空。二是以挂靠形式从事运输经营的机动车，被挂靠企业有经营之名而无经营之实，疏于对驾驶人员的培训、疏于对机动车运行安全的管理，极大地增加了道路交通的安全隐患，对于其他道路交通参与人的人身财产权益造成了较大的风险。三是挂靠经营方式下，挂靠人的资力往往比较薄弱，从而导致交通事故发生后，受害人难以得到及时、充分的赔偿，权益难以得到保护，引发诸多社会矛盾。

基于上述理由，我们认为，有必要从侵权责任的角度明确挂靠经营的机动车发生交通事故的责任主体。《解释》明确规定，以挂靠形式从事运输经营的机动车发生交通事故后，由挂靠人与被挂靠人承担连带责任。这主要基于以下考虑：首先，以被挂靠人的经营许可证和名义从事运输经营，无论是对交易相

---

① 对应《民法典》第一千二百一十四条。

对人还是对不特定的道路交通参与人而言，都使他们产生了一种信赖，信赖以此经营许可证和名义从事经营的人具有一定资力、具备一定的安全生产条件。其次，机动车运输经营活动属于一种高度危险活动，依据《侵权责任法》及其理论，开启某种危险、从某种危险活动中获取利益的主体应当承担相应的责任，而被挂靠人恰恰从挂靠经营活动中获得了利益，有时甚至是巨大的利益。再次，被挂靠人不承担责任或者承担较小的责任，会纵容挂靠这种违反运输管理秩序、违反交通管理法规的行为，规定被挂靠人承担连带责任有利于以私法的手段实现公法目的，维护法律体系的统一性。最后，从《侵权责任法》关于责任主体和连带责任的规定来看，《侵权责任法》更加关注对违法行为的制裁、更加注重对受害人权益的保护，因此，规定由挂靠人和被挂靠人承担连带责任也符合《侵权责任法》的立法精神。

四、套牌车、拼装车、报废车发生交通事故责任主体的确定

问：从我国目前道路交通的现实来看，套牌车、拼装车、报废车等机动车违法上路行驶的情形仍屡见不鲜，也为道路交通参与人的人身财产权益造成了极大的危险，带来了极大的危害，《解释》对这些问题是如何归责的？

答：从我们掌握的情况看，随着公安交通管理部门以及其他职能部门加大管理力度和处罚力度，套牌车、拼装车、报废车等违法机动车上路行驶的情形在逐步减少。但是不可否认，由于我国的机动车保有量大、各地情形千差万别，因此，这些违法情形仍十分常见。因此，有必要从民事损害赔偿的角度，对相关的责任主体予以明确。

《解释》对套牌车、拼装车或者已达到报废标准的机动车发生交通事故造成损害的责任主体分别做出了规定。套牌车产生的主要原因是套牌行为人为了逃避相关的税费和规避公安交通管理部门的监管、处罚。在形式上，主要表现为两种形式，一种是被套牌一方是被侵权人，在他不知道的情形下被他人套牌。此时的被套牌一方也是受害人。发生交通事故后，自然应当由套牌的行为人即套牌车的所有人或管理人承担侵权责任。另外一种则是被套牌一方同意他人套牌。对于后一种情形，综合考虑套牌一方和被套牌一方行为的违法性、所造成的危险及其程度等因素，《解释》规定，发生交通事故后的损害赔偿责任由两者承担连带责任。

关于拼装车、已达到报废标准的机动车发生交通事故后的损害赔偿责任，《侵权责任法》第五十一条已经明确规定由转让人和受让人承担连带责任。但是，现实中，更多的情形是，发生交通事故时，肇事的拼装车、报废车已经经过多次转让，此时，责任主体应当如何确定，需要根据《侵权责任法》第五十一条的规定予以明确。我们认为，转让、运行拼装车、报废车违反了《道路交通安全法》的规定，给道路交通安全造成了极大的危害，严重威胁到道路交通

参与人的人身财产安全，因此应当由所有的转让人和受让人承担连带责任。这不仅是《侵权责任法》填补损害功能的要求，更是贯彻《道路交通安全法》和《侵权责任法》的当然结论。

五、关于损害赔偿范围的细化规定

问：《侵权责任法》关于损害赔偿的范围虽然有所规定，但仍然是诉讼中争议较多的问题，《解释》针对交通事故损害赔偿的范围有无更为细化的规定？

答：《侵权责任法》第十六条①、第十八条②、第十九条③、第二十条④和第二十二条⑤等，对侵害他人人身财产权益的赔偿范围作出了原则性的规定。但是，在道路交通事故损害赔偿案件中，仍然需要就若干问题做出进一步明确的规定。一是《道路交通安全法》第七十六条规定的"人身伤亡"和"财产损失"是依据何种标准划分的，而这种划分标准是确定道路交通事故损害赔偿范围的前提性问题；二是依据此种划分标准，精神损害赔偿应当归属于何种损失范围之内，以及精神损害赔偿是否应当在交强险中赔偿以及在交强险中的赔偿次序问题；三是财产损失在实践中包括哪些具体损失类型以及财产损失在交强险中的赔偿范围问题。围绕上述问题，《解释》主要考虑了两个方面的因素，一是要重视对人身损害的赔偿，这不仅是生命权、健康权等人身权益在法律体系和权利结构上的优先性所决定的，更是司法保障民生的具体体现；二是在此前提下，应当注意赔偿范围与道路交通参与人行为自由的平衡，赔偿范围如果过大，会造成道路交通的各方参与人负担过重，限制了其行为自由。

依据《道路交通安全法》以及《侵权责任法》的相关规定，《解释》对上述问题做出了解释性规定，明确《道路交通安全法》中，"人身伤亡"和"财产损失"的划分是以道路交通事故所侵害的客体为标准的：侵害被侵权人的生命权、健康权等人身权益所造成的损害，为"人身伤亡"；侵害被侵权人的财产权益所造成的损失，为"财产损失"。依据该解释性规定，审判实践中多有争议的"人身伤亡"是否包括医疗费、精神损害等损失的问题就迎刃而解。相应地，根据《道路交通安全法》第七十六条的规定，我国目前的交强险也应当赔偿精神损害，且精神损害在交强险中的赔偿次序应由被侵权人来选择。如果被侵权人选择交强险优先赔偿精神损害的，人民法院应予支持。应当说，如此规定，一方面准确贯彻了《道路交通安全法》和《侵权责任法》的立法宗旨，另一方面更加强调了交强险对人身权益的保障功能，符合交强险的功能定位。

---

① 对应《民法典》第一千一百七十九条。
② 对应《民法典》第一千一百八十一条。
③ 对应《民法典》第一千一百八十四条。
④ 对应《民法典》第一千一百八十二条。
⑤ 对应《民法典》第一千一百八十三条。

在财产损失的范围上，就我国目前的道路交通状况、事故率乃至人们的道路交通安全意识来看，赔偿范围应当主要限于必要的、典型的损失类型，否则容易导致道路交通各方参与人的负担过重。因此，《解释》明确规定，财产损失的范围包括车辆的修理费用、物品损失、施救费用、重置费用以及经营性车辆的停运损失和非经营性车辆使用中断的损失。

六、区分强制险和商业险功能，划分侵权责任与保险责任范围

问：正如您前面所谈到的，由于交强险制度的建立和商业三者险的逐步普及，道路交通事故损害赔偿案件的法律关系呈现出复杂性，在统一裁判依据的问题上，《解释》作出了怎样的规定？

答：确实如此，由于保险制度的介入，相较于其他侵权案件来说，道路交通事故损害赔偿案件的法律关系更为复杂，在裁判依据上需要统一和明确。解决这个问题，需要辨明交强险与商业险各自的功能定位。在司法解释起草过程中，关于交强险的功能及其与侵权责任的关系曾引起过激烈讨论。在听取各方不同意见的基础上，《解释》所采纳的基本原则是，依据《道路交通安全法》第七十六条的规定，我国的交强险制度更加强调交强险的基本保障功能，更为重视对受害人损失的填补功能，相应地，交强险在其责任限额范围内与侵权责任在一定程度上相互分离。因此，发生交通事故后，应当首先由交强险在其责任限额范围内（包括分项限额）予以赔偿。

与交强险相对应，商业三者险是机动车的所有人或管理人为了分散因机动车运行所可能导致的侵权责任而购买的保险，在功能上，该保险更加注重对机动车所有人或管理人风险的分散，与交强险不能等同视之。同时，我国的商业三者险是以交强险赔偿之后，被保险人依法应当承担的侵权责任为保险标的的，因此，商业三者险所形成的法律关系，就必须以保险法和商业三者险合同为基本的裁判依据。所以，《解释》明确规定了实体上的处理顺序，即在确定交强险保险公司的赔偿责任之后，再确定侵权人（被保险人）依法应当承担的侵权责任，然后根据商业三者险合同的约定和保险法的相关规定确定商业三者险保险公司的赔偿范围。最后，再由侵权人依照《侵权责任法》的相关规定承担剩余的侵权责任。

应当说，《解释》关于这一问题的规定，区分了强制险和商业险的功能，划分了侵权责任与保险责任的范围，具有统一裁判依据的重要作用。

七、未投保交强险的机动车发生交通事故的责任承担

问：近年来，一些道路交通事故损害赔偿案件之所以引起社会的广泛关注，其中一个重要的原因是，这些案件中，机动车的所有人或管理人未投保交强险，导致本可通过交强险分散的赔偿责任全部由侵权人承担。那么，对于未

投保交强险的机动车发生交通事故的责任承担问题，《解释》是否作出了回应？

答：交强险自2006年实施以来，投保率逐年增加。根据中国保监会提供的统计数字，2008年，机动车投保率为40.8%，汽车投保率为67.6%；2009年，机动车投保率为45.6%，汽车投保率为73.5%；2010年，机动车投保率为49.0%，汽车投保率为78.9%；2011年，机动车投保率为50.6%，汽车投保率为81.1%。从上述数据来看，我国机动车的投保率虽然逐年上升，但仍有相当比例的机动车未投保交强险。在审判实践中，就导致一个较为突出的问题，即未投保交强险的机动车发生交通事故的责任承担问题。

就此问题，《解释》规定，未依法投保交强险的机动车发生交通事故造成损害，投保义务人应当先替代交强险保险公司的地位在交强险责任限额范围内对第三人予以赔偿，超出该范围之外的损失，再按照《侵权责任法》的规定承担侵权责任。该规定主要基于以下理由：第一，如前所述，依据《道路交通安全法》的规定，交强险在一定范围内与侵权责任分离，导致交强险的赔偿范围并非以侵权责任的成立及其范围为主要依据，即使在遵守交强险分项责任限额的前提下也是如此。这就说明，投保交强险的机动车导致第三人遭受损害，在赔偿范围上，第三人所得到的赔偿要比未投保交强险情形下直接按照侵权责任规则处理所获得的赔偿要多，有的时候甚至多很多。这就为未投保交强险的机动车发生交通事故的责任承担问题作出专门规定奠定了现实基础。第二，《道路交通安全法》、机动车交通事故责任强制保险条例明确规定机动车的所有人或管理人应当依法投保交强险，这些法律、行政法规的规定具有强烈的保护不特定第三人的立法目的。投保义务人未投保交强险的行为显然违反了以保护他人为目的的法律，因而具有显著的违法性。第三，投保义务人未投保交强险的行为侵害了第三人从交强险中获得赔偿的利益，该利益属于《侵权责任法》的保护范围。

实践中，还有一个较为突出的问题是，投保义务人和实际驾驶人不一致的情形下，交强险责任限额范围内的赔偿责任如何承担？《解释》对此也予以了明确，即由投保义务人和实际驾驶人在交强险责任限额范围内承担连带责任，超出责任限额范围之外的部分，再依照《侵权责任法》的规定确定赔偿责任。之所以如此规定，主要原因在于，根据《道路交通安全法》的规定，驾驶人驾驶机动车有注意交强险标志的义务、未放置保险标志的机动车不能上路行驶，所以，实际驾驶人和投保义务人都存在违法行为。发生交通事故后，第三人不能从交强险中获得赔偿的损失是由投保义务人与实际驾驶人共同造成的。因此，投保义务人与实际驾驶人应在交强险责任限额范围内对第三人承担连带赔偿责任。

《解释》关于未投保交强险的责任承担的规定，符合《侵权责任法》的规定及其理论，也是对审判实务的经验总结。在社会效果上，该规定一方面充分保护了受害人（第三人）的合法权益，另一方面，也有利于通过私法的手段促使投保义务人积极履行交强险的投保、续保义务，有利于驾驶人切实承担交通法律法规所规定的注意义务，有力地促进道路交通秩序的良性发展。

八、醉酒驾驶、无证驾驶或吸毒后驾驶等违法情形下交强险保险公司的赔偿责任

问：《解释》征求意见稿关于醉酒驾驶、无证驾驶等情形下，交强险的保险公司应当承担赔偿责任的规定，在征求意见过程中曾引起过争论，《解释》关于这个问题的规定是否发生了变化？

答：关于醉酒驾驶、无证驾驶、吸毒后驾驶以及被保险人故意制造交通事故的几种违法情形，发生交通事故后交强险保险公司的责任和侵权人的责任如何承担，在实践中存在争议。《解释》征求意见过程中，有观点认为，这几种违法情形下保险公司不应当承担交强险的赔偿责任，否则就放纵了此类违法行为，不利于制裁侵权人，不利于提高驾驶人的注意义务。

《解释》未采纳这种观点，原因在于：第一，如前所述，交强险的首要功能在于对受害人的保护，因而具有安定社会的功能，而侵权人风险分散的功能则居于次要地位。因此，这些违法情形下保险公司对第三人承担赔偿责任，符合交强险制度的目的。在此意义上，前述观点未能准确把握我国交强险的功能定位。第二，保险公司承担赔偿责任后可以向侵权人追偿，并不会造成放纵违法行为人的后果。并且，保险公司的追偿能力与受害人相比，显然处于更有利的地位。更有利于实现制裁违法行为的目的。第三，由保险公司先行赔偿、再对侵权人追偿的处理方式更有利于实现交强险保护受害人权益、填补受害人损失的功能。如果此类违法情形下，交强险保险公司不承担赔偿责任，则显然受害人权益的保护在不少场合将难以实现。第四，《道路交通安全法》第七十六条规定，机动车发生交通事故后，先由交强险的保险公司在交强险责任限额范围内予以赔偿，并未将这些违法情形排除在外。第四，机动车交通事故责任强制保险条例第二十二条虽然规定了醉酒驾驶、无证驾驶、机动车被盗抢期间肇事、被保险人故意制造交通事故等几种违法情形下交强险保险公司仅垫付抢救费用且不赔偿财产损失，但《侵权责任法》并未完全采纳该观点，该法第五十二条仅规定机动车被盗抢期间发生交通事故的，交强险保险公司可以免除赔偿责任，只承担垫付抢救费用的责任。这说明，《侵权责任法》对于其他几种情形的评价与对机动车被盗抢期间发生交通事故情形的评价有所不同，这也是《解释》关于这个问题规定的主要法律基础。第五，从其他国家或地区的立法及实践来看，例如德国、日本、韩国以及我国台湾地区等，都采纳了交强险保险公司在此类情形下先承担赔偿责任，再向侵权人追偿的处理思路。

基于上述理由，《解释》规定，在醉酒驾驶、无证驾驶或吸毒后驾驶以及

被保险人故意制造交通事故等几种违法情形下，交强险保险公司仍应当在其责任限额范围内承担赔偿责任，保险公司赔偿后有权向侵权人追偿。但是，考虑到人身损害问题在实践中更为突出以及交强险所承担的基本保障功能等因素，《解释》将该规则的适用限制在"人身损害"的范围之内。

九、交强险保险公司的诉讼地位

问：我们注意到，人民法院在审理道路交通事故损害赔偿案件时，关于交强险保险公司的地位，实践中的做法并不统一，有的将保险公司作为共同被告，有的作为第三人，《解释》在这个问题上是如何规定的？

答：关于道路交通事故的诉讼机制问题，前面已经提到，这也是《解释》起草过程中的核心问题之一。《解释》关于诉讼机制的基本目标是，在依法保障各方当事人实体权利和诉讼权利的前提下，为当事人提供具有实效性的一次性诉讼纠纷解决机制，减少当事人的诉累。

依据上述目标，《解释》规定，道路交通事故损害赔偿案件中，交强险保险公司作为应当追加的被告参加诉讼，但如果保险公司已经作出赔偿且当事人无异议的除外。作出这一规定，主要基于以下理由：第一，《道路交通安全法》第七十六条规定的第三人（受害人）对保险公司享有的直接请求权，决定了保险公司可以作为被告。第二，道路交通事故损害赔偿案件的实体法律关系决定了应当将交强险保险公司作为共同被告。道路交通事故损害赔偿案件中，可能并存三种法律关系，即第三人（受害人）与保险公司之间的保险金请求关系、第三人（受害人）基于侵权责任与侵权人之间的损害赔偿关系以及侵权人（被保险人）对受害人作出赔偿后被保险人与保险人的保险金请求关系。虽然从实体法律关系的角度看，第三人（受害人）对保险公司或侵权人（被保险人）的请求权可分别行使，但是在进入诉讼这一特定的场景之下，将会发生如下问题：首先，机动车是交通事故发生的参与方或原因之一，这一要件事实既是保险公司承担赔偿责任的要件事实，也是侵权人承担侵权责任的要件事实。在诉讼中，人民法院就该要件事实的认定，存在合一确定之必要。其次，由于侵权责任是在交强险赔偿之后才确定，如果不追加保险公司作为共同被告，侵权人侵权责任的范围即无法准确认定。再次，如果不追加保险公司，在侵权人（被保险人）另行起诉保险公司的后诉中，被保险机动车是否为交通事故的参与方或原因之一仍然是重要的争点之一，由于保险公司未参与前诉的诉讼程序，其诉讼权利也难以得到保障。第四，将交强险保险公司作为共同被告不会造成诉讼过分迟延。依据现在的技术条件，查明事故参与方机动车投保交强险的情况很容易实现，并且，客观上，侵权人的侵权责任被保险公司所分担，因诉讼引发的抵触情绪、因赔偿数额较大的畏难情绪会在一定程度上降低，也有利于诉讼的推进。所以，将交强险保险公司作为应当追加的共同被告有利于诉讼的迅速进行，不会造成诉讼的过分迟延。

十、商业三者险保险公司的诉讼地位

问：近年来，道路交通事故损害赔偿案件中，人民群众反映较为普遍的问题之一是诉讼程序过于繁复，受害人要获得损害赔偿，往往需要先起诉侵权人和交强险保险公司，再由受害人或被保险人另案起诉商业三者险的保险公司，诉讼成本较高。请问《解释》在诉讼程序上有无新的规定？

答：对于这个问题，《解释》起草过程中给予了重点关注，并反复研究讨论后，最终规定，同时投保商业三者险的，如当事人请求，人民法院应当将商业三者险的保险公司列为共同被告。该规定主要基于以下理由：一是一次性解决纠纷、减少当事人诉累的需要。司法实践中，就受害人的损失填补问题，往往需要受害人先起诉交强险保险公司和侵权人，该诉讼确定交强险的赔偿范围和侵权人的赔偿范围后，再由被保险人（侵权人）另行起诉商业三者险保险公司，就交强险赔偿范围之外的侵权责任部分请求商业三者险保险公司赔偿，此种处理模式显然增加了当事人的诉讼负担，将一个诉讼能够解决的受害人的损失填补问题分为两个诉讼解决，徒增诉累。二是商业险保险合同是以交强险赔偿范围之外的赔偿责任为保险标的，换言之，只有交强险的赔偿范围确定，商业三者险的赔偿范围才确定，交强险保险公司的赔付责任和商业三者险保险公司的赔付责任具有较为紧密的关联性。在实践中，多数机动车的交强险和商业三者险是在一个保险公司投保，此种情形下，两者的关联性更为密切。并且，在案件审理过程中遵循交强险先赔偿、再根据侵权责任和商业三者险合同确定保险公司的赔偿责任，最后确定侵权人自己承担的赔偿责任这一顺序，并不会出现法律关系过于复杂、案件难以处理、诉讼过分迟延的情况。三是根据保险法第六十五条的规定，商业三者险中的第三者在被保险人怠于请求保险金时有直接请求权。这里的"怠于"，在受害人已经起诉请求赔偿而被保险人尚未请求商业三者险保险公司赔偿的情况下，被保险人即处于懈怠状态。因此，将商业三者险合并审理符合保险法的规定。四是合并审理有利于避免就相同争点重复审理，提高诉讼效率。在商业三者险合同纠纷中，保险公司往往需要根据具体情况就侵权人（被保险人）是否承担责任、承担责任的范围提出异议、行使相应的抗辩权，从而导致在商业三者险合同纠纷中，审理法院大多需要就侵权责任的范围等问题作出判断，容易造成就相同争点重复审理的现象。另一方面，商业三者险的保险公司进入同一诉讼，也有利于其在该诉讼中行使合同上的抗辩权。

当然，需要注意的是，将商业三者险保险公司作为共同被告一并处理，需要注意两个方面的问题：一是实体法律关系上，应当依据保险法和保险合同的约定认定当事人的权利义务，这一点与交强险存在较大的差别；二是在诉讼程序上，应当特别注意保障商业三者险保险公司的诉讼权利。商业三者险保险公司一方面在侵权责任的成立与范围、在交强险保险公司的赔偿范围等问题上与侵权人存有共同的诉讼利益，另一方面，商业三者险保险公司与侵权人（被保险人）之间也存在利益冲突，即商业三者险保险公司有权依据保险合同的约定对侵权人（被保险人）行使相应的合同权利，例如抗辩权等，两者之间还存在着对立关系。因此，人民法院在合并处理商业三者险纠纷的程序中，应当高度重视商业三者险保险公司基于合同的实体权利，并给予这些实体权利在诉讼中的程序保障。

就此诉讼机制来看，我们认为，既能保障各方当事人的实体权利和程序权利，又能实现纠纷的一次性解决，减少诉讼成本，体现了便民、利民原则。

最高人民法院
关于购买人使用分期付款购买的车辆从事运输因交通事故造成他人财产损失保留车辆所有权的出卖方不应承担民事责任的批复

法释〔2000〕38号

(2000年11月21日最高人民法院审判委员会第1143次会议通过 2000年12月1日最高人民法院公告公布 自2000年12月8日起施行)

四川省高级人民法院：

你院川高法〔1999〕2号《关于在实行分期付款、保留所有权的车辆买卖合同履行过程中购买方使用该车辆进行货物运输给他人造成损失的，出卖方是否应当承担民事责任的请示》收悉。经研究，答复如下：

采取分期付款方式购车，出卖方在购买方付清全部车款前保留车辆所有权的，购买方以自己名义与他人订立货物运输合同并使用该车运输时，因交通事故造成他人财产损失的，出卖方不承担民事责任。

此复

【解　　读】

解读《最高人民法院关于购买人使用分期付款购买的车辆从事运输因交通事故造成他人财产损失保留车辆所有权的出卖方不应承担民事责任的批复》

一、问题的提出

最高人民法院2000年12月1日公布了《关于购买人使用分期付款购买的车辆从事运输因交通事故造成他人财产损失保留车辆所有权的出卖方不应承担

民事责任的批复》(法释〔2000〕38号,以下简称本批复),自12月8日起施行。

本批复是最高人民法院针对四川省高级人民法院的请示所作出的批复。四川省高级人民法院的请示涉及交通事故的一种特殊情况:在分期付款买卖车辆中,出卖方在购买方付清全部车款前保留车辆所有权。在分期付款过程中,车辆虽由购买方直接控制和使用,但公安机关登记的车主以及行驶证、营运证上所记载的车主都是出卖方。购买方在使用该车营运时,以自己的名义与他人订立货物运输合同,在运输过程中,因交通事故等造成货物损失。对这种损失,出卖方是否承担民事责任,形成了不同意见。

二、理解

(一)出卖人对购买人造成的交通事故没有过错,其保留所有权的行为与交通事故之间也没有因果关系

道路交通事故中,因机动车造成他人损害,机动车的所有人是否承担责任以及在何种情况下承担责任,无论在实践中还是理论上,都有争议。这种争议来源于现行法律和行政法规对此问题规定的差异。其实,机动车造成他人损害属于侵权行为的一种。依民法原理,侵权人承担责任必须具备一定的条件。侵权责任最基本构成要件包括:损害后果、损害后果与行为之间的因果关系,一般侵权责任的构成要件还包括行为人的过错;无过错责任的构成要件,不考虑行为人的过错,但必须严格遵守法律的规定。《民法通则》的规定也是如此,强调行为与损害后果之间的因果关系及行为人的过错。《民法通则》规定,公民、法人由于过错侵害国家的、集体的财产,侵害他人财产、人身的,应当承担民事责任;没有过错,但法律规定应当承担民事责任的,应当承担民事责任。所谓法律另有规定,是指从事对周围环境有高度危险的作业造成他人损害的,应当依法承担民事责任。只有在这种情况下,不考虑行为人(即作业人)是否过错,但强调行为人的行为与损害后果之间的因果关系。但是,1991年9月22日国务院发布的《道路交通事故处理办法》① 第三十一条却规定:"交通事故责任者对交通事故造成的损失,应当承担赔偿责任。承担赔偿责任的机动车驾驶员暂时无力赔偿的,由驾驶员所在单位或者机动车的所有人负责垫付。但是,机动车驾驶员在执行职务中发生交通事故,负有交通事故责任的,由驾驶员所在单位或者机动车的所有人承担赔偿责任;驾驶员的所在单位或者机动车的所有人在赔偿损失后,可以向驾驶员追偿部分或者全部费用。"按照这一规定,只要因机动车造成他人损害,机动车的所有人即车主,实际上都可能承担赔偿责任。虽然车主"垫付"后,有权向驾驶员(真正的侵权人)追偿,但

---

① 已被《道路交通安全法实施条例》(2017年修订)废止。

实际生活中，相当多的情况是，车主只要"垫付"后，由于驾驶员没有履行能力等原因，根本无追偿的可能。这种机械的规定虽然似乎有利于保护受害人，但对车主极不公平，也不符合《民法通则》的规定。

分期付款买卖中，出卖方虽然保留车辆的所有权，但对购买方使用所购买的车辆进行营运发生的交通事故没有过错，其保留所有权的行为与该交通事故之间也没有任何因果关系。即使车辆为高速运输工具，发生交通事故时，承担责任的前提之一必须是责任人的行为与事故之间有因果关系。购买人以自己的名义与他人订立运输合同，购买人为履行该合同义务，使用购买的车辆时，发生了交通事故，完全是购买人的事情，与出卖人保留车辆所有权这一行为无关。

考察交通事故责任主体的依据不应是车辆所有权的归属，而应是能够支配车辆运行并从车辆运行中获取利益的人。尽管现行车辆管理体制要求车辆的行驶证和营运证只能以车辆所有人名义办理，但如果车辆的行驶和营运是在购买人的控制之下，出卖人既不能支配车辆的行驶和营运，也不能从车辆营运中获得任何利益，仅依据出卖方是名义上的所有权人就令其承担民事责任，有失公允。

（二）分期付款买卖中的出卖方保留所有权的实质是作为债的担保方式

分期付款买卖是将价金分期支付的买卖。分期付款买卖使购买人未支付全部价金即取得买卖标的物，出卖人未得到全部价金即需移转买卖标的，出卖人存在不能取得全部价金的风险。为避免这一风险，出卖人通常在买卖合同中设立所有权保留条款，约定买卖标的物虽交付买受人，但出卖人保留所有权，购买人全部支付价金后，买卖标的物的所有权移转买受人。所有权保留是一种担保方式，如果买受人不支付价金，出卖人有权取回买卖标的物。除分期付款买卖外，融资租赁合同中的出卖人也将保留所有权作为合同履行的担保方式。出卖人保留所有权不是目的，其目的是收取价金。虽然《民法通则》规定，财产所有权是指所有人依法对自己的财产享有占有、使用、收益和处分的权利，但分期付款买卖中出卖人所保留的所有权是名义上所有权，占有、使用和收益人都是购买人。出卖人行使保留的所有权也是有限制的，不能随意行使，只能在购买方到期未付清价金时才能要回标的物。

（三）公安机关有关机动车登记的意义

按照《道路交通管理条例》第三章的规定，公安机关办理的机动车登记，是准予或者不准予机动车上道路行驶的登记，不是机动车所有权登记。现行的车辆登记只是一种行政管理手段。虽然《机动车管理办法》规定机动车登记包括所有人，但是，按该办法第十五条的规定，公安机关的登记的前提必须明确车辆的所有人，该条规定："应由所有人或车辆所属单位及时向当地车辆管理机关办理登记。"到制定本批复时为止，没有法律或者行政法规规定，公安机关的车辆登记是车辆所有权的登记。

（四）本批复与最高人民法院其他道路交通事故中机动车所有人承担责任解释相一致

1999年7月3日，最高人民法院给河南省高级人民法院《关于被盗机动车辆肇事后由谁承担损害赔偿责任问题的批复》（法释〔1999〕13号）中指出："使用盗窃的机动车辆肇事，造成被害人物质损失的，肇事人应当依法承担损害赔偿责任，被盗机动车辆的所有人不承担损害赔偿责任。"最高人民法院在个案答复中，认为车辆登记人与实际出资人不一致时，应以实际出资作为确定车辆所有权的依据，不以公安机关的车辆登记作为所有权转移的标志。

三、适用

本批复对机动车的所有人不承担民事责任作出了非常严格的限制条件。不过，根据该批复的原则，该批复除了适用于四川省高级人民法院请示的特定情形外，还可适用于以下情形：分期付款买卖中，出卖方在购买方付清全部车款前保留车辆所有权，购买人使用该车致他人人身、财产损害的，出卖人均不承担民事责任。当然，如果购买人为出卖人利益而使用该车并致人损害，则另当别论。

（撰稿人：汪治平）

指导案例 19 号

赵春明等诉烟台市福山区汽车运输公司卫德平等机动车交通事故责任纠纷案

(最高人民法院审判委员会讨论通过　2013 年 11 月 8 日发布)

关键词

民事　机动车交通事故　责任　套牌　连带责任

裁判要点

机动车所有人或者管理人将机动车号牌出借他人套牌使用，或者明知他人套牌使用其机动车号牌不予制止，套牌机动车发生交通事故造成他人损害的，机动车所有人或者管理人应当与套牌机动车所有人或者管理人承担连带责任。

相关法条

《中华人民共和国侵权责任法》第八条①

《中华人民共和国道路交通安全法》第十六条②

基本案情

2008 年 11 月 25 日 5 时 30 分许，被告林则东驾驶套牌的鲁 F41703 货车在同三高速公路某段行驶时，与同向行驶的被告周亚平驾驶的客车相撞，两车冲下路基，客车翻滚致车内乘客冯永菊当场死亡。经交警部门认定，货车司机林则东负主要责任，客车司机周亚平负次要责任，冯永菊不负事故责任。原告赵春明、赵某某、冯某某、侯某某分别系死者冯永菊的丈夫、儿子、父亲和母亲。

鲁 F41703 号牌在车辆管理部门登记的货车并非肇事货车，该号牌登记货车的所有人系被告烟台市福山区汽车运输公司（以下简称福山公司），实际所有人系被告卫德平，该货车在被告永安财产保险股份有限公司烟台中心支公司（以下简称永安保险公司）投保机动车第三者责任强制保险。

套牌使用鲁 F41703 号牌的货车（肇事货车）实际所有人为被告卫广辉，林则东系卫广辉雇佣的司机。据车辆管理部门登记信息反映，鲁 F41703 号牌登记货车自 2004 年 4 月 26 日至 2008 年 7 月 2 日，先后 15 次被以损坏或灭失为由申请补领号牌和行驶证。2007 年 8 月 23 日卫广辉申请补领行驶证的申请表上有福山公司的签章。事发后，福山公司曾派人到交警部门处理相关事宜。

---

① 对应《民法典》第一千一百六十八条。
② 《道路交通安全法》已于 2021 年 4 月 29 日第三次修正。

审理中，卫广辉表示，卫德平对套牌事宜知情并收取套牌费，事发后卫广辉还向卫德平借用鲁F41703号牌登记货车的保单去处理事故，保单仍在卫广辉处。

发生事故的客车的登记所有人系被告朱荣明，但该车辆几经转手，现实际所有人系周亚平，朱荣明对该客车既不支配也未从该车运营中获益。被告上海腾飞建设工程有限公司（以下简称腾飞公司）系周亚平的雇主，但事发时周亚平并非履行职务。该客车在中国人民财产保险股份有限公司上海市分公司（以下简称人保公司）投保了机动车第三者责任强制保险。

裁判结果

上海市宝山区人民法院于2010年5月18日作出（2009）宝民一（民）初字第1128号民事判决：一、被告卫广辉、林则东赔偿四原告丧葬费、精神损害抚慰金、死亡赔偿金、交通费、误工费、住宿费、被扶养人生活费和律师费共计396863元；二、被告周亚平赔偿四原告丧葬费、精神损害抚慰金、死亡赔偿金、交通费、误工费、住宿费、被扶养人生活费和律师费共计170084元；三、被告福山公司、卫德平对上述判决主文第一项的赔偿义务承担连带责任；被告卫广辉、林则东、周亚平对上述判决主文第一、二项的赔偿义务互负连带责任；四、驳回四原告的其余诉讼请求。宣判后，卫德平提起上诉。上海市第二中级人民法院于2010年8月5日作出（2010）沪二中民一（民）终字第1353号民事判决：驳回上诉，维持原判。

裁判理由

法院生效裁判认为：根据本案交通事故责任认定，肇事货车司机林则东负事故主要责任，而卫广辉是肇事货车的实际所有人，也是林则东的雇主，故卫广辉和林则东应就本案事故损失连带承担主要赔偿责任。永安保险公司承保的鲁F41703货车并非实际肇事货车，其也不知道鲁F41703机动车号牌被肇事货车套牌，故永安保险公司对本案事故不承担赔偿责任。根据交通事故责任认定，本案客车司机周亚平对事故负次要责任，周亚平也是该客车的实际所有人，故周亚平应对本案事故损失承担次要赔偿责任。朱荣明虽系该客车的登记所有人，但该客车已几经转手，朱荣明既不支配该车，也未从该车运营中获益，故其对本案事故不承担责任。周亚平虽受雇于腾飞公司，但本案事发时周亚平并非在为腾飞公司履行职务，故腾飞公司对本案亦不承担责任。至于承保该客车的人保公司，因死者冯永菊系车内人员，依法不适用机动车交通事故责任强制保险，故人保公司对本案不承担责任。另，卫广辉和林则东一方、周亚平一方虽各自应承担的责任比例有所不同，但车祸的发生系两方的共同侵权行为所致，故卫广辉、林则东对于周亚平的应负责任份额、周亚平对于卫广辉、林则东的应负责任份额，均应互负连带责任。

鲁F417××货车的登记所有人福山公司和实际所有人卫德平，明知卫广辉等人套用自己的机动车号牌而不予阻止，且提供方便，纵容套牌货车在公路上行驶，福山公司与卫德平的行为已属于出借机动车号牌给他人使用的情形，该行为违反了《道路交通安全法》等有关机动车管理的法律规定。将机动车号牌出借他人套牌使用，将会纵容不符合安全技术标准的机动车通过套牌在道路上行驶，增加道路交通的危险性，危及公共安全。套牌机动车发生交通事故造成损害，号牌出借人同样存在过错，对于肇事的套牌车一方应负的赔偿责任，号牌出借人应当承担连带责任。故福山公司和卫德平应对卫广辉与林则东一方的赔偿责任份额承担连带责任。

指导案例 24 号

荣宝英诉王阳、永诚财产保险股份有限公司江阴支公司机动车交通事故责任纠纷案

（最高人民法院审判委员会讨论通过　2014 年 1 月 26 日发布）

关键词

民事　交通事故　过错责任

裁判要点

交通事故的受害人没有过错，其体质状况对损害后果的影响不属于可以减轻侵权人责任的法定情形。

相关法条

《中华人民共和国侵权责任法》第二十六条

《中华人民共和国道路交通安全法》① 第七十六条第一款第（二）项

基本案情

原告荣宝英诉称：被告王阳驾驶轿车与其发生刮擦，致其受伤。该事故经江苏省无锡市公安局交通巡逻警察支队滨湖大队（简称滨湖交警大队）认定：王阳负事故的全部责任，荣宝英无责。原告要求下述两被告赔偿医疗费用 30006 元、住院伙食补助费 414 元、营养费 1620 元、残疾赔偿金 27658.05 元、护理费 6000 元、交通费 800 元、精神损害抚慰金 10500 元，并承担本案诉讼费用及鉴定费用。

被告永诚财产保险股份有限公司江阴支公司（简称永诚保险公司）辩称：对于事故经过及责任认定没有异议，其愿意在交强险限额范围内予以赔偿；对于医疗费用 30006 元、住院伙食补助费 414 元没有异议；因鉴定意见结论中载明"损伤参与度评定为 75%，其个人体质的因素占 25%"，故确定残疾赔偿金应当乘以损伤参与度系数 0.75，认可 20743.54 元；对于营养费认可 1350 元，护理费认可 3300 元，交通费认可 400 元，鉴定费用不予承担。

被告王阳辩称：对于事故经过及责任认定没有异议，原告的损失应当由永诚保险公司在交强险限额范围内优先予以赔偿；鉴定费用请求法院依法判决，其余各项费用同意保险公司意见；其已向原告赔偿 20000 元。

法院经审理查明：2012 年 2 月 10 日 14 时 45 分许，王阳驾驶号牌为苏 MT1888 的轿车，沿江苏省无锡市滨湖区蠡湖大道由北往南行驶至蠡湖大道大

---

① 《道路交通安全法》已于 2021 年 4 月 29 日第三次修正。

通路口人行横道线时,碰擦行人荣宝英致其受伤。2月11日,滨湖交警大队作出《道路交通事故认定书》,认定王阳负事故的全部责任,荣宝英无责。事故发生当天,荣宝英即被送往医院治疗,发生医疗费用 30006 元,王阳垫付 20000 元。荣宝英治疗恢复期间,以每月 2200 元聘请一名家政服务人员。号牌苏 MT1888 轿车在永诚保险公司投保了机动车交通事故责任强制保险,保险期间为 2011 年 8 月 17 日 0 时起至 2012 年 8 月 16 日 24 时止。原、被告一致确认荣宝英的医疗费用为 30006 元、住院伙食补助费为 414 元、精神损害抚慰金为 10500 元。

荣宝英申请并经无锡市中西医结合医院司法鉴定所鉴定,结论为:1.荣宝英左桡骨远端骨折的伤残等级评定为十级;左下肢损伤的伤残等级评定为九级。损伤参与度评定为 75%,其个人体质的因素占 25%。2.荣宝英的误工期评定为 150 日,护理期评定为 60 日,营养期评定为 90 日。一审法院据此确认残疾赔偿金 27658.05 元扣减 25%为 20743.54 元。

裁判结果

江苏省无锡市滨湖区人民法院于 2013 年 2 月 8 日作出(2012)锡滨民初字第 1138 号判决:一、被告永诚保险公司于本判决生效后十日内赔偿荣宝英医疗费用、住院伙食补助费、营养费、残疾赔偿金、护理费、交通费、精神损害抚慰金共计 45343.54 元。二、被告王阳于本判决生效后十日内赔偿荣宝英医疗费用、住院伙食补助费、营养费、鉴定费共计 4040 元。三、驳回原告荣宝英的其他诉讼请求。宣判后,荣宝英向江苏省无锡市中级人民法院提出上诉。无锡市中级人民法院经审理于 2013 年 6 月 21 日以原审适用法律错误为由作出(2013)锡民终字第 497 号民事判决:一、撤销无锡市滨湖区人民法院(2012)锡滨民初字第 1138 号民事判决。二、被告永诚保险公司于本判决生效后十日内赔偿荣宝英 52258.05 元。三、被告王阳于本判决生效后十日内赔偿荣宝英 4040 元。四、驳回原告荣宝英的其他诉讼请求。

裁判理由

法院生效裁判认为:《侵权责任法》第二十六条规定:"被侵权人对损害的发生也有过错的,可以减轻侵权人的责任。"《中华人民共和国道路交通安全法》第七十六条第一款第(二)项规定,机动车与非机动车驾驶人、行人之间发生交通事故,非机动车驾驶人、行人没有过错的,由机动车一方承担赔偿责任;有证据证明非机动车驾驶人、行人有过错的,根据过错程度适当减轻机动车一方的赔偿责任。因此,交通事故中在计算残疾赔偿金是否应当扣减时应当根据受害人对损失的发生或扩大是否存在过错进行分析。本案中,虽然原告荣宝英的个人体质状况对损害后果的发生具有一定的影响,但这不是侵权责任法等法律规定的过错,荣宝英不应因个人体质状况对交通事故导致的伤残存在一定影响而自负相应责任,原审判决以伤残等级鉴定结论中将荣宝英个人体质状况"损伤参与度评定为75%"为由,在计算残疾赔偿金时作相应扣减属适用法律错误,应予纠正。

从交通事故受害人发生损伤及造成损害后果的因果关系看,本起交通事故的引发系肇事者王阳驾驶机动车穿越人行横道线时,未尽到安全注意义务碰擦行人荣宝英所致;本起交通事故造成的损害后果系受害人荣宝英被机动车碰撞、跌倒发生骨折所致,事故责任认定荣宝英对本起事故不负责任,其对事故的发生及损害后果的造成均无过错。虽然荣宝英年事已高,但其年老骨质疏松仅是事故造成后果的客观因素,并无法律上的因果关系。因此,受害人荣宝英对于损害的发生或者扩大没有过错,不存在减轻或者免除加害人赔偿责任的法定情形。同时,机动车应当遵守文明行车、礼让行人的一般交通规则和社会公德。本案所涉事故发生在人行横道线上,正常行走的荣宝英对将被机动车碰撞这一事件无法预见,而王阳驾驶机动车在路经人行横道线时未依法减速慢行、避让行人,导致事故发生。因此,依法应当由机动车一方承担事故引发的全部赔偿责任。

根据我国《道路交通安全法》的相关规定,机动车发生交通事故造成人身伤亡、财产损失的,由保险公司在机动车第三者责任强制保险责任限额范围内予以赔偿。而我国交强险立法并未规定在确定交强险责任时应依据受害人体质状况对损害后果的影响作相应扣减,保险公司的免责事由也仅限于受害人故意造成交通事故的情形,即便是投保机动车无责,保险公司也应在交强险无责限额内予以赔偿。因此,对于受害人符合法律规定的赔偿项目和标准的损失,均属交强险的赔偿范围,参照"损伤参与度"确定损害赔偿责任和交强险责任均没有法律依据。

最高人民法院
关于审理医疗损害责任纠纷案件
适用法律若干问题的解释

（2017年3月27日最高人民法院审判委员会第1713次会议通过　根据2020年12月23日最高人民法院审判委员会第1823次会议通过的《最高人民法院关于修改〈最高人民法院关于在民事审判工作中适用《中华人民共和国工会法》若干问题的解释〉等二十七件民事类司法解释的决定》修正）

为正确审理医疗损害责任纠纷案件，依法维护当事人的合法权益，推动构建和谐医患关系，促进卫生健康事业发展，根据《中华人民共和国民法典》《中华人民共和国民事诉讼法》等法律规定，结合审判实践，制定本解释。

第一条　患者以在诊疗活动中受到人身或者财产损害为由请求医疗机构、医疗产品的生产者、销售者、药品上市许可持有人或者血液提供机构承担侵权责任的案件，适用本解释。

患者以在美容医疗机构或者开设医疗美容科室的医疗机构实施的医疗美容活动中受到人身或者财产损害为由提起的侵权纠纷案件，适用本解释。

当事人提起的医疗服务合同纠纷案件，不适用本解释。

第二条　患者因同一伤病在多个医疗机构接受诊疗受到损害，起诉部分或者全部就诊的医疗机构的，应予受理。

患者起诉部分就诊的医疗机构后，当事人依法申请追加其他就诊的医疗机构为共同被告或者第三人的，应予准许。必要时，人民法院可以依法追加相关当事人参加诉讼。

第三条　患者因缺陷医疗产品受到损害，起诉部分或者全部医疗产品的生产者、销售者、药品上市许可持有人和医疗机构的，应予受理。

患者仅起诉医疗产品的生产者、销售者、药品上市许可持有人、医疗机构中部分主体，当事人依法申请追加其他主体为共同被告或者第三人的，应予准许。必要时，人民法院可以依法追加相关当事人参加诉讼。

患者因输入不合格的血液受到损害提起侵权诉讼的，参照适用前两款规定。

第四条　患者依据民法典第一千二百一十八条规定主张医疗机构承担赔偿

责任的，应当提交到该医疗机构就诊、受到损害的证据。

患者无法提交医疗机构或者其医务人员有过错、诊疗行为与损害之间具有因果关系的证据，依法提出医疗损害鉴定申请的，人民法院应予准许。

医疗机构主张不承担责任的，应当就民法典第一千二百二十四条第一款规定情形等抗辩事由承担举证证明责任。

第五条 患者依据民法典第一千二百一十九条规定主张医疗机构承担赔偿责任的，应当按照前条第一款规定提交证据。

实施手术、特殊检查、特殊治疗的，医疗机构应当承担说明义务并取得患者或者患者近亲属明确同意，但属于民法典第一千二百二十条规定情形的除外。医疗机构提交患者或者患者近亲属明确同意证据的，人民法院可以认定医疗机构尽到说明义务，但患者有相反证据足以反驳的除外。

第六条 民法典第一千二百二十二条规定的病历资料包括医疗机构保管的门诊病历、住院志、体温单、医嘱单、检验报告、医学影像检查资料、特殊检查（治疗）同意书、手术同意书、手术及麻醉记录、病理资料、护理记录、出院记录以及国务院卫生行政主管部门规定的其他病历资料。

患者依法向人民法院申请医疗机构提交由其保管的与纠纷有关的病历资料等，医疗机构未在人民法院指定期限内提交的，人民法院可以依照民法典第一千二百二十二条第二项规定推定医疗机构有过错，但是因不可抗力等客观原因无法提交的除外。

第七条 患者依据民法典第一千二百二十三条规定请求赔偿的，应当提交使用医疗产品或者输入血液、受到损害的证据。

患者无法提交使用医疗产品或者输入血液与损害之间具有因果关系的证据，依法申请鉴定的，人民法院应予准许。

医疗机构，医疗产品的生产者、销售者、药品上市许可持有人或者血液提供机构主张不承担责任的，应当对医疗产品不存在缺陷或者血液合格等抗辩事由承担举证证明责任。

第八条 当事人依法申请对医疗损害责任纠纷中的专门性问题进行鉴定的，人民法院应予准许。

当事人未申请鉴定，人民法院对前款规定的专门性问题认为需要鉴定的，应当依职权委托鉴定。

第九条 当事人申请医疗损害鉴定的，由双方当事人协商确定鉴定人。

当事人就鉴定人无法达成一致意见，人民法院提出确定鉴定人的方法，当事人同意的，按照该方法确定；当事人不同意的，由人民法院指定。

鉴定人应当从具备相应鉴定能力、符合鉴定要求的专家中确定。

第十条 委托医疗损害鉴定的，当事人应当按照要求提交真实、完整、充分的鉴定材料。提交的鉴定材料不符合要求的，人民法院应当通知当事人更换或者补充相应材料。

在委托鉴定前，人民法院应当组织当事人对鉴定材料进行质证。

第十一条 委托鉴定书，应当有明确的鉴定事项和鉴定要求。鉴定人应当按照委托鉴定的事项和要求进行鉴定。

下列专门性问题可以作为申请医疗损害鉴定的事项：

（一）实施诊疗行为有无过错；

（二）诊疗行为与损害后果之间是否存在因果关系以及原因力大小；

（三）医疗机构是否尽到了说明义务、取得患者或者患者近亲属明确同意的义务；

（四）医疗产品是否有缺陷、该缺陷与损害后果之间是否存在因果关系以及原因力的大小；

（五）患者损伤残疾程度；

（六）患者的护理期、休息期、营养期；

（七）其他专门性问题。

鉴定要求包括鉴定人的资质、鉴定人的组成、鉴定程序、鉴定意见、鉴定期限等。

第十二条 鉴定意见可以按照导致患者损害的全部原因、主要原因、同等原因、次要原因、轻微原因或者与患者损害无因果关系，表述诊疗行为或者医疗产品等造成患者损害的原因力大小。

第十三条 鉴定意见应当经当事人质证。

当事人申请鉴定人出庭作证，经人民法院审查同意，或者人民法院认为鉴定人有必要出庭的，应当通知鉴定人出庭作证。双方当事人同意鉴定人通过书面说明、视听传输技术或者视听资料等方式作证的，可以准许。

鉴定人因健康原因、自然灾害等不可抗力或者其他正当理由不能按期出庭的，可以延期开庭；经人民法院许可，也可以通过书面说明、视听传输技术或者视听资料等方式作证。

无前款规定理由，鉴定人拒绝出庭作证，当事人对鉴定意见又不认可的，对该鉴定意见不予采信。

第十四条 当事人申请通知一至二名具有医学专门知识的人出庭，对鉴定意见或者案件的其他专门性事实问题提出意见，人民法院准许的，应当通知具有医学专门知识的人出庭。

前款规定的具有医学专门知识的人提出的意见，视为当事人的陈述，经质证可以作为认定案件事实的根据。

第十五条 当事人自行委托鉴定人作出的医疗损害鉴定意见，其他当事人认可的，可予采信。

当事人共同委托鉴定人作出的医疗损害鉴定意见，一方当事人不认可的，应当提出明确的异议内容和理由。经审查，有证据足以证明异议成立的，对鉴定意见不予采信；异议不成立的，应予采信。

第十六条 对医疗机构或者其医务人员的过错，应当依据法律、行政法规、规章以及其他有关诊疗规范进行认定，可以综合考虑患者病情的紧急程度、患者个体差异、当地的医疗水平、医疗机构与医务人员资质等因素。

第十七条 医务人员违反民法典第一千二百一十九条第一款规定义务，但未造成患者人身损害，患者请求医疗机构承担损害赔偿责任的，不予支持。

第十八条 因抢救生命垂危的患者等紧急情况且不能取得患者意见时，下列情形可以认定为民法典第一千二百二十条规定的不能取得患者近亲属意见：

（一）近亲属不明的；

（二）不能及时联系到近亲属的；

（三）近亲属拒绝发表意见的；

（四）近亲属达不成一致意见的；

（五）法律、法规规定的其他情形。

前款情形，医务人员经医疗机构负责人或者授权的负责人批准立即实施相应医疗措施，患者因此请求医疗机构承担赔偿责任的，不予支持；医疗机构及其医务人员怠于实施相应医疗措施造成损害，患者请求医疗机构承担赔偿责任的，应予支持。

第十九条 两个以上医疗机构的诊疗行为造成患者同一损害，患者请求医疗机构承担赔偿责任的，应当区分不同情况，依照民法典第一千一百六十八条、第一千一百七十一条或者第一千一百七十二条的规定，确定各医疗机构承担的赔偿责任。

第二十条 医疗机构邀请本单位以外的医务人员对患者进行诊疗，因受邀医务人员的过错造成患者损害的，由邀请医疗机构承担赔偿责任。

第二十一条 因医疗产品的缺陷或者输入不合格血液受到损害，患者请求医疗机构、缺陷医疗产品的生产者、销售者、药品上市许可持有人或者血液提供机构承担赔偿责任的，应予支持。

医疗机构承担赔偿责任后，向缺陷医疗产品的生产者、销售者、药品上市许可持有人或者血液提供机构追偿的，应予支持。

因医疗机构的过错使医疗产品存在缺陷或者血液不合格，医疗产品的生产者、销售者、药品上市许可持有人或者血液提供机构承担赔偿责任后，向医疗机构追偿的，应予支持。

第二十二条 缺陷医疗产品与医疗机构的过错诊疗行为共同造成患者同一损害，患者请求医疗机构与医疗产品的生产者、销售者、药品上市许可持有人承担连带责任的，应予支持。

医疗机构或者医疗产品的生产者、销售者、药品上市许可持有人承担赔偿责任后，向其他责任主体追偿的，应当根据诊疗行为与缺陷医疗产品造成患者损害的原因力大小确定相应的数额。

输入不合格血液与医疗机构的过错诊疗行为共同造成患者同一损害的，参照适用前两款规定。

第二十三条 医疗产品的生产者、销售者、药品上市许可持有人明知医疗产品存在缺陷仍然生产、销售，造成患者死亡或者健康严重损害，被侵权人请求生产者、销售者、药品上市许可持有人赔偿损失及二倍以下惩罚性赔偿的，人民法院应予支持。

第二十四条 被侵权人同时起诉两个以上医疗机构承担赔偿责任，人民法院经审理，受诉法院所在地的医疗机构依法不承担赔偿责任，其他医疗机构承担赔偿责任的，残疾赔偿金、死亡赔偿金的计算，按下列情形分别处理：

（一）一个医疗机构承担责任的，按照该医疗机构所在地的赔偿标准执行；

（二）两个以上医疗机构均承担责任的，可以按照其中赔偿标准较高的医疗机构所在地标准执行。

第二十五条 患者死亡后，其近亲属请求医疗损害赔偿的，适用本解释；支付患者医疗费、丧葬费等合理费用的人请求赔偿该费用的，适用本解释。

本解释所称的"医疗产品"包括药品、消毒产品、医疗器械等。

第二十六条 本院以前发布的司法解释与本解释不一致的，以本解释为准。

本解释施行后尚未终审的案件，适用本解释；本解释施行前已经终审，当事人申请再审或者按照审判监督程序决定再审的案件，不适用本解释。

【注 解】

最高人民法院 2017 年 12 月 13 日公布本解释，法释〔2017〕20 号，自 2017 年 12 月 14 日起施行。

最高人民法院 2020 年 12 月 29 日公布《最高人民法院关于修改〈最高人民法院关于在民事审判工作中适用《中华人民共和国工会法》若干问题的解释〉等二十七件民事类司法解释的决定》修正本解释，法释〔2020〕17 号，该修正自 2021 年 1 月 1 日起施行。

【解　　读】

解读《最高人民法院关于审理医疗损害责任纠纷案件适用法律若干问题的解释》

2017年12月13日，最高人民法院发布了《关于审理医疗损害责任纠纷案件适用法律若干问题的解释》（以下简称《医疗解释》），对医疗损害责任纠纷的法律适用问题作出了规定。《医疗解释》的施行，是最高人民法院贯彻落实党中央部署和习近平总书记重要指示精神，推动实施新时代健康中国战略，推动构建和谐医患关系，促进平安医院建设，维护广大人民群众健康权益的有力举措。为便于审判实践中正确理解和把握《医疗解释》的有关内容，现就《医疗解释》的起草背景及主要内容作简要解读。

一、《医疗解释》的起草背景和主要过程

医疗卫生事业与广大人民群众的生活息息相关，医患关系是构建社会主义和谐社会的重要内容。党中央高度重视深化医药卫生体制改革，十八届五中全会明确提出了推进健康中国建设的总体要求。习近平总书记在全国卫生与健康大会上的重要讲话进一步系统阐述了建设健康中国的重大意义，在党的十九大报告中更是明确要求实施健康中国战略，强调"人民健康是民族昌盛和国家富强的重要标志。要完善国民健康政策，为人民群众提供全方位全周期健康服务。"最高人民法院认真贯彻落实中央精神，要求各级人民法院充分发挥司法职能，促进卫生与健康事业改革发展，切实保障人民健康，推动构建和谐医患关系，为加快推进健康中国建设提供有力司法服务和保障。周强院长多次指示要进一步健全医疗纠纷调解和司法解决机制，促进卫生与健康事业的法治化治理与发展，为增进人民健康提供法治保障。

近年来，全国法院受理医疗损害责任纠纷案件数量总体上较为稳定。2014年受理19944件，2015年受理23221件，2016年受理21480件，在整个民商事案件中占比不大。但是各地普遍反映医疗损害责任纠纷审理难度大、审理周期长、案件调撤率低，其中有关举证证明责任、鉴定程序规范、责任构成、责任承担等法律适用中的争点、难点问题多，亟需统一裁判尺度。

《医疗解释》于2011年批准立项后，起草工作历时6年，前后修改20余稿。主要工作包括：一是深入全面进行调查研究。我们坚持以问题为导向，充分进行调研，收集整理并认真研究了各地法院制定的审理医疗损害责任纠纷案

件近30万字的指导意见材料，先后3次到浙江、2次到北京、1次到江苏、1次到福建等地就医疗损害鉴定、举证责任分配、责任承担等重点问题实地调研；2次召开卫生系统座谈会，充分听取卫计委有关部门、医学会、医学专家和医院代表意见；到中国人民大学召开专家学者论证会，认真听取法学、医学专家意见；召开全国部分法院调研座谈会，系统听取审理医疗损害案件一线法官意见。二是广泛听取各方面意见建议。司法解释稿经过起草小组多次讨论修改后，书面征求卫计委、司法部、国务院法制办等单位、各高级法院以及院内相关部门意见，共收到反馈意见400余条。在对各方意见认真梳理、充分研究吸收并全面修改后，报送全国人大常委会法工委征求意见。在按照全国人大常委会法工委回复意见、民一庭审判长联席会议讨论意见作了进一步修改后，最终形成《医疗解释》。三是深入讨论修改。2017年2月，杜万华专委召集部分民事审判委员会委员和有关审判业务部门负责同志对《医疗解释》进行逐条研究，原则同意《医疗解释》内容，在对部分条文提出了具体修改意见的同时，梳理提炼出医疗损害责任的举证证明责任（第4条）、违反说明义务情形的举证证明责任（第5条）、医疗产品责任和输入不合格血液赔偿责任案件的举证证明责任（第7条）、鉴定申请（第8条）、紧急救治情形（第18条）、赔偿金的计算标准（第24条）等六个重点问题，决定提交审判委员会重点审议。我们根据这次会议讨论意见进一步对《医疗解释》做了修改，并对有关重点问题做了进一步研究后报请院审判委员会审议。

为广泛汇聚民意民智，把社会各界的意见建议充分反映到司法解释中，2017年3月27日，周强院长主持最高人民法院审判委员会召开会议审议《医疗解释》时，专门邀请了部分全国人大代表、全国政协委员和专家学者列席会议。《医疗解释》审议通过后，我们又围绕人大代表政协委员们所提建议，并按照审判委员会的审议意见，对《医疗解释》相关内容作了有针对性的完善。此后，分管院领导专门召集相关部门负责同志根据审委会决议内容对《医疗解释》重点条款进行了研究论证，认真打磨，并层报审签后于2017年12月14日施行。

二、《医疗解释》起草所遵循的基本原则

《医疗解释》的起草，主要遵循了以下原则：

一是严格依据法律规定，准确把握国家政策精神，运用法治思维和法治方式推动构建和谐医患关系。《医疗解释》的起草，认真贯彻党的十八届三中、四中、五中全会精神，反映习近平新时代中国特色社会主义思想，按照全面依法治国、实施健康中国战略的总体部署和"一手抓严厉打击涉医违法犯罪活动、一手抓医疗纠纷预防与处理长效机制建设"的工作要求，统一医疗损害责任纠纷案件的裁判尺度，推动健全医疗损害责任纠纷案件法律适用的长效

机制。

二是平衡保护患者合法权益与保障医药卫生事业健康发展的关系。《医疗解释》的起草，认真贯彻"把人民健康放在优先发展的战略地位"的总体要求，尊重医学自身的特点与规律，合理分配医疗风险，既要依法保护患者合法权益，又要促进卫生与健康事业的法治化发展，从而实现为增进人民健康福祉提供法治保障、满足人民日益增长的美好生活需要的司法目标。

三是坚持合法性解释原则。《医疗解释》的起草，按照崇尚法治、尊重法律、恪守规则的精神，紧紧围绕《侵权责任法》、《民事诉讼法》等法律，对于法律规定较为原则的规则予以细化，以更有效地指导审判实践。

四是坚持问题导向与总结审判经验相结合。《医疗解释》针对当前审判实践中亟需解决且有一定普遍性的问题，通过梳理并总结吸收各地审判实践经验，如北京、上海、安徽、广东、江苏等地关于诊疗过错认定、产品责任承担等的经验做法，对医疗损害责任纠纷的法律适用难点、争点问题做了细化规定。

三、《医疗解释》的主要内容

《医疗解释》共26条，分为适用范围、当事人主体资格的确定、举证责任、鉴定程序、责任承担、附则等六部分。现对主要内容说明如下：

（一）关于《医疗解释》的适用范围

《医疗解释》第1条是关于审理医疗损害责任纠纷案件范围的解释，"患者以在诊疗活动中受到人身或者财产损害为由请求医疗机构，医疗产品的生产者、销售者或者血液提供机构承担侵权责任的案件，适用本解释。患者以在美容医疗机构或者开设医疗美容科室的医疗机构实施的医疗美容活动中受到人身或者财产损害为由提起侵权诉讼的案件，适用本解释。当事人提起的医疗服务合同纠纷案件，不适用本解释。"对此需要注意以下三个问题：

其一，《医疗解释》关于适用范围的一般规则。针对理论界和实务界存在的医疗损害责任赔偿的双轨制问题，依据《侵权责任法》的规定，《医疗解释》明确了医疗损害责任纠纷统一适用《侵权责任法》以及本解释的规定。因此，有关行政法规、部门规章的规定与《侵权责任法》规定不一致的，应当适用《侵权责任法》及本解释的规定。在此需要注意的是，本条所界定的医疗损害责任纠纷构成要素包括：一是纠纷是由于患者在诊疗活动中受到损害而引起；二是纠纷的主体一方为患者，另一方为医疗机构，在医疗产品责任纠纷或者输入不合格血液纠纷中还包括医疗产品的生产者、销售者或者血液提供机构；三是纠纷的案由属于医疗损害责任纠纷的范畴。

其二，关于医疗美容损害责任纠纷的法律适用规则。审判实践中，因为美容问题引发的纠纷如何适用法律，尤其是对此类纠纷是否属于医疗损害责任纠纷的范畴争议较大。在充分调研论证的基础上，参考《医疗机构管理条例实施细则》第八十八条、《医疗美容服务管理办法》第二条的规定，《医疗解释》明确了医疗美容属于诊疗活动的范围，规定了因医疗美容行为引发的侵权纠纷属于医疗损害责任纠纷，应当适用医疗损害责任的规定。医疗美容损害责任纠纷，是患者以在美容医疗机构或者开设医疗美容科室的医疗机构实施的医疗美容活动中受到人身或者财产损害为由提起侵权诉讼的案件。这一方面明确了医疗美容责任纠纷的法律适用规则，将医疗美容纠纷纳入到医疗损害责任纠纷中，另一方面也是要与生活美容类损害责任纠纷相区别。依据《美容美发业管理暂行办法》第二条第二款的规定，美容，是指运用手法技术、器械设备并借助化妆、美容护肤等产品，为消费者提供人体表面无创伤性、非侵入性的皮肤清洁、皮肤保养、化妆修饰等服务的经营性行为。这里的"美容"即为生活美容的含义。医疗美容和生活美容是两类不同性质的美容。因生活美容引发的纠纷并非医疗美容责任纠纷，也不能界定为医疗损害责任纠纷，不能适用医疗损害责任的法律规则，而应当适用过错责任的一般侵权责任构成规则。

其三，关于违约责任与侵权责任竞合时的法律适用。《医疗解释》针对实务中医疗损害责任纠纷与医疗服务合同纠纷竞合问题，明确规定了当事人以医疗服务合同纠纷为由向人民法院提起诉讼的，不适用《侵权责任法》的规定，同样也就不适用本解释，应当依照合同法规定处理。

（二）关于医疗损害责任纠纷的举证证明责任

在患者与医疗机构之间如何分配举证证明责任，是医疗损害责任纠纷案件中争议较大、受到广泛关注的重要问题。《医疗解释》根据医疗损害责任纠纷案件的不同类型，分别在第4条、第5条和第7条对举证证明责任做了系统规定。主要包括以下三个方面：

其一，明确了诊疗过错责任纠纷类型下的举证证明责任一般规则。2002年施行的《最高人民法院关于民事诉讼证据的若干规定》（以下简称《民事诉讼证据规定》）关于医疗损害责任纠纷中因果关系和过错要件适用举证责任倒置的做法虽然缓和了患者举证责任，也在一定时期内起到其应有作用，但也被证明存在不利于医学发展进步，不利于从根本上维护患者看病就医的权利。有鉴于此，《侵权责任法》第五十四条①按照过错责任原则的基本思路明确规定患者在诊疗活动中受到损害，医疗机构及其医务人员有过错的，由医疗机构承担赔偿责任。比较法上，从各主要国家或地区医疗损害责任立法和司法实务来看，医疗损害责任均采过错责任归责原则，我国台湾地区曾短暂采无过错责任，但随即转为过错责任。应该说，过错责任是诊疗损害责任的常态，符合医疗损害责任之本质。因此，《医疗解释》第4条根据《侵权责任法》这一立法

---

① 对应《民法典》第一千二百一十八条。

上较此前实务做法的重大变化并结合域外做法及各地实践经验，经过慎重研究，最终明确了坚持司法解释遵守立法本意的基本思路，即按照过错责任原则的一般要求，根据《民事诉讼法》第六十四条及《最高人民法院关于适用〈中华人民共和国民事诉讼法〉的解释》（以下简称《民事诉讼法解释》）第 91 条的规定确定举证证明责任分配规则。《医疗解释》规定了患者依据《侵权责任法》第五十四条规定主张医疗机构承担赔偿责任的，应当提交到该医疗机构就诊、受到损害的证据。至于因果关系、诊疗过错的构成要件事实，则可以通过申请鉴定来解决。

其二，关于举证证明责任的缓和。《医疗解释》以构建和维护和谐医患关系为出发点，在大量实证调研和借鉴域外经验做法的基础上，为避免因举证证明责任分配不当而导致双方实体权利义务显著失衡而激化医患矛盾，充分考虑患者存在医学专业性不足等客观障碍，对患者进行了适当的举证责任缓和。首先，考虑到患者一方在过错责任下承担对诊疗过错的举证证明责任，有时会非常困难，各国（地区）审判实务中均采用了相应的举证证明责任缓和的做法，以平衡医患双方诉讼能力，加强对患者权益的保护。虽然与有关国家或地区（比如美国、我国台湾地区等）在医疗损害责任纠纷领域欠缺表现证明规则的规定不同，但在实践中对于出现的把手术刀、棉纱等遗落在患者身体中，或者诊断为左肾有病却将右肾切除等显而易见的过错，亦无须再由患者进一步提供证明医方有过错的证据，即视为患者一方已经完成了举证证明责任，此即表现证明规则，事实上已经被采用。我国《侵权责任法》第五十四条规定诊疗损害责任为过错责任的同时，第五十八条①规定在违反诊疗法规规范、隐匿或者拒绝提供病历资料、伪造篡改或者销毁病历资料三种情形下推定诊疗行为有过错。这从某种意义上讲，这也是对患者举证证明责任的缓和。其次，对于医疗损害过错及因果关系的举证，本质上还是一个专业判断问题，核心在于谁来申请鉴定的问题，《医疗解释》第 4 条即明确了对于患者无法提供证据证明医疗一方有过错和因果关系的，可以通过申请鉴定的方式予以证明，这无疑也是从诉讼程序上对患者一方采取的缓和其举证证明责任的方法。在此需要注意的是，这一患者申请鉴定的规定不宜理解为排他性规定，即将申请鉴定的权利或者义务都限定在患者一方。最后，免责、减责的情形作为抗辩事由，独立于请求权基础事实。因此，在患者主张诊疗损害侵权赔偿时，医疗机构关于免责、减责事由的主张系抗辩性事实主张，产生独立的举证责任。

其三，对于医疗产品责任纠纷，《医疗解释》第 7 条也遵循上述思路规定了患者依据《侵权责任法》第五十九条②规定请求赔偿的，应当提交使用医疗

---

① 对应《民法典》第一千二百二十二条。
② 对应《民法典》第一千二百二十三条。

产品或者输入血液、受到损害的证据。患者无法提交使用医疗产品或者输入血液与损害之间具有因果关系证据，依法申请鉴定的，人民法院应予准许。医疗机构、医疗产品的生产者、销售者或者血液提供机构主张不承担责任的，应当对医疗产品不存在缺陷或者血液合格等抗辩事由承担举证证明责任。

在此需要说明的是，《医疗解释》关于医疗损害责任纠纷举证证明责任的规定属于在医疗损害责任纠纷案件审理过程中的法律适用规则，并非立案受理问题，医疗损害责任纠纷案件的立案要按照立案登记制的要求，依法做到有案必立、有诉必理。

（三）关于医疗损害鉴定程序的完善

由于医学本身的专业性，诊疗行为有无过错及其与患者损害后果有无因果关系、原因力的大小等往往需要通过鉴定程序来解决。没有医疗损害鉴定，多数医疗损害责任纠纷案件的处理会非常困难，医疗损害鉴定对于医疗损害责任纠纷案件的处理的重要性不言而喻。但实践中较为普遍存在着鉴定二元化、鉴定意见公信力不足、鉴定人出庭难等突出问题，很大程度上影响了医疗案件的公正处理。正因如此，《医疗解释》依据《民事诉讼法》有关规定，用了七个条文对医疗鉴定问题作了细化规定。具体而言，主要有以下几个方面：

其一，关于鉴定程序的启动。基于医疗鉴定在医疗损害纠纷中的基础性作用，《医疗解释》依据《民事诉讼法》第七十六条[①]的规定，对鉴定程序的启动作了明确规定。一方面，《医疗解释》第8条明确了"当事人依法申请对医疗损害责任纠纷中的专门性问题进行鉴定的，人民法院应予准许"的一般规则，这是当事人主义诉讼模式的基本要求，在医疗损害责任纠纷处理中也应当予以遵循。申请医疗鉴定的主体属于案件的当事人，即患者一方有权申请鉴定，医疗机构一方也可以申请鉴定，同样，医疗产品的生产者、销售者以及血液提供机构也可以申请相应的医疗损害鉴定。另一方面，《医疗解释》第8条也明确规定了人民法院必要时依法启动职权委托鉴定程序的规则。实践中，对是否必须由负有举证证明责任的一方当事人申请鉴定以及相应法律后果等问题存有争议：一种意见认为，申请鉴定应当是承担举证责任一方的义务，如承担举证责任一方不申请鉴定，则应当承担不利的诉讼后果，法院不应当主动依职权委托鉴定。另一种意见认为，由于医疗纠纷的专业性问题，鉴定意见往往对于医疗纠纷的解决起到至关重要的作用，如果完全按照举证责任分配的规则，由于承担举证责任的一方往往都是患者，其不申请鉴定无法查明案件事实，直接判决败诉，可能会使患者的损害得不到应有的救济，甚至加剧医患矛盾，难以实现案结事了的目的。而且患者没有启动鉴定程序的原因可能很多，比如经济困难，判决其败诉可能会出现司法不公问题。因此，人民法院应当在必要时

[①] 对应《民事诉讼法》（2023年修正）第七十九条。

可以依职权委托鉴定。《医疗解释》起草过程中，有意见指出应当与《民事诉讼法解释》第121条规定相一致。我们曾按照《民事诉讼法解释》的这一规定思路，明确提出了"符合依职权调查收集证据条件的，人民法院应当依职权委托鉴定"的规则，但立法机关认为这一规则与《民事诉讼法》第七十六条第二款不一致，建议进一步研究。我们经过慎重研究，按照《民事诉讼法》第七十六条规定作了相应修改，而且这也符合上述从实体上彻底解决医患纠纷的思路。

其二，关于规范鉴定人资质的要求。鉴定人是否具备鉴定能力，是鉴定意见是否科学准确的基础。实践中对如何确定鉴定人的做法不一，其中争议较大的是鉴定人的资质要求以及当事人是选择鉴定机构还是鉴定专家的问题。其中第一个问题涉及医疗损害鉴定双轨制的问题。最高法院2010年发布的《关于适用〈中华人民共和国侵权责任法〉若干问题的通知》明确"人民法院适用《侵权责任法》审理民事纠纷案件，根据当事人的申请或者依职权决定进行医疗损害鉴定的，按照《全国人民代表大会常务委员会关于司法鉴定管理问题的决定》《人民法院对外委托司法鉴定管理规定》及国家有关部门的规定组织鉴定。"这实际上是将医学会进行医疗损害鉴定包括在内。经过实践证明这符合实际情况，也没有引起太大争议，各地也根据自身实际情况细化了选择鉴定人的规则。调研中，不少意见指出有些司法鉴定机构鉴定意见的科学性和真实性有时不能让人满意，医学会的专家库包括了大量临床医学专家，一定意义上讲能够保证鉴定意见的科学性和真实性，但在如何让鉴定意见更能贴近民事诉讼证据要求方面亦有不足。许多地方倾向于以医学会为主进行医疗损害鉴定，如果由司法鉴定机构鉴定的，涉及临床医学时，必须保证有相当水平的临床专家参加鉴定。我们经过深入研究后认为，司法鉴定的根本在于借助专家的专门知识、技能和经验，辅助法官对专门性事实问题作出判断，以妥当地处理案件，保证案件裁判的公正。因此，专家鉴定的能力才是重点，只要符合法律规定的鉴定意见，都可以采纳。故《医疗解释》明确要求鉴定人应当从具备相应鉴定能力、符合鉴定要求的专家中确定。

《医疗解释》依据《民事诉讼法》的有关规定，明确了鉴定人的确定，应当从具备相应的鉴定能力、符合鉴定要求的专家中选择的基本要求。当然这并不影响法院通过先选择鉴定机构，再确定鉴定专家的实践做法。人民法院应当根据案件具体情况对鉴定专家作必要审查，确保鉴定专家具备相应鉴定能力。

其三，针对实践中鉴定人资质不符合要求、鉴定期限过长、鉴定意见书写不规范，甚至有的鉴定意见无法作为案件证据使用的问题，《医疗解释》规定委托鉴定的，应当有明确的鉴定内容和要求，对其中需要鉴定的专门性问题和鉴定要求的事项作了具体列举。可以申请鉴定的专门性问题包括：（1）诊疗行为有无过错；（2）诊疗过错行为与损害后果之间是否存在因果关系以及原因力大小；（3）医疗机构是否尽到了说明义务、取得患者或者患者近亲属书面同意的义务；（4）医疗产品是否有缺陷、该缺陷与损害后果之间是否存在因果关系以及原因力的大小；（5）患者损伤残疾程度；（6）患者的护理期、休息期、营养期；（7）其他专门性问题。鉴定要求包括鉴定人的资质、鉴定人的组成、鉴定程序、鉴定意见、鉴定期限等。

其四，关于原因力的鉴定要求。医疗损害责任纠纷案件中普遍存在原发疾病、个人体质及诊疗过错等共同作用导致损害发生的多因一果问题，实践中鉴定意见对于原因力的表述不一，影响了鉴定意见的证据效力。针对这一问题，《医疗解释》根据《侵权责任法》的基本理论，从人民法院裁判案件的角度对医疗损害责任中诊疗行为、医疗产品等与患者自身疾病等其他造成患者损害的原因之间的原因力大小区分了导致患者损害的全部原因、主要原因、同等原因、次要原因、轻微原因或者与患者损害无因果关系等六种情形予以规定，从而规范鉴定意见对原因力问题的写法，以便人民法院更准确地确定当事人之间的责任。在此要注意的是，这六种情形的区分，一方面在于明确此原因力大小的问题针对的是侵权责任构成中因果关系要件的内容，这并不能一概与最终责任大小划等号，因为责任大小还要根据过错大小等因素综合认定；另一方面，《医疗解释》所作区分是针对审判实践中一般情况提出的普适性规则，这其中仍存在裁量比值范围较大的空间，考虑到实践中遇到纠纷的复杂性，不妨碍各地在具体案件适用中根据《医疗解释》的规定对有关原因力大小的比值范围作进一步细化，特别是对主要原因和次要原因中原因力大小问题作进一步细分。

此外，针对实践中鉴定材料提交混乱影响鉴定程序正常开展的问题，《医疗解释》明确了当事人应当按照要求提交真实、完整、充分的鉴定材料的基本要求，并对补充提交鉴定材料作了明确规定。同时，基于辩论主义的要求，鉴定意见作为证据应当进行质证；当事人对鉴材有异议，也应当进行质证。

（四）关于医疗损害鉴定意见质证程序的强化

基于医学以及医疗损害鉴定意见的专业性，从真正发挥庭审效用、实现庭审实质化的角度讲，医疗损害鉴定意见的质证须以有关专家出庭参加质证最为关键。为此，《医疗解释》主要从强化鉴定人出庭作证程序和明确适用专家辅助人制度两个方面作出了规定，既弥补当事人尤其是患者一方对鉴定意见专业性方面举证能力的不足，又充分发挥庭审作用，为人民法院依法准确认定案件事实提供必要程序保障。

其一，关于鉴定人出庭作证的规定。2012年修改的《民事诉讼法》第七十八条[①]明确规定了鉴定人出庭作证的具体情形及相应法律后果。由于种种原因，鉴定人出庭作证难的问题在更加依赖鉴定意见的医疗损害责任纠纷案件中

---

① 对应《民事诉讼法》（2023年修正）第八十一条。

更加突出,相应的规范鉴定人出庭作证程序对于医疗损害责任纠纷的处理就显得更加重要。为此,《医疗解释》依据《民事诉讼法》的有关规定,在明确规定鉴定意见的质证要求的基础上,细化了医疗损害责任纠纷中鉴定人出庭作证的程序要求。《医疗解释》规定,当事人申请鉴定人出庭作证,经人民法院审查同意,或者人民法院认为鉴定人有必要出庭的,应当通知鉴定人出庭作证。双方当事人同意鉴定人通过书面说明、视听传输技术或者视听资料等方式作证的,可以准许。鉴定人因健康原因、自然灾害等不可抗力或者其他正当理由不能按期出庭的,可以延期开庭。在上述情形下,人民法院可以延期开庭,是因为鉴定意见对于医疗纠纷处理结果的重要影响,如果鉴定人确因正当理由不能出庭,一概对此鉴定意见不予采信,不仅会影响案结事了的实现,会给当事人造成诉累,也与《民事诉讼法》第七十八条规定的"鉴定人拒不出庭作证的,鉴定意见不得作为认定事实的根据"不符。这实际上是一个缓冲程序。但在鉴定人无上述正当理由拒绝出庭作证,当事人对鉴定意见又不认可的情况下,人民法院就应当对此鉴定意见不予采信,鉴定人应当依法返还鉴定费用。

其二,关于专家辅助人的要求。考虑到医疗损害纠纷案件本身的专业性特点,专家辅助人制度对于依法妥善解决医疗纠纷,具有十分重要的作用。实践中对于专家辅助人提出意见的证据定性及效力问题存有争议,这一问题在医疗损害责任纠纷中较为突出。为增强当事人对鉴定意见进行质证的能力,充分发挥庭审实质作用,《医疗解释》依据《民事诉讼法》第七十九条的规定,对医疗损害责任纠纷中的专家辅助人制度作了规定,突出强调该专家辅助人须具有医学专门知识。在《民事诉讼法解释》将专家辅助人提出的意见定性为当事人陈述的基础上,《医疗解释》第2款参考《最高人民法院关于审理环境民事公益诉讼案件适用法律若干问题的解释》第15条第2款的规定,明确了专家辅助人所提意见经过质证,可以作为认定事实的根据。

(五)关于紧急救治情形的法律适用

《侵权责任法》第五十六条①规定了紧急情况下医疗机构可以实施紧急医疗措施,是医疗机构救死扶伤的崇高使命,也是对患者生命健康的尊重和人文关怀。但实践中对于如何认识该条中"难以取得患者或者其近亲属同意"以及紧急救助情形下的责任承担问题分歧较大,特别是对"难以取得患者近亲属同意"亟需进一步明确。本着鼓励和维护医疗机构在患者处于紧急情况下积极施救的价值导向,《医疗解释》对医疗机构紧急救治造成患者损害的责任承担规则作了规定。

其一,关于"不能取得患者近亲属意见"的具体情形。《医疗解释》第18条第1款对《侵权责任法》第五十六条规定的"不能取得患者近亲属意见的"

---

① 对应《民法典》第一千二百二十条。

情形作了进一步细化，主要包括：（1）近亲属不明的；（2）不能及时联系到近亲属的；（3）近亲属拒绝发表意见的；（4）近亲属达不成一致意见的；（5）法律、法规规定的其他情形。对于本款规定的适用要注意的是，一方面，本款规定系与医疗机构的说明义务密切相连，此即意味着医疗机构要依据《侵权责任法》第五十六条的规定，在紧急情况下要征询患者近亲属的意见，当然这应当按照紧急救助有关的医疗法律、法规及诊疗规范确定，不能对医疗机构有过苛的要求而影响对患者的紧急救助；另一方面，本款的适用前提仅限定在"因抢救生命垂危的患者等紧急情况，不能取得患者意见的"情况，对于患者与近亲属意见不一致的情况，由于涉及医学伦理和专业判断问题，为避免不必要争议，并未作出规定，但从医疗机构的角度讲，从价值导向上也应当尽量本着救死扶伤的精神结合专业判断进行处理。

其二，关于医疗机构怠于紧急救治的责任承担问题。紧急救治是权利还是义务，《侵权责任法》第五十六的规定不明确，理论界和实务界对此都有很大分歧。我们认为，对此应当结合其他法律法规的规定和医疗行为自身特点规律来进行认定。一方面，《执业医师法》第二十四条规定："对急危患者，医师应当采取紧急措施进行诊治；不得拒绝急救处置"。患者在生命垂危等紧急情况下，应当得到相应的诊治措施。另一方面，从及时救治生命垂危等紧急情况下的患者，维护患者生命健康权益的角度出发，应当鼓励和维护医疗机构在患者处于紧急情况下积极施救，故对于医疗机构的积极施救行为造成不良后果，应当持适当从宽的态度。这对于鼓励医疗机构及医务人员积极采取紧急诊疗行为，保护患者的生命健康是有利的。故《医疗解释》第18条第2款明确规定，对于医务人员经医疗机构负责人或者授权的负责人批准立即实施相应的医疗措施，患者因此请求医疗机构承担赔偿责任的，人民法院不予支持。同时，对于医疗机构怠于立即实施相应的医疗措施，导致患者生命权、健康权等人身权益及财产权益受到损害时，也明确规定医疗机构应当承担相应的侵权责任。《医疗解释》的这一规定，不仅有利于指导实务操作，有利于规范医疗机构行为，也有利于保障生命垂危等紧急情况下患者得到及时救治，维护其生命、健康权益。至于医疗机构怠于救治，这本身就属于过错认定的范畴，应当依据有关医疗法律法规和诊疗规范关于紧急救治情形的规则予以认定。

（六）医疗产品责任中惩罚性赔偿的适用

《侵权责任法》在产品责任一章中确立了惩罚性赔偿制度，其目的在于通过制裁故意将缺陷产品投放市场，并且已经造成了使用人严重人身损害的行为，督促生产者、经营者规范其行为，以充分保护产品使用人的合法权益。医疗产品事关广大人民群众健康福祉，与民生大计息息相关，从某种意义上讲，缺陷医疗产品的危害较普通产品的危害更为严重。在医疗产品责任纠纷中适用惩罚性赔偿，不仅不存在法理上的障碍，而且对于规范医疗领域存在的医疗产品市场不规范、制售假冒伪劣医疗产品屡禁不止等问题具有重要意义。正因如此，《医疗解释》第23条在《侵权责任法》第四十七条①规定基础上，明确规定了医疗产品的惩罚性赔偿规则。对于本条的适用，需要注意以下两个方面：

其一，关于惩罚性赔偿的责任构成要件。惩罚性损害赔偿是指加害人所要承担的损害赔偿数额超过受害者实际损害数额，在补偿受害人损害的基础上，彰显对加害人进行惩罚的制度。与补偿性损害赔偿相比较，惩罚性赔偿是由赔偿和惩罚所组成的，主要是针对不法性和道德上应受谴责的行为而适用的，是对恶意的不法行为实施惩罚。依据《侵权责任法》第四十七条的规定，适用惩罚性赔偿的条件是：第一，侵权人具有主观故意，即明知是缺陷产品仍然生产或者销售；第二，要有损害事实，这种损害事实不是一般的损害事实，而应当是造成严重损害的事实，即造成他人死亡或者健康受到严重损害；第三，要有因果关系，即被侵权人的死亡或者健康严重受损害是因为侵权人生产或者销售的缺陷产品造成的。这三个构成要件对于医疗产品的惩罚性赔偿同样适用。

其二，关于惩罚性赔偿的具体标准。《侵权责任法》第四十七条确立了产品责任中的惩罚性损害赔偿制度，但其并没有对惩罚性损害赔偿的具体数额作出明确规定，使得这一规定缺乏可操作性。为此，本条参照消费者权益保护法第五十五条第二款的规定，明确规定了医疗产品的生产者、销售者明知医疗产品存在缺陷仍然生产、销售造成患者死亡或者健康严重损害的，有权请求所受损失二倍以下的惩罚性赔偿。在明确医疗产品惩罚性赔偿的责任主体是医疗产品的生产者、销售者的前提下，将患者视同消费者予以保护，适用消费者权益保护法的这一规定，既可以有效弥补《侵权责任法》第四十七条的立法不足，也在本质上符合消费者权益保护法对消费者权益予以保护的立法精神和实践中对于患者利益予以保护的需要。这对于威慑或者阻遏明知医疗产品存在缺陷仍然生产、销售的行为，维护广大人民群众的生命健康利益，具有积极的规范和导向作用。

（撰稿人：杜万华　郭　锋　吴兆祥　陈龙业）

---

① 对应《民法典》第一千二百零七条。

解读《最高人民法院关于审理医疗损害责任纠纷案件适用法律若干问题的解释》修正条文

一、关于适应性修改条文的说明

（一）对引用的法律依据的修改

《民法典》施行后，《侵权责任法》等9部法律同时废止，《侵权责任法》的相关条文被《民法典》继受。本次司法解释清理过程中，根据《民法典》和《侵权责任法》的条文对照情况，对解释条文作出了适应性修改。涉及引言、第四条、第五条、第六条、第七条、第十七条、第十八条、第十九条。

（二）根据《民法典》对相关表述作适应性修改

1. 关于病历资料范围的修改

本解释第6条将病历资料中的"医疗费用"删除，这是根据《民法典》第一千二百二十五条作出的修改。《民法典》之所以删除医疗费用，是因为根据国家关于医疗机构病历管理的有关规定，医疗费用不属于病历资料的内容。对病历资料范围的这一修改避免了表述上的分歧和实践中可能的误读，也一定程度上体现了病历资料所承载的专业性内容。本解释据此作出了相应修改。在实务中，对病历资料范围的认定应注意这一点变化。当然，删除"医疗费用"，并不意味着医疗费用作为证据的作用会降低，医疗费用有关单据在实务中属于认定医疗关系存在的重要证据。

在此需要注意的是，关于病历的问题，《民法典》相较《侵权责任法》的规定，还有两处较大的修改：一是《民法典》第一千二百二十二条①相较《侵权责任法》第五十八条②的规定，将"销毁"修改为"违法销毁"。这也更符合实际情况，依照有关规范有些病历保存一定期限后就可以合法销毁，此行为不具备违法性，当然不能作为推定过错的事由。二是新增了"遗失"病历资料作为推定医疗机构过错的情形。关于遗失病历资料的情形，早在《第八次全国法院民商事审判工作会议纪要（民事部分）》中就明确规定："因当事人采取伪造、篡改、涂改等方式改变病历资料内容，或者遗失、销毁、抢夺病历，致使

---

① 《民法典》第一千二百二十二条规定："患者在诊疗活动中受到损害，有下列情形之一的，推定医疗机构有过错：（一）违反法律、行政法规、规章以及其他有关诊疗规范的规定；（二）隐匿或者拒绝提供与纠纷有关的病历资料；（三）遗失、伪造、篡改或者违法销毁病历资料。"

② 《侵权责任法》第五十八条规定："患者有损害，因下列情形之一的，推定医疗机构有过错：（一）违反法律、行政法规、规章以及其他有关诊疗规范的规定；（二）隐匿或者拒绝提供与纠纷有关的病历资料；（三）伪造、篡改或者销毁病历资料。"

医疗行为与损害后果之间的因果关系或医疗机构及其医务人员的过错无法认定的，改变或者遗失、销毁、抢夺病历资料一方当事人应承担相应的不利后果；制作方对病历资料内容存在的明显矛盾或错误不能作出合理解释的，应承担相应的不利后果；病历仅存在错别字、未按病历规范格式书写等形式瑕疵的，不影响对病历资料真实性的认定。"《民法典》吸收这一情形实际上是有关审判经验的总结。有关遗失、伪造或者篡改病历的法律后果主要有二：一是存在这一情形即推定医疗机构有过错，这一推定在学理上认为是不能通过反证推翻的推定；二是在证据法上构成当事人举证不能的一种形式，从而要承担相应的不利后果。

2. 对医疗机构、医务人员过错的认定

本解释第四条和第十六条均将"医疗机构及其医务人员"修改为"医疗机构或者其医务人员"，这是根据《民法典》第一千二百一十八条作出的修改。在责任形态上，医疗损害责任属于替代责任的范畴。所谓替代责任，是指责任人为他人的行为和责任人自己管领下的物件所致损害负有的侵权赔偿责任。构成替代责任赔偿法律关系的要件是：替代责任人与致害人或致害物之间须有特定关系。这种特定关系，在责任人与致害人之间，表现为隶属、雇用、监护、代理等身份关系。① 在医疗损害案件中，医务人员与医疗机构存在相应的隶属、劳动合同关系。直接实施医疗损害行为的通常是医务人员，但在责任承担上，则非按一般侵权行为"为自己行为负责"的规则，由医务人员对受害人承担民事责任，而是由医务人员所在的医疗机构承担赔偿责任。《民法典》第一千二百一十八条、第一千二百二十四条第二款将《侵权责任法》第五十四条、第六十条第二款规定的"医疗机构及其医务人员"修改为"医疗机构或者其医务人员"，看似是简单的文字修改，实则不然。这一方面可以避免产生诊疗损害责任的构成必须同时要求医疗机构和医务人员均有过错才可以的误读，从而使得表述更加严谨科学。另外也是进一步明确了医务人员的过错诊疗行为造成患者损害的，由医疗机构承担赔偿责任的替代责任规则。

3. 对医疗产品范围的修改

本解释第二十五条将"消毒药剂"修改为"消毒产品"，这是根据《民法典》第一千二百二十三条作出的修改。"消毒产品"比"消毒药剂"涵盖的范围更广，除消毒药剂之外，还包括消毒器械等，表述更为规范，也更符合实际情况。

---

① 王利明主编：《侵权责任法新制度理解与适用》，人民法院出版社2010年版，第330页。

二、关于重点修改条文的修改说明和理解与适用

(一) 关于赔偿责任主体的修改

【修改内容】

第一条、第三条、第七条、第二十一条、第二十二条、第二十三条在医疗产品责任的赔偿责任主体方面增加了"药品上市许可持有人"。

【修改说明】

《民法典》第一千二百二十三条增加"药品上市许可持有人"作为医疗产品责任主体。此次司法解释清理过程中,本解释对标《民法典》,与时俱进,在承担责任主体方面增加"药品上市许可持有人",更有利于对被侵权人权利的救济和保障。

【理解与适用】

1. 药品上市许可持有人的界定

药品上市许可持有人制度(Marketing Authorization Holder, MAH),通常是指拥有药品技术的药品研发机构、科研人员、药品生产企业等主体,通过提出药品上市许可申请并获得药品上市许可批件,并对药品质量在其整个生命周期内承担主要责任的制度。在该制度下,上市许可持有人和生产许可持有人可以是同一主体,也可以是两个相互独立的主体。上市许可持有人可以自行生产,也可以为其他生产企业进行生产。如果采取委托生产的形式,上市许可持有人要对要求的安全性、有效性以及质量可控性承担责任。

2015年发布的《全国人民代表大会常务委员会关于授权国务院在部分地方开展药品上市许可持有人制度试点和有关问题的决定》(已失效)中明确:"授权国务院在北京、天津、河北、上海、江苏、浙江、福建、山东、广东、四川十个省、直辖市开展药品上市许可持有人制度试点,允许药品研发机构和科研人员取得药品批准文号,对药品质量承担相应责任。"国务院在此基础上对于药品上市许可持有人制度试点工作作了细化,2016年发布的《国务院办公厅关于印发药品上市许可持有人制度试点方案的通知》(已失效)中明确:"试点行政区域内的药品研发机构或者科研人员可以作为药品注册申请人(以下简称申请人),提交药物临床试验申请、药品上市申请,申请人取得药品上市许可及药品批准文号的,可以成为药品上市许可持有人(以下简称持有人)。法律法规规定的药物临床试验和药品生产上市相关法律责任,由申请人和持有人相应承担。持有人不具备相应生产资质的,须委托试点行政区域内具备资质的药品生产企业(以下称受托生产企业)生产批准上市的药品。持有人具备相应生产资质的,可以自行生产,也可以委托受托生产企业生产。"药品研发机构或者科研人员成为申请人和持有人的条件必须是"属于在试点行政区域内依法设立且能够独立承担责任的药品研发机构,或者在试点行政区域内工作且具

有中华人民共和国国籍的科研人员"。有关义务责任承担的要求，《国务院办公厅关于印发药品上市许可持有人制度试点方案的通知》明确："履行《中华人民共和国药品管理法》（以下简称《药品管理法》）以及其他法律法规规定的有关药品注册申请人、药品生产企业在药物研发注册、生产、流通、监测与评价等方面的相应义务，并且承担相应的法律责任。"关于责任承担，"批准上市药品造成人身损害的，受害人可以向持有人请求赔偿，也可以向受托生产企业、销售者等请求赔偿。属于受托生产企业、销售者责任，持有人赔偿的，持有人有权向受托生产企业、销售者追偿；属于持有人责任，受托生产企业、销售者赔偿的，受托生产企业、销售者有权向持有人追偿。具体按照《中华人民共和国侵权责任法》等的规定执行"。但是，按照该通知内容，试点时间截至2018年11月4日。故在此日之后，该通知已失效。2019年修订的《药品管理法》在吸收上述试点通知的基础上专门对药品上市许可持有人作出了规定。该法第三十条规定："药品上市许可持有人是指取得药品注册证书的企业或者药品研制机构等。药品上市许可持有人应当依照本法规定，对药品的非临床研究、临床试验、生产经营、上市后研究、不良反应监测及报告与处理等承担责任。其他从事药品研制、生产、经营、储存、运输、使用等活动的单位和个人依法承担相应责任。药品上市许可持有人的法定代表人、主要负责人对药品质量全面负责。"该法第三章针对药品上市许可持有人制度作出了细化规定。在《民法典》对于药品上市许可持有人相关制度有明确规定的情况下，应当适用《民法典》的规定。《药品管理法》对药品上市许可持有人制度的细化规定在不与《民法典》冲突的情况下，可以继续适用。

2. 药品上市许可持有人承担责任的性质

医疗产品责任采用不真正连带责任，在患者一方选择其中一个责任主体主张权利的情形，人民法院认定其责任大小及承担方式并无争议，这对于药品上市许可持有人也无例外。即药品上市许可持有人可以独立地向患者一方承担全部责任，也可以根据患者一方的主张，承担部分责任。至于在诉讼中，患者一方能否将医疗机构、药品上市许可持有人、药品生产者一并起诉或者追加其他主体为共同被告的问题，依据修改后的本解释第三条第一款、第二款的规定："患者因缺陷医疗产品受到损害，起诉部分或者全部医疗产品的生产者、销售者、药品上市许可持有人和医疗机构的，应予受理。患者仅起诉医疗产品的生产者、销售者、药品上市许可持有人、医疗机构中部分主体，当事人依法申请追加其他主体为共同被告或者第三人的，应予准许。必要时，人民法院可以依法追加相关当事人参加诉讼。"该条款关于追加共同被告规定的主要考虑在于实现纠纷的一次性解决，也便于查明案件事实，同时有利于对有关当事人程序权利甚至实体权利的保护。

3. 关于医疗产品责任承担后追偿权问题

在产品责任中，追偿权问题通常被认为是产品生产者与销售者之间内部责任关系的一体两面的内容，医疗产品责任中的追偿权关系也是如此，只是增加了医疗机构这一责任主体或者追偿权主体。由于本条仅规定了医疗机构对医疗产品生产者、药品上市许可持有人的追偿权，并没有规定对医疗产品销售者的追偿权，也没有规定医疗产品生产者、药品上市许可持有人、销售者以及对有过错医疗机构的追偿权问题。对此，修改后的本解释第二十一条第二款、第三款明确了医疗机构承担责任后向医疗产品生产者、药品上市许可持有人、销售者的追偿权以及医疗产品生产者、药品上市许可持有人、销售者向有过错医疗机构追偿的内容，这对于药品上市许可持有人也同样可以适用。

(二) 关于知情同意的具体修改

【修改内容】

第五条和第十一条中将"书面同意"修改为"明确同意"。

【修改说明】

《民法典》第一千二百一十九条对医疗机构的说明义务及相应的法律后果作出了规定。本解释根据《民法典》作了相应修改。

【理解与适用】

对于这一修改，要注意把握以下两个问题：

1. 此次修改的由来

赋予医务人员相应的说明义务是保护患者自主决定权的前提，是意思自治原则的具体体现，也是医疗风险在医患双方之间进行有机地分配，平衡双方的利益的需要。一方面，医生的说明义务要求医生不得任意凭借自己的专业判断将医疗行为的不良后果转嫁到患者身上，而是给予患者对医疗风险说"不"的权利和机会。另一方面，医生的说明义务也为医方提供了减轻或免除责任的机会，若医生将医疗方案及医疗风险等信息告知了患者，而患者依然选择进行治疗时，患者就要自行承担相应的不利后果，医方便可以其告知义务的履行而主张减轻或免除对患者的侵权责任。在综合此前相关法律规定的基础上，《侵权责任法》第五十五条第一款规定："医务人员在诊疗活动中应当向患者说明病情和医疗措施。需要实施手术、特殊检查、特殊治疗的，医务人员应当及时向患者说明医疗风险、替代医疗方案等情况，并取得其书面同意；不宜向患者说明的，应当向患者的近亲属说明，并取得其书面同意。"《民法典》第一千二百一十九条在内容上基本沿用了这一规定，但在有关说明义务的要求上作了重大修改：一是有关说明义务的履行，必须是"具体说明"，这是新增的要求，也就是相关说明内容要针对病情，事项要具体，不宜采取笼统的含糊的说明，这对说明义务的规范化具有积极作用。二是取得患者或者患者近亲属的同意不再硬性要求书面形式，但应当取得其"明确"同意，也就是此"同意"的意思表示应该是清楚明确的,有关证据的证明也要达到此要求。在此需要注意的是,这里的书面同意在本质上与明确同意并冲突。尤其是在涉及诉讼时,书面证据对于认定案件事实、定分止争具有重要作用,故这一规定的导向意义更多的可能是在当前采取书面同意的情形下增加"明确"这一要求。三是对须向患者近亲属说明的情形在不宜向患者说明的基础上增加"不能"向患者说明的情形,更加符合客观实际,也更加全面可行。本解释针对《民法典》的这一变化,对应作出了相应修改,在适用相关条文时要与《民法典》的规定保持一致。

2. 医疗机构说明义务的具体要求

在需要取得患者或者其近亲属明确同意的情况下,医务人员除了履行向患者说明病情和医疗措施的义务以外,还应当及时向患者说明医疗风险、替代医疗方案等情况。所谓医疗风险,是指医疗措施可能出现的并发症、后遗症、不良反应等风险,代替医疗方案信息包括可选择的几种手术方案及其利弊等信息。这种特殊说明义务适用的条件是患者需要实施手术、特殊检查、特殊治疗。① 对于特殊检查、特殊治疗,依据《医疗机构管理条例实施细则》第八十八条的规定,包括:(1)有一定危险性,可能产生不良后果的检查和治疗;(2)由于患者体质特殊或者病情危笃,可能对患者产生不良后果和危险的检查和治疗;(3)临床试验性检查和治疗;(4)收费可能对患者造成较大经济负担的检查和治疗。依据本条的规定,不宜向患者说明的情形,例如将会造成患者悲观、恐惧、心理负担沉重,不利于治疗的,应当向患者近亲属说明,并取得其明确同意。

在此需要注意的是,上述医事法规所规定的医务人员上取得明确同意的对象与本条规定不尽一致。我们认为,如果上述规定与《民法典》第一千二百一十九条规定在文本含义上相冲突的,则不能再予以适用;但如果仅是规定不一致,或者有关医事法规规定的内容更加具体细化,则不能认定为是相冲突的规定,则可以按照特别法优于一般法的规则,适用特别法的规定。比如,《民法典》已经采用了近亲属的概念,《执业医师法》《医疗机构管理条例》等关于"家属"的提法,则不宜再予适用,而应统一适用《民法典》的规定。但是在情况非紧急即不属于第一千二百二十条规定情形时,仍找不到患者近亲属的,这时不仅不能认为《病例书写基本规范》第十条规定的"患者无近亲属的或者患者近亲属无法签署同意书的,由患者的法定代理人或者关系人签署同意书"与《民法典》规定不冲突,而恰恰是该条没有规定的情形,应当继续适用。

当然,并不是在一切情况下医疗机构都需要履行说明义务。依学理上的界定,不需要医务人员加以说明的情况有:一是依据法律给予医生强制治疗的权

---

① 最高人民法院侵权责任法研究小组编著:《〈中华人民共和国侵权责任法〉条文理解与适用》,人民法院出版社2010年版,第396页。

限；二是危险性极其轻微，发生的可能性几乎没有；三是患者非常清楚自己的症状；四是患者自愿放弃接受医生的说明；五是由于事态紧急无法取得患者的承诺；六是如果加以说明可能给患者招致不良影响。① 这些见解较有道理，当然也有进一步研究探讨的必要，比如当患者得了绝症的时候，医务人员采取相应的治疗措施就有必要在适当时间以适当方式具体告知患者的近亲属，并取得其同意，或者根据实际情况决定是否告知患者，从而体现对患者尊严与自由的尊重。

在此需要注意的是，除非对患者履行说明义务对患者的健康有损害，都应当对患者善尽告知义务。一方面，告知说明的内容要明确具体；另一方面，如果不能或者不宜向患者履行说明义务的，医务人员应当向患者的近亲属说明。违反这两方面的要求，造成患者损害的，医疗机构就要承担相应的侵权责任。这类纠纷审判实务中的存在具有一定普遍性。这类案件中，医务人员未尽说明义务，首先侵害的是患者的自主决定权，同时也可能造成患者人身财产损失。比如在某案件中，未婚女青年小红前往北京某体检中心进行健康体检，进行妇科检查时处女膜破裂。法院以体检中心违反了医疗机构的特定告知义务，存在主观过错为由，终审判令体检中心赔偿小红精神损害抚慰金1万元、交通费300元以及医疗费50元。② 这一案件系侵害了患者的自主决定权，但也是在客观上存在造成患者人身损害的后果。

[载最高人民法院民法典贯彻实施工作领导小组办公室编著：《最高人民法院实施民法典清理司法解释修改条文（111件）理解与适用》，人民法院出版社2022年版]

---

① 参见段匡等：《医生的告知义务和患者的承诺》，载梁慧星主编：《民商法论丛》第12卷，法律出版社1999年版，第162页。
② 郭京霞：《未尽告知义务致未婚女青年处女膜破裂体检中心被判赔偿1万》，载中国法院网2007年12月7日，http://www.chinacourt.org/public/detail.php? id=277449&k_title=未尽告知义务&k_content=未尽告知义务&k_author=.。

【链　　接】

为构建和谐医患关系推进健康中国建设提供司法保障
——最高人民法院研究室负责人就《关于审理医疗
损害责任纠纷案件适用法律若干
问题的解释》答记者问

2017年12月13日，最高人民法院公布了《关于审理医疗损害责任纠纷案件适用法律若干问题的解释》（以下简称《解释》）。就《解释》发布的背景和主要内容，记者采访了最高人民法院研究室负责人。

一、问：《解释》起草的背景是什么？

答：医疗卫生事业与广大人民群众的生活息息相关，医患关系是构建社会主义和谐社会的重要内容。党中央高度重视医疗卫生事业，十八届五中全会明确提出推进健康中国建设的总体要求，习近平总书记在全国卫生与健康大会上阐述了建设健康中国的重大意义，党的十九大报告进一步强调实施健康中国战略，指出"人民健康是民族昌盛和国家富强的重要标志。要完善国民健康政策，为人民群众提供全方位全周期健康服务。"最高人民法院认真贯彻落实中央精神和习近平总书记重要指示，要求各级人民法院充分发挥司法职能，为我国卫生与健康事业改革发展、保障人民健康、构建和谐医患关系、加快推进健康中国建设提供有力司法服务和保障。周强院长明确要求进一步健全医疗纠纷调解和司法解决机制，促进卫生与健康事业的法治化治理，为增进人民健康提供司法保障。

近年来，全国法院受理医疗损害责任纠纷案件数量总体上较为平稳。2014年受理19944件，2015年受理23221件，2016年受理21480件，在整个民商事案件中占比不大。但各方面普遍反映，医疗损害责任纠纷审理难度大、审理周期长、案件调撤率低，其中有关举证责任、鉴定程序、责任构成、责任承担等法律适用中的争点、难点问题多，亟需统一裁判尺度。有鉴于此，最高人民法院在深入调研基础上，起草了《解释》，于2017年3月27日最高人民法院审判委员会第1713次会议审议通过，并于2017年12月14日发布。《解释》的制定和发布，是最高人民法院贯彻落实党中央部署和习近平总书记重要指示精神，推动实施新时代健康中国战略，推动构建和谐医患关系，促进平安医院建设，维护广大人民群众健康福祉的有力举措。

二、问：请简要介绍一下《解释》的起草过程。

答：《解释》的起草工作开始于2011年，历时6年多，前后修改20余稿。我们始终坚持以问题为导向，充分进行调研，收集整理并认真研究了全国各地法院制定的审理医疗损害责任纠纷案件数十万字的指导意见材料，先后多次到浙江、北京、江苏、福建等地实地调研；多次召开卫生系统座谈会，充分听取卫计委有关部门、医学会、医学专家和医院代表意见；在高校召开专家学者论证会，认真听取法学、医学专家意见；召开全国部分法院调研座谈会，听取审理医疗损害案件一线办案法官意见。经过起草小组多次讨论修改后，书面征求卫计委、司法部、国务院法制办等单位、各高级法院以及最高人民法院内相关部门意见，共收到反馈意见400余条。在对各方意见认真梳理、充分研究吸收后，报送全国人大常委会法工委征求意见，最终形成送审稿提交院审判委员会审议。

为广泛汇聚民意民智，把社会各界的意见建议充分反映到司法解释中，2017年3月27日，周强院长主持最高人民法院审判委员会召开会议审议《解释》时，专门邀请了部分全国人大代表、全国政协委员和专家学者列席会议。《解释》审议通过后，我们又围绕代表委员们所提意见建议，进行了认真细致的研究，对《解释》相关内容作了有针对性完善，最终发布实施。

三、问：起草《解释》遵循的基本原则是什么？

答：《解释》的起草，主要遵循了以下原则：

一是认真贯彻中央有关政策精神，运用法治思维和法治方式推动构建和谐医患关系。《解释》的起草，认真贯彻党的十八届三中、四中、五中全会精神，反映新时代中国特色社会主义思想，按照全面依法治国、实施健康中国战略的总体部署和"一手抓严厉打击涉医违法犯罪活动、一手抓医疗纠纷预防与处理长效机制建设"的工作要求，统一医疗损害责任纠纷案件的裁判尺度，推动健全医疗损害责任纠纷案件法律适用的长效机制。

二是平衡好保护患者合法权益与保障医药卫生事业健康发展的关系。《解释》的起草，认真贯彻"把人民健康放在优先发展的战略地位"的总体要求，尊重医学自身的特点与规律，合理分配医疗风险，既要依法保护患者合法权益，又要促进卫生与健康事业的法治化发展，从而实现为增进人民健康福祉提供法治保障、满足人民日益增长的美好生活需要的司法目标。

三是坚持合法性解释原则。《解释》的起草，按照崇尚法治、尊重法律、恪守规则的精神，紧紧围绕侵权责任法、民事诉讼法等法律，对于法律规定较为原则的规则予以细化，以更有效的指导审判实践。

四是坚持问题导向与总结审判经验相结合。《解释》针对当前审判实践中亟需解决且有一定普遍性的问题，通过梳理并总结吸收各地审判实践经验，比如，北京、上海、安徽、广东、江苏等地关于诊疗过错认定、产品责任承担等的经验做法，对医疗损害责任纠纷的法律适用难点、争点问题作了细化规定。

四、问：《解释》对医疗美容损害责任纠纷的法律适用是如何规定的？

答：审判实践中，因为美容问题引发的纠纷如何适用法律，尤其是对此类纠纷是否属于医疗损害责任纠纷的范畴争议较大。明确医疗美容损害责任纠纷的法律适用规则，对于规范医疗美容行业健康有序发展、维护广大人民群众的健康利益具有重要意义。在充分调研论证基础上，参考《医疗机构管理条例实施细则》第八十八条、《医疗美容服务管理办法》第二条的规定，《解释》明确了医疗美容属于"诊疗活动"的范围，规定因医疗美容行为引发的纠纷应属于医疗损害责任的范围，应当适用医疗损害责任的规定。同时，《解释》还参考《医疗机构管理条例实施细则》《医疗美容服务管理办法》的有关规定，对医疗美容损害责任纠纷作了明确界定，以与生活美容类损害责任纠纷相区别。

五、问：《解释》对医疗损害责任纠纷举证作了怎样的规定？

答：举证证明责任问题，是每个医疗损害责任纠纷必然要遇到的问题，也是医疗损害责任纠纷案件中较受关注的问题。明确举证责任分配规则，也是确定鉴定申请程序及后续责任承担规则的基础。2002年施行的《最高人民法院关于民事诉讼证据的若干规定》关于医疗损害责任纠纷中因果关系和过错要件适用举证责任倒置的做法，虽然缓和了患者举证责任，也在一定时期内起到其应有作用，但在执行过程中也出现了一些其他后果，无助于医学发展进步，不利于从根本上维护患者看病就医权利。

《侵权责任法》第五十四条①明确规定，患者在诊疗活动中受到损害，医疗机构及其医务人员有过错的，由医疗机构承担赔偿责任。《解释》在严格遵循立法本意前提下，以构建和维护和谐医患关系为出发点，在大量实证调研和借鉴域外经验做法基础上，进一步明确了司法适用规则，即患者依据《侵权责任法》第五十四条规定主张医疗机构承担赔偿责任的，应当提交到该医疗机构就诊、受到损害的证据；患者无法提交医疗机构及其医务人员有过错、诊疗活动与损害之间具有因果关系的证据，依法提出医疗损害鉴定申请的，人民法院应予准许；医疗机构主张不承担责任的，应当就《中华人民共和国侵权责任法》第六十条②第一款规定情形等抗辩事由承担举证证明责任。对于医疗产品责任纠纷，《解释》也遵循上述思路规定了患者无法提交使用医疗产品或者输

---

① 对应《民法典》第一千二百一十八条。
② 对应《民法典》第一千二百二十四条。

入血液与损害之间具有因果关系证据,依法申请鉴定的,人民法院应予准许。

《解释》的上述规定,既遵循了侵权责任法确立的过错责任原则,又避免了因举证证明责任分配不当而导致双方实体权利义务显著失衡而激化医患矛盾,充分考虑到患者存在医学专业性不足、信息不对称等客观情况,对患者进行了适当的举证责任缓和。这一规定属于在医疗损害责任纠纷案件审理过程中的法律适用规则,并不涉及立案受理问题。医疗损害责任纠纷案件立案要按照立案登记制的要求,依法做到有案必立、有诉必理。

六、问:《解释》对规范医疗损害鉴定程序作了哪些规定?

答: 由于医学本身的专业性,诊疗行为有无过错及其与患者损害后果有无因果关系、原因力的大小等往往需要通过鉴定程序来解决。没有医疗损害鉴定,多数医疗损害责任纠纷案件的处理会非常困难,因此医疗损害鉴定对于医疗损害责任纠纷案件的处理的重要性不言而喻。但实践中存在鉴定程序不规范、鉴定意见公信力不足、鉴定人出庭难等问题,很大程度上影响了案件的公正处理。正因为如此,《解释》依据民事诉讼法有关鉴定程序的规定,基于促进鉴定程序的规范化、科学化,提高鉴定意见的公信力,对医疗损害鉴定意见的采信、鉴定人出庭等问题作了规定。具体而言,主要有以下几个方面:

其一,针对实践中鉴定人的资质要求不规范以及当事人是选择鉴定机构还是鉴定专家等问题,《解释》明确了医疗损害鉴定的根本在于借助专家的专门知识、技能和经验,辅助法官对专门性事实问题作出判断,以保证案件裁判的公正。因此,《解释》依据民事诉讼法的有关规定,明确了鉴定人的确定,应当从具备相应的鉴定能力、符合鉴定要求的专家中选择的基本要求。当然这并不影响当事人通过先选择鉴定机构,再确定鉴定专家的实践做法。人民法院应当根据案件具体情况对鉴定专家作必要审查,确保鉴定专家具备相应鉴定能力。涉及临床医学方面专门性问题的鉴定,应当具备临床医学鉴定方面的资质要求;涉及法医学方面专门性问题的,应当具备法医学方面的资质要求。

其二,针对实践中鉴定材料提交混乱影响鉴定程序正常开展的问题,《解释》明确了当事人应当按照要求提交真实、完整、充分的鉴定材料的基本要求,并对补充提交鉴定材料、鉴定材料的质证作了明确规定。

其三,针对实践中鉴定人资质不符合要求、鉴定期限过长、鉴定意见书写不规范,甚至有的鉴定意见无法作为案件证据使用的问题,《解释》规定了当事人申请或者人民法院依职权委托鉴定的,应当有明确的鉴定内容和要求,对其中需要鉴定的专门性问题和鉴定要求的事项作了具体列举。

其四,医疗损害责任纠纷案件中普遍存在原发疾病、个人体质及诊疗过错等共同作用导致损害发生的多因一果问题,实践中鉴定意见对于原因力的表述不一,影响了人民法院对鉴定意见的准确采信。针对这一问题,《解释》根据侵权责任法的基本理论，从人民法院裁判案件的角度对医疗损害责任中诊疗行为与患者自身疾病等其他造成患者损害的原因之间的原因力大小区分了六种情形予以规定，从而规范鉴定意见对原因力问题的写法，以便人民法院更准确地确定当事人之间的责任。

七、问：《解释》对医疗损害鉴定意见的质证问题作了哪些规定？

答：对此，《解释》主要从强化鉴定人出庭作证程序和明确适用专家辅助人制度两个方面作出了规定，既弥补当事人尤其是患者一方对鉴定意见专业性方面举证能力的不足，又充分发挥庭审作用，为人民法院依法准确认定案件事实提供程序保障。

2012年修正的《民事诉讼法》第七十八条①明确规定了鉴定人出庭作证的具体情形及相应法律后果。鉴定人出庭作证难的问题在更加依赖鉴定意见的医疗损害责任纠纷案件中更加突出，相应的规范鉴定人出庭作证程序对于医疗损害责任纠纷的处理就显得更加重要。为此，《解释》依据《民事诉讼法》的有关规定，在明确规定鉴定意见的质证要求的基础上，细化了医疗损害责任纠纷中鉴定人出庭作证的程序要求。

同时，考虑到医疗损害纠纷案件本身的专业性特点，有必要发挥专家辅助人制度对于依法妥善解决医疗纠纷的重要作用。实践中对专家辅助人提出意见的证据定性及效力问题存有争议，这一问题在医疗损害责任纠纷中较为突出。为增强当事人对鉴定意见进行质证的能力，充分发挥庭审实质作用，《解释》依据《民事诉讼法》第七十九条②的规定，对医疗损害责任纠纷中的专家辅助人制度作了规定，突出强调该专家辅助人须具有医学专门知识，并在参考其他相关司法解释的基础上，明确了专家辅助人所提意见经过质证，可以作为认定事实的根据。

八、问：《解释》对人民法院采信当事人自行委托鉴定人作出的医疗损害鉴定意见是怎样规定的？

答：审判实践中，当事人自行委托鉴定的情形不在少数，对此效力认定的问题，存有较大争议。普遍认为，当事人一方自行委托鉴定存在明显的弊端，由此作出的鉴定意见往往仅会对委托鉴定的一方当事人有利，欠缺公正性。调研中也有意见指出，自行委托鉴定对于诉前解决医疗纠纷具有一定的积极意义。因此，为保证鉴定意见的信服力，推动当事人依法启动鉴定程序，经过慎重考虑，《解释》就医疗损害鉴定中单方委托鉴定的问题，适当提高了人民法

---

① 对应《民事诉讼法》（2023年修正）第八十一条。
② 对应《民事诉讼法》（2023年修正）第八十二条。

院采信自行委托鉴定意见的门槛，规定了一方当事人自行委托鉴定作出的医疗损害鉴定意见，在另一方当事人认可的情况下，人民法院可以对该鉴定意见予以采信。同时，对于双方当事人共同自行委托鉴定的情形，基于当事人处分原则，对此应予准许，这在价值导向上也有利于通过诉前调解等方式化解矛盾。如果一方当事人对双方共同委托而作出的鉴定意见不认可，则应当提出明确的异议内容并予以质证；在该异议不成立的情况下，人民法院应当采信该鉴定意见。

九、问：《解释》对紧急救治情形的法律适用是如何规定的？

答：《侵权责任法》第五十六条①规定了紧急情况下医疗机构实施紧急医疗措施的内容，但实践中对于如何认识该条中"难以取得患者或者其近亲属同意"以及紧急救助情形下的责任承担问题分歧较大，亟需进一步明确。在深入调研、反复论证的基础上，《解释》对因抢救生命垂危的患者等紧急情况且不能取得患者近亲属意见的情形作出细化规定的基础上，本着鼓励和维护医疗机构在患者处于紧急情况下积极施救的价值导向，规定对于抢救生命垂危的患者等紧急情况，不能取得患者或者其近亲属意见的，医务人员经医疗机构负责人或者授权的负责人批准立即实施相应的医疗措施，患者因此请求医疗机构承担赔偿责任的，人民法院不予支持。同时，对于医疗机构怠于立即实施相应的医疗措施，导致患者受到损害的，《解释》也明确规定了医疗机构应当承担相应的赔偿责任。这样不仅有利于指导实务操作，有利于规范医疗机构行为，也有利于保障生命垂危等紧急情况下患者得到及时救治，维护其生命、健康权益。

十、问：《解释》对医疗产品责任纠纷案件中适用惩罚性赔偿是如何规定的？

答：《侵权责任法》在产品责任一章中确立了惩罚性赔偿制度，其目的在于通过制裁故意将缺陷产品投放市场并且已经造成了使用人严重人身损害的行为，督促生产者、经营者规范其行为，以充分保护产品使用人的合法权益。医疗产品事关广大人民群众生命健康，从某种意义上讲，缺陷医疗产品的危害较普通产品的危害更为严重。在医疗产品责任纠纷中适用惩罚性赔偿，对于规范医疗领域存在的医疗产品市场不规范、制售假冒伪劣医疗产品屡禁不止等问题具有重要意义。由于《侵权责任法》第四十七条并没有规定相应的惩罚性赔偿的标准，经过慎重考虑，《解释》参照《消费者权益保护法》第五十五条第二款的规定，明确规定了医疗产品的生产者明知医疗产品存在缺陷仍然生产或者医疗产品的销售者明知医疗产品存在缺陷仍然销售的，造成患者死亡或者健康

---

① 对应《民法典》第一千二百一十条。

严重损害，患者请求生产者或者销售者赔偿损失及所受损失二倍以下的惩罚性赔偿的，人民法院应予支持。这对于威慑或者阻遏明知医疗产品存在缺陷仍然生产、销售的行为，维护广大人民群众的生命健康利益，具有重要而积极的作用。

七、劳动、人事争议

最高人民法院
关于审理劳动争议案件适用法律问题的解释（一）

法释〔2020〕26号

（2020年12月25日最高人民法院审判委员会第1825次会议通过　2020年12月29日最高人民法院公告公布　自2021年1月1日起施行）

为正确审理劳动争议案件，根据《中华人民共和国民法典》《中华人民共和国劳动法》《中华人民共和国劳动合同法》《中华人民共和国劳动争议调解仲裁法》《中华人民共和国民事诉讼法》等相关法律规定，结合审判实践，制定本解释。

第一条　劳动者与用人单位之间发生的下列纠纷，属于劳动争议，当事人不服劳动争议仲裁机构作出的裁决，依法提起诉讼的，人民法院应予受理：

（一）劳动者与用人单位在履行劳动合同过程中发生的纠纷；

（二）劳动者与用人单位之间没有订立书面劳动合同，但已形成劳动关系后发生的纠纷；

（三）劳动者与用人单位因劳动关系是否已经解除或者终止，以及应否支付解除或者终止劳动关系经济补偿金发生的纠纷；

（四）劳动者与用人单位解除或者终止劳动关系后，请求用人单位返还其收取的劳动合同定金、保证金、抵押金、抵押物发生的纠纷，或者办理劳动者的人事档案、社会保险关系等移转手续发生的纠纷；

（五）劳动者以用人单位未为其办理社会保险手续，且社会保险经办机构不能补办导致其无法享受社会保险待遇为由，要求用人单位赔偿损失发生的纠纷；

（六）劳动者退休后，与尚未参加社会保险统筹的原用人单位因追索养老金、医疗费、工伤保险待遇和其他社会保险待遇而发生的纠纷；

（七）劳动者因为工伤、职业病，请求用人单位依法给予工伤保险待遇发生的纠纷；

（八）劳动者依据劳动合同法第八十五条规定，要求用人单位支付加付赔偿金发生的纠纷；

（九）因企业自主进行改制发生的纠纷。

第二条 下列纠纷不属于劳动争议：

（一）劳动者请求社会保险经办机构发放社会保险金的纠纷；

（二）劳动者与用人单位因住房制度改革产生的公有住房转让纠纷；

（三）劳动者对劳动能力鉴定委员会的伤残等级鉴定结论或者对职业病诊断鉴定委员会的职业病诊断鉴定结论的异议纠纷；

（四）家庭或者个人与家政服务人员之间的纠纷；

（五）个体工匠与帮工、学徒之间的纠纷；

（六）农村承包经营户与受雇人之间的纠纷。

第三条 劳动争议案件由用人单位所在地或者劳动合同履行地的基层人民法院管辖。

劳动合同履行地不明确的，由用人单位所在地的基层人民法院管辖。

法律另有规定的，依照其规定。

第四条 劳动者与用人单位均不服劳动争议仲裁机构的同一裁决，向同一人民法院起诉的，人民法院应当并案审理，双方当事人互为原告和被告，对双方的诉讼请求，人民法院应当一并作出裁决。在诉讼过程中，一方当事人撤诉的，人民法院应当根据另一方当事人的诉讼请求继续审理。双方当事人就同一仲裁裁决分别向有管辖权的人民法院起诉的，后受理的人民法院应当将案件移送给先受理的人民法院。

第五条 劳动争议仲裁机构以无管辖权为由对劳动争议案件不予受理，当事人提起诉讼的，人民法院按照以下情形分别处理：

（一）经审查认为该劳动争议仲裁机构对案件确无管辖权的，应当告知当事人向有管辖权的劳动争议仲裁机构申请仲裁；

（二）经审查认为该劳动争议仲裁机构有管辖权的，应当告知当事人申请仲裁，并将审查意见书面通知该劳动争议仲裁机构；劳动争议仲裁机构仍不受理，当事人就该劳动争议事项提起诉讼的，人民法院应予受理。

第六条 劳动争议仲裁机构以当事人申请仲裁的事项不属于劳动争议为由，作出不予受理的书面裁决、决定或者通知，当事人不服依法提起诉讼的，人民法院应当分别情况予以处理：

（一）属于劳动争议案件的，应当受理；

（二）虽不属于劳动争议案件，但属于人民法院主管的其他案件，应当依法受理。

第七条 劳动争议仲裁机构以申请仲裁的主体不适格为由，作出不予受理的书面裁决、决定或者通知，当事人不服依法提起诉讼，经审查确属主体不适格的，人民法院不予受理；已经受理的，裁定驳回起诉。

第八条 劳动争议仲裁机构为纠正原仲裁裁决错误重新作出裁决，当事人不服依法提起诉讼的，人民法院应当受理。

第九条 劳动争议仲裁机构仲裁的事项不属于人民法院受理的案件范围，当事人不服依法提起诉讼的，人民法院不予受理；已经受理的，裁定驳回起诉。

第十条 当事人不服劳动争议仲裁机构作出的预先支付劳动者劳动报酬、工伤医疗费、经济补偿或者赔偿金的裁决，依法提起诉讼的，人民法院不予受理。

用人单位不履行上述裁决中的给付义务，劳动者依法申请强制执行的，人民法院应予受理。

第十一条 劳动争议仲裁机构作出的调解书已经发生法律效力，一方当事人反悔提起诉讼的，人民法院不予受理；已经受理的，裁定驳回起诉。

第十二条 劳动争议仲裁机构逾期未作出受理决定或仲裁裁决，当事人直接提起诉讼的，人民法院应予受理，但申请仲裁的案件存在下列事由的除外：

（一）移送管辖的；

（二）正在送达或者送达延误的；

（三）等待另案诉讼结果、评残结论的；

（四）正在等待劳动争议仲裁机构开庭的；

（五）启动鉴定程序或者委托其他部门调查取证的；

（六）其他正当事由。

当事人以劳动争议仲裁机构逾期未作出仲裁裁决为由提起诉讼的，应当提交该仲裁机构出具的受理通知书或者其他已接受仲裁申请的凭证、证明。

第十三条 劳动者依据劳动合同法第三十条第二款和调解仲裁法第十六条规定向人民法院申请支付令，符合民事诉讼法第十七章督促程序规定的，人民法院应予受理。

依据劳动合同法第三十条第二款规定申请支付令被人民法院裁定终结督促程序后，劳动者就劳动争议事项直接提起诉讼的，人民法院应当告知其先向劳动争议仲裁机构申请仲裁。

依据调解仲裁法第十六条规定申请支付令被人民法院裁定终结督促程序后，劳动者依据调解协议直接提起诉讼的，人民法院应予受理。

第十四条 人民法院受理劳动争议案件后，当事人增加诉讼请求的，如该诉讼请求与讼争的劳动争议具有不可分性，应当合并审理；如属独立的劳动争议，应当告知当事人向劳动争议仲裁机构申请仲裁。

第十五条 劳动者以用人单位的工资欠条为证据直接提起诉讼，诉讼请求不涉及劳动关系其他争议的，视为拖欠劳动报酬争议，人民法院按照普通民事纠纷受理。

第十六条 劳动争议仲裁机构作出仲裁裁决后，当事人对裁决中的部分事项不服，依法提起诉讼的，劳动争议仲裁裁决不发生法律效力。

第十七条 劳动争议仲裁机构对多个劳动者的劳动争议作出仲裁裁决后，部分劳动者对仲裁裁决不服，依法提起诉讼的，仲裁裁决对提起诉讼的劳动者不发生法律效力；对未提起诉讼的部分劳动者，发生法律效力，如其申请执行的，人民法院应当受理。

第十八条 仲裁裁决的类型以仲裁裁决书确定为准。仲裁裁决书未载明该裁决为终局裁决或者非终局裁决，用人单位不服该仲裁裁决向基层人民法院提起诉讼的，应当按照以下情形分别处理：

（一）经审查认为该仲裁裁决为非终局裁决的，基层人民法院应予受理；

（二）经审查认为该仲裁裁决为终局裁决的，基层人民法院不予受理，但应告知用人单位可以自收到不予受理裁定书之日起三十日内向劳动争议仲裁机构所在地的中级人民法院申请撤销该仲裁裁决；已经受理的，裁定驳回起诉。

第十九条 仲裁裁决书未载明该裁决为终局裁决或者非终局裁决，劳动者依据调解仲裁法第四十七条第一项规定，追索劳动报酬、工伤医疗费、经济补偿或者赔偿金，如果仲裁裁决涉及数项，每项确定的数额均不超过当地月最低工资标准十二个月金额的，应当按照终局裁决处理。

第二十条 劳动争议仲裁机构作出的同一仲裁裁决同时包含终局裁决事项和非终局裁决事项，当事人不服该仲裁裁决向人民法院提起诉讼的，应当按照非终局裁决处理。

第二十一条 劳动者依据调解仲裁法第四十八条规定向基层人民法院提起诉讼，用人单位依据调解仲裁法第四十九条规定向劳动争议仲裁机构所在地的中级人民法院申请撤销仲裁裁决的，中级人民法院应当不予受理；已经受理的，应当裁定驳回申请。

被人民法院驳回起诉或者劳动者撤诉的，用人单位可以自收到裁定书之日起三十日内，向劳动争议仲裁机构所在地的中级人民法院申请撤销仲裁裁决。

第二十二条 用人单位依据调解仲裁法第四十九条规定向中级人民法院申请撤销仲裁裁决，中级人民法院作出的驳回申请或者撤销仲裁裁决的裁定为终审裁定。

第二十三条 中级人民法院审理用人单位申请撤销终局裁决的案件，应当组成合议庭开庭审理。经过阅卷、调查和询问当事人，对没有新的事实、证据或者理由，合议庭认为不需要开庭审理的，可以不开庭审理。

中级人民法院可以组织双方当事人调解。达成调解协议的，可以制作调解书。一方当事人逾期不履行调解协议的，另一方可以申请人民法院强制执行。

第二十四条 当事人申请人民法院执行劳动争议仲裁机构作出的发生法律效力的裁决书、调解书，被申请人提出证据证明劳动争议仲裁裁决书、调解书有下列情形之一，并经审查核实的，人民法院可以根据民事诉讼法第二百三十七条规定，裁定不予执行：

（一）裁决的事项不属于劳动争议仲裁范围，或者劳动争议仲裁机构无权仲裁的；

（二）适用法律、法规确有错误的；

（三）违反法定程序的；

（四）裁决所根据的证据是伪造的；

（五）对方当事人隐瞒了足以影响公正裁决的证据的；

（六）仲裁员在仲裁该案时有索贿受贿、徇私舞弊、枉法裁决行为的；

（七）人民法院认定执行该劳动争议仲裁裁决违背社会公共利益的。

人民法院在不予执行的裁定书中，应当告知当事人在收到裁定书之次日起三十日内，可以就该劳动争议事项向人民法院提起诉讼。

第二十五条 劳动争议仲裁机构作出终局裁决，劳动者向人民法院申请执行，用人单位向劳动争议仲裁机构所在地的中级人民法院申请撤销的，人民法院应当裁定中止执行。

用人单位撤回撤销终局裁决申请或者其申请被驳回的，人民法院应当裁定恢复执行。仲裁裁决被撤销的，人民法院应当裁定终结执行。

用人单位向人民法院申请撤销仲裁裁决被驳回后，又在执行程序中以相同理由提出不予执行抗辩的，人民法院不予支持。

第二十六条 用人单位与其他单位合并的，合并前发生的劳动争议，由合并后的单位为当事人；用人单位分立为若干单位的，其分立前发生的劳动争议，由分立后的实际用人单位为当事人。

用人单位分立为若干单位后，具体承受劳动权利义务的单位不明确的，分立后的单位均为当事人。

第二十七条 用人单位招用尚未解除劳动合同的劳动者，原用人单位与劳动者发生的劳动争议，可以列新的用人单位为第三人。

原用人单位以新的用人单位侵权为由提起诉讼的，可以列劳动者为第三人。

原用人单位以新的用人单位和劳动者共同侵权为由提起诉讼的，新的用人单位和劳动者列为共同被告。

第二十八条 劳动者在用人单位与其他平等主体之间的承包经营期间，与发包方和承包方双方或者一方发生劳动争议，依法提起诉讼的，应当将承包方和发包方作为当事人。

第二十九条 劳动者与未办理营业执照、营业执照被吊销或者营业期限届满仍继续经营的用人单位发生争议的，应当将用人单位或者其出资人列为当事人。

第三十条 未办理营业执照、营业执照被吊销或者营业期限届满仍继续经营的用人单位，以挂靠等方式借用他人营业执照经营的，应当将用人单位和营业执照出借方列为当事人。

第三十一条 当事人不服劳动争议仲裁机构作出的仲裁裁决，依法提起诉讼，人民法院审查认为仲裁裁决遗漏了必须共同参加仲裁的当事人的，应当依法追加遗漏的人为诉讼当事人。

被追加的当事人应当承担责任的，人民法院应当一并处理。

第三十二条 用人单位与其招用的已经依法享受养老保险待遇或者领取退休金的人员发生用工争议而提起诉讼的，人民法院应当按劳务关系处理。

企业停薪留职人员、未达到法定退休年龄的内退人员、下岗待岗人员以及企业经营性停产放长假人员，因与新的用人单位发生用工争议而提起诉讼的，人民法院应当按劳动关系处理。

第三十三条 外国人、无国籍人未依法取得就业证件即与中华人民共和国境内的用人单位签订劳动合同，当事人请求确认与用人单位存在劳动关系的，人民法院不予支持。

持有《外国专家证》并取得《外国人来华工作许可证》的外国人，与中华人民共和国境内的用人单位建立用工关系的，可以认定为劳动关系。

第三十四条 劳动合同期满后，劳动者仍在原用人单位工作，原用人单位未表示异议的，视为双方同意以原条件继续履行劳动合同。一方提出终止劳动关系的，人民法院应予支持。

根据劳动合同法第十四条规定，用人单位应当与劳动者签订无固定期限劳动合同而未签订的，人民法院可以视为双方之间存在无固定期限劳动合同关系，并以原劳动合同确定双方的权利义务关系。

第三十五条 劳动者与用人单位就解除或者终止劳动合同办理相关手续、支付工资报酬、加班费、经济补偿或者赔偿金等达成的协议，不违反法律、行政法规的强制性规定，且不存在欺诈、胁迫或者乘人之危情形的，应当认定有效。

前款协议存在重大误解或者显失公平情形，当事人请求撤销的，人民法院应予支持。

第三十六条 当事人在劳动合同或者保密协议中约定了竞业限制，但未约定解除或者终止劳动合同后给予劳动者经济补偿，劳动者履行了竞业限制义务，要求用人单位按照劳动者在劳动合同解除或者终止前十二个月平均工资的30%按月支付经济补偿的，人民法院应予支持。

前款规定的月平均工资的30%低于劳动合同履行地最低工资标准的，按照劳动合同履行地最低工资标准支付。

第三十七条 当事人在劳动合同或者保密协议中约定了竞业限制和经济补偿，当事人解除劳动合同时，除另有约定外，用人单位要求劳动者履行竞业限制义务，或者劳动者履行了竞业限制义务后要求用人单位支付经济补偿的，人民法院应予支持。

第三十八条 当事人在劳动合同或者保密协议中约定了竞业限制和经济补偿，劳动合同解除或者终止后，因用人单位的原因导致三个月未支付经济补偿，劳动者请求解除竞业限制约定的，人民法院应予支持。

第三十九条 在竞业限制期限内，用人单位请求解除竞业限制协议的，人民法院应予支持。

在解除竞业限制协议时，劳动者请求用人单位额外支付劳动者三个月的竞业限制经济补偿的，人民法院应予支持。

第四十条 劳动者违反竞业限制约定，向用人单位支付违约金后，用人单位要求劳动者按照约定继续履行竞业限制义务的，人民法院应予支持。

第四十一条 劳动合同被确认为无效，劳动者已付出劳动的，用人单位应当按照劳动合同法第二十八条、第四十六条、第四十七条的规定向劳动者支付劳动报酬和经济补偿。

由于用人单位原因订立无效劳动合同，给劳动者造成损害的，用人单位应当赔偿劳动者因合同无效所造成的经济损失。

第四十二条 劳动者主张加班费的，应当就加班事实的存在承担举证责任。但劳动者有证据证明用人单位掌握加班事实存在的证据，用人单位不提供的，由用人单位承担不利后果。

第四十三条 用人单位与劳动者协商一致变更劳动合同，虽未采用书面形式，但已经实际履行了口头变更的劳动合同超过一个月，变更后的劳动合同内容不违反法律、行政法规且不违背公序良俗，当事人以未采用书面形式为由主张劳动合同变更无效的，人民法院不予支持。

第四十四条 因用人单位作出的开除、除名、辞退、解除劳动合同、减少劳动报酬、计算劳动者工作年限等决定而发生的劳动争议，用人单位负举证责任。

第四十五条 用人单位有下列情形之一，迫使劳动者提出解除劳动合同的，用人单位应当支付劳动者的劳动报酬和经济补偿，并可支付赔偿金：

（一）以暴力、威胁或者非法限制人身自由的手段强迫劳动的；

（二）未按照劳动合同约定支付劳动报酬或者提供劳动条件的；

（三）克扣或者无故拖欠劳动者工资的；

（四）拒不支付劳动者延长工作时间工资报酬的；

（五）低于当地最低工资标准支付劳动者工资的。

第四十六条 劳动者非因本人原因从原用人单位被安排到新用人单位工作，原用人单位未支付经济补偿，劳动者依据劳动合同法第三十八条规定与新用人单位解除劳动合同，或者新用人单位向劳动者提出解除、终止劳动合同，在计算支付经济补偿或赔偿金的工作年限时,劳动者请求把在原用人单位的工作年限合并计算为新用人单位工作年限的,人民法院应予支持。

用人单位符合下列情形之一的,应当认定属于"劳动者非因本人原因从原用人单位被安排到新用人单位工作":

(一)劳动者仍在原工作场所、工作岗位工作,劳动合同主体由原用人单位变更为新用人单位;

(二)用人单位以组织委派或任命形式对劳动者进行工作调动;

(三)因用人单位合并、分立等原因导致劳动者工作调动;

(四)用人单位及其关联企业与劳动者轮流订立劳动合同;

(五)其他合理情形。

第四十七条 建立了工会组织的用人单位解除劳动合同符合劳动合同法第三十九条、第四十条规定,但未按照劳动合同法第四十三条规定事先通知工会,劳动者以用人单位违法解除劳动合同为由请求用人单位支付赔偿金的,人民法院应予支持,但起诉前用人单位已经补正有关程序的除外。

第四十八条 劳动合同法施行后,因用人单位经营期限届满不再继续经营导致劳动合同不能继续履行,劳动者请求用人单位支付经济补偿的,人民法院应予支持。

第四十九条 在诉讼过程中,劳动者向人民法院申请采取财产保全措施,人民法院经审查认为申请人经济确有困难,或者有证据证明用人单位存在欠薪逃匿可能的,应当减轻或者免除劳动者提供担保的义务,及时采取保全措施。

人民法院作出的财产保全裁定中,应当告知当事人在劳动争议仲裁机构的裁决书或者在人民法院的裁判文书生效后三个月内申请强制执行。逾期不申请的,人民法院应当裁定解除保全措施。

第五十条 用人单位根据劳动合同法第四条规定,通过民主程序制定的规章制度,不违反国家法律、行政法规及政策规定,并已向劳动者公示的,可以作为确定双方权利义务的依据。

用人单位制定的内部规章制度与集体合同或者劳动合同约定的内容不一致,劳动者请求优先适用合同约定的,人民法院应予支持。

第五十一条 当事人在调解仲裁法第十条规定的调解组织主持下达成的具有劳动权利义务内容的调解协议,具有劳动合同的约束力,可以作为人民法院裁判的根据。

当事人在调解仲裁法第十条规定的调解组织主持下仅就劳动报酬争议达成调解协议,用人单位不履行调解协议确定的给付义务,劳动者直接提起诉讼的,人民法院可以按照普通民事纠纷受理。

第五十二条 当事人在人民调解委员会主持下仅就给付义务达成的调解协议,双方认为有必要的,可以共同向人民调解委员会所在地的基层人民法院申请司法确认。

第五十三条 用人单位对劳动者作出的开除、除名、辞退等处理，或者因其他原因解除劳动合同确有错误的，人民法院可以依法判决予以撤销。

对于追索劳动报酬、养老金、医疗费以及工伤保险待遇、经济补偿金、培训费及其他相关费用等案件，给付数额不当的，人民法院可以予以变更。

第五十四条 本解释自 2021 年 1 月 1 日起施行。

【解　　读】

解读《最高人民法院关于审理劳动争议案件适用法律问题的解释（一）》

为贯彻落实习近平总书记在中央政治局第二十次集体学习时的重要讲话精神，以清理涉及《民法典》相关司法解释为契机，在最高人民法院颁布施行的原有四个劳动争议司法解释基础上，根据《民法典》、《劳动法》、《劳动合同法》、《民事诉讼法》、劳动争议调解仲裁法（以下简称《调解仲裁法》），以及《〈劳动合同法〉实施条例》等法律法规，对涉及劳动争议的司法解释作清理整合。通过听取专家学者、社会有关方面建议，征求全国人大常委会法工委、科技部、人力资源和社会保障部等单位，以及各高级人民法院意见建议，经反复研究论证，《最高人民法院关于审理劳动争议案件适用法律问题的解释（一）》（以下简称《劳动争议司法解释一》）由最高人民法院审判委员会第 1825 次会议审议通过，于 2021 年 1 月 1 日起施行。

一、《劳动争议司法解释一》出台的背景、意义

关于劳动争议的司法解释向来是社会关注度高、司法审判急需的重要解释。之所以采取废止原有多个司法解释，重新修改制定新解释的清理模式，主要考虑：一是增强司法解释的体系性、完整性，通过重新修订整合，既统一了解释形式，也方便法官、劳动者、用人单位等查找条文。二是保持新旧司法解释内容的连续性、稳定性，对与《劳动合同法》《调解仲裁法》等法律法规相冲突的予以删除，对已经被前述法律吸收的条文内容不再重复，对前述法律新规定的内容予以适当补充，整体未作大规模修改。三是保持适度的前瞻性、开放性，对于有争议仍待司法实践探索或者法律作出新规定但适用中分歧较大的问题暂不作规定，因为《民法典》颁布施行后，相关法律和司法解释将作对应调整，《劳动争议司法解释一》在这些法律、司法解释颁布施行后，还将进一

步补充、细化、完善。四是相关单位和社会有关方面认为目前劳动争议相关的司法解释纷繁复杂，建议清理修改，重新整合。这次重新修改制定劳动争议司法解释一，有以下重要意义。

第一，有利于人民法院正确统一实施《劳动法》律和《民法典》。从《劳动法》到《劳动合同法》、《调解仲裁法》，《劳动法》律不断发展、完善，为应对劳动争议案件审理中出现的新问题、难问题，最高人民法院曾先后颁布施行四个审理劳动争议案件的司法解释，内容丰富、体系庞大，跨越所谓《劳动法》时代和《劳动合同法》时代，因此也出现了《最高人民法院关于审理劳动争议案件适用法律若干问题的解释》（以下简称《原解释一》）、《最高人民法院关于审理劳动争议案件适用法律若干问题的解释（二）》（以下简称《原解释二》）相关内容与后颁布的《劳动合同法》、《调解仲裁法》内容不协调、不一致的情况。《劳动争议司法解释一》严格依照《劳动法》、《劳动合同法》、《调解仲裁法》以及《民法典》等法律制定。需要指出：一是劳动法律与民法关系问题。劳动法律属于社会法范畴，有其特有理念和规则，民法则属于私法范畴，民法与劳动法律对同一问题有不同规定时，应当适用劳动法律有关规定。例如，《民法典》对欺诈行为效力的规定与《劳动合同法》规定不同，本次解释相关条文并未依照《民法典》规定作修改，而是与《劳动合同法》保持一致。但是劳动法律没有规定时，《民法典》仍有适用余地，劳动法律中的部分概念、规则，例如，主体资格、民事行为能力等，仍然要以《民法典》规定为基础；劳动关系相关规定或者约定不得违背《民法典》强制性规定；等等。二是《劳动法》与《劳动合同法》、《调解仲裁法》关系问题。可以说，《劳动法》是劳动法律领域的基本法，《劳动合同法》是劳动合同领域的特别法，《调解仲裁法》是劳动争议程序领域的特别法，《劳动法》与《劳动合同法》、《调解仲裁法》对同一问题规定不一致时，应当以特别法为准。例如，《劳动法》第八十二条与《调解仲裁法》第二十七条对仲裁时效的起算、中断、中止等规定不一致，本次解释制定时就将《原解释一》《原解释二》中有关仲裁时效条文予以废止，相关案件审理可以直接援引《调解仲裁法》第二十七条的规定。

第二，有利于构建、发展和谐稳定的劳动关系。劳动关系是现代社会最重要、最基本的社会经济关系之一，健康和谐的劳动关系是社会稳定、经济发展的基石；维护劳动者合法权益，合理平衡劳动者与用人单位双方利益，有效促进企业生产经营，构建科学、和谐的劳动关系，是人民法院劳动争议审判工作的职责和使命。据统计，近三年来，全国劳动争议纠纷案件一审收案数量每年超过40万件，且呈逐年递增态势。这些案件的处理，既涉及劳动者权益保护和用人单位发展，又涉及我国劳动用工、社会保障制度改革成果的落实。正因为如此，本次解释制定中，根据《劳动合同法》关于劳动者权益保护的制度发展，例如经济补偿、赔偿金制度等，以及新形势下对劳动者和用人单位双方利益的平衡，对原解释特别是《原解释一》《原解释二》有关条文作相应修改，修改后的条文应当结合这一背景来理解。

第三，有利于广大劳动者、用人单位准确理解法律。按照诉讼程序进程和劳动关系演变规律，将原解释中的相关内容整合归纳。《劳动争议司法解释一》原则上分为劳动争议案件受理范围、管辖、裁审衔接、当事人、劳动合同的订立、履行和变更、解除和终止、其他事项八个部分。通过归纳整合，更加有利于广大劳动者、用人单位完整、系统地理解《劳动法》、《劳动合同法》、《调解仲裁法》等有关法律内容，依法维权。以裁审衔接部分为例，处理劳动争议主要依赖于调解、仲裁和诉讼三大程序，理顺诉裁衔接程序是解决劳资纠纷、畅通劳资关系的主要途径；通过对原有四个解释中涉及裁审衔接的条文归纳整合，例如依照《调解仲裁法》相关规定，对先予执行仲裁裁决的情形作了完善，进一步规范劳动争议纠纷案件处理程序，促进裁审衔接。

二、关于案件管辖制度

本次司法解释清理，对原有几个解释中涉及劳动争议案件管辖的规定作了整合，在第三条、第四条、第五条中重新作出规定，涉及地域管辖、管辖权确定等方面。

第一，关于劳动争议案件管辖的一般规定。一是关于用人单位所在地法院管辖。依据《民事诉讼法》关于地域管辖的基本原则，即原告就被告，劳动争议案件应由一方当事人住所地人民法院管辖。用人单位住所地相对固定，且用人单位相关管理规章往往依据所在地地方性法规、规章等文件制定，因此相对于劳动者住所地，由用人单位所在地法院管辖更为适当。二是关于合同履行地法院管辖。在用人单位所在地与合同履行地不一致的情况下，例如用人单位所在地在上海市黄浦区，合同履行地在北京市通州区，当事人赴用人单位所在地起诉极为不便，因此《劳动争议司法解释一》第三条规定可以由合同履行地基层人民法院管辖。三是关于法律另有规定的，依照其规定。例如根据《调解仲裁法》第四十九条的规定，用人单位申请撤销终局仲裁裁决的，向劳动争议仲裁委员会所在地的中级人民法院提出。

第二，关于双方当事人同时起诉的法院管辖。征求意见时有建议认为，可以结合《调解仲裁法》第二十一条，规定双方当事人对同一仲裁裁决不服同时提起诉讼的，由该劳动争议仲裁机构所在地人民法院管辖。这一建议具有一定合理性，有利于管辖权恒定，减少裁判尺度不一引发法律适用不一致的现象。但是考虑到，一方面，以劳动争议仲裁机构所在地作为人民法院地域管辖根据，不符合原告就被告的基本规则，目前也无其他程序法就此作出明确规定；另一方面，劳动争议仲裁机构层级设置与法院不完全相同，有的一个劳动争议仲裁机构管辖范围内可能有多个基层人民法院，在此情况下反而增加了管辖权确定的难度。因此，《劳动争议司法解释一》仍然规定"后受理的人民法院应当将案件移送给先受理的人民法院"。征求意见过程中，有人认为可以参考《调解仲裁法》第二十一条关于双方当事人分别向有管辖权的劳动争议仲裁机构申请仲裁的处理，规定双方当事人同时向有管辖权的人民法院起诉的，直接明确由合同履行地基层人民法院管辖。我们认为，交由合同履行地基层人民法院管辖是否更符合实际，或者是否有更加合适的解决办法，可以留待立法、司法实践继续作探索优化。

第三，关于劳动者和用人单位同时起诉的诉讼地位。劳动者和用人单位均不服同一仲裁裁决提起诉讼的，《原解释一》《原解释二》有关规定存在冲突。《原解释一》第九条规定，先起诉的为原告，后起诉的为被告，但是对被告诉讼请求一并审理；《原解释二》第十一条规定，人民法院应当并案审理，双方当事人互为原告和被告。司法实践中，一是因为当事人均不服同一仲裁裁决提起诉讼的，由于起诉时间不同，负责立案审查人员可能不同，导致法院先后立了两案；二是由于当事人可以向用人单位所在地或者劳动合同履行地的人民法院起诉，双方当事人分别选择其一的，也会产生不同法院分别立案的情况。因此，《原解释二》第十一条规定，依据《民事诉讼法》对前述情况实行并案审理，既能体现"两便"原则，减轻当事人讼累，防止出现"同案不同判"，也能解决劳动争议案件是否存在反诉机制的理论困惑。并案审理后，双方互为原告和被告。若一方提出撤诉申请并经人民法院裁定准许后，表明其作为原告提起的诉讼消除，其不再以原告身份参加诉讼，但是其在对方当事人为原告所提诉讼中的被告身份没有因撤诉而改变，因此即使一方当事人撤诉，人民法院仍应当根据另一方当事人的诉讼请求对案件继续审理。因此，本解释制定时，将《原解释一》第九条和《原解释二》第十一条合并，废止前者部分内容，保留后者。

三、关于达到法定退休年龄人员的用工认定

关于达到法定退休年龄人员的用工认定问题，司法实践中仍有争议，《劳动争议司法解释一》第三十二条对此作了规定。准确理解这一条，应当注意以下两个方面。

第一，关于与依法享受养老保险待遇或者领取退休金人员建立的用工关系的性质认定。依法享受养老保险待遇或者领取退休金人员再就业情况非常普遍，对于这类人员的用工关系如何定性，目前司法实践争议不大。依照《劳动合同法》第四十四条第二项规定，劳动者开始依法享受基本养老保险待遇，是劳动者与用人单位劳动合同终止的法定原因。劳动者只要已经依法享受基本养老保险待遇，劳动合同即终止，不宜再建立劳动关系。所以用人单位与这类人员建立的用工关系，不应当认定为劳动关系，否则违背《劳动合同法》规定，

也违背基本养老保险待遇制度初衷。因此《劳动争议司法解释一》第三十二条第一款规定，用人单位与已经依法享受养老保险待遇或者领取退休金人员发生用工争议提起诉讼的，人民法院应当按劳务关系处理。

第二，关于与达到法定退休年龄但不能享受养老保险待遇人员建立的用工关系的性质认定。一般情况下，享受养老保险待遇的人员已经达到法定退休年龄，但是达到法定退休年龄不一定能够享受养老保险待遇。对于用人单位与已达到法定退休年龄但是不能享受养老保险待遇人员的用工关系定性，实践中存在争议。一种意见认为，用人单位应当继续履行劳动合同，为劳动者缴纳社会保险，当符合可以享受基本养老保险的条件时，用人单位可以终止劳动合同。另一种意见认为，劳动者已经达到法定退休年龄而不能依法享受养老保险待遇的情况非常复杂，可能用人单位为劳动者缴纳了社会保险费，但是由于该劳动者累计缴费年限不满15年，因此不能享受按月支付的基本养老保险待遇；还有的地方没有把农民工等人员纳入基本养老保险覆盖范围，这些劳动者可能根本没有参加基本养老保险。如果在这些情况下，一律禁止用人单位终止劳动合同，对其不公。《〈劳动合同法〉实施条例》第二十一条规定，劳动者达到法定退休年龄的，劳动合同终止。我们认为，可以将该条规定视为《劳动合同法》第四十四条第六项规定的"法律、行政法规规定的其他情形"。但是这并不意味着劳动关系必然自动终止。人民法院应当对该条规定适用情形作实质审查，对于达到法定退休年龄，但是非因用人单位原因不能享受基本养老保险待遇的，例如前述另一种意见中出现的情况，可以终止劳动关系；对于达到法定退休年龄，但是因为用人单位原因不能享受基本养老保险待遇的，不能随意终止劳动关系。

四、关于涉港澳台劳动关系认定

关于涉港澳台劳动关系认定问题，《最高人民法院关于审理劳动争议案件适用法律若干问题的解释（四）》（以下简称《原解释四》）第十四条作了规定，《劳动争议司法解释一》制定过程中，根据国务院行政法规变化作了修订。

第一，涉港澳台劳动关系建立不再需要台港澳人员就业证。依照《原解释四》第十四条的规定，港澳台居民未依法取得就业证件即与内地用人单位签订劳动合同的，不认定为劳动关系。2018年7月28日，国务院印发《关于取消一批行政许可事项的决定》（国发〔2018〕28号，以下简称《决定》），取消台港澳人员在内地的就业许可；之后，人力资源和社会保障部印发《关于香港澳门台湾居民在内地（大陆）就业有关事项的通知》，规定自2018年7月28日起，港澳台人员在内地（大陆）就业不再需要办理《台港澳人员就业证》。据此，本解释制定中，对《原解释四》第十四条作出修改，删除前述涉及港澳台居民内地用工相关内容，即通过司法解释予以明确，港澳台居民与内地（大陆）用人单位建立劳动关系，不再需要办理《台港澳人员就业证》。

第二，国务院《决定》对涉港澳台劳动关系认定的影响。本解释制定过程中，出现了"溯及论"和"分段论"两种意见。所谓"溯及论"，是指无论港澳台居民与用人单位签订劳动合同的时间在《决定》出台前还是出台后，只要一方起诉时间在《决定》出台后，均不适用《原解释四》第十四条关于港澳台居民就业须办理就业证的规定。这种意见有其合理性，但是从人力资源和社会保障部门及人民法院实践出发，综合考虑劳动者和用人单位权益平衡保护、同一时段劳动者权益的平等保护、相关问题属于特殊阶段司法实践问题等因素，我们认为"分段论"更符合实践情况，更具操作性和稳妥性，也更符合司法解释时效规定的总体逻辑。劳动者未办理《台港澳人员就业证》的，以《决定》施行日期（2018年7月28日）为时间节点分段，对于《决定》施行以前建立的用工关系，不宜认定为劳动关系，可以认定为劳务关系；对于《决定》施行以后（含当日）建立的用工关系，应当认定为劳动关系，受劳动法律保护。

五、关于劳动合同期满后权利义务的确定

关于劳动合同期满后权利义务的确定问题，虽然《劳动争议司法解释一》第三十四条对《原解释一》第十六条未作修改，但是应当结合《劳动合同法》、《劳动合同法实施条例》等相关规定作出准确理解。

第一，关于对"视为双方同意以原条件继续履行劳动合同"中"原条件"的理解。劳动合同期满，用人单位未与劳动者续订劳动合同，但是劳动者继续在用人单位工作的，视为双方同意以原条件继续履行劳动合同。实践中，对原条件如何把握，是否包括原劳动合同约定的履行期限，存在争议。我们认为，本条规定的原条件，是指原劳动合同中除劳动合同期限以外的其他权利义务内容，包括劳动时间、工资报酬、奖金、福利待遇等，"以原条件继续履行"是指上述问题参照原劳动合同的约定执行。关于劳动合同履行期限的约定，属于双方对劳动合同持续时间的合意，这种合意很难通过默示行为来推定，与可以通过工资报酬的支付、接受行为来推定双方对工资报酬的合意不同，因此不宜以劳资双方的履行默示来认定原劳动合同约定的期限就是双方合意，而需要根据当事人明示意思表示来确定。如果双方就继续履行的期限未协商或者协商不成，则应当根据《劳动合同法》等法律法规来认定。

第二，视为双方同意以原条件继续履行劳动合同的，不能免除用人单位应当与劳动者签订书面劳动合同的法定责任。一般情况下，为使劳动者对原劳动合同到期后是否续订有合理预期，以便提前准备再就业等，用人单位应当基于诚信原则在原合同到期前的合理期间内通知劳动者，协商办理终止或者续订劳动合同事宜。如果用人单位按时履行相关附随义务，就不会出现视为双方同意以原条件继续履行劳动合同的情况。如果用人单位未履行上述附随义务，用工关系继续的，用人单位对原劳动合同期满和继续用工的法律后果均有预期，原劳动合同期满之日，即是用人单位应当续订劳动合同之日和承担未续订法律后果之日。依照《劳动合同法》第十条、第十四条第三款、第八十二条和《劳动合同法实施条例》第六条规定，劳动合同期满后，用人单位未与劳动者续订书面劳动合同的，应当按规定向劳动者每月支付二倍工资，并补订书面劳动合同；如果经用人单位书面通知，劳动者不与用人单位续订劳动合同的，用人单位应当书面通知劳动者终止劳动关系，依照有关规定支付经济补偿。用人单位自劳动合同期满之日起满1年不与劳动者续订书面劳动合同，视为用人单位与劳动者已订立无固定期限劳动合同。

第三，关于对"一方提出终止劳动关系的，人民法院应予支持"的理解。本条款内容并非赋予用人单位任意终止权。劳动合同期满1年内，为平衡劳动者和用人单位的利益，用人单位不愿与劳动者续订书面劳动合同，提出终止劳动关系的，视为符合《劳动合同法》第四十四条第一项规定的劳动合同终止情形，应当依照《劳动合同法》第四十六条第五项的规定支付经济补偿，不以违法终止劳动关系论。

第四，关于对第二款的理解。符合《劳动合同法》第十四条规定的订立无固定期限劳动合同情形，用人单位不与劳动者订立的，视为双方已经依照原劳动合同确定的权利义务建立无固定期限劳动合同关系，并且依照《劳动合同法》第八十二条第二款等规定支付二倍工资。符合《劳动合同法》第十四条第二款规定情形的，劳动者有权选择续订、订立固定期限劳动合同或者终止劳动合同，用人单位无权作此选择，否则应当承担违法终止等相关责任。

六、关于劳动合同无效的处理

《劳动争议司法解释一》第四十一条对劳动合同被确认无效后，用人单位如何承担责任作了系统规定，准确理解应注意三个方面。

第一，关于劳动报酬。劳动合同被确认无效后，劳动者已经付出劳动的，用人单位应当支付劳动报酬；劳动报酬支付标准依照《劳动合同法》第二十八条确定。劳动合同明确约定了劳动报酬数额，且不违反法律、法规和国家规定的，虽然劳动合同被确认全部无效或者部分无效，用人单位仍可以参照劳动合同约定支付劳动报酬；劳动合同没有约定劳动报酬，但是用人单位支付了劳动报酬，且符合法律、法规和国家规定的，该劳动报酬数额有效；用人单位没有支付劳动报酬或者实际支付报酬不符合法律、法规和国家规定的，报酬数额可以参照本单位相同或者相近岗位劳动者的劳动报酬确定。相同岗位，即劳动者从事工种相同，提供劳动相同；相似岗位，指劳动者从事工种不同，提供劳动性质不同，但是在本单位所处位置、发挥作用相同。

第二，关于经济补偿。《劳动合同法》第二十六条第一款规定了劳动合同无效的三种情形；依照《劳动合同法》第三十八条第一款第五项规定，由于用人单位存在前述三种情形致使劳动合同无效的，劳动者获得单方解除权；在上述情形下，依照《劳动合同法》第四十六条第一项规定，用人单位应当依照第四十七条规定的计算标准向劳动者支付经济补偿。因此，本条第一款规定，劳动合同被确认无效，用人单位应当按照《劳动合同法》第四十六条、第四十七条规定支付经济补偿。

第三，关于经济损失赔偿。依照《劳动法》第九十七条、《劳动合同法》第八十六条规定，由于用人单位原因订立无效劳动合同，给劳动者造成损害的，用人单位应当赔偿劳动者因合同无效所造成的经济损失，本条第二款对此作了明确规定。该款规定的损害赔偿责任系过错责任，赔偿损失应当以实际损失为限，不同于惩罚性赔偿。

七、关于口头变更劳动合同的效力规则

司法实践中，如何理解口头变更劳动合同的效力规则存在争议，《劳动争议司法解释一》第四十三条对此作了进一步明确。

第一，关于对"应当采用书面形式"的理解。《劳动合同法》第三十五条规定，变更劳动合同应当采用书面形式。此条规定既是签订书面劳动合同原则的延伸，也是为了预防因对变更事项理解不明而发生争议。对于是否应当承认口头或者事实变更劳动合同的法律效力，目前已有共识。《劳动合同法》第三十五条规定的"应当"，应理解为管理性规范，而非效力性规范，当事人未采取书面变更形式的，不能认为其违反了强制性规范，只要变更后的合同内容不违法且经过一定期间劳动者未提异议的，就应当肯定这种变更行为的效力。这主要是考虑到劳动合同变更采取口头形式符合我国用人单位生产经营管理现状，在签订了书面劳动合同的情况下，对于那些通过口头变更后履行了较长时间的劳动合同，应当确认其效力，防止一直处于悬而未决的事实状态。

第二，关于对"用人单位与劳动者协商一致"的理解。依照《劳动合同法》第三十五条规定，用人单位与劳动者协商一致，可以变更劳动合同约定的内容。口头变更劳动合同，应当建立在劳资双方合意前提下，这种合意可以是明示的，也可以是默示的，即通过当事人连续的实际履行行为表现出来。需要注意的是，不能把沉默当成默示，依照《民法典》第一百四十条规定，沉默只有在有法律规定、当事人约定或者符合当事人之间的交易习惯时，才可以视为意思表示。《原解释四》第十一条未强调变更需协商一致这个前提，导致司法实践中形成一种误解，认为只要实际履行变更的劳动合同超过1个月，就认定变更有效，而不论变更是否经过双方协商一致。例如，用人单位在没有明确告知劳动者的情况下单方降薪，并按照降薪后的标准发放超过1个月的工资，劳动者以不知情或者不同意为由请求用人单位补足工资差额，此时用人单位抗辩

称劳动者对降薪未提异议，工资标准已经通过实际履行的方式作变更。这种观点忽略了本条的适用前提是双方就变更劳动合同已经协商一致，如果仅是劳动者对降薪未持异议，实际上劳动者是对降薪保持消极沉默，用人单位没有证据证明其与劳动者就降薪进行协商的，这种沉默并不构成《民法典》第一百四十条规定的意思表示，不能视为双方就变更劳动合同已经协商一致。

第三，准确把握《劳动争议司法解释一》第四十三条规定的内容。为与《劳动合同法》第二十六条和《民法典》第一百五十三条规定保持一致，《劳动争议司法解释一》第四十三条除增加"用人单位与劳动者协商一致"条件外，还将《原解释四》第十一条中的"不违反法律、行政法规、国家政策以及公序良俗"修改为"不违反法律、行政法规且不违背公序良俗"。因此，应当从四个方面理解本条内容：一是用人单位与劳动者协商一致变更劳动合同；二是协商一致可以是明示，也可以是默示；三是默示判断标准是变更的劳动合同已经实际履行超过1个月；四是变更后的劳动合同内容合法不违反法律、行政法规且不违背公序良俗。

八、关于加付赔偿金的理解

《劳动争议司法解释一》第四十五条就加付赔偿金问题作了规定。如何理解这一规定？其与《劳动合同法》第八十七条规定的二倍赔偿金适用有何不同？

第一，将加付赔偿金案件纳入劳动争议案件受案范围的考量。对于加付赔偿金案件是否纳入劳动争议处理程序，本解释制定过程中有不同意见，司法实践中也有争议。一种意见认为，依照《劳动合同法》第八十五条规定，用人单位存在该条规定情形的，应当由劳动行政部门责令用人单位限期支付劳动报酬、加班费或者经济补偿，逾期不支付的，责令用人单位按一定比例加付赔偿金。因此责令加付赔偿金是劳动行政部门的职责，不属于人民法院主管范围，建议删除《原解释一》第十五条有关规定。另一种意见认为，劳动者往往在劳动关系中处于弱势，用人单位存在《劳动合同法》第八十五条或者第三十八条规定情形时，表面上是劳动者可以获得单方解除权，实质上可能是劳动者迫于前述情形提出解除合同，用人单位借此规避由其解除合同的相关责任。这种情况下，仅通过劳动者向劳动行政部门检举等，由劳动行政部门责令用人单位承担相应支付责任，保障力度不够，应当赋予劳动者请求司法保护并获得强制执行的权利。《劳动争议司法解释一》原则上采纳了第二种意见，保留《原解释一》第十五条有关规定，并在第一条中明确赋予劳动者就加付赔偿金案件依法提起诉讼的权利。至于是否要求劳动者提供经劳动行政部门先行处理的证据，将劳动争议处理程序作为一种补充救济手段，从贯彻落实《劳动合同法》第八十五条的立法原意来看，司法实践中还可以继续探索优化。

第二，关于对《劳动争议司法解释一》第四十五条的理解。本条解释与劳动者单方解除劳动合同的权利密切相关。依照《劳动合同法》第三十八条规定，用人单位具有该条所列五种情形时，劳动者可以获得单方解除权；在该五种情形下，劳动者被迫提出解除劳动合同的可能性大，此时用人单位应当依法支付劳动报酬和经济补偿，如果未按时支付的，参照《劳动合同法》第八十五条规定按应付金额50%以上100%以下标准向劳动者加付赔偿金。具体案件中确定具体标准时，要因时制宜，不能追求惩罚过度，否则于用人单位不公平。应当着重考虑以下因素：一是用人单位违法行为严重性及过错程度；二是劳动者因用人单位违法行为所受损害大小；三是用人单位因违法行为获利情况；四是用人单位接受其他处罚情况。

第三，关于《劳动争议司法解释一》第四十五条关于加付赔偿金规定与《劳动合同法》第八十七条关于二倍赔偿金规定的区别。如前所述，前者是劳动者受迫提出解除劳动合同，符合有关条件时，应当加付的赔偿金；如果用人单位按时支付劳动报酬和经济补偿，就不再加付赔偿金；另外，在《劳动争议司法解释一》第四十五条规定的五种情形下，劳动者解除劳动合同符合《劳动合同法》第三十八条规定，属于合法解除，作为解除方的劳动者不承担责任。对于后者，依据《劳动合同法》第八十七条规定，用人单位违反《劳动合同法》等法律规定，解除或者终止劳动合同的，应当依照《劳动合同法》第四十七条规定经济补偿标准的二倍支付赔偿金；根据《劳动合同法实施条例》第二十五条规定，用人单位依照《劳动合同法》第八十七条规定支付了赔偿金的，不再支付经济补偿；相对于前者，后者是用人单位违法解除或者终止劳动合同，作为解除方的用人单位需要承担责任。因此，二者区别明显，不能混同。

（撰稿人：刘　敏　于　蒙　危浪平）

【链　接】

最高人民法院相关负责人就首批《民法典》配套司法解释答记者问

（本文已收录于《最高人民法院关于适用〈中华人民共和国民法典〉时间效力的若干规定》[链　接]栏目，此处不再重复收录）

最高人民法院
关于人民法院审理事业单位人事争议案件若干问题的规定

法释〔2003〕13号

(2003年6月17日最高人民法院审判委员会第1278次会议通过 2003年8月27日最高人民法院公告公布 自2003年9月5日起施行)

为了正确审理事业单位与其工作人员之间的人事争议案件,根据《中华人民共和国劳动法》的规定,现对有关问题规定如下:

第一条 事业单位与其工作人员之间因辞职、辞退及履行聘用合同所发生的争议,适用《中华人民共和国劳动法》的规定处理。

第二条 当事人对依照国家有关规定设立的人事争议仲裁机构所作的人事争议仲裁裁决不服,自收到仲裁裁决之日起十五日内向人民法院提起诉讼的,人民法院应当依法受理。一方当事人在法定期间内不起诉又不履行仲裁裁决,另一方当事人向人民法院申请执行的,人民法院应当依法执行。

第三条 本规定所称人事争议是指事业单位与其工作人员之间因辞职、辞退及履行聘用合同所发生的争议。

【注 解】

本规定引用的《中华人民共和国劳动法》已于2018年12月29日第2次修正。

【解 读】

解读《最高人民法院关于人民法院审理事业单位人事争议案件若干问题的规定》

一、问题的提出

最高人民法院于2003年8月27日公布的《关于人民法院审理事业单位人事争议案件若干问题的规定》(以下简称本规定),自2003年9月5日起施行。

二、理解

(一) 事业单位及事业单位的人事管理制度

根据《民法通则》的规定，事业单位法人是与机关、企业、社会团体法人并列的四种法人之一。然而《民法通则》并未规定事业单位的性质、构成要件等。根据国务院《事业单位登记管理暂行条例》第二条的规定，事业单位仅指国家为了社会公益目的，由国家机关举办或者其他组织利用国有资产举办的，从事教育、科技、文化、卫生等活动的社会服务组织。这里强调了事业单位为"利用国有资产"举办的社会服务组织。实际上，事业单位为我国用人单位中的一个重要类型，是指为党政机关和国民经济、社会生活各个领域服务，为国家创造或者改善生产条件服务，为增进社会福利，满足人民群众的科学、教育、文化、卫生等需要，而不以为国家积累资金为直接目的的独立核算单位。根据行业划分，事业单位主要包括：从事科学研究、教育、文化、卫生、体育、新闻出版、广播电影电视事业的单位，从事农、林、牧、植、水利、气象事业的单位，从事勘察设计、建筑设计、地质普查和勘探及交通运输事业的单位，从事社会福利、环境保护、房地产管理和公用事业单位，从事综合技术服务、信息咨询事业的单位等。① 因而事业单位不仅包括"利用国有资产"举办的社会服务组织，也应当包括"利用非国有资产"举办的社会服务组织。例如，全国人大常委会于2002年12月28日通过的《中华人民共和国民办教育促进法》规定，民办教育机构是指国家机构以外的社会组织或者个人，"利用非国家财政性经费"，面向社会举办的学校及其他教育机构，"民办教育事业属于公益性事业，是社会主义教育事业的组成部分。"

事业单位的工作人员包括专业技术人员、管理人员、后勤人员，其中专业技术人员和管理人员为事业单位的主体。

目前，除少数行使国家行政职能的事业单位②依照公务员制度管理外，大多数事业单位实行的管理制度，既不同于公务员制度，也不同于企业人事管理制度。现行适用于事业单位的人事管理制度（指管理事业单位主体工作人员即专业技术人员和管理人员的人事管理制度，以下所称事业单位工作人员即指这两类人员，不包括单位的后勤人员）主要内容包括聘用合同制度、工资制度、职称制度、继续教育制度、考核制度和辞职辞退制度等六大方面。以上简要介绍聘用合同及辞职辞退两项制度的主要内容。

聘用合同制度的基本内容是指事业单位通过聘用合同招录专业人员和管理

---

① 参见《人事争议仲裁指南》，中国人事出版社2001年版，第128~129页。
② 根据《国务院关于机构设置的通知》（国发〔1998〕5号），中国气象局、中国证券监督管理委员会等即为此类事业单位。

人员，将单位与职工的权利义务订于合同之中。根据国办发〔2002〕35号通知等有关文件的规定，聘用合同由聘用单位的法定代表人或者其委托的人与受聘人员以书面形式订立。聘用合同必须具备下列条款：（1）聘用合同期限；（2）岗位及其职责要求；（3）岗位纪律；（4）岗位工作条件；（5）工资待遇；（6）聘用合同变更和终止的条件；（7）违反聘用合同的责任。经双方当事人协商一致，可以在聘用合同中约定试用期、培训和继续教育、知识产权保护、解聘提前通知时限等条款。聘用合同分为短期、中长期和以完成一定工作为期限的合同。对流动性强、技术含量低的岗位一般签订3年以下的短期合同；岗位或者职业需要、期限相对较长的合同为中长期合同；以完成一定工作为期限的合同，根据工作任务确定合同期限。合同期限最长不得超过应聘人员达到国家规定的退休年龄的年限。聘用单位与受聘人员经协商一致，可以订立上述任何一种期限的合同。对在本单位工作已满25年或者在本单位连续工作已满10年且年龄距国家规定的退休年龄已不足10年的人员，提出订立聘用至退休的合同的，聘用单位应当与其订立聘用至退休的合同。聘用单位与受聘人员签订聘用合同，可以约定试用期。试用期一般不超过3个月；情况特殊的，可以延长，但最长不得超过6个月。被聘人员为大中专应届毕业生的，试用期可以延长至12个月。试用期包括在聘用合同期限内。聘用单位与受聘人员订立聘用合同时，不得收取任何形式的抵押金、抵押物或者其他财物。事业单位实行聘用合同制度，有利于引入竞争机制，将事业单位人事管理由身份管理转变为岗位管理，实现用人单位的公开、公平、公正，促进单位自主用人，保障职工自主择业，维护单位和职工双方的合法权益。建立以聘用制为基础的用人制度是事业单位用人制度改革的基础和方向。

辞职辞退制度包括辞职和辞退两方面。根据人事部制定的《全民所有制事业单位专业技术人员和管理人员辞职暂行规定》（人调发〔1990〕19号）的有关规定，辞职是指事业单位的专业技术人员和管理人员享有的辞去其工作从而与其单位脱离关系的一项权利。辞职必须按照人事管理权限，向所在单位或者主管部门提出申请。按现行法律政策规定，具有下列情形之一的，辞职必须经所在单位批准：国家和省、市（地区）重点科研项目的主要负责人和业务骨干辞职后对工作可能造成损失的；在边远地区、少数民族地区工作的；从事特殊行为、特殊工种的；从事国家机密工作或者曾从事国家机密工作在规定的保密期内的；经国家机关决定或者批准正在接受审查尚未结案的；法律规定的其他需要批准辞职的情况。根据人事部《全民所有制事业单位辞退专业技术人员和管理人员暂行规定》（人调发〔1990〕18号）的有关规定，辞退是事业单位因法定事由经法定程序主动解除其与专业技术人员或者管理人员之间关系的行为，辞退是单位享有的一项权利。但具有下列情形之一的，单位不得辞退其专业技术人员或管理人员：因公负伤、致残而丧失劳动能力的；妇女在孕期、产期及哺乳期内的;享受休假待遇的人员在休假期间内的;患绝症、精神病及本专业职业病的;符合国家规定的其他条件的。与所在单位订有聘用合同的人员,其辞职辞退应按聘用合同的约定办理。事业单位人事制度中的聘用合同制度和辞职辞退制度是事业单位人事制度的核心内容。工资、职称、继续教育、考核等方面的内容都可以体现在聘用合同之中。辞职辞退制度是处理事业单位与其工作人员关系是否存续的制度。当事业单位与其工作人员之间不存在聘用合同关系时,辞职辞退制度为正确处理事业单位与其工作人员应否维持存续关系提供了依据。

事业单位是目前我国各类人才的主要集中领域,是增强我国综合国力的主要智力来源,是实施科教兴国战略的重要阵地。依法保护事业单位人员特别是科技人员的合法权益,对于推动经济发展和社会全面进步,实现我国改革开放和现代化建设的宏伟目标,具有十分重要的意义。

(二) 事业单位人事争议仲裁的性质及与人民法院审判的关系

1995年人事部提出建立人事争议仲裁制度。1997年8月8日人事部发布了《人事争议处理暂行规定》(以下简称人发〔1997〕71号)。从这个时候起,因人事问题发生争议又多了一种解决方式。但有关人事争议仲裁的法律性质的争议同时产生了。中办发〔2000〕15号文提出要"制定"《事业单位聘用制条例》,保障单位用人权和职工择业权的落实。根据这一要求,2001年8月国务院开始审查《事业单位聘用制度暂行条例》(草案)。国务院法制办将该条例草案送最高人民法院征求意见。该草案中争议最大的问题就是人事争议仲裁问题。同年11月8日,在讨论该条例草案时,最高人民法院有关领导第一次提出应当将人事争议仲裁与劳动争议仲裁同样对待,并指示待国务院的文件下发后,最高人民法院相应下发一个文件,规范相关案件的审理和执行。2002年7月6日国办发〔2002〕35号通知的发布表明国务院暂时不再出台《事业单位聘用制度暂行条例》。由于国办发〔2002〕35号通知不是行政法规,更不是权力机关的立法,尽管该文规定了要建立人事争议仲裁制度,但仅根据此文设立人事仲裁制度不符合《立法法》的要求。因此,也就不可避免地要提出人事争议仲裁制度的合法性问题。

探讨人事争议仲裁的合法性问题首先应当探讨事业单位人事争议的性质,特别是应将其与企业劳动争议予以比较,以探讨两者的异同。

通常所称人事,指干部人事。根据现行人事管理体制及中办发〔2000〕15号文,人事工作涉及机关人事(包括党的机关、人大政协机关、民主党派机关、法院、检察院、工青妇等社会团体机关和政府行政机关)、事业单位人事和国有企业人事工作。人事争议应包括这三方面人事工作中出现的争议。本规定仅涉及事业单位人事争议,而且仅指事业单位与其工作人员之间因辞职、辞退及履行聘用合同所产生的争议。

如果将这种事业单位的人事争议与劳动争议相比较,就会发现两者之间的本质共性:其一,主体都是用人单位和劳动者。人事争议的主体是事业单位与其工作人员,劳动争议的主体是企业与职工。事业单位也好,企业单位也好,都是用人单位;企业职工是劳动者,事业单位工作人员同样是劳动者。其二,合同主体之间的关系相同。订立合同时,合同主体处于平等地位,但履行合同时,聘用单位或企业单位与受聘人员或职工皆为管理与被管理的关系。其三,争议内容的一致性。人事争议与劳动争议的内容都是指因工作期限、工作内容及条件、报酬等问题产生的争议。其四,受聘人员与职工的权利相同。事业单位的受聘人员和企业职工的权利都包括《劳动法》规定的各项权利,如平等就业和选择职业的权利、取得劳动报酬的权利、休息休假的权利、提请争议处理的权利。总之,事业单位与其工作人员就劳动关系双方的基本权利和义务同企业与职工的劳动关系无本质区别。

上述结论还可以从《劳动法》的立法说明中得到证明。1994 年 6 月 28 日全国人大法律委员会原副主任委员蔡诚同志在八届人大常委会第八次会议上所作的《全国人大法律委员会关于〈中华人民共和国劳动法(草案)〉审议结果的报告》中指出:"劳动法主要是企业和职工之间的劳动关系,有些虽然适用事业组织、社会团体,但是在劳动合同、工时和工资、社会保险以及劳动争议处理等基本制度的规定上,对事业组织、社会团体难以适用,调整范围如果包括事业组织、社会团体,在一些重要方面,都应针对他们的特点作出相应的规定,现在难以做到。"但该报告同时认为:"事业单位、社会团体与其工作人员就劳动关系双方的基本权利和义务同企业与职工的劳动关系无本质区别。""这样,实行企业化管理的事业组织,可以适用本法。"

尽管如此,根据现行管理体制,[①] 劳动行政主管部门不承担事业单位的人事管理工作。因而,各级劳动行政主管部门依照《劳动法》的规定建立的劳动争议仲裁委员会,只是负责企业劳动争议的仲裁工作,不受理事业单位的人事争议。

基于以上分析,我们认为,根据事业单位人事争议性质及全国人大法律委员会对劳动法草案的说明,《劳动法》有关处理劳动争议的规定同样可以适用于事业单位及其职工之间的人事争议。这样,人事争议仲裁机构行使的对事业单位人事争议的仲裁权,实际上来源于《劳动法》而不是来源于人事部的行政规章或者国务院办公厅的文件。因而,对于不服事业单位人事争议仲裁提起的

---

① 当然,这种管理体制为中国所独有,符合现阶段的中国国情。据人事部编写的《人事争议仲裁指南》一书的介绍,美国、法国、德国、日本、加拿大等国家的人事争议及其解决办法均只适用于国家公务员人事争议,不存在所谓的事业单位人事争议。即便如此,这些国家均规定了人事争议的司法救济程序。参见人事部人才流动开发司编著:《人事争议仲裁指南》,中国人事出版社 2001 年版,第 259~279 页。

诉讼的,人民法院应当按照审理劳动争议案件的程序审理。

对于这一结论,国家有关部门也持赞同意见。在起草本规定的过程中,最高人民法院研究室作为承办单位,分别征求了院内外有关单位的意见。全国人大常委会法工委民法室同意人民法院按照处理劳动争议仲裁案件的方式,处理事业单位人事争议仲裁案件的意见。国务院法制办秘书行政司也对人民法院受理和执行人事争议仲裁案件的内容不持异议。

2005年4月27日全国人大常委会通过的《公务员法》第一百条规定国家建立人事争议仲裁制度,第一次从立法层次上肯定了人事争议仲裁制度的法律地位。从该条对人事争议仲裁机构的组成等规定看,人事争议仲裁机构与劳动争议仲裁机构性质类似。

三、适用

(一)关于审理人事争议仲裁案件适用的法律

在本规定讨论过程中,有人认为事业单位与其工作人员,因聘用合同发生的争议,类似于劳动争议,理应得到司法救济。但人民法院受理人事争议仲裁案件,从程序到实体,均缺乏法律依据。这种意见只说明了人事争议的本质特性。

如何理解审理事业单位人事争议案件适用法律的问题,在实践中存在两种不同的意见:一种意见认为,审理人事争议案件,仅能适用《劳动法》的规定,不能适用有关人事政策的规定。因为本规定第一条已经表明了这一含义,而且适用《劳动法》既包括《劳动法》中规定的程序内容,也包括《劳动法》中规定的实体内容。另一种意见认为,本规定第一条有关法律适用的规定仅是指人民法院审理人事争议案件可以按照《劳动法》有关人民法院审理劳动合同纠纷的规定适用"一裁两审",至于实体法律仍应适用有关人事法规政策的规定。因为《劳动法》调整是用人单位和劳动者之间的劳动关系,不包括事业单位与其工作人员之间的关系。

本规定将部分事业单位的人事争议纳入司法救济渠道,有利于保护事业单位与其工作人员双方的合法权益。但本规定第一条的文字表述容易引起误解,有必要予以明确。因此,最高人民法院在其后发布的"法函〔2004〕30号答复"第一条明确指出,本规定第一条中"'适用《劳动法》的规定处理'是指人民法院审理事业单位人事争议案件的程序要适用《劳动法》的相关规定。人民法院对事业单位人事争议案件的实体处理仍然应当适用人事方面的法律规定,但涉及事业单位工作人员劳动权利的内容在人事法律中没有规定的,适用《劳动法》的有关规定。"

"法函〔2004〕30号答复"完善了本规定的内容,确立了人民法院在处理人事争议时优先适用人事方面的法律规定的原则。这一原则的确立是立足于中国国情特别是目前的行政管理体制。目前我国所有单位分为四类:机关单位、企业单位、事业单位和社会团体单位。在行政管理体制上，这四类单位分别由不同的部门管理，其中对企业单位的管理由劳动和社会保障部门负责，而对事业单位的管理由人事部门负责。这种分工，既是基于现行立法，又是基于国家政策。尽管从终极意义而言，人类创造物质或精神财富的活动都可称之劳动，从国家主席的国事活动到农民的耕作都属于劳动范畴，但是现代《劳动法》，无论是中国的还是外国的，通常只涉及现代企业中工人的劳动，既不涉及国家公务员的工作，也不涉及农民的耕作。《劳动法》第二条明确规定，本法只适用于企业等用人单位和与之形成劳动关系的劳动者。就个人而言，目前在中国四类单位中的工作人员，各有不同的"身份"：行政编制类、事业编制类、职工编制类。这三类"身份"的人，按照传统，又可统分为两类：干部类和职工类。目前国家法律和政策上对这两类人的管理是不同的，而且分属不同部门管理。四种性质单位中，事业单位最为复杂。这种复杂性表现在以下方面：其一，既有利用国有资产举办，也有利用非国有资产举办。《事业单位登记管理暂行条例》规定，事业单位"是指国家为了社会公益目的，由国家机关举办或者其他组织利用国有资产举办的，从事教育、科技、文化、卫生等活动的社会服务组织。"对于以非国有资产举办的提供公共社会服务类单位，不叫事业单位而叫所谓的"民办非企"单位，如民办学校。其二，有些事业单位行使国家机关管理职能，与国家机关性质类似。从国务院所属机构看，存在不少看似国家机关但属事业单位范畴的单位，如按照全国人大批准的国务院机构改革方案，中国银行业监督管理委员会、中国证券业监督管理委员会、中国保险业监督管理委员会和中国电力监督管理委员会等，都属于直属国务院的事业单位。银监会和保监会都是从中国人民银行分离部分职能而组建的机构，其职权及行使方式皆与中国人民银行并无本质上的区别。其三，事业单位的工作人员多样化，包括公务员类、科教人员类、工人类等；既有享有"干部"待遇类，也包括工人类，如后勤人员；既有按照聘用合同管理类，也存在不按合同管理类。由于事业单位及其人员的复杂性，因而涉及事业单位及其工作人员的法律法规是比较复杂的，例如，《国家公务员暂行条例》适用于事业单位中的公务员类人员、《劳动法》适用于职工类人员、《教师法》适用于教师类人员、《职业医师法》适用于医生类人员等；各种专业技术职务的评定等又只有人事部的部门规章。这些法律政策与《劳动法》的相关内容比较，可能存在差异。这种差异是国家基于事业单位的特殊性而作的特别规定。因此，人民法院在审理事业单位人事争议时应当优先适用国家有关人事法律法规。

由于涉及事业单位的法律规范不完善，职工类劳动者享有的劳动权利，在人事法律政策中可能没有规定。根据《宪法》规定的平等原则，事业单位工作人员劳动权利如在人事法律规定中未涉及的，应适用《劳动法》的规定处理。《劳动法》第三条第一款规定的内容同样适用于事业单位的工作人员，也就是说，事业单位工作人员也是应当享有平等就业和选择职业的权利、取得劳动报酬的权利、休息休假的权利、获得劳动安全卫生保护的权利、接受职业技能培训的权利、享受社会保险和福利的权利、提请劳动争议处理的权利及法律规定的其他基本权利。

关于事业单位人事争议案件的管辖问题

人事争议仲裁机构的设置与劳动争议仲裁机构的设置有所差异。按照人事部的有关规定，人事争议仲裁机构设三级：人事部、省级人事部门、地市级人事部门都设有人事争议仲裁机构。这是由于各种事业单位分属不同级别的人事部门管理。但是，事业单位人事争议案件的管辖问题，在目前的司法解释中没有明确。因而，对于不同级别的人事争议仲裁委员会所仲裁的案件是否由相应级别的人民法院管辖应予明确。"法函〔2004〕30号答复"第二条规定："事业单位人事争议案件由用人单位或者聘用合同履行地的基层人民法院管辖。"这一规定参照了《最高人民法院关于审理劳动争议案件适用法律若干问题的解释》（法释〔2001〕14号）的规定。该解释第八条规定："劳动争议案件由用人单位所在地或者劳动合同履行地的基层人民法院管辖。劳动合同履行地不明确的，由用人单位所在地基层人民法院管辖。"

关于人事争议案件的案由问题

人事争议案件属于民事案件，但在最高人民法院制定的《民事案件案由规定（试行）》中没有相应的案由可以适用。为了便于司法统计，"法函〔2004〕30号答复"第三条规定："人民法院审理事业单位人事争议案件的案由为'人事争议'。"这一案由既能准确反映此类案件的性质，又能与其他案件相区别。

(二) 本规定的适用范围

人发〔1997〕71号文第二条规定，人事争议仲裁的范围包括以下四种：(1) 国家行政机关与工作人员之间因录用、调动、履行聘任合同发生的争议；(2) 事业单位与工作人员之间因辞职、辞退以及履行聘任或聘用合同发生的争议；(3) 企业单位与管理人员和专业技术人员之间因履行聘任合同或聘用合同发生的争议；(4) 依照法律、法规、规章规定可以仲裁的人才流动争议和其他人事争议。但是，本规定第三条规定："本规定所称人事争议是指事业单位与其工作人员之间因辞职、辞退及履行聘用合同所发生的争议。"所以，本规定所涉及的人事争议仅仅是人事争议仲裁机构可以受理的人事争议中的一小部分。①

本规定仅涉及事业单位的人事争议。这里的事业单位不包括所有的事业单位。首先，凡是工作人员按照公务员管理的事业单位的人事争议不适用本规

---

① 根据人事部有关人士的介绍，随着本规定的施行，人事部将对相关规章进行修订，使之与《劳动法》的精神一致。

定。这类人事争议宜适用《公务员法》处理；其次，实行企业化管理的事业单位与其工作人员之间的争议应当按照劳动争议处理；第三，未按照《事业单位登记管理暂行条例》登记的事业单位或者不是依照法律规定设立的事业单位所产生的人事争议不适用本规定。

本规定不适用于事业单位与其工作人员因聘任问题产生的纠纷。聘任制度是职称制度的重要内容之一。根据《关于实行专业技术职务聘任制度的规定》（国发〔1986〕27号）和人事部《企事业单位评聘专业技术职务若干问题暂行规定》（人职发〔1990〕4号）的规定，事业单位的专业技术职务，在设置的专业技术职务岗位内和取得任职资格的专业技术人员中聘任。对聘任的专业技术人员要进行任期考核。对在聘期内经考核不能履行岗位职责，不能完成岗位任期目标的人员，应解除聘约，按本人条件和工作需要另外聘任适当职务，享受新任职务的工资待遇。对解聘、低聘的人员可按其晋升专业技术职务所增加的工资至少降低一级的办法处理。对聘任期满，符合晋升条件、考核优秀的可在职务限额内晋升职务，称职的可以续聘原职，基本称职的要限期改进工作，达不到相应职务要求的水平和能力或不能履行相应职责或有其他严重问题的，予以解聘、低聘或另外安排工作。可见，聘任争议不涉及事业单位与其工作人员关系的解除，只涉及内部工作安排。因而聘任争议不属于本规定的适用对象。应当注意的是，公务员法规定实行聘任制公务员与所在机关之间因履行聘任合同发生争议的，可以申请人事争议仲裁机构仲裁，对仲裁裁决不服的，可以向人民法院提起诉讼。从《公务员法》规定看，该法所称聘任是指公务员与所在机关建立一种工作关系，而不是仅指单位内部岗位的聘任或者职务的聘任。实际上，公务员法中所称聘任比本规定中的聘用含义更广泛，既包括一种职务的聘任，更指建立一种工作关系。

理解本规定中"履行聘用合同所发生的争议"时应当注意两点：一是这种争议并不仅仅包括解除合同或者订立合同的争议，还包括履行聘用合同中其他争议，如合同期限，工资、福利、保险待遇，违约责任这类争议。二是履行聘用合同的争议应当具有可诉性。前已述及，聘用合同的内容比较广泛，但只有那些具有可诉性的内容发生争议时，当事人才能申请仲裁，从而向人民法院提起诉讼。对那些仅涉及单位内部管理以及其他无法裁决的事项的争议，不应当诉讼到法院，如年度考核等级。当然具体争议的范围只能通过审判实践积累经验后才能准确判断。

本规定中所指"工作人员"，前所述及并不包括事业单位所有的工作人员。本人倾向于具有事业编制的人员。当然如何确定哪些人具有事业编制、哪些人没有事业编制是一个既实际又复杂的问题。为了保障所有的公民享有司法救济权利，法院在审判中可不必就此问题过多考虑。

在适用本规定时还有一点需要注意，凡是未经人事争议仲裁裁决或者仲裁机构未作出处理决定的，当事人直接向人民法院提起诉讼的，人民法院依法不予受理。

（三）本规定的时效问题

由于过去的司法解释对人事争议的诉讼问题未有涉及，因而正确理解本规定时间效力具有重要意义。尽管本规定自 2003 年 9 月 5 日开始施行，但是这个施行日期的具体含义是什么？可能有三种理解：其一，参照《最高人民法院关于贯彻执行〈中华人民共和国民法通则〉若干问题的意见（试行）》第一百六十五条有关诉讼时效期间的规定，凡是在 2003 年 9 月 5 日前对人事争议仲裁机构所作的裁决不服，都给予十五日的起诉期限。其二，人事争议当事人收到仲裁裁决书之日起到 2003 年 9 月 5 日时尚不满十五日的，可以向人民法院起诉。例如，当事人于 2003 年 8 月 21 日收到仲裁裁决书，则可于 9 月 5 日向人民法院提起诉讼；但如果当事人是于 2003 年 8 月 20 日收到仲裁裁决书，由于到 9 月 4 日已满十五日，故不可于 9 月 5 日向人民法院起诉。其三，只有对 2003 年 9 月 5 日以后人事争议仲裁机构所作的仲裁裁决不服的，才可以向人民法院提起诉讼。我们认为第二种理解比较合理。第一种理解不可取有两点理由：一是赋予当事人起诉权则意味着人事争议仲裁机构在 2003 年 9 月 5 日所作的所有裁决都处于不生效状态；二是意味着当事人可以向人民法院申请自 1997 年人事争议仲裁开展以来的所有人事争议仲裁裁决；三是意味着本规定具有溯及既往的效力，这与法理不合。第三种理解又过于机构，也与本规定第二条中有关对"人事争议仲裁裁决不服，自收到仲裁裁决之日起十五日内向人民法院提起诉讼的，人民法院应当依法受理"的规定不符。

（四）人事争议仲裁案件不应当按照行政诉讼案件处理

有人认为，人事争议仲裁应当纳入行政诉讼范围。其主要理由是：其一，人事争议仲裁与劳动争议仲裁的法律性质不同。根据人发〔1997〕71 号文，实施人事争议仲裁行为的主体是拥有行政管理职权的机构，具有行政管理性质。其二，人事争议仲裁与劳动争议仲裁所适用的法律不同。劳动争议仲裁适用《劳动法》及相关法律规定，人事争议仲裁适用人发〔1997〕71 号文。其三，人发〔1997〕71 号文规定的属于人事争议仲裁的四项内容均直接涉及当事人的人身权和财产权，因而在法律没有作出排除性规定的情况下，人事争议仲裁行为属于《行政诉讼法》第十一条规定的行政诉讼受案范围。其四，人事争议仲裁未经法律设定，其可诉性未予排除。根据《立法法》第八条第（九）项的规定，仲裁行为属于全国人大的立法范围，只能由法律规定，法规和规章在没有法律授权的前提下，无权对仲裁问题设定规范，无权创设仲裁权。其五，将人事争议仲裁纳入行政诉讼范围，对于推动依法行政进程具有实际意义。有的行政机关为了规避行政诉讼，通过规章设定仲裁权，将行政裁决行为赋予仲裁行为表现形式，使其行政行为免受司法审查，而且法规、规章规定的仲裁程序大都没有达到法律规定仲裁程度的严密程度，其仲裁过程与法律的要求还存在一定距离。将人事争议仲裁行为纳入司法审理范围，有利于促进依法行政和此类"仲裁"制度的完善。

我们认为上述看法有一定道理，特别是通过行政诉讼推进依法行政进程的良好初衷更值得肯定。但是，本规定更为可取。基本理由是：

其一，事业单位与其工作人员就辞职、辞退及履行聘用合同所发生的争议就其本质而言属于劳动争议。这是最基本的理由。

其二，正如我们不能认为劳动争议仲裁行为具有行政管理性质一样，我们也不能认为人事争议仲裁行为具有行政管理性质。因为人事争议仲裁委员会的组成及仲裁员的选聘与劳动争议仲裁委员会的组成及仲裁员的选聘具有相似性。这一结论只要简单对比相关规定即可得出：（1）《劳动法》第八十一条规定："劳动争议仲裁委员会由劳动行政部门代表、同级工会代表、用人单位方面的代表组成。劳动争议仲裁委员会主任由劳动行政部门代表担任。"《中华人民共和国企业劳动仲裁处理条例》规定，劳动行政主管部门的劳动争议处理机构为劳动争议仲裁委员会的办事机构。该条例还规定："仲裁委员会可以聘任劳动行政主管部门或者政府其他有关部门的人员、工会工作者、专家学者和律师为专职的或者兼职的仲裁员。"（2）人发〔1997〕71号文规定，人事争议仲裁委员会主任由同级人民政府分管人事工作的负责人或者政府人事行政部门的主要负责人担任，人事争议仲裁委员会办事机构设在同级人民政府人事行政部门。《人事争议仲裁员管理办法》规定："专职仲裁员由仲裁委员会从其办事机构工作人员中聘任。兼职仲裁员由仲裁委员会从政府有关部门的人员、专家学者、律师以及从事过人事工作的退休干部中聘任。"

其三，人事争议仲裁权并非来源于人事部的行政规章或者由行政规章设定，而是与劳动争议仲裁权一样来源于《劳动法》或者由《劳动法》设定。只是由于现行国家有关企业与事业人事管理制度存在差异，特别是由于两个行政主管部门的存在，才造成必须存在两种仲裁机构的局面。

其四，本规定有利于规范人事争议仲裁活动，促进人事争议仲裁的完善。本规定出台前，人事争议仲裁不受司法监督，有不少不规范之外。本规定施行后，人事争议仲裁活动只有完全按照《劳动法》规定的仲裁程序进行，才能得到人民法院的支持。这必然促使人事争议仲裁走上法治之路。

其五，将人事争议仲裁纳入行政诉讼范围既不便审理，也不能处理事业单位与其工作人员之间的法律争议。依据现行《行政诉讼法》的规定，人民法院如果将人事争议仲裁案件作为行政案件审理，如果判决维持人事争议仲裁裁决或者判决重新裁决，还是判决人事争议仲裁机构"履行法定职责"，等于承认了人事仲裁的合法性；如果一律判决撤销，又不能解决事业单位与其工作人员之间的法律争议。另外，《最高人民法院关于执行〈中华人民共和国行政诉讼法》若干问题的解释》第一条规定，公民、法人或者其他组织对法律规定的仲裁行为不服提起诉讼的，不属于人民法院行政诉讼的受案范围。

（撰稿人：汪治平
审稿人：邵文虹）

【链　接】

**最高人民法院
关于事业单位人事争议案件
适用法律等问题的答复**

2004年4月30日　　　　　　　　　　　　　法函〔2004〕30号

北京市高级人民法院：

你院《关于审理事业单位人事争议案件如何适用法律及管辖的请示》（京高法〔2003〕353号）收悉。经研究，答复如下：

一、《最高人民法院关于人民法院审理事业单位人事争议案件若干问题的规定》（法释〔2003〕13号）第一条规定："事业单位与其工作人员之间因辞职、辞退及履行聘用合同所发生的争议，适用《中华人民共和国劳动法》的规定处理。"这里"适用《中华人民共和国劳动法》的规定处理"是指人民法院审理事业单位人事争议案件的程序适用《中华人民共和国劳动法》的相关规定。人民法院对事业单位人事争议案件的实体处理应当适用人事方面的法律规定，但涉及事业单位工作人员劳动权利的内容在人事法律中没有规定的，适用《中华人民共和国劳动法》的有关规定。

二、事业单位人事争议案件由用人单位或者聘用合同履行地的基层人民法院管辖。

三、人民法院审理事业单位人事争议案件的案由为"人事争议"。

最高人民法院
关于人事争议申请仲裁的时效期间如何计算的批复

法释〔2013〕23 号

(2013 年 9 月 9 日最高人民法院审判委员会第 1590 次会议通过 2013 年 9 月 12 日最高人民法院公告公布 自 2013 年 9 月 22 日起施行)

四川省高级人民法院：

你院《关于事业单位人事争议仲裁时效如何计算的请示》（川高法〔2012〕430 号）收悉。经研究，批复如下：

依据《中华人民共和国劳动争议调解仲裁法》第二十七条第一款、第五十二条的规定，当事人自知道或者应当知道其权利被侵害之日起一年内申请仲裁，仲裁机构予以受理的，人民法院应予认可。

【解　　读】

解读《最高人民法院关于人事争议申请仲裁的时效期间如何计算的批复》

一、问题的提出

《最高人民法院关于人事争议申请仲裁的时效期间如何计算的批复》（法释〔2013〕23 号，以下简称《批复》）已于 2013 年 9 月 9 日由最高人民法院审判委员会第 1590 次会议通过，自 9 月 22 日起施行。《批复》对事业单位人事争议申请仲裁的时效期间如何适用法律的问题作出了明确规定。

二、理解与适用

（一）人事争议的仲裁时效期间应确定为一年

在《批复》起草过程中，对人事争议的仲裁时效期间如何计算问题，也形成了两种意见：第一种意见认为，人事争议仲裁时效应当适用《人事争议处理规定》相关规定，确定为六十日。理由在于，事业单位人事争议仲裁具有一定的行政色彩，显然区别于平等主体之间的劳动争议仲裁，且事业单位人事争议仲裁时效是一个实体问题，在《人事争议处理规定》第十六条明确规定事业单位人事争议仲裁时效为六十日的前提下，应当优先适用该规定，不能适用《劳动争议调解仲裁法》关于仲裁时效为一年的规定。第二种意见认为，人事争议的仲裁时效期间应适用《劳动争议调解仲裁法》的规定，确定为一年。理由在于，《劳动争议调解仲裁法》第二十七条规定了"劳动争议申请仲裁的时效期间为一年"，第五十二条又规定："事业单位实行聘用制的工作人员与本单位发生劳动争议的，依照本法执行；法律、行政法规或者国务院另有规定的，依照其规定。"鉴于《人事争议处理规定》不属于法律、行政法规或者国务院的规定，对于除聘任制公务员与所在单位之间因履行聘任合同发生争议的人事争议仲裁时效为六十日外，包括事业单位与其工作人员、社团组织与其工作人员、军队聘用单位与其文职人员之间发生的争议，均应参照《劳动争议调解仲裁法》的规定，将仲裁时效期间确定为一年。经审慎研究，《批复》最终采纳了第二种意见，明确事业单位人事争议仲裁的时效期间，适用《劳动争议调解仲裁法》第二十七条第一款、第五十二条的规定，确定为一年。主要理由如下：

其一，从现行法律规定的角度看。虽然《人事争议处理规定》第十六条规定："当事人从知道或应当知道其权利受到侵害之日起六十日内，以书面形式向有管辖权的人事争议仲裁委员会申请仲裁。当事人因不可抗力或者有其他正当理由超过申请仲裁时效，经人事争议仲裁委员会调查确认的，人事争议仲裁委员会应当受理。"第二条又将"事业单位与工作人员之间因解除人事关系、履行聘用合同发生的争议"纳入了《人事争议处理规定》的调整范围。但是，《劳动争议调解仲裁法》第五十二条明确规定了事业单位实行聘用制的工作人员与本单位发生劳动争议的，应当依照《劳动争议调解仲裁法》执行。虽然该条又规定了"法律、行政法规或者国务院另有规定的，依照其规定"，但依据立法法第七条第二款、第三款的规定，"全国人民代表大会制定和修改刑事、民事、国家机构的和其他的基本法律。全国人民代表大会常务委员会制定和修改除应当由全国人民代表大会制定的法律以外的其他法律；在全国人民代表大会闭会期间，对全国人民代表大会制定的法律进行部分补充和修改，但是不得同该法律的基本原则相抵触。"第五十六条第一款又规定："国务院根据宪法和法律，制定行政法规。"对于"国务院的其他规定"，虽然立法法对此并无规定，但依照文义解释，该"规定"的制定主体也应只能是"国务院"。而《人事争议处理规定》是由中组部、人力资源和社会保障部、总政治部联合制定，显然不是法律、行政法规或者国务院的其他规定。故根据"上位法优于下位法"的一般规则，对于人事争议仲裁时效的法律适用问题，在作为上位法的

《劳动争议调解仲裁法》有明确规定的情况下，不应再适用《人事争议处理规定》第十六条的规定，应根据《劳动争议调解仲裁法》第二十七条第一款的规定，确定为一年。

其二，从依法维护事业单位工作人员合法权益的角度看。一方面，《劳动争议调解仲裁法》规定的"事业单位实行聘用制的工作人员与本单位发生劳动争议时，依照本法执行"的规定，系出于保护事业单位相关工作人员合法权益的需要。应该说事业单位人事制度较为复杂，其形成也有特殊历史原因，但从法律适用的角度看，公务员法将事业单位工作人员排除在该法的适用范围之外，导致事业单位工作人员合法权益的维护缺乏相应的法律依据。我们认为，聘用合同与劳动合同并无本质区别，将事业单位聘用制工作人员与本单位发生的劳动争议纳入劳动法的调整，不仅能够有效解决事业单位工作人员实体权利保护无法可依的局面，更能够依法充分保护事业单位工作人员的合法权益，乃至促进我国事业单位改革不断向纵深发展。正因如此，劳动合同法第九十六条也规定："事业单位与实行聘用制的工作人员订立、履行、变更、解除或者终止劳动合同，法律、行政法规或者国务院另有规定的，依照其规定；未作规定的，依照本法有关规定执行。"这与《劳动争议调解仲裁法》的规定如出一辙。另一方面，《人事争议处理规定》第十六条第一款所规定的"六十日"的期间过短，确有不利于对事业单位有关工作人员合法权益的维护之嫌。虽然该条第二款规定了"当事人因不可抗力或者有其他正当理由超过申请仲裁时效，经人事争议仲裁委员会调查确认的，人事争议仲裁委员会应当受理"，但这属于人事争议仲裁委员会依照职权调查确认的事项，且"正当理由"相对概括，不足以改变"六十日"期间相对较短的现实。对于人事争议仲裁时效期间，适用《劳动争议调解仲裁法》第二十七条关于一年的规定，无疑在权利行使期间的设计上更为科学，给处于相对弱势地位的事业单位工作人员更加充分的保护，使他们更有充分的时间搜集证据，选择合理的救济程序，做好必要的准备等。

其三，关于人事争议仲裁时效问题的定性问题。我们认为，在当前实体法与程序法结合越来越密切，实体权利救济与纠纷解决的程序设计密不可分的情况下，对某一事项有时难以准确界定为程序事项，抑或实体内容。人事争议仲裁时效与诉讼时效在本质上有共通之处，作为权利行使尤其是救济权行使期间的一种，都与当事人的实体权利密切相关，但又都与当事人通过相应的程序救济其权益密不可分，故不可简单地将此界定为实体问题，来参照《人事争议答复》的内容，"对事业单位人事争议案件的实体处理应当适用人事方面的法律规定"，尤其是在《劳动争议调解仲裁法》对有关仲裁时效已有明确规定的情况下，更不能再行适用《人事争议处理规定》的规定。

（二）关于"一年"人事争议仲裁时效期间如何适用的问题

依据《劳动争议调解仲裁法》第二十七条、第五十二条的规定，人事争议仲裁时效期间为一年，从当事人知道或者应当知道其权利被侵害之日起计算。

同诉讼时效一样，人事争议仲裁时效也适用时效中断、中止的规定。其一，关于时效的中断。因当事人一方向对方当事人主张权利，或者向有关部门请求权利救济，或者对方当事人同意履行义务而中断。从中断时起，仲裁时效期间重新计算。其二，关于时效的中止。因不可抗力或者有其他正当理由，当事人不能在上述仲裁时效期间内申请仲裁的，仲裁时效中止。从中止时效的原因消除之日起，仲裁时效期间继续计算。

在此应当注意的是，《劳动争议调解仲裁法》第五十二条仅是规定，事业单位实行聘用制的工作人员与本单位发生劳动争议的，适用该法规定。故上述"一年"的人事争议仲裁时效期间应仅限于实行聘用制的工作人员与事业单位之间的劳动争议案件。

鉴于仲裁时效问题主要涉及的是当事人向仲裁机构申请仲裁的问题。而有关仲裁程序与诉讼程序的衔接，《劳动争议调解仲裁法》第五条规定："发生劳动争议，当事人不愿协商、协商不成或者达成和解协议后不履行的，可以向调解组织申请调解；不愿调解、调解不成或者达成调解协议后不履行的，可以向劳动争议仲裁委员会申请仲裁；对仲裁裁决不服的，除本法另有规定的外，可以向人民法院提起诉讼。"对于人事争议仲裁委员会不予受理当事人仲裁申请的情形，第二十九条又规定："劳动争议仲裁委员会收到仲裁申请之日起五日内，认为符合受理条件的，应当受理，并通知申请人；认为不符合受理条件的，应当书面通知申请人不予受理，并说明理由。对劳动争议仲裁委员会不予受理或者逾期未作出决定的，申请人可以就该劳动争议事项向人民法院提起诉讼。"这些规定确立了人事争议须首先通过仲裁程序解决，当事人对仲裁裁决以及仲裁机构不予受理或者逾期未作出决定的人事争议，才可以向人民法院寻求司法救济。在人民法院审理的已经过仲裁的人事争议案件中，如果涉及仲裁时效期间计算的问题，有关法律适用的规则是，人民法院经审查，当事人系自知道或者应当知道其权利被侵害之日起一年内申请仲裁，人事争议仲裁委员会予以受理的，应当予以认可。此外，依据《劳动争议调解仲裁法》第二十九条的规定，对人事争议仲裁委员会不予受理或者逾期未作出决定的，当事人可以就该人事争议事项向人民法院提起诉讼。

（撰稿人：陈龙业）

指导案例 18 号

中兴通讯（杭州）有限责任公司诉王鹏劳动合同纠纷案

（最高人民法院审判委员会讨论通过　2013 年 11 月 8 日发布）

关键词
民事　劳动合同　单方解除

裁判要点
劳动者在用人单位等级考核中居于末位等次，不等同于"不能胜任工作"，不符合单方解除劳动合同的法定条件，用人单位不能据此单方解除劳动合同。

相关法条
《中华人民共和国劳动合同法》第三十九条、第四十条

基本案情
2005 年 7 月，被告王鹏进入原告中兴通讯（杭州）有限责任公司（以下简称中兴通讯）工作，劳动合同约定王鹏从事销售工作，基本工资每月 3840 元。该公司的《员工绩效管理办法》规定：员工半年、年度绩效考核分别为 S、A、C1、C2 四个等级，分别代表优秀、良好、价值观不符、业绩待改进；S、A、C（C1、C2）等级的比例分别为 20%、70%、10%；不胜任工作原则上考核为 C2。王鹏原在该公司分销科从事销售工作，2009 年 1 月后因分销科解散等原因，转岗至华东区从事销售工作。2008 年下半年、2009 年上半年及 2010 年下半年，王鹏的考核结果均为 C2。中兴通讯认为，王鹏不能胜任工作，经转岗后，仍不能胜任工作，故在支付了部分经济补偿金的情况下解除了劳动合同。

2011 年 7 月 27 日，王鹏提起劳动仲裁。同年 10 月 8 日，仲裁委作出裁决：中兴通讯支付王鹏违法解除劳动合同的赔偿金余额 36596.28 元。中兴通讯认为其不存在违法解除劳动合同的行为，故同年 11 月 1 日诉至法院，请求判令不予支付解除劳动合同赔偿金余额。

裁判结果
浙江省杭州市滨江区人民法院于 2011 年 12 月 6 日作出 (2011) 杭滨民初字第 885 号民事判决：原告中兴通讯（杭州）有限责任公司于本判决生效之日起十五日内一次性支付被告王鹏违法解除劳动合同的赔偿金余额 36596.28 元。宣判后，双方均未上诉，判决已发生法律效力。

裁判理由
法院生效裁判认为：为了保护劳动者的合法权益，构建和发展和谐稳定的

劳动关系，《中华人民共和国劳动法》《中华人民共和国劳动合同法》对用人单位单方解除劳动合同的条件进行了明确限定。原告中兴通讯以被告王鹏不胜任工作，经转岗后仍不胜任工作为由，解除劳动合同，对此应负举证责任。根据《员工绩效管理办法》的规定，"C（C1、C2）考核等级的比例为10％"，虽然王鹏曾经考核结果为C2，但是C2等级并不完全等同于"不能胜任工作"，中兴通讯仅凭该限定考核等级比例的考核结果，不能证明劳动者不能胜任工作，不符合据此单方解除劳动合同的法定条件。虽然2009年1月王鹏从分销科转岗，但是转岗前后均从事销售工作，并存在分销科解散导致王鹏转岗这一根本原因，故不能证明王鹏系因不能胜任工作而转岗。因此，中兴通讯主张王鹏不胜任工作，经转岗后仍然不胜任工作的依据不足，存在违法解除劳动合同的情形，应当依法向王鹏支付经济补偿标准二倍的赔偿金。

指导案例 180 号

孙贤锋诉淮安西区人力资源开发
有限公司劳动合同纠纷案

（最高人民法院审判委员会讨论通过　2022 年 7 月 4 日发布）

关键词
民事　劳动合同　解除劳动合同　合法性判断

裁判要点

人民法院在判断用人单位单方解除劳动合同行为的合法性时，应当以用人单位向劳动者发出的解除通知的内容为认定依据。在案件审理过程中，用人单位超出解除劳动合同通知中载明的依据及事由，另行提出劳动者在履行劳动合同期间存在其他严重违反用人单位规章制度的情形，并据此主张符合解除劳动合同条件的，人民法院不予支持。

相关法条

《中华人民共和国劳动合同法》第三十九条

基本案情

2016 年 7 月 1 日，孙贤锋（乙方）与淮安西区人力资源开发有限公司（以下简称西区公司）（甲方）签订劳动合同，约定：劳动合同期限为自 2016 年 7 月 1 日起至 2019 年 6 月 30 日止；乙方工作地点为连云港，从事邮件收派与司机岗位工作；乙方严重违反甲方的劳动纪律、规章制度的，甲方可以立即解除本合同且不承担任何经济补偿；甲方违约解除或者终止劳动合同的，应当按照法律规定和本合同约定向乙方支付经济补偿金或赔偿金；甲方依法制定并通过公示的各项规章制度，如《员工手册》《奖励与处罚管理规定》《员工考勤管理规定》等文件作为本合同的附件，与本合同具有同等效力。之后，孙贤锋根据西区公司安排，负责江苏省灌南县堆沟港镇区域的顺丰快递收派邮件工作。西区公司自 2016 年 8 月 25 日起每月向孙贤锋银行账户结算工资，截至 2017 年 9 月 25 日，孙贤锋前十二个月的平均工资为 6329.82 元。2017 年 9 月 12 日、10 月 3 日、10 月 16 日，孙贤锋先后存在工作时间未穿工作服、代他人刷考勤卡、在单位公共平台留言辱骂公司主管等违纪行为。事后，西区公司依据《奖励与处罚管理规定》，由用人部门负责人、建议部门负责人、工会负责人、人力资源部负责人共同签署确认，对孙贤锋上述违纪行为分别给予扣 2 分、扣 10 分、扣 10 分处罚，但具体扣分处罚时间难以认定。

2017 年 10 月 17 日，孙贤锋被所在单位用人部门以未及时上交履职期间的营业款项为由安排停工。次日，孙贤锋至所在单位刷卡考勤，显示刷卡信息无法录入。10月25日，西区公司出具离职证明，载明孙贤锋自2017年10月21日从西区公司正式离职，已办理完毕手续，即日起与公司无任何劳动关系。10月30日，西区公司又出具解除劳动合同通知书，载明孙贤锋在未履行请假手续也未经任何领导批准情况下，自2017年10月20日起无故旷工3天以上，依据国家的相关法律法规及单位规章制度，经单位研究决定自2017年10月20日起与孙贤锋解除劳动关系，限于2017年11月15日前办理相关手续，逾期未办理，后果自负。之后，孙贤锋向江苏省灌南县劳动人事争议仲裁委员会申请仲裁，仲裁裁决后孙贤锋不服，遂诉至法院，要求西区公司支付违法解除劳动合同赔偿金共计68500元。

西区公司在案件审理过程中提出，孙贤锋在职期间存在未按规定着工作服、代人打卡、谩骂主管以及未按照公司规章制度及时上交营业款项等违纪行为，严重违反用人单位规章制度；自2017年10月20日起，孙贤锋在未履行请假手续且未经批准的情况下无故旷工多日，依法自2017年10月20日起与孙贤锋解除劳动关系，符合法律规定。

裁判结果

江苏省灌南县人民法院于2018年11月15日作出（2018）苏0724民初2732号民事判决：一、被告西区公司于本判决发生法律效力之日起十日内支付原告孙贤锋经济赔偿金18989.46元。二、驳回原告孙贤锋的其他诉讼请求。西区公司不服，提起上诉。江苏省连云港市中级人民法院于2019年4月22日作出（2019）苏07民终658号民事判决：驳回上诉，维持原判。

裁判理由

法院生效裁判认为：用人单位单方解除劳动合同是根据劳动者存在违法违纪、违反劳动合同的行为，对其合法性的评价也应以作出解除劳动合同决定时的事实、证据和相关法律规定为依据。用人单位向劳动者送达的解除劳动合同通知书，是用人单位向劳动者作出解除劳动合同的意思表示，对用人单位具有法律约束力。解除劳动合同通知书明确载明解除劳动合同的依据及事由，人民法院审理解除劳动合同纠纷案件时应以该决定作出时的事实、证据和法律为标准进行审查，不宜超出解除劳动合同通知书所载明的内容和范围。否则，将偏离劳资双方所争议的解除劳动合同行为的合法性审查内容，导致法院裁判与当事人诉讼请求以及争议焦点不一致；同时，也违背民事主体从事民事活动所应当秉持的诚实信用这一基本原则，造成劳资双方权益保障的失衡。

本案中，孙贤锋与西区公司签订的劳动合同系双方真实意思表示，合法有效。劳动合同附件《奖励与处罚管理规定》作为用人单位的管理规章制度，不违反法律、行政法规的强制性规定，合法有效，对双方当事人均具有约束力。根据《奖励与处罚管理规定》，员工连续旷工三天（含）以上的，公司有权对其处以第五类处罚责任，即解除合同、永不录用。西区公司向孙贤锋送达的解除劳动合同通知书明确载明解除劳动合同的事由为孙贤锋无故旷工达三天以上，孙贤锋诉请法院审查的内容也是西区公司以其无故旷工达三天以上而解除劳动合同行为的合法性，故法院对西区公司解除劳动合同的合法性审查也应以解除劳动合同通知书载明的内容为限，而不能超越该诉争范围。虽然西区公司在庭审中另提出孙贤锋在工作期间存在不及时上交营业款、未穿工服、代他人刷考勤卡、在单位公共平台留言辱骂公司主管等其他违纪行为，也是严重违反用人单位规章制度，公司仍有权解除劳动合同，但是根据在案证据及西区公司的陈述，西区公司在已知孙贤锋存在上述行为的情况下，没有提出解除劳动合同，而是主动提出重新安排孙贤锋从事其他工作，在向孙贤锋出具解除劳动合同通知书时也没有将上述行为作为解除劳动合同的理由。对于西区公司在诉讼期间提出的上述主张，法院不予支持。

西区公司以孙贤锋无故旷工达三天以上为由解除劳动合同，应对孙贤锋无故旷工达三天以上的事实承担举证证明责任。但西区公司仅提供了本单位出具的员工考勤表为证，该考勤表未经孙贤锋签字确认，孙贤锋对此亦不予认可，认为是单位领导安排停工并提供刷卡失败视频为证。因孙贤锋在工作期间被安排停工，西区公司之后是否通知孙贤锋到公司报到、如何通知、通知时间等事实，西区公司均没有提供证据加以证明，故孙贤锋无故旷工三天以上的事实不清，西区公司应对此承担举证不能的不利后果，其以孙贤锋旷工违反公司规章制度为由解除劳动合同，缺少事实依据，属于违法解除劳动合同。

（生效裁判审判人员：王小姣　李　季　戴立国）

指导案例 181 号

郑某诉霍尼韦尔自动化控制（中国）有限公司劳动合同纠纷案

（最高人民法院审判委员会讨论通过　2022 年 7 月 4 日发布）

关键词

民事　劳动合同　解除劳动合同　性骚扰　规章制度

裁判要点

用人单位的管理人员对被性骚扰员工的投诉，应采取合理措施进行处置。管理人员未采取合理措施或者存在纵容性骚扰行为、干扰对性骚扰行为调查等情形，用人单位以管理人员未尽岗位职责，严重违反规章制度为由解除劳动合同，管理人员主张解除劳动合同违法的，人民法院不予支持。

相关法条

《中华人民共和国劳动合同法》第三十九条

基本案情

郑某于 2012 年 7 月入职霍尼韦尔自动化控制（中国）有限公司（以下简称霍尼韦尔公司），担任渠道销售经理。霍尼韦尔公司建立有工作场所性骚扰防范培训机制，郑某接受过相关培训。霍尼韦尔公司《商业行为准则》规定经理和主管"应确保下属能畅所欲言且无须担心遭到报复，所有担忧或问题都能专业并及时地得以解决"，不允许任何报复行为。2017 年版《员工手册》规定：对他人实施性骚扰、违反公司《商业行为准则》、在公司内部调查中作虚假陈述的行为均属于会导致立即辞退的违纪行为。上述规章制度在实施前经过该公司工会沟通会议讨论。

郑某与霍尼韦尔公司签订的劳动合同约定郑某确认并同意公司现有的《员工手册》及《商业行为准则》等规章制度作为本合同的组成部分。《员工手册》修改后，郑某再次签署确认书，表示已阅读、明白并愿接受 2017 年版《员工手册》内容，愿恪守公司政策作为在霍尼韦尔公司工作的前提条件。

2018 年 8 月 30 日，郑某因认为下属女职工任某与郑某上级邓某（已婚）之间的关系有点僵，为"疏解"二人关系而找任某谈话。郑某提到昨天观察到邓某跟任某说了一句话，而任某没有回答，其还专门跑到任某处帮忙打圆场。任某提及其在刚入职时曾向郑某出示过间接上级邓某发送的性骚扰微信记录截屏，郑某当时对此答复"我就是不想掺和这个事""我往后不想再回答你后面的事情""我是觉得有点怪，我也不敢问"。谈话中，任某强调邓某是在对其进行性骚扰,邓某要求与其发展男女关系,并在其拒绝后继续不停骚扰,郑某不应责怪其不搭理邓某,也不要替邓某来对其进行敲打。郑某则表示"你如果这样干工作的话,让我很难过""你越端着,他越觉得我要把你怎么样""他这么直接,要是我的话,先靠近你,摸摸看,然后聊聊天。"

后至2018年11月,郑某以任某不合群等为由向霍尼韦尔公司人事部提出与任某解除劳动合同,但未能说明解除任某劳动合同的合理依据。人事部为此找任某了解情况。任某告知人事部其被间接上级邓某骚扰,郑某有意无意撮合其和邓某,其因拒绝骚扰行为而受到打击报复。霍尼韦尔公司为此展开调查。

2019年1月15日,霍尼韦尔公司对郑某进行调查,并制作了调查笔录。郑某未在调查笔录上签字,但对笔录记载的其对公司询问所作答复作了诸多修改。对于调查笔录中有无女员工向郑某反映邓某跟其说过一些不合适的话、对其进行性骚扰的提问所记录的"没有"的答复,郑某未作修改。

2019年1月31日,霍尼韦尔公司出具《单方面解除函》,以郑某未尽经理职责,在下属反映遭受间接上级骚扰后没有采取任何措施帮助下属不再继续遭受骚扰,反而对下属进行打击报复,在调查过程中就上述事实作虚假陈述为由,与郑某解除劳动合同。

2019年7月22日,郑某向上海市劳动争议仲裁委员会申请仲裁,要求霍尼韦尔公司支付违法解除劳动合同赔偿金368130元。该请求未得到仲裁裁决支持。郑某不服,以相同请求诉至上海市浦东新区人民法院。

裁判结果

上海市浦东新区人民法院于2020年11月30日作出(2020)沪0115民初10454号民事判决:驳回郑某的诉讼请求。郑某不服一审判决,提起上诉。上海市第一中级人民法院于2021年4月22日作出(2021)沪01民终2032号民事判决:驳回上诉,维持原判。

裁判理由

法院生效裁判认为,本案争议焦点在于:一、霍尼韦尔公司据以解除郑某劳动合同的《员工手册》和《商业行为准则》对郑某有无约束力;二、郑某是否存在足以解除劳动合同的严重违纪行为。

关于争议焦点一,霍尼韦尔公司据以解除郑某劳动合同的《员工手册》和《商业行为准则》对郑某有无约束力。在案证据显示,郑某持有异议的霍尼韦尔公司2017年版《员工手册》《商业行为准则》分别于2017年9月、2014年12月经霍尼韦尔公司工会沟通会议进行讨论。郑某与霍尼韦尔公司签订的劳动合同明确约定《员工手册》《商业行为准则》属于劳动合同的组成部分,郑某已阅读并理解和接受上述制度。在《员工手册》修订后,郑某亦再次签署确认书,确认已阅读、明白并愿接受2017年版《员工手册》,愿恪守公司政策作为在霍尼韦尔公司工作的前提条件。在此情况下,霍尼韦尔公司的《员工手册》《商业行为准则》应对郑某具有约束力。

关于争议焦点二，郑某是否存在足以解除劳动合同的严重违纪行为。一则，在案证据显示霍尼韦尔公司建立有工作场所性骚扰防范培训机制，郑某亦接受过相关培训。霍尼韦尔公司《商业行为准则》要求经理、主管等管理人员在下属提出担忧或问题时能够专业并及时帮助解决，不能进行打击报复。霍尼韦尔公司2017年版《员工手册》还将违反公司《商业行为准则》的行为列为会导致立即辞退的严重违纪行为范围。现郑某虽称相关女职工未提供受到骚扰的切实证据，其无法判断骚扰行为的真伪、对错，但从郑某在2018年8月30日谈话录音中对相关女职工初入职时向其出示的微信截屏所作的"我是觉得有点怪，我也不敢问""我就是不想掺和这个事"的评述看，郑某本人亦不认为相关微信内容系同事间的正常交流，且郑某在相关女职工反复强调间接上级一直对她进行骚扰时，未见郑某积极应对帮助解决，反而说"他这么直接，要是我的话，先靠近你，摸摸看，然后聊聊天"。所为皆为积极促成自己的下级与上级发展不正当关系。郑某的行为显然有悖其作为霍尼韦尔公司部门主管应尽之职责，其相关答复内容亦有违公序良俗。此外，依据郑某自述，其在2018年8月30日谈话后应已明确知晓相关女职工与间接上级关系不好的原因，但郑某不仅未采取积极措施，反而认为相关女职工处理不当。在任某明确表示对邓某性骚扰的抗拒后，郑某于2018年11月中旬向人事经理提出任某性格不合群，希望公司能解除与任某的劳动合同，据此霍尼韦尔公司主张郑某对相关女职工进行打击报复，亦属合理推断。二则，霍尼韦尔公司2017年版《员工手册》明确规定在公司内部调查中作虚假陈述的行为属于会导致立即辞退的严重违纪行为。霍尼韦尔公司提供的2019年1月15日调查笔录显示郑某在调查过程中存在虚假陈述情况。郑某虽称该调查笔录没有按照其所述内容记录，其不被允许修改很多内容，但此主张与郑某对该调查笔录中诸多问题的答复都进行过修改的事实相矛盾，法院对此不予采信。该调查笔录可以作为认定郑某存在虚假陈述的判断依据。

综上，郑某提出的各项上诉理由难以成为其上诉主张成立的依据。霍尼韦尔公司主张郑某存在严重违纪行为，依据充分，不构成违法解除劳动合同。对郑某要求霍尼韦尔公司支付违法解除劳动合同赔偿金368130元的上诉请求，不予支持。

（生效裁判审判人员：孙少君　韩东红　徐　焰）

指导案例 182 号

彭宇翔诉南京市城市建设开发（集团）有限责任公司追索劳动报酬纠纷案

（最高人民法院审判委员会讨论通过　2022 年 7 月 4 日发布）

关键词
民事　追索劳动报酬　奖金　审批义务

裁判要点
用人单位规定劳动者在完成一定绩效后可以获得奖金，其无正当理由拒绝履行审批义务，符合奖励条件的劳动者主张获奖条件成就，用人单位应当按照规定发放奖金的，人民法院应予支持。

相关法条
《中华人民共和国劳动法》第四条、《中华人民共和国劳动合同法》第三条

基本案情
南京市城市建设开发（集团）有限责任公司（以下简称城开公司）于2016 年 8 月制定《南京城开集团关于引进投资项目的奖励暂行办法》（以下简称《奖励办法》），规定成功引进商品房项目的，城开公司将综合考虑项目规模、年化平均利润值合并表等综合因素，以项目审定的预期利润或收益为奖励基数，按照 0.1%—0.5%确定奖励总额。该奖励由投资开发部拟定各部门或其他人员的具体奖励构成后提出申请，经集团领导审议、审批后发放。2017年 2 月，彭宇翔入职城开公司担任投资开发部经理。2017 年 6 月，投资开发部形成《会议纪要》，确定部门内部的奖励分配方案为总经理占部门奖金的75%、其余项目参与人员占部门奖金的 25%。

彭宇翔履职期间，其所主导的投资开发部成功引进无锡红梅新天地、扬州GZ051 地块、如皋约克小镇、徐州焦庄、高邮鸿基万和城、徐州彭城机械六项目，后针对上述六项目投资开发部先后向城开公司提交了六份奖励申请。

直至彭宇翔自城开公司离职，城开公司未发放上述奖励。彭宇翔经劳动仲裁程序后，于法定期限内诉至法院，要求城开公司支付奖励 1689083 元。

案件审理过程中，城开公司认可案涉六项目初步符合《奖励办法》规定的受奖条件，但以无锡等三项目的奖励总额虽经审批但具体的奖金分配明细未经审批，及徐州等三项目的奖励申请未经审批为由，主张彭宇翔要求其支付奖金的请求不能成立。对于法院"如彭宇翔现阶段就上述项目继续提出奖励申请，城开公司是否启动审核程序"的询问，城开公司明确表示拒绝，并表示此后也

不会再启动六项目的审批程序。此外，城开公司还主张，彭宇翔在无锡红梅新天地项目、如皋约克小镇项目中存在严重失职行为，二项目存在严重亏损，城开公司已就拿地业绩突出向彭宇翔发放过奖励，但均未提交充分的证据予以证明。

裁判结果

南京市秦淮区人民法院于 2018 年 9 月 11 日作出（2018）苏 0104 民初 6032 号民事判决：驳回彭宇翔的诉讼请求。彭宇翔不服，提起上诉。江苏省南京市中级人民法院于 2020 年 1 月 3 日作出（2018）苏 01 民终 10066 号民事判决：一、撤销南京市秦淮区人民法院（2018）苏 0104 民初 6032 号民事判决；二、城开公司于本判决生效之日起十五日内支付彭宇翔奖励 1259564.4 元。

裁判理由

法院生效裁判认为：本案争议焦点为城开公司应否依据《奖励办法》向彭宇翔所在的投资开发部发放无锡红梅新天地等六项目奖励。

首先，从《奖励办法》设置的奖励对象来看，投资开发部以引进项目为主要职责，且在城开公司引进各类项目中起主导作用，故其系该文适格的被奖主体；从《奖励办法》设置的奖励条件来看，投资开发部已成功为城开公司引进符合城开公司战略发展目标的无锡红梅新天地、扬州 GZ051 地块、如皋约克小镇、徐州焦庄、高邮鸿基万和城、徐州彭城机械六项目，符合该文规定的受奖条件。故就案涉六项目而言，彭宇翔所在的投资开发部形式上已满足用人单位规定的奖励申领条件。城开公司不同意发放相应的奖励，应当说明理由并对此举证证明。但本案中城开公司无法证明无锡红梅新天地项目、如皋约克小镇项目存在亏损，也不能证明彭宇翔在二项目中确实存在失职行为，其关于彭宇翔不应重复获奖的主张亦因欠缺相应依据而无法成立。故而，城开公司主张彭宇翔所在的投资开发部实质不符合依据《奖励办法》获得奖励的理由法院不予采纳。

其次，案涉六项目奖励申请未经审核或审批程序尚未完成，不能成为城开公司拒绝支付彭宇翔项目奖金的理由。城开公司作为奖金的设立者，有权设定相应的考核标准、考核或审批流程。其中，考核标准系员工能否获奖的实质性评价因素，考核流程则属于城开公司为实现其考核权所设置的程序性流程。在无特殊规定的前提下，因流程本身并不涉及奖励评判标准，故而是否经过审批流程不能成为员工能否获得奖金的实质评价要素。城开公司也不应以六项目的审批流程未启动或未完成为由，试图阻却彭宇翔获取奖金的实体权利的实现。此外，对劳动者的奖励申请进行实体审批，不仅是用人单位的权利，也是用人单位的义务。本案中，《奖励办法》所设立的奖励系城开公司为鼓励员工进行创造性劳动所承诺给员工的超额劳动报酬，其性质上属于《国家统计局关于工资总额组成的规定》第七条规定中的"其他奖金",此时《奖励办法》不仅应视为城开公司基于用工自主权而对员工行使的单方激励行为,还应视为城开公司与包括彭宇翔在内的不特定员工就该项奖励的获取形成的约定。现彭宇翔通过努力达到《奖励办法》所设奖励的获取条件,其向城开公司提出申请要求兑现该超额劳动报酬,无论是基于诚实信用原则,还是基于按劳取酬原则,城开公司皆有义务启动审核程序对该奖励申请进行核查,以确定彭宇翔关于奖金的权利能否实现。如城开公司拒绝审核,应说明合理理由。本案中,城开公司关于彭宇翔存在失职行为及案涉项目存在亏损的主张因欠缺事实依据不能成立,该公司也不能对不予审核的行为作出合理解释,其拒绝履行审批义务的行为已损害彭宇翔的合法权益,对此应承担相应的不利后果。

综上,法院认定案涉六项目奖励的条件成就,城开公司应当依据《奖励办法》向彭宇翔所在的投资开发部发放奖励。

(生效裁判审判人员:冯　驰　吴晓静　陆红霞)

指导案例 183 号

房玥诉中美联泰大都会人寿保险有限公司劳动合同纠纷案

(最高人民法院审判委员会讨论通过 2022 年 7 月 4 日发布)

关键词

民事　劳动合同　离职　年终奖

裁判要点

年终奖发放前离职的劳动者主张用人单位支付年终奖的,人民法院应当结合劳动者的离职原因、离职时间、工作表现以及对单位的贡献程度等因素进行综合考量。用人单位的规章制度规定年终奖发放前离职的劳动者不能享有年终奖,但劳动合同的解除非因劳动者单方过失或主动辞职所导致,且劳动者已经完成年度工作任务,用人单位不能证明劳动者的工作业绩及表现不符合年终奖发放标准,年终奖发放前离职的劳动者主张用人单位支付年终奖的,人民法院应予支持。

相关法条

《中华人民共和国劳动合同法》第四十条

基本案情

房玥于 2011 年 1 月至中美联泰大都会人寿保险有限公司(以下简称大都会公司)工作,双方之间签订的最后一份劳动合同履行日期为 2015 年 7 月 1 日至 2017 年 6 月 30 日,约定房玥担任战略部高级经理一职。2017 年 10 月,大都会公司对其组织架构进行调整,决定撤销战略部,房玥所任职的岗位因此被取消。双方就变更劳动合同等事宜展开了近两个月的协商,未果。12 月 29 日,大都会公司以客观情况发生重大变化、双方未能就变更劳动合同协商达成一致,向房玥发出《解除劳动合同通知书》。房玥对解除决定不服,经劳动仲裁程序后起诉要求恢复与大都会公司之间的劳动关系并诉求 2017 年 8 月至 12 月未签劳动合同二倍工资差额、2017 年度奖金等。大都会公司《员工手册》规定:年终奖金根据公司政策,按公司业绩、员工表现计发,前提是该员工在当年度 10 月 1 日前已入职,若员工在奖金发放月或之前离职,则不能享有。据查,大都会公司每年度年终奖会在次年 3 月份左右发放。

裁判结果

上海市黄浦区人民法院于 2018 年 10 月 29 日作出(2018)沪 0101 民初 10726 号民事判决:一、大都会公司于判决生效之日起七日内向原告房玥支付

2017年8月至12月期间未签劳动合同双倍工资差额人民币192500元；二、房玥的其他诉讼请求均不予支持。房玥不服，上诉至上海市第二中级人民法院。上海市第二中级人民法院于2019年3月4日作出（2018）沪02民终11292号民事判决：一、维持上海市黄浦区人民法院（2018）沪0101民初10726号民事判决第一项；二、撤销上海市黄浦区人民法院（2018）沪0101民初10726号民事判决第二项；三、大都会公司于判决生效之日起七日内支付上诉人房玥2017年度年终奖税前人民币138600元；四、房玥的其他请求不予支持。

裁判理由

法院生效裁判认为：本案的争议焦点系用人单位以客观情况发生重大变化为依据解除劳动合同，导致劳动者不符合《员工手册》规定的年终奖发放条件时，劳动者是否可以获得相应的年终奖。对此，一审法院认为，大都会公司的《员工手册》明确规定了奖金发放情形，房玥在大都会公司发放2017年度奖金之前已经离职，不符合奖金发放情形，故对房玥要求2017年度奖金之请求不予支持。二审法院经过审理认为，现行法律法规并没有强制规定年终奖应如何发放，用人单位有权根据本单位的经营状况、员工的业绩表现等，自主确定奖金发放与否、发放条件及发放标准，但是用人单位制定的发放规则仍应遵循公平合理原则，对于在年终奖发放之前已经离职的劳动者可否获得年终奖，应当结合劳动者离职的原因、时间、工作表现和对单位的贡献程度等多方面因素综合考量。本案中，大都会公司对其组织架构进行调整，双方未能就劳动合同的变更达成一致，导致劳动合同被解除。房玥在大都会公司工作至2017年12月29日，此后两日系双休日，表明房玥在2017年度已在大都会公司工作满一年；在大都会公司未举证房玥的2017年度工作业绩、表现等方面不符合规定的情况下，可以认定房玥在该年度为大都会公司付出了一整年的劳动且正常履行了职责，为大都会公司作出了应有的贡献。基于上述理由，大都会公司关于房玥在年终奖发放月之前已离职而不能享有该笔奖金的主张缺乏合理性。故对房玥诉求大都会公司支付2017年度年终奖，应予支持。

（生效裁判审判人员：郭征海 谢亚琳 易苏苏）

指导案例 184 号

马筱楠诉北京搜狐新动力信息技术有限公司竞业限制纠纷案

（最高人民法院审判委员会讨论通过　2022 年 7 月 4 日发布）

关键词

民事　竞业限制　期限　约定无效

裁判要点

用人单位与劳动者在竞业限制条款中约定，因履行竞业限制条款发生争议申请仲裁和提起诉讼的期间不计入竞业限制期限的，属于劳动合同法第二十六条第一款第二项规定的"用人单位免除自己的法定责任、排除劳动者权利"的情形，应当认定为无效。

相关法条

《中华人民共和国劳动合同法》第二十三条第二款、第二十四条、第二十六条第一款

基本案情

马筱楠于 2005 年 9 月 28 日入职北京搜狐新动力信息技术有限公司（以下简称搜狐新动力公司），双方最后一份劳动合同期限自 2014 年 2 月 1 日起至 2017 年 2 月 28 日止，马筱楠担任高级总监。2014 年 2 月 1 日，搜狐新动力公司（甲方）与马筱楠（乙方）签订《不竞争协议》，其中第 3.3 款约定："……竞业限制期限从乙方离职之日开始计算，最长不超过 12 个月，具体的月数根据甲方向乙方实际支付的竞业限制补偿费计算得出。但如因履行本协议发生争议而提起仲裁或诉讼时，则上述竞业限制期限应将仲裁和诉讼的审理期限扣除；即乙方应履行竞业限制义务的期限，在扣除仲裁和诉讼审理的期限后，不应短于上述约定的竞业限制月数。"2017 年 2 月 28 日劳动合同到期，双方劳动关系终止。2017 年 3 月 24 日，搜狐新动力公司向马筱楠发出《关于要求履行竞业限制义务和领取竞业限制经济补偿费的告知函》，要求其遵守《不竞争协议》，全面并适当履行竞业限制义务。马筱楠自搜狐新动力公司离职后，于 2017 年 3 月中旬与优酷公司开展合作关系，后于 2017 年 4 月底离开优酷公司，违反了《不竞争协议》。搜狐新动力公司以要求确认马筱楠违反竞业限制义务并双倍返还竞业限制补偿金、继续履行竞业限制义务、赔偿损失并支付律师费为由向北京市劳动人事争议仲裁委员会申请仲裁，仲裁委员会作出京劳人仲字〔2017〕第 339 号裁决：一、马筱楠一次性双倍返还搜狐新动力公司

2017年3月、4月竞业限制补偿金共计177900元；二、马筱楠继续履行对搜狐新动力公司的竞业限制义务；三、驳回搜狐新动力公司的其他仲裁请求。马筱楠不服，于法定期限内向北京市海淀区人民法院提起诉讼。

裁判结果

北京市海淀区人民法院于2018年3月15日作出（2017）京0108民初45728号民事判决：一、马筱楠于判决生效之日起七日内向搜狐新动力公司双倍返还2017年3月、4月竞业限制补偿金共计177892元；二、确认马筱楠无须继续履行对搜狐新动力公司的竞业限制义务。搜狐新动力公司不服一审判决，提起上诉。北京市第一中级人民法院于2018年8月22日作出（2018）京01民终5826号民事判决：驳回上诉，维持原判。

裁判理由

法院生效裁判认为：本案争议焦点为《不竞争协议》第3.3款约定的竞业限制期限的法律适用问题。搜狐新动力公司上诉主张该协议第3.3款约定有效，马筱楠的竞业限制期限为本案仲裁和诉讼的实际审理期限加上12个月，以实际发生时间为准且不超过二年，但本院对其该项主张不予采信。

一、竞业限制协议的审查

法律虽然允许用人单位可以与劳动者约定竞业限制义务，但同时对双方约定竞业限制义务的内容作出了强制性规定，即以效力性规范的方式对竞业限制义务所适用的人员范围、竞业领域、限制期限均作出明确限制，且要求竞业限制约定不得违反法律、法规的规定，以期在保护用人单位商业秘密、维护公平竞争市场秩序的同时，亦防止用人单位不当运用竞业限制制度对劳动者的择业自由权造成过度损害。

二、"扣除仲裁和诉讼审理期限"约定的效力

本案中，搜狐新动力公司在《不竞争协议》第3.3款约定马筱楠的竞业限制期限应扣除仲裁和诉讼的审理期限，该约定实际上要求马筱楠履行竞业限制义务的期限为：仲裁和诉讼程序的审理期限＋实际支付竞业限制补偿金的月数（最长不超过12个月）。从劳动者择业自由权角度来看，虽然法律对于仲裁及诉讼程序的审理期限均有法定限制，但就具体案件而言该期限并非具体确定的期间，将该期间作为竞业限制期限的约定内容，不符合竞业限制条款应具体明确的立法目的。加之劳动争议案件的特殊性，相当数量的案件需要经过"一裁两审"程序，上述约定使得劳动者一旦与用人单位发生争议，则其竞业限制期限将被延长至不可预期且相当长的一段期间，乃至达到二年。这实质上造成了劳动者的择业自由权在一定期间内处于待定状态。另一方面，从劳动者司法救济权角度来看，对于劳动者一方，如果其因履行《不竞争协议》与搜狐新动力公司发生争议并提起仲裁和诉讼，依照该协议第3.3款约定，仲裁及诉讼审理期间劳动者仍需履行竞业限制义务，即出现其竞业限制期限被延长的结果。如

此便使劳动者陷入"寻求司法救济则其竞业限制期限被延长""不寻求司法救济则其权益受损害"的两难境地,在一定程度上限制了劳动者的司法救济权利;而对于用人单位一方,该协议第3.3款使得搜狐新动力公司无须与劳动者进行协商,即可通过提起仲裁和诉讼的方式单方地、变相地延长劳动者的竞业限制期限,一定程度上免除了其法定责任。综上,法院认为,《不竞争协议》第3.3款中关于竞业限制期限应将仲裁和诉讼的审理期限扣除的约定,即"但如因履行本协议发生争议而提起仲裁或诉讼时……乙方应履行竞业限制义务的期限,在扣除仲裁和诉讼审理的期限后,不应短于上述约定的竞业限制月数"的部分,属于劳动合同法第二十六条第一款第二项规定的"用人单位免除自己的法定责任、排除劳动者权利"的情形,应属无效。而根据该法第二十七条规定,劳动合同部分无效,不影响其他部分效力的,其他部分仍然有效。

三、本案竞业限制期限的确定

据此,依据《不竞争协议》第3.3款仍有效部分的约定,马筱楠的竞业限制期限应依据搜狐新动力公司向其支付竞业限制补偿金的月数确定且最长不超过12个月。鉴于搜狐新动力公司已向马筱楠支付2017年3月至2018年2月期间共计12个月的竞业限制补偿金,马筱楠的竞业限制期限已经届满,其无须继续履行对搜狐新动力公司的竞业限制义务。

(生效裁判审判人员:赵　悦　王丽蕊　何　锐)

指导案例 185 号

闫佳琳诉浙江喜来登度假村有限公司平等就业权纠纷案

(最高人民法院审判委员会讨论通过 2022 年 7 月 4 日发布)

关键词

民事　平等就业权　就业歧视　地域歧视

裁判要点

用人单位在招用人员时，基于地域、性别等与"工作内在要求"无必然联系的因素，对劳动者进行无正当理由的差别对待的，构成就业歧视，劳动者以平等就业权受到侵害，请求用人单位承担相应法律责任的，人民法院应予支持。

相关法条

《中华人民共和国就业促进法》第三条、第二十六条

基本案情

2019 年 7 月，浙江喜来登度假村有限公司（以下简称喜来登公司）通过智联招聘平台向社会发布了一批公司人员招聘信息，其中包含有"法务专员""董事长助理"两个岗位。2019 年 7 月 3 日，闫佳琳通过智联招聘手机 App 软件针对喜来登公司发布的前述两个岗位分别投递了求职简历。闫佳琳投递的求职简历中，包含有姓名、性别、出生年月、户口所在地、现居住城市等个人基本信息，其中户口所在地填写为"河南南阳"，现居住城市填写为"浙江杭州西湖区"。据杭州市杭州互联网公证处出具的公证书记载，公证人员使用闫佳琳的账户、密码登录智联招聘 App 客户端，显示闫佳琳投递的前述"董事长助理"岗位在 2019 年 7 月 4 日 14 点 28 分被查看，28 分时给出岗位不合适的结论，"不合适原因：河南人"；"法务专员"岗位在同日 14 点 28 分被查看，29 分时给出岗位不合适的结论，"不合适原因：河南人"。闫佳琳因案涉公证事宜，支出公证费用 1000 元。闫佳琳向杭州互联网法院提起诉讼，请求判令喜来登公司赔礼道歉、支付精神抚慰金以及承担诉讼相关费用。

裁判结果

杭州互联网法院于 2019 年 11 月 26 日作出（2019）浙 0192 民初 6405 号民事判决：一、被告喜来登公司于本判决生效之日起十日内赔偿原告闫佳琳精神抚慰金及合理维权费用损失共计 10000 元。二、被告喜来登公司于本判决生效之日起十日内，向原告闫佳琳进行口头道歉并在《法制日报》公开登报赔礼道歉（道歉声明的内容须经本院审核）；逾期不履行，本院将在国家级媒体刊

登判决书主要内容,所需费用由被告喜来登公司承担。三、驳回原告闫佳琳其他诉讼请求。宣判后,闫佳琳、喜来登公司均提起上诉。杭州市中级人民法院于2020年5月15日作出(2020)浙01民终736号民事判决:驳回上诉,维持原判。

裁判理由

法院生效裁判认为:平等就业权是劳动者依法享有的一项基本权利,既具有社会权利的属性,亦具有民法上的私权属性,劳动者享有平等就业权是其人格独立和意志自由的表现,侵害平等就业权在民法领域侵害的是一般人格权的核心内容——人格尊严,人格尊严重要的方面就是要求平等对待,就业歧视往往会使人产生一种严重的受侮辱感,对人的精神健康甚至身体健康造成损害。据此,劳动者可以在其平等就业权受到侵害时向人民法院提起民事诉讼,寻求民事侵权救济。

闫佳琳向喜来登公司两次投递求职简历,均被喜来登公司以"河南人"不合适为由予以拒绝,显然在针对闫佳琳的案涉招聘过程中,喜来登公司使用了主体来源的地域空间这一标准对人群进行归类,并根据这一归类标准而给予闫佳琳低于正常情况下应当给予其他人的待遇,即拒绝录用,可以认定喜来登公司因"河南人"这一地域事由要素对闫佳琳进行了差别对待。

《中华人民共和国就业促进法》第三条在明确规定民族、种族、性别、宗教信仰四种法定禁止区分事由时使用"等"字结尾,表明该条款是一个不完全列举的开放性条款,即法律除认为前述四种事由构成不合理差别对待的禁止性事由外,还存在与前述事由性质一致的其他不合理事由,亦为法律所禁止。何种事由属于前述条款中"等"的范畴,一个重要的判断标准是,用人单位是根据劳动者的专业、学历、工作经验、工作技能以及职业资格等与"工作内在要求"密切相关的"自获因素"进行选择,还是基于劳动者的性别、户籍、身份、地域、年龄、外貌、民族、种族、宗教等与"工作内在要求"没有必然联系的"先赋因素"进行选择,后者构成为法律禁止的不合理就业歧视。劳动者的"先赋因素",是指人们出生伊始所具有的人力难以选择和控制的因素,法律作为一种社会评价和调节机制,不应该基于人力难以选择和控制的因素给劳动者设置不平等条件;反之,应消除这些因素给劳动者带来的现实上的不平等,将与"工作内在要求"没有任何关联性的"先赋因素"作为就业区别对待的标准,根本违背了公平正义的一般原则,不具有正当性。

本案中,喜来登公司以地域事由要素对闫佳琳的求职申请进行区别对待,而地域事由属于闫佳琳乃至任何人都无法自主选择、控制的与生俱来的"先赋因素",在喜来登公司无法提供客观有效的证据证明,地域要素与闫佳琳申请的工作岗位之间存在必然的内在关联或存在其他的合法目的的情况下,喜来登公司的区分标准不具有合理性,构成法定禁止事由。故喜来登公司在案涉招聘活动中提出与职业没有必然联系的地域事由对闫佳琳进行区别对待，构成对闫佳琳的就业歧视，损害了闫佳琳平等地获得就业机会和就业待遇的权益，主观上具有过错，构成对闫佳琳平等就业权的侵害，依法应承担公开赔礼道歉并赔偿精神抚慰金及合理维权费用的民事责任。

（生效裁判审判人员：石清荣　俞建明　孔文超）

指导案例 189 号

上海熊猫互娱文化有限公司诉李岑、昆山播爱游信息技术有限公司合同纠纷案

（最高人民法院审判委员会讨论通过　2022 年 12 月 8 日发布）

关键词

民事　合同纠纷　违约金调整　网络主播

裁判要点

网络主播违反约定的排他性合作条款，未经直播平台同意在其他平台从事类似业务的，应当依法承担违约责任。网络主播主张合同约定的违约金明显过高请求予以减少的，在实际损失难以确定的情形下，人民法院可以根据网络直播行业特点，以网络主播从平台中获取的实际收益为参考基础，结合平台前期投入、平台流量、主播个体商业价值等因素合理酌定。

相关法条

《中华人民共和国民法典》第五百八十五条（本案适用的是自 1999 年 10 月 1 日起实施的《中华人民共和国合同法》第一百一十四条）

基本案情

被告李岑原为原告上海熊猫互娱文化有限公司（以下简称熊猫公司）创办的熊猫直播平台游戏主播，被告昆山播爱游信息技术有限公司（以下简称播爱游公司）为李岑的经纪公司。2018 年 2 月 28 日，熊猫公司、播爱游公司及李岑签订《主播独家合作协议》（以下简称《合作协议》），约定李岑在熊猫直播平台独家进行"绝地求生游戏"的第一视角游戏直播和游戏解说。该协议违约条款中约定，协议有效期内，播爱游公司或李岑未经熊猫公司同意，擅自终止本协议或在直播竞品平台上进行相同或类似合作，或将已在熊猫直播上发布的直播视频授权给任何第三方使用的，构成根本性违约，播爱游公司应向熊猫直播平台支付如下赔偿金：（1）本协议及本协议签订前李岑因与熊猫直播平台开展直播合作熊猫公司累计支付的合作费用；（2）5000 万元人民币；（3）熊猫公司为李岑投入的培训费和推广资源费。主播李岑对此向熊猫公司承担连带责任。合同约定的合作期限为一年，从 2018 年 3 月 1 日至 2019 年 2 月 28 日。

2018 年 6 月 1 日，播爱游公司向熊猫公司发出主播催款单，催讨欠付李岑的两个月合作费用。截至 2018 年 6 月 4 日，熊猫公司为李岑直播累计支付 2017 年 2 月至 2018 年 3 月的合作费用 1111661 元。

2018 年 6 月 27 日，李岑发布微博称其将带领所在直播团队至斗鱼直播平

台进行直播,并公布了直播时间及房间号。2018年6月29日,李岑在斗鱼直播平台进行首播。播爱游公司也于官方微信公众号上发布李岑在斗鱼直播平台的直播间链接。根据"腾讯游戏"微博新闻公开报道:"BIU雷哥(李岑)是全国主机游戏直播节目的开创者,也是全国著名网游直播明星主播,此外也是一位优酷游戏频道的原创达人,在优酷视频拥有超过20万的粉丝和5000万的点击……"

2018年8月24日,熊猫公司向人民法院提起诉讼,请求判令两被告继续履行独家合作协议、立即停止在其他平台的直播活动并支付相应违约金。一审审理中,熊猫公司调整诉讼请求为判令两被告支付原告违约金300万元。播爱游公司不同意熊猫公司请求,并提出反诉请求:1. 判令确认熊猫公司、播爱游公司、李岑三方于2018年2月28日签订的《合作协议》于2018年6月28日解除;2. 判令熊猫公司向播爱游公司支付2018年4月至2018年6月之间的合作费用224923.32元;3. 判令熊猫公司向播爱游公司支付律师费20000元。

裁判结果

上海市静安区人民法院于2019年9月16日作出(2018)沪0106民初31513号民事判决:一、播爱游公司于判决生效之日起十日内支付熊猫公司违约金2600000元;二、李岑对播爱游公司上述付款义务承担连带清偿责任;三、熊猫公司于判决生效之日起十日内支付播爱游公司2018年4月至2018年6月的合作费用186640.10元;四、驳回播爱游公司其他反诉请求。李岑不服一审判决,提起上诉。上海市第二中级人民法院于2020年11月12日作出(2020)沪02民终562号民事判决:驳回上诉,维持原判。

裁判理由

法院生效裁判认为:

第一,根据本案查明的事实,熊猫公司与播爱游公司、李岑签订《合作协议》,自愿建立合同法律关系,而非李岑主张的劳动合同关系。《合作协议》系三方真实意思表示,不违反法律法规的强制性规定,应认定为有效,各方理应依约恪守。从《合作协议》的违约责任条款来看,该协议对合作三方的权利义务都进行了详细约定,主播未经熊猫公司同意在竞争平台直播构成违约,应当承担赔偿责任。

第二,熊猫公司虽然存在履行瑕疵但并不足以构成根本违约,播爱游公司、李岑并不能以此为由主张解除《合作协议》。且即便从解除的方式来看,合同解除的意思表示也应当按照法定或约定的方式明确无误地向合同相对方发出,李岑在微博平台上向不特定对象发布的所谓"官宣"或直接至其他平台直播的行为,均不能认定为向熊猫公司发出明确的合同解除的意思表示。因此,李岑、播爱游公司在二审中提出因熊猫公司违约而已经行使合同解除权的主张不能成立。

　　第三，当事人主张约定的违约金过高请求予以适当减少的，应当以实际损失为基础，兼顾合同的履行情况、当事人的过错程度以及预期利益等综合因素，根据公平原则和诚信原则予以衡量。对于公平、诚信原则的适用尺度，与因违约所受损失的准确界定，应当充分考虑网络直播这一新兴行业的特点。网络直播平台是以互联网为必要媒介、以主播为核心资源的企业，在平台运营中通常需要在带宽、主播上投入较多的前期成本，而主播违反合同在第三方平台进行直播的行为给直播平台造成损失的具体金额实际难以量化，如对网络直播平台苛求过重的举证责任，则有违公平原则。故本案违约金的调整应当考虑网络直播平台的特点以及签订合同时对熊猫公司成本及收益的预见性。本案中，考虑主播李岑在游戏直播行业中享有很高的人气和知名度的实际情况，结合其收益情况、合同剩余履行期间、双方违约及各自过错大小、熊猫公司能够量化的损失、熊猫公司已对约定违约金作出的减让、熊猫公司平台的现状等情形，根据公平与诚信原则以及直播平台与主播个人的利益平衡，酌情将违约金调整为 260 万元。

　　　　　　　　　　　　　（生效裁判审判人员：何　云　张明良　邵美琳）

指导案例 190 号

王山诉万得信息技术股份有限公司竞业限制纠纷案

(最高人民法院审判委员会讨论通过　2022 年 12 月 8 日发布)

关键词

民事　竞业限制　审查标准　营业范围

裁判要点

人民法院在审理竞业限制纠纷案件时，审查劳动者自营或者新入职单位与原用人单位是否形成竞争关系，不应仅从依法登记的经营范围是否重合进行认定，还应当结合实际经营内容、服务对象或者产品受众、对应市场等方面是否重合进行综合判断。劳动者提供证据证明自营或者新入职单位与原用人单位的实际经营内容、服务对象或者产品受众、对应市场等不相同，主张不存在竞争关系的，人民法院应予支持。

相关法条

《中华人民共和国劳动合同法》第二十三条、第二十四条

基本案情

王山于 2018 年 7 月 2 日进入万得信息技术股份有限公司（以下简称万得公司）工作，双方签订了期限为 2018 年 7 月 2 日至 2021 年 8 月 31 日的劳动合同，约定王山就职智能数据分析工作岗位，月基本工资 4500 元、岗位津贴 15500 元，合计 20000 元。

2019 年 7 月 23 日，王山、万得公司又签订《竞业限制协议》，对竞业行为、竞业限制期限、竞业限制补偿金等内容进行了约定。2020 年 7 月 27 日，王山填写《辞职申请表》，以个人原因为由解除与万得公司的劳动合同。

2020 年 8 月 5 日，万得公司向王山发出《关于竞业限制的提醒函》，载明"……您（即王山）从离职之日 2020 年 7 月 27 日起须承担竞业限制义务，不得到竞业企业范围内工作或任职。从本月起我们将向您支付竞业限制补偿金，请您在收到竞业限制补偿金的 10 日内，提供新单位签订的劳动合同及社保记录，若为无业状态的请由所在街道办事处等国家机关出具您的从业情况证明。若您违反竞业限制义务或其他义务，请于 10 日内予以改正，继续违反竞业协议约定的，则公司有权再次要求您按《竞业限制协议》约定承担违约金，违约金标准为 20 万元以上，并应将公司在离职后支付的竞业限制补偿金全部返还……"。

2020 年 10 月 12 日，万得公司向王山发出《法务函》，再次要求王山履行

竞业限制义务。

另查明，万得公司的经营范围包括：计算机软硬件的开发、销售，计算机专业技术领域及产品的技术开发、技术转让、技术咨询、技术服务。

王山于 2020 年 8 月 6 日加入上海哔哩哔哩科技有限公司（以下简称哔哩哔哩公司），按照营业执照记载，该公司经营范围包括：信息科技、计算机软硬件、网络科技领域内的技术开发、技术转让、技术咨询、技术服务等。

王山、万得公司一致确认：王山竞业限制期限为 2020 年 7 月 28 日至 2022 年 7 月 27 日；万得公司已支付王山 2020 年 7 月 28 日至 2020 年 9 月 27 日竞业限制补偿金 6796.92 元。

2020 年 11 月 13 日，万得公司向上海市浦东新区劳动人事争议仲裁委员会申请仲裁，要求王山：1. 按双方签订的《竞业限制协议》履行竞业限制义务；2. 返还 2020 年 8 月、9 月支付的竞业限制补偿金 6796 元；3. 支付竞业限制违约金 200 万元。2021 年 2 月 25 日，仲裁委员会作出裁决：王山按双方签订的《竞业限制协议》继续履行竞业限制义务，王山返还万得公司 2020 年 8 月、9 月支付的竞业限制补偿金 6796 元，王山支付万得公司竞业限制违约金 200 万元。王山不服仲裁裁决，诉至法院。

裁判结果

上海市浦东新区人民法院于 2021 年 6 月 29 日作出（2021）沪 0115 民初 35993 号民事判决：一、王山与万得公司继续履行竞业限制义务；二、王山于本判决生效之日起十日内返还万得公司 2020 年 7 月 28 日至 2020 年 9 月 27 日竞业限制补偿金 6796 元；三、王山于本判决生效之日起十日内支付万得公司违反竞业限制违约金 240000 元。王山不服一审判决，提起上诉。上海市第一中级人民法院于 2022 年 1 月 26 日作出（2021）沪 01 民终 12282 号民事判决：一、维持上海市浦东新区人民法院（2021）沪 0115 民初 35993 号民事判决第一项；二、撤销上海市浦东新区人民法院（2021）沪 0115 民初 35993 号民事判决第二项、第三项；三、上诉人王山无须向被上诉人万得公司返还 2020 年 7 月 28 日至 2020 年 9 月 27 日竞业限制补偿金 6796 元；四、上诉人王山无需向被上诉人万得公司支付违反竞业限制违约金 200 万元。

裁判理由

法院生效裁判认为：关于王山是否违反了竞业限制协议的问题。所谓竞业限制是指对原用人单位负有保密义务的劳动者，于离职后在约定的期限内，不得生产、自营或为他人生产、经营与原用人单位有竞争关系的同类产品及业务，不得在与原用人单位具有竞争关系的用人单位任职。竞业限制制度的设置系为了防止劳动者利用其所掌握的原用人单位的商业秘密为自己或为他人谋利，从而抢占了原用人单位的市场份额，给原用人单位造成损失。所以考量劳动者是否违反竞业限制协议，最为核心的是应评判原用人单位与劳动者自营或者入职的单位之间是否形成竞争关系。

需要说明的是，正是因为竞业限制制度在保护用人单位权益的同时对劳动者的就业权利有一定的限制，所以在审查劳动者是否违反了竞业限制义务时，应当全面客观地审查劳动者自营或入职公司与原用人单位之间是否形成竞争关系。一方面考虑到实践中往往存在企业登记经营事项和实际经营事项不相一致的情形，另一方面考虑到经营范围登记类别是工商部门划分的大类，所以这种竞争关系的审查，不应拘泥于营业执照登记的营业范围，否则对劳动者抑或对用人单位都可能造成不公平。故在具体案件中，还可以从两家企业实际经营的内容是否重合、服务对象或者所生产产品的受众是否重合、所对应的市场是否重合等多角度进行审查，以还原事实之真相，从而能兼顾用人单位和劳动者的利益，以达到最终的平衡。

本案中，万得公司的经营范围为计算机软硬件的开发、销售、计算机专业技术领域及产品的技术开发、技术转让、技术咨询、技术服务。而哔哩哔哩公司的经营范围包括从事信息科技、计算机软硬件、网络科技领域内的技术开发、技术转让、技术咨询、技术服务等。对比两家公司的经营范围，确实存在一定的重合。但互联网企业往往在注册登记时，经营范围都包含了软硬件开发、技术咨询、技术转让、技术服务。若仅以此为据，显然会对互联网就业人员尤其是软件工程师再就业造成极大障碍，对社会人力资源造成极大的浪费，也有悖于竞业限制制度的立法本意。故在判断是否构成竞争关系时，还应当结合公司实际经营内容及受众等因素加以综合评判。

本案中，王山举证证明万得公司在其 Wind 金融手机终端上宣称 Wind 金融终端是数十万金融专业人士的选择、最佳的中国金融业生产工具和平台。而万得公司的官网亦介绍，"万得公司（以下简称 Wind）是中国大陆领先的金融数据、信息和软件服务企业，在国内金融信息服务行业处于领先地位，是众多证券公司、基金管理公司、保险公司、银行、投资公司、媒体等机构不可或缺的重要合作伙伴，在国际市场中，Wind 同样受到了众多中国证监会批准的合格境外机构投资者的青睐。此外，知名的金融学术研究机构和权威的监管机构同样是 Wind 的客户；权威的中英文媒体、研究报告、学术论文也经常引用 Wind 提供的数据……"由此可见，万得公司目前的经营模式主要是提供金融信息服务，其主要的受众为相关的金融机构或者金融学术研究机构。而反观哔哩哔哩公司，众所周知其主营业务是文化社区和视频平台，即提供网络空间供用户上传视频、进行交流。其受众更广，尤其年轻人对其青睐有加。两者对比，不论是经营模式、对应市场还是受众，都存在显著差别。即使普通百姓，也能轻易判断两者之差异。虽然哔哩哔哩公司还涉猎游戏、音乐、影视等领域，但尚无证据显示其与万得公司经营的金融信息服务存在重合之处。在此前提下，万得公司仅以双方所登记的经营范围存在重合即主张两家企业形成竞争关系，尚未完成其举证义务。且万得公司在竞业限制协议中所附录的重点限制企业均为金融信息行业，足以表明万得公司自己也认为其主要的竞争对手应为金融信息服务企业。故一审法院仅以万得公司与哔哩哔哩公司的经营范围存在重合，即认定王山入职哔哩哔哩公司违反了竞业限制协议的约定，继而判决王山返还竞业限制补偿金并支付违反竞业限制违约金，有欠妥当。

关于王山是否应当继续履行竞业限制协议的问题。王山与万得公司签订的竞业限制协议不存在违反法律法规强制性规定的内容，故该协议合法有效，对双方均有约束力。因协议中约定双方竞业限制期限为2020年7月28日至2022年7月27日，目前尚在竞业限制期限内。故一审法院判决双方继续履行竞业限制协议，并无不当。王山主张无须继续履行竞业限制协议，没有法律依据。需要强调的是，根据双方的竞业限制协议，王山应当按时向万得公司报备工作情况，以供万得公司判断其是否违反了竞业限制协议。本案即是因为王山不履行报备义务导致万得公司产生合理怀疑，进而产生了纠纷。王山在今后履行竞业限制协议时，应恪守约定义务，诚信履行协议。

(生效裁判审判人员：王　茜　周　寅　郑东和)

八、环境资源

最高人民法院关于审理矿业权纠纷案件适用法律若干问题的解释

(2017年2月20日最高人民法院审判委员会第1710次会议通过 根据2020年12月23日最高人民法院审判委员会第1823次会议通过的《最高人民法院关于修改〈最高人民法院关于在民事审判工作中适用《中华人民共和国工会法》若干问题的解释〉等二十七件民事类司法解释的决定》修正)

为正确审理矿业权纠纷案件,依法保护当事人的合法权益,根据《中华人民共和国民法典》《中华人民共和国矿产资源法》《中华人民共和国环境保护法》等法律法规的规定,结合审判实践,制定本解释。

第一条 人民法院审理探矿权、采矿权等矿业权纠纷案件,应当依法保护矿业权流转,维护市场秩序和交易安全,保障矿产资源合理开发利用,促进资源节约与环境保护。

第二条 县级以上人民政府自然资源主管部门作为出让人与受让人签订的矿业权出让合同,除法律、行政法规另有规定的情形外,当事人请求确认自依法成立之日起生效的,人民法院应予支持。

第三条 受让人请求自矿产资源勘查许可证、采矿许可证载明的有效期起始日确认其探矿权、采矿权的,人民法院应予支持。

矿业权出让合同生效后、矿产资源勘查许可证或者采矿许可证颁发前,第三人越界或者以其他方式非法勘查开采,经出让人同意已实际占有勘查作业区或者矿区的受让人,请求第三人承担停止侵害、排除妨碍、赔偿损失等侵权责任的,人民法院应予支持。

第四条 出让人未按照出让合同的约定移交勘查作业区或者矿区、颁发矿产资源勘查许可证或者采矿许可证,受让人请求解除出让合同的,人民法院应予支持。

受让人勘查开采矿产资源未达到自然资源主管部门批准的矿山地质环境保护与土地复垦方案要求,在自然资源主管部门规定的期限内拒不改正,或者因违反法律法规被吊销矿产资源勘查许可证、采矿许可证,或者未按照出让合同的约定支付矿业权出让价款，出让人解除出让合同的，人民法院应予支持。

第五条 未取得矿产资源勘查许可证、采矿许可证，签订合同将矿产资源交由他人勘查开采的，人民法院应依法认定合同无效。

第六条 矿业权转让合同自依法成立之日起具有法律约束力。矿业权转让申请未经自然资源主管部门批准，受让人请求转让人办理矿业权变更登记手续的，人民法院不予支持。

当事人仅以矿业权转让申请未经自然资源主管部门批准为由请求确认转让合同无效的，人民法院不予支持。

第七条 矿业权转让合同依法成立后，在不具有法定无效情形下，受让人请求转让人履行报批义务或者转让人请求受让人履行协助报批义务的，人民法院应予支持，但法律上或者事实上不具备履行条件的除外。

人民法院可以依据案件事实和受让人的请求，判决受让人代为办理报批手续，转让人应当履行协助义务，并承担由此产生的费用。

第八条 矿业权转让合同依法成立后，转让人无正当理由拒不履行报批义务，受让人请求解除合同、返还已付转让款及利息，并由转让人承担违约责任的，人民法院应予支持。

第九条 矿业权转让合同约定受让人支付全部或者部分转让款后办理报批手续，转让人在办理报批手续前请求受让人先履行付款义务的，人民法院应予支持，但受让人有确切证据证明存在转让人将同一矿业权转让给第三人、矿业权人将被兼并重组等符合民法典第五百二十七条规定情形的除外。

第十条 自然资源主管部门不予批准矿业权转让申请致使矿业权转让合同被解除，受让人请求返还已付转让款及利息，采矿权人请求受让人返还获得的矿产品及收益，或者探矿权人请求受让人返还勘查资料和勘查中回收的矿产品及收益的，人民法院应予支持，但受让人可请求扣除相关的成本费用。

当事人一方对矿业权转让申请未获批准有过错的，应赔偿对方因此受到的损失；双方均有过错的，应当各自承担相应的责任。

第十一条 矿业权转让合同依法成立后、自然资源主管部门批准前，矿业权人又将矿业权转让给第三人并经自然资源主管部门批准、登记，受让人请求解除转让合同、返还已付转让款及利息，并由矿业权人承担违约责任的，人民法院应予支持。

第十二条 当事人请求确认矿业权租赁、承包合同自依法成立之日起生效的，人民法院应予支持。

矿业权租赁、承包合同约定矿业权人仅收取租金、承包费，放弃矿山管理，不履行安全生产、生态环境修复等法定义务，不承担相应法律责任的，人民法院应依法认定合同无效。

第十三条 矿业权人与他人合作进行矿产资源勘查开采所签订的合同，当事人请求确认自依法成立之日起生效的，人民法院应予支持。

合同中有关矿业权转让的条款适用本解释关于矿业权转让合同的规定。

第十四条 矿业权人为担保自己或者他人债务的履行，将矿业权抵押给债权人的，抵押合同自依法成立之日起生效，但法律、行政法规规定不得抵押的除外。

当事人仅以未经主管部门批准或者登记、备案为由请求确认抵押合同无效的，人民法院不予支持。

第十五条 当事人请求确认矿业权之抵押权自依法登记时设立的，人民法院应予支持。

颁发矿产资源勘查许可证或者采矿许可证的自然资源主管部门根据相关规定办理的矿业权抵押备案手续，视为前款规定的登记。

第十六条 债务人不履行到期债务或者发生当事人约定的实现抵押权的情形，抵押权人依据民事诉讼法第一百九十六条、第一百九十七条[①]规定申请实现抵押权的，人民法院可以拍卖、变卖矿业权或者裁定以矿业权抵债，但矿业权竞买人、受让人应具备相应的资质条件。

第十七条 矿业权抵押期间因抵押人被兼并重组或者矿床被压覆等原因导致矿业权全部或者部分灭失，抵押权人请求就抵押人因此获得的保险金、赔偿金或者补偿金等款项优先受偿或者将该款项予以提存的，人民法院应予支持。

第十八条 当事人约定在自然保护区、风景名胜区、重点生态功能区、生态环境敏感区和脆弱区等区域内勘查开采矿产资源，违反法律、行政法规的强制性规定或者损害环境公共利益的，人民法院应依法认定合同无效。

第十九条 因越界勘查开采矿产资源引发的侵权责任纠纷，涉及自然资源主管部门批准的勘查开采范围重复或者界限不清的，人民法院应告知当事人先向自然资源主管部门申请解决。

第二十条 因他人越界勘查开采矿产资源，矿业权人请求侵权人承担停止侵害、排除妨碍、返还财产、赔偿损失等侵权责任的，人民法院应予支持，但探矿权人请求侵权人返还越界开采的矿产品及收益的除外。

第二十一条 勘查开采矿产资源造成环境污染，或者导致地质灾害、植被毁损等生态破坏，国家规定的机关或者法律规定的组织提起环境公益诉讼的，人民法院应依法予以受理。

国家规定的机关或者法律规定的组织为保护国家利益、环境公共利益提起诉讼的，不影响因同一勘查开采行为受到人身、财产损害的自然人、法人和非法人组织依据民事诉讼法第一百一十九条[②]的规定提起诉讼。

---

① 对应《民事诉讼法》（2023年修正）第二百零七条、第二百零八条。
② 对应《民事诉讼法》（2023年修正）第一百二十二条。

第二十二条 人民法院在审理案件中，发现无证勘查开采，勘查资质、地质资料造假，或者勘查开采未履行生态环境修复义务等违法情形的，可以向有关行政主管部门提出司法建议，由其依法处理；涉嫌犯罪的，依法移送侦查机关处理。

第二十三条 本解释施行后，人民法院尚未审结的一审、二审案件适用本解释规定。本解释施行前已经作出生效裁判的案件，本解释施行后依法再审的，不适用本解释。

【注　　解】

一、最高人民法院2017年6月24日公布本解释，法释〔2017〕12号，自2017年7月27日起施行。

最高人民法院2020年12月29日公布《最高人民法院关于修改〈最高人民法院关于在民事审判工作中适用《中华人民共和国工会法》若干问题的解释〉等二十七件民事类司法解释的决定》修正本解释，法释〔2020〕17号，该修正自2021年1月1日起施行。

二、本解释引用的《中华人民共和国民事诉讼法》已于2023年9月1日第5次修正。

【解　　读】

解读《最高人民法院关于审理矿业权纠纷案件适用法律若干问题的解释》

《最高人民法院关于审理矿业权纠纷案件适用法律若干问题的解释》（以下简称本解释）于2017年2月20日由最高人民法院审判委员会第1710次会议讨论通过，自2017年7月27日起施行。本解释的实施对于依法保护矿业权流转、维护矿业权市场秩序和交易安全、促进资源节约和生态环境保护具有重要意义。笔者现对本解释制定的背景、理念及主要条文的理解进行解读。

一、本解释的制定背景及应遵循的审判理念

（一）本解释的制定背景

矿产资源作为一类重要的自然资源，是社会和经济发展的重要物质基础。随着我国改革开放的不断深入和市场经济体制的确立完善，矿产资源开发利用经历了由严格限制到逐步放松的过程,并逐步引入了比较成熟的市场机制。党的十八大后提出要使市场在资源配置中起决定性作用,创新政府配置资源方式,更好的处理市场与政府的关系。2015年后,《中共中央、国务院关于加快推进生态文明建设的意见》《生态文明体制改革总体方案》《中共中央、国务院关于完善产权保护制度依法保护产权的意见》《矿业权出让制度改革方案》等关于生态文明建设的政策性文件先后出台,为进一步深化矿产资源有偿使用制度改革,更好发挥矿业权的财产属性,完善矿业权产权保护制度,规范矿业权出让、转让等市场交易,改革、完善行政监管方式确立了明确的方向和路径,但尚需细化为具体规范。

就立法现状而言,现行涉矿法律、法规多制定在计划商品经济阶段或者从计划商品经济向市场经济过渡阶段,行政管理色彩浓厚,市场交易规则匮乏,已不能完全适应矿业权流转日益市场化的发展趋势,与国家正在推进的"放管服"行政审批制度改革的发展方向亦不完全相符;现行《矿产资源法》的修改尽管已列入规划多年,但因尚未就某些基础性问题形成共识,短期内较难取得实质进展。就司法实践而言,矿业权交易市场日趋活跃,纠纷随之大量涌现;但鉴于现行涉矿法律、法规内在的滞后性以及矿业权本身兼具民事物权和行政许可双重特性,导致全国各级各地法院对涉矿法律、法规的理解差异较大,裁判标准不一,严重影响了法律的统一实施和人民法院的权威;加之矿业权纠纷往往标的巨大、利益纠葛多,对统一裁判规则的需求非常迫切。同时,矿产资源开发利用中无证勘查开采、乱采滥挖、破坏性开采等违法违规现象严重,矿区安全生产、环境污染、生态破坏等问题逐渐凸显,严重损害社会公共利益和公众环境权益。

为促进国家生态文明建设,适应矿业权市场发展需求,准确把握矿产资源有偿使用改革方向,正确理解矿业权的法律属性,统一矿业权纠纷案件裁判规则,最高人民法院在认真总结各地法院审理矿业权纠纷案件实践经验的基础上,经过反复调研论证和广泛征求意见,出台本解释。

(二)矿业权纠纷案件应遵循的审判理念

审判理念是法官在审理案件时对案件判断的价值追求,[①] 是在法律思维的基础上再进行复合思维的产物;法官的法律思维,是建立在法律规则基础上,而法律规则的原则性、局限性、滞后性往往使法官在决断案件时具有一定程度的僵化性和机械性,使裁判的结果程度不同地偏离客观性、公正性,甚至与社会主流价值观不相契合,引发当事人和社会对司法公正的质疑。因此,法官决

---

① 赖彩明:《商事审判与民事审判理念之比较》,载《人民法院报》2015年11月11日。

断案件还必须有相应的裁判思维做指导,才能实现审判的最佳价值。①

在现行法律框架下,矿业权兼具民事物权和行政许可双重属性,作为自然资源物权,又呈现出公共物品和生态属性,受公法和私法的共同规范。相比较一般的民事物权,矿业权在设立、流转、行使、消灭等方面均具有特殊性,具有行政赋权的性质。② 矿业权的特殊法律属性,使得矿业权纠纷已成为人民法院审判工作面临的一类较为复杂的案件。为此,在本解释起草中,明确规定了矿业权纠纷案件应遵循的审判理念:

1. 依法保护矿业权流转

关于矿业权(探矿权、采矿权)的法律属性,有债权说、准物权说、自物权说、特许物权说、自然资源使用权说、用益物权说等多种观点。③《物权法》颁布后,在立法层面上正式将其界定为用益物权。

矿业权作为国土资源主管部门代表国家赋予相关市场主体勘查开采矿产资源的用益物权,在进入市场后,应允许其作为一种商品在市场上自由流转,努力消除阻碍其流转的制度障碍,使矿业权在流动中增益价值,提高开发利用效率,并最终实现市场在矿产资源配置中的决定性作用。具体体现为:第一,承认矿业权多种流转方式的法律效力。无论一级市场上的出让,抑或二级市场上的转让、租赁、承包、合作、抵押等,在不违反法律、行政法规强制性规定,不具有法定无效情形下,均应承认其私法上的合法有效性,鼓励当事人诚实守信、认真履约,尊重当事人基于意思自治作出的不同利益安排。第二,减少矿业权流转合同的无效情形。审慎认定涉及矿业权流转条件、主体、程序以及方式等强制性规范的性质,尽量发挥行政手段对非法流转行为处罚监管的作用,减少否定矿业权流转合同效力的做法。如《探矿权采矿权转让管理办法》第5条、第6条规定的探矿权、采矿权转让的具体条件,从凸显矿业权物权属性的理念出发,上述规定可作为行政机关进行行政监管和处罚的依据,但不宜成为否定矿业权转让合同私法效力的依据。第三,适当分离矿业权的财产属性和行政许可属性,在支持行政主管部门依法行政的同时,适当弱化行政审批对矿业权流转合同效力的影响。尤其在矿业权转让未经批准时转让合同的效力认定问题上,此种审判理念的体现最为明显,亦为本解释在裁判规则的设计和确定上着力最多的地方,后文详述。

---

① 李设球:《法官应当树立怎样的审判理念》,载 www.chinacourt.org/article/detail/2013/07/id/1021772.shtml. 2017年10月20日访问。
② 最高人民法院(2015)民申字第464号民事裁定书。
③ 参见江平:《中国矿业权法律制度研究》,中国政法大学出版社1991年版,第56~58页;崔建远:《准物权研究》,法律出版社2012年版,第20页;李显冬:《中国矿业立法研究》,中国人民公安大学出版社2006年版,第51页。

2. 维护市场秩序和交易安全

从私权利保护的角度来看,国家应注重对物权效力的确认与保障,充分尊重市场主体的意思自治,对市场交易应尽量予以较少限制;而从秩序维护的角度看,则应当加强市场秩序方面的管理,强化行政机关在维护市场秩序方面的主导地位,注重运用公法手段维护"契约自由、意思自治"的市场交易秩序,保障交易安全。就我国矿产资源开发管理秩序而言,国家作为行政管理者,在矿产资源的勘查、开发过程中,基于对社会公共利益的整体考量,要依法对于矿产资源的勘查开采行为进行必要的行政监管,但这与凸显矿业权物权属性、保护矿业权依法流转等价值取向并不矛盾,而是相辅相成的。具体体现为:第一,以矿产资源勘查许可证、采矿许可证作为矿业权人享有矿业权的法定依据,并以此为基础确立矿业权变动的公示公信原则,保护善意第三人利益和矿业权交易安全。第二,在赋予矿业权转让、租赁、承包、抵押、合作等多种流转方式合法性的前提下,当事人应尊重法律、行政法规为不同交易行为设定的交易规则。如《矿产资源法》第六条、《探矿权采矿权转让管理办法》第三条规定,矿业权转让依法需经国土资源主管部门批准。当事人为逃避行政监管,擅自以租赁、承包方式变相转让矿业权的,应依法认定合同无效。第三,审慎审查矿业权转让的主体、条件、方式、程序,依法实现涉矿法律、法规关于运用行政审批、登记等方式监管矿业权转让的规范目的。如人民法院在判决当事人履行报批义务或者协助报批义务前,可就矿业权是否符合转让条件、受让人是否具备资质条件等,或者在拍卖、变卖矿业权或者裁定以矿业权抵债前,针对矿业权人矿山地质环境治理恢复情况、受让人是否具有相应资质等事项征求国土资源主管部门的意见。

3. 保障矿产资源合理开发利用

矿产资源的稀缺性、耗竭性、不可再生性等特征,决定了矿产资源开发利用必须走可持续发展的道路。人民法院在审理矿业权纠纷案件中应适度能动司法,正确处理行政监管和市场配置、公法规制和私法调整、行政判断和司法裁判之间的关系,保障矿产资源合理开发利用。具体体现为:第一,无矿产资源勘查许可证、采矿许可证而将矿产资源出售、出租、发包或者与他人合作勘查开采的,因违反矿产资源勘查开采许可管理制度,严重侵犯国家的矿产资源所有权,导致国家调控、监管矿业市场的目的落空,危害甚巨。且颁发矿产资源勘查许可证或者采矿许可证的行为性质属行政许可,涉及行政审批管理权限、申请人资质条件审查等事项,所谓国家作为矿产资源所有人的"事后追认",不同于单纯的民法上同意或者追认的意思表示。故无证勘查开采,不同于传统民法上的无权处分行为,其效力状态应为无效。第二,依法审理检察机关提起的涉矿行政公益诉讼,防止行政不作为和乱作为,确保矿产资源合理开发利用秩序的良性维持。第三,人民法院审理矿业权纠纷案件过程中,如发现无证勘查开采，勘查资质、地质资料造假，或者勘查开采未履行生态环境修复义务等违法情形的，可以向国土资源、环境保护主管部门提请司法建议，由其依法处理；涉嫌犯罪的，应依法移送侦查机关处理。

4. 促进资源节约与生态环境保护

矿产资源兼具商品属性和生态属性，勘查开采活动具有必然的环境负外部性，人民法院在个案审判工作中要注意促进资源节约和生态环境保护。这与2017年颁布实施的《民法总则》关于民事活动须遵循节约资源和保护生态环境的绿色原则完全吻合。具体体现为：第一，重视政府管制的必要性和重要性，在解决当事人民事纠纷、维护矿业权人合法权益的同时，要兼顾资源节约和生态环境保护，将之作为利益衡平的重要考量因素。第二，依法受理和审理涉矿环境公益诉讼，发挥公益诉讼在资源节约和生态环境保护上的独特功能效用。根据《民事诉讼法》第五十五条①、《环境保护法》第五十八条以及《最高人民法院关于审理环境民事公益诉讼案件适用法律若干问题的解释》第一条的规定，因勘探开采矿产资源造成环境污染，或者导致矿区地质灾害、植被毁损等生态破坏的，法律规定的机关和有关组织有权提起环境公益诉讼。2017年6月底，新修订的《民事诉讼法》和《行政诉讼法》正式确定检察机关可针对生态环境和资源保护提起公益诉讼。涉矿环境公益诉讼制度，既与现行法律中关于公益诉讼的规定契合，亦与公益诉讼审判实践密切相关，应充分发挥其功能，强化涉矿各方生态环境保护意识。第三，强调对特别区域内矿业权合同效力的司法审查。自然保护区、风景名胜区、重点生态功能区、生态环境敏感区和脆弱区等特别区域内，经济发展和环境保护之间的矛盾尤为突出。当事人约定在上述特别区域内勘查开采矿产资源，违反《自然保护区条例》《风景名胜区条例》等法律、行政法规的强制性规定，或者损害环境公共利益的，人民法院应依法认定合同无效。因行政审批和司法审查各有侧重，实践中即使矿业权流转合同已经行政机关批准，若有法定无效情形的，人民法院仍可依法对合同效力作出否定性评价，不受行政审批结果的影响。

二、矿业权出让合同与矿业权的设立

矿业权出让作为一级市场的流转方式，其合同效力的认定是审判实践中的重要问题。本质上，矿业权出让合同属于用益物权的设立行为。其效力认定，应着重厘清合同签订、审批、登记三者的关系。根据国土资源部《探矿权采矿权招标拍卖挂牌管理办法（试行）》《矿业权交易规则（试行）》②关于出让程

---

① 对应《民事诉讼法》（2023年修正）第五十八条。
② 2017年9月6日国土资源部发布修订完善的《矿业权交易规则》（国土资规〔2017〕7号）中关于矿业权出让程序的规定更为完善，基本程序并无实质变更。

序的规定,采"招拍挂"等出让方式的,受让人须与出让人签订矿业权出让合同,经公示无异议,履行相关手续后,持成交确认书、矿业权出让合同及其他所需材料,向有审批权限的国土资源主管部门申请办理矿业权登记手续,领取矿产资源勘查许可证或者采矿许可证,方能取得矿业权。2017年9月新修订的《矿业权交易规则》明确规定,以协议方式出让矿业权的,参照"招拍挂"方式签订出让合同。至于采"批准申请"方式的,若国土资源主管部门与受让人不签订出让合同,则不存在出让合同的效力认定问题。目前,并无法律、行政法规规定矿业权出让合同需经行政审批才能生效。再结合《物权法》第十五条关于债权合同效力和不动产物权变动相区分的规定,可以认定,矿业权出让合同自依法成立之日起生效。

矿业权自何时设立、受让人何时取得矿业权,系矿业权出让合同纠纷中亟需解决的另一事实认定问题。因矿业权出让中涉及出让合同的签订日期、招拍挂确认成交日期、矿业权登记日期、许可证签发日期、许可证载明的权利有效起止日期等多个时间节点,应以何者为准,存在争议。根据《矿产资源法》第六条第三款、《矿产资源法实施细则》第五条第一款的规定,矿业权在国土资源主管部门审批登记、颁发许可证后才设立,受让人是否获得许可证是其是否拥有矿业权的权利外观,除矿业权保留等特定情况外,一般须遵循"有证即有权、无证即无权"的矿业权确定规则。因矿业权兼具民事物权和行政许可双重属性,矿业权的权利载体——矿产资源勘查许可证或者采矿许可证,既是矿业权的物权凭证,也是行政审批许可的法律文书。故矿业权登记与《物权法》上具有确权意义的不动产登记并不完全一致,此亦为不动产统一登记机构暂未将矿业权登记纳入其中的重要原因。鉴于此,应将许可证载明的有效期限的起始时间确定为受让人获得矿业权的时间。

三、矿业权转让合同的效力认定

矿业权转让未经批准时的转让合同的效力认定,是矿业权纠纷案件审判实践中分歧最大的问题。

(一)相关学说评述

矿业权转让未经批准时,矿业权转让合同的效力认定,涉及《物权法》第十五条①、《合同法》第四十四条②以及《探矿权采矿权转让管理办法》第十条的理解适用。对此,有无效说、生效说、成立未生效说、整体未生效但部分条款生效说等多种理论观点和实践做法。其中"无效说"认为,《矿产资源法》《探矿权采矿权转让管理办法》中关于矿业权转让行政审批的规定属效力性强

---

① 对应《民法典》第二百一十五条。
② 对应《民法典》第五百零二条。

制性规定,未经批准的矿业权转让合同因违反上述规定,应为无效。"生效说"认为,根据"新法优于旧法"的法律冲突规则,应依照《物权法》第十五条确定矿业权转让合同的效力,自成立之日生效。"成立未生效说"认为,《合同法》第四十四条第二款属特别法上的规定,未经批准的矿业权转让合同因欠缺法定生效要件,虽成立但未生效。"整体未生效但部分条款生效说"认为,矿业权转让合同未经批准整体未生效,但其中关于报批义务条款以及与履行报批义务条款相关的条款,根据双方约定的目的及诚实信用原则不受行政审批的影响,为生效条款。

笔者认为,"无效说"容易诱发当事人的道德风险;"生效说"虽在解释论上有一定合理性,但就《物权法》第十五条、《合同法》第四十四条的相互关系上,学理界和实务界尚未形成共识;"成立未生效说",仅为对合同效力的现状表述,最终将导致与合同无效基本相同的法律后果。"整体未生效但部分生效说",是司法实践中采用较多的一种处理方法,① 但该说未能彻底解决"成立未生效说"存在的问题,在报批义务条款以及与履行报批义务相关条款独立性的法理基础、违反报批义务的责任承担等方面有待于进一步论证。

(二)矿业权转让合同效力认定的合同法逻辑

根据《探矿权采矿权转让管理办法》第八条、第十条的规定以及国土资源主管部门的意见,矿业权转让的审批对象系矿业权转让申请,而非矿业权转让合同;矿业权转让申请获批后办理的亦是矿业权权属变更登记,而非矿业权转让合同登记。即,矿业权转让中的审批、变更登记与前述观点和学说所依据的合同审批、登记的基础事实并不完全相符,矿业权转让合同的效力认定不能当然参照适用《最高人民法院关于外商投资企业纠纷案件若干问题的规定(一)》第一条,或者《最高人民法院关于适用〈中华人民共和国合同法〉若干问题的解释(一)》第九条等在先司法解释的相关规定。

合同效力包括拘束力、确定力与实现力三方面的内容,不同的效力内容,发生效力的时间点并不一定是同时的,效力可逐步"释放"。② 矿业权转让合同的效力认定,可依据合同法基本原理,从成立、有效、生效三个层面解读:首先,矿业权人作为转让人与受让人就拟交易矿业权的转让方式、转让价格、付款方式、变更过户、违约责任等主要条款达成合意,合同即告成立。其次,矿业权转让合同成立后,经审查签约主体适格,具有相应的民事行为能力;意思表示真实;内容不违反法律、行政法规的强制性规定,未损害社会公共利益的,即可认定为合法有效成立。最后,依法成立的合同,一般自成立时即生效,也可能由于需要办理审批、登记手续或者当事人约定了附生效条件、附生

---

① 《最高人民法院关于审理外商投资企业纠纷案件若干问题的规定(一)》第一条即采此种观点。
② 江必新:《法律行为效力制度的重构》,载《法学》2013年第4期。

效期限而延迟生效,但并不意味着此时的合同不具有任何法律约束力。尽管作为国土资源主管部门行政审批的对象系矿业权转让申请,而非矿业权转让合同,但因《探矿权采矿权转让管理办法》第十条第三款将转让合同的效力与转让审批密切关联,明确规定"批准转让的,转让合同自批准之日起生效"。基于法律解释须严守立法的原则,上述规定在依法修订之前,仍应尊重。即,矿业权转让申请未经批准,依法成立的矿业权转让合同尚不能直接认定为已生效。但根据《合同法》第八条①的规定,矿业权转让合同自依法成立之日起对当事人具有法律约束力,合同的拘束力、确定力即已产生,只是在转让申请批准前尚不具有实现力,受让人无权据此请求转让人办理矿业权变更登记、实现矿业权物权变动的效力。当事人若仅以矿业权转让申请未经国土资源主管部门批准为由请求确认矿业权转让合同无效的,亦应不予支持。

(三)报批义务的强制履行及拒不履行的法律后果

"强制履行的规范基础在于契约严守原则,其不仅约束债务人,亦约束债权人,其目的在于增强债的约束力"。② 依前述分析,矿业权转让合同依法成立后即具有法律约束力,除具有法律或者事实上履行不能情形外,受让人得依据合同请求转让人履行报批义务,转让人亦得依据合同请求受让人履行协助报批义务。

存有疑问的是,转让人拒不履行报批义务时,受让人是否可以自行办理报批手续?实践中还存在转让人已将报批所需证照、印章、文件等相关材料全部或部分移交给受让人的情形。此种情况下,是否发生报批义务的转移?笔者认为,根据《探矿权采矿权转让管理办法》第八条的规定,转让人是报批义务的法定义务人,不应因报批所需证照、公章、文件等材料的移交而发生报批义务的转移。由受让人自行办理矿业权转让报批手续存在诸多现实和法律障碍。故受让人原则上不得自行办理报批手续,但在具备相关条件的情况下,可替代履行,即以转让人的名义代为办理报批手续,转让人履行协助义务并承担由此产生的费用。

与之相关的另一疑问是,转让人无正当理由拒不履行报批义务的,将产生何种法律后果?对因未经批准而尚未完全"生效"的矿业权转让合同,受让人是否享有合同解除权以及合同解除后的赔偿范围认定,是审判实践中需着力解决的疑难问题。根据对《合同法》第八条的文义解释,合同解除权仅与合同依法成立相关,而与合同是否完全生效并无必然联系。③ 且合同解除的主要功能

---

① 对应《民法典》第四百六十五条。
② 王洪亮:《强制履行请求权的性质及其行使》,载《法学》2012年第1期。
③ 刘贵祥:《论行政审批与合同效力——以外商投资企业股权转让为线索》,载《中国法学》2011年第2期。

在于"合同义务的解放",以及由此派生的非违约方"交易自由的回复"及违约方"合同利益的剥夺"①。转让人拒不履行报批义务时,赋予受让人合同解除权,符合诚实信用原则和效率原则。且报批义务是促成矿业权转让合同完全生效并得以继续履行的基础,转让人无正当理由拒不履行的,将导致转让矿业权的合同目的不能实现,此时,受让人得依据《合同法》第九十四条②第四项规定享有解除权。

就矿业权转让合同因转让人拒不履行报批义务而解除的法律后果而言,根据《合同法》第九十七条③的规定,受让人请求转让人返还已经支付的转让款及利息,属恢复原状的应有之义。争议在于赔偿损失的性质及范围。有观点认为应为缔约过失责任,范围限于信赖利益的损失。有观点区分受让人是否经过诉讼请求转让人履行报批义务而赋予赔偿损失不同的性质和范围,若不经诉讼直接以转让人不履行报批义务为由解除合同,则只能请求承担缔约过失责任,赔偿范围为信赖利益;若经诉讼请求转让人履行报批义务且法院判决转让人履行报批义务而不履行的,则有权另诉请求转让人承担违约责任,赔偿可得利益或者履行利益的损失。还有观点采取缔约过失责任违约化处理,认为此类损失赔偿应定性为缔约过失责任,但在赔偿范围上应从加强守约方利益保护、弥补缔约过失责任赔偿范围不足的角度进行制度设计。④

笔者认为,在明确规定矿业权转让合同自依法成立之日起具有法律约束力的前提下,报批义务本身无需待矿业权转让获批即可单独诉请履行,其既是转让人在转让申请被批准前依诚实信用原则而承担的法定义务,也是转让人履行矿业权转让合同义务的主要内容,属于与实现合同目的密切相关的"主要债务"。转让人无正当理由拒不履行的,将构成根本违约,所应承担的责任,应直接认定为违约责任,其损失赔偿额应相当于因违约造成的损失,包括合同履行后可以获得的利益。此种规范设计,既能够在合同法基本原理范围内得到合理解释,也有利于填补缔约过失责任范围限于信赖利益之不足,并可惩戒恶意毁约行为,实现实质正义。

四、矿业权租赁、承包合同的效力认定

矿业权租赁、承包也是实践中常见的矿业权流转方式,问题主要集中在两个方面:一是矿业权租赁、承包合同本身的效力认定;二是名为矿业权租赁、

---

① 韩世远:《合同法总论》,法律出版社 2015 年版,第 507 页。
② 对应《民法典》第五百六十三条。
③ 对应《民法典》第五百六十六条。
④ 杨永清:《批准生效合同若干问题探讨》,载《中国法学》2013 年第 6 期;汤文平:《批准(登记)生效合同、"申请义务"与"缔约过失"》,载《中外法学》2012 年第 2 期;吴光荣:"行政审批对合同效力的影响:理论与实践",载《法学家》2013 年第 1 期。

承包，实为转让的合同效力认定。

关于矿业权租赁、承包合同本身的效力，争议主要来自于对《矿产资源法》第六条、第四十二条，《矿产资源法实施细则》第四十二条第三项以及《探矿权采矿权转让管理办法》第十五条的理解适用。笔者认为，按照文义解释规则，上述条文的规制重点是以出租、承包形式擅自转让矿产资源的行为，而非对矿业权租赁、承包的一律禁止。实际上，1986年颁布实施的《矿产资源法》第三条第四款曾明确规定："采矿权不得买卖、出租，不得用作抵押"，并在原第四十二条第二款规定了罚则："买卖、出租采矿权或者将采矿权用作抵押的，没收违法所得，处以罚款，吊销采矿许可证"。但1996年修改《矿产资源法》，上述内容均予以删除，体现了《矿产资源法》修改的立法趋向。故，在不属于以出租、承包方式擅自转让矿业权的情况下，矿业权租赁、承包合同应自依法成立之日起生效，不宜将出租、承包当然视为矿业权的变相转让或者非法倒卖牟利，径直以"合法形式掩盖非法目的"为由认定无效，也不宜以未经国土资源主管部门批准为由认定其具有效力瑕疵。

关于名为矿业权租赁、承包，实为转让的合同效力认定，存在两种不同观点：一种观点认为，此种情形属民法上的隐藏行为，应适用被隐藏的法律行为（即矿业权转让）的规定①认定合同效力；另一种观点认为，此种情形构成"以合法形式掩盖非法目的"，应为无效。笔者认为，在现有法律框架下，矿业权兼具民事物权和行政许可双重属性，涉矿纠纷的审理除涉及私权利益保障，还存在支持行政主管部门依法行政的司法考量。作为与矿业权转让不同的流转方式，矿业权租赁、承包无须办理矿业权的变更登记，矿业权人依然负有监控矿山合法经营的义务，履行安全生产、水土保持、环境保护等法定职责，并承担相应的法律责任，租赁、承包期满还存在依约收回矿业权的问题。当事人若在选择租赁、承包形式的同时，约定矿业权人仅收取租金或者承包费，放弃对矿山的管理，不再履行其法定义务，不再承担相应法律责任，则构成变相转让采矿权的行为，明显具有规避国土资源主管部门行政监管和审批许可，逃避国家相关税费缴纳的意图，应根据《合同法》第五十二条第三项"以合法形式掩盖非法目的"或者第五项"损害社会公共利益"的规定，认定无效。同时，为避免对交易行为造成不当评价指引，对名为租赁、承包实为转让的合同需要设定较高的认定标准，防止在合同无效认定上的随意性。

---

① ［德］卡尔·拉伦茨：《德国民法通论》（下册），王晓晔等译，法律出版社2013年版，第501页。

五、矿业权抵押合同的效力及矿业权抵押权的设定

（一）矿业权抵押的适法性

国土资源部《矿业权出让转让管理暂行规定》，① 财政部、国家税务总局《中华人民共和国增值税暂行条例实施细则》《关于固定资产进项税额抵扣问题的通知》② 等规范性文件中明确规定，矿产资源属不动产，矿业权适用不动产法律法规的调整原则。同时，基于《物权法》第一百八十条③、第一百八十四条④的规定，矿业权作为法律、行政法规未禁止抵押的一类财产权，其作为抵押财产，在法律层面上并无障碍。

（二）矿业权抵押合同的效力

就矿业权抵押合同的效力而言，虽《矿业权出让转让管理暂行规定》第五十七条规定："矿业权设定抵押时，矿业权人应持抵押合同和矿业权许可证到原发证机关办理备案手续"，但并未明确矿业权抵押合同非经备案不生效力。根据《物权法》第十五条、《合同法》第四十四条以及《最高人民法院关于适用〈中华人民共和国合同法〉若干问题的解释（一）》第九条的规定，矿业权抵押合同应自依法成立之日起生效，当事人未办理登记、备案手续不影响合同的效力。

（三）矿业权抵押权的设立

矿业权抵押权何时设立，何时发生效力，是否适用不动产登记的规则，究采登记对抗主义抑或登记生效主义，目前尚无明文规定。且现行法律、行政法规未明确矿业权抵押的登记机构，国务院《不动产登记暂行条例》亦未将矿业权列入不动产统一登记范围。现行立法对矿业权抵押登记和备案的效力都规定的较为模糊，⑤ 使得备案与登记是否属同一概念、是否具同等效力，存有争议，造成审判实践中的困难。

笔者认为，根据《物权法》第九条⑥、第一百八十七条⑦的规定，参照"举轻以明重"的法解释学规则，矿业权作为不动产物权，其抵押权的设定应采登记生效主义，即矿业权抵押权自依法登记时设立。同时，考虑到矿业权抵押实践中，各地多依据《矿业权出让转让管理暂行规定》办理矿业权抵押备

---

① 《矿业权出让转让管理暂行规定》第三条第一款规定："探矿权、采矿权为财产权，统称为矿业权，适用不动产法律法规的调整原则。"

② 财政部、国家税务总局《中华人民共和国增值税暂行条例实施细则》《关于固定资产进项税额抵扣问题的通知》明确将矿产资源确定为不动产中的"其他土地附着物"。

③ 对应《民法典》第三百九十五条。

④ 对应《民法典》第三百九十九条。

⑤ 陈敦：《我国矿业权抵押登记制度探析》，载《晋中学院学报》2011年第5期。

⑥ 对应《民法典》第二百零九条。

⑦ 对应《民法典》第四百零二条。

案,或者依据地方性法规办理矿业权抵押登记或备案。基于备案与登记公示功能的相似性以及物权法定原则相对弱化的趋势,为顺利解决实践中大量出现的矿业权抵押纠纷案件,可将颁发矿产资源勘查许可证或者采矿许可证的国土资源主管部门根据相关规定办理的矿业权抵押备案手续视为登记,作为矿业权抵押法定登记机构确定前的过渡措施。

本解释除规定了矿业权出让、转让、租赁、承包、抵押等流转方式的裁判规则外,也对无证勘查开采、一矿二卖、矿业权合作、越界勘查开采、涉矿环境公益诉讼等问题作出了具体规定。矿业权纠纷案件审判实践中,还有大量涉及矿山企业股权转让,政策性资源整合中"名为整合、实为挂靠"等交易模式的纠纷,在相关裁判规则确定之前,需结合个案情事,以审判理念为指导,妥善进行事实认定和法律判断。

(撰稿人:王旭光　贾清林　刘牧晗)

解读《最高人民法院关于审理矿业权纠纷案件适用法律若干问题的解释》修正条文

一、关于适应性修改条文的说明

1. 引言:《民法典》实施后,《物权法》《合同法》同时废止,因此在对本司法解释进行修改时,将其引言相应修改。

2. 第二条:2018年3月17日第十三届全国人民代表大会第一次会议审议批准的《国务院机构改革方案》中规定:"(一)组建自然资源部。将国土资源部的职责,国家发展和改革委员会的组织编制主体功能区规划职责,住房和城乡建设部的城乡规划管理职责,水利部的水资源调查和确权登记管理职责,农业部的草原资源调查和确权登记管理职责,国家林业局的森林、湿地等资源调查和确权登记管理职责,国家海洋局的职责,国家测绘地理信息局的职责整合,组建自然资源部,作为国务院组成部门。自然资源部对外保留国家海洋局牌子。不再保留国土资源部、国家海洋局、国家测绘地理信息局。"根据上述方案,改革后的国务院组成部门不再包括国土资源部,其职责调整归新组建的自然资源部。此后,2018年8月31日通过的《土壤污染防治法》、2018年12月29日通过的《耕地占用税法》、2019年8月26日第三次修正的《土地管理法》、2019年12月28日修订的《森林法》均采用或调整为"自然资源主管部门"的表述。如《土壤污染防治法》第七条规定:"国务院生态环境主管部门对全国土壤污染防治工作实施统一监督管理;国务院农业农村、自然资源、住房城乡建设、林业草原等主管部门在各自职责范围内对土壤污染防治工作实施监督管理。地方人民政府生态环境主管部门对本行政区域土壤污染防治工作实施统一监督管理；地方人民政府农业农村、自然资源、住房城乡建设、林业草原等主管部门在各自职责范围内对土壤污染防治工作实施监督管理。"《土地管理法》第五条规定："国务院自然资源主管部门统一负责全国土地的管理和监督工作。县级以上地方人民政府自然资源主管部门的设置及其职责，由省、自治区、直辖市人民政府根据国务院有关规定确定。"鉴于此，在对本司法解释进行修改时，将其第二条"县级以上人民政府国土资源主管部门作为出让人与受让人签订的矿业权出让合同，除法律、行政法规另有规定的情形外，当事人请求确认自依法成立之日起生效的，人民法院应予支持"修改为"县级以上人民政府自然资源主管部门作为出让人与受让人签订的矿业权出让合同，除法律、行政法规另有规定的情形外，当事人请求确认自依法成立之日起生效的，人民法院应予支持"，即其中的"国土资源主管部门"修改为"自然资源主管部门"。

3. 第六条第二款：修改理由同第二条。

值得注意的是，本款还涉及矿业权转让合同效力判断问题。司法解释修改时，有观点认为应该根据《民法典》第五百零二条规定对本款予以实质性修改。我们认为，《探矿权采矿权转让管理办法》第十条规定："申请转让探矿权、采矿权的，审批管理机关应当自收到转让申请之日起40日内，作出准予转让或者不准转让的决定，并通知转让人和受让人。准予转让的，转让人和受让人应当自收到批准转让通知之日起60日内，到原发证机关办理变更登记手续；受让人按照国家规定缴纳有关费用后，领取勘查许可证或者采矿许可证，成为探矿权人或者采矿权人。批准转让的，转让合同自批准之日起生效。不准转让的，审批管理机关应当说明理由。"根据上述规定，《探矿权采矿权转让管理办法》第八条关于转让人与受让人签订的转让合同是探矿权人或者采矿权人在申请转让探矿权或者采矿权时应当向审批管理机关提交资料的规定，以及《矿业权出让转让管理暂行规定》第四十六条第二款关于"转让申请被批准之日起，转让合同生效"的规定和司法解释制定过程中征求原国土资源部的意见可知，矿业权转让审批的对象系矿业权转让申请，而非矿业权转让合同，转让合同仅仅是该项行政审批必须提交的基础资料之一；矿业权转让申请获批后办理的亦是矿业权变更登记，而非矿业权转让合同登记。《民法典》第五百零二条关于"依法成立的合同，自成立时生效，但是法律另有规定或者当事人另有约定的除外。依照法律、行政法规的规定，合同应当办理批准等手续的，依照其规定。未办理批准等手续影响合同生效的，不影响合同中履行报批等义务条款以及相关条款的效力。应当办理申请批准等手续的当事人未履行义务的，对方可以请求其承担违反该义务的责任。依照法律、行政法规的规定，合同的变更、转让、解除等情形应当办理批准等手续的，适用前款规定"的规定，是在吸纳《最高人民法院关于外商投资企业纠纷案件若干问题的规定（一）》（法释〔2010〕9号）第一条规定的基础上，对《合同法》第四十四条予以修改的结果。但矿业权的权利属性与外商投资企业股权并不相同，法律、行政法规对外商投资企业股权转让与矿业权转让的规定亦存在明显区别。如根据《外商投资法》第四条规定的外商投资负面清单管理制度，外商投资主管部门审批的就是外商投资企业股权转让合同本身，与前述矿业权转让中，自然资源主管部门审批的是矿业权转让申请而非矿业权转让合同本身明显有不同。故，矿业权转让合同的效力认定并不当然可以参照适用外资企业股权转让合同效力认定的规则，亦与《民法典》第五百零二条的规定不相冲突，相关问题在司法解释制定过程中我们已经予以充分考量和论证。鉴于上述原因，司法解释修改时，未就其第六条第二款予以实质修改。

此外，本司法解释修改时，有关合同效力问题还有观点认为其第十八条"当事人约定在自然保护区、风景名胜区、重点生态功能区、生态环境敏感区和脆弱区等区域内勘查开采矿产资源，违反法律、行政法规的强制性规定或者损害环境公共利益的，人民法院应依法认定合同无效"的规定，与《民法典》第一百五十三条"违反法律、行政法规的强制性规定的民事法律行为无效。但是，该强制性规定不导致该民事法律行为无效的除外。违背公序良俗的民事法律行为无效"的规定似有冲突，应予修改。我们认为，矿产资源勘查开采行为不可避免具有环境负外部性，《自然保护区条例》《风景名胜区条例》中均有禁止在相关区域内进行矿产资源勘查开采活动的禁止性规定，如《自然保护区条例》第二十六条规定："禁止在自然保护区内进行砍伐、放牧、狩猎、捕捞、采药、开垦、烧荒、开矿、采石、挖沙等活动；但是，法律、行政法规另有规定的除外。"《风景名胜区条例》第二十六条规定："在风景名胜区内禁止进行下列活动：（一）开山、采石、开矿、开荒、修坟立碑等破坏景观、植被和地形地貌的活动；（二）修建储存爆炸性、易燃性、放射性、毒害性、腐蚀性物品的设施；（三）在景物或者设施上刻划、涂污；（四）乱扔垃圾。"对此类环境资源法律法规中的禁止性规定，在《民法典》施行之前，还存在着是否属于原《合同法》及其司法解释中的效力性强制性规定的识别和适用问题，《民法典》施行之后，根据其第一百五十三条的规定，以认定合同有效并继续履行将对自然生态环境造成严重破坏，损害环境公共利益为由，认定此类合同无效，更加顺畅和符合其立法意旨，并无冲突，故将本司法解释第十八条的规定予以保留。

4. 第九条：《民法典》实施后，《合同法》同时废止，因此在对本司法解释进行修改时，将其第九条中"但受让人有确切证据证明存在转让人将同一矿业权转让给第三人、矿业权人将被兼并重组等符合合同法第六十八条规定情形的除外"修改为"但受让人有确切证据证明存在转让人将同一矿业权转让给第三人、矿业权人将被兼并重组等符合民法典第五百二十七条规定情形的除外"。

5. 第十条第一款：修改理由同第二条。

6. 第十一条：修改理由同第二条。

7. 第十五条第二款：修改理由同第二条。

8. 第十九条：修改理由同第二条。

二、关于重点修改条文的修改说明和理解与适用

（一）第四条第二款

【修改说明】

根据《国务院机构改革方案》第一条关于组建自然资源部、不再保留国土资源部、将国土资源部的职责调整归自然资源部的相关规定，将"国土资源主管部门"修改为"自然资源主管部门"。

根据《矿山地质环境保护规定》第十二条规定，将"矿山地质环境保护与治理恢复方案"修改为"矿山地质环境保护与土地复垦方案"。

为与《行政协议司法解释》（法释〔2019〕17号）第二条规定相协调，删除"出让人请求解除出让合同的"中的"请求"二字。

【修改过程】

《最高人民法院关于审理矿业权纠纷案件适用法律若干问题的解释》于2017年6月24日公布，自2017年7月27日起施行。2018年3月17日，第十三届全国人民代表大会第一次会议审议批准了最近一次的《国务院机构改革方案》，其中明确组建自然资源部，国土资源部不再保留，其职责调整归新组建的自然资源部。2019年7月16日，自然资源部第2次部务会议通过了《自然资源部关于第一批废止修改的部门规章的决定》，对《矿山地质环境保护规定》作了第三次修正，将该规定第十二条原有的"矿山地质环境保护与治理恢复方案"修改为"矿山地质环境保护与土地复垦方案"，并对矿山地质环境保护与土地复垦方案的具体内容予以明确。2019年11月12日，最高人民法院审判委员会第1781次会议通过《行政协议司法解释》，自2020年1月1日起施行，该规定第二条第三项以列举方式将"矿业权等国有自然资源使用权出让协议"界定为行政协议。本司法解释修改征求意见过程中，有意见提出，因《行政协议司法解释》系在本司法解释之后公布施行，其中对行政协议作出了明确界定，本条规定宜作相应修改。鉴于上述原因，本司法解释修改中，对其第四条第二款，作出上述修改。

【理解与适用】

本款是关于矿业权出让合同中出让人解除合同的规定。

1. 矿业权出让合同的性质

实践中,对于矿业权出让合同的性质究竟属于民事合同的范畴,还是应归于行政协议的范畴,存在不同的看法。

一种观点认为,基于《民法典》①《矿产资源法》等规定,矿业权包括探矿权、采矿权在内,属于民事财产范畴,矿业权人对该项财产权依法应享有用益物权的所有权能。矿业权出让合同是受让人在矿业权流转一级市场上通过市场交易方式有偿取得矿业权的契约基础,也是出让矿业权的自然资源主管部门向受让人授予矿业权、办理矿业权登记的基础法律文件。但是,尽管矿业权的出让具有行政管理色彩,其仍属于一种特殊用益物权的设立,而且矿业权出让和矿业权转让均被自然资源部明确界定为"矿业权交易",并确定了相应的交易规则,因此,将矿业权出让合同界定为民事合同,因出让合同的效力、履行、解除等问题而发生的纠纷纳入民事诉讼更为适当。另外,矿业权出让合同纠纷与土地使用权出让合同纠纷具有同质性,《最高人民法院关于审理涉及国有土地使用权合同纠纷案件适用法律问题的解释》和《民事案件案由规定》已将建设用地使用权出让合同纠纷确定为民事案件,经过多年的审判实践,社会公众对于自然资源出让合同系民事合同已经习以为常并产生了稳定的行为预期,若再调整为行政协议、通过行政诉讼程序处理,恐造成认识上的混乱。

另一种观点则认为,《行政协议司法解释》第二条规定:"公民、法人或者其他组织就下列行政协议提起行政诉讼的,人民法院应当依法受理:(一)政府特许经营协议;(二)土地、房屋等征收征用补偿协议;(三)矿业权等国有自然资源使用权出让协议;(四)政府投资的保障性住房的租赁、买卖等协议;(五)符合本规定第一条规定的政府与社会资本合作协议;(六)其他行政协议。"上述规定,将矿业权等国有自然资源使用权出让协议明确界定为行政协议。如果用民事合同代替行政协议,合同中本来应当追求的社会公共利益必将被当事人双方之间的意思自治所架空和规避,其结果极有可能导致国有资产的流失和社会公共利益的虚化。将涉及国有自然资源出让的协议纳入行政诉讼的范围,可以将出让行为与缔约行为一并审理,既可以对出让行为的合法性进行审查,同时又对协议的有效性进行审查,足以克服民事诉讼无法审查公法行为之不足。②

还有观点认为,在国有自然资源使用权出让合同的语境下,行政主管部门的合同权利和义务,实际上同时具有行政权和行政职责的性质;一些看似仅为合同权利的内容,在某些情况下,具有了"质变"为行政权的潜能。正是这些

---

① 《民法典》第三百二十九条规定:"依法取得的探矿权、采矿权、取水权和使用水域、滩涂从事养殖、捕捞的权利受法律保护。"
② 贺小荣:《行政协议:跨越公司法界限的意思自治》,载《中国法律评论》2017年第1期。

双面的义务和权利,将国有自然资源使用权出让合同染上了浓重的行政性,而不仅仅是因为受到前置行政行为的"波及"而具有了行政法的成分。相反,其本身就可能兼具行政行为与民事行为的双重属性。民事成分与行政成分的交融,在此类行政协议中获得了最大程度的体现。①

基于学界对矿业权出让合同的性质尚未完全形成共识,本解释在制定过程中未对矿业权出让合同的性质进行界定,以保持本解释的包容性和开放性。本次司法解释修改过程中,因《矿产资源法》尚在修订之中,司法实践中亦多有将矿业权出让合同纠纷作为民事案件受理的实务需要,本次司法解释清理仅结合《民法典》的制定实施具体展开,不涉及矿业权出让合同的性质界定,故将相关争议问题留待《矿产资源法》修订之后再作相应论证。同时,考虑到《行政协议司法解释》第二条有关于矿业权等国有自然资源使用权出让协议系行政协议的规定,为避免现行司法解释之间出现明显抵牾,在修改中删除本款中"请求"二字,对出让人享有的矿业权出让合同解除权予以模糊处理,即出让人可以依据行政法上优益权解除矿业权出让合同,亦可以依据民法上合同解除事由行使合同解除权解除矿业权出让合同。

2. 出让人解除矿业权出让合同的几种常见情形

(1) 受让人勘查开采矿产资源未达到自然资源主管部门批准的矿山地质环境保护与土地复垦方案要求,在自然资源主管部门规定的期限内拒不改正。

《环境保护法》第三十条第一款规定:"开发利用自然资源,应当合理开发,保护生物多样性,保障生态安全,依法制定有关生态保护和恢复治理方案并予以实施。"《矿山地质环境保护规定》第十三条规定:"采矿权申请人未编制矿山地质环境保护与土地复垦方案,或者编制的矿山地质环境保护与土地复垦方案不符合要求的,有批准权的自然资源主管部门应当告知申请人补正;逾期不补正的,不予受理其采矿权申请。"第十八条规定:"采矿权人应当按照矿山地质环境保护与土地复垦方案的要求履行矿山地质环境保护与土地复垦义务。采矿权人未履行矿山地质环境保护与土地复垦义务,或者未达到矿山地质环境保护与土地复垦方案要求,有关自然资源主管部门应当责令采矿权人限期履行矿山地质环境保护与土地复垦义务。"根据上述规定,矿产资源勘查开采依法必须制定矿山地质环境保护与土地复垦方案,未按照环境保护与土地复垦方案要求履行矿山地质环境保护与土地复垦义务的勘查开采行为,将导致矿山地质生态环境的严重破坏,严重损害环境公共利益。在矿业权人出现未按照矿产地质环境保护与土地复垦方案要求履行其法定义务的情况下,自然资源主管部门除可以依法采取行政处罚外,亦应有权采取解除出让合同、收回矿业权的

---

① 韩宁:《行政协议判断标准之重构——以"行政法上权利义务"为核心》,载《华东政法大学学报》2017年第1期。

措施。需要注意的是，自然资源主管部门解除出让合同、收回矿业权并不影响原矿业权受让人对矿山地质环境治理恢复义务的履行。

此外，司法解释修改过程中，基于2019年7月16日第三次修正的《矿山地质环境保护规定》第十二条关于"采矿权申请人申请办理采矿许可证时，应当编制矿山地质环境保护与土地复垦方案，报有批准权的自然资源主管部门批准。矿山地质环境保护与土地复垦方案应当包括下列内容：（一）矿山基本情况；（二）矿区基础信息；（三）矿山地质环境影响和土地损毁评估；（四）矿山地质环境治理与土地复垦可行性分析；（五）矿山地质环境治理与土地复垦工程；（六）矿山地质环境治理与土地复垦工作部署；（七）经费估算与进度安排；（八）保障措施与效益分析"的规定，将原"矿山地质环境保护与治理恢复方案"修改为"矿山地质环境保护与土地复垦方案"。作出此种修改的原因在于，相比较2016年1月5日第二次修正的《矿山地质环境保护规定》第十二条关于"采矿权申请人申请办理采矿许可证时，应当编制矿山地质环境保护与治理恢复方案，报有批准权的国土资源行政主管部门批准。矿山地质环境保护与治理恢复方案应当包括下列内容：（一）矿山基本情况；（二）矿山地质环境现状；（三）矿山开采可能造成地质环境影响的分析评估（含地质灾害危险性评估）；（四）矿山地质环境保护与治理恢复措施；（五）矿山地质环境监测方案；（六）矿山地质环境保护与治理恢复工程经费概算；（七）缴存矿山地质环境保护与治理恢复保证金承诺书。依照前款规定已编制矿山地质环境保护与治理恢复方案的，不再单独进行地质灾害危险性评估"的规定，2019年7月16日第三次修正的《矿山地质环境保护规定》第十二条在条文内容上发生了重要变化。2017年1月3日，原国土资源部办公厅发布《关于做好矿山地质环境保护与土地复垦方案编报有关工作的通知》（国土资规〔2016〕21号），其第一条规定："自本通知下发之日，施行矿山企业矿山地质环境保护与治理恢复方案和土地复垦方案合并编报制度。矿山企业不再单独编制矿山地质环境保护与治理恢复方案、土地复垦方案。合并后的方案以采矿权为单位进行编制，即一个采矿权编制一个方案。方案名称为：矿业权人名称＋矿山名称＋矿山地质环境保护与土地复垦方案。"该通知同时废止了《国土资源部办公厅关于做好矿山地质环境保护与治理恢复方案编制审查及有关工作的通知》（国土资厅发〔2009〕61号），并将矿山地质环境保护与土地复垦方案编制指南作为附件一并发布。此后，国务院于2017年4月13日印发《矿产资源权益金制度改革方案》（国发〔2017〕29号），明确提出坚持落实矿山企业责任，督促企业高效利用资源、治理恢复环境，促进资源集约节约利用，同时按照"放管服"改革要求，加强事中事后监管，维护企业合法权益的基本原则，在矿山环境治理恢复环节，将原有管理方式不一、审批动用程序复杂的矿山环境治理恢复保证金，调整为管理规范、使用便利的矿山环境治理恢复基金，由矿山企业单设会计科目,按照销售收入的一定比例计提,计入企业成本,由企业统筹用于开展矿山环境保护和综合治理作为主要措施。为贯彻落实《矿产资源权益金制度改革方案》,财政部、国土资源部、环境保护部于 2017 年 11 月 1 日发布《关于取消矿山地质环境治理恢复保证金建立矿山地质环境治理恢复基金的指导意见》(财建〔2017〕638 号),该指导意见第二条规定:"落实企业矿山地质环境治理恢复责任。保证金取消后,企业应承担矿山地质环境治理恢复责任,按照《关于做好矿山地质环境保护与土地复垦方案编报有关工作的通知》(国土资规〔2016〕21 号)要求,综合开采条件、开采矿种、开采方式、开采规模、开采年限、地区开支水平等因素,编制矿山地质环境保护与土地复垦方案。落实企业监测主体责任,加强矿山地质环境监测。根据矿山地质环境保护与土地复垦方案和动态监测情况,督查企业边生产、边治理,对其在矿产资源勘查、开采活动中造成的矿山地质环境问题进行治理修复。"第三条第二款规定:"基金由企业自主使用,根据其矿山地质环境保护与土地复垦方案确定的经费预算、工程实施计划、进度安排等,专项用于因矿产资源勘查开采活动造成的矿区地面塌陷、地裂缝、崩塌、滑坡、地形地貌景观破坏,地下含水层破坏、地表植被损毁预防和修复治理以及矿山地质环境监测等方面(不含土地复垦)。"与之相适应,2019 年 7 月 16 日自然资源部第 2 次部务会议修正的《土地复垦条例实施办法》,第二十条新增"采矿生产项目的土地复垦费用预存,统一纳入矿山地质环境治理恢复基金进行管理"作为该条第一款;修正的《矿山地质环境保护规定》对第十二条作出了上述修改。本次司法解释修改,对上述变化作出回应。

(2) 受让人因违反法律法规被吊销矿产资源勘查许可证、采矿许可证。

受让人在勘查开采矿产资源过程中发生违法违规行为,自然资源主管部门依法有权吊销其矿产资源勘查许可证或者采矿许可证。如《矿产资源法》第四十二条第二款规定:"违反本法第六条的规定将探矿权、采矿权倒卖牟利的,吊销勘查许可证、采矿许可证,没收违法所得,处以罚款。"第四十四条规定:"违反本法规定,采取破坏性的开采方法开采矿产资源的,处以罚款,可以吊销采矿许可证;造成矿产资源严重破坏的,依照刑法有关规定对直接责任人员追究刑事责任。"《探矿权采矿权转让管理办法》第十四条规定:"未经审批管理机关批准,擅自转让探矿权、采矿权的,由登记管理机关责令改正,没收违法所得,处 10 万元以下的罚款;情节严重的,由原发证机关吊销勘查许可证、采矿许可证。"虽吊销勘查许可证、采矿许可证系自然资源主管部门对受让人作出的具体行政行为,并不当然产生出让合同解除的法律后果。但矿产资源勘查许可证、采矿许可证是受让人合法占有、使用矿产资源的权利凭证,受让人因违法违规被吊销勘查许可证、采矿许可证的,其作为出让合同一方已经丧失了继续履行合同的法律基础。此时,若出让人基于勘查许可证、采矿许可证被吊销的事实解除出让合同,人民法院应予支持。

（3）受让人未按照出让合同的约定支付矿业权出让价款。

《矿业权出让转让管理暂行规定》第十五条规定："矿业权出让是指登记管理机关以批准申请、招标、拍卖等方式向矿业权申请人授予矿业权的行为。"国家对矿业权出让实施合同管理。管理机关在矿业权出让前,应对勘查开采条件作出规定并予以公告。对探矿权应以合同方式明确勘查矿种与范围,以及综合勘查要求,优先依法取得采矿权、矿业权出让收益缴纳计划,法定义务等相关事宜;对采矿权应以合同方式明确开采矿种、范围、规模,以及矿产资源综合利用、矿山地质环境保护与土地复垦、矿业权出让收益缴纳计划、法定义务等相关事宜。竞得人应按要求编制方案,履行相关手续,与管理机关签订合同,经批准后取得勘查开采许可。

关于当事人订立矿业权出让合同的目的,作为出让人的国土资源主管部门是依法收取出让对价,保障矿产资源的合理开发利用以及开发利用过程中的环境保护等;作为受让人是依法占有勘查作业区或者矿区,及时获取矿产资源勘查许可证或者采矿许可证,进行勘探、开采并获取收益。《民法典》第五百六十三条规定："有下列情形之一的,当事人可以解除合同:（一）因不可抗力致使不能实现合同目的;（二）在履行期限届满前,当事人一方明确表示或者以自己的行为表明不履行主要债务;（三）当事人一方迟延履行主要债务,经催告后在合理期限内仍未履行;（四）当事人一方迟延履行债务或者有其他违约行为致使不能实现合同目的;（五）法律规定的其他情形。以持续履行的债务为内容的不定期合同,当事人可以随时解除合同,但是应当在合理期限之前通知对方。"根据上述规定,受让人未按照出让合同的约定支付矿业权转让价款致出让人合同目的落空,出让人有权解除出让合同。

（二）第二十一条

【修改说明】

根据《民法典》第一千二百三十四条、第一千二百三十五条的规定,将提起环境公益诉讼的主体由"法律规定的机关和有关组织"修改为"国家规定的机关或者法律规定的组织"。

根据《最高人民法院关于审理生态环境损害赔偿案件的若干规定（试行）》中关于生态环境损害赔偿诉讼的相关规定,以及《固体废物污染环境防治法》第一百二十二条规定,将"提起环境公益诉讼的"修改为"为保护国家利益、环境公共利益提起诉讼的"。

根据《民法典》第二条规定,将民事主体由"自然人、法人和其他组织"修改为"自然人、法人和非法人组织"。

【修改过程】

2020年5月28日第十三届全国人民代表大会第三次会议通过、2021年1

月 1 日起施行的《民法典》第二条将民事主体确定为自然人、法人和非法人组织。第一千二百三十四条、第一千二百三十五条，将有权针对违反国家规定造成生态环境损害提起诉讼的主体，抽象概括为"国家规定的机关和法律规定的组织"。此外，就诉讼类型而言，2019 年 5 月 20 日最高人民法院审判委员会第 1769 次会议通过、自 2019 年 6 月 5 日起施行的《最高人民法院关于审理生态环境损害赔偿案件的若干规定（试行）》，明确规定了生态环境损害赔偿诉讼和对磋商协议的司法确认。2020 年 4 月 29 日第十三届全国人民代表大会常务委员会第十七次会议第二次修订、自 2020 年 9 月 1 日起施行的《固体废物污染环境防治法》第一百二十二条第一款规定："固体废物污染环境、破坏生态给国家造成重大损失的，由设区的市级以上地方人民政府或者其指定的部门、机构组织与造成环境污染和生态破坏的单位和其他生产经营者进行磋商，要求其承担损害赔偿责任；磋商未达成一致的，可以向人民法院提起诉讼。"原有的环境公益诉讼表述，不足以涵盖上述诉讼类型。鉴于上述原因，本司法解释修改中，对其第二十一条作出上述修改。

【理解与适用】

本条是关于勘查开采矿产资源引发的环境公益诉讼的规定。

1. 矿产资源勘查开采中的环境公益诉讼

矿产资源既具有财产属性，同时亦是环境要素的一部分。矿产资源的勘查开采不可避免地具有环境负外部性，尤其在矿产资源开发利用领域大量存在的无证勘查开采、破坏性勘查开采等私采滥挖现象，往往导致矿区及周边区域的水体、土壤等环境污染和水土流失、植被破坏、地面塌陷、生物多样性减少等生态损害。以往有关环境公益诉讼的法律、司法解释，其关注点主要集中在环境污染领域，针对生态破坏，尤其矿产资源勘查开采导致的矿区生态破坏、生态修复，重视不够。鉴于此，本解释专门规定了涉矿环境公益诉讼，既与现行《民事诉讼法》《行政诉讼法》《环境保护法》等法律及相关司法解释中关于环境公益诉讼的规定衔接，亦与《民法典》制定中在侵权责任法既有条款基础上同时新增关于生态环境损害责任的理念契合，符合环境公益诉讼司法实践，有助于强化各方资源保护和生态修复意识，引导各方主体合理、有序开发利用矿产资源。

需要明确的是，2020 年 12 月 14 日最高人民法院审判委员会第 1821 次会议第二次修正、自 2021 年 1 月 1 日起施行的《民事案件案由规定》在第三级案由生态环境保护民事公益诉讼项下规定了环境污染民事公益诉讼、生态破坏民事公益诉讼和生态环境损害赔偿诉讼三个第四级案由。本条中的环境公益诉讼，既包括生态环境保护民事公益诉讼，也包括环境行政公益诉讼。就《民法典》规定的作为环境公益侵权请求权主体的"国家规定的机关和法律规定的组织"而言，具体包括以下几类：一是《民事诉讼法》第五十五条①第一款规定的"法律规定的机关"，如《海洋环境保护法》第八十九条第二款规定的"依照本法规定行使海洋环境监督管理权的部门"、《森林法》第六十八条规定的"县级以上人民政府自然资源主管部门、林业主管部门"、《固体废物污染环境防治法》第一百二十二条第一款规定的"设区的市级以上地方人民政府或者其指定的部门、机构组织"；二是《民事诉讼法》第五十五条第二款规定的"人民检察院"；三是《民事诉讼法》第五十五条第一款规定的"有关组织"，《环境保护法》第五十八条进一步明确规定为依法在设区的市级以上人民政府民政部门登记、专门从事环境保护公益活动连续五年以上且无违法记录的社会组织；四是《生态环境损害赔偿制度改革方案》规定的国务院授权的省级、市地级人民政府及其指定的部门、机构，受国务院委托代行全民所有自然资源资产所有权的部门等主体。此外，根据《行政诉讼法》第二十五条第四款关于"人民检察院在履行职责中发现生态环境和资源保护、食品药品安全、国有财产保护、国有土地使用权出让等领域负有监督管理职责的行政机关违法行使职权或者不作为，致使国家利益或者社会公共利益受到侵害的，应当向行政机关提出检察建议，督促其依法履行职责。行政机关不依法履行职责的，人民检察院依法向人民法院提起诉讼"的规定，诉讼主体还包括提起涉矿环境行政公益诉讼的人民检察院。

2. 涉矿生态环境保护民事公益诉讼与环境私益诉讼的衔接

在民法上，私益是指自然人、法人和非法人组织等民事主体享有的人身、财产权益。公益是指不归属于具体民事主体享有的利益，广义上的公益概念包括国家利益和社会公共利益，狭义上则仅指社会公共利益，生态环境公共利益即属于社会公共利益的范畴。实践中，同一勘查开采行为往往同时侵害国家利益、生态环境公共利益和自然人、法人、非法人组织的私益。环境民事公益诉讼和环境侵权私益诉讼在审理对象、案件事实认定和法律适用等方面有着紧密的联系，两者在分立的基础上保持着高度的融合。

由此，司法解释制定中，在《环境民事公益诉讼司法解释》第二十九条关于"法律规定的机关和社会组织提起环境民事公益诉讼的，不影响因同一污染环境、破坏生态行为受到人身、财产损害的自然人、法人和其他组织依据民事诉讼法第一百一十九条的规定提起诉讼"的规定的基础上，吸纳了《最高人民法院关于审理生态环境损害赔偿案件的若干规定（试行）》关于生态环境损害赔偿诉讼及其与环境民事公益诉讼之间衔接程序的规定，以及《固体废物污染环境防治法》第一百二十二条第一款关于固体废物污染环境、破坏生态给国家造成重大损失时，设区的市级以上地方人民政府或者其指定的部门、机构组织

---

① 对应《民事诉讼法》（2023年修正）第五十八条。

的磋商、诉讼的规定，进一步明确涉矿环境民事公益诉讼与环境侵权私益诉讼的衔接，即"国家规定的机关或者法律规定的组织为保护国家利益、环境公共利益提起诉讼的，不影响因同一勘查开采行为受到人身、财产损害的自然人、法人和非法人组织依据民事诉讼法第一百一十九条的规定提起诉讼"，有利于通过各类诉讼的有机衔接对国家利益、环境公共利益和自然人、法人和非法人组织的人身、财产利益予以一体保护。

[载最高人民法院民法典贯彻实施工作领导小组办公室编著：《最高人民法院实施民法典清理司法解释修改条文（111件）理解与适用》，人民法院出版社2022年版]

【链　　接】

适应矿业权市场发展需求　保障矿产资源合理开发利用
——最高人民法院环资庭负责人就《关于审理矿业权纠纷案件适用法律若干问题的解释》答记者问

最高人民法院于近日发布了《最高人民法院关于审理矿业权纠纷案件适用法律若干问题的解释》（以下简称《解释》），自2017年7月27日起施行。就如何正确理解适用和贯彻落实好《解释》，最高人民法院环境资源审判庭负责人就相关问题回答了记者提问。

一、问：请问《解释》的起草背景是什么？

答：矿产资源作为一类重要的自然资源，是社会和经济发展的重要物质基础。随着改革开放的不断深入和市场经济体制的确立完善，矿产资源开发利用经历了由严格限制到逐步放开的过程，并逐步引入比较成熟的市场机制。党的十八大后提出要使市场在资源配置中起决定性作用，创新政府配置资源方式，更好的处理市场与政府的关系。2015年后，中共中央、国务院陆续发布《关于加快推进生态文明建设的意见》《生态文明体制改革总体方案》《关于完善产权保护制度依法保护产权的意见》等关于生态文明建设的政策性文件，为进一步深化矿产资源有偿使用制度改革，更好发挥矿业权的财产属性，强化矿业权的市场化流转，完善矿业权产权保护及行政监管方式指明了方向和路径。

矿业权流转一级市场和二级市场日趋活跃，相关纠纷亦开始大量涌现。同时，矿产资源开发利用中无证勘查开采、乱采滥挖等违法行为屡禁不止，导致矿区环境污染、生态破坏，严重损害公众环境权益，亟待解决。矿业权纠纷既涉及国家对矿产资源的行政管理、矿产资源的合理开发和有效利用，也涉及矿产资源的市场化配置、相关利益主体的产权保护，同时还与安全生产、环境保护等社会公共利益密切相关，是一类非常重要的环境资源案件。现行涉及矿业权的法律法规多制定于20世纪八九十年代，带有较强的行政监管色彩，不能完全适应矿业权流转日益市场化的发展趋势。全国各级法院对相关法律法规的理解差异较大，导致裁判标准不一，严重影响了法律的统一实施和人民法院裁判的权威。

为适应矿业权市场发展需求，促进生态文明建设，统一裁判规则，最高人民法院在认真总结各地法院，尤其是贵州、云南、陕西、山西、河北、河南、黑龙江等地法院审理矿业权纠纷案件实践经验的基础上，经过反复调研论证和广泛征求意见，于2017年2月20日经最高人民法院审判委员会第1710次会议讨论通过了《解释》，《解释》于2017年7月27日起施行。

二、问：矿业权纠纷案件的审判理念是什么，为什么要强调审判理念？

答：审判理念系指法官在审理具体案件时对案件进行评判的价值追求，是法官在法律思维基础上应具备的裁判思维、审判意识。案件审理的过程实质上就是法官基于既有事实适用相应的法律规则进而得出裁判结论的过程，而成文法律规则由于其内在的原则性、局限性、滞后性又往往导致法官在裁判具体案件时具有一定程度的僵化和机械，从而使得裁判结果可能偏离客观性、公正性，甚至与社会主流价值观发生冲突，影响司法公信力。因此，法官审理裁判案件时不仅需要运用法律思维，还须基于不同案件的特性遵循一定的审判理念，作为此类案件裁判的指导思想，以实现司法审判的终极价值——维护社会的公平正义。

矿业权作为兼具民事物权和行政许可双重属性的一种财产权利，在现行法律框架下受公法和私法的共同规范。相比较一般民事物权，矿业权在设立、流转、行使、消灭等方面均具有特殊性。基于矿业权的特殊法律属性，审理矿业权纠纷案件应遵循以下基本理念：

1. 依法保护矿业权流转。矿业权作为一种财产权，《物权法》规定的一类用益物权，可转让性系其内在的一项基本特征，应允许矿业权作为商品在市场上自由流转，提高矿产资源的开发利用效率，实现市场在矿产资源配置中的决定性作用。第一，承认矿业权转让、租赁、承包、合作等不同流转方式的法律效力，尊重当事人基于意思自治作出的利益安排。第二，区分公法和私法两种不同的法律调整模式，尽量发挥行政手段对非法流转行为的处罚和监管作用，减少对矿业权流转合同效力的否定性法律评价。第三，适当分离矿业权的财产属性和行政许可属性，适当弱化行政审批对矿业权流转合同效力的影响。

2. 维护市场秩序和交易安全。依法强化行政监管，注意发挥行政机关在维护矿业权市场秩序方面的主导地位，运用行政手段保障"契约自由、意思自治"的交易秩序。第一，以矿产资源勘查许可证、采矿许可证为基础确立矿业权作为用益物权设立、变动的公示公信原则，保护善意第三人利益和交易安全。第二，对以租赁、承包名义擅自转让矿业权的合同，应依法认定无效，防止恶意逃避行政监管。第三，审慎审查矿业权转让的主体、条件、方式、程序，依法实现涉矿法律法规关于运用行政审批、登记等方式监管矿业权转让的规范目的。

3. 保障矿产资源合理开发利用。矿产资源的稀缺性、耗竭性、不可再生性等特性，决定了矿产资源开发利用必须走可持续发展的道路。人民法院应适度能动司法，促进矿产资源合理开发利用原则的落实。第一，无证勘查开采，违反矿产资源勘查开采许可管理制度，严重侵犯国家矿产资源所有权，导致国家调控、监管矿业市场的目的落空，须予以否定。第二，依法审理检察机关提起的行政公益诉讼，防止行政不作为和乱作为，确保矿产资源合理开发利用秩序的良性维持。第三，审理矿业权纠纷案件过程中，如发现无证勘查开采，勘查资质、地质资料造假，或者勘查开采未履行生态环境修复义务等违法情形的，应提出司法建议或者依法移送有关机关处理。

4. 促进资源节约与生态环境保护。矿产资源同时具有商品属性和生态属性，勘查开采活动具有必然的环境负外部性，审判工作中要注意促进资源节约和生态环境保护。第一，重视政府对矿产资源开发利用进行管制的必要性和重要性，在解决当事人纠纷的同时要兼顾生态环境保护，将之作为利益衡平的重要考量因素。第二，依法受理和审理涉及资源保护的环境民事公益诉讼，保护社会组织提起公益诉讼的积极性，发挥公益诉讼在资源节约和生态环境保护上的独特功能及效用。第三，在自然保护区、风景名胜区、重点生态功能区、生态环境敏感区和脆弱区等特殊区域内勘查开采矿产资源的合同，违反法律、行政法规强制性规定或者损害环境公共利益的，应依法认定无效。

三、问：矿业权出让合同与矿业权取得的关系应如何认识？矿业权作为一种用益物权，为何依据矿产资源勘查许可证和采矿许可证载明的有效期起始日确定取得的时间？

答：矿业权出让合同，本质上属于用益物权的设立行为。根据国土资源部《探矿权采矿权招标拍卖挂牌管理办法（试行）》《矿业权交易规则（试行）》等关于矿业权出让程序的相关规定，采"招拍挂"等市场化出让方式的，受让人须与出让人签订矿业权出让合同，经公示无异议，履行支付矿业权出让价款等相关手续后，持成交确认书、出让合同及其他所需材料，向有审批权限的国土资源主管部门申请办理矿业权登记手续，领取勘查许可证或采矿许可证，方能取得矿业权。目前无法律、行政法规规定此种方式中的矿业权出让合同需经行政审批才能生效。矿业权出让采协议出让方式的，国土资源部曾规定需经由省级国土资源厅或者国土资源部审批，但2015年5月10日国务院明确取消该项非行政许可审批。至于采"批准申请"方式的，若国土资源主管部门与受让人不签订出让合同，自不适用本解释规定。而且《矿业权出让制度改革方案》进一步明确，要推进矿业权竞争性出让，严格限制矿业权协议出让，调整矿业权审批权限，强化出让监管服务。故矿业权出让合同应适用《合同法》第四十四条第一款的规定，自依法成立之日起生效。

矿业权自何时设立，受让人何时取得矿业权，往往是矿业权纠纷案件处理过程中首先要解决的问题。因矿业权出让中涉及出让合同的签订日期、"招拍挂"确认成交日期、矿业权登记日期、许可证签发日期、许可证载明的权利有效起止日期等多个时间节点，应以何者为准，存在争议。根据矿产资源法等涉矿法律、法规的规定，矿业权在国土资源主管部门颁发许可证后才设立，许可证是受让人是否拥有矿业权的权利外观，除矿业权保留等特定情况外，通常须遵循"有证即有权、无证则无权"的确权原则。故，在现有法律框架内，矿业权登记与《物权法》上具有确权意义的不动产登记并不完全一致，此亦是不动产统一登记机构暂未将矿业权登记纳入其中的重要原因。鉴于此，《解释》将受让人取得矿业权的时间确定为矿产资源勘查许可证或者采矿许可证载明的有效期的起始时间。

四、问：矿业权转让申请未经国土资源主管部门批准前，依法成立的矿业权转让合同效力应如何认定？转让人无正当理由拒不履行报批义务，应承担何种法律责任？

答：矿业权转让申请未经国土资源主管部门批准前，依法成立的矿业权转让合同的效力认定，涉及《物权法》第十五条、《合同法》第四十四条以及《探矿权采矿权转让管理办法》第十条规定的理解适用。《解释》认为，虽然国土资源主管部门行政审批的对象系矿业权转让申请，而非矿业权转让合同，且《物权法》第十五条已将债权合同效力与不动产物权变动进行了区分处理，但由于《探矿权采矿权转让管理办法》明确将矿业权转让合同的效力与矿业权转让审批密切关联在一起，且现行有效，故在认定矿业权转让合同效力时仍应给予尊重，若矿业权转让未得到国土资源主管部门批准，则不能直接认定矿业权转让合同生效，但此时并不意味着依法成立的合同不具有任何法律效力。合同效力的内容可理解包括拘束力、确定力与实现力。不同效力内容，发生效力的时间节点不一定是同时的，可逐步"释放"。就矿业权转让合同而言，双方当事人达成合意即告成立，一经依法成立即具有法律约束力，对当事人即发生拘束力和确定力，当事人非依法律规定或约定，不得擅自变更或者解除，且不得仅以未经国土资源主管部门批准为由主张合同无效。此种认识与《合同法》第四十四条、《探矿权采矿权转让管理办法》第十条的规定无直接冲突，亦符合《民法通则》第五十七条①、《合同法》第八条②以及《民法总则》第一百一十九条的规定。

矿业权转让合同依法成立后即具有法律约束力，受让人得依合同约定请求转让人履行报批义务。报批义务是促成矿业权转让合同完全生效并得以继续履行的基础，转让人无正当理由拒不履行报批义务的，必将导致转让矿业权的合同目的不能实现，受让人依据《合同法》第九十四条③第四项规定享有合同解除权。转让合同因转让人拒不履行报批义务而解除的，原则上应适用《合同法》第九十七条④规定，受让人有权请求转让人返还已付转让款及利息、赔偿损失。就此种情形下损失赔偿的性质及范围而言，因报批义务既是转让人应承担的法定义务，也是合同义务的重要组成部分，转让人无正当理由拒不履行该义务，应承担相应的违约责任，而非一般的缔约过失责任。此种制度设计，既能够在《合同法》基本原理范围内得到合理解释，也有利于填补缔约过失责任范围限于信赖利益保护之不足，有利于惩戒恶意毁约行为，保护诚信守约人的利益，实现实质正义。

五、问：矿业权租赁、承包合同的效力应如何认定？对实践中以承包、租赁形式转让矿业权的行为如何界定，《解释》认定此种合同行为无效有何司法考量？

答： 矿业权人作为用益物权人，有依法处分自己财产的权利和自由。矿业权租赁、承包，是不同于矿业权转让的流转方式，实践中大量存在。矿业权人在不转移矿业权权属的情况下将矿业权的部分权能让渡给他人享用并收取租金、承包费，承租人、承包人支付对价而有限制地行使矿产资源勘查开采权并因此获取收益，不具有天然的目的非法性，不宜当然将其视为矿业权的变相转让或者非法倒卖牟利，并径直以"合法形式掩盖非法目的"为由认定无效，也不宜以未经国土资源主管部门批准为由认定其具有合同效力瑕疵。

关于矿业权租赁、承包合同效力认定的争议，主要来自对矿产资源法第六条、第四十二条，《矿产资源法实施细则》第四十二条第三项，《探矿权采矿权转让管理办法》第十五条等规定的理解适用问题。鉴于上述法律、法规并没有明确规定若违反则合同无效，《物权法》第十五条也将债权合同效力与不动产

---

① 对应《民法典》第一百三十六条。
② 对应《民法典》第四百六十五条。
③ 对应《民法典》第五百六十三条。
④ 对应《民法典》第五百六十六条。

物权变动作了区分处理；且按照文义解释规则，上述法律法规的规制重点是以出租、承包方式擅自转让矿产资源的行为，而非对矿业权租赁、承包方式的一律禁止。实际上，1986年颁布实施的矿产资源法第三条第四款曾明确规定："采矿权不得买卖、出租，不得用作抵押"，并在原第四十二条第二款规定了罚则："买卖、出租采矿权或者将采矿权用作抵押的，没收违法所得，处以罚款，吊销采矿许可证"。但1996年修改矿产资源法时，上述内容均予以删除，也显示矿产资源法修改的立法趋向。故目前涉及矿业权出租、承包的法律规范不宜认定为《最高人民法院关于适用〈中华人民共和国合同法〉若干问题的解释（二）》第十四条规定的效力性强制性规定，不构成矿业权租赁、承包合同无效的法定依据。在不属于以租赁、承包方式擅自转让矿业权的情况下，矿业权租赁、承包合同应自依法成立之日起生效。

至于以租赁、承包方式擅自转让矿业权的合同认定问题，人民法院应结合具体案情，重点审查当事人是否约定矿业权人仅收取租金、承包费，放弃矿山管理，不再履行矿业权人安全生产、生态环境修复等法定义务，不承担相应法律责任等情形。因矿业权兼具民事物权和行政许可两重属性，矿业权纠纷案件的审理除涉及私权利益的保障之外，还存在司法权对行政权的合理尊重问题。矿业权租赁、承包与矿业权转让系不同的流转方式，其中最主要的区别就是矿业权租赁、承包并不变更矿业权的主体，无须办理矿业权的变更登记，但矿业权人依然负有监控矿山合法经营的义务，履行安全生产、水土保持、环境保护等法定职责，并承担相应的法律责任，租赁、承包期满还存在依约收回矿业权的问题。对当事人根据实际情况是选择采取直接转让方式抑或租赁、承包等流转方式，人民法院应给予必要的尊重，不宜一律将矿业权租赁、承包直接认定为矿业权转让。但当事人若在选择租赁、承包形式的同时，在租赁、承包合同中约定矿业权人仅收取租金或者承包费，放弃对矿山的管理，不再履行其法定义务、不再承担相应法律责任，则构成变相转让采矿权的行为，具有明显规避国土资源主管部门行政监管和审批许可，逃避国家相关税费缴纳的意图。为体现司法对于国土资源主管部门依法行政的尊重和支持，根据《合同法》第五十二条第三项"以合法形式掩盖非法目的"以及第五项"损害社会公共利益"的规定，应认定此类合同无效，以引导当事人选择合法合规的矿业权流转方式，维护正常的矿业权流转秩序，保障矿业权交易安全。

六、问：矿业权抵押有很大的现实需求，但我国法律层面没有关于矿业权抵押的明确规定，《解释》规定矿业权抵押是否具有相应的法律依据？矿业权抵押权的取得规定了登记和备案两种方式，是否存在矛盾？

答：矿业权作为一类财产权，其融资功能日益得到肯定，矿业权人以矿业权为自己或者他人债务提供抵押的实践也逐渐丰富。根据《物权法》第一百八十条、第一百八十四条的规定，作为法律、行政法规未禁止抵押的财产，矿业权上设定抵押并无法律障碍。国土资源部《矿业权出让转让管理暂行规定》第三条规定，矿业权适用不动产法律法规的调整原则；财政部、国家税务总局《中华人民共和国增值税暂行条例实施细则》《关于固定资产进项税额抵扣问题的通知》等规范性文件中将矿产资源确定为不动产中的"其他土地附着物"。参照上述规定，矿产资源可定性为不动产，矿业权适用不动产法律法规予以调整，可依法设定矿业权抵押。

就矿业权抵押合同的效力而言，虽《矿业权出让转让管理暂行规定》第五十七条规定抵押合同签订后要报请国土资源主管部门备案，但并未明确非经备案不生效力；根据《物权法》第十五条及《最高人民法院关于适用〈中华人民共和国合同法〉若干问题的解释（一）》第九条的规定，矿业权抵押合同应自依法成立之日起生效，未办理登记备案不影响其效力。就矿业权抵押权的设立而言，根据《物权法》第九条、第一百八十七条的规定，矿业权抵押权应自依法登记时设立。由于现行法律、行政法规并未明确规定矿业权抵押的登记机构，国务院《不动产登记暂行条例》亦未将矿业权抵押权列入不动产统一登记范围。目前，各地多依据《矿业权出让转让管理暂行规定》办理矿业权抵押备案，或者依据地方性法规办理矿业权抵押登记或备案。从不动产物权公示的方法和效果来看，备案亦是将抵押事实记载在一定媒介之上，公众可根据需要进行查询。《解释》将实践中已经具备公示作用的矿业权抵押备案视为登记，作为矿业权抵押法定登记机构确定前的过渡措施。需要明确的是，将来矿业权抵押实行统一登记制后，备案应会予以取消，登记和备案不会同时作为矿业权抵押权的公示方法存在，故不存在登记和备案发生矛盾的问题。

七、问：越界开采侵权纠纷中什么情况下适用行政前置程序？探矿权人为何不能请求返还越界开采的矿产品及收益？

答：《中华人民共和国矿产资源法实施细则》《矿产资源勘查区块登记管理办法》《矿产资源开采登记管理办法》等行政法规，对勘查作业区和矿区范围都有相应规定。所谓越界勘查开采，是指超越批准的勘查作业区或者矿区范围进行矿产资源勘查开采的行为。因越界勘查开采矿产资源而引发的侵权责任纠纷，属人民法院主管范围。但是否构成越界勘查开采，涉及对勘查作业区、矿区范围的界定，属国土资源主管部门的行政职权。故若因国土资源主管部门批准的勘查、开采范围重复或者界限不清，当事人就是否越界产生争议的，应适用行政前置程序，由国土资源主管部门就是否越界先行处理。

矿业权作为用益物权，属《侵权责任法》第二条规定的依法应予保护的民事权益范畴。他人越界勘查开采，构成侵权的，应当依法承担侵权责任。根据侵权责任法第十五条的规定，结合矿业权的特殊属性，主要责任方式包括停止侵害、排除妨碍、返还财产、赔偿损失等。采矿权系在依法取得的采矿许可证规定的范围内，开采矿产资源和获得所开采的矿产品的权利，故侵权人越界开采所得矿产品及收益，采矿权人有请求返还的权利。而探矿权人仅享有按照勘查许可证规定的区域、期限、工作对象进行勘查以及优先取得勘查作业区内矿产资源的采矿权等权利，并不能进行开采并获得开采的矿产品，至多只能自行销售勘查中按照批准的工程设计施工回收的矿产品。探矿权的实质是"探"的权利，而非"采"的权利。探矿权人就勘查作业区范围内的矿产资源取得采矿权之前，侵权人越界开采的矿产品及其收益仍应归属国家所有，探矿权人对此无权主张返还。就侵权人越界开采行为，探矿权人有权向有关部门举报，人民法院也可依法向国土资源主管部门提出司法建议，由其依法处理。

八、问：人民法院为何要对自然保护区、风景名胜区、国家重点生态功能区、生态敏感区和脆弱区等特别区域内矿业权合同效力进行特别司法审查？

答：矿产资源具有不同于一般财产的特殊属性，其既属于国家所有，是国民经济和社会发展的重要物质基础，同时又是环境要素的一部分，兼具经济价值和生态价值。矿产资源的开发利用必然会对生态环境造成一定损害，具有明显的环境负外部性。实践中，经济发展和环境保护之间的矛盾突出，有些地方为促进当地经济发展，罔顾国家相关法律规定和生态环境保护政策，在禁止或严格限制矿产资源勘查、开发的自然保护区、风景名胜区、国家重点生态功能区等区域内盲目批准矿产资源勘查开采；矿业权人明知或者应当知道上述特别区域内禁止或严格限制矿产资源的勘查开采，依然通过转让、租赁、承包或者合作等方式进行矿业权流转交易，严重背离绿色发展理念和生态文明建设要求。若允许此类合同继续履行，极易造成上述特别区域内水土流失、植被毁损、生物多样性减少等不可逆转、难以修复的生态破坏和环境污染，违反环境保护法、自然保护区条例、风景名胜区条例等相关法律、行政法规的强制性规定。而且，从国家发展战略和人民共同福祉考虑，在上述特别区域内，即便没有违反法律、行政法规的强制性规定，只要勘查开采行为造成该区域内生态破坏、环境污染，损害环境公共利益，人民法院亦应依法给予当事人所签矿业权流转合同以否定性法律评价。这既是对社会公众的一种政策宣示和行为引导，也符合当前绿色发展和生态文明建设的理念和要求。

需要说明的是，上述特别区域内矿业权流转合同效力的司法审查，系针对先有自然保护区等特别区域的设定，后有合同签订行为的情形，不违反法不溯及既往原则。在矿业权设定在先、自然保护区等特别区域设定在后的情况下，即使矿业权合法性不受影响，实践中也多采取逐渐退出机制，矿业权人亦不得再做扩大性经营行为。

九、问：最高人民法院已经制定专门的环境民事公益诉讼司法解释，本解释又规定了涉矿环境公益诉讼，是否有其特殊性？

答：《最高人民法院关于审理环境民事公益诉讼案件适用法律若干问题的解释》（以下简称《环境民事公益诉讼解释》）第一条明确规定对已经损害社会公共利益或者具有损害社会公共利益重大风险的污染环境、破坏生态的行为，法律规定的机关和有关组织可依据民事诉讼法第五十五条、环境保护法第五十八条等法律的规定提起环境民事公益诉讼。矿产资源既具有财产属性，同时亦是环境要素的一部分。矿产资源的勘查开采所具有的环境负外部性，往往导致矿区及周边区域的水体、土壤污染和水土流失、植被破坏、地面塌陷、生物多样性减少等生态损害。而矿产资源开发利用领域大量存在的无证勘查开采、乱采滥挖、破坏性开采等违法违规现象，更进一步加剧了矿区及周边区域环境污染和生态破坏的严重性，符合环境民事公益诉讼的起诉条件。《环境民事公益诉讼司法解释》主要针对环境污染类公益诉讼进行的规定，而涉矿环境公益诉讼除涉及环境污染外，更多涉及矿区的生态破坏、生态修复，有其特殊性。

实践中，包括政府、矿山企业在内的相关主体对矿产资源勘查开采导致的环境问题，尤其矿区的生态破坏问题并未给予足够重视。2015年7月1日，全国人大常委会《关于授权最高人民检察院在部分地区开展公益诉讼试点工作的决定》中，将"生态环境和资源保护"作为检察机关可提起公益诉讼试点的领域之一。2017年6月27日，全国人大常委会审议通过《关于修改〈中华人民共和国民事诉讼法〉和〈中华人民共和国行政诉讼法〉的决定》，正式确定检察机关可针对"生态环境和资源保护"提起民事公益诉讼和行政公益诉讼。《解释》专门规定涉矿环境公益诉讼，既与现行《民事诉讼法》《行政诉讼法》《环境保护法》等法律和司法解释关于环境公益诉讼的规定相契合，亦与环境公益诉讼审判实践和检察机关提起公益诉讼工作联系密切，有助于强化各方生态环境保护意识，具有积极的制度宣示和社会指引作用。

十、问：人民法院在审理矿业权纠纷案件中是否存在与国土资源、环境保护等主管部门进行协调衔接的问题？

答：在现有法律框架内，矿业权兼具民事物权和行政许可双重属性，其作为自然资源物权，又呈现出公共物品和生态特性，矿产资源领域还存在政策先行、立法滞后等现象。人民法院在审理矿业权纠纷案件时，应正确处理行政监管和市场配置、政策指引和法律解释、公法规制和私法调整、行政判断和司法裁判之间的关系，积极推动建立环境资源司法和行政执法之间的衔接、协调机制。人民法院在判决当事人履行报批义务或者协助报批义务前，可就矿业权是否符合转让条件、受让人是否具备资质条件，或者在拍卖、变卖矿业权或者裁定以矿业权抵债前,针对矿业权人矿山地质环境治理恢复保证金(履约金、备用金、计提基金等)处置情况等事项征求国土资源部门的意见;人民法院受理和审理涉矿环境公益诉讼或者依法认定自然保护区等特别区域内矿业权合同无效的,可根据案件具体情况向负有监督管理职责的国土资源、环境保护主管部门通报;人民法院审理矿业权纠纷案件中,发现无证勘查开采、未履行生态环境修复义务等违法情形的,还可向国土资源、环境保护主管部门发送司法建议,由其依法处理;涉嫌犯罪的,依法移送侦查机关处理,等等。

最高人民法院
关于审理海洋自然资源与生态环境损害赔偿纠纷案件若干问题的规定

法释〔2017〕23号

（2017年11月20日最高人民法院审判委员会第1727次会议通过 2017年12月29日最高人民法院公告公布 自2018年1月15日起施行）

为正确审理海洋自然资源与生态环境损害赔偿纠纷案件，根据《中华人民共和国海洋环境保护法》《中华人民共和国民事诉讼法》《中华人民共和国海事诉讼特别程序法》等法律的规定，结合审判实践，制定本规定。

第一条 人民法院审理为请求赔偿海洋环境保护法第八十九条第二款规定的海洋自然资源与生态环境损害而提起的诉讼，适用本规定。

第二条 在海上或者沿海陆域内从事活动，对中华人民共和国管辖海域内海洋自然资源与生态环境造成损害，由此提起的海洋自然资源与生态环境损害赔偿诉讼，由损害行为发生地、损害结果地或者采取预防措施地海事法院管辖。

第三条 海洋环境保护法第五条规定的行使海洋环境监督管理权的机关，根据其职能分工提起海洋自然资源与生态环境损害赔偿诉讼，人民法院应予受理。

第四条 人民法院受理海洋自然资源与生态环境损害赔偿诉讼，应当在立案之日起五日内公告案件受理情况。

人民法院在审理中发现可能存在下列情形之一的，可以书面告知其他依法行使海洋环境监督管理权的机关：

（一）同一损害涉及不同区域或者不同部门；

（二）不同损害应由其他依法行使海洋环境监督管理权的机关索赔。

本规定所称不同损害，包括海洋自然资源与生态环境损害中不同种类和同种类但可以明确区分属不同机关索赔范围的损害。

第五条 在人民法院依照本规定第四条的规定发布公告之日起三十日内，或者书面告知之日起七日内，对同一损害有权提起诉讼的其他机关申请参加诉讼，经审查符合法定条件的，人民法院应当将其列为共同原告；逾期申请的，人民法院不予准许。裁判生效后另行起诉的，人民法院参照《最高人民法院关于审理环境民事公益诉讼案件适用法律若干问题的解释》第二十八条的规定处理。

对于不同损害，可以由各依法行使海洋环境监督管理权的机关分别提起诉讼；索赔人共同起诉或者在规定期限内申请参加诉讼的，人民法院依照民事诉讼法第五十二条第一款的规定决定是否按共同诉讼进行审理。

第六条 依法行使海洋环境监督管理权的机关请求造成海洋自然资源与生态环境损害的责任者承担停止侵害、排除妨碍、消除危险、恢复原状、赔礼道歉、赔偿损失等民事责任的，人民法院应当根据诉讼请求以及具体案情，合理判定责任者承担民事责任。

第七条 海洋自然资源与生态环境损失赔偿范围包括：

（一）预防措施费用，即为减轻或者防止海洋环境污染、生态恶化、自然资源减少所采取合理应急处置措施而发生的费用；

（二）恢复费用，即采取或者将要采取措施恢复或者部分恢复受损害海洋自然资源与生态环境功能所需费用；

（三）恢复期间损失，即受损害的海洋自然资源与生态环境功能部分或者完全恢复前的海洋自然资源损失、生态环境服务功能损失；

（四）调查评估费用，即调查、勘查、监测污染区域和评估污染等损害风险与实际损害所发生的费用。

第八条 恢复费用，限于现实修复实际发生和未来修复必然发生的合理费用，包括制定和实施修复方案和监测、监管产生的费用。

未来修复必然发生的合理费用和恢复期间损失，可以根据有资格的鉴定评估机构依据法律法规、国家主管部门颁布的鉴定评估技术规范作出的鉴定意见予以确定，但当事人有相反证据足以反驳的除外。

预防措施费用和调查评估费用，以实际发生和未来必然发生的合理费用计算。

责任者已经采取合理预防、恢复措施，其主张相应减少损失赔偿数额的，人民法院应予支持。

第九条 依照本规定第八条的规定难以确定恢复费用和恢复期间损失的，人民法院可以根据责任者因损害行为所获得的收益或者所减少支付的污染防治费用，合理确定损失赔偿数额。

前款规定的收益或者费用无法认定的，可以参照政府部门相关统计资料或者其他证据所证明的同区域同类生产经营者同期平均收入、同期平均污染防治费用，合理酌定。

第十条 人民法院判决责任者赔偿海洋自然资源与生态环境损失的，可以一并写明依法行使海洋环境监督管理权的机关受领赔款后向国库账户交纳。

发生法律效力的裁判需要采取强制执行措施的，应当移送执行。

第十一条 海洋自然资源与生态环境损害赔偿诉讼当事人达成调解协议或者自行达成和解协议的，人民法院依照《最高人民法院关于审理环境民事公益诉讼案件适用法律若干问题的解释》第二十五条的规定处理。

第十二条 人民法院审理海洋自然资源与生态环境损害赔偿纠纷案件，本规定没有规定的，适用《最高人民法院关于审理环境侵权责任纠纷案件适用法律若干问题的解释》《最高人民法院关于审理环境民事公益诉讼案件适用法律若干问题的解释》等相关司法解释的规定。

在海上或者沿海陆域内从事活动，对中华人民共和国管辖海域内海洋自然资源与生态环境形成损害威胁，人民法院审理由此引起的赔偿纠纷案件，参照适用本规定。

人民法院审理因船舶引起的海洋自然资源与生态环境损害赔偿纠纷案件，法律、行政法规、司法解释另有特别规定的，依照其规定。

第十三条 本规定自2018年1月15日起施行，人民法院尚未审结的一审、二审案件适用本规定；本规定施行前已经作出生效裁判的案件，本规定施行后依法再审的，不适用本规定。

本规定施行后，最高人民法院以前颁布的司法解释与本规定不一致的，以本规定为准。

【注　解】

一、本规定引用的《最高人民法院关于审理环境侵权责任纠纷案件适用法律若干问题的解释》已被《最高人民法院关于审理生态环境侵权责任纠纷案件适用法律若干问题的解释》（法释〔2023〕5号）废止并替代。

二、本规定引用的《最高人民法院关于审理环境民事公益诉讼案件适用法律若干问题的解释》已于2020年12月29日修正。

【解　读】

解读《最高人民法院关于审理海洋自然资源与生态环境损害赔偿纠纷案件若干问题的规定》

最高人民法院审判委员会第1727次会议通过的《关于审理海洋自然资源与生态环境损害赔偿纠纷案件若干问题的规定》（以下简称《规定》），已于

2017年12月29日发布实施,自2018年1月15日起施行。现就《规定》的理解与适用作如下说明。

一、制定《规定》的背景依据

依法审理各类海洋自然资源与生态环境损害赔偿纠纷案件,是海事审判工作的一项重要职能,而制度建设是前提。研究制定该项司法解释主要是基于服务保障党和国家工作大局与规范司法裁判两个层面的客观需要。

一是积极贯彻落实党和国家关于探索建立生态环境损害赔偿制度、深化生态文明体制改革任务的需要。2015年3月,中共中央政治局会议通过《关于加快推进生态文明建设的意见》,将损害赔偿制度作为生态文明重大制度纳入生态文明制度体系,并提出要加快形成生态损害者赔偿、受益者付费、保护者得到合理补偿的运行机制。2015年9月,中共中央审议通过《生态文明体制改革总体方案》,作为生态文明体制改革的顶层设计,再次明确提出严格实行生态环境损害赔偿制度。党的十九大报告进一步提出加快生态文明体制改革、建设美丽中国的部署要求。建立和完善生态环境损害赔偿制度已经成为深化生态文明体制改革的重要任务之一。我国是海洋大国,海洋是我国经济社会可持续发展的重要资源和战略空间,但在海洋经济快速发展的同时,陆源污染和海洋资源的开发活动不断影响我国海洋生态环境质量,海洋生态环境压力依然较大。国家海洋局在过去十多年的监测表明,我国海洋环境状况总体维持稳定,但近岸仍有局部海域水质污染严重。制定审理海洋自然资源与生态环境损害赔偿纠纷案件的司法解释,是整个生态环境损害赔偿制度建设的重要组成部分,是人民法院发挥职能促进生态文明建设的必要制度保障。

二是规范统一裁判尺度、全面加强海洋环境司法保护的需要。海洋环境污染的源头非常复杂,除了船舶排污外,还有陆源污染以及海洋石油勘探开发、海洋工程等各类开发利用活动排污。我国在船舶油污损害赔偿方面有较为健全的制度(我国加入了《1992年国际油污损害民事责任公约》《2001年国际燃油污染损害民事责任公约》,并于2011年专门颁布了《最高人民法院关于审理船舶油污损害赔偿纠纷案件若干问题的规定》),而其他海洋环境污染方面则缺乏具体规定(我国《海洋环境保护法》仅第八十九条第二款对海洋自然资源与生态损害赔偿作出原则性规定),亟待加强规范。我国依法行使海洋环境监督管理权的机关提起海洋自然资源与生态环境损害赔偿诉讼已有三十多年的历程,全国海事法院自1985年至今受理行政机关针对重大船舶油污事故提起海洋自然资源与生态环境损害索赔诉讼达百余件。全国海事审判系统经过长期审判实践,在海洋自然资源与生态环境损害赔偿诉讼的索赔主体、公约与国内法的适用、归责原则、举证责任、评估鉴定、损失认定、赔偿范围、油污损害赔偿基金的设立、国家资源损失的救济方式等各方面均积累了一套较为成熟的做法,需要总结提炼为正式的裁判规范。总结经验，完善制度，对于保障人民法院依法审理各类海洋自然资源与生态环境损害赔偿纠纷案件、服务保障海洋生态文明建设十分必要。

二、《规定》的架构与重点

《规定》共13条，分别规定适用范围、诉讼管辖、索赔主体、公告与通知、诉讼形式、责任方式、损失赔偿范围、损失认定的一般规则与替代方法、损害赔偿金（给付）的裁判与执行、诉讼调解、其他实体与程序问题的法律适用、时间效力。

《规定》的重点在两个方面：一是明确海洋自然资源与生态环境损害索赔诉讼的性质与索赔主体。其他内容主要是由该两个基本问题所决定的。根据我国物权法的规定，海域属于国家所有。对我国管辖海域内自然资源与生态环境造成污染损害和破坏，会直接给国家造成损失，理应由国家索赔。依法行使海洋环境监督管理权的部门代表国家就《海洋环境保护法》第八十九条第二款规定的海洋自然资源与生态环境损害提起索赔诉讼，具有公益性。根据现阶段相关立法意图［2012年4月24日，全国人民代表大会法律委员会《关于〈中华人民共和国民事诉讼法修正案（草案）修改情况的汇报〉》对公益诉讼制度问题做了说明："目前，有的环境保护领域的法律已规定了提出这类诉讼的机关。比如，《海洋环境保护法》规定，海洋环境监督管理部门代表国家对破坏海洋环境给国家造成重大损失的责任者提出损害赔偿要求"］，该类诉讼属于民事公益诉讼范畴。《海洋环境保护法》是环境领域的特别法，该法第八十九条第二款规定由依法行使海洋环境监督管理权的部门提出损害赔偿要求，明确将海洋自然资源与生态环境损害索赔的权利专门赋予依法行使海洋环境监督管理权的部门。二是明确海洋自然资源与生态环境损害索赔诉讼的特别规则。《规定》主要是围绕如何实施《海洋环境保护法》第八十九条第二款的原则性规定作出具体规范。海洋自然资源与生态环境损害赔偿诉讼作为一种环境侵权诉讼与环境民事公益诉讼，总体上也属于《关于审理环境民事公益诉讼案件适用法律若干问题的解释》《关于审理环境侵权责任纠纷案件适用法律若干问题的解释》的适用范围。但海洋自然资源与生态环境损害赔偿诉讼有其自身特殊实际和规律，《规定》主要明确其特别的实体与程序规则，包括诉讼管辖、索赔主体、可以书面告知其他依法行使海洋环境监督管理权的机关的情形、诉讼形式、损失赔偿范围、损失认定的一般规则与替代方法、损害赔偿金的归口交纳、污染损害威胁的处理、船舶污染损害赔偿的法律适用等。

三、《规定》的具体内容

(一) 关于适用范围

《海洋环境保护法》第八十九条第二款规定:"对破坏海洋生态、海洋水产资源、海洋保护区,给国家造成重大损失的,由依照本法规定行使海洋环境监督管理权的部门代表国家对责任者提出损害赔偿要求。"《规定》主要是围绕如何实施《海洋环境保护法》第八十九条第二款的规定作出具体规范,其适用范围也根据该法条的规定确定。明确《规定》适用范围关键在于准确界定本规定所称"海洋自然资源与生态环境损害"的内涵,其重点是损害属于国家损失,以区别于自然人、法人和非法人组织的损害。尽管"自然资源"与"生态""环境"这三个概念在内涵与外延方面存在重叠交叉,但《海洋环境保护法》第八十九条在规定海洋环境污染损害责任承担的同时,根据海洋水产资源与其他海洋生态环境(即除海洋水产资源之外的生态环境要素)分别属于农业部、国家海洋局等不同部门监管的实际,分别表述为"海洋生态、海洋水产资源、海洋保护区",《规定》在术语上尽可能与其保持一致,采用较为普遍和规范的用语"海洋自然资源"与"生态环境"。虽然依法行使海洋环境监督管理权的机关提起的海洋自然资源与生态环境损害赔偿诉讼,在性质上可以明确为民事公益诉讼,但为了与《海洋环境保护法》第八十九条的表述一致,《规定》的标题及具体条款均没有采用"海洋环境民事公益诉讼"之类的表述。

(二) 关于诉讼管辖

《规定》根据海事诉讼特别程序法第七条第(二)项的规定,明确陆源污染物和海上污染物对海洋自然资源与生态环境造成损害所引起的索赔诉讼,由损害发生地、损害结果地或者采取预防措施地海事法院管辖。其中,管辖连接点并不包括被告住所地,即排除被告住所地法院管辖。

但是,必须进一步指出的是,对于相同原告或者不同原告就同一损害行为向两个以上有管辖权的法院起诉的情形,《最高人民法院关于适用〈中华人民共和国民事诉讼法〉的解释》第二百八十五条第三款、《关于审理环境民事公益诉讼案件适用法律若干问题的解释》第六条第三款均已经作出由最先立案的人民法院管辖的一般性规定,《规定》没有再作类似规定,但海事法院或者其上诉审高级人民法院在受理海洋自然资源与生态环境损害赔偿诉讼时仍应当遵循上述一般性规定。《规定》第二条确定损害行为发生地、损害结果地、采取预防措施地三个管辖连接因素,目的是尽可能将所有实际影响或者潜在影响我国管辖海域行为的相关纠纷均纳入我国海事司法管辖范围。我们同时强调因同一损害行为引起的不同诉讼由最先立案的海事法院或者其上诉审高级人民法院集中受理的原则,目的是便于统一裁判尺度、公正高效审结相关案件。两者共同体现积极行使海事司法管辖权与集中统一裁判的辩证统一关系。

（三）关于索赔主体

如上所述，《规定》第三条根据《海洋环境保护法》作为环保特别法的性质与该法第八十九条第二款规定的文义，明确人民法院应予受理的海洋自然资源与生态环境损害赔偿诉讼为《海洋环境保护法》第五条规定的行使海洋环境监督管理权的机关根据其职能分工提起的诉讼。《海洋环境保护法》第八十九条第二款关于"对破坏海洋生态、海洋水产资源、海洋保护区，给国家造成重大损失的，由依照本法规定行使海洋环境监督管理权的部门代表国家对责任者提出损害赔偿要求"的规定，是赋权性规定，也是限制性规定。该法第五条将海洋环境监督管理权分别赋予国务院环境保护行政主管部门、国家海洋行政主管部门、国家海事行政主管部门、国家渔业行政主管部门、军队环境保护部门、沿海县级以上地方人民政府行使海洋环境监督管理权的部门。实践中，海洋环境污染事故发生后，根据职能分工，有关索赔权限主要涉及三大部门：中国海事局或者其下属机构采取清污等应急处置措施的，可以索赔清污费；农业部渔业渔政局或者由其管理指导的下级机构（含沿海县级以上人民政府的渔业渔政主管机关）索赔天然渔业资源损失；国家海洋局或者由其管理指导的下级机构（含沿海县级以上人民政府的海洋行政主管机关）索赔除天然渔业资源损失之外的其他海洋自然资源与生态环境损失。

（四）关于公告与通知

对于一般的环境民事公益诉讼，《最高人民法院关于审理环境民事公益诉讼案件适用法律若干问题的解释》除规定公告案件受理情况接受社会监督外，还在第十二条规定："人民法院受理环境民事公益诉讼后，应当在十日内告知对被告行为负有环境保护监督管理职责的部门。"但海洋自然资源与生态环境损害赔偿诉讼有其特殊性：该类诉讼均由负有环境保护监督管理职责的机关提起，故人民法院受理海洋自然资源与生态环境损害赔偿诉讼后，原则上没有必要再另行告知对被告行为负有环境保护监督管理职责的部门。

鉴于我国海洋环境由不同部门分区域监管，实践中存在同一损害涉及不同区域或者不同部门以及不同损害应当由不同机关索赔的情况，《规定》第4条第2款规定，人民法院在审理中发现可能存在该两类情形的，可以书面告知其他依法行使海洋环境监督管理权的机关。同时《规定》第4条第3款专门述明不同损害的内涵，包括海洋自然资源与生态环境损害中不同种类和同种类但可以明确区分属不同机关索赔范围的损害。例如，渤海发生某起石油钻井平台溢油事故，污染损害范围波及河北、辽宁两省部分沿海区县海域，如果河北、辽宁两省有关县级以上人民政府渔业渔政主管部门、海洋行政主管部门分别就各自监管的天然渔业资源、其他海洋生态资源所遭受的污染主张索赔，则其各自索赔的损害即属于《规定》所称不同损害。当然，如果农业部渔业渔政部门、国家海洋局或者其北海分局直接统一对天然渔业资源、其他海洋生态资源所遭受的污染进行索赔,则其中不同损害的范围仅缩小为天然渔业资源损害与其他海洋生态资源损害。

(五)关于诉讼形式

鉴于重大海洋环境污染存在跨不同部门监管的利益范围与区域范围,可能引起不同机关申请参加诉讼或者分别起诉的问题,对此,《规定》第五条针对同一损害与不同损害两类情形,分两款规定人民法院处理相关诉讼形式(合并审理还是单独审理)的程序规则。

对于同一损害,如果存在数个依法行使海洋环境监督管理权的机关可以作为适格原告的,从保持裁判尺度统一、节约司法资源的目标出发,原则上应当让他们作为共同原告参加诉讼。同一损害相关的数个适格原告(机关)共同参加诉讼存在两种情况:一是作为共同原告起诉;二是部分相关机关先行起诉,其他相关机关申请作为共同原告参加诉讼。对于后一种情况,其他相关机关申请作为共同原告参加诉讼的时间节点(时限)应当予以合理控制,《规定》第五条第一款规定为人民法院依照本规定第四条发布公告之日起三十日内或者书面告知之日起七日内。逾期申请的,人民法院不予准许。对于逾期后其他相关机关是否可以另行起诉的问题,原则上应予以否定,理由是对于同一损害已经由适格原告行使法定诉权寻求法律救济,没有必要针对同一损害再行诉讼。但是,实行上述原则,也有三种例外情形:前案原告的起诉被裁定驳回;前案原告在其诉讼请求未实现情况下申请撤诉被裁定准许;前案裁判生效后,有证据证明存在前案审理时未发现的损害。《最高人民法院关于审理环境民事公益诉讼案件适用法律若干问题的解释》第二十八条对上述可以另行起诉的三种例外情形作出了具体规定,《规定》第五条第一款规定人民法院处理海洋自然资源与生态环境损害赔偿诉讼时予以参照适用。

对于不同损害,原则上应当由各依法行使海洋环境监督管理权的机关分别起诉。如果不同机关共同起诉或者申请作为共同原告参加诉讼的,涉及诉的主体与客体合并问题,应当依照《民事诉讼法》第五十二条第一款关于"人民法院认为可以合并审理并经当事人同意的,为共同诉讼"的规定处理,《规定》第五条第二款对此作出指引性规定。如上所述,对跨行政监管海域的海洋污染事故,司法实践中为简化诉讼程序,人民法院可以释明由共同的上级监管机关(如农业部渔业渔政部门、国家海洋局)以原告身份索赔。

(六)关于责任方式

《海洋环境保护法》第八十九条第一款规定,造成海洋环境污染损害的责任者,应当承担排除危害,并赔偿损失。第二款规定,由依照本法规定行使海洋环境监督管理权的部门代表国家对责任者提出损害赔偿要求。从立法论上看,《海洋环境保护法》第八十九条第一款对造成海洋环境污染损害的责任承担方式作出规定,该条第二款规定的损害赔偿要求应当适用第一款的规定,即包括第一款中的排除危害、赔偿损失、承担赔偿责任,其中排除危害包括停止侵害、排除妨碍、消除危险等方式。《规定》第六条除规定上述法律明确规定的四种责任形式(停止侵害、排除妨碍、消除危险、赔偿损失)之外,还列明恢复原状和赔礼道歉两种,主要考虑有以下两点:

一是《海洋环境保护法》第八十九条本身并没有排除其他侵权责任方式的适用。《海洋环境保护法》于1982年制定颁布和1999年修订当时,因我国缺乏环境恢复产业和技术,加上污染责任追究的实践经验不足,同时受到国际上船舶油污原则上进行金钱赔偿的普遍做法的影响,对于发生海洋污染损害或者损害威胁等不同情形,主要适用赔偿损失与排除危害的责任承担方式。《海洋环境保护法》第八十九条关于责任承担方式的规定符合立法当时的实际,并非旨在特别限缩责任承担方式以排除其他一般侵权责任承担方式的适用。恢复原状作为当事人承担民事责任的主要形式,显然是不能排除的。当《海洋环境保护法》的特别规定不足以解决问题时,侵权责任法关于责任承担方式的一般规定应予适用。

二是海洋自然资源与生态环境损害赔偿中也存在需要适用恢复原状和赔礼道歉这两种责任承担方式的情形。随着我国环境修复产业和技术的兴起与发展,造成海洋自然资源与生态环境损害的责任者采取或者委托第三方采取生态环境恢复措施,逐步成为可能和可行的责任承担方案;而且,根据民事责任承担的法律原则,能够恢复原状的应当恢复原状,不能恢复原状的则赔偿损失。在责任者故意污染环境、破坏生态造成重大损失,并产生严重不良社会影响时,人民法院除判令责任者承担恢复原状、赔偿损失等责任外,还可能责令其赔礼道歉,强化对其道义上的谴责,以平息社会反应。对此,《最高人民法院关于审理环境民事公益诉讼案件适用法律若干问题的解释》第十八条也规定,原告可以请求被告承担停止侵害、排除妨碍、消除危险、恢复原状、赔偿损失、赔礼道歉等民事责任。

(七)关于损失赔偿范围

在《规定》第六条规定的各种责任方式中,赔偿损失是最主要、最常见的责任方式。第七条具体规定海洋自然资源与生态环境损失赔偿范围为预防措施费用、恢复费用、恢复期间损失、调查评估费用共四类。该规定的主要依据是环保理论、技术规范(标准)、司法实践三个方面的成果。

在环保理论上,自然资源与生态环境损失首先在逻辑体系上划分为恢复费用与恢复期间损失两大类;实践中由于污染事故发生后第一时间的应急处置(如清污)可以最大限度地减少损害,这类预防措施备受重视,预防措施费用被单列为一项;由于环境要素作为社会公共品不直接参与市场交换,没有市场价格,其中的自然资源价值和环境服务功能等损失需要技术评估,相应产生调查评估费用,作为环境损害中的一项合理费用而单列。这四项损失分类基本上涵盖相关全部损害。在具体内涵上，预防措施费用包含消除处置措施进一步产生污染损害的费用，恢复费用包含替代性恢复的费用，恢复期间损失中的生态环境服务功能损失包含环境容量损失。

在技术规范上，环境保护部环境规划院于2014年10月发布的《环境损害鉴定评估推荐方法（第Ⅱ版）》列明环境修复与生态恢复、期间损害、应急处置费用、事务性费用等损失类型，并规定相应的评估方法，其中应急处置费用、事务性费用分别相当于预防措施费用与调查评估费用。国家海洋局于2007年4月9日发布《海洋溢油生态损害评估技术导则》（中华人民共和国海洋行业标准 H Y/T 095——2007），规定生态损害评估费分为四部分：海洋生态直接损失（含生态服务功能损失和海洋环境容量损失）、生境修复费、生物种群恢复费和调查评估费。国家海洋局于2013年8月发布的《海洋生态损害评估技术指南（试行）》第8.2条规定海洋生态损害价值计算内容为：清除污染和减轻损害等预防措施费用；海洋生物资源和海洋环境容量等恢复期的损失费用；海洋生态修复费用；检测、试验、评估等其他合理费用。该条标准是《规定》第七条的直接技术依据。

在司法实践中，海事审判系统三十多年支持海洋自然资源和生态环境损失赔偿的经验，最先源于船舶油污损害赔偿纠纷案件的审理，有关国际条约出于有效维持国际赔偿机制与适度保护航运业发展的目的，将有关海洋环境损害的赔偿限定于三项：预防措施费用、恢复费用、调查评估费用，明确排除对恢复期间损失的赔偿。船舶油污损害赔偿司法实践直接支持三类费用的赔偿，实际上间接接受四类费用损失的分类（仅是不支持其中恢复期间损失的索赔而已）。

《规定》第七条规定四类费用损失的主要意义有三点：一是总结海事司法实践经验，为规范统一裁判尺度提供依据，同时为人民法院以后进一步发展细化相关赔偿标准提供一个基本纲目；二是与环境保护部、国家海洋局等相关部门的损害评估技术标准充分匹配，共同完善国家生态损害赔偿制度并切实贯彻落实；三是为以后修改完善海商法、其他涉海法律法规、海洋生态环境损害评估标准提供规范性参考。

（八）关于损失认定的一般规则

《规定》第八条规定海洋自然资源与生态环境损失认定的一般原则，其主要依据是民事诉讼法及其司法解释关于证据的规定、有关船舶油污损害赔偿和民事公益诉讼司法解释、国家行政主管部门颁布的评估技术规范（标准）以及海事审判实践经验总结。

《规定》第八条第一款关于认定恢复费用的规定，主要是参照《最高人民法院关于审理船舶油污损害赔偿纠纷案件若干问题的规定》第十七条关于恢复措施费用认定的规定，和国家海洋局《海洋生态损害评估技术指南（试行）》第8.5.3条关于修复费用计算的规定，采用了基本相同的认定标准。

《规定》第8条第2款规定未来修复必然发生的合理费用和恢复期间损失的认定。鉴于该两项损失的确定涉及专门技术,需要鉴定评估。目前,环境保护部、农业部、国家海洋局均颁布了相关鉴定评估技术规范(内部规范性文件、方法、导则),人民法院应当在尊重专业判断的前提下进行司法审查——根据有资格的鉴定评估机构按照法律法规、国家主管部门颁布的评估技术规范作出的鉴定意见(科学量化的损失数额)予以认定。有关鉴定评估意见具有推定成立的效力,但允许当事人提供相反证据予以反驳。

《规定》第八条第三款关于预防措施费用和调查评估费用的认定,原则上应以实际发生的合理费用计算,但实践中因国家机关的费用支出需要财产预算和审批,会存在相关费用虽未实际支付但有证据证明确实存在或者将来必然支付的情况,且国家海洋局《海洋生态损害评估技术指南(试行)》第8.6条规定,评估等合理费用"根据国家和地方有关监测、评估服务收费标准或实际发生的费用进行计算",人民法院在实践中可以根据具体案情认定未来必然发生的合理费用。

《规定》第八条第四款针对责任者采取预防、恢复措施可以主张相应减少损失赔偿数额的规定,旨在体现鼓励责任者及时主动采取预防恢复措施以尽可能减少环境损害。

(九)关于损失认定的替代方法

由于海洋环境污染成因复杂、评估鉴定机制不健全等种种因素,有时存在原告没有根据法律及司法解释规定的一般证明原则进行举证,或者其提供的鉴定评估报告被认定存在严重瑕疵而不能采信等情况,事后因海洋环境已发生较大变化而难以补充鉴定评估,如果法院一味恪守一般法律原则和单一的认定方法,势必陷于难以追究责任者损害赔偿责任的窘境。根据侵权责任法第二十条的规定,被侵权人损失难以确定的,按照侵权人获得的利益赔偿;侵权人利益难以确定的,由人民法院根据实际情况确定。人民法院在实践中非常有必要根据法律精神,积极探索认定损失的替代方法,适当克服环境污染举证难的问题,尽可能让责任者作出赔偿,让环境污染损害赔偿制度真正落地兑现。为此,《规定》第九条在总结海事审判经验的基础上,分两款规定认定恢复费用和恢复期间损失的两个替代方法:一是责任者收支标准。根据责任者直接受益或者节省的污染防治费用合理酌定损失赔偿数额,以切实克服环境保护守法成本高、违法成本低的反常现象,这种方法也称为底线规则。二是社会平均收支标准。在无法适用责任者收益标准时,根据政府部门统计资料所证明的同区域同类生产经营者同期平均收入、同期平均污染防治费用合理酌定。

(十)关于损害赔偿金(给付)的裁判与执行

由于海洋自然资源与生态环境损害赔偿诉讼系有关机关代表国家提出的请求,有关机关受领赔款后应当向国库账户交纳。在《海洋环境保护法》1999

年修订后，因责任者与社会不断质疑有关机关受领赔款后是上交国库还是擅自挪用的问题，广州海事法院于1999年至2000年在审理"闽燃供2"轮与"东海209"轮珠江口油污损害赔偿纠纷一案中，开始判决油污责任者向广东省海洋与水产厅赔偿渔业资源损失1060万元及其利息，同时注明：广东省海洋与水产厅受偿后上交国库。在执行中，海事法院直接将赔款划拨至原告提供的财政国库账户。该案判决首次明确了海洋环境公益诉讼赔偿款向国库交纳的履行方式。自国家机关实行收支两条线管理后，上述判决原告受领后向国库账户交纳的做法被继续沿袭。鉴于上述做法与《海洋环境保护法》第八十九条第二款关于由依法行使海洋环境监督管理权的部门代表国家提出赔偿要求的规定精神相符，《规定》第十条第一款照此作出指引性规定。我们也注意到，中共中央办公厅、国务院办公厅于2015年12月3日印发《生态环境损害赔偿制度改革试点方案》，对建立生态环境损害赔偿制度作出总体部署，其中有关于"赔偿义务人造成的生态环境损害无法修复的，其赔偿资金作为政府非税收入，全额上缴地方国库，纳入地方预算管理"的规定。但该试点方案同时明确规定该试点方案不适用于海洋生态环境损害赔偿；而且该试点方案仅明确特定情形下须上缴国库，而并非限缩生态环境损害赔偿金上缴国库的条件。故《规定》第十条第一款规定海洋自然资源与生态环境损害赔款向国库交纳，实际上就是将法律关于有关机关代表国家索赔的规定直接贯彻到底。

《规定》第十条第二款关于法院主动移送执行的规定，与《最高人民法院关于审理环境民事公益诉讼案件适用法律若干问题的解释》第32条关于"发生法律效力的环境民事公益诉讼案件的裁判，需要采取强制执行措施的，应当移送执行"的规定一致。

（十一）关于其他实体与程序问题的法律适用

《规定》第十二条兜底性规定其他实体与程序问题的法律适用，共涉及相关司法解释的适用规则、损害威胁相关纠纷的处理、船舶损害赔偿特别法律规范的适用等内容。

《规定》第十二条第一款规定相关司法解释适用的规则。海洋自然资源与生态环境损害赔偿问题，属于环境侵权责任纠纷和环境民事公益诉讼的范畴。本司法解释是专门就海洋自然资源与生态环境损害赔偿纠纷案件的审理作出的特别规定。相比而言，最高人民法院关于审理环境侵权责任纠纷案件和环境民事公益诉讼案件的两个司法解释，属于一般规定。根据特别规定优先于一般规定适用的原则，人民法院审理海洋自然资源与生态环境损害赔偿纠纷诉讼，应当优先适用本司法解释；在本司法解释没有规定时，适用最高人民法院关于审理环境侵权责任纠纷案件和环境民事公益诉讼案件的司法解释。

《规定》第十二条第二款规定损害威胁相关纠纷的处理。根据环境损害预防的法律规定、政策指引与实践经验，某些涉海活动虽然尚未实际造成污染等损害，但已经形成损害威胁，依法行使海洋环境监督管理权的部门确有必要及早采取预防措施，有关国际条约已明确将这类预防措施的费用和损失规定为生态环境损害，人民法院也相应判决由责任者承担赔偿责任。鉴于《海洋环境保护法》等国内法对损害威胁及其预防费用没有明确规定，《规定》特此作出规范指引。

《规定》第12条第3款规定因船舶引起的海洋自然资源与生态环境损害赔偿纠纷案件的法律适用问题。因船舶引起的海洋自然资源与生态环境损害，大致可分为特定船舶油污损害与其他非（特定）油污损害。对于船舶油污损害赔偿纠纷的处理，海商法、海事诉讼特别程序法、《防治船舶污染海洋环境管理条例》以及我国加入的《1992年国际油污损害民事责任公约》《2001年国际燃油污染损害民事责任公约》和《最高人民法院关于审理船舶油污损害赔偿纠纷案件若干问题的规定》均有所规定，共同形成较为完整的规范体系，其特殊性体现在损害赔偿范围、责任限制、强制保险（担保）、赔偿责任限制基金等方面。对于船舶引起的其他非（特定）油污损害（如船舶作业、倾倒等活动引起的海洋自然资源与生态环境损害）赔偿纠纷的处理，可能会适用海商法第二章第三节关于船舶优先权、第十一章关于海事赔偿责任限制及其司法解释的规定，以及海事诉讼特别程序法及其司法解释的规定。《规定》第十二条第三款规定，审理因船舶引起的海洋自然资源与生态环境损害赔偿纠纷案件，应当首先适用上述特别规定。

（撰稿人：王淑梅　余晓汉）

【链　　接】

依法审理海洋自然资源与生态环境损害赔偿纠纷案件　服务保障海洋生态文明建设
——最高人民法院民四庭负责人就《关于审理海洋自然资源与生态环境损害赔偿纠纷案件若干问题的规定》答记者问

2017年12月29日，最高人民法院公布了《关于审理海洋自然资源与生态环境损害赔偿纠纷案件若干问题的规定》（以下简称本司法解释），最高人民法院民四庭负责人接受了记者采访，就有关问题回答了记者提问。

一、问：本司法解释定于 2018 年 1 月 15 日起正式施行，请问这项司法解释的起草背景是什么？

答： 研究制定该项司法解释主要是基于服务保障党和国家工作大局与规范司法裁判两个层面的客观需要。

一是积极贯彻落实党和国家关于探索建立生态环境损害赔偿制度、深化生态文明体制改革任务的需要。2015 年 3 月，中共中央政治局会议通过《关于加快推进生态文明建设的意见》，将损害赔偿制度作为"生态文明重大制度"纳入生态文明制度体系，并提出要"加快形成生态损害者赔偿、受益者付费、保护者得到合理补偿的运行机制"。2015 年 9 月，中共中央审议通过《生态文明体制改革总体方案》，作为生态文明体制改革的顶层设计，再次明确提出严格实行生态环境损害赔偿制度。党的十九大报告进一步提出"加快生态文明体制改革，建设美丽中国"的部署要求。建立和完善生态环境损害赔偿制度已经成为深化生态文明体制改革的重要任务之一。制定审理海洋自然资源与生态环境损害赔偿纠纷案件的司法解释，是整个生态环境损害赔偿制度建设的重要组成部分，是人民法院发挥职能促进生态文明建设的必要制度保障。

二是规范统一裁判尺度、全面加强海洋环境司法保护的需要。我国依法行使海洋环境监督管理权的机关提起海洋自然资源与生态环境损害赔偿诉讼已有 30 多年的历程，全国海事法院自 1985 年至今受理行政机关针对重大船舶油污事故提起海洋自然资源与生态环境损害索赔诉讼达百余件。全国海事审判系统经过长期审判实践，在海洋自然资源与生态环境损害赔偿诉讼的索赔主体、公约与国内法的适用、归责原则、举证责任、评估鉴定、损失认定、赔偿范围、油污损害赔偿基金的设立、国家资源损失的救济方式等各方面均积累了一套较为成熟的做法，需要总结提炼为正式的裁判规范。总结经验，完善制度，对于保障人民法院依法审理各类海洋自然资源与生态环境损害赔偿纠纷案件、服务保障海洋生态文明建设，十分必要。

二、问：本司法解释的重点有哪些？

答： 本司法解释的重点在两个方面：一是明确海洋自然资源与生态环境损害索赔诉讼的性质与索赔主体。其他内容主要是由该两个基本问题所决定的。根据《物权法》的规定，海域属于国家所有。对我国管辖海域内自然资源与生态环境造成污染损害和破坏，会直接给国家造成损失，理应由国家索赔。依法行使海洋环境监督管理权的部门代表国家就《海洋环境保护法》第八十九条第二款规定的海洋自然资源与生态环境损害提起索赔诉讼，具有公益性。根据现阶段相关立法意图，该类诉讼属于民事公益诉讼范畴。《海洋环境保护法》是环境领域的特别法，该法第八十九条第二款规定由依法行使海洋环境监督管理权的部门提出损害赔偿要求，明确将海洋自然资源与生态环境损害索赔的权利专门赋予依法行使海洋环境监督管理权的部门。二是明确海洋自然资源与生态环境损害索赔诉讼的特别规则。本司法解释主要是围绕如何实施《海洋环境保护法》第八十九条第二款的原则性规定作出的具体规范。海洋自然资源与生态环境损害赔偿诉讼，作为一种环境侵权诉讼与环境民事公益诉讼，总体上也属于《最高人民法院关于审理环境民事公益诉讼案件适用法律若干问题的解释》《最高人民法院关于审理环境侵权责任纠纷案件适用法律若干问题的解释》的适用范围。但海洋自然资源与生态环境损害赔偿诉讼也有其自身特殊实际和规律，本司法解释主要明确其特别的实体与程序规则，包括诉讼管辖、索赔主体、可以书面告知其他依法行使海洋环境监督管理权的机关的情形、诉讼形式、损失赔偿范围、损失认定的一般规则与替代方法、损害赔偿金的归口交纳、污染损害威胁的处理、船舶污染损害赔偿的法律适用等。

三、问：《最高人民法院关于审理环境民事公益诉讼案件适用法律若干问题的解释》第十二条规定人民法院受理诉讼后应当在十日内告知对被告行为负有环境保护监督管理职责的部门，而本司法解释在此方面作出不同规定，这是出于何种原因？

答：如上所述，海洋自然资源与生态环境损害赔偿诉讼有其特殊性，该类诉讼由负有海洋环境保护监督管理职责的机关提起，故人民法院受理海洋自然资源与生态环境损害赔偿诉讼后，原则上没有必要再另行告知对被告行为负有环境保护监督管理职责的部门。但是，鉴于我国海洋环境由不同部门分区域监管，实践中存在同一损害涉及不同区域或者不同部门以及不同损害应当由不同机关索赔的情况，本司法解释第四条第二款规定人民法院在审理中发现可能存在该两类情形的，可以书面告知其他依法行使海洋环境监督管理权的机关。

四、问：本司法解释规定海洋自然资源与生态环境损失赔偿范围的依据和目的是什么？

答：对于海洋自然资源与生态环境损失赔偿范围，本司法解释第七条具体规定为预防措施费用、恢复费用、恢复期间损失、调查评估费用共四类。该条规定的主要依据是环保理论、技术规范（标准）、司法实践三个方面的成果。其中，国家海洋局于2013年8月发布的《海洋生态损害评估技术指南（试行）》第8.2条规定海洋生态损害价值计算内容为：清除污染和减轻损害等预防措施费用；海洋生物资源和海洋环境容量等恢复期的损失费用；海洋生态修复费用；检测、试验、评估等其他合理费用。这是本司法解释规定四类损失的直接技术依据。

本司法解释明确规定四类费用损失的主要意义有三点：一是总结海事司法

实践经验，为规范统一裁判尺度提供依据，同时为人民法院以后进一步发展细化相关赔偿标准提供一个基本纲目；二是与环境保护部、国家海洋局等相关部门的损害评估技术标准充分匹配，共同完善国家生态损害赔偿制度并切实贯彻落实；三是为以后修改完善《海商法》、其他涉海法律法规、海洋生态环境损害评估标准提供规范性参考。

五、问：本司法解释对污染损失认定作出两条规定，主要精神是什么？

答：本司法解释第八条规定损失认定的一般规则，第九条规定认定恢复费用和恢复期间损失的替代方法。第八条规定一般规则的主要依据是《民事诉讼法》及其司法解释关于证据的规定、有关船舶油污损害赔偿和民事公益诉讼司法解释、国家行政主管部门颁布的评估技术规范（标准）以及海事审判实践经验的总结。

第九条规定认定恢复费用和恢复期间损失的替代方法的动因是：由于海洋环境污染成因复杂、评估鉴定机制不健全等种种因素，有时存在原告没有根据法律及司法解释规定的一般证明原则进行举证，或者其提供的鉴定评估报告被认定存在严重瑕疵而不能采信等情况，事后因海洋环境已发生较大变化而难以补充鉴定评估，如果法院一味恪守一般法律原则和单一的认定方法，势必陷于难以追究责任者损害赔偿责任的窘境。根据《侵权责任法》第二十条①的规定，被侵权人损失难以确定的，按照侵权人获得的利益赔偿；侵权人利益难以确定的，由人民法院根据实际情况确定。人民法院在实践中非常有必要根据法律精神，积极探索认定损失的替代方法，适当克服环境污染举证难的问题，尽可能让责任人作出赔偿，让环境污染损害赔偿制度真正"落地"兑现。本条在总结海事审判经验的基础上，分两款规定认定恢复费用和恢复期间损失的两个替代方法：一是"责任者收支标准"，根据责任者直接受益的金额或者节省的污染防治费用合理酌定损失赔偿数额，以切实克服环境保护"守法成本高，违法成本低"的反常现象，这种方法也称为底线规则；二是"社会平均收支标准"，在无法适用"责任者收益标准"时，根据政府部门统计资料所证明的同区域同类生产经营者同期平均收入、同期平均污染防治费用合理酌定。总之，本司法解释第八条与第九条规定损失认定的一般规则和两个替代方法，共为依法保护海洋自然资源与生态环境设置三道"防线"，目的就是尽可能保障受损害的海洋自然资源与生态环境得到合理赔偿。

六、问：本司法解释除上述介绍的内容外，还有哪些特别规定？

答：除上述介绍的内容外，本司法解释相比一般环境侵权和环境公益诉讼

---

① 对应《民法典》第一千一百八十二条。

的司法解释，主要还有以下三项特别规定。

一是关于案件管辖的规定。本司法解释根据《海事诉讼特别程序法》第七条第二项的规定，明确陆源污染物和海上污染物对海洋自然资源与生态环境造成损害所引起的索赔诉讼，由损害发生地、损害结果地或者采取预防措施地海事法院管辖。其中，管辖连接点并不包括被告住所地，即排除被告住所地法院管辖。但是，对于相同原告或者不同原告就同一损害行为向两个以上有管辖权的法院起诉的情形，《最高人民法院关于适用〈中华人民共和国民事诉讼法〉的解释》第二百八十五条第三款、《最高人民法院关于审理环境民事公益诉讼案件适用法律若干问题的解释》第六条第三款均已经作出由最先立案的人民法院管辖的一般性规定，本司法解释没有再作类似规定，但海事法院或者其上诉审高级人民法院在受理海洋自然资源与生态环境损害赔偿诉讼时仍应当遵循上述一般性规定。本司法解释第二条确定损害行为发生地、损害结果地、采取预防措施地三个管辖连接因素，目的是尽可能将所有实际影响或者潜在影响我国管辖海域行为的相关纠纷均纳入我国海事司法管辖范围。我们同时强调因同一损害行为引起的不同诉讼由最先立案的海事法院或者其上诉审高级人民法院集中受理的原则，目的是便于统一裁判尺度、公正高效审结相关案件。

二是关于损害威胁相关纠纷的处理规则。根据环境损害预防的法律规定、政策指引与实践经验，某些涉海活动虽然尚未实际造成污染等损害，但已经形成损害威胁，依法行使海洋环境监督管理权的部门确有必要及早采取预防措施，由此产生的费用和损失，有关国际条约已明确将这类预防措施的费用和损失规定为生态环境损害，人民法院也应当判决由责任者承担赔偿责任。鉴于《中华人民共和国海洋环境保护法》等国内法对损害威胁及其预防费用缺乏具体规定，本司法解释特此作出规范指引。

三是关于因船舶引起的海洋自然资源与生态环境损害赔偿纠纷案件的法律适用问题。对于船舶油污损害赔偿纠纷的处理，《中华人民共和国海商法》《中华人民共和国海事诉讼特别程序法》《防治船舶污染海洋环境管理条例》以及我国加入的《1992年国际油污损害民事责任公约》《2001年国际燃油污染损害民事责任公约》和《最高人民法院关于审理船舶油污损害赔偿纠纷案件若干问题的规定》均有所规定，共同形成较为完整的规范体系，其特殊性体现在损害赔偿范围、责任限制、强制保险（担保）、赔偿责任限制基金等方面。本司法解释第十二条第三款规定审理因船舶引起的海洋自然资源与生态环境损害赔偿纠纷案件，应当首先适用上述特别规定。

指导案例 127 号

吕金奎等 79 人诉山海关船舶重工有限责任公司海上污染损害责任纠纷案

(最高人民法院审判委员会讨论通过 2019 年 12 月 26 日发布)

关键词

民事 海上污染损害责任 污染物排放标准

裁判要点

根据《海洋环境保护法》等有关规定,海洋环境污染中的"污染物"不限于国家或者地方环境标准明确列举的物质。污染者向海水水域排放未纳入国家或者地方环境标准的含有铁物质等成分的污水,造成渔业生产者养殖物损害的,污染者应当承担环境侵权责任。

相关法条

1.《中华人民共和国侵权责任法》第六十五条、第六十六条①

2.《中华人民共和国海洋环境保护法》(2017 年修正)第九十四条第一项(本案适用的是 2013 年修正的《中华人民共和国海洋环境保护法》第九十五条第一项)

基本案情

2010 年 8 月 2 日上午,秦皇岛山海关老龙头东海域海水出现异常。当日 11 时 30 分,秦皇岛市环境保护局接到举报,安排环境监察、监测人员,协同秦皇岛市山海关区渤海乡副书记、纪委书记等相关人员到达现场,对海岸情况进行巡查。根据现场巡查情况,海水呈红褐色、浑浊。秦皇岛市环境保护局的工作人员同时对海水进行取样监测,并于 8 月 3 日作出《监测报告》对海水水质进行分析,分析结果显示海水 pH 值 8.28、悬浮物 24mg/L、石油类 0.082mg/L、化学需氧量 2.4mg/L、亚硝酸盐氮 0.032mg/L、氨氮 0.018mg/L、硝酸盐氮 0.223mg/L、无机氮 0.273mg/L、活性磷酸盐 0.006mg/L、铁 13.1mg/L。

大连海事大学海事司法鉴定中心(以下简称司法鉴定中心)接受法院委托,就涉案海域污染状况以及污染造成的养殖损失等问题进行鉴定。《鉴定意见》的主要内容:(一)关于海域污染鉴定。1. 鉴定人采取卫星遥感技术,选取 NOAA 卫星 2010 年 8 月 2 日北京时间 5 时 44 分和 9 时 51 分两幅图像,其

---

① 对应《民法典》第一千二百二十九条、第一千二百三十条。

中 5 时 44 分图像显示山海关船舶重工有限责任公司（以下简称山船重工公司）附近海域存在一片污染海水异常区，面积约 5 平方千米；9 时 51 分图像显示距山船重工公司以南约 4000 米海域存在污染海水异常区，面积约 10 平方千米。2. 对污染源进行分析，通过排除赤潮、大面积的海洋溢油等污染事故，确定卫星图像上污染海水异常区应由大型企业污水排放或泄漏引起。根据山船重工公司系山海关老龙头附近临海唯一大型企业，修造船舶会产生大量污水，船坞刨锈污水中铁含量很高，一旦泄漏将严重污染附近海域，推测出污染海水源地系山船重工公司，泄漏时间约在 2010 年 8 月 2 日北京时间 00 时至 04 时之间。3. 对养殖区受污染海水进行分析，确定了王丽荣等 21 人的养殖区地理坐标，并将上述当事人的养殖区地理坐标和污染水域的地理坐标一起显示在电子海图上，得出污染水域覆盖了全部养殖区的结论。（二）关于养殖损失分析。鉴定人对水质环境进行评价，得出涉案海域水质中悬浮物、铁及石油类含量较高，已远远超过《渔业水质标准》和《海水水质标准》，污染最严重的因子为铁，对渔业和养殖水域危害程度较大。同时，确定吕金国等人存在养殖损失。

山船重工公司对《鉴定意见》养殖损失部分发表质证意见，主要内容为认定海水存在铁含量超标的污染无任何事实根据和鉴定依据。1. 鉴定人评价养殖区水质环境的唯一依据是秦皇岛市环境保护局出具的《监测报告》，而该报告在格式和内容上均不符合《海洋监测规范》的要求，分析铁含量所采用的标准是针对地面水、地下水及工业废水的规定，《监测报告》对污染事实无任何证明力；2.《鉴定意见》采用的《渔业水质标准》和《海水水质标准》中，不存在对海水中铁含量的规定和限制，故铁含量不是判断海洋渔业水质标准的指标。即使铁含量是指标之一，其达到多少才能构成污染损害，亦无相关标准。

又查明，《鉴定意见》鉴定人之一在法院审理期间提交《分析报告》，主要内容：（一）介绍分析方法。（二）对涉案海域污水污染事故进行分析。1. 对山海关老龙头海域卫星图像分析和解译。2. 污染海水漂移扩散分析。3. 污染源分析。因卫星图像上污染海水异常区灰度值比周围海水稍低，故排除海洋赤潮可能；因山海关老龙头海域无油井平台，且 8 月 2 日前后未发生大型船舶碰撞、触礁搁浅事故，故排除海洋溢油可能。据此，推测污染海水区应由大型企业污水排放或泄漏引起，山船重工公司为山海关老龙头附近临海唯一大型企业，修造船舶会产生大量污水，船坞刨锈污水中铁含量较高，向外泄漏将造成附近海域严重污染。4. 养殖区受污染海水分析。将养殖区地理坐标和污染水域地理坐标一起显示在电子海图上，得出污染水域覆盖全部养殖区的结论。

吕金奎等 79 人诉至法院，以山船重工公司排放的大量红色污水造成扇贝大量死亡，使其受到重大经济损失为由，请求判令山船重工公司赔偿。

裁判结果

天津海事法院于 2013 年 12 月 9 日作出（2011）津海法事初字第 115 号民

事判决：一、驳回原告吕金奎等 50 人的诉讼请求；二、驳回原告吕金国等 29 人的诉讼请求。宣判后，吕金奎等 79 人提出上诉。天津市高级人民法院于 2014 年 11 月 11 日作出（2014）津高民四终字第 22 号民事判决：一、撤销天津海事法院（2011）津海法事初字第 115 号民事判决；二、山海关船舶重工有限责任公司于本判决送达之日起十五日内赔偿王丽荣等 21 人养殖损失共计 1377696 元；三、驳回吕金奎等 79 人的其他诉讼请求。

裁判理由

法院生效裁判认为，《侵权责任法》第六十六条规定，因污染环境发生纠纷，污染者应当就法律规定的不承担责任或者减轻责任的情形及其行为与损害之间不存在因果关系承担举证责任。吕金奎等 79 人应当就山船重工公司实施了污染行为、该行为使自己受到了损害之事实承担举证责任，并提交污染行为和损害之间可能存在因果关系的初步证据；山船重工公司应当就法律规定的不承担责任或者减轻责任的情形及行为与损害之间不存在因果关系承担举证责任。

关于山船重工公司是否实施污染行为。吕金奎等 79 人为证明污染事实发生，提交了《鉴定意见》《分析报告》《监测报告》以及秦皇岛市环境保护局出具的函件等予以证明。关于上述证据对涉案污染事实的证明力，原审法院依据吕金奎等 79 人的申请委托司法鉴定中心进行鉴定，该司法鉴定中心业务范围包含海事类司法鉴定，三位鉴定人均具有相应的鉴定资质，对鉴定单位和鉴定人的资质予以确认。而且，《分析报告》能够与秦皇岛市山海关区在《询问笔录》中的陈述以及秦皇岛市环境保护局出具的函件相互佐证，上述证据可以证实秦皇岛山海关老龙头海域在 2010 年 8 月 2 日发生污染的事实。《海洋环境保护法》第九十五条第一项规定："海洋环境污染损害，是指直接或者间接地把物质或者能量引入海洋环境，产生损害海洋生物资源、危害人体健康、妨害渔业和海上其他合法活动、损害海水使用素质和减损环境质量等有害影响。"《鉴定意见》根据污染海水异常区灰度值比周围海水稍低的现象，排除海洋赤潮的可能；通过山海关老龙头海域无油井平台以及 2010 年 8 月 2 日未发生大型船舶碰撞、触礁搁浅等事实，排除海洋溢油的可能；进而，根据《监测报告》中海水呈红褐色、浑浊，铁含量为 13.1mg/L 的监测结果，得出涉案污染事故系严重污水排放或泄漏导致的推论。同时，根据山船重工公司为山海关老龙头附近临海唯一大型企业以及公司的主营业务为船舶修造的事实，得出污染系山船重工公司在修造大型船舶过程中泄漏含铁量较高的刨锈污水导致的结论。山船重工公司虽不认可《鉴定意见》的上述结论，但未能提出足以反驳的相反证据和理由，故对《鉴定意见》中关于污染源分析部分的证明力予以确认，并据此认定山船重工公司实施了向海水中泄漏含铁量较高污水的污染行为。

关于吕金奎等 79 人是否受到损害。《鉴定意见》中海域污染鉴定部分在确定了王丽荣等 21 人养殖区域的基础上，进一步通过将养殖区地理坐标与污染海水区地理坐标一起显示在电子海图上的方式，得出污染海水区全部覆盖养殖区的结论。据此，认定王丽荣等 21 人从事养殖且养殖区域受到了污染。

关于污染行为和损害之间的因果关系。王丽荣等 21 人在完成上述证明责任的基础上，还应提交证明污染行为和损害之间可能存在因果关系的初步证据。《鉴定意见》对山海关老龙头海域水质进行分析，其依据秦皇岛市环境保护局出具的《监测报告》将该海域水质评价为悬浮物、铁物质及石油含量较高，污染最严重的因子为铁，对渔业和养殖水域危害程度较大。至此，王丽荣等 21 人已完成海上污染损害赔偿纠纷案件的证明责任。山船重工公司主张其非侵权行为人，应就法律规定的不承担责任或者减轻责任的情形及行为与损害之间不存在因果关系承担举证责任。山船重工公司主张因《鉴定意见》采用的评价标准中不存在对海水中铁含量的规定和限制，故铁不是评价海水水质的标准；且即使铁含量是标准之一，其达到多少才能构成污染损害亦无相关指标。对此，人民法院认为：第一，《海洋环境保护法》明确规定，只要行为人将物质或者能量引入海洋造成损害，即视为污染；《侵权责任法》第六十五条亦未将环境污染责任限定为排污超过国家标准或者地方标准。故，无论国家或地方标准中是否规定了某类物质的排放控制要求，或排污是否符合国家或地方规定的标准，只要能够确定污染行为造成环境损害，行为人就须承担赔偿责任。第二，我国现行有效评价海水水质的《渔业水质标准》和《海水水质标准》实施后长期未进行修订，其中列举的项目已不足以涵盖当今可能造成污染的全部物质。据此，《渔业水质标准》和《海水水质标准》并非判断某类物质是否造成污染损害的唯一依据。第三，秦皇岛市环境保护局亦在《秦皇岛市环保局复核意见》中表示，因国家对海水中铁物质含量未明确规定污染物排放标准，故是否影响海水养殖需相关部门专家进一步论证。本案中，出具《鉴定意见》的鉴定人具备海洋污染鉴定的专业知识，其通过对相关背景资料进行分析判断，作出涉案海域水质中铁物质对渔业和养殖水域危害程度较大的评价，具有科学性，应当作为认定涉案海域被铁物质污染的依据。

（生效裁判审判人员：耿小宁　唐　娜　李善川）

最高人民法院
关于审理生态环境损害赔偿案件的若干规定（试行）

（2019年5月20日最高人民法院审判委员会第1769次会议通过　根据2020年12月23日最高人民法院审判委员会第1823次会议通过的《最高人民法院关于修改〈最高人民法院关于在民事审判工作中适用《中华人民共和国工会法》若干问题的解释〉等二十七件民事类司法解释的决定》修正）

为正确审理生态环境损害赔偿案件，严格保护生态环境，依法追究损害生态环境责任者的赔偿责任，依据《中华人民共和国民法典》《中华人民共和国环境保护法》《中华人民共和国民事诉讼法》等法律的规定，结合审判工作实际，制定本规定。

第一条　具有下列情形之一，省级、市地级人民政府及其指定的相关部门、机构，或者受国务院委托使全民所有自然资源资产所有权的部门，因与造成生态环境损害的自然人、法人或者其他组织经磋商未达成一致或者无法进行磋商的，可以作为原告提起生态环境损害赔偿诉讼：

（一）发生较大、重大、特别重大突发环境事件的；

（二）在国家和省级主体功能区规划中划定的重点生态功能区、禁止开发区发生环境污染、生态破坏事件的；

（三）发生其他严重影响生态环境后果的。

前款规定的市地级人民政府包括设区的市，自治州、盟、地区，不设区的地级市，直辖市的区、县人民政府。

第二条　下列情形不适用本规定：

（一）因污染环境、破坏生态造成人身损害、个人和集体财产损失要求赔偿的；

（二）因海洋生态环境损害要求赔偿的。

第三条　第一审生态环境损害赔偿诉讼案件由生态环境损害行为实施地、损害结果发生地或者被告住所地的中级以上人民法院管辖。

经最高人民法院批准，高级人民法院可以在辖区内确定部分中级人民法院集中管辖第一审生态环境损害赔偿诉讼案件。

中级人民法院认为确有必要的，可以在报请高级人民法院批准后，裁定将本院管辖的第一审生态环境损害赔偿诉讼案件交由具备审理条件的基层人民法院审理。

生态环境损害赔偿诉讼案件由人民法院环境资源审判庭或者指定的专门法庭审理。

第四条 人民法院审理第一审生态环境损害赔偿诉讼案件，应当由法官和人民陪审员组成合议庭进行。

第五条 原告提起生态环境损害赔偿诉讼，符合民事诉讼法和本规定并提交下列材料的，人民法院应当登记立案：

（一）证明具备提起生态环境损害赔偿诉讼原告资格的材料；

（二）符合本规定第一条规定情形之一的证明材料；

（三）与被告进行磋商但未达成一致或者因客观原因无法与被告进行磋商的说明；

（四）符合法律规定的起诉状，并按照被告人数提出副本。

第六条 原告主张被告承担生态环境损害赔偿责任的，应当就以下事实承担举证责任：

（一）被告实施了污染环境、破坏生态的行为或者具有其他应当依法承担责任的情形；

（二）生态环境受到损害，以及所需修复费用、损害赔偿等具体数额；

（三）被告污染环境、破坏生态的行为与生态环境损害之间具有关联性。

第七条 被告反驳原告主张的，应当提供证据加以证明。被告主张具有法律规定的不承担责任或者减轻责任情形的，应当承担举证责任。

第八条 已为发生法律效力的刑事裁判所确认的事实，当事人在生态环境损害赔偿诉讼案件中无须举证证明，但有相反证据足以推翻的除外。

对刑事裁判未予确认的事实，当事人提供的证据达到民事诉讼证明标准的，人民法院应当予以认定。

第九条 负有相关环境资源保护监督管理职责的部门或者其委托的机构在行政执法过程中形成的事件调查报告、检验报告、检测报告、评估报告、监测数据等，经当事人质证并符合证据标准的，可以作为认定案件事实的根据。

第十条 当事人在诉前委托具备环境司法鉴定资质的鉴定机构出具的鉴定意见，以及委托国务院环境资源保护监督管理相关主管部门推荐的机构出具的检验报告、检测报告、评估报告、监测数据等，经当事人质证并符合证据标准的，可以作为认定案件事实的根据。

第十一条 被告违反国家规定造成生态环境损害的，人民法院应当根据原告的诉讼请求以及具体案情，合理判决被告承担修复生态环境、赔偿损失、停止侵害、排除妨碍、消除危险、赔礼道歉等民事责任。

第十二条 受损生态环境能够修复的，人民法院应当依法判决被告承担修复责任，并同时确定被告不履行修复义务时应承担的生态环境修复费用。

生态环境修复费用包括制定、实施修复方案的费用，修复期间的监测、监管费用，以及修复完成后的验收费用、修复效果后评估费用等。

原告请求被告赔偿生态环境受到损害至修复完成期间服务功能损失的，人民法院根据具体案情予以判决。

第十三条 受损生态环境无法修复或者无法完全修复，原告请求被告赔偿生态环境功能永久性损害造成的损失的，人民法院根据具体案情予以判决。

第十四条 原告请求被告承担下列费用的，人民法院根据具体案情予以判决：

（一）实施应急方案、清除污染以及为防止损害的发生和扩大所支出的合理费用；

（二）为生态环境损害赔偿磋商和诉讼支出的调查、检验、鉴定、评估等费用；

（三）合理的律师费以及其他为诉讼支出的合理费用。

第十五条 人民法院判决被告承担的生态环境服务功能损失赔偿资金、生态环境功能永久性损害造成的损失赔偿资金，以及被告不履行生态环境修复义务时所应承担的修复费用，应当依照法律、法规、规章予以缴纳、管理和使用。

第十六条 在生态环境损害赔偿诉讼案件审理过程中，同一损害生态环境行为又被提起民事公益诉讼，符合起诉条件的，应当由受理生态环境损害赔偿诉讼案件的人民法院受理并由同一审判组织审理。

第十七条 人民法院受理因同一损害生态环境行为提起的生态环境损害赔偿诉讼案件和民事公益诉讼案件，应先中止民事公益诉讼案件的审理，待生态环境损害赔偿诉讼案件审理完毕后，就民事公益诉讼案件未被涵盖的诉讼请求依法作出裁判。

第十八条 生态环境损害赔偿诉讼案件的裁判生效后，有权提起民事公益诉讼的国家规定的机关或者法律规定的组织就同一损害生态环境行为有证据证明存在前案审理时未发现的损害，并提起民事公益诉讼的，人民法院应予受理。

民事公益诉讼案件的裁判生效后，有权提起生态环境损害赔偿诉讼的主体就同一损害生态环境行为有证据证明存在前案审理时未发现的损害，并提起生态环境损害赔偿诉讼的，人民法院应予受理。

第十九条 实际支出应急处置费用的机关提起诉讼主张该费用的，人民法院应予受理，但人民法院已经受理就同一损害生态环境行为提起的生态环境损害赔偿诉讼案件且该案原告已经主张应急处置费用的除外。

生态环境损害赔偿诉讼案件原告未主张应急处置费用，因同一损害生态环境行为实际支出应急处置费用的机关提起诉讼主张该费用的，由受理生态环境损害赔偿诉讼案件的人民法院受理并由同一审判组织审理。

第二十条 经磋商达成生态环境损害赔偿协议的，当事人可以向人民法院申请司法确认。

人民法院受理申请后，应当公告协议内容，公告期间不少于三十日。公告期满后，人民法院经审查认为协议的内容不违反法律法规强制性规定且不损害国家利益、社会公共利益的，裁定确认协议有效。裁定书应当写明案件的基本事实和协议内容，并向社会公开。

第二十一条 一方当事人在期限内未履行或者未全部履行发生法律效力的生态环境损害赔偿诉讼案件裁判或者经司法确认的生态环境损害赔偿协议的，对方当事人可以向人民法院申请强制执行。需要修复生态环境的，依法由省级、市地级人民政府及其指定的相关部门、机构组织实施。

第二十二条 人民法院审理生态环境损害赔偿案件，本规定没有规定的，参照适用《最高人民法院关于审理环境民事公益诉讼案件适用法律若干问题的解释》《最高人民法院关于审理环境侵权责任纠纷案件适用法律若干问题的解释》等相关司法解释的规定。

第二十三条 本规定自 2019 年 6 月 5 日起施行。

【注　解】

一、最高人民法院 2019 年 6 月 4 日公布本规定，法释〔2019〕8 号，自 2019 年 6 月 5 日起施行。

最高人民法院 2020 年 12 月 29 日公布《最高人民法院关于修改〈最高人民法院关于在民事审判工作中适用〈中华人民共和国工会法〉若干问题的解释〉等二十七件民事类司法解释的决定》修正本规定，法释〔2020〕17 号，该修正自 2021 年 1 月 1 日起施行。

一、本规定引用的《最高人民法院关于审理环境侵权责任纠纷案件适用法律若干问题的解释》已被《最高人民法院关于审理生态环境侵权责任纠纷案件适用法律若干问题的解释》（法释〔2023〕5 号）废止并替代。

二、本规定引用的《最高人民法院关于审理环境民事公益诉讼案件适用法律若干问题的解释》已于 2020 年 12 月 29 日修正。

【解　　读】

解读《最高人民法院关于审理生态环境损害赔偿案件的若干规定（试行）》

最高人民法院审判委员会第1769次会议通过的《最高人民法院关于审理生态环境损害赔偿案件的若干规定（试行）》（以下简称《若干规定》），已于2019年6月5日起正式施行。现就《若干规定》的起草背景、主要内容及其理解与适用作如下介绍和解读。

一、《若干规定》的制定背景

习近平总书记指出："只有实行最严格的制度、最严密的法治，才能为生态文明建设提供可靠保障。"生态环境损害赔偿制度是生态文明制度体系的重要组成部分。党中央、国务院高度重视生态环境损害赔偿工作。2013年，党的十八届三中全会明确提出，对造成生态环境损害的责任者严格实行赔偿制度。2015年3月，中共中央政治局会议审议通过《关于加快推进生态文明建设的意见》，将损害赔偿作为生态文明重大制度纳入生态文明制度体系，并提出要"加快形成生态损害者赔偿、受益者付费、保护者得到合理补偿的运行机制"。2015年9月，中共中央审议通过《生态文明体制改革总体方案》，作为生态文明体制改革的顶层设计，再次明确提出要严格实行生态环境损害赔偿制度，强化生产者环境保护的法律责任，大幅度提高违法成本，对违反环境保护法律法规的，依法严惩重罚；对造成生态环境损害的，以损害程度等因素依法确定赔偿额度。

2015年12月，中共中央办公厅、国务院办公厅发布《生态环境损害赔偿制度改革试点方案》，以探索建立生态环境损害的修复和赔偿制度为目标，在吉林等7个省市部署开展改革试点。2017年12月，中共中央办公厅、国务院办公厅印发《生态环境损害赔偿制度改革方案》（以下简称《改革方案》），明确自2018年1月1日起，在全国全面试行生态环境损害赔偿制度。到2020年，力争在全国范围内初步构建责任明确、途径畅通、技术规范、保障有力、赔偿到位、修复有效的生态环境损害赔偿制度。

《改革方案》要求最高人民法院负责指导有关生态环境损害赔偿的审判工作，并对人民法院探索完善生态环境损害赔偿诉讼规则提出具体要求。最高人民法院高度重视《改革方案》任务分工的贯彻落实，指导各级人民法院紧紧围绕党中央决策部署,积极开展生态环境损害赔偿审判工作,创新赔偿协议司法确认程序,依法受理生态环境损害赔偿各类案件,探索完善审判执行规则,为生态环境损害赔偿制度改革提供了有力的司法服务和保障。各级人民法院坚持环境有价、损害担责工作原则,由环境资源审判庭或者专门法庭受理、审理生态环境损害赔偿案件,严肃追究损害生态环境责任者的修复和赔偿责任,确保受损生态环境得到及时有效修复。各地还认真总结审判经验,山东、贵州、云南、江苏等11个省市出台了审理生态环境损害赔偿案件的司法规则,为健全完善生态环境损害赔偿审判规则积累了有益经验。截至目前,各级人民法院共受理省级、市地级人民政府提起的生态环境损害赔偿案件53件,其中受理生态环境损害赔偿诉讼案件20件,审结14件;受理生态环境损害赔偿协议司法确认案件33件,审结21件,为生态环境损害赔偿制度的全面试行提供了有力司法保障和实践支持。

根据《改革方案》部署,最高人民法院将研究制定生态环境损害赔偿司法解释纳入重要工作日程,在认真总结各地法院尤其是试点法院实践经验的基础上,经过反复调研、论证和广泛征求立法机关、行政主管部门、专家学者、全国人大代表、全国政协委员意见,起草制定《若干规定》,从司法解释层面确保党中央关于建立生态环境损害赔偿制度的决策部署落地生根、见效。

二、《若干规定》的法律依据

生态环境损害赔偿制度是生态文明体制改革过程中的新生事物,目前尚无专门的立法规定[《民法典》侵权责任编(草案)在生态环境损害责任一章专门规定了生态环境损害赔偿责任]。关于生态环境损害赔偿的法律依据,从改革试点之初即存在争议。

司法解释起草过程中,有的观点认为,生态环境损害赔偿制度的理论基础在于"利用民法原理思考自然资源所有权的制度建设问题",应将国家所有权界定为私法所有权的一种专门类型。根据物权法的规定,国家是矿藏、水流、城市土地、国家所有的森林、山岭、草原、荒地、滩涂等自然资源所有人,但在自然资源受到损害后,却没有权利主体来主张赔偿,生态环境损害赔偿制度的出现弥补了这一空白,因此,物权法应作为主要法律渊源。

有的观点认为,民法总则的绿色原则是环境资源保护领域的帝王条款,在无上位法明确规定情况下,可以作为生态环境损害赔偿诉讼的法律依据之一。

有的观点认为,侵权责任法作为自然资源和生态环境受到损害的权利主张依据,应当作为生态环境损害赔偿诉讼的法律依据。

有的观点认为,《环境保护法》明确规定了县级以上人民政府的生态环境保护职责,因此,应当作为省级、市地级人民政府提起生态环境损害赔偿诉讼的直接法律依据。

有的观点认为，实践中，生态环境损害赔偿案件的审理实质上更多借用或者参考民事诉讼制度，《改革方案》也明确赔偿权利人应及时提起生态环境损害赔偿民事诉讼，因此民事诉讼法应作为该类诉讼的程序法依据。

还有观点认为，省级、市地级人民政府及相关部门、机构是具有行政管理职责的行政机关，其开展生态环境损害赔偿磋商和诉讼活动，兼行使行政管理权的性质，该类诉讼并非单纯的民事诉讼，不宜将民事诉讼法、物权法、侵权责任法等民事程序和实体法律作为其依据。

经过认真研究，为求同存异、凝聚共识，《若干规定》仅列举《环境保护法》、民事诉讼法作为生态环境损害赔偿诉讼的法律渊源，同时以"等"字涵盖其他相关法律依据，主要考虑有二。

一是《环境保护法》第五条规定："环境保护坚持保护优先、预防为主、综合治理、公众参与、损害担责的原则。"第六条规定："一切单位和个人都有保护环境的义务。地方各级人民政府应当对本行政区域的环境质量负责……"第六十四条规定："因污染环境和破坏生态造成损害的，应当依照《中华人民共和国侵权责任法》的有关规定承担侵权责任。"鉴于《环境保护法》对于地方各级人民政府的环境保护职责以及损害担责的原则作出明确规定，有必要将之作为审理生态环境损害赔偿案件的基本依据。

二是《改革方案》规定，"对经磋商达成的赔偿协议，可以依照民事诉讼法向人民法院申请司法确认"，"经司法确认的赔偿协议，赔偿义务人不履行或不完全履行的，赔偿权利人及其指定的部门或机构可向人民法院申请强制执行"，"磋商未达成一致的，赔偿权利人及其指定的部门或者机构应当及时提起生态环境损害赔偿民事诉讼"。各级人民法院的审判实践也充分表明民事诉讼法亦是生态环境损害赔偿诉讼的程序法依据。

审判实践中需要注意的是，虽然《若干规定》仅列明两部法律作为审理生态环境损害赔偿案件的法律依据，但"等"字表明还有其他的相关法律，比如，虽然侵权责任法保护的民事权益限于人身、财产权益，但侵权责任法确定的法律责任聚合与民事责任优先原则、归责原则、责任大小的分配原则、因果关系的推定规则、承担责任的方式等，在多数情况下都可以适用于生态环境损害赔偿诉讼。

三、生态环境损害赔偿诉讼的起诉条件

《若干规定》第一条规定了生态环境损害赔偿诉讼案件的起诉条件，"具有下列情形之一，省级、市地级人民政府及其指定的相关部门、机构，或者受国务院委托行使全民所有自然资源资产所有权的部门，因与造成生态环境损害的自然人、法人或其他组织经磋商未达成一致或者无法进行磋商的，可以作为原告提起生态环境损害赔偿诉讼：（一）发生较大、重大、特别重大突发环境

事件的；（二）在国家和省级主体功能区规划中划定的重点生态功能区、禁止开发区发生环境污染、生态破坏事件的；（三）发生其他严重影响生态环境后果的。前款规定的市地级人民政府包括设区的市，自治州、盟、地区，不设区的地级市，直辖市的区、县人民政府。"该规定主要包含三个方面的内容。

一是明确了有权提起生态环境损害赔偿诉讼的原告范围。依据《改革方案》关于赔偿权利人的规定，《若干规定》明确可以提起生态环境损害赔偿诉讼的原告包括省级、市地级人民政府及其指定的相关部门、机构，或者受国务院委托行使全民所有自然资源资产所有权的部门。同时，明确了市地级人民政府包括设区的市，自治州、盟、地区，不设区的地级市，直辖市的区、县人民政府。需要注意的是，在健全国家自然资源资产管理体制试点区，受委托的省级人民政府可指定统一行使全民所有自然资源资产所有者职责的部门负责生态环境损害赔偿具体工作。但该试点工作于2018年底结束，已不存在此种情形。

二是明确了可以提起生态环境损害赔偿诉讼的具体情形。《若干规定》依据《改革方案》规定的追究生态环境损害赔偿责任的适用范围，规定了可以提起诉讼的三种主要情形：（1）发生较大、重大、特别重大突发环境事件的；（2）在国家和省级主体功能区规划中划定的重点生态功能区、禁止开发区发生环境污染、生态破坏事件的；（3）发生其他严重影响生态环境后果的。需要注意的是，《若干规定》并未另行明确第三种情形具体包含的内容，主要考虑是，根据《改革方案》要求，各省、自治区、直辖市人民政府均应制定适用于本辖区的具体实施方案。因此，在省级人民政府制定的本行政区域生态环境损害赔偿制度改革实施方案对"发生其他严重影响生态环境后果的"的情形作出具体规定的情况下，原告根据相关规定提起诉讼的，人民法院应依法予以受理。鉴于各地的具体实施方案所确定的情形具有本地特点，司法解释对该条款不再作进一步的细化说明。

三是明确了磋商是提起生态环境损害赔偿诉讼的前置程序。《若干规定》第一条规定："省级、市地级人民政府及其指定的相关部门、机构，或者受国务院委托行使全民所有自然资源资产所有权的部门，因与造成生态环境损害的自然人、法人或者其他组织经磋商未达成一致或者无法进行磋商的，可以作为原告提起生态环境损害赔偿诉讼……"作为前置程序，原则上只有在经磋商无法达成一致的情况下，赔偿权利人方可提起生态环境损害赔偿诉讼。但实践中，时有污染者或者生态破坏者在造成生态环境损害后下落不明或者故意躲避导致无法进行磋商的情况发生，因此，除了经磋商无法达成一致之外，客观上缺少开展磋商的条件的情况下，赔偿权利人亦应及时提起生态环境损害赔偿诉讼。对于人民法院而言，在立案阶段，只需要审查原告是否提交了与被告进行磋商但未达成一致或者因客观原因无法与被告进行磋商的说明即可。诉讼过程中，如果被告提交证据证明原告的说明是虚构的，明明具备磋商的条件而原告未主动开展磋商的话,则可认定原告尚不具备提起生态环境损害赔偿诉讼的条件。

四、举证责任分配

(一)关于原告的举证责任

依据侵权责任法和相关司法解释规定,结合生态环境损害赔偿诉讼原告掌握行政执法阶段证据,举证能力较强的特点,《若干规定》第六条明确规定:"原告主张被告承担生态环境损害赔偿责任的,应当就以下事实承担举证责任:(一)被告实施了污染环境、破坏生态的行为或者具有其他应当依法承担责任的情形;(二)生态环境受到损害,以及所需修复费用、损害赔偿等具体数额;(三)被告污染环境、破坏生态的行为与生态环境损害之间具有关联性。"

关于"其他应当依法承担责任的情形",主要是指虽未直接实施污染环境破坏生态行为,但依据法律规定应当承担责任的情形。如根据《环境保护法》第六十五条规定,环境影响评价机构、环境监测机构以及从事环境监测设备和防治污染设施维护、运营的机构在有关环境服务活动中弄虚作假,对造成的环境污染和生态破坏负有责任的;根据土壤污染防治法第九十六条规定,土地使用权人因未履行污染防控义务和修复义务承担侵权责任的;等等。此外,违反法律法规,向他人提供、出售、委托处置、委托运输危险废物或其他污染物的公民、法人和其他组织;违反法律法规,明知他人行为具有污染环境、破坏生态的后果,仍实施向他人出租(借)经营场所、提供经营资质、签订虚假合同等帮助行为的公民、法人和其他组织,也应当属于此种情形。

关于原告所负举证责任的具体内容。《最高人民法院关于审理环境侵权责任纠纷案件适用法律若干问题的解释》(以下简称《环境侵权司法解释》)规定,原告需提交生态环境受到损害的证据材料。《若干规定》原条文沿用上述司法解释的规定,但在征求意见的过程中,部分专家提出,仅仅表述为"损害"不够明确,同时具有行政主体资格的原告在诉前往往已经针对损害进行了鉴定评估,其具备提出损害具体数额的能力。《若干规定》吸收了相关意见,将"生态环境受到损害"进一步修改为"生态环境受到损害,以及所需修复费用、损害赔偿等具体数额",即原告不仅需要提交生态环境受到损害的证据材料,还需要提交所需修复费用、损害赔偿数额等具体的证明材料。这样从举证责任角度规定原告的义务,有利于负有环境资源监督管理职责的原告积极履行职责,收集证据材料,为进一步查清事实、分清责任打好基础。

关于关联性的问题。司法解释起草过程中,有观点认为,省级、市地级人民政府及其指定的相关部门、机构一般掌握行政执法阶段的证据,其举证能力高于普通原告,不仅应当对被告实施了相应的行为或者具有依法应当承担责任的情形、生态环境遭到损害、损害的具体程度负有举证责任,还应当提交相关证据材料证明被告的行为与生态环境损害之间具有因果关系。考虑到生态环境损害赔偿诉讼原告的特殊性，由原告举证证明被告行为与生态环境损害之间具有因果关系，具有一定合理性。但鉴于侵权责任法明确规定由被告负责证明其行为与损害之间不存在因果关系，如将该因果关系的举证责任确定由原告承担，将与侵权责任法的现有规定不一致。《环境侵权司法解释》关于由原告证明污染环境或者破坏生态行为与损害结果之间具有关联性的规定，可以继续适用。

（二）关于被告的举证责任

《若干规定》第七条规定了对被告举证的要求，"被告反驳原告主张的，应当提供证据加以证明。被告主张具有法律规定的不承担责任或者减轻责任情形的，应当承担举证责任。"该条规定，一是明确了被告反驳原告主张的，应当举证证明。这里的"原告主张"即《若干规定》第六条规定的"被告实施了污染环境、破坏生态的行为或者具有其他应当依法承担责任的情形；生态环境受到损害，以及所需修复费用、损害赔偿等具体数额；被告污染环境、破坏生态的行为与生态环境损害之间具有关联性"三种情形。二是延续了侵权责任法对被告减轻免除责任情形的举证责任规定，即"被告主张具有法律规定的不承担责任或减轻责任情形的，应当承担举证责任"。

（三）关于被告行为违法性要件举证责任分配的问题

《改革方案》规定，违反法律法规，造成生态环境损害的单位或个人，应当承担生态环境损害赔偿责任，做到应赔尽赔。《若干规定》第十一条也规定，被告违反法律法规污染环境、破坏生态的，人民法院应当根据原告的诉讼请求以及具体案情，合理判决被告承担相应民事责任。因此，生态环境损害赔偿责任需要以被告行为具有违法性为前提，该规定与一般环境侵权诉讼或者民事公益诉讼均有不同，是生态环境损害赔偿诉讼的特殊规定。

司法解释起草过程中，对于应当由哪方当事人举证证明被告行为违反法律法规存在不同观点。一种意见认为，根据方案的规定，被告行为违反法律法规是原告主张赔偿的条件之一，应当由原告承担举证责任。另一种意见则认为，鉴于该类案件的特殊性，虽然原告相对于一般侵权案件原告举证能力较强，但环境案件的复杂性决定了仍应合理减轻原告的举证责任，尽可能将之移转至加害人。原告只要能够证明损失后果及该后果极有可能系由被告的行为所造成，其举证责任即已完成，该损害后果非由被告的行为造成以及行为不具有违法性，即存在依法不承担赔偿责任的法定事由，应由被告承担举证责任。如其不能提供充分相反证据，原告的主张即应成立。还有一种观点认为，原告掌握行政执法阶段的证据，应由其举证证明被告行为违反法律法规，不能要求被告对其不违反法律法规这一消极事实承担举证责任，被告可以举证反驳原告该项主张。

我们认为，可以根据案件的具体情况，由原告举证证明被告行为违反法律法规规定，同时被告也可以反驳原告主张，举证证明其行为符合法律法规的规定。

五、证据的审查判断

《若干规定》根据生态环境损害赔偿诉讼案件中各类证据的特点，分别就生效刑事裁判涉及的相关事实、行政执法过程中形成的事故调查报告、当事人诉前委托作出的鉴定评估报告等证据的审查判断规则作出明确规定，为准确查明生态环境损害相关事实提供了规范依据。

（一）关于生效刑事裁判涉及的相关事实

《最高人民法院关于适用〈中华人民共和国民事诉讼法〉的解释》（以下简称《民事诉讼法解释》）第九十三条规定："下列事实，当事人无须举证证明：（一）自然规律以及定理、定律；（二）众所周知的事实；（三）根据法律规定推定的事实；（四）根据已知的事实和日常生活经验法则推定出的另一事实；（五）已为人民法院发生法律效力的裁判所确认的事实；（六）已为仲裁机构生效裁决所确认的事实；（七）已为有效公证文书所证明的事实。前款第二项至第四项规定的事实，当事人有相反证据足以反驳的除外；第五项至第七项规定的事实，当事人有相反证据足以推翻的除外。"

《若干规定》第八条第一款重申：刑事裁判确认的事实在生态环境损害赔偿案件中当事人无需举证证明。刑事诉讼对证据的审查标准最为严格，依据刑事诉讼法的相关规定，只有经过法定程序查证属实的证据证明定罪量刑的事实达到足以排除合理怀疑的程度，方可认定为证据确实、充分。生态环境损害赔偿诉讼案件属于民事案件范畴，应适用民事诉讼高度盖然性的证明标准。即如果一方当事人提出的证据能够证明争议事实的发生具有高度可能性的，法官即可予以确认。因此，对于已为发生法律效力的刑事裁判所确认的事实，除非对方提出了相反证据足以推翻该事实，当事人在生态环境损害赔偿诉讼中是无须举证证明的。

《若干规定》第八条第二款规定，对刑事裁判未予确认的事实，当事人提供的证据达到民事诉讼证明标准的，人民法院应当予以认定。该规定也是基于刑事诉讼和民事诉讼不同的证明标准，对于一些在刑事诉讼中已经主张，但因尚未达到刑事诉讼证明标准而未予确认的事实，如果在生态环境损害赔偿诉讼中，原告提供的证据符合民事诉讼证明标准的，人民法院可以予以确认，并作为承担生态环境损害赔偿责任的事实根据。

司法解释起草过程中，有意见认为，应当区分刑事裁判中的有罪事实和无罪事实，分别规定在生态环境损害赔偿诉讼中的认定规则。对此，我们考虑到以下因素，在该条中未作区分：（1）关于在先刑事案件裁判认定事实对在后民事诉讼的证据效力问题，学界有不同的观点，实践中情形较为复杂，尚未形成统一认识，在条文表述时也难以做到严谨和周延。(2) 依据《民诉法解释》的规定，生效裁判所确认的事实具有免证效力，未区分有罪事实还是无罪事实。(3) 刑事案件与民事案件证明标准不同，相关事实只要符合民事诉讼证明标准，即使刑事裁判未予认定，仍然在民事诉讼中可以认定并据以追究民事责任。该条的目的是明确民事法官在生效刑事裁判认定事实基础上，可以依照民事诉讼证明标准认定相关事实。(4)《若干规定》主要解决生态环境损害赔偿案件的受理和审理问题，与在先刑事裁判认定事实的协调并非本规定解决的重点问题，可在其他专门司法解释中予以研究明确。

（二）关于行政执法过程中形成的事故调查报告等证据

实践中，负有相关环境资源保护监督管理职责的部门在行政执法过程中可能会形成事故调查报告、检验报告、检测报告、评估报告、监测数据等，是上述机关在其职责范围内依据规范程序就相关专业性问题制作的材料，是行政执法过程中的第一手资料，具有专业性和及时性。《民事诉讼法解释》第一百一十四条规定："国家机关或者其他依法具有社会管理职能的组织，在其职权范围内制作的文书所记载的事项推定为真实，但有相反证据足以推翻的除外。必要时，人民法院可以要求制作文书的机关或者组织对文书的真实性予以说明。"《环境侵权司法解释》第十条规定："负有环境保护监督管理职责的部门或者其委托的机构出具的环境污染事件调查报告、检验报告、检测报告、评估报告或者监测数据等，经当事人质证，可以作为认定案件事实的根据。"

可见，负有环境资源保护监督管理职责的部门依照法定程序和方式作出的环境污染事件调查报告、检验报告、检测报告、评估报告或者监测数据等，属于公文书证的范围，适用公文书证的证据规则。而负有环境资源保护监督管理职责的部门委托的机构出具的上述报告、数据等，其制定主体虽不属于上述具有社会公信力或者公共信用的公共管理机关的范畴，但其出具的报告、数据等在环境污染行政执法中也被作为重要的证据使用，与环境资源保护监督管理职责的部门出具的报告、数据等并无本质不同，故也可以认为属于公文书证的范畴。

因此，《若干规定》第九条明确了"负有相关环境资源保护监督管理职责的部门或者其委托的机构在行政执法过程中形成的事件调查报告、检验报告、检测报告、评估报告、监测数据等，经当事人质证并符合证据标准的，可以作为认定案件事实的根据。"

在审判实践中需要注意：第一，上述证据限于环境资源保护监督管理职责的部门或者委托的机构在其职权范围之内依照法定程序所作出的证据。第二，本条明确规定上述证据需经当事人质证并符合证据标准的，可以作为认定案件事实的根据。换言之，质证程序是认定上述调查报告等最终具有证据效力的必纾程序，在上述证据符合证据资格的前提下，经庭审质证，证据符合真实性、合法性、关联性要求的，人民法院应当认定其具有证明力，才可以作为认定案件事实的根据。

（三）关于当事人诉前委托作出的鉴定评估报告等证据

原告与被告在诉前进行磋商是提起生态环境损害赔偿诉讼的前置程序，在此期间往往要委托具备环境司法鉴定资质的鉴定机构出具鉴定意见。《若干规定》第十条规定："当事人在诉前委托具备环境司法鉴定资质的鉴定机构出具的鉴定意见，以及委托国务院环境资源保护监督管理相关主管部门推荐的机构出具的检验报告、检测报告、评估报告、监测数据等，经当事人质证并符合证据标准的，可以作为认定案件事实的根据。"诉前磋商作为生态环境损害赔偿诉讼的前置程序，在实践中发挥的积极作用，增强了行政机关积极履行环境资源保护监督管理职责的积极性，推动赔偿义务人尽快修复受损生态环境。

司法解释起草过程中，有观点认为，当事人应当在诉前磋商阶段共同委托鉴定，减少诉讼过程中对鉴定意见的争议。但我们考虑到，如果被告不同意原告在诉前磋商阶段共同委托，就无法达成磋商协议，会阻碍双方当事人尽快达成协议、尽快修复生态环境的根本目的，影响磋商效果。而且双方在诉讼阶段仍然可以申请人民法院委托鉴定，不影响双方的权利。因此，《若干规定》未规定诉前当事人必须共同委托鉴定。

此外，本条规定了两类机构：一是具备环境司法鉴定资质的鉴定机构。司法部正在开展环境司法鉴定机构的资质审核，目前全国已经备案111家环境司法鉴定机构供当事人选择。二是国务院环境资源保护监督管理相关主管部门推荐的机构。司法部对于环境司法鉴定机构的资质审核工作尚未完成，实践中还有原环境保护部推荐的机构接受当事人或者法院的委托出具检验报告、检测报告、评估报告等。在环境司法鉴定机构资质审核工作尚未完成之前，国务院环境资源主管部门推荐的机构出具的上述报告经过质证并符合证据标准的，可以作为认定案件事实的根据。

六、赔偿责任体系

《若干规定》基于生态环境损害赔偿此种特殊性损害救济的需要，解释性表述生态环境损害赔偿责任体系。第十一条规定："被告违反法律法规污染环境、破坏生态的，人民法院应当根据原告的诉讼请求以及具体案情，合理判决被告承担修复生态环境、赔偿损失、停止侵害、排除妨碍、消除危险、赔礼道歉等民事责任。"

第一，将恢复原状责任方式解释并表述为"修复生态环境"。这种新型表述着重强调生态环境损害的重点，不仅仅是恢复原状，更要从修复生态环境的角度考虑如何恢复原状。我们作这种表述性解释是基于公共利益救济的特殊需要，对民法总则、侵权责任法中"恢复原状"这一责任的字面含义进行的具体化阐释。之所以在语境中对恢复原状进行解释，主要考虑到在民法、侵权法领域，对恢复原状的内涵、外延与在环境法领域对其内涵、外延的理解是各有侧重点与区别的。为了更好地在生态环境损害赔偿领域适用恢复原状责任方式，从修复角度解释恢复原状为"修复生态环境"，突出了修复生态环境的诉讼目的。

司法解释起草过程中，有观点认为，可以沿用恢复原状责任承担方式。我们认为，虽然"恢复原状"和"修复生态环境"两者本质相同，但侧重点略有不同。一是生态环境损害赔偿制度以修复生态环境为制度价值和追求。生态修复是出发点和落脚点，将"恢复原状"责任中的"恢复"解释为"修复"，内涵更为丰富，除了包含自然恢复，还包括人工修复；除了包括原地原样恢复，还包括异地恢复。二是生态环境损害赔偿案件核心是对生态环境的修复，将"恢复原状"责任中的"原状"表述为"生态环境"，突出了恢复对象是生态环境，对生态环境的修复要考虑生态系统的价值和服务功能，目标是将生态环境恢复到原有的功能或者状态。充分运用文义解释的方法，确定在生态环境损害赔偿领域恢复原状的具体理解，有利于在专业领域对恢复原状责任的运用。

第二，强调了修复生态环境责任形式的使用，突出修复生态环境和赔偿生态环境的服务功能损失在责任体系中的重要地位。司法解释起草过程中，有观点提出，一般而言，对损失应当以赔偿为主要的责任方式。我们认为，就生态环境损害赔偿的主要目的而言，应当以修复生态环境作为首选责任承担方式，在无法修复的情况下，可以采取赔偿损失的方式予以弥补。而这两种方式作为生态环境损害赔偿案件最主要的责任形式应当予以强调。因此，我们将责任承担方式的顺序进行了调整，将修复生态环境、赔偿损失调整到其他责任方式之前，突出这两种主要责任方式。

第三，以生态环境是否得到修复为标准完善赔偿责任的内容。《若干规定》根据生态环境是否能够修复这一标准对损害赔偿责任内容进行分类规定：一是生态环境可以修复的情况。《若干规定》第十二条规定："受损生态环境能够修复的，人民法院应当依法判决被告承担修复责任，并同时确定被告不履行修复义务时应承担的生态环境修复费用。生态环境修复费用包括制定、实施修复方案的费用，修复期间的监测、监管费用，以及修复完成后的验收费用、修复效果后评估费用等。原告请求被告赔偿生态环境受到损害至修复完成期间服务功能损失的，人民法院根据具体案情予以判决。"二是生态环境无法修复或者无法完全修复的情况。《若干规定》第十三条规定："受损生态环境无法修复或者无法完全修复，原告请求被告赔偿生态环境功能永久性损害造成的损失的，人民法院根据具体案情予以判决。"三是综合以上两条可以得知，在受损生态环境无法完全修复的情况下，即受损生态环境部分可以修复、部分不能修复，赔偿义务人需要同时承担可修复部分的修复义务以及支付可修复部分在修复期间的生态环境服务功能损失；不可修复部分，则需支付永久性损害造成的损失赔偿资金。此外，我们根据生态环境部和专家意见，首次将修复效果后评估费用纳入修复费用范围。

第四，明确赔偿资金的管理使用依据。《若干规定》第十五条与土壤污染防治法关于建立土壤污染防治基金等规定相衔接，规定赔偿资金应当按照法律、法规、规章予以缴纳、管理和使用。土壤污染防治法第七十一条第一款规定："国家加大土壤污染防治资金投入力度，建立土壤污染防治基金制度。设立中央土壤污染防治专项资金和省级土壤污染防治基金，主要用于农用地土壤污染防治和土壤污染责任人或者土地使用权人无法认定的土壤污染风险管控和修复以及政府规定的其他事项。"符合土壤污染防治法规定的情形且该省设立有土壤污染防治基金的，赔偿资金可以直接缴纳至相关基金。在其他情况下，则按照法律、法规、规章予以缴纳、管理和使用。

无论是社会组织、人民检察院提起的公益诉讼还是省级、市地级人民政府提起的生态环境损害赔偿诉讼，都会涉及环境损害赔偿资金的管理和使用问题。各地法院要依据自身情况，在现有法律以及国家政策框架范围内，研究各类诉讼中生态修复资金的管理机制，总结司法实践中的有益经验，探索设立生态环境修复专项基金或专项资金账户，接收生效判决判令被告承担的生态环境修复费用以及生态环境修复期间服务功能损失赔偿金等款项；探索生态损害赔偿诉讼中生态损害无法修复、赔偿资金上缴国库后的替代性修复资金使用问题，配合有关部门监督赔偿资金的使用。

在地方政府和财政部门推动下，云南省昆明市，贵州省贵阳市，江苏省无锡市、徐州市、泰州市等进行了有益的探索，其先后依托财政部门建立了环境公益诉讼专项资金账户，受领生效判决判令被告承担的生态环境修复费用以及服务功能损失赔偿金等款项，推动及时修复受损生态环境的诉讼目的实现，有效保护了生态环境公共利益。山东省也探索设立了统一财政账号管理生态环境损害赔偿和修复资金。总体而言，只要是与生态环境损害赔偿制度、环境公益诉讼制度的设立目的不相违背，适合当地情况且有利于执行的资金使用管理制度，都在允许探索的范围内。如果本地区有生态环境损害赔偿诉讼或者环境公益诉讼专项资金账户，可以将上述资金或者费用缴纳至该账户，专项用于案涉生态环境修复工作。

七、生态环境损害赔偿诉讼与环境民事公益诉讼的衔接和协调

（一）明确两类案件分别立案后由同一审判组织审理

在生态环境损害赔偿诉讼试点期间，部分试点法院受理了针对同一生态环境损害行为提起的生态环境损害赔偿诉讼和环境民事公益诉讼，两种诉讼应如

何进行衔接和协调，在实践中产生了不同的认识。

有的观点认为，两类诉讼针对的侵害行为或者事件是相同的，可以合并审理。有的观点认为，两类诉讼请求和具体内容有一定重合也有一定区别，不宜合并审理。

我们认为，鉴于生态环境损害赔偿诉讼尚处于试点期间，为了更好地探索程序规则，厘清两类案件在归责原则、举证责任、事实认定、裁判内容等法律适用上的异同与协调，同时也是为了避免关联案件在认定事实和裁判意见上的冲突，应当将两类案件分别立案，并由受理生态环境损害赔偿诉讼法院的同一审判组织一并审理。

（二）明确两类案件的审理顺序

从环境治理体系角度看，地方各级人民政府是宪法规定的地方国家权力机关的执行机关，依照法律规定的权限，管理本行政区域内的经济、教育、科学、文化、卫生、体育事业、城乡建设事业和财政、民政、公安、民族事务、司法行政、计划生育等行政工作。省级、市地级政府作为对本行政区域的环境质量负责的责任主体，应当对本行政区域环境保护工作实施统一监督管理。政府主导、行政优先是生态环境损害赔偿制度的特点。《若干规定》规定省级、市地级政府及其指定的相关部门、机构可以作为生态环境损害赔偿诉讼案件的原告，是落实两级政府环境资源保护行政管理职责的需要。同时，省级、市地级政府负责环境资源保护监督管理的部门具有较强专业性和组织修复生态环境的能力。

为促进受损生态环境的及时有效修复，《若干规定》第十七条明确："人民法院受理因同一损害生态环境行为提起的生态环境损害赔偿诉讼案件和民事公益诉讼案件，应先中止民事公益诉讼案件的审理，待生态环境损害赔偿诉讼案件审理完毕后，就民事公益诉讼案件未被涵盖的诉讼请求依法作出裁判。"

司法解释起草过程中，对于前诉的诉讼请求可以涵盖后诉请求的情况下，后诉应当裁定终结诉讼还是裁定驳回起诉的问题存在争议。一种观点认为，终结诉讼是基于诉讼请求已被前案涵盖，丧失诉的利益的情况下，无继续审理必要而采取的结案方式，考虑到如果单独审理环境民事公益诉讼案件，诉讼请求是可能得到支持的，裁定终结诉讼可以保护环境民事公益诉讼原告的积极性，避免否定性评价。另一种观点认为，在生态环境损害赔偿诉讼审结后，如果环境民事公益诉讼的诉讼请求已被涵盖，则可以裁定驳回起诉。事实上，由于环境民事公益诉讼原告的诉讼请求中往往包括该原告为该案件支出的检验、鉴定费用，合理的律师费以及为诉讼支出的其他合理费用等，这些费用以及被告应当在环境民事公益诉讼中负担的诉讼费用是不能为前诉所涵盖的，以上假设的前诉请求涵盖后诉请求的情况常常不会存在。

鉴于协调两类诉讼关系的案例和经验尚不丰富，实践中还有没有其他具体情况有待观察，《若干规定》对此暂未涉及，为实践探索留下空间。

审判实践中需要注意的是：第一，要厘清诉讼请求：涵盖的内容。当前对不能被涵盖的诉讼请求具体指什么，认识不一，实践中的情况也比较复杂：一是诉讼请求是不同的种类；二是诉讼请求数额不同；三是发现新的证据并据此提出的诉讼请求；四是诉讼请求系基于超出前案审理范围的事实；五是发生新的损害事实并据此提出的诉讼请求。我们认为，上述五种均属于不能被涵盖的诉讼请求，均应当继续审理，根据当事人提交的证据认定事实，适用法律，作出裁判。

第二，要合理引导三类主体起诉，促进生态环境保护形成合力。从督促政府积极提起生态环境损害赔偿诉讼的角度考虑，结合《改革方案》中关于"鼓励法定的机关和符合条件的社会组织依法开展生态环境损害赔偿诉讼"的要求，在法律规定的机关、社会组织或者人民检察院已经提起环境民事公益诉讼的情况下，鼓励政府通过支持起诉方式参加诉讼，无需再提起生态环境损害赔偿诉讼。

（三）明确裁判生效后两类案件的衔接规则

为了平等保护各类主体的诉权，避免相关民事主体因同一损害生态环境行为被重复追责，《若干规定》第十八条明确，"生态环境损害赔偿诉讼案件的裁判生效后，有权提起民事公益诉讼的机关或者社会组织就同一损害生态环境行为有证据证明存在前案审理时未发现的损害，并提起民事公益诉讼的，人民法院应予受理。民事公益诉讼案件的裁判生效后，有权提起生态环境损害赔偿诉讼的主体就同一损害生态环境行为有证据证明存在前案审理时未发现的损害，并提起生态环境损害赔偿诉讼的，人民法院应予受理。"

（四）明确实际支出应急处置费用的机关提起的追偿诉讼和生态环境损害赔偿诉讼的关系

《若干规定》第十九条明确，"实际支出应急处置费用的机关提起诉讼主张该费用的，人民法院应予受理，但人民法院已经受理就同一损害生态环境行为提起的生态环境损害赔偿诉讼案件且该案原告已经主张应急处置费用的除外。生态环境损害赔偿诉讼案件原告未主张应急处置费用，因同一损害生态环境行为实际支出应急处置费用的机关提起诉讼主张该费用的，由受理生态环境损害赔偿诉讼案件的人民法院受理并由同一审判组织审理。"该条有三层含义。

一是明确实际支出应急处置费用机关的追偿权利，明确实际支出应急处置费用的机关起诉的，人民法院应当受理；

二是为避免重复主张，规定如生态环境损害赔偿诉讼原告已经主张这部分费用的，则不予受理实际支出费用的机关的起诉；

三是为协调两类诉讼的审理，明确如生态环境损害赔偿诉讼原告未主张这部分费用而实际支出的机关起诉主张的，由受理损害赔偿诉讼的人民法院一并受理，并由同一审判组织审理。

八、磋商协议的司法确认程序

《若干规定》第二十条明确规定，经磋商达成生态环境损害赔偿协议的，当事人可以向人民法院申请司法确认。同时，该条还规定了赔偿协议的公告、审查以及裁定内容和公开要求，为生态环境损害赔偿协议的司法确认提供了规范依据。

磋商是生态环境损害赔偿诉讼的前置程序，在实践中，不少生态环境损害问题通过磋商达成了赔偿协议，赔偿义务人及时对生态环境进行修复，产生了良好的社会效果。《若干规定》及时回应审判实践需要，规定了磋商达成赔偿协议的司法确认程序。

一是明确赔偿协议司法确认的公告制度。全国首例由省级人民政府提出申请的生态环境损害赔偿协议司法确认案件中，清镇市人民法院受理司法确认申请后，在贵州省法院门户网站将各方达成的生态环境损害赔偿协议、修复方案等内容进行了为期15天的公告，有效地保障了公众的知情权、参与权和监督权。这一司法实践探索被《改革方案》及《若干规定》所肯定和采纳。

二是明确了法院的审查义务。法院在受理生态环境损害赔偿协议司法确认案件后，依法就协议的内容是否违反法律法规强制性规定，是否损害国家利益、社会公共利益进行司法审查并依法作出裁定。此外，为了加大生态环境案件的公众参与，监督生态环境损害赔偿磋商协议的落实情况，明确了确认生态环境损害赔偿协议效力的裁定书应当载明案件基本事实和协议内容等，进一步规范裁定书的体例和制作要求。

三是规范生态环境损害赔偿协议司法确认的效力和规则。人民法院通过对生态环境损害赔偿协议的司法确认，赋予赔偿协议强制执行效力，对拒绝履行、未全部履行经司法确认的生态环境损害赔偿协议的，当事人可以向人民法院申请强制执行，促进赔偿协议的有效履行和生态环境修复工作的切实开展。

审判实践中需要注意的是，《改革方案》明确磋商协议的司法确认要依据民事诉讼法的规定进行，但现行法律并无关于磋商协议司法确认的相关规定。而民事诉讼法第一百九十四条规定了基层人民调解组织参与达成的调解协议的司法确认程序。我们认为，不能简单适用该规定，可以参照适用该规定的相关内容，进一步研究磋商协议司法确认程序。

主要理由是基层人民调解组织参与达成的调解协议与磋商达成赔偿协议不同：一是参与主体双方地位不同，生态损害赔偿协议是省级、市地级人民政府及其指定的相关部门、机构为了履行职责，与赔偿义务人之间因生态环境损害赔偿而达成的损害赔偿协议，省级、市地级人民政府代表国家自然资源和生态环境保护者，具有一定行政管理职权属性；人民调解协议是经人民调解委员会调解平等主体之间达成的调解协议。二是参与机构不同。《改革方案》规定了诉前磋商程序，该种磋商在赔偿权利人和赔偿义务人之间进行，也可以委托与生态环境保护或者赔偿修复有关联的部门作为中间人参与磋商；人民调解是指在人民调解委员会主持下，通过说服、疏导等方法，促使当事人在平等协商基础上自愿达成调解协议，解决民间纠纷的活动。

实践中，人民法院可以对生态环境损害赔偿协议司法确认的具体程序进一步探索，包括级别管辖、审判组织、审查内容等，条件成熟时可就此提出立法建议，明确相关程序。

（撰稿人：王旭光　魏文超　刘小飞　刘慧慧）

解读《最高人民法院关于审理生态环境损害赔偿案件的若干规定（试行）》修正条文

一、关于适应性修改条文的说明

1. 引言：《民法典》侵权责任编新增第一千二百三十四条、第一千二百三十五条，共同确立了环境公益侵权责任的基本规则，明确把生态环境公共利益纳入我国侵权责任法的保护对象，规定了环境公益损害之民事救济的请求权主体为"国家规定的机关"。人民检察院作为国家法律明确规定可以提起公益侵权请求的主体，在《民法典》颁布后具有实体法依据和基础。因此在对本司法解释进行修改时，增加《民法典》作为法律渊源。

2. 第二条：本条是关于人身损害、个人和集体财产损失以及海洋生态环境损害不适用本解释的规定。本条原规定列举排除适用生态环境损害赔偿诉讼的两种情形。包括涉及人身伤害、个人和集体财产损失要求赔偿的，适用《侵权责任法》等法律规定；涉及海洋生态环境损害赔偿的，适用《海洋环境保护法》等法律及相关规定两种情形。《民法典》颁布后，《侵权责任法》被《民法典》侵权责任编吸收，故根据《民法典》表述删除了具体适用法律的内容。

二、关于重点修改条文的修改说明和理解与适用

（一）第十一条

【修改说明】

依据《民法典》第一千二百三十四条规定，违反国家规定造成生态环境损害的，国家规定的机关、法律规定的组织有权请求侵权人承担修复责任。明确了承担生态环境修复责任的条件是违反国家规定造成生态环境损害。故将原条

文中"违反法律法规"修改为"违反国家规定",将"污染环境、破坏生态"修改为"造成生态环境损害"。

【修改过程】

因《民法典》第一千二百三十四条明确规定:"违反国家规定造成生态环境损害,生态环境能够修复的,国家规定的机关或者法律规定的组织有权请求侵权人在合理期限内承担修复责任。"故本条修改时根据《民法典》的表述对原文予以替换。在征求意见过程中,最高人民法院各部门均无异议。

【理解与适用】

本条规定了生态环境损害赔偿诉讼案件中赔偿义务人应该承担的责任类型,是该类案件中赔偿权利人及受害人获得救济的法律保障,也是人民法院、赔偿权利人办理生态环境损害赔偿案件的法条依据和行为规范。《生态环境损害赔偿制度改革方案》规定了"环境有价,损害担责"的原则。为了体现环境资源生态功能价值,应促使赔偿义务人对受损的生态环境进行修复。生态环境损害无法修复的,实施货币赔偿,用于替代修复。赔偿义务人因同一生态环境损害行为需承担行政责任或刑事责任的,不影响其依法承担生态环境损害赔偿责任。

1. 生态环境损害赔偿诉讼民事责任承担方式概述

(1) 环境侵权的一般责任方式

本条所列生态环境损害赔偿诉讼中,被告承担民事责任的方式来源于《民法典》总则编和《侵权责任法》的规定。《环境保护法》第六十四条规定:"因污染环境和破坏生态造成损害的,应当依照《中华人民共和国侵权责任法》的有关规定承担侵权责任。"该法对于环境侵权责任采取了类似国际私法中"转致"的立法技术,未就环境侵权的归责原则、免责事由、责任方式等作出具体规定,而是指引到了原《侵权责任法》。

《民法典》第一百七十九条规定:"承担民事责任的方式主要有:(一)停止侵害;(二)排除妨碍;(三)消除危险;(四)返还财产;(五)恢复原状;(六)修理、重作、更换;(七)继续履行;(八)赔偿损失;(九)支付违约金;(十)消除影响、恢复名誉;(十一)赔礼道歉。法律规定惩罚性赔偿的,依照其规定。本条规定的承担民事责任的方式,可以单独适用,也可以合并适用。"上述关于民事责任方式的规定,既包含违约责任,也包含侵权责任,还包含了民事制裁措施,是民事责任方式的一般性规定。《侵权责任法》第十五条规定:"承担侵权责任的方式主要有:(一)停止侵害;(二)排除妨碍;(三)消除危险;(四)返还财产;(五)恢复原状;(六)赔偿损失;(七)赔礼道歉;(八)消除影响、恢复名誉。以上承担侵权责任的方式,可以单独适用,也可以合并适用。"上述规定既包含侵害人身权的责任方式,也包含侵害财产权的责任方式,是关于侵权责任的一般性规定。《最高人民法院关于审理环境侵权责任纠纷案件适用法律若干问题的解释》（以下简称《环境侵权司法解释》）①第十三条规定："人民法院应当根据被侵权人的诉讼请求以及具体案情，合理判定侵权人承担停止侵害、排除妨碍、消除危险、修复生态环境、赔礼道歉、赔偿损失等民事责任。"《最高人民法院关于审理环境民事公益诉讼案件适用法律若干问题的解释》（以下简称《环境民事公益诉讼司法解释》）第十八条规定："对污染环境、破坏生态，已经损害社会公共利益或者具有损害社会公共利益重大风险的行为，原告可以请求被告承担停止侵害、排除妨碍、消除危险、修复生态环境、赔偿损失、赔礼道歉等民事责任。"这两部司法解释就环境侵权及环境民事公益诉讼中的责任方式进行了明确。

（2）生态环境损害赔偿诉讼的特殊责任方式

《民法典》第一百七十九条列明的十一种责任方式并非全部可以适用于生态环境损害赔偿诉讼。本条根据生态环境损害侵权的特点专门明确了修复生态环境、赔偿损失、停止侵害、排除妨碍、消除危险、赔礼道歉六种责任方式。

明确列举生态环境损害赔偿责任方式，有利于引导当事人依据本条规定正确提出诉讼请求，同时指引人民法院根据具体案情正确适用生态环境损害赔偿责任方式。本条规定的责任可以分为四类：一是恢复性责任承担方式，即修复生态环境；二是赔偿性责任承担方式，即赔偿损失；三是预防性责任承担方式，包括停止侵害、排除妨碍、消除危险；四是人格恢复性责任承担方式，即赔礼道歉。上述各类责任方式均有其不同的适用情况，需要准确理解与把握。

（3）责任方式的顺序

本条制定过程中，其中的一个争议便在于责任方式顺序的表述方式。一种观点认为，本条应分为两款，第一款规定赔偿损失和修复生态环境责任，第二款规定在主张赔偿损失和修复生态环境责任的同时可以主张停止侵害、排除妨碍、消除危险、赔礼道歉等责任。其理由在于，本条分为两款的意义在于突出修复生态环境和赔偿损失这两种责任承担方式，要求生态环境破坏者承担责任的主要意义在于修复生态环境以及保护受害人的利益，突出此两种责任承担方式更有利于突出生态环境损害赔偿的主要目的。另一种观点认为，本条分为两款不妥，理由在于：无论是修复生态环境、赔偿损失，还是停止侵害、排除妨碍、消除危险、赔礼道歉等，其性质均属于生态环境损害赔偿责任的担责方式，不宜人为拆分为两款。我们经研究，未将本条拆分为两款，但改变了责任方式的顺序，将修复生态环境和赔偿损失分列责任方式的第一位及第二位，作为最主要的责任方式。

从本条条文表述可以看出，修复生态环境是生态环境损害赔偿诉讼中首选

---

① 本解释已被《最高人民法院关于审理生态环境侵权责任纠纷案件适用法律若干问题的解释》（法释〔2023〕5号）废止并替代。

的民事责任承担方式。生态环境损害赔偿诉讼追求的最终目标是要恢复生态环境的状态和功能，这就决定了修复生态环境这一责任方式在本条规定的六种责任承担方式中处于核心地位。赔偿损失无论是赔偿服务功能损失还是永久性损害造成的损失，也主要是为了修复受损生态环境或者采取其他替代性修复措施。因此，将修复生态环境这一责任方式置于生态环境损害赔偿诉讼中六种责任承担方式的首位，放在赔偿损失责任方式之前。赔偿损失是位列第二的责任承担方式。损害赔偿旨在赔偿因生态环境被破坏而造成的损害，在生态环境损害无法修复的情况下，通过实施货币赔偿的方式，用于进行替代修复。此外，还有停止侵害、排除妨碍、消除危险以及赔礼道歉四种责任方式。人民法院应当根据原告的诉讼请求，结合案件的具体情况，合理适用不同的责任方式。

2. 生态环境损害赔偿诉讼民事责任承担方式分述

（1）恢复性责任方式

生态环境损害案件以修复生态环境为主要目的，为此，本条将"恢复原状"责任方式细化解释为"修复生态环境"，并且将其列为责任承担方式的首位，以促进受损生态环境功能的及时有效修复。修复生态环境这一恢复性责任方式是从《民法典》第一百七十九条规定的"恢复原状"衍生而来的，主要是要求被告承担治理污染和修复生态的责任。被告承担修复生态环境责任的，人民法院可以同时确定生态环境修复费用。本条也与《民事诉讼法》第二百五十二条的规定契合，即法院可以委托有关单位代履行，费用由被告承担。但是，人民法院虽然确定了生态环境修复费用，其目的并非追求金钱赔偿，而是为了保证有充足的资金使受损害的生态环境能够得到修复。

司法解释清理过程中，有意见认为，本条关于修复生态环境的规定是否属于新类型的责任承担方式，建议在修复生态环境前面或者后面增加括号注明"恢复原状"。我们认为，修复生态环境的责任承担方式实为"恢复原状"责任方式在生态环境领域的细化和具体体现。其责任判断标准、责任内容、履行方式等都与民法上"恢复原状"本质相同，只是更多体现环境法的整体主义思维、风险预防和公众参与原则等理念和制度，是民事责任方式的延续，而非创设，所以无须加注括号。

适用修复生态环境责任方式应当注意：第一，生态环境损害的救济以恢复原状为原则，重视判令责任人修复生态环境，使生态环境恢复到损害未发生时的状态和功能。第二，确实无法恢复原状的，可以采用替代性恢复方式。第三，在责任主体怠于履行环境修复义务时，可以要求其承担修复费用，或者在执行程序中适用委托第三方修复，由污染者承担费用的方法。关于生态环境的修复，司法实践中至少包括以下情形：其一，受损生态环境有修复可能，侵权人如期进行修复的；其二，受损生态环境有修复可能，侵权人在期限内未履行修复责任的；其三，受损生态环境无修复可能，侵权人无法修复或者无法完全修复的；其四，受损生态环境已经自净，无修复必要，但损害确实发生，如泰州水污染公益诉讼案；其五，受损生态环境修复成本过高或可能造成二次损害，不宜修复的，此时应就地修复或自然恢复。适用修复生态环境这一责任方式应遵循恢复原状为主，替代性修复为辅的原则。生态环境损害发生后，被告首先应当采取有效措施将生态环境修复到损害发生之前的状态和功能。受损生态环境能够修复的，人民法院应当依法判决被告承担修复责任，并同时确定被告不履行修复义务时应承担的生态环境修复费用。受损生态环境无法修复或者修复成本过高、没有必要修复的，人民法院可以要求当事人通过增殖放流、补种复绿、劳务代偿等方式承担替代性修复责任，从而实现生态环境功能的总体提升。

例如，在贵阳市生态环境局诉贵州省六盘水双元铝业有限责任公司、阮某某、田某某生态环境损害赔偿诉讼案中，人民法院便严格遵循以生态环境修复为中心的损害救济制度，力促各方当事人在充分考虑受损生态环境修复的基础上达成调解，并明确了被污染地块修复的牵头单位、启动时限等，确保生态环境修复工作得以有效开展，最大限度保障生态修复目标的实现。又如，在绍兴市环境保护局、上峰建材公司、次坞镇人民政府生态环境损害赔偿协议司法确认一案中，绍兴市环境保护局与上峰建材公司、次坞镇人民政府达成了《生态环境损害修复协议》，明确上峰建材公司以替代修复的方式承担生态环境损害赔偿责任。该案是大气污染造成的生态环境损害，但案发后上峰建材公司排入周边次坞镇大气环境的污染物客观上已经自然稀释、飘散，对其修复已无实质意义，故上峰建材公司通过替代修复的方式承担了生态环境损害责任。

（2）赔偿性责任方式

赔偿损失是民事责任中广泛适用的一种基本责任形式，旨在赔偿因侵害行为而造成的已然损害，其性质上属于事后救济。赔偿损失，包括人身损害赔偿、财产损害赔偿，通常是指以金钱赔偿受害人的损失，但并不排除给付同样的物作为赔偿方式。[①] 在生态环境损害赔偿诉讼中，赔偿损失的义务主体是污染环境或者破坏生态行为人，赔偿权利人是国务院授权的省级、市地级政府，损害赔偿金作为政府非税收入，全额上缴同级国库，纳入预算管理，由赔偿权利人及其指定的部门或机构根据磋商或判决要求，结合本区域生态环境损害情况开展替代修复。生态环境损害赔偿也应坚持全部赔偿原则、损益相抵原则和过失相抵原则。全部赔偿，是指加害人对其给受害人造成的损害，尤其是财产损害，应当全面和完全地予以赔偿。损益相抵，是指如果受害人在遭受损失的同时也得到利益的，应当将其所得的利益从应得的赔偿金额中扣除。过失相抵原则，是指侵权行为中，如果存在受害人也有过错的与有过失情形，则按照过

---

① 杨立新：《侵权责任法原理与案例教程》，中国人民大学出版社2008年版，第108页。

失比较和原因力比较,将损失赔偿责任分担给双方当事人。

根据《生态环境损害赔偿制度改革方案》的规定,生态环境损害赔偿范围包括清除污染、生态环境修复、生态环境修复期间服务功能的损失、生态环境功能永久性损害造成的损失以及生态环境损害赔偿调查、鉴定评估等合理费用。各地区可根据生态环境损害赔偿工作进展情况和需要,提出细化赔偿范围的建议。鼓励各地区开展环境健康损害赔偿探索性研究与实践。据此,无论原告提出污染环境、破坏生态行为造成的生态环境服务功能损失,还是永久灭失损失的赔偿请求权,都可以适用赔偿损失这一责任方式。该项责任承担方式在很大程度上为修复生态环境、弥补损害提供了经济支持。

司法实践中,如果存在两个以上的赔偿义务人,人民法院应当依据《民法典》第一千二百三十一条规定,根据污染物的种类、浓度、排放量,破坏生态的方式、范围、程度,以及行为对损害后果所起的作用等因素合理确定其赔偿责任大小。例如,在山东省生态环境厅诉金诚公司、弘聚公司生态环境损害赔偿诉讼案中,济南市中级人民法院经审理认为,弘聚公司生产过程中产生的废酸液和金诚公司生产过程中产生的废碱液导致案涉场地生态环境损害,应依法承担生态环境损害赔偿责任,并根据二者在案涉场地的排放量不同,结合两种危险废液的污染范围、污染程度、损害后果及其与损害后果之间的因果关系、污染修复成本等因素,酌定弘聚公司承担80%的赔偿责任,金诚公司承担20%的赔偿责任,并据此确定二被告应予承担的赔偿数额。

(3)预防性责任方式

停止侵害、排除妨碍、消除危险三种责任属于预防性责任方式,在性质上属于事前预防。《环境保护法》第五条确立了"保护优先、预防为主"的环境保护原则。预防原则是指对开发和利用环境行为所产生的环境质量下降或者环境破坏等应当事前采取预测、分析和防范措施。预防原则要求在环境资源利用行为实施之前和实施之中,采取政治、法律、经济和行政等手段,防止环境利用行为导致环境污染或生态破坏现象的发生。生态环境一旦被破坏、被污染,往往造成非常严重的后果,难以原状恢复,消除损害影响的费用也非常高。因此,做到"防患于未然"就显得尤为重要,预防性责任方式在生态环境损害责任体系之中具有重要地位。

①停止侵害。停止侵害,是指侵权人实施的侵害他人财产或人身的行为仍在继续进行中,受害人有权依法请求法院责令侵权人停止其侵害行为。[1] 停止侵害具有避免损害发生或者进一步扩大的积极功能,适用该种责任方式应注意:第一,停止侵害仅适用于正在进行的生态环境损害行为,不适用于已经终止和尚未实施的行为。第二,停止侵害责任方式所适用的侵害行为不限于已经

---

[1] 王利明:《侵权责任法研究(上卷)》,人民大学出版社2011年版,第583页。

导致现实损害的行为,还包括可能没有造成现实损害的行为。第三,停止侵害可以单独适用,也可以与其他责任方式合并适用。

②排除妨碍。排除妨碍,是指侵权人实施的行为使他人无法行使或者不能正常行使人身、财产权益的,受害人可以要求行为人排除妨碍权益实施的障碍。① 适用排除妨碍责任方式时应注意:第一,妨碍行为必须是不正当的。第二,妨碍既可以是实际存在的,也可以是将来可能出现的。第三,需要排除妨碍的范畴随着社会发展而变化,从维护社会生活秩序的角度出发,对轻微的、正当的妨害应当容忍,只有超出了一般人的容忍限度的妨害,才能依法请求排除。

③消除危险。消除危险,是指行为人的侵权行为或其行为后果或者其保有的物件对他人人身、财产安全造成威胁,或者存在极高的侵害概率,受害人得请求行为人采取有效措施消除危险。适用消除危险责任方式应注意:第一,只要存在造成损害或者扩大损害的现实可能性,就可发生消除危险的责任,而无须损害事实的实际存在。第二,消除危险通常适用于污染环境、破坏生态行为对生态环境构成严重威胁的情况,即运用通常的知识或者经验,就足以判断侵权行为具有较高致损可能性,是现实存在的或者即将确定发生的危险。

预防性责任方式是一把"双刃剑",其适用有利有弊。一方面担负着"防患于未然"的积极作用;另一方面,可能导致大量生产活动的停止,影响社会经济的发展。因此,在适用预防性责任方式时,需运用利益衡量规则,作出妥当的利益平衡和价值选择。② 具体而言,将造成生态环境危害的经济活动的社会经济效益或者价值,同可能侵害的社会效应或者价值进行比较,并要考虑损害行为的性质、形式,有无合理性以及排除的可能性,侵害严重程度以及被侵害利益的性质和内容。经过权衡比较,如果认为可以以经济赔偿等其他方式代替,则适用赔偿损失等其他责任方式。在其他责任方式无法替代且可能造成较大危害时,则可以采取预防性责任方式。

④人格恢复性责任方式。赔礼道歉,是指加害人通过口头或者书面形式向受害人公开认错,表示歉意,承认侵害行为的错误或者不法性,以取得其谅解。赔礼道歉主要适用于生命权、健康权等人身权益被侵犯的情形,针对他人的精神造成伤害的侵权行为,与精神损害赔偿相关联,是上升到法律层面的道德责任,目的是弥补受害人的精神损失。《环境侵权司法解释》及《环境民事公益诉讼司法解释》中均规定了赔礼道歉的责任方式。

生态环境损害赔偿诉讼中,不解决特定受害人的人身权、财产权受到损害的问题,不存在对特定受害人赔礼道歉的问题。然而,污染环境、破坏生态的

---

① 王胜明主编:《中华人民共和国侵权责任法解读》,中国法制出版社2010年版,第66~67页。
② 王树义等:《环境法基本理论研究》,科学出版社2012年版,第113页。

行为可能导致损害发生后到恢复原状前生态环境服务功能的损害，该损害的一个内容就是社会公众享有美好生态环境精神利益的损失，从这个角度而言，应将赔礼道歉纳入生态环境损害赔偿诉讼的责任方式。同时，采用这一责任方式，还可以警示和教育环境污染者和生态破坏者，增强公众环境保护意识。在山东省生态环境厅诉金诚公司、弘聚公司生态环境损害赔偿案中，济南市中级人民法院即适用了赔礼道歉的责任方式。该院认为，弘聚公司、金诚公司生产过程中产生的危险废液造成环境污染，严重损害了国家利益和社会公共利益，为警示和教育环境污染者，增强公众环境保护意识，判令弘聚公司、金诚公司在省级以上媒体公开赔礼道歉。

赔礼道歉通常需要赔偿义务人的配合，不得采用限制人身自由的方式强制执行。赔偿义务人拒绝赔礼道歉的，人民法院可以把判决书的内容在媒体上公开，以达到赔礼道歉的实际效果，并由赔偿义务人承担公开的费用。在具体适用赔礼道歉责任方式时，应当以在有相应影响的公开媒体上进行书面道歉为主。

3. 生态环境损害赔偿责任的归责原则

（1）环境侵权无过错责任原则的溯源和争议

英美侵权法上适用的是严格责任的概念，其最早由英国的Flether v. Rylands案所确立。该案确立了一种"严格"的责任原则，即构成侵权与被告的主观上有无过错没有关系，只要他的行为带来了损害，就要承担责任。它不同于之前已经存在的绝对责任，因为对该案所确立的规则在适用方面存在着限制：第一，必须存在"可能发生损害的物"从被告土地上"泄露"；第二，必须存在一种对被告土地的"非自然使用"，即这种使用并不是自然规律的作用。因此，如果行为人将某个客体带进并保持在其土地上，"如果它从那里泄漏并将产生损害"，那么这个客体就是危险的。也就是说，"可能因为泄漏而会发生损害的任何事，不管是否具有损害的性质，都适用Flether v. Rylands案所确定的规则"。① 在《美国侵权法重述》第二版中对是否具有异常危险制定了判断标准，但一项活动是否属于异常危险活动通常是法庭考虑的法律问题。那些被认定为异常危险活动的行为往往与易燃液体、超重驾驶、有毒气体、烟花、危险废弃物处理以及排放废水等相关。② 以1975年的《美国水库法案》和1991年的《美国水工业法案》为例，其都对水污染规定了严格责任。在德国，其侵权法体系是由过错责任原则与危险责任原则两个部分组成。德国法院没有确认危险责任的一般性原则，德国联邦最高法院认为被告仅在专门的制定法规

---

① 参见徐爱国编著：《英美侵权行为法》，北京大学出版社2004年版，第138～140页。

② 参见[美]文森特·R·约翰逊：《美国侵权法》，赵秀文等译，中国人民大学出版社2004年版，第195～196页。

定的情形下才承担危险责任,这些制定法中的大多数都与异常危险的活动相关。① 也就是说德国法的危险责任以特别法的形式存在和发展。《德国联邦大气污染控制法》(1974年)、《德国水资源管理法》(1986年)和《德国环境责任法》(1991年)都规定了对各种环境污染引起的损害适用危险责任。受德国民法的影响,日本侵权法也采取这种二元立法的方式,对民法中的侵权行为法的规定为一般规定,适用过错责任。②

在无过错责任原则逐渐成为环境侵权归责原则的同时,学者们对此一直存有争议,如有学者认为,无过错责任原则掩盖了环境侵权中加害人的主观过错。其主要理由在于无过错责任原则所适用的行为主要针对两种情况,一种是加害人没有"违法"而造成的损害,这里的"法"主要指环境保护的标准和规则。如企业的一般排污行为是社会所允许的,理应是其正常生产经营的一种合理行为,若其是合法合标排污,则一般认为其更不具有应受谴责性,在这种情况下,很难推定行为人有什么过错。另一种是加害人违法而致损害。对这类行为所造成的损害,理论上是可以举证证明或者推定行为人有过错的而适用过错责任原则或者过错推定的。无过错责任原则的适用,并没有区分这两种情况,而是对加害人的过错不予问。这种"一刀切"的做法或许可以解决第一种情况下出现的在司法实践中证明加害人过错的困难;但在第二种情况下,由于不对加害人的过错进行追究,会使加害人产生一种想法,即自己本身是没有过错的,只是因为法律的强行规定才使自己承担责任,实际上掩盖了加害人在环境侵权行为时的主观过错。还有学者认为,无过错责任原则难以实现其在公平正义上的优势。首先,在环境侵权中适用无过错责任的初衷在于更好地保护受害人,为弱势的受害人提供更好的救济手段,但是由于在诉讼中不考虑双方的过错,可能使本身主观上没有过错的加害人承担责任。为了保护无辜的受害人而让同样无辜的加害人来承担责任,这很难说是体现公平与正义理念。其次,由于无过错责任原则投注于作为弱势群体的受害人,过高的赔偿会加重没有过错的经营者的负担,增加其经营成本,乃至使企业陷入经济困境甚至破产。因环境侵权的后果严重、受害者广,如果没有完善有效的责任保险制度,有限的企业资产往往难以满足受害者的正当赔偿要求,既无益于社会的稳定又不利于企业的发展。③ 亦即无过错责任原则在利益保护上出现了偏差。

(2)生态环境损害赔偿诉讼适用过错责任原则

从上述分析可以看出,无过错责任原则的适用在于矫正正义的价值选择,

---

① 参见[美]詹姆斯·戈德雷:《私法的基础——财产、侵权、合同和不当得利》,张家勇译,法律出版社2007年版,第339页。
② 于敏:《日本侵权行为法》,法律出版社2006年版,第107页。
③ 周超:《环境侵权归责原则研究》,载《赣南师范学院学报》2010年第2期。

目的在于衡平受害人和责任人在信息获取、举证能力、风险规避、损害分担等方面的失衡，从而实现公平的价值追求。在生态环境损害赔偿诉讼中，作为对环境保护工作具有监督管理职权的省级、市地级人民政府及其指定的相关部门、机构，其相较于普通的受害人在前述各个方面都具有与责任人相抗衡的诉讼能力，甚至在某些方面（如更为全面的行政资源等）还要胜于责任人。《生态环境损害赔偿制度改革方案》中将赔偿义务人界定为违反法律法规致使生态环境受损的相关单位或者个人，亦即是说，违反相关法律法规是赔偿义务人承担责任的条件之一。《民法典》侵权责任编区分了对民事主体人身、财产的损害和对生态环境本身的损害。对于前者，仍然规定破坏生态环境造成他人损害的侵权人应当承担侵权责任，适用无过错责任原则；对于后者，则规定以违反国家规定造成生态环境损害为责任构成要件。通常情况下，过错责任的归责原则把过错与违法性联系起来，对违法性之"法"作广义理解。由前所述，在生态环境损害的归责原则方面，《生态环境损害赔偿制度改革方案》采取了不同于环境民事侵权过错责任的归责原则。本解释第六条关于原告的举证责任规定条款中虽然没有明确被告生态环境损害责任构成的违法性要件，但是在本解释的第十一条中则将被告违反国家规定作为法院判决被告承担相应生态环境损害责任的要件之一。依据《民法典》第一千二百三十四条规定，违反国家规定造成生态环境损害的，国家规定的机关、法律规定的组织有权请求侵权人承担修复责任。这也显示了立法机关对生态环境损害赔偿责任归责原则态度的变化。

在司法实践中，虽然《环境侵权司法解释》《环境民事公益诉讼司法解释》均适用无过错责任原则，但受害人或者民事公益诉讼的原告一般均会举证被告行为的违法性，如其曾所受的行政处罚或者排污超标的相关检测报告等，特别是在环境民事公益诉讼中，法院在案件受理后十日内即向对被告行为负有监督管理职责的生态环境部门函告，有效降低了被告违法性证据的获取门槛。现阶段，虽然生态环境损害赔偿诉讼采取了不同于环境侵权、环境民事公益诉讼的归责原则，但是通过相对较低的立案门槛和相对强化的法院职权能动等已经一定程度上打通了二者在归责原则适用不同上的通道，《民法典》颁布施行后将对前述差异予以统一规范。

我国在保护生态环境方面制定了一系列法律法规，包括《环境保护法》《海洋环境保护法》《水污染防治法》《大气污染防治法》《固体废物污染环境防治法》《环境噪声污染防治法》《放射性污染防治法》等。这些法律法规形成了生态环境保护的法律体系，其中也规定了一些污染环境致损的侵权法规范。依据这些规定，因污染环境、破坏生态造成损害的，除法律法规明确规定的不承担责任的情形外，都属于环境污染、生态破坏的侵权行为。

（二）第十四条

【修改过程】

本条根据《民法典》第一千二百三十五条的规定进行了修改："违反国家规定造成生态环境损害的，国家规定的机关或者法律规定的组织有权请求侵权人赔偿下列损失和费用：（一）生态环境受到损害至修复完成期间服务功能丧失导致的损失；（二）生态环境功能永久性损害造成的损失；（三）生态环境损害调查、鉴定评估等费用；（四）清除污染、修复生态环境费用；（五）防止损害的发生和扩大所支出的合理费用。"主要考虑，本条第一款原规定"实施应急方案以及为防止生态环境损害的发生和扩大采取合理预防、处置措施发生的应急处置费用"被《民法典》第一千二百三十五条第四项中"清除污染"、第五项中"防止损害的发生和扩大所支出的合理费用"所涵盖。如前所述，"清除污染"主要指应急处置费用中的清除费用，"防止损害的发生和扩大所支出的合理费用"主要指应急处置费用中的防范性措施费用，从本质上看都可以被应急处置费用所涵盖。故本条仅在结合《民法典》的规定进行表述修改，并未改变原条文的本意。

【理解与适用】

《生态环境损害赔偿制度改革方案》中规定了赔偿权利人可以要求赔偿义务人承担生态环境损害赔偿的范围，包括清除污染费用、生态环境修复费用、生态环境修复期间服务功能的损失、生态环境功能永久性损害造成的损失以及生态环境损害赔偿调查、鉴定评估等合理费用。其中，生态环境修复费用、生态环境修复期间服务功能的损失、生态环境功能永久性损害造成的损失分别规定在本司法解释的第十二条、第十三条。本条所列费用，是除前述费用外，原告可以请求被告承担的其他费用，主要包括三部分：一是负有环境资源保护监督管理职责的部门在生态环境损害发生时实施应急方案、清除污染以及为防止损害的发生和扩大支出的合理费用；二是为证明存在污染环境、破坏生态行为和损害进行的调查、检验、鉴定、评估等费用；三是合理的律师费以及为诉讼支出的其他合理费用。

与本司法解释第十二条和第十三条规定中所涉费用不同，本条所涉费用应由被告向实际支出相关费用的原告支付。原告提起生态环境损害赔偿诉讼的目的在于促使被告对受损的生态环境进行修复。因此，生态环境修复费用、生态环境修复期间服务功能的损失、生态环境功能永久性损害造成的损失则并不向原告支付，而是应当用于生态环境的修复。原告请求被告支付的本条所列费用是原告开展生态环境损害赔偿的必需、合理费用，因此，人民法院应根据具体案情予以判决。

1. 应急处置等费用

2014年12月29日国务院办公厅印发《国家突发环境事件应急预案的通

知》(国办函〔2014〕119号),要求健全突发环境事件应对工作机制,科学有序高效应对突发环境事件,保障人民群众生命财产安全和环境安全,促进社会全面、协调、可持续发展。突发环境事件是指由于污染物排放或自然灾害、生产安全事故等因素,导致污染物或放射性物质等有毒有害物质进入大气、水体、土壤等环境介质,突然造成或可能造成环境质量下降,危及公众身体健康和财产安全,或造成生态环境破坏,或造成重大社会影响,需要采取紧急措施予以应对的事件,主要包括大气污染、水体污染、土壤污染等突发性环境污染事件和辐射污染事件。其中核设施及有关核活动发生的核事故所造成的辐射污染事件、海上溢油事件、船舶污染事件的应对工作按照其他相关应急预案规定执行。突发环境事件发生后,各有关地方、部门和单位根据工作需要,组织采取现场污染处置、转移安置人员等响应措施。涉事企业事业单位或其他生产经营者要立即采取关闭、停产、封堵、围挡、喷淋、转移等措施,切断和控制污染源,防止污染蔓延扩散。做好有毒有害物质和消防废水、废液等的收集、清理和安全处置工作。当涉事企业事业单位或其他生产经营者不明时,由当地生态环境主管部门组织对污染来源开展调查,查明涉事单位,确定污染物种类和污染范围,切断污染源。事发地人民政府应组织制订综合治污方案,采用监测和模拟等手段追踪污染气体扩散途径和范围;采取拦截、导流、疏浚等形式防止水体污染扩大;采取隔离、吸附、打捞、氧化还原、中和、沉淀、消毒、去污洗消、临时收贮、微生物消解、调水稀释、转移异地处置、临时改造污染处置工艺或临时建设污染处置工程等方法处置污染物。必要时,要求其他排污单位停产、限产、限排,减轻环境污染负荷。突发环境事件应急处置所需经费首先由事件责任单位承担。县级以上地方人民政府对突发环境事件应急处置工作提供资金保障。

为规范和指导突发环境事件应急处置阶段环境损害评估工作,2014年12月原环境保护部组织编制了《突发环境事件应急处置阶段环境损害评估推荐方法》(环办〔2014〕118号)(以下简称《推荐方法》),旨在对突发环境事件所致的人身损害、财产损害以及生态环境损害的范围和程度进行初步评估,对应急处置阶段可量化的应急处置费用、人身损害、财产损害、生态环境损害等各类直接经济损失进行计算,对生态功能丧失程度进行划分。根据《推荐方法》,应急处置费用是指突发环境事件应急处置期间,为减轻或消除对公众健康、公私财产和生态环境造成的危害,各级政府与相关单位针对可能或已经发生的突发环境事件而采取的行动和措施所发生的费用。具体来说,应急处置费用是在应急处置阶段产生,并以控制污染源或生态破坏行为、减少经济社会影响为目的,依据有关部门制定的应急预案或基于现场调查的处置、监测方案采取行动而发生的费用。应急处置费用主要包括应急处置阶段各级政府与相关单位为预防或者减少突发环境事件造成的各类损害支出的污染控制、污染清理、应急监测、人员转移安置等费用。应急处置费用一般按照直接市场价值法评估。

总体上看，应急处置费用既包括清理措施费用也包括防范性措施费用。其中，清理措施费用，主要表现为污染清理费用，是指为了及时有效地清除、清理环境污染行为造成的后果，所采取的必要的、合理的措施的费用。应急处置结束后，在短期内可量化的收集污染物的处理和处置费用亦纳入应急处置费用。防范性措施费用，主要表现为污染控制费用，是指为了防止、遏制环境损害发生、扩大，所采取的或者将要采取的必要的、合理的措施的费用。污染控制包括从源头控制或减少污染物的排放，以及为防止污染物继续扩散而采取的措施，如投加药剂、筑坝截污等。

2. 事务性费用及鉴定、评估费用

生态环境损害赔偿事务性费用，主要指污染环境或破坏生态环境行为发生后，各级政府与相关单位为保护公众健康、公私财产和生态环境，减轻或消除危害，开展环境监测、信息公开、现场调查、执行监督等相关工作所支出的费用。事务性费用鉴定评估内容包括环境监测、信息公开、现场调查、执行监督等费用合理性的判别与数额的计算。《推荐方法》规定，事务性费用一般按照实际支出进行汇总统计。鉴于生态环境损害赔偿案件专业性程度强，取证难度较大，获取证据、展开调查将耗费较多的人力物力，因此，本司法解释将原告对生态环境损害赔偿进行调查、检验等合理费用规定在被告应承担的赔偿范围内。

除了前述事务性费用，本条第二项还规定了原告也可根据实际情况向被告主张鉴定和评估费用。鉴定，是指具有相应能力和资质的专业人员或机构受具有相应权力或管理职能部门或机构的委托，根据确凿的数据或证据、相应的经验和分析论证对某一事物提出客观、公正和具有权威性的技术仲裁意见，这种意见可作为委托方处理相关矛盾或纠纷的证据或依据。环境损害鉴定评估，是指鉴定评估机构按照规定的程序和方法，综合运用科学技术和专业知识，评估污染环境或破坏生态行为所致环境损害的范围和程度，判定污染环境或破坏生态行为与环境损害间的因果关系，确定生态环境恢复至基线状态并补偿期间损失的恢复措施，量化环境损害数额的过程。值得注意的是，关于鉴定费用的承担，《诉讼费用交纳办法》第十二条规定，诉讼过程中因鉴定、公告、勘验、翻译、评估、拍卖、变卖、仓储、保管、运输、船舶监管等发生的依法应当由当事人负担的费用，人民法院根据谁主张、谁负担的原则，决定由当事人直接支付给有关机构或者单位，人民法院不得代收代付。根据该条规定，鉴定、评估费用应当根据谁主张、谁负担的原则，直接由当事人向鉴定机构、评估机构支付，人民法院不得代收代付。对于鉴定人因出庭发生的交通费、住宿费、生活费和误工补贴，《诉讼费用交纳办法》第十一条规定，证人、鉴定人、翻译人员、理算人员在人民法院指定日期出庭发生的交通费、住宿费、生活费和误工补贴,由人民法院按照国家规定标准代为收取。亦即,对鉴定人因出庭而发生的费用,《诉讼费用交纳办法》规定由人民法院代为收取,采取了不同于鉴定、评估费用的代收代付方式。

此外,需要说明的是,本条第二项中原告请求被告承担的调查、检验、鉴定、评估等费用,不仅包括诉讼阶段的支出,还包括磋商阶段对前述费用的支出。盖因生态环境损害赔偿诉讼不同于一般的民事诉讼,其以生态环境损害赔偿磋商为前置程序。《生态环境损害赔偿制度改革方案》规定,经调查发现生态环境损害需要修复或赔偿的,赔偿权利人根据生态环境损害鉴定评估报告,就损害事实和程度、修复启动时间和期限、赔偿的责任承担方式和期限等具体问题与赔偿义务人进行磋商。在磋商阶段,为了及时与赔偿义务人达成赔偿协议,促使赔偿义务人尽快启动修复程序,赔偿权利人必然需要进行相关的调查、检验、鉴定或评估。因此,即使赔偿权利人与赔偿义务人磋商不成、未达成赔偿协议,赔偿权利人提起生态环境损害赔偿诉讼时,仍可就产生的前述费用一并要求被告承担。

3. 其他合理费用

律师作为提供专业法律服务的人员,在生态环境损害赔偿诉讼中参与相关法律事务工作,能够推进诉讼程序的有序进行,有利于纠纷的解决和当事人合法权益的维护。但是在司法实践中,人民法院对律师费的认定并不统一,有的对当事人主张的律师费均不予以支持,有的以当事人实际支付的律师费为认定标准。基于此,有人大代表提出应对律师费进行合理认定,既体现律师在生态环境损害赔偿案件中的作用,又不与生态环境损害赔偿案件的目的和性质相悖。本条第3项采纳了代表的建议,在原告向被告主张的其他费用中将律师费单独列出,并将对律师费的认定限定在"合理"的范围内。

律师费是诉讼当事人聘请律师为自己提供法律服务所支付的费用,一般包括按固定收费标准收取的费用和其他费用,如调查取证费、差旅费等。

我国关于律师费的承担,最高人民法院出台的《最高人民法院关于审理商标民事纠纷案件适用法律若干问题的解释》《最高人民法院关于审理著作权民事纠纷案件适用法律若干问题的解释》《最高人民法院关于审理利用信息网络侵害人身权益民事纠纷案件适用法律若干问题的规定》《环境民事公益诉讼司法解释》等司法解释中,均规定对原告请求被告承担合理的律师费的,人民法院根据当事人的诉讼请求和具体案情,可以将符合国家有关部门规定的律师费用计算在赔偿范围内予以依法支持。参考前述司法解释的规定,本条第三项规定原告支出的合理律师费可向承担生态环境损害赔偿责任的被告主张赔偿。另外,原告为诉讼支出的其他合理费用,亦可请求由被告承担。

值得注意的是,在生态环境损害赔偿诉讼中不适用风险代理。风险代理是法律认可的委托代理的一种特别形式,其基本内容是,当事人在委托律师事务所代理法律事务时,事先不支付法律服务费,通过律师的代理活动,在委托的法律事务达到约定的目标(包括判决书确定或经由调解、和解得到或经由法院执行得到财产或利益)之后,当事人按委托代理合同约定得到的财产或利益的一定比例向律师事务所支付法律服务费;如果当事人委托的法律事务没有达到约定的目标,则不向律师事务所支付法律服务费。风险代理是律师事务所一般委托代理行为的补充形式,其适用的基本原则为,在不违背法律规定、不损害社会公共利益和他人合法利益的前提下,适用于特定的当事人在特定的条件下而诉求特定的经济利益。律师事务所实行风险代理,必须严格遵守法律文件明确规定的适用范围、实施程序和特定形式。根据《律师服务收费管理办法》(发改价格〔2006〕611号)第十一条、第十二条、第十三条和其他有关规定,律师代理诉讼案件,实行风险代理收费方式的,必须严格限制案件范围,概括起来,主要有三个方面的内容:一是风险代理仅适用于涉及财产关系的民事案件。二是有四类涉及人身和最基本民生的民事案件不得实行风险代理,包括:婚姻继承案件;请求给予社会保障待遇或者最低生活保障待遇的案件;请求给付赡养费、抚养费、扶养费、抚恤金、救济金、工伤赔偿的案件;请求支付劳动报酬的案件等。三是禁止刑事诉讼案件、行政诉讼案件、国家赔偿案件以及群体性诉讼案件实行风险代理收费。在生态环境损害赔偿诉讼中,原告起诉的目的在于督促被告及时修复受损生态环境。生态环境是人类生存和发展的基本物质条件,受损的生态环境能否得到修复直接关系到人民群众能否在优美的生态环境中生存和发展。因此,从生态环境损害赔偿诉讼目的上来看,具有公益性。符合《律师服务收费管理办法》限制适用风险代理的案件范围精神。此外,风险代理作为一般委托代理的补充,其适用应以不损害社会公共利益为前提。如在生态环境损害赔偿诉讼中适用风险代理,不仅加重了当事人的诉讼负担,有违生态环境损害赔偿诉讼的公益性,还将对司法公正和诉讼秩序产生一定程度的不利影响。

(三)第十八条

【修改说明】

本条根据《民法典》第一千二百三十四条的规定,将"机关或者社会组织"修改为环境公益侵权责任的请求权主体"国家规定的机关或者法律规定的组织"。从而将《民法典》实体规定与本司法解释中诉权行使相结合。

【修改过程】

《民法典》第一千二百三十四条关于公益侵权请求权主体的规定整合了现行法律中环境公益侵权责任请求权的行使主体。请求权的概念由德国法学家温德沙伊德提出,指特定人得请求特定他人为一定行为或不为一定行为的权利,其目的是使罗马法和旧普通法中的诉权从程序的角度可行,并在私法的实体法上加以规定。请求权基础就是指可以支持一方当事人向他方当事人有所主张的法律规范。①《民法典》第一千二百三十四条及第一千二百三十五条明确了环境公益侵权的请求权主体、请求权内容，解决了环境公益侵权的请求权基础规范缺位的根本问题。

世界各国法律规定的公益侵权请求权主体主要有几种类型：第一，国家公权力机关。英国为法务长官、检察总长、公共卫生监察员等，依法行使公益请求权，阻止公共性不正当行为，如环境公害。《法国民事诉讼法典》赋予检察机关环境公益请求权主体地位，可以依法追究侵权人的环境侵权责任。巴西的《巴西公共民事诉讼法》《巴西联邦宪法》赋予了检察机关公益保护请求权主体地位，将检察机关保护公共利益的职权提到了宪法层面。此外，西班牙国家律师、国家诉讼总署法务，葡萄牙检察官、瑞士联邦法务等，②均依据法律规定可以作为公益侵权的请求权主体。第二，社会组织。德国法律赋予环境保护团体公益侵权请求权主体地位，可以追究侵权人损害赔偿责任。第三，公民个人。比如，美国包括《美国清洁水法》在内的环境法就赋予了公民对违法排放污染者或者未履行义务的政府机关行使公益侵权请求权的主体地位，可以要求被告按照国家规定的排放标准排污，赔偿污染造成的损失或者履行法定义务。

根据现有法律和司法解释规定，我国环境公益侵权的请求权主体有四大类：一是《民事诉讼法》第五十五条③第一款所列之法律规定的机关，如《海洋环境保护法》第八十九条第二款规定之"依照本法规定行使海洋环境监督管理权的部门"，④《森林法》第六十八条规定的"县级以上人民政府自然资源主管部门、林业主管部门"，⑤《固体废物污染环境防治法》第一百二十二条第一款规定的"设区的市级以上地方人民政府或者其指定的部门、机构"；⑥二是《民事诉讼法》第五十五条第一款所列之法律规定的有关组织，如《环境保护法》第五十八条规定的，依法在设区的市级以上人民政府民政部门登记，专门从事环境保护公益活动连续五年以上且无违法记录的社会组织；三是《民事诉

---

① 吴纲要、廖高飞：《侵权责任请求权基础与归责原则浅析》，载《人民法院报》2011年6月15日，第7版。
② 参见潘申明：《比较法视野下的民事公益诉讼——兼论我国民事公益诉讼制度的建构》，华东政法大学2009年博士学位论文。
③ 对应《民事诉讼法》（2023年修正）第五十八条。
④ 《海洋环境保护法》第八十九条第二款规定："对破坏海洋生态、海洋水产资源、海洋保护区，给国家造成重大损失的，由依照本法规定行使海洋环境监督管理权的部门代表国家对责任者提出损害赔偿要求。"
⑤ 《森林法》第六十八条规定："破坏森林资源造成生态环境损害的，县级以上人民政府自然资源主管部门、林业主管部门可以依法向人民法院提起诉讼，对侵权人提出损害赔偿要求。"
⑥ 《固体废物污染环境防治法》第一百二十二条第一款规定："固体废物污染环境、破坏生态给国家造成重大损失的，由设区的市级以上地方人民政府或者其指定的部门、机构组织与造成环境污染和生态破坏的单位和其他生产经营者进行磋商，要求其承担损害赔偿责任；磋商未达成一致的，可以向人民法院提起诉讼。"

讼法》第五十五条第二款所规定的人民检察院；四是根据中共中央办公厅、国务院办公厅《生态环境损害赔偿制度改革方案》的规定，国务院授权的省级、市地级人民政府及其指定的部门、机构，受国务院委托代行全民所有自然资源资产所有权的部门，系生态环境损害赔偿权利人。可见，上述四类主体的请求权系基于不同的基础。法律规定的机关、有关组织和人民检察院的环境公益请求权主体地位是由《民事诉讼法》《环境保护法》《海洋环境保护法》《森林法》《固体废物污染环境防治法》所明确；至于省级、市地级人民政府及其指定的部门、机构，受国务院委托代行全民所有自然资源资产所有权的部门，其环境公益请求权主体地位系基于《生态环境损害赔偿制度改革方案》所获得的国家授权。《民法典》作为民事实体法律规范，概括规定了上述各类主体的环境公益侵权请求权，将环境公益侵权请求权主体明确为"国家规定的机关"和"法律规定的组织"两大类型。

"国家规定的机关"主要包括以下两类，第一，现有程序法、单行法所规定的环境公益侵权请求权主体。既包括《民事诉讼法》第五十五条第一款所述之"法律规定的机关"，也包括《民事诉讼法》第五十五条第二款规定的"人民检察院"。第二，基于《生态环境损害赔偿制度改革方案》这样的国家政策性文件规定，可以探索行使环境公益侵权请求权的各类主体。

"法律规定的组织"是指符合《民事诉讼法》第五十五条第一款以及《环境保护法》第五十八条规定的社会组织。《环境民事公益诉讼司法解释》对于"法律规定的组织"的条件予以了进一步细化。①

综上，在此基础上，我们在修改本司法解释时，将"机关或者社会组织"替换为"国家规定的机关或者法律规定的组织"。

【理解与适用】

本条是关于生态环境损害赔偿诉讼案件或者民事公益诉讼案件裁判生效后，就同一损害生态环境行为再行提起环境民事公益诉讼或者生态环境损害赔偿诉讼，在后提起的诉讼受理条件的规定。

---

① 《环境民事公益诉讼司法解释》第二条规定："依照法律、法规的规定，在设区的市级以上人民政府民政部门登记的社会团体、基金会以及社会服务机构等，可以认定为环境保护法第五十八条规定的社会组织。"

第三条规定："设区的市、自治州、盟、地区，不设区的地级市，直辖市的区以上人民政府民政部门，可以认定为环境保护法第五十八条规定的'设区的市级以上人民政府民政部门'。"

第四条规定："社会组织章程确定的宗旨和主要业务范围是维护社会公共利益，且从事环境保护公益活动，可以认定为环境保护法第五十八条规定的'专门从事环境保护公益活动'。社会组织提起的诉讼所涉及的社会公共利益，应与其宗旨和业务范围具有关联性。"

第五条规定："社会组织在提起诉讼前五年内未因从事业务活动违反法律、法规的规定受过行政、刑事处罚的，可以认定为环境保护法第五十八条规定的'无违法记录'。"

发生法律效力的判决具有既判力。《民事诉讼法》第一百二十四条①第五项规定："对判决、裁定、调解书已经发生法律效力的案件，当事人又起诉的，告知原告申请再审，但人民法院准许撤诉的裁定除外。"该规定体现了既判力和一事不再理原则的要求。对于当事人而言，对于既判的案件禁止当事人再行起诉。既判力的时间范围是案件最后辩论终结之时。既判力的客观范围原则上是以判决主文为限。既判力的主观范围原则上限于当事人之间，只有在发生权利义务的承继、诉讼担当等特定情形下才可以扩张到当事人以外的主体。生态环境损害赔偿诉讼和环境民事公益诉讼在维护环境公共利益方面具有诉讼目的一致性，而环境公共利益具有抽象性和公共性，为实现这一诉讼目的，让更多的主体参与到环境公共利益的维护上来，法律和司法解释赋予多个主体提起诉讼追究损害生态环境民事责任的诉权，从而使旨在维护环境公共利益的生态环境损害赔偿诉讼和环境民事公益诉讼呈现诉讼目的的公益性和起诉主体的多元化特点。由于存在多个符合法定起诉条件的主体和诉讼目的具有一致性的两类案件，生态环境损害赔偿诉讼和环境民事公益诉讼裁判的既判力范围与私益诉讼裁判的既判力范围呈现不同的特点，特别是在前诉和后诉分属两类不同诉讼类型的情况下，既判力规则的适用更为特殊和复杂，有必要明确生态环境损害赔偿诉讼审理期间以及裁判生效后有权起诉的其他主体针对同一损害生态环境行为再行提起环境民事公益诉讼的处理规则。

1. 本司法解释关于两类诉讼衔接协调的制度框架

《生态环境损害赔偿制度改革方案》要求，最高人民法院负责指导有关生态环境损害赔偿的审判工作，其中"商有关部门根据实际情况制定生态环境损害赔偿制度与环境公益诉讼之间衔接等问题的指导意见"是《生态环境损害赔偿制度改革方案》明确要求最高人民法院完成的工作任务。为此，本司法解释专门就生态环境损害赔偿诉讼与环境公益诉讼的衔接和协调作了规定，本条即为裁判生效后的两类案件如何衔接的规定。根据诉讼阶段的不同，两类案件的衔接和协调的制度安排主要分为以下四个层次。

（1）受理阶段的衔接——由受理生态环境损害赔偿案件的法院分别立案并由同一审判组织审理

关于生态环境损害赔偿诉讼案件审理过程中，适格主体提起的环境民事公益诉讼是否受理及审判组织问题，本司法解释第十六条规定："在生态环境损害赔偿诉讼案件审理过程中，同一损害生态环境行为又被提起民事公益诉讼，符合起诉条件的，应当由受理生态环境损害赔偿诉讼案件的人民法院受理并由同一审判组织审理"，从而明确了两类案件分别立案，由受理生态环境损害赔偿诉讼的法院合并管辖，并由同一审判组织一并审理的原则。主要考虑：一方

---

① 对应《民事诉讼法》（2023年修正）第一百二十七条。

面，两类案件在受理条件、举证责任、归责原则等方面具有一定差异，规定两类案件需分别立案有利于保障在后提起的环境公益诉讼原告的诉权，避免因两类案件受理审理规则不同可能发生的阻碍环境民事公益诉讼适格原告依法行使诉权以及法律适用困难问题；另一方面，针对同一损害生态环境行为提起的环境民事公益诉讼由受理生态环境损害赔偿诉讼的法院一并管辖，并由同一审判组织审理，有利于协调两类案件对生态环境损害基本事实的认定、法律适用和民事责任，避免作出矛盾裁判，也有利于节约在后提起的民事公益诉讼案件查明事实的成本。需要注意的是，本司法解释第十六条所规范的是生态环境损害赔偿诉讼受理在先，环境民事公益诉讼受理在后的情形。对于环境民事公益诉讼受理在先，生态环境损害赔偿诉讼在后提起的情况下，如何协调两类案件的管辖法院和审判组织，本司法解释起草过程中，曾有观点认为，环境民事公益诉讼受理在先且已开庭具备裁判条件的，在后提起的生态环境损害赔偿诉讼应当由受理公益诉讼的法院一并审理，以节约司法资源。经研究，考虑到为促进生态环境的尽快修复，原则上应优先审理生态环境损害赔偿诉讼，上述观点和这一原则不尽一致，对于此类情况如何处理有待于根据实践情况进一步研究。

(2) 审理阶段的衔接——明确两类案件的审理顺序

关于人民法院受理生态环境损害赔偿诉讼和环境民事公益诉讼后，应当先审理哪一类案件的问题，本司法解释第十七条规定："人民法院受理因同一损害生态环境行为提起的生态环境损害赔偿诉讼案件和民事公益诉讼案件，应先中止民事公益诉讼案件的审理，待生态环境损害赔偿诉讼案件审理完毕后，就民事公益诉讼案件未被涵盖的诉讼请求依法作出裁判。"主要考虑：一是生态环境损害赔偿诉讼案件的原告是省、市政府和相关机关，且以磋商为前置程序，在提起诉讼前通常已对损害赔偿费用及修复方案等专业问题进行了鉴定，先审理生态环境损害赔偿诉讼案件，有利于查明事实，节约环境民事公益诉讼查明事实的成本，也避免裁判在认定基本事实方面发生矛盾；二是生态环境损害赔偿诉讼案件的原告具有较强的组织修复生态环境的能力，先就生态环境损害赔偿诉讼案件作出裁判，有利于促进受损生态环境的及时有效修复，实现两类诉讼修复生态环境的诉讼目的。生态环境损害赔偿诉讼案件裁判作出后，是否继续审理环境民事公益诉讼需要视前案的诉讼请求是否涵盖后案的诉讼请求而定。具体分为两种情形：一是公益诉讼的诉讼请求未被完全涵盖的，应继续审理公益诉讼案件，并就未被涵盖的诉讼请求作出裁判；二是生态环境损害赔偿诉讼案件的诉讼请求可以涵盖公益诉讼请求，在此情形下，公益诉讼应当裁定终结诉讼还是应当裁定驳回起诉的争议较大。一种观点认为，终结诉讼是基于诉讼请求已被前案涵盖，公益诉讼丧失诉的利益的情况下，无继续审理必要而采取的结案方式，考虑到如果单独审理环境民事公益诉讼案件，诉讼请求是可能得到支持的，裁定终结诉讼可以保护环境民事公益诉讼原告的积极性，避免否定性评价。另一种观点认为，在生态环境损害赔偿诉讼案件审结后，如果环境民事公益诉讼的诉讼请求已被涵盖，则可以无诉的利益为由裁定驳回起诉。鉴于对于诉讼请求完全被涵盖情况下应如何处理的问题有不同意见，且在此情况下协调两类诉讼关系的实践案例和经验尚不丰富，本司法解释对此暂未规定，为实践探索留下空间。

（3）裁判生效后的衔接——明确受理后诉的条件

关于生态环境损害赔偿诉讼案件裁判生效后，针对同一损害行为又提起环境民事公益诉讼，或者环境民事公益诉讼裁判生效后，针对同一损害行为又提起生态环境损害赔偿诉讼，在后提起的诉讼是否受理以及受理条件问题，本司法解释第十八条规定："生态环境损害赔偿诉讼案件的裁判生效后，有权提起民事公益诉讼的国家规定的机关或者法律规定的组织就同一损害生态环境行为有证据证明存在前案审理时未发现的损害，并提起民事公益诉讼的，人民法院应予受理。民事公益诉讼案件的裁判生效后，有权提起生态环境损害赔偿诉讼的主体就同一损害生态环境行为有证据证明存在前案审理时未发现的损害，并提起生态环境损害赔偿诉讼的，人民法院应予受理。"通过该条的规定，确立对于同一损害生态环境行为原则上只能提起一次生态环境损害赔偿诉讼或者环境民事公益诉讼的规则，明确只有在发现前案审理时未发现的损害时才能再次提起诉讼。主要考虑：一是在均系针对同一损害生态环境行为提起的情况下，虽然两类诉讼的当事人和具体规则有一定不同，但最主要的民事责任承担方式均为修复生态环境责任和赔偿服务功能损失，对于行为人而言，如果其已经在前案中被判令承担相关民事责任，或者经过诉讼已经判定其无须承担责任，再行通过后诉重复予以追究，不符合"一事不再罚"的规则，不利于行为人尽快摆脱诉累投入生产活动；二是如果在前案审理完毕后，发现前案审理时尚未显现出来的潜在损害，并有初步证据证明系因同一损害生态环境行为导致的情况，针对新发现的损害可以再行提起诉讼。需要说明的是，《环境民事公益诉讼司法解释》第二十八条第二款规定："环境民事公益诉讼案件的裁判生效后，有证据证明存在前案审理时未发现的损害，有权提起诉讼的机关和社会组织另行起诉的，人民法院应予受理"，本条规定的后诉受理条件与该规定基本相同，但适用于前诉和后诉并非同类诉讼的情形。如果前诉和后诉均为环境民事公益诉讼，应当适用该条规定；如果前诉和后诉均为生态环境损害赔偿诉讼，亦可以根据本司法解释第二十二条参照适用该条规定。

（4）不同原告主张应急处置费用的衔接——明确实际支出应急处置费用的机关提起的追偿诉讼和生态环境损害赔偿诉讼的关系

在生态环境损害赔偿制度改革试点前，司法实践中，实际支出应急处置费用的政府或者相关部门作为有直接利害关系的主体起诉主张应急处置费用，人民法院受理和审理并无制度障碍和认识分歧。① 在生态环境损害赔偿制度改革试点和全面试行后，由于《生态环境损害赔偿制度改革方案》规定的赔偿范围包括应急处置费用，实践中对于实际支出应急处置费用的政府或者相关部门是否有权起诉主张应急处置费用的问题产生了不同认识。有的观点认为既然《生态环境损害赔偿制度改革方案》已经把应急处置费用纳入赔偿范围，意味着该费用只能通过生态环境损害赔偿诉讼主张，并据此否定实际支出该费用的政府或者相关部门的诉权。针对这一问题，本司法解释第十九条规定："实际支出应急处置费用的机关提起诉讼主张该费用的，人民法院应予受理，但人民法院已经受理就同一损害生态环境行为提起的生态环境损害赔偿诉讼案件且该案原告已经主张应急处置费用的除外。生态环境损害赔偿诉讼案件原告未主张应急处置费用，因同一损害生态环境行为实际支出应急处置费用的机关提起诉讼主张该费用的，由受理生态环境损害赔偿诉讼案件的人民法院受理并由同一审判组织审理。"该条有三层含义：一是明确实际支出应急处置费用机关的追偿权利，即实际支出应急处置费用的机关起诉的，人民法院应当受理；二是为避免重复主张，规定如生态环境损害赔偿诉讼原告已经主张这部分费用的，则不予受理实际支出费用的机关的起诉；三是为协调两类诉讼的审理，明确如生态环境损害赔偿诉讼原告未主张这部分费用而实际支出的机关起诉主张的，由受理损害赔偿诉讼的人民法院一并受理并由同一审判组织审理。

概言之，上述衔接规则的主要考虑：一是贯彻生态环境损害赔偿诉讼优先审理的基本原则，体现在本司法解释第十六条规定的已受理生态环境损害赔偿诉讼案件的，民事公益诉讼要牵连管辖合并审理，以及第十七条规定的两案均已受理，应中止民事公益诉讼审理。二是合理引导两类主体起诉，促进生态环境保护形成合力。从督促政府积极提起生态环境损害赔偿诉讼的角度考虑，结合《生态环境损害赔偿制度改革方案》中关于"鼓励法定的机关和符合条件的社会组织依法开展生态环境损害赔偿诉讼"的要求，在民事公益诉讼已经提起的情况下，鼓励政府支持起诉，无须再提起生态环境损害赔偿诉讼。如果在已受理民事公益诉讼案件情况下，政府仍坚持提起生态环境损害赔偿诉讼，可以通过上级法院指定管辖法院的方式协调两类案件关系。本司法解释暂不对此种情况作出规定，留待司法实践进一步探索。三是减少重复诉讼，降低当事人诉讼成本，节约司法资源。本司法解释第十八条规定已有生态环境损害赔偿诉讼案件生效裁判的，除非有前案未发现的损害，否则不再受理民事公益诉讼。反

---

① 例如上海市松江区叶榭镇人民政府与蒋某某等水污染责任纠纷案，载《最高人民法院公报》2014年第4期。在该案中，原告叶榭镇人民政府为治理河道污染，拨款委托水务管理站对污染河道进行治理，受诉法院认为，叶榭镇人民政府作为被污染河道的主管单位，有权对污染河道进行治理，也有权作为原告提起诉讼，最终判令责任人对于叶榭镇人民政府支出的河道治理费用承担相应赔偿责任。

之，已有生效民事公益诉讼案件裁判的，除非有未发现的损害，亦不再受理生态环境损害赔偿诉讼。四是合理协调实际支出应急处置费机关提起的追偿之诉和生态环境损害赔偿诉讼的关系，保障适格主体诉权，充分保护国家利益。

2. 对受理规则的理解

本条是关于在先的生态环境损害赔偿诉讼或者环境民事公益诉讼案件裁判生效后其他主体再行提起环境民事公益诉讼或者生态环境损害赔偿诉讼的受理规则，主要包含以下几方面涵义：

（1）除本条规定的情形外，在先提起的生态环境损害赔偿诉讼或者环境民事公益诉讼案件的裁判生效后，就同一污染环境、破坏生态行为另行提起环境民事公益诉讼或者生态环境损害赔偿诉讼的，应当不予受理。

虽然本条并未明确规定前诉裁判生效后对有权提起诉讼的其他主体提起的诉讼原则上不予受理，但通过明确规定受理后诉的条件，反向明确了除符合规定条件外对于同一行为另行提起的诉讼不再予以受理的一般规则。主要考虑：一是不同主体针对同一污染环境、破坏生态行为先后提起的生态环境损害赔偿诉讼和环境民事公益诉讼，除特别规定的情形外，后诉与前诉在所要达到的诉讼目的、所指向的被告方当事人、所针对的侵权行为、所依据的基本事实、所提出的主要诉讼请求，以及保护环境公共利益的诉讼功能等方面具有同质性；二是对于被告而言，在其已经通过前诉的审理被法院判定承担或者无须承担相应民事责任的情况下，允许其他主体针对同一被告的同一行为再行提起具有同质性的诉讼，不符合"一事不再罚"①和"过罚相当"的原则，不利于社会关系的稳定，特别是在破坏生态环境行为人系生产者的情况下，令其重复陷于诉累不利于督促行为人在积极履行修复生态环境义务的同时尽快恢复生产促进经济发展；三是生态环境损害赔偿诉讼和环境民事公益诉讼均为专业性强的具有典型示范意义的诉讼，为更好地发挥两类诉讼的功能，有必要对就同一损害生态环境行为多次提起诉讼的行为进行一定规范，促进司法资源的合理分配，实现审判的法律效果、社会效果和生态效果的最大化。基于上述考虑，特别是生态环境损害赔偿诉讼和环境民事公益诉讼均具有维护环境公共利益功能，以及在尚未出台专门立法情况下，生态环境损害赔偿诉讼可以参照适用环境民事公益诉讼相关规则，本条参照适用了"一事不再理"的诉讼原则，对裁判生效后两类诉讼的衔接问题进行规范。需要说明的是，现阶段生态环境损害赔偿制度改革尚处于试行阶段，在理论研究和实践经验方面有待进一步深化和

---

① 一事不再罚原则是法理学的概念，是指对违法行为人的同一个违法行为，不得以同一事实和同一依据，给予两次或者两次以上的处罚。一事不再罚原则作为行政处罚的原则，目的在于防止重复处罚，体现过罚相当的法律原则，以保护行政相对人的合法权益。虽该原则为行政处罚的一项原则，但笔者认为其体现的精神是共通的，即基于同一行为所应承担的同一性质的法律责任，应当以一次为限。

积累，特别是就该类诉讼和环境民事公益诉讼的性质、功能、目的、标的、关系等问题尚未形成一致的认识，本条所规定的参照"一事不再理"原则规范两类诉讼关系是否符合诉讼规律和实践要求，实施的效果如何，也有待于进一步积累实践经验后予以研究。

"一事不再理"是指判决一经确定，法院不得就同一事件再为审理。一般认为，"一事不再理"包含两方面含义：一方面是诉讼系属效力，即原告不得对已经进入诉讼系属的案件再次提起诉讼请求；另一方面是既判力的消极效力，在案件已经判决之后，当事人不得对已经获得判决的同一案件再次起诉。

正确适用"一事不再理"的前提是判断何为"一事"，即判断前诉与后诉的构成要素是否同一，是否是同一个诉。一般认为，诉的构成要素包括当事人、诉讼标的和案件事实。通常情况下，判断一诉与他诉的区别，首先就诉的主体来判断，诉的主体不同，则构成不同的诉。若诉的主体相同，则需根据诉讼标的判断。识别诉讼标的，通常情况下依据诉讼标的实体内容，如是请求返还房屋还是请求支付价款。在特定情况下，还需结合案件具体事实，即在当事人相同、诉讼标的的实体内容相同情况下，如果所依据的事实不同，亦构成不同的诉。[①]

具体到就同一损害生态环境行为先后提起的生态环境损害赔偿诉讼和环境民事公益诉讼，判断前诉与后诉是否同一，则有不同的特点。

第一，两类诉讼的主体具有特殊性。生态环境损害赔偿诉讼的原告是省级、市地级人民政府及其指定的相关部门、机构，或者受国务院委托行使全民所有自然资源资产所有权的部门。环境民事公益诉讼的原告是法律规定的机关、有关组织和人民检察院。尽管如此，在保护环境公共利益的范畴内，因两类诉讼的目的具有一致性，而环境公共利益缺乏具体的权利主体，享有维护公益诉权的主体与环境公共利益本身并不存在直接的利害关系，而是因保护环境公共利益的需要依据法律或者《生态环境损害赔偿制度改革方案》取得诉权，不同的原告所代表和维护的均为环境公共利益，其请求权基础是相同的，可以视为实质上的同一主体。

第二，关于诉讼标的是否相同或者覆盖的判断。本司法解释第十一条规定，被告违反法律法规污染环境、破坏生态的，人民法院应当根据原告的诉讼请求以及具体案情，合理判决被告承担修复生态环境、赔偿损失、停止侵害、排除妨碍、消除危险、赔礼道歉等民事责任。《环境民事公益诉讼司法解释》第十八条规定，对污染环境、破坏生态，已经损害社会公共利益或者具有损害社会公共利益重大风险的行为，原告可以请求被告承担停止侵害、排除妨碍、消除危险、修复生态环境、赔偿损失、赔礼道歉等民事责任。依据上述规定，

---

① 参见邵明：《民事诉讼法理研究》，中国人民大学出版社第 2004 年版，第 200~201 页。

虽然本司法解释基于生态环境损害赔偿诉讼的特点和改革需要对承担责任方式的排列顺序进行了调整，但两类诉讼的责任承担方式显然是相同的。从责任的具体内容来考察，根据本司法解释第十二条至第十四条和《环境民事公益诉讼司法解释》第十九条至第二十二条的规定，恢复原状的责任均包括了行为修复和承担修复费用的内容，赔偿损失的责任均包括了生态环境服务功能损失，在被告应当承担的费用方面，两类诉讼均包括了调查、检验、鉴定、评估、合理的律师费以及其他为诉讼支出的合理费用。另外，本司法解释第二十二条还规定，人民法院审理生态环境损害赔偿案件，本规定没有规定的，参照适用《环境民事公益诉讼司法解释》《环境侵权司法解释》等相关司法解释的规定。《环境民事公益诉讼司法解释》第九条规定"人民法院认为原告提出的诉讼请求不足以保护社会公共利益的，可以向其释明变更或者增加停止侵害、恢复生态环境等诉讼请求"，同样适用于生态环境损害赔偿诉讼。通过以上制度设计，基于环境公共利益保护的及时性和整体性需要，要求前诉原告在起诉时，尽可能依法全面提出诉讼请求，以使环境公共利益得到周全的保护。通过法律和司法解释的明确规定，辅之以法院的释明，一般情况下，就同一行为另行起诉所提出的诉讼请求不会超出前案的诉讼请求范围。需要注意的是，两类诉讼中被告所应承担的应急处置费用有一定特殊性，若系为实施应急方案以及为防止生态环境损害的发生和扩大采取合理预防、处置措施而已经发生的应急处置费用，具有追偿垫付款的性质，可由相关实际支出的主体另行主张。

第三，关于案件事实的判断。本条明确规定后诉针对的是同一污染环境、破坏生态行为，该行为应当理解为既包括行为本身，也包括行为造成的损害，才构成案件事实相同。

基于上述诉的构成要素分析，有权提起诉讼的其他主体在已有在先裁判的情况下对于同一污染环境、破坏生态行为另行提起诉讼的，该诉与前诉具有同质性以及诉讼功能的重合性。根据民事诉讼生效裁判既判力和"一事不再理"的要求，为使已被生效裁判确定的环境公共利益法律秩序得以稳定，同时使被告免于因同一行为处于反复被诉的危险中，除本条规定的特别情形外，对于其他主体另行提起的诉讼，人民法院原则上应当不予受理。

（2）在先提起的生态环境损害赔偿诉讼或者环境民事公益诉讼案件的裁判生效后，有证据证明存在前案审理时未发现的损害，适格主体另行起诉的，人民法院应予受理。

对于在先提起的生态环境损害赔偿诉讼或者环境民事公益诉讼而言，原告在起诉时，对于环境污染给环境公共利益所造成的损害大多是基于直观的调查，往往限于已经实际发生并且相对较为明显的损害。对于虽然在起诉时已经发生，但具有隐蔽性、长期性、潜在性的损害往往难以发现，从而未能将该损害纳入原告诉讼请求所依据的基本事实范围并提出相应的诉讼主张。由此产生的问题是：在前案裁判生效后，有权提起诉讼的主体发现了未纳入前案审理范围的损害，是否有权另行提起诉讼？

对于该问题，我们在制定《环境民事公益诉讼司法解释》过程中曾经广泛向社会征求意见。在征求意见过程中，对于该规定的意见集中在是否违反"一事不再理"原则。有意见认为，环境权的主体是抽象的，代表的都是同一个权利主体，根据民事诉讼不得重复诉讼和既判力的理论，是否受理因同一案件提起的诉讼，判断的标准主要是诉讼标的和当事人。但是在环境民事公益诉讼中，提起后诉的其他机关和有关组织与曾经提起前诉的机关或组织虽然不是同一机关、组织，但实际上原告代表的诉讼利益是一致的，因此也应当按照民事诉讼不得重复诉讼和既判力的理论加以处理，除了提出新的诉讼请求外，不应当受理，否则违反重复诉讼和既判力的司法惯例和制度。有意见认为，新的诉讼请求可能就是原来的诉讼金额增加一点，这种情况下，即使提出新的诉讼请求也有违"一事不再理"的原则。有意见建议明确该规定与再审的区别。有意见提出，建议将该规定修改为"发现新的证据并据此提出新的诉讼请求的，且该新证据已经超过原生效判决所确定或否认的污染事实"。理由是新的证据若想推翻已生效判决文书，只有在新事实存在的情况下才可以，无新事实就意味着新提出的公益诉讼请求与已确定生效的诉求具有重合性而违反"一事不再理"原则或既判力原则，进而受到遮断效果。因此，需要将之修改为具有新事实的限制条件。还有意见建议将该规定修改为"有新证据证明发生新的污染损害或者严重的污染损害威胁，据此提出新的诉讼请求的"，理由为环境污染具有很强的反复性，在裁判后出现了新的事实，应允许诉讼。上述意见归纳而言主要有五种：一是认为只有在其他机关和社会组织提出新的诉讼请求时，才能受理在后提起的诉讼；二是认为新的诉讼请求有可能仅为数额的变化，即使有新的诉讼请求，受理在后提起的诉讼也违背"一事不再理"原则；三是认为把发现新的证据并据此提出新的诉讼请求作为另诉的条件，难以划分清楚另诉与再审的界线；四是认为应当将此种情形下的另行起诉条件限定为发现了超过前案审理范围的新的事实，如果并未超出前案审理的事实范围，则不应受理；五是认为受理另诉的条件应当限于发生了新的损害事实或者危险，并据此提出新的诉讼请求。上述意见从不同角度提出了该规定应当注意的问题，极具启发意义，同时也是理解本条所规定的在后提起的诉讼受理条件的重要问题。本条规定的受理后诉的条件与《环境民事公益诉讼司法解释》第二十八条第二款的规定相同，即"有证据证明存在前案审理时未发现的损害"。

（四）第二十一条

【修改说明】

本条是关于生态环境损害赔偿案件裁判和经司法确认的赔偿协议强制执行的规定。根据《民法典》第一千二百三十四条规定："违反国家规定造成生态环境损害，生态环境能够修复的，国家规定的机关或者法律规定的组织有权请求侵权人在合理期限内承担修复责任。侵权人在期限内未修复的，国家规定的机关或者法律规定的组织可以自行或者委托他人进行修复，所需费用由侵权人负担。"侵权人在期限内为履行修复义务的，可以由有权主体自行或者委托他人进行修复作为一种代履行的方式，目的是防止侵权人怠于履行义务，促使生态环境及时有效修复。

【修改过程】

根据生态环境损害赔偿案件所涉生态环境损害巨大，修复工作专业性强、时间长，情况复杂的特点，本司法解释在本次修改前，第二十一条构建了裁判生效后生态环境修复实施工作的衔接制度。在明确生态环境损害赔偿诉讼案件判决和经司法确认的赔偿协议具有强制执行效力的同时，明确执行中涉及的生态环境修复工作依法由省级、市地级人民政府及其指定的相关部门、机构组织实施，确保受损生态环境得到及时有效修复，充分发挥生态环境损害赔偿制度功能。一方面，强调生态环境损害赔偿案件的执行工作属于人民法院工作范畴，一方当事人拒绝履行、未全部履行发生法律效力的生态环境损害赔偿诉讼案件裁判或者经司法确认的生态环境损害赔偿协议的，对方当事人可以向人民法院申请强制执行。另一方面，基于生态环境修复工作专业性强、修复周期长、修复情况复杂等因素，对受损生态环境具体修复工作的开展，依法由省级、市地级人民政府及其指定的相关部门、机构组织实施。有利于发挥相关主管部门和机构的专业优势，及时推进生态环境修复工作有序开展，切实保障受损生态环境有效修复。《民法典》颁布后，因第一千二百三十四条表述上适用的是"未履行"，故本条将拒绝履行修改为"未履行"。征求相关部门意见，未有异议。

【理解与适用】

1. 生态环境损害赔偿诉讼案件裁判及赔偿协议的强制执行力

《民事诉讼法》第二百三十六条①规定："发生法律效力的民事判决、裁定，当事人必须履行。一方拒绝履行的，对方当事人可以向人民法院申请执行，也可以由审判员移送执行员执行。调解书和其他应当由人民法院执行的法律文书，当事人必须履行。一方拒绝履行的，对方当事人可以向人民法院申请执行。"《生态环境损害赔偿制度改革方案》第4条第4款规定："对经磋商达成的赔偿协议，可以依照民事诉讼法向人民法院申请司法确认。经司法确认的赔偿协议，赔偿义务人不履行或不完全履行的，赔偿权利人及其指定的部门或机构可向人民法院申请强制执行。"据此，本条明确发生法律效力的生态环境损害赔偿诉讼案件裁判以及经司法确认的生态环境损害赔偿协议具有强制执行

---

① 对应《民事诉讼法》（2023年修正）第二百四十七条。

效力。

强制执行，是指在一方当事人不履行或者不完全履行生效的法律文书时，人民法院按照法定的程序，运用国家强制力，强制当事人完成法律文书中确定的义务。在古代社会，个人利益受到侵害或者发生争议时，多用自己的力量予以保护，称自力救济。统治阶级为了维护自身利益，稳定社会秩序，开始运用国家权力，保护受到侵犯或者发生争议的个人权益，这就是所谓的公力救济。公力救济以后逐渐发展成为强制执行。各国立法都有对于强制执行的相关规定。具有强制执行效力的法律文书包括：第一，民事判决书、裁定书和调解书；第二，行政判决书、裁定书和调解书；第三，具有财产执行内容的刑事判决书和裁定书；第四，法律规定由人民法院执行的仲裁文书；第五，经过司法确认的调解协议；第六，法律规定由人民法院执行的公证文书；第七，法律规定由人民法院执行的其他法律文书。本条规定的具有强制执行效力的法律文书具体有以下两种：

(1) 生态环境损害赔偿诉讼案件的生效裁判文书

生态环境损害赔偿诉讼案件裁判文书，是指人民法院经过审理后，针对生态环境损害赔偿诉讼案件的实体性问题或者程序性问题作出的判决书、裁定书、调解书。裁判文书是诉讼活动结果的载体，也是确定和分配当事人实体权利义务的法律凭证。作为当事人申请执行依据的生态环境损害赔偿诉讼案件裁判文书，必须是已经发生法律效力的裁判文书。生效裁判文书通常是指已经超过法定上诉期限而没有上诉的判决书、裁定书，以及终审法院作出的判决书、裁定书，此外还有经双方当事人签收的调解书。

根据本条的规定，发生法律效力的生态环境损害赔偿诉讼案件裁判，包括判决书、裁定书、调解书。本解释对于生态环境损害赔偿诉讼案件中的调解未进行专门规定。《环境民事公益诉讼司法解释》第二十五条规定："环境民事公益诉讼当事人达成调解协议或者自行达成和解协议后，人民法院应当将协议内容公告，公告期间不少于三十日。公告期满后，人民法院审查认为调解协议或者和解协议的内容不损害社会公共利益的，应当出具调解书。当事人以达成和解协议为由申请撤诉的，不予准许。调解书应当写明诉讼请求、案件的基本事实和协议内容，并应当公开。"生态环境损害赔偿诉讼案件中的调解，参照适用前述规定。发生法律效力的生态环境损害赔偿诉讼案件调解书，具有强制执行效力。

(2) 经司法确认的生态环境损害赔偿协议

生态环境损害赔偿协议，是指赔偿权利人根据生态环境损害鉴定评估报告，就损害事实和程度、修复启动时间和期限、赔偿的责任承担方式和期限等具体问题与赔偿义务人进行磋商后，对生态环境损害的修复或赔偿问题协商一致达成的协议。磋商作为生态环境损害赔偿诉讼的前置程序，在生态环境损害赔偿工作中发挥了重要的作用。2017年初，贵州省清镇市人民法院在贵州省人民政府、息烽诚诚劳务有限公司、贵阳开磷化肥有限公司生态环境损害赔偿协议司法确认案中，发出了全国首份生态环境损害赔偿司法确认书，确认赔偿权利义务双方签订的《生态环境损害赔偿协议》具有强制执行力，如果赔偿义务人逾期不履行赔偿义务，人民法院可强制执行。

本条明确了不履行司法确认协议的法律后果。《生态环境损害赔偿制度改革方案》第四条第四款规定："对经磋商达成的赔偿协议，可以依照民事诉讼法向人民法院申请司法确认。"本司法解释第二十条对经过磋商达成的协议的性质和具体进行司法确认的程序予以了进一步明确，该条规定："经磋商达成生态环境损害赔偿协议的，当事人可以向人民法院申请司法确认。人民法院受理申请后，应当公告协议内容，公告期间不少于三十日。公告期满后，人民法院经审查认为协议的内容不违反法律法规强制性规定且不损害国家利益、社会公共利益的，裁定确认协议有效。裁定书应当写明案件的基本事实和协议内容，并向社会公开。"据此，人民法院通过对生态环境损害赔偿协议的司法确认，赋予赔偿协议强制执行效力。对于一方当事人拒绝履行、未全部履行经司法确认的生态环境损害赔偿协议的，对方当事人可以向人民法院申请强制执行。这明确了双方当事人签署的司法确认协议的法律约束力，保障了生态环境损害赔偿协议的有效履行和生态环境修复工作的切实开展。

需要注意的是，赔偿权利人与赔偿义务人之间经磋商达成的生态环境损害赔偿协议并不当然具有强制执行的效力，只有经过人民法院的司法确认程序，由人民法院依法裁定确认协议有效，才能作为强制执行的依据。在《生态环境损害赔偿制度改革方案》发布之前，对于生态环境损害赔偿协议怎样才能具有强制执行力，各个地方的规定并不一致，大致有三种做法：一是直接赋予赔偿协议强制执行的效力，如浙江省绍兴市人民政府办公室印发的《绍兴市生态环境损害赔偿磋商办法（试行）》（绍政办发〔2016〕49号）第二十条规定，达成生态环境损害赔偿协议的，可依法赋予该协议以强制执行效力。二是通过公证机关赋予生态环境损害赔偿协议强制执行力，如全国首例通过公证机关赋予生态环境损害赔偿协议强制执行力的云南李好纸业生态环境损害案。三是通过司法确认程序赋予赔偿协议以强制执行效力，如贵州省人民政府办公厅印发的《贵州省生态环境损害赔偿磋商办法（试行）》（黔府办发〔2017〕71号）第十九条规定，赔偿协议经有管辖权的人民法院进行司法登记确认后，若赔偿义务人违约，赔偿权利人可以直接向有管辖权的人民法院申请强制执行。在总结实践探索经验的基础上，《生态环境损害赔偿制度改革方案》肯定了第三种做法，即生态环境损害赔偿协议需经过司法确认才具有强制执行效力。

2. 生态环境修复责任的强制执行

《生态环境损害赔偿制度改革方案》在工作原则部分规定："环境有价，损害担责。体现环境资源生态功能价值,促使赔偿义务人对受损的生态环境进行修复。"我国环境责任原则经历了从"谁污染谁治理"到"污染者治理",再到"污染者付费",最后到"损害担责"的历程,反映了对环境侵权者责任认识深化的过程。生态环境损害赔偿诉讼追求的最终目标是要恢复生态环境的状态和功能,这就决定了修复生态环境在生态环境损害责任承担方式中处于核心地位,确保其执行到位意义重大。

(1) 生态环境修复责任执行的特殊性

生态环境损害赔偿制度改革是国务院授权省级、市地级人民政府作为本区域生态环境损害赔偿的权利人,对违反法律法规,造成生态环境损害的单位或个人开展索赔的活动。生态环境修复责任的执行不同于一般司法案件的执行,具有专业性强、修复周期长、修复情况复杂的特点。

第一,专业性强。生态环境修复工作对技术和专业知识要求较高,修复程序涉及众多方面,其中修复方案的制定、实施和修复后的验收是尤为重要的环节。制定科学、详细、可行的修复方案,才能正确指导整个修复过程,保证修复活动有序开展。生态环境损害赔偿诉讼案件,大多数都是案情重大复杂、专业程度要求高的案件,修复方案的制定,需由具有一定资质、专门从事生态环境保护工作的机构制定。

第二,修复周期长。生态环境修复工作不可能一蹴而就,需要较长时间才能完成。想在短期内把生态系统恢复到原有的功能状态是不现实的,并且生态环境修复后如何维持保护,也是生态环境修复必须考虑的现实问题。[①] 生态环境修复案件的执行周期较长,通常持续多年。在此过程中,需要强有力的实施方,按照一定的标准和要求组织修复工作,确保生态环境修复方案得到贯彻落实和完全履行,根据修复中的具体情况调整修复方案,并在修复完成后组织验收。

第三,情况复杂。与一般侵权案件相比,生态环境损害赔偿诉讼案件中判定赔偿义务人承担生态环境修复责任后如何执行通常是一个很复杂的问题。将生态环境功能恢复到受损前的状态并不是显而易见,一步到位的。一般需要相关领域的专家和机构根据相关的法律、环境标准、技术规范进行评估和分析,提出一个或多个具体的技术方案对生态环境进行修复。生态环境修复工作,需要统筹考虑修复方案技术可行性、成本效益最优化、赔偿义务人赔偿能力、第三方治理可行性等情况。根据受损的大气、水、土壤、森林、草地、野生动植物等生态环境要素的不同,修复方法和技术标准各不一样。修复中,还需要根据具体情况合理调整修复方案,以确保生态功能的及时恢复。

---

① 王莉:《环境侵权救济研究》,复旦大学出版社2015年版,第144页。

(2) 生态环境修复义务的履行主体

《生态环境损害赔偿制度改革方案》第四条第八款规定："经磋商或诉讼确定赔偿义务人的，赔偿义务人应当根据磋商或判决要求，组织开展生态环境损害的修复。赔偿义务人无能力开展修复工作的，可以委托具备修复能力的社会第三方机构进行修复。修复资金由赔偿义务人向委托的社会第三方机构支付。赔偿义务人自行修复或委托修复的，赔偿权利人前期开展生态环境损害调查、鉴定评估、修复效果后评估等费用由赔偿义务人承担。赔偿义务人造成的生态环境损害无法修复的，其赔偿资金作为政府非税收入，全额上缴同级国库，纳入预算管理。赔偿权利人及其指定的部门或机构根据磋商或判决要求，结合本区域生态环境损害情况开展替代修复。"据此，经诉讼判决或者磋商协议确定，赔偿义务人承担生态环境修复责任包括以下几种可能的形式：一是能够修复的，由赔偿义务人自行修复；二是能够修复的，委托第三方修复，由赔偿义务人支付修复费用；三是不能修复的，赔偿义务人支付赔偿金作为政府非税收入，由赔偿权利人组织开展其他项目的治理或修复。

第一，赔偿义务人自行修复。环境污染和生态破坏是由赔偿义务人造成的，由其进行生态环境修复工作具有正当性，这也是"谁污染谁治理"原则的体现。《环境侵权司法解释》第十四条第一款规定："被侵权人请求修复生态环境的，人民法院可以依法裁判侵权人承担环境修复责任，并同时确定其不履行环境修复义务时应当承担的环境修复费用。"《环境民事公益诉讼司法解释》第二十条第一款规定："原告请求修复生态环境的，人民法院可以依法判决被告将生态环境修复到损害发生之前的状态和功能。无法完全修复的，可以准许采用替代性修复方式。"在环境污染和生态破坏引发的诉讼案件中，由环境污染者和生态破坏者承担生态环境修复义务是较为常见的履行方式，在实践中得到了广泛运用。

第二，委托第三方修复。生态环境修复工作是一个系统的工程，鉴于修复的复杂性、专业性，普通企业或个人可能无法完成，不具备修复环境的能力，所以各国环境法普遍规定了环境治理或者修复委托第三方履行的制度。[①] 2014年12月27施行的《国务院办公厅关于推行环境污染第三方治理的意见》（国办发〔2014〕69号）规定，在全国范围内推行环境污染第三方治理模式，吸引和扩大社会资本投入，促进环境服务业发展。《环境侵权司法解释》及《环境民事公益诉讼司法解释》均对委托第三方修复的方式予以了肯定。赔偿义务人无能力开展修复工作的，可以委托具备修复能力的社会第三方机构进行修复，修复资金由赔偿义务人向委托的社会第三方机构支付。人民法院可以在判决赔偿义务人修复生态环境的同时，确定其不履行修复义务时应承担的生态环

---

① 李挚萍：《环境修复的司法裁量》，载《中国地质大学学报（社会科学版）》2014年第4期。

境修复费用；也可以直接判决赔偿义务人承担生态环境修复费用；对于经双方协商一致委托第三方修复的，还可以直接判决第三方修复并由赔偿义务人承担修复费用。

第三，行政机关修复。在生态环境损害赔偿诉讼案件中，通常采用赔偿义务人自行修复或者委托第三方修复的方式。但是，赔偿权利人作为政府及其相关职能部门，具有保护生态环境、防止出现重大环境污染、生态破坏事件的法定职责。在赔偿义务人没有能力履行、拒绝履行、怠于履行生态环境修复义务或者为防止生态环境损害扩大而需要进行应急处置时，由赔偿权利人进行修复并由赔偿义务人支付相关费用的方式，不失为一种明智的做法。由赔偿权利人开展生态环境修复，是使生态环境得到及时有效修复，保护国家利益与环境公共利益的需要。生态环境修复涉及复杂专业技术知识，赔偿权利人作为行政主体比较了解生态环境损害的相关专业问题，在修复技术方面具有更加专业的知识、措施，以及便利的条件。

如前所述，开展具体索赔工作的赔偿权利人在人民法院对赔偿义务人的财产进行强制执行后，组织开展生态环境修复。开展具体索赔工作的赔偿权利人应委托专业技术机构开展修复工作。接受赔偿权利人委托从事修复工作的机构应当具备独立实施修复措施的能力和经验，根据诉讼判决或磋商协议中载明的生态环境修复方案开展修复，并根据修复方案的目标选择科学合理的修复技术，开展工程管理和运行。赔偿权利人要根据判决确认的修复方案要求，制定更细化的环境修复工程实施方案，对修复机构采用的修复技术、工程实施和运行情况进行监督，必要时组织专家进行方案论证。在修复完成后，委托专业机构对修复效果开展评估，确认达到修复目标。

在《环境侵权司法解释》制定过程中，对于生效裁判确定的环境修复义务的履行，就有观点建议直接明确为由环境保护主管部门指定机构代为修复。在山东省生态环境厅诉山东金诚重油化工有限公司、山东弘聚新能源有限公司生态环境损害赔偿诉讼案中，章丘市人民政府在发生环境污染后、提起诉讼前，进行了应急处置，并开展了生态环境修复工作，及时阻止了损害的扩大。

（3）生态环境修复责任的组织实施主体

第一，生态环境修复工作组织实施主体的争议。本条制定过程中，对于生态环境修复工作是由人民法院组织开展还是由人民政府组织实施的问题，存在争议。有观点认为，生态环境修复工作应由人民法院主导进行，理由在于生态环境损害赔偿判决是人民法院作出的，由其负责执行工作是《民事诉讼法》奉行的基本精神。另有观点认为，应由人民政府主导生态环境修复工作，理由在于政府及其相关职能部门有保护生态环境的法定职责，对生态环境损害情况更为了解，在修复生态环境方面更为专业。

经过多次讨论和征求意见，本条规定需要修复生态环境的，依法由省级、市地级人民政府及其指定的部门、机构组织实施。主要考虑在于生态环境损害赔偿案件涉及的多为重大环境污染或者生态破坏行为，生态环境损害巨大，相关修复工作专业性强、时间长、情况复杂，人民法院难以直接组织开展生态修复的工作。由政府主导生态环境修复工作是使生态环境得到及时有效修复，保护国家利益与环境公共利益的需要。本条征求了全国人大常委会法工委、司法部、生态环境部的意见，相关部门均无异议。

此外，有观点提出司法解释作为人民法院制定的文件，不宜对人民政府的行为作出规定，为人民政府赋予义务。故此，本条在表述上增加了"依法"二字，将条文修改为"依法由省级、市地级人民政府及其指定的相关部门、机构组织实施"。还有观点提出，应规定需要修复生态环境的，将其纳入省级、市地级政府生态环境保护与修复项目计划。基于前述同样原因，对于人民政府具体如何规划、如何实施修复工作，应当依据整体规划确定，人民法院不宜作出规定，故没有采纳该意见。

第二，政府部门组织实施生态环境修复的优越性。生态环境修复责任的执行具有专业性强、修复周期长、修复情况复杂的特点。由人民法院来组织实施修复工作，如何协调司法程序的时限性与生态环境修复的长期性之间的矛盾，如何解决技术与现实的不确定性和司法判决的确定性之间的矛盾，是其面临的难题。① 人民政府及其相关职能部门在组织实施生态环境修复方面，有其优越性和科学性。

一是有利于发挥行政主管部门的专业优势。生态环境修复涉及复杂专业技术知识，政府及其相关职能部门作为赔偿权利人和生态环境保护行政主管部门，相比人民法院更为了解生态环境损害的相关专业问题，在修复技术方面具有更加专业的知识和措施，也有着更为丰富的实践经验。行政修复生态较之于司法修复生态，具有较强针对性，生态修复措施更为多元丰富，亦更及时、高效。② 另外，人民政府对生环境修复工作有整体上的考虑，如根据环境危害和风险大小确定修复的先后顺序，根据环境污染和破坏事件造成的各种损害设计修复方案，根据区域未来发展的定位和规划设定修复目标。③ 由政府及其指定的相关部门、机构组织实施修复生态环境，有利于发挥相关主管部门和机构的专业优势，及时推进生态环境修复工作有序开展，切实保障受损生态环境有效修复。

二是修复受损生态环境是相关政府部门的法定职责。人民政府及其相关职能部门负有对环境资源进行监督管理的法定职责，亦同时承担着对生态环境进

---

① 徐以祥：《多样化海洋生态环境修复的司法实现》，载《人民检察》2018年第10期。
② 卢维善、丁斌：《论生态环境审判的修复机制》，载《人民司法》2015年第23期。
③ 李挚萍：《环境修复的司法裁量》，载《中国地质大学学报（社会科学版）》2014年第4期。

行保护和修复的义务。在生态环境受到损害时,有权利也有责任提起诉讼,以达到修复受损生态环境的目的。我国许多法律规范都赋予了环境资源保护监督管理部门环境保护和修复的行政管理职责。如《海洋环境保护法》、《水利部、农业部关于加强水土保持生态修复促进草原保护与建设的通知》(水保〔2004〕387号)、《重庆市人民政府办公厅关于加强我市工业企业原址污染场地治理修复工作的通知》(渝办发〔2008〕208号)等都规定了由相关行政部门进行生态修复。由于企业与个人消极担责的现状,人民政府作为管理者,便成了所有生态破坏和环境污染行为最后的修复责任方。对环境资源的污染和破坏行为,行政机关可以适用责令相对人消除污染、修复环境等行政措施。由负有环境资源监督管理职责的机构来具体负责生态环境的修复工作,有利于生态环境功能及时有效修复,也属于上述机关的法定职责。

三是由政府组织实施生态修复工作是实践经验的总结。在生态环境损害赔偿诉讼试点过程中,由政府及其相关职能部门、机构参与组织、监督生态环境修复工作,取得了良好的法律效果和社会效果。例如,绍兴市环境保护局、浙江上峰建材有限公司、诸暨市次坞镇人民政府生态环境损害赔偿协议司法确认案中达成的《生态环境损害修复协议》,以及贵阳市生态环境局诉贵州省六盘水双元铝业有限责任公司、阮某某、田某某生态环境损害赔偿诉讼案中达成的调解协议,都涉及人民政府及其相关部门组织、监督修复工作。赔偿权利人的参与有力保障了赔偿义务人生态环境修复责任的落实以及受损生态环境功能的及时有效修复,进一步印证了由人民政府依法组织实施生态修复工作的科学性。在总结试点经验的基础上,《生态环境损害赔偿制度改革方案》第四条第六项规定,赔偿权利人及其指定的部门或机构对磋商或诉讼后的生态环境修复效果进行评估,确保生态环境得到及时有效修复;第八项规定,赔偿义务人造成的生态环境损害无法修复的,其赔偿资金作为政府非税收入,全额上缴同级国库,纳入预算管理,赔偿权利人及其指定的部门或机构根据磋商或判决要求,结合本区域生态环境损害情况开展替代修复。

四是有利于形成司法与行政生态环境保护合力。《生态环境损害赔偿制度改革方案》要求,到2020年,力争在全国范围内初步构建责任明确、途径畅通、技术规范、保障有力、赔偿到位、修复有效的生态环境损害赔偿制度。为此,需要适应生态环境保护多元共治新要求,充分发挥生态环境主管部门行政执法主力军作用,在人民法院环境资源审判的监督、支持下,推动形成生态环境保护合力,共同构建生态环境损害修复和赔偿制度的法治保障体系。在生态环境损害赔偿诉讼中,各级生态环境主管部门应当与人民法院做好证据收集、赔偿协议司法确认和生态环境修复等方面的衔接工作,共同推动这项改革深入开展。在组织实施生态修复工作时,对于不履行生态环境修复义务或者损害赔偿义务的当事人,依法申请人民法院强制执行,通过行政、司法各方合力及时修复生态环境。

第三，组织实施生态环境修复的政府职能部门。组织生态环境修复的主体可以是开展索赔工作的赔偿权利人，也可以是赔偿权利人指定的部门或者机构。根据《生态环境损害赔偿制度改革方案》规定，自然资源、生态环境、住房城乡建设、水利、农业农村、林业草原等相关部门负责各自职责范围内的生态环境损害的索赔工作。31个省份和新疆生产建设兵团的省级改革实施方案对相关职能部门负责的索赔领域进行了细化。鉴于大量案件发生在地市级，由地市级人民政府的相关职能部门作为赔偿权利人指定的相关部门或机构提起索赔，因此，主要由地市级政府的相关职能部门组织开展修复工作。在案件特别重大等特殊情形下，也可以委托省级、地市级政府组织开展修复工作。

[载最高人民法院民法典贯彻实施工作领导小组办公室编著：《最高人民法院实施民法典清理司法解释修改条文（111件）理解与适用》，人民法院出版社2022年版]

【链　　接】

依法追究责任　严格保护环境
为建设美好家园提供有力司法服务和保障
——最高人民法院环境资源庭负责人就《关于审理生态环境损害赔偿案件的若干规定（试行）》答记者问

2019年6月5日，最高人民法院发布了《最高人民法院关于审理生态环境损害赔偿案件的若干规定（试行）》（以下简称《若干规定》）。

一、问：请介绍一下《若干规定》的出台背景和起草经过？

答：习近平总书记指出："只有实行最严格的制度、最严密的法治，才能为生态文明建设提供可靠保障。"生态环境损害赔偿制度是生态文明制度体系的重要组成部分。党中央、国务院高度重视生态环境损害赔偿工作，党的十八届三中全会明确提出，对造成生态环境损害的责任者严格实行赔偿制度。2015年中央先后通过《关于加快推进生态文明建设的意见》《生态文明体制改革总体方案》，明确提出要严格实行生态环境损害赔偿制度。2015年12月，中共中央办公厅、国务院办公厅发布《生态环境损害赔偿制度改革试点方案》，以探索建立生态环境损害的修复和赔偿制度为目标，在吉林等7个省市部署开展改革试点。2017年12月，中共中央办公厅、国务院办公厅印发《生态环境损害赔偿制度改革方案》（以下简称《改革方案》），明确自2018年1月1日起，在全国试行生态环境损害赔偿制度。到2020年，力争在全国范围内初步构建责任明确、途径畅通、技术规范、保障有力、赔偿到位、修复有效的生态环境损害赔偿制度。《改革方案》要求最高人民法院负责指导有关生态环境损害赔偿的审判工作，并对人民法院探索完善赔偿诉讼规则提出具体要求。

最高人民法院高度重视《改革方案》任务分工的贯彻落实，指导各级人民法院紧紧围绕党中央决策部署，积极开展生态环境损害赔偿审判工作，创新赔偿协议司法确认程序，依法受理生态环境损害赔偿各类案件，探索完善审判执行规则，为生态环境损害赔偿制度改革提供有力的司法服务和保障。各级人民法院坚持环境有价、损害担责工作原则，由环境资源审判庭或者专门法庭受理、审理生态环境损害赔偿案件，严肃追究损害生态环境责任者的修复和赔偿责任，确保受损生态环境得到及时有效修复。各地还认真总结审判经验，山东、贵州、云南、江苏等9省市出台了审理生态环境损害赔偿案件的司法规则，为健全完善生态环境损害赔偿审判规则积累了有益经验。截至2019年5月，各级人民法院共受理省级、市地级人民政府提起的生态环境损害赔偿案件30件，其中受理生态环境损害赔偿诉讼案件14件，审结9件；受理生态环境损害赔偿协议司法确认案件16件，审结16件，为生态环境损害赔偿制度的全面试行提供了有力司法保障和实践支持。

根据《改革方案》部署，最高人民法院将研究制定生态环境损害赔偿司法解释纳入重要工作日程，在认真总结各地法院尤其是试点法院实践经验的基础上，经过反复调研论证和广泛征求立法机关、相关部门、专家学者、人大代表、政协委员意见，制定出台《若干规定》，从司法解释层面确保党中央关于建立生态环境损害赔偿制度的决策部署落地生根见效。《若干规定》是最高人民法院在习近平新时代中国特色社会主义思想和党的十九大精神引领下，认真贯彻落实习近平生态文明思想和新时代生态文明建设要求，探索完善生态环境损害赔偿制度的一部重要司法解释，将对推动我国建立生态环境损害赔偿法律制度，进一步健全完善涵盖环境民事公益诉讼、生态环境损害赔偿诉讼和普通环境侵权责任诉讼在内的生态环境保护法律体系，全面加强国家利益、社会公共利益和人民群众环境权益的司法保障，产生积极而深远的影响。

二、问：《若干规定》的主要内容包括哪些？

答：《若干规定》以指导人民法院正确审理生态环境损害赔偿案件，严格保护生态环境，依法追究损害生态环境责任者的修复和赔偿责任为目标，认真贯彻《改革方案》确定的"依法推进，鼓励创新""环境有价，损害担责""主动磋商，司法保障""信息共享，公众监督"的工作原则，在总结改革试点及全面试行情况基础上,适应生态环境损害赔偿相关法律制度有待完善、审判实践经验尚不够丰富的实际情况,以"试行"的方式,对于司法实践中亟待明确的生态环境损害赔偿诉讼受理条件、证据规则、责任范围、诉讼衔接、赔偿协议司法确认、强制执行等问题予以规定。《若干规定》对一些争议较大的问题暂未作出规定,为实践探索留有余地,保持一定的开放性和前瞻性。

三、问:生态环境损害赔偿诉讼是一种新类型诉讼,在起诉条件方面有哪些新的规定?

答:生态环境损害赔偿诉讼是不同于环境民事公益诉讼和普通环境侵权责任诉讼的一类新的诉讼类型。《若干规定》第一条就人民法院受理生态环境损害赔偿诉讼案件的条件作出明确规定。一是明确了可以提起生态环境损害赔偿诉讼的原告范围。依据《改革方案》关于赔偿权利人以及起诉主体的规定,《若干规定》明确省级、市地级人民政府及其指定的相关部门、机构或者受国务院委托行使全民所有自然资源资产所有权的部门可以作为原告提起诉讼。同时,明确"市地级人民政府"包括设区的市,自治州、盟、地区,不设区的地级市,直辖市的区、县人民政府。二是明确了可以提起生态环境损害赔偿诉讼的具体情形。依据《改革方案》关于生态环境损害赔偿适用范围的规定,《若干规定》明确了可以提起诉讼的三种具体情形,包括发生较大、重大、特别重大突发环境事件的,在国家和省级主体功能区规划中划定的重点生态功能区、禁止开发区发生环境污染、生态破坏事件的,以及发生其他严重影响生态环境后果的情形。需要说明的是,上述第三种情形包括各地依据《改革方案》授权制定的实施方案中的具体规定。三是明确了开展磋商是提起诉讼的前置程序。《若干规定》明确原告在与损害生态环境的责任者经磋商未达成一致或者无法进行磋商的,可以提起生态环境损害赔偿诉讼,将磋商确定为提起诉讼的前置程序,为充分发挥磋商在生态环境损害索赔工作中的积极作用提供了制度依据。《若干规定》第二条规定了不适用本解释的两类情形,并明确了相应的救济渠道。具体包括两类案件,一是因污染环境、破坏生态造成人身损害、个人和集体财产损失要求赔偿的,适用侵权责任法等法律规定;二是因海洋生态环境损害要求赔偿的,适用海洋环境保护法等法律及相关规定。

四、问:生态环境损害赔偿诉讼案件的审理程序有哪些特别规定?

答:基于生态环境损害赔偿案件的特殊性,《若干规定》就相关审理程序和证据规则作出专门规定。

一是明确了管辖法院和审理机构。由于生态环境损害赔偿诉讼案件系新类型案件,事关国家利益和人民群众环境权益,社会影响较为重大,《若干规定》第三条规定,第一审生态环境损害赔偿诉讼案件由生态环境损害行为实施地、损害结果发生地或者被告住所地的中级以上人民法院管辖，并根据生态环境损害跨地域、跨流域特点，就跨行政区划集中管辖作出明确规定。同时，根据《改革方案》要求，为统一审判理念和裁判尺度，提高审判专业化水平，《若干规定》明确生态环境损害赔偿案件由人民法院环境资源审判庭或者指定的专门法庭审理。

二是明确了审判组织。生态环境损害赔偿诉讼的目的是保护国家利益和人民群众环境权益。为推进司法民主，保证司法公开公正，主动接受人民监督，《若干规定》明确人民法院审理第一审生态环境损害赔偿诉讼案件，应当由法官和人民陪审员组成合议庭进行。

三是明确了原告的举证责任。《若干规定》依据侵权责任法和相关司法解释规定，结合生态环境损害赔偿诉讼原告掌握行政执法阶段证据，举证能力较强的特点，明确原告应当就被告实施了污染环境、破坏生态行为或者具有其他应当依法承担责任的情形，生态环境受到损害以及所需修复费用、损害赔偿等具体数额，以及被告污染环境、破坏生态行为与生态环境损害之间具有关联性，承担相应举证责任。

四是明确了证据审查判断规则。《若干规定》根据生态环境损害赔偿诉讼案件中各类证据的特点，分别就生效刑事裁判涉及的相关事实、行政执法过程中形成的事故调查报告等证据、当事人诉前委托作出的鉴定评估报告等证据的审查判断规则作出明确规定，为准确查明损害生态环境相关事实提供了规范依据。

五、问：生态环境损害赔偿案件的责任承担方式有哪些新的规定？

答：《若干规定》创新了生态环境损害赔偿责任体系。一是创新责任承担方式，突出了修复生态环境的诉讼目的，首次将"修复生态环境"作为承担生态环境损害赔偿责任的方式。二是创新责任承担方式的顺位，突出修复生态环境和赔偿生态环境的服务功能损失在责任体系中的重要意义。三是完善了责任承担范围，根据生态环境是否能够修复对损害赔偿责任范围分类规定，在受损生态环境能够修复的情况下，被告应承担修复责任，人民法院可以同时确定被告不履行修复义务时应承担的生态环境修复费用。原告请求被告赔偿生态环境受到损害至修复完成期间服务功能损失并有足够事实根据的，人民法院依法予以支持。在受损生态环境无法修复或者无法完全修复的情况下，被告应就生态环境功能永久性损害造成的损失承担赔偿责任。在受损生态环境无法完全修复的情况下，即受损生态环境部分可以修复，部分不能修复，赔偿义务人需要同时承担可修复部分的修复义务以及支付可修复部分在修复期间的生态环境服务功能损失，不可修复部分，则需支付永久性损害造成的损失赔偿资金。此外，首次将修复效果后评估费用纳入修复费用范围。四是与土壤污染防治法关于建立土壤污染防治基金等规定相衔接，规定赔偿资金应当按照法律法规、规章予以缴纳、管理和使用，明确了赔偿资金的管理使用依据。需要说明的是，如果本地区有生态环境损害赔偿诉讼或者环境公益诉讼专项资金账户，可以将上述资金或者费用交纳至该账户，专项用于案涉生态环境修复工作。

六、问：作为诉讼功能有所重合的两类诉讼，生态环境损害赔偿诉讼与环境民事公益诉讼如何进行衔接和协调？

答：《改革方案》要求最高人民法院商有关部门根据实际情况，就生态环境损害赔偿制度与环境民事公益诉讼之间衔接等问题提出意见。《若干规定》在总结实践经验基础上，就两类诉讼的衔接作出了相应规范。一是明确受理阶段两类案件分别立案后由同一审判组织审理。为保障环境民事公益诉讼原告诉权，节约审判资源，避免裁判矛盾，《若干规定》第十六条规定，在生态环境损害赔偿诉讼案件审理过程中，同一损害生态环境行为又被提起民事公益诉讼，符合起诉条件的，应当由受理生态环境损害赔偿诉讼案件的人民法院受理并由同一审判组织审理。二是明确审理阶段两类案件的审理顺序。鉴于生态环境损害赔偿诉讼案件的原告具有较强专业性和组织修复生态环境的能力，为促进受损生态环境的及时有效修复，《若干规定》第十七条明确，人民法院受理因同一损害生态环境行为提起的生态环境损害赔偿诉讼案件和民事公益诉讼案件，应先中止民事公益诉讼案件的审理，待生态环境损害赔偿诉讼案件审理完毕后，就民事公益诉讼案件未被涵盖的诉讼请求依法作出裁判。三是明确裁判生效后两类案件的衔接规则。为避免相关民事主体因同一损害生态环境行为被重复追责，妥善协调发展经济与保护生态环境的关系，《若干规定》第十八条明确，生态环境损害赔偿诉讼案件的裁判生效后，有权提起民事公益诉讼的机关或者社会组织，就同一损害生态环境行为有证据证明存在前案审理时未发现的损害，并提起民事公益诉讼的，人民法院应予受理。明确对于同一损害生态环境行为，除非有证据证明存在前案审理时未发现的损害，原则上只能提起一次生态环境损害赔偿诉讼或者环境民事公益诉讼。四是明确实际支出应急处置费用的机关提起的追偿诉讼和生态环境损害赔偿诉讼的关系。为全面保护国家利益，《若干规定》第十九条明确，在生态环境损害赔偿诉讼原告未主张应急处置费用时，实际支出该费用的行政机关提起诉讼予以主张的，人民法院应予受理并由同一审判组织审理。

七、问：政府与赔偿义务人经磋商达成赔偿协议后，向人民法院申请司法确认的程序是什么？

答：磋商是生态环境损害赔偿改革中的重要制度安排。在实践中，不少生态环境损害问题通过磋商达成了赔偿协议，赔偿义务人及时对生态环境进行修复，产生了良好的社会效果。《若干规定》及时回应审判实践需要，规定了磋商达成赔偿协议的司法确认程序。一是明确赔偿协议司法确认的公告制度。在生态环境损害赔偿制度改革试点后，全国首例由省级人民政府提出申请的生态环境损害赔偿协议司法确认案件中，清镇市人民法院受理司法确认申请后，在贵州省法院门户网站将各方达成的《生态环境损害赔偿协议》、修复方案等内容进行了为期十五天的公告，有效保障公众的知情权、参与权和监督权。这一司法实践探索被《改革方案》及《若干规定》所肯定和采纳，为该类案件的审查确认贡献了可供借鉴的司法智慧。二是明确了法院的审查义务。法院在受理生态环境损害赔偿协议司法确认案件后，依法就协议的内容是否违反法律法规强制性规定，是否损害国家利益、社会公共利益进行司法审查并依法作出裁定。此外，为了加大生态环境案件的公众参与，监督生态环境损害赔偿磋商协议的落实情况，明确了确认生态环境损害赔偿协议效力的裁定书应当载明案件基本事实和协议内容等，进一步规范裁定书的体例和制作要求。三是规范生态环境损害赔偿协议司法确认的效力和规则。人民法院通过对生态环境损害赔偿协议的司法确认，赋予赔偿协议强制执行效力，对拒绝履行、未全部履行经司法确认的生态环境损害赔偿协议的，当事人可以向人民法院申请强制执行，保障了赔偿协议的有效履行和生态环境修复工作的切实开展。

八、问：如何确保生态环境损害赔偿诉讼案件裁判执行到位？

答： 根据生态环境损害赔偿案件所涉生态环境损害巨大，修复工作专业性强，修复周期长，情况复杂的特点，《若干规定》第二十一条在明确生态环境损害赔偿案件裁判和经司法确认的赔偿协议具有强制执行效力的同时，明确执行中涉及的生态环境修复工作依法由省级、市地级人民政府及其指定的相关部门、机构组织实施，确保受损生态环境得到及时有效修复。

九、问：《若干规定》没有涉及的问题，审判实践中如何适用法律？

答：《若干规定》第二十二条明确除了本规定有特殊规定的内容以外，其他没有涉及到的相关内容，可以参照适用的司法解释条文，并列举了与本类诉讼关系密切的《最高人民法院关于审理环境民事公益诉讼案件适用法律若干问题的解释》和《最高人民法院关于审理环境侵权责任纠纷案件适用法律若干问题的解释》。这两类司法解释也没有相关规定的，可以适用《中华人民共和国民事诉讼法》和《最高人民法院关于适用〈中华人民共和国民事诉讼法〉的解释》的规定。

十、问：如何加强环境司法和生态环境行政执法的有效衔接配合？

答： 为了适应生态环境保护多元共治新要求，充分发挥生态环境主管部门行政执法主力军作用，推动形成生态环境保护合力，《若干规定》对于在生态环境损害赔偿案件中构建生态环境行政执法和环境资源审判有效衔接机制进行了创新和探索，主要表现在三个方面。

一是构建了生态环境行政执法过程中产生的证据材料如何在诉讼过程中进行审查认定的机制。生态环境主管部门或者其委托的机构在行政执法中形成的事件调查报告、检验报告、检测报告、评估报告、监测数据等，作为行政执法过程中形成的第一手资料，具有专业性和及时性。《若干规定》第九条规定，上述证据材料经当事人质证并符合证据标准的，可以作为认定案件事实的根据，准确界定了行政执法材料在生态环境损害赔偿案件中的证据效力。

二是构建了诉前磋商程序和诉讼程序的有效衔接机制。《若干规定》第二十条规定，经磋商达成生态环境损害赔偿协议的，当事人可以向人民法院申请司法确认。同时对司法确认的公告程序、赔偿协议的审查规则以及司法确认裁定书的内容等进行了具体规定，为实现行政机关开展磋商达成的成果提供了司法保障。此外，对诉前阶段当事人委托具备环境司法鉴定资质的鉴定机构出具的鉴定意见，以及委托国务院环境资源保护监督管理相关主管部门推荐机构出具的检验报告等证据材料，《若干规定》第十条明确了其证据效力和审查认定标准，有效解决了诉前磋商证据材料在诉讼中适用问题。

三是构建了裁判生效后生态环境修复实施工作的衔接制度。一方当事人拒绝履行、未全部履行发生法律效力的生态环境损害赔偿诉讼案件裁判或者经司法确认的生态环境损害赔偿协议的，对方当事人可以向人民法院申请强制执行。同时，基于生态环境修复工作专业性强、修复周期长、修复情况复杂等因素，对受损生态环境具体修复工作的开展，依法由省级、市地级人民政府及其指定的相关部门、机构组织实施。这有利于发挥相关主管部门和机构的专业优势，及时推进生态环境修复工作的有序开展，切实保障受损生态环境的有效修复。

十一、问：人民法院在贯彻执行《若干规定》时，应当处理好哪些关系？

答： 各级人民法院在贯彻执行《若干规定》过程中要处理好以下三方面的关系。一是坚持人民为中心，处理好生态环境损害赔偿诉讼和环境民事公益诉讼、环境侵权责任纠纷案件的关系，保障受损生态环境得到有效修复，全面维护国家利益、社会公共利益和人民群众环境权益。二是遵循司法规律，处理好生态环境司法保护与行政保护的关系。既要充分发挥司法审判的职能作用，在坚持平等原则基础上依法审理案件，促进生态环境有效修复，又要充分尊重环境资源行政主管部门的执法主体地位，防止审判权"越界"进入行政监管领域，还要注意与行政机关做好诉前磋商、证据调查收集、生态环境修复等环节的衔接协调，形成生态环境保护的强大合力。三是立足服务大局，处理好尊重现实和改革创新的关系。既要遵循现有法律制度的基本原则和规则，又要主动服务党中央重大改革部署，解放思想、开拓创新，为探索完善生态环境损害赔偿制度贡献司法智慧。各级人民法院既要关注行政机关作为原告的特殊性,又要准确适用民事诉讼法及相关司法解释,处理好生态环境损害赔偿诉讼中一般规则和特殊规则的关系,有效排除外部阻力和干扰,强化对违法行为人的追责力度,不断完善生态环境司法保护机制。

最后,需要强调的是,今天是世界环境日,我国今年环境日的主题是"蓝天保卫战,我是行动者"。最高人民法院将以《若干规定》的出台为契机,指导各级人民法院深入学习贯彻习近平生态文明思想,切实增强责任感和使命感,依法履职、开拓创新,全面加强国家利益、社会公共利益和人民群众环境权益的司法保障,为加强新时代生态环境保护、建设天蓝地绿水净的美好家园提供更加有力的司法服务和保障!

最高人民法院
关于生态环境侵权案件适用禁止令保全措施的若干规定

法释〔2021〕22号

（2021年11月29日最高人民法院审判委员会第1854次会议通过　2021年12月27日最高人民法院公告公布　自2022年1月1日起施行）

为妥善审理生态环境侵权案件，及时有效保护生态环境，维护民事主体合法权益，落实保护优先、预防为主原则，根据《中华人民共和国民法典》《中华人民共和国环境保护法》《中华人民共和国民事诉讼法》等有关法律规定，结合审判实践，制定本规定。

第一条　申请人以被申请人正在实施或者即将实施污染环境、破坏生态行为，不及时制止将使申请人合法权益或者生态环境受到难以弥补的损害为由，依照民事诉讼法第一百条、第一百零一条①规定，向人民法院申请采取禁止令保全措施，责令被申请人立即停止一定行为的，人民法院应予受理。

第二条　因污染环境、破坏生态行为受到损害的自然人、法人或者非法人组织，以及民法典第一千二百三十四条、第一千二百三十五条规定的"国家规定的机关或者法律规定的组织"，可以向人民法院申请作出禁止令。

第三条　申请人提起生态环境侵权诉讼时或者诉讼过程中，向人民法院申请作出禁止令的，人民法院应当在接受申请后五日内裁定是否准予。情况紧急的，人民法院应当在接受申请后四十八小时内作出。

因情况紧急，申请人可在提起诉讼前向污染环境、破坏生态行为实施地、损害结果发生地或者被申请人住所地等对案件有管辖权的人民法院申请作出禁止令，人民法院应当在接受申请后四十八小时内裁定是否准予。

第四条　申请人向人民法院申请作出禁止令的，应当提交申请书和相应的证明材料。

申请书应当载明下列事项：

（一）申请人与被申请人的身份、送达地址、联系方式等基本情况；

（二）申请禁止的内容、范围；

---

① 对应《民事诉讼法》（2023年修正）第一百零三条、第一百零四条。

（三）被申请人正在实施或者即将实施污染环境、破坏生态行为，以及如不及时制止将使申请人合法权益或者生态环境受到难以弥补损害的情形；

（四）提供担保的财产信息，或者不需要提供担保的理由。

第五条 被申请人污染环境、破坏生态行为具有现实而紧迫的重大风险，如不及时制止将对申请人合法权益或者生态环境造成难以弥补损害的，人民法院应当综合考量以下因素决定是否作出禁止令：

（一）被申请人污染环境、破坏生态行为被行政主管机关依法处理后仍继续实施；

（二）被申请人污染环境、破坏生态行为对申请人合法权益或者生态环境造成的损害超过禁止被申请人一定行为对其合法权益造成的损害；

（三）禁止被申请人一定行为对国家利益、社会公共利益或者他人合法权益产生的不利影响；

（四）其他应当考量的因素。

第六条 人民法院审查申请人禁止令申请，应当听取被申请人的意见。必要时，可进行现场勘查。

情况紧急无法询问或者现场勘查的，人民法院应当在裁定准予申请人禁止令申请后四十八小时内听取被申请人的意见。被申请人意见成立的，人民法院应当裁定解除禁止令。

第七条 申请人在提起诉讼时或者诉讼过程中申请禁止令的，人民法院可以责令申请人提供担保，不提供担保的，裁定驳回申请。

申请人提起诉讼前申请禁止令的，人民法院应当责令申请人提供担保，不提供担保的，裁定驳回申请。

第八条 人民法院裁定准予申请人禁止令申请的，应当根据申请人的请求和案件具体情况确定禁止令的效力期间。

第九条 人民法院准予或者不准予申请人禁止令申请的，应当制作民事裁定书，并送达当事人，裁定书自送达之日起生效。

人民法院裁定准予申请人禁止令申请的，可以根据裁定内容制作禁止令张贴在被申请人住所地，污染环境、破坏生态行为实施地、损害结果发生地等相关场所，并可通过新闻媒体等方式向社会公开。

第十条 当事人、利害关系人对人民法院裁定准予或者不准予申请人禁止令申请不服的，可在收到裁定书之日起五日内向作出裁定的人民法院申请复议一次。人民法院应当在收到复议申请后十日内审查并作出裁定。复议期间不停止裁定的执行。

第十一条 申请人在人民法院作出诉前禁止令后三十日内不依法提起诉讼的，人民法院应当在三十日届满后五日内裁定解除禁止令。

禁止令效力期间内，申请人、被申请人或者利害关系人以据以作出裁定的事由发生变化为由，申请解除禁止令的，人民法院应当在收到申请后五日内裁定是否解除。

第十二条 被申请人不履行禁止令的，人民法院可依照民事诉讼法第一百一十一条的规定追究其相应法律责任。

第十三条 侵权行为实施地、损害结果发生地在中华人民共和国管辖海域内的海洋生态环境侵权案件中，申请人向人民法院申请责令被申请人立即停止一定行为的，适用海洋环境保护法、海事诉讼特别程序法等法律和司法解释的相关规定。

第十四条 本规定自2022年1月1日起施行。

【注　解】

本规定引用的《中华人民共和国民事诉讼法》已于2023年9月1日第5次修正。

【解　读】

解读《最高人民法院关于生态环境侵权案件适用禁止令保全措施的若干规定》

《最高人民法院关于生态环境侵权案件适用禁止令保全措施的若干规定》（以下简称《规定》）于2021年11月29日由最高人民法院审判委员会第1854次会议讨论通过，自2022年1月1日起施行。《规定》对于贯彻落实习近平生态文明思想、习近平法治思想，落实保护优先、预防为主原则，及时有效保护生态环境，维护民事主体合法权益，具有重要的现实意义。现对《规定》的制定背景、指导思想和原则、主要内容作如下解读。

一、《规定》的制定背景

生态环境与每个人息息相关，人民群众对美好生活的向往包含了对良好生态环境的期待。良好生态环境是最公平的公共产品、最普惠的民生福祉，是中华民族永续发展的可靠保证，只有尊重自然、顺应自然，才能实现人与自然的和谐共生。党的十八大以来，习近平总书记高度重视生态环境保护，开展了一系列根本性、开创性、长远性工作，美丽中国建设迈出重大步伐，生态环境保护发生历史性、转折性、全局性变化。十九届六中全会、中央经济工作会议对生态环境保护提出了新要求,协同推进经济高质量发展与生态环境高水平保护需求更加迫切。

司法作为生态环境治理体系的重要组成部分,担负化解生态环境矛盾纠纷,保护生态环境国家利益和社会公共利益,保障人民群众环境权益的重要职责。环境污染、生态破坏具有突发性、瞬时性、不可逆转性,危害后果具有滞后性、长久性、难以修复性等特征,决定了预防性救济在生态环境保护领域的极端重要性,当侵害正在进行中或者损害尚未最终发生时,即应给予及时有效的救济,以维护个人、公众的环境权益及民事主体的其他合法权益,保护生态环境。

从世界范围看,欧美国家在长期的司法实践中已经形成较为成熟完善的禁令救济制度,并在环境保护领域发挥了重要的作用。"美国环境司法实践中,环境诉讼禁令既是一种临时保全措施,又是一种救济手段。"[1] 就我国而言,《刑法修正案(八)》[2] 以及相关司法解释已经明确规定了刑事司法领域的禁止令制度,但此类禁止令系在刑事判决的同时颁发的禁止令,在性质上属于终局救济的范畴,与生态环境保护领域作为预防性、临时性救济措施的禁止令并不相同。我国《民法典》规定了人格权禁令制度,但在生态环境领域尚未有明确法律规定。环境司法理论界认为,"环境保护禁止令的适用,具有及时阻却环境损害发生或扩大的客观效果。在此意义上,环境保护禁止令的适用,作为对民事行为保全基本制度的沿袭,对应了环境保护实践的内在要求,具有合理性。"[3] 但司法理论的研究成果并未被立法所吸纳,民事法律中并未有"生态环境保护禁止令"的具体规定。

实践中,贵州、云南、重庆、江苏、浙江、福建、山东、河南等地法院针对环境污染、生态破坏案件的特点,为及时制止生态环境侵权行为,预防环境损害的发生或者扩大,有效维护当事人的合法利益和公众的环境权益,结合审判实践需求,在生态环境司法实践中不断探索适用禁止令措施,并制定了相应的规范性文件,取得了良好的法律效果。但是各地法院采取禁止令措施的法理基础并不完全相同,适用范围不尽相同,亟待统一和规范。全国人大代表、政协委员近几年也针对生态环境保护的实践需求提交了关于建立完善禁止令制度的相关建议或者提案。

---

[1] 杨凯:《民行一体化:环境司法诉讼禁令制度的重构与完善》,载《武汉大学学报(哲学社会科学版)》2019年第4期。

[2] 《刑法修正案(八)》第二条:在刑法第三十八条中增加一款作为第二款:"判处管制,可以根据犯罪情况,同时禁止犯罪分子在执行期间从事特定活动,进入特定区域、场所,接触特定的人。"原第二款作为第三款,修改为:"对判处管制的犯罪分子,依法实行社区矫正。"增加一款作为第四款:"违反第二款规定的禁止令的,由公安机关依照《中华人民共和国治安管理处罚法》的规定处罚。"

[3] 王晶:《环境保护禁止令之适用审视》,载《甘肃政法学院学报》2019年第2期。

最高人民法院高度重视环境司法对生态环境保护、生态文明建设的服务和保障作用，2014年6月设立专门的环境资源审判庭，统一指导全国的环境资源审判工作。为了进一步丰富和完善预防性救济措施在生态环境领域的适用，在根植于我国环境司法理论发展土壤，吸收、借鉴域外经验的基础上，针对环境司法实践对禁止令措施的特殊需求，最高人民法院以《民事诉讼法》行为保全制度为基本依据，将探索适用生态环境保护禁止令作为一项重要工作部署，先后在《最高人民法院关于认真学习贯彻党的十九届四中全会精神的通知》（法〔2019〕244号）、《最高人民法院关于为黄河流域生态保护和高质量发展提供司法服务与保障的意见》（法发〔2020〕19号）、《最高人民法院关于支持和保障深圳建设中国特色社会主义先行示范区的意见》（法发〔2020〕39号）等司法政策性文件中明确提出"探索环境保护禁止令"和"探索建立环境保护禁止令制度"等工作要求，指导各地法院积极开展工作实践；并在认真总结各地法院司法实践的基础上，经反复调研论证和广泛征求意见，就生态环境禁止令保全措施的法律依据、申请主体、审查需考量的因素、效力期间、文书形式、提前解除、不履行的法律责任等问题进行规范，制定出台本《规定》，以实现对生态环境的预防性、及时性保护和对侵权行为的震慑作用，统一法律的适用。

二、《规定》制定的指导思想和原则

习近平总书记指出："只有实行最严格的制度、最严密的法治，才能为生态文明建设提供可靠保障。"《规定》的起草制定始终以习近平生态文明思想、习近平法治思想为指导，深入贯彻落实党的十九大以及十九届历次全会精神，找准环境司法审判与保护人民群众切身利益和服务经济社会高质量发展的最佳结合点，丰富完善生态环境司法保护制度体系。《规定》的制定主要遵循了以下原则。

一是坚持以人民为中心。在《规定》制定过程中，坚持以人民群众对严厉惩治环境污染、生态破坏行为的迫切需求为出发点，明确为防止申请人合法权益或者生态环境受到难以弥补的损害，可以采取禁止令保全措施给予救济，及时制止生态环境损害的发生或继续扩大。《规定》明确将民事裁定的内容以禁止令的形式张贴在被申请人住所地，污染环境、破坏生态行为实施地、损害结果发生地等相关场所，加大禁止令保全措施的公示力度，既对被申请人形成有力震慑，督促其及时停止生态环境侵权行为，又强化公众参与和社会监督，保障禁止令保全措施的执行和落实。

二是坚持"保护优先、预防为主"。《规定》针对生态环境具有一旦受到损害则难以恢复，甚至完全丧失生态服务功能的特点，将"保护优先、预防为主"作为起草制定的重要原则之一。《规定》明确申请人在提起诉讼前和诉讼过程中均可以申请人民法院采取禁止令保全措施,并对"情况紧急"予以缩短采取禁止令保全措施的时间,以强化禁止令保全措施的预防性权利救济功能,及时制止生态环境侵权行为,有效避免或者减少生态环境损害的影响。

三是坚持服务国家社会发展需要。申请人申请人民法院采取禁止令保全措施时,案件往往尚未进入审理阶段,甚至尚未受理,禁止被申请人一定行为可能会对其合法权益以及社会经济发展带来一定影响。《规定》明确在确定禁止令保全措施的适用范围、考量因素、审查期限时,要把握时、度、效,既要考虑禁止令保全措施对申请人合法权益和生态环境的保护,也要考量对国家社会发展及被申请人合法权益产生的影响,以合理平衡各方利益关系,避免利益保护过度失衡,影响国家社会发展大局。

三、《规定》的主要内容

《规定》共14条,对禁止令保全措施的法律依据、申请主体、类型、考量因素、文书形式、权利保障等相关内容进行了规定。现结合《规定》的具体条文,对其主要内容阐释如下:

(一)禁止令保全措施的法律依据、基本内涵

1.《规定》第一条明确了禁止令保全措施的法律依据。最高人民法院对《民事诉讼法》框架下的行为保全制度在生态环境领域的适用进行解释,将2017年《民事诉讼法》第一百条、第一百零一条关于民事诉讼保全的规定作为《规定》起草制定的直接法律依据。[①] 在起草《规定》过程中,因尚无民事法律对"禁止令"予以明确规定,故从"禁止令"的本质系采取禁止一定行为的措施,达到制止或者预防某种生态环境损害的发生和扩大目的角度进行制度设计。民事行为保全制度与《规定》的起草目的相一致,故依据《民事诉讼法》行为保全制度为框架进行《规定》条文起草和制度设计具有上位法依据。

2.《规定》第一条明确了禁止令保全措施的基本内涵,即禁止令保全措施是为及时制止被申请人正在实施或者即将实施的污染环境、破坏生态行为,避免对申请人合法权益或者生态环境受到难以弥补的损害,向人民法院申请作出的临时性救济措施。其核心内容是责令被申请人立即停止一定行为,不得继续实施相关行为。就此而言,禁止令保全措施可以理解为民事诉讼保全制度在生态环境领域中的延伸适用,且是一种禁止类的行为保全措施。禁止令保全措施在生态环境侵权案件中的适用既体现了民事诉讼行为保全制度的一般特征,又满足了生态环境保护、建设生态文明的特殊需要。《规定》在起草过程中,对如何界定禁止令的内涵,是否把责令被申请人实施一定行为,即强制被申请人为一定行为亦归入禁止令的范畴,存在不同的认识。经初步考察,禁止令最早

---

① 对应《民事诉讼法》(2023年修正)第一百零三条、第一百零四条。

起源于罗马法，是指由地方行政官发给某一特定人的命令或禁令。① 之后，禁止令沿着两条不同的路径发展：在英美法系演变为非常复杂的禁止令或禁令（injunction）制度，在大陆法系则以"假处分"的行为保全方式将禁止令内容包含其中。按一般理解，禁止令的原始含义是停止侵权，也称禁令、强制令，是指在诉讼过程中，在侵权行为明显成立的情况下，法院要求侵权当事人实施某种行为，或禁止其为一定行为的命令；目的是在实质争议解决前，防止侵权行为的重复或预期发生，保护当事人的合法权益。在英美法系中，中间性禁令是指在诉讼终结之前，为了维持现状或变更现状所采取的暂时性救济方式，包括临时禁令和初步禁令。② 应该说，大陆法系中的"假处分"制度中"制止侵权行为的继续"等内容作为诉讼中的行为保全，与英美法系禁止令制度中的中间禁令（临时禁令和初步禁令）基本对应。"无论是中间禁令制度还是'假处分'制度，都是相对终极救济而言的暂时性救济手段。"③ 由此，尽管两大法系的传统不同，但在及时制止侵权行为、防止难以弥补损害方面殊途同归。

　　基于上述分析，尽管欧美国家关于禁止令或者禁令的制度多将责令停止一定行为和命令实施一定行为均包含在其中，但就我国而言，考虑到禁止令系针对生态环境侵权行为的一种临时性救济措施，并非终局救济，其目的是及时制止侵害，以避免造成难以弥补的环境损害，而此时案件尚未受理或者受理但尚未正式审理、裁判，一旦采取禁止令保全措施可能会对被申请人以及国家社会发展造成一定影响，甚至较大影响，故在禁止令保全措施实施初期适当控制适用范围有利于平衡各方利益，确保该措施的适用效果和目的得以顺利实现；且"禁止令"的中文字面含义仅包含"不得为"，不包含"必须为"的内容，若将"必须为"亦包含在禁止令内涵中则显得名实不符。为此，《规定》将禁止令保全措施的内涵限缩为"立即停止一定行为"，即禁止或者不得为一定行为，未包含强制被申请人为一定行为。实际上，《民法典》第九百九十七条关于人格权保护禁令也仅规定了"责令行为人停止有关行为"，禁止令保全措施与人格权保护禁令的表述方式基本一致。

　　当然，若司法实践中基于具体个案，确实需要行为人作出某种积极行为才能实现制止环境侵害的目的，可以通过转换禁止令的表述方式而实现：将需要行为人实施的某种积极行为作为禁止令的前提条件置于禁止令之中。比如，若需要行为人建设并运行污水处理设施，则禁止令可表述为：责令（生态环境侵权行为人）在污水处理设施竣工验收合格并投入使用前停止或者不得排放

---

① ［英］戴维·M. 沃克：《牛津法律大辞典》，北京社会与科技发展研究所组织翻译，光明日报出版社1988年版，第453页。
② 叶明、吴太轩：《论环境侵权救济中的排除侵害制度》，载《广西政法管理干部学院学报》2002年第1期。
③ 龚海南：《环境保护禁止令制度的构建》，载《人民司法·应用》2005年第1期。

污水。

(二) 禁止令保全措施的申请主体、申请材料

1. 申请主体。"基于司法的中立性、被动性的特征,生态行为司法禁令依当事人申请而开启,这也是民事诉讼'诉权处分'原则的要求。"① 生态环境侵权诉讼,既涉及生态环境私益侵权案件,也涉及生态环境公益侵权案件;既涉及法律规定的机关、社会组织和人民检察院提起的环境民事公益诉讼案件,也涉及省级、市地级政府及其指定的部门或机构提起的生态环境损害赔偿诉讼案件。理论上,依法有权提起这些诉讼的主体均有权向人民法院申请采取禁止令保全措施,《规定》第二条基于前述不同诉讼程序明确了相关申请主体。

就生态环境私益侵权诉讼而言,受到环境污染、生态破坏行为损害或损害之虞的民事主体(自然人、法人或者非法人组织)有权提起诉讼,并基于具体实际情况在诉讼前或者诉讼过程中依法申请人民法院采取禁止令保全措施。

就生态环境公益侵权诉讼而言,根据现有法律和司法解释规定,有权提起诉讼的主体包括四类:一是《民事诉讼法》第五十八条第一款所列"法律规定的机关",比如《海洋环境保护法》第八十九条第二款规定的"依照本法规定行使海洋环境监督管理权的部门",《森林法》第六十八条规定的"县级以上人民政府自然资源主管部门、林业主管部门",固体废物污染环境防治法第一百二十二条第一款规定的"设区的市级以上地方人民政府或者其指定的部门、机构";二是《民事诉讼法》第五十八条第一款所列"有关组织",比如环境保护法第五十八条规定的,依法在设区的市级以上人民政府民政部门登记、专门从事环境保护公益活动连续五年以上且无违法记录的社会组织;三是《民事诉讼法》第五十八条第二款所规定的人民检察院;四是根据中共中央办公厅、国务院办公厅《生态环境损害赔偿制度改革方案》的规定,国务院授权的省级、市地级人民政府及其指定的部门、机构,以及受国务院委托代行全民所有自然资源资产所有权的部门,系生态环境损害赔偿权利人。②《民法典》作为民事实体法律,在第一千二百三十四条、第一千二百三十五条概括规定了上述各类主体的生态环境公益请求权,将生态环境公益请求权主体明确为"国家规定的机关"和"法律规定的组织"两大类型。故《规定》第二条采用《民法典》的概括表述,包括了前述可以提起生态环境公益侵权诉讼的各类主体。

2. 申请材料。《规定》第四条明确了申请人申请人民法院作出禁止令需要提交的材料以及相关要求,主要包括三层含义。

---

① 赖声利、郭娜:《生态环境损害行为司法禁令制度探究》,载《上饶师范学院学报》2015年第5期。

② 最高人民法院民法典贯彻实施工作领导小组主编:《中华人民共和国民法典侵权责任编理解与适用》,人民法院出版社2020年版,第556~557页。

一是符合条件的申请人申请禁止令时应提交书面申请书。法院是否作出禁止令原则上应由当事人申请启动，法院不宜直接以职权采取禁止令措施；申请书作为申请人的正式意思表示，被提交给法院后，法院才可以依法审查并作出相应的处理。考虑到禁止令保全措施可能会对被申请人利益以及国家社会发展产生一定影响，甚至较大影响，当事人不能口头申请禁止令。

二是申请书应当具备必要的内容。当事人申请禁止令，首先需将双方的基本情况，尤其被申请人的信息清楚载明，如被申请人不明确、地址不详或者无法联络，则禁止令就难以对被申请人产生效力。其次要明确申请作出禁止令的具体内容，即请求法院责令被申请人停止的具体行为，是一项还是数项行为；以及请求禁止实施的具体行为范围，是部分停止还是全部停止等。再次要表明被申请人正在实施或者即将实施生态环境侵权行为，若不及时制止将使申请人合法权益或者生态环境受到难以弥补损害的具体情形。最后要明确基于申请禁止令所拟提供担保的财产信息，并提供相应的证照手续供法院核查，若存在无须提供担保的法定事由，也需予以明确说明，事前已经人民法院同意不提供担保的除外。司法实践中，若受理禁止令申请的人民法院根据不同案件的具体情况，尚需了解的相关事项，申请人亦应按法院的要求予以载明或另行说明。

三是应向法院提交相应的证明材料。除法律法规或者司法解释特别规定的除外，"谁主张，谁举证"系民事诉讼的一般举证规则。申请人向法院申请禁止令应遵循基本的举证规则，除需要提供被申请人基本信息的相关证明材料以及其他程序性材料外，最主要的是要提供被申请人正在实施或者即将实施生态环境侵权行为，以及若不及时制止将使申请人或者公众的合法权益受到难以弥补损害的初步证明材料。当然，由于此时案件尚未实质审理，甚至尚未受理，申请人提供的证明材料不一定要达到确证的程度，只要能初步证明存在前述情形或者具有较大可能性即可。若申请人提交的申请不符合前述规定要求，或者不能提供初步证明材料的，经人民法院要求限期补交，逾期不补交的，人民法院对其申请不予受理。

（三）禁止令保全措施的类型、管辖

1. 禁止令保全措施的类型。2017年《民事诉讼法》第一百条、第一百零一条分别规定了诉中和诉前两种行为保全类型，与此相对应，《规定》第三条亦明确禁止令保全措施包括诉中禁止令和诉前禁止令，不包括终局禁止令，即人民法院经过审理最终判令生态环境侵权人停止侵害的情形不包含其中。诉中禁止令是申请人在提起诉讼时、诉讼过程中申请人民法院作出的禁止令；诉前禁止令是因紧急情况来不及起诉的，申请人在提起诉讼前申请的禁止令。关于人民法院受理申请后作出禁止令的期限，根据禁止令类型的不同而有所不同。参照《民事诉讼法》及相关解释关于保全的规定，《规定》明确人民法院在接受当事人的诉中禁止令申请后五日内裁定是否作出禁止令，紧急情况下应在接受申请后四十八小时内作出是否准予的裁定；诉前接受禁止令申请的，因情况紧急，亦要在接受申请四十八小时内作出是否准予的裁定。

2. 禁止令保全措施的管辖。当事人申请禁止令应向有管辖权的人民法院申请，就诉中禁止令而言，鉴于当事人的诉讼已经被人民法院受理，案件已经进入诉讼程序，则自然要向审理该案的人民法院提出申请，由该法院审查判断是否作出禁止令，此为诉中禁止令的应有之义。就诉前禁止令而言，由于情况紧急来不及向人民法院提起诉讼，但又亟须采取及时措施，制止生态环境侵权行为，故允许当事人遵循就近便利原则，选择一家与污染环境、破坏生态行为密切关联的侵权行为实施地、损害结果发生地或者侵权行为人所在地等对案件有管辖权的法院提出申请，由该法院审查决定是否作出禁止令。该规定一方面考虑到禁止令作出后实际执行的效果，需要由与生态环境侵权行为密切关联的法院受理诉前禁止令申请；另一方面也考虑到由对案件有管辖权的法院受理诉前禁止令申请，会尽可能避免诉前禁止令的作出法院与审理案件的法院不一致，可能导致后续工作衔接不畅的问题。实际上，该条规定也是回应多地法院所提的反馈意见，即不少地方环境资源案件实施跨行政区划集中管辖，应由这些地方实行集中管辖的法院审查处理更为妥当。

当然，若基于具体个案，受理诉前禁止令申请并作出禁止令的法院并非之后受理并审理案件的法院，则作出禁止令的法院应将相关材料及时移交给审理案件的法院，鉴于此种操作属于法院内部工作协调的范围，囿于条文篇幅，《规定》对此没有具体规定。

（四）采取禁止令保全措施的基本条件、考量因素

《规定》第五条明确了人民法院作出禁止令的基本条件、考量因素。该条规定基于生态环境损害的特殊性以及我国生态环境保护现状和现阶段基本国情，借鉴参考了英美国家法院通过判例逐步形成的中间禁令四要素，即不可弥补的损害、损失衡量、对公共利益的影响和胜诉可能性[1]，和作出预防性禁令的三要件，即损害发生的重大性（substantial）、损害发生的高度盖然性（sufficient degree of probability）、损害发生的紧迫性（at no remote period）[2]，以

---

[1] 薛淼：《美国环境法禁令制度之借鉴》，载《人民司法·应用》2017年第31期；杨凯：《民行一体化：环境司法诉讼禁令制度的重构与完善》，载《武汉大学学报（哲学社会科学版）》2019年第4期。

[2] 杜颖：《英美法律的禁令制度》，载《广东行政学院学报》2003年第3期。

及我国知识产权行为保全司法解释的相关规定①,并采纳吸收了各方意见建议;其核心目的在于既要通过禁止令保全措施及时制止生态环境侵权行为或者重大生态环境风险,有效避免申请人合法权益、公众环境权益受到难以弥补的损害,同时也要考虑被申请人的合法权益、国家社会发展的大局,坚持稳中求进,防止出现保护不足和过度保护两种倾向。具体而言:

1. 采取禁止令保全措施的基本条件。人民法院采取禁止令保全措施,禁止被申请人实施一定行为,可能会对被申请人及国家社会发展造成一定影响,甚至还存在恶意申请禁止令、借此打击竞争对手的情形,故人民法院审查判断作出禁止令时,应审慎为之。《规定》制定过程中,曾试图确定具体的审查判断标准,但由于生态环境侵权案件类型众多、案情各异,在征求意见过程争议很大,难以统一。后经综合各方意见,以高度概括的方式确定了作出禁止令须具备的基本条件,即污染环境、破坏生态行为具有现实而紧迫的重大风险,不及时制止会造成难以弥补的损害。该基本条件是人民法院审查决定作出禁止令的基础或者前提,若禁止令申请不符合这一基本条件,人民法院应不予准许。基于文义理解,环境损害必须是真实、现实存在的,不是虚构、想象的,具有时空上的迫切性,所产生的风险具有重大性,不及时制止将很可能导致申请人合法权益或者生态环境受到难以弥补的损害。"现实而紧迫的重大风险"的具体判断,可从以下几个层面予以考虑:一是被申请人是否违反了环境保护法、《森林法》、长江保护法等环境资源法律法规,实施了污染环境、破坏生态行为;二是被申请人实施的污染环境、破坏生态行为是否已经被相关环境资源法律法规明确规定在应承担法律责任的范围内;三是被申请人因污染环境、破坏生态行为应当被行政主管机关予以行政处理但尚未处理,或者已被行政处理但环境污染、生态破坏尚未得到有效控制。满足上述三方面的要求,即可认定"现实而紧迫的重大风险"的基础已基本具备;在此基础上是否最终作出禁止令,受理法院尚须综合考虑《规定》第五条所涉四项因素,并结合具体个案实际情况进行审查判断。

2. 采取禁止令保全措施的考量因素。在污染环境、破坏生态行为具有"现实而紧迫的重大风险",不及时制止将受到难以弥补损害的基本条件下,人民法院作出禁止令尚须综合考量的因素主要涉及:

一是被申请人污染环境、破坏生态行为是否被行政机关依法处理而仍继续

---

① 《最高人民法院关于审查知识产权纠纷行为保全案件适用法律若干问题的规定》第七条规定:"人民法院审查行为保全申请,应当综合考量下列因素:(一)申请人的请求是否具有事实基础和法律依据,包括请求保护的知识产权效力是否稳定;(二)不采取行为保全措施是否会使申请人的合法权益受到难以弥补的损害或者造成案件裁决难以执行等损害;(三)不采取行为保全措施对申请人造成的损害是否超过采取行为保全措施对被申请人造成的损害;(四)采取行为保全措施是否损害社会公共利益;(五)其他应当考量的因素。"

实施。被申请人因生态环境违法行为已经被行政主管机关予以责令改正、责令停止或采取限制生产、停产整治、限期拆除等行政处理，而环境污染、生态破坏并未得到有效控制，其中主要原因在于被申请人阳奉阴违，被行政处理后仍继续实施生态环境违法行为，既包括根本没有履行或者没有完全履行行政处理决定或者相关措施，也包括先履行后又恢复实施违法行为等情形。该因素的有无有利于人民法院强化是否应作出禁止令的内心判断。当然，若行政主管机关对被申请人的生态环境违法行为尚未作出行政处理，则该项因素可不予考量。

二是被申请人污染环境、破坏生态行为对申请人合法权益或者生态环境造成的损害是否会超过禁止被申请人一定行为对其造成的损害。"衡平法是在天平上舞动的法律，即便在考虑如何实现正义的时候，也不会忘记对于实现正义成本的计算。……虽然经济成本并不必然是我们考虑法律措施的要素之一，但如果以不经济的方式实现正义，法律的运行成本将明显增加，最后所造成的是对社会利益的损害。"《规定》始终坚持平等保护各方当事人的合法权益，注重考虑申请人合法权益、公众环境权益与被申请人合法权益的关系，注意各方利益和损失的衡量。具体而言：（1）考量具体的环境损害类型，区分不同的生态环境损害予以救济。生态环境损害千差万别，尤其是环境污染与生态破坏类型不同，造成损害的行为方式差异较大，在具体个案中需要法官发挥司法智慧，对当事人的申请和被申请人的抗辩予以认真审查判断，审慎适用禁止令保全措施。（2）适当控制适用范围，发挥禁止令保全措施"调节器"功能。人民法院在审查判断是否作出禁止令时，要审查比较被申请人污染环境、破坏生态行为对申请人合法权益或者生态环境在裁判前可能遭受的损害，与禁止被申请人一定行为可能会对被申请人造成的损害，以衡量双方合法权益，避免出现利益失衡。特别说明的是，对"损害"的认定不需要精确认定双方损失的具体金额，而是应当在现有证据材料基础上对双方损失范围、大小、程度进行综合比较判断。（3）辅之以程序保障。为平衡申请人、被申请人以及利害关系人之间可能产生的利益冲突，防止权利滥用，《规定》明确了询问、勘查，申请复议，提前解除禁止令保全措施等程序，保障被申请人和其他利害关系人的合法权益。

三是禁止被申请人一定行为对国家利益、社会公共利益或者他人合法权益产生的不利影响。鉴于生态环境侵权领域采取禁止令保全措施，不仅会影响当事人双方之间的利益，而且具有较强的影响外溢性，可能会对涉及社会经济发展的国家利益、社会公共利益以及其他民事主体的合法利益产生一定影响。尤其在生态环境侵权公益诉讼中，诉讼本身就关涉生态环境国家利益和公共利益，人民法院无论是否作出禁止令，都可能会对国家利益、社会公共利益产生影响。因此，人民法院在决定是否采取禁止令保全措施时，"应当考虑当事人所争议的私益和社会公共利益之间的平衡，在一些案件中，更应当考虑代表社会不同层面的公共利益之间的平衡";① 审慎统筹各种利益保护,认真审查禁止令保全措施对相关国家利益、社会公共利益或者他人合法权益是否造成不利影响,综合考量相关因素作出应有的判断。

四是其他应当考量的因素。在其他应考量因素中,申请人的诉求应有基本的依据是重点。鉴于禁止令保全措施是对被申请人利益的一种剥夺或限制,即便是临时的,可能也会造成被申请人的损失,甚至重大损失;如果最终申请人败诉,则可能导致被申请人的索赔问题。为此,人民法院在作出禁止令前要对案件初步证据材料进行认真审查,依法进行询问、现场勘查等,以尽可能全面客观地了解案情。只有经初步审查认定申请人的诉讼请求有基本的事实和法律依据,具有较大胜诉可能性时,受理法院才存在作出禁止令的问题。若申请人的诉讼请求明显不能成立或者现有证据难以确定,缺乏基本的事实和法律依据,则人民法院不宜作出禁止令或者应更为慎重处理。当然,在不能作出禁止令的情况下,对于所涉生态环境风险,人民法院可循一定途径通报相关行政主管机关。

(五)禁止令保全措施的文书形式

对于禁止令保全措施的文书形式,在《规定》起草制定过程中存在两种观点。一种观点认为,禁止令从作用和功能上看,既属于民事诉讼行为保全措施,同时也是一种实体权益救济措施,且最新的民事案由已将人格权保护禁令案件作为一项独立案由,故可制作单独的禁止令,其效力等同于民事裁定。另一种观点认为,《民事诉讼法》明确采取行为保全措施要制作民事裁定书,禁止令作为行为保全制度在环境司法领域的延伸适用,亦应遵循该规定,故作出禁止令亦应制作民事裁定书。考虑到环境司法实践的需要,依据2017年《民事诉讼法》第一百条、第一百零一条关于诉讼保全的规定,受理禁止令申请的人民法院依法应出具民事裁定书,同时参照海事强制令的方式,制作禁止令在生态环境保护领域延伸适用。故,《规定》最终采取了第二种观点,明确了禁止令行为保全措施的具体形式。民事裁定加禁止令的形式,是民事诉讼行为保全制度在生态环境诉讼领域的创新适用,丰富了民事诉讼行为保全制度,推动了民事诉讼保全制度体系化进程。

《规定》第九条第一款明确无论人民法院是否准予申请人禁止令申请,均应制作民事裁定书,并送达当事人,以保障当事人的诉讼权利。此外,诉前禁止令作出后三十日内申请人不依法提起诉讼,禁止令据以作出的事由发生变化、申请人申请提前解除,禁止令作出后被申请人的抗辩成立,以及当事人申请复议后的处理等情况下,人民法院均应出具相应的民事裁定书。该条第二款进一步明确人民法院裁定准予申请人禁止令申请后,可以根据民事裁定制作单

---

① 薛淼:《美国环境法禁令制度之借鉴》,载《人民司法·应用》2017年第31期。

独的禁止令予以公示。特别说明的是，此处制作的禁止令是基于环境司法实践需要根据民事裁定的内容而制作，并非强制要求制作，可以由受理禁止令申请的人民法院选择适用。该单独制作的禁止令相当于民事裁定书的附件，可理解为简化版的裁定书。参照海事强制令等其他"令"的文书样式，基于民事裁定制作的禁止令应写明根据裁定的内容，责令当事人立即停止实施的具体行为。鉴于生态环境侵权案件的公众参与多、社会影响大等特点，对禁止令张贴的地点进行了列举，可以在被申请人的住所地，或者污染环境、破坏生态行为的实施地、损害结果发生地等相关场所，通过张贴公示、新闻媒体报道等方式，让公众知晓相关情况，威慑潜在污染环境、破坏生态行为人，扩大公众参与程度，依法接受社会监督。

为确保禁止令保全措施的适用效果，《规定》同时附录了三份民事裁定书、一份禁止令文书样式，并附有相应说明，供受理禁止令申请的人民法院参考选用。

（六）当事人及利害关系人的权利保障

《规定》总结环境司法实践经验，对禁止令保全措施实施过程中当事人及利益相关方的权利保障予以明确，作出了多项具体的规范。一是第六条、第十条规定了询问、勘查、复议程序，保障当事人陈述、申辩等诉讼权利以及利害关系人的合法权益。二是第七条规定了申请人的担保责任，防止恶意申请禁止令和权利滥用，平衡双方合法利益的保护。三是第十一条规定了禁止令保全措施的提前解除，在禁止令据以作出的事由发生变化情况下，申请人、被申请人或者利害关系人均可以申请提前解除禁止令，人民法院应在规定期限内审查是否予以解除，以避免当事人或者利害关系人受到不必要的损害。四是第十二条明确了不履行禁止令保全措施须依法承担相应法律责任，以保障禁止令保全措施的履行效果。

四、其他需要特别说明的问题

关于禁止令保全措施的执行，在《规定》起草过程中，一直有相关讨论。《规定》第九条明确"裁定书自送达之日起生效"，而作为"发生法律效力"的民事裁定，在被申请人拒不履行的情况下，自然亦存在强制执行的问题。但经调研发现，目前各地法院的环境资源审判体制机制尚在不断完善发展中，既有单独民事、行政分立，也有民事、行政"二合一"，民事、行政、刑事"三合一"，民事、行政、刑事、执行"四合一"，甚至再加上立案"五合一"的归口审理模式。有的法院尽管没有明确将执行纳入环境资源审判庭职能范围，但部分法院环境资源审判部门也会延伸审判职能，积极参与环境公益诉讼案件的执行活动。当然，也有不少法院根据内部职能分工，涉及执行事宜均由执行局负责执行。考虑到生态环境侵权案件的执行往往具有较强的专业性，且各地法院的做法不一，为避免一刀切，《规定》未对禁止令的执行进行规定，各地法院可根据法律法规及相关司法解释的相关规定，遵循各地已有行之有效的执行方式对禁止令保全措施予以落实。

（撰稿人：刘竹梅　贾清林　刘慧慧）

最高人民法院
关于审理生态环境侵权纠纷案件适用惩罚性赔偿的解释

法释〔2022〕1号

(2021年12月27日最高人民法院审判委员会第1858次会议通过 2022年1月12日最高人民法院公告公布 自2022年1月20日起施行)

为妥善审理生态环境侵权纠纷案件，全面加强生态环境保护，正确适用惩罚性赔偿，根据《中华人民共和国民法典》《中华人民共和国环境保护法》《中华人民共和国民事诉讼法》等相关法律规定，结合审判实践，制定本解释。

第一条 人民法院审理生态环境侵权纠纷案件适用惩罚性赔偿，应当严格审慎，注重公平公正，依法保护民事主体合法权益，统筹生态环境保护和经济社会发展。

第二条 因环境污染、生态破坏受到损害的自然人、法人或者非法人组织，依据民法典第一千二百三十二条的规定，请求判令侵权人承担惩罚性赔偿责任的，适用本解释。

第三条 被侵权人在生态环境侵权纠纷案件中请求惩罚性赔偿的，应当在起诉时明确赔偿数额以及所依据的事实和理由。

被侵权人在生态环境侵权纠纷案件中没有提出惩罚性赔偿的诉讼请求，诉讼终结后又基于同一污染环境、破坏生态事实另行起诉请求惩罚性赔偿的，人民法院不予受理。

第四条 被侵权人主张侵权人承担惩罚性赔偿责任的，应当提供证据证明以下事实：

(一) 侵权人污染环境、破坏生态的行为违反法律规定；

(二) 侵权人具有污染环境、破坏生态的故意；

(三) 侵权人污染环境、破坏生态的行为造成严重后果。

第五条 人民法院认定侵权人污染环境、破坏生态的行为是否违反法律规定，应当以法律、法规为依据，可以参照规章的规定。

第六条 人民法院认定侵权人是否具有污染环境、破坏生态的故意，应当根据侵权人的职业经历、专业背景或者经营范围，因同一或者同类行为受到行政处罚或者刑事追究的情况，以及污染物的种类，污染环境、破坏生态行为的方式等因素综合判断。

第七条　具有下列情形之一的，人民法院应当认定侵权人具有污染环境、破坏生态的故意：

（一）因同一污染环境、破坏生态行为，已被人民法院认定构成破坏环境资源保护犯罪的；

（二）建设项目未依法进行环境影响评价，或者提供虚假材料导致环境影响评价文件严重失实，被行政主管部门责令停止建设后拒不执行的；

（三）未取得排污许可证排放污染物，被行政主管部门责令停止排污后拒不执行，或者超过污染物排放标准或者重点污染物排放总量控制指标排放污染物，经行政主管机关责令限制生产、停产整治或者给予其他行政处罚后仍不改正的；

（四）生产、使用国家明令禁止生产、使用的农药，被行政主管部门责令改正后拒不改正的；

（五）无危险废物经营许可证而从事收集、贮存、利用、处置危险废物经营活动，或者知道或者应当知道他人无许可证而将危险废物提供或者委托给其从事收集、贮存、利用、处置等活动的；

（六）将未经处理的废水、废气、废渣直接排放或者倾倒的；

（七）通过暗管、渗井、渗坑、灌注、篡改、伪造监测数据，或者以不正常运行防治污染设施等逃避监管的方式，违法排放污染物的；

（八）在相关自然保护区域、禁猎（渔）区、禁猎（渔）期使用禁止使用的猎捕工具、方法猎捕、杀害国家重点保护野生动物、破坏野生动物栖息地的；

（九）未取得勘查许可证、采矿许可证，或者采取破坏性方法勘查开采矿产资源的；

（十）其他故意情形。

第八条　人民法院认定侵权人污染环境、破坏生态行为是否造成严重后果，应当根据污染环境、破坏生态行为的持续时间、地域范围，造成环境污染、生态破坏的范围和程度，以及造成的社会影响等因素综合判断。

侵权人污染环境、破坏生态行为造成他人死亡、健康严重损害，重大财产损失，生态环境严重损害或者重大不良社会影响的，人民法院应当认定为造成严重后果。

第九条　人民法院确定惩罚性赔偿金数额，应当以环境污染、生态破坏造成的人身损害赔偿金、财产损失数额作为计算基数。

前款所称人身损害赔偿金、财产损失数额，依照民法典第一千一百七十九条、第一千一百八十四条规定予以确定。法律另有规定的，依照其规定。

第十条　人民法院确定惩罚性赔偿金数额，应当综合考虑侵权人的恶意程度、侵权后果的严重程度、侵权人因污染环境、破坏生态行为所获得的利益或者侵权人所采取的修复措施及其效果等因素，但一般不超过人身损害赔偿金、财产损失数额的二倍。

因同一污染环境、破坏生态行为已经被行政机关给予罚款或者被人民法院判处罚金，侵权人主张免除惩罚性赔偿责任的，人民法院不予支持，但在确定惩罚性赔偿金数额时可以综合考虑。

第十一条 侵权人因同一污染环境、破坏生态行为，应当承担包括惩罚性赔偿在内的民事责任、行政责任和刑事责任，其财产不足以支付的，应当优先用于承担民事责任。

侵权人因同一污染环境、破坏生态行为，应当承担包括惩罚性赔偿在内的民事责任，其财产不足以支付的，应当优先用于承担惩罚性赔偿以外的其他责任。

第十二条 国家规定的机关或者法律规定的组织作为被侵权人代表，请求判令侵权人承担惩罚性赔偿责任的，人民法院可以参照前述规定予以处理。但惩罚性赔偿金数额的确定，应当以生态环境受到损害至修复完成期间服务功能丧失导致的损失、生态环境功能永久性损害造成的损失数额作为计算基数。

第十三条 侵权行为实施地、损害结果发生地在中华人民共和国管辖海域内的海洋生态环境侵权纠纷案件惩罚性赔偿问题，另行规定。

第十四条 本规定自2022年1月20日起施行。

【解　读】

解读《最高人民法院关于审理生态环境侵权纠纷案件适用惩罚性赔偿的解释》

为妥善审理生态环境侵权纠纷案件，全面加强生态环境保护，正确适用惩罚性赔偿，根据民法典、环境保护法、民事诉讼法等相关法律规定，结合审判实践，最高人民法院制定了《最高人民法院关于审理生态环境侵权纠纷案件适用惩罚性赔偿的解释》（以下简称《解释》）。

一、《解释》起草的背景和意义

生态文明建设是关乎中华民族永续发展的根本大计，良好的生态环境是最普惠的民生福祉。党的十八大以来，以习近平同志为核心的党中央以前所未有的力度抓生态文明建设。党的十八届三中全会提出，"对造成生态环境损害的责任者严格实行赔偿制度"。党的十九大报告要求,"加大生态系统保护力度""实行最严格的生态环境保护制度"。党的十九届四中全会报告明确,要"加大对严重违法行为处罚力度,实行惩罚性赔偿制度"。2021年1月1日起施行的《民法典》,除在总则编将绿色原则确立为基本原则,在第一百七十九条继续沿用《民法总则》关于惩罚性赔偿的原则性规定之外,还专门在第一千二百三十二条增加规定了生态环境惩罚性赔偿制度,有力回应了社会发展所提出的环境问题,具有鲜明的中国特色、实践特色、时代特色。

惩罚性赔偿,作为损害赔偿填平原则的突破,通过让恶意的不法行为人承担超出实际损害数额的赔偿,达到充分救济受害人、制裁恶意侵权人的效果,具有惩罚、震慑、预防等多重功能。民法典新增生态环境惩罚性赔偿制度,为惩治生态环境侵权行为,推动生态文明建设,满足人民日益增长的对优美生态环境新期待,进一步提供了制度保障,对以法治方式推进环境治理体系和治理能力现代化,具有重要意义。

最高人民法院把贯彻实施好民法典生态环境惩罚性赔偿制度,作为践行习近平生态文明思想、习近平法治思想的生动实践,指导各级法院积极开展工作探索。在认真总结各地法院司法经验的基础上,经过反复调研论证和广泛征求意见,就生态环境侵权纠纷案件适用惩罚性赔偿的范围、认定要件、计算基数和倍数等具体问题予以规范,制定出台《解释》。

二、《解释》起草的指导思想

习近平总书记指出:"生态环境没有替代品,用之不觉,失之难存……我们要坚持节约资源和保护环境的基本国策,像保护眼睛一样保护生态环境,像对待生命一样对待生态环境。"①《解释》的起草,始终坚持以习近平生态文明思想、习近平法治思想为指导,贯彻落实用最严格制度最严密法治保护生态环境,找准环境司法审判统筹生态环境保护、经济社会发展和保障民生的平衡点。起草的主要思路包括以下三点。

一是准确适用《民法典》生态环境惩罚性赔偿制度。民法典第一千二百三十二条规定:"侵权人违反法律规定故意污染环境、破坏生态造成严重后果的,被侵权人有权请求相应的惩罚性赔偿。"《解释》的起草,明确了人民法院审理生态环境侵权纠纷案件适用惩罚性赔偿的原则,进一步细化了当事人主张惩罚性赔偿的时点和具体请求,惩罚性赔偿的适用条件、履行顺位等问题,确保《民法典》生态环境惩罚性制度在审判实践中落实落细,见行见效。

二是立足破解环境违法成本低这一突出问题。生态环境损害具有累积性、潜伏性、缓发性、公害性等特点,生态环境领域违法成本低问题突出。《解释》

---

① 《习近平:深入理解新发展理念》,载《求是》2019年第10期。

的起草，立足解决上述问题，同时围绕审判实践中亟待统一的惩罚性赔偿的适用范围、责任构成以及惩罚性赔偿金数额的确定等问题进行规范，充分发挥惩罚性赔偿的制度功能，依法提高环境违法成本，严惩突出环境违法行为，让恶意侵权人付出应有代价。

三是坚持统筹环境保护和经济发展。生态环境保护和经济发展辩证统一，保护生态环境就是保护生产力，改善生态环境就是发展生产力。《解释》的起草，坚持统筹保护和发展，合理设置惩罚性赔偿金数额、惩罚倍数，综合考量同一环境污染、破坏生态行为已被处以行政罚款、刑事罚金的情形，在维护国家利益、环境公共利益和人民群众环境权益的同时，引导全社会加快形成绿色生产生活方式，推动经济发展和环境保护协同共进。

三、《解释》的主要内容

《解释》共十四条，主要包括生态环境惩罚性赔偿的适用原则、适用范围、请求的时间和内容、要件认定、基数倍数、公益诉讼的参照适用等相关内容。

（一）审理生态环境侵权纠纷案件适用惩罚性赔偿应遵循的原则

环境污染和生态破坏，是现代社会工业化快速发展带来的重大社会风险之一。当前，我国资源环境约束趋紧、生态系统退化等问题突出，各类环境污染、生态破坏仍呈高发态势，也给社会公众人身和财产权利造成巨大损失。生态环境侵权纠纷案件具有专业性强、举证难、鉴定贵、评估周期长等特点，传统侵权法中的补偿性损害赔偿，不足以弥补受害人的实际损失，也难以遏制、震慑和预防污染环境、破坏生态行为，故民法典在总则编规定绿色原则的同时，又在生态环境侵权领域引入惩罚性赔偿制度。值得注意的是，生态环境侵权不同于一般的民事侵权，企业生产经营活动在污染环境、破坏生态的同时，也在为社会创造财富、提供就业。在《解释》起草调研中，多数意见亦提出，惩罚性赔偿作为对传统侵权法填平原则的突破，具有私人执法属性，针对同一环境污染、生态破坏行为同时适用惩罚性赔偿、行政罚款和刑事罚金有可能造成过度、重复惩罚。

鉴于此，《解释》第一条明确了审理生态环境侵权案件适用惩罚性赔偿制度应遵循的原则，以更好地实现惩罚性赔偿的制度功能和《民法典》新增此项制度的目的。一是严格审慎适用惩罚性赔偿，统筹适用惩罚性赔偿制度的法律效果和社会效果，防止被滥诉滥用。二是注重公平公正，在依法保护被侵权人合法权益的同时，兼顾侵权人尤其是生产经营企业的生存发展需要。三是正确处理保护和发展的辩证关系，统筹生态环境保护和经济社会发展。

（二）生态环境惩罚性赔偿的适用范围

实践中，关于《民法典》第一千二百三十二条规定的生态环境惩罚性赔偿的适用范围问题，主要存在两种不同认识：一种认为生态环境惩罚性赔偿仅适用于环境私益诉讼，另一种认为应同时适用于环境私益诉讼和环境民事公益诉讼、生态环境损害赔偿诉讼。主张惩罚性赔偿不应适用于公益诉讼的理由主要有：一是《民法典》第一千二百三十二条使用了"被侵权人"的表述，该表述的文义解释表明，受害人应是特定的主体；二是该条文规定在《民法典》第一千二百三十四条、第一千二百三十五条有关公益诉讼的规定之前，体系解释表明，其主要针对私益损害的情形；三是由国家规定的机关或者法律规定的组织取得该部分赔偿金缺乏正当性。

我们经研究认为，惩罚性赔偿主要针对因侵权人的邪恶动机或其他莽撞地无视他人的权利而具有恶劣性质的行为而作出，其适用与否不应过多地受被侵权人影响。单纯就"被侵权人"的文义解释而言，难以得出受害人是特定主体的唯一结论。且从体系解释的角度看，《民法典》第一千二百三十四条、第一千二百三十五条位列侵权责任编第七章最后两条，可谓全章的特殊规定，位列前五条的第一千二百二十九条至第一千二百三十三条，则系全章的一般规定。至于惩罚性赔偿金的支付问题，根据《最高人民法院关于审理生态环境损害赔偿案件的若干规定（试行）》第十五条规定，生态环境损失赔偿资金，并非向提起诉讼的国家规定的机关或者法律规定的组织直接支付，而是应当依照法律、法规、规章予以缴纳、管理和使用。《生态环境损害赔偿资金管理办法（试行）》第六条第二款、第十五条对生态环境损害赔偿资金的支付进一步作了明确。按照上述规定，生态环境惩罚性赔偿金，并非由提起诉讼的国家规定的机关或者法律规定的组织取得。

此外，按照全国人大常委会王晨副委员长在第十三届全国人民代表大会第三次会议所作的关于《民法典》草案的说明，惩罚性赔偿制度恰是为了解决生态环境损害问题而引入《民法典》。《民法典》施行之后出台的多个中央文件中，亦对探索适用民事公益诉讼惩罚性赔偿制度作出了部署要求。如2021年1月，中共中央印发的《法治中国建设规划（2020—2025年）》第五部分第（十七）条中明确要求，要"拓展公益诉讼案件范围，完善公益诉讼法律制度，探索建立民事公益诉讼惩罚性赔偿制度"。2021年6月，"十四五"规划和2035年远景目标纲要规定，探索建立食品安全民事公益诉讼惩罚性赔偿制度。2021年9月，国务院新闻办公室发布的《国家人权行动计划》第二部分第八条中规定："完善公益诉讼法律制度。拓展公益诉讼案件范围，探索建立生态环境、食品药品安全领域民事公益诉讼惩罚性赔偿制度。"《解释》征求意见中，最高人民检察院、司法部、自然资源部、生态环境部等部门认为，惩罚性赔偿既适用于环境私益诉讼，也适用于环境民事公益诉讼和生态环境损害赔偿诉讼。最高人民检察院于2021年7月公布施行的《人民检察院公益诉讼办案规则》中明确规定，人民检察院在办理破坏生态环境和资源保护领域案件时，可以提出惩罚性赔偿的诉讼请求。就审判实践而言，案例检索显示，《民法典》

实施后适用惩罚性赔偿的生态环境侵权纠纷案件中，环境民事公益诉讼、生态环境损害赔偿诉讼的案件占绝大多数。

《解释》起草过程中，我们专门就惩罚性赔偿的适用范围问题赴全国人大常委会法工委民法室进行沟通。其称，《民法典》制定过程中关于惩罚性赔偿是否适用于环境民事公益诉讼、生态环境损害赔偿诉讼，采取的是有争议但未封死的态度。《解释》征求意见中，全国人大常委会法工委的书面反馈意见认为，根据《民法典》第一千二百三十二条规定，惩罚性赔偿主要适用于由被侵权人提起的私益诉讼。在公益诉讼中，如果国家规定的机关或者法律规定的组织能够被法院认定为被侵权人代表的，可以适用该条的规定。关于如何理解"作为被侵权人代表"的问题，全国人大常委会法工委民法室明确，此"代表"并非私益诉讼中的代表人诉讼，并以《海洋环境保护法》第八十九条第二款关于"行使海洋环境监督管理权的部门代表国家对责任者提出损害赔偿要求"的规定佐证说明。

综合上述意见和审判实践需要，《解释》在遵照立法目的、原则和原意的基础上，第二条规定："因环境污染、生态破坏受到损害的自然人、法人或者非法人组织，依据《民法典》第一千二百三十二条的规定，请求判令侵权人承担惩罚性赔偿责任的，适用本解释。"第十二条规定："国家规定的机关和法律规定的组织作为被侵权人代表，请求判令侵权人承担惩罚性赔偿责任的，人民法院可以参照前述规定予以处理……"

（三）生态环境惩罚性赔偿的适用要件

根据《民法典》第一千二百二十九条规定，生态环境侵权责任适用无过错责任归责原则，即在侵权人的污染、破坏行为与他人损害有因果关系的情形下，不考虑侵权人是否存在过错、排污是否符合规定的标准，均应承担侵权责任。但惩罚性赔偿作为一种主要针对具有不法性和道德上应受谴责性的行为而适用的责任方式，其赔偿数额更高，具有一般生态环境侵权责任不具备的惩罚功能，在构成要件上更为严格。《解释》第四条至第八条，用五个条文规定了生态环境惩罚性赔偿的特别构成要件及其认定的考量因素和典型情形。

根据《民法典》第一千二百三十二条规定，生态环境侵权惩罚性赔偿责任的特别构成要件有三个。

1. 侵权人实施了不法行为，即侵权人的污染环境、破坏生态行为违反了法律规定

企业的正常生产经营活动不仅是社会正常发展所必需，也应为法律所保护和鼓励，故对企业的排污行为施以惩罚，必须以企业违反法律规定为前提，否则不具有正当性。《解释》起草过程中，关于认定污染环境、破坏生态行为是否违反法律规定应以何者为依据的问题，有两种意见：一种意见认为，应仅限于全国人大及其常委会制定的法律；另一种意见认为，应包括法律、法规在

内,并可参照规章。我们经研究认为,将《民法典》第一千二百三十二条中的"法律"作狭义解读,固然有严格限定惩罚性赔偿构成要件的合理性,但某一污染环境、破坏生态行为是否具有违法性,应充分关注政府在环境治理体系中所处的主导地位。且根据环境保护法规定,关于环境质量标准的项目、污染物排放标准的项目等问题,可以在无国家标准时制定地方性标准,或者在有国家标准时制定高于国家标准的地方性标准,故行政法规、地方性法规以及民族自治地方的自治条例和单行条例亦应包括在内。同时,基于生态环境保护需要,避免因法律、法规的天然滞后性和制定修改的程序复杂性,来不及就新污染物出现做出反应的考虑,必要时亦可参照规章。故《解释》第五条规定:"人民法院认定侵权人污染环境、破坏生态的行为是否违反法律规定,应当以法律、法规为依据,可以参照规章的规定。"

2. 侵权人主观上具有故意

惩罚性赔偿责任的主要目的,就是制裁不法的恶意侵权人,故侵权人是否具有主观故意,是惩罚性赔偿责任能否成立的特别要件之一。《民法典》对新增加规定的生态环境惩罚性赔偿制度保持了谦抑性,将侵权人的主观状态限定为故意,而未包括重大过失。《解释》结合审判实践中的典型案例,对认定侵权人是否具有主观故意的考量因素进行了总结提炼。根据《解释》第六条规定,人民法院认定侵权人是否具有污染环境、破坏生态的故意,综合判断的因素如下:一是侵权人的职业经历、专业背景或者经营范围。例如,广东卫洁垃圾处理厂污染环境案,系垃圾处理厂违法倾倒垃圾;江苏胜科公司污染环境案中,江苏胜科公司本身即化学工业园区污水处理企业。二是侵权人因同一或者同类污染环境、破坏生态行为受到行政处罚或者刑事追究的情况。例如,因同一或者同类污染环境、破坏生态行为受到行政处罚后仍拒不改正,或者累犯、多次结伙实施污染环境、破坏生态违法犯罪行为等。三是污染物的种类,污染环境、破坏生态行为的方式等。例如,将未经处理的废水、废气、废渣直接予以倾倒,或者在禁渔期、禁渔区使用"电""炸""毒""绝户网"等禁止使用的工具非法捕捞水产品的,可以作为人民法院认定侵权人具有污染环境、破坏生态的主观故意的酌定因素。

此外,故意作为一种主观状态,难以直接证明,司法实践中往往通过侵权人的外在行为来认定。《解释》第七条在第六条概括规定认定故意考量因素的基础上,根据《刑法》《环境保护法》《野生动物保护法》《矿产资源法》等相关法律的禁止性规定,列举了九种足以从侵权人的外在行为认定其具有污染环境、破坏生态主观故意的情形,为审判实践提供明确、具体的裁判指引。同时,为防止挂一漏万,设置了兜底条款。根据《解释》规定,九种故意情形包括:因同一污染环境、破坏生态行为,已被人民法院认定构成破坏环境资源保护犯罪的;建设项目未依法进行环境影响评价,或者提供虚假材料导致环境影响评价文件严重失实，被行政主管部门责令停止建设后拒不执行的；未取得排污许可证排放污染物，被行政主管部门责令停止排污后拒不执行，或者超过污染物排放标准或者重点污染物排放总量控制指标排放污染物，经行政主管机关责令限制生产、停产整治或者给予其他行政处罚后仍不改正的；生产、使用国家明令禁止生产、使用的农药，被行政主管部门责令改正后拒不改正的；无危险废物经营许可证而从事收集、贮存、利用、处置危险废物经营活动的，或者知道或者应当知道他人无许可证而将危险废物提供或者委托给其从事收集、贮存、利用、处置等活动的；将未经处理的废水、废气、废渣直接排放或者倾倒的；通过暗管、渗井、渗坑、灌注、篡改、伪造监测数据，或者以不正常运行防治污染设施等逃避监管的方式，违法排放污染物的；在相关自然保护区域、禁猎（渔）区、禁猎（渔）期使用禁止使用的猎捕工具、方法猎捕、杀害国家重点保护野生动物、破坏野生动物栖息地的；未取得勘查许可证、采矿许可证，或者采取破坏性方法勘查开采矿产资源的。

3. 侵权人的行为造成严重后果

惩罚性赔偿应保持其适用上的谦抑性，应聚焦于损害后果严重的生态环境侵权行为，避免侵权人动辄得咎。且此种严重后果，必须是已经实际发生的、现实存在的人身损害、财产损失或者生态环境损害，不能仅是一种风险。环境损害指因污染环境或破坏生态行为导致人体健康、财产价值或生态环境及其生态系统服务的可观察的或可测量的不利改变。此种"不利改变"是否严重，涉及环境损害程度的确定甚至后果的量化，具有较高的专业技术性。《解释》第八条第一款结合审判实践，根据固体废物污染环境防治法、《自然保护区条例》等法律、法规的规定，参考《最高人民法院、最高人民检察院关于办理环境污染刑事案件适用法律若干问题的解释》（以下简称《环境刑事解释》）关于严重污染环境的界定，以及《环境损害鉴定评估推荐方法》（第Ⅱ版）关于量化量度损害程度参数的规定，明确了认定是否造成严重后果的酌定因素，包括污染环境、破坏生态行为的持续时间，如某涉案地块上数十年进行化工生产，损害的累积性明显；污染环境、破坏生态行为的地域范围，如法律、法规特别保护的生态保护红线区域、自然保护区核心区、饮用水水源地、永久基本农田保护区等；环境污染、生态破坏的范围和程度，如某特定类型栖息地的范围，某种资源的单位或数量，植被密度、覆盖度或生物量等；社会影响，如曾被媒体披露的湖南儿童血铅事件等。《解释》第八条第二款是对足以认定为造成严重后果情形的规定。《解释》起草过程中，有意见认为应参考《环境刑事解释》的相关规定，明确具体标准，如财产损失达三十万元。但调研中，绝大多数意见认为，惩罚性赔偿作为民事责任，其认定标准应与刑事责任有所区别，且我国幅员广阔，各地生态环境特点不一，如从生态价值和修复难度看，"西北一棵树相当于东北一片林"，过于确定的标准反而不利于司法实践基于实际灵活掌握,故未以具体数额设置认定标准。此外,因环境私益侵权的损害是以生态环境受到损害为前提的,即侵权人污染环境、破坏生态的行为,首先损害的是生态环境,如污染空气、水、土壤,破坏植物或动物种群等,以这些被污染的空气、水、土壤或者被破坏的生态系统为媒介,侵害个体权益,故《解释》第八条对损害后果的衡量,除人身损害、财产损失外,并不排除生态环境损害。此点与被侵权人在环境私益诉讼中亦有权提出停止侵害,排除妨碍,或者修复与其人身、财产密切相关的受损生态环境等诉讼请求的司法实践亦契合。

需要说明的是,《解释》第四条同时规定,应由被侵权人对是否满足生态环境惩罚性赔偿的特别构成要件负举证证明责任。这一举证责任分配符合民事诉讼法上"谁主张,谁举证"的原则,仅针对生态环境惩罚性赔偿的特别构成要件,即侵权人实施的污染环境、破坏生态行为违反了法律规定、具有主观故意和造成的后果严重,并不因此改变《民法典》第一千二百三十条"因污染环境、破坏生态发生纠纷,行为人应当就法律规定的不承担责任或者减轻责任的情形及其行为与损害之间不存在因果关系承担举证责任"有关环境侵权中举证责任倒置的特别规定。

(四)生态环境惩罚性赔偿金的计算基数

惩罚性赔偿,是指行为人恶意实施某种行为时,以对行为人实施惩罚和追求一般抑制效果为目的,法院在判令行为人支付通常赔偿金的同时,还可以判令行为人支付受害人高于实际损失的赔偿金。《民法典》第一千二百三十二条规定,被侵权人有权请求相应的惩罚性赔偿,但未明确具体的赔偿幅度以及惩罚性赔偿金数额的计算方法。《解释》第九条、第十二条规定了生态环境惩罚性赔偿金的计算基数。

惩罚性赔偿作为传统侵权责任填平原则的例外,应以补偿性损害赔偿为前提。相应地,同为《民法典》第一百七十九条规定的承担民事责任的方式,惩罚性赔偿应以赔偿损失这一责任方式为基础,其数额的确定应以被侵权人因环境污染、生态破坏受到的实际损失作为计算基数。对此,《消费者权益保护法》第五十五条第二款规定,经营者提供有缺陷的商品或者服务时,以所受损失为基数确定惩罚性赔偿金;《食品安全法》第一百四十八条第二款规定,生产或者经营不符合食品安全标准食品的,以支付价款或者所受损失为基数确定惩罚性赔偿金;《商标法》第六十三条第一款、《著作权法》第五十四条规定,侵犯商标专用权或著作权的,以权利人因被侵权所受到的实际损失为基数确定惩罚性赔偿金;等等,均采同理。甚至有观点认为,《消费者权益保护法》第五十五条第二款正是彻底摆脱以商品价款或服务费用为基础确定惩罚性赔偿金的窠臼,首次将消费者所受损失规定为惩罚性赔偿数额的确定基础。

具体到环境私益诉讼,被侵权人的实际损失,是指因环境污染、生态破坏受到的人身损害和财产损失。故《解释》第九条第一款规定,环境私益诉讼中的惩罚性赔偿金数额,应当以环境污染、生态破坏造成的人身损害赔偿金、财产损失数额作为计算基数。至于人身损害赔偿金、财产损失数额本身的确定问题,因生态环境侵权具有复杂性,在法律适用上除民法典外,还可能涉及诸多生态环境单行法、特别法,故《解释》第九条第二款规定:"前款所称人身损害赔偿金、财产损失数额,依照《民法典》第一千一百七十九条、第一千一百八十四条规定予以确定。法律另有规定的,依照其规定。"

值得注意的是,环境公益诉讼中惩罚性赔偿金的计算基数不同于环境私益诉讼。根据《民法典》第一千二百三十四条规定,生态环境损害适用修复优先原则。且《民法典》第一千二百三十五条关于生态环境损害赔偿范围的规定对损失和费用作了区分,其中第三项鉴定评估费用、第五项止损费用不能反映和衡量侵权人的主观恶意以及法益受到侵害的程度,不应成为惩罚性赔偿的计算基数。第四项生态环境修复费用,根据《最高人民法院关于审理环境民事公益诉讼案件适用法律若干问题的解释》第二十三条的规定,其确定的考量因素中已包括了侵权人的过错程度,如再以生态环境修复费用作为生态环境损害惩罚性赔偿的计算基数,有重复考量侵权人过错之嫌。且实践中生态环境修复费用往往金额较大,将其纳入惩罚性赔偿计算基数难免会使企业陷入困境,不利于统筹保护与发展、保障企业正常生产经营。综上考虑,《解释》第十二条规定,生态环境损害惩罚性赔偿金,应以生态环境受到损害至修复完成期间服务功能丧失导致的损失、生态环境功能永久性损害造成的损失数额,即《民法典》第一千二百三十五条第一项、第二项规定的赔偿范围作为计算基数。根据《环境损害鉴定评估推荐方法》(第Ⅱ版),期间损害"指生态环境损害发生至生态环境恢复到基线状态期间,生态环境因其物理、化学或生物特性改变而导致向公众或者其他生态系统提供服务的丧失或减少,即受损生态环境从损害发生到恢复至基线状态期间提供生态系统服务的损失量"。永久性损害"指受损生态环境及其服务难以恢复,其向公众或其他生态系统提供服务能力的完全丧失"。

(五)生态环境惩罚性赔偿金的量定因素和倍数

惩罚性赔偿,旨在针对恶意的、在道德上具有可非难性的行为而实施特殊救济,具有制裁、震慑和预防等功能。作为损害补偿原则的例外,其数额不应是无限的,而应是"相应"的。人民法院判令侵权人赔偿超出实际损失数额的额度,应与侵权人的主观恶意、损害后果以及对侵权人的震慑等大致相当。在有惩罚性赔偿制度传统的普通法国家或者地区,惩罚性赔偿金数额的量定因素,包括被告不法行为的非难程度与其获利可能性、原告受害的性质与程度、被告的财务状况以及被告遭受其他处罚的可能性等,其中以被告不法行为的非难性为最重要的考量标准。我国台湾地区"消费者保护法"适用中的审酌因素包括被告行为的道德恶性、"断臂非中彩"的法理、取得不法利益的大小、有无受刑事制裁、原告受害的程度、被告事发后的处理态度等。基于上述考察，结合审判实际，《解释》第十条第一款规定："人民法院确定惩罚性赔偿金数额，应当综合考虑侵权人的恶意程度、侵权后果的严重程度、侵权人因污染环境、破坏生态行为所获得的利益或者侵权人所采取的修复措施及其效果等因素，但一般不超过人身损害赔偿金、财产损失数额的二倍。"其中，"侵权人的恶意程度、侵权后果的严重程度"回应了生态环境惩罚性赔偿责任的制度目的和特别构成要件，"侵权人因污染环境、破坏生态行为所获得的利益"，符合任何人不得因非法行为获利的法理，"侵权人所采取的修复措施及其效果"，则体现了侵权人在环境污染、生态破坏事发后的态度，如能积极主动履行修复义务并取得修复效果，亦可表明其主观恶意和损害后果的程度。

现行法律、司法解释中关于惩罚性赔偿的倍数限定，存在三种模式。第一种是固定倍数，如价款十倍或者损失三倍；第二种是弹性倍数，如一倍以上五倍以下；第三种是不设定倍数限制。《民法典》编纂过程中，关于惩罚性赔偿的赔偿幅度问题存有较大争议，但最终未就具体标准作出规定。《解释》起草中，经过充分调研论证，为兼顾可操作性和灵活性，采取了弹性倍数的模式。同时，考虑到生态环境惩罚性赔偿以造成严重后果为要件，其损害基数往往较大，将其倍数规定为一般不超过损失数额的二倍，在遵循谦抑原则的同时，亦备特别情势之需。需要说明的是，二倍以内的倍数规定，并不要求必须是整倍数，根据个案的具体情况，可以确定为小数。

此外，关于惩罚性赔偿与行政罚款、刑事罚金是否构成重复惩罚、能否相互抵扣的问题。根据《行政处罚法》第三十五条第二款的规定，行政罚款和刑事罚金可以相互折抵。惩罚性赔偿，尽管有观点认为其具有私人执法的公法属性，但其作为民法典规定的民事责任承担方式之一，在缺乏上位法依据的情况下，不宜直接折抵行政罚款、刑事罚金。故《解释》第十条第二款规定："因同一污染环境、破坏生态行为已经被行政机关给予罚款或者被人民法院判处罚金，侵权人主张免除惩罚性赔偿责任的，人民法院不予支持，但在确定惩罚性赔偿金数额时可以综合考虑。"

（六）生态环境惩罚性赔偿请求的一并提起、一并解决

生态环境侵权纠纷案件涉及多种生态环境要素，点多面广，具有高度的复合性、专业技术性，侵权行为和损害结果等事实的认定具有举证难、鉴定贵、评估周期长等特点。为提高人民法院审理生态环境侵权纠纷案件的水平和效率，《解释》第三条第一款规定"被侵权人在生态环境侵权纠纷案件中请求惩罚性赔偿的，应当在起诉时明确赔偿数额以及所依据的事实和理由"，对当事人及时、全面主张权利、提出诉讼请求予以明确指引。

此外，惩罚性赔偿是补偿性损害赔偿之上的附加性责任，须以补偿性损害赔偿责任的成立和确定为前提。根据民事诉讼"一事不再理"理论和民事诉讼法的相关规定，《解释》第三条第二款规定："被侵权人在生态环境侵权纠纷案

件中没有提出惩罚性赔偿的诉讼请求,诉讼终结后又基于同一污染环境、破坏生态事实另行起诉请求惩罚性赔偿的,人民法院不予受理。"即生态环境惩罚性赔偿的诉讼请求,应由当事人在生态环境侵权诉讼中一并提起,由人民法院一并解决。其目的有三个:一是督促当事人及时、正当地行使自己的权利,以提供公平、高效、充分的救济。二是遵循"两便"原则,当事人赔偿损失的请求和惩罚性赔偿的请求都是基于同一污染环境、破坏生态行为产生的,应当在一个诉讼中进行审理和作出判决,既便于法院审理,也便于当事人诉讼。同时,也防止诉讼资源的浪费。三是防止人民法院对同一事实作出相互矛盾的判决。

(撰稿人:刘竹梅 刘牧晗)

【链　　接】

用最严格制度最严密法治保护生态环境
——最高人民法院相关负责人就《最高人民法院关于审理生态环境侵权纠纷案件适用惩罚性赔偿的解释》答记者问

1月13日,最高人民法院发布《最高人民法院关于审理生态环境侵权纠纷案件适用惩罚性赔偿的解释》(以下简称《解释》)。最高人民法院副院长杨临萍、最高人民法院环境资源审判庭庭长刘竹梅介绍相关情况并回答了记者提问。

一、问: 刚刚提到,惩罚性赔偿会让侵权人承担超出实际损害的赔偿责任,构成要件更为严格,请具体介绍《解释》关于惩罚性赔偿适用条件的规定,以及如何在实践中防止惩罚性赔偿被滥用?

答: 惩罚性赔偿是传统侵权法填平原则的例外,具有加重责任的性质。《解释》在总计十四个条文中,用五个条文的体量规定了惩罚性赔偿的适用条件,充分体现了我们严格把握其适用条件、依法审慎适用的基本态度。

根据《解释》规定,惩罚性赔偿的适用须满足以下三个特别要件:

一是行为要件。惩罚性赔偿具有惩罚功能。侵权人实施了污染环境、破坏生态的不法行为,是对其施以惩罚的正当性基础。而某一污染环境、破坏生态行为是否具有违法性,应充分关注政府在环境治理体系中所处的主导地位。且根据环境保护法的规定,关于环境质量标准、污染物排放标准等事项,可制定严于国家标准的地方性标准，或者在无国家标准时制定地方性标准。故《解释》第五条关于"是否违反法律规定"的认定依据，除狭义的全国人大及其常委会制定的法律外，包括行政法规、地方性法规等在内，必要时可以参照规章的规定。

二是主观要件。侵权人的主观恶意，是惩罚性赔偿的基础性要件。根据《解释》第六条规定，对侵权人是否具有故意的考量因素，包括其职业经历、专业背景或者经营范围，因同一或者同类污染环境、破坏生态行为受到行政处罚或者刑事追究的情况，以及污染物的种类，污染环境、破坏生态的方式等，主要来源于对审判实践中典型案例的总结。此外，故意作为一种主观状态，往往难以直接证明，一般需通过侵权人的行为来认定。故《解释》第七条根据环境保护法、野生动物保护法、矿产资源法等相关法律规定，明确了应当认定侵权人具有故意的9种典型情形。

三是后果要件。惩罚性赔偿的适用应遵循谦抑原则，聚焦于损害后果严重的侵权行为，避免侵权人动辄得咎。且此种严重后果，必须是已经实际发生的、现实存在的人身损害、财产损失或者生态环境损害，不能仅是一种风险。《解释》第八条规定，人民法院认定是否造成严重后果，应根据污染环境、破坏生态行为的持续时间、地域范围，造成环境污染、破坏生态的范围和程度，社会影响等因素综合判断。而造成他人死亡、健康严重损害，重大财产损失，生态环境严重损害或者重大不良社会影响的，应当认定为造成严重后果。

另外，《解释》整体的条文设置，除刚才谈到的构成要件外，当事人主张惩罚性赔偿的时点和具体请求，应当一并提起、一并解决的要求，基数的计算、倍数的确定等规定，既是对正确适用的指引，也是对防止滥用的规范。下一步，我们将通过典型案例进一步加强指导，推动完善惩罚性赔偿制度。

二、问：我们注意到，生态环境惩罚性赔偿的适用中，基数和倍数是确定惩罚性赔偿金数额的两个重要因素，请具体介绍《解释》关于基数和倍数的相关规定？

答：明确惩罚性赔偿金的计算基数和倍数，是《解释》贯彻实施民法典第一千二百三十二条规定，增强其在审判实践中的可操作性、统一法律适用的重要任务之一。

关于基数问题。惩罚性赔偿是补偿性损害赔偿之上的附加性责任。其数额的确定应以被侵权人受到的实际损失作为计算基数。对此，消费者权益保护法第五十五条、食品安全法第一百四十八条第二款，商标法第六十三条第一款、著作权法第五十四条等关于惩罚性赔偿的规定，均采同理。故《解释》第九条规定，环境私益侵权诉讼中惩罚性赔偿金，应以因环境污染、生态破坏造成的人身损害赔偿金、财产损失数额作为基数。而人身损害赔偿金、财产损失数额的确定，因生态环境侵权纠纷案件的法律适用，除民法典外，还可能涉及诸多生态环境保护的单行法、特别法，故除依照民法典第一千一百七十九条、第一千一百八十四条的规定外，还增加了"法律另有规定的，依照其规定"的但书表述。环境公益侵权诉讼参照适用惩罚性赔偿的，则应以生态环境服务功能期间损失、永久性损失数额作为基数。

关于倍数问题。现行法律、司法解释中关于惩罚性赔偿的倍数限定，存在三种模式。第一种是固定倍数，如"价款十倍或者损失三倍"；第二种是弹性倍数，如"一倍以上五倍以下"；第三种是不设定倍数限制。《解释》起草中，经过充分调研论证，为兼顾可操作性和灵活性，采取了弹性倍数的模式。同时，考虑到生态环境惩罚性赔偿以造成严重后果为要件，其损害基数往往较大，将其倍数规定为一般不超过损失数额的二倍，在遵循谦抑原则的同时，亦备特别情势之需。需要说明的是，二倍以内的倍数规定，并不要求必须是整倍数，根据个案的具体情况，可以确定为小数。

此外，因同一污染环境、破坏生态行为已被行政机关给予罚款或者被人民法院判处罚金的，因缺乏法律依据而不能免除侵权人的惩罚性赔偿责任，但《解释》第十条规定可在确定惩罚性赔偿金数额时予以综合考虑。

三、问：通过刚才的发布，我们了解到，惩罚性赔偿是民法典规定的生态环境侵权责任的特殊方式。请再进一步介绍《解释》的出台，对生态环境保护将发挥怎样的作用？

答：民法典新增加规定生态环境惩罚性赔偿制度，是生态环境侵权民事责任体系的一项重要内容，也是民法典对现代社会环境问题作出的时代回应。《解释》的出台，旨在准确理解和切实实施民法典这一新增规定，对全面加强生态环境司法保护具有重要作用。

一是贯彻最严密法治观。刚才谈到，生态环境领域存在违法成本低的突出问题。传统补偿性损害赔偿仅具有填平功能，不足以惩戒侵权人的环境违法行为。普通环境侵权责任适用无过错责任归责原则，难以体现针对恶意侵权人的否定性评价。惩罚性赔偿责任，通过让恶意的不法行为人承担超出实际损害数额的赔偿责任方式，对其严重侵权行为付出应有代价，提高违法成本。《解释》的出台，是贯彻落实用最严格制度最严密法治保护生态环境的具体实践，有利于正确统一适用民法典，充分救济受害人，惩罚恶意侵权人，并警示他人不得实施类似行为。

二是加大生态环境保护力度。惩罚性赔偿责任，是民法典关于环境污染和生态破坏责任规定的一大亮点。针对违反法律规定故意污染环境、破坏生态造成严重后果的侵权人，适用特殊的责任方式，是对损害担责、全面赔偿原则的进一步落实。《解释》的出台，在禁止令、生态环境修复等预防性、恢复性司法措施之外，明确了惩罚性赔偿的具体适用，提供了更为丰富完善的环境司法措施，有助于加大生态环境保护力度，促进生态环境质量持续改善，协同推进人民富裕、国家强盛、中国美丽。

三是实现环境公平正义。侵权责任方式是民法典保护生态环境的重要手段之一，相比较于行政法、刑法上的保护方式，具有不可替代的优势。《解释》规定，惩罚性赔偿金数额的确定，应综合考虑同一污染环境、破坏生态行为已经受到行政处罚或者刑事追究的情形，并规定了惩罚性赔偿责任相对于行政、刑事责任的优先承担顺位及其在民事责任内部的劣后位序，有益于有机衔接对同一违法行为的刑事制裁、民事赔偿、行政处罚，强化责任追究，切实增进生态环境民生福祉。

最高人民法院　最高人民检察院
关于办理海洋自然资源与生态环境公益诉讼案件若干问题的规定

法释〔2022〕15号

（2021年12月27日最高人民法院审判委员会第1858次会议、2022年3月16日最高人民检察院第十三届检察委员会第九十三次会议通过　2022年5月10日最高人民法院、最高人民检察院公告公布　自2022年5月15日起施行）

为依法办理海洋自然资源与生态环境公益诉讼案件，根据《中华人民共和国海洋环境保护法》《中华人民共和国民事诉讼法》《中华人民共和国刑事诉讼法》《中华人民共和国行政诉讼法》《中华人民共和国海事诉讼特别程序法》等法律规定，结合审判、检察工作实际，制定本规定。

第一条　本规定适用于损害行为发生地、损害结果地或者采取预防措施地在海洋环境保护法第二条第一款规定的海域内，因破坏海洋生态、海洋水产资源、海洋保护区而提起的民事公益诉讼、刑事附带民事公益诉讼和行政公益诉讼。

第二条　依据海洋环境保护法第八十九条第二款规定，对破坏海洋生态、海洋水产资源、海洋保护区，给国家造成重大损失的，应当由依照海洋环境保护法规定行使海洋环境监督管理权的部门，在有管辖权的海事法院对侵权人提起海洋自然资源与生态环境损害赔偿诉讼。

有关部门根据职能分工提起海洋自然资源与生态环境损害赔偿诉讼的，人民检察院可以支持起诉。

第三条　人民检察院在履行职责中发现破坏海洋生态、海洋水产资源、海洋保护区的行为，可以告知行使海洋环境监督管理权的部门依据本规定第二条提起诉讼。在有关部门仍不提起诉讼的情况下，人民检察院就海洋自然资源与生态环境损害，向有管辖权的海事法院提起民事公益诉讼的，海事法院应予受理。

第四条　破坏海洋生态、海洋水产资源、海洋保护区，涉嫌犯罪的，在行使海洋环境监督管理权的部门没有另行提起海洋自然资源与生态环境损害赔偿诉讼的情况下，人民检察院可以在提起刑事公诉时一并提起附带民事公益诉讼，也可以单独提起民事公益诉讼。

第五条 人民检察院在履行职责中发现对破坏海洋生态、海洋水产资源、海洋保护区的行为负有监督管理职责的部门违法行使职权或者不作为，致使国家利益或者社会公共利益受到侵害的，应当向有关部门提出检察建议，督促其依法履行职责。

有关部门不依法履行职责的，人民检察院依法向被诉行政机关所在地的海事法院提起行政公益诉讼。

第六条 本规定自2022年5月15日起施行。

【解　　读】

解读《最高人民法院、最高人民检察院关于办理海洋自然资源与生态环境公益诉讼案件若干问题的规定》

为依法办理海洋自然资源与生态环境公益诉讼案件，全面加强海洋环境司法保护，促进海洋生态文明建设，2021年12月27日最高人民法院审判委员会第1858次会议、2022年3月16日最高人民检察院第十三届检察委员会第九十三次会议审议通过了《关于办理海洋自然资源与生态环境公益诉讼案件若干问题的规定》（法释〔2022〕15号，以下简称《规定》），并已于2022年5月15日起施行。现就《规定》涉及的有关问题予以说明，以供相关案件办理过程中准确理解与适用。

一、制定背景和意义

出台《规定》，是最高人民法院、最高人民检察院贯彻落实党中央决策部署，加大海洋自然资源与生态环境司法保护力度，积极回应社会关切的重要举措。司法解释的颁布实施，对于完善海洋自然资源与生态环境保护法律体系，统一法律适用标准，规范海洋自然资源与生态环境公益诉讼案件办理，具有重要意义。

我国是海洋大国，海洋是我国经济社会可持续发展的重要资源和战略空间。随着海上活动的日益频繁，在海洋经济快速发展的同时，船舶排污、陆源污染和海洋资源的开发活动等不断影响我国海洋生态环境质量，海洋生态环境面临较大压力，涉及海洋自然资源与生态环境损害的案件数量也不断上升。

以习近平同志为核心的党中央高度重视海洋事业发展和海洋生态环境保

护。党的十八大作出了建设海洋强国的重大部署,党的十九大明确提出"坚持陆海统筹,加快建设海洋强国""加快生态文明体制改革,建设美丽中国";《中华人民共和国国民经济和社会发展第十四个五年规划和2035年远景目标纲要》提出"坚持陆海统筹、人海和谐、合作共赢,协同推进海洋生态保护、海洋经济发展和海洋权益维护,加快建设海洋强国"。保护海洋自然资源和生态环境是加快建设海洋强国、实现人海和谐共生的根本要求和基础保障,迫切需要不断加大司法保护力度,为促进海洋生态文明建设提供强有力的服务与保障。

为了保护和改善海洋环境,保护海洋资源,防治污染损害,维护生态平衡,保障人体健康,促进经济和社会的可持续发展,全国人大常委会于1982年颁布《海洋环境保护法》。该法于1999年12月修订时,在法律责任章节增加了由依照《海洋环境保护法》规定行使海洋环境监督管理权的部门代表国家对责任者提出损害赔偿要求的规定。2012年以来,随着环境保护法和《民事诉讼法》的修订以及《最高人民法院关于审理环境民事公益诉讼案件适用法律若干问题的解释》《最高人民法院、最高人民检察院关于检察公益诉讼案件适用法律若干问题的解释》(以下简称《两高检察公益司法解释》)等司法解释的制定,逐步建立和细化了环境公益诉讼制度。如何正确理解上述不同法律规定的本意,如何界定海洋自然资源与生态环境损害赔偿诉讼的性质,如何在海洋环境保护中充分发挥公益诉讼制度的作用,亟需出台司法解释加以明确和规范,构建较为完善、独立的具有中国特色的海洋环境公益诉讼制度,进一步保障海洋安全、保护海洋资源、推进海洋法治、服务海洋强国建设。

二、主要内容说明

《规定》共6条,分别就适用范围以及海洋环境民事公益诉讼、刑事附带民事公益诉讼、行政公益诉讼的主体、管辖权等作出了规定。

(一)关于适用范围

第一条从案件类型、行为后果和地域3方面界定了《规定》的适用范围,也是对海洋自然资源与生态环境公益诉讼案件的解读。首先,《规定》系因海洋自然资源与生态环境损害而提起的海洋环境公益诉讼的专门规定,包括民事、刑事附带民事和行政公益诉讼3种案件类型。其次,《规定》的重要法律依据是《海洋环境保护法》,主要是围绕如何正确理解和适用该法第八十九条第二款的规定作出的具体规范,故《规定》第1条直接援引了《海洋环境保护法》第八十九条第二款内容界定了《规定》适用的行为后果,即破坏海洋生态、海洋水产资源、海洋保护区。再次,《规定》适用的地域范围与《海洋环境保护法》适用的海域范围一致。《海洋环境保护法》第二条第一款规定:"本法适用于中华人民共和国内水、领海、毗连区、专属经济区、大陆架以及中华人民共和国管辖的其他海域。"第九十四条第（二）项进一步规定，本法中的内水是指我国领海基线向内陆一侧的所有海域。故《规定》并不适用于江河、湖泊等内陆水域。最后，造成海洋自然资源与生态环境损害的原因，不仅包括海上航行、海上作业生产等发生在海上的行为，还包括从陆地向海域排放污染物造成海洋自然资源与生态环境损害等陆源污染行为。损害行为发生地或损害结果地位于海域，是确定《规定》适用范围的重要因素。此外，为减轻或防止海洋环境污染、生态恶化、自然资源减少，可能会采取相应的合理应急处置措施，该预防措施费用亦属于海洋自然资源与生态环境损失赔偿范围，故采取预防措施地也是界定《规定》适用范围的考量因素之一。因此，只要损害行为发生地、损害结果地或者采取预防措施地3个因素中的1个因素发生在《海洋环境保护法》第二条第一款规定的海域内，因海洋自然资源与生态环境损害而提起的公益诉讼，就应当适用《规定》。《规定》的适用范围涵盖了因陆源污染造成海洋环境损害而提起的公益诉讼案件，因此，如污染行为发生在陆地，污染物经由陆地流入海洋，就海洋自然资源与生态环境损害提起的公益诉讼案件应当适用《规定》确定相应的诉讼主体和管辖权等，但是，《规定》并不影响其他相关主体依据环境保护法、《民事诉讼法》等法律规定仅就陆地环境污染损害提起公益诉讼的权利。

（二）关于民事公益诉讼

《规定》第二条、第三条采用列明方式明确有权提起海洋自然资源与生态环境民事公益诉讼的主体，确定海事法院是海洋环境民事公益诉讼的专门管辖法院。

1. 关于海洋环境监督管理部门就海洋自然资源与生态环境损害提起的诉讼

《海洋环境保护法》是环境领域的特别法，应当优先适用于相关纠纷。该法第八十九条第二款规定，将海洋自然资源与生态环境损害索赔的权利赋予依法行使海洋环境监督管理权的部门。根据现阶段相关立法意图［2012年4月24日全国人民代表大会法律委员会《关于〈中华人民共和国民事诉讼法修正案（草案）修改情况的汇报〉》对公益诉讼制度问题作了说明："目前，有的环境保护领域的法律已规定了提出这类诉讼的机关。比如，《海洋环境保护法》规定，海洋环境监督管理部门代表国家对破坏海洋环境给国家造成重大损失的责任者提出损害赔偿要求。"］，该类诉讼属于民事公益诉讼范畴。① 2018年1月15日起施行的《最高人民法院关于审理海洋自然资源与生态环境损害赔偿纠纷案件若干问题的规定》（以下简称《海洋环境司法解释》）通过在第11条、

---

① 王淑梅、余晓汉：《〈关于审理海洋自然资源与生态环境损害赔偿纠纷案件若干问题的规定〉的理解与适用》，载《人民司法》2018年第7期。

第12条规定相关公益诉讼司法解释适用规则的方式，表明了海洋环境监督管理部门提起此类诉讼的性质。《规定》系关于海洋环境公益诉讼的司法解释，通过将海洋环境监督管理部门提起诉讼的情形纳入本司法解释的方式，进一步明确了此类诉讼属于民事公益诉讼。但是在表述方式上，为了保持连贯性，继续沿用《海洋环境保护法》和《海洋环境司法解释》中关于"海洋自然资源与生态环境损害赔偿诉讼"的表述。

在《规定》起草过程中，有建议认为，应当在海洋自然资源与生态环境损害赔偿诉讼中规定磋商前置程序，相关部门与侵权人就海洋自然资源与生态环境损害赔偿开展磋商无果的，再进入诉讼程序。我们经研究认为，2017年12月中共中央办公厅、国务院办公厅印发的《生态环境损害赔偿制度改革方案》（以下简称《改革方案》）中提出了"主动磋商，司法保障"的工作原则，生态环境损害发生后，赔偿权利人组织开展生态环境损害调查、鉴定评估、修复方案编制等工作，主动与赔偿义务人磋商。磋商未达成一致的，赔偿权利人可依法提起诉讼。据此，《最高人民法院关于审理生态环境损害赔偿案件的若干规定》第1条明确磋商是提起生态环境损害赔偿诉讼的前置程序，经磋商未达成一致或者无法进行磋商的才可以提起诉讼。2022年4月，生态环境部联合"两高"等14家单位印发的《生态环境损害赔偿管理规定》中也规定了磋商程序。但是《改革方案》第三条第（二）项、《最高人民法院关于审理生态环境损害赔偿案件的若干规定》第2条和《生态环境损害赔偿管理规定》均明确规定，上述方案和规定不适用于海洋生态环境损害赔偿，涉及海洋生态环境损害赔偿的，适用《海洋环境保护法》等法律及相关规定。因《海洋环境保护法》并没有磋商前置的规定，故在海洋自然资源与生态环境损害赔偿诉讼中规定磋商前置程序，目前没有相应的法律或者国家规定作为依据。但《规定》也并不限制或影响海洋环境监督管理部门先行与侵权人进行磋商的程序，如果今后在海洋环境保护中明确了磋商机制，还可另行作出新的规定。

2. 关于检察机关就海洋自然资源与生态环境损害提起的民事公益诉讼

检察机关是否有权提起海洋环境公益诉讼，长期以来一直存在不同观点。虽然《两高检察公益司法解释》并未明确将海洋环境公益诉讼排除在外，但是基于对《海洋环境保护法》、《民事诉讼法》相关规定的不同理解，导致对检察机关诉权的认识不统一，从而该司法解释能否适用于海洋环境公益诉讼，也一直存在分歧。一种观点认为，《海洋环境保护法》第八十九条第二款的特别规定排除了其他国家机关的索赔资格，包括检察机关。根据特别法优先于一般法适用的原则，检察机关无权提起海洋环境公益诉讼。另一种观点认为，检察机关提起公益诉讼是国家赋予其的工作职能，《海洋环境保护法》的规定并不能排除《民事诉讼法》对检察机关赋权规定的适用。我们经研究认为，首先，《民事诉讼法》第五十八条第一款规定，对污染环境、侵害众多消费者合法权益等损害社会公共利益的行为，法律规定的机关和有关组织可以向人民法院提起诉讼。第二款规定，在没有前款规定的机关和组织或者前款规定的机关和组织不提起诉讼的情况下，人民检察院可以提起诉讼。因此，依据《海洋环境保护法》第八十九条第二款、《民事诉讼法》第五十八条第二款的规定，《海洋环境保护法》明确规定了海洋环境监督管理部门有权提起海洋自然资源与生态环境损害赔偿，在上述部门不提起诉讼的情况下，检察机关可以就海洋自然资源与生态环境损害提起公益诉讼。其次，虽然《海洋环境保护法》规定海洋环境监督管理部门有权就海洋自然资源与生态环境损害提起诉讼，但是海洋环境监督管理部门在不同案件中的诉讼能力可能会影响其提起诉讼的积极性，司法实践中也确实存在海洋环境监督管理部门怠于履行提起诉讼的职责，导致海洋环境保护力度受到影响的情形。允许检察机关在海洋环境监督管理部门不起诉的情况下提起诉讼，可以充分发挥检察机关督促、协同、兜底的职能定位，符合加大海洋环境保护力度、维护国家海洋权益的价值取向。

基于加大海洋环境保护力度、完善海洋环境公益诉讼制度体系的需要，《规定》第2条、第3条体现了《海洋环境保护法》作为特别法应当优先适用的原则，在注重充分发挥海洋环境监督管理部门行政监管职能的同时，也明确了检察机关督促、协同、兜底的职能定位。检察机关发现破坏海洋生态、海洋水产资源、海洋保护区的行为，可以将有关线索移送海洋环境监督管理部门并告知其提起诉讼。只有在海洋环境监督管理部门经告知仍不提起诉讼的情况下，检察机关才可以直接作为原告提起公益诉讼；海洋环境监督管理部门经告知提起诉讼的，检察机关可以依据《规定》第2条第2款的规定支持起诉。这一规定体现了检察机关与海洋环境监督管理部门提起海洋环境公益诉讼的不同定位，可以实现海洋环境监督管理部门和检察机关提起公益诉讼的有效衔接，对加大海洋环境保护力度、维护国家海洋权益具有现实意义。

（三）关于刑事附带民事公益诉讼

破坏海洋生态、海洋水产资源、海洋保护区，涉嫌犯罪的，应当如何确定刑事附带民事诉讼适格原告，相关海洋环境监督管理部门能否提起刑事附带民事海洋环境损害赔偿，也一直是争论热点。一种观点认为，《海洋环境保护法》第八十九条第二款对代表国家提出损害赔偿要求的主体作出了特别规定，应当优先适用，故当海洋环境遭受侵害并构成犯罪时，相关海洋环境监督管理部门具有提起刑事附带民事损害赔偿诉讼的权利，这与刑事诉讼法第一百零一条关于被害人由于被告人的犯罪行为而遭受物质损失，在刑事诉讼过程中有权提起刑事附带民事诉讼的规定也并不相悖。另一种观点认为，刑事诉讼法明确规定，附带民事诉讼原告人只有被害人和检察机关。涉及国家利益受损的，提起附带民事诉讼的主体只是检察机关，没有规定其他机关。允许海洋环境监督管理部门依据《海洋环境保护法》的规定提起刑事附带民事诉讼，是对刑事诉讼法规定的突破。经研究，鉴于对破坏海洋生态、海洋水产资源、海洋保护区，涉嫌犯罪的，海洋环境监督管理部门能否提起刑事附带民事诉讼，《刑事诉讼法》并未作出明确规定，有关方面还存在不同认识，《规定》第4条仅就海洋环境监督管理部门与检察机关在涉及民事和刑事案件交叉的情况下，如何协调各自职能作出规定。一方面明确了在涉嫌犯罪的情况下，海洋环境监督管理部门依然有权就海洋自然资源与生态环境损害另行提起民事诉讼；另一方面依据《刑事诉讼法》第一百零一条第二款、《两高检察公益司法解释》第20条的规定，明确了在海洋环境监督管理部门未另行提起民事诉讼的情况下，检察机关可以根据实际情况，从有利于提高司法效率的角度，选择在提起刑事公诉时一并提起附带民事公益诉讼，也可以选择单独提起民事公益诉讼，以充分发挥其对海洋环境保护的兜底、协同职能。

（四）关于行政公益诉讼

为了充分发挥检察机关的监督职能作用，在制度功能层面督促行政主管机关积极依法履职，《行政诉讼法》规定检察机关可以通过行政诉讼促进依法行政、严格执法。根据《海洋环境保护法》的规定，相关海洋环境监督管理部门对破坏海洋自然资源和生态环境的行为负有监督管理职责，但实践中往往存在行政部门对海洋环境保护违法行使职权或者怠于履职不作为的现象。如何正确、充分利用行政公益诉讼制度，加大海洋环境司法保护力度，是制定《规定》第5条的主要目的。

我们经研究认为，首先，根据《行政诉讼法》第二十五条的规定，检察机关可以向海洋环境监督管理部门依次提出检察建议和提起诉讼，这是法律对其职能的赋权与定位。其次，根据前述规定，海洋环境行政公益诉讼的提起要以诉前检察建议为前提。实践中，检察机关发出检察建议后，多数海洋环境监督管理部门都能够及时采取有效措施依法履职，故大部分案件在行政公益诉讼的诉前程序便已终结。但对于海洋环境监督管理部门仍然不依法履职的，检察机关可以通过直接提起行政诉讼的方式，督促其依法全面履行监管职责、恢复受侵害的公共利益。再次，行政公益诉讼主要针对海洋环境监督管理部门违法行使职权或者怠于履职不作为，是为有效补足行政执法短板而采取的有利于海洋自然资源和生态环境保护的另一种监督手段。但是，对于海洋环境监督管理部门不提起诉讼的情形，通常并不采用检察建议这一特定文书形式。通过行政公益诉讼要求海洋环境监督管理部门提起海洋自然资源与生态环境损害赔偿诉讼，也不符合司法诉讼高效、便利原则。因此，对于海洋环境监督管理部门经告知仍然不提起诉讼的，检察机关可以依据《规定》第3条直接提起民事公益诉讼，而并非依据第5条提出检察建议和提起行政公益诉讼。

（五）关于管辖权

根据《海洋环境司法解释》第2条的规定，海洋环境监督管理部门提起的海洋自然资源与生态环境损害赔偿诉讼，由损害行为发生地、损害结果地或者采取预防措施地海事法院管辖。但是由检察机关提起的海洋环境公益诉讼案件是否应当由海事法院专门管辖，起草过程中存在争论。有观点认为，根据《两高检察公益司法解释》第5条的规定，市（分、州）检察机关提起的第一审民事公益诉讼案件，由侵权行为地或者被告住所地中级人民法院管辖；基层检察机关提起的第一审行政公益诉讼案件，由被诉行政机关所在地基层人民法院管辖，故并未要求由海事法院专门管辖。经研究，《规定》第2条、第3条和第5条最终明确了海事法院对海洋自然资源与生态环境民事公益诉讼和行政公益诉讼的专门管辖。主要理由如下：第一，根据海事诉讼特别程序法（以下简称海诉法）第四条、第七条，《海洋环境司法解释》第2条，《最高人民法院关于海事法院受理案件范围的规定》第三类第（65）项、第五类第（81）项、第（82）项，《最高人民法院关于海事诉讼管辖问题的规定》第2条的规定，污染海洋环境、破坏海洋生态责任纠纷和海事行政案件都属于海事法院专门或者专属管辖。上述有关海事法院专门或专属管辖的规定属于特别规定，如果与《两高检察公益司法解释》的一般规定不同，应当优先适用特别规定。第二，根据《规定》，在海洋环境监督管理部门不提起诉讼的情况下，检察机关可以依照《规定》提起民事公益诉讼。检察机关履行的系督促、协同、兜底职能，其提起的民事公益诉讼与海洋环境监督管理部门提起的诉讼请求和诉讼目的基本相同，并不因提起主体不同而改变此类案件的性质，均应当属于前述法律法规调整的范围，故检察机关提起的民事公益诉讼也应当由海事法院管辖。第三，海洋自然资源与生态环境损害赔偿涉及国际公约、国际惯例、海商法等的适用，具有专业性、技术性、涉外性强的特点。海事法院是审理海事案件的专门法院，具有专业化审判优势，由海事法院统一审理海洋环境监督管理部门和检察机关提起的海洋自然资源与生态环境损害赔偿诉讼，有利于审判质量保障和裁判尺度统一。第四，海事行政公益诉讼案件从性质而言也属于海事行政案件，应当由海事法院专门管辖。随着海洋强国建设对海上法治环境提出更高的要求，涉海行政部门的执法力度进一步加强。海事法院属于跨行政区划设置的专门法院，由其审理海事行政案件，有利于克服地方保护主义，可以进一步为依法开展海洋执法活动提供有力的司法支持和监督，加大海洋环境的司法保护力度，也顺应了海事司法改革的需要。第五，全国11个海事法院共设立了40余个派出法庭，还根据需要设立了巡回审判点，以适应海事法院管辖区域线长面广的特点，增强了海事审判的服务功能，方便了当事人诉讼，已经成为海事司法保障沿海沿江地区经济发展与生态文明建设的重要前沿。

需要说明的是，《规定》第4条并未对海洋自然资源与生态环境刑事附带民事公益诉讼案件的管辖法院作出特别规定。主要理由是，根据1984年颁布的全国人民代表大会常务委员会《关于在沿海港口城市设立海事法院的决定》，海事法院不审理刑事案件。但是，随着"一带一路"和海洋强国建设的不断推进，我国周边海洋形势面临着空前激烈的外部压力和挑战，亟需我国海事司法在彰显我国海洋主权、服务保障国家海洋建设等方面发挥更大的作用。为了满足国际、国内形势发展对海事审判工作的司法需求，从有利于发挥海事法院专业优势、有利于更好维护国家海洋权益出发，最高人民法院一直将海事法院试点管辖海事刑事案件、推进海事审判"三合一"，作为落实深化人民法院司法体制改革、服务保障国家重大战略要求的重要内容和具体措施。最高人民法院已指定宁波、海口海事法院作为试点法院审理了部分海上交通肇事罪和破坏海洋生态环境资源犯罪案件，取得了较好的效果。实践证明，在海事法院实行海事刑事、民事和行政"三合一"审判，统一审理海洋自然资源与生态环境损害赔偿案件、破坏海洋生态环境资源犯罪及刑事附带民事环境公益诉讼案件、海事行政公益诉讼案件，可以在充分发挥海事法院专业化审判优势的同时，兼顾审判效率和裁判尺度的统一。目前，该项试点工作正在稳步推进。根据《两高检察公益司法解释》第20条的规定，检察机关提起的刑事附带民事公益诉讼，由审理刑事案件的人民法院管辖。因此，如果破坏海洋生态环境资源犯罪案件属于海事法院试点管辖的刑事案件，则由海事法院一并管辖刑事附带民事公益诉讼案件；如果该刑事案件由其他人民法院管辖，则有关海洋自然资源与生态环境的刑事附带民事公益诉讼案件也由其他人民法院一并管辖，但海洋环境监督管理部门另行单独提起的海洋自然资源与生态环境损害赔偿，依然由海事法院专门管辖。

（六）关于法律适用

鉴于海洋自然资源与生态环境损害赔偿诉讼有其自身特殊实际和规律，《海洋环境司法解释》专门针对海洋自然资源与生态环境损害赔偿的管辖权、责任承担方式、损失赔偿范围、损失认定规则、船舶污染损害赔偿法律适用等问题作出了具体的特别规定。但早期由于对检察机关诉权问题存在不同认识，故司法实践中，该司法解释主要适用于海洋环境监督管理部门提起的损害赔偿诉讼。目前，在明确检察机关提起海洋环境公益诉讼权利的情况下，对审理此类纠纷的法律适用问题亦应当予以明确。鉴于司法解释行文规范，《规定》对法律适用问题没有作出专门规定。但是，从《海洋环境司法解释》第1条的规定来看，为请求赔偿《海洋环境保护法》第八十九条第二款规定的海洋自然资源与生态环境损害而提起的诉讼，都适用该司法解释。考虑到无论是海洋环境监督管理部门还是检察机关提起的诉讼，都是针对《海洋环境保护法》第八十九条第二款所规定的破坏海洋生态、海洋水产资源、海洋保护区而造成的海洋自然资源与生态环境的损害赔偿，都是代表国家和社会公共利益，检察机关是在海洋环境监督管理部门没有提起诉讼的情况下，行使督促、协同、兜底的职能作用而提起的诉讼，不能因提起诉讼的主体不同而适用不同法律规定，从而导致不同的处理结果。因此，应当对《海洋环境司法解释》的适用范围作从宽解释，即人民法院审理检察机关就海洋自然资源与生态环境损害提起的公益诉讼，也应当适用《海洋环境司法解释》中的相关规定。

此外，《规定》针对海洋环境公益诉讼的诉权、管辖权等问题作出了规定，《两高检察公益司法解释》对检察机关提起的公益诉讼也作出了程序性规定。对于两个司法解释中有关管辖权等问题的规定，如有冲突，应当优先适用《规定》；《规定》没有作出规定，且其他相关海事司法解释也没有作出不同规定的，可以适用《两高检察公益司法解释》的规定。

【链　　接】

加大海洋环境司法保护力度　服务海洋强国建设
——最高人民法院、最高人民检察院相关部门负责人就
《关于办理海洋自然资源与生态环境公益诉讼案件
若干问题的规定》答记者问

2022年5月11日，最高人民法院、最高人民检察院联合发布《最高人民法院、最高人民检察院关于办理海洋自然资源与生态环境公益诉讼案件若干问题的规定》（以下简称《规定》），自2022年5月15日起施行。为更好地理解和适用《规定》，最高人民法院民四庭负责人、最高人民检察院第八检察厅负责人接受了记者采访。

一、问：请介绍一下制定《规定》的背景情况和主要内容

答：我国是海洋大国，海洋是我国经济社会可持续发展的重要资源和战略空间。在海洋经济快速发展的同时，船舶排污、陆源污染和海洋资源的开发活动等不断影响我国海洋生态环境质量，海洋生态环境压力依然较大，涉及海洋自然资源与生态环境损害的案件数量也不断上升。以习近平同志为核心的党中央高度重视海洋事业发展和海洋生态环境保护。党的十八大作出了建设海洋强国的重大部署，党的十九大报告进一步提出"坚持陆海统筹，加快建设海洋强国""加快生态文明体制改革，建设美丽中国"，《中华人民共和国国民经济和社会发展第十四个五年规划和2035年远景目标纲要》提出"坚持陆海统筹、人海和谐、合作共赢，协同推进海洋生态保护、海洋经济发展和海洋权益维护，加快建设海洋强国"。保护海洋自然资源和生态环境是加快建设海洋强国、实现人海和谐共生的根本要求和基础保障，迫切需要不断加大海洋环境司法保

护力度，为促进海洋生态文明建设提供强有力的服务与保障。

为了正确理解和适用海洋环境保护法、民事诉讼法、刑事诉讼法、行政诉讼法和海事诉讼特别程序法的有关规定，明确提起海洋环境公益诉讼的主体和管辖法院，为不同主体提起公益诉讼的衔接作出制度安排，亟须出台司法解释统一规范海洋环境公益诉讼案件裁判尺度，充分发挥海洋环境监督管理部门、人民检察院在海洋环境公益诉讼中的不同职能作用，构建较为完善、独立的具有中国特色的海洋环境公益诉讼制度，有利于保障海洋安全、保护海洋资源、推进海洋法治、服务海洋强国建设。

《规定》共六条，主要规定了三方面的内容：一是规定了有权提起海洋自然资源与生态环境民事公益诉讼的主体为行使海洋环境监督管理权的部门和人民检察院，明确了人民检察院督促、协同和兜底的职能作用，确定了海事法院是海洋环境民事公益诉讼的专门管辖法院；二是规定了对破坏海洋生态、海洋水产资源、海洋保护区，涉嫌犯罪的行为，在行使海洋环境监督管理权的部门没有另行提起诉讼的情况下，人民检察院可以在提起刑事公诉时一并提起附带民事公益诉讼，也可以单独提起民事公益诉讼，有利于提高司法效率、节约司法资源；三是规定了人民检察院有权提起海洋环境行政公益诉讼，明确了海事法院的专门管辖职能，通过行政公益诉讼方式，实现有效督促海洋环境监督管理部门依法履职，保护海洋自然资源和生态环境的目的。

二、问：请介绍一下《规定》的适用范围

答：首先，本规定是有关海洋自然资源与生态环境公益诉讼的专门性规定，主要针对海洋环境保护法第八十九条所规定的破坏海洋生态、海洋水产资源、海洋保护区的行为，涵盖了民事、行政和刑事附带民事公益诉讼三种不同情况。其次，本规定适用的地域范围与海洋环境保护法适用的海域范围一致，包括内水、领海、毗连区、专属经济区、大陆架以及我国管辖的其他海域，其中内水是指我国领海基线向内陆一侧的所有海域。因此，本规定并不适用于江河、湖泊等内陆水域。第三，造成海洋自然资源与生态环境损害的原因，不仅包括海上航行、海上作业生产等行为，还包括从陆地向海域排放污染物等陆源污染行为。损害行为发生地或损害结果地位于海域，是确定本规定适用范围的重要因素。此外，为防止或减轻海洋自然资源和生态环境损害，可能会在海上采取相应处置措施，该预防措施费用亦属于海洋自然资源与生态环境损失赔偿范围，故采取预防措施地也是界定本规定适用范围的因素之一。综上，只要是损害行为发生地、损害结果地或者采取预防措施地在海域，因造成海洋自然资源与生态环境损害而提起的公益诉讼案件，都应当适用本规定。

三、问：《规定》对有权提起海洋自然资源与生态环境民事公益诉讼的主体是如何规定的？

答：《规定》采用了列明方式明确了有权提起海洋自然资源与生态环境民事公益诉讼的主体。首先，本规定明确了海洋环境保护法第八十九条第二款规定的损害赔偿要求属于民事公益诉讼，应当由行使海洋环境监督管理权的部门提起诉讼。其次，根据民事诉讼法第五十八条第二款、海洋环境保护法第八十九条第二款规定，在行使海洋环境监督管理权的部门不提起诉讼的情况下，人民检察院可以就海洋自然资源与生态环境损害提起公益诉讼。《规定》体现了海洋环境监督管理部门与人民检察院提起海洋自然资源与生态环境公益诉讼的不同定位，实现海洋环境监督管理部门与人民检察院提起公益诉讼的有效衔接，对加大海洋环境保护力度、维护国家海洋权益具有现实意义。

四、问：《规定》对海洋自然资源与生态环境公益诉讼案件的管辖法院是如何规定的？

答：依据海事诉讼特别程序法、行政诉讼法以及《最高人民法院关于海事法院受理案件范围的规定》《最高人民法院关于海事诉讼管辖问题的规定》等司法解释，《规定》明确了海事法院对海洋自然资源与生态环境民事公益诉讼和行政公益诉讼的专门管辖，一方面可以充分发挥海事法院的专业化审判优势，有利于审判质量保障和裁判尺度的统一；另一方面可以发挥海事法院跨行政区划设置的优势，有利于克服地方保护主义，特别是审理行政案件相对更为超脱，可以进一步为依法开展海洋执法活动提供有力的司法支持和监督。此外，11个海事法院设立了40余个派出法庭，适应海事法院管辖区域线长面广的特点，增强了海事审判的服务功能，方便了当事人诉讼，已经成为海事司法保障沿海沿江地区经济发展与生态文明建设的重要前沿。

最高人民法院
关于审理森林资源民事纠纷案件适用法律若干问题的解释

法释〔2022〕16 号

（2022 年 4 月 25 日最高人民法院审判委员会第 1869 次会议通过　2022 年 6 月 13 日最高人民法院公告公布　自 2022 年 6 月 15 日起施行）

为妥善审理森林资源民事纠纷案件，依法保护生态环境和当事人合法权益，根据《中华人民共和国民法典》《中华人民共和国环境保护法》《中华人民共和国森林法》《中华人民共和国农村土地承包法》《中华人民共和国民事诉讼法》等法律规定，结合审判实践，制定本解释。

第一条　人民法院审理涉及森林、林木、林地等森林资源的民事纠纷案件，应当贯彻民法典绿色原则，尊重自然、尊重历史、尊重习惯，依法推动森林资源保护和利用的生态效益、经济效益、社会效益相统一，促进人与自然和谐共生。

第二条　当事人因下列行为，对林地、林木的物权归属、内容产生争议，依据民法典第二百三十四条的规定提起民事诉讼，请求确认权利的，人民法院应当依法受理：

（一）林地承包；

（二）林地承包经营权互换、转让；

（三）林地经营权流转；

（四）林木流转；

（五）林地、林木担保；

（六）林地、林木继承；

（七）其他引起林地、林木物权变动的行为。

当事人因对行政机关作出的林地、林木确权、登记行为产生争议，提起民事诉讼的，人民法院告知其依法通过行政复议、行政诉讼程序解决。

第三条　当事人以未办理批准、登记、备案、审查、审核等手续为由，主张林地承包、林地承包经营权互换或者转让、林地经营权流转、林木流转、森林资源担保等合同无效的，人民法院不予支持。

因前款原因，不能取得相关权利的当事人请求解除合同、由违约方承担违约责任的，人民法院依法予以支持。

第四条 当事人一方未依法经林权证等权利证书载明的共有人同意,擅自处分林地、林木,另一方主张取得相关权利的,人民法院不予支持。但符合民法典第三百一十一条关于善意取得规定的除外。

第五条 当事人以违反法律规定的民主议定程序为由,主张集体林地承包合同无效的,人民法院应予支持。但下列情形除外:

(一)合同订立时,法律、行政法规没有关于民主议定程序的强制性规定的;

(二)合同订立未经民主议定程序讨论决定,或者民主议定程序存在瑕疵,一审法庭辩论终结前已经依法补正的;

(三)承包方对村民会议或者村民代表会议决议进行了合理审查,不知道且不应当知道决议系伪造、变造,并已经对林地大量投入的。

第六条 家庭承包林地的承包方转让林地承包经营权未经发包方同意,或者受让方不是本集体经济组织成员,受让方主张取得林地承包经营权的,人民法院不予支持。但发包方无法定理由不同意或者拖延表态的除外。

第七条 当事人就同一集体林地订立多个经营权流转合同,在合同有效的情况下,受让方均主张取得林地经营权的,由具有下列情形的受让方取得:

(一)林地经营权已经依法登记的;

(二)林地经营权均未依法登记,争议发生前已经合法占有使用林地并大量投入的;

(三)无前两项规定情形,合同生效在先的。

未取得林地经营权的一方请求解除合同、由违约方承担违约责任的,人民法院依法予以支持。

第八条 家庭承包林地的承包方以林地经营权人擅自再流转林地经营权为由,请求解除林地经营权流转合同、收回林地的,人民法院应予支持。但林地经营权人能够证明林地经营权再流转已经承包方书面同意的除外。

第九条 本集体经济组织成员以其在同等条件下享有的优先权受到侵害为由,主张家庭承包林地经营权流转合同无效的,人民法院不予支持;其请求赔偿损失的,依法予以支持。

第十条 林地承包期内,因林地承包经营权互换、转让、继承等原因,承包方发生变动,林地经营权人请求新的承包方继续履行原林地经营权流转合同的,人民法院应予支持。但当事人另有约定的除外。

第十一条 林地经营权流转合同约定的流转期限超过承包期的剩余期限,或者林地经营权再流转合同约定的流转期限超过原林地经营权流转合同的剩余期限,林地经营权流转、再流转合同当事人主张超过部分无效的,人民法院不予支持。

第十二条 林地经营权流转合同约定的流转期限超过承包期的剩余期限,

发包方主张超过部分的约定对其不具有法律约束力的，人民法院应予支持。但发包方对此知道或者应当知道的除外。

林地经营权再流转合同约定的流转期限超过原林地经营权流转合同的剩余期限，承包方主张超过部分的约定对其不具有法律约束力的，人民法院应予支持。但承包方对此知道或者应当知道的除外。

因前两款原因，致使林地经营权流转合同、再流转合同不能履行，当事人请求解除合同、由违约方承担违约责任的，人民法院依法予以支持。

第十三条 林地经营权流转合同终止时，对于林地经营权人种植的地上林木，按照下列情形处理：

（一）合同有约定的，按照约定处理，但该约定依据民法典第一百五十三条的规定应当认定无效的除外；

（二）合同没有约定或者约定不明，当事人协商一致延长合同期限至轮伐期或者其他合理期限届满，承包方请求由林地经营权人承担林地使用费的，对其合理部分予以支持；

（三）合同没有约定或者约定不明，当事人未能就延长合同期限协商一致，林地经营权人请求对林木价值进行补偿的，对其合理部分予以支持。

林地承包合同终止时，承包方种植的地上林木的处理，参照适用前款规定。

第十四条 人民法院对于当事人为利用公益林林地资源和森林景观资源开展林下经济、森林旅游、森林康养等经营活动订立的合同，应当综合考虑公益林生态区位保护要求、公益林生态功能及是否经科学论证的合理利用等因素，依法认定合同效力。

当事人仅以涉公益林为由主张经营合同无效的，人民法院不予支持。

第十五条 以林地经营权、林木所有权等法律、行政法规未禁止抵押的森林资源资产设定抵押，债务人不履行到期债务或者发生当事人约定的实现抵押权的情形，抵押权人与抵押人协议以抵押的森林资源资产折价，并据此请求接管经营抵押财产的，人民法院依法予以支持。

抵押权人与抵押人未就森林资源资产抵押权的实现方式达成协议，抵押权人依据民事诉讼法第二百零三条、第二百零四条[①]的规定申请实现抵押权的，人民法院依法裁定拍卖、变卖抵押财产。

第十六条 以森林生态效益补偿收益、林业碳汇等提供担保，债务人不履行到期债务或者发生当事人约定的实现担保物权的情形，担保物权人请求就担保财产优先受偿的，人民法院依法予以支持。

第十七条 违反国家规定造成森林生态环境损害，生态环境能够修复的，

---

① 对应《民事诉讼法》（2023年修正）第二百零七条、第二百零八条。

国家规定的机关或者法律规定的组织依据民法典第一千二百三十四条的规定，请求侵权人在合理期限内以补种树木、恢复植被、恢复林地土壤性状、投放相应生物种群等方式承担修复责任的，人民法院依法予以支持。

人民法院判决侵权人承担修复责任的，可以同时确定其在期限内不履行修复义务时应承担的森林生态环境修复费用。

第十八条　人民法院判决侵权人承担森林生态环境修复责任的，可以根据鉴定意见，或者参考林业主管部门、林业调查规划设计单位、相关科研机构和人员出具的专业意见，合理确定森林生态环境修复方案，明确侵权人履行修复义务的具体要求。

第十九条　人民法院依据民法典第一千二百三十五条的规定确定侵权人承担的森林生态环境损害赔偿金额，应当综合考虑受损森林资源在调节气候、固碳增汇、保护生物多样性、涵养水源、保持水土、防风固沙等方面的生态环境服务功能，予以合理认定。

第二十条　当事人请求以认购经核证的林业碳汇方式替代履行森林生态环境损害赔偿责任的，人民法院可以综合考虑各方当事人意见、不同责任方式的合理性等因素，依法予以准许。

第二十一条　当事人请求以森林管护、野生动植物保护、社区服务等劳务方式替代履行森林生态环境损害赔偿责任的，人民法院可以综合考虑侵权人的代偿意愿、经济能力、劳动能力、赔偿金额、当地相应工资标准等因素，决定是否予以准许，并合理确定劳务代偿方案。

第二十二条　侵权人自愿交纳保证金作为履行森林生态环境修复义务担保的，在其不履行修复义务时，人民法院可以将保证金用于支付森林生态环境修复费用。

第二十三条　本解释自 2022 年 6 月 15 日起施行。施行前本院公布的司法解释与本解释不一致的，以本解释为准。

【注　解】

本解释引用的《中华人民共和国民事诉讼法》已于 2023 年 9 月 1 日第 5 次修正。

【解　　读】

解读《最高人民法院关于审理森林资源民事纠纷案件适用法律若干问题的解释》

《最高人民法院关于审理森林资源民事纠纷案件适用法律若干问题的解释》（以下简称《解释》）已于 2022 年 4 月 25 日由最高人民法院审判委员会第 1869 次会议通过，自 2022 年 6 月 15 日起施行。《解释》对于深入贯彻习近平生态文明思想和习近平法治思想，完整准确全面贯彻新发展理念，落实《民法典》绿色原则，依法保护和可持续利用森林资源，具有重要的现实意义。现对《解释》的制定背景、指导思想和原则、主要内容解读如下。

一、《解释》的制定背景

党的十八大以来，以习近平同志为核心的党中央把生态文明建设作为关系中华民族永续发展的根本大计，坚持绿水青山就是金山银山的理念，开展了一系列根本性、开创性、长远性的工作，美丽中国建设迈出重要步伐，推动我国生态环境保护发生历史性、转折性、全局性变化。人民法院认真践行习近平生态文明思想和习近平法治思想，充分发挥审判职能作用，不断满足人民群众优美生态环境需要，努力把总书记的殷殷嘱托转化为司法护航美丽中国建设的生动实践。

习近平总书记深刻指出，森林和草原对国家生态安全具有基础性、战略性作用，林草兴则生态兴。森林作为与湿地、海洋并列的地球三大生态系统之一，在应对气候变化、保护生物多样性、水土保持、防风固沙等方面具有重要生态功能。森林、林木、林地以及依托其生存的野生动植物和微生物，是地球表面最重要的自然资源之一，也是维护国家生态安全的基本屏障。中共中央、国务院印发的《生态文明体制改革总体方案》明确，坚持节约资源和保护环境基本国策，以建设美丽中国为目标，以正确处理人与自然关系为核心，以解决生态环境领域突出问题为导向，保障国家生态安全，改善环境质量，提高资源利用效率。党的十九届六中全会要求，统筹推进"五位一体"总体布局，协调推进"四个全面"战略布局，协同推进人民富裕、国家强盛、中国美丽，为推动形成人与自然和谐共生的现代化建设新格局提供了根本遵循。

近年来，我国生态文明领域立法进程不断加快。《民法典》构建了绿色原则和绿色条款的规范体系，《农村土地承包法》明确了农村集体土地所有权、承包权、经营权三权分置的制度规则,《森林法》确立了生态优先、保护优先、保育结合、可持续发展的原则。随着集体林权制度改革深化、自然资源资产产权制度改革推进,林地、林木交易日益增多,诉讼纠纷亦相应增加。除私益诉讼外,破坏森林资源引发的公益诉讼在生态环境保护案件中占相当比重。2019年以来,全国各级法院审结涉及森林资源的一审案件403989件,其中民事案件268180件。如何服务保障生态文明体制改革措施依法有序推进,充分发挥市场机制在森林资源利用中的重要作用,有效解决森林资源保护中修复方案不够科学、损害赔偿不够全面等问题,成为各级人民法院面临的重要课题。

最高人民法院针对森林资源保护和利用的特点,积极回应环境资源审判实践中对丰富完善相关法律适用规则和保护修复措施的关切,在认真总结各地法院实践经验的基础上,经过反复调研论证和广泛征求意见,制定出台《解释》,指导人民法院树立正确审判理念,统一裁判规则,依法妥善审理森林资源民事纠纷案件。

二、《解释》制定的指导思想和原则

《解释》起草制定过程中,坚持以习近平新时代中国特色社会主义思想为指导,深入贯彻习近平生态文明思想和习近平法治思想,紧紧围绕党和国家工作大局,着力完善生态环境法律适用规则体系,依法推动森林资源的科学保护和合理利用。

(一)完整准确全面贯彻新发展理念,坚持保护和可持续利用森林资源

习近平总书记强调,要保持战略定力,站在人与自然和谐共生的高度来谋划经济社会发展。森林资源的开发利用不仅能带来经济效益,维护林区社会稳定,还有巨大的生态效益。现代林业的基本特征之一是可持续林业,目标是建立不仅能永续生产木材和其他林产品,而且能持久保护生物多样性和改善生态状况的多种效益林业。20世纪90年代以来,"森林可持续经营"理论和多维经营目标成为美国、英国、德国、日本等大多数国家森林立法的基础,并为1992年联合国环境与发展大会通过的《关于森林问题的原则声明》所肯定。我国《森林法》也经历了木材管理、资源管理、生态保护三个阶段的立法目的转变。司法审判应当找准统筹生态环境保护、经济社会发展和保障民生的平衡点,服务保障经济社会发展全面绿色转型。《解释》第一条明确,人民法院应当依法推动森林资源保护和利用的生态效益、经济效益、社会效益相统一。在不同效益发生冲突时,坚持生态效益优先。

(二)用最严格制度、最严密法治保护森林生态环境,切实维护国家利益、社会公共利益和人民群众环境权益

坚持人民至上,落实良好生态环境是最普惠民生福祉原则,加大对群众反映强烈的环境问题治理力度,依法保障人民群众在健康、舒适、优美生态环境

中生存发展的权利。坚持生态优先,积极适用预防性、恢复性司法措施,灵活运用多种责任承担方式,促进受损生态环境及时有效恢复,推动将经济发展、人类活动控制在生态环境和自然资源可承载限度范围内。坚持系统观念,注重提升生态系统质量和稳定性,以生态功能区、自然保护地、重点流域等为单位,统筹山水林田湖草沙系统治理目标,建立生态环境治理协调联动机制。坚持最严密法治,准确适用刑事、民事、行政等法律责任,综合运用环境公益诉讼、生态环境损害赔偿、环境保护禁止令、环境侵权惩罚性赔偿等制度措施,加大对破坏森林资源违法行为的惩治追责力度,统筹推进生态环境国内法治和涉外法治。

(三)落实《民法典》绿色原则,促进资源节约与生态环境保护

《民法典》第九条规定"民事主体从事民事活动,应当有利于节约资源、保护生态环境",将绿色原则作为开展民事活动的基本准则。绿色原则被写入《民法典》,开世界民事立法之先河,为世界生态文明建设提供了中国方案,具有鲜明的中国特色、实践特色、时代特色。坚持以绿色原则为引领,准确理解与适用《民法典》绿色条款,是环境资源审判的特色。森林资源作为一种公共产品,具有经济价值和生态价值。权利人享有权利的同时,应当遵循《民法典》绿色原则和绿色条款,遵守《环境保护法》《森林法》等法律法规关于生态环境保护的规定。《森林法》以规范促进森林资源可持续利用和发展,维护森林生态安全,推动生态文明建设和现代林业发展为立法目的。司法审判应当充分考量森林资源的生态功能价值,避免简单将其作为普通财产处理,切实维护环境正义和代际公平。

(四)尊重自然、尊重历史、尊重习惯,推动森林资源科学合理利用

《森林法》第一条立法目的关于"实现人与自然和谐共生"和第三条基本原则关于"保护、培育、利用森林资源应当尊重自然、顺应自然"等规定,均充分肯定了尊重自然理念。涉森林资源纠纷案件的处理,在专业事实认定、责任承担方式、修复方案执行等方面,均应符合森林生长发育的自然规律。同时,我国山林权属政策经历了多次变革调整,不同阶段形成的土地证、登记册、林权执照、林权证、新林权证、不动产权证书等山林权属书证,其法律效力、证明作用须结合当时的社会政治、法律、政策背景全面审查和认定。司法审判应当尊重历史、照顾现实,妥善解决相关权益纠纷。此外,森林资源是重要的生产资料和生活资料,在林农看来,某些习惯传统文化意蕴浓厚,经过历史的考验和经验的积累,更切合地方实际并易于接受。人民法院应当依据《民法典》第十条规定,在不违背法律和公序良俗的前提下,尊重森林资源保护和利用方面的乡规民约、地方习惯,合理适用习惯弥补成文法不足。

三、《解释》的主要内容

《解释》共二十三个条文，分为一般规定、林地承包经营、新类型案件、森林生态环境保护等四个部分法律适用问题，主要内容解析如下。

(一) 强化市场规则统一，明确林地林木交易及纠纷受理规则

《中共中央、国务院关于加快建设全国统一大市场的意见》提出，加快建设高效规范、公平竞争、充分开放的全国统一大市场，营造稳定公平透明可预期的营商环境。由于历史原因，林业政策及实践较为偏重行政管理，许多纠纷长期依赖行政调处，森林资源纠纷往往存在民事、行政法律关系相互交织的情形。《解释》针对实践中的多发性问题予以了明确。

1. 关于民事、行政案件的受理问题

依据《民法典》第二百三十四条的规定，利害关系人对物权的归属、内容享有物权确认请求权。而依据《森林法》第二十二条的规定，林木、林地所有权和使用权争议由人民政府依法处理，当事人对人民政府处理决定不服的可以向人民法院起诉。司法实践中，因不能正确认识该两条之间的关系，要求当事人向行政机关反复确权的情形时有发生。依据《最高人民法院关于适用〈中华人民共和国民法典〉物权编的解释（一）》第一条及《国土资源部办公厅关于土地登记发证后提出的争议能否按权属争议处理问题的复函》（国土资厅函〔2007〕60号）等的规定，应当区分林地、林木物权归属或登记基础关系与行政确权、登记行为。行政机关已经对林地、林木所有权或者使用权所作出了确权决定，或者森林资源已经登记发证，当事人在取得权利后的交易过程中产生的林地、林木归属和内容争议，属于发生在平等主体之间的民事纠纷。《解释》第二条以两款从正反两方面分别规定，当事人因作为物权变动原因的民事行为，对林地林木的物权归属、内容产生争议，行使物权确认请求权的，人民法院应当作为民事案件依法受理；当事人因对行政机关作出的林地林木确权、登记行为产生争议，提起民事诉讼的，人民法院要告知其依法通过行政复议、行政诉讼程序解决。此处对受理强调了"依法"的要求，依法不应由人民法院直接受理的案件，或者不应当作为民事案件受理的案件，应告知当事人另寻其他途径解决。

2. 关于未办理相关手续的合同效力问题

林业经营相关手续既包括《农村土地承包法》规定的批准、登记、备案、审核、审查等，也包括《森林法》规定的林木采伐许可等。实践中，动辄以森林资源流转违反相关管理性规定为由否定合同效力，将造成社会资源的极大浪费，不利于流转秩序的规范和交易安全的维护。依据《民法典》第五百零二条及相关司法解释规定，《解释》第三条明确，当事人以未办理批准、登记、备案、审查、审核等手续为由，主张林地承包、林地承包经营权互换或者转让、

林地经营权流转、林木流转、森林资源担保等合同无效的，人民法院不予支持；因此未能取得相关权利的当事人，可通过合同责任方式予以救济。

(二) 保障农村土地三权分置改革，细化林地承包经营规则

《中共中央办公厅、国务院办公厅关于引导农村土地经营权有序流转发展农业适度规模经营的意见》要求，坚持农村土地集体所有权，稳定农户承包权，放活土地经营权。林业生产周期长、投资见效慢、资源可再生。《解释》在《民法典》、《农村土地承包法》相关规定基础上，根据林业生产经营特点进行了细化。

1. 关于违反民主议定程序的处理问题

民主议定原则系《农村土地承包法》规定的土地承包基本原则。该法第十九条、第二十条规定了家庭承包的原则和程序，第五十二条第一款规定了其他方式承包的特殊程序，违反前述强制性规定的合同，应依法认定无效。林地承包期长，可能跨越1988年施行的村民委员会组织法（试行）、1998年施行的村民委员会组织法、2003年施行的《农村土地承包法》等多个政策、法律变迁时期。不同历史时期签订的承包合同效力如何认定，各地均感棘手。《解释》第五条从鼓励交易角度出发，规定三种情形下可认定承包合同有效。

一是合同订立时，法律、行政法规并无有关民主议定程序的强制性规定的。随着我国法律的不断完善，对民主议定程序的要求渐次严格。合同效力的判定取决于缔约当时的法律、行政法规是否有关于民主议定程序的强制性规定。

二是合同订立未经民主议定程序讨论决定，或者民主议定程序存在瑕疵，但一审法庭辩论终结前已经依法补正的。发包系由村民委员会讨论通过并签字认可，或者虽然召开了村民会议但决议存在代签名、未签名情形等，在农村较为普遍。前述程序瑕疵如能及时补正，应尽可能维护合同效力。

三是承包方对村民会议或者村民代表会议决议进行了合理审查，不知道且不应当知道决议系伪造、变造，并已经对林地大量投入的。依据《民法典》第五百零四条规定，表见代表行为对善意相对人有效。实践中，存在村委会或相关负责人伪造、变造村民会议或者村民代表会议决议等情形，如果善意承包方已经对决议进行了合理审查，应认为其已尽审慎注意义务。农村为熟人社会，在善意承包方长期大量投入和使用林地而无人异议的情况下，应当对善意相对人的合法权益予以保护。

2. 关于重复处分林地经营权的确权顺位问题

当事人就同一集体林地订立多重经营权流转合同，在合同均为有效的情况下，需要根据物权冲突的处理规则判定林地经营权的归属，而未能取得物权的一方则通过违约责任方式进行救济。《解释》第七条规定了确定林地经营权归属的三种情形。

一是一方已经依法登记情形下，根据物权登记的公示公信原则及《农村土地承包法》第四十一条关于未经登记的林地经营权不得对抗善意第三人的规定，此时由已经登记的一方取得林地经营权。

二是均未依法登记的，将占有使用作为确权的第二顺位考虑因素。该占有应系在争议发生前的合法占有，且已经实际做了大量投入，争议发生后强行先占林地的不得作为确权依据。理由在于：第一，在一方已经合法占有使用林地的情形下，鉴于该方交易有一定公示外观，由实际履行的一方继续履行林地流转合同可以避免资源浪费，符合《民法典》绿色原则。第二，林业经营具有其特殊性，林木成材时间往往较长，为避免善意交易相对人长期大量投入后，承包方与他人串通倒签合同争夺相关利益，需要一定公示外观对善意交易人予以保护。"大量投入"的认定应以能否形成交易外观为标准，根据个案情况予以评判。第三，依据《民法典》第三百一十一条规定，转让的不动产依照法律规定不需要登记的，已经交付且符合其他善意取得要件的受让人可主张善意取得。可见，对林地经营权这类不要求强制登记的权利，法律更为强调交付要件。

三是均未登记或交付的，因林地经营权流转采意思主义，依据《农村土地承包法》第四十一条、第五十三条规定，由合同生效在先的一方取得林地经营权。

3. 关于合同终止时地上林木的处理问题

根据《森林法》第二十条确立的"谁造谁有"规则，植树造林为林木所有权的原始取得方式之一。但林木附着于土地之上，林地承包合同、林地经营权流转合同终止时，地上林木如何处理，实践中争议较大。林木生产周期长，承包期、经营期届满或合同解除时，林木未到主伐期或者未办理采伐许可证的，不允许砍伐。此时承包方、经营方通常不能将林地恢复到经营之前的状态，其应得收益还附着于林地上，无法彻底清走。借鉴《最高人民法院关于审理涉及农村土地承包纠纷案件适用法律问题的解释》第十六条第一款的规定，并参考相关域外立法，《解释》第十三条规定合同终止时地上林木按以下规则处理。

一是依照当事人的约定处理，此为首选方式。但该约定违反公益林保护等法律、行政法规的强制性规定，依据《民法典》第一百五十三条的规定应当认定无效的除外。

二是没有约定或者约定不明，发包方、承包方、经营方事后协商一致延长合同期限至轮伐期或者其他合理期限届满的，可以请求在延长的合同期限内，由继续使用林地的承包方、经营方承担合理林地使用费。

三是没有约定或约定不明，且各方未能协商一致，发包方、承包方不同意延长合同期限的，承包方、经营方有权请求对其种植的地上林木价值进行合理补偿。

(三）落实生态区位保护要求，明确公益林经营利用规则

《森林法》第四十七条根据生态保护需要，将林地和林地上的森林划分为公益林和商品林。该法 2019 年修订前，各地对公益林能否开发利用及相关经营合同的效力等问题争议较大，实践中操作不一。《中共中央、国务院关于全面推进集体林权制度改革的意见》明确，对商品林，农民可依法自主决定经营方向和经营模式，生产的木材自主销售；对公益林，在不破坏生态功能的前提下，可依法合理利用林地资源，开发林下种养业，利用森林景观发展森林旅游业等。水土保持法及《森林法实施条例》《自然保护区条例》《风景名胜区条例》《国家级公益林管理办法》等就公益林利用设定了诸多限制。2019 年修订后的《森林法》第四十九条第三款对合理利用公益林林地资源和森林景观资源，适度开展林下经济、森林旅游等予以肯定，但设定了科学论证、合理利用等前提条件，同时要求严格遵守国家有关规定。《解释》第十四条据此明确，对于当事人订立的公益林经营合同，人民法院应当进行特别审查，确保符合公益林生态区位保护要求和不影响公益林生态功能，当事人仅以涉公益林为由主张经营合同无效的，人民法院不予支持。鼓励在经科学论证及严格遵守国家有关规定前提下，合理利用公益林林地资源和森林景观资源。

（四）服务碳达峰、碳中和目标实现，规范林业碳汇交易规则

《中共中央办公厅、国务院办公厅关于建立健全生态产品价值实现机制的意见》要求，健全碳排放权交易机制，探索碳汇权益交易试点。森林是陆地生态系统中最大的碳库，我国已将林业碳汇作为国家核证自愿减排量项目纳入碳排放权交易体系。规范林业碳汇交易规则，鼓励各行各业和社会公众采取多种方式参与温室气体自愿减排交易，对于促进林业生态产品市场化，巩固提升森林生态系统碳汇能力，将"绿水青山"转变成"金山银山"，具有积极意义。

1. 关于林业碳汇担保问题

林业碳汇，根据《联合国气候变化框架公约》及《京都议定书》的界定，是指利用森林的储碳功能，通过实施造林、再造林和加强森林经营管理、减少毁林、保护和恢复森林植被等活动，吸收和固定大气中的二氧化碳，并按照相关规则与碳汇交易相结合的过程、活动或机制。林业碳汇是一种以森林为载体的自然资源，是森林资源提供的生态服务产品，客观上附着于森林资源并与整个大气环境容量融为一体。林业碳汇权益是一种新型的森林资源财产权益，通说认为其性质为准物权，主体具多重性，客体为碳减排量，通过"碳信用"进行交易。

林业碳汇担保属于银行发展绿色信贷和碳金融趋势要求下的金融创新，实践中有收益权质押（以项目未来售碳收入作为质押担保）、应收账款质押（将其视为未来应收账款设立质押）、动产抵押（碳资产抵押）等不同做法。《解释》第十六条对以林业碳汇为客体的担保物权保护进行了原则性规定，鼓励实

践探索，明确人民法院在坚持物权法定原则基础上，依法保护担保物权人的优先受偿权。

2. 关于认购林业碳汇的替代责任方式

《国务院办公厅关于完善集体林权制度的意见》明确，鼓励林业碳汇项目产生的减排量参与温室气体自愿减排交易，促进碳汇进入碳交易市场。司法实践中，多地均已出现侵权人通过自愿认购林业碳汇方式替代履行森林生态环境损害赔偿责任的案例，但存在交易机构非统一、公开市场，所购碳汇未经核证，交易完成后有再次对外转让变现风险等问题。《解释》第二十条依据国家发展改革委《温室气体自愿减排交易管理暂行办法》及生态环境部《碳排放权交易管理办法（试行）》等相关规定，在征求七个碳排放权交易试点地区高级人民法院及碳排放权交易机构意见的基础上，对通过认购林业碳汇方式替代履行生态环境损害责任进行了原则性规定，明确了三个规则。

一是当事人请求认购林业碳汇的，应当认购经核证的林业碳汇，确保交易的自愿减排项目及减排量经过了授权机构的核证，是统一市场中的规范碳汇。

二是人民法院适用该替代履行方式时，应当综合考虑各方当事人意见、各种责任方式的合理性等因素，包括当事人购买意愿、受损环境要素、侵权行为类型、损害后果及修复情况等具体案情。

三是强调"依法"要求，林业碳汇等新型权益的交易相关规则尚在构建当中，人民法院适用认购林业碳汇的替代责任方式时，应当依法妥善处理。

（五）总结审判实践经验，丰富森林生态环境损害责任规则

《中共中央办公厅、国务院办公厅关于统筹推进自然资源资产产权制度改革的指导意见》要求，落实和完善生态环境损害赔偿制度，由责任人承担修复或赔偿责任。近年来，人民法院依法审理环境资源案件，不断完善审判体制机制，着力提升环境司法能力，探索积累了具有中国特色的生态环境司法保护经验。习近平总书记在2021年5月致世界环境司法大会的贺信中，充分肯定中国环境司法改革创新的有益经验。《解释》在充分总结吸收实践经验基础上，结合森林资源保护修复特点，将部分审判执行创新通过司法解释的形式予以固定。

1. 关于森林生态环境损害的修复问题

（1）修复方式和修复费用。生态环境和资源保护诉讼以恢复生态环境功能为核心目标。《民法典》第一千二百三十四条规定，违反国家规定造成生态环境损害，生态环境能够修复的，侵权人应当承担生态环境修复责任。《森林法》第七十四条、第七十六条、第八十一条亦规定了补种树木及其代履行方式。各地法院在审判、执行中，对补植复绿责任方式进行了积极探索。此外，还可以采取恢复林地土壤性状、投放相应生物种群等合理方式，恢复森林生态环境。《解释》第十七条第一款明确，人民法院可以判令侵权人在合理期限内，以补

种树木、恢复植被、恢复林地土壤性状、投放相应生物种群等方式承担修复责任。该条第二款依据《最高人民法院关于审理环境侵权责任纠纷案件适用法律若干问题的解释》第十四条等相关司法解释规定，明确人民法院可以同时确定侵权人不履行修复义务时应承担的生态环境修复费用。该费用由执行法院用于委托他人代履行。

（2）修复义务的具体要求。林木生长遵循自然规律。《森林法》第四十六条明确，应当采取以自然恢复为主、自然恢复和人工修复相结合的措施，科学保护修复森林生态系统。实践中，存在因生效裁判确定的森林生态环境修复义务不科学、不明确，造成履行、执行困难等问题。如盲目要求侵权人在非宜林地区、非宜林时节、种植不适宜当地的树种等，不仅难以达到生态修复效果，更易造成资源浪费。在司法鉴定费用较高，并非每个案件均能够进行鉴定的情况下，《解释》第十八条规定，确定修复方案时可以参考林业主管部门、林业调查规划设计单位、相关科研机构和人员出具的专业意见，确保修复方案的科学性和可操作性。经科学论证，人民法院可以在判项中明确履行修复义务的树种、树龄、地点、数量、存活率及完成时间等具体要求，并可附详细修复方案。同时，修复方案的确定绝不仅仅是简单地补植树木，而是森林生态功能的恢复，对于修复效果应当组织有关部门验收，验收不合格的应当继续修复。对于补植的树种，可以根据当地实际情况予以选择，兼顾经济效益和社会效益。

（3）修复保证金。毁林开荒、非法占用林地、非法猎捕或杀害野生动物等破坏森林生态环境的行为，往往涉及民事责任、行政责任甚至刑事责任。许多侵权人愿意交纳一定数量的保证金作为履行森林生态环境修复义务的担保。这种保证金实质为一种保全措施，有利于确保补植复绿等修复责任得到落实，保障生态环境及时有效恢复。人民法院通过统筹刑事责任、民事责任和行政责任，将侵权人对承担森林生态修复责任的态度和交纳保证金等行为作为其具有悔过表现的认定依据，在处罚、量刑时予以考虑，引导侵权人从生态环境的"破坏者"转变为"修复者"，充分发挥环境资源审判的惩罚教育和示范引领功能。《解释》第二十二条明确，侵权人不履行修复义务时，人民法院可以将其交纳的保证金用于支付森林生态环境修复费用。

2. 关于森林生态环境损害的赔偿问题

（1）赔偿金额的确定。中共中央办公厅、国务院办公厅印发的《生态环境损害赔偿制度改革方案》明确，生态环境损害是指因污染环境、破坏生态造成大气、地表水、地下水、土壤、森林等环境要素和植物、动物、微生物等生物要素的不利改变，以及上述要素构成的生态系统功能退化。中共中央办公厅、国务院办公厅印发的《关于统筹推进自然资源资产产权制度改革的指导意见》提出，要强化自然资源资产损害赔偿责任，全面落实公益诉讼和生态环境损害赔偿诉讼等法律制度，构建自然资源资产产权民事、行政、刑事案件协同审判机制。

森林资源除经济价值之外,还具有重要的生态功能和价值,对这些功能的损害通常具有不可逆转的特点。由于审判理念未能及时更新以及生态价值鉴定难、鉴定贵等原因,一些法院在认定森林生态环境损害时,仅关注其经济价值,忽略了生态价值。而只有全面赔偿对自然资源造成的损害,才能真正落实环境保护法确立的损害担责原则,切实提高破坏森林资源的侵权行为成本。

依据《民法典》第一千二百三十五条规定,生态环境侵权行为造成的森林资源生态价值损失包括期间服务功能丧失导致的损失、永久性功能损害造成的损失等。《解释》第十九条明确,人民法院确定侵权人承担的森林生态环境损害赔偿金额,应当综合考虑受损森林资源在调节气候、固碳增汇、保护生物多样性、涵养水源、保持水土、防风固沙等方面的生态环境服务功能,予以合理认定。人民法院在司法鉴定、评估中,应当注意引导鉴定机构、专家充分考虑森林的生态价值和功能,依法查明生态环境损害结果。

(2)劳务代偿。环境资源案件中,因许多侵权人不具备经济赔偿能力,或者生态环境损害赔偿、惩罚性赔偿金额较高,各地法院探索出巡山、护林、护鸟等劳务代偿的创新裁判、执行方式。劳务代偿免除了侵权人过重的经济赔偿负担,通过身体力行、现身说法的方式,使侵权人改过自新,也使当地居民、环境受益。《解释》第二十一条对此予以肯定。人民法院在案件审理中,经综合考虑侵权人的代偿意愿、经济能力、劳动能力、赔偿金额、当地相应工资标准等因素,决定采用劳务代偿方式的,可以在判决中合理确定劳务代偿方案。如审理中不能确定的,也可以在执行中根据案件具体情况予以适用。

习近平总书记在参加2022年首都义务植树活动时指出,森林是水库、钱库、粮库、碳库。人民法院将认真贯彻落实习近平生态文明思想、习近平法治思想,以《解释》的出台为契机,完整准确全面贯彻新发展理念,不断强化守护绿水青山的职责使命,统筹推进森林、草原、河湖、湿地等自然生态协同保护治理,巩固增强生态系统碳汇能力,为努力建设人与自然和谐共生的美丽中国、共建清洁美丽世界作出更大贡献,以实际行动迎接党的二十大胜利召开!

(撰稿人:杨临萍 刘竹梅 刘小飞 朱 婧)

【链　接】

最高人民法院相关负责人就《最高人民法院关于审理森林资源民事纠纷案件适用法律若干问题的解释》及配套典型案例答记者问

2022年6月14日,最高人民法院召开《最高人民法院关于审理森林资源民事纠纷案件适用法律若干问题的解释》(以下简称《解释》)及配套典型案例发布会,最高人民法院副院长杨临萍、最高人民法院环资庭庭长刘竹梅出席发布会并回答记者提问。

一、问:森林在应对气候变化中发挥着重要作用。《解释》及配套典型案例从哪些方面体现了对实现碳达峰、碳中和目标的服务保障?

答:实现碳达峰、碳中和,是以习近平同志为核心的党中央统筹国内国际两个大局作出的重大战略决策,是着力解决资源环境约束突出问题、实现中华民族永续发展的必然选择,是构建人类命运共同体的庄严承诺。森林是陆地生态系统中最大的碳库。人民法院贯彻落实党中央做好碳达峰碳中和工作决策部署,制定出台《解释》明确森林资源保护和利用规则,对于加强生态文明建设、提升林草资源总量和质量、适应和减缓气候变化具有积极意义。

一是坚持可持续利用森林资源,巩固生态系统碳汇能力。持续强化国土空间规划和用途管控,严守生态保护红线,切实发挥现有森林、草原、湿地、海洋、土壤、冻土、岩溶等自然资源固碳作用。《解释》第十四条在确保符合公益林生态区位保护要求和不影响公益林生态功能的前提下,鼓励对公益林林地资源和森林景观资源的科学合理利用。配套案例6明确,对于擅自改变林地用途、严重破坏林地生态环境等根本违约行为,人民法院可以依法判令解除合同、返还林地并赔偿损失。

二是加强森林生态环境保护修复,提升生态系统碳汇增量。着力服务生态保护修复重大工程,巩固退耕还林还草成果,助力增加森林面积和蓄积量。《解释》第十七条至第二十一条通过灵活运用生态修复、损害赔偿、认购林业碳汇、劳务代偿等多种责任承担方式,推动受损森林生态环境有效恢复。尤其第十九条,明确认定生态环境损害赔偿金额时,要充分考虑森林生态功能价值,切实加大破坏森林资源侵权行为成本。

三是依法支持绿色金融创新,助力绿色低碳循环经济发展。努力探索司法推动生态产品价值实现路径，加强对现代林业的金融支持，充分发挥市场机制作用，服务保障高质量发展。《解释》第十六条在遵循《民法典》及相关法律规定基础上，明确依法保护以森林生态效益补偿收益、林业碳汇等新型权益提供的担保。配套案例9、案例10通过妥善处理森林资源借款担保、森林保险等绿色金融案件，保护林业经营者和金融机构合法权益，有效促进林业生态产品市场化。

二、问：《解释》规定，审理涉及森林资源的民事纠纷案件，应当贯彻《民法典》绿色原则。据我们了解，这是司法解释中第一次明确提出"绿色原则"。具体体现为《解释》哪些内容？

答：《民法典》第九条规定："民事主体从事民事活动，应当有利于节约资源、保护生态环境"，将绿色原则作为开展民事活动的基本准则。绿色原则写入《民法典》，开世界民事立法之先河，为世界生态文明建设提供了中国方案，具有鲜明的中国特色、实践特色、时代特色。坚持以绿色原则为引领，准确理解与适用《民法典》绿色条款，是环境资源审判的特色。《解释》多个条款体现了对绿色原则的贯彻落实：

一是在林地承包经营纠纷处理中，以节约资源、保护生态环境为重要遵循。《解释》第五条在维护法律规定的民主议定程序基础上，依法保护集体林地承包中已经对林地大量投入的善意相对人，避免社会资源浪费。《解释》第七条基于占有使用林地所形成的交易公示外观，将合法占有使用林地作为林地经营权重复处分的确权考量因素，明确在受让方均未依法办理登记手续的情形下，由争议发生前已经合法占有使用林地并大量投入的一方取得林地经营权，妥善解决因林地经营权流转产生的生态环境问题和纠纷。

二是在林业经营合同履行中，以避免资源浪费、环境污染和生态破坏为重要目标。林业生产周期长，承包期、经营期届满或者合同解除时，林木未到主伐期或未办理采伐许可的，不允许砍伐。《解释》第十三条充分考虑林业经营特点，对于合同终止时地上林木的处理，规定有约定的从约定，但该约定依据《民法典》第一百五十三条的规定应当认定无效的除外；合同没有约定或者约定不明，当事人事后协商一致延长合同期限至轮伐期或者其他合理期限届满的，可以请求在延长的合同期限内，由继续使用林地的一方承担合理林地使用费；当事人未能就延长合同期限协商一致的，林木种植方有权请求对地上林木价值进行合理补偿。

三是在森林生态环境损害赔偿案件中，以严格追究环境污染、生态破坏侵权责任为基本要求。《解释》以第十七条至第二十二条六个条款，进一步细化了《民法典》第一千二百三十四条、第一千二百三十五条关于生态环境修复责任和公益诉讼赔偿范围的有关规定，严格追究生态环境侵权人法律责任，引导社会公众合理利用自然资源和环境容量，协同推进经济社会高质量发展和生态环境高水平保护。

三、问：据了解，近些年，人民法院的环境资源审判不断创新且有了长足发展。《解释》对于环境资源审判的经验总结体现在哪些方面？

答：人民法院深入贯彻习近平生态文明思想和习近平法治思想，依法审理环境资源案件，完善审判体制机制，不断提升环境司法能力，探索积累了具有中国特色的生态环境司法保护经验。《解释》在总结司法实践经验基础上，将部分审判执行创新通过司法解释的形式予以固定。主要体现在以下方面：

一是明确补植复绿生态环境修复方式。《民法典》第一千二百三十四条规定，违反国家规定造成生态环境损害，生态环境能够修复的，侵权人应当承担生态环境修复责任。森林法亦规定了补种树木及其代履行方式。各地法院在审判、执行中，对补植复绿责任方式进行了积极探索。对此《解释》第十七条予以肯定。此次配发的五个公益诉讼典型案例均采用了补种树木、恢复植被方式修复森林生态环境。

二是规范认购林业碳汇替代履行方式。我国正在建设全国统一的碳排放权交易市场，鼓励林业碳汇项目产生的减排量参与温室气体自愿减排交易。司法实践中，福建、贵州等多地已出现侵权人自愿通过认购林业碳汇方式，替代履行森林生态环境损害赔偿责任的案例。《解释》第二十条对该种责任方式的适用予以了规范。

三是肯定劳务代偿责任承担方式。环境资源案件中，因侵权人不具备经济赔偿能力，或者生态环境损害赔偿、惩罚性赔偿金额较高，各地法院探索出巡山、护林、护鸟、环保法治宣传等劳务代偿的创新方式。《解释》第二十一条对此进行了规定，允许侵权人通过身体力行、现身说法的方式改过自新，同时也使当地居民、环境受益。人民法院在案件审理中，经综合考虑侵权人的代偿意愿、经济能力、劳动能力、赔偿金额、当地相应工资标准等因素，决定采用劳务代偿方式的，可以在判决中合理确定劳务代偿方案。如审理中不能确定的，也可以在执行中根据案件具体情况予以适用。

四是鼓励侵权人自愿交纳修复保证金。《解释》第二十二条规定的森林生态环境修复保证金，实质为一种保全措施，有利于确保补植复绿等修复责任得到落实，保障生态环境及时有效恢复。人民法院通过统筹刑事责任、民事责任和行政责任，引导侵权人从生态环境的"破坏者"转变为"修复者"，充分发挥环境资源审判的惩罚教育和示范引领功能。配套案例2中，被告自愿交纳生态环境损失赔偿金和补植修复保证金，人民法院确定在其不履行修复义务时，该保证金用于支付修复费用。

最高人民法院
关于具有专门知识的人民陪审员参加环境资源案件审理的若干规定

法释〔2023〕4号

（2023年4月17日最高人民法院审判委员会第1885次会议通过 2023年7月26日最高人民法院公告公布 自2023年8月1日起施行）

为依法妥善审理环境资源案件，规范和保障具有专门知识的人民陪审员参加环境资源案件审判活动，根据《中华人民共和国刑事诉讼法》《中华人民共和国民事诉讼法》《中华人民共和国行政诉讼法》《中华人民共和国人民陪审员法》等法律的规定，结合环境资源案件特点和审判实际，制定本规定。

第一条 人民法院审理的第一审环境资源刑事、民事、行政案件，符合人民陪审员法第十五条规定，且案件事实涉及复杂专门性问题的，由不少于一名具有专门知识的人民陪审员参加合议庭审理。

前款规定外的第一审环境资源案件，人民法院认为有必要的，可以由具有专门知识的人民陪审员参加合议庭审理。

第二条 符合下列条件的人民陪审员，为本规定所称具有专门知识的人民陪审员：

（一）具有环境资源领域专门知识；

（二）在环境资源行政主管部门、科研院所、高等院校、企业、社会组织等单位从业三年以上。

第三条 人民法院参与人民陪审员选任，可以根据环境资源审判活动需要，结合案件类型、数量等特点，协商司法行政机关确定一定数量具有专门知识的人民陪审员候选人。

第四条 具有专门知识的人民陪审员任期届满后，人民法院认为有必要的，可以商请本人同意后协商司法行政机关经法定程序再次选任。

第五条 需要具有专门知识的人民陪审员参加案件审理的，人民法院可以根据环境资源案件的特点和具有专门知识的人民陪审员选任情况，在符合专业需求的人民陪审员名单中随机抽取确定。

第六条 基层人民法院可以根据环境资源案件审理的需要，协商司法行政机关选任具有专门知识的人民陪审员。

设立环境资源审判专门机构的基层人民法院,应当协商司法行政机关选任具有专门知识的人民陪审员。

设立环境资源审判专门机构的中级人民法院,辖区内基层人民法院均未设立环境资源审判专门机构的,应当指定辖区内不少于一家基层人民法院协商司法行政机关选任具有专门知识的人民陪审员。

第七条 基层人民法院审理的环境资源案件,需要具有专门知识的人民陪审员参加合议庭审理的,组成不少于一名具有专门知识的人民陪审员参加的三人合议庭。

基层人民法院审理的可能判处十年以上有期徒刑且社会影响重大的环境资源刑事案件,以及环境行政公益诉讼案件,需要具有专门知识的人民陪审员参加合议庭审理的,组成不少于一名具有专门知识的人民陪审员参加的七人合议庭。

第八条 中级人民法院审理的环境民事公益诉讼案件、环境行政公益诉讼案件、生态环境损害赔偿诉讼案件以及其他具有重大社会影响的环境污染防治、生态保护、气候变化应对、资源开发利用、生态环境治理与服务等案件,需要具有专门知识的人民陪审员参加合议庭审理的,组成不少于一名具有专门知识的人民陪审员参加的七人合议庭。

第九条 实行环境资源案件跨区域集中管辖的中级人民法院审理第一审环境资源案件,需要具有专门知识的人民陪审员参加合议庭审理的,可以从环境资源案件集中管辖区域内基层人民法院具有专门知识的人民陪审员名单中随机抽取确定。

第十条 铁路运输法院等没有对应同级人民代表大会的法院审理第一审环境资源案件,需要具有专门知识的人民陪审员参加合议庭审理的,在其所在地级市辖区或案件管辖区域内基层人民法院具有专门知识的人民陪审员名单中随机抽取确定。

第十一条 符合法律规定的审判人员应当回避的情形,或所在单位与案件有利害关系的,具有专门知识的人民陪审员应当自行回避。当事人也可以申请具有专门知识的人民陪审员回避。

第十二条 审判长应当依照人民陪审员法第二十条的规定,对具有专门知识的人民陪审员参加的下列工作,重点进行指引和提示:

(一)专门性事实的调查;

(二)就是否进行证据保全、行为保全提出意见;

(三)庭前会议、证据交换和勘验;

(四)就是否委托司法鉴定,以及鉴定事项、范围、目的和期限提出意见;

(五)生态环境修复方案的审查;

（六）环境民事公益诉讼案件、生态环境损害赔偿诉讼案件的调解、和解协议的审查。

第十三条 具有专门知识的人民陪审员参加环境资源案件评议时，应当就案件事实涉及的专门性问题发表明确意见。

具有专门知识的人民陪审员就该专门性问题发表的意见与合议庭其他成员不一致的，合议庭可以将案件提请院长决定是否提交审判委员会讨论决定。有关情况应当记入评议笔录。

第十四条 具有专门知识的人民陪审员可以参与监督生态环境修复、验收和修复效果评估。

第十五条 具有专门知识的人民陪审员参加环境资源案件的审理，本规定没有规定的，适用《最高人民法院关于适用〈中华人民共和国人民陪审员法〉若干问题的解释》的规定。

第十六条 本规定自2023年8月1日起施行。

【解　　读】

解读《最高人民法院关于具有专门知识的人民陪审员参加环境资源案件审理的若干规定》

《最高人民法院关于具有专门知识的人民陪审员参加环境资源案件审理的若干规定》（以下简称《规定》）已于2023年4月17日由最高人民法院审判委员会第1885次会议审议通过并于2023年7月27日正式发布。下面就《规定》的起草情况、主要内容作简要说明。

一、《规定》起草的背景意义

良好的生态环境是最公平的公共产品，是最普惠的民生福祉。党的二十大报告全面总结党的十八大以来生态文明建设取得的举世瞩目重大成就，生态环境保护发生历史性、转折性、全局性变化，深刻阐述了人与自然和谐共生是中国式现代化的重要特征，对推动绿色发展、促进人与自然和谐共生作出重大战略部署，为做好新时代环境资源审判工作指明了前进方向。

专门性事实查明是环境资源案件审理中的重点和难点问题。一方面，生态环境侵权具有长期性、隐蔽性、滞后性以及损害后果不确定性等特点，损害数额的认定、行为与损害后果之间的因果关系等事实的查明需要借助环境科学领域专业知识；另一方面，在生态环境修复领域，修复目标的确定、修复方案的选择、修复过程的监督和修复效果的评估同样涉及大量专业技术性问题。此外，作为当前环境资源审判的重要技术保障，环境损害司法鉴定尚存在鉴定机构和人员不能满足实际需求、鉴定周期长、费用高等问题。囿于专业知识的不足，人民法院审查、采信鉴定结论也存在一定困难。

为回应环境资源审判对专门性事实查明的特殊需求，最高人民法院依照人民陪审员法和《最高人民法院关于适用〈中华人民共和国人民陪审员法〉若干问题的解释》（以下简称《人民陪审员法解释》）的规定，在认真总结各地法院实践经验的基础上，经过反复调研论证和广泛征求意见，就具有专门知识的人民陪审员参审案件范围、在具体案件中的确定，以及合议庭组成、职责履行等问题予以规范，制定出台《规定》，完善具有专门知识的人民陪审员参加环境资源案件审理的规则，统一法律适用。

二、《规定》起草的指导思想和原则

《规定》坚持以习近平生态文明思想、习近平法治思想为指引，深入贯彻落实党的二十大精神，主要遵循以下原则。

一是严格遵守人民陪审员法律制度的规定。依照人民陪审员法和《人民陪审员法解释》《人民陪审员选任办法》的规定，遵循人民陪审员选任程序规则和工作内容，在现行人民陪审员制度框架内规范具有专门知识的人民陪审员参加环境资源案件审理制度。

二是尊重环境资源审判规律。贯彻环境司法理念，遵循环境资源案件类型特点和环境诉讼程序规则，关照环境资源审判专门机构设立情况、跨行政区域集中管辖机制等专门化改革要求设计条文，使之能够适应环境资源审判的现实需求。如为适应环境资源审判跨行政区域集中管辖机制，《规定》明确实行环境资源案件跨区域集中管辖的中级人民法院审理第一审环境资源案件，需要具有专门知识的人民陪审员参加合议庭审理的，可以从案件管辖区域内基层人民法院具有专门知识的人民陪审员名单中随机抽取确定。

三是坚持司法民主和专业审判的有机统一。立足于人民陪审员的审判员与社会监督员双重职责，充分发挥具有专门知识人民陪审员的专业能力，在提升环境资源审判专门化水平的同时，强化人民陪审员对审判工作的监督职能。《规定》明确具有专门知识的人民陪审员可以参与监督生态环境修复、验收和修复效果评估工作。

三、《规定》的主要内容

《规定》共16条，包括具有专门知识的人民陪审员参审案件范围、具有专门知识的人民陪审员的产生和具有专门知识的人民陪审员参加案件审理的合议庭组成、集中管辖和专门法院具有专门知识的人民陪审员的来源、具有专门知识的人民陪审员的职责履行等内容。

(一) 明确具有专门知识的人民陪审员参审案件范围

人民陪审员法第十五条规定了应当由人民陪审员参加合议庭审理的案件类型。《规定》第一条在此基础上明确，人民法院审理的第一审环境资源刑事、民事、行政案件，符合人民陪审员法第十五条规定，且案件事实涉及复杂专门性问题的，由不少于一名具有专门知识的人民陪审员参加合议庭审理。

(二) 明确具有专门知识的人民陪审员的资格

《规定》第二条明确，具有环境资源领域专门知识，在环境资源行政主管部门、科研院所、高等院校、企业、社会组织等单位从业三年以上的人民陪审员，是具有专门知识的人民陪审员。这样的规定既体现了具有专门知识的人民陪审员的专业性，同时也考虑到各地实际情况，妥当确定专业性的标准，确保实践中能够选任符合条件的人民陪审员。

(三) 明确具有专门知识的人民陪审员参加案件审理的合议庭组成

人民陪审员法第十六条明确了"社会影响重大"的案件由人民陪审员和法官组成七人合议庭审理。根据上述规定精神，《规定》第七条、第八条分别就基层、中级人民法院一审环境资源案件合议庭组成人员作出了规定。《规定》第七条规定："基层人民法院审理的环境资源案件，需要具有专门知识的人民陪审员参加合议庭审理的，组成不少于一名具有专门知识的人民陪审员参加的三人合议庭。基层人民法院审理的可能判处十年以上有期徒刑且社会影响重大的环境资源刑事案件，以及环境行政公益诉讼案件，需要具有专门知识的人民陪审员参加合议庭审理的，组成不少于一名具有专门知识的人民陪审员参加的七人合议庭。"第八条规定："中级人民法院审理的环境民事公益诉讼案件、环境行政公益诉讼案件、生态环境损害赔偿诉讼案件以及其他具有重大社会影响的环境污染防治、生态保护、气候变化应对、资源开发利用、生态环境治理与服务等案件，需要具有专门知识的人民陪审员参加合议庭审理的，组成不少于一名具有专门知识的人民陪审员参加的七人合议庭。"

(四) 明确集中管辖法院、专门法院具有专门知识的人民陪审员的来源

《规定》第九条、第十条分别就集中管辖法院、专门法院具有专门知识人民陪审员的来源作出了规定。第九条规定，实行跨行政区域集中管辖的中级人民法院可以在集中管辖区域内基层人民法院具有专门知识的人民陪审员名单中随机抽取确定。第十条规定，专门法院可以在其所在地级市辖区或案件管辖区域内基层人民法院具有专门知识的人民陪审员名单中随机抽取确定。

(五) 明确具有专门知识的人民陪审员的职责履行

《规定》第十二条规定，具有专门知识的人民陪审员参加涉及专门性事实的调查，就证据保全和行为保全、司法鉴定相关事项提出意见，参加庭前会议、证据交换和勘验，参加修复方案及调解、和解协议审查等工作的，审判长

应当进行重点指引和提示。第十四条规定,具有专门知识的人民陪审员可以参与监督生态环境修复、验收和修复效果评估等工作,彰显了环境司法公众参与的理念。

具有专门知识的人民陪审员参加环境资源案件审理,契合环境资源审判专门化体系建设的要求,对于丰富环境资源案件专门性事实查明方法,依法妥善审理各类环境资源案件具有重要意义。下一步,各级人民法院将继续坚持以习近平生态文明思想和习近平法治思想为指引,贯彻落实习近平总书记在全国生态环境保护大会上的重要讲话精神,充分发挥环境资源审判职能作用,为全面推进美丽中国建设作出更大贡献。

(撰稿人:叶　阳)

【链　　接】

完善规则,丰富环境资源案件专门性事实查明方法
——最高人民法院环资庭负责人就《关于具有专门知识的人民陪审员参加环境资源案件审理的若干规定》答记者问

2023年7月27日,最高人民法院发布《最高人民法院关于具有专门知识的人民陪审员参加环境资源案件审理的若干规定》(以下简称《规定》),最高人民法院环境资源审判庭有关负责同志就《规定》有关情况回答了记者提问。

一、问:需要具有专门知识的人民陪审员参加合议庭审理的案件包括哪些类型?

答:《人民陪审员法》第十五条就需要人民陪审员参加合议庭审理的案件类型作出了规定:一是涉及群体利益、公共利益的;二是人民群众广泛关注或者其他社会影响较大的;三是案情复杂或者有其他情形,需要由人民陪审员参加审判的。《规定》第一条在此基础上明确,对于符合《人民陪审员法》第十五条规定,且案件事实涉及复杂专门性问题的,由具有专门知识的人民陪审员参加合议庭审理。关于何为复杂专门性问题,可以由人民法院依据具体案件事实予以认定。

二、问：《规定》关于具有专门知识的人民陪审员资格条件的设定有何特殊考量？

答：首先，具有专门知识的人民陪审员也是人民陪审员，不具有身份上的特殊性。其次，具有专门知识的人民陪审员制度的目的在于解决环境资源审判中专门性事实查明的特殊困难，因而必须符合具备环境资源领域专门知识的基本要求。再次，考虑到各地实际情况，不宜对具有专门知识的人民陪审员的资格设置过高的标准，即只要达到一定程度的专业性即可。最后，具有专门知识的人民陪审员既可以是"环境资源行政主管部门、科研院所、高等院校、企业、社会组织等单位从业三年以上"的现职人员，也包括符合上述条件的离任、退休等人员。

三、问：《规定》关于具有专门知识的人民陪审员参加环境资源案件审理时合议庭组成人员是如何规定的？

答：《人民陪审员法》第十四条规定，人民陪审员和法官组成合议庭审判案件，由法官担任审判长，可以组成三人合议庭，也可以由法官三人与人民陪审员四人组成七人合议庭。第十六条采用"列举＋兜底"的规定，明确"社会影响重大"的案件应当由法官和人民陪审员组成七人合议庭。《民事诉讼法》第十九条、《行政诉讼法》第十五条则规定，具有重大影响或重大复杂的民事和行政案件由中级人民法院管辖。因此基层人民法院审理的民事及行政环境资源案件，原则上不属于"社会影响重大"的案件。

按照上述精神，《规定》在第七条、第八条明确，基层人民法院审理的，应当由具有专门知识的人民陪审员参加合议庭的环境资源案件，组成三人合议庭。但对于可能判处十年以上有期徒刑且社会影响重大的环境资源刑事案件，以及行政公益诉讼案件，仍应依照《人民陪审员法》第十六条的规定组成七人合议庭。中级人民法院审理的环境民事公益诉讼案件、环境行政公益诉讼案件、生态环境损害赔偿诉讼案件以及其他具有重大社会影响的环境资源案件，需要具有专门知识的人民陪审员参加合议庭审理的，组成不少于一名具有专门知识的人民陪审员参加的七人合议庭。

四、问：《规定》关于实行环境资源案件跨行政区域集中管辖法院具有专门知识的人民陪审员来源的规定应当如何理解？

答：跨行政区域集中管辖制度是环境司法专门化的一项重要制度。现行法律和司法解释并未就集中管辖法院具有专门知识的人民陪审员来源作出规定。《规定》参照《人民陪审员法》第十九条第二款"中级人民法院、高级人民法院审判案件需要由人民陪审员参加合议庭审判的，在其辖区内的基层人民法院的人民陪审员名单中随机抽取确定"的规定,在第九条明确,实行环境资源案件跨区域集中管辖的中级人民法院审理第一审环境资源案件,需要具有专门知识的人民陪审员参加合议庭审理的,可以从环境资源案件集中管辖区域内基层人民法院具有专门知识的人民陪审员名单中随机抽取确定。

五、问:《规定》第十四条明确具有专门知识的人民陪审员可以参与后续的环境修复工作有什么意义?

答: 恢复性司法是环境司法的重要内容。相较于传统执行程序,环境修复执行具有更强的专业性。虽然一般意义上,人民陪审员作为审判程序合议庭成员,不能参加执行工作。但考虑到环境修复的专业性,为贯彻保护优先、修复为主、公众参与的环境司法理念,充分发挥具有专门知识的人民陪审员的专业优势,《规定》第十四条作出了有别于一般人民陪审员制度的特殊规定。即在审理程序终结后,具有专门知识的人民陪审员可以继续发挥其专业优势,参与后续的修复、验收和修复效果评估工作。

最高人民法院
关于审理生态环境侵权责任纠纷案件适用法律若干问题的解释

法释〔2023〕5号

（2023年6月5日最高人民法院审判委员会第1890次会议通过　2023年8月14日最高人民法院公告公布　自2023年9月1日起施行）

为正确审理生态环境侵权责任纠纷案件，依法保护当事人合法权益，根据《中华人民共和国民法典》《中华人民共和国民事诉讼法》《中华人民共和国环境保护法》等法律的规定，结合审判实践，制定本解释。

第一条　侵权人因实施下列污染环境、破坏生态行为造成他人人身、财产损害，被侵权人请求侵权人承担生态环境侵权责任的，人民法院应予支持：

（一）排放废气、废水、废渣、医疗废物、粉尘、恶臭气体、放射性物质等污染环境的；

（二）排放噪声、振动、光辐射、电磁辐射等污染环境的；

（三）不合理开发利用自然资源的；

（四）违反国家规定，未经批准，擅自引进、释放、丢弃外来物种的；

（五）其他污染环境、破坏生态的行为。

第二条　因下列污染环境、破坏生态引发的民事纠纷，不作为生态环境侵权案件处理：

（一）未经由大气、水、土壤等生态环境介质，直接造成损害的；

（二）在室内、车内等封闭空间内造成损害的；

（三）不动产权利人在日常生活中造成相邻不动产权利人损害的；

（四）劳动者在职业活动中受到损害的。

前款规定的情形，依照相关法律规定确定民事责任。

第三条　不动产权利人因经营活动污染环境、破坏生态造成相邻不动产权利人损害，被侵权人请求其承担生态环境侵权责任的，人民法院应予支持。

第四条　污染环境、破坏生态造成他人损害，行为人不论有无过错，都应当承担侵权责任。

行为人以外的其他责任人对损害发生有过错的，应当承担侵权责任。

第五条 两个以上侵权人分别污染环境、破坏生态造成同一损害,每一个侵权人的行为都足以造成全部损害,被侵权人根据民法典第一千一百七十一条的规定请求侵权人承担连带责任的,人民法院应予支持。

第六条 两个以上侵权人分别污染环境、破坏生态,每一个侵权人的行为都不足以造成全部损害,被侵权人根据民法典第一千一百七十二条的规定请求侵权人承担责任的,人民法院应予支持。

侵权人主张其污染环境、破坏生态行为不足以造成全部损害的,应当承担相应举证责任。

第七条 两个以上侵权人分别污染环境、破坏生态,部分侵权人的行为足以造成全部损害,部分侵权人的行为只造成部分损害,被侵权人请求足以造成全部损害的侵权人对全部损害承担责任,并与其他侵权人就共同造成的损害部分承担连带责任的,人民法院应予支持。

被侵权人依照前款规定请求足以造成全部损害的侵权人与其他侵权人承担责任的,受偿范围应以侵权行为造成的全部损害为限。

第八条 两个以上侵权人分别污染环境、破坏生态,部分侵权人能够证明其他侵权人的侵权行为已先行造成全部或者部分损害,并请求在相应范围内不承担责任或者减轻责任的,人民法院应予支持。

第九条 两个以上侵权人分别排放的物质相互作用产生污染物造成他人损害,被侵权人请求侵权人承担连带责任的,人民法院应予支持。

第十条 为侵权人污染环境、破坏生态提供场地或者储存、运输等帮助,被侵权人根据民法典第一千一百六十九条的规定请求行为人与侵权人承担连带责任的,人民法院应予支持。

第十一条 过失为侵权人污染环境、破坏生态提供场地或者储存、运输等便利条件,被侵权人请求行为人承担与过错相适应责任的,人民法院应予支持。

前款规定的行为人存在重大过失的,依照本解释第十条的规定处理。

第十二条 排污单位将所属的环保设施委托第三方治理机构运营,第三方治理机构在合同履行过程中污染环境造成他人损害,被侵权人请求排污单位承担侵权责任的,人民法院应予支持。

排污单位依照前款规定承担责任后向有过错的第三方治理机构追偿的,人民法院应予支持。

第十三条 排污单位将污染物交由第三方治理机构集中处置,第三方治理机构在合同履行过程中污染环境造成他人损害,被侵权人请求第三方治理机构承担侵权责任的,人民法院应予支持。

排污单位在选任、指示第三方治理机构中有过错,被侵权人请求排污单位承担相应责任的,人民法院应予支持。

第十四条　存在下列情形之一的,排污单位与第三方治理机构应当根据民法典第一千一百六十八条的规定承担连带责任:

(一)第三方治理机构按照排污单位的指示,违反污染防治相关规定排放污染物的;

(二)排污单位将明显存在缺陷的环保设施交由第三方治理机构运营,第三方治理机构利用该设施违反污染防治相关规定排放污染物的;

(三)排污单位以明显不合理的价格将污染物交由第三方治理机构处置,第三方治理机构违反污染防治相关规定排放污染物的。

(四)其他应当承担连带责任的情形。

第十五条　公司污染环境、破坏生态,被侵权人请求股东承担责任,符合公司法第二十条规定情形的,人民法院应予支持。

第十六条　侵权人污染环境、破坏生态造成他人损害,被侵权人请求未尽到安全保障义务的经营场所、公共场所的经营者、管理者或者群众性活动的组织者承担相应补充责任的,人民法院应予支持。

第十七条　依照法律规定应当履行生态环境风险管控和修复义务的民事主体,未履行法定义务造成他人损害,被侵权人请求其承担相应责任的,人民法院应予支持。

第十八条　因第三人的过错污染环境、破坏生态造成他人损害,被侵权人请求侵权人或者第三人承担责任的,人民法院应予支持。

侵权人以损害是由第三人过错造成的为由,主张不承担责任或者减轻责任的,人民法院不予支持。

第十九条　因第三人的过错污染环境、破坏生态造成他人损害,被侵权人同时起诉侵权人和第三人承担责任,侵权人对损害的发生没有过错的,人民法院应当判令侵权人、第三人就全部损害承担责任。侵权人承担责任后有权向第三人追偿。

侵权人对损害的发生有过错的,人民法院应当判令侵权人就全部损害承担责任,第三人承担与其过错相适应的责任。侵权人承担责任后有权就第三人应当承担的责任份额向其追偿。

第二十条　被侵权人起诉第三人承担责任的,人民法院应当向被侵权人释明是否同时起诉侵权人。被侵权人不起诉侵权人的,人民法院应当根据民事诉讼法第五十九的规定通知侵权人参加诉讼。

被侵权人仅请求第三人承担责任,侵权人对损害的发生也有过错的,人民法院应当判令第三人承担与其过错相适应的责任。

第二十一条　环境影响评价机构、环境监测机构以及从事环境监测设备和防治污染设施维护、运营的机构存在下列情形之一,被侵权人请求其与造成环境污染、生态破坏的其他责任人根据环境保护法第六十五条的规定承担连带责

任的,人民法院应予支持:

(一)故意出具失实评价文件的;

(二)隐瞒委托人超过污染物排放标准或者超过重点污染物排放总量控制指标的事实的;

(三)故意不运行或者不正常运行环境监测设备或者防治污染设施的;

(四)其他根据法律规定应当承担连带责任的情形。

第二十二条 被侵权人请求侵权人赔偿因污染环境、破坏生态造成的人身、财产损害,以及为防止损害发生和扩大而采取必要措施所支出的合理费用的,人民法院应予支持。

被侵权人同时请求侵权人根据民法典第一千二百三十五条的规定承担生态环境损害赔偿责任的,人民法院不予支持。

第二十三条 因污染环境、破坏生态影响他人取水、捕捞、狩猎、采集等日常生活并造成经济损失,同时符合下列情形,请求人主张行为人承担责任的,人民法院应予支持:

(一)请求人的活动位于或者接近生态环境受损区域;

(二)请求人的活动依赖受损害生态环境;

(三)请求人的活动不具有可替代性或者替代成本过高;

(四)请求人的活动具有稳定性和公开性。

根据国家规定须经相关行政主管部门许可的活动,请求人在污染环境、破坏生态发生时未取得许可的,人民法院对其请求不予支持。

第二十四条 两个以上侵权人就污染环境、破坏生态造成的损害承担连带责任,实际承担责任超过自己责任份额的侵权人根据民法典第一百七十八条的规定向其他侵权人追偿的,人民法院应予支持。侵权人就惩罚性赔偿责任向其他侵权人追偿的,人民法院不予支持。

第二十五条 两个以上侵权人污染环境、破坏生态造成他人损害,人民法院应当根据行为有无许可,污染物的种类、浓度、排放量、危害性,破坏生态的方式、范围、程度,以及行为对损害后果所起的作用等因素确定各侵权人的责任份额。

两个以上侵权人污染环境、破坏生态承担连带责任,实际承担责任的侵权人向其他侵权人追偿的,依照前款规定处理。

第二十六条 被侵权人对同一污染环境、破坏生态行为造成损害的发生或者扩大有重大过失,侵权人请求减轻责任的,人民法院可以予以支持。

第二十七条 被侵权人请求侵权人承担生态环境侵权责任的诉讼时效期间,以被侵权人知道或者应当知道权利受到损害以及侵权人、其他责任人之日起计算。

被侵权人知道或者应当知道权利受到损害以及侵权人、其他责任人之日,侵权行为仍持续的，诉讼时效期间自行为结束之日起计算。

第二十八条 被侵权人以向负有环境资源监管职能的行政机关请求处理因污染环境、破坏生态造成的损害为由，主张诉讼时效中断的，人民法院应予支持。

第二十九条 本解释自 2023 年 9 月 1 日起施行。

本解释公布施行后，《最高人民法院关于审理环境侵权责任纠纷案件适用法律若干问题的解释》（法释〔2015〕12 号）同时废止。

【链　　接】

健全完善法律适用规则体系
推动生态环境审判工作高质量发展
——最高人民法院相关负责人就最新发布的
生态环境侵权相关司法解释答记者问

2023 年 8 月 15 日，最高人民法院召开新闻发布会，发布《关于审理生态环境侵权责任纠纷案件适用法律若干问题的解释》（以下简称《生态环境侵权解释》）和《关于生态环境侵权民事诉讼证据的若干规定》（以下简称《生态环境证据规定》）。最高人民法院党组成员、副院长杨临萍，环境资源审判庭庭长刘竹梅、副庭长李明义出席发布会并回答记者提问，最高人民法院新闻局副局长王斌主持发布会。

一、问：由于生态环境侵权纠纷的特殊性，诉讼时效的计算对保护被侵权人至关重要。能否介绍下，《生态环境侵权解释》在诉讼时效制度方面有哪些新规定？

答：针对生态环境侵权的诉讼时效制度，《生态环境侵权解释》主要明确了以下两方面内容：一是明确持续性侵权的诉讼时效起算点。《生态环境侵权解释》第二十七条规定，被侵权人知道或者应当知道权利受到损害以及侵权人、其他责任人之日，侵权行为仍持续的，诉讼时效期间自行为结束之日起计算。这样规定的理由在于，其一，从立法沿革看，生态环境侵权责任纠纷案件的诉讼时效较一般民事案件更有利于被侵权人，以行为结束之日作为起算点，符合对被侵权人的特殊保护；其二，持续性的生态环境侵权可视为一个整体，从行为结束之日起计算诉讼时效符合侵权责任基本法理；其三，生态环境侵权致害因果关系链条复杂，损害结果具有潜在性、滞后性和不确定性，判断被侵权人知道或者应当知道权利受到损害以及侵权人、其他责任人之日较为困难，而行为结束之日更易合法合理判断。

二是明确诉讼时效中断的特殊事由。《土壤污染防治法》第九十六条第三款规定："土壤污染引起的民事纠纷，当事人可以向地方人民政府生态环境等主管部门申请调解处理，也可以向人民法院提起诉讼。"《水污染防治法》第九十七条也有类似规定。为依法支持政府主管部门发挥职能作用，促进纠纷及时有效化解，维护被侵权人合法权益，《生态环境侵权解释》第二十八条规定，被侵权人以向负有环境资源监管职能的行政机关请求处理因污染环境、破坏生态造成的损害为由，主张诉讼时效中断的，人民法院应予支持。

二、问： 听了刚才的介绍，我们感到《生态环境证据规定》聚焦生态环境侵权特点，坚持问题导向，指导性、操作性强。我们了解到，最高人民法院之前已经出台了《关于民事诉讼证据的若干规定》，请再具体谈一谈针对生态环境侵权纠纷制定专门证据规定的必要性和制定的基本思路。

答： 这是一个好问题。之所以针对生态环境侵权纠纷制定专门的证据规定，是因为与其他民事纠纷相比，生态环境侵权纠纷在证据方面存在以下突出特点：一是适用特殊的举证责任分配规则。生态环境侵权适用无过错责任归责原则，且由侵权人对因果关系不存在承担举证责任。二是事实认定"专业壁垒"问题突出。生态环境侵权大多具有长期性、潜伏性、持续性、广泛性，造成损害的过程、因果关系链条比较复杂，专门性问题较多，相关事实查明的难度大，对专家证据的依赖程度高。三是"证据偏在"问题突出。诸如污染物名称、排放方式、排放浓度和总量、超标排放情况以及防治污染设施的建设和运行情况等对案件审理至关重要的环境信息，往往掌握在侵权人手中，被侵权人收集证据的手段不足，举证能力受限，申请人民法院调查收集证据的情况较为普遍。因此，构建符合生态环境侵权案件特点和审判规律的证据规则体系，就十分必要了。

针对生态环境侵权纠纷在证据方面的突出特点，《生态环境证据规定》坚持问题导向、合法原则、效果意识，有针对性地设计了相关条文。比如，关于举证责任分配规则，《生态环境证据规定》用第二条至第七条共6个条文，对原、被告的举证责任进行了详细规定；针对事实认定的"专业壁垒"问题，《生态环境证据规定》通过第十六条至第二十三条以及第三十条、第三十一条共10个条文，对专家证据制度、损失费用的酌定等内容进行了具体规定；针对证据偏在被告一方、原告举证困难的问题，《生态环境证据规定》通过第九条、第二十六条至第二十九条共5个条文，对免证事实、书证提出命令在环境侵权诉讼中的具体适用作出规定。这些条文作为《生态环境证据规定》的主干内容，都广泛征求了意见，进行了反复论证，相信会对破解生态环境司法实践中的证据难题起到积极作用。

三、问：我们了解到，在生态环境侵权案件中，专门性问题较多，司法鉴定发挥了重要作用。但是在司法实践中，一定程度上还存在鉴定机构有限、过度依赖鉴定、虚假鉴定等问题，请问《生态环境证据规定》是通过哪些制度设计破解这些问题的？

答：鉴定意见是法定的民事诉讼证据种类之一，在民事诉讼法及相关司法解释构建的专家证据制度中居于基础性地位，对于解决生态环境侵权案件事实认定的"专业壁垒"问题具有重要作用。我们在起草《生态环境证据规定》过程中，高度重视、系统梳理了司法实践中存在的鉴定问题，在深入调研论证基础上，有针对性地设计了相关条文，旨在推动鉴定制度更好发挥作用。具体而言，主要规定了三方面内容：

一是规定了不予委托鉴定的情形和鉴定之外认定专门性事实的方法，以解决委托鉴定比例高、对鉴定过度依赖的问题。第十七条规定，对于法律适用、当事人责任划分等非专门性问题，或者虽然属于专门性问题，但可以通过法庭调查、勘验等其他方式查明的，人民法院不予委托鉴定。第二十一条规定，因没有鉴定标准、成熟的鉴定方法、相应资格的鉴定人等原因无法进行鉴定，或者鉴定周期过长、费用过高的，人民法院可以结合案件有关事实、当事人申请的有专门知识的人的意见和其他证据，对涉及专门性问题的事实作出认定。

二是以"有限许可、严格限制"为原则，对鉴定人邀请其他机构、人员完成部分鉴定事项的问题作出规定，以解决环境损害等司法鉴定鉴定范围广、鉴定事项复杂，一个鉴定机构或者鉴定人无法完成全部鉴定事项的问题。为防止"皮包机构""鉴定中介"等问题的发生，第十八条作出严格限制：仅能针对部分非主要鉴定事项；必须经过人民法院准许；鉴定人对最终鉴定意见负责。第十九条规定了未经法院准许的法律后果：该鉴定意见不得作为认定案件事实的根据；鉴定人退还鉴定费用。针对接受邀请的机构、人员提供虚假鉴定意见的情况，《生态环境证据规定》第二十条明确，该鉴定意见不得作为认定案件事实的根据，人民法院可以依照《民事诉讼法》第一百一十四条①的规定对其进行处理。

三是规定了当事人自行委托有关机构出具专业意见的审查认定规则，填补了一项制度空白。在生态环境侵权案件中，当事人提供此类意见证明案件事实的情况比较普遍，但其并非民事诉讼法上的鉴定意见，法律和司法解释没有规定相应的审查判断规则，司法实践中也存在不同做法。考虑到此类意见与专家辅助人意见性质相同，以及证据效力体系的内在平衡，第二十三条明确规定，当事人就环境污染、生态破坏的专门性问题自行委托有关机构、人员出具的意

---

① 对应《民事诉讼法》（2023年修正）第一百一十四条。

见，人民法院应当结合本案的其他证据，审查确定能否作为认定案件事实的根据。对方当事人对该意见有异议的，人民法院应当告知提供意见的当事人可以申请出具意见的机构或者人员出庭陈述意见；未出庭的，该意见不得作为认定案件事实的根据。

指导案例 128 号

李劲诉华润置地（重庆）有限公司环境污染责任纠纷案

（最高人民法院审判委员会讨论通过　2019 年 12 月 26 日发布）

关键词

民事　环境污染责任　光污染　损害认定　可容忍度

裁判要点

由于光污染对人身的伤害具有潜在性、隐蔽性和个体差异性等特点，人民法院认定光污染损害，应当依据国家标准、地方标准、行业标准，是否干扰他人正常生活、工作和学习以及是否超出公众可容忍度等进行综合认定。对于公众可容忍度，可以根据周边居民的反映情况、现场的实际感受及专家意见等判断。

相关法条

1.《中华人民共和国侵权责任法》第六十五条、第六十六条①
2.《中华人民共和国环境保护法》第四十二条第一款

基本案情

原告李劲购买位于重庆市九龙坡区谢家湾正街×小区×幢×－×－×的住宅一套，并从 2005 年入住至今。被告华润置地（重庆）有限公司开发建设的万象城购物中心与原告住宅相隔一条双向六车道的公路，双向六车道中间为轻轨线路。万象城购物中心与原告住宅之间无其他遮挡物。在正对原告住宅的万象城购物中心外墙上安装有一块 LED 显示屏用于播放广告等，该 LED 显示屏广告位从 2014 年建成后开始投入运营，每天播放宣传资料及视频广告等，其产生强光直射入原告住宅房间，给原告的正常生活造成影响。

2014 年 5 月，原告小区的业主向市政府公开信箱投诉反映：从 5 月 3 日开始，谢家湾华润二十四城的万象城的巨型 LED 屏幕开始工作，LED 巨屏的强光直射进其房间，造成严重的光污染，并且宣传片的音量巨大，影响了其日常生活，希望有关部门让万象城减小音量并且调低 LED 屏幕亮度。2014 年 9 月，黄杨路×小区居民向市政府公开信箱投诉反映：万象城有块巨型 LED 屏幕通宵播放资料广告，产生太强光线，导致夜间无法睡眠，无法正常休息。万象城大屏夜间光污染严重影响周边小区高层住户，请相关部门解决，禁止夜间播放，或者禁止通宵播放，只能在晚上八点前播放，并调低亮度。2018 年 2

---

① 对应《民法典》第一千二百二十九条、第一千二百三十条。

月，原告小区的住户向市政府公开信箱投诉反映：万象城户外广告大屏就是住户的噩梦，该广告屏每天播放视频广告，光线极强还频繁闪动，住在对面的业主家里夜间如同白昼，严重影响老人和小孩的休息，希望相关部门尽快对其进行整改。

本案审理过程中，人民法院组织原、被告双方于2018年8月11日晚到现场进行了查看，正对原告住宅的一块LED显示屏正在播放广告视频，产生的光线较强，可直射入原告住宅居室，当晚该LED显示屏播放广告视频至20时58分关闭。被告公司员工称该LED显示屏面积为160平方米。

就案涉光污染问题是否能进行环境监测的问题，人民法院向重庆市九龙坡区生态环境监测站进行了咨询，该站负责人表示，国家与重庆市均无光污染环境监测方面的规范及技术指标，所以监测站无法对光污染问题开展环境监测。重庆法院参与环境资源审判专家库专家、重庆市永川区生态环境监测站副站长也表示从环保方面光污染没有具体的标准，但从民事法律关系的角度，可以综合其余证据判断是否造成光污染。从本案原告提交的证据看，万象城电子显示屏对原告的损害客观存在，主要体现为影响原告的正常休息。就LED显示屏产生的光辐射相关问题，法院向重庆大学建筑城规学院教授、中国照明学会副理事长以及重庆大学建筑城规学院高级工程师、中国照明学会理事等专家作了咨询，专家表示，LED的光辐射一是对人有视觉影响，其中失能眩光和不舒适眩光对人的眼睛有影响；另一方面是生物影响：人到晚上随着光照强度下降，渐渐入睡，是褪黑素和皮质醇两种激素发生作用的结果——褪黑素晚上上升、白天下降，皮质醇相反。如果光辐射太强，使人生物钟紊乱，长期就会有影响。另外LED的白光中有蓝光成分，蓝光对人的视网膜有损害，而且不可修复。但户外蓝光危害很难检测，时间、强度的标准是多少，有待标准出台确定。关于光照亮度对人的影响，有研究结论认为一般在$400cd/m^2$以下对人的影响会小一点，但动态广告屏很难适用。对于亮度的规范，不同部门编制的规范对亮度的限值不同，但LED显示屏与直射的照明灯光还是有区别，以LED显示屏的相关国家标准来认定比较合适。

裁判结果

重庆市江津区人民法院于2018年12月28日作出（2018）渝0116民初6093号判决：一、被告华润置地（重庆）有限公司从本判决生效之日起，立即停止其在运行重庆市九龙坡区谢家湾正街万象城购物中心正对原告李劲位于重庆市九龙坡区谢家湾正街×小区×幢住宅外墙上的一块LED显示屏时对原告李劲的光污染侵害：1. 前述LED显示屏在5月1日至9月30日期间开启时间应在8：30之后，关闭时间应在22：00之前；在10月1日至4月30日期间开启时间应在8：30之后，关闭时间应在21：50之前。2. 前述LED显示屏在每日19：00后的亮度值不得高于$600cd/m^2$。二、驳回原告李劲的其余诉讼请求。一审宣判后，双方当事人均未提出上诉，判决已发生法律效力。

裁判理由

法院生效裁判认为：保护环境是我国的基本国策，一切单位和个人都有保护环境的义务。《民法总则》第九条规定："民事主体从事民事活动，应当有利于节约资源、保护生态环境。"《物权法》第九十条①规定："不动产权利人不得违反国家规定弃置固体废物，排放大气污染物、水污染物、噪声、光、电磁波辐射等有害物质。"《环境保护法》第四十二条第一款规定："排放污染物的企业事业单位和其他生产经营者，应当采取措施，防治在生产建设或者其他活动中产生的废气、废水、废渣、医疗废物、粉尘、恶臭气体、放射性物质以及噪声、振动、光辐射、电磁辐射等对环境的污染和危害。"本案系环境污染责任纠纷，根据《侵权责任法》第六十五条规定："因污染环境造成损害的，污染者应当承担侵权责任。"环境污染侵权责任属特殊侵权责任，其构成要件包括以下三个方面：一是污染者有污染环境的行为；二是被侵权人有损害事实；三是污染者污染环境的行为与被侵权人的损害之间有因果关系。

一、关于被告是否有污染环境的行为

被告华润置地（重庆）有限公司作为万象城购物中心的建设方和经营管理方，其在正对原告住宅的购物中心外墙上设置LED显示屏播放广告、宣传资料等，产生的强光直射进入原告的住宅居室。根据原告提供的照片、视频资料等证据以及组织双方当事人到现场查看的情况，可以认定被告使用LED显屏播放广告、宣传资料等所产生的强光已超出了一般公众普遍可容忍的范围，就大众的认知规律和切身感受而言，该强光会严重影响相邻人群的正常工作和学习，干扰周围居民正常生活和休息，已构成由强光引起的光污染。被告使用LED显示屏播放广告、宣传资料等造成光污染的行为已构成污染环境的行为。

二、关于被侵权人的损害事实

环境污染的损害事实主要包含了污染环境的行为致使当事人的财产、人身受到损害以及环境受到损害的事实。环境污染侵权的损害后果不同于一般侵权的损害后果，不仅包括症状明显并可计量的损害结果，还包括那些症状不明显或者暂时无症状且暂时无法用计量方法反映的损害结果。本案系光污染纠纷，光污染对人身的伤害具有潜在性和隐蔽性等特点，被侵权人往往在开始受害时显露不出明显的受损害症状，其所遭受的损害往往暂时无法用精确的计量方法来反映。但随着时间的推移，损害会逐渐显露。参考本案专家意见，光污染对人的影响除了能够感知的对视觉的影响外，太强的光辐射会造成人生物钟紊乱，短时间看不出影响，但长期会带来影响。本案中，被告使用LED显示屏播放广告、宣传资料等所产生的强光，已超出了一般人可容忍的程度，影响了

---

① 对应《民法典》第二百九十四条。

相邻居住的原告等居民的正常生活和休息。根据日常生活经验法则,被告运行LED显示屏产生的光污染势必会给原告等人的身心健康造成损害,这也为公众普遍认可。综上,被告运行LED显示屏产生的光污染已致使原告居住的环境权益受损,并导致原告的身心健康受到损害。

三、被告是否应承担污染环境的侵权责任

《侵权责任法》第六十六条规定:"因污染环境发生纠纷,污染者应当就法律规定的不承担责任或者减轻责任的情形及其行为与损害之间不存在因果关系承担举证责任。"本案中,原告已举证证明被告有污染环境的行为及原告的损害事实。被告需对其在本案中存在法律规定的不承担责任或者减轻责任的情形,或被告污染行为与损害之间不存在因果关系承担举证责任。但被告并未提交证据对前述情形予以证实,对此被告应承担举证不能的不利后果,应承担污染环境的侵权责任。根据《最高人民法院关于审理环境侵权责任纠纷案件适用法律若干问题的解释》第十三条规定:"人民法院应当根据被侵权人的诉讼请求以及具体案情,合理判定污染者承担停止侵害、排除妨碍、消除危险、恢复原状、赔礼道歉、赔偿损失等民事责任。"环境侵权的损害不同于一般的人身损害和财产损害,对侵权行为人承担的侵权责任有其独特的要求。由于环境侵权是通过环境这一媒介侵害到一定地区不特定的多数人的人身、财产权益,而且一旦出现可用计量方法反映的损害,其后果往往已无法弥补和消除。因此在环境侵权中,侵权行为人实施了污染环境的行为,即使还未出现可计量的损害后果,即应承担相应的侵权责任。本案中,从市民的投诉反映看,被告作为万象城购物中心的经营管理者,其在生产经营过程中,理应认识到使用LED显示屏播放广告、宣传资料等发出的强光会对居住在对面以及周围住宅小区的原告等人造成影响,并负有采取必要措施以减少对原告等人影响的义务。但被告仍然一直使用LED显示屏播放广告、宣传资料等,其产生的强光明显超出了一般人可容忍的程度,构成光污染,严重干扰了周边人群的正常生活,对原告等人的环境权益造成损害,进而损害了原告等人的身心健康。因此即使原告尚未出现明显症状,其生活受到光污染侵扰、环境权益受到损害也是客观存在的事实,故被告应承担停止侵害、排除妨碍等民事责任。

(生效裁判审判人员:姜 玲 罗 静 张志贵)

指导案例 129 号

江苏省人民政府诉安徽海德化工科技有限公司生态环境损害赔偿案

(最高人民法院审判委员会讨论通过 2019 年 12 月 26 日发布)

关键词

民事 生态环境损害赔偿诉讼 分期支付

裁判要点

企业事业单位和其他生产经营者将生产经营过程中产生的危险废物交由不具备危险废物处置资质的企业或者个人进行处置，造成环境污染的，应当承担生态环境损害责任。人民法院可以综合考虑企业事业单位和其他生产经营者的主观过错、经营状况等因素，在责任人提供有效担保后判决其分期支付赔偿费用。

相关法条

1. 《中华人民共和国侵权责任法》第六十五条①
2. 《中华人民共和国环境保护法》第六十四条

基本案情

2014 年 4 月 28 日，安徽海德化工科技有限公司（以下简称海德公司）营销部经理杨峰将该公司在生产过程中产生的 29.1 吨废碱液，交给无危险废物处置资质的李宏生等人处置。李宏生等人将上述废碱液交给无危险废物处置资质的孙志才处置。2014 年 4 月 30 日，孙志才等人将废碱液倾倒进长江，造成了严重环境污染。2014 年 5 月 7 日，杨峰将海德公司的 20 吨废碱液交给李宏生等人处置，李宏生等人将上述废碱液交给孙志才处置。孙志才等人于 2014 年 5 月 7 日及同年 6 月 17 日，分两次将废碱液倾倒进长江，造成江苏省靖江市城区 5 月 9 日至 11 日集中式饮用水源中断取水 40 多个小时。2014 年 5 月 8 日至 9 日，杨峰将 53.34 吨废碱液交给李宏生等人处置，李宏生等人将上述废碱液交给丁卫东处置。丁卫东等人于 2014 年 5 月 14 日将该废碱液倾倒进新通扬运河，导致江苏省兴化市城区集中式饮用水源中断取水超过 14 小时。上述污染事件发生后，靖江市环境保护局和靖江市人民检察院联合委托江苏省环境科学学会对污染损害进行评估。江苏省环境科学学会经调查、评估，于 2015 年 6 月作出了《评估报告》。江苏省人民政府向

---

① 对应《民法典》第一千二百二十九条。

江苏省泰州市中级人民法院提起诉讼,请求判令海德公司赔偿生态环境修复费用3637.90万元,生态环境服务功能损失费用1818.95万元,承担评估费用26万元及诉讼费等。

裁判结果

江苏省泰州市中级人民法院于2018年8月16日作出(2017)苏12民初51号民事判决:一、被告安徽海德化工科技有限公司赔偿环境修复费用3637.90万元;二、被告安徽海德化工科技有限公司赔偿生态环境服务功能损失费用1818.95万元;三、被告安徽海德化工科技有限公司赔偿评估费用26万元。宣判后,安徽海德化工科技有限公司提出上诉,江苏省高级人民法院于2018年12月4日作出(2018)苏民终1316号民事判决:一、维持江苏省泰州市中级人民法院(2017)苏12民初51号民事判决。安徽海德化工科技有限公司应于本判决生效之日起六十日内将赔偿款项5482.85万元支付至泰州市环境公益诉讼资金账户。二、安徽海德化工科技有限公司在向江苏省泰州市中级人民法院提供有效担保后,可于本判决生效之日起六十日内支付上述款项的20%(1096.57万元),并于2019年12月4日、2020年12月4日、2021年12月4日、2022年12月4日前各支付上述款项的20%(每期1096.57万元)。如有一期未按时履行,江苏省人民政府可以就全部未赔偿款项申请法院强制执行。如安徽海德化工科技有限公司未按本判决指定的期限履行给付义务,应当依照《民事诉讼法》第二百五十三条①之规定,加倍支付迟延履行期间的债务利息。

裁判理由

法院生效裁判认为,海德公司作为化工企业,对其在生产经营过程中产生的危险废物废碱液,负有防止污染环境的义务。海德公司放任该公司营销部负责人杨峰将废碱液交给不具备危险废物处置资质的个人进行处置,导致废碱液被倾倒进长江和新通扬运河,严重污染环境。《环境保护法》第六十四条规定,因污染环境和破坏生态造成损害的,应当依照《侵权责任法》的有关规定承担侵权责任。《侵权责任法》第六十五条规定,因污染环境造成损害的,污染者应当承担侵权责任。《侵权责任法》第十五条将恢复原状、赔偿损失确定为承担责任的方式。环境修复费用、生态环境服务功能损失、评估费等均为恢复原状、赔偿损失等法律责任的具体表现形式。依照《侵权责任法》第十五条第一款第六项、第六十五条,《最高人民法院关于审理环境侵权责任纠纷案件适用法律若干问题的解释》第一条第一款、第十三条之规定,判决海德公司承担侵权赔偿责任并无不当。

海德公司以企业负担过重、资金紧张,如短期内全部支付赔偿将导致企业

---

① 对应《民事诉讼法》(2023年修正)第二百六十四条。

破产为由，申请分期支付赔偿费用。为保障保护生态环境与经济发展的有效衔接，江苏省人民政府在庭后表示，在海德公司能够提供证据证明其符合国家经济结构调整方向、能够实现绿色生产转型，在有效提供担保的情况下，同意海德公司依照《民事诉讼法》第二百三十一条①之规定，分五期支付赔偿款。

（生效裁判审判人员：陈　迎　赵　黎　吴晓玲）

---

① 对应《民事诉讼法》第二百四十二条。

指导案例 130 号

重庆市人民政府、重庆两江志愿服务发展中心诉重庆藏金阁物业管理有限公司、重庆首旭环保科技有限公司生态环境损害赔偿、环境民事公益诉讼案

(最高人民法院审判委员会讨论通过 2019 年 12 月 26 日发布)

关键词

民事 生态环境损害赔偿诉讼 环境民事公益诉讼 委托排污 共同侵权 生态环境修复费用 虚拟治理成本法

裁判要点

1. 取得排污许可证的企业，负有确保其排污处理设备正常运行且排放物达到国家和地方排放标准的法定义务，委托其他单位处理的，应当对受托单位履行监管义务；明知受托单位违法排污不予制止甚或提供便利的，应当对环境污染损害承担连带责任。

2. 污染者向水域排污造成生态环境损害，生态环境修复费用难以计算的，可以根据环境保护部门关于生态环境损害鉴定评估有关规定，采用虚拟治理成本法对损害后果进行量化，根据违法排污的污染物种类、排污量及污染源排他性等因素计算生态环境损害量化数额。

相关法条

《中华人民共和国侵权责任法》第八条①

基本案情

重庆藏金阁电镀工业园（又称藏金阁电镀工业中心）位于重庆市江北区港城工业园区内，是该工业园区内唯一的电镀工业园，园区内有若干电镀企业入驻。重庆藏金阁物业管理有限公司（以下简称藏金阁公司）为园区入驻企业提供物业管理服务，并负责处理企业产生的废水。藏金阁公司领取了排放污染物许可证，并拥有废水处理的设施设备。2013 年 12 月 5 日，藏金阁公司与重庆首旭环保科技有限公司（以下简称首旭公司）签订为期四年的《电镀废水处理委托运行承包管理运行协议》（以下简称《委托运行协议》），首旭公司承接藏金阁电镀工业中心废水处理项目，该电镀工业中心的废水由藏金阁公司交给首旭公司使用藏金阁公司所有的废水处理设备进行处理。2016 年 4 月 21 日，重庆市环境监察总队执法人员在对藏金阁公司的废水处理站进行现场检查时，发

---

① 对应《民法典》第一千一百六十八条。

现废水处理站中两个总铬反应器和一个综合反应器设施均未运行,生产废水未经处理便排入外环境。2016年4月22日至26日期间,经执法人员采样监测分析发现外排废水重金属超标,违法排放废水总铬浓度为55.5mg/L,总锌浓度为$2.85×10^2$mg/L,总铜浓度为27.2mg/L,总镍浓度为41mg/L,分别超过《电镀污染物排放标准》(GB21900-2008)的规定标准54.5倍、189倍、53.4倍、81倍,对生态环境造成严重影响和损害。2016年5月4日,执法人员再次进行现场检查,发现藏金阁废水处理站1号综合废水调节池的含重金属废水通过池壁上的120mm口径管网未经正常处理直接排放至外环境并流入港城园区市政管网再进入长江。经监测,1号池内渗漏的废水中六价铬浓度为6.10mg/L,总铬浓度为10.9mg/L,分别超过国家标准29.5倍、9.9倍。从2014年9月1日至2016年5月5日违法排放废水量共计145624吨。还查明,2014年8月,藏金阁公司将原废酸收集池改造为1号综合废水调节池,传送废水也由地下管网改为高空管网作业。该池池壁上原有110mm和120mm口径管网各一根,改造时只封闭了110mm口径管网,而未封闭120mm口径管网,该未封闭管网系埋于地下的暗管。首旭公司自2014年9月起,在明知池中有一根120mm管网可以连通外环境的情况下,仍然一直利用该管网将未经处理的含重金属废水直接排放至外环境。

受重庆市人民政府委托,重庆市环境科学研究院对藏金阁公司和首旭公司违法排放超标废水造成生态环境损害进行鉴定评估,并于2017年4月出具《鉴定评估报告书》。该评估报告载明:本事件污染行为明确,污染物迁移路径合理,污染源与违法排放至外环境的废水中污染物具有同源性,且污染源具有排他性。污染行为发生持续时间为2014年9月1日至2016年5月5日,违法排放废水共计145624吨,其主要污染因子为六价铬、总铬、总锌、总镍等,对长江水体造成严重损害。《鉴定评估报告书》采用《生态环境损害鉴定评估技术指南总纲》《环境损害鉴定评估推荐方法(第Ⅱ版)》推荐的虚拟治理成本法对生态环境损害进行量化,按22元/吨的实际治理费用作为单位虚拟治理成本,再乘以违法排放废水数量,计算出虚拟治理成本为320.3728万元。违法排放废水点为长江干流主城区段水域,适用功能类别属Ⅲ类水体,根据虚拟治理成本法的"污染修复费用的确定原则"Ⅲ类水体的倍数范围为虚拟治理成本的4.5倍至6倍,本次评估选取最低倍数4.5倍,最终评估出二被告违法排放废水造成的生态环境污染损害量化数额为1441.6776万元(即320.3728万元×4.5=1441.6776万元)。重庆市环境科学研究院是环境保护部《关于印发〈环境损害鉴定评估推荐机构名录(第一批)〉的通知》中确认的鉴定评估机构。

2016年6月30日,重庆市环境监察总队以藏金阁公司从2014年9月1日至2016年5月5日通过1号综合调节池内的120mm口径管网将含重金属废水未经废水处理站总排口便直接排入港城园区市政废水管网进入长江为由,作出行政处罚决定,对藏金阁公司罚款 580.72 万元。藏金阁公司不服申请行政复议,重庆市环境保护局作出维持行政处罚决定的复议决定。后藏金阁公司诉至重庆市渝北区人民法院,要求撤销行政处罚决定和行政复议决定。重庆市渝北区人民法院于 2017 年 2 月 28 日作出(2016)渝 0112 行初 324 号行政判决,驳回藏金阁公司的诉讼请求。判决后,藏金阁公司未提起上诉,该判决发生法律效力。

2016 年 11 月 28 日,重庆市渝北区人民检察院向重庆市渝北区人民法院提起公诉,指控首旭公司、程龙(首旭公司法定代表人)等构成污染环境罪,应依法追究刑事责任。重庆市渝北区人民法院于 2016 年 12 月 29 日作出(2016)渝 0112 刑初 1615 号刑事判决,判决首旭公司、程龙等人构成污染环境罪。判决后,未提起抗诉和上诉,该判决发生法律效力。

裁判结果

重庆市第一中级人民法院于 2017 年 12 月 22 日作出(2017)渝 01 民初 773 号民事判决:一、被告重庆藏金阁物业管理有限公司和被告重庆首旭环保科技有限公司连带赔偿生态环境修复费用 1441.6776 万元,于本判决生效后十日内交付至重庆市财政局专用账户,由原告重庆市人民政府及其指定的部门和原告重庆两江志愿服务发展中心结合本区域生态环境损害情况用于开展替代修复;二、被告重庆藏金阁物业管理有限公司和被告重庆首旭环保科技有限公司于本判决生效后十日内,在省级或以上媒体向社会公开赔礼道歉;三、被告重庆藏金阁物业管理有限公司和被告重庆首旭环保科技有限公司在本判决生效后十日内给付原告重庆市人民政府鉴定费 5 万元,律师费 19.8 万元;四、被告重庆藏金阁物业管理有限公司和被告重庆首旭环保科技有限公司在本判决生效后十日内给付原告重庆两江志愿服务发展中心律师费 8 万元;五、驳回原告重庆市人民政府和原告重庆两江志愿服务发展中心其他诉讼请求。判决后,各方当事人在法定期限内均未提出上诉,判决发生法律效力。

裁判理由

法院生效裁判认为,重庆市人民政府依据《生态环境损害赔偿制度改革试点方案》规定,有权提起生态环境损害赔偿诉讼,重庆两江志愿服务发展中心具备合法的环境公益诉讼主体资格,二原告基于不同的规定而享有各自的诉权,均应依法予以保护。鉴于两案原告基于同一污染事实与相同被告提起诉讼,诉讼请求基本相同,故将两案合并审理。

本案的争议焦点为:

一、关于《鉴定评估报告书》认定的污染物种类、污染源排他性、违法排放废水计量以及损害量化数额是否准确

首先,关于《鉴定评估报告书》认定的污染物种类、污染源排他性和违法

排放废水计量是否准确的问题。污染物种类、污染源排他性及违法排放废水计量均已被（2016）渝0112行初324号行政判决直接或者间接确认，本案中二被告并未提供相反证据来推翻原判决，故对《鉴定评估报告书》依据的上述环境污染事实予以确认。具体而言，一是关于污染物种类的问题。除了生效刑事判决所认定的总铬和六价铬之外，二被告违法排放的废水中还含有重金属物质如总锌、总镍等，该事实得到了江北区环境监测站、重庆市环境监测中心出具的环境监测报告以及（2016）渝0112行初324号生效行政判决的确认，也得到了首旭公司法定代表人程龙在调查询问中的确认。二是关于污染源排他性的问题。二被告辩称，江北区环境监测站出具的江环（监）字〔2016〕第JD009号分析报告单确定的取样点W4、W6位置高于藏金阁废水处理站，因而该两处检出污染物超标不可能由二被告的行为所致。由于被污染水域具有流动性的特征和自净功能，水质得到一定程度的恢复，鉴定机构在鉴定时客观上已无法再在废水处理站周围提取到违法排放废水行为持续时所流出的废水样本，故只能依据环境行政执法部门在查处二被告违法行为时通过取样所固定的违法排放废水样本进行鉴定。在对藏金阁废水处理情况进行环保执法的过程中，先后在多个取样点进行过数次监测取样，除江环（监）字〔2016〕第JD009号分析报告单以外，江北区环境监测站与重庆市环境监测中心还出具了数份监测报告，重庆市环境监察总队的行政处罚决定和重庆市环境保护局的复议决定是在对上述监测报告进行综合评定的基础上作出的，并非单独依据其中一份分析报告书或者监测报告作出。环保部门在整个行政执法包括取样等前期执法过程中，其行为的合法性和合理性已经得到了生效行政判决的确认。同时，上述监测分析结果显示废水中的污染物系电镀行业排放的重金属废水，在案证据证实涉案区域唯有藏金阁一家电镀工业园，而且环境监测结果与藏金阁废水处理站违法排放废水种类一致，以上事实证明上述取水点排出的废水来源仅可能来自于藏金阁废水处理站，故可以认定污染物来源具有排他性。三是关于违法排污计量的问题。根据生效刑事判决和行政判决的确认，并结合行政执法过程中的调查询问笔录，可以认定铬调节池的废水进入1号综合废水调节池，利用1号池安装的120mm口径管网将含重金属的废水直接排入外环境并进入市政管网这一基本事实。经庭审查明，《鉴定评估报告书》综合证据，采用用水总量减去消耗量、污泥含水量、在线排水量、节假日排水量的方式计算出违法排放废水量，其所依据的证据和事实或者已得到被告方认可或生效判决确认，或者相关行政行为已通过行政诉讼程序的合法性审查，其所采用的计量方法具有科学性和合理性。综上，藏金阁公司和首旭公司提出的污染物种类、违法排放废水量和污染源排他性认定有误的异议不能成立。

其次，关于《鉴定评估报告书》认定的损害量化数额是否准确的问题。原告方委托重庆市环境科学研究院就本案的生态环境损害进行鉴定评估并出具了

《鉴定评估报告书》，该报告确定二被告违法排污造成的生态环境损害量化数额为1441.6776万元。经查，重庆市环境科学研究院是《环境保护部关于印发〈环境损害鉴定评估推荐机构名录（第一批）〉的通知》中确立的鉴定评估机构，委托其进行本案的生态环境损害鉴定评估符合司法解释之规定，其具备相应鉴定资格。根据环境保护部组织制定的《生态环境损害鉴定评估技术指南总纲》《环境损害鉴定评估推荐方法（第Ⅱ版）》，鉴定评估可以采用虚拟治理成本法对事件造成的生态环境损害进行量化，量化结果可以作为生态环境损害赔偿的依据。鉴于本案违法排污行为持续时间长、违法排放数量大，且长江水体处于流动状态，难以直接计算生态环境修复费用，故《鉴定评估报告书》采用虚拟治理成本法对损害结果进行量化并无不当。《鉴定评估报告书》将22元/吨确定为单位实际治理费用，系根据重庆市环境监察总队现场核查藏金阁公司财务凭证，并结合对藏金阁公司法定代表人孙启良的调查询问笔录而确定。《鉴定评估报告书》根据《环境损害鉴定评估推荐方法（第Ⅱ版）》，Ⅲ类地表水污染修复费用的确定原则为虚拟治理成本的4.5倍至6倍，结合本案污染事实，取最小倍数即4.5倍计算得出损害量化数额为320.3728万元×4.5＝1441.6776万元，亦无不当。

综上所述，《鉴定评估报告书》的鉴定机构和鉴定评估人资质合格，鉴定评估委托程序合法，鉴定评估项目负责人亦应法庭要求出庭接受质询，鉴定评估所依据的事实有生效法律文书支撑，采用的计算方法和结论科学有据，故对《鉴定评估报告书》及所依据的相关证据予以采信。

二、关于藏金阁公司与首旭公司是否构成共同侵权

首旭公司是明知1号废水调节池池壁上存在120mm口径管网并故意利用其违法排污的直接实施主体，其理应对损害后果承担赔偿责任，对此应无疑义。本争议焦点的核心问题在于如何评价藏金阁公司的行为，其与首旭公司是否构成共同侵权。法院认为，藏金阁公司与首旭公司构成共同侵权，应当承担连带责任。

第一，我国实行排污许可制，该制度是国家对排污者进行有效管理的手段，取得排污许可证的企业即是排污单位，负有依法排污的义务，否则将承担相应法律责任。藏金阁公司持有排污许可证，必须确保按照许可证的规定和要求排放。藏金阁公司以委托运行协议的形式将废水处理交由专门从事环境治理业务（含工业废水运营）的首旭公司作业，该行为并不为法律所禁止。但是，无论是自行排放还是委托他人排放，藏金阁公司都必须确保其废水处理站正常运行，并确保排放物达到国家和地方排放标准，这是取得排污许可证企业的法定责任，该责任不能通过民事约定来解除。申言之，藏金阁公司作为排污主体，具有监督首旭公司合法排污的法定责任，依照《委托运行协议》其也具有监督首旭公司日常排污情况的义务，本案违法排污行为持续了一年八个月的时

间，藏金阁公司显然未尽监管义务。

第二，无论是作为排污设备产权人和排污主体的法定责任，还是按照双方协议约定，藏金阁公司均应确保废水处理设施设备正常、完好。2014年8月藏金阁公司将废酸池改造为1号废水调节池并将地下管网改为高空管网作业时，未按照正常处理方式对池中的120mm口径暗管进行封闭，藏金阁公司亦未举证证明不封闭暗管的合理合法性，而首旭公司正是通过该暗管实施违法排放，也就是说，藏金阁公司明知为首旭公司提供的废水处理设备留有可以实施违法排放的管网，据此可以认定其具有违法故意，且客观上为违法排放行为的完成提供了条件。

第三，待处理的废水是由藏金阁公司提供给首旭公司的，那么藏金阁公司知道需处理的废水数量，同时藏金阁公司作为排污主体，负责向环保部门缴纳排污费，其也知道合法排放的废水数量，加之作为物业管理部门，其对于园区企业产生的实际用水量亦是清楚的，而这几个数据结合起来，即可确知违法排放行为的存在，因此可以认定藏金阁公司知道首旭公司在实施违法排污行为，但其却放任首旭公司违法排放废水，同时还继续将废水交由首旭公司处理，可以视为其与首旭公司形成了默契，具有共同侵权的故意，并共同造成了污染后果。

第四，环境侵权案件具有侵害方式的复合性、侵害过程的复杂性、侵害后果的隐蔽性和长期性，其证明难度尤其是对于排污企业违法排污主观故意的证明难度较高，且本案又涉及对环境公益的侵害，故应充分考虑到此类案件的特殊性，通过准确把握举证证明责任和归责原则来避免责任逃避和公益受损。综上，根据本案事实和证据，藏金阁公司与首旭公司构成环境污染共同侵权的证据已达到高度盖然性的民事证明标准，应当认定藏金阁公司和首旭公司对于违法排污存在主观上的共同故意和客观上的共同行为，二被告构成共同侵权，应承担连带责任。

（生效裁判审判人员：裘晓音　贾　科　张　力）

指导案例 133 号

山东省烟台市人民检察院诉王振殿、马群凯环境民事公益诉讼案

(最高人民法院审判委员会讨论通过　2019 年 12 月 26 日发布)

关键词

民事/环境民事公益诉讼/水污染/生态环境修复责任/自净功能

裁判要点

污染者违反国家规定向水域排污造成生态环境损害，以被污染水域有自净功能、水质得到恢复为由主张免除或者减轻生态环境修复责任的，人民法院不予支持。

相关法条

1.《中华人民共和国侵权责任法》第四条第一款、第八条①、第六十五条②、第六十六条③

2.《中华人民共和国环境保护法》第六十四条

基本案情

2014 年 2 月至 4 月期间，王振殿、马群凯在未办理任何注册、安检、环评等手续的情况下，在莱州市柞村镇消水庄村沙场大院北侧车间从事盐酸清洗长石颗粒项目，王振殿提供场地、人员和部分资金，马群凯出资建设反应池、传授技术、提供设备、购进原料、出售成品。在作业过程中产生约 60 吨的废酸液，该废酸液被王振殿先储存于厂院北墙外的废水池内。废酸液储存于废水池期间存在明显的渗漏迹象，渗漏的废酸液对废水池周边土壤和地下水造成污染。废酸液又被通过厂院东墙和西墙外的排水沟排入村北的消水河，对消水河内水体造成污染。2014 年 4 月底，王振殿、马群凯盐酸清洗长石颗粒作业被莱州市公安局查获关停后，盐酸清洗长石颗粒剩余的 20 余吨废酸液被王振殿填埋在反应池内。该废酸液经莱州市环境监测站监测和莱州市环境保护局认定，监测 PH 值小于 2，根据国家危险废物名录及危险废物鉴定标准和鉴别方法，属于废物类别为"HW34 废酸中代码为 900－300－34"的危险废物。2016 年 6 月 1 日，被告人马群凯因犯污染环境罪，被判处有期徒刑一年六个

---

① 对应《民法典》第一千一百六十八条。
② 对应《民法典》第一千二百二十九条。
③ 对应《民法典》第一千二百三十条。

月，缓刑二年，并处罚金人民币 2 万元（所判罚金已缴纳）；被告人王振殿犯污染环境罪，被判处有期徒刑一年二个月，缓刑二年，并处罚金人民币 2 万元（所判罚金已缴纳）。

莱州市公安局办理王振殿污染环境刑事一案中，莱州市公安局食药环侦大队《现场勘验检查工作记录》中记载"中心现场位于消水沙场院内北侧一废弃车间内。车间内西侧南北方向排列有两个长 20m、宽 6m、平均深 1.5m 的反应池，反应池底部为斜坡。车间北侧见一夹道，夹道内见三个长 15m、宽 2.6m、深 2m 的水泥池。"现车间内西侧的北池废酸液被沙土填埋，受污染沙土总重为 223 吨。

2015 年 11 月 27 日，莱州市公安局食品药品与环境犯罪侦查大队委托山东省环境保护科学研究设计院环境风险与污染损害鉴定评估中心对莱州市王振殿、马群凯污染环境案造成的环境损害程度及数额进行鉴定评估。该机构于 2016 年 2 月作出莱州市王振殿、马群凯污染环境案环境损害检验报告，认定：本次评估可量化的环境损害为应急处置费用和生态环境损害费用，应急处置费用为酸洗池内受污染沙土的处置费用 5.6 万元，生态环境损害费用为偷排酸洗废水造成的生态损害修复费用 72 万元，合计为 77.6 万元。

2016 年 4 月 6 日，莱州市人民检察院向莱州市环境保护局发出莱检民（行）行政违监〔2016〕37068300001 号检察建议，"建议对消水河流域的其他企业、小车间等的排污情况进行全面摸排，看是否还存在向消水河流域排放污染物的行为"。莱州市环境保护局于同年 5 月 3 日回复称，"我局在收到莱州市人民检察院检察建议书后，立即组织执法人员对消水河流域的企业、小车间的排污情况进行全面排查，经严格执法，未发现有向消水河流域排放废酸等危险废物的环境违法行为"。

2017 年 2 月 8 日，山东省烟台市中级人民法院会同公益诉讼人及王振殿、马群凯、烟台市环保局、莱州市环保局、消水庄村委对王振殿、马群凯实施侵权行为造成的污染区域包括酸洗池内的沙土和周边居民区的部分居民家中水井地下水进行了现场勘验并取样监测，取证现场拍摄照片 22 张。环保部门向人民法院提交了 2017 年 2 月 13 日水质监测达标报告（8 个监测点位水质监测结果均为达标）及其委托山东恒诚检测科技有限公司出具的 2017 年 2 月 14 日酸洗池固体废物检测报告（酸洗反应南池－40cm PH 值＝9.02，－70cm PH 值＝9.18，北池－40cm PH 值＝2.85，－70cm PH 值＝2.52）。公益诉讼人向人民法院提交的 2017 年 3 月 3 日由莱州市环境保护局委托山东恒诚检测科技有限公司对王振殿酸洗池废池的检测报告，载明：反应池南池－1.2m PH 值＝9.7，北池－1.2m PH 值＜2。公益诉讼人认为，《危险废物鉴别标准浸出毒性鉴别 GB5085.3－2007》和《土壤环境监测技术规范》（HJ/t166－2004）规定，PH 值≥12.5 或者≤2.0 时为具有腐蚀性的危险废物。国家危险废物名录

(2016版) HW34废酸一项900－300－34类为"使用酸进行清洗产生的废酸液"; HW49其他废物一项900－041－49类为"含有或沾染毒性、感染性危险废物的废弃包装物、容器、过滤吸附介质"。涉案酸洗池内受污染沙土属于危险废物, 酸洗池内的受污染沙土总量都应该按照危险废物进行处置。

公益诉讼人提交的山东省地质环境监测总站水工环高级工程师刘炜金就地下水污染演变过程所做的咨询报告专家意见, 载明: 一、地下水环境的污染发展过程。1. 污染因子通过地表入渗进入饱和带 (潜水含水层地下水水位以上至地表的地层), 通过渗漏达到地下水水位进入含水层。2. 进入含水层, 初始在水头压力作用下向四周扩散形成一个沿地下水流向展布的似圆状污染区。3. 当污染物持续入渗, 在地下水水动力的作用下, 污染因子随着地下水径流, 向下游扩散, 一般沿地下水流向以初始形成的污染区为起点呈扇形或椭圆形向下流拓展扩大。4. 随着地下水径流形成的污染区不断拓展, 污染面积不断扩大, 污染因子的浓度不断增大, 造成对地下水环境的污染, 在污染源没有切断的情况下, 污染区将沿着地下水径流方向不断拓展。二、污染区域的演变过程、地下水污染的演变过程, 主要受污染的持续性, 包气带的渗漏性, 含水层的渗透性, 土壤及含水层岩土的吸附性, 地下水径流条件等因素密切相关。1. 长期污染演变过程。在污染因子进入地表通过饱和带向下渗漏的过程中, 部分被饱和带岩土吸附, 污染包气带的岩土层; 初始进入含水层的污染因子浓度较低, 当经过一段时间渗漏途经吸附达到饱和后, 进入含水层的污染因子浓度将逐渐接近或达到污水的浓度。进入含水层向下游拓展过程中, 通过地下水的稀释和含水层的吸附, 开始会逐渐降低。达到饱和后, 随着污染因子的不断注入, 达到一定浓度的污染区将不断向下游拓展, 污染区域面积将不断扩大。2. 短期污染演变过程。短期污染是指污水进入地下水环境经过一定时期, 消除污染源, 已进入地下水环境的污染因子和污染区域的变化过程。①污染因子的演变过程。在消除污染源阻断污染因子进入地下水环境的情况下, 随着上游地下水径流和污染区地下水径流扩大区域的地下水的稀释, 及含水层岩土的吸附作用, 污染水域的地下水浓度将逐渐降低, 水质逐渐好转。②污染区域的变化。在消除污染源, 污水阻止进入含水层后, 地下水污染区域将随着时间的推移, 在地下水径流水动力的作用下, 整个污染区将逐渐向下游移动扩大, 随着污染区扩大、岩土吸附作用的加强, 含水层中地下水水质将逐渐好转, 在经过一定时间后, 污染因子将吸附于岩土层和稀释于地下水中, 改善污染区地下水环境, 最终使原污染区达到有关水质要求标准。

裁判结果

山东省烟台市中级人民法院于2017年5月31日作出 (2017) 鲁06民初8号民事判决: 一、被告王振殿、马群凯在本判决生效之日起三十日内在烟台市环境保护局的监督下按照危险废物的处置要求将酸洗池内受污染沙土223吨进行处置,消除危险;如不能自行处置,则由环境保护主管部门委托第三方进行处置,被告王振殿、马群凯赔偿酸洗危险废物处置费用 5.6 万元,支付至烟台市环境公益诉讼基金账户。二、被告王振殿、马群凯在本判决生效之日起九十日内对莱州市柞村镇消水庄村沙场大院北侧车间周边地下水、土壤和消水河内水体的污染治理制定修复方案并进行修复,逾期不履行修复义务或者修复未达到保护生态环境社会公共利益标准的,赔偿因其偷排酸洗废水造成的生态损害修复费用 72 万元,支付至烟台市环境公益诉讼基金账户。该案宣判后,双方均未提出上诉,判决已发生法律效力。

裁判理由

法院生效裁判认为:

一、关于王振殿、马群凯侵权行为认定问题

(一)关于涉案危险废物数量及处置费用的认定问题

审理中,山东恒诚检测科技有限公司出具的检测报告指出涉案酸洗反应南池-40cm、-70cm 及-1.2m 深度的 PH 值均在正常值范围内;北池-1.2m PH 值<2 属于危险废物。涉案酸洗池的北池内原为王振殿、马群凯使用盐酸进行长石颗粒清洗产生的废酸液,后其用沙土进行了填埋,根据国家危险废物名录(2016 版)HW34 废酸 900-300-34 和 HW49 其他废物一项 900-041-49 类规定,现整个池中填埋的沙土吸附池中的废酸液,成为含有或沾染腐蚀性毒性的危险废物。山东省环境保护科学研究设计院环境风险与污染损害鉴定评估中心出具的环境损害检验报告中将酸洗池北池内受污染沙土总量 223 吨作为危险废物量,参照《环境污染损害数额计算推荐方法》中给出的"土地资源参照单位修复治理成本"清洗法的单位治理成本 250 元/吨-800 元/吨,本案取值 250 元/吨予以计算处置费用 5.6 万元,具有事实和法律依据,并无不当,予以采信。(具体计算方法为:$20m×6m×$平均深度 $1.3m×$密度 $1.3t/m^3$ =203t 沙土+20t 废酸=223t×250 元/t=5.6 万元)

(二)关于涉案土壤、地表水及地下水污染生态损害修复费用的认定问题

莱州市环境监测站监测报告显示,废水池内残留废水的 PH 值<2,属于强酸性废水。王振殿、马群凯通过废水池、排水沟排放的酸洗废水系危险废物亦为有毒物质污染环境,致部分居民家中水井颜色变黄,味道呛人,无法饮用。监测发现部分居民家中井水的 PH 值低于背景值,氯化物、总硬度远高于背景值,且明显超标。储存于废水池期间渗漏的废水渗透至周边土壤和地下水,排入沟内的废水流入消水河。涉案污染区域周边没有其他类似污染源,可以确定受污染地下水系黄色、具有刺鼻气味,且氯化物浓度较高的污染物,即王振殿、马群凯实施的环境污染行为造成。

2017 年 2 月 13 日水质监测报告显示,在原水质监测范围内的部分监测点位,水质监测结果达标。根据地质环境监测专家出具的意见,可知在消除污染

源阻断污染因子进入地下水环境的情况下,随着上游地下水径流和污染区地下水径流扩大区域的地下水稀释及含水层岩土的吸附作用,污染水域的地下水浓度将逐渐降低,水质逐渐好转。地下水污染区域将随着时间的推移,在地下水径流水动力的作用下,整个污染区将逐渐向下游移动扩大。经过一定时间,原污染区可能达到有关水质要求标准,但这并不意味着地区生态环境好转或已修复。王振殿、马群凯仍应当承担其污染区域的环境生态损害修复责任。在被告不能自行修复的情况下,根据《环境污染损害数额计算推荐方法》和《突发环境事件应急处置阶段环境损害评估推荐方法》的规定,采用虚拟治理成本法估算王振殿、马群凯偷排废水造成的生态损害修复费用。虚拟治理成本是指工业企业或污水处理厂治理等量的排放到环境中的污染物应该花费的成本,即污染物排放量与单位污染物虚拟治理成本的乘积。单位污染物虚拟治理成本是指突发环境事件发生地的工业企业或污水处理厂单位污染物治理平均成本。在量化生态环境损害时,可以根据受污染影响区域的环境功能敏感程度分别乘以1.5—10的倍数作为环境损害数额的上下限值。本案受污染区域的土壤、Ⅲ类地下水及消水河Ⅴ类地表水生态损害修复费用,山东省环境保护科学研究设计院环境风险与污染损害鉴定评估中心出具的环境损害检验报告中取虚拟治理成本的6倍,按照已生效的莱州市人民法院(2016)鲁0683刑初136号刑事判决书认定的偷排酸洗废水60吨的数额计算,造成的生态损害修复费用为72万元,即单位虚拟治理成本2000元/t×60t×6倍=72万元具有事实和法律依据,并无不当。

二、关于侵权责任问题

《侵权责任法》第六十五条规定:"因污染环境造成损害的,污染者应当承担侵权责任。"第六十六条规定:"因污染环境发生纠纷,污染者应当就法律规定的不承担责任或者减轻责任的情形及其行为与损害之间不存在因果关系承担举证责任。"山东省莱州市人民法院作出的(2016)鲁0683刑初136号刑事判决书认定王振殿、马群凯实施的环境污染行为与所造成的环境污染损害后果之间存在因果关系,王振殿、马群凯对此没有异议,并且已经发生法律效力。根据《环境保护法》第六十四条、《侵权责任法》第八条、第六十五条、第六十六条、《最高人民法院关于审理环境侵权责任纠纷案件适用法律若干问题的解释》第十四条之规定,王振殿、马群凯应当对其污染环境造成社会公共利益受到损害的行为承担侵权责任。

(生效裁判审判人员:曲振涛 鲁晓辉 孙 波)

指导案例 175 号

江苏省泰州市人民检察院诉王小朋等 59 人生态破坏民事公益诉讼案

(最高人民法院审判委员会讨论通过　2021 年 12 月 1 日发布)

关键词

民事　生态破坏民事公益诉讼　非法捕捞　共同侵权　生态资源损害赔偿

裁判要点

1. 当收购者明知其所收购的鱼苗系非法捕捞所得，仍与非法捕捞者建立固定买卖关系，形成完整利益链条，共同损害生态资源的，收购者应当与捕捞者对共同实施侵权行为造成的生态资源损失承担连带赔偿责任。

2. 侵权人使用禁用网具非法捕捞，在造成其捕捞的特定鱼类资源损失的同时，也破坏了相应区域其他水生生物资源，严重损害生物多样性的，应当承担包括特定鱼类资源损失和其他水生生物资源损失在内的生态资源损失赔偿责任。当生态资源损失难以确定时，人民法院应当结合生态破坏的范围和程度、资源的稀缺性、恢复所需费用等因素，充分考量非法行为的方式破坏性、时间敏感性、地点特殊性等特点，并参考专家意见，综合作出判断。

相关法条

《中华人民共和国民法典》第一千一百六十八条（本案适用的是自 2010 年 7 月 1 日起实施的《中华人民共和国侵权责任法》第八条）

《中华人民共和国环境保护法》（2014 年 4 月 24 日修订）第六十四条

基本案情

长江鳗鱼苗是具有重要经济价值且禁止捕捞的水生动物苗种。2018 年上半年，董瑞山等 38 人单独或共同在长江干流水域使用禁用渔具非法捕捞长江鳗鱼苗并出售谋利。王小朋等 13 人明知长江鳗鱼苗系非法捕捞所得，单独收购或者通过签订合伙协议、共同出资等方式建立收购鳗鱼苗的合伙组织，共同出资收购并统一对外出售，向高锦初等 7 人以及董瑞山等 38 人非法贩卖或捕捞人员收购鳗鱼苗 116999 条。秦利兵在明知王小朋等人向其出售的鳗鱼苗系在长江中非法捕捞所得的情况下，仍多次向王小朋等人收购鳗鱼苗 40263 条。

王小朋等人非法捕捞水产品罪、掩饰、隐瞒犯罪所得罪已经另案刑事生效判决予以认定。2019 年 7 月 15 日，公益诉讼起诉人江苏省泰州市人民检察院以王小朋等 59 人实施非法捕捞、贩卖、收购长江鳗鱼苗行为，破坏长江生态资源，损害社会公共利益为由提起民事公益诉讼。

裁判结果

江苏省南京市中级人民法院于 2019 年 10 月 24 日作出（2019）苏 01 民初 2005 号民事判决：一、王小朋等 13 名非法收购者对其非法买卖鳗鱼苗所造成的生态资源损失连带赔偿人民币 8589168 元；二、其他收购者、捕捞者根据其参与非法买卖或捕捞的鳗鱼苗数量，承担相应赔偿责任或与直接收购者承担连带赔偿责任。王小朋等 11 名被告提出上诉，江苏省高级人民法院于 2019 年 12 月 31 日作出（2019）苏民终 1734 号民事判决：驳回上诉，维持原判。

裁判理由

法院生效裁判认为：一、非法捕捞造成生态资源严重破坏，当销售是非法捕捞的唯一目的，且收购者与非法捕捞者形成了固定的买卖关系时，收购行为诱发了非法捕捞，共同损害了生态资源，收购者应当与捕捞者对共同实施的生态破坏行为造成的生态资源损失承担连带赔偿责任。

鳗鱼苗于 2014 年被世界自然保护联盟列为濒危物种，也属于江苏省重点保护鱼类。鳗鱼苗特征明显，无法直接食用，针对这一特定物种，没有大规模的收购，捕捞行为毫无价值。收购是非法捕捞鳗鱼苗实现获利的唯一渠道，缺乏收购行为，非法捕捞难以实现经济价值，也就不可能持续反复地实施，巨大的市场需求系引发非法捕捞和层层收购行为的主要原因。案涉收购鳗鱼苗行为具有日常性、经常性，在收购行为中形成高度组织化，每一个捕捞者和收购者对于自身在利益链条中所处的位置、作用以及通过非法捕捞、出售收购、加价出售、养殖出售不同方式获取利益的目的均有明确的认知。捕捞者使用网目极小的张网方式捕捞鳗鱼苗，收购者对于鳗鱼苗的体态特征充分了解，意味着其明知捕捞体态如此细小的鳗鱼苗必然使用有别于对自然生态中其他鱼类的捕捞方式，非法捕捞者于长江水生生物资源繁衍生殖的重要时段，尤其是禁渔期内，在长江干流水域采用"绝户网"大规模、多次非法捕捞长江鳗鱼苗，必将造成长江生态资源损失和生物多样性破坏，收购者与捕捞者存在放任长江鳗鱼资源及其他生态资源损害结果出现的故意。非法捕捞与收购已经形成了固定买卖关系和完整利益链条。这一链条中，相邻环节均从非法捕捞行为中获得利益，具有高度协同性，行为与长江生态资源损害结果之间具有法律上的因果关系，共同导致生态资源损害。预防非法捕捞行为，应从源头上彻底切断利益链条，让非法收购、贩卖鳗鱼苗的共同侵权者付出经济代价，与非法捕捞者在各自所涉的生态资源损失范围内对长江生态资源损害后果承担连带赔偿责任。

二、生态资源损失在无法准确统计时，应结合生态破坏的范围和程度、资源的稀缺性等因素，充分考量非法行为的方式破坏性、时间敏感性和地点特殊性，并参考专家意见，酌情作出判断。

综合考虑非法捕捞鳗鱼苗方式系采用网目极小的张网进行捕捞，加之捕捞时间的敏感性、捕捞频率的高强度性、捕捞地点的特殊性，不仅对鳗鱼种群的稳定造成严重威胁，还必然会造成对其他渔业生物的损害，进而破坏了长江生物资源的多样性，给长江生态资源带来极大的损害。依照《最高人民法院关于审理环境民事公益诉讼案件适用法律若干问题的解释》第二十三条的规定，综合考量非法捕捞鳗鱼苗对生态资源造成的实际损害，酌定以鳗鱼资源损失价值的2.5倍确定生态资源损失。主要依据有两点：

一是案涉非法捕捞鳗鱼苗方式的破坏性。捕捞者系采用网目极小的张网捕捞鳗鱼苗，所使用张网的网目尺寸违反了《农业部关于长江干流实施捕捞准用渔具和过渡渔具最小网目尺寸制度的通告》中不小于3毫米的规定，属于禁用网具。捕捞时必将对包括其他小型鱼类在内的水生物种造成误捕，严重破坏相应区域水生生物资源。案涉鳗鱼苗数量达116999条，捕捞次数多、捕捞网具多、捕捞区域大，必将对长江生态资源产生较大危害。

二是案涉非法捕捞鳗鱼苗的时间敏感性和地点特殊性。案涉的捕捞、收购行为主要发生于长江禁渔期，该时期系包括鳗鱼资源在内的长江水生生物资源繁衍生殖的重要时段。捕捞地点位于长江干流水域，系日本鳗鲡洄游通道，在洄游通道中对幼苗进行捕捞，使其脱离自然水体后被贩卖，不仅妨碍鳗鲡种群繁衍，且同时误捕其他渔获物，会导致其他水生生物减少，导致其他鱼类饵料不足，进而造成长江水域食物链相邻环节的破坏，进一步造成生物多样性损害。

考虑到生态资源的保护与被告生存发展权利之间的平衡，在确定生态损害赔偿责任款项时可以考虑被告退缴违法所得的情况，以及在被告确无履行能力的情况下，可以考虑采用劳务代偿的方式，如参加保护长江生态环境等公益性质的活动或者配合参与长江沿岸河道管理、加固、垃圾清理等方面的工作，折抵一定赔偿数额。

（生效裁判审判人员：刘建功　赵　黎　臧　静）

指导性案例 204 号

重庆市人民检察院第五分院诉重庆瑜煌电力设备制造有限公司等环境污染民事公益诉讼案

(最高人民法院审判委员会讨论通过 2022 年 12 月 30 日发布)

关键词

民事 环境污染民事公益诉讼 环保技术改造 费用抵扣 生态环境损害赔偿金

裁判要点

1. 受损生态环境无法修复或无修复必要,侵权人在已经履行生态环境保护法律法规规定的强制性义务基础上,通过资源节约集约循环利用等方式实施环保技术改造,经评估能够实现节能减排、减污降碳、降低风险效果的,人民法院可以根据侵权人的申请,结合环保技术改造的时间节点、生态环境保护守法情况等因素,将由此产生的环保技术改造费用适当抵扣其应承担的生态环境损害赔偿金。

2. 为达到环境影响评价要求、排污许可证设定的污染物排放标准或者履行其他生态环境保护法律法规规定的强制性义务而实施环保技术改造发生的费用,侵权人申请抵扣其应承担的生态环境损害赔偿金的,人民法院不予支持。

相关法条

《中华人民共和国环境保护法》第三十六条、第四十条第一款

《中华人民共和国循环经济促进法》第三条

基本案情

重庆市鹏展化工有限公司(以下简称鹏展公司)、重庆瑜煌电力设备制造有限公司(以下简称瑜煌公司)、重庆顺泰铁塔制造有限公司(以下简称顺泰公司)均无危险废物经营资质。2015 年 4 月 10 日,鹏展公司分别与瑜煌公司、顺泰公司签订合同,约定鹏展公司以 420 元/吨的价格向瑜煌公司、顺泰公司出售盐酸,由鹏展公司承担运费。前述价格包含销售盐酸的价格和鹏展公司将废盐酸运回进行处置的费用。2015 年 7 月开始,鹏展公司将废盐酸从瑜煌公司、顺泰公司运回后,将废盐酸直接非法排放。2015 年 7 月至 2016 年 3 月,鹏展公司非法排放废盐酸累计至少达 717.14 吨,造成跳蹬河受到污染。经评估,本次事件生态环境损害数额为 6454260 元,同时还产生事务性费用 25100 元及鉴定费 5000 元。本次污染事件发生后,瑜煌公司和顺泰公司投入资金开展酸雾收集、助镀槽再生系统等多个方面的技术改造,环境保护水平有

所提升。公益诉讼起诉人重庆市人民检察院第五分院认为鹏展公司、瑜煌公司和顺泰公司应承担本次环境污染事件造成的损失，遂向人民法院提起诉讼请求判决鹏展公司、瑜煌公司、顺泰公司承担生态环境损害赔偿金及鉴定费等共计6484360元，并向社会公众赔礼道歉。

裁判结果

重庆市第五中级人民法院于2019年11月29日作出（2019）渝05民初256号民事判决：一、被告鹏展公司赔偿因非法排放废盐酸产生的生态环境修复费用6479360元、技术咨询费5000元，合计6484360元，限本判决生效之日起十日内支付至本院指定的司法生态修复费专款账户。二、被告瑜煌公司和被告顺泰公司对本判决第一项确定的被告鹏展公司的赔偿款分别承担3242180元的连带清偿责任。三、被告鹏展公司、瑜煌公司和被告顺泰公司在本判决生效之日起三十日内在重庆市市级以上媒体向社会公众赔礼道歉。宣判后，瑜煌公司和顺泰公司不服，提起上诉，并在二审中提出分期支付申请和对其技改费用予以抵扣请求。重庆市高级人民法院于2020年12月25日作出（2020）渝民终387号民事判决：一、维持重庆市第五中级人民法院（2019）渝05民初256号民事判决第一、第三项。二、撤销重庆市第五中级人民法院（2019）渝05民初256号民事判决第二项。三、瑜煌公司、顺泰公司对鹏展公司应承担的生态环境损害赔偿金分别承担3242180元的连带清偿责任，在向重庆市第五中级人民法院提供有效担保后，按照25％、25％及50％的比例分三期支付。具体支付时间为本判决生效之日起十日内各支付809920元及技术咨询费2500元；2021年12月31日前各支付809920元；2022年12月31日前各支付1619840元。技术咨询费在执行到位后十日内支付到重庆市人民检察院第五分院指定的账户。四、如果瑜煌公司、顺泰公司在本判决生效后实施技术改造，在相同产能的前提下明显减少危险废物的产生或降低资源的消耗，且未因环境违法行为受到处罚，其已支付的技术改造费用可以凭技术改造效果评估意见和具有法定资质的中介机构出具的技术改造投入资金审计报告，可在支付第三期款项时向人民法院申请抵扣。

裁判理由

法院生效裁判认为，根据《中华人民共和国固体废物污染环境防治法》（2015年修正）第五十七条规定，从事收集、贮存、处置危险废物经营活动的单位，必须向县级以上人民政府环境保护行政主管部门申请领取经营许可证；从事利用危险废物经营活动的单位，必须向国务院环境保护行政主管部门或者省、自治区、直辖市人民政府环境保护行政主管部门申请领取经营许可证。本案中，瑜煌公司、顺泰公司作为危险废物的生产者，却将涉案危险废物交由未取得危险废物经营许可证的鹏展公司处置，违反了危险废物污染防治的法定义务。鹏展公司非法排放的危险废物中无法区分瑜煌公司、顺泰公司各自提供的具体数量或所占份额，构成共同侵权，故瑜煌公司和顺泰公司应对鹏展公司所造成的生态环境损害承担连带责任。

环境公益诉讼作为环境保护法确立的重要诉讼制度，其诉讼目的不仅仅是追究环境侵权责任，更重要的是督促引导环境侵权人实施环境修复，鼓励企业走生态优先、绿色发展的道路，实现环境保护同经济建设和社会发展相协调。瑜煌公司和顺泰公司在案涉污染事件发生后实施技术改造，并请求以技术改造费用抵扣生态环境损害赔偿金。对技术改造费用能否用以抵扣应承担的生态环境损害赔偿金的问题，应秉持前述环境司法理念，对企业实施的环保技术改造的项目和目的加以区分，分类对待。如果企业实施的环保技术改造的项目和目的仅满足其环境影响评价要求、达到排污许可证设定的污染物排放标准或者履行其他法定的强制性义务，那么对该部分技术改造费用应不予抵扣；如果企业在已完全履行法律对企业设定的强制性环境保护义务基础之上，通过使用清洁能源、采用更优技术、工艺或设备等方式，实现资源利用率更高、污染物排放量减少、废弃物综合利用率提升等效果，则该部分技术改造费用就应考虑予以适当抵扣。

本案中，由于河流具有自净能力，受到污染的水体现已无必要进行生态环境修复。瑜煌公司和顺泰公司愿意继续进行技术改造，其承诺实施的技术改造，有利于实现污染物的减量化、再利用和资源化，亦有利于降低当地的环境风险。因此，将瑜煌公司和顺泰公司已实际支付的环保技术改造费用用于抵扣其应承担的生态环境损害赔偿金，符合环境公益诉讼维护社会公共利益的目的。为支持企业绿色转型，鼓励瑜煌公司和顺泰公司投入更多的资金用于节能减排，法院将瑜煌公司和顺泰公司各自可以抵扣的上限设定为其应承担的生态环境损害赔偿金的50%。故瑜煌公司和顺泰公司在本判决生效后开展技术改造，在相同产能的前提下明显减少危险废物的产生或降低资源的消耗，且未因环境违法行为受到处罚，其已支付的技术改造费用凭技术改造效果评估意见和具有法定资质的中介机构出具的技术改造投入资金审计报告，可向人民法院申请抵扣。

在环境民事公益诉讼案件中，既要确保受损的生态环境得到及时有效修复，又要给予正确面对自身环境违法行为、愿意积极承担环境法律责任的企业继续进行合法生产经营的机会，实现保护生态环境与促进经济发展的平衡。新冠肺炎疫情期间，瑜煌公司和顺泰公司的生产经营受到一定影响，两家企业在案发后投入大量资金实施技术改造，且部分尚欠的技术改造费用已到清偿期，两家企业当前均出现一定程度的经营困难。为促发展、稳预期、保民生，最大限度维持企业的持续经营能力，对瑜煌公司和顺泰公司请求分期支付的意见予以采纳，准许其两年内分三期支付生态环境损害赔偿金。

（生效裁判审判人员：唐亚林　赵　翎　黄　成）

指导性案例 206 号

北京市人民检察院第四分院诉朱清良、朱清涛环境污染民事公益诉讼案

（最高人民法院审判委员会讨论通过 2022年12月30日发布）

关键词

民事 环境污染民事公益诉讼 土壤污染 生态环境功能损失赔偿 生态环境修复 修复效果评估

裁判要点

1. 两个以上侵权人分别实施污染环境、破坏生态行为造成同一损害，每一个侵权人的污染环境、破坏生态行为都不足以造成全部损害，部分侵权人根据修复方案确定的整体修复要求履行全部修复义务后，请求以代其他侵权人支出的修复费用折抵其应当承担的生态环境服务功能损失赔偿金的，人民法院应予支持。

2. 对于侵权人实施的生态环境修复工程，应当进行修复效果评估。经评估，受损生态环境服务功能已经恢复的，可以认定侵权人已经履行生态环境修复责任。

相关法条

《中华人民共和国民法典》第一千一百六十七条、第一千二百二十九条（本案适用的是自2010年7月1日起实施的《中华人民共和国侵权责任法》第二十一条、第六十五条）

基本案情

2015年10月至12月，朱清良、朱清涛在承包土地内非法开采建筑用砂89370.8立方米，价值人民币4468540元。经鉴定，朱清良二人非法开采的土地覆被类型为果园，地块内原生土壤丧失，原生态系统被完全破坏，生态系统服务能力严重受损，确认存在生态环境损害。鉴定机构确定生态环境损害恢复方案为将损害地块恢复为园林地，将地块内缺失土壤进行客土回填，下层回填普通土，表层覆盖60厘米种植土，使地块重新具备果树种植条件。恢复工程费用评估核算为2254578.58元。北京市人民检察院第四分院以朱清良、朱清涛非法开采造成土壤受损，破坏生态环境，损害社会公共利益为由提起环境民事公益诉讼（本案刑事部分另案审理）。

2020年6月24日，朱清良、朱清涛的代理人朱某某签署生态环境修复承诺书，承诺按照生态环境修复方案开展修复工作。修复工程自2020年6月25

日开始,至 2020 年 10 月 15 日完成。2020 年 10 月 15 日,北京市房山区有关单位对该修复工程施工质量进行现场勘验,均认为修复工程依法合规、施工安全有序开展、施工过程中未出现安全性问题、环境污染问题,施工程序、工程质量均符合修复方案要求。施工过程严格按照生态环境修复方案各项具体要求进行,回填土壤质量符合标准,地块修复平整,表层覆盖超过 60 厘米的种植土,已重新具备果树种植条件。

上述涉案土地内存在无法查明的他人倾倒的 21392.1 立方米渣土,朱清良、朱清涛在履行修复过程中对该部分渣土进行环境清理支付工程费用 75.4 万元。

裁判结果

北京市第四中级人民法院于 2020 年 12 月 21 日作出（2020）京 04 民初 277 号民事判决:一、朱清良、朱清涛对其造成的北京市房山区长阳镇朱岗子村西的 14650.95 平方米土地生态环境损害承担恢复原状的民事责任,确认朱清良、朱清涛已根据《房山区朱清良等人盗采砂石矿案生态环境损害鉴定评估报告书》确定的修复方案将上述受损生态环境修复到损害发生之前的状态和功能（已履行完毕）。二、朱清良、朱清涛赔偿生态环境受到损害至恢复原状期间的服务功能损失 652896.75 元;朱清良、朱清涛在履行本判决第一项修复义务时处理涉案地块上建筑垃圾所支付费用 754000 元折抵其应赔偿的生态环境受到损害至恢复原状期间的服务功能损失 652896.75 元。三、朱清良、朱清涛于本判决生效之日起七日内给付北京市人民检察院第四分院鉴定费 115000 元。四、朱清良、朱清涛在一家全国公开发行的媒体上向社会公开赔礼道歉,赔礼道歉的内容及媒体、版面、字体需经本院审核,朱清良、朱清涛应于本判决生效之日起十五日内向本院提交,并于审核通过之日起三十日内刊登,如未履行上述义务,则由本院选择媒体刊登判决主要内容,所需费用由朱清良、朱清涛负担。判决后,双方当事人均未提出上诉。

裁判理由

法院生效裁判认为:朱清良、朱清涛非法开采的行为,造成了生态环境破坏,侵害了不特定多数人的合法权益,损害了社会公共利益,构成环境民事侵权。朱清良、朱清涛作为非法开采行为人,违反了保护环境的法定义务,应对造成的生态环境损害承担民事责任。

一、关于被告对他人倾倒渣土的处理费用能否折抵生态功能损失赔偿费用的问题。从环境法的角度而言,生态环境具有供给服务、调节服务、文化服务以及支持服务等功能。生态环境受损将导致其向公众或其他生态系统提供上述服务的功能减少或丧失。朱清良、朱清涛在其租赁的林果地上非法开采,造成地块土壤受损,属于破坏生态环境、损害社会公共利益的行为,还应赔偿生态环境受到损害至恢复原状期间的服务功能损失。根据鉴定评估报告对生态服务价值损失的评估意见,确定朱清良、朱清涛应承担的服务功能损失赔偿金额为652896.75元。《最高人民法院关于审理环境民事公益诉讼案件适用法律若干问题的解释》第二十四条第一款规定,人民法院判决被告承担的生态环境修复费用、生态环境受到损害至恢复原状期间服务功能损失等款项,应当用于修复被损害的生态环境。故被告承担的生态环境受到损害至恢复原状期间服务功能损失的款项应当专项用于该案环境修复、治理或异地公共生态环境修复、治理。朱清良、朱清涛对案涉土地进行生态修复时,土地上还存在无法查明的他人倾倒渣土。朱清涛、朱清良非法开采的行为造成受损地块原生土壤丧失、土壤的物理结构变化,而他人倾倒渣土的行为则会造成土壤养分的改变,两个侵权行为叠加造成现在的土壤生态环境损害。为全面及时恢复生态环境,朱清良、朱清涛根据修复方案对涉案地块整体修复的要求,对该环境内所倾倒渣土进行清理并为此实际支出75.4万元,系属于对案涉环境积极的修复、治理,这与法律、司法解释规定的被告承担生态功能损失赔偿责任的目的和效果是一致的。同时,侵权人在承担修复责任的同时,积极采取措施,对他人破坏环境造成的后果予以修复治理,有益于生态环境保护,在修复效果和综合治理上亦更能体现及时优化生态环境的特点。因此,综合两项费用的功能目的以及赔偿费用专项执行的实际效果考虑,朱清良、朱清涛对倾倒渣土环境进行清理的费用可以折抵朱清良、朱清涛需要承担的生态功能损失赔偿费用。

二、关于被告诉讼过程中自行进行生态修复的效果评估问题。朱清良、朱清涛在诉讼过程中主动履行环境修复义务,并于2020年6月25日至10月15日期间按照承诺书载明的生态环境修复方案对案涉地块进行了回填修复。根据《最高人民法院关于审理生态环境损害赔偿案件的若干规定(试行)》第九条规定,负有相关环境资源保护监督管理职责的部门或者其委托的机构在行政执法过程中形成的事件调查报告、检验报告、监测报告、评估报告、监测数据等,经当事人质证并符合证据标准的,可以作为认定案件事实的根据。本案中,北京市房山区有关单位积极履行环境监督管理职责,对于被告自行实施的生态修复工程进行过程监督并出具相应的验收意见,符合其职责范围,且具备相应的专业判断能力,有关单位联合出具的验收意见,可以作为认定当事人自行实施的生态修复工程质量符合标准的重要依据。同时,评估机构在此基础上,对修复工程进行了效果评估,确认案涉受损地块内土壤已恢复至基线水平,据此可以认定侵权人已经履行生态环境修复责任。

(生效裁判审判人员:马　军　梅　宇　赵　佳
　　　　　　　　　　王鹏宇　张桂荣　张风光　衡　军)

指导性案例 207 号

江苏省南京市人民检察院诉
王玉林生态破坏民事公益诉讼案

(最高人民法院审判委员会讨论通过　2022 年 12 月 30 日发布)

关键词

民事　生态破坏民事公益诉讼　非法采矿　生态环境损害　损失整体认定　系统保护修复

裁判要点

1. 人民法院审理环境民事公益诉讼案件，应当坚持山水林田湖草沙一体化保护和系统治理。对非法采矿造成的生态环境损害，不仅要对造成山体（矿产资源）的损失进行认定，还要对开采区域的林草、水土、生物资源及其栖息地等生态环境要素的受损情况进行整体认定。

2. 人民法院审理环境民事公益诉讼案件，应当充分重视提高生态环境修复的针对性、有效性，可以在判决侵权人承担生态环境修复费用时，结合生态环境基础修复及生物多样性修复方案，确定修复费用的具体使用方向。

相关法条

《中华人民共和国环境保护法》第六十四条

《中华人民共和国民法典》第一千一百六十五条（本案适用的是自 2010 年 7 月 1 日起实施的《中华人民共和国侵权责任法》第六条）

基本案情

2015 年至 2018 年间，王玉林违反国家管理矿产资源法律规定，在未取得采矿许可证的情况下，使用机械在南京市浦口区永宁镇老山林场原山林二矿老宕口内、北沿山大道建设施工红线外非法开采泥灰岩、泥页岩等合计十余万吨。南京市浦口区人民检察院以王玉林等人的行为构成非法采矿罪向南京市玄武区人民法院提起公诉。该案审理期间，王玉林已退赔矿石资源款 4455998.6 元。2020 年 3 月、8 月，江苏省环境科学研究院先后出具《"南京市浦口区王玉林等人非法采矿案"生态环境损害评估报告》（以下简称《评估报告》）《"南京市浦口区王玉林等人非法采矿案"生态环境损害（动物类）补充说明》（以下简称《补充说明》）。南京市人民检察院认为，王玉林非法采矿造成国家矿产资源和生态环境破坏，损害社会公共利益，遂提起本案诉讼，诉请判令王玉林承担生态破坏侵权责任，赔偿生态环境损害修复费用 1893112 元（具体包括：1. 生态资源的损失中林木的直接经济损失 861750 元；2. 生态系统功能受到影响的损失：森林涵养水损失 440233 元；水土流失损失 50850 元；土壤侵蚀损失 81360 元；树木放氧量减少损失 64243 元；鸟类生态价值损失 243122 元；哺乳动物栖息地服务价值损失 18744 元；3.修复期间生物多样性的价值损失 132810 元）以及事务性费用 400000 元，并提出了相应的修复方案。

裁判结果

江苏省南京市中级人民法院于 2020 年 12 月 4 日作出（2020）苏 01 民初 798 号民事判决：一、被告王玉林对其非法采矿造成的生态资源损失 1893112 元（已缴纳）承担赔偿责任，其中 1498436 元用于南京市山林二矿生态修复工程及南京市浦口区永宁街道大桥林场路口地质灾害治理工程，394676 元用于上述地区生物多样性的恢复及保护。二、被告王玉林承担损害评估等事务性费用 400000 元（已缴纳），该款项于本判决生效后十日内划转至南京市人民检察院。判决后，南京市人民检察院与王玉林均未上诉，判决已发生法律效力。

裁判理由

法院生效裁判认为：非法采矿对生态资源造成复合性危害，在长江沿岸非法露天采矿，不仅造成国家矿产资源损失，还必然造成开采区域生态环境破坏及生态要素损失。环境和生物之间、生物和生物之间协同共生，相互影响、相互依存，形成动态的平衡。一个生态要素的破坏，必然会对整个生态系统的多个要素造成不利影响。非法采矿将直接导致开采区域的植被和土壤破坏，山体损坏影响到林、草蓄积，林、草减少影响到水土涵养，上述生态要素的破坏又直接、间接影响到鸟类和其他动物的栖息环境，造成生态系统的整体破坏及生物多样性的减少，自然要素生态利益的系统损害必将最终影响到人类的生产生活和优美生态环境的实现。被告王玉林违反矿产资源法的规定，未取得采矿许可证即实施非法采矿行为，造成生态环境的破坏，主观存在过错，非法采矿行为与生态环境损害之间具有因果关系，应当依照《中华人民共和国侵权责任法》第六条之规定，对其行为造成的生态环境损害后果承担赔偿责任。

一、关于生态环境损害计算问题

（一）生态资源的经济损失计算合理。非法采矿必将使被开采区域的植被遭到严重破坏，受损山体的修复及自然林地的恢复均需要合理周期，即较长时间才能重新恢复林地的生态服务功能水平，故《评估报告》以具有 20 年生长年限的林地作为参照计算具有一定合理性，《评估报告》制作人关于林木经济损失计算的解释科学，故应对非法采矿行为造成林木经济损失 861750 元依法予以认定。

（二）鸟类生态价值损失计算恰当。森林资源为鸟类提供了栖息地和食物来源，鸟类种群维持着食物链的完整性，保持营养物质循环的顺利进行，栖息地的破坏必然导致林鸟迁徙或者食物链条断裂，一旦食物链的完整性被破坏，必将对整个森林生态系统产生严重的后果。《补充说明》载明，两处非法开采点是林鸟种群的主要栖息地和适宜生境，非法采矿行为造成鸟类栖息地被严重破坏，由此必然产生种子传播收益额及改善土壤收益额的损失。鸟类为种子的主要传播者和捕食者，可携带或者吞食植物种子，有利于生态系统次生林的自然演替；同时，次生林和原始森林系统的良性循环，也同样为鸟类的自然栖息地提供了庇护，对植物种子的传播具有积极意义。《补充说明》制作人从生态系统的完整性和种间生态平衡的角度，对非法采矿行为造成平衡性和生物多样性的破坏等方面对鸟类传播种子损失作出了详细解释，解释科学合理，故对非法采矿造成鸟类生态价值损失243122元予以认定。

（三）哺乳动物栖息地服务价值损失客观存在。森林生态系统是陆地生态系统的重要组成部分，同时也是哺乳动物繁衍和生存的主要栖息地之一。哺乳动物不仅对维持生态系统平衡有重要作用，还能够调节植物竞争，维护系统物种多样性以及参与物质和能量循环等，是改变生态系统内部各构件配置的最基本动力。虽然因客观因素无法量化栖息地生态环境损害价值，但非法采矿行为造成山体破坏和植被毁坏，导致哺乳动物过境受到严重影响，哺乳动物栖息地服务价值损失客观存在。结合案涉非法采矿区域位于矿坑宕口及林场路口的实际情况，综合考虑上述区域植被覆盖率以及人类活动影响造成两区域内哺乳动物的种类和数量较少等客观因素，公益诉讼起诉人主张按照其他生态环境损失1874368元的1%计算哺乳动物栖息地服务价值损失18744元具有一定的合理性，应当依法予以支持。

二、关于生态环境修复问题

恢复性司法理念要求受损的生态环境切实得到有效修复，系统保护需要从各个生态要素全方位、全地域、全过程保护，对破坏生态所造成的损失修复，也要从系统的角度对不同生态要素所遭受的实际影响予以综合考量，注重从源头上系统开展生态环境修复，注重自然要素生态利益的有效发挥，对长江流域生态系统提供切实有效的保护。鉴于非法采矿给生态环境造成了严重的破坏，应当采取消除受损山体存在的地质灾害隐患，以及从尽可能恢复其生态环境功能的角度出发，结合经济、社会、人文等实际发展需要进行总体分析判断。

案涉修复方案涵盖了山体修复、植被复种、绿地平整等生态修复治理的多个方面，充分考虑了所在区域生态环境结构的功能定位，体现了强化山水林田湖草沙等各种生态要素协同治理的理念，已经法庭技术顾问论证，结论科学，方法可行。王玉林赔偿的生态环境损失费用中，属于改善受破坏的自然环境状况，恢复和维持生态环境要素正常生态功能发挥范畴的，可用于侵权行为发生地生态修复工程及地质灾害治理工程使用。本案中生物栖息地也是重要的生态保护和修复目标，生物多样性受到影响的损失即鸟类生态价值损失、哺乳动物栖息地服务价值损失、修复期间生物多样性价值恢复费用属于生物多样性恢复考量范畴，可在基础修复工程完成后，用于侵权行为发生地生物多样性的恢复及保护使用。

综上,法院最终判决王玉林对其非法采矿造成的生态资源损失承担赔偿责任,并在判决主文中写明了生态修复、地质治理等项目和生物多样性保护等费用使用方向。

(生效裁判审判人员:陈　迎　姜　立　刘尚雷
陈美芳　毛建美　丁　茜　任重远)

最高人民法院
关于生态环境侵权民事诉讼证据的若干规定

法释〔2023〕6号

（2023年4月17日最高人民法院审判委员会第1885次会议通过　2023年8月14日最高人民法院公告公布　自2023年9月1日起施行）

为保证人民法院正确认定案件事实，公正、及时审理生态环境侵权责任纠纷案件，保障和便利当事人依法行使诉讼权利，保护生态环境，根据《中华人民共和国民法典》《中华人民共和国民事诉讼法》《中华人民共和国环境保护法》等有关法律规定，结合生态环境侵权民事案件审判经验和实际情况，制定本规定。

第一条　人民法院审理环境污染责任纠纷案件、生态破坏责任纠纷案件和生态环境保护民事公益诉讼案件，适用本规定。

生态环境保护民事公益诉讼案件，包括环境污染民事公益诉讼案件、生态破坏民事公益诉讼案件和生态环境损害赔偿诉讼案件。

第二条　环境污染责任纠纷案件、生态破坏责任纠纷案件的原告应当就以下事实承担举证责任：

（一）被告实施了污染环境或者破坏生态的行为；

（二）原告人身、财产受到损害或者有遭受损害的危险。

第三条　生态环境保护民事公益诉讼案件的原告应当就以下事实承担举证责任：

（一）被告实施了污染环境或者破坏生态的行为，且该行为违反国家规定；

（二）生态环境受到损害或者有遭受损害的重大风险。

第四条　原告请求被告就其污染环境、破坏生态行为支付人身、财产损害赔偿费用，或者支付民法典第一千二百三十五条规定的损失、费用的，应当就其主张的损失、费用的数额承担举证责任。

第五条　原告起诉请求被告承担环境污染、生态破坏责任的，应当提供被告行为与损害之间具有关联性的证据。

人民法院应当根据当事人提交的证据，结合污染环境、破坏生态的行为方式、污染物的性质、环境介质的类型、生态因素的特征、时间顺序、空间距离等因素，综合判断被告行为与损害之间的关联性是否成立。

第六条 被告应当就其行为与损害之间不存在因果关系承担举证责任。

被告主张不承担责任或者减轻责任的，应当就法律规定的不承担责任或者减轻责任的情形承担举证责任。

第七条 被告证明其排放的污染物、释放的生态因素、产生的生态影响未到达损害发生地，或者其行为在损害发生后才实施且未加重损害后果，或者存在其行为不可能导致损害发生的其他情形的，人民法院应当认定被告行为与损害之间不存在因果关系。

第八条 对于发生法律效力的刑事裁判、行政裁判因未达到证明标准未予认定的事实，在因同一污染环境、破坏生态行为提起的生态环境侵权民事诉讼中，人民法院根据有关事实和证据确信待证事实的存在具有高度可能性的，应当认定该事实存在。

第九条 对于人民法院在生态环境保护民事公益诉讼生效裁判中确认的基本事实，当事人在因同一污染环境、破坏生态行为提起的人身、财产损害赔偿诉讼中无需举证证明，但有相反证据足以推翻的除外。

第十条 对于可能损害国家利益、社会公共利益的事实，双方当事人未主张或者无争议，人民法院认为可能影响裁判结果的，可以责令当事人提供有关证据。

前款规定的证据，当事人申请人民法院调查收集，符合《最高人民法院关于适用〈中华人民共和国民事诉讼法〉的解释》第九十四条规定情形的，人民法院应当准许；人民法院认为有必要的，可以依职权调查收集。

第十一条 实行环境资源案件集中管辖的法院，可以委托侵权行为实施地、侵权结果发生地、被告住所地等人民法院调查收集证据。受委托法院应当在收到委托函次日起三十日内完成委托事项，并将调查收集的证据及有关笔录移送委托法院。

受委托法院未能完成委托事项的，应当向委托法院书面告知有关情况及未能完成的原因。

第十二条 当事人或者利害关系人申请保全环境污染、生态破坏相关证据的，人民法院应当结合下列因素进行审查，确定是否采取保全措施：

（一）证据灭失或者以后难以取得的可能性；

（二）证据对证明待证事实有无必要；

（三）申请人自行收集证据是否存在困难；

（四）有必要采取证据保全措施的其他因素。

第十三条 在符合证据保全目的的情况下，人民法院应当选择对证据持有人利益影响最小的保全措施，尽量减少对保全标的物价值的损害和对证据持有人生产、生活的影响。

确需采取查封、扣押等限制保全标的物使用的保全措施的,人民法院应当及时组织当事人对保全的证据进行质证。

第十四条 人民法院调查收集、保全或者勘验涉及环境污染、生态破坏专门性问题的证据,应当遵守相关技术规范。必要时,可以通知鉴定人到场,或者邀请负有环境资源保护监督管理职责的部门派员协助。

第十五条 当事人向人民法院提交证据后申请撤回该证据,或者声明不以该证据证明案件事实的,不影响其他当事人援引该证据证明案件事实以及人民法院对该证据进行审查认定。

当事人放弃使用人民法院依其申请调查收集或者保全的证据的,按照前款规定处理。

第十六条 对于查明环境污染、生态破坏案件事实的专门性问题,人民法院经审查认为有必要的,应当根据当事人的申请或者依职权委托具有相应资格的机构、人员出具鉴定意见。

第十七条 对于法律适用、当事人责任划分等非专门性问题,或者虽然属于专门性问题,但可以通过法庭调查、勘验等其他方式查明的,人民法院不予委托鉴定。

第十八条 鉴定人需要邀请其他机构、人员完成部分鉴定事项的,应当向人民法院提出申请。

人民法院经审查认为确有必要的,在听取双方当事人意见后,可以准许,并告知鉴定人对最终鉴定意见承担法律责任;主要鉴定事项由其他机构、人员实施的,人民法院不予准许。

第十九条 未经人民法院准许,鉴定人邀请其他机构、人员完成部分鉴定事项的,鉴定意见不得作为认定案件事实的根据。

前款情形,当事人申请退还鉴定费用的,人民法院应当在三日内作出裁定,责令鉴定人退还;拒不退还的,由人民法院依法执行。

第二十条 鉴定人提供虚假鉴定意见的,该鉴定意见不得作为认定案件事实的根据。人民法院可以依照民事诉讼法第一百一十四条的规定进行处理。

鉴定事项由其他机构、人员完成,其他机构、人员提供虚假鉴定意见的,按照前款规定处理。

第二十一条 因没有鉴定标准、成熟的鉴定方法、相应资格的鉴定人等原因无法进行鉴定,或者鉴定周期过长、费用过高的,人民法院可以结合案件有关事实、当事人申请的有专门知识的人的意见和其他证据,对涉及专门性问题的事实作出认定。

第二十二条 当事人申请有专门知识的人出庭,就鉴定意见或者污染物认定、损害结果、因果关系、生态环境修复方案、生态环境修复费用、生态环境受到损害至修复完成期间服务功能丧失导致的损失、生态环境功能永久性损害造成的损失等专业问题提出意见的，人民法院可以准许。

对方当事人以有专门知识的人不具备相应资格为由提出异议的，人民法院对该异议不予支持。

第二十三条 当事人就环境污染、生态破坏的专门性问题自行委托有关机构、人员出具的意见，人民法院应当结合本案的其他证据，审查确定能否作为认定案件事实的根据。

对方当事人对该意见有异议的，人民法院应当告知提供意见的当事人可以申请出具意见的机构或者人员出庭陈述意见；未出庭的，该意见不得作为认定案件事实的根据。

第二十四条 负有环境资源保护监督管理职责的部门在其职权范围内制作的处罚决定等文书所记载的事项推定为真实，但有相反证据足以推翻的除外。

人民法院认为有必要的，可以依职权对上述文书的真实性进行调查核实。

第二十五条 负有环境资源保护监督管理职责的部门及其所属或者委托的监测机构在行政执法过程中收集的监测数据、形成的事件调查报告、检验检测报告、评估报告等材料，以及公安机关单独或者会同负有环境资源保护监督管理职责的部门提取样品进行检测获取的数据，经当事人质证，可以作为认定案件事实的根据。

第二十六条 对于证明环境污染、生态破坏案件事实有重要意义的书面文件、数据信息或者录音、录像等证据在对方当事人控制之下的，承担举证责任的当事人可以根据《最高人民法院关于适用〈中华人民共和国民事诉讼法〉的解释》第一百一十二条的规定，书面申请人民法院责令对方当事人提交。

第二十七条 承担举证责任的当事人申请人民法院责令对方当事人提交证据的，应当提供有关证据的名称、主要内容、制作人、制作时间或者其他可以将有关证据特定化的信息。根据申请人提供的信息不能使证据特定化的，人民法院不予准许。

人民法院应当结合申请人是否参与证据形成过程、是否接触过该证据等因素，综合判断其提供的信息是否达到证据特定化的要求。

第二十八条 承担举证责任的当事人申请人民法院责令对方当事人提交证据的，应当提出证据由对方当事人控制的依据。对方当事人否认控制有关证据的，人民法院应当根据法律规定、当事人约定、交易习惯等因素，结合案件的事实、证据作出判断。

有关证据虽未由对方当事人直接持有，但在其控制范围之内，其获取不存在客观障碍的，人民法院应当认定有关证据由其控制。

第二十九条 法律、法规、规章规定当事人应当披露或者持有的关于其排放的主要污染物名称、排放方式、排放浓度和总量、超标排放情况、防治污染设施的建设和运行情况、生态环境开发利用情况、生态环境违法信息等环境信息，属于《最高人民法院关于民事诉讼证据的若干规定》第四十七条第一款第三项规定的"对方当事人依照法律规定有权查阅、获取的书证"。

第三十条 在环境污染责任纠纷、生态破坏责任纠纷案件中，损害事实成立，但人身、财产损害赔偿数额难以确定的，人民法院可以结合侵权行为对原告造成损害的程度、被告因侵权行为获得的利益以及过错程度等因素，并可以参考负有环境资源保护监督管理职责的部门的意见等，合理确定。

第三十一条 在生态环境保护民事公益诉讼案件中，损害事实成立，但生态环境修复费用、生态环境受到损害至修复完成期间服务功能丧失导致的损失、生态环境功能永久性损害造成的损失等数额难以确定的，人民法院可以根据污染环境、破坏生态的范围和程度等已查明的案件事实，结合生态环境及其要素的稀缺性、生态环境恢复的难易程度、防治污染设备的运行成本、被告因侵权行为获得的利益以及过错程度等因素，并可以参考负有环境资源保护监督管理职责的部门的意见等，合理确定。

第三十二条 本规定未作规定的，适用《最高人民法院关于民事诉讼证据的若干规定》。

第三十三条 人民法院审理人民检察院提起的环境污染民事公益诉讼案件、生态破坏民事公益诉讼案件，参照适用本规定。

第三十四条 本规定自 2023 年 9 月 1 日起施行。

本规定公布施行后，最高人民法院以前发布的司法解释与本规定不一致的，不再适用。

指导案例 135 号

江苏省徐州市人民检察院诉苏州其安工艺品有限公司等环境民事公益诉讼案

(最高人民法院审判委员会讨论通过　2019 年 12 月 26 日发布)

关键词

民事　环境民事公益诉讼　环境信息　不利推定

裁判要点

在环境民事公益诉讼中,原告有证据证明被告产生危险废物并实施了污染物处置行为,被告拒不提供其处置污染物情况等环境信息,导致无法查明污染物去向的,人民法院可以推定原告主张的环境污染事实成立。

相关法条

《中华人民共和国固体废物污染环境防治法》第五十五条、第五十七条、第五十九条

基本案情

2015 年 5、6 月份,苏州其安工艺品有限公司(以下简称其安公司)将其工业生产活动中产生的 83 桶硫酸废液,以每桶 1300 元－3600 元不等的价格,交由黄克峰处置。黄克峰将上述硫酸废液运至苏州市区其租用的场院内,后以每桶 2000 元的价格委托何传义处置,何传义又以每桶 1000 元的价格委托王克义处置。王克义到物流园马路边等处随机联系外地牌号货车车主或司机,分多次将上述 83 桶硫酸废液直接从黄克峰存放处运出,要求他们带出苏州后随意处置,共支出运费 43000 元。其中,魏以东将 15 桶硫酸废液从苏州运至沛县经济开发区后,在农地里倾倒 3 桶,余下 12 桶被丢弃在某工地上。除以上 15 桶之外,其余 68 桶硫酸废液王克义无法说明去向。2015 年 12 月,沛县环保部门巡查时发现 12 桶硫酸废液。经鉴定,确定该硫酸废液是危险废物。2016 年 10 月,其安公司将 12 桶硫酸废液合法处置,支付费用 116740.08 元。

2017 年 8 月 2 日,江苏省沛县人民检察院对其安公司、江晓鸣、黄克峰、何传义、王克义、魏以东等向徐州铁路运输法院提起公诉,该案经江苏省徐州市中级人民法院二审后,终审判决认定其安公司、江晓鸣、黄克峰、何传义、王克义、魏以东等构成污染环境罪。

江苏省徐州市人民检察院在履行职责中发现以上破坏生态环境的行为后,依法公告了准备提起本案诉讼的相关情况,公告期内未有法律规定的机关和有关组织提起诉讼。2018 年 5 月,江苏省徐州市人民检察院向江苏省徐州市中

级人民法院提起本案诉讼,请求判令其安公司、黄克峰、何传义、王克义、魏以东连带赔偿倾倒3桶硫酸废液和非法处置68桶硫酸废液造成的生态环境修复费用,并支付其为本案支付的专家辅助人咨询费、公告费,要求五被告共同在省级媒体上公开赔礼道歉。

裁判结果

江苏省徐州市中级人民法院于2018年9月28日作出(2018)苏03民初256号民事判决:一、苏州其安工艺品有限公司、黄克峰、何传义、王克义、魏以东于判决生效后三十日内,连带赔偿因倾倒3桶硫酸废液所产生的生态环境修复费用204415元,支付至徐州市环境保护公益金专项资金账户;二、苏州其安工艺品有限公司、黄克峰、何传义、王克义于判决生效后三十日内,连带赔偿因非法处置68桶硫酸废液所产生的生态环境修复费用4630852元,支付至徐州市环境保护公益金专项资金账户;三、苏州其安工艺品有限公司、黄克峰、何传义、王克义、魏以东于判决生效后三十日内连带支付江苏省徐州市人民检察院为本案支付的合理费用3800元;四、苏州其安工艺品有限公司、黄克峰、何传义、王克义、魏以东于判决生效后三十日内共同在省级媒体上就非法处置硫酸废液行为公开赔礼道歉。一审宣判后,各当事人均未上诉,判决已发生法律效力。

裁判理由

法院生效裁判认为:

一、关于在沛县经济开发区倾倒3桶硫酸废液造成的生态环境损害,五被告应否承担连带赔偿责任及赔偿数额如何确定问题

《中华人民共和国固体废物污染环境防治法》(以下简称固体废物法)第五十五条规定:"产生危险废物的单位,必须按照国家有关规定处置危险废物,不得擅自倾倒、堆放"。第五十七条规定:"从事收集、贮存、处置危险废物经营活动的单位,必须向县级以上人民政府环境保护行政主管部门申请领取经营许可证……禁止无经营许可证或者不按照经营许可证规定从事危险废物收集、贮存、利用、处置的经营活动"。本案中,其安公司明知黄克峰无危险废物经营许可证,仍将危险废物硫酸废液交由其处置;黄克峰、何传义、王克义、魏以东明知自己无危险废物经营许可证,仍接收其安公司的硫酸废液并非法处置。其安公司与黄克峰、何传义、王克义、魏以东分别实施违法行为,层层获取非法利益,最终导致危险废物被非法处置,对此造成的生态环境损害,应当承担赔偿责任。五被告的行为均系生态环境遭受损害的必要条件,构成共同侵权,应当在各自参与非法处置危险废物的数量范围内承担连带责任。

本案中,倾倒3桶硫酸废液污染土壤的事实客观存在,但污染发生至今长达三年有余,且倾倒地已进行工业建设,目前已无法将受损的土壤完全恢复。根据《环境损害鉴定评估推荐方法(第Ⅱ版)》和原环境保护部《关于虚拟治

理成本法适用情形与计算方法的说明》(以下简称《虚拟治理成本法说明》),对倾倒 3 桶硫酸废液所产生的生态环境修复费用,可以适用"虚拟治理成本法"予以确定,其计算公式为:污染物排放量×污染物单位治理成本×受损害环境敏感系数。公益诉讼起诉人委托的技术专家提出的倾倒 3 桶硫酸废液所致生态环境修复费用为 204415 元(4.28×6822.92×7)的意见,理据充分,应予采纳。该项生态环境损害系其安公司、黄克峰、何传义、王克义、魏以东五被告的共同违法行为所致,五被告应连带承担 204415 元的赔偿责任。

二、关于五被告应否就其余 68 桶硫酸废液承担生态环境损害赔偿责任,赔偿数额如何确定问题

根据固体废物法等法律法规,我国实行危险废物转移联单制度,申报登记危险废物的流向、处置情况等,是危险废物产生单位的法定义务;如实记载危险废物的来源、去向、处置情况等,是危险废物经营单位的法定义务;产生、收集、贮存、运输、利用、处置危险废物的单位和个人,均应设置危险废物识别标志,均有采取措施防止危险废物污染环境的法定义务。本案中,其安公司对硫酸废液未履行申报登记义务,未依法申请领取危险废物转移联单,黄克峰、何传义、王克义三被告非法从事危险废物经营活动,没有记录硫酸废液的流向及处置情况等,其安公司、黄克峰、何传义、王克义四被告逃避国家监管,非法转移危险废物,不能说明 68 桶硫酸废液的处置情况,没有采取措施防止硫酸废液污染环境,且 68 桶硫酸废液均没有设置危险废物识别标志,而容器上又留有出水口,即使运出苏州后被整体丢弃,也存在液体流出污染环境甚至危害人身财产安全的极大风险。因此,根据《最高人民法院关于审理环境民事公益诉讼案件适用法律若干问题的解释》第十三条"原告请求被告提供其排放的主要污染物名称、排放方式、排放浓度和总量、超标排放情况以及防治污染设施的建设和运行情况等环境信息,法律、法规、规章规定被告应当持有或者有证据证明被告持有而拒不提供,如果原告主张相关事实不利于被告的,人民法院可以推定该主张成立"之规定,本案应当推定其余 68 桶硫酸废液被非法处置并污染了环境的事实成立。

关于该项损害的赔偿数额。根据《虚拟治理成本法说明》,该项损害的具体情况不明确,其产生的生态环境修复费用,也可以适用"虚拟治理成本法"予以确定。如前所述,68 桶硫酸废液的重量仍应以每桶 1.426 吨计算,共计 96.96 吨;单位治理成本仍应确定为 6822.92 元。关于受损害环境敏感系数。本案非法处置 68 桶硫酸废液实际损害的环境介质及环境功能区类别不明,可能损害的环境介质包括土壤、地表水或地下水中的一种或多种。而不同的环境介质、不同的环境功能区类别,其所对应的环境功能区敏感系数不同,存在 2—11 等多种可能。公益诉讼起诉人主张适用的系数 7,处于环境敏感系数的中位,对应Ⅱ类地表水、Ⅱ类土壤、Ⅲ类地下水,而且本案中已经查明的 3 桶

硫酸废液实际污染的环境介质即为Ⅱ类土壤。同时，四被告也未能举证证明68桶硫酸废液实际污染了敏感系数更低的环境介质。因此，公益诉讼起诉人的主张具有合理性，同时体现了对逃避国家监管、非法转移处置危险废物违法行为的适度惩罚，应予采纳。综上，公益诉讼起诉人主张非法处置68桶硫酸废液产生的生态环境修复费用为4630852元（96.96吨×6822.92元/吨×7），应予支持。同时，如果今后查明68桶硫酸废液实际污染了敏感系数更高的环境介质，以上修复费用尚不足以弥补生态环境损害的，法律规定的机关和有关组织仍可以就新发现的事实向被告另行主张。该项生态环境损害系其安公司、黄克峰、何传义、王克义四被告的共同违法行为所致，四被告应连带承担4630852元的赔偿责任。

综上所述，生态文明建设是关系中华民族永续发展的根本大计，生态环境没有替代品，保护生态环境人人有责。产生、收集、贮存、运输、利用、处置危险废物的单位和个人，必须严格履行法律义务，切实采取措施防止危险废物对环境的污染。被告其安公司、黄克峰、何传义、王克义、魏以东没有履行法律义务，逃避国家监管，非法转移处置危险废物，任由危险废物污染环境，对此造成的生态环境损害，应当依法承担侵权责任。

（生效裁判审判人员：马　荣　李　娟　张演亮
　　　　　　　　　　陈　虎　费　艳　韩正娟　吴德恩）